天津区县年鉴

(2012版)

天津市人民政府　主办

天津市地方志编修委员会办公室编纂

图书在版编目(CIP)数据

天津区县年鉴.2012年/ 天津市地方志编修委员会办公室编. -- 天津 : 天津社会科学院出版社, 2012.9
ISBN 978-7-80688-454-6

Ⅰ. ①天… Ⅱ. ①天… Ⅲ. ①天津市-2012-年鉴
Ⅳ. ①Z522.1

中国版本图书馆CIP数据核字（2012）第221808号

编　　　著：天津市地方志编修委员会办公室
责任编辑：唐　旗　赵　荣
地　　　址：天津市和平区大沽路138号金融广场大厦A座10层
邮　　　编：300040
电话/传真：（022）23031912　（022）23031920

出版发行：天津社会科学院出版社
出　版　人：项　新
地　　　址：天津市南开区迎水道7号
邮　　　编：300191
电话/传真：（022）23366354
（022）23075303
网　　　址：www.tass-tj.org.cn
印　　　刷：天津市银博印刷技术发展有限公司
彩照设计制作：天津市今日华夏文化发展有限公司

开　　　本：889×1194 毫米1/16
印　　　张：50
字　　　数：1100千字
版　　　次：2012年9月第1版　2012年9月第1次印刷
印　　　数：1~3000册
定　　　价：320.00元

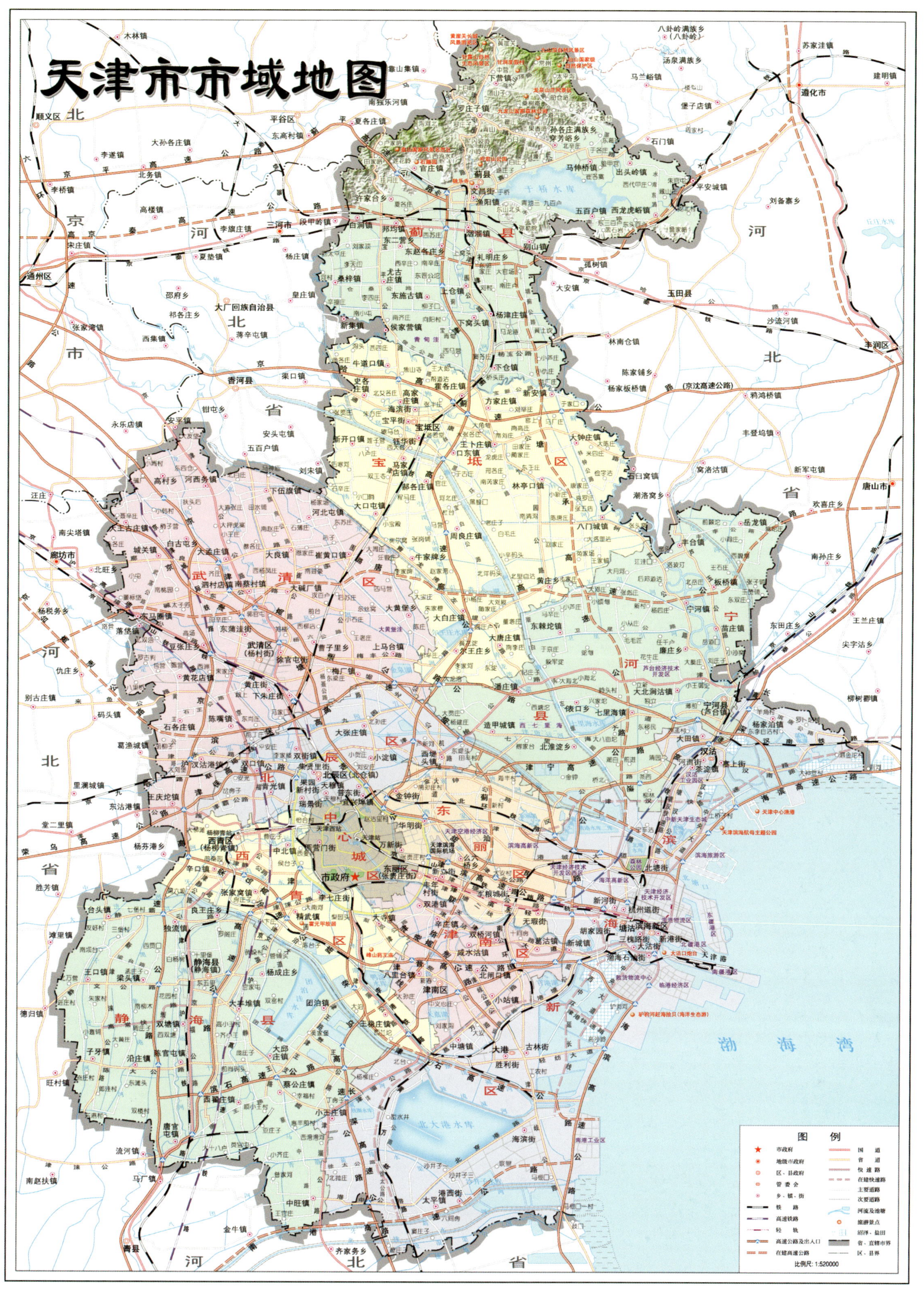
天津市市域地图
蓟县
宝坻区
宁河县
武清区
北辰区
东丽区
西青区
中心城区
津南区
静海县
滨海新区
市政府
渤海湾
北京市
河北省
于桥水库
北大港水库
天津港
图例
市政府
地级市政府
区、县政府
管委会
乡、镇、街
铁路
高速铁路
轻轨
高速公路及出入口
在建高速公路
国道
省道
快速路
在建快速路
主要道路
次要道路
河流及池塘
旅游景点
沼泽、盐田
省、直辖市界
区、县界
比例尺: 1:520000

天津市中心城区地图
北辰区
红桥区
河北区
南开区
和平区
河西区
河东区
东丽区
西青区
津南区
北辰区政府
红桥区政府
河北区政府
南开区政府
和平区政府
河西区政府
河东区政府
东丽区政府
市政府
图例
市、区人民政府
镇、街道办事处
高速编号及出入口
环线道路
一级街区
二级街区
立交桥
一般街道
铁路及车站
高速铁路
地铁及车站
在建地铁及车站
轻轨及车站
河流及池塘
医院、学校
图书馆、展览馆 纪念馆、博物馆
区界
比例尺：1:83000

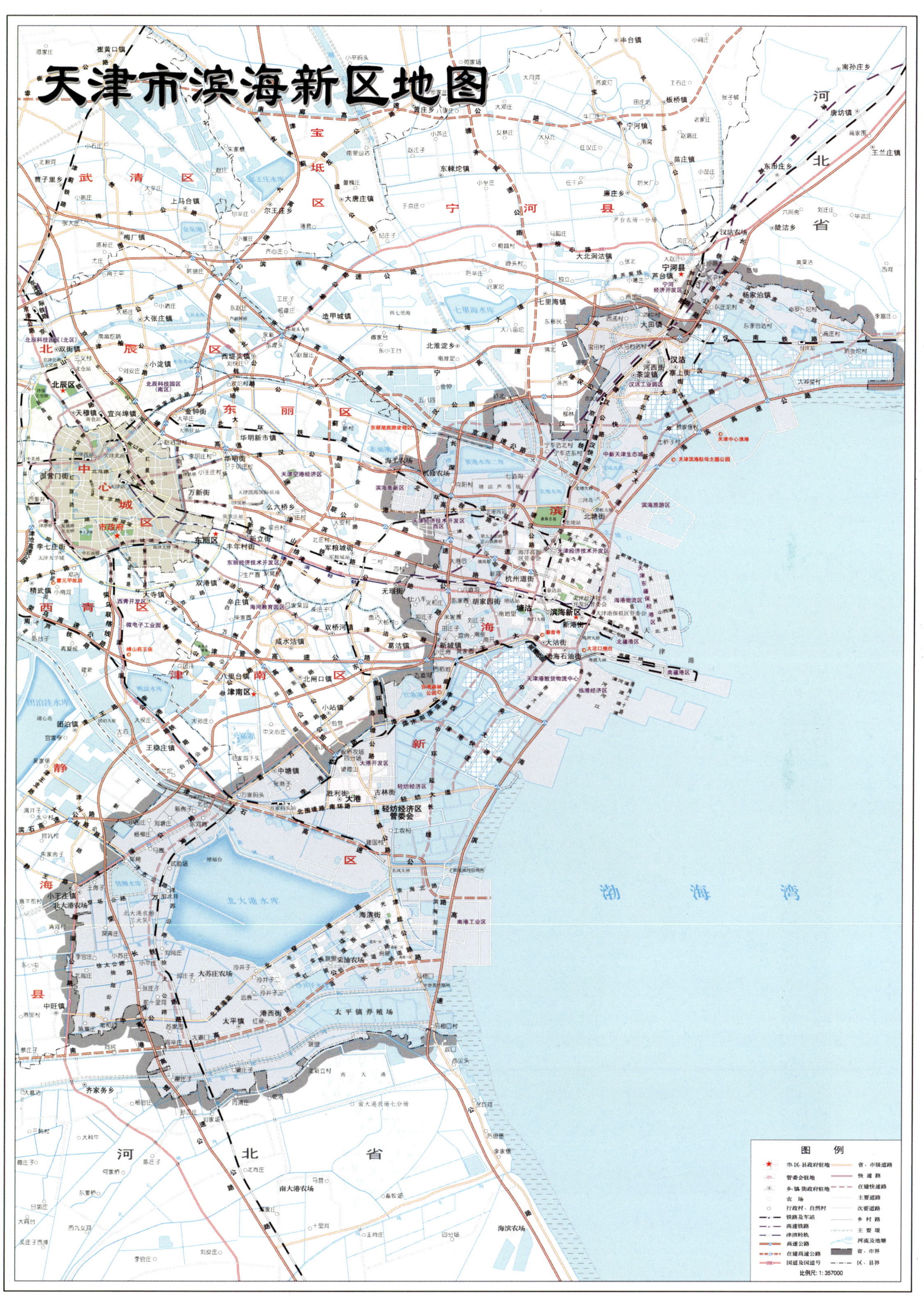
天津市滨海新区地图
武清区
宝坻区
宁河县
河北省
北辰区
东丽区
中心城区
西青区
津南区
静海县
滨海新区
渤海湾
汉沽
塘沽
大港
北大港水库
七里海水库
图例
市·区·县政府驻地
管委会驻地
乡·镇·街政府驻地
农场
行政村、自然村
铁路及车站
高速铁路
津滨轻轨
高速公路
在建高速公路
国道及国道号
省、市级道路
快速路
在建快速路
主要道路
次要道路
乡村路
主要堤
河流及池塘
省、市界
区、县界
比例尺: 1: 357000

2012年6月12日，市政府副秘书长、市政府办公厅主任朱军到市地方志办公室调研

2012年6月12日，市政府副秘书长、市政府办公厅主任朱军（右一）参观天津市方志馆，天津市地方志办公室主任苏长伟陪同

2012年4月14日，北京市地方志办公室主任王铁鹏（左二）一行到天津市地方志办公室考察交流，天津市地方志办公室主任苏长伟（右二）向其赠送书籍

2012年7月1日，广东省地方志办公室主任陈强（左一）一行到天津市地方志办公室考察交流，天津市地方志办公室主任苏长伟（右一）陪同参观天津市方志馆

天津市区县地方志办公室主任会议

2012年4月28日，在天津市区县地方志办公室主任会议上，区县地志办主任向市地志办主任苏长伟（后排左二）递交二轮修志责任书

2012年7月25日至27日，《天津通志》编修业务沟通会议在南戴河召开，市地志办主任苏长伟（左三）出席并讲话，市地志办有关处馆负责同志及《天津通志》承修单位负责同志共60余人参加

2012年3月6日，北辰区二轮志书篇目修订座谈会在天津龙顺庄园召开，中指办联络处处长张英聘（后排左五）莅临指导工作，市地志办主任苏长伟（后排左六）出席并讲话

2012年6月28日，滨海新区召开全区地方志编修工作启动会，区委常委、常务副区长刘子利（左二）出席会议并讲话，有关单位负责同志110余人参加

健康宜居的静海县

中共中央政治局委员、市委书记张高丽（左二）在林海循环经济示范区调研

市长黄兴国（前排中）在TCL奥博（天津）环保发展有限公司调研

2011年，静海县委、县政府在市委、市政府的正确领导下，按照市委“调结构、增活力、上水平”的总体部署，紧紧围绕“13446”的奋斗目标和工作思路，着力抓好“三个关键”，全力打好“五个攻坚战”，经济社会实现又好又快发展。全年实现生产总值307亿元，同比增长29.6%；财政收入60亿元，同比增长47.1%；全社会固定资产投入300亿元，同比增长13.3%；农民人均纯收入12320元，同比增长12%。

结构调整迈出新步伐 坚持“提高二产，壮大三产，调优一产”。工业基本形成了以优质钢材、装备制造、轻工、再生资源和生物医药五大支柱产业。列入市级重大项目86个；科技型中小企业806家；“小巨人”企业121家；楼宇经济577家。服务业加快发展，现代服务业集群和现代物流产业基地初步确立，从业人员10万人，健康产业园、义乌国际商贸城、翰吉斯国际农产品物流园、唐官屯加工物流园等一批大项目全面开工建设，金桥国贸、奥特莱斯、利达粮油、滴水湖温泉酒店等重点项目已经完工。农业结构进一步优化，设施农业、观光农业、林业经济成为农业增效、农民增收的主体。“城市矿产”、健康产业、林海绿色农业填补了全市功能区的空白。

楼宇经济

“两城”建设得到新提升 完成了“两城”总体城市设计和14个乡镇总体规划编制工作。团泊新城完成20条主次干路基础和9座桥梁工程。团泊示范镇竣工面积25万平方米。静海新城加大市政设施配套和改造力度，城市功能明显提升。实施了西北外环、104国道北延等20项重点工程。全县路网密度高于全市10个百分点，形成了“23456”的交通圈和“十纵七横一环十二射”的交通路网格局。

生态建设取得新进展 大力推进绿色通道、绿色河道、绿色林网、绿色村庄、绿色城区、绿色园区建设，完成植树造林16.2万亩、1261.8万株，全县森林覆盖率43.9%，高于全市21.9个百分点。加大水污染治理力度，实现了排水企业污水处理设施全覆盖。实施了团泊水库浚深加固和主要河道清淤治水工程，实现了静海史上首次“引黄入库”。

体制机制迸发新活力 积极推进行政审批制度改革。在全市率先实现行政审批“两集中、两到位”和“一站式”服务。共减少审批事项124项，减少要件和环节232项。行政审批按时办结率达到100%，综合审批效率提高70%。

民计民生得到新改善 以解决群众关心关注的涉及群众切身利益的热点难点问题为重点，扎实做好就业、社会保障、教育、医疗卫生、残疾人事业等一系列民生工作。新增就业岗位9221人。城乡居民养老保险和医疗保险参保人数分别为2.7万人和44.5万人，城乡低保基本做到应保尽保。新建、改造学校和幼儿园22所。新建、改建村街卫生所28所，建立居民个人健康档案38.5万份。全年用于民计民生的财政性投入6.6亿元。

党的建设得到新加强 结合创先争优活动，开展了服务型党组织建设。健全完善了“四位一体”的城乡党的基层组织互帮互助机制，实现了对全县村级组织建设指导帮扶的全覆盖。深入开展了“机关党员干部入户谈心服务”、“帮扶困难户”和“政法干警包村街、保稳定、促发展”活动。社会局面保持和谐稳定。

静海县党员服务中心

静海县行政许可服务中心

爱玛生产线

静海新城

天津市滨海新区

2011年5月27日，国家动漫产业综合示范园正式开园

2011年，滨海新区生产总值6206.9亿元，比上年增长23.8%；工业总产值12732亿元，增长29.4%；财政收入1379.3亿元，增长37.1%。

深入推进"十大战役" 南港工业区，项目用地达到60平方公里，建成2个5000吨级通用码头，南港港区开港试通航。轻纺经济区，二期19平方公里基础设施全面启动。临港经济区，新增造陆23平方公里，10万吨级航道通航。核心城区，城市环境不断优化，海洋高新区产业载体功能进一步增强。中心商务区，响螺湾20栋商务楼宇主体封顶，于家堡"9+3"项目进展顺利。中新天津生态城，完成南部片区基础设施建设。东疆保税港区，实现整体成陆，二期具备封关条件。滨海旅游区，完成16.4平方公里土地吹填，天津世博馆竣工，名远文化商业城等项目加速实施。西部区域，完成35平方公里土地整理；空港经济区天保商务园落成。北塘经济区，企业总部基地一期基本建成，北塘古镇风貌初步显现。中心渔港，水产城等项目开工建设，示范冷库、5000吨级码头投入运营。

全面启动"十大改革" 行政管理体制改革通过市编办考评，在全市区县审批办事效率评比中名列第一。土地管理改革专项方案获国土资源部批复。创新推出定单商品房、蓝白领公寓等多层次保障模式，建立了具有新区特色的住房保障体系。医疗重

2011年5月8日，天津滨海国际商贸城开工奠基

2011年12月9日，中心商务区铁狮门（美国）金融广场开工仪式

2011年8月31日，南港港区开港试通航

2011年5月17日，中央媒体走进“十大战役”启动仪式

组计划全面展开，构建了新型社区医疗服务模式。公立医院改革得到国务院医改办充分肯定。股权投资基金及管理企业超过2000家，金融资产交易所交易网络覆盖全国。天津北方国际航运中心核心功能区建设方案获得国务院批准。强街强镇计划深入实施。社会管理创新综合试点区建设步伐加快，流动人口服务管理经验和社区管理模式全国推广。

科技创新能力持续提升 累计建成206家市级以上研发中心、22家市级以上重点实验室、10个产业技术创新联盟、9个企业技术创新平台、40家孵化器、6个国家级高新技术产业化基地。组织实施了160项自主创新重大项目，国家高新技术企业664家。实施人才特区战略，入选国家“千人计划”人才累计达到21人。全年申请专利7500件。

城市建设成效显著 完成了6个层面58个专项规划的系统提升，新编制了盐田利用和中部新城规划。全年建设重大基础设施项目92个，完成投资1100亿元。西外环高速、海河隧道等工程加快建设。建成北疆电厂淡化海水送出工程，新建改造4座再生水厂。中新天津生态城智能电网综合示范工程投入使用，15项技术达到世界领先水平。改造供热管网，5万户居民直接受益。新开和提升16条公交线路。

社会和谐程度不断提高 全年建设社会事业项目124个，建成街镇社区服务中心、社区服务站和老年日间照料服务中心。开工建设保障性住房300.9万平方米。建立滨海新区人口服务管理中心，流动人口计划生育基本公共服务均等化成为全国试点。大力加强文化、教育、卫生、体育等各项事业建设，促进经济社会全面发展。

中心商务区响螺湾20栋商务楼宇主体封顶

更好更快发展的新河东

河东区加快楼宇经济发展推动会

区领导深入红星美凯龙召开现场协调会

2011年，河东区深入贯彻科学发展观，努力克服复杂严峻的经济形势带来的不利影响，全面促进调结构、增活力、上水平，实现了“十二五”的良好开局和经济社会更好更快的新发展。

经济发展平稳较快 2011年，区属增加值实现158.05亿元，现价同比增长20.6%；其中，第三产业增加值比重达到91.1%。区级财政收入实现26.26亿元，同比增长24.7%。固定资产投资实现95.3亿元，同比增长16.9%。实际利用外资到位额实现9227万美元，同比增长22.2%。实际利用内资到位额实现146.9亿元，同比增长22%。新增就业实现40783人，登记失业率控制在3.8%以内。价格总水平保持基本稳定。万元地区生产总值能耗下降4.1%。

金贸河东加快落实 金融企业加速集聚，各类金融机构和准金融机构达到76家，共创造留区税收1.816亿元，较2010年增长51%。天津市期货业协会和小额贷款公司协会落户河东，新引进裕隆小额贷款公司、津福担保公司、建联担保公司等一批实力企业，商业市场全面繁荣，天津啤酒节等活动相继举办，引进顺峰、大宅门、棒约翰等一批知名餐饮企业，河东万达广场等项目成为全市消费热点。

重点项目有序推进 在建项目进度加快，红星国际广场家居mall、帝旺凯悦酒店、嘉里中心、渤海银行总部、远洋国际中心

红星美凯龙广场和万达中心广场

北科精工科技公司

顺峰

等项目加紧施工，雍华府商业载体、金地国际广场南区已经封顶，振业城中央、浅水湾、水岸银座等项目已经销售。前期项目接续有力，中信城市广场、天津万达中心项目纳入天津市第五批重点服务业项目库。

联动发展见到成效 楼宇经济、民营经济、科技经济实现联动发展。天星河畔广场、海河大厦、万隆平洋大厦、经纬大厦实现税收亿元。全年新注册民营企业1275家，民营企业总数8648家，注册资金196亿元，初步形成街域统筹服务、楼宇为主要载体，民营科技700户中小企业为扶持对象的发展格局。

对外合作量质并举 充分利用土地和楼宇资源开展定向招商。深入开展政策宣讲日、服务接待日活动，推进投资环境不断改善。全年引进项目和企业200个以上，其中亿元以上项目和企业10个，现代服务业项目和企业比重超过80%。

自主创新能力加强 销售收入亿元以上的科技小巨人企业达到11家，国家级高新技术企业14家，区级高新技术企业14家。科技载体建设工程全面实施，“帅”字号科技创新平台已达40家15万平方米，帅超科技园认定为国家级孵化器，帅越科技园认定为市级孵化器。

服务企业见到实效 深入开展“调增上”活动，区领导带头深入基层，以175家纳税大户企业、70座楼宇、31个大项目为服务重点，引导企业立足实业发展、依靠内需发展，及时采取措施解决问题近500件，有效改善了企业经营环境。

在建嘉里中心和渤海银行总部

新开路夜景

借势京沪高铁 助推红桥腾飞

区委书记赵建国（左二）视察西站拆迁工作

区委副书记、区长张泉芬（右二）视察西站拆迁安置房和苑居住区建设工程

2011年，借助西站交通枢纽建成通车的有利契机，红桥区深入实施“城建带动、强三优二”发展战略，加快推动“一极两区三廊”区域经济布局建设，实现了“十二五”规划的良好开局，为实现红桥新崛起奠定了坚实基础。

在圆满完成“十一五”规划各项任务的基础上，2011年红桥区实现地区生产总值是2006年的2.3倍，年均增长18.4%；实现财政收入是2006年的3.22倍，年均增长26.35%；区实有财力达到2006年的2.77倍，年均增长22.6%；五年累计实现固定资产投资是过去五年的2.43倍。

全力加快西站地区城市副中心开发建设，区域对外影响力明显增强 坚持把加快西站地区城市副中心建设作为拉动区域经济社会发展的强大引擎，高质量、高水平、高速度完成西站交通枢纽用地拆迁67万平方米，安置居民和公建单位1.5万余户。23个重大基础设施项目建设按期完成，确保了西站交通枢纽工程与京沪高铁同步投入使用。借助京沪高铁贯通形成的“同城效应”，创新模式、扩大宣传、深化交流，提升了红桥的吸引力和影响力，一大批国内外知名企业纷纷到红桥投资置业。

加快转变发展方式，区域经济综合实力大幅提升 对外开放步伐明显加快。在多个发达地区举办一系列招商推介大会，取得了明显成效。五年累计实现内联引资到位额完成计划指标的116%；实际利用外资金额是过去五年的7.15倍。引进企业1800余家，注册资金总额66亿元，注册资金1000万元以上企业100余家。

现代服务业加快发展。着力发展楼宇和总部经济，10座楼宇成为全市第一批重点支持的亿元楼宇项目2011年楼宇经济实现税收2.19亿元。加快发展科技服务业，光荣道都市型产业园起

北营门立交桥

天津水游城

和苑居住区

惠灵顿国际学校

西沽公园

步区17.1万平方米载体已主体竣工。整合科技载体4.6万平方米建成国家级企业孵化基地。

传统服务业明显提升。全力打造“商贸红桥”，通过采取“政府引导、市场运作、社会参与”的有效模式，引进培育一批具有发展前景的特色产业，重点推进特色街区建设。天津水游城建成开业，引进了新型消费理念，填补了红桥区高端商业的空白。大胡同商贸区2011年实现税收1.5亿元，是2006年的3.5倍。

充分发挥城建带动作用，规划建设水平明显提高 拆迁安置工作成效明显。累计拆除各类房屋243.47万平方米，是五至七年危改时期拆迁规模的1.4倍，创红桥历史之最，安置居民及公建单位4万余户，近12万人彻底告别了危陋房屋。共实施了230万平方米定向安置经济适用房建设，其中河怡花园等14个项目、97万平方米安置房项目实现竣工入住。

重点项目建设加快实施。年均施工面积365.6万平方米，累计竣工面积378.97万平方米。新建和拓宽改造西北半环快速路等28条道路，建成永乐桥等11座桥梁，基本形成了红桥区东西贯通、南北畅达的路网格局。

精心打造生态宜居城区，市容环境建设成果显著 市容环境综合整治效果突出。对西青道等59条重点道路实施了立面综合整修，完成了198栋楼房平改坡工程，对186片、684.6万平方米的旧楼区实施了综合整修，完成绿化工程建设536.2万平方米，完成了西沽公园等7个公园的提升改造。

未来五年是红桥区全面建设西站地区城市副中心，为实现经济社会跨越式发展奠定基础的关键时期。2012年，红桥区将以“建设城市副中心，构建和谐新红桥”作为发展主题，以西站副中心开发建设为龙头，围绕商贸红桥的功能定位，深入开展“调结构、惠民生、上水平”活动，全力打造“一极两区三廊”经济发展布局，把红桥区建设成为天津市综合性城市副中心、现代商务商贸都市型产业基地、和谐宜居的文化生态城区。

天津西站

天津北部中心——北辰区

双街镇生态居住区

运河外滩美景

北辰区位于天津市区北部，北运河畔。总面积478.5平方公里。是津沽大地的交通枢纽，是资金、资本、项目涌入天津滨海新区的重要承载地，系护卫津门的水利屏障。辖9镇4街，126个行政村、99个社区居委会。户籍人口37万人。

近年，北辰区委、区政府实施“四区”（调整强区、科教兴区、开放富区、环境立区）战略和高新产业带动战略，贯彻落实科学发展观，全区经济建设和社会事业步入又好又快发展的良性轨道。综合经济实力显著增强。2011年，地区生产总值达478亿元，比上年增长26.54%；完成三级财政收入113.34亿元，突破百亿元大关，增长23.45%。全社会固定资产投资404.91亿元，增长31.42%；出口创汇31.06亿美元，增长20.1%；农民人均纯收入15784元，增长10.7%。工业上规模上水平，年销售收入2000万元以上工业企业625家，其中亿元企业 180家。拥有中国驰名商标产品 14件，天津市著名商标产品84件。现代物流业蓬勃发展，服务外包业、总部经济、楼宇经济等新兴业态快速崛起，大市场、大流通的商品流通体系初具规模。现代设施型、都市型、观光型农业欣欣向荣。

引进世界500强企业20余家，联东金达产业园、雷沃重工等亿元以上大项目纷纷落户，为北辰又好又快发展备足后劲。“十一五”期间，直接利用内资逾470亿元，直接利用外资近20亿美元。项目建设迅猛而又扎实推进，5年间，累计引进千万元以上新项目852个，总投资1095亿元，其中累计引进内资亿元以上项目103个，投资总额668亿元。累计新批外资项目192个，外资企

保障性住房——秋怡家园

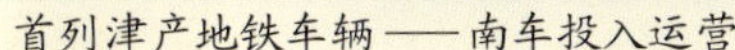

首列津产地铁车辆——南车投入运营

“天穆杯”全国小品展演

“天津北部最高楼宇”——天辰大厦

王朝酒堡

业增资288项，投资总额近26亿美元。特别是北辰科技园区成为北辰对外开放的闪亮窗口，是区域经济腾飞、新兴产业崛起和社会发展的龙头，是经济总量增长、财政收入大幅增加的强力支柱，跨入全国竞争力百强开发区和全国新能源开发区百强行列。而近年开发建设的医药医疗器械工业园、陆路港物流装备产业园等市级示范工业园成为新的经济增长点和科技创新基地。

区委十次党代会提出，要为把北辰区打造成综合实力雄厚、城市功能完备、都市特色鲜明、和谐文明开放的天津北部中心而奋斗！

“十横十三纵”路网贯通全区

魅力宝坻 创新宝坻

市委书记张高丽（左二）视察宝盈电脑机械公司

市长黄兴国（左三）视察津宝乐器公司

宝坻区位于天津市北部，地处京、津、唐三大城市中心位置，幅员面积1450平方公里，耕地面积114.2万亩。辖3个街道、21个镇，793个居委会和行政村，户籍人口67.6万，其中农业人口54.1万。

2011年，宝坻区坚决贯彻市委、市政府的决策部署，紧紧围绕“全力提质增速，加快转型升级，推进科学跨越”的工作主题，深入开展“调结构、增活力、上水平”活动，全区经济社会保持了好的发展势头。全年完成地区生产总值300.3亿元，同比增长21.6%；财政收入60.05亿元，增长50%；全社会固定资产投资301.4亿元，增长46.7%；农村居民人均可支配收入10923元，增长16.2%。

项目建设不断加快 计划总投资575.7亿元的前七批区级重大项目进展顺利，全年完成投资113亿元，累计完成投资300亿元。全年共引进内外资项目684个，实际到位内资275亿元，同比增长71.9%；实际利用外资2.51亿美元，增长44.3%。

产业结构进一步优化 农业上，全年新发展高效设施农业2万亩，新增林业循环经济、稻区湿地立体种养面积2.8万亩。依托中粮集团肉食产业化基地、现代农业发展试验区等项目，推动农业实现区域化布局、规模化生产和产业化经营。工业上，发挥重点项目的龙头带动作用，延伸产业链条，推动新能源、新材料等新兴产业集聚发展。大力发展科技型中小企业，全年新增网上注册478家，累计825家。高标准打造4个示范工业园区，全年投入资金7.63亿元，新增开发面积4600亩。服务业上，帝景温泉度假村、京津新城凯悦酒店等项目运营形势良好。以黄庄生态水稻公社和青南万亩生态林为代表的乡村生态旅游取得新进展。

城乡面貌显著改善 围绕“一河双城、相向拓展，两翼联动、城乡一体”的空间发展格局，全面推进城乡建设。在新城建设上，大力推进宝坻新城规划区内土地整理及房屋改造项目，实

京津新城

大连实德设备调试

周良庄镇水苑小区

首届春晚闹新春

宝坻经济开发区

施了潮白新河城区段生态防洪工程、城南商务休闲广场等一批项目；在小城镇建设上，完成了马家店示范小城镇一期还迁工程，周良庄中心镇还迁小区建设进展顺利。

改革创新取得新突破 整合做强现有融资平台，新建了天津农村产权交易所，组建了鼎信与和生小额贷款担保有限公司，进一步拓宽了融资渠道。深化行政管理和审批制度改革，推动“创优环境兴宝坻，改进作风促发展”活动的多样化、具体化，探索完善土地管理使用制度，促进了土地集约节约高效使用。着力加强和创新社会管理，不断完善提升“一站三中心”的工作模式，在方便群众生产生活、促进经济发展、维护社会稳定等方面发挥了重要作用。

和谐社会建设成果喜人 实施了新一轮“10项民心工程”，新增就业1.91万人，城乡居民基本养老保险参保13万人、基本医疗保险参保49.9万人，建立了覆盖城乡的社会保障体系和救助体系。大力发展教育、卫生、文化事业，全年投入15.9亿元，同比增长40.7%。严格落实领导接待群众来访、挂牌督办、领导包案等制度，解决了一批信访突出问题。深化平安创建工作，社会治安继续保持全市乃至全国最好地区之一。

党的建设再上新水平 扎实推进学习型党组织建设，大规模开展干部培训工作。高标准完成了区、镇两级换届工作。积极推行竞争性选拔、从基层一线选拔等干部选任新机制，促进了干部人事工作的科学化、制度化、规范化。继续实施“强基创先”工程，深化创先争优活动，基层党组织的创造力、凝聚力和战斗力显著增强。严格执行党风廉政建设责任制，不断健全完善惩治和预防腐败体系，进一步营造形成了风正气顺心齐、想干会干干好的良好氛围。

水清景美的潮白新河

繁荣和谐生态宜居的新宁河

市委书记张高丽（左二）在宁河视察

宁河位于天津东北部，地处京津唐城市群几何中心，位居环渤海经济区核心区域，接壤滨海新区、毗邻曹妃甸工业区，行政管辖面积1031平方公里，辖14个乡镇、282个行政村，耕地60万亩、常住人口38万。

2011年，宁河县在市委、市政府的正确领导下，按照“调结构、增活力、上水平”的总体要求，以“三区”建设为抓手，全县经济社会呈现跨越发展的良好势头。全年完成地区生产总值229亿元，同比增长30.9%；财政总收入40亿元，增长33.3%；全社会固定资产投资302亿元，增长36.9%；农民人均纯收入13185元，增长11.5%。

“三区”联动实现新突破 全县“十个一”万亩循环生态农业示范园区建设进展顺利，累计建成设施种植园区75个、标准化养殖小区258个；启动了县经济开发区7平方公里扩域工程，现代产业区和潘庄工业区基础设施建设完成投入12.3亿元；老城区南小区平改、赵家园城中村改造基本完成，桥北新区整体开发全面启动，北淮淀和潘庄示范小城镇建设进入实质运作。

项目建设迈上新台阶 总投资735亿元的前六批重大产业项目全部开工，第七批重大产业项目全面实施；天津未来科技城拓展区落户宁河，全县科技型中小企业群体规模451家。农业上，北方种业基地项目稳步实施，雨润集团生猪屠宰项目投入试生产。工业上，玖龙纸业二期三期、天钢联合特钢项目正式投产，英利光伏产业基地、海航集团新能源电池等项目进展顺利。服务业上，未来智慧城、马文化产业城等重大项目扎实推进，七里海生态修复与综合利用工程全面实施。

七里海景观

京津未来智慧城鸟瞰图

滨保高速公路芦台南出口

海航中国集展厅

中国·英利

天津雨润食品工业园

城乡环境得到新改善 津宁、塘承高速公路建成通车，高速公路网密度跃居全市前列；七里海大道南接津汉公路、海清公路新建、芦玉公路改建等工程全面完工，芦汉路拓宽改造进入扫尾阶段。投资7.2亿元，实施了以“一河一带五路”为重点的城乡环境综合整治，高标准完成了七里海大道生态建设工程，西海湿地走廊建设基本完工，全年造林5万亩。

社会事业取得新进步 高标准完成了全县义务教育学校现代化达标创建，兑现了“农村最好的房子是学校”的庄严承诺；启动了县疾病预防控制中心、中医院迁建等服务设施规划建设，开通了573路公交车。全县“五险”参保人数达到16.8万人，农村“两险”参保率分别为98%和30%。着力抓好矛盾纠纷的排查调处和化解，全年信访总量下降11.3%，进京津非正常上访实现“双零”目标。

党的建设呈现新活力 以“创先争优”活动为抓手，进一步健全了“三项问责”和农村“三项监管”制度，完善了不定期督促检查、季度指标排名、乡镇观摩推动、年度夺杯竞赛等一整套考评激励机制，促进了党组织、干部和党员“三个作用”的发挥，营造了气顺心齐、干事创业的良好氛围。

宁河县行政许可办证大厅

天津市城乡建设和交通委员会

津湾广场

经济适用房

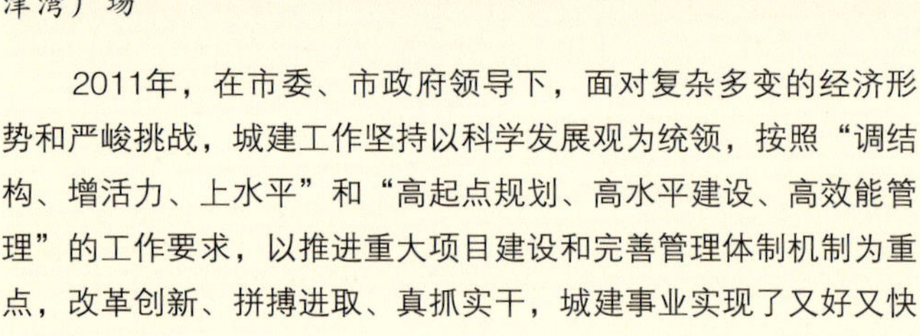

2011年，在市委、市政府领导下，面对复杂多变的经济形势和严峻挑战，城建工作坚持以科学发展观为统领，按照“调结构、增活力、上水平”和“高起点规划、高水平建设、高效能管理”的工作要求，以推进重大项目建设和完善管理体制机制为重点，改革创新、拼搏进取、真抓实干，城建事业实现了又好又快发展。

建设规模再创历史新高 以提升城乡基础设施服务能力和完善城市功能布局为重点，完成市政交通和房地产投资2452亿元，占全市固定资产投资总量的33%。新开工各类房屋建筑4380万平方米，同比增长20%，累计在施面积1.03亿平方米。70项市重点工程有30项竣工。文化中心博物馆、美术馆、图书馆等工程完工开始布展。总建筑面积28万平方米的梅江会展中心二期工程主体封顶。泰安道地区综合开发1、2、3号院竣工投入使用。

综合交通建设有了新进展 京沪高铁（天津段），天津西站建成投入使用，南站及城市配套工程完工。津秦客专土建工程和地下直径线主体工程基本完成。天津港重工制造基地、中化仓储等一批工程竣工。实施了滨海国际机场二期扩建。地铁9号线试运营，2、3号线进入装修调试。建成塘承、津宁和国道112高速公路，里程累计1100公里，沟通三北、辐射环渤海和连通京津两地的高速公路网络基本形成。新建改造建昌道、轻纺大道等107条城市道路。区域配套和路网体系进一步优化，通行能力和城市载体功能明显提升。

民心工程建设取得新成效 更新改造旧楼区供水、供气管道11万户，新建天然气干线100公里，新增村镇水气干网395公里，全市自来水、燃气普及率100%。按期完成一热电供热转换工程，确保了30万群众温暖过冬。全市集中供热率达到87.7%，中心城区超过96%。建成张贵庄污水处理厂一期，日污

天津西站

天津文化中心

水处理能力20万吨。建成成林道延长线和跨外环线立交，形成了进出机场的专用通道。建成20座人行天桥、增设交通安全岛45处，方便了群众跨路通行。华龙道、食品街两座停车楼和一批停车设施投入使用，新增泊位2万个。

房地产开发结构有了新转变 认真落实国家调控政策，出台了限购等一系列措施，强化开发结构的引领，动态调整总量供应，扩大保障房建设规模，保持了房地产市场健康发展。全年房地产新开工3522万平方米，同比增长21%，商业地产、示范小城镇和保障住房建设比重分别比上年提高2.5、6和15.4个百分点，开发结构实现了调整优化。制定新建住宅配套非经营性公建建设管理，实现非经营性公建与住宅项目同步规划设计、同步配套建设、同步交付使用。

建筑节能减排取得新突破 实施6.6万平方米四步节能试点，节能率达到75%。完成既有建筑节能改造1200万平方米。开工绿色建筑400万平方米。以滨海新区、宁河、静海、蓟县为重点，太阳能、浅层地能等可再生能源应用面积304万平方米。实施了西站、文化中心等5个光电项目。单一墙体保温材料、超深地连墙等技术应用取得突破，30项成果获市科学技术进步奖。天津市被住建部列为全国建筑节能先进省市首位。

工程质量安全监管有了新手段 加强体制机制建设，各区县成立监管支队，通过任务单等形式，健全了质量安全总队负总责、区县监管机构辖区负责、企业质安部门项目负责的三级责任体系。制定区县建设工程质量安全监督考核管理办法，建立督查、例会、约谈、通报和排名制度,实现了监管全覆盖、责任全落实。重大安全隐患实行分级挂牌督办。采取深基坑数据远程管理、预拌混凝土配合比监控等信息化监管手段。工程竣工验收合格率保持100%，14项工程获鲁班奖和国优奖，233项工程获海河杯优质工程奖，366个工地被评为市级文明工地，百亿产值伤亡率低于全国平均水平，工程质量安全始终受控。

创先争优促服务达到新水平 文化中心党委被评为全国先进党组织，赴京参加庆祝建党90周年大会，为天津市城建系统争得了荣誉。优化审批服务程序，落实各项提速措施，审批事项办结时间平均提速35%。坚持深入企业、深入一线、现场办公、集中服务，全年累计开展一线帮扶300多次，处置难题800多项，促进了项目早开工、早建设、早投产、早见效。市建交委连续七年获市政府年度行政效能考评第一。

海河风光

天津市市容和园林管理委员会

市第九次党代会以来，市委、市政府深入贯彻落实科学发展观，按照胡锦涛总书记对天津工作提出的一系列重要要求，立足于天津城市定位，着眼于提高群众生活质量，致力于增强城市的竞争力，连续4年奋战900天，开展了长时间、大规模、全方位、高水平的市容环境综合整治，标准一年比一年高，规模一年比一年大，效果一年比一年好，城乡面貌发生了重大变化，初步形成了大气洋气、清新靓丽、中西合璧、古今交融的城市风格。

奋战900天，彰显了城市文化特色 在综合整治中，注重整体风格协调统一，突出大气洋气城市格调，无论道路、建筑、景观、绿地都精心策划，做到处处精致、处处精彩，充分展现了天津独特的城市风格和深厚的文化底蕴。4年间，综合整修道路928条5370公里、农村公路1000公里，管线入地100公里，新建人行天桥53座，配置马路家具1.9万个，对2.4万栋建筑进行了艺术装扮，形成规范整齐的城市街景。综合整治小白楼、津湾广场等32个重点地区，形成环境优美、文脉传承、品位高雅的城市窗口。综合整治14个节点建筑轮廓，完成2500栋建筑灯光夜景建设，构建了点线面结合、覆盖中心城区50公里的城市夜景灯光网络。

奋战900天，推动了生态宜居城市建设 结合实施生态城市建设行动计划，市容环境综合整治从中心城区到外围区县，从主干道路到次支道路，从平立面到天际线全面展开，大幅度提升净化绿化美化水平，先后治理排污河道162公里，新建提升改造绿地1.5亿平方米，植树造林100.3万亩，种植树木700万株，改造提升海河两岸环境14公里，有效治理了脏乱差现象和污水噪音废气。近年来全市饮用水水源达标率和中心城区景观水体水质达标率均达到100%，空气质量好于二级天数超过300天。

奋战900天，改善了群众生活环境 下大力气解决关系广大群众切身利益的现实问题，办成办好群众普遍盼望的大事急事难事，让群众切实享受到“看得见、摸的着”的实惠。统筹当前与长远，兼顾局部与整体，分清轻重缓急，先后治理积水点500处，综合整治居民社区950个，实施“平改坡”1401栋108万平方米，整修里巷道路690万平方米，实施老住宅节能改造1943万平方米，建成环卫设施、菜市场和老年照料中心760个，增加健身设施4200套，新建改造公园149个并全部免费开放，全市450多万居民直接受益。国家统计局天津调查总队调查显示，居民对市容环境综合整治的满意度2008年98.8%、2009年99.5%、2010年99.5%、2011年达到99.6%，天津因此荣获“中国城市民生成就最佳范例奖”。

奋战900天，促进了经济持续快速发展 市容环境综合整治通过美化环境、提升载体功能，显著增强了城市影响力、吸引力和竞争力，凝聚了人气、商气和财气。一系列重要国际会议相继在津召开，越来越多的兄弟省市来津学习考察，旅游、会展、商贸等服务业迅猛发展，国内外商家来天津投资的热情空前高涨，综合整治市容环境产生了显著的经济效益和社会效益。

奋战900天　津城换新颜

三岔河口

南翠屏公园

蓟县州河公园

梅江会展中心

红旗南路

奋战900天，提升了城市精细化管理水平 综合整治与加强管理并重，颁布实施了《天津市城市管理规定》，实践了用一部法规管理城市。落实了区县属地管理责任，推行了“以奖代补”政策，建成城市数字化管理平台21个，设立视频监控点3500处，中心城区街道设置了647个万米网格，每个网格落实了卫生保洁员、设施管理员、综合执法员、巡查督导员、考核监督员。多部门联合行动，持续开展城市管理“顽症”专项治理，运输洒漏、占路经营、非法停车、违章建筑、违法广告、城乡结合部脏乱点位等得到有效治理。共管共享，140多支城市管理志愿者队伍，参与城市管理。

津城鸟瞰

天津市工商行政管理局

2011年11月3日，市工商局党组书记、局长王海福（右二）深入基层检查工作

2011年，全市工商系统认真贯彻市委、市政府和国家工商总局决策部署，突出主题主线主攻方向，努力提升服务经济社会发展的优质化水平、市场监管的精细化水平、执法办案的专业化水平、消保维权的社会化水平、干部队伍和基层基础建设的整体化水平，在服务经济社会发展中更加积极、更加有为，实现了“十二五”发展的良好开局。

做多做大做强市场主体，服务经济社会发展取得显著成绩 政策促进体系和市场准入服务机制不断优化，全市市场主体总量、规模和质量进一步提升。全市新增各类市场主体7.77万户，新增注册资本金3585.1亿元。全市市场主体总量44.74万户，同比增长7%；注册资本总额突破22870亿元，同比增长11.78%。外资到位再超百亿美元，创历史新高。

深化服务大项目、小巨人、楼宇经济，支持金融改革创新效果显著。对全市2011年度340项重大重点项目、8500家科技型中小企业和94个重点支持楼宇全部进行分解，逐一提供了管家式、全程化服务。

全市商标发展实现再跨越，广告业快速成长态势喜人。全市提出商标注册申请14921件，12225件获得商标注册核准，有效注册商标总量56897件。全年新增中国驰名商标20件，新认定著名商标112件，新增地理标志证明商标5件，全市新增广告经营单位1598户，广告经营单位总量12185户，同比增长15.1%；全年实现广告经营额122.4亿元，同比增长17.7%。

多元化融资平台继续发力，帮助企业解决融资难题凸显成效。通过动产抵押、股权出质、商标专有权质押、债权转股权、土地流转权质押、林权、海域权质押等多种形式，帮助企业融资438.21亿元。个体民营企业协会与邮储、民生、工商等银行合作搭建融资服务平台，今年以来，累计帮助3359家会员企业解决融资贷款13.05亿余元。

深入推进市场监管和执法办案，市场秩序和市场安全得到有效维护 深化“抓源头，查流转,全程无缝监管”工作机制，实施从食品流通许可、商品质量准入到不合格食品商品退市的全程化

2011年3月15日，市工商局与市消协共同召开加强自律服务民生座谈会

2011年9月14日，与个民协会、工商银行签订协议，解决中小企业融资难问题

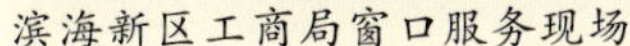
滨海新区工商局窗口服务现场

3.15期间，工商干部走进社区宣传消费维权知识

工商监管干部日常巡检

监管。全年开展流通环节食品抽样检验46个品种1370个批次，发布抽样检验公告和快速检测报告21期，集中曝光了63个批次质量不合格食品。全年办结各类经济违法违规案件5275件，同比增加1100件，增长26.35%。查处无照经营10467户，取缔1201户，引导办照5238户。

努力提升消保维权社会管理水平，保障民生促进和谐更加有力 "12315"申诉中心、"一会两站"建设得到加强，消费维权网络不断完善。全市工商机关和消费者协会共受理群众咨询、申诉、举报13.8万件，为消费者挽回经济损失1740.07万元。

在全国率先设立行政调解中心，初步建立了工商行政调解与人民调解、司法调解相衔接的"大调解"机制。全年接待行政调解咨询2424人次，受理投诉1997件，调解争议427件，为经营者、消费者挽回经济损失276万余元。

加强统筹规划合力攻坚，干部队伍和基层基础建设水平显著提升 深入开展创建"人民满意的工商局、工商所、工商执法人员"活动，有效推动为民服务创先争优工作，系统干部队伍和基层基础建设展现出新面貌。市委、市政府和国家工商总局领导对工商工作作出肯定性批示83件，各区县党委政府领导对分局工作作出批示147件；在2011年度全市民主评议政风活动中，14个工商分局和滨海新区工商局在所属区县名列第一，1个分局名列第二；市工商局连续两年在全市政风评议中获得第一名。

2011年，天津市工商系统庆祝建党90周年文艺演出

天津市人民政府行政审批管理办公室

2011年是“十二五”的开局之年，在市委市政府的正确领导下，在各审批部门和各区县的共同努力下，天津市行政审批制度改革不断深化，市、区县和街道乡镇三级行政服务中心体系基本建立，在全国率先实现区县行政审批统一规范，行政审批效率和服务水平不断提升，在进一步优化投资环境、促进经济社会又好又快发展中发挥了应有作用。

行政审批效率实现进一步提速 在巩固前两年审批服务大提速、再提速成果的基础上，通过进一步减少审批环节，简化审批程序，优化审批流程，实现实际办结时间比承诺办结时限提速15%，市行政许可服务中心集中审批率和现场审批率超过95%，综合审批效率已累计提高80%。

行政审批服务水平得到显著提升 在全市“调增上”活动中，市和区县两级行政许可服务中心，实行24小时开门服务、全程领办帮办，以及预约审批、上门服务、“保姆式”服务等一系列措施，两级中心新增行政服务事项600余项，累计办理预约审批6803件，为企业解决审批方面遇到的难题4475件。

首批向滨海新区下放审批权限落实到位 市各审批部门认真落实“新区的事在新区办”的要求，首批向滨海新区下放了110项行政审批权限事项，已全部落实到位，在滨海新区运行顺畅。滨海新区率先深化行政审批制度改革，加快推进体制机制创新，有效发挥了示范带头作用。

在全国率先实现区县行政审批统一规范 经过全面彻底地清理，天津市对区县实施的行政审批事项从21个方面进行了全市统一规范，并使区县实施的行政审批事项由过去平均每个区县344项减少到236项；平均申请材料件数由7.7件减少到5.6件；平均承诺办结时限由8.3天减少到6.6天，审批效率再次提高20.5%。

联合审批高效办理机制取得显著效果 各级联审部门深入落实联合审批高效办理机制，投资项目联合审批实行一窗统一接件、同步效能登记、审批时间自然时间“双限时”和全程帮办领办服务运行机制，组建了2000人的领办帮办队伍，加大对重大项目的联合审批服务力度。全年有1837个投资项目在140天自然时间内完成全程审批，投资金额3545亿元。企业设立联合审批办理功能进一步扩展，全年完成新设立企业审批30648个，另外完成企业名称、经营范围变更联合审批7265个。

行政审批与效能监察计算机网络系统建设进一步加强 通过组织实施计算机系统的升级，实现了全市统一网络、统一软件和

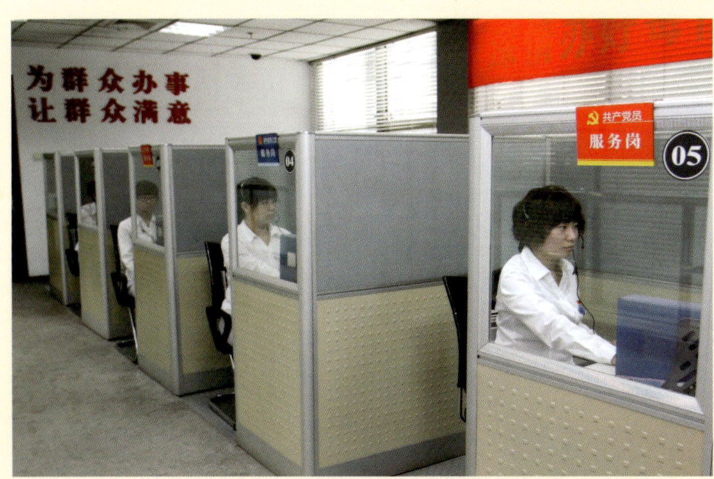

天津市行政许可服务中心社会服务平台——“8890”家庭服务网络中心

天津市行政许可服务中心行政审批服务窗口

信息共享。巩固提升了“5+1”公共资源交易管理系统，对政府采购监督系统进行了升级，新增了关键环节预警功能，对医药采购监督系统进行了完善，将水利工程招投标纳入监管平台，实现了全程监督。初步构建了全市统一的行政审批数据中心，对区县系统实施了统一升级，完成了扩展企业设立联合审批新增企业变更功能的系统研发工作，并成功投入运行，我市行政审批服务信息化建设继续保持全国领先水平。

“8890”累计为群众办理求助事项逾千万件 认真贯彻落实市委市政府关于加强民生型、服务型政府建设的部署要求，不断扩展“8890家庭服务网络”的服务内涵和服务范围，进一步提升服务能力和服务水平，持之以恒地做好为民服务工作。“8890”开通近7年来，已经为群众办理求助事项超过1030多万件，群众对8890服务的满意率保持在100%，受到广大市民群众的真心赞誉。

深化审批制度改革 推进政府管理创新

天津市行政许可服务中心行政审批平台

中国企业国际融资洽谈会

中共中央政治局委员、市委书记张高丽（左一）和全国政协副主席、全国工商联主席黄孟复（左二）出席第五届融洽会开幕式

融洽会资本对接现场

中国企业国际融资洽谈会是在成功借鉴美国企业成长协会50多年资本对接经验的基础上，结合中国国情创立业界领先的融资洽谈模式。通过会前项目筛选、投资匹配，会中对接、快速约会以及会后的全程服务，为投融资双方搭建资金融通的桥梁。

按照专业化、国际化、市场化的办会要求，在主办各方共同努力和国家有关部门的大力支持下，中国企业国际融资洽谈会着力打造系统、完善的服务价值链，为全体与会者提供高水平的服务，已成功举办六届，成为中国目前投融资领域具有国际影响力的专业会议。

会议坚持参与全球资本流动、创建直接融资平台、服务企业健康成长、促进经济持续发展的宗旨，以交流推动交易、交易创造价值、科技引领发展为核心理念，以快速约会、资本对接、中介服务、高端论坛为主体活动，着力打造市场化国际化品牌化专业国际会议。

副市长任学峰（前排右四）陪同英国前首相戈登·布朗（前排右五）到融洽会现场

天津市烟草专卖局
中国烟草总公司天津市公司

党组书记、局长、总经理 高林

天津市烟草专卖局、中国烟草总公司天津市公司成立于1986年1月1日，属中央驻津企业，是天津市烟草专卖行政主管部门，同时负责辖区内卷烟经营工作，下辖7个区局（分公司）、3个分局（分公司）、5个区（县）局（有限公司）和滨海新区烟草专卖局、卷烟销售分公司、物流分公司、恒大实业公司。

2011年，天津市烟草专卖局（公司）在天津市委、市政府和国家烟草专卖局的领导和支持下，认真贯彻党的十七届五中、六中全会、中央经济工作会议、天津市委九届十次、十一次、十二次全会和全国烟草工作会议精神，坚持以科学发展观为统领，牢固树立“国家利益至上、消费者利益至上”行业共同价值观，以“保持发展速度、提升发展质量”为主线，突出品牌培育，狠抓严格规范，积极打造服务品牌，努力促进和谐稳定，各项工作取得了新的成效，实现了全市行业的平稳较快发展。进一步完善营销机制，加强市场分析和调控，经济运行质量明显提升，主要经济指标均创历史最好水平，全年实现销售额128.06亿元。同比增长23.70%，实现税利28.84亿元，同比增长34.52%，为地方经济发展做出了新的贡献。毫不放松地开展卷烟打假工作，持续加强市场清理整顿，全年共查处涉烟违法案件1417起，查获违法卷烟7079万支，捣毁制售假烟窝点80余个，收缴各类制假烟机41台及大量原辅材料，总案值4100余万元，会同公安机关接连破获了“1.11”、“8.18”、“1.02”三起公安部、国家烟草专卖局挂牌督办的制售假烟网络案件和“2.24”利用互联网销售卷烟案件、“7.12”制售烟草专用机械案件等有全国影响的大案要案，沉重打击了卷烟制假分子，有力地维护了良好的市场环境和经营秩序。

2011年9月20日“海上缉私、陆地打假”联合协作机制签字仪式

2011年公司举办庆祝建党九十周年歌咏大会

天津市市政公路管理局

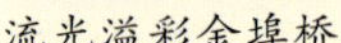
流光溢彩金埠桥

快速路海河海津大桥

天津市市政公路管理局是主管全市市政道桥、公路（含高速公路）管理工作的具有行政职能的市政府直属专业管理局。

2012年，市市政公路管理局确定的全年工作目标是：以科学发展观为指导，进一步强化各项管理职能，全面推进管理的规范化、精细化、科学化，不断提升公共服务能力和管理水平，为我市经济社会又好又快发展提供强有力的设施服务保障。为此，全局开展了“管理年”的主题活动，动员全局上下认真查找在自身思想观念、工作作风、工作制度、工作效率及工作职责等方面的差距与漏洞，切实制定整改措施，完善各项管理制度，努力实现“强化职责，高效管理，做优做强专业管理局”的奋斗目标。

为巩固提高奋战900天综合整治成果，组织完成了城市道路桥梁大中修项目96项，整修道路59条、92万多平方米，整修桥梁6座，进行了地袱改造和粉刷油饰，整修里巷道路30片、20.7万平方米。实施打通瓶颈路段及拓宽改造工程25项，城市道路路容路貌进一步改善。

以解决干线公路交通拥堵、打通区县卡口路段和提升省际交界路段标准为重点，组织实施了G205国道、津文、唐通等9条普通干线公路改扩建工程，总长132公里；新建外环北延线永定新河大桥，改建东风大桥；实施国省干线大中修工程78公里，改造桥梁20座，改造提升了188公里干线公路标志标线和1180套交通标志；完成乡村公路维修改造841公里，列入民心工程的蓟县北部山区自然村村村通油路工程竣工，在全国率先实现了自然村村村通油路的目标。

强化设施网格化巡查管理，对城市道路管线井和社会产权

绿海蓝天外环线

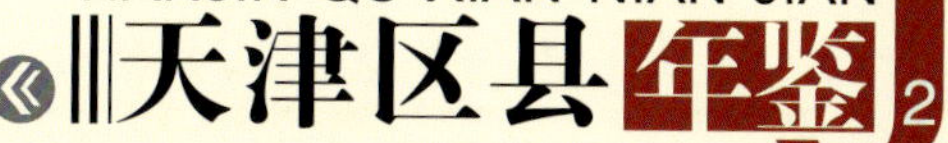

津滨高速

长深高速滨海大桥

道桥设施实施行业监管，形成了设施问题发现及时、处置快速、解决有效、监督有力的长效管理机制。实现了对全市高速公路通行状态的实时监控，组建了市高速公路联网收费中心，具备了统一联网收费条件；加快高速公路电子不停车收费专用车道建设，在39个收费站新建74条ETC专用车道，70%的收费站建有ETC车道，用户4万户。

市政公路专项规划不断深化，城市道路和公路路网规划不断优化完善。发挥治超工作牵头部门作用，形成了“政府主抓、部门联动”的治超工作长效机制，有效遏制了超限超载势头；强化了市政公路建设项目的质量安全监管，推进公路建设信用体系建设，公路建设市场秩序不断规范。

适应天津经济社会的又好又快发展，天津市市政公路管理局将进一步提升市政公路设施通行能力和服务水平，为人民群众创造更畅通、更安全、更和谐、更高效的道路交通出行环境。

蓟县马营农村公路

天津大道

天津市质量技术监督局

天津市质量技术监督局是市政府统一协调组织全市标准化、计量、认证认可、食品安全和特种设备安全监察等工作，是保障经济安全，维护人民群众生命健康，具有行政执法职能的直属机构。

“十二五”时期，全市质监系统将深入贯彻落实科学发展观，按照胡锦涛总书记视察天津质检院提出的“当好食品安全守卫者”的重要指示，以科学发展为主题，以加快转变经济发展方式为主线，按照市委“一二三四五六”的奋斗目标和工作思路，努力为实现中央对天津的定位，为建设质量强市而奋斗。

风采

地址：天津市南开区南开二马路265号　电话：27182013　传真：27182009　网址：www.tjjj.gov.cn

天津市人口和计划生育委员会

2011年7月11日，中共中央政治局委员、天津市委书记张高丽（右一）会见国家人口计生委主任李斌（左一）

2012年5月30日，市委副书记、市长黄兴国（前排左二）等市领导视察天津人口和家庭公共服务中心

在市委、市政府领导下，全市人口计生系统深入贯彻落实科学发展观，以改革创新为动力，积极探索人口计生工作转型发展新途径，人口和家庭公共服务体系建设处于全国领先地位，低生育水平保持长期稳定，有效缓解了人口对资源、环境的压力，促进了经济发展、社会和谐和人民生活的改善。

低生育水平连年保持稳定 2006-2010年年均人口出生率为8.01‰，年均人口自然增长率为2.13‰。2011年末全市常住总人口为1355万人。人口发展规划指标全面完成，人口和计划生育工作主要指标继续居全国前列。

出生缺陷一级干预取得明显成效 制定《优生促进工作流程》、《高危孕妇综合管理工作方案》和《免费孕前优生健康检查项目试点工作实施方案》。“十一五”期间，经病残审批的再生育家庭无一例出生缺陷发生。

有效遏制出生性别比偏高势头 加强对出生人口性别比偏高重点地区的工作指导，依法查处“两非”（非医学需要的胎儿性别鉴定和非医学需要的人工终止妊娠行为）案件。全市综合治理出生人口性别比工作成效明显。

流动人口计生服务管理水平不断提高 与20个省（市、区）的32个县市签订179个流动人口计划生育服务管理双（多）向协议。探索实践“合同式”、“计企联合”流动人口服务管理新模式，实施“关注流动儿童，享美好童年”、“关注新生代农民工，享火样青春”、“关注生殖健康，享幸福生活”等系列服务项目，有效促进流动人口社会融合。

推动人口计生工作转型发展实现突破 在市级层面，建成了天津人口和家庭公共服务中心。以市人口和家庭公共服务中心为龙头、以区县分中心为骨干、以街乡镇服务站和村居服务室为基础的“1-2-6-16-N”的人口和家庭公共服务体系基本建立，人口和家庭公共服务深入开展。2011年7月11日，中国纪念世界人口日活动在津成功举办。实施“家佳推进计划”，根据全员人口信息，将辖区内家庭分类划分为主干家庭、核心家庭等七类家庭，建立“家庭信息档案”，根据家庭特点和需求实施服务项目，通过项目的实施形成一条群众受益的服务链条。目前，“家佳推进计划”的覆盖面达75%以上，受益人群近60万人。

2011年7月12日，副市长张俊芳（前排右一）、国家人口计生委副主任赵白鸽（前排左一）共同启动天津人口和家庭公共服务中心

2011年“7·11”中国纪念世界人口日活动在津举办

外滩公园

滨海新区塘沽管委会

塘沽作为滨海新区核心区，位于天津东部的海河入海口，素有“九河下梢”、“京津门户”之称，是中国北方近代工业发祥地，下辖11街1镇。地处沿海开放地区的塘沽，具有得天独厚的发展条件，自然资源丰富，区位优势明显，城市公建基础设施完善。2011年，塘沽“十二五”开局形势喜人，各项工作都取得了明显成效，呈现出又好又快的发展势头。经济总量持续增长，重大项目加快建设，街镇经济协调发展，科技型中小企业发展迅速，环境综合治理效果显著，农村城市化工作稳步推进，科教文卫体等社会事业齐头并进，人民生活水平迈上新台阶，社会更加和谐稳定。

海河大桥

经济发展竞争力不断增强 区域生产总值470亿元，增长24%；财政总收入287亿元，增长30%；固定资产投资1100亿元，增长28%。实际利用外资4.33亿美元；实际利用内资123.6亿元；外贸出口22.4亿美元，增长14%；城市人均可支配收入增长12%；农民纯收入增长12%。街镇经济协调发展。2011年重点引进金融产业和旅游休闲、商务商贸等现代服务业项目同比增长100%。街道“亿元楼宇”建设取得阶段性成果，大泛华国际中心已被纳入全市首批重点支持亿元楼宇项目。科技型中小企业申报认定工作进展迅速，22家企业申报国家高新技术企业和滨海新区高新技术企业，已全部获批。招商引资工作成效显著，签订了滨海红星美凯龙家居购物中心、锦恒大厦等一批招商项目。

基础设施建设进一步加强 完成了顺化道、振化路大修改造及大连道、永丰道等道路维修工程。森林公园预计2012年可投入使用。水环境治理工程基本完工，中心桥引河等河道得到有效治理。环境综合治理成效明显，辖区空气质量显著改善。城市管理机制日益完善。建成智能化交通指挥中心并投入使用。

城市化建设顺利推进 西部新城起步区内建成道路长度11公里，绿化面积43万平方米，海兴路、腾飞路、新塘桥等一系列基础设施工程相继竣工通车；还迁房建设全面提速，西部新城起步区还迁房已全部达到入住条件。产业园区建设取得突破。华耐集团、寿光蔬菜等20个项目已有入园意向。引进落实“北塘休闲渔业示范园区”项目。天津滨海生态农业科技园区已累计完成投资5.1亿元。

教育事业均衡发展 中、高考成绩位居全市先进行列。在滨海新区率先实现义务教育学校100%现代化达标。建成北塘学校、塘沽四中等学校和幼儿园。实现校园安保人员和设备配置100%全覆盖。医疗卫生改革稳步推进。向阳街、三槐路街社区卫生服务中心和广州道等社区卫生服务站建成并投入使用。文化体育事业蓬勃发展。举办了塘沽第十六届海门艺术节、塘沽第七届邻居节等一系列文化活动。大沽口炮台遗址博物馆正式落成并向市民开放。

社会保障力度持续增强 就业再就业水平不断提高，实现新增就业2.42万人，保持零就业家庭动态为零。保障体系进一步完善，城镇居民参加医疗保险人员15.1万人。住房保障工作加快推进，首期限价商品房项目已竣工。扶贫帮困水平显著提高。实现城乡低保全覆盖，建成社区老年人日间照料服务站，具有全国领先水平的塘沽残疾人服务中心也正式投入使用。智障儿童庇护所——“塘沽阳光家园”已成为全市保护未成年残疾人权益工作的先进典型。社区建设取得丰硕成果。开展特色社区创建活动，对34个社区开展关爱互助型、文化学习型、民主法制型等10大类特色社区创建活动，不断激发社区创造活力，营造了和谐社区氛围。新港街道率先成立社会组织联合会，吸引社会力量充分参与社会管理，取得很好成效。

海洋高新区 全年完成增加值181亿元，增长25%；完成固定资产投资41亿元，增长24%；内联引资85亿元，增长26%；实际利用外资7800万美元。重点项目加快推进，波音二期、天津远洋洪彬等项目已建成投产，中海油天津研发产业化基地、北方黄金珠宝基地、智造创意产业园等一批重点项目均已开工建设。

森林公园

河滨公园

绿岛公园

南园

滨海新区大港管委会

山湖公园

2011年，大港实现地方生产总值240.2亿元，同比增长21.6%；地方财政收入22.32亿元，同比增长30%；固定资产投资145亿元，同比增长45%；社会消费品零售总额98.2亿元，同比增长20%；城市居民人均可支配收入27754元，农村居民人均纯收入13697元，同比分别增长11%和10.6%。

发展平台进一步完善 进一步完善大港开发区、石化产业园区载体功能，提升园区的开发建设水平。加快官港生态游乐园区配套设施建设，盐生植物园二期、别墅式酒店、生态家园等项目进展顺利。突出抓好中塘示范工业区建设，起步区一期实现“九通一平”，二期1平方公里的配套设施正在全面建设。以天瑞水泥、中技方桩为龙头的港西新型建材工业园区正在全面推进，力争用两年左右时间，建成总投资20亿元、产值36亿元的新兴工业园区。

项目落地取得突破性进展 先后引进国华电力风电二期、天瑞水泥、龙源风电三期等一批优质项目。实际利用外资1.05亿美元、内资52.9亿元。总投资212.6亿元的43个市级区县重点项目，除兴达化工正在调整设计外均已开工，全市最大容量风能发电项目龙源电力并网发电，一批现代大型服务业项目进展顺利，服务业保持良好发展势头。中石油储备库、轧一冷轧薄板二期、长兴不饱和树脂二期、均利石材二期等一批项目进展顺利。

技术创新取得积极进展 出台加快科技型中小企业发展奖励办法和考核办法，全面启动首批38个科技项目的评审和政策扶持工作。加快科技创业产业园区开发，启动投资3亿元、面积5万平方米的科技创业中心建设，8镇街科技孵化器加快推进。

城市面貌实现新变化 先后实施海景路南延、穿港路二期改造、世纪大道与津岐公路交口改造等工程，海滨大道大港段实现

百万吨乙烯工程厂区夜景

学府路

全线贯通，轻纺大道（原上高路）全面竣工通车。港东新城建成住宅小区70万平方米，在建住宅小区16个，面积160万平方米。健全长效管理机制，坚持“发展为要、环保为先”，抓好重点污染源的在线监测。强化节能减排目标责任制，完成一批煤电装置和集中供热锅炉脱硫改造，区域空气质量二级以上天数比例85%以上。实现了城市净化、序化、绿化、美化的目标。

新农村建设稳步推进 太平示范镇一期34万平方米还迁房加快建设，二期项目与天津保税区正式签约；小王庄示范镇43万平方米还迁房开工建设，中塘镇60万平方米还迁房完成规划和前期准备。加快发展现代设施农业，全年新增现代设施农业5000余亩。设施种植业园区11个，养殖业园区5个，水产养殖业园区3个。洪瑞、神驰两个畜禽养殖场被授予全国首批标准化示范场。加强农村环境治理，按照户集中、村收集、街镇转运的运作模式，加大农村生活垃圾集中处理力度。

民计民生得到有效改善 精心实施了20项民心工程，全年新增就业2.1万人，农村转移劳动力5300人，城镇登记失业率控制在3%以内。社会保险综合参保率96%，新型农村合作医疗参合率98%。抓好11万平方米保障性住房开工建设。坚持教育优先发展战略，投资2.77亿元，完成了27所学校的义务教育学校现代化达标任务，义务教育学校现代化达标率85%。加强医疗设施建设，全面实施18项免费社区医疗服务，妇女儿童健康行动计划惠民12项目标任务圆满完成。积极搞好滨海艺术节等大型群众性文化活动，大力推进公益电影放映工程。大力开展全民健身活动，积极组织群众性健身团队开展交流活动。

浅海勘探

中华第一吊

滨海新区汉沽管委会

汉沽新开路夜景

水产科技园启动

汉沽位于天津市东北部，是滨海新区的城区之一。城区西南邻塘沽，北连宁河，东与河北省唐山市丰南区接壤，南濒渤海湾，有海岸线28公里。蓟运河蜿蜒流经城区从北塘入海，境内全长28公里。京山铁路、唐津高速公路、滨保高速公路横贯境内，海滨大道沿海岸线通过汉沽，中央大道、塘汉快速路直通滨海中心区。天津至秦皇岛高速铁路经过汉沽，设滨海北站。

在滨海新区开发开放中，汉沽规划建设功能定位为：建设一流的海滨休闲旅游区、健康产业聚集区，沿海都市型农业观光区和生态宜居的现代化城区。重点发展休闲旅游、医疗保健、葡萄种植与加工、水产养殖、农产品加工、节能环保等产业。汉沽坚持以科学发展观统领经济社会发展全局，发挥区位、资源、产业等综合优势，推进经济转型和结构调整，东扩新城区基础设施建设逐步推进；滨海物流园、营城工业园、杨家泊镇工业区招商引资能力增强；茶淀葡萄科技园区、杨家泊水产科技园区加快建设。2011年继续保持了又好又快的发展势头，实现了“十二五”良好开局。区域完成生产总值90.2亿元，比上年增长18.8%；固定资产投资95.5亿元，增长8%；社会消费品零售额45.5亿元，增长23%；城市人均可支配收入21406元，农民人均纯收入13834元，均增长12%以上。

汉沽飞镲展示会

河西公园鸟瞰图

由民生银行创建的公务飞机租赁湾流G450公务机今日在津起航

滨海新区东疆保税港区

东疆保税港区位于滨海新区东部，为浅海滩涂人工围海造陆形成的三面环海半岛式港区，是滨海新区建设中国北方国际航运中心和国际物流中心的核心功能区。自2007年底首期4平方公里实现封关运作以来，包括6个集装箱泊位、58座仓库和60余万平米堆场，海关监管及口岸办公设施也已投入使用。2012年，东疆保税港区10平方公里将实现整体封关运作 。

2011年5月，国务院、国家发改委同意以天津东疆保税港区为核心载体，开展国际船舶登记制度、国际航运税收、航运金融业务和租赁业务四个方面的政策创新试点。

2011年8月，财政部、国家税务总局下发了《关于天津北方国际航运核心功能区营业税政策的通知》，明确在东疆保税港区内注册的航运、仓储、物流企业可享受的税收优惠政策。

国际航运税收试点政策实施后，东疆在国际航运、物流、仓储方面的政策环境与国际自由贸易港区更为接近。不仅吸引了像中远散运集团这样全球最大的散货运输企业落户，早前落户的航运企业也在近期扩大了经营规模。

租赁业务创新的多个单项同时推进，中飞租第一批享受了国内租赁公司购买飞机租赁给国内航空公司使用按4%优惠税率缴纳增值税的试点政策，环宇租赁等多家飞机租赁企业实现了在东疆保税港区完成飞机报关；国家发改委为东疆飞机租赁企业优先安排中长期外债使用指标达到5.5亿美元的规模。

英利绿子首批橄榄油下线

东疆港码头作业

码头作业

在航运业和租赁业迅猛发展的同时，综合效应也开始显现。一年来，东疆共注册企业377家，注册资本74亿元，占全区总注册企业数的43%，占总注册资本的35%。其中，航运物流企业81家，贸易企业66家，租赁企业155家，这三个航运中心的主导产业企业占到一年中注册企业数的80%。一年来，东疆平均每周注册企业近8家，其中有6家属于国际航运中心的主导产业。

目前，利用东疆保税港区平台，开展汽车转口贸易、期货保税交割库、国际商品展示交易等体现航运中心功能要素的项目纷纷与东疆接触，一批知名企业也参与到推动《方案》落地实施的队伍中来，东疆保税港区在国际航运中心核心功能区方面的特征已经初步显现。

天津滨海高新技术产业开发区

1988年，经天津市委、市政府批准，天津滨海高新技术产业开发区建立。1991年被国务院批准为首批国家级高新技术产业开发区，总体规划面积97.96平方公里。包括华苑科技园、滨海科技园、南开科技园、武清科技园、北辰科技园、塘沽科技园六部分。其核心区域华苑科技园、滨海科技园位于天津市西南和东部，是天津经济发展的双子星座。

建区以来，天津滨海高新技术产业开发区始终坚持依靠科技发展经济，主要经济指标持续保持30%以上的增长速度。发展环境不断优化，创新能力不断增强，产业规模不断提升，涌现出一大批拥有自主知识产权的高新技术企业，形成了绿色能源、软件及高端信息制造、生物技术与现代医药、先进制造业和现代服务业五个具有较强竞争力的优势主导产业，初步形成了参与产业高端分工、创新浪潮持续涌现、骨干企业规模带动、配套企业链条不断延伸的产业创新集群。天津滨海高新技术产业开发区已具备了建设高水平自主创新基地和高新技术产业化示范基地的基础和条件。

2001年，天津滨海高新技术产业开发区被科技部评为“国家先进高新技术产业开发区”；2005年，被国家知识产权局批准为全国首家“国家知识产权试点园区”，核心区华苑科技园被国家环保总局、国家科技部批准为创建ISO14000国家示范区；2006年，核心区滨海科技园成为科技部和天津市共建的全国第一个国家高新区。2009年，天津滨海高新技术产业开发区成为国家科技部首批创新型科技园区建设试点单位之一。为建立海外高层次人才创新产业基地，2008年中央组织部、国务院国资委作出建设未来科技城的重大战略部署，并选择天津等4个城市作为先期试点。

2011年，温家宝总理在视察滨海新区时，对天津未来科技城的发展提出了“智慧经济城，创新先导城”的总体定位。天津未来科技城选址于滨海高新区滨海科技园，紧邻东丽湖度假村和黄港水库旅游区，总面积约30平方公里，起步区规划建设10平

高新产业开发区全景

天津天地伟业数码科技有限公司

天津赛象科技股份有限公司

曙光计算机产业基地

天津市协和干细胞基因工程有限公司

方公里，以研发功能为主，主要承载央企研发类项目，同步规划建设了40平方公里拓展区，以产业化功能为主，产业就近落地，实现研究成果与产业就地转化。到2012年底，天津未来科技城起步区建设将初具规模，拓展区具备产业化项目落地条件。

作为国家首批创新型科技园区之一的天津滨海高新技术产业开发区，最终将建设成中国自主创新和高新技术研发的高地，成为引领全球科技及新技术产业发展的龙头，支撑中国第三增长极的重要创新极，成为科技创业者的乐园，科技人才的理想憩息地。

渤龙山庄

滨海新区中心商务区

2009年12月26日于家堡金融区起步区开工仪式

滨海新区中心商务区是滨海新区九个经济功能区之一，位于滨海新区的核心地带，横跨海河下游两岸，东至滨海大道，南至大沽排污河，西至河南路、河北路，北至大连东道，规划面积23.46平方公里，是天津滨海新区发展国际金融、国际贸易和高端服务业的聚集区，是新区进行金融改革创新的基地。中心商务区将重点发展金融服务、现代商务、高端商业等现代服务产业，并最终建成环渤海地区的金融中心、贸易中心、商务服务中心和高品质的国际化生态宜居城区。中心商务区2007年开始筹建，2010年12月，经市委、市政府批准，成立滨海新区中心商务区管委会并建立党组，成为滨海新区的派出机构。中心商务区主要包括响螺湾商务区、于家堡金融区、解放路(天碱)商业区、大沽生态区和蓝鲸岛五个板块。2011年累计完成固定资产投资744亿元，其中，当年完成固定资产投资220亿元，同比增长46.7%；财政收入25亿元；内联引资63.2亿元，增长34.5%，利用外资1亿美元，增长40%。

楼宇建设 响螺湾39个项目、48栋楼宇，已完成投资180亿元。浙商、五矿、极地海洋馆等5栋商务楼竣工，面积35.4万平方米。中船大厦、温州大厦等20栋楼实现主体封顶，滨州大厦、金唐大厦等6栋楼施工至10层以上，陕西大厦、盈信大厦等7栋楼达到正负以上，富力大厦、中航大厦等10栋楼宇基础施工。于家堡“9+3”和宝龙项目开工220万平方米，累计完成投资79.6亿元，14个地块15栋楼宇中有5栋主体封顶，2栋达到主楼40层以上，1栋达到主楼12层，5栋楼宇达到主楼首层以上，另2栋处于正负零施工和土方开挖阶段。洛克菲勒罗斯洛克金融中心、铁狮门金融广场项

中心商务区全貌

目如期开工。

基础设施建设 累计投资148.3亿元。实施了迎宾大道、坨场南道、永太路等5条道路提升改造。完成天津大道东延线、蓝鲸岛绿化工程。实施了响螺湾配套管网、大沽地区道路、排水、路灯工程。天碱老厂区启动基础设施建设。

于家堡金融区起步区03-35和03-37地块（铁狮门合作项目一期）举行开工仪式

综合整治 对天津大道延长线、迎宾大道、河南路、永太路等道路两侧的建筑物实施整修和绿化景观提升。拓宽改造道路8条共25万平方米，实施绿化景观80万平方米，整修建筑178栋，面积26.7万平方米，整治施工围挡4500延米，拆除违章建筑5188平方米。

规划设计 按照市区领导的批示要求，进一步提升了响螺湾、于家堡的规划、设计。采取有效措施加强建设中的监督管理。对区域内60余栋建筑外檐、屋顶、颜色、灯光反复调整提升。完成了天碱商业区概念性规划、大沽地区控详规和彩带岛、于家堡沿海河绿化景观的扩初设计。完成了塘沽南站、海河外滩、大沽船坞、新港船厂等重点区域规划设计方案征集。

拆迁安置 在土地拆迁上完成了天碱老厂区的交接，推进了铁路塘沽南站、天津船厂、大东公司、天海公司等土地收购。积极稳妥地参与解决大沽地区拆迁户集访，主动做好滞留户的安置。

管理服务 推进改革创新，妥善平稳地完成了机构建制。努力健全行政管理体系，制定了各项工作制度。加强服务体系建设，承接了新区25项行政审批职能，成立并运行了行政服务中心，全面实施优质的“保姆式”服务，营造了良好的投资建设环境。大力引进人才，完善对企业的人力资源服务。扎实做好安全、质量、信访、维稳等方面的工作，确保了一方平安。加强科学、规范的管理，于家堡“建设者之家”成为社会管理创新试点。

平台公司 中心商务区投资集团公司在开发建设中发挥了主力军作用，投融资、建设和运营平台功能进一步增强。投资集团注册资本180.35亿元，总资产498亿元，净资产177亿元，资产负债率65%，实现利润9300万元。

天津临港经济区

天津临港经济区办公大楼

临港经济区位于海河、独流减河入海口之间滩涂浅海区，是通过围海造陆而形成的港口工业一体化的新兴经济区，规划总面积200平方公里，是国家循环经济示范区、滨海新区九大功能区和十大战役之一，定位于建设中国北方以重型装备制造为主导的生态型临港经济区。

临港经济区北与天津港隔大沽沙航道相望，南接南港工业区和轻纺工业区，西为滨海新区规划中部新城，东临渤海，处于环渤海经济区的中心地带，距离滨海新区中心城区10公里、距天津市区50公里、距北京160公里。临港经济区横跨两河、纵对大海、背靠三北、面向世界，直接经济腹地包括京津两个直辖市和华北、西北十个省区，总面积200多万平方公里、人口2亿多，同时还可幅射日本、韩国、朝鲜、蒙古等东北亚国家。

临港经济区拥有海、陆、空立体交通网络。海运方面，不仅北依世界第五大港天津港，自己还具备大沽沙、高沙岭、独流减河三条航道，将建设三百余个万吨级以上码头，实现入港物流无缝对接。陆运方面，京津塘、津晋、海滨大道等九条高速纵横交错，贯通临港，区内三横五纵骨干路网已经形成，入区铁路正式通车。空运方面，距天津滨海国际机场仅38公里。

2011年，临港经济区完成地区生产总值102亿元，同比增长

码头

临港展馆

1倍以上；完成工业总产值700亿元，同比增长1.25倍；完成固定资产投资212.5亿元；实现财政总收入19.6亿元（其中地方财政收入17.3亿元）；实际利用外资1.82亿美元，同比增长24.1%；内联引资40.4亿元，同比增长34.7%；新增围海造陆23平方公里，新增软基处理土地12.5平方公里；新增招商引资协议额402亿元；完成港口吞吐量1500万吨，同比增长13.6%。

3、4号码头

金岸重工

航道造陆

天津港（集团）有限公司

天津东疆保税港区

天津港集装箱码头群

天津港地处渤海湾最西端、海河入海口，位于京津城市带和环渤海经济圈的交汇点上，是首都北京的海上门户、中国北方重要的对外贸易口岸，是连接东北亚与中西亚的纽带。天津港是世界等级最高的人工深水港，目前主航道水深已达-21.0米，25万吨级船舶可自由进出港，30万吨级船舶可乘潮进出港。

天津港现有水陆域面积 326平方公里，陆域面积121 平方公里，主要由北疆港区、南疆港区、东疆港区、临港经济区南部区域、南港港区东部区域等组成。天津港是中国沿海港口功能最齐全的港口之一，拥有集装箱、矿石、煤炭、原油及制品、钢材、大型设备、滚装汽车、散粮、散化肥、国际邮轮等专业化泊位。天津港岸线总长 3.27万米，各类泊位总数 154个，其中万吨级以上泊位 99个。天津港对外联系广泛，同世界上180多个国家和地区的500多个港口有贸易往来，每月航班400余班，直达世界各地港口。

天津港（集团）有限公司是天津港的主体，目前总资产近900亿元，拥有各类性质员工近4万人，旗下拥有60多家公司，在A股和H股拥有两家上市公司，公司连续10年入选中国500强企业，2011年居第415位。

天津港全景鸟瞰

集装箱码头

石化码头

滚装码头

矿石码头

邮轮母港

2011年，天津港认真贯彻落实市委市政府的各项部署，积极开展“调结构、增活力、上水平”活动，港口发展取得了新的成绩。港口生产实现新突破，完成货物吞吐量4.53亿吨，增长9%，世界排名上升至第四位；完成集装箱吞吐量1159万标准箱，增长14%，世界排名十一位。港口建设取得新进展，东疆港区实现整体成陆，保税港区二期通过封关预验收，30万吨级航道一期工程、金岸重工项目、南疆南部路桥工程等一批重点工程顺利完工。港口物流功能得到新提升，新建了西安区域营销中心和鄂尔多斯、张家口无水港，内陆腹地无水港总数达到的21个，开发了9项全程物流业务，进一步完善了覆盖内陆腹地的物流网络体系。

2012年，天津港将继续坚持科学发展观，牢牢把握主题、主线、主攻方向，按照稳中求进、稳中求好、稳中求快的工作基调，抢抓机遇、迎难而上，积极调整结构、深化改革、提高效益，努力推动天津港实现更大发展，达到更高水平，以优异成绩迎接党的十八大、天津市第十次党代会和天津港重新开港60周年。

东疆鸟瞰

天津经济技术开发区

"开发区大有希望"昼荒犁

天津经济技术开发区是中国首批国家级开发区之一。1986年8月，中国改革开放的总设计师邓小平莅临天津开发区视察，亲笔题词"开发区大有希望"，成为天津开发区改革开放、奋勇拼搏的动力。建区28年来，天津开发区始终站在中国北方对外开放的最前沿，在商务部关于国家级经济技术开发区投资环境综合评价中荣获14连冠。在市委、市政府和滨海新区的正确领导下，天津开发区坚持"构建中国新经济平台"和"二二二三四"发展战略，努力打造先进制造和研发转化基地，高端服务业聚集区，抢抓机遇，求真务实，埋头苦干，在天津市和滨海新区大发展中当先锋、打头阵、挑重担、做贡献。

天津开发区地处环渤海经济带和京津冀都市圈的交汇点，背靠中国华北、东北、西北广大地区，依托天津、北京两大直辖市，与日本、韩国隔海相望，直接面向东北亚和迅速崛起的亚太经济圈，是中国对外开放的重要窗口和通道。天津开发区包括东区、西区、南港工业区以及现代产业区、逸仙科学工业园和微电子工业区三个小区。

区域经济保持又好又快发展 2011年天津开发区生产总值实现1908.4亿元，工业总产值6102.8亿元，财政收入403.6亿元，实际使用外资43.5亿美元，出口198.5亿美元，自2007年以来，主要经济指标在天津市和滨海新区中的比重基本保持稳定。

打造中国北方先进制造业基地 天津开发区坚持走新型工业化道路，正在建设成为中国北方规模最大、技术水平最高、可持续发展能力最强的先进制造业基地。以大项目好项目支撑发展，截止2012年6月，天津开发区累计引进外资项目5088个，实际使用外资352亿美元，其中投资总额1000万美元以上的项目1025个。财富500强跨国公司在天津开发区投资了 187个项目。累计内资企业注册 9368 个，注册资本1651亿元。拥有工业产值超亿元企业278家，其中10亿级企业79家，百亿级企业12家，500亿企业3家，千亿级企业集团1家。

推动现代服务产业快速发展 总部经济日趋壮大，符合天津市总部企业标准的企业15家，销售额超过1700亿元；金融创新走在全国前列，基金企业累计注册744家，认缴出资额1146亿元，国家发改委备案的54家基金企业中21家落户天津开发区；服务外包业快速发展，进入商务部统计系统的服务外包企业66

开发区风光

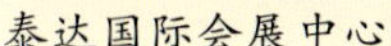
泰达国际会展中心

生态泰达

家，2011年离岸合同额3.5亿美元。

以自主创新作为结构调整的中心环节 加大科技创新投入，2011年投入科技活动经费78亿元，增长20%。加快科技创新载体建设，拥有各类孵化基地12家，研发孵化面积80万平方米。国际生物医药联合研究院、国家超级计算天津中心等国家级重大创新载体建成投入使用。在生物医药、生物育种、纳米技术、膜技术、电工汽车、集成电路设计等产业和技术领域处于全国领先水平。被中组部授予“海外高层次人才创新创业基地”称号，22人入选国家“千人计划”。

南港工业区开发建设迈上新台阶 2009年4月，天津市委、市政府决定由天津开发区管委会主导开发建设南港工业区。南港位于滨海新区南部，规划面积200平方公里，定位为“中国领先、世界一流”的世界级重化产业和港口综合功能区，重点发展石化、冶金装备制造、港口物流以及相关的配套服务产业，将建设成为世界级重化产业基地、中国北方石化产品枢纽港和国家循环经济示范区。全面建成后，南港工业区总投资8000亿，产值超过10000亿，从业人员超过20万，成为全球重要的重化产业基地。

和谐社会达到新水平 2011年，开发区对社会事业发展投入15.5亿元，增长46%，医疗卫生事业创新体制机制，实现医疗资源共享。2011年，新增就业岗位近7万个，人均劳动报酬增长15%，为近年来最高增幅，获得“全国模范劳动关系和谐工业园区”称号。社会管理创新成绩斐然，社区管理“泰达模式”得到中央和市委的高度肯定，形成信访和法律援助联动工作机制，健全“大调解”体系，积极推行工资集体协商，完善职工工资正常增长机制。

“十二五”时期，作为滨海新区的重要经济功能区，天津开发区将努力实现经济社会发展新跨越,在京津冀、环渤海区域更好地发挥辐射带动作用。到“十二五”末，开发区力争形成电子、汽车、装备、石化4个2000亿元规模的产业集群，2家以上千亿级企业集群，30家以上百亿级企业。同时，要推动新能源新材料、装备制造、生物医药和航天等优势新兴行业的聚集和发展，为国家级开发区的事业做出新的更大贡献。

泰达区景

空港经济区一景

天津保税区

天津保税区是天津滨海新区的重要经济功能区，包括天津港保税区和空港经济区两个区域，总面积73平方公里，背靠京津冀，服务“三北”地区广阔腹地。其中，天津港保税区面积5平方公里，是中国华北、西北唯一的、北方规模最大的保税区，依托天津港，区内设有保税物流园区，具有国际贸易、国际物流、临港加工和展示展销四大功能。天津空港经济区毗邻天津市区、距滨海国际机场3公里，面积68平方公里，是以航空产业为特色的综合经济新区。

作为国家级开放经济区，建区21年来，天津保税区始终保持健康快速发展，生产总值年均增幅42%，形成了民用航空、通讯信息、装备制造、研发转化、总部经济、现代商业、国际物流等优势产业集群,成为依托海空双港、综合优势明显、最具活力的经济区域之一。

2011年，天津保税区6项主要经济指标增幅超过30%，完成生产总值875亿元，增长30%；财政收入156亿元，其中工商税收120亿元，增长38%；工业总产值1100亿元，增长33%；进出口总额192亿美元，同比增长32%；内联引资83.5亿元，增长32%。经济指标在全国保税区中位居前列，在滨海新区中的比重不断上升，2011年地区生产总值、外资到位、进出口总额分别占滨海新区的14%、31%和27%。

2012年，保税区预计地区生产总值将突破1000亿元，财政收入达到185亿元。“十二五”期间，保税区将努力建设经济充满活力、城市面貌靓丽、社会人文和谐、文化氛围浓郁、生态环境宜居、民主法制健全的开放区域。

天津港保税区：聚焦招商引资，高端产业加速聚集

保税区紧紧抓住新区开发开放的历史机遇，举全区之力聚焦招商、服务招商，按照“高科技、高成长、高效益和低碳化”的标准，聚集了大项目好项目。截至2012年6月，区域注册企业

空港总部经济区商务园全景

空港体育中心

近万家，其中世界500强企业投资项目141个。在国内超前实行市场准入，采取较为宽松的贸易政策，成为大批国际贸易企业的聚集地，吸引了丰田通商、德国大众、3M、霍尼韦尔、海德堡、住友、三井等3000多家贸易公司。依托天津港和滨海国际机场，积极培育物流产业链，搭建第三方物流服务平台，吸引了瑞士名门、荷兰世天威、美国普洛斯、德国汉莎、香港嘉里、新加坡丰树、叶水福等国内外知名的物流企业，物流总量保持年均30%以上的增长速，在中国北方经济发展中发挥着重要的服务辐射作用。

空港经济区：实施发展新战略，打造生态宜居新城区

作为滨海新区距离市区最近的经济功能区，空港经济区以建设国际化、生态化、人文化区域为目标，坚持建设现代化新城区和科技园、工业园、物流园“一城三园”的发展思路。现代化城区占地13平方公里，包括总部基地、大型商业、公建住宅；研发科技园占地9.4平方公里，重点发展发展电信、生物、光电、服务外包；高新工业园占地29.1平方公里，重点发展民用航空、新能源新材料、先进制造业；现代物流园占地2.5平方公里，依托空港保税区和滨海国际机场，发展空港物流。

空客A320总装线

世界最大单体商业建筑SM效果图，将于2013年建成

大邱庄

现代化生产车间

现代设施农业大棚

居民文化生活

大邱庄镇区位优越，交通发达。位于团泊新城南区，距天津市区22公里，距天津滨海新区核心区60公里，距天津港70公里，距天津机场46公里，距北京市120公里。境内津沧高速、津汕高速、唐津高速、京沪高速铁路穿境而过，与京沪高速、104国道、京福铁路相邻，到天津港、天津机场、北京机场方便快捷。

工业是全镇的支柱产业，占全镇经济总量的87%，主要是黑色金属压延及加工业。2011年完成钢铁加工量1822万吨，其中焊接钢管914万吨，占全国焊管产量22.6%，是全国最大的焊管生产加工基地；方管产量241万吨，也是全国最大的方管生产基地；石油套管和热轧棒材等产品生产线达到国际先进水平。被中国社会科学联合研究中心评为“中国钢管产业集群名镇”。

全镇社会保障体系比较完善。新型农村合作医疗参合率100%。公益事业较为配套。镇政府每年筹集200万元用于帮扶弱势群体，全社会捐资380万元新建了供老年人休闲娱乐的颐乐园；建立了大邱庄公益助残专项救助基金，吸纳捐赠资金600万元，帮助残疾人；企业家自发成立了福慧教育基金会，基金金额1000万元，用于奖励在校大学生。2011年被中央精神文明建设指导委员会评为“全国文明村镇”。

2011年全镇实现生产总值83亿元，同比增长31.2%,工业销售收入610亿元，同比增长30.9%；固定资产总投入34.6亿元，同比增长53.6%；税收完成8亿元，同比增长52%；人均收入完成14650元，比2010年纯增1786元。

今后一个时期，镇政府将按照市委、市政府“三区”联动

大邱庄规划展厅

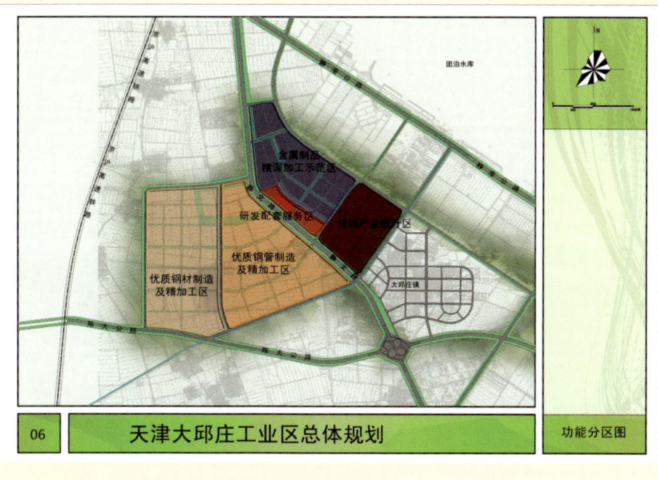

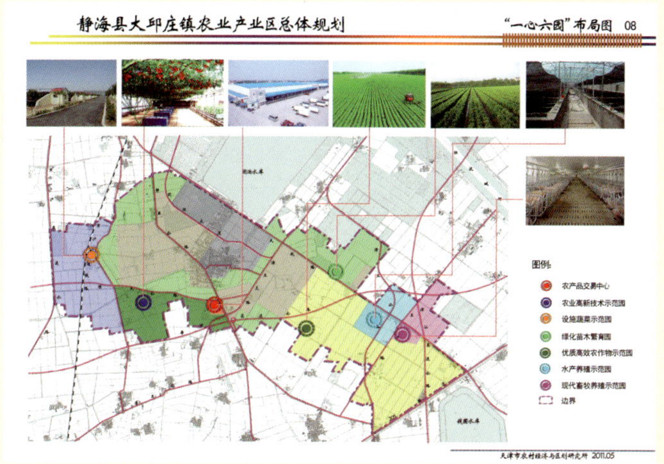

的发展要求，积极构筑大邱庄跨越发展高地。

一是加快推进示范镇农民居住社区建设。总投资150亿元，加快以宅基地换房为核心的245万平方米的示范小城镇建设，全镇26个村街全部实行宅基地换房。

二是加快推进工业示范园区建设。规划总用地面积14.3平方公里，园区定位是优质钢材和金属制造与研发转化基地，重点发展优质钢材制造和高端金属制品两大主要产业，培育发展新材料制造、装备制造和电器机械制造三个产业。

三是加快推进农业产业园区建设。坚持高效、绿色、生态、观光为一体的特色农业开发思路，实施“六区一中心”建设，包括设施园艺、生态林木、优质粮棉作物、特色果品、健康水产、生态畜禽六个发展区及农产品交易中心。总规划农业发展用地13万亩。

三区联动之新城建设—示范小城镇建设规划图

农民居住区

中国自行车第一镇——王庆坨

天津市武清区王庆坨镇，位于天津市区西北，与北辰、西青、河北相接。全镇辖 22个村街,总面积为54平方公里，全镇常住人口3.6万人，流动人口近2万人。

作为王庆坨镇工业支柱产业的自行车产业，近年来异军突起，在增加群众收入、提升镇域整体经济实力上发挥了重要作用，被誉为驰名中外的“中国自行车第一镇”。自行车产业的健康快速发展，极大地壮大了镇域经济实力，2011年，实现地区生产总值19亿元，三级财政收入1.3亿元，招商引资6亿元。王庆坨镇已发展成为全区的经济强镇、津西北重镇、全国小城镇建设试点乡镇。

镇域经济的发展为全镇的城镇建设开发及社会各项事业快速发展注入了强大动力，全镇经济和社会各项事业呈现出蓬勃发展的强劲势头。近几年来，全镇每年用于城镇基础设施建设、实施惠民利民便民工程方面的投入均不少于5000万元，城乡环境面貌显著改观。群众生活水平不断提升，幸福指数逐年提高，广大群众参与文体活动的热情空前高涨，2011年该镇飞叉表演获得全国少数民族运动会项目表演一等奖。

2012年，王庆坨镇党委政府结合该镇实际创造性地开展工作，以城镇化为主导，以新型工业化为支撑，以开发开放为主线，以城镇建设、大项目开发和科技型中小企业发展为重点，抓发展增实力、抓环境树形象、抓稳定促和谐，努力建设经济强镇、文化名镇和宜居新市镇。

电动车组装车间

自行车技能大赛

“飞叉”表演

抓发展增实力、抓环境树形象、抓稳定促和谐，
努力建设经济强镇、文化名镇和宜居新市镇。

王庆坨镇东津保、京沪高速公路——留有互通式出入口

天津市西青区精武镇

精武镇位于天津市西青区中南部，是爱国武术家、中华精武会创立者霍元甲的故乡。辖18个行政村，面积57平方公里，是闻名遐迩的鱼米之乡和文化名镇。

近年来，精武镇党委、政府积极引进大项目好项目，使全镇产业结构得到了优化调整，三区建设效果显著。学府工业园区被市政府授予优秀示范工业园区；积极打造设施农业产业区，规划了占地面积3600亩的观赏鱼产业化基地，促进了农业增效、农民增收；启动了总投资31亿元、占地45公顷、建筑面积76.5万平方米的第四批示范小城镇建设；高标准建设了总投资22亿元、规划占地3880亩的精武门·中华武林园，该项目被列入天津市2010年文化旅游产业重点项目，2010年11月成功举办了以“百年寻根，精武盛会；传承精武文化，弘扬民族精神”为主题的“世界精武·霍元甲英雄会”。

世界精武——霍元甲英雄会

进入“十二五”，精武镇党委、政府坚持以科学发展观为指导，以经济建设为中心，以三区联动建设为载体，以富民强镇为目标，以加大招商引资力度和发展壮大村级集体经济为突破口，以抓镇村组织建设为保证，以抓民计民生、弘扬精武文化、突出地域特色为重点，积极建设科技精武、文化精武、生态精武、和谐精武。

中国大冢制药有限公司

百亿元企业——天津市新宇彩板有限公司

新镇区建设——农民还迁楼

城镇化典范——华明街

2012年，华明街加快重点项目建设推动会

2012年，天津华明村镇银行开业揭牌仪式

东丽区华明街，坐落在天津中心城区与天津滨海新区之间，毗邻空港物流加工区、滨海国际机场和东丽湖。2011年，华明街实现地区生产总值47.1亿元，固定资产投入72亿元，三级财政收入5.3亿元，农民人均纯收入16010元。2011年被天津市评为先进基层党组织，2012年被评为全国创先争优先进党组织，又被天津市委推荐为全国军民共建社会主义精神文明先进单位。

一、以宅基地换房建设小城镇

2005年，天津市提出了以宅基地换房的模式建设小城镇，同年 10月，国家发改委批准了华明示范镇列为“全国小城镇发展改革试点单位”。2006年4月动工建设，2007年10月竣工。总建筑面积约410万平方米，规划人口8万人。日照系数1.6，绿地率超过45%，公建面积22万平方米,如学校、医院、商场、餐饮娱乐、物业、公交车站等一应俱全，是理想的生态宜居城镇。

二、以“三区”联动实现统筹发展

华明高水平、高标准、高效率的建设，形成了居住社区、高新园区、设施农业产业区“三区”联动协调发展的格局。

新兴居住社区已经形成 华明示范镇成功入选2010年上海世博会城市最佳实践展区，并获上海世博会国际展览银奖、文明展馆。先后荣膺全国十大宜居乡镇、国家级生态镇、全国循环经济示范单位、詹天佑大奖、“创建全国残疾人工作示范城市”奖、全国文明村镇等众多奖项。

示范工业园区快速发展 华明工业园区是天津市双城双港相向拓展整体发展规划的重点发展区域，经过三年的开发建设，从2008年的1.1平方公里扩展到10平方公里。形成了“四横六纵”的路网体系；建设了28.3万平方米低碳产业基地，引进了国家电网、中国北车、中国航天科工集团、霍尼韦尔等央企、世界500强的大项目、好项目。2010年、2011年位列天津市示范工业园区年度综合考评第一名，2012年批准为天津市高新技术产业开发区。

现代农业产业区初具规模 华明示范镇宅基地复垦设施农业园区，是示范镇建设的延伸，是农业生产升级换代，农民增收的项目。项目总投资1.1亿元，建设完成了2126.7亩的现代设施农业，427栋节能温室大棚。园区全部建成后将实现科技研发、种苗繁育、贮藏加工、产品物流、休闲服务、农业会展、科普教育完整产业链条，农业园区成为工业区原料基地、居住区消费项目来源，实现三区联动可复制发展模式。

三、以“三改一化”实现城乡统筹

华明街是天津市第一批“三改一化”试点单位。“三改一化”即农村集体经济股份制改革、农改非、村改居，实现城乡一体化。华明正大力推进“三改一化”工作，积极加快传统农村向新型社区转型，传统农民向社区居民转变，使华明在富民强街、民生保障、公共服务、和谐社会建设方面走在全市前列，形成独具华明特色的农村城镇化发展模式。

宜居社区

滨海新区新港街道办事处

2011年2月18日，市委副书记何立峰（右一）视察经济发展促进中心

团结奋进的党政领导班子

新港街道位于滨海新区核心区东部，濒临天津港和保税区，总面积约7平方公里，下设10个社区居委会，常住人口近7万余人，党员2400余名。新港街道工委以创先争优活动为抓手，团结带领广大干部群众积极投身和谐新港、幸福新港、首善新港建设，努力争做滨海新区街道社区党建工作的排头兵，让群众共享创先争优活动成果，先后荣获全国先进基层党组织、全国志愿服务先进集体等国家、市级荣誉60余项。

进一步提高硬件设施 筹集资金315万元，先后对7个社区办公用房和活动用房进行了改扩建，着力打造北仑里、华云园国家级精品示范社区。

不断创新党建工作载体 开展“机关党员进网格”活动，在七一前夕和迎接国家卫生城复审过程中，组织开展“党员奉献月”活动，为党员发挥先锋模范作用搭建了新平台。

全方位提升社区党建水平 扎实开展特色党建创建活动。通过创建“党员示范岗”、“党员标志区”“党员突击队”等优质服务品牌，今年以来为群众解难题、办实事600余件。

促进街道经济建设再上新台阶 建立了新区首家街道经济发展促进中心，打造新港地区“一核一圈”经济发展和社会管理新平台。2011年，引进企业315家，注册资金44.96亿元，街道经济实力明显增强。

社会管理工作取得新进展 社区服务中心推出“一口式、全业务”服务模式，实行错时工作制，共受理各类事务5万余件，保持办结率100%，群众满意率98%以上。

新港街道办事处社区服务中心

2011年6月22日，党员志愿者在奉献日举行百人大合唱

和平区教育局

2010年5月31日，万全道小学校长王浩向市委书记张高丽（右二）展示学生诗集

2009年5月30日，市长黄兴国（左二）到鞍山道小学庆“六一”

和平教育秉承“科学发展、和谐发展、率先发展”的原则，围绕“造就一流的校长群体、培养一流的教师队伍、建设一流的校舍环境、形成一流的学校风气”的工作目标，注重内涵，促进教育优质均衡发展。

全面提高教育质量 通过开展“名校长、名教师培养工程”、“首席教师领衔团队”建设工程抓好教育领军人物的培养，同时，为每位教师专业化成长搭建平台，开展覆盖全学科、全员参与的“和平杯”教师专业技能竞赛，促进教师整体队伍的素质提升。坚持举办和平教育对外交流研讨会。通过不断与美国、日本、加拿大、台湾、香港等国内外地区开展教育交流，帮助教师开阔视野、更新观念。和平区教育教学质量不断提高，反映素质教育的各项指标连续33年保持全市领先地位。

科学调整教育布局 全区教育占地、建筑面积均有大幅增长。共建成五所示范性高中和十九中学、耀华小学等历史名校，25所中小学和幼儿园得到改扩建和提升改造，16所中小学一次性通过义务教育现代化建设达标学校评估验收，八幼、九幼、十一幼改扩建工程的圆满结束。

突出学生思想道德建设 学校、家庭、社会“三位一体”未成年人思想道德建设取得创新发展，“班级博客”的经验在中央文明办举办的全国大会上进行交流。成立和平区未成年人心理健康教育指导中心暨和平区未成年人心理健康教育辅导站，对全区未成年人心理健康教育工作进行规划和研究，承担全区中小学心理教师培训的任务，对全区未成年人及其家长进行心理健康指导，对重点对象进行心理援助等，区、校两级辅导站的建立进一步完善了未成年人思想道德建设机制。

2011年12月，第二届对外交流研讨会——外籍教师授课

十一幼新貌

坚持科学发展 打造教育强区

北辰区教育局

2011年，四十七中学成为北京大学校长实名推荐学校、天津市特色高中

2011年在市教委、区委区政府的正确领导下，在局党委的指挥下，全系统干部教师深入贯彻落实科学发展观，凝心聚力，圆满完成了“十二五”开局之年各项目标任务，为全面完成十二五规划，率先实现教育现代化的目标奠定了坚实基础，“以基础教育为主体，职成人教育、学前教育为两翼，民族教育、特殊教育为补充的北辰国民教育体系”已初步形成。

学前教育优质发展 投资2000余万元实施建设城区幼儿园规范提升工程，边远农村地区“阳光大院”工程，提前完成了学前教育三年行动计划，学前教育资源性建设走在全市前列。

特殊教育形成品牌 特殊教育学校现代化标准建设通过市局验收，天津市政府在北辰召开学前教育三年行动计划暨特殊教育学校现代化标准建设现场推动会。

义务教育均衡发展 总结义务教育学校现代化标准评估验收经验，提升学校现代化硬件设施管理利用水平，加强学校内涵发展。召开“优质初中建设启动会”和“边远农村教育三年帮扶行动推动会”，推进北辰教育优质均衡发展。

高中教育优质特色 推进高中校现代化达标建设，实施高中特色建设工程，47中学被列入天津市首批特色高中建设试点单位，并成为天津郊县首个北大招生校长实名推荐校。

职业教育继续领先 成立北辰区成职教中心，推进中职学校现代化达标建设，充分发挥北辰区职业教育工作委员会作用，推进校企合作，优化专业结构和课程结构，形成南文北工的品牌格局。北辰中专第三次出色承办了全国职业院校技能大赛中职组服装设计与表演类模特比赛工作。

成人教育蓬勃发展 全力推进农民素质提高工程，被评为“天津市农民素质提高工程先进单位”，申报项目荣获市级一等奖。积极推进社区教育，成为“天津市社区教育实验区，社区教育经验被编入《环渤海地区社区教育协作组织第六届研讨会经验材料汇编》。老年大学办学形式内容不断丰富。

2012年5月，北辰区中小学运动健儿以总分高出第二名427分的优异成绩再次夺得区县组第一名，实现“六连冠”

2011年5月29日，天津市区县首个科技馆——北辰区青少年科技馆落成

建设优美靓丽新河西

友谊路新貌

2011年，河西区连续第四年深入开展“奋战300天”市容环境综合整治，扎实推进建筑立面整修、广告牌匾规范、园林绿化提升、架空线缆入地、城市家具更新等综合整治工程。围绕“23条道路、47个小区、1个公园、6个专项整治”的工作任务，粉刷建筑立面160栋、改型15栋、平改坡19栋、提升灯光效果44栋，规范牌匾346块，新建、改造绿地105.52万平方米，综合整治47个社区，视频监控系统建设100个，新建公厕4座。使河西区市容环境和市民居住生活环境得到明显的改善，城区面貌发生了显著变化，城市管理水平再上新的台阶。

2012年,河西区按照全市开展巩固发展奋战900天市容环境综合整治成果的指示精神，进一步深入开展综合整治，针对薄弱环节，加强主干道路、新建项目周边环境、重点地区和城乡接合部的整治，加强园林绿化，切实解决综合整治中出现的新问题。主要任务是：

一、10条道路周边市容环境巩固提升工程。任务主要包括：文化中心周边两条道路（平江道、隆昌路）和大沽南路、解放南路、友谊路、永安道、琼州道、宾水道、绍兴道、围堤道的立面、环境综合提升改造及牌匾、广告规范。

二、公园绿化提升改造工程。完成提升改造儿童公园、团结公园和桂江园等3个公园。项目包括：新建绿地9562平方米，改造绿地2.72万平方米，改造新建儿童游艺设施、健身器械，新增亭廊、座椅、园林小品等，全面提升公园的休闲健身功能和园林景观效果。

三、环卫设施建设工程。完成新建解放南路团结公园公厕、珠江道铁道旁公厕、解放南路郁江桥旁公厕、天塔湖广场公厕，新建梅林路垃圾转运站、内江路垃圾转运站，改造利民道垃圾转运站、茂名道垃圾转运站，更新专用车辆25辆。

四、行政中心周边维修工程。包括西园道、宾西路、宾馆南道、紫金山路的立面维修，老虎窗维修，绿地提升改造，行道树补植，窗改门封堵，牌匾规范等工程。

2012年3月20日，区委书记张杰（右二）参加植树节义务劳动

2011年西柳公园改造提升工程

2012年3月12日，区长彭三（前右一）陪同副市长只升华（前排中）视察文化中心

文化中心周边道路综合整治工程

友谊公园绿化改造

五、居民社区综合整修项目。配合做好东江南里、寿园里等45个小区整修改造工程。共618个楼座、2400个楼栋，改造包括更新“一箱一栓”、安装“两门”、改造“三管”、实现“四化”、完善五项机能、整修楼内六项功能等内容，计划外墙粉刷28.4万平方米，楼道粉刷105.7万平方米，安装防盗门2400处，道路罩面整修38.8万平方米，排水改造1.97万延米，绿化改造20.3万平方米。

河西区迎宾馆地区

东丽区市容和园林管理委员会

东丽区市容园林委党组书记、主任 张克奎

市第九次党代会以来，东丽区市容园林委认真贯彻落实市委、市政府的决策部署和区委、区政府的具体要求，连续四年奋战900天，开展了大规模市容环境综合整治，城乡面貌明显改观，群众生产生活环境有很大改善。全区城乡环境面貌整体提升，完成综合整治项目115个，新建提升绿化626.1万平方米，立面整修265万平方米，路面硬化36.2万平方米，治理农村环境卫生脏乱点位2971个，清拆违章49.64万平方米，清理垃圾及渣土31.6万吨，

为了进一步巩固奋战900天整治成果，2012年，东丽区市容园林委坚持以“实现城乡环境面貌发生新变化、生态宜居城区建设再上新水平”为中心，以重点道路整治为主线，以清脏治乱为根本，以“洁、净、绿、亮、美”为目标，在认真调查和系统研究的基础上，确定了26项综合整治项目，明确了整治标准和时间节点，决定拼搏奋战180天，全力以赴打好市容环境面貌的攻坚战，重点加大了12条道路沿线综合整治、9个重点区域和节点的提升改造、完善环卫基础设施和环境卫生集中整治等工作力度。截止2012年6月，已完成8个整治项目以及所有春植绿化，共完成新建绿地71万平方米，提升改造绿化170.73万平方米，广告牌匾拆除1373块、规范安装1248块、限期整改2409块，实现了整齐整洁、绿化美化的整治效果。

同时，以落实长效管理机制为突破口，坚持整治和管理并举，落实“责权利”相统一的属地管理原则，制定出台了东丽区市容环境长效管理工作的实施意见、考核办法、考核细则，采取“日查、周报、月检、季看、年总”的方式，加大监督考核力度，确保各项工作，处处有人管，项项有着落，初步形成了“纵到底、横到边、全覆盖”的市容环境长效管理机制，为实现全区经济社会更好更快发展，和“巩固发展成果、实现全市领先”的奋斗目标打下了坚实的基础。

东丽公园

现代化道路清洗车

坚持更高标准 追求更高水平
全力打造环境靓丽的生态宜居城区

东丽广场

天津市南开区房地产管理局

2012年6月21日，局长阎红年在天津市旧楼区改善社区消防安全环境现场会上讲话

2011年，南开区房管局深入开展创先争优活动，以“六创六争”为载体，将创先争优活动落到了实处。

创服务民计民生之先，争法制房管之优 健全了住房保障长效管理机制，严格把好“三级审核、三级公示”关，使6190户困难群众分享了住房保障政策。加强了产权产籍市场管理，加大代征契税工作力度，完成契税收入4.1亿元，发挥了服务经济发展和保障民生的作用。规范国有土地房屋征收与补偿行为，全力推进全区各片拆迁安置工作进程。积极探索物业管理新模式，发挥三级网络和联席会作用，推进该区物业管理健康有序发展。

创实施科技兴局之先，争科技房管之优 以项目研究为抓手，着力提高科技创新引领作用，坚持科研成果应用转化。王顶堤房管站自主研发的鼎好牌管道疏通机，不但完成了专利申报，还为12000余户群众下水道进行了疏通。

创搞活房产经营之先，争实力房管之优 不断深化经营管理机制创新，转变创收方式，提高创收质量，进一步增强了发展后劲。坚持推行科学管理，不断提高房屋管修水平。全力完成好列入民心工程的旧楼区居住功能综合提升改造工程，维修房屋65万平方米，改善了群众居住条件。

创和谐稳定团队之先，争幸福房管之优 以推进事业单位聘用制改革为契机，完善各级岗位管理职能，逐步提高了职工收入水平。增强做好安全稳定工作的责任感和紧迫感，落实领导责任和防范措施，营造和谐的环境氛围。

创精神文明建设之先，争文明房管之优 全面推行服务行业标准化建设工作,进一步打造了窗口服务工作的新亮点。积极发挥党建和思想政治工作研究会载体作用，成功举办了全国房地产业联合城区第13届年会。

创基层党建工作之先，争特色房管之优 积极推进创建学习型党组织建设。优化领导班子结构，提高领导班子执政能力和水平。认真落实班子建设的各项制度，保证依法决策、民主决策、科学决策。按照“五好”的目标，培育具有本单位特色的党建工作新亮点，认真落实党风廉政建设责任制，加强党务、政务公开，扎实推进了反腐倡廉建设。

适应新形势　应对新挑战　瞄准新目标　努力实现南开房管经济又好又快发展

2012年2月15日，局党政领导带领相关科室负责人到重点开发企业现场实地走访，帮助企业解决发展中遇到的困难问题

2012年2月29日，南开区房管局落实公开、公平、公正住房保障政策

天津中医药大学

团结奋进的校领导班子

学生利用课余时间到社区开展健康促进活动

2007年，由国家科技部、天津市政府、意大利卫生部共建的中意中医药联合实验室成立，天津中医药大学为中方牵头单位

2008年11月,台票承办首届世界中医药教育大会

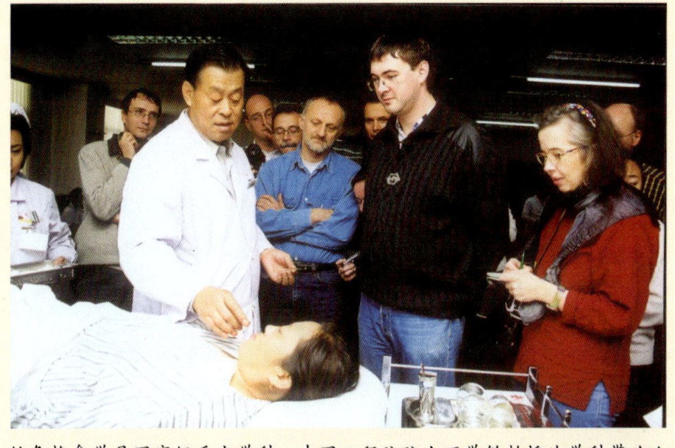
针灸推拿学是国家级重点学科，中国工程院院士石学敏教授为学科带头人

天津中医药大学创建于1958年，是教育部中医学教学指导委员会主任委员单位、世界中医药联合会教育指导委员会主任委员单位，是国家教育部批准的唯一一所中国传统医药国际学院，也是教育部“教育援外基地”、国家中医药管理局“中医药国际合作基地”。学校下设10个学院、5个学部，有6所附属医院。

学校设有医、理、文、管、工5个学科门类，21个专业。建有中医学、中药学和中西医结合临床3个博士后科研流动站，19个博士学位授权点，36个硕士学位授权点。拥有针灸推拿学和中医内科学2个国家级重点学科，国家中医药管理局重点学科11个，天津市“十二五”重点学科5个。2012年，本科在校生7000余人，硕博研究生2900余人，留学生及港澳台侨生2000余人。有教职工3400余人，其中中国工程院院士3人，具有高级专业技术职称教师600余人。

学校先后与56个国家和地区的77所大学、科研院所、医疗机构建立合作与交流关系。学校组织制定了世界中医学教育史上第一个国际标准——《世界中医学本科教育标准》，为世界中医药教育的规范化发展做出贡献。

建设中的新校区，位于天津西南团泊湖畔，占地2600余亩。将建成“学校在植物园中、以湖水景观为特点、中药植被为标志的中医药文化主题校园和园林式书院”。未来的天津中医药大学将成为中医药传承和创新人才培养中心，中医药防治疾病中心，中医药现代化研究中心，中医药国际教育和交流中心，中医药文化传承基地。

中医内科学是国家级重点学科，中国工程院院士张伯礼教授为学科带头人

中药学是天津市“重中之重”学科，中国工程院院士刘昌孝教授为学科带头人

建设中的新校区

天津海河教育园区

园区内实训场实景图

海河教育园区成功举办2011年全国职业院校技能大赛

海河教育园区位于天津市中心城区和滨海新区之间的海河中游南岸，定位于国家职业教育改革创新示范区、天津市高端科技研发创新示范区、海河南岸生态宜居示范社区。规划面积37平方公里，办学规模20万人、居住人口10万人、社会培训30万人次。

园区分三期建设，一期规划面积10平方公里，于2009年6月30日开工建设，2011年4月2日投入使用，7所院校、6.5万师生入住园区。公建设施配套有体育中心和文化中心，体育中心包括体育馆及公共实训中心、游泳馆和体育场。全国职业院校技能大赛永久落户园区，2012年全国大学生运动会和2013年东亚运动会部分赛项在这里举行。文化中心包括公共图书馆、职业教育国际交流中心、园区管理中心。

二期规划面积14.2平方公里，于2011年12月启动建设，将建有南开大学、天津大学新校区和青年职业学院、铁道职业学院、商务职业学院三所职业院校，以及天津广播电视大学、科技之家、市委党校。

三期规划面积12.8平方公里。将依托南开大学、天津大学的智力资源和科研力量，大力发展总部经济、研发孵化、科技成果转化等高端产业。

作为目前唯一一个国家级职业教育改革创新示范区，海河教育园区按照“坚持一流标准、实行一流管理、建设一流学校、培养一流人才”的总体要求，充分发挥规模办学优势，不断深化职业教育改革创新，推进教师互聘、课程互选、学分互认、设施共用、资源共享，着力将打造创新型人才和高技能人才培养高地，为服务滨海新区开发开放和全市经济社会发展作出更大贡献！

天津中德职业技术学院

天津电子信息职业技术学院

天津市仪表无线电工业学校

天津海运职业学院

天津市机电工业学校

天津现代职业技术学院

天津轻工职业技术学院

文化中心

体育中心

天津中德职业技术学院

天津中德职业技术学院，座落在渤海之滨，地处中国经济快速发展的第三极—滨海新区，是中国与德国、日本、西班牙三国政府在职业教育和培训领域最大的合作项目，是国家示范性高职院校，是全国高职高专师资培训基地和全国重点建设职教师资培训基地、国家高职高专学生实训基地和国家级数控技术职业教育实训基地、教育部高职高专自动化技术类教指委主任委员单位、欧洲空中客车A320系列飞机总装线技能人才测评中心和培训中心，被评为全国职业教育先进单位。

2011年4月27日，梁思礼院士到学院进行“中德大讲堂”讲座

学院新校区占地48.36万平方米，总规划建筑面积36万平方米，一期建成20万平方米。共有8个二级学院（直属系部），41个专业涵盖了制造业和制造类服务业9大专业组群；学历教育分为联合培养四年制本科、三年制高职、技工学校三个层次，在校生规模8000余人；非学历教育年均培训达到15000余人次；目前，学院长期聘请的外籍专家和外籍教师7人；“双师”素质教师占专任教师80%，78%教师在德国、西班牙、加拿大、新加坡、美国、英国、澳大利亚等国家进行过专业技术、课程开发及教学管理等方面的培训，招生已覆盖全国27个省、市、自治区，招生一志愿率平均达到95%，学生“双证书”获取率100%，就业率98%以上。

学院始终以国际合作为依托，校企合作为支撑，与大火箭、空客、天航、麦格纳等企业采用订单培养引进国际IHK标准或行业企业标准联合培养企业需要的高技能人才，同时与加拿大、澳大利亚、美国、香港、台湾等国家和地区的知名院校、机构和企业进行实质性合作，合作项目近20个，学院走出了一条国际合作多元化的特色之路，赢得了社会广泛认可，被媒体誉为培养金牌蓝领的摇篮。站在海河教育园新的发展平台上，学院将以服务区域经济发展和滨海新区开发开放为己任，以建设“国内领先、国际有影响”国家示范校为目标，在服务经济社会更好发展中创造新优势，在满足社会更大需求中提升水平，在深化改革调整中增强实力，在更高平台上实现新跨越，为职业教育的创新发展、为滨海新区开发开放和天津经济社会发展做出新的贡献。

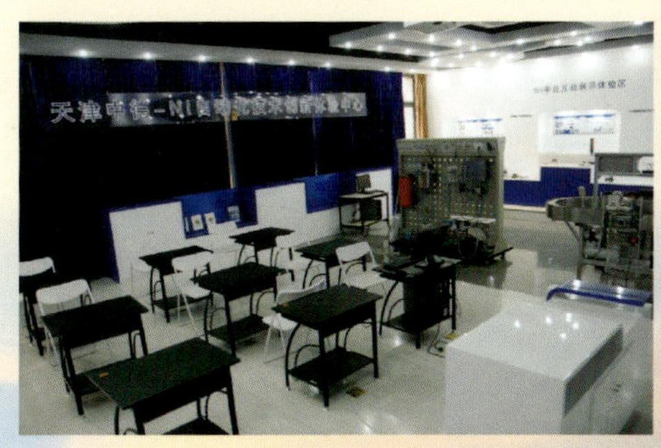

校内实训场所

天津中德职业技术学院

中国天津华夏未来少儿艺术中心

2012年天津市国际少儿艺术节

孩子们在广场上放飞和平鸽

中国天津华夏未来少儿艺术中心坐落在天津市河西区体院北环湖中道3号，其中包括近4万平方米的两座大厦和5万多平方米的儿童公园，是面向少年儿童进行校外文化艺术教育、校外活动和国际文化艺术交流的重要基地，年培训学员达10万人次，年活动人数达百万人次。

作为天津市对外文化交流的窗口，中心先后主办、承办了全国少儿小提琴比赛、全国少儿歌手大赛、全国少儿舞蹈比赛、国际童声合唱节、天津国际少儿艺术节、世界儿童绘画大赛暨展览等大型国内、外少儿艺术活动。坚持办好天津市残疾儿童艺术节、天津市少儿艺术大赛、天津市健康活力宝宝大赛、华夏未来敬老节、农村艺术教师免费培训班暨西部农村艺术教师研修营以及新世纪环球之旅等一大批好事、实事，受到社会各界的广泛赞誉。少儿艺术团代表中国访演世界81个国家和地区，受到20余个国家元首的接见。

中心先后荣获全国文化工作先进集体、全国青少年校外活动示范基地、全国扶残助残先进单位、国家文化产业示范基地、全国工人先锋号、国家人民友谊贡献奖、全国先进基层党组织、天津市民族团结进步模范集体等荣誉称号。

2011年华夏未来亲子运动会

2011年天津市少儿艺术大赛

新农村、新文化、新儿童

中心远景

编辑说明

一、《天津区县年鉴》(以下简称《年鉴》),是天津市人民政府主办、天津市地方志编修委员会办公室组织编辑的综合性年刊。2000年创刊,逐年出版,公开发行,本卷为第13部。

二、《年鉴》以马列主义、毛泽东思想、邓小平理论和“三个代表”重要思想为指导,深入贯彻落实科学发展观,坚持实事求是原则,坚持辩证唯物主义和历史唯物主义观点,忠实记载天津市各区县经济社会年度发展状况。

三、《年鉴》记述的时限,以2011年的事物为主,考虑到事物的完整性和年鉴的时效性,对一些事物的记述,适当做了上溯或下延,特别是文献、专文,收录了2012年本卷出版前发表的文章。

四、《年鉴》的篇目为“特载”、“重要文献”、“专文”、“天津概况”、“滨海新区”、“中心城区”、“环城四区”、“远郊区县”、“统计资料”、“附录”、“索引”。2012版对“天津概况”中的“基本情况”进行了重新修订,将“大事记”改为“天津百件大事”。各区县分篇中的下设栏目依次为概述、区级领导名单、政治、经济、文化、社会和街道乡镇。重点反映区县经济社会发展的特点、亮点和民计民生的新举措、新变化。

五、《年鉴》中的统计资料,由天津市统计局提供。“滨海新区”、“中心城区”、“环城四区”、“远郊区县”篇目中各区县经济社会发展数据,因统计口径、统计方法和统计时间不同,尚存在差异。

六、《年鉴》编纂工作得到各区县地方志办公室和有关单位、部门的大力支持,在此一并深表谢忱。由于编纂者水平有限,书中难免存在疏漏和失误,敬请广大读者批评指正。

编　者

2012年9月

编辑说明

《天津区县年鉴》编辑委员会

《天津区县年鉴》特邀编委

《天津区县年鉴》编辑人员

主　　编　苏长伟

执行主编　邹积浩

责任编辑　唐　旗

分篇编辑　蔺胜寒　王　芳　王莉莉　张继文　刘建国　简　勇　于秀臣　刘文英　董志伟　张　琳　俞沛霖　张志强　董丽萍　孙建良　张国治　沈芝菁　李　群　李　明　张红敏　孙忠柱　李易平　沙　娜　王天虹　许秀英　任金标　谢　彦　温　鹏　李淑健　吴俊侠　沈忠营　谷大丽　王富盛　陈淑香　李仁会　霍贵兴　刘秋香　李久云　董凤巢　张殿成　张海涛　何素英　田　莉　郝连用　王士兴　王敬模　袁守云　王　卉　刘　春　周宏武

索引编制　韦　恬　唐丽华

目　　录

特　　载

重要文献

专　　文

天津概况

滨海新区

中心城区

河北区

红桥区

环城四区

东丽区

西青区

津南区

北辰区

远郊区县

武清区

宝坻区

宁河县

静海县

蓟　县

统计资料

附 录

为民服务热线

天津市部分医院一览表

天津市学校名录

索 引

特　　载

胡锦涛在天津考察

“十二五”时期的第一个春天，海河两岸春潮涌动，渤海之滨千帆竞发，1300万天津人民正信心百倍为夺取全面建设小康社会新胜利而不懈努力。

4月29日至5月1日，中共中央总书记、国家主席、中央军委主席胡锦涛来到天津，在市委书记张高丽等陪同下，深入社区、企业、科研机构，就贯彻落实党的十七届五中全会精神和“十二五”规划纲要、加快转变经济发展方式、保障和改善民生进行调查研究，同基层干部群众共商科学发展、和谐发展、率先发展大计。时值“五一”国际劳动节，胡锦涛代表党中央，向广大工人、农民、知识分子和各条战线劳动群众致以节日的问候。

总书记一直牵挂着普通百姓的衣食住行，4月29日下午一到天津，就直接前往保障性住房小区和食品质量监督检验机构考察。

胡锦涛强调，保障性住房建设是一项重大民生工程，也是一项重大民心工程，党的十七届五中全会和“十二五”规划纲要就此提出了明确要求。各级党委和政府务必高度重视、狠抓落实，继续增加资金投入，优先保证用地供应，重点发展公共租赁住房，同时要完善配租政策，帮助更多中低收入群众解决住房困难。

总书记说，民以食为天，食以安为先。食品安全是关系人民群众身体健康和生命安全的一件大事。你们中心作为食品安全的重要守卫者，一定要坚决执行食品安全法，以对人民群众高度负责的精神，加大监管力度，严把食品安全关，确保广大群众都能吃上放心的食品。

近年来，天津市认真落实中央要求，不断加大保障性住房建设力度，已向40多万户中低收入家庭提供了住房保障。胡锦涛这次考察的北辰区秋怡家园就新建有1300多套公共租赁住房，一些中低收入家庭已经入住。在秋怡家园，总书记首先听取了天津市保障性住房建设情况汇报。胡锦涛强调，保障性住房建设是一项重大民生工程，也是一项重大民心工程，党的十七届五中全会和“十二五”规划纲要就此提出了明确要求。各级党委和政府务必高度重视、狠抓落实，继续增加资金投入，优先保证用地供应，重点发展公共租赁住房，同时要完善配租政策，帮助更多中低收入群众解决住房困难。

随后，胡锦涛走进公租房住户徐淑娟家中看望。徐淑娟是一位退休职工，丈夫从原单位下岗多年，女儿大学毕业参加工作不久，她家刚刚租住了这里的一套两居室。进屋后，总书记逐个房间察看，并同徐淑娟一家促膝交谈。从原先的住房情况到对新房是否满意，从公租房的租住程序到租金能否负担得起，总书记问得很具体。徐淑娟告诉总书记，一家3口以前挤在20多平方米的房子里，现在住上了68平方米的新房，政府每个月还给租房补贴，住房条件大大改善了。胡锦涛听了十分高兴，祝愿她家的日子越过越好，还勉励她的女儿在工作实践中增长本领、尽快成才。

听说总书记来到秋怡家园，居民们纷纷簇拥上前，热情向总书记问好。胡锦涛同大家亲切攀谈，了解他们的住房情况。总书记说，党和政府非常重视解决中低收入群众住房问题，正在加大保障性住房建设力度，以努力实现广大群众住有所居的目标。相信大家在政府帮助下，经过自身努力，一定能使生活水平不断得到提高。听了总书记的这番话，居民们连声感谢党的好政策。

天津市产品质量监督检测技术研究院是一家社会公益型质检机构。胡锦涛非常关注食品安全问题，特意到设在这个研究院的国家加工食品质量监督检验中心考察。检测室里，一些检验人员正忙碌地做着检测。总书记走到检测台前仔细察看，向检验人员询问样本选取、检测方法等情况，对他们的辛勤工作表示感谢。

面对聚拢过来的中心工作人员，总书记谆谆叮嘱大家：“民以食为天，食以安为先。食品安全是关系人民群众身体健康和生命安全的一件大事。你们中心作为食品安全的重要守卫者，一定要坚决执行食品安全法，以对人民群众高度负责的精神，加大监管力度，严把食品安全关，确保广大群众都能吃上放心的食品。”总书记前来考察并作重要指示，给中心工作人员以巨大鼓舞。大家用热烈的掌声，表达做好加工食品质量监督检验工作的决心。

总书记高度重视天津滨海新区的开发开放，4月30日用一整天时间，深入新区一些企业和科研机构实地了解优化产业结构、推进自主创新等情况。

胡锦涛强调，天津滨海新区已进入全面开发开放新阶段,要大胆探索、积极作为,按照国家对滨海新区功能定位的要求,坚持项目集中园区、产业集群发展、资源集约利用、功能集成建设的发展思路,加快推进综合配套改革,全力打好滨海新区开发开放攻坚战,努力使滨海新区成为深入贯彻落实科学发展观的排头兵。

天津滨海新区自2009年10月国务院批复同意设区以来,高端产业快速聚集,自主创新能力显著增强,行政管理体制改革和综合配套改革取得积极进展,对外开放向更高层次迈进。新区2200多平方公里土地上,处处焕发出蓬勃生机。

在中欧合资空中客车天津总装有限公司整洁明亮的车间里,胡锦涛看工作流程、问组装技术,仔细了解企业生产经营情况。外方管理人员介绍说,公司投产两年多已累计交付46架空客A320系列飞机,产品质量完全达到欧洲标准,中国员工的管理能力和技术水平都很棒。胡锦涛高兴地说:“空客天津总装公司项目合作成功,再次表明中欧经济合作有着巨大潜力和广阔前景。希望中欧经济合作取得更多成果。”胡锦涛表示,中方与空客公司有着良好合作。今后一个时期,中国航空市场仍有较大增长空间,应进一步加强合作。胡锦涛还兴致勃勃登上一架正在组装的飞机,认真察看舱内设备。总书记对中方员工说,飞机制造属于高端制造业,质量要求非常严格。希望大家始终坚持质量第一、安全至上,切实做到一丝不苟、精益求精。

在中新天津生态城国家动漫产业综合示范园,胡锦涛一边看展板,一边听取生态城建设进展情况介绍。他称赞这个生态城是中国、新加坡两国经济技术合作的又一个亮点,希望生态城的建设者坚持生态文明理念,加快生态城建设步伐,努力探索出一条城市节能环保的良性发展路子。总书记饶有兴致地走进动漫园为企业提供技术服务的抠像棚、动作捕捉室、超级渲染中心,观看动漫设计制作演示,并同企业员工交谈,询问动漫制作的技术细节。总书记对他们说,发展动漫产业,对于传播先进文化、丰富群众生活、促进青少年健康成长、培育新的经济增长点都具有重要意义。希望你们充分利用动漫园这个平台,努力创作出更多富有民族特色、体现时代特征、深受群众欢迎的动漫精品,推动我国动漫产业不断做大做强。

在国家超级计算天津中心展厅和机房,有关负责人向总书记汇报说,由国防科技大学研制的“天河一号”实现了多项技术突破,是目前世界上运算速度最快的超级计算机,装备到天津中心后,已经为70多家用户提供了高性能计算服务。胡锦涛听得十分专注,他欣慰地说,“天河一号”研制成功,使我国在超级计算机领域跨入了世界领先行列,具有重要战略意义。总书记勉励科研人员再接再厉,不断攀登超级计算机研制新高峰;希望天津中心进一步搞好运营管理,不断提高服务质量,为推动我国经济社会又好又快发展发挥更大作用。

在中国科学院天津工业生物技术研究所,胡锦涛仔细观看微生物分子设计和改造、秸秆等可再生生物资源转化实验,向科研人员了解工业生物技术研发和应用情况。总书记说:“生物产业是‘十二五’时期国家重点发展的战略性新兴产业。你们所从事的研究,对生物产业发展具有重要基础性作用。希望你们发挥聪明才智,坚持自主创新,努力实现重大技术突破,为生物产业发展提供更加有力的支撑。”

考察时,胡锦涛特别强调,天津滨海新区已进入全面开发开放新阶段,要大胆探索、积极作为,按照国家对滨海新区功能定位的要求,坚持项目集中园区、产业集群发展、资源集约利用、功能集成建设的发展思路,加快推进综合配套改革,全力打好滨海新区开发开放攻坚战,努力使滨海新区成为深入贯彻落实科学发展观的排头兵。

总书记对天津率先全面建成小康社会寄予厚望,5月1日专门听取了远景规划介绍和全面工作汇报,对进一步做好天津工作提出明确要求。

胡锦涛指出,搞好城市规划,关系到城市的可持续发展,关系到广大居民工作和生活。希望天津按照科学发展的要求,遵循城市建设规律,广泛听取专家和群众意见,把规划完善好,把整个城市尤其是滨海新区建设好、管理好,真正使天津成为独具特色的国际性、现代化宜居城市。

胡锦涛说,通过实地考察,所见所闻都留下了深刻印象。天津各项事业得到了新的发展,迈上了新的台阶,经济保持平稳较快发展;经济结构调整步伐加快,高技术产业和现代服务业发展迅速,节能减排成效明显;改革开放进一步深化,滨海新区开发开放稳步推进;保障和改善民生工作扎实开展,人民生活水平持续提高,市容市貌明显改观;民主法制建设、精神文明建设、和谐社会建设和党的建设全面推进。这些成绩的取得,是天津市委和市政府坚决贯彻中央决策部署、带领全市干部群众团结奋斗的结果。

天津市规划展览馆设有16个展区,集中展现了天津的历史变迁、发展现状和远景规划。在一个个模型、一段段视频、一幅幅照片、一张张蓝图前,胡锦涛不时停下脚步认真观看,并就有关问题同天津市负责同志交流。胡锦涛指出,搞好城市规划,关系到城市的可持续发展,关系到广大居民工作和生活。希望天津按照科学发展的要求,遵循城市建设规律,广泛听取专家和群众意见，把规划完善好，把整个城市尤其是滨海新区建设好、管理好，真正使天津成为独具特色的国际性、现代化宜居城市。

考察结束时，胡锦涛听取了天津市委和市政府的工作汇报，对天津市近年来的工作给予充分肯定。他说，通过实地考察，所见所闻都留下了深刻印象。天津各项事业得到了新的发展，迈上了新的台阶，经济保持平稳较快发展；经济结构调整步伐加快，高技术产业和现代服务业发展迅速，节能减排成效明显；改革开放进一步深化，滨海新区开发开放稳步推进；保障和改善民生工作扎实开展，人民生活水平持续提高，市容市貌明显改观；民主法制建设、精神文明建设、和谐社会建设和党的建设全面推进。这些成绩的取得，是天津市委和市政府坚决贯彻中央决策部署、带领全市干部群众团结奋斗的结果。

胡锦涛希望天津市以邓小平理论和"三个代表"重要思想为指导，深入贯彻落实科学发展观，牢牢把握国家支持东部地区率先发展、加快推进天津滨海新区开发开放的重大历史机遇，始终坚持科学发展这个主题和加快转变经济发展方式这条主线，把创新精神和务实作风紧密结合起来，注重加快转变经济发展方式，注重深化改革开放，注重保障和改善民生，注重加强干部队伍建设，在新的起点上开创科学发展新局面、描绘人民幸福生活新画卷，以优异成绩迎接中国共产党成立90周年。

中共中央书记处书记、中央办公厅主任令计划，中共中央书记处书记、中央政策研究室主任王沪宁，中央财经领导小组办公室主任朱之鑫，住房和城乡建设部部长姜伟新一同考察。

市委副书记、市长黄兴国，市人大常委会主任肖怀远，市政协主席邢元敏，市委副书记何立峰，市级领导班子成员，天津警备区、武警天津市总队，南开大学、天津大学及市有关方面负责同志陪同考察或出席汇报会。

（转自2011年5月2日《天津日报》）

温家宝在天津滨海新区调研并主持召开经济形势座谈会

10月24日至25日，中共中央政治局常委、国务院总理温家宝在市委书记张高丽等陪同下在天津滨海新区调研，并主持召开天津、内蒙古、江苏、山东四省（区、市）经济形势座谈会。

温家宝强调，要正确认识当前经济形势，准确判断经济走势，把握好宏观调控的方向、力度和节奏，更加注重政策的针对性、灵活性和前瞻性，以适应形势的变化。要认真做好今年后几个月的工作，把保障和改善民生放到更加重要的位置，重点解决经济运行中的突出矛盾和问题，巩固经济平稳较快发展的良好势头。

更加注重宏观经济政策的针对性、灵活性、前瞻性

当前国际金融危机深层次影响继续显现，国内经济发展面临新情况、新变化。25日上午，温家宝专门与天津、内蒙古、江苏、山东四省（区、市）负责人一起分析研究了经济形势。

座谈会开始时，温家宝说，领导者要善于发现苗头性问题，果断采取措施。今天之所以请大家多谈问题，就是要关注一些苗头，而有些苗头可能反映一种趋势。

内蒙古自治区主席巴特尔、江苏省省长李学勇、山东省省长姜大明、天津市市长黄兴国在发言中认为，今年以来，经济平稳增长、结构不断优化、民生逐步改善，经济运行总的形势是好的，但经济运行中也存在一些问题：物价上涨压力较大，资金供应比较紧张，出口增幅有所回落。

巴特尔说，内蒙古能源资源富集，但由于通道不畅，有煤难运，有电难送。建议重视内蒙古地区铁路、公路和电网的建设。

李学勇认为，当前我国新兴产业规模还不大，鼓励政策还没有形成体系。建议细化和完善政策，切实扶持有市场基础、有科技含量、有发展潜力的产业。

姜大明提出，要进一步加强差别化调控力度，加大对小微型企业、战略性新兴产业等重点领域支持力度，尤其是对改善民生和扩大消费的财政支持。

黄兴国认为,明年宏观经济环境还会面临“控通胀”和“稳增长”两难问题。当前的经济政策应更多着眼于促进农业稳定增产、结构调整、科技创新、节能减排等重点工作。

温家宝在座谈中说,要把握好宏观经济政策的力度、节奏和重点,适时适度进行预调微调,保持货币信贷总量的合理增长,优化融资结构,提高金融服务水平。要完善财税政策,大力推进结构性减税。财政支出要把保障和改善民生作为重点,把钱花在刀刃上。信贷政策要与产业政策更好地结合,切实做到有保有压,保证国家重点在建、续建项目的资金需要,重点支持实体经济尤其是符合产业政策的中小企业,支持民生工程尤其是保障性安居工程。继续严格控制产能过剩和高耗能、高污染项目投资。

温家宝强调,要把稳定物价总水平作为首要任务,继续搞好物价调控,稳定通胀预期,落实社会保障措施和救助机制。重点抓好农副产品生产特别是食品供应,加强流通体系建设,加强价格监管。要保持外贸政策的连续性和稳定性,继续用好出口信用保险、出口退税、出口信贷等行之有效的政策,努力促进对外贸易平稳增长和基本平衡。

把更大的力量放在发展实体经济,特别是扶持战略性新兴产业上来

高科技产业和战略性新兴产业的水平,在一定程度上决定着国家的产业竞争力。温家宝在考察中说,一个国家要应对危机,使自己屹立不倒,必须有发达的实体经济。实体经济必须以创新和高科技产业为主导。

24日下午,温家宝一到天津就前往中航直升机有限责任公司考察。近年来,我国科研人员成功研发了13吨级的AC313直升机。温家宝说,我们不仅要能制造最安全、质量最高、效益最好的直升机,还要稳定地占领世界市场。这就要靠高科技。

随后,温家宝来到凯莱英生命科学技术(天津)有限公司,并与部分新兴产业企业负责人座谈,了解企业面临的困难和问题。

天津膜天膜科技股份有限公司李新民说,他们遇到了国外产品的不平等竞争,一些招标项目明确要求必须用外国膜。另外,希望给高科技企业上市以便捷的通道。

温家宝说,一个企业的发展要靠先进技术能力。节能环保产业是重要的战略性新兴产业,需要平等的竞争环境。

天津芯硕精密机械有限公司是一家从事高端装备制造的科技型小企业。公司负责人刘钧反映目前企业财务负担重,资金周转困难。他认为,现在国家金融政策不适应产业政策,科技型小微企业从银行贷款很难。

温家宝问:银行的人到企业实地考察过吗?

刘钧回答:来过。但银行主要看生产线、成排的设备等资产,我们没有那么壮观的场面,他们常常望而却步。

温家宝说:你们是小微企业,又是创新型企业,应该予以支持。商业银行应该有更多懂专业的人才,真正深入企业调查研究,然后决定是否放贷,这才是负责任的态度。

华大基因科技有限公司具有很强的研发力量,并实现了较高的收益。公司负责人汪建形象地说,我们把科学技术与产业发展两张皮连了起来,做成了“连体衣”。

温家宝问:“两张皮”能变成“连体衣”,这很不容易。你们有多少人?

汪建回答:5000人。科技和产业创新带来了对创新人才的需求,也带来了教育创新的问题,许多大学生到我们那儿工作都要继续学习。我们希望和天津大学合作培养创新人才,实现产学研一体化发展。

温家宝说,我们要有战略眼光,懂得科技对一个国家的重要性。各级政府要支持科技企业,做科研团队的坚强后盾。

一个多小时里,温家宝先后听取了6位企业负责人的意见和建议。他说,国际金融危机还没有结束,我们要把更大的力量放在发展实体经济,特别是扶持战略性新兴产业上来,这有利于减少国际金融危机对我们的影响。这不仅是应对当前国际金融危机的举措,而且是使我国具有长远竞争力的关键所在。

温家宝还考察了中国天津职业技能公共实训中心。

把滨海新区开发开放提高到新的水平

2005年,中央决定推进天津滨海新区开发开放。如今,昔日的盐碱滩上已建起现代化的企业。节能环保、高端装备制造等战略性新兴产业蓬勃发展,蕴藏着巨大的潜能。

24日晚,温家宝主持会议,听取了天津滨海新区开发开放情况汇报。他说,天津是环渤海地区的经济中心、国际港口城市和现代化大都市。近年来,天津市委、市政府认真贯彻落实中央的决策部署,紧紧抓住滨海新区开发开放的重大历史机遇,开创了工业化、城镇化和农业现代化蓬勃发展的新局面。滨海新区深入贯彻落实科学发展观,积极应对国际金融危机冲击,因势利导,谋定后动,蓄势已发,到处呈现喜人景象,正在形成高端化、高质化、高新化优势产业集群,正在探索一条科学发展、创新发展、低碳发展、和谐发展的新路子,成为全国最具潜力、最有活力、最为开放的现代化新区之一。实践证明,中央决定推进滨海新区开发开放的重大战略决策是完全正确的。

温家宝说,把滨海新区建成科研单位、科技人才的向往之地,这才算成功。他对天津滨海新区的发展提出了新的要求:第一,着力培育产业国际竞争力,发展高端制造业与高端服务业。第二,着力建设科技创新高地,在一些关键领域实现迎头赶上、跨越发展。第三,着力提升开放型经济水平,在迎接全球新一轮科技革命和产业振兴的浪潮中勇居潮头。第四,着力增强可持续发展能力,在节能减排、生态保护、环境治理、低碳发展等方面走在全国前列。第五,着力深化体制改革,创造有价值的改革经验。

他还希望滨海新区把诚信建设摆在突出位置,努力营造新区诚实、自律、守信、互信的社会信用环境。

25日下午,温家宝还来到南开中学看望师生,并和大家亲切交流。

国家发展改革委主任张平、工业和信息化部部长苗圩、财政部部长谢旭人、人力资源和社会保障部部长尹蔚民、商务部部长陈德铭、人民银行行长周小川、国务院研究室主任谢伏瞻、银监会主席刘明康、国务院副秘书长项兆伦、住房和城乡建设部副部长仇保兴、国务院研究室副主任田学斌等随同。

市人大常委会主任肖怀远,市政协主席邢元敏,市委副书记何立峰,市委常委,副市长,市政协党组副书记,市政府秘书长及市有关方面负责同志出席座谈会或陪同考察。

(转自 2011 年 10 月 26 日《天津日报》)

李长春参加十一届全国人大四次会议天津代表团全体会议

中共中央政治局常委李长春 7 日上午参加了在人民大会堂天津厅举行的天津代表团全体会议,与代表们一起审议政府工作报告。李长春强调,要加强对文化产品创作生产的引导,多出优秀作品、多出优秀人才,充分发挥文化教育人民、引导社会、推动发展的作用。

市委书记张高丽主持会议,市委副书记、市长黄兴国汇报了天津经济社会发展情况,市人大常委会主任肖怀远参加审议。文化部部长蔡武、广电总局局长蔡赴朝到会听取意见建议。

会场气氛十分活跃,代表们踊跃发言。何树山、于汝民、赵玫、方明、闫希军、穆祥友等代表先后发言。他们围绕政府工作报告,紧密联系天津发展和各自实际,就加快滨海新区开发开放、搞好港口建设、创作文艺精品、发展广播事业、推进中医药现代化、建设社会主义新农村等问题发表了意见和建议。李长春仔细听取发言,认真记录并不时插话,与代表们深入交流。

李长春对"十一五"时期天津经济社会发展取得的成绩给予充分肯定。他说,过去五年,天津综合实力显著增强,是全国发展最快的地区之一;滨海新区开发开放取得突破性进展,成为推动天津乃至环渤海和我国北方地区经济发展的新引擎;保障和改善民生工作扎实有效,人民群众得到更多实惠;大规模整治市容环境,生态宜居城市建设取得重要进展;高度重视宣传思想文化工作,文化体制改革和文化发展成效显著。天津每天都有新变化,处处都有新亮点,广大干部群众对未来充满信心。

李长春强调,加强对文化产品创作生产的引导,是社会主义文化建设的根本和关键所在,是实现文化大发展大繁荣的基础,是当前文化建设迫切需要解决的问题。要坚持以社会主义先进文化为引领,以满足人民群众日益增长的文化需求为目的,以改革创新为动力,把数量不断增长和质量显著提高紧密结合起来,充分调动广大文化工作者的积极性、主动性和创造性。要始终坚持社会主义先进文化前进方向,始终坚持思想性、知识性、艺术性、观赏性有机统一,始终坚持贴近实际、贴近生活、贴近群众,始终坚持开展积极的文艺批评,建立健全科学评价标准和评价机制,旗帜鲜明地抵御低俗之风,大力营造有利于文化创新发展的良好环境。

李长春强调,天津要在"十二五"时期实现又好又快发展,必须紧紧抓住增强自主创新能力这个中心环节,不断提高经济发展的质量和效益,推动经济发展走上创新驱动、内生增长的轨道，实现经济发展方式的根本转变。要建立以企业为主体、市场为导向、产学研相结合的创新体系，引导创新要素向企业集聚，促进科研成果向现实生产力转化。要以政府为依托，以政策为保障，大力扶持自主创新，充分发挥政策导向作用。要以人才为支撑，引进专业人才，用好现有人才，培养后备人才。要以创新文化为引领，在全社会形成弘扬创新文化和创业精神的浓厚氛围。要充分利用对外开放的有利条件，积极参与全球竞争。要完善鼓励自主创新的评价体系和激励机制，用反映自主创新成果的指标衡量发展的质量和水平。

张高丽代表天津人大代表和全市人民对李长春同志表示热烈欢迎，对给予天津工作的关心和支持表示衷心感谢。他说，李长春同志的重要讲话，充分肯定了天津发展取得的成绩，深刻阐述了加强文化建设等重大问题，对进一步做好天津工作提出了明确要求。我们要认真学习体会，紧密结合实际，坚决贯彻落实。要按照中央的部署和胡锦涛总书记对天津工作的重要要求，万分珍惜来之不易的好形势，时刻保持清醒头脑，充分看到存在的问题和差距，切实增强责任感紧迫感，围绕主题主线主攻方向，着力构筑"三个高地"，全力打好"五个攻坚战"，增强自主创新能力，确保加快转变经济发展方式取得实质性进展。要大力发展文化事业和文化产业，创作更多的精品力作，更好地满足人民群众日益增长的精神文化需求，努力实现文化大发展大繁荣。

中宣部副部长申维辰、国家发改委副主任穆虹等国家部委有关部门负责同志到会听取了意见和建议。市高级人民法院院长李少平、市人民检察院检察长于世平列席会议。

（转自 2011 年 3 月 8 日《天津日报》）

习近平在天津调研

中共中央政治局常委、中央书记处书记、国家副主席习近平近日在天津调研时强调，坚持以工促农、以城带乡统筹城乡发展，是实现科学发展的一个大战略。各级领导干部要深入贯彻落实科学发展观，以求真务实作风推动城市和农村相互促进、协调发展，努力形成城乡经济社会发展一体化新格局。

9月 22 日至 23 日，习近平在市委书记张高丽等陪同下，来到武清区、宝坻区、东丽区和静海县，围绕统筹城乡发展、加强和创新社会管理以及党建工作，深入农村、企业、社区、科研基地进行调研。

近年来，天津坚持以示范小城镇建设为龙头，推进示范工业园区、农业产业园区和农村居住社区"三区"联动建设，探索加快统筹城乡发展、建设社会主义新农村的新路子。在东丽区华明示范镇，习近平考察了这个镇通过"以宅基地换房"推进农村城镇化建设的情况，当了解到在不增加农民负担、不减少耕地的基础上实现了人口向城镇集中、工业向园区集中、耕地向种田大户集中，农民由一产向二、三产业转移时，他十分高兴。习近平强调，要进一步完善城镇化发展战略及相关政策，优化城镇布局和结构，增强城镇集聚产业、承载人口、辐射带动区域发展的能力，推进新型城镇化与新农村建设互动发展、共同提高。

在统筹城乡发展中如何提升农村经济发展水平，促进农民增收致富，是习近平关注的问题。在静海县子牙循环经济产业园区，得知园区通过回收拆解处理工业固体废弃物变废为宝，取得巨大经济、社会和环保效益后，他十分赞赏，指出发展循环经济是实现科学发展的重要举措，要通过更新观念、完善政策、加强立法等措施来大力推动。在园区的食用菌繁育基地，习近平走进大棚看望正在采摘蘑菇的残疾人冯寿云、权淑玲，关切地询问她们，每天工作多长时间，每月工资收入多少，在这里劳动的还有多少残疾人，对静海县大力开展人工造林、着力发展"林下经济"并以此推进残疾人、困难户就业的做法给予充分肯定。习近平来到位于武清区的天津市现代农业科技创新基地，他详细了解智能大棚里蔬菜、果树等生长情况，对基地在蔬菜育种、果树品种选育等方面取得的成果表示赞许。他指出，要加大科技创新和科研成果转化力度，为转变农业发展方式、推进农业现代化产业化提供科技支撑。

调研中，习近平来到宝坻区周良庄镇综合服务中心，认真听取该镇通过建立村级综合服务站和乡镇服务中心、实行"一站式、一条龙"服务等加强和创新社会管理的做法，与前来办事的村民群众亲切交流，询问他们对工作人员服务质量和效率的评价，对党和政府工作还有哪些期盼和建议。他强调，要坚持以机制创新推动社会管理创新，不断提升城乡社会管理水平，维护社会和谐稳定。

构建城乡统筹的基层党建新格局是统筹城乡发展的根本保证。一路上，习近平详细了解天津近年来开展以“强组织、强班子、强队伍”和“创先进、当先锋”为主要内容的“强基创先”工程情况和建立健全城乡基层组织互联互动机制的情况。在武清区梅厂镇灰锅口村季洪杰家的院子里，石榴树、苹果树的枝头挂满累累的果实，小木桌上摆放着火红的石榴、饱满的葡萄、新鲜的苹果、脆甜的大枣。习近平与村民们围坐在果树下拉家常，从农民的收入到群众的医疗，从水果的价格到市场的销售，习近平问得仔细，村民答得踊跃。习近平指出，建设社会主义新农村，关键在于基层基础工作要做扎实，要充分发挥基层党组织的战斗堡垒作用和共产党员的先锋模范作用。

调研期间，习近平还考察了天津市规划展览馆和海河综合治理情况。

调研结束时，习近平主持召开天津市党政干部座谈会，对天津在“十一五”期间发生的历史性变化给予高度评价，对各级干部注重实干的作风给予充分肯定。他说，天津市领导班子认真贯彻落实党的路线方针政策和中央的重大决策部署，团结带领全市广大党员干部解放思想，开拓进取，求真务实，真抓实干，把中央精神和天津实际紧密结合起来，实施了一系列重大决策和举措，探索了一条符合科学发展观要求、具有天津特点的发展路子。天津经济保持平稳较快发展，高端化高质化高新化产业体系初步形成，自主创新能力显著提升。统筹三个层面联动协调发展，滨海新区开发开放取得重要进展，创新示范和服务辐射功能明显提升。改革开放不断深化，提升了天津的国际知名度。扎实推进以改善民生为重点的社会建设，党的建设取得了新成绩，经济社会发展取得了新的重大成就，为“十二五”时期又好又快发展奠定了坚实基础。

习近平希望天津要一如既往地深入贯彻落实中央精神和胡锦涛总书记对天津工作提出的一系列重要要求，牢牢把握国家支持东部地区率先发展、推进滨海新区开发开放的重大历史机遇，进一步加快转变经济发展方式，进一步统筹城乡一体化发展，进一步加强和创新社会管理，进一步加强和改进党的建设，再接再厉，乘势前进，奋力开创经济社会发展的新局面。

中央政策研究室常务副主任何毅亭，中央财经领导小组办公室主任、国家发改委副主任朱之鑫，中央组织部副部长李智勇，民政部副部长姜力，农业部副部长牛盾一同考察。

市委副书记、市长黄兴国，市人大常委会主任肖怀远，市政协主席邢元敏，市委副书记何立峰，市级领导班子成员，天津警备区、武警天津市总队及市有关方面负责同志陪同考察或出席座谈会。

（转自2011年9月24日《天津日报》）

李克强在天津考察

1日至2日，中共中央政治局常委、国务院副总理李克强在天津考察。他强调，要坚持不懈地创新体制机制和推动科技进步，以改革促发展，在开放中扩内需，靠创新增动力，应对各种风险挑战，促进经济平稳较快发展和转型。

市委书记张高丽，市委副书记、市长黄兴国，市委副书记何立峰陪同考察。住房和城乡建设部部长姜伟新、国务院副秘书长尤权、海关总署署长于广洲、国家质检总局局长支树平、国家发改委副主任张晓强、科技部副部长张来武、财政部副部长廖晓军、国务院研究室副主任宁吉喆随同。

李克强来到中国科学院天津工业生物技术研究所，调研科技研发和自主创新进展情况。他说，创新对促进发展至关重要，特别是在当前国际环境复杂严峻、外部不确定因素增多的情况下，要想在应对挑战中求生存谋发展，立于不败之地，就要在扩大开放的进程中深入实施扩大内需战略，在发挥好传统优势的同时，加快向更加依靠创新驱动的方向转变，通过改革使更多的资本、资源、人才等要素向创新活动和产业升级集聚。企业拥有的核心技术、自主品牌、骨干和领军人才越多，应对市场风险的能力就越强，国民经济就会更健康、更有竞争力，调结构、转方式也就更有基础。要通过技术创新基金和创业投资等措施，为中小和微型企业创新发展营造更好环境，千方百计为创业提供条件，为就业提供机会。

在卡特彼勒亚实公司，李克强仔细察看高效柴油发电机装配线，了解主要生产环节的质量控制流程。李克强说，技术是企业的核心竞争力，质量是企业的生命。我们要从制造业大国发展成为制造业强国，必须坚持扩大对外开放，学习借鉴一切国际先进技术和管理经验，不仅提高我们的产业技术水平，而且做到产品质量过硬。把管理创新与技术创新结合起来，增强每一位员工的责任心，共同推升企业和产业在国际和国内市场的竞争力。

力神电池公司主要生产用于电子信息产品和电动汽车的锂离子电池。李克强对他们加强研发、不断开拓市场的做法表示肯定。他指出，发展先进制造业和战略性新兴产业，是世界各国的大趋势，也是必争的产业高地。要贴近市场，紧盯前沿，抓住重点，力争取得突破，不仅要形成新的产业，而且要真正掌握关键技术，开拓新的市场需求，在国际竞争中占据主动，打造走向世界的“中国品牌”。

在朗庭园公租房建设工地，李克强听取了项目规划和建设的介绍，实地考察了房屋竣工验收的各项检测。他对在场的建筑工人、质检人员说，住房对群众是大事，要把好检测验收这“最后一关”，把质量可靠的住房交付群众使用。在了解了天津个人房产信息管理系统的内容和应用情况之后，李克强说，要加快全国城市个人住房信息系统的建设和联网工作，为保障房公平分配、房地产调控、相关制度改革奠定基础。他强调，要加快完善保障房分配、退出和监管制度，确保公开公平公正，坚决纠正和打击各种违规行为，真正让住房困难的中低收入群众得到实惠。要坚持实施遏制住房价格过快上涨的政策措施，巩固调控成果，扎实推进保障性住房建设和棚户区改造，增加普通商品房供应，促进房地产市场健康发展和人民群众住有所居。

在考察中，李克强对天津工作给予了充分肯定。他说，在以张高丽同志为班长的市委领导下，大家团结一心，真抓实干，深入贯彻落实科学发展观，经济社会发展取得了显著成绩。城市面貌既有大都市气派，也有大都市水平，不仅城市大变化，而且产业大升级，潜力进一步聚集，动力进一步增强。天津的经济转型、结构调整、社会事业进步，都表明未来将取得新的更大成绩，将继续发挥北方经济中心的作用，继续发挥环渤海地区领军城市的作用，在经济建设、政治建设、文化建设、社会建设以及生态文明建设和党的建设等方面为全国提供更多新鲜的经验。天津发展方向明，路子对，干劲足，成效大，发展后劲和前途无限光明。他希望天津继续发挥区位优势，抓住滨海新区开发开放的历史机遇，着力完善体制机制，推进转型创新，保持经济社会发展的良好势头。

市委常委、常务副市长杨栋梁，市委常委、市委秘书长段春华，市人大常委会副主任王宝弟，市政协副主席武长顺，市政府秘书长袁桐利及有关方面负责同志陪同考察。

（转自 2011 年 12 月 3 日《天津日报》）

贺国强在天津考察

12月 5 日至 7 日，中共中央政治局常委、中央纪委书记贺国强在天津就加快转变经济发展方式、推动经济社会又好又快发展以及加强党风廉政建设和反腐败工作等问题进行调研。

市委书记张高丽，市委副书记、市长黄兴国，市人大常委会主任肖怀远，市政协主席邢元敏，市委副书记何立峰陪同考察或出席座谈会。中央纪委副书记张惠新、秘书长崔少鹏等随同考察。

近年来，天津市委、市政府坚持把城市规划、建设、管理作为重要战略任务来抓，推动城市建设和发展水平上了一个新台阶。5 日上午，贺国强一下火车就来到天津市规划展览馆，深入了解天津城市发展总体规划情况。整个考察期间，贺国强时常饶有兴致地询问城市建设和管理等情况，高度评价近年来天津发生的可喜变化。他要求天津市总结经验、发扬成绩，坚持高起点规划、高水平建设、高效能管理，突出城市特色，提升城市品位，优化发展空间，完善管理体制，保护生态环境，提高市民素质，推动城市发展与经济社会发展相适应、与人口资源环境相协调，切实把城市规划好、建设好、管理好，努力把天津建设成为独具特色的国际性、现代化宜居城市。

天津作为我国重要的老工业基地，近年来坚持调结构、促转变、增实力、上水平，经济发展质量和效益显著提高。在中国科学院天津工业生物技术研究所、国家超级计算天津中心，贺国强与科研人员亲切交谈，详细了解技术研发和产品应用等情况，要求坚持产学研相结合，加大自主创新和科研攻关力度，加快科技成果向现实生产力转化，培育发展战略性新兴产业，不断提高企业国际竞争力。在中国航天科技集团公司新一代运载火箭产业化基地、中国航天科工集团天津光电信息产业园，贺国强感谢科研人员为国防科技事业作出的突出贡献，勉励他们发扬航天精神，发挥聪明才智，无私奉献，敢于攻关，努力为我国国防科技工业发展再立新功。在海河意式风情区、天津港国际邮轮母港、东疆湾沙滩景区，贺国强要求天津充分发掘自然、历史、文化资源，大力发展旅游等现代服务业，不断增强天津这座历史文化名城的吸引力和影响力。在中新天津生态城国家动漫产业综合示范园区，贺国强要求认真贯彻落实党的十七届六中全会精神，充分发挥天津在教育、科技、文化等方面的优势，大力发展文化事业，做大做强文化产业，为推动社会主义文化大发展大繁荣作出积极贡献。

加快推进天津滨海新区开发开放，是中央从我国改革开放和社会主义现代化建设全局出发作出的重要战略决策。在滨海新区考察时，贺国强希望天津各级党委、政府和广大干部群众紧紧抓住历史机遇，认真贯彻中央决策部署，进一步深化改革、扩大开放，全力打好滨海新区开发开放攻坚战，切实把滨海新区建设成为我国北方对外开放的门户、高水平的现代制造业和研发转化基地、北方国际航运中心和物流中心，成为深入贯彻落实科学发展观的排头兵；同时，要充分发挥滨海新区的辐射带动作用，全面推动天津经济社会又好又快发展，提升京津冀及环渤海地区国际竞争力。

保障和改善民生，维护群众切身利益，是贺国强十分关注的问题。在海河教育园区中国天津职业技能公共实训中心，贺国强详细了解学员培训、就业等方面情况，鼓励学员珍惜宝贵时间、刻苦学习技能、努力提高本领，早日成为社会主义事业合格建设者和接班人；他要求加快职业教育发展步伐，积极拓宽群众就业渠道，不断提高群众生活水平。在天津市行政许可服务中心和天津土地交易中心，贺国强对天津市深化行政管理体制改革、推动服务型政府建设和勤政廉政建设的经验予以赞赏，他强调要认真贯彻落实中央关于以人为本、执政为民的要求，进一步健全社会保障体系，提高公共服务水平，完善社会管理体制，切实让广大人民群众共享改革发展成果。

考察期间，贺国强听取了天津市委、市政府和市纪委的工作汇报，对天津经济社会发展和党风廉政建设取得的成绩给予了充分肯定。他说，在以张高丽同志为班长的市委领导班子带领下，全市各级党委、政府认真贯彻中央决策部署，深入贯彻落实科学发展观，有效应对国际金融危机冲击，加快转变经济发展方式，着力保障和改善民生，深入推进改革开放，经济实力显著增强，滨海新区建设全面推进，经济结构和产业布局进一步优化，人民生活水平稳步提高，城市规划、建设、管理、服务水平上了一个大台阶，领导班子和干部队伍建设、基层党组织和党员队伍建设、作风建设和反腐倡廉建设不断加强，各项事业取得新的重大成绩，各方面发生了很大变化，实现了经济社会发展的历史性跨越，为全国发展作出了重要贡献。天津的发展思路更加清晰，发展方向更加明确，市容环境更美了，国际化大都市的气息更浓了，广大干部群众的精神状态更好了，到处呈现出干事创业、加快发展的良好局面。希望天津牢牢把握历史机遇，着力提升城市品位，着力调整优化经济结构，努力建设生态宜居城市，努力建设我国北方经济中心，切实推动经济社会又好又快发展，奋力谱写天津加快科学发展、全面建设小康社会的新篇章。他要求各级纪检监察机关认清形势任务、围绕工作大局、认真履行职责，以深入推进党风廉政建设和反腐败斗争新成效迎接党的十八大胜利召开。

市级领导班子成员及市有关方面负责同志陪同考察或出席座谈会。

（转自 2011 年 12 月 8 日《天津日报》）

周永康在天津考察

中共中央政治局常委、中央政法委书记周永康近日在天津考察。他强调,要认真贯彻全国“两会”精神,科学实施“十二五”规划,充分发挥滨海新区的排头兵作用,加强和创新社会管理,推动天津科学发展再上新水平。

阳光和煦,春风拂面,津门大地处处充满勃勃生机。21日至22日,周永康和随行的国务委员、公安部部长孟建柱,深入企业、港口、社区和基层政法单位进行考察调研。22日下午,与市委、市政府负责同志和政法单位、区县代表进行了座谈。

市委书记张高丽,市委副书记、市长黄兴国,市人大常委会主任肖怀远,市政协主席邢元敏,市委副书记何立峰陪同考察或出席座谈会。

21日上午,周永康一到天津就前往北辰区秋怡家园考察公租房建设情况。他认真听取规划介绍,走进已竣工的住房,仔细察看户型结构和居住条件,了解建筑质量、建设成本、租金水平、配套设施等情况。看到房间结构合理、使用方便,得知租房有补贴、低收入群众负担得起,他称赞这是真正的民心工程,要求进一步加大力度、加快进度、扩大覆盖面,落实好中央关于保障性住房建设的重大部署。周永康说,广大群众对解决好住房、就业、养老、医疗等基本民生问题充满期待,“十二五” 规划也作了全面部署,我们要集中更多财力落实民生优先的要求,让改革发展成果更多地惠及普通群众。

周永康十分关心滨海新区建设情况。在中科院天津工业生物技术研究所,负责人介绍了利用工业生物技术研发可再生能源的情况,周永康听了十分高兴,他说,这是一项战略性前沿科研工程,希望能尽快突破,实现科研成果产业化。在中国航天科工集团三院天津(滨海)光电信息产业园和国家超级计算天津中心,周永康认真观看了光电子产品陈列和“天河一号”计算机系统,并与在场的科学家和技术人员一一握手,感谢大家为国家科技创新、实现世界一流所做的贡献。周永康还来到空客A320天津总装线、国家动漫产业综合示范园和东疆保税港区实地察看,了解相关产业发展和港口建设情况。他说,滨海新区开发开放纳入国家发展战略5年来,昔日的盐碱滩涂变成了全国最有活力、最具潜力的现代化新区之一,成就令人振奋。希望以更高的站位,大胆先行先试,努力实现产业结构优、创新能力强、生态环境好、体制机制活、带动作用大、管理水平高,更好地发挥科学发展排头兵作用。

周永康还重点考察了天津加强和创新社会管理的情况。在天津市北方公证处,周永康详细了解公证事项的办理流程,并现场询问办证群众对服务质量和效率满不满意,希望广大公证员发挥预防纠纷、减少诉讼的公证职能,服务民生民计,维护社会公平正义。西青区中北镇社会事务服务中心实行敞开式办公、一站式服务,群众来一次就能享受到多种高效便捷的服务,周永康对这一做法给予赞许。他还来到镇里的综治信访服务中心,向工作人员询问流动人口、刑释解教人员服务管理和社区矫正工作情况。天津空港青年公寓是专为外来务工人员修建的,周永康先后走进员工食堂、文体中心阅览室和宿舍,与来自五湖四海的年轻人亲切交谈,关切地询问他们生活得怎么样、收入有多少、房租贵不贵、加班多不多、看书上网要不要花钱,听到他们对自己的工作生活表示比较满意后,周永康感到很欣慰。天津经济技术开发区康翠社区以党支部为核心,以信息化、专业化为支撑,形成了以公益性、群众性为特征的社区服务管理五方联动机制,为社区居民创造了方便、舒适、和谐的生活环境。周永康充分肯定了他们的探索创新,并饶有兴致地驻足观看了社区居民的红歌演唱。在东疆保税港区码头,周永康亲切接见了公安特警、边防海警、治安消防等警种的代表,向他们表示慰问,勉励大家忠诚履职,为滨海新区的建设发展创造平安稳定的社会环境。

座谈会上,周永康高度评价了天津“十一五”时期发生的历史性变化。他说,在中央的正确领导下,天津市委、市政府团结带领全市人民,坚持以邓小平理论和“三个代表”重要思想为指导,深入贯彻落实科学发展观,紧紧围绕建设国际港口城市、北方经济中心和生态城市的目标,紧紧抓住滨海新区开发开放的历史机遇,提出了一系列符合科学发展观要求、符合天津实际的发展思路,采取了一系列解放思想、加快发展、扩大开放、改善民生的有力措施，经济实力变化大，滨海新区变化大，产业结构变化大，人民生活变化大，城市面貌变化大，干部群众精神面貌变化大，对内对外开放变化大，稳定工作变化大，经济社会发展取得了新的历史性成就。我们看到了一个日新月异、流光溢彩的天津，一个充满活力、和谐稳定的天津。

周永康说，“十二五”时期已经开启，希望天津牢牢把握主题主线，努力在滨海新区建设上迈出更大步伐、在经济发展质量上提升更高水平、在改善民生上有更大作为、在加强社会管理上创造更多经验、在维护社会稳定上取得更好成效、在服务“两个大局”上做出更大贡献。

中央政法委秘书长周本顺，司法部副部长陈训秋随同来津。市委常委、天津警备区政委谢建华，市委常委、市纪委书记臧献甫，市委常委、常务副市长杨栋梁，市委常委、市委政法委书记散襄军，市委常委、市委组织部部长史莲喜，市委常委、副市长崔津渡，市委常委、市委教育工委书记苟利军，市委常委、市委秘书长段春华，市人大常委会副主任王宝弟、李泉山，副市长只升华、熊建平、王治平、任学锋，市政协副主席王文华，市高级人民法院院长李少平，市人民检察院检察长于世平，武警天津市总队总队长刘长余、政委韩晓溪，及有关方面负责同志陪同考察或参加座谈。

（转自 2011 年 3 月 24 日《天津日报》）

重 要 文 献

中共天津市委关于贯彻落实《中共中央关于深化文化体制改革推动社会主义文化大发展大繁荣若干重大问题的决定》的意见

（2011年11月2日中国共产党天津市第九届委员会第十一次全体会议通过）

中共天津市第九届委员会第十一次全体会议，认真学习贯彻党的十七大和十七届六中全会精神，深入分析形势和任务，紧密结合天津实际，就贯彻落实《中共中央关于深化文化体制改革、推动社会主义文化大发展大繁荣若干重大问题的决定》，提出如下意见。

一、深刻认识新形势下推进文化改革发展的重大意义

1.《中共中央关于深化文化体制改革、推动社会主义文化大发展大繁荣若干重大问题的决定》，全面贯彻党的十七大精神，高举中国特色社会主义伟大旗帜，以邓小平理论和“三个代表”重要思想为指导，深入贯彻落实科学发展观，从中国特色社会主义事业总体布局的高度，全面总结了改革开放特别是党的十六大以来我国文化改革发展的巨大成就和宝贵经验，深刻分析了文化建设面临的形势和任务，精辟阐明了中国特色社会主义文化发展道路，科学确立了建设社会主义文化强国的战略目标，明确提出了新形势下推进文化改革发展的指导思想、重要方针、目标任务和政策举措，是当前和今后一个时期指导我国文化改革发展的纲领性文件。我们一定要把思想认识行动高度统一到中央精神上来，深入学习领会，坚决贯彻落实。

2. 市第九次党代会以来，市委始终把文化建设摆在全局工作的重要位置，按照建设文化强市的目标要求，全力打好文化大发展大繁荣攻坚战，努力增强天津文化软实力，推动文化改革发展取得了显著成绩。深入开展社会主义核心价值体系宣传教育，扎实推进学习型党组织建设，广大党员干部群众贯彻落实科学发展观的自觉性、坚定性不断增强，党的理论创新成果深入人心；牢牢把握正确舆论导向，精心组织重大主题宣传教育活动，努力营造良好舆论环境，奋发向上、干事创业的氛围日益浓厚；持续推进“同在一方热土、共建美好家园”等群众性精神文明创建和思想道德实践活动，大力培育和弘扬天津精神，市民整体素质和城市文明程度不断提高；加强对文化产品创作生产的引导，着力打造精品力作，努力形成天津品牌，推出了一批社会效益和经济效益俱佳的优秀文化产品；加快构建公共文化服务体系，高水平建设天津文化中心等公共文化设施，深入实施重点文化惠民工程，广泛开展群众文化活动，基本公共文化服务达到新水平；坚持大项目好项目带动，积极引进重大文化产业项目和文化龙头企业，加快推进重点项目建设，文化产业实现快速发展；深入推进文化体制机制改革创新，重点领域和关键环节改革取得突破，进入全国先进地区行列；对外宣传和文化交流不断扩大，文化传播力和引导力进一步增强，天津的知名度和影响力显著提升。文化建设的新进展新成效，为进一步深化文化体制改革、推动文化大发展大繁荣、提升文化综合实力和竞争力积累了宝贵经验、奠定了坚实基础。

3. 要清醒地看到，同经济社会发展的要求相比，同人民群众不断增长的精神文化需求相比，同城市的功能定位相比，我市文化建设还存在许多不相适应、不相符合的问题。主要表现在：一些地方和单位对文化的重要地位和作用认识不足，对加强文化建设重视不够；思想道德建设还需要深入，文化在推动市民文明素质提高中的作用亟

待加强；舆论引导能力还需要提高，网络建设和管理亟待加强和改进；文化精品力作还比较少，文化产品的创作生产还需要加大引导力度；公共文化服务体系还不尽完善，基本公共文化服务水平还有待提高；文化产业的规模还不大、实力还不强，有影响的文化企业和企业集团还不多；文化体制改革还需要深化，创新体制机制、增强发展活力的任务还很繁重；文化人才队伍建设急需加强，高层次领军人物和高素质文化人才还不多。要高度重视存在的问题，采取有力措施，认真加以解决。

4. 当今时代，文化越来越成为民族凝聚力和创造力的重要源泉、越来越成为综合国力竞争的重要因素、越来越成为经济社会发展的重要支撑，丰富精神文化生活越来越成为人民群众的热切愿望。必须深刻认识到，社会主义先进文化是马克思主义政党思想精神上的旗帜，文化建设是中国特色社会主义事业总体布局的重要组成部分。物质贫乏不是社会主义，精神空虚也不是社会主义。没有社会主义文化繁荣发展，就没有社会主义现代化。实现天津科学发展和谐发展率先发展，不仅需要不断壮大经济硬实力，也需要切实增强文化软实力，既要让人民群众过上殷实富足的物质生活，又要让人民群众享有健康丰富的文化生活。要准确把握经济社会发展新要求、文化发展新趋势和人民群众精神文化生活新期待，从事关天津地位、形象和未来发展的高度，深刻认识加强文化建设的重大意义，进一步增强文化自觉和文化自信，进一步增强机遇意识忧患意识大局意识，在坚持以经济建设为中心的同时，自觉把文化繁荣发展作为坚持发展是硬道理、发展是党执政兴国第一要务的重要内容，作为深入贯彻落实科学发展观的一个基本要求，进一步推动文化建设与经济建设、政治建设、社会建设以及生态文明建设协调发展，奋力开创天津文化建设的新局面。

二、努力建设富有独特魅力和创造活力的文化强市

5. *文化改革发展的总体要求*。全面贯彻党的十七大和十七届六中全会精神，高举中国特色社会主义伟大旗帜，以马克思列宁主义、毛泽东思想、邓小平理论和“三个代表”重要思想为指导，深入贯彻落实科学发展观，坚持社会主义先进文化前进方向，坚持中国特色社会主义文化发展道路，按照胡锦涛总书记对天津工作的一系列重要要求，以科学发展为主题，以建设社会主义核心价值体系为根本任务，以满足人民精神文化需求为出发点和落脚点，以改革创新为动力，全力打好文化大发展大繁荣攻坚战，推动文化事业和文化产业全面协调可持续发展，充分展现天津深厚的历史文化底蕴、独特的文化魅力和现代化大都市文化气派，充分发挥文化引领风尚、教育人民、服务社会、推动发展的功能，为实现天津科学发展和谐发展率先发展提供坚强思想保证、强大精神动力、有力舆论支持、良好文化条件。

6. *文化改革发展的奋斗目标*。围绕建设富有独特魅力和创造活力文化强市的战略目标，在新的发展起点上深化文化体制改革、推动社会主义文化大发展大繁荣，全面提升天津文化的活力、实力和竞争力，努力把天津建设成为在全国具有重要影响力的区域文化中心，文化事业发展的领先区、文化产业的重要聚集区和文化产品创作生产的重要基地，发展社会主义先进文化的排头兵。

经过全市上下共同努力，到2015年要实现以下目标：社会主义核心价值体系更加深入人心，全社会良好思想道德风尚进一步弘扬，市民整体素质和城市文明程度明显提高；文化创作生产活力显著增强，文化产品质量全面提高，适应人民需要的文化产品更加丰富，精品力作不断涌现，天津文化品牌效应进一步扩大；文化基础设施和公共文化服务网络更加健全，加快实现基本公共文化服务均等化，群众文化生活更加丰富多彩，文化事业发展走在全国前列；现代文化产业体系不断完善，文化产业保持快速增长，整体实力和竞争力显著增强，成为国民经济支柱性产业；高标准完成文化体制改革各项任务，文化创新扎实推进，市场在文化资源配置中的积极作用充分发挥，城乡文化市场更加繁荣，文化管理体制和文化产品生产经营机制更加完善；高素质文化人才队伍不断壮大，基层文化人才队伍建设得到切实加强，文化繁荣发展的人才保障更加有力。

在此基础上，再经过五年奋斗，到2020年推动文化改革发展取得更加显著的成效，文化在全市经济社会发展中的作用更加凸显，文化发展主要指标保持全国前列，人民群众文化权益得到更好保障，文化生产力得到进一步解放和发展，文化软实力显著增强，基本实现建设文化强市的战略目标，走出一条符合科学发展观要求、体现时代特征、具有天津特点的文化建设新路子。

7. *文化改革发展的方针原则*。实现建设文化强市的战略目标，必须认真贯彻中央提出的重要方针，坚持以马克思主义为指导，坚持社会主义先进文化前进方向，坚持以人为本，坚持把社会效益放在首位，坚持改革开放。在工作实践中，要着力把握以下原则：

——解放思想，更新观念。增强以科学发展观统领文化改革发展的自觉性和坚定性，牢固树立新的文化发展理念，努力破除影响和制约文化改革发展的各种障碍，以新观念开拓新思路，以新举措推动新发展。

——统筹兼顾，协调发展。正确认识和妥善处理文化改革发展中的重大关系，协调好文化建设各个领域、各个

环节，立足当前、着眼长远，重点突破、全面推进，不断提高文化建设的科学化水平。

——勇于创新，善于开拓。倡导勇于竞争、勇往直前、勇攀高峰的创新精神和敢为人先、敢冒风险、敢闯新路的创业精神，大力推进文化创新，让一切创新想法得到尊重、一切创新才能得到发挥、一切创新成果得到肯定。

——追求卓越，争创一流。紧跟时代步伐，瞄准一流水平，树立更高标准，博采众长，精益求精，进一步加大文化改革发展推进力度，积极抢占文化发展的制高点，多出人才、多出精品、多出品牌、多出效益。

——求真务实，注重实效。坚持用心把握、用心工作、用心落实，切实改进工作作风，面向基层、重心下移，脚踏实地、埋头苦干，鼓实劲、办实事、求实效，做出经得起实践、人民和历史检验的业绩。

三、扎实推进社会主义核心价值体系建设

8. *加强思想理论建设，用发展着的马克思主义指导新的实践。*坚持不懈地用中国特色社会主义理论体系武装党员、教育人民，推动学习实践科学发展观不断向深度和广度拓展。深入开展社会主义核心价值体系学习教育，把社会主义核心价值体系融入国民教育、精神文明建设和党的建设全过程，贯穿改革开放和社会主义现代化建设各领域，体现到精神文化产品创作生产传播各方面。坚持市委理论学习中心组读书会暨现场交流推动会制度，加强和改进党委(党组)中心组理论学习，开展创建学习型党组织、争当学习型党员活动，倡导领导干部带学帮学促学述学，完善领导干部基层联系点制度。积极参与中央马克思主义理论研究和建设工程。落实中国特色社会主义理论体系普及计划，加大理论骨干培训力度，发挥理论专刊专栏专版作用，组织出版优秀理论通俗读物，办好社科普及周、市民课堂等。进一步加强和改进学校思想政治教育，推动中国特色社会主义理论体系进教材、进课堂、进头脑。

9. *开展理想信念教育，坚定中国特色社会主义共同理想。*引导广大干部群众不断加深对中国共产党领导和中国特色社会主义旗帜、道路、理论体系、制度的认识，进一步坚定对马克思主义的信仰、对中国特色社会主义的信念、对改革开放和现代化建设事业的信心、对党和政府的信任，自觉把个人理想融入中国特色社会主义共同理想之中。坚持领导干部带头宣讲制度，深入开展形势政策教育、国情市情教育、革命传统教育、改革开放教育、国防教育。开展学经典、读党史、讲传统、树信念教育实践活动。针对社会热点难点问题，联系干部群众思想实际，加强思想理论问题研究阐释，引导干部群众划清是非界限、澄清模糊认识。

10. *弘扬民族精神和时代精神，增强奋发向上团结和谐的精神力量。*大力弘扬爱国主义、集体主义、社会主义思想，广泛开展爱祖国、爱天津、爱家乡活动，激励全市人民把爱国热情化作加快推进滨海新区开发开放、实现天津经济社会又好又快发展的实际行动。大力弘扬新时期天津精神，不断丰富内涵，凝聚广泛共识。认真总结天津推进改革开放和社会主义现代化建设的新鲜经验，百倍珍惜、不断巩固和发展来之不易的好形势，不自满、不懈怠、不畏难，与时俱进，开拓创新，推动全市各项工作不断迈上新台阶、达到高水平。开展艰苦创业教育，大力发扬艰苦奋斗、劳动光荣、勤俭节约的优良传统。加强民族团结进步教育。加强爱国主义教育基地建设，用好红色旅游资源，使之成为弘扬培育民族精神和时代精神的重要课堂。

11. *推进思想道德教育和精神文明创建活动，不断提升市民文明素质和城市文明程度。*深化社会主义荣辱观教育，扎实推进公民道德建设工程，切实加强社会公德、职业道德、家庭美德、个人品德教育。大力倡导爱国、敬业、诚信、友善等道德规范，开展评选表彰道德模范活动，学习宣传先进典型，推动全社会形成知荣辱、讲正气、作奉献、促和谐的良好风尚。全面加强学校德育体系建设，实施品德培育、文化服务、环境净化、心理护航工程，动员学校、家庭、社会各方面力量，共同做好青少年思想道德教育工作。深化“同在一方热土、共建美好家园”等群众性精神文明创建活动，推进市民素质提升行动计划，实施新市民教育工程、职工素质建设创新工程和农民素质提高工程，提升文明城区、文明村镇、文明单位建设水平。发挥解放军驻津部队、武警部队作用，深入推进军民共建、和谐创建。广泛开展志愿服务，推动学雷锋等道德实践活动常态化，形成男女平等、尊老爱幼、扶贫济困、扶弱助残、礼让宽容的人际关系。加强政风行风建设，开展道德领域突出问题专项教育和治理。把诚信建设摆在突出位置，切实增强诚信意识，大力推进政务诚信、商务诚信、社会诚信和司法公信建设，建立健全社会征信系统，加大对失信行为惩戒力度，营造诚实、自律、守信、互信的社会信用环境，努力建设诚信天津。加强法治天津建设，深入开展法制宣传教育，提高全民法律素质，推动人人学法尊法守法用法。加强人文关怀和心理疏导，培育自尊自信、理性平和、积极向上的社会心态。弘扬科学精神，普及科学知识，引导广大市民移风易俗，破除陈规陋习，抵制封建迷信。大力加强反腐倡廉教育，推进廉政文化建设，营造以廉为荣、以贪为耻的良好社会氛围。

四、切实加强对文化创作生产的引导

12. 全面贯彻“二为”方向和“双百”方针，坚持文化创作的正确方向。立足发展先进文化、建设和谐文化，激发文化创作活力，全面提高文化产品质量，创作生产更多叫得响、传得开、留得住的精品力作。坚持以人民为中心的创作生产导向，引导广大文化工作者贴近实际、贴近生活、贴近群众，讲求格调品位，注重社会效果，弘扬真善美，贬斥假恶丑。发扬学术民主、艺术民主，营造积极健康、宽松和谐的良好氛围，提倡不同观点和学派充分讨论，提倡体裁、题材、形式、手段充分发展，推动观念、内容、风格、流派积极创新。鼓励广大文化工作者大力弘扬创新精神，焕发创造激情，激发原创能力，兼收并蓄、博采众长，增强文化产品的时代感、吸引力和生命力，为人民群众提供更好更多的精神食粮。

13. 繁荣哲学社会科学，更好服务经济社会发展。发挥高等学校、社科研究机构重要作用，坚持基础研究和应用研究并重，推进马克思主义理论学科建设，重点扶持基础学科，切实加强应用学科，积极发展交叉学科，着力培育新兴学科，建成一批在国内外有重要影响的一流学科。瞄准学术发展前沿，推动跨学科研究，努力形成高水平科研成果。紧密联系经济社会发展的实践，加强对全局性、战略性、前瞻性问题的研究，提高研究成果的质量和水平，加快研究成果的转化应用。实施哲学社会科学创新工程。发挥哲学社会科学基金示范引导作用，加大投入力度，重点支持优秀成果的研究和出版。规划建设市中国特色社会主义理论体系研究中心等研究基地和重点实验室，建设一批具有专业优势的思想库。提高哲学社会科学信息化水平，推动信息资源共建共享。

14. 实施精品战略，推出更多优秀文艺作品。提倡和引导文艺工作者深入基层、深入生活，在社会生活中激发创造灵感，精心选取题材，创新艺术手法，努力创作更多思想性艺术性观赏性相统一、群众喜闻乐见的优秀文艺作品。弘扬主旋律，提倡多样化，组织实施好“五个一工程”、重大革命和历史题材创作工程、重点文学艺术作品扶持工程、优秀少儿作品创作工程，鼓励原创和现实题材创作，多出作品，打造精品。充分利用天津文化资源，壮大优势艺术品牌，扶持特色艺术品种，积极发展新的艺术样式，扩大文艺作品在国内外的影响力。鼓励一切有利于陶冶情操、愉悦身心、寓教于乐的文艺创作，抵制低俗之风。

15. 完善文化产品评价体系，形成有利于文化精品创作生产的激励机制。坚持把遵循社会主义文化前进方向、人民群众满意作为评价作品的最高标准，把群众评价、专家评价和市场检验统一起来，形成科学的文化产品评价标准。建立公开、公平、公正评价机制，精简种类，改进方式，提高评奖的权威性和公信度。完善优秀文化作品奖励办法。培养高素质文艺评论队伍，开展健康的文化批评。加大优秀文化产品推广力度，充分运用各种宣传文化资源，在资金、频道、版面、场地等方面为展演展映展播展览弘扬主流价值的精品力作提供条件。制定和完善扶持文艺作品创作生产的政策措施，设立专项艺术基金，支持收藏和推介优秀文化作品。加强知识产权保护，维护著作权人合法权益。

五、着力提高传播媒体建设管理水平

16. 牢牢把握正确导向，不断提高舆论引导能力。坚持团结稳定鼓劲、正面宣传为主，用事实说话、用典型说话、用数字说话，壮大主流舆论，提高舆论引导的及时性、权威性和公信力、影响力，更好发挥宣传党的主张、弘扬社会正气、通达社情民意、引导社会热点、疏导公众情绪、搞好舆论监督的重要作用，保障人民的知情权、参与权、表达权、监督权。以党报党刊、电台电视台为主，整合都市类媒体、网络媒体等宣传资源，着力构建舆论引导新格局。加强舆情分析研判，切实做好正面宣传工作。搞好重大突发事件报道，完善新闻发布制度，健全应急报道机制和舆论引导机制，提高时效性，增加透明度。加强和改进舆论监督。加强新闻传播秩序的规范管理，严格规范新闻采编行为，加大虚假新闻治理力度。新闻媒体和新闻工作者要秉持社会责任和职业道德，注重新闻报道的社会效果，真实准确传播新闻信息，认真履行职责，树立良好形象。

17. 建好用好管好互联网，发展健康向上的网络文化。贯彻积极利用、科学发展、依法管理、确保安全方针，加强网上思想文化阵地建设，搞好网上舆论引导，唱响网上思想文化主旋律。实施网络内容建设工程，推动优秀传统文化瑰宝和当代文化精品网络传播，制作适合互联网和手机等新兴媒体传播的精品佳作，引导网民创作格调健康的网络文化作品。支持北方网等重点新闻网站加快发展，加强综合性网站、各类专业网站和主要商业网站建设，抓紧培育一批网络内容生产和服务骨干企业。充分发挥微博客服务社会的积极作用，切实加强建设和管理。积极发展网络新技术新业态。广泛开展文明网站创建，深化文明办网、文明上网活动。督促网络运营服务企业履行法律义务和社会责任，不为有害信息提供传播渠道。加强网络法制建设，健全互联网管理体系。加强对社交网络和即时通讯工具等的引导和管理，规范网上信息传播秩序，培育文明理性的网络环境。依法惩处传播有害信息行为，深入推进整治网络淫秽色情和低俗信息专项行动，净化网络环境，严厉打击网络违法犯罪。加大网上个人信息保护力度，建立网络安全评估机制，维护公共利益和国家信息安全。

18. 加强传播能力建设，发展现代传播体系。加大扶持力度，加强党报党刊、电台电视台和重要出版社建设，加快完善采编、发行、播发系统，加快数字化转型，显著提升技术水平和竞争实力，扩大有效覆盖面。充分发挥主流媒体的独特优势和重要作用，办好新兴媒体，抢占新型媒体阵地。办好报刊海外版和卫视频道，扩大广播电视节目境外落地，着力打造一批精品栏目和节目。完成应急广播体系建设任务。强化播出内容和传输安全管理，推进“三网融合”，加强新媒体集成播控平台建设，创新业务形态，发挥各类信息网络设施的文化传播作用。

六、大力发展公益性文化事业

19. 完善公共文化服务体系，保障人民群众基本文化权益。按照公益性、基本性、均等性、便利性的要求，以政府为主导，以公共财政为支撑，以公益性文化单位为骨干，以全体人民为服务对象，以保障人民基本文化权益为主要内容，加快构建覆盖城乡、结构合理、功能健全、实用高效的公共文化服务体系。完善公共文化服务投入机制，落实好各项支持政策。把主要公共文化产品和服务项目、公益性文化活动纳入公共财政经常性支出预算，采取政府采购、项目补贴、定向资助、贷款贴息、税收减免等政策措施鼓励各类文化企业参与公共文化服务。坚持建设、管理和使用并重，统筹搞好公共文化服务设施建设，整合资源，扩展功能，让群众广泛享有免费或优惠的基本公共文化服务。加强天津文化中心建设与管理，切实提高使用效率和综合效益，为群众提供高水平的公共文化服务。加强群众艺术馆、科技馆、纪念馆、工人文化宫、青少年宫和区县文化中心等公共文化设施建设改造，继续做好公共文化服务设施免费开放服务。把社区文化中心建设纳入城乡规划和设计，拓展投资渠道，完善基层公共文化服务设施。完善面向妇女、未成年人、老年人、残疾人的公共文化服务设施。鼓励国有文化单位、教育机构等积极开展公益性文化活动，引导和鼓励社会力量通过兴办实体、资助项目、赞助活动、提供设施等形式支持和参与公共文化服务。努力创建国家公共文化服务体系示范区。

20. 坚持城乡统筹，加快推进公共文化服务均等化。深入实施重点文化惠民工程，推动城乡文化一体化发展。把农村文化建设摆在更加突出的位置，增加农村文化服务总量，缩小城乡文化发展差距。搞好农村有线广播电视数字化改造，加快推进进村入户。充分发挥社区文化中心、乡镇综合文化站和村文化室作用。深入实施文化信息资源共享工程，推进数字图书馆推广工程，加快公共电子阅览室建设并向学校、青少年宫等场所延伸。继续实施农村电影放映工程。健全农家书屋出版物更新和管理机制，提高使用效率。推进乡村学校少年宫和未成年人“快乐营地”建设。广泛开展全民阅读、全民健身活动，推动文化科技卫生“三下乡”、科教文体法律卫生“四进社区”、“海河情”慰问演出和高雅艺术进校园等活动经常化。把农民工纳入城市公共文化服务体系，引导企业、社区积极开展面向农民工的公益性文化活动。建立以城带乡联动机制，加大对农村地区文化帮扶力度，把支持农村文化建设作为创建文明城区、文明单位基本指标。鼓励文化单位面向农村提供流动服务、网点服务，推动媒体办好农村版和农村频率频道，做好主要党报党刊在农村基层发行和赠阅工作。扶持文化企业以连锁方式加强基层和农村文化网点建设，推动电影院线、演出院线向郊区县和示范小城镇延伸，支持演艺团体深入基层和农村演出。市和区县两级设立农村文化建设专项资金。

21. 广泛开展群众性文化活动，丰富群众精神文化生活。提高社区文化、村镇文化、企业文化、校园文化等建设水平，组织开展群众乐于参与、便于参与的文化活动，引导群众在文化建设中自我表现、自我教育、自我服务。办好国际少儿艺术节、滨海国际艺术节、“和平杯”中国京剧票友邀请赛、“天穆杯”全国小品展演等活动，打造一批群众文化活动品牌。支持群众依法兴办文化团体，精心培育植根群众、服务群众的文化载体和文化样式。加强对文化艺术知识的普及、群众性文化活动的指导和群众文艺骨干的培训。各类公共场所要为群众文化活动提供便利。及时总结群众文化创新经验，推广大众文化优秀成果，在全社会营造鼓励文化创造的良好氛围。

22. 保护发展文化遗产，传承优秀传统文化。大力弘扬中华优秀传统文化，深入挖掘天津文化资源，传承历史文脉，凝聚精神力量。加强大运河天津段等文化遗产和重点文物保护单位、历史文化名城及名镇名村保护建设，搞好历史文化街区、历史风貌建筑的保护利用，抓好非物质文化遗产保护传承。鼓励发展特色博物馆。保护利用档案资源。加强文化典籍整理和出版，推进典籍资源数字化。广泛开展优秀传统文化教育普及活动。发挥国民教育在文化传承创新中的基础性作用，增加优秀传统文化课程内容，加强优秀传统文化教学研究基地建设。保护少数民族特色文化。

七、加快发展文化产业

23. 着力做大做优做强，推动文化产业跨越式发展。坚持把社会效益放在首位、社会效益和经济效益相统一，加强产业规划和政策引导，健全协调推动机制，加大推进力度，加快发展步伐，显著提高质量效益，显著提高规模化、集约化、专业化水平，显著提高文化产业整体实力和竞争力，使之成为新的经济增长点、经济结构战略性调整的重要支点、转变经济发展方式的重要着力点。

24. *加快大项目好项目建设，构建现代文化产业体系。*实施重大文化产业项目带动战略，进一步优化产业结构，合理配置资源，推动产业集聚，形成规模效应，加快构建结构合理、门类齐全、科技含量高、富有创意、竞争力强的现代文化产业体系。发展壮大出版发行、影视制作、印刷、广告、演艺、娱乐、会展等传统文化产业，加快发展文化创意、数字出版、移动多媒体、动漫游戏等新兴文化产业。充分发挥国家级滨海新区文化产业示范园区作用，努力建设成为新兴文化产业发展的策源地和示范区。深入推进国家动漫产业综合示范园、国家影视网络动漫实验园和研究院、中国天津3D影视创意园区、国家数字出版基地、国家级广告产业园、中国纪录片产业基地、团泊文化产业示范园区等建设，精心组织实施一批重大工程和重点项目，尽快形成一批在国内外具有重要影响的文化产业创新、示范和孵化基地。坚持统筹规划、合理布局，加快建设一批各具特色的文化创业创意园区，支持中小文化企业向园区聚集，提高产业集中度和关联度，培育产业集群，打造知名品牌，推进文化产业带建设。发掘城市丰富文化资源，积极发展具有浓郁地方特色的文化产业，推进特色文化城市建设。推动文化产业与旅游、体育、信息、物流、建筑等产业融合发展，增加相关产业文化含量，延伸文化产业链，提高附加值。

25. *创造良好政策环境，形成共同发展的文化产业格局。*毫不动摇地支持和壮大国有或国有控股文化企业，毫不动摇地鼓励和引导各种非公有制文化企业健康发展，形成公有制为主体、多种所有制共同发展的文化产业格局。选择一批改革到位、成长性好、竞争力强的大型文化企业，在资金投入、项目支持、资源配置等方面加大倾斜力度，加快培育龙头和骨干企业，充分发挥主导作用。鼓励有实力的文化企业以资本为纽带进行跨地区、跨行业、跨所有制兼并重组，培育文化产业领域战略投资者。引导社会资本在国家许可范围内以多种形式投资文化产业，参与国有经营性文化单位转企改制，参与重大文化产业项目实施和文化产业园区建设，在投资核准、信用贷款、土地使用、税收优惠、上市融资、发行债券、对外贸易和申请专项资金等方面给予支持，营造公平参与市场竞争、同等受到法律保护的体制和法制环境。促进民营文化企业健康发展。加强和改进对非公有制文化企业的服务和管理，引导他们自觉履行社会责任。

26. *发挥科技支撑和引领作用，增强文化产业核心竞争力。*深入实施科技带动战略，推动文化发展向更多依靠科技发展转变，提高文化产业的科技含量，促进文化和科技深度融合。适应文化产业发展需要，加强核心技术、关键技术、共性技术攻关，掌握自主知识产权，提升自主创新能力。加快文化科技成果转化，利用高新技术改造传统文化产业，提高文化企业技术和装备水平。拓展文化产业发展领域，积极培育新的文化业态，推出更多既有科技含量又有文化含量的新兴文化产品。发挥滨海新区先行先试作用，积极争创国家级文化和科技融合示范基地。把重大文化科技项目纳入科技发展规划和计划，健全文化技术创新体系，促进创新要素向文化企业集聚，培育一批特色鲜明、创新能力强的文化科技企业，支持产学研战略联盟和公共平台建设。

27. *促进文化消费，提高文化消费规模和水平。*增强群众文化消费意识，培育和引导文化消费热点，培养健康文化消费习惯，营造良好消费环境，有力促进文化消费。提高文化产品和服务供给能力，引导文化企业多生产群众买得起、用得上的文化产品，多提供群众喜欢的文化服务，投资兴建更多适合群众需求的文化消费场所。加快发展大众性文化消费市场，着力扩大基层文化消费。完善文艺院团超场次演出补贴等办法，鼓励出版适应群众购买能力的图书报刊，鼓励在商业演出和电影放映中安排一定数量的低价场次或低价门票，鼓励网络文化运营商开发更多低收费业务，鼓励对困难群众和农民工文化消费提供适当补贴。创新商业模式，培育特色文化消费市场，提供个性化、分众化产品和服务，形成新的文化消费增长点。大力发展文化旅游，打造“近代百年看天津”等品牌，办好妈祖文化旅游节等活动，发挥旅游对文化消费的促进作用。

八、深入推进文化体制改革和机制创新

28. *深化国有文化单位改革，确保各项改革取得实效。*以建立现代企业制度为重点，率先全面完成国有经营性文化单位转企改制任务。加快推进一般国有文艺院团转企改制，探索建立扶持转制院团发展的长效机制，形成面向市场、富有活力的体制机制。推进非时政类报刊社改革，加快培育综合性或专业性报刊传媒集团。巩固拓展出版传媒、电影等企业改革成果，加快公司制股份制改造，完善法人治理结构，创新资产组织形式和经营管理模式。落实各项优惠政策，支持国有文化企业面向资本市场融资，支持其吸引社会资本进行股份制改造。全面推进文化事业单位人事、收入分配和社会保障制度改革，明确服务规范，加强绩效评估考核，提高公益服务的水平和效率。创新公共文化服务设施运行机制，吸纳有代表性的社会

人士、专业人士、基层群众参与管理。深化党报党刊、电台电视台宣传与经营两分开和制播分离改革，进一步完善管理和运行机制。推动一般时政类报刊社、代表民族特色和国家水准的文艺院团等事业单位实行企业化管理。

29. 加强文化产品和要素市场建设，健全现代文化市场体系。重点发展图书报刊、电子音像制品、演出娱乐、影视剧、动漫游戏等产品市场，加强综合交易平台建设，办好中国(天津)演艺产业博览会、中华(天津)民间艺术精品博览会、中国(天津)书法艺术节、中国国际新闻出版装备博览会、中国首届动漫奖系列活动、天津图书节等，吸引更多高水平的文化展会落户天津。发展连锁经营、物流配送、电子商务等现代流通组织和流通形式，加快建设一批大型文化流通企业和文化产品物流基地，建设完善的文化产品流通网络。加快培育产权、版权、技术、信息等要素市场，建立天津文化产权交易所，规范文化资产和艺术品交易。加强行业组织建设，发展经纪代理、评估鉴定、担保拍卖等中介机构，推动行业自律。

30. 创新文化管理体制，不断提升管理效能和水平。完善党委领导、政府管理、行业自律、社会监督、企事业单位依法运营的文化管理体制和富有活力的文化产品生产经营机制。加快政府职能转变，推进政企、政事、政府与市场中介组织分开，理顺政府和企事业单位关系。推动文化行政管理部门逐步实现由办文化为主向管文化为主转变，由管微观向管宏观转变，由主要面向直属单位转为面向全社会。建立健全权利义务责任相统一、管人管事管资产管导向相结合的国有文化资产管理体制和运行机制，确保国有资产保值增值。加强文化法制建设。坚持主管主办制度，落实谁主管谁负责和属地管理原则，严格执行文化资本、文化企业、文化产品市场准入和退出机制，综合运用多种手段提高管理效能。加强文化市场综合执法机构建设，搞好协调配合，加大执法力度，深入开展“扫黄打非”，强化文化市场监管，维护文化市场秩序。

31. 完善政策保障机制，为文化改革发展创造良好条件。保证公共财政对文化建设投入的增长幅度高于财政经常性收入增长幅度，不断提高文化支出占财政支出比例。扩大公共财政覆盖范围，完善投入方式，加强资金管理，提高资金使用效益，保障公共文化服务体系建设和运行。落实和完善文化经济政策，支持社会组织、机构、个人捐赠和兴办公益性文化事业，引导文化非营利机构提供公共文化产品和服务，加大财政、税收、金融、用地等方面对文化产业的政策扶持力度，鼓励文化企业和社会资本对接，落实文化内容创意生产、非物质文化遗产项目经营税收优惠政策。设立市级文化发展基金，扩大有关文化基金和专项资金规模，引导财政安排的各种产业资金向文化产业倾斜，提高各级彩票公益金用于文化事业比重。继续执行文化体制改革配套政策，对转企改制国有文化单位扶持政策执行期限再延长五年。

32. 实施文化走出去工程，扩大对外宣传和文化交流。创新对外宣传方式方法，打造“感知天津”等活动品牌，充分展示天津的良好形象。鼓励优秀院团和精品剧目出境演出交流。办好孔子学院、孔子课堂。重视和发展民间文化交流。完善支持文化产品和服务走出去的政策措施，培育具有国际竞争力的外向型文化企业和中介机构，推动图书、音像、影视等文化产品开拓国际市场。加强文化领域智力、人才、技术引进工作。鼓励文化单位同国外有实力的文化机构进行项目合作，吸收外资进入法律法规许可的文化产业领域，发展文化服务贸易和服务外包。搞好同兄弟省区市的文化交流合作。加强同香港、澳门的文化交流合作，推进同台湾的文化交流。

九、努力建设高素质文化人才队伍

33. 加强文化人才队伍建设，为文化繁荣发展提供人才支撑。按照政治强、业务精、纪律严、作风正的要求，加强对年轻人才、高层次人才和复合型人才的培养，用好现有人才，引进专业人才，培养后备人才。抓紧造就一批文化领域的领军人物，一批勇于改革、敢于创新、善于开拓的创新型人才，一批既懂文化工作又懂经营、善管理的复合型人才，一批精通外语、熟悉国际市场规则、善于开拓国际文化市场的人才，一批掌握现代科技知识、具有研发能力、能够占据某一领域科技制高点的科技型人才，形成一支门类齐全、结构合理、梯次分明、素质优良的文化人才队伍，努力打造人才聚集高地。

34. 加大人才培养力度，造就高层次领军人物和高素质文化人才队伍。深化“五个一批”人才培养工程、宣传文化百家工程和青年文艺人才工程，建立重大文化项目首席专家制度，实施高端紧缺人才培养计划，加强专业文化工作队伍、文化企业家队伍建设，扶持资助优秀中青年文化人才主持重大课题、领衔重要项目。加大进修培训力度，搭建文化工作者终身学习平台。鼓励和扶持高等学校和中等职业学校优化专业结构，与文化企事业单位共建人才培养基地。依托文化产业园区、大型文化项目和骨干文化企业，建立一批文化人才实训基地。完善人才开发、评价发现、选拔任用、流动配置、激励保障机制，深化职称评审改革。重视发现和培养社会文化人才。对非公有制文化单位人员评定职称、参与培训、申报项目、表彰奖励等同等对待。积极引进文化拔尖人才、高层次人才和急需人才，多渠道吸引海外优秀文化人才。设立市级文化荣誉称号，表彰奖励成就显著的文化工作者。

*35. 加大基层文化人才队伍建设力度，提高基层文化工作者综合素质和服务能力。*高度重视基层文化人才队伍建设，制定和落实具体实施规划，完善机构编制、学习培训、待遇保障等政策措施。配好配齐乡镇街道党委宣传委员、宣传干事和乡镇综合文化站专职人员。设立城乡社区公共文化服务岗位，对服务期满高校毕业生报考文化部门公务员、相关专业研究生实行定向招录。重视发现和培养贴近群众、扎根基层的乡土文化能人、民族民间文化传承人特别是非物质文化遗产项目代表性传承人，鼓励和扶持群众中涌现出的各类文化人才和文化活动积极分子，促进他们健康成长、发挥作用。发展和壮大文化志愿者队伍，鼓励专业文化工作者和社会各界人士参与基层文化建设和群众文化活动，形成专兼结合的基层文化工作队伍。

*36. 加强职业道德和作风建设，自觉做优秀文化的生产者和传播者。*引导文化工作者自觉践行社会主义核心价值体系，坚守社会责任，加强自身修养，弘扬科学精神，恪守职业道德，努力做道德品行和人格操守的示范者。发扬严谨笃学、潜心钻研、淡泊名利、自尊自律的风尚，追求德艺双馨，克服浮躁心态，坚决抵制学术不端和情趣低俗等不良风气。深入开展“走基层、转作风、改文风”活动，鼓励文化工作者深入改革开放和现代化建设第一线，进一步增强对国情市情的了解、增加对基层的体验、增进对群众的感情，切实解决好“为了谁、依靠谁、我是谁”的问题。文化工作者要相互尊重、平等交流、取长补短，共同营造风清气正、和谐奋进的良好环境。

十、加强和改进党对文化工作的领导

*37. 切实履行政治责任，牢牢把握文化发展主动权。*各级党委和政府要把贯彻落实党的十七届六中全会精神作为重大的政治任务，高度重视，精心组织，周密安排，扎实推进，确保中央各项决策部署落到实处。把文化建设摆上全局工作重要位置，定期分析研究文化工作，及时协调解决重大问题，牢牢把握意识形态工作主导权，掌握文化改革发展领导权，切实担负起推进文化改革发展的政治责任。把文化建设纳入经济社会发展总体规划，与经济社会发展一同研究部署、一同组织实施、一同督促检查。把文化改革发展的成效纳入科学发展考核评价体系，作为评价地区发展水平和发展质量的重要内容，作为衡量领导班子和领导干部工作业绩的重要依据。做好文化领域知识分子工作，真心与他们交朋友，热心为他们办实事，充分调动广大知识分子的积极性和创造性。

*38. 加强文化领域领导班子和党组织建设，为文化改革发展提供有力组织保证。*坚持德才兼备、以德为先用人标准，坚持在干中培养、考察、选拔和使用干部，把政治立场坚定、思想理论水平高、熟悉文化工作、善于驾驭意识形态领域复杂局面的干部充实到领导岗位上来，选好配强文化领域各级领导班子。加强领导班子思想政治建设，提高领导干部思想政治素质，确保文化阵地导向正确。各级领导干部要深入研究文化发展特点和规律，正确认识和处理文化改革发展中的重大关系，努力提高文化素养，改进工作方式方法，提高领导能力和工作水平，努力成为领导文化建设的行家里手。把文化建设内容纳入干部培训计划和各级党校、干校教学体系，加大培训力度，增强培训实效。发挥文化事业单位、国有和国有控股文化企业党组织的领导核心和政治核心作用，加强文化领域非公有制经济组织、新社会组织的党组织建设，创新活动内容、活动方式和活动载体。注重在文化领域优秀人才、先进青年、业务骨干中发展党员。文化战线全体党员要牢固树立党的观念、党员意识，讲党性、重品行、作表率，充分发挥先锋模范作用。

*39. 调动各方面积极性，努力形成推动文化建设的强大合力。*按照党委统一领导、党政齐抓共管、宣传部门组织协调、有关部门分工负责、社会力量积极参与的要求，建立健全工作体制和工作格局。文化领域各部门要把长远目标和阶段性任务结合起来，把原则要求和具体措施结合起来，分解目标任务，明确责任主体，狠抓工作落实，发挥好文化建设主力军作用。支持人大、政协履行职能，支持民主党派、无党派人士和人民团体发挥作用，调动有关部门和各个方面的积极性，共同推进文化改革发展。推动文化领域各人民团体创新管理体制、组织形式、活动方式，履行好联络协调服务职能，加强行业自律，依法维护文化工作者权益。发挥宗教界人士和信教群众在促进文化繁荣发展中的积极作用。尊重人民群众的首创精神，大力支持人民群众的文化创造，更好地发挥人民群众在文化建设中的主体作用。

市委号召，全市各级党组织和广大党员干部群众，要紧密团结在以胡锦涛同志为总书记的党中央周围，全面贯彻党的十七大和十七届六中全会精神，高举中国特色社会主义伟大旗帜，以邓小平理论和“三个代表”重要思想为指导，深入贯彻落实科学发展观，坚持社会主义先进文化前进方向，坚持中国特色社会主义文化发展道路，按照胡锦涛总书记对天津工作的一系列重要要求，以坚定清醒的政治自觉、奋发有为的精神状态、求真务实的工作作风，脚踏实地，开拓创新，全力打好文化大发展大繁荣攻坚战，进一步兴起社会主义文化建设新高潮，不断提高文化建设科学化水平，为把天津建设成为富有独特魅力和创造活力的文化强市而努力奋斗！

（摘自 2011 年 11 月 5 日《天津日报》）

在市委九届十二次全会上的讲话(摘要)

(2011年12月26日)

张高丽

这次全会的主要任务是，全面贯彻党的十七大和十七届三中、四中、五中、六中全会精神，认真落实中央经济工作会议部署，总结今年工作，部署明年任务，团结动员全市广大党员干部群众，解放思想，干事创业，开拓创新，推动天津科学发展和谐发展率先发展。

一、"十二五"时期实现良好开局

今年是"十二五"开局之年。一年来，在以胡锦涛同志为总书记的党中央正确领导下，市委常委会团结带领全市广大党员干部群众，高举中国特色社会主义伟大旗帜，以邓小平理论和"三个代表"重要思想为指导，深入贯彻落实科学发展观，坚决贯彻中央的决策部署和国家宏观调控政策措施，认真落实胡锦涛总书记对天津工作的一系列重要要求，在历届市领导班子打下的基础上，加快实施市委"一二三四五六"的奋斗目标和工作思路，着力构筑"三个高地"，全力打好"五个攻坚战"，经济建设、政治建设、文化建设、社会建设以及生态文明建设和党的建设取得了新的成绩，"十二五"规划实现良好开局。

*发展方式加快转变，质量效益水平进一步提高。*出台了促进经济发展的30条政策措施，广泛开展"调结构、增活力、上水平"活动，4329名机关干部深入9100多家企业和基层单位，帮助解决困难和问题。从2007年起我市大力发展实体经济，今年又新推出340项高水平大项目好项目，累计达到1280项，总投资2.2万亿元，700多项已建成投产，新投产项目对工业增长贡献率达到60%。新增设施农业11.58万亩，累计达到60万亩。八大优势支柱产业占全市工业比重超过90%，工业总产值突破2万亿元。服务业增加值增长14.8%，占全市生产总值的比重达到46%。建成10大产业技术研发平台，国家级企业技术中心达到29家，科技型中小企业新增8500家，累计达到2.1万家，全社会研发支出占生产总值比重达到2.6%。万元生产总值能耗在"十一五"下降21%的基础上，今年预计下降4%以上，主要污染物排放量均下降2%。

*滨海新区龙头带动，三个层面作用进一步发挥。*启动综合配套改革第二个三年实施计划，《天津北方国际航运中心核心功能区建设方案》获国务院批复，重点领域改革不断深化，全国社会管理创新综合试点扎实推进。功能区开发建设加快，南港港区正式开港试通航，中新生态城南部片区全面开工，东疆港岛造陆工程全部完工，响螺湾48栋商务楼宇加快推进，一批高端产业基地和企业总部正在形成。天津港30万吨级深水航道一期开工建设，南疆中航油石化码头、中化仓储等一批工程竣工，港口吞吐量达到4.5亿吨，集装箱吞吐量达到1150万标准箱，内陆无水港增至21个。中心城区大力发展高端服务业、楼宇经济和都市型工业，大悦城、水游城、红星国际广场等建成开业，梅江会展中心二期主体封顶，泰安道地区综合开发1、2、3号院投入使用，意式风情区被评为中国特色商业街区，税收超亿元楼宇达到67个，服务业比重达到81.5%。郊区县加快推进"三区"联动建设，31个示范工业园区起步区基础设施建设基本完成，20个现代农业示范园区、155个养殖示范园区基本建成，47个示范小城镇建设全面提速，40万农民迁入新居，全市城镇化率超过80%。

*规划建设管理提升，生态宜居面貌进一步展现。*完成文化中心周边地区、解放南路周边地区和北部新区等重点规划。西站综合交通枢纽投入使用，南站与京沪高铁天津段同步建成，地铁9号线试运行，2、3号线装修调试，5、6号线加快建设，津宁、塘承一期、国道112高速公路和团泊快速路建成，滨海国际机场二期工程和地下交通中心建设顺利实施。启动"十二五"十大重点水利工程，更新改造11万户老住宅供水供气管道。我市被确定为数字化城市管理试点城市。继续奋战300天综合整治市容环境，实施生态市建设新三年行动计划，149个公园全部改造完成并免费开放，绿化造林效果明显，城镇污水处理率达到87.5%，城镇生活垃圾无害化处理率达到93%，全市

空气质量二级以上天数达到 315 天。

*民计民生不断改善,民心民气民力进一步凝聚。*实施第五个 20 项民心工程,全市财政用于民生领域的支出占财政总支出的 70%以上。预计全年新增就业 47 万人,城镇登记失业率控制在 3.6%。开工建设保障性住房 1600 万平方米、23.87 万套,新增住房补贴 1 万户。企业单位从业人员人均劳动报酬增长 18%, 最低工资标准提高到 1160 元,人均养老金发放标准提高到 1720 元。加大了基本生活必需品的储备, 完善了其价格上涨与困难群众生活补助联动机制, 城市居民消费价格涨幅处于全国较低水平。养老保险覆盖人数达到 523.8 万人,基本医疗保险参保率超过 90%,提前完成国家医改方案提出的目标。提高重点优抚对象抚恤补助、城乡低保特困救助和农村五保供养标准。新建、扩建和改造提升 485 所幼儿园,中小学校舍安全工程全面完成, 义务教育学校现代化标准建设整体达标率达到 90%,中小学、幼儿园安全防范能力显著增强。和谐校园建设十项举措深入推进,校园综治考核位居全国第一。高等院校内涵发展取得明显成效,引进一批海内外高层次人才, 新增 19 个博士学位授权一级学科,91 个硕士学位授权一级学科,建成大学软件学院,高校服务经济社会发展能力进一步增强。成功举办全国职业院校技能大赛,海河教育园区一期工程高水平完成、二期建设加快实施, 新增劳动者平均受教育年限接近 15 年。改扩建医大总医院、肿瘤医院、人民医院等并投入运营。深入开展环境年建设、大医院支持区县医院、无假日医院三项重点工作,公共卫生服务水平进一步提升。竞技体育、群众体育和体育产业全面推进,积极筹备第九届全国大学生运动会和第六届东亚运动会, 获得第十三届全国运动会承办权。

*文化改革发展加快,繁荣发展态势进一步形成。*制定了贯彻落实《中共中央关于深化文化体制改革、推动社会主义文化大发展大繁荣若干重大问题的决定》的意见。深入推进社会主义核心价值体系建设,牢牢把握正确导向,精心组织庆祝中国共产党成立 90 周年和纪念辛亥革命 100 周年活动。全面实施市民素质提升行动计划,深入开展爱国主义教育和"同在一方热土、共建美好家园"等群众性精神文明创建活动,总结提炼"天津精神"。推出第二批 60 个重点文化项目,第一批 40 个重点项目基本完成,市文化中心主体工程完工,数字广播大厦开工建设,天津与中央部委合作的 8 个国家级重大文化产业项目进展顺利,中国国际新闻出版装备博览会落户天津,成立了天津文化产权交易所和天津文化产业股权投资基金。实现全市 3706 个行政村农家书屋全覆盖,建成首批公共电子阅览室。创作生产《辛亥革命》、《幸福来敲门》等一批精品力作。组建天津广播电视台、天津广播电视传媒集团有限公司,开辟北方移动电视、北方手机报等新的传播阵地,我市被评为全国文化体制改革先进地区。

*社会管理切实加强,和谐稳定局面进一步巩固。*坚持党的领导、人民当家作主、依法治国有机统一,支持市人大及其常委会依法行使职权, 支持人民政协积极履行政治协商、民主监督、参政议政职能,支持工会、共青团、妇联等人民团体依照法律和各自章程开展工作。深化厂务、政务、村务公开和公共企事业单位办事公开。认真做好民族、宗教、侨务和对台工作。深入开展双拥共建活动,军政军民团结进一步巩固。出台《关于进一步加强和创新社会管理的实施意见》,积极推进 68 个社会管理创新项目,建立健全社会风险防范、突发事件应急处置等机制。加强法治天津建设, 我市社会治安综合治理全国考评升至第 6 位,没有发生大规模群体性和重大治安事件,安全生产形势总体稳定。

*改革开放继续深化,体制机制创新进一步突破。*率先统一规范区县行政审批,综合审批效率累计提高 80%。完善金融机构服务体系, 规范股权投资基金和创新型交易市场发展,推进保险改革试验区及产品创新试点,加强政府性融资平台整合治理,有效防范和化解金融风险。推进轻工、外贸、商业、旅游等行业企业重组,市属国企改制面达到 96.8%。出台了《关于进一步促进我市中小企业发展的若干意见》, 民营经济实现增加值占全市生产总值的 40%。成功举办中国企业国际融资洽谈会、中国旅游产业博览会、中国国际直升机博览会、中国国际矿业大会、津台投资合作洽谈会等重大会议活动。在津投资的世界 500 强企业达到 150 家,国内 500 强企业达到 187 家。新一轮援疆工作开局良好,对口支援西藏昌都、甘肃、重庆万州、青海黄南州工作进展顺利。

*党的建设全面推进,科学执政能力进一步增强。*认真学习贯彻胡锦涛总书记"七一"重要讲话,深入开展创先争优活动, 举办两期市委理论学习中心组读书班和 9 次集体学习,组织部委办、区县局主要负责同志到安徽、江西等地学习考察,开展 16 个区县互看互比互学,对局处级干部普遍进行了轮训。坚持在干中培养选拔干部,多岗位交流锻炼干部, 采取竞争性选拔方式提拔任用局处级干部 1861 名, 分别占同级新选拔干部的 34.4%和 33.7%。统筹推进各类人才队伍建设,全市人才总量达到 191 万人。支持各民主党派、工商联和无党派人士参政议政、民主监督,党领导的多党合作事业不断发展。营造风清气正的环境,圆满完成区县乡镇换届。进一步改进工作作风,大力精简会议文件和活动。严格执行党风廉政建设责任制,加大巡视工作力度,深入开展食品药品安全、环

境保护、工程建设等领域专项治理，集中开展厉行节约、制止奢侈浪费专项整治，严厉查处腐败案件，群众对党风廉政建设和反腐败工作认可度逐年提高。

这些成绩的取得，是以胡锦涛同志为总书记的党中央正确领导、科学决策的结果，是各级领导班子和全市各方面团结一心、开拓创新的结果，是广大党员干部群众顽强拼搏、苦干实干的结果。我代表市委常委会向同志们表示衷心感谢、亲切问候和崇高敬意！

在肯定成绩的同时，必须清醒地看到，与中央的要求、群众的愿望和先进的地区相比，我们的工作还存在不少问题和差距。主要表现在：科学发展观要进一步学习领会，创新意识要不断增强，解放思想的任务仍然繁重艰巨；综合实力不强，经济结构要进一步调整优化，服务业比重偏低，民营经济发展不够快，中小企业融资难、负担重，节能减排需要下更大力气；群众生活水平不够高，部分群众生活还比较困难；社会还存在不稳定的因素，社会管理和创新需要加强；体制机制尚不完善，改革创新有待于深化；形式主义、官僚主义仍然存在，腐败现象时有发生。我们一定要采取有力措施，认真加以解决。

二、准确把握严峻复杂的国内外经济形势

明年是具有重要意义的一年，我们党将召开十八大，我市将召开第十次党代会。做好明年的工作，保持经济社会又好又快发展，对营造良好的环境至关重要。

展望明年，经济形势总体上仍将十分严峻复杂，存在许多可以预料和难以预料的困难。从国际看，国际金融危机的深层次矛盾进一步显现，欧洲主权债务危机短期内难以有效解决，发达经济体失业率居高不下，新兴经济体面临经济增速放缓和通货膨胀的双重压力，世界经济下行风险增加，经济复苏的不确定性不稳定性上升，国际市场需求低迷可能成为常态，国际经济环境难以明显好转。全球产能过剩矛盾更加突出，资源能源竞争更加激烈，针对我国的贸易和投资保护主义更加明显，外部环境对我国的不利影响加大。从国内看，我国经济发展中不平衡、不协调、不可持续的矛盾仍然突出，又面临一些新问题。主要表现在：三大需求拉动乏力，经济增长存在下行压力。推动物价上涨因素仍然较多，劳动力、土地、能源资源等要素价格上涨呈长期化趋势。部分企业特别是一些中小企业经营困难加重，财政金融领域存在潜在风险，节能减排形势更趋严峻，宏观调控面临更多“两难”选择。从天津看，汽车、钢材等产品产量下降，建设资金趋紧，消费增速趋缓，外贸出口增长回落。总之，国际问题与国内问题相互交织，短期问题与长期问题相互作用，明年我们面临的冲击会增多，挑战会增加，难度会增大，对此必须予以高度重视。

困难是客观存在的，关键是要把困难分析透，找到克服困难的办法。全市上下一定要牢固树立忧患意识、机遇意识、创新意识，加强战略谋划，增强应对能力，把握发展的主动权。要时刻居安思危，对经济环境的复杂性和多变性有足够的认识，对不利影响有足够的估计，对防范和化解各种风险有足够的准备，敏锐观察和科学分析苗头性、倾向性问题，未雨绸缪，主动应对，趋利避害，攻坚克难，提高驾驭复杂局面的能力。要深刻认识到我国仍处于重要的战略机遇期，有较大的发展空间和回旋余地；天津经过艰苦奋斗，构筑了实体经济优势，增强了发展的稳定性、持续性和抗风险能力，具备在较长时期内实现更大发展的有利条件。只要我们坚定信心，坚信事在人为，就一定能够夺取新的更大的胜利。要从实施国家重大发展战略的高度出发，从落实中央对天津城市定位的战略任务出发，坚持天津行之有效的思路、做法和举措，力度要加大，水平要提高，努力做到稳中求进、稳中求好、稳中求快，推动经济社会发展再上新水平。

明年全市工作总的要求是：全面贯彻党的十七大和十七届三中、四中、五中、六中全会精神，以邓小平理论和“三个代表”重要思想为指导，深入贯彻落实科学发展观，认真落实中央经济工作会议部署，按照胡锦涛总书记对天津工作的一系列重要要求，紧紧围绕主题主线主攻方向，加快实施市委“一二三四五六”的奋斗目标和工作思路，着力构筑“三个高地”，全力打好“五个攻坚战”，深入开展“调结构、惠民生、上水平”活动，在率先转变经济发展方式、调整优化经济结构上取得新进展，在深化改革开放、创新体制机制上取得新突破，在保障和改善民计民生、提高群众生活质量上取得新成效，在加强和创新社会管理、维护社会和谐稳定上取得新进步，全面推进社会主义经济建设、政治建设、文化建设、社会建设以及生态文明建设和党的建设，以优异成绩迎接党的十八大和市第十次党代会胜利召开。

明年全市经济社会发展的主要预期目标是：生产总值增长12%；节能减排指标完成国家下达任务；地方财政收入增长15%；城乡居民人均收入分别增长10%；居民消费价格总水平涨幅控制在4%左右；城镇登记失业率控制在3.8%以内。

实现上述目标，必须坚决贯彻中央宏观调控政策措施，牢牢把握扩大内需这一战略基点，牢牢把握发展实体经济这一坚实基础，牢牢把握加快改革创新这一强大动力，牢牢把握保障和改善民生这一根本目的，进一步增强发展的全面性、协调性和可持续性。市委决定，明年在全市深入开展“调结构、惠民生、上水平”活动。这是近年来

上水平活动的延续，是对行之有效做法的坚持，是确保完成全年目标任务的重大举措。调结构，就是要全力打好结构调整优化升级攻坚战，不断优化产业结构、投资结构、消费结构、出口结构、经济布局结构和所有制结构，发展实体经济，更好地解决制约科学发展的结构性矛盾，尽快形成与天津城市地位和作用相适应的现代经济结构。惠民生，就是要正确处理经济发展和改善民生的关系，把保障和改善民计民生放在更加突出的位置，把更多的公共资源投入民生领域，切实办好涉及群众切身利益的大事要事，切实解决群众反映强烈的急事难事，让人民群众及时得到更多实惠。上水平，就是要坚定不移地走科学发展道路，正确处理好与快、质量与速度的关系，把解决当前问题与破除深层次矛盾结合起来，决不盲目追求攀比低水平的速度，决不搞劳民伤财的形象工程，决不给后人留下包袱负担，使经济发展建立在高质量、高效益、高水平的基础之上。各级领导干部要带头深入下去，调查研究，靠前指挥，摸实情，解难题，办实事，形成干事创业的强大合力。

三、推动经济发展方式转变取得更大进展

加快经济转型，注重创新驱动，促进内生增长，这是经济工作必须切实抓好的战略任务。全市上下要突出主题，贯穿主线，瞄准主攻方向，构筑持久的战略优势，抢占新一轮产业和科技竞争的制高点。

*充分发挥滨海新区的龙头带动作用。*滨海新区肩负着带动全市发展、服务区域经济的重大责任。要以强烈的使命感，全力打好开发开放攻坚战，注重产业带动、技术引领、功能辐射、创新示范，努力成为贯彻落实科学发展观的排头兵。要培育发展具有国际竞争力的产业集群，全面加快各功能区的开发建设，大力发展战略性新兴产业，加快服务业大项目建设，增强高新技术研发转化能力，努力形成高端产业聚集、具有核心竞争力的国家重大产业基地。要着力激发创新创造活力，勇于探索，先行先试，拓展改革领域，加大改革步伐，加快实施综合配套改革第二个三年计划，扎实推进金融创新、土地管理、涉外经济等10大领域的改革，进一步理顺新区各管委会、街镇之间的权责关系，坚持新区的事在新区办，形成科学高效的管理机制、运行机制和发展机制。要大力提高载体功能和服务能力，加快滨海国际机场二期航站楼扩建工程、天津港30万吨级深水航道、国际邮轮码头二期等新区重大基础设施建设，积极发展电子口岸和无水港，健全大通关体系，进一步完善现代综合交通体系，在建设北方国际航运中心和国际物流中心上见到更大成效。要构建低碳绿色发展模式，加快中新天津生态城建设，加快循环经济示范区建设，加快生态功能区、生态廊道和生态组团建设，增强能源资源保障能力，使滨海新区成为全国转变经济发展方式的综合性示范区。

*下更大力量抓好大项目好项目建设。*发展实体经济是市第九次党代会以来的重大战略和成功经验，而大项目好项目即是发展实体经济的重要抓手。我们任何时候都要把项目建设摆在重要位置，毫不放松地抓，坚持不懈地抓，把“三个一批”的要求贯穿始终，更好地促进结构调整，培育更多的增长点，不断增强发展后劲。各区县、各有关部门的主要负责同志，要拿出更大的精力研究项目，洽谈项目，建设项目，保持投资的合理增长，充分发挥投资对经济增长的重要拉动作用。对已经开工的项目，要全力推进，在保安全保质量的基础上，加快施工建设进度，力争早日竣工投产，早日产出效益。全市已经确定的1280项重大项目，明年一季度要全部开工，全年竣工项目要达到80%。同时，还要积极准备再推出一批新项目。要进一步密切与国家部委、国内外大企业、大集团、大院所的战略合作，推动已经签署的合作协议的落实，千方百计争取项目，促进已有项目增资扩产，使更多技术水平高、带动作用强的大项目好项目落户天津。要进一步优化投资环境，围绕重大项目和重点工程提供全方位、全过程的服务。要狠抓资金筹措，用足用好国家扶持产业发展的有关政策，加强与金融机构的密切合作，鼓励和引导民间资本参与项目建设，积极利用境内外资本市场、企业债券、股权投资、金融租赁等方式多渠道进行融资，提高投融资能力，确保重点在建续建项目资金需要，提高资金使用效益。

*大力增强区县综合实力和发展活力。*区县是全市发展的重要战略支撑，具有很大的发展空间和发展潜力。中心城区要更加注重内涵式发展，进一步整合资源，加快海河两岸综合开发和西站、解放南路、天钢柳林等重点地区建设，建成泰安道地区综合开发等项目，着力提高经济发展的创新含量，着力提高单位面积的创造价值。要深入推进国家和市级服务业综合改革试点，大力发展金融保险、中介咨询等现代服务业，打造提升旅游品牌，积极开拓旅游市场，推动旅游业跨越式发展。开工建设国家级大型会展中心，加快培育一批亿元楼宇，打造一批现代商业集聚区，促进服务业发展提速、比重提高、水平提升。要统筹城乡发展，扎实推进农村示范工业园区、农业产业园区和农民居住社区联动建设，新开工建设农民还迁住宅1100万平方米，深化农改非、村改居、集体经济改股份制经济、促进城乡一体化发展“三改一化”试点，全面落实强农惠农富农政策，促进农民增收、农业增效、农村增实力。

*切实加快科技进步和自主创新步伐。*科技水平决定

着发展水平，自主创新能力决定着竞争能力。要大力推进科教兴市战略，抓住科技与经济紧密结合这个根本问题，强化企业技术创新主体地位，引导创新要素向企业集聚，引导企业增加研发投入，引导各方面协同创新，使经济发展更多地依靠科技进步和创新。要加快实施自主创新能力提升工程，促进产学研结合，加强与国内外科研机构、高等院校的合作，建设和提升国家超级计算天津中心、英特尔中国物联网研究院等一批重点实验室和重大创新平台，建设天津未来科技城和一批高水平科技园区、科技企业孵化器、生产力促进中心，掌握一批核心技术和关键技术。要加快实施科技成果产业化提速工程，重点推进国家863计划伙伴城市试点建设，抓好国际生物医药联合研究院、中科院天津产业创新与育成中心等高新技术产业化基地建设，使更多科研成果转化为现实生产力。要加快实施科技小巨人助推工程，落实各项政策措施，推进国家科技金融结合试点城市建设，促进科技型中小企业专业化聚集、规模化发展。要加快实施创新型人才培养工程，全面贯彻中长期人才发展规划纲要，依托大企业、大项目，引进更多的领军人才和团队，培养和造就一大批高素质技能型人才，促进我市科技人才整体实力达到国内领先和国际先进水平。

*推动改革开放取得更大进展。*改革开放是推动经济社会发展的根本动力，是解决各种矛盾和问题的根本途径。要坚持社会主义市场经济的改革方向，积极推进重点领域和关键环节的改革，实施更加积极主动的开放战略，力争在体制机制创新上取得新突破，全面提升开放型经济水平。要加大国有企业改革力度，推进行业资源整合和企业调整重组，提高资源配置效率、融资能力和资本运作水平，培育一批大型企业和企业集团，增强我市国有企业的活力、实力和竞争力。要加大金融改革创新力度，加快私募基金运行服务体系、金融机构服务体系、产业金融发展服务体系、交易所市场体系、外汇改革创新体系和金融发展环境体系建设，积极开展意愿结汇、离岸金融业务试点，争取地方债试点，培育一批现代金融产业和优质金融企业，加强政府性债务管理和风险防范，推动金融业持续健康安全发展。要加大行政审批制度改革力度，加强各级行政许可服务中心建设，继续清理、减少和调整行政审批事项，提高审批效率和服务水平。要加大对中小企业特别是小型微型企业扶持力度，完善民间投资体制，完善市、区县两级中小企业服务体系，促进中小企业和民营经济做优做大做强。要加大对外经济工作力度，加快转变外贸发展方式，开拓新兴市场，保持进出口稳定增长，高标准办好夏季达沃斯论坛、中国国际矿业大会、中国旅游产业博览会、津台投资合作洽谈会等重大活动，积极有效利用外资，全面加强国际和地区交流合作。要加大实施“走出去”战略力度，抓住当前有利时机，扩大对外投资合作，积极参股发达国家企业，提高国际化经营水平。要加大对内开放力度，继续组织天津市党政代表团赴外地学习考察，加强与各省区市特别是京冀和环渤海地区的交流合作，高标准做好对口支援和帮扶工作，促进优势互补、共同发展。

*全面提升生态宜居城市建设水平。*加快建设独具特色的国际性、现代化宜居城市，是胡锦涛总书记的重要要求，对于保护生态环境、突出城市品位、促进人与自然相和谐具有重要意义。要巩固和发展奋战900天市容环境综合整治成果，提高规划建设管理水平，充分展现大气洋气、清新靓丽、中西合璧、古今交融的大都市风貌。要全面落实城市空间发展战略，完成城市总体规划修改和区县空间管制区规划，编制南北生态保护规划，深化重点地区、重点项目规划，通过立法，保证规划的长期有效实施，充分体现规划的科学性、稳定性和权威性。要进一步增强城市载体功能，实现地铁3、9号线全线试运营，全力加快津沽污水处理厂、南水北调配套工程和铁路、机场、港口、高速公路、地铁等重大基础设施建设，新建一批城市主干道，打通一批卡口瓶颈，改造一批积水路段，使群众出行更方便。要重点搞好京津城际铁路沿线、中心城区次支里巷道路和社区、区县建成区的环境综合整治，着重治理盲点薄弱点，着重解决影响群众生活的环境问题，着重推进精细化长效管理，进一步展现整洁、优美、有序的城乡面貌。要加快实施生态市建设新的三年行动计划，加强对重金属、大气、土壤污染的集中治理，保护城市水源地，建设好清水工程，继续做好绿化造林工作，努力创建国家园林城市和卫生城市。要下力量抓好节能减排工作，严格落实责任制，通过多种途径，降低资源能源消耗，减少污染物排放，确保完成国家下达的目标任务。

四、坚持不懈惠民生促和谐保稳定

和谐的根本在民生，稳定的基础在群众。保障和改善民计民生，既是满足人民日益增长的物质文化需要的必然要求，也是加快转变经济发展方式、扩大消费的必然要求。越是在困难的时候，越是要关心群众的生产生活，大力推进以改善民生为重点的社会建设，维护好最广大人民的根本利益，充分调动人民群众的积极性，保持社会长期和谐稳定。

*继续实施民心工程，不断提高群众生活水平。*要坚持就业优先战略，多渠道开发就业岗位，加强就业扶助，完善鼓励政策，促进自主创业和自谋职业，重点做好高校毕业生、城镇就业困难人员、农村转移劳动力和退役军人就

业工作，积极构建和谐劳动关系，明年新增就业 47 万人。要不断增加群众收入，建立健全最低工资标准、职工工资、退休人员基本养老金、城乡低保标准的正常调整机制，大力推进工资集体协商，提高一线职工工资水平，促进职工收入与企业效益同步增长，全面实施事业单位绩效工资制度，拓宽农民增收空间和渠道。要按照“人人享有基本社会保障”目标要求，完善养老、医疗、工伤、失业、生育保险制度，稳步提高保障水平。落实社会救助和保障标准与物价上涨挂钩联动机制，提高补助标准，保障困难群众基本生活。要加快保障性住房建设，完善分配、退出和监管制度，扩大受益范围，新建保障性住房 10.5 万套，新增住房补贴受益家庭 1.5 万户。加快推进城中村改造，实施旧楼区三年改造行动，健全个人住房信息系统，规范房地产市场秩序，进一步改善群众住房条件。

*加快文化改革发展，不断满足群众精神需求。*要扎实推进社会主义核心价值体系建设，大力弘扬天津精神，深化“同在一方热土、共建美好家园”活动，加强诚信建设，提升文明素质和文明程度。要大力发展公益性文化事业，举办更多特色文化活动，创作生产一批优秀文化作品，加强城乡文化基础设施建设，完善公共文化服务网络，确保天津文化中心明年“五一”前投入使用。要加快文化产业发展，推进国家动漫产业综合示范园、中国天津 3D 影视创意园区、国家数字出版基地和团泊文化产业示范园区等重点项目建设，培育一批文化产业创新、示范和孵化基地，精心办好中国国际新闻出版装备博览会、中国国际广告节。鼓励和引导非公有制文化企业发展。要深化文化体制改革，全面完成国有文艺院团和经营性文化单位改制，组建北方演艺集团和文化产业集团，推进公益性文化事业单位改革，扩大对外文化交流合作，增强天津的文化实力和影响力。

*大力发展社会事业，不断完善公共服务体系。*要坚持优先发展教育，全面完成学前教育三年行动计划，推进基础教育质量提升工程，办好特色高中，规划建设国际青少年交流中心，加快建设国家职业教育改革创新示范区和全国高校科技创新成果转化中心，加快海河教育园区二期工程暨南开大学、天津大学新校区和健康产业园区建设，高水平举办全国职业院校技能大赛，加强高校重点学科和专业建设，造就高素质师资队伍，深化和谐校园建设，高标准完成校园环境提升工程，推进全民终身教育体系建设，办好人民满意的教育。要深化医药卫生体制改革，继续实施基本和重大公共卫生服务项目，加强区县公共卫生服务机构能力建设，完善基本药物制度，完成村卫生室标准化建设任务，高质量建设天津医院、胸科医院、中医一附院、市第二儿童医院等一批三级甲等医院。推进公立医院改革试点，鼓励和引导发展非公立医疗机构，大力培养医学人才和全科医生，深入开展岗位练兵、技术比武，评选人民满意的好医院、好医生、好护士，构建和谐医患关系，为群众提供满意的基本医疗卫生服务。要广泛开展全民健身运动，办好第九届全国大学生运动会，全力备战 2012 年伦敦奥运会和 2013 年全运会，做好第六届东亚运动会、第十三届全运会筹备工作。要继续做好人口和计划生育工作，积极发展妇女儿童、老龄、慈善、残疾人事业。

*着力建设法治天津，不断推进社会管理创新。*要健全社会管理格局，加强法律、体制、能力建设，推进滨海新区全国社会管理创新综合试点，不断提高社会管理科学化、规范化、法治化水平。要健全群众利益协调、诉求表达、矛盾调处、权益保障机制，完善公共决策事项公示公开制度和社会矛盾多元调解体系，坚持重大项目和重大决策的社会稳定风险评估，推进领导干部下访、走访和接访制度化，深入开展“大排查”，千方百计把安全漏洞堵塞住，千方百计把基础工作搞扎实，千方百计把矛盾纠纷化解好，坚决防止发生影响安全稳定的重大事件。要加强社会治安综合治理，严密防范和依法打击各种违法犯罪活动，完善突发事件应急管理机制，提高预防预警和处置能力。要全面落实和完善安全生产制度，加强对重大工程、重点企业、重要场所的安全检查，加大食品、药品安全监管和校园、校车安全管理力度，深入排查和消除安全隐患，有效防范重特大安全生产事故发生。要大力弘扬社会主义法治精神，坚持依法行政，推进科学立法、严格执法、公正司法、全民守法，提高法治天津建设水平。要深入开展“双拥”活动，支持部队和国防后备力量建设，加强军政军民团结。

五、进一步提高科学执政能力和领导水平

战胜严重困难，完成繁重任务，迫切需要全面加强党的建设，加强和改进党对经济工作的领导。各级领导班子和领导干部要主动适应新形势，大力提高学习能力、创新能力、执行能力和掌控能力，为经济社会又好又快发展提供有力保证。

*保持与时俱进的精神状态，推动各项工作再上新水平。*在这次区县换届中，我们调整充实了大批领导班子，交流提拔了一大批干部。新班子要有新气象、新作风、新面貌。要大力加强领导班子思想政治建设，强化党的基本理论学习，强化能力培训和实践锻炼，强化宗旨教育和群众路线教育，强化党风廉政教育，提高领导干部思想政治素质。各级领导干部要加强理论和科学文化知识的学习，自觉用马克思主义中国化最新成果武装头脑，进一步解

放思想、更新观念，创造性地开展工作，不断增强贯彻落实科学发展观的自觉性和坚定性。要大力改进工作作风，树立更高标准，追求更高水平，永远不自满不松懈不畏难，以更大的决心和更大的魄力，抓难点、攻难关、破难题，重在落实、重在效果、重在水平，不说大话空话假话，不摆花架子，不搞形式主义，不作表面文章，把自己的全部心血、智慧和汗水用在推动发展、造福百姓上，努力创造无愧于时代、无愧于人民的业绩。

*严格遵守党的各项纪律，巩固发展安定团结的大好局面。*严守党的纪律，是对领导干部的基本要求，也是保证党的路线方针政策贯彻执行的前提条件。要切实增强纪律观念，特别是要把严明党的政治纪律摆在首位，坚定正确的政治立场和政治方向，增强政治敏锐性和政治鉴别力，在事关方向、事关原则的问题上头脑清醒，坚持党的基本理论、基本路线、基本纲领、基本经验不动摇，始终同以胡锦涛同志为总书记的党中央保持高度一致，坚决维护中央权威，确保中央政令畅通。明年，我市将召开第十次党代会，这是全市人民政治生活中的一件大事，对于保证各项事业承前启后、继往开来具有重要意义。要以高度的政治责任感，切实加强组织领导，周密安排部署，精心做好筹备工作，努力形成一个好报告，选出一个好班子，确保大会取得圆满成功。市委换届后，市人大、市政府、市政协换届工作也将全面展开。要坚持五湖四海、任人唯贤，坚持德才兼备、以德为先的用人标准，坚持民主公开竞争择优，深化干部人事制度改革，注重提拔那些原则性强、对群众感情深、一身正气、敢抓善管和工作中有思路、有激情、有韧劲、贡献大的干部，进一步树立正确用人导向。要严明组织人事工作纪律，加强对换届工作的监督，严肃查处各种违反纪律的行为，把风清气正体现到换届工作的方方面面和全过程。要讲政治、顾大局、守纪律，以党的事业和人民的利益为重，有追求没要求，正确对待个人得失，淡泊名利，克己奉公，以高尚品德和模范行动保证换届工作顺利进行，保持工作的稳定性和连续性。要坚持抓基层打基础不放松，深化创先争优活动，不断提高基层党组织和党员队伍建设水平。

*发扬艰苦奋斗的优良作风，密切与人民群众的血肉联系。*我们都是来自于人民，全心全意为人民服务是我们义不容辞的责任。每一位领导干部都不要忘记，脱离群众是我们党执政后的最大危险，人民群众是改革发展稳定的力量源泉。任何时候我们都要把人民放在心中的最高位置，把群众利益作为最大利益，经常深入群众，主动融入群众，热情服务群众，善于做新形势下的群众工作，不断增进与人民群众的感情，尽心竭力为群众办更多的实事好事，努力成为一名知民情、解民忧、暖民心的领导干部。要深入开展党风廉政建设和反腐败斗争，坚持标本兼治、综合治理、惩防并举、注重预防的方针，严格执行党风廉政建设责任制，建立健全惩治和预防腐败体系，强化对中央和市委重大决策部署贯彻落实情况的监督检查，深入开展反腐倡廉教育，强化对权力运行的制约和监督，加强和改进巡视工作，集中开展专项治理，坚决查处各种违纪违法案件，坚决纠正损害群众利益的不正之风，以党风廉政建设的实际成果取信于民。要大兴艰苦奋斗、勤俭节约之风，反对讲排场、比阔气、铺张浪费。各级领导干部要自重、自省、自警、自励，为人民掌好权、用好权，真正做到为民务实清廉。

（摘自 2011 年 12 月 29 日《天津日报》）

中共天津市委2012年工作要点

（2011年12月27日中国共产党天津市第九届委员会第十二次全体会议通过）

中共天津市第九届委员会第十二次全体会议，认真学习贯彻中央的决策部署，深入分析面临形势，紧密结合天津实际，提出2012年工作要点。

2012年是实施“十二五”规划承上启下的重要一年，是实现天津科学发展和谐发展率先发展的关键一年。全市工作总的要求是：全面贯彻党的十七大和十七届三中、四中、五中、六中全会精神，以邓小平理论和“三个代表”重要思想为指导，深入贯彻落实科学发展观，认真落实中央经济工作会议部署，按照胡锦涛总书记对天津工作的一系列重要要求，紧紧围绕主题主线主攻方向，加快实施市委“一二三四五六”的奋斗目标和工作思路，着力构筑“三个高地”，全力打好“五个攻坚战”，深入开展“调结构、惠民生、上水平”活动，在率先转变经济发展方式、调整优化经济结构上取得新进展，在深化改革开放、创新体制机制上取得新突破，在保障和改善民计民生、提高群众生活质量上取得新成效，在加强和创新社会管理、维护社会和谐稳定上取得新进步，全面推进社会主义经济建设、政治建设、文化建设、社会建设以及生态文明建设和党的建设，以优异成绩迎接党的十八大和市第十次党代会胜利召开。

全市经济社会发展的主要预期目标是：生产总值增长12%；节能减排指标完成国家下达任务；地方财政收入增长15%；城乡居民人均收入分别增长10%；居民消费价格总水平涨幅控制在4%左右；城镇登记失业率控制在3.8%以内。经过全市上下共同努力，力争实现更好发展、发生更大变化、达到更高水平。

做好2012年的工作，贵在坚持，重在创新，成在上水平。要把思想认识行动高度统一到中央对形势的分析判断和决策部署上来，切实增强机遇意识忧患意识大局意识责任意识，把稳增长、控物价、调结构、惠民生、抓改革、促和谐更好地结合起来，坚持统筹兼顾，加强战略谋划，增强应对能力，牢牢把握发展的主动权。要继续坚持市第九次党代会以来形成的一系列行之有效的思路、做法和举措，与时俱进，开拓创新，创造性地做好各项工作，做到稳中求进、稳中求好、稳中求快，不断巩固和发展天津来之不易的好形势。要大力弘扬求真务实的作风，恪尽职守，真抓实干，站在高起点，抢占制高点，达到高水平，努力开创天津工作的新局面。

一、探索科学发展新路，推动滨海新区开发开放再上新水平

坚持项目集中园区、产业集群发展、资源集约利用、功能集成建设，全力打好滨海新区开发开放攻坚战，努力做到产业高端化、环境生态化、管理高效化、发展可持续，争创高端产业聚集区、科技创新领航区、生态文明示范区、改革开放先行区、和谐社会首善区，努力成为深入贯彻落实科学发展观的排头兵。

着力培育产业国际竞争力。以高端制造业和高端服务业为引擎，进一步优化东港口、南重化、西高新、北旅游、中服务的产业布局，全面加快各功能区开发建设。推进新一代运载火箭、中航直升机生产基地、中俄大炼油、长城汽车二期等项目建设，发展壮大战略性新兴产业集群。加快于家堡、响螺湾等现代服务业聚集区建设，加快建设渤龙湖等企业总部经济区。推进国家海洋博物馆、铁狮门金融广场、中澳游艇城等项目建设。搞好海洋功能区划，大力发展海洋经济。促进邮轮游艇产业发展。着力增强产品开发和品牌创建能力，加快建设世界级、国家级和区域级产业基地。

着力建设科技创新高地。深化国家创新型城区试点。加快国家创新型科技园区建设，推动区域科技创新园联动发展。加强开放型创新体系建设，大力引进和办好高水平研发机构，新建一批国家级、省部级工程技术研究中心和行业技术中心，建设一批总部型企业技术研发中心。提升国际生物医药联合研究院、中科院天津产业创新与育成中心等重大科技创新平台水平。加快天津未来科技城、国家863计划产业化伙伴城区、滨海信息安全产业园等

项目建设。

*着力提升开放型经济水平。*推进北方国际航运中心核心功能区建设。实现东疆保税港区10平方公里封关运作。筹建天津国际航运交易所和期货保税交割库。推进东疆保税港进口商品交易展示中心建设。建成天津港30万吨级深水航道一期工程，推进国际邮轮码头二期等项目建设。加快滨海国际机场二期航站楼扩建工程。建设内陆无水港和异地航站楼。完善大通关体系，建设国际一流口岸。

*着力增强可持续发展能力。*加快中新天津生态城建设，大力发展低碳、绿色、生态产业，创新生态环保生活方式，推进全国转变经济发展方式综合性示范区建设。加快南港、临港、空港等循环经济示范区建设，发展一批循环经济产业链和示范企业。加强生态用地规划管理，搞好生态功能区、生态廊道和生态组团建设，保护海洋生态环境。加强碳排放权交易市场建设。加快特高压电网和智能电网示范区建设。推进北疆二期、北塘、南疆等电厂建设。完善对外交通、双城间交通和区内交通体系。

*着力深化体制改革。*全面推进滨海新区综合配套改革试验第二个三年实施计划。引导股权投资基金扩大在津投资规模，启动外资股权投资基金试点，开展金融业综合经营试点。加强创新型金融市场体系建设，完善市场制度，增加交易品种，做大业务规模。加快保险改革试验区建设。扩大跨境贸易人民币结算业务，搞好外汇资本金意愿结汇、离岸金融业务试点。建设统一规范的城乡建设用地市场，加强对建港造陆形成土地的规划管理。进一步完善行政管理体制机制，理顺权责关系，提高行政效能，做到新区的事在新区办。修订滨海新区条例。

二、调整优化经济结构，推动经济发展再上新水平

把结构调整作为加快转变经济发展方式的关键环节，全力打好结构调整优化升级攻坚战，用好用足各项政策，进一步壮大实体经济，增强产业核心竞争力。着力扩大内需特别是消费需求，完善促进消费政策，拓宽和开发消费领域，改善消费环境，促进消费持续增长。发挥政府投资的引领作用，鼓励和引导民间投资健康发展，优化投资结构，提高全社会投资质量和效益，保持投资稳定增长。坚持抓好高水平大项目好项目建设，加快推进在建续建项目投达产，不断推出新的项目，加快构筑高端产业高地。

*做大做强先进制造业。*发展壮大航空航天、石油化工、装备制造、电子信息、生物医药、新能源新材料、轻工纺织和国防科技等八大优势支柱产业，促进合理布局，推动产业聚集，延伸产业链条，增强综合实力。大力发展战略性新兴产业，编制总体规划和重点领域专项规划，设立国家参股创投基金，实施创新发展工程、产业示范工程和前瞻储备工程。促进传统产业改造提升，盘活存量，激活增量，转变方式，提升水平。加快淘汰落后产能。加大实施名牌拳头产品和商标战略力度。引导企业加强科学管理。

*提升服务业发展水平。*拓展新领域，发展新业态，培育新热点，促进服务业发展提速、比重提高、水平提升。深入推进南开区国家服务业综合改革试点和市级服务业综合改革试点。大力发展金融服务、研发设计、技术交易、网络信息、现代物流、服务外包、中介服务等现代服务业。引进一批跨国公司和国内大型企业集团总部、地区总部及物流中心、采购中心、研发中心、结算中心。加快建设梅江会展中心二期、津湾广场二期、泰安道地区综合开发等项目，建设国家级大型会展项目。办好夏季达沃斯论坛、津洽会、融洽会、国际矿业大会、中国旅游产业博览会、津台投资合作洽谈会、妈祖文化旅游节等活动。完善设施，提升品牌，拓展市场，加快发展旅游业。推进中国旅游产业园建设。建设改造一批商业综合体、特色商业街和社区商业中心，新建提升一批标准化菜市场和早餐网点，支持便民连锁超市扩展网络。

*加快发展现代农业。*落实强农惠农富农政策，加快构筑沿海都市型现代农业体系。实施设施农业提升工程和农业科技创新工程，发展绿色生态、休闲观光农业，提升现代农业示范园区、现代畜牧业示范园区和优势水产品养殖示范园区发展水平。加快发展现代农作物种业。推进农业标准化生产和产业化经营，完善农业技术推广、农产品质量安全等社会化服务体系，发展农民专业合作社和合作社联盟。加快农业机械化。建设高标准农田。加快水利基础设施建设。规范土地承包经营权流转，发展多种形式的适度规模经营。

*推进中心城区全面提升和各区县加快发展。*推动中心城区产业结构向高端服务业、楼宇经济和都市型工业转型升级。加快海河两岸综合开发，启动解放南路和文化中心周边地区综合开发，推进西站地区、天钢柳林地区建设。优化运营环境，强化定向招商，形成一批业态先进、特色突出、配套完善、效益显著的亿元楼宇。加强城乡统筹，加快示范小城镇建设，推动示范工业园区、农业产业园区、农村居住社区联动协调发展。有序推进示范工业园区拓展区建设。深化“三改一化”试点工作。继续实施农村安全饮水和电气化建设等工程。扩大农村生活垃圾处理和

清洁工程试点。实施村内主干道路硬化工程。推进文明生态村创建。

三、加快实施科教兴市战略，推动创新型城市建设再上新水平

把增强自主创新能力作为转变经济发展方式的重要支撑和中心环节，强化企业技术创新主体地位，促进产学研结合，着力提升原始创新能力，大力增强集成创新和引进消化吸收再创新能力，加快构筑自主创新高地，推动经济发展向主要依靠科技进步和创新驱动转变。

*大力推进科技攻关和产业化。*加快综合性国家高技术产业基地建设。抓好国家级重点实验室、工程技术研究中心和企业技术中心建设。推进自主创新产业化重大项目和重大高新技术产业化项目建设。启动锂离子电池隔膜、永磁材料开发及产业化等新一批产业化重大项目。实施新能源汽车、抗癌药物及治疗等重大科技专项。实施节能、食品安全等重大科技示范工程，加快节能降耗、绿色制造、公共安全等关键共性技术的开发应用。加强生物技术、新材料等重点领域前沿技术和应用基础研究。

*发展壮大科技型中小企业。*落实支持科技型中小企业政策，用足用好财政资金，健全金融支持科技型中小企业发展服务体系。加快实施“春笋培育”和“巨人成长”工程，加快引进一批、转型升级一批、创业新建一批，培育领军型科技企业。规划建设一批高水平的孵化转化一体化载体和科技产业园区，推动科技型中小企业集群化发展。做大做强创投之家，支持科技型中小企业开展股权投资试点，推动符合条件的企业上市融资。支持高校师生领办创办科技型中小企业。

*加强科技创新能力建设。*支持企业技术创新，鼓励企业建立技术中心，引导企业加大研发投入，促进创新要素向企业聚集。推进产业技术创新战略联盟建设。深化与国家有关部委和大院大所合作。建设生态城市联合研究院、新能源联合研究院等重大创新平台。推动国家科技金融结合试点城市建设。完善科研设施和科研信息社会共享机制。加强科普工作。深入实施知识产权战略，推进国家知识产权产业化示范城市建设。

*努力建设“智慧天津”。*加快推进信息化与工业化融合示范工程，促进新一代信息技术在经济社会各领域应用。加强骨干传输网和宽带无线网络建设，推进光纤到户。加快国家电子商务示范城市和电子政务内网建设。启动云计算、物联网应用示范工程，加快城市应急、交通、社区管理等信息系统建设。推进“三网融合”。保障基础信息网络和重点信息系统安全。

四、加强规划建设管理工作，推动独具特色的国际性现代化宜居城市建设再上新水平

坚持高起点规划、高水平建设、高效能管理、高标准整治，积极推进资源节约型、环境友好型社会建设，加快构筑生态宜居高地，提高生态文明水平，提升承载能力和文化品位，充分展现大气洋气、清新靓丽、中西合璧、古今交融的大都市风貌。

*发挥规划龙头先导作用。*坚持规划优先，充分体现超前性，突出科学性，保持稳定性，维护权威性，做到规划一片、建设一片、管好一片。深化落实城市空间发展战略规划，完成城市总体规划修改，开展区县总体规划修改。深化滨海新区功能区规划，提升解放南路和文化中心周边、西站等重点地区规划。高标准搞好城市综合交通体系、重点地区地下空间开发利用、城市郊野公园等专项规划。

*增强城市载体功能。*实现津秦客运专线建成通车，加快推进津保铁路、京津城际延伸线、地下直径线等项目建设，开工建设南港铁路、西南环线、京津城际机场引入线等工程。加快京秦高速、塘承二期等项目进度，开工建设唐廊高速一期等工程。实现地铁3、9号线试运营，推进2号线区间试运营及延长线建设，加快建设5、6号线。新建一批城市主干道，打通一批卡口路段，新建一批过街通行设施和停车场。实施优先发展公共交通战略，优化公交线网，加快车辆更新，推动快速公交系统和公交专用道建设，促进城乡公交一体化。加快南水北调市内配套工程建设。搞好独流减河、永定新河等治理。加快津沽等污水处理厂及配套设施建设。搞好供排水设施更新改造。推进陈塘庄热电厂搬迁改造。加强建筑质量管理，规范建筑市场秩序。

*提高城市管理科学化水平。*巩固发展奋战900天市容环境综合整治成果，搞好京津城际铁路沿线综合整治，提升中心城区次支里巷道路和社区环境，启动中心城区旧楼区居住功能三年提升工程，完成区县建成区环境整治工作。搞好路灯和夜景灯光管理。加强城市交通管理。改善市容环境管理模式，完善城乡一体化市容环境标准体系，落实属地化管理，提高规范化、精细化、数字化管理水平。加快城市管理条例立法进程。

*加强生态建设和节能环保工作。*加快实施生态市建设新的三年行动计划。加快子牙等国家级循环经济示范区建设，推进工业企业循环经济试点。搞好国家低碳试点城市建设。全面推行清洁生产。鼓励新能源、清洁能源和可再生能源开发利用。落实节能减排目标责任，突出结构性节能减排，推进科技减排，严格控制主要污染物排放总

量。完成火电脱硫、脱硝和钢铁烧结机治理任务，推进燃煤供热锅炉并网改燃和黄标车治理。推进生活垃圾减量化、资源化和无害化处理，提升危险废物、固体废物处置及放射性污染源管控水平。落实节约用地制度，严格保护耕地。加快实施清水工程，加强引滦、引黄河道和饮用水源地保护，鼓励海水淡化，建设节水型城市。实行最严格的水资源管理制度。深化大气污染区域联防联控机制，完善空气质量评价标准，加强 PM2.5 和臭氧监测。加大自然保护区和湿地、林地等生态资源保护和修复力度。大力开展植树造林，推进国家园林城市创建。启动郊野公园建设。创建国家卫生城市。

五、创新体制机制，推动改革开放再上新水平

坚持社会主义市场经济的改革方向，以更大的决心和气力推进各领域改革，全力打好体制机制改革创新攻坚战，努力构筑充满活力、富有效率、更加开放、有利于科学发展的体制机制。实行更加积极主动的开放战略，加快形成全方位、宽领域、纵深化的对外开放与国内合作新格局。

*深化重点领域和关键环节改革。*完善金融服务体系，促进现代金融产业和新金融业态发展，加强金融风险防范。完善对中小企业的金融支持体系，积极发展农村金融小额贷款业务，推动金融租赁业加快发展。加强政府性债务管理和风险防范。做好各类交易所的清理整顿工作。基本完成市属集团公司制改革，做实企业集团，加快企业股权多元化改革，推进行业资源整合和企业调整重组，培育一批拥有综合实力和知名品牌的大型企业和企业集团。健全国有资本经营预算和收益分享制度。建立健全中小企业服务体系，大力扶持中小企业发展，加大对小型微型企业支持力度。加快发展民营经济，引导民营企业以多种方式参与基础设施建设、国有企业改组改造和调整重组。推进投资体制改革。深化行政管理体制改革，加快政府职能转变。深化行政审批制度改革，继续清理、减少和调整行政审批事项，加强三级行政服务中心建设，推进部门内部审批职能整合。健全公共财政体系，完善财税体制机制。深化资源性产品价格和环保收费改革。稳妥推进事业单位分类改革。

*加快构建对外开放新格局。*坚持进口和出口并重，促进对外贸易平衡发展。壮大外贸主体，优化出口结构，推动加工贸易转型升级，支持具有自主品牌和技术的产品出口，大力发展服务贸易。扩大先进技术装备、重要能源原材料进口，发展一批进口商品专营网络。创新招商引资方式，提高专业化招商水平，引导外资投向高新技术产业、生产性服务业、现代农业。实施“走出去”战略，鼓励企业到境外建设生产基地、营销网络和研发机构，扩大境外投资合作。

*努力扩大对内开放。*扩大国内招商引资，加强与央企、国企 500 强和民企 500 强的战略合作。主动参与京津冀都市圈建设，推进交通、信息、旅游、人才和劳务一体化建设，促进市场融合和产业衔接，搞好生态治理和水源地保护。深化环渤海地区务实合作，完善区域合作平台，办好区域行业协作网络。加强与内陆资源、能源大省和农业大省的战略合作。推动异地共建产业园区。高标准做好新疆和田、西藏昌都、青海黄南、重庆万州和甘肃有关地区的对口支援和帮扶协作工作。

六、保障和改善民计民生，推动人民生活再上新水平

正确处理发展经济和改善群众生活的关系，把保障和改善民计民生放在更加突出的位置，加大财政投入力度，积极而为，量力而行，加快实施富民强市战略，加快完善基本公共服务体系，继续实施 20 项民心工程，切实办好涉及民计民生的大事要事，注重提高发展的包容性，让群众更好享受发展成果。

*办好人民满意的教育。*全面完成学前教育三年行动计划。完成义务教育学校和特殊教育学校现代化达标建设任务，推进基础教育质量提升工程，办好特色高中。加快建设国家职业教育改革创新示范区，推进海河教育园区二期工程建设，办好全国职业院校技能大赛。加强关键工种职业培训。加强高校重点学科和专业建设，推进卓越人才教育培养计划。深化和谐校园建设，完成校园环境提升工程。加快南开大学、天津大学新校区和健康产业园区建设。建设全国高校科技创新成果转化中心。做好城乡困难家庭和农民工子女上学工作。实施农村义务教育学生营养改善计划。做好教育体制改革试点工作。加强对骨干教师和名师名校长的培养。推进学习型城市建设。

*坚持就业优先战略。*多渠道开发就业岗位，扩大就业规模，提高就业质量。全面推行职业资格证书制度，深入实施百万技能人才培训计划，加快高技能人才培养。把高校毕业生就业放在首位，继续做好农村转移劳动力、城镇就业困难人员、军队退役人员等重点群体就业工作。完善鼓励政策，强化载体建设，营造良好环境，促进自主创业和自谋职业。健全公共就业服务信息网络。加快城乡一体化就业援助体系建设。建设中国(天津)人力资源中心。加强企业用工指导，切实保障劳动者权益，积极构建和谐劳动关系。

*提高城乡群众收入水平。*完善增加群众收入的政策措施。提高最低工资标准。大力推进工资集体协商，调整企业工资指导线，扩大行业工资指导线实行范围，完善低

收入企业增资督导机制，发挥工会组织、行业协会、商会和龙头企业作用，着力提高一线职工工资水平。拓展农民增收空间和渠道，继续实施农村低收入农户增收工程。增加城乡居民经营性收入和财产性收入。全面实施事业单位绩效工资制度。

健全社会保障体系。扩大社会保障覆盖面，提高城乡居民养老保险和医疗保险参保率。加强社会保险基金征缴，提高资金运用效率。强化养老、医疗等社保基金监管，完善风险防范机制。提高城乡居民医疗保险补助标准。发展企业年金和商业保险。提高最低生活保障、特困救助、优抚对象抚恤补助、农村五保老人供养标准。发展社会福利和慈善事业。加强养老机构和服务体系建设，加快发展老龄服务事业和产业。维护妇女儿童合法权益。大力发展残疾人事业。全面做好人口和计划生育工作。

加强市场保障和价格稳定工作。搞好重要商品特别是主要农产品的产运销衔接，推进农超对接，减少中间环节，降低流通费用，保障充足供应。做好主要农产品收储和投放工作，增强市场调控能力。维护市场价格秩序，保持物价总水平基本稳定。落实社会救助和保障标准与物价上涨挂钩联动机制，保障困难群众基本生活。

加快保障性安居工程建设。精心规划设计，保证土地供应，落实资金来源，加强质量监管，完善配套设施，加快保障性住房建设。健全保障房分配、退出和监管制度，确保公开公平公正。完善租房补贴政策，放宽准入条件，扩大住房保障受益范围。加快城中村和城乡危旧房改造。健全个人住房信息系统。加强物业管理。促进房价合理回归，增加普通商品房供应，推动房地产市场健康发展。

推进医疗卫生事业改革发展。深化医药卫生体制改革。继续实施基本和重大公共卫生服务项目，加强区县公共卫生服务机构能力建设。推进妇女儿童健康行动计划。完善基本药物制度。完成村卫生室标准化建设任务。加快卫生资源调整，推进天津医院、胸科医院、中医一附院、中医二附院、代谢病医院、第二儿童医院等工程建设。全面推进公立医院改革试点。鼓励社会资本举办医疗机构。发展中医药事业，加快国医堂建设。开展医生多点执业试点。加强医学高层次人才和全科医生培养。搞好医院“环境年”建设、无假日医院、大医院支持区县医院等工作。开展岗位练兵、技术比武活动，评选好医院、好医生、好护士，推进医德医风建设，调动和保护医护人员积极性，构建和谐医患关系。

七、增强文化自觉和文化自信，推动文化强市建设再上新水平

围绕建设富有独特魅力和创造活力文化强市的战略目标，全力打好文化大发展大繁荣攻坚战，加快重点文化项目建设，深入推进文化体制改革，推动文化事业全面繁荣、文化产业快速发展，充分发挥文化引领风尚、教育人民、服务社会、推动发展的功能。

深入推进社会主义核心价值体系建设。扎实推进中国特色社会主义理论体系学习教育和宣传普及。深入开展理想信念教育和形势政策教育。大力培育和弘扬天津精神。深化“同在一方热土、共建美好家园”活动，深入实施市民素质提升行动计划。提高文明城区、文明村镇、文明单位建设水平。推进未成年人思想道德建设和大学生思想政治教育。完善志愿服务活动机制。加强诚信教育，大力推进政务诚信、商务诚信、社会诚信和司法公信建设。

加强对文化产品创作生产的引导。加强和改进新闻舆论工作，健全应急报道、舆情研判和舆论引导机制。精心组织好重大主题、重要活动的宣传报道工作。加强网络文化建设和管理，做好微博客舆论引导工作。实施哲学社会科学创新工程，推进高校哲学社会科学繁荣发展，加强市中国特色社会主义理论体系研究中心等基地建设，办好社科普及周。实施精品战略，组织实施好“五个一工程”、重大革命和历史题材创作工程、重点文学艺术作品扶持工程、优秀少儿作品创作工程，推出一批优秀文艺作品。壮大优势文学艺术品牌，扩大天津文化的对外影响力。加强文化市场管理，深入开展“扫黄打非”。推进应急广播体系建设。深化走基层、转作风、改文风活动。

加强公共文化服务体系建设。完善公共文化服务投入机制，落实好各项支持政策。完成天津文化中心建设，高标准做好布展、运营和管理。搞好数字广播大厦、数字电视大厦二期、出版传媒大厦等重点项目建设，推进区县、乡镇和城乡社区公共文化设施建设改造，继续做好公共文化服务设施免费开放服务。深入实施农村有线电视数字化双向化信息化改造、公共电子阅览室、农家书屋、农村数字电影放映等重点文化惠民工程。继续开展送文化下基层、送高雅艺术进校园活动，组织好“海河情”等公益性演出。办好国际少儿艺术节、京剧票友邀请赛、全国相声大赛、全国小品展演、北方鼓曲唱曲大赛等活动，广泛开展群众性文化活动。加强文物和非物质文化遗产保护。加快发展群众体育、竞技体育和体育产业，办好第三届全民健身运动会、第九届全国大学生运动会，做好第六届东亚运动会、第十三届全国运动会筹备工作。

加快文化产业发展和文化体制改革。推进国家动漫产业综合示范园、中国天津 3D 影视创意园区、国家数字出版基地、国家级广告产业园、团泊文化产业示范园区等建设。加快建设一批各具特色的文化创业创意园区。实施

文化产业科技创新工程。完成一般国有文艺院团和非时政类报刊改革任务，组建北方演艺集团、文化产业集团。增强已转制国有经营性文化单位综合实力，鼓励和引导各种非公有制文化企业发展。办好中国国际新闻出版装备博览会、中国国际广告节等活动。促进居民文化消费。

八、加强和创新社会管理，推动社会和谐稳定再上新水平

牢牢把握最大限度激发社会活力、最大限度增加和谐因素、最大限度减少不和谐因素的总要求，坚持民生优先、服务为先、基层在先，着力解决影响社会和谐稳定的突出问题，全力打好保持社会和谐稳定攻坚战，不断提高社会管理科学化水平，确保社会既充满活力又和谐稳定。

创新社会管理体制机制。进一步加强和完善社会管理格局。推进滨海新区全国社会管理创新综合试点区建设。坚持典型引路，加强基层社会管理服务，做好城乡综合性服务中心和服务站的升级达标工作。推进城乡社区规范化建设和网格化管理，加强社区自治管理。明确非公有制经济组织和社会组织社会管理责任。完善公共决策事项公示公开制度。健全信息网络建设管理体系，促进信息网络健康发展。加强专业化、职业化社会工作者队伍建设。

维护社会和谐稳定。完善维护群众权益机制，拓宽社情民意表达渠道。用群众工作统揽信访工作，深入开展领导干部接访下访活动，加强源头治理，化解信访积案，解决突出问题。完善重大工程项目建设和重大政策制定的社会稳定风险评估机制。完善社会矛盾多元调解体系，健全排查调处机制，集中开展大排查活动，深入推进大调处工作。建立健全实有人口服务管理模式，加强流动人口管理服务。做好特殊人群帮教管理工作。加强社会治安综合治理，完善社会治安防控体系，加大重点地区、重点场所治安整治力度，坚决防止发生影响安全稳定的重大事件，严密防范和依法打击各种违法犯罪活动，努力建设平安天津。做好国家安全工作。启动实施环京“护城河”工程。

切实保障公共安全。健全食品药品安全监管机制，加大执法检查和质量检测力度，深入开展食品药品安全重点整治。大力实施“放心食品”系列工程。全面落实安全生产责任，加强安全生产监管，深入排查和消除安全隐患，坚决防止重特大事故发生。加强交通安全管理和消防检查监督。做好校园安全管理和校车交通安全工作。健全突发事件和各类灾害应急管理机制，全面加强综合防灾减灾能力建设，提高预防预警和处置能力。

九、坚持人民当家作主，推动社会主义民主政治建设再上新水平

坚持党的领导、人民当家作主、依法治国有机统一，发挥市委总揽全局、协调各方的领导核心作用，充分调动各方面积极性，形成干事创业的强大合力，不断巩固和发展民主团结、生动活泼、安定和谐的政治局面。

扩大人民民主。支持市人大及其常委会依法履行职能，加强和改进立法、监督工作。支持市政协围绕团结和民主两大主题履行职能，推进政治协商、民主监督、参政议政制度建设。做好市人大、市政府、市政协换届筹备工作。发展基层民主，推进政务、司法、厂务、村(居)务公开和公共企事业单位办事公开。完善基层群众自治制度。搞好村(居)委会换届选举工作。充分发挥工会、共青团、妇联等人民团体的作用。

巩固和壮大爱国统一战线。加强同各民主党派合作共事，支持各民主党派和无党派人士更好履行参政议政、民主监督职能。推进党外代表人士队伍建设。加强和改进新形势下工商联工作。协助各民主党派、工商联和有关人民团体做好换届工作。全面贯彻党的民族政策和宗教工作基本方针。密切与香港、澳门交流合作。做好对台工作。加强侨务工作。

推进法治天津建设。大力弘扬社会主义法治精神。严格依法行政，推进法治政府建设。完善执法标准，规范执法行为，强化执法监督，转变执法作风，促进公正廉洁执法。深入推进司法体制和工作机制改革，增强司法工作的透明度和公信力。加强政法队伍建设，开展“忠诚、为民、公正、廉洁”政法干警核心价值观教育实践活动。加大法律援助和司法救助力度。做好“六五”普法工作。加强档案、保密工作。深化国防教育，加强国防后备力量建设，推进双拥工作，加强军政军民团结。

十、加强和改进党的建设，推动各项工作再上新水平

坚持以科学理论为指导，以加强党的执政能力和先进性建设为主线，以改革创新精神全面加强党的思想、组织、作风、制度和反腐倡廉建设，不断增强各级党组织的创造力、凝聚力、战斗力，为实现经济社会又好又快发展提供坚强保证。

大力加强思想政治建设。坚持用中国特色社会主义理论体系武装党员、教育人民，推动学习实践科学发展观不断向广度和深度拓展。深入开展学习型党组织创建活动，坚持市委理论学习中心组读书会暨现场交流推动会制度，加强和改进党委(党组)中心组学习。做好大规模培训干部工作，推进各级各类干部教育培训创新发展。教育

各级领导干部加强修养，提高素质，切实解决在对待是与非、公与私、真与假、实与虚方面存在的突出问题。引导广大党员干部树立终身学习理念，弘扬勤学之风，探求善学之策，提高思想理论素养和科学文化知识素养。

加强领导班子和干部队伍建设。坚持德才兼备、以德为先用人标准，强化对干部政治品质和道德品行等方面的考察，在干中培养、锻炼、考察和识别干部。强化区县领导班子建设，展现新班子的新作风新形象。充实调整部委办局领导班子，加大交流力度，优化班子结构，增强整体功能和合力。大力培养选拔优秀年轻干部，合理使用各年龄段干部，加强女干部、少数民族干部、党外干部培养选拔工作。深化干部人事制度改革，加强对干部的综合考核评价。做好离退休干部工作。

加快人才强市建设。健全统分结合、上下联动、协调高效、整体推进的人才工作运行机制，统筹抓好各类人才队伍建设。完善专项人才队伍建设规划和政策措施，用好现有人才，引进高层次、高技能急需紧缺人才，培养后备人才。加快实施重大人才工程项目，深入推进“千人计划”，着力抓好高层次创新型科技人才培养使用工作，推动滨海新区创建人才特区。进一步营造尊重劳动、尊重知识、尊重人才、尊重创造的良好氛围，优化人才发展环境，搭建人才创新创业平台，完善人才交流合作机制，鼓励各类人才充分施展才华。

加强党的基层组织建设。深入实施“强基创先”工程，开展“基层组织建设年”活动，健全创先争优活动长效机制，推动基层党组织更好地服务发展、服务民生、服务群众。推进党组织和党的工作全覆盖工程，深化非公有制经济组织、新社会组织党建工作。创新基层党组织工作机制，加强基层党组织带头人队伍建设。健全城乡基层组织互联互动机制，推动互帮互助经常化、常态化。健全村干部报酬动态增长机制，完善农村基层干部养老保险、医疗保险和离任生活补助制度。做好党员发展和教育、管理、服务工作。推进党务公开，发展党内民主，保障党员主体地位和民主权利。

大力加强作风建设。牢记党的根本宗旨，贯彻党的群众路线，增强服务群众意识，提高服务群众能力，加强和改进新形势下群众工作。大兴求真务实之风，始终保持奋发有为的精神状态，不自满、不松懈、不畏难，脚踏实地，埋头苦干。坚持标准要高、要求要严、调子要低、工作要实、效果要好，倡导敢于负责、敢抓善管、注重落实，营造崇尚实干、恪尽职守、勇于奉献的工作氛围。始终坚持和不断加强调查研究工作，提高调查研究水平和成效。精简会议文件和活动，改进文风会风，减少各种名义的检查评比。弘扬艰苦奋斗精神，厉行勤俭节约，反对铺张浪费。

推动反腐倡廉建设深入发展。严明党的政治纪律，坚定政治立场和政治方向，始终同党中央保持高度一致。加强对中央重大决策部署贯彻落实情况的督促检查，确保中央政令畅通。坚持板块化布局、系统化构建、网络化联动、信息化支撑思路，着力推进惩治和预防腐败体系建设。落实党风廉政建设责任制。加强反腐倡廉教育，深化廉政文化建设。加强反腐倡廉制度建设。加大巡视工作力度，强化对权力运行的制约和监督。坚决查处违纪违法案件。深入推进专项治理，坚决纠正损害群众利益的不正之风，着力解决群众反映强烈的突出问题。

认真筹备和开好市第十次党代会。以高度的政治责任感和历史使命感，精心组织，周密安排，扎实做好各项筹备工作，形成一个好报告，选出一个好班子。坚持正确用人导向，认真贯彻民主集中制，发扬优良传统作风，努力开创新的局面。严肃组织人事工作纪律，严格执行“5个严禁、17个不准、5个一律”，匡正换届风气，营造风清气正的换届环境。教育引导各级领导干部讲政治、顾大局、守纪律，心无旁骛，尽责履职，正确对待个人进退留转，确保换届期间思想不散、秩序不乱、工作不断。保持发展规划稳定性和工作连续性，做好工作的有机衔接，制定扎实有力措施，推动党代会各项决策部署的贯彻落实。

全市各级党组织和广大党员干部群众，要更加紧密地团结在以胡锦涛同志为总书记的党中央周围，高举中国特色社会主义伟大旗帜，以邓小平理论和“三个代表”重要思想为指导，深入贯彻落实科学发展观，解放思想，干事创业，开拓创新，推动经济社会发展再上新台阶、各项工作再上新水平，以优异成绩迎接党的十八大和市第十次党代会胜利召开！

（摘自 2011 年 12 月 30 日《天津日报》）

政府工作报告

——2012年1月9日在天津市第十五届人民代表大会第五次会议上

天津市市长　黄兴国

各位代表：

现在，我代表市人民政府，向大会作政府工作报告，请予审议，并请市政协委员和其他列席人员提出意见。

一、2011年工作回顾

2011年，是实施“十二五”规划第一年。在党中央、国务院和中共天津市委的领导下，我们深入贯彻落实科学发展观，按照胡锦涛总书记对天津工作的一系列重要要求，坚持以科学发展为主题，以加快转变经济发展方式为主线，以调整优化经济结构为主攻方向，坚决贯彻落实国家宏观调控政策措施，大力实施市委“一二三四五六”的奋斗目标和工作思路，着力构筑“三个高地”，全力打好“五个攻坚战”，巩固和扩大应对国际金融危机成果，统筹三个层面联动协调发展，克服各种困难，锐意进取，奋力拼搏，推动各项工作站在高起点，抢占制高点，达到高水平，圆满完成了市十五届人大四次会议确定的年度目标任务。经济总量跨上万亿台阶，经济结构继续优化升级，城乡面貌更加整洁有序，群众生活得到新的改善，实现了“十二五”发展的良好开局。

预计全市生产总值1.1万亿元，增长16.5%左右；地方财政收入1455亿元，增长36.1%；全社会固定资产投资增长31%；社会消费品零售总额增长18%；外贸进出口增长25%；实际利用外资增长20%；实际利用内资增长27.7%；城镇登记失业率控制在3.6%；城市居民人均可支配收入增长10.8%，农村居民人均纯收入增长12%以上；居民消费价格涨幅4.9%；万元生产总值能耗下降4%以上，主要污染物排放量均下降2%，节能减排完成年度任务。

一年来，主要做了以下工作：

（一）努力转变经济发展方式，产业结构调整取得新进展

我们紧紧围绕构筑高端化高质化高新化现代产业体系，进一步加大结构调整力度，以大项目建设为支撑，以科技创新为动力，努力促进三次产业优化升级，不断提高经济发展的质量和水平。

坚持把大项目、小巨人、楼宇经济，作为转方式调结构的重要战略举措，下大力量抓紧抓好。继续推进大项目好项目建设，按照“三个一批”要求，新推出重大项目340项，累计达到1280项，总投资超过2.2万亿元，累计建成700项，优化了产业结构，积蓄了发展后劲，进一步带动了经济增长。大力推动科技型中小企业发展，在全社会营造创新创业氛围，不断加大财政、金融等支持力度，新增科技型中小企业8500家，累计达到2.1万家，小巨人企业超过1000家，成为新的经济增长点。积极发展楼宇经济，出台了促进中心城区发展楼宇经济政策，确定了128个重点支持项目，税收超亿元楼宇由27个增加到67个，提升了载体功能，拓展了发展空间，带动现代服务业加快发展。

工业对经济的支撑作用明显。总产值达到2.1万亿元，拉动全市经济增长近10个百分点。产业聚集效应进一步显现，八大优势支柱产业对工业增长的贡献率达到90%，新能源、新材料、生物技术与健康、新一代信息技术等战略性新兴产业迅速发展，航空航天、装备制造、石油化工等产业聚集区形成规模，国家级高新技术产业化基地达到19个。积极推进信息化与工业化深度融合，全社会信息化水平进一步提高。实施重点节能工程，坚决淘汰落后产能，严格控制污染物增量，积极推行循环经济发展模式，节能减排工作取得明显成效。

自主创新能力不断增强。全社会研发经费支出占生产总值比重提高到2.6%，综合科技进步水平继续位居全国前列。部市合作、院市合作不断深化，承担国家重大科技项目近700项，滨海新区成为国家863计划首个产业化伙伴城区。新增国家重点实验室2个，建成一批企业技术中心、工程技术研究中心，新建高水平创新创业载体

15个,风电主控系统、冠脉载药支架等一批重大创新成果填补国内空白。科技人才队伍不断壮大。全市专利申请3.6万件,授权1.4万件,分别增长43%、30%。国家驰名商标达到76件。

服务业发展提速。增加值占全市经济比重达到46%。金融业健康发展,对经济增长的贡献率提高。消费市场繁荣活跃,商品销售总额超过2万亿元,大悦城、水游城、佛罗伦萨小镇、红星国际广场等建成开业。旅游业快速发展,泰安道综合开发项目1、2、3号院投入使用,海河风光游等旅游线路持续升温,成为展示城市形象和魅力的重要窗口。邮轮母港接待出入境游客7.2万人次。会展经济发展势头强劲,梅江会展中心二期工程主体完工,成功举办了"津洽会"、"融洽会"、中国科协年会、中国旅游产业博览会、国际石化大会、国际矿业大会等大型展会,服务接待能力进一步提高。总部经济、服务外包、中介咨询、文化创意、科技服务等新兴服务业取得新进展。

(二)大力实施国家发展战略,滨海新区开发开放实现新突破

我们全力推进滨海新区开发建设,不断深化综合配套改革,全面提升对外开放水平,龙头带动作用和服务辐射功能明显增强。

功能区建设步伐加快。东疆保税港区二期具备封关条件。中新天津生态城起步区基础设施基本建成。中心商务区加快建设,铁狮门和罗斯洛克金融中心等项目启动,五矿大厦投入运营。南港工业区、临港经济区建港造陆23平方公里,北方重装基地、中石油原油储备库、中粮油生物化工等项目建成投产,中船重工造修船基地建设加快推进。空港经济区、开发区西区、滨海高新区、滨海旅游区开发建设取得新进展,中航直升机、长城汽车一期、软件及服务外包产业基地一期建成,新一代运载火箭等项目顺利实施。全年重点项目建成180个,启动实施330个。

基础设施建设进展顺利。天津港30万吨级深水航道一期开工建设,临港港区10万吨级航道、南港港区5000吨级航道开港通航,内陆"无水港"发展到21个,港口货物吞吐量达到4.5亿吨,集装箱吞吐量1150万标准箱。滨海国际机场二期开工建设,旅客吞吐量达到750万人次。海滨大道、津滨高速拓宽等项目投入使用,京津城际铁路延长线、于家堡铁路中心站等项目加快建设。生态环境和市容面貌发生明显变化。

综合配套改革取得重要进展。启动第二个三年实施计划。金融改革创新实现新突破。股权投资基金企业及管理机构达到2400家,启动外资股权投资基金试点。融资租赁企业51家,业务总量占全国四分之一。实行外汇资本金意愿结汇企业16家,创新型交易市场11家。继续加强政府性融资平台管理,风险防控能力明显增强。涉外经济体制改革迈出新步伐。北方国际航运中心核心功能区建设方案获国务院批复,国际船舶登记、国际航运税收、航运金融和租赁业务等试点启动实施。国有企业改革取得新进展,集团调整重组迈出新步伐,国资监管体系进一步完善。民营经济实力不断增强,占全市经济的比重达到40%。土地管理体制改革专项方案获国土资源部批复,计划指标动态管理、征转分离、城乡建设用地增减挂钩试点取得新成效。其他各项改革扎实推进。

对外开放进一步扩大。全市实际利用外资130亿美元,引进1000万美元以上大项目170个,累计在津投资世界500强企业150家。利用内资超过2000亿元,引进亿元以上大项目347个。全市进出口总额突破千亿美元大关,中小企业、自主品牌产品出口比重提高,外贸结构得到优化。"走出去"步伐加快,境外投资18亿美元。国际交流继续扩大,与兄弟省区市合作不断加强。

(三)继续推进城乡统筹发展,区县经济迈上新台阶

我们认真落实统筹城乡发展战略,大力推进示范工业园区、农业产业园区、农村居住社区"三区"联动建设,郊区县综合实力不断增强。

经济发展水平进一步提升。31个示范工业园区建设全面提速,招商引资富有成效,投资强度和产出效益明显提高。区县800个重大项目全部开工,竣工投产率达到55%,成为区县经济发展的重要支撑。建成20个现代农业示范园区、155个养殖示范园区,全市设施农业面积60万亩,丰富了市民"菜篮子",促进了农业增效、农民增收。启动实施10项农村水利工程。粮食生产连续八年丰收。新增农民专业合作社423户,90%以上的农户进入产业化体系。

城镇化进程进一步加快。以宅基地换房建设示范小城镇试点工作在41个乡镇展开,新开工农民住房1000万平方米,累计竣工1800万平方米,40万农民迁入新居,实现安居乐业有保障。"三改一化"试点基本完成。创建文明生态村139个。新建改造了一批农村公路、污水和垃圾处理设施,农村基础设施不断完善。

(四)进一步加强规划建设管理,城乡面貌发生新变化

我们认真落实城市空间发展战略,以科学规划指导城乡建设与发展,扎实推进精细化管理,不断提升城市综合承载能力,努力营造生态宜居环境。

城市规划和基础设施建设取得新进展。高水平完成区县土地利用规划修编、中心城区控制性详规修编,完善规划设计导则,规划管理进一步加强。全力推进重大交

通设施建设。西站综合交通枢纽、铁路南站投入运营,京沪高铁天津段建成通车,津保铁路、津秦客运专线、地下直径线加快建设。津宁、国道112等高速公路和团泊快速路竣工,全市高速公路通车里程达到1100公里。地铁9号线试运行,2、3号线装修调试,5、6号线加快建设。制定了加快水利改革发展实施意见,建设十大水利工程,南水北调天津境内干线工程全面建成。新增供排水、供气、供热等地下管网1000公里。工程质量安全得到有效监控。

生态城市建设步伐明显加快。启动第二个三年行动计划。高标准实施清水工程,综合治理卫津河、复兴河等38条河道,新建污水处理厂14座,完成张贵庄污水处理厂一期工程,中心城区、滨海新区河道实现水清岸绿。深入推进绿色天津建设,造林27万亩。第一热电厂关停,供热转换顺利完成。全市环境空气质量二级以上良好天数达到320天。

城乡环境面貌发生更大变化。继续奋战300天,高标准实施市容环境综合整治,整修建筑5239栋,整治道路571条、社区350个,新建和改造公园22个,新建和提升绿地2427万平方米,建成区绿化覆盖率提高到32%。经过全市人民连续4年900天的奋战,城市绿化净化美化水平显著提升,发展环境、生活环境明显改善,广大群众为自己的家园成为一座干净整洁、清新靓丽、富有魅力的城市而充满自豪!

(五)积极发展社会事业,人民群众生活得到新改善

我们坚持以人为本,积极发展各项社会事业,全力实施20项民心工程,把75%以上政府财力用于改善民生,着力解决群众最关心最直接最现实的利益问题。

教育事业协调发展。在全国率先实施学前教育三年行动计划,新建、扩建和改造提升幼儿园485所,入园难得到缓解。义务教育学校现代化标准建设继续加快,90%的学校通过验收,校舍加固改造三年任务全面完成。实施普通高中特色建设工程,推出首批实验学校。扎实推进国家职业教育改革创新示范区建设,完成海河教育园区一期工程,7所职业院校6.5万名师生进入新校园,成功举办第四届全国职业院校技能大赛,启动海河教育园区二期暨南开大学、天津大学新校区建设工程。高等院校博士、硕士学位授权一级学科分别增加19个和91个,大学软件学院投入运行,启动建设全国高校科技创新成果转化中心。成立中国国际青少年交流中心。和谐校园建设取得新成效。

卫生事业健康发展。卫生资源进一步优化,医大总医院、肿瘤医院、人民医院等改扩建项目投入运营,中医一附院、胸科医院等建设进展顺利。基层医疗卫生服务体系进一步完善,完成6个区县医院和中医院、11个社区卫生服务中心和乡镇卫生院、657个村卫生室标准化建设,完成首批全科医生临床规范化培训。18项基本公共卫生服务政府补助标准由人均20元提高到30元,实施妇女儿童健康行动计划,270万人次受益。公办基层医疗机构实行基本药物零差率销售,累计减少群众药费支出3亿元。第五中心医院、泰达国际心血管病医院等公立医院体制机制改革取得新进展。建成人口和家庭公共服务中心,低生育水平保持稳定。

文化体育事业繁荣发展。市文化中心主体工程完工。举办了纪念建党90周年系列文化活动,创作了电视剧《辛亥革命》等一批优秀作品。文化惠民工程扎实推进,农家书屋、村文化室、农村电影放映工程完成。文化产业快速发展,建成国家动漫产业综合示范园、国家数字出版基地,成功举办2011中国天津演艺产业博览会。组建天津广播电视台、天津广播电视传媒集团。哲学社会科学、新闻出版、文物保护、图书档案等事业全面发展。妇女儿童、老龄、残疾人、社会福利、慈善等事业取得新进步。精神文明创建活动扎实推进,市民素质不断提高。体育事业成果丰硕,举办了第二届全民健身运动会、第七届农民运动会,新建改造一批市民健身园和体育公园,承办了世界女子水球总决赛等大型赛事,女子排球九年八次取得联赛冠军,男子足球问鼎足协杯,天津获得了2017年第十三届全国运动会的举办权。

群众生活继续改善。实施更加积极的就业政策,统筹推进高校毕业生、失业人员、农村富余劳动力就业,加快创业带动就业实验区建设,启动百万技能人才培训计划,全年新增就业47万人,应届高校毕业生就业率达到90%。最低工资标准提高26%,颁布新的工资指导线,推进工资集体协商,企业单位从业人员人均劳动报酬增长16.5%。优抚对象抚恤、城乡低保、特困救助、农村五保供养、老年人生活补贴标准有新的提高。推动社会保险由制度全覆盖向人员全覆盖延伸,养老保险参保人数明显增加,医疗保险参保率达到90%以上。在全国率先实施全民医疗保险和意外伤害附加保险制度。提高城乡居民基础养老金、医疗保险水平,增加企业退休人员养老金。完善价格补助联动机制,受益群众由18.4万人增加到33.7万人。开工建设保障性住房1600万平方米、23.9万套,发放租房补贴8.5万户,超额完成国家下达任务。“城中村”改造全面推进。建成社区养老服务设施180个,更新改造老住宅供水、供气管道11万户,新建一批菜市场、农村消费品连锁店。优化公交线路,更新公交车1200辆,建成人行天桥20座,新增停车泊位2万个。下大力量狠抓食品安全,落实监管责任,启动放心馒头工程,开展瘦肉精、地沟

油和非法添加剂等专项整治行动。交通、消防、生产安全管理进一步加强。

（六）扎实推进依法行政，政府自身建设取得新成效

我们认真执行市人大及其常委会决议，自觉接受监督，及时听取人大代表、政协委员的意见和建议，各类建议和提案全部办复。提请市人大常委会审议地方性法规草案10件，制定政府规章17件。在全市开展“调结构、增活力、上水平”活动，4000多名机关干部深入近万家企业，解决了5600多个实际问题。行政审批服务效能进一步提高，在全国率先实现区县行政审批统一规范。公共资源交易统一监管不断加强。“8890”服务网络为群众办理服务事项累计超过1000万件。积极推进政务公开，落实重大事项公示和听证制度，完善新闻发言人制度。强化政府督查工作。加强和创新社会管理，社会风险防范、突发事件应急机制进一步健全，妥善解决了一批信访突出问题和行政争议案件，平安天津建设继续推进，保持了社会和谐稳定。廉政建设、行政监察、审计工作成效明显。“六五”普法顺利推进。支持工会、共青团、妇联等群众组织发挥作用。民族、宗教、侨务、港澳、对台工作取得新成绩。援疆、援藏等对口支援帮扶工作富有成效。双拥共建活动深入开展，国防教育、国防后备力量建设继续加强，军政军民团结的局面进一步巩固。

在报告成绩的同时，我们也清醒看到存在的矛盾和问题。主要是：综合实力不强，经济结构需要进一步调整优化，服务业比重偏低；自主创新能力有待提高，自主品牌不够多；民营经济发展不够快，中小企业融资难、负担重；资源环境约束强化，节能减排任务艰巨；体制机制尚不完善，重点领域改革有待深化；群众生活水平不够高，部分群众生活还比较困难，一些群众关心的热点难点问题还需下大力气解决；城市管理中的一些顽症尚未消除，社会管理还有薄弱环节；政府职能转变还需加快，有的政府部门及其工作人员服务意识不强，形式主义、官僚主义仍然存在，一些领域的腐败现象时有发生。对于存在的问题，我们一定高度重视，切实加以解决。

各位代表，过去的一年，面对复杂严峻的经济形势，天津发展向前迈出了坚实一步。成绩来之不易，彰显了天津精神、天津速度、天津效益。这是党中央、国务院和市委正确领导的结果，是市人大、市政协和社会各界监督支持、共同努力的结果，是全市人民同心协力、一起奋斗的结果。在这里，我代表市人民政府，向全市各族人民，向各位人大代表、政协委员，向各民主党派、工商联、人民团体和社会各界人士，向中央各部门、兄弟省区市、人民解放军和武警驻津部队，向所有关心支持天津发展的港澳同胞、台湾同胞、海外侨胞、国际友人，表示诚挚的感谢！

二、2012年工作目标和主要任务

2012年，是全面实施“十二五”规划的重要一年，也是天津向更高目标迈进非常关键的一年。经济发展环境仍然比较复杂。国际金融市场剧烈动荡，贸易保护主义明显抬头，世界经济不稳定不确定因素增多，复苏面临重大挑战。我国经济运行态势总体良好，但不平衡、不协调、不可持续的矛盾和问题仍然突出。我们必须保持清醒头脑，充分认识形势的复杂性、严峻性，增强忧患意识，牢牢把握经济工作的主动权，努力做到稳中求进、稳中求好、稳中求快，不断巩固发展来之不易的好形势，攻坚克难，顽强拼搏，推动天津经济社会发展再上新水平！

政府工作总的要求是：全面贯彻党的十七大和十七届三中、四中、五中、六中全会精神，以邓小平理论和“三个代表”重要思想为指导，深入贯彻落实科学发展观，认真落实中央经济工作会议部署，按照胡锦涛总书记对天津工作的一系列重要要求，紧紧围绕主题主线主攻方向，加快实施市委“一二三四五六”的奋斗目标和工作思路，着力构筑“三个高地”，全力打好“五个攻坚战”，全面落实市委九届十二次全会提出的各项任务，深入开展“调结构、惠民生、上水平”活动，在率先转变经济发展方式、调整优化经济结构上取得新进展，在深化改革开放、创新体制机制上取得新突破，在保障和改善民计民生、提高群众生活质量上取得新成效，在加强和创新社会管理、维护社会和谐稳定上取得新进步，全面推进社会主义经济建设、政治建设、文化建设、社会建设以及生态文明建设，以优异成绩迎接党的十八大和市第十次党代会胜利召开。

全市经济和社会发展的主要预期目标是：生产总值增长12%，地方财政收入增长15%，全社会固定资产投资增长15%，社会消费品零售总额增长16%，外贸进出口增长13%，城镇登记失业率控制在3.8%以内，城乡居民人均收入分别增长10%，居民消费价格总水平涨幅控制在4%左右，万元生产总值能耗下降4%，二氧化硫、氮氧化物、化学需氧量、氨氮排放总量分别下降2%。

重点抓好八个方面工作：

（一）加快推进滨海新区开发开放

按照努力成为贯彻落实科学发展观排头兵的要求，着力培育产业国际竞争力，建设科技创新高地，提升开放型经济水平，增强可持续发展能力，深化体制改革，全力打好滨海新区开发开放攻坚战。

进一步推进功能区开发建设。东疆保税港区加快建设北方国际航运中心核心功能区。中新天津生态城全面加快基础设施和产业园区建设，实现首批居民入住。临港

经济区建成双向10万吨级航道。中心商务区加快商务楼宇建设,起步区一期工程全面开工。滨海高新区启动建设未来科技城。继续推进南港工业区、滨海旅游区、开发区西区、空港经济区开发建设。积极发展海洋经济。

进一步加快重点项目建设。围绕发展高端制造业、高端服务业,组织实施200个重大项目,构建一流水平的产业体系,努力抢占产业竞争制高点。建成新一代运载火箭、太原重工等项目,推进中船重工造修船基地、友达光电二期、117组团等工程建设,促进中俄大炼油、北疆电厂二期、长城汽车二期等项目开工建设。

进一步搞好基础设施建设。建成南港万吨级航道,推进天津港30万吨级深水航道、国际邮轮码头二期、神华煤码头二期等项目建设,启动30万吨级矿石码头建设,完善“无水港”布局,港口货物吞吐量达到4.7亿吨,集装箱吞吐量达到1200万标准箱。加快推进滨海国际机场二期扩建工程,旅客吞吐量达到900万人次,货邮吞吐量超过20万吨。于家堡铁路中心站主体完工,中央大道全线贯通,加快建设京津城际铁路延长线、滨石高速、西外环高速等工程。继续发展海水淡化。加强生态建设和环境保护,提高生态宜居城区建设水平。

(二)加快调整优化经济结构

全力打好结构调整优化升级攻坚战,加大大项目、小巨人、楼宇经济推动力度,促进产业集成集约集群发展,不断壮大实体经济,努力构筑高端产业高地、自主创新高地。

着力提高现代制造业发展水平。坚定不移抓大项目好项目建设,推出新一批工业重大项目,狠抓项目投达产,新投产项目产值2700亿元。培育壮大战略性新兴产业,建设一批新兴产业聚集区,尽快形成先导性、支柱性产业。重点推进云计算、物联网关键设备和核心技术等示范工程,建设胰岛素生产基地、英利等一批重点项目,扩大风电设备、光伏电池、锂离子动力电池等生产能力。加快轻纺等传统产业的改造升级。推进“智慧天津”建设,全面启动“三网融合”试点。高度重视和强化节能减排工作,全面推进清洁生产,严格落实目标责任,加强重点用能行业和企业节能管理,继续实施十大节能工程,加速淘汰落后产能,进一步优化能源结构。加快建设子牙等国家级循环经济示范区,促进资源综合利用。

加快提升自主创新能力。组织实施新能源汽车、抗癌药等12个重大科技专项,攻克一批关键、核心技术,实施节能等8项科技示范工程。更好发挥国际生物医药联合研究院、工业生物技术研究所等创新平台作用,新建纳米技术、新能源新材料等6个科技创新平台,组建20个产业技术创新联盟,新建一批孵化器、生产力促进中心和科技园区,推动科技资源整合,实现优化共享。全面启动国家科技金融试点。全社会研发经费支出占生产总值比重提高到2.7%。继续加快人才队伍建设,加强知识产权创造、运用、保护和管理,支持具有自主知识产权的品牌做强做大,搞好科普工作。加快实施科技小巨人成长计划,全年新增科技型中小企业1万家,累计超过3万家,小巨人企业达到1200家,20家企业具备上市条件。

大力发展服务业。加大楼宇经济推动力度,引入更多高端服务业,年内税收超亿元楼宇增加50个。做强做大金融机构,创新金融业务,拓宽融资渠道。积极发展现代物流业,推进国家电子商务示范城市建设。加快建设津湾广场二期工程,银河购物中心等一批大型商业综合体开业。不断提升“近代中国看天津”旅游品牌影响力,加快凯旋王国、华侨城欢乐岛、米立方水世界等10个重点旅游项目建设,建成丽兹卡尔顿、帝旺凯悦等10家五星级酒店,加快建设中国旅游产业园。建成梅江会展中心二期,开工建设国家级大型会展中心,精心办好2012夏季达沃斯论坛等大型会展活动。积极发展信息咨询、研发设计、服务外包、文化创意、总部经济等现代服务业。

(三)加快发展壮大区县经济

实施“三区”联动发展战略,推进城乡一体化发展,加大强农惠农富农政策力度,因地制宜,发挥优势,进一步壮大区县经济实力。

提高农村工业化水平。充分发挥各区县优势,突出主导产业,实现错位发展。高水平建设示范工业园区,全面启动拓展区基础设施建设,着力引进一批带动力强的龙头项目,培育发展优势特色产业。加快区县重大项目建设进度,竣工投产率达到70%。

提高农业现代化水平。启动设施农业提升工程,增加科技含量,提高装备水平和组织化程度。大力推进农业科技创新,完善科技服务体系,推广一批科技成果转化项目。强化农产品全程质量安全管理,落实检测和追溯制度,确保农产品安全,无公害种植面积达到300万亩。加强农田水利基础设施建设,稳定粮食生产,新增节水灌溉面积19万亩。积极发展农民专业合作组织,支持龙头企业做强做大。

提高农村城镇化水平。扎实推进示范小城镇建设,新开工农民住房1100万平方米,竣工500万平方米,10万农民迁入新居。提升小城镇管理水平,扩大“三改一化”试点,完成土地复垦任务。积极推进基础设施和公共服务设施向农村延伸,搞好生活垃圾处理和清洁工程试点,继续改善农村生态环境。全市城镇化率达到84%。

推动中心城区全面提升。进一步突出功能定位,优化空间布局和产业结构。加大海河两岸综合开发力度,启动地铁站周边商业开发项目,建设都市型产业园区。保持房地产业平稳健康发展,积极发展文化旅游和创意产业,推动现代商业集聚发展,建设改造一批特色商业街,促进中心城区繁荣繁华。

(四)加快深化改革扩大开放

保持先行先试的勇气和锐气,全力推进体制机制改革创新,实施更加积极的开放战略,为经济社会发展提供新动力,注入新活力。

推动综合配套改革向纵深发展。深化金融改革创新。引导股权投资基金扩大在本市投资,继续办好"融洽会"。加快发展融资租赁业务,创新模式,扩大规模。构建具有天津特色的中小企业融资服务体系。积极发展产业金融,扩大跨境贸易人民币结算业务,搞好外汇资本金意愿结汇、离岸金融业务试点。规范发展创新型交易市场,继续推进碳排放权交易试点。完善金融风险防范机制。深化涉外经济体制改革。落实北方国际航运中心核心功能区建设方案,推动国际船舶登记、国际航运税收、航运金融、租赁业务等试点取得实质性进展。继续扩大区域通关、直通放行范围,提升航运服务中心和电子口岸功能,推进口岸和保税功能向腹地延伸。深化土地管理体制改革。健全土地整理储备和开发利用机制,继续搞好土地征转分离、增减挂钩试点。深化国有企业改革。加强国有资产监管,加大重组整合力度,提高国有企业资本运作水平,突出企业效益,加快培育大企业大集团。加大民营企业扶持力度,促进民营经济做大做强。继续深化科技体制、城乡统筹、行政管理、社会管理等领域改革。

提升对外开放质量和水平。加大招商引资力度,实际利用外资、引进内资到位额分别增长12%、20%,重点吸引优势支柱产业、战略性新兴产业、现代服务业等领域的龙头项目,鼓励在津设立地区总部、研发中心、结算中心、营销中心等机构。加快对外贸易转型升级,创新加工贸易模式,提高一般贸易比重,大力发展服务贸易,积极开拓新兴市场,鼓励中小企业、民营企业扩大出口,支持自主品牌出口,保持出口平稳较快增长。积极扩大进口。加快"走出去"步伐,扩大境外资源合作开发规模,建设营销网络平台。积极参与京津冀都市圈建设,扎实推进环渤海地区务实合作,不断扩大国际交流。继续搞好新疆和田地区东三县、西藏昌都地区、青海黄南州等对口支援和新阶段扶贫开发工作。

(五)加快提升城乡规划建设管理水平

坚持高起点规划、高水平建设、高效能管理,努力提高城市可持续发展水平,加快建设独具特色的国际性、现代化宜居城市。

继续发挥规划的方向盘、指南针作用。全面落实城市空间发展战略,完成城市总体规划修编工作,高水平编制综合交通、南北生态、地下空间、公共设施布局等专项规划,确保规划与建设有机衔接,提高规划的科学性、稳定性、权威性。

扎实推进城市基础设施建设。津秦客运专线建成通车,地下直径线竣工,实现地铁3、9号线全线试运营,2号线区间试运营。推进津保铁路、京秦高速天津段、塘承高速二期、地铁5、6号线和2号线机场延长线建设。新建志成道延长线等一批城市道路。加快解放南路地区综合开发建设。完成南水北调滨海新区一期供水工程,继续实施独流减河、潮白新河、蓟运河综合治理工程。注重建筑细节,确保工程质量,加强安全监管,严防重大事故发生。

着力提升城市管理水平。巩固发展奋战900天市容环境综合整治成果,全面落实城市管理规定,形成城市管理长效机制。高标准整治京津城际铁路沿线环境,大力度推进建成区次支道路、社区、村镇环境综合整治,加强动态监控,消除卫生死角。加快推进精细化管理,实现市区两级数字化管理平台联网互动,完善市容环境标准体系,保持城市环境整洁优美、规范有序。

优化修复生态环境。全面实施生态城市建设三年行动计划。继续实施清水工程、净化工程、绿化工程,综合治理河道15条,修建截污管道60公里,新建扩建污水处理厂5座,实施纪庄子污水处理厂迁建工程,年内环城四区河道实现水清岸绿。完成于桥水库周边污染源治理工程。建成大港、贯庄垃圾焚烧发电厂,生活垃圾无害化处理率达到93%以上。新建绿地1700万平方米,建成区绿化覆盖率达到33%,植树造林17万亩。完成"两河三堤"改造工程,建设北辰郊野公园。加快推进陈塘庄热电厂搬迁改造。从今年开始,实行财政补贴与限行结合,四年内淘汰车龄长、污染重的"黄标车"11.3万辆;五年内投入资金100亿元,全面淘汰中心城区、滨海新区核心区燃煤供热锅炉,由热电联产和燃气供热替代,进一步改善大气环境质量,让人民群众呼吸到更加清新的空气。

(六)加快发展各项社会事业

更加注重统筹经济社会协调发展,加大投入力度,增加公共产品供给,促进公共服务均等化,不断满足人民群众需求。

加快建设文化强市。深入贯彻落实党的十七届六中全会精神,打好文化大发展大繁荣攻坚战,努力建设富有独特魅力和创造活力的文化强市。扎实推进社会主义核心价值体系建设,开展理想信念教育,弘扬民族精神和时代精神,大力宣传天津精神。繁荣文化创作,加快文化艺术人才培养,不断推出精品力作,扩大文化品牌效应。完善公共文化服务体系，发展公益性文化事业，全面建成文化中心工程，高水平做好布展工作，确保五月份向市民开放。积极推进文化惠民工程，公共图书馆、美术馆、文化馆全部免费开放，加快建设公共电子阅览室等项目，推进农村有线电视提升改造，办好社区优秀文艺汇演、外来务工人员艺术节等活动。加快发展文化产业，促进科技和文化深度融合，培育文化创新、示范和孵化基地，建立完善文化产业市场，加快建设国家动漫产业综合示范园二期、3D影视创意园等重点工程。进一步搞好国有文艺院团和经营性文化单位转制。保护历史文化遗产，扩大文化对外交流。继续做好哲学社会科学、新闻出版、广播影视、图书档案等工作。

坚持优先发展教育。新建和改扩建50所公办幼儿园，提升改造55所乡镇中心幼儿园、160所村办标准化幼儿园，规范发展民办幼儿园，提前完成学前教育三年行动计划，基本解决入园难问题。全面完成义务教育学校和特殊教育学校现代化达标建设任务，实现义务教育较高水平均衡发展。促进普通高中教育特色发展。采取有力措施，加强中小学、幼儿园安全防范和校车安全管理，确保孩子们的安全。加快建设国家职业教育改革创新示范区，建设南开大学、天津大学新校区，推进海河教育园区二期工程建设，办好第五届全国职业院校技能大赛，大力发展职业教育社会培训。促进高等教育内涵发展、质量提升，建设84个市级重点学科和一批品牌专业。推进全国高校科技创新成果转化中心和健康产业园区建设，完成校园环境提升工程。培养高素质师资队伍，不断完善全民终身教育体系。

提高医疗卫生服务水平。继续推进卫生资源调整，加快推进天津医院、胸科医院、中医一附院、第二儿童医院等工程建设。鼓励引导社会资本举办医疗机构，开展医生多点执业试点。强化基层医疗卫生服务体系，提升区县公共卫生服务机构能力，全面完成村卫生室标准化建设。进一步提高基本公共卫生服务均等化水平，为全市城乡居民建立健康档案，做好妇女儿童保健管理工作。继续完善基本药物制度，构建基层医疗机构运行新机制和药品保障供应新体系。大力发展中医药事业。深化公立医院体制机制改革。稳定低生育水平，提高人口素质。

促进体育事业发展。举办第三届全民健身运动会及其系列活动，新建改造1500个健身园、30个体育公园，办好第九届全国大学生运动会，做好第六届东亚运动会、第十三届全运会筹备工作。

（七）加快提高群众生活水平

怀着对人民群众的深厚感情和满腔热情，把民生工作进一步做实做细做好，继续实施20项民心工程，将更多财力向民生倾斜，让群众得到更多实惠。

多渠道促进就业增长。千方百计开发就业岗位，扩大就业总量，落实创业扶持政策，全面完成创业带动就业四年规划。开发技能“培训包”，搞好职业技能培训，提高劳动者就业能力。继续把高校毕业生就业放在就业工作首位。确保零就业家庭动态为零。启动建设中国（天津）人力资源中心。完善劳动关系协调机制，促进劳动关系和谐。全年新增就业47万人。

继续增加群众收入。确保城乡居民人均收入两位数增长。落实好增加群众收入的政策措施，提高最低工资标准，颁布企业工资指导线，大力推行工资集体协商，促进职工收入与企业效益同步增长，企业单位从业人员劳动报酬总额增长15%。继续实施农村低收入农户增收工程，提高优抚对象抚恤、城乡低保、特困救助、农村五保供养标准。

进一步提升社会保障水平。完善各类从业人员养老、医疗、工伤、失业、生育保险制度，扩大城乡居民养老和医疗保险覆盖面，将未参保的集体企业退休人员纳入职工养老保险范围，在人人享受社会保障方面迈出新步伐。大力发展企业年金。加强社会保险基金征缴管理，扩大基金规模。建立医疗保险实时监控中心，规范医疗保险运行秩序。城乡居民医疗保险补助标准从人均210元提高到300元。

下大力量改善群众生活。精心做好住房保障工作，保证工程质量，扩大准入范围，提高补贴标准，建立健全制度体系，确保公开、公平、公正。开工建设保障性住房905万平方米、10.5万套，帮助更多中低收入群众解决住房困难。完成“城中村”拆迁150万平方米，安置房全面开工建设。启动中心城区旧楼区居住功能三年提升工程，重点改造提升供水供热供气旧管道、楼栋门、屋面防水、电梯、楼道照明、消防等设施，年内完成300个小区改造任务，80万群众直接受益。新增养老机构床位4000张，在中心城区新建6所老年配餐服务中心，新建100个日间照料服务站，60多万老年人受益，为4万多名患病困难老年人大幅度提高护理补贴，让他们得到较好照顾。关心残疾人事业发展，继续搞好基本生活、康复、教育、就业、维权等方面的保障服务。精心做好保供应、稳物价工作，确保价补联动资金及时发放到位。优先发展公共交通，继续开设公交专用道，优化公交线路50条，实施公交服务标准化，投入10亿元新增环保公交车2000辆，打通一批道路卡口和断头路，新建一批过街设施和停车场，加强交通管理，缓解交通拥堵，治理中小学、医院等地区拥堵问题，使群众出行条件明显改善。以更大的决心和力度，抓好食品安全工作，全面建立食品安全监管网络，提升检测检验能力，完成信息平台建设。扎实推进放心馒头、放心肉、放心菜、放心奶、放心餐馆等系列工程，构建比较完善的食品安全保障体系，让放心食品走进千家万户，让广大市民吃得放心、用得安心。

（八）加快建设服务型政府

今年是本届政府任期最后一年。我们一定忠实履行向人民代表和全市人民做出的庄严承诺，以更加昂扬的精神状态，恪尽职守，积极进取，毫不懈怠，全面推进法治政府、廉洁政府和服务型政府建设，努力把工作做得更好，向人民群众交上一份满意的答卷！

加快转变政府职能。综合运用规划、产业政策、财税、价格等手段，发挥行业协会、商会、市场中介组织作用，充分利用信息化技术，进一步增强经济调节和市场监管能力，提高标准化、规范化、系统化水平。强化公共服务职能，为社会提供优质公共产品和服务。继续加强和创新社会管理，加快建设社会信用体系，大力推进政务、商务、社会诚信建设，完善公共安全应急机制，健全安全生产监管体制，认真做好信访、仲裁、人民调解和行政复议等工作，妥善化解社会矛盾，推进法治天津、平安天津建设，维护社会和谐稳定。

坚持依法行政。加强政府立法工作，积极配合市人大及其常委会做好地方立法工作。深化行政执法体制改革，整合执法资源，强化执法责任，规范执法行为。坚持科学民主决策，完善风险评估机制，强化跟踪反馈和责任追究，提高决策质量和执行能力。扩大政务公开，保障市民的知情权、参与权、监督权。

提高政府服务水平。政府工作人员要牢固树立执政为民理念，满腔热情为群众服务，尽职尽责，做人民满意的公务员。在全市开展“调结构、惠民生、上水平”活动，继续组织机关干部深入基层搞好服务。进一步深化行政审批制度改革，整合部门内部行政审批职能，提高审批效率和服务水平。加强社区建设，办好三级行政服务中心，为群众提供高效服务。完善公共财政体系，调整财政收支结构，把更多财力用于公共服务和民生领域。继续精简会议和文件，严格控制各类评比和庆典活动。加强审计监督，强化经济责任审计、绩效审计。推进反腐倡廉制度建设，完善“5+1”公共资源交易监管平台，把“制度加科技”惩防腐败机制，广泛运用到行政审批、行政执法、资金监管、项目招投标等领域，规范权力运行，做到有权就有责、用权受监督、侵权要赔偿、违法必追究。

自觉接受市人大及其常委会的法律监督、工作监督，主动接受市政协的民主监督，认真听取各民主党派、工商联、无党派人士和人民团体的意见。坚持与人大代表、政协委员联系制度，认真办理建议和提案。加强基层民主政治建设。积极支持工会、共青团、妇联等群众组织开展工作。认真贯彻党的民族、宗教和侨务政策。做好新时期港澳和对台工作。深入开展双拥共建活动，积极支持国防和军队建设。

各位代表，新的一年，天津发展的任务非常繁重，我们深感责任重大。全市人民的信任，是我们做好工作的强大动力。让我们紧密团结在以胡锦涛同志为总书记的党中央周围，在市委的领导下，齐心协力，奋力拼搏，实现天津科学发展和谐发展率先发展，以实际行动迎接党的十八大和市第十次党代会胜利召开！

（摘自 2012 年 1 月 15 日《天津日报》）

关于天津市2011年国民经济和社会发展计划执行情况与2012年国民经济和社会发展计划草案的报告(摘要)

——2012年1月9日在天津市第十五届人民代表大会第五次会议上

天津市发展和改革委员会主任　张志强

一、2011年国民经济和社会发展计划执行情况

2011年,面对复杂多变的国际国内环境,全市各方面深入贯彻落实科学发展观,按照胡锦涛总书记对天津工作的一系列重要要求,牢牢把握主题主线主攻方向,坚决贯彻落实国家宏观调控政策措施,加快实施市委“一二三四五六”的奋斗目标和工作思路,着力构筑“三个高地”,全力打好“五个攻坚战”,积极实施调结构、增活力、上水平各项举措,经济社会保持又好又快发展,圆满完成市十五届人大四次会议确定的年度目标任务,实现了“十二五”发展的良好开局。主要特点是:

(一)经济增长质量效益水平提升,主要指标达到或超过预期

预计全年,全市生产总值突破1.1万亿元,比上年增长16.5%左右。地方一般预算收入1455亿元,增长36.1%。万元生产总值能耗下降4%以上,主要污染物排放量均下降2%。全社会固定资产投资7500亿元,增长31%;社会消费品零售总额3380亿元,增长18%;外贸进出口突破1000亿美元,增长25%。实际直接利用外资130亿美元,实际利用内资2086亿元,分别增长20%和27.7%。新增就业47万人,城镇登记失业率3.6%。城市居民人均可支配收入26921元,增长10.8%;农村居民人均纯收入超过13200元,增长12%以上,城乡居民收入差距缩小。市第九次党代会提出的五年目标任务超额完成。

(二)滨海新区开发开放提速,龙头带动作用进一步增强

滨海新区生产总值6200亿元,增长23.8%左右,主要指标增幅好于全市水平。综合配套改革第二个三年计划启动,国务院批准的北方国际航运中心核心功能区建设全面展开,融资租赁合同余额和创新政策全国领先,累计注册股权投资基金企业及管理机构2400家,成功举办第五届“融洽会”,行政管理、土地管理等领域改革有序实施。功能区开发和产业项目同步推进,中新生态城国家动漫产业综合示范园投入使用,东疆保税港区二期具备封关条件,未来科技城落户滨海高新区,中心商务区60余栋楼宇气势初显,临港10万吨级航道通航。南港国家原油储备基地、鸿富锦电子等项目开工,中船重工造修船基地、高银117大厦等建设进展顺利,中航直升机、长城汽车一期、中粮佳悦等建成投产。天津港30万吨级航道一期、滨海国际机场二期扩建工程开工,内陆“无水港”发展到21家,港口、口岸和保税功能不断向腹地延伸。

(三)经济结构优化升级,二三产业协同发展

工业保持强劲支撑。规模以上工业增加值增长20%以上,总产值达到2.1万亿元,工业利润超过1400亿元。八大优势支柱产业占工业比重保持在90%以上,石油化工、电子信息、轻工纺织等传统优势产业调整提速,航空航天、新能源新材料等战略性新兴产业加快培育,新投产项目对工业增长贡献率超过60%。完成淘汰炼钢、焦炭、水泥、印染等落后产能年度计划。工业用水重复利用率达到93%以上,固体废物综合利用率达到98%。

服务业发展提速。增加值占全市生产总值比重达到46%。批发零售商品销售总额增长33%,住宿餐饮业营业额增长27%。大悦城、水游城、佛罗伦萨小镇、红星国

际广场等一批重大商贸旅游设施建成运营，“邮轮经济”、“假日经济”效应凸显，全年接待国内外游客和旅游收入分别增长15%和20%。金融创新比较活跃，全市73家小额贷款公司稳健运营，渤海商品交易所等要素市场进一步完善。港口货物吞吐量4.5亿吨，集装箱吞吐量1150万标准箱。南开区国家服务业综合改革试点扎实推进。创意产业、科技服务、商务租赁等新兴服务业后劲十足。

自主创新能力增强。国内外科技资源加速集聚，首批90个863计划项目签约落户，新增国家级、部委级重点实验室6个，国家工程技术研究中心达到31家。自主创新产业化重大项目87个子项实现产业化，累计开发新产品760项，国家级高新技术产业化基地达到19个。全年新认定科技型中小企业8500家，累计达到2.1万家，其中“小巨人”超过1000家，新建各类创新创业载体92家。全市有效专利突破4万件，全社会研发经费支出占生产总值比重提高到2.6%。

（四）投资消费持续扩大，需求拉动更加均衡

全社会固定资产投资增量连续4年超千亿元，装备制造、新兴服务业、农林水利等重点领域投资快速增长。新推出高水平大项目好项目340项，累计达到1280项，全年完成投资3300亿元，年内竣工200项，累计达到700项。70项重点建设项目进展顺利，82项重点前期工作项目有一半实现当年开工。消费市场比较活跃，城乡便民服务进一步完善，社会消费品零售总额增速保持全国前列。截至目前，家电下乡产品销售25.5万台（件），增长30%；每百户家庭拥有汽车22.2辆，增长27.8%；商品房销售面积增长5%以上。外贸出口与投资、消费增幅的离差收窄，对东盟、俄罗斯等新兴市场出口增长30%以上。

（五）城乡统筹扎实推进，区县经济竞相发展

农村“三区”联动发展。粮食生产连续第8年增产丰收。31个示范工业园区拓展区建设全面启动，累计签约项目1335项、总投资超过4300亿元。新增设施农业11.6万亩，建成20个现代农业示范园区、100个现代畜牧养殖示范园区和55个优势水产品养殖示范园区。示范小城镇全年新开工农民安置住宅1000万平方米，累计有40万农民迁入新居。“三改一化”试点基本完成。新建文明生态村139个。中心城区加快高端服务载体建设，天钢柳林地区城市副中心基础设施建设启动，梅江会展中心二期工程主体封顶，泰安道综合开发部分项目投入使用。全市税收超亿元楼宇达到67座，新引进企业1500余家。预计全年，区县工业总产值增长30%以上，财政收入增长33.4%。

（六）城市载体功能提升，市容面貌发生更大变化

城市基础设施建设加快。天津西站、南站与京沪高铁同步投入运行，天津站地下交通枢纽工程收尾。地铁9号线试运行，2、3号线装修调试，5、6号线启动建设。塘承、津宁和112国道等高速公路竣工，新增通车里程100公里。南水北调天津境内干线工程全面建成。市容环境综合整治取得新成效。高标准整修建筑5239栋、整治道路571条、改善社区350个、新建和改造公园22座，新建和提升绿地2427万平方米，海河夜景灯光体系进一步提升，群众生活环境得到明显改善。市区两级城市管理数字化平台实现互联互通。生态市建设新一轮三年行动计划启动。综合治理河道38条，新建污水处理厂14座、铺设配套管网397公里，第一热电厂关停、供热转换工作圆满完成，陈塘庄热电厂搬迁改燃工程启动。全年植树造林27.3万亩。子牙循环经济产业区等国家级循环经济示范基地建设进展顺利。环境空气质量二级以上良好天数达320天。

（七）社会事业全面进步，经济社会协调发展

坚持教育优先发展。年内新建和改扩建53所幼儿园，提升改造432所乡镇和村办幼儿园。义务教育学校现代化标准建设扎实推进，全面完成中小学校舍加固改造工程。海河教育园区一期7所职业院校入驻，二期工程启动。高等教育毛入学率超过55%。卫生资源加快调整。肿瘤医院防治综合楼投入使用，南开医院扩建工程主体完工。医药卫生体制改革三年重点工作任务基本完成，人均基本公共卫生服务补助提高50%。第六次人口普查数据处理与发布完成。人口出生率为8.5‰，低生育水平保持稳定。文体事业繁荣发展。市文化中心主体工程完工，国家数字出版基地建成，天津文化产权交易所挂牌，设立了文化产业股权投资基金，成功举办中国天津演艺产业博览会。基本建成100个乡镇文体中心，农家书屋覆盖全市3706个行政村，公共图书馆、文化馆、文化站实现免费开放。纪念建党90周年系列文化活动取得圆满成功，创作推出《辛亥革命》等一系列优秀影视作品，《华子良》作为唯一京剧作品参加“五个一工程”全国巡演。天津女排实现联赛“五连冠”，泰达足球队勇夺全国足协杯冠军。承办了世界女子水球联赛总决赛等一系列国内外重要赛事。成功获得2017年第十三届全运会承办权。妇女儿童、老龄、残疾人、社会福利和慈善事业取得新成绩。民族、宗教、侨务和对台工作有新进步，哲学社会科学、新闻出版、文物保护、档案等事业都有较大发展。

（八）民计民生继续改善，人民生活水平稳步提高

高标准完成20项民心工程。坚持实施积极的就业政策，1.7万就业困难人员实现稳定就业，“零就业”家庭保

持动态为零,应届高校毕业生就业率达90%以上。企业单位从业人员劳动报酬总额增长19.3%,人均增长16.5%,比上年加快4.2个和3.3个百分点。城乡居民全部纳入医保,参保率超过90%;养老保险覆盖556万人,城乡居民社会保险一体化走在前列。开工建设保障性住房1600万平方米、23.9万套,超额完成国家下达任务;新增发放租房补贴1.03万户。"城中村"改造进展顺利。城市居民消费价格涨幅控制在4.9%,处于全国较低水平,价补联动机制"扩面调标",33.7万低收入群众纳入补贴范围。全市安全生产形势保持稳定。

(九)改革开放不断拓展,发展环境持续优化

行政审批效率提高。现场集中审批率超过95%,综合审批效率累计提高80%,向滨海新区下放行政审批权限110项,率先实现了区县行政审批统一规范。国有企业改革深入推进,实施二轻与飞鸽等7家集团重组,改制国有企业58户,市属国有企业改制面达到96.8%。全年发行企业债券87亿元,比上年增长81.3%。落实提高小微企业营业税和增值税起征点等政策措施,减轻企业税费负担1.2亿元。民营经济实力增强,全市民营企业达到16.7万家,注册资本1.1万亿元,实现税收增长35%。

对内对外经贸合作势头较好。411家外资企业增资额增长78%,亿元以上内资项目到位资金占全市的77%,新引进世界500强企业9家,累计达到150家,国内500强优势企业达到187家。成功举办国际生物经济大会、国际矿业大会、环渤海区域合作市长联席会、"津洽会"等大型会展活动165场。我国首部3D动漫电影走出国门,天津钢管公司赴美投资建厂。新一轮援疆工作实现良好开局,对口支援西藏、青海、甘肃等工作扎实推进。

"调结构、增活力、上水平"活动取得明显成效。历时半年的活动中,各级服务工作组共协调解决基层各类急难问题5629个,解决率达到93%;24小时开门服务电话解决企业群众诉求24.91万个,解决率达到98.7%;30条帮扶政策基本落实,有效增强了企业活力,促进了社会和谐。

同时,我们也清醒地看到存在的矛盾和问题。主要是:综合实力不强,经济结构需要进一步调整优化,服务业比重偏低;自主创新能力有待提高,自主品牌不够多;民营经济发展不够快,中小企业融资难、负担重;资源环境约束强化,节能减排任务艰巨;体制机制尚不完善,重点领域改革有待深化;群众生活水平不够高,部分群众生活还比较困难,社会管理还有薄弱环节。对于这些问题,我们一定高度重视,切实加以解决。

二、2012年国民经济和社会发展的主要目标任务

2012年是实施"十二五"规划承上启下的重要一年,也是天津向更高目标迈进非常关键的一年。综合分析,我市发展环境仍然复杂严峻,世界经济复苏的不稳定不确定性上升,我国经济增长下行压力和物价上涨压力并存。尽管面临前所未有的挑战,但也要看到,我国仍处于重要的战略机遇期,我市已具备了在更高水平实现更大发展的基础和条件,我们要坚定信心、攻坚克难,努力做到稳中求进、稳中求好、稳中求快,使经济社会发展再上新台阶。2012年国民经济和社会发展计划,要全面贯彻党的十七大和十七届三中、四中、五中、六中全会精神,以邓小平理论和"三个代表"重要思想为指导,深入贯彻落实科学发展观,认真落实中央经济工作会议部署,按照胡锦涛总书记对天津工作的一系列重要要求,紧紧围绕主题主线主攻方向,加快实施市委"一二三四五六"的奋斗目标和工作思路,着力构筑"三个高地",全力打好"五个攻坚战",全面落实市委九届十二次全会提出的各项任务,深入开展"调结构、惠民生、上水平"活动,在率先转变经济发展方式、调整优化经济结构上取得新进展,在深化改革开放、创新体制机制上取得新突破,在保障和改善民计民生、提高群众生活质量上取得新成效,在加强和创新社会管理、维护社会和谐稳定上取得新进步,全面推进社会主义经济建设、政治建设、文化建设、社会建设以及生态文明建设,以优异成绩迎接党的十八大和市第十次党代会胜利召开。

2012年国民经济和社会发展的主要预期目标是:生产总值增长12%;地方一般预算收入增长15%;全社会固定资产投资增长15%;社会消费品零售总额增长16%;外贸进出口增长13%;实际直接利用外资增长12%;实际利用内资增长20%;城市居民人均可支配收入增长10%,农村居民人均纯收入增长10%;城市居民消费价格总水平涨幅控制在4%左右;节能减排指标完成国家下达任务。

2012年国民经济和社会发展的主要任务是:

(一)加快滨海新区开发开放,更好发挥示范带动作用

打好滨海新区开发开放攻坚战,着力培育产业国际竞争力,建设科技创新高地,提升开放型经济水平,增强可持续发展能力,深化体制改革,努力成为深入贯彻落实科学发展观的排头兵。

推动功能区开发取得实质进展。东疆保税港区10平方公里封关运作,完成综合配套服务区开发。中新生态城继续完善中部片区基础设施。南港工业区围海造陆18平方公里,新开工产业项目12个。初步建成未来科技城,尽

快成为智慧经济城、创新先导城。中心商务区一批楼宇建成运营,启动天碱区域基础设施建设。核心功能区现代服务业聚集区及配套公寓全部投入使用。实施新一代运载火箭二期、中俄大炼油、中沙石化聚碳酸酯、北疆电厂二期、铁狮门金融广场等一批高端产业重大项目。

继续完善大交通体系。加快实施滨海国际机场二期扩建工程,年内完成T2航站楼地下主体;建成天津港30万吨级深水航道一期,抓紧南疆专业化矿石码头、国际邮轮码头二期等项目建设。开工建设滨石高速、唐廊高速一期等;加快京秦高速、塘承二期、进港三线、蓟汕联络线等工程进度;实现新区南北客运主通道全线贯通。

进一步深化综合配套改革。加快落实第二个三年实施计划10个领域、26个具体方案。组织实施第三批金融改革创新二十项重点工作。做大做强"创投之家",引导股权投资基金扩大在津项目投资,启动外资股权投资基金试点。规范做强创新型交易市场。大力推进意愿结汇、离岸金融和跨境人民币业务试点。加快保险改革试验区建设。争取地方债试点。全面落实北方国际航运中心核心功能区建设方案,打造融资租赁等航运金融产业聚集基地,建立船舶、汽车、游艇等保税展示交易平台。选择合适的"无水港"实施启运港退税试点工作。开展农村土地承包经营权确权登记试点。

(二)加快构筑高端产业高地,推进产业结构调整升级

坚持以大项目好项目为抓手,加快转变发展方式,发展高水平实体经济,大力促进节能减排,打好结构调整攻坚战,在构筑高端化高质化高新化产业体系上取得扎实进展。

狠抓大项目好项目建设。加快重大项目进度。确保1280项重大项目一季度全部开工,力争新增投资3500亿元,竣工项目比重达到80%。对部分前期工作进度较慢、投资规模较大的重点项目,倒排工期落实责任,逐项落实建设条件,促进早日落地实施。下力量做深做实前期工作。进一步深化细化"十二五"规划项目库重大项目,重点推动一批具备条件、有望年内启动实施的项目。千方百计筹措资金。设立引进更多的金融机构,强化中小企业金融支持,加大项目推介力度,完善落实贷款条件,力争全年新增贷款2500亿元左右。增加财政投入、注入优质资产,提升政府融资平台能力。完善金融监管,加强风险防范。积极运用股权投资等创新融资方式,扩大直接融资规模,争取发行更多企业债券。扎实有效开展"调结构、惠民生、上水平"活动,建立健全帮扶企业成长、推动项目建设、维护基层稳定的长效机制。

做大做强优势产业。航空航天,重点推进中航直升机配套、波音复合材料二期建设;石化、冶金领域重点实施技术创新和两化融合示范工程;装备制造,抓好天津港重工机械、长城汽车二期等项目;电子信息,加快实施富士康服务器存储器、钜宝电子平板电脑、富通大尺寸光纤预制棒等项目投达产;新能源新材料,组织好力神动力电池、英利光伏太阳能电池、建龙新材料等项目。继续组织产业振兴、结构调整和技术改造专项,加快企业升级改造。引导企业优化内部管理,加强市场开拓,挖掘本地配套市场潜力。大力发展战略性新兴产业。加强规划引导和政策扶持,编制总体规划和重点领域专项规划,设立国家参股创投基金。围绕航空航天、节能环保、新型信息与网络等七大产业,实施创新发展工程、产业示范工程和前瞻储备工程。建设一批战略性新兴产业特色基地和产业聚集区。

大力提升现代服务业水平。加强项目载体建设。建成津湾广场二期、天辰工程公司总部、米立方水世界等项目,确保丽兹卡尔顿酒店、帝旺凯悦酒店、生态城世贸希尔顿酒店等10家五星级酒店年内开业。建成银河购物中心、北塘古镇凤凰街等商业综合体和特色街。积极发展面向民生的服务业。强化旅游市场监管,提升"近代中国看天津"旅游品牌,加快建设中国旅游产业园,开工建设国家级大型会展中心。进一步完善城镇商业设施、家政服务网点,推动农村商业连锁经营和统一配送,健全示范小城镇综合商贸服务中心。促进新兴服务业发展取得新突破。建立创意产业促进中心和专项投资基金,推动创意企业向专业化规模化发展,加快建设国家动漫产业综合示范园二期、中国天津3D影视创意园区、国家级广告产业园等一批重点园区。抓好楼宇经济相关政策落实,启动建设第二批重点亿元楼宇,引进一流物业公司参与管理、提高水平,年内新增税收超亿元楼宇50座。力争一批跨国公司地区总部和职能型总部落户。加快邮轮游艇产业发展。扎实开展服务业综合改革试点。

毫不松懈抓好节能减排。落实责任加强考核,坚决执行各种标准,严格控制污染物排放总量。大力推进十大重点节能工程,全面推进清洁生产,进一步加强对高耗能行业的脱硫、脱硝和废气治理。完成年度落后产能淘汰计划。优化能源结构,控制新增燃煤量,加快实施陈塘庄热电厂搬迁改造,推进中心城区和滨海新区核心区燃煤锅炉改燃并网等工程。建成大港、贯庄垃圾焚烧发电厂,生活垃圾无害化处理率达到93%以上。鼓励海水淡化,建设节水型城市。积极实施建筑节能改造。加快建设子牙循环经济产业区等国家级循环经济示范基地,深化循环经济国际合作,全面完成国家循环经济试点城市建设任务。抓紧培育一批低碳示范项目,开展碳排放权

交易试点。

(三)加快提高自主创新能力,着力建设创新型城市

加强政策扶持,创新体制机制,聚集整合资源,力争在构筑自主创新高地上取得新突破,推动经济发展真正走上创新驱动、内生增长轨道。

积极抢占科技制高点。重点实施新能源汽车、信息安全、抗癌药等12个重大科技专项,研究开发200项应用基础和前沿技术,力争取得一批世界领先的重大科技成果。开展食品安全、支撑文化产业发展等8项重大科技示范工程,组织永磁材料开发、智能环保型高频电刀等一批自主创新产业化重大项目和重大高新技术产业化项目。全社会研发经费支出占生产总值比重达到2.7%,全年有效专利数量达到4.5万件。

加快科技小巨人发展壮大。大力实施“春笋培育”、“巨人成长”和“服务提升”三大工程,抓好45项重点工作。积极发展科技孵化载体,建设科技孵化器100家以上。实施好国家科技型中小企业创新基金项目和国家科技服务业试点,新建产业技术创新联盟20个。争取集成更多技术、人才、平台资源为科技型中小企业发展服务。到年底,全市科技型中小企业累计超过3万家,其中“小巨人”达到1200家。

优化创新创业环境。进一步深化国内外科技合作,加快推进国家863计划产业化伙伴城区试点。组织建设生态城市、纳米技术与工程等6个科技创新平台。新建一批重点实验室和工程中心。全面启动国家科技金融结合试点城市建设。推进国家电子商务示范城市14项重点工程,开展云计算、物联网等领域应用服务示范,全面启动“三网融合”试点,努力建设“智慧天津”。积极搭建创新创业平台,努力培养国内一流、国际领先的领军人物和拔尖人才,全年引进高层次人才300人以上、留学回国人员1000人以上。基本建成知识产权产业化示范城市。

(四)加快统筹城乡发展,培育一批强区强县强镇

坚持统筹兼顾,突出发展特色,优化产业布局,进一步壮大区县经济实力,形成多元发展、多点支撑、多极增长格局,推动城乡一体化发展取得新成效。

促进农村“三区”联动发展。同步加快示范工业园区拓展区建设和招商引资。实施设施农业提升和农业科技创新工程。建设高标准良田。加快推进10项农村水利专项工程,更新改造国有扬水站10座,新增农业蓄水能力403万立方米、节水灌溉面积19万亩,让20万农村居民喝上“放心水”。示范小城镇第四批试点全面开工,新建安置住宅1100万平方米,适时扩大农村“三改一化”试点。创建文明生态村100个。全市城镇化率达到84%。

促进中心城区全面提升。继续推进海河综合开发,搞好西站地区和天钢柳林地区城市副中心建设。加快打造一批现代商业集聚区,推进解放南路地区综合开发,力争泰安道综合开发全面建成,确保市文化中心五月份向市民开放。建设好五大道历史文化博物馆区和名人故居,完成一批历史街区建设和提升改造。建成梅江会展中心二期,高水平办好夏季达沃斯论坛等大型展会。

(五)加快推进生态宜居城市建设,显著改善城乡面貌

坚持高起点规划、高水平建设、高效能管理、高标准整治,提升城市品位,推行精细管理,加强生态建设,在创建独具特色国际性现代化宜居城市上迈出新步伐。

强化规划引领作用。完成城市总体规划修改和区县空间管制区规划,开展区县总规修改。深化滨海新区重点功能区和中心城区重要地区规划。高标准完成交通路网、地下空间等专项规划。搞好海洋功能区划。编制南北生态区保护规划,全力抓好市域生态、绿化和生态湿地规划。

加强城市基础设施建设。新建一批城市主干道,抓紧改造学校、幼儿园及繁华地区等一批拥堵节点。加快推进5、6号线和2号线机场延伸线建设,确保3号线年内全线试运营。启动铁路南站配套交通工程、外环东北部调线、海津大桥改造等项目,加快推进唐津高速扩建等工程。提升重点地区排水能力,实施六纬路等6个积水片改造,解决一批积水点。全面完成南水北调市内配套滨海新区一期供水工程,继续实施潮白新河等综合治理。

深化市容环境综合整治。完成区县建成区市容环境整治,向有条件的村镇推进,力争城乡面貌发生根本性变化。搞好京津城际铁路天津段118公里沿线环境治理,整修各类建筑2700栋,大力改善次支里巷道路和社区环境,启动中心城区旧楼区居住功能三年提升工程,新建改造各类绿地1700万平方米,建成区绿化覆盖率达到33%。完善城市管理长效机制,推行精细化管理。进一步深化“同在一方热土、共建美好家园”活动,深入实施市民素质提升行动计划。

着力构筑生态宜居高地。加快落实第二轮生态市建设行动计划。综合治理河道15条,新建扩建污水处理厂5座,铺设管网183公里。启动外环周边地区污染企业搬迁改造,搞好于桥水库周边污染治理。启动淘汰治理“黄标车”工作,加强环境污染防治。全年绿化造林17万亩。加强PM2.5和臭氧监测,环境空气质量二级以上天数达到83%以上。

(六)加快创新体制机制,进一步深化改革开放

以更大决心、更大气力推进各领域改革,全力打好体

制机制创新攻坚战，不断拓展对外开放的广度和深度，为加快转变发展方式创造良好环境。

深入推进重点领域和关键环节改革。加大国有企业调整重组力度，加快培育大型企业、集团。继续精简和规范行政审批，大力推进市和区县行政审批部门内部审批职能整合，建成街道(乡、镇)行政服务中心。落实鼓励民间投资的有关措施，引导民营企业以多种形式参与基础设施建设和国有企业重组。积极稳妥深化水、电、气、热等资源性产品价格和环保收费改革。

提高对外开放质量和水平。大力扶持"自主创新、自主品牌、自主营销和高技术、高效益、高附加值"产品出口，提升一般贸易比重。做强汽车及零部件、科技兴贸两个国家级出口基地。加快服务贸易发展。组织多种形式开拓新兴市场。进一步提高贸易便利化水平。积极扩大先进技术装备、重要能源原材料进口。大力推进规划招商、产业链招商，促进"引资"与"引智"紧密结合，引进国内500强优势企业30家，推动一批新的世界500强项目签约。深化与资源富集国的投资合作，扩大中高端劳务输出。加快环渤海区域一体化进程，加强与内陆地区合作，高标准做好对口支援和帮扶协作工作。

(七)加快发展社会事业，提高基本公共服务能力

注重提高发展的包容性，着力加大公共品供给，不断加强社会管理能力建设，全面提升城市软实力，推动经济社会协调发展达到新水平。

努力建设文化强市。打好文化大发展大繁荣攻坚战，推出第三批重点文化项目，搞好数字广播大厦、出版传媒大厦等重点项目建设。积极发展公益性文化事业，建成文学馆、书画院等一批公共文化场馆，推进公共电子阅览室和农村有线电视提升改造等文化惠民工程。大力培育和弘扬天津精神。开展首批非时政类报刊转企改制，完成国有文艺院团和经营性文化单位转制任务，组建北方演艺集团和北方文化产业集团。全面完成第三次全国文物普查，搞好大运河申遗等文物保护工程。办好第三届全民健身运动会及系列活动，新建改造一批健身设施。高水平办好第九届全国大学生运动会，加紧筹备第六届东亚运动会和第十三届全运会。

优先发展教育事业。全面完成学前教育三年行动计划，新建改造50所公办幼儿园，提升215所镇、村幼儿园。高标准完成义务教育和特殊教育学校现代化达标建设，抓好特色高中。加强职业教育国家级示范校、特色校和实训基地建设，办好全国职业院校技能大赛。推进海河教育园区二期和健康产业园区建设，加快南开大学、天津大学新校区和3所高职院校及广播电视大学建设进度。抓紧建设全国高校科技创新成果转化中心。继续开展和谐校园建设。

切实提高医疗卫生服务水平。完成村卫生室标准化建设任务，基本药物制度扩大到村级卫生机构，推进"国医堂"建设，开展医生多点执业试点，继续抓好公立医院改革。建设好区县疾病预防控制中心、卫生监督所、妇幼保健中心。加快海河医院、胸科医院、天津医院、中医一附院等项目建设，启动环湖医院、第二儿童医院、中医二附院等项目。人口出生率控制在9.5‰以内。深入开展纪念爱国卫生运动60周年活动。

加强和创新社会管理。推进滨海新区全国社会管理创新综合试点区建设。建立健全实有人口服务管理模式。依法做好信访工作。完善重大工程项目建设和重大政策制定的社会稳定风险评估机制。深入推进平安天津建设，完善社会治安防控体系。搞好国民经济动员。健全突发事件应急管理体制。加强食品药品执法检查，大力实施"放心食品"系列工程。全面落实安全生产责任，深入排查和消除安全隐患，坚决防止重特大事故发生。做好校车交通安全工作。加强诚信建设，推进企业信用分类应用实施办法，营造良好的政务诚信、商务诚信和社会诚信环境。

(八)加快改善民计民生，促进社会和谐稳定

始终坚持以人为本，加快实施富民强市战略，继续高标准实施20项民心工程，确保人民群众安居乐业有保障。

多渠道扩大就业。完善落实鼓励自谋职业和自主创业优惠政策，统筹推进高校毕业生、就业困难人员、农村转移劳动力和军队退役人员就业工作。搞好岗位开发、技能培训和就业服务援助，抓紧建设人力资源中心，妥善安置困难企业职工。全年新增就业47万人，城镇登记失业率控制在3.8%以内。

努力增加城乡居民收入。企业单位从业人员劳动报酬总额增长15%以上；企业最低工资标准占上年全社会平均工资的比重达到38.1%，提高1个百分点；企业退休人员养老金增长10%以上；启动其他事业单位绩效工资发放工作；继续调增城乡低保、特困救助、农村五保供养和优抚待遇标准。

加快建设覆盖城乡居民的社会保障体系，在扩大保险覆盖面、提高保障能力等方面取得新进展。城镇职工和城乡居民参加养老保险人数增加23万人，参加医疗保险人数增加2万人。城乡居民基本医疗保险门(急)诊费用报销比例提高到50%；失业保险金和农民工一次性生活补助标准继续提高。

加大保障房建设供应。完善"三种住房、三种补贴"政策，通过逐步放宽准入条件、提高补贴标准等措施，扩大

住房保障受益范围。新建保障性住房10.5万套,其中公共租赁住房1.8万套、经济适用住房7.1万套、限价商品住房1.6万套。新增发放租房补贴1.5万户。"城中村"改造安置房项目全部开工,同步建设配套设施。促进房价合理回归,增加普通商品房供应。

全力稳定市场物价。积极扶持主要农产品生产。努力降低农产品流通环节物质消耗和成本费用。强化重要商品储备管理。加强价格监管,维护正常市场价格秩序。落实好价补联动机制,切实保障低收入群众生活不受影响。

(摘自2012年1月30日《天津日报》)

关于天津市2011年预算执行情况及2012年预算草案的报告(摘要)

——2012年1月9日在天津市第十五届人民代表大会第五次会议上

天津市财政局局长　杨福刚

一、2011年预算执行情况

2011年,全市各区县、各部门深入贯彻落实科学发展观,按照市委九届九次、十次、十一次全会决策部署,牢牢把握主题主线主攻方向,大力实施“一二三四五六”的奋斗目标和工作思路,着力构筑“三个高地”,全力打好“五个攻坚战”,统筹三个层面联动协调发展,努力保障和改善民生,全市经济社会保持又好又快发展,圆满完成了市十五届人大四次会议确定的财政预算任务,实现了“十二五”发展的良好开局。

(一)财政收支情况

全市地方一般预算收支。全市地方一般预算收入1454.9亿元,完成预算118.4%,比上年增长36.1%,其中税收收入1004.3亿元,增长29.3%。地方一般预算收入加上中央税收返还、转移支付补助等资金332.9亿元和上年结余166.8亿元,全市一般预算总财力为1954.6亿元。全市一般预算支出1755.9亿元,完成预算106.6%,比上年增长28.2%。一般预算结余198.7亿元,其中结转项目资金185.8亿元,主要是建设类项目资金和中央专项补助资金;预算纯结余12.9亿元,待市和区县人大常委会批准决算后,结转到2012年使用。

全市政府性基金收支。全市政府性基金收入939.1亿元,完成预算94.2%,比上年增长3.2%,其中国有土地出让金收入862.8亿元,增长0.9%。主要是宏观经济政策和房地产市场变化,土地、房屋交易面积和交易金额明显减少,对土地出让金及其相关收入影响较大。全市政府性基金收入,加上中央转移支付补助和上年结余等资金172亿元,当年可动用的政府性基金总额为1111.1亿元。全市政府性基金支出956.6亿元,完成预算81%,比上年增长20.6%。政府性基金结余154.5亿元,全部为建设类项目结转资金。

市级地方一般预算收支。市级地方一般预算收入564.8亿元,完成预算116.5%,比上年增长34%,其中税收收入351.3亿元,增长28.7%。地方一般预算收入加上中央税收返还、转移支付补助等资金320.9亿元和上年结余88.9亿元,减除对区县财政转移支付88.3亿元,市级一般预算总财力为886.3亿元。市级一般预算支出788亿元,完成预算109.7%,比上年增长25.1%。一般预算结余98.3亿元,其中结转项目资金97.1亿元,主要是建设类项目资金和中央专项补助资金;预算纯结余1.2亿元,待市人大常委会批准决算后,结转到2012年使用。

市级地方一般预算收入比年初预算超收80.1亿元。其中,税收收入超收34.7亿元,已按有关规定和审批程序,主要安排用于与民生相关的项目支出,包括社会保障支出6.2亿元,城乡环境综合整治支出6亿元,环境保护支出4.3亿元,公共服务设施支出3.9亿元,消防和公交车辆购置支出3.5亿元,引黄济津和园林绿化支出3亿元。非税收入超收45.4亿元,主要是排污费、教育费附加、城镇公用附加以及有关事业单位资产处置收入等,已根据有关规定安排用于相关项目支出。

市级政府性基金收支。市级政府性基金收入261亿元,完成预算75.1%,比上年下降20.6%。其中,国有土地出让金收入221.2亿元,下降23.1%;新增建设用地土地有偿使用费14.6亿元,下降39.2%。市级政府性基金收入,加上中央转移支付补助和上年结余等资金35.5亿元,减除对区县财政转移支付3.5亿元,当年可动用的政府性基金总额为293亿元。市级政府性基金支出270.3亿元,完成预算72.9%,比上年下降16.3%。其中土地出让成本和整理费用118.1亿元,土地出让政府净收益中列支的地铁、快速路等项目支出99.3亿元。政府性基金结余22.7亿元,全部为建设类项目结转资金。

地方政府债券收支。2011年财政部批准并代理我市发行地方政府债券25亿元。市十五届人大常委会第二十五次会议审查批准了市级地方政府债券收支预算, 相应增加债务收支25亿元,已按计划用于南水北调市内配套工程6亿元,库区水源保护6亿元,海河教育园区二期建设5亿元,独流减河治理地方配套3亿元,潮白新河防洪治理工程3亿元,清水工程2亿元。

(二)预算执行特点及财政主要工作

过去的一年,我市各级财税部门按照市委、市政府决策部署和市人大批准的年度预算,积极发挥职能作用,着力完善增收节支机制, 制定实施了一系列促进经济社会发展的政策措施,进一步调整优化支出结构,不断加大民生领域投入,努力确保重点项目资金需要,各项工作取得了新的进展。

1. 社会事业均衡协调发展

教育支出295.1亿元,增长35.6%。大力推进义务教育学校现代化标准建设, 全面完成了中小学校舍安全提升工程,加固改造和重建校舍178.7万平方米。全面实施学前教育三年行动计划, 新建扩建53所公办幼儿园,改造提升432所乡镇中心幼儿园和村办标准化幼儿园。扎实推进国家职业教育改革创新示范区建设, 完成海河教育园区一期建设任务,7所职业院校6.5万名师生进入新校园,成功举办第四届全国职业院校技能大赛。全面启动高校“十二五”综合投资规划,重点学科、品牌专业和高水平师资队伍建设取得新进展, 高校债务化解工作加快推进,校园环境得到明显改善。完善高校、职业学校食堂和学生伙食补贴政策,加大家庭经济困难学生资助力度,向16万名本专科、中职和高中学生发放奖学金、助学金4.3亿元。

文体传媒支出29.3亿元,增长28.3%。积极推进公共文化服务体系建设,天津文化中心主体完工并开始布展,公共图书馆、美术馆、文化馆全部免费开放,3706个行政村实现农家书屋和村文化活动室全覆盖。支持纪念建党90周年系列活动,推出了一批优秀文艺作品。全面落实促进文化体制改革和文化产业发展的财税政策, 推进报业宣传经营两分开和广播电视制播分离, 建成了国家动漫产业综合示范园等重点文化项目,成功举办2011中国天津演艺产业博览会。推进社会科学、文物保护、图书档案等事业全面发展。支持竞技体育和群众性体育活动,加快第九届全国大学生运动会和第六届东亚运动会场馆建设,奥林匹克水上运动中心建成交付使用,新建改造了一批市民健身园和体育公园,支持开展全民健身运动。

医疗卫生支出90.5亿元,增长29.7%。继续推进医药卫生体制改革,全面落实基本药物制度,支持建立全市统一的非营利性药品招标采购平台。完善财政补偿机制,积极推动基层医疗机构综合改革,完成了6个区县医院和中医院、11个社区卫生服务中心和乡镇卫生院、657个村卫生室标准化建设,新增76个社区国医堂。健全公共卫生服务体系,将基本公共卫生服务财政补助标准由人均20元提高到30元,加强艾滋病、结核病、季节性流感等传染病防控,实施妇女儿童健康行动计划,270万人次受益。加快卫生资源布局调整,加大公立医院建设资金投入,医大总医院、肿瘤医院、人民医院等改扩建项目投入运营,中医一附院、胸科医院等建设进展顺利。支持医院环境年建设、无假日门诊和大医院对口帮扶工作,加强住院医师和社区全科医师规范化培训,加快医疗卫生网络信息化建设,卫生应急救治和医疗保障能力进一步提高。

公检法司及工商质监等支出110.5亿元,增长18%。加快公共安全体系建设,进一步增加公安消防、安全生产等部门专项事业经费,购置装备了一批专用设备,处置突发事件和保障公共安全能力不断提高。大力提升工商、质监、药监等部门检验检测能力,扩大食品药品安全检测范围,支持开展打击非法食品添加剂专项整治行动,努力保障人民群众饮食用药安全。

2. 社会保障体系不断完善

社会保障和就业支出168.1亿元,增长28.9%。全面实施更加积极的财政就业政策, 大力推进创业带动就业实验区建设,支持启动百万技能人才培训计划,提高了公益性岗位财政补贴标准, 着力扶持高校毕业生、失业人员、农村富余劳动力就业,全年新增就业47万人,应届高校毕业生就业率达到90%。完善社会保障制度,连续七年提高企业退休人员养老金待遇, 增加了城乡居民基础养老金、老年人生活补贴和困难家庭生活补贴,扩大居家养老补贴范围,新建93个老年日间照料中心,新增3554张养老床位。进一步扩大医疗保险覆盖面,将所有城乡居民纳入医疗保障范围, 财政补助标准由年人均127元提高到210元。实施全民意外伤害附加保险制度,将国有企业老工伤人员纳入工伤保险统筹。加大社会福利和救助投入, 城乡居民最低生活保障标准分别提高到480元和280元, 健全社会救助和保障标准与物价上涨挂钩的联动机制,将农村低保、五保供养人员和领取失业保险金人员纳入补助范围。积极筹措财政资金,认真落实各项税费优惠政策, 支持1600万平方米、23.9万套保障性住房开工建设,发放租房补贴8.5万户。

3. 基础设施建设明显加快

城乡基础设施建设和维护支出468.2亿元, 增长

31.1%。充分发挥财政资金引导作用,积极推进现代综合交通体系建设,京沪高铁天津段建成通车,西站综合交通枢纽、铁路南站投入运营,津保铁路、津秦客运专线和京津城际延长线加快建设,津宁、塘承等高速公路和团泊快速路全面完工,地铁9号线实现试运营,2、3号线装修调试,5、6号线加快建设。积极落实以港养港、航线补贴等财税扶持政策,天津港30万吨级深水航道、滨海国际机场二期开工,内陆“无水港”增至21个,大通关服务和电子口岸建设进一步完善。全面落实加快水利改革发展实施意见,“十二五”十大重点水利工程启动建设,南水北调市内干线工程全面完工,清水工程加快推进,综合治理了卫津河、复兴河等38条河道,修建截污管道200公里。积极推进生态城市建设第二个三年行动计划,建设改造公园22个,新建提升绿地2427万平方米,植树造林27万亩,全面关停第一热电厂,新建污水处理厂14座,城镇污水处理率和生活垃圾无害化处理率分别达到87.5%和93%。大力支持新一轮市容环境综合整治,整修建筑5239栋,整治道路571条,改造里巷道路270条,建成人行天桥20座,增设交通安全岛45处,新增停车泊位2万个。实施对口支援新疆、西藏筹资计划,当年拨付资金4.5亿元,对口支援工作实现良好开局。

4. 促进经济发展的政策效应进一步提高

支持滨海新区综合配套改革和功能区建设。结合滨海新区功能定位和产业发展方向,积极争取中央政策支持,北方国际航运中心核心功能区建设方案获得国务院批复,国际船舶登记、国际航运税收、航运金融和租赁业务等试点启动实施,融资租赁业务全国领先。大力支持功能区开发建设,东疆保税港区、中新天津生态城、中心商务区、南港工业区、滨海高新区等功能区建设进展顺利,一批世界级、国家级、区域级高端产业基地正在形成,新区龙头带动作用和服务辐射功能明显增强。

支持科技创新和优势产业发展。积极落实各项财税优惠政策,支持大项目好项目加快建设,全市1280个重大项目累计建成700项,实现地方税收182.5亿元,其中当年实现66亿元,占新增税收29%。大幅度增加财政科技投入,着力支持科技创新平台建设、重大科技项目研究和科技人才引进工程,新增国家重点实验室2个,建成了一批企业技术中心、工程技术研究中心,新引进一批科技领军人才和高水平研发团队。进一步完善财税扶持政策,累计实施自主创新产业化重大项目120项,风电主控系统、锂离子电池隔膜材料等一批重大创新成果填补国内空白。拨付资金31.6亿元,全面落实科技小巨人成长计划,全市科技型中小企业达到2.1万家,其中小巨人企业超过1000家。

支持服务业加快发展。全面落实促进服务业发展的财税优惠政策,大力推进金融改革创新,一批新的私募基金、融资租赁、国际保理、小额贷款担保机构注册落户,渤海商品交易所等交易机构运营规模不断扩大,资本、股权等要素市场进一步完善。积极发展总部经济、服务外包、中介咨询、文化创意等新兴服务业,国家动漫产业综合示范园投入使用,国家信息安全产业基地落户天津。实施一批旅游业重点项目,海河风光游等旅游线路持续升温,中国旅游产业园开工建设。“津洽会”、“融洽会”等大型展会成功举办。大力支持服务业载体建设,梅江会展中心二期主体完工,津湾广场二期、泰安道综合开发进展顺利,重点商务楼宇改造提升步伐加快,税收超亿元楼宇由27个增加到67个。继续实施家电下乡和以旧换新政策,大力支持商贸流通体系建设,鼓励引导城乡居民扩大即期消费,促进消费市场繁荣活跃。

支持农村“三区”统筹联动发展。农林水利支出76.9亿元,增长33%。大力支持都市型现代农业发展,新增设施农业11.6万亩,建成20个现代农业示范园区和155个养殖示范园区。增加农田水利建设投入,清淤疏浚农田干支沟渠907公里,新增节水灌溉面积11.3万亩,显著提升了农业综合生产能力。积极扶持示范工业园区建设,31个园区起步区基础设施建设基本完成,拓展区建设全面提速,投资强度和产出效益明显提高。加快推进示范小城镇和文明生态村建设,新开工农民住房1000万平方米,累计竣工1800万平方米,40万农民迁入新居,完成139个文明生态村的创建任务,新建改造了一批农村公路、污水和垃圾处理设施。巩固完善强农惠农政策,进一步扩大种粮农民财政补贴范围,继续实施农民素质提高工程,实现就地就近转移就业7万多人,农民收入保持较快增长。

5. 财政体制机制改革继续向纵深推进

财政持续增收机制逐步形成。积极培养财源税源,全面落实增值税由生产型转为消费型政策,提高小微企业增值税和营业税起征点,调高个人所得税工资薪金费用扣除标准,为企业和居民减税155亿元,对于鼓励企业增加投资、缓解生产经营困难、扩大消费需求发挥了重要作用。各级财税部门坚持依法治税,积极完善现代税收征管体系,强化税源分析管控,切实堵塞征管漏洞,努力实现应收尽收,及时将经济发展成果体现为财政增收。

政府预算体系进一步完善。公共财政预算更加科学完整,将所有预算外资金全部纳入预算管理。政府性基金预算更加规范准确,预算约束力不断增强,与公共财政预算的协调性和衔接性明显提高。市级国有资本经营预算编制工作正式启动,及时收缴市属企业国有资本收益,按规定合理安排各项支出。社会保险基金预算试编工作顺利开展，将城乡居民养老保险和医疗保险全部纳入编报范围。

财政运行机制不断健全。部门预算实施范围已扩大至所有市级部门和区县，基本支出定员定额标准体系进一步完善，专项支出预算细化到具体项目和使用单位。国库集中支付改革全面推进，市级预算单位全部纳入单一账户体系，全部区县均已开展改革试点，全年集中支付资金总额达到780亿元，占一般预算支出的44.4%。政府采购实施范围不断扩大，全年政府采购154.4亿元，资金节约率17%。预算绩效管理制度进一步完善，绩效目标设定、跟踪、评价及结果运用有机结合的机制正在形成。政府性债务管理进一步加强，融资平台清理工作有序推进，债务举借和担保程序逐步规范，“借用管还”良性循环机制初步形成。

预算信息公开工作稳步推进。建立健全预算信息公开制度，全面公开了市级总预算安排执行情况和市政府组成部门的部门预算，主动公开了教育、医疗卫生、社会保障、“三农”等重大民生支出情况，部分重点支出细化到“款”级科目。有序推进区县预算信息公开工作，统一了各区县信息公开的格式和规程，所有区县均公开了总预算安排和执行情况，有6个区县公开了部分单位的部门预算。建立健全预算公开工作沟通反馈机制，有效拓宽了法律监督、行政监督和舆论监督渠道。

（三）预算执行中存在的主要问题

2011年财政预算执行情况总体较好，收支规模进一步扩大，财政保障能力明显提高。同时，预算执行和财政工作中还存在一些不容忽视的问题，主要表现在：财政收入虽然保持较快增长，但对部分行业和重点企业的依赖性仍然很大，财政增收基础还不够稳固；财政收入结构不尽合理，可供统筹安排的财力增加不多，税收占比有待进一步提高；落实支持经济发展的政策措施，大幅度增加教育、水利、文化、保障性安居工程等重点建设和民生领域投入，都需要财政安排大量资金，收支矛盾仍然比较突出；财税管理、制度建设还存在薄弱环节，应收尽收的机制尚不健全，部分财政资金使用效益不高的问题仍然存在；区域发展不平衡，部分区县和乡镇财政还比较困难，基本公共服务均等化水平有待进一步提高。我们一定要高度重视这些问题，在今后工作中积极采取切实可行的措施，努力加以解决。

二、2012年预算草案

2012年经济社会发展面临的国内外环境依然比较复杂，世界经济复苏的不稳定性不确定性上升，我国经济发展中不平衡、不协调、不可持续的矛盾和问题仍很突出，经济下行压力和物价上涨压力并存，部分企业生产经营困难，财政金融领域存在潜在风险，节能减排形势严峻，加上结构性减税力度加大，继续清理取消行政事业性收费，财政增收的难点和不确定因素较多。但从总体上看，我国经济发展仍处于重要战略机遇期，具备不少有利条件，国家继续加强和改善宏观调控，实施积极的财政政策和稳健的货币政策，保持宏观经济政策的连续性和稳定性，增强调控的针对性、灵活性、前瞻性，将不断巩固经济平稳较快发展的良好势头。从我市情况看，滨海新区开发开放步伐进一步加快，大项目好项目建设积累的能量持续释放，高端化高质化高新化产业不断积聚，科技型中小企业和楼宇经济加快发展，农村“三区”联动建设顺利推进，经济发展的内生动力显著增强，将为进一步壮大财政实力，统筹安排好财政收支奠定坚实基础。我们一定要紧紧抓住有利条件，积极应对不利影响，切实增强责任感和使命感，坚定信心，攻坚克难，努力做到稳中求进、稳中求好、稳中求快，推动经济社会发展再上新水平。

（一）预算安排和财政工作的总体要求

以邓小平理论和“三个代表”重要思想为指导，深入贯彻落实科学发展观，认真落实中央经济工作会议部署，按照胡锦涛总书记对天津工作的一系列重要要求，紧紧围绕主题主线主攻方向，加快实施市委“一二三四五六”的奋斗目标和工作思路，着力构筑“三个高地”，全力打好“五个攻坚战”，全面落实市委九届十二次全会决策部署，深入开展“调结构、惠民生、上水平”活动，积极促进经济发展方式转变和经济结构调整；进一步调整优化财政支出结构，健全和完善民生保障机制，加大社会事业、社会保障、生态环境和“三农”投入，不断提高公共服务水平；坚持依法理财、统筹兼顾和增收节支的方针，深化财税制度改革，加强财政科学管理，继续从严控制一般性支出，切实提高财政资金使用效益，努力促进全市经济社会又好又快发展。

（二）全市财政收入和财政支出预算安排

根据财政工作总体要求和经济社会发展主要预期目标，2012年全市地方一般预算收入安排1673亿元，比上年增长15%。加上预计中央税收返还、转移支付补助等资金314.8亿元和上年结余198.7亿元，全市一般预算总财力2186.5亿元。

全市财政一般支出预算2186.5亿元，比上年实际支出增长24.5%。按照政府收支分类科目划分，主要包括：教育379亿元，增长28.4%；科学技术78亿元，增长28%；文化体育与传媒40.7亿元，增长38.7%；社会保障和就业186.4亿元，增长27.3%；医疗卫生120.5亿元，增长 33.2%；农林水利 100.2 亿元，增长 30.4%；城乡社区事务 566.9 亿元，增长 21.1%；公共安全 116 亿元，增长 15.7%；一般公共服务 134.8 亿元，增长 10.9%。

全市政府性基金收入预算 1080 亿元，比上年增长 15%。其中，国有土地出让金收入 996.5 亿元，增长 15.5%。全市政府性基金收入，加上预计中央转移支付补助等资金 7.8 亿元和上年结余 154.5 亿元，全市基金总财力 1242.3 亿元，全部用于安排支出预算，比上年基金实际支出增长 29.9%。

（三）市级财政收入和财政支出预算安排

2012 年市级地方一般预算收入安排 649.7 亿元，比上年增长 15%。加上预计中央税收返还、转移支付补助等资金 283.7 亿元和上年结余 98.3 亿元，减除对区县财政转移支付 100.3 亿元，市级一般预算总财力 931.4 亿元。

市级财政一般支出预算 931.4 亿元，比上年实际支出增长 18.2%。按照政府收支分类科目划分，主要包括：教育 133.8 亿元，增长 30.6%；科学技术 39.5 亿元，增长 23.1%；文化体育与传媒 23.6 亿元，增长 35.8%；社会保障和就业 123.8 亿元，增长 24.1%；医疗卫生 47.5 亿元，增长 24.4%；农林水利 65.1 亿元，增长 27.5%；城乡社区事务 160.3 亿元，增长 16%；公共安全 53.4 亿元，增长 12%；一般公共服务 42.9 亿元，增长 4.9%。

市级政府性基金收入预算 287.1 亿元，比上年增长 10%。其中，国有土地出让金收入 243.2 亿元，增长 10%；新增建设用地土地有偿使用费 15.8 亿元，增长 8.6%。市级政府性基金收入，加上预计中央转移支付补助等资金 7.8 亿元和上年结余 22.7 亿元，减除对区县财政转移支付 1.7 亿元，市级基金总财力 315.9 亿元，全部用于安排支出预算，比上年基金实际支出增长 16.7%。按照基金项目划分，主要包括：土地出让成本和整理费用 151 亿元，增长 27.9%；土地出让政府净收益 104 亿元，增长 4.7%；新增建设用地土地有偿使用费 19 亿元，增长 3.5%。

今年财政收入预算安排综合考虑了经济增长预期、税收政策调整和加强收入征管等因素，符合实事求是、积极稳妥、留有余地的原则；支出预算安排进一步调整优化，体现了严格控制行政经费等一般性支出，重点向保障和改善民生领域倾斜的原则，符合统筹兼顾、突出重点、有保有压的要求。在预算执行中，我们要进一步健全财政增收节支机制，依法加强收入征管，全面强化支出管理，确保实现全年预算平衡。

三、振奋精神，奋力拼搏，努力推动财政工作再上新水平

2012 年是全面实施“十二五”规划的重要一年，也是天津向更高目标迈进非常关键的一年。我们一定要认真贯彻落实市委、市政府决策部署，深化财税改革，健全体制机制，充分发挥财政职能作用，努力完成各项工作任务。

（一）实施积极财政政策，促进经济平稳较快发展

完善结构性减税政策。落实提高增值税和营业税起征点等减轻小微企业税费负担的各项政策措施，延长企业所得税减免期限，适当扩大优惠范围。研究实施交通运输业等部分服务业营业税改征增值税试点，逐步消除重复征税问题，促进服务业特别是现代服务业加快发展。落实好国家确定的其他各项税费减免政策，积极促进产业结构升级。继续清理规范行政事业性收费项目，切实减轻企业和社会负担，努力营造宽松的发展环境。

推进滨海新区开发开放。完善财税政策体系，推进新区综合配套改革向纵深发展，重点支持创新型金融市场体系建设、北方国际航运中心核心功能区建设，健全土地整理储备和开发利用机制。推进金融改革创新，引导股权投资基金扩大在津投资规模，加快发展融资租赁业务，积极支持科技、航运等产业金融，继续推进碳排放权交易试点。认真落实国际航运税收优惠政策，创新融资租赁出口退税模式，提升航运服务中心和电子口岸功能，推动国际船舶登记、国际航运税收、航运金融、租赁业务等试点取得实质性进展。加快推进天津港和滨海国际机场扩建工程，继续实施以港养港政策，扩大航线航班培育资金规模，完善交通体系建设，提升新区对区域经济发展的服务辐射和带动功能。积极安排好国家和我市各类开发建设补助资金，进一步拓宽融资渠道，加快推进新区功能区开发建设。

支持自主创新能力建设。加大财政资金支持力度，组织实施新能源汽车、抗癌药等 12 个重大科技专项，攻克一批关键技术、核心技术，实施节能、食品安全等 8 项科技示范工程，完善提升国际生物医药联合研究院、工业生物技术研究所等重大创新平台。综合运用财政资助、贷款贴息、信用担保等方式，推进自主创新产业化项目建设，加快实施科技小巨人成长计划，规划建设一批孵化器、生产力促进中心和科技园区，推动科技型中小企业专业化、规模化发展。认真落实国家和我市中长期人才发展规划纲要，积极引进海内外高层次人才和紧缺人才，继续深化与国家有关部委和大院大所合作，努力打造高层次创新人才集聚地。

促进服务业加快发展。加大财政政策资金扶持力度，启动新一轮重点商务楼宇改造提升项目，完善楼宇品质和载体功能，引入更多国内外企业结算中心、研发中心、营销中心以及动漫创意等高端业态企业和机构，努力打造更多的税收超亿元楼宇。积极发展社区服务业，建设改

造一批特色商业街和社区商业中心，新建提升一批标准化菜市场和早餐网点，支持便民连锁超市扩展网络。加快服务业重大载体建设，加快建设津湾广场二期、泰安道地区综合开发、梅江会展中心二期等工程，启动国家级大型会展中心项目，推进国家电子商务示范城市和中国旅游产业园建设，支持办好2012年夏季达沃斯论坛等大型会展活动。加快推进国家批复的滨海新区现代服务业综合试点和南开区服务业综合改革试点建设。

（二）加快发展社会事业，提高公共服务水平

坚持教育优先发展战略。全面落实国家中长期教育改革和发展规划纲要，确保财政教育拨款增长明显高于经常性收入增长，财政教育支出占一般预算支出比重达到国家规定的17%目标。完成义务教育学校和特殊教育学校现代化达标建设任务，继续提高中小学生均公用经费标准，促进普通高中教育特色发展，新建和改扩建一批公办幼儿园、乡镇中心幼儿园和村办标准化幼儿园，进一步加强基础教育师资队伍建设。加快国家职业教育改革创新示范区建设，继续支持海河教育园区二期工程，加快中职学校布局结构调整，提升职业教育基础能力。大力实施高校“十二五”综合投资规划，重点建设84个重点学科和一批品牌专业，推进卓越人才培养计划，完成校园环境提升工程，加快南开大学、天津大学新校区建设。进一步健全家庭经济困难学生资助政策体系，支持民办教育、民族教育和继续教育等各类教育均衡协调发展。

加快构建公共文化服务体系。建立健全财政文化投入稳定增长机制，确保文化投入增幅高于财政经常性收入增幅。积极支持公共文化设施建设，高标准高质量做好天津文化中心场馆布展和开馆工作，推进数字广播大厦、出版传媒大厦等重点项目建设，加快实施公共电子阅览室、卫星广播电视等文化惠民工程。落实和完善各项配套政策，支持国有文艺院团和经营性文化单位转制，推进国家动漫产业综合示范园二期、3D影视创意园等项目建设，实施文化产业科技提升工程，推动文化大发展大繁荣。促进体育事业加快发展，新建改造1500个健身园、30个体育公园，办好第九届全国大学生运动会，做好第六届东亚运动会、第十三届全运会筹备工作，支持举办第三届全民健身运动会及其系列活动。

深化医药卫生体制改革。完善基本药物制度，实行基本药物全市统一招标采购、集中配送，将药品零差率销售推广到村级卫生室。全面推进基层医疗卫生机构综合改革，加强卫生人才队伍建设，落实乡村医生补偿政策，完成村卫生室标准化建设任务。健全公共卫生服务体系，优化城乡居民基本公共卫生服务内容，扩大覆盖范围，做好重点传染病防治、慢性非传染疾病管理和妇女儿童保健工作。推进公立医院改革，继续支持卫生资源布局调整，加快推进天津医院、胸科医院、中医一附院、第二儿童医院等工程建设，提升卫生网络信息化水平，推行预约挂号、电子病历、异地结算等现代化管理手段，提高医疗服务质量和效率，减轻群众医疗负担。

增强公共安全保障能力。加大工商质检和食品药品监管经费投入，健全食品安全三级监管网络，提升检验检测能力，完成信息平台建设，实施“放心食品”系列工程，构建比较完善的食品安全保障体系。支持开展生产隐患专项整治，有效预防重特大安全事故。加大公检法司经费投入，积极推进视频监控、电子警察系统建设，改善装备水平和办案条件，有效提高治安综合防治、打击违法犯罪和防灾救灾应急处置能力。

（三）完善社会保障体系，促进社会和谐稳定

实施更加积极的就业政策。完善职业培训、公共就业服务、公益性岗位、社会保险补贴等政策措施，增加小额担保贷款财政贴息，建立健全城乡一体的就业援助体系，加快实施百万技能人才培训计划和创业带动就业四年规划，切实做好高校毕业生、农村转移劳动力等重点群体就业工作，确保零就业家庭动态为零，全年新增就业47万人。

健全社会保障制度。继续提高企业退休人员养老金待遇，扩大城乡居民养老保险覆盖面，将未参保集体企业退休人员纳入职工养老保险范围。积极推进各项基本医疗保险制度相互衔接，将城乡居民医疗保险补助标准从年人均210元增加到300元，进一步提高医疗费用报销水平。完善社会福利和救助机制，提高城乡低保、特困救助、农村五保和优抚对象抚恤补助标准，落实转业军人和退役士兵安置政策，增加困难老人居家养老政府补贴，推进社区老年配餐服务中心和日间照料服务站建设。继续落实保供应、稳物价各项政策，落实社会救助和保障标准与物价上涨挂钩的联动机制，确保财政补贴资金及时足额发放到位。加大财政投入力度，落实税费减免政策，建立稳定的资金筹集渠道和运行机制，开工建设保障性住房905万平方米、10.5万套，完成“城中村”拆迁150万平方米，帮助更多中低收入群众解决住房困难。

合理调整收入分配关系。落实好增加群众收入的政策措施，调整最低工资标准，颁布企业工资指导线，大力推行工资集体协商，健全企业职工工资正常增长机制和支付保障机制，促进职工收入与企业效益同步增长。全面实施事业单位绩效工资制度，规范收入分配，推动形成合理有序的收入分配格局。

（四）加大强农惠农政策力度，推动城乡统筹协调发展

切实提高农业综合生产能力。加大财政资金投入，加

快农田水利基础设施建设，全面实施10项农村水利工程，完善防洪抗旱减灾体系。加大农业综合开发力度，启动设施农业提升工程，促进现代农业示范园区和养殖业示范园区发展，推进农业标准化生产和产业化经营。大力支持农业科技创新，完善科技服务体系，推广一批科技成果转化项目，增加科技含量，提高装备水平和组织化程度。积极支持农业产业化发展，逐步建立现代农产品流通体系，健全农产品全程质量检测体系和追溯制度。

加快新农村建设步伐。扎实推进示范小城镇建设，支持示范工业园区、农业产业园区、农村居住社区“三区”联动发展，新开工农民住房1100万平方米。加强农村基础设施和生态环境建设，推动公共服务设施向农村延伸，重点支持农村电网改造、饮水安全和乡村公路改扩建项目，扩大生活垃圾处理和清洁工程试点，实施村内主干道路硬化工程，加快推进文明生态村创建，努力提高农村城镇化水平。不断扩大教育、文化、卫生等社会事业和社会保障覆盖农村范围，提高基本公共服务均等化水平。

多渠道促进农民增收。完善良种补贴、农资综合补贴、农机购置补贴和粮食直补政策。健全粮棉油糖等主要农产品补贴和收储制度，稳步提高小麦、稻谷最低收购价格。继续实施农民素质提高和低收入农户增收工程，促进农民专业合作组织发展，增加农民生产经营收入和工资性收入。创新财政扶贫开发机制，完善水库移民后期扶持政策，提高农村贫困群众自我发展能力。

(五)加快基础设施建设，增强城市载体功能

积极推进大交通体系建设，启动京津城际机场引入线，津秦客运专线建成通车，实现地铁3、9号线全线试运营，2号线区间试运营，推进津保铁路和地铁5、6号线建设。新建志成道延长线等一批城市道路，打通连接外省市及区县间交通主干道，推动重点道路拥堵段改造。实施优先发展公共交通战略，增加公交车辆更新补助，推动快速公交系统、专用车道和场站建设。加快解放南路地区综合开发，完成南水北调滨海新区一期供水工程，继续实施独流减河、潮白新河、蓟运河综合治理工程。加快实施生态城市建设三年行动计划，综合治理河道15条，新建扩建污水处理厂5座，完成于桥水库周边污染源治理工程，建成大港、贯庄垃圾焚烧发电厂，加快燃煤供热锅炉改燃替代和“黄标车”治理。启动郊野公园建设，完成“两河三堤”改造任务，新建绿地1700万平方米，植树造林17万亩。进一步巩固市容环境综合整治成果，启动中心城区旧楼区居住功能三年提升工程，加快京津城际铁路沿线环境整治，大力推进建成区次支道路、社区、村镇环境综合整治，保持城市环境整洁优美、规范有序。

(六)健全财政体制机制，提高科学管理水平

完善现代化税收征管体系。积极推进税源专业化管理，建立税源分类分级和税收风险评估制度，改进纳税服务方式，切实提高税收征收率和纳税遵从度。大力实施信息管税，完善信息联网和关联税种比对制度，加强财税机关与相关部门的协调配合，增强税源控管针对性和有效性。加强薄弱环节征管，完善新兴业态和流动税源征管方式，对股权转让、征地补偿、跨国跨地区关联交易等行为开展重点稽查。强化收入目标责任制，及时分解落实收入任务，建立健全决策目标、执行责任和考核监督体系。深化“收支两条线”改革，全面推行非税收入集中征缴模式，健全“以票管收、源头控收”的管理机制，确保收入及时足额入库，努力实现税收收入、非税收入和政府性基金协调均衡增长，不断扩大财政收入总量。

推进预算制度改革。按照财力与事权相匹配的原则，进一步调整市与区县财政分配关系，规范转移支付制度，优化转移支付结构，扩大一般性转移支付规模，加大对困难区县资金补助，逐步形成比较完善的基层财力保障机制。规范预算编制程序，细化预算编制内容，进一步提高年初预算到位率。强化基本支出管理，推动项目滚动预算编制，完善重大项目预算事前评审机制，增强预算的科学性和约束力。切实加强预算支出执行管理，完善以收定支和据实结算项目支出方式，扩大预算绩效管理范围，不断提高预算执行的安全性、及时性、均衡性和有效性。建立现代国库管理制度，扩大国库集中支付范围，建立健全覆盖各级财政的预算执行动态监控体系。继续扩大政府采购范围和规模，严格政府采购需求标准管理，规范政府采购行为。积极推进政府预算信息公开，扩大公开范围，细化公开内容，规范公开程序。大力压缩一般性、消耗性支出，严格控制因公出国出境、公务用车购置及运行、公务接待等费用，切实降低行政运行成本。

加强政府性债务管理，全面清理和妥善处理存量债务，解决好债务偿还和在建项目后续融资问题。完善政府性债务管理办法，健全政府性债务举借融资机制，规范债务审批决策程序，建立债务风险预警指标体系，严格控制新增债务规模，加快形成“借用管还”良性循环机制。

(摘自2012年2月1日《天津日报》)

专　　文

《天津通志》编修工作流程

（2010 年 11 月 2 日）

一、成立机构。按照市政府修志规划要求，《天津通志》各分志承修单位（市政府有关委、局、直属机构，人民团体，国有大型企业集团），在规定的启动年度内成立本志编修机构——××分志编修委员会，作为承修单位负责分志编修工作的领导机构。承修单位主要负责人为分志编修委员会主任，相关部门负责人为分志编修委员会成员。主要职责是，负责本部门、本行业、本系统《天津通志》分志的组织、管理、督促和检查工作。分志编修委员会下设办公室或编辑部，配备专职人员，负责分志的组织编纂等日常工作，业务接受市地志办的指导。分志编修人员实行专职与兼职相结合、在职和聘用相结合的方式，其中专职人员不应少于两人。

二、制定方案。分志编修委员会办公室依照市政府修志规划中确定的指导思想、工作原则、工作安排和编修要求，拟定具体分志编修工作方案。主要内容包括，确定主编、副主编，明确工作人员责任分工、时间进度安排、经费预算、培训计划等。分志编修工作方案经分志编修委员会审定后实施，同时送市地志办备案。分志编修经费、办公场所等由分志承修单位负责落实。根据分志编修方案，市地志办指定 1–2 名工作人员为分志责任编辑，协助承修单位推动工作。市地志办要加强业务指导，密切跟踪服务，掌握进度情况，及时帮助承修单位协调解决相关问题。

三、确定篇目。分志编修委员会办公室依照志书编修工作规范和志书内容，研究拟定分志篇目。篇目由分志编修委员会审定后，报市地志办提出意见并书面回复。分志编修委员会办公室根据分志编修委员会和市地志办的审定意见进行调整、细化和完善，并根据篇目进行任务分解和人员分工。

四、开展培训。分志编修委员会办公室研究拟定篇目的同时，会同市地志办根据工作需要对编修人员进行业务培训。培训工作由分志编修委员会办公室提出计划，并牵头组织和落实。市地志办要针对全市地方志编修进展情况，有计划开展志书编修业务重点培训，为分志承修单位提供服务。

五、收集资料。分志编修委员会办公室组织修志工作人员，按照分志篇目收集资料。需向社会征集有关地方志资料的，报市地志办备案，市地志办要提供支持。分志编修委员会办公室对收集的资料进行筛选分类，撰写资料长编，并依据资料长编对原分志篇目进行进一步细化、完善。分志篇目需要调整变动的，经分志编修委员会和市地志办同意。

六、撰写志稿。分志编修委员会办公室组织修志工作人员，依据地方志书规范和责任分工，按照篇目撰写样稿。样稿形成后由办公室汇总，主编把关，选定标准、规范的样稿，修志人员依据样稿撰写志书初稿。同时收集、编制图片、照片、表格等并做好文字说明。其中，分志序言、凡例、综述、大事纪略、人物传记、附录、编后记等，由分志编修委员会办公室负责撰写。

七、整合总纂。分志编修委员会办公室对初稿进行编排、整合、平衡篇幅、统一标准，由主编或副主编统稿，总纂形成讨论稿。讨论稿由分志编修委员会办公室讨论修改后，提交分志编修委员会成员、主管部门领导、相关单位领导、有关方面专家学者征求意见，形成总纂志稿，送市地志办审定。

八、蓝本评审。分志编修委员会办公室根据各方面意见修改后的总纂稿印出蓝本，报分志编修委员会、市地志办。根据市地志办制定的审查验收办法，由市地志办牵头，会同承修单位联合召开蓝本评审会议，提出意见。分志编修委员会办公室根据蓝本评审会提出的意见进行调整、修改和完善，形成志书定稿。

九、核实校对。分志定稿经市地志办复核后，会同分志编修委员会办公室商议，依照国家和天津市相关规定，确定出版社和印刷厂家。出版书号统一由市地志办依据相关规定负责。分志志稿实行三校定稿制度，一校和二校由市地志办负责确定版式、字体、字号以及图照等，分志编修委员会办公室核实史实、数据等，由市地志办、分志编修委员会负责人签署意见。三校由市地志办审定，形成付梓定稿。

十、送审出版。志稿三校工作结束后，由印刷单位出印两份对红样，一份送出版社终审终校，确定书号、条码等出版事宜；一份由市地志办报市地方志编修委员会领导审定。市地方志编修委员会领导批复后，由市地志办分志责任编辑做最终点校。志书印数依据分志内容控制在1500-2000册之间,其中送市地志办500册。分志原稿、校样、蓝本、图照、光盘等基础资料,暂由承修单位指定专职人员集中统一管理,妥善保存,适时移交天津市地方志馆。分志出版后,由承修单位牵头,会同市地志办联合召开出版发布会,进行总结表彰。

《天津通志》人物篇撰写参考意见

（2011 年 5 月 24 日）

地方志书是全面系统地记述本行政区域自然、政治、经济、文化和社会的历史与现状的资料性文献。作为“一方之全史”，地方志中的人物活动记述历来是不可缺少的一部分。目前，我市二轮修志正在紧张推进，为使那些在天津历史发展中具有代表性、对推动社会进步起了积极作用的历史人物不被淹没，在修志工作中要精心组织好人物篇的撰写。经市地方志办公室与各部门研究，原则上列入《天津通志》二轮修志规划的志书，要根据实际情况设“人物篇”。为使各单位、各部门在编修志书中对所记述人物有所遵循和参照，现提出如下参考意见：

一、关于“人物篇”人物记述撰写体例

根据志书编修规范，可在《天津通志》各分志末篇设“人物篇”，下设章、节、目，由人物传（已故）、人物传略（已故）、人物简介和人物表组成。入志人物可根据其社会影响和贡献确定。入传人物根据资料详略情况，或写人物传，或写人物传略。

首次修志，符合人物收录条件的，要收录完备；续修志书，前志已收录的人物，无需补充或纠谬的，原则上不再收录。人物篇以外涉及的人物，采用以事系人的方法。人物的撰写遵循记叙文体，以生年为序，述而不论，客观公正。

二、关于“人物篇”人物入志标准

凡是对天津历史发展具有推进或阻碍作用、志书下限前已经去世的人物均可立传。以正面人物为主，社会各个阶层的人物都可入志。

（一）人物传标准

以本籍为主，兼顾对本地社会发展作出贡献的客籍人物。

——党政机关正局级以上领导干部，市属局级单位副局级以上领导干部。

——享受国务院特殊津贴的专家学者。

——国家级先进工作者、劳动模范和相当于此级别的荣誉称号获得者。

——在国际、国内具有较高声誉的专家、学者、知名人士。

——旧志有重大遗漏，需要纠谬和重新评价者应重新立传。

要严格把握入传标准，坚持生不立传。在世人物如具有以上标准，可入人物简介。

（二）人物传略标准

记入人物传略的标准比照人物传标准，主要视资料搜集的具体情况。生平或社会活动等资料太少，且在社会发展中贡献和影响较大的，可入人物传略。

（三）人物简介标准

符合立传标准而在世的各类人物，以及无论在世或已故其社会贡献和影响不足以写入人物传或人物传略的，可写人物简介。

——副高级以上职称的专业技术人员。

——国家级或天津市先进工作者。

——荣立二等功以上和市级劳动模范。

——获得国家级或天津市级各类奖项的各行业工作者。

——具有较高声誉、做出一定贡献的专家、学者、知名人士。

（四）人物表标准

记入人物表的标准比照人物简介标准。由于各行业情况差异很大，人物表标准可适当放宽。获得市级以上荣誉的先进集体可列表。

人物传、人物传略、人物简介和人物表的字数不作严格规定，总体上人物传字数多于人物传略字数；人物简介记述简于人物传记述。

三、关于“人物篇”人物撰写要素

“人物篇”的撰写要与整部志书的记述风格统一，坚持用辩证唯物主义和历史唯物主义对待入志人物，实事

求是，秉笔直书，恰如其分。文字要精炼、简洁、生动。

——姓名。名、字、号、别名、笔名、艺名。

——性别。只注女性。

——生(卒)时间。在姓名后面括注，如(1919~1988)，生卒年月不明者加"？"号，在世者只写"生于某年某月某日"。

——籍贯或出生地。要写全称，资料允许情况下尽量写到区县一级。

——民族。凡汉族以外的少数民族均须写明。

——文化程度。民国至1949年写明"某年毕业于某学校某专业"；1949年以后写明"中专"或"大学"，取得何种学位，毕业还是肄业。

——政治面目。凡1949年以前参加的中国共产党、民主党派写明 "某年加入某组织"；1949年以后的只写"中共党员"或"民盟盟员"、"九三学社成员"等。

——身份定位。可写职务或职称，如"局长"、"特级教师"、"高级工程师"，或授予的荣誉称号，如"革命烈士"、"劳动模范"、"爆破英雄"、"纺织能手"等；古代人物可写为名将、大臣、学者、诗人等；暂定不准的可不写。不加修饰词，如"著名的"、"杰出的"等。

——生平履历。人物传要记述传主的简单经历，应纵述不断线，不能倒叙或插叙；如实记述典型的事迹与言行。履历复杂、任职频冗的可按时期或分阶段概括写，不宜逐年逐月罗列。功过要恰如其分写明，突出重要经历，能反映地方人物特点。

——主要成绩。如工作业绩、先进事迹、主要著作或主要发明创造等。

——故由(去世原因)。如就义、牺牲、殉职、病故等。写享年卒岁。立碑、进堂、入册、追认功名、荣获称号，都要记入传内。

四、关于"人物篇"人物个性写法

撰写入志人物一定要把握本质和主流，不能"脸谱"化，公正记述"正面"人物和"负面"人物，既有功过是非也要有性格记述。

——政治人物：主要职务、职称、任职时间年限、在多个地方任职的要写清工作变动脉络。

——历史名人：参加的主要社会活动，要与天津、本行业密切相关，对本地、本行业的影响。

——专家学者：主要著作、学术观点，此观点在本专业领域的地位和作用。

——英雄模范：属于烈士的，记述牺牲时有关情节、时间、地点、原委；属模范人物的，重点写先进事迹。

——能工巧匠：创业历程、主要作品。

五、关于"人物篇"政策把握

入志人物要切实把握好政治问题、民族问题、宗教问题、统战问题、涉外问题、保密问题、历史遗留问题以及人物的是非功过问题。要根据马克思主义唯物史观，充分考虑当时历史特征、社会环境、时代背景判断人物的功过是非，寓褒贬于事实记述中。有争议的人物要经同级或上级主管部门审定核实后方能入志。对无法下结论的人物，可暂不入志。

六、关于"人物篇"志文撰写注意事项

第一，应注重对典型事件的记述。尽可能地找出一些最能代表人物特点的材料和典型事迹入志。对人的事迹注重其闪光点，抓住典型的事迹加以记述。

第二，语言朴实、客观。采用规范的语体文，不能用文言文或文白相间。文风应与整部志书统一，不能写成文艺性的传记文学，语言要朴实严谨、通俗易懂，讲究文采，但不能虚构、夸张。

第三，对正面人物和负面人物的记述要有所区别。正面人物可以入人物传、人物传略、人物简介。负面人物也可用附记的体例来记述。

第四，入志人物的生平事迹要真实、准确，不得对入志人物加入编撰者的评价性语言，确需评论的也只能引用档案资料中对入志人物的评语。

七、关于人物图照的选用

照片主题明确，图像清晰。画面不能损害人物形象，入志图照应获得使用授权，无广告色彩。涉及党和国家领导人的图照，必须根据2001年2月22日国家新闻出版总署发布的《关于严格审核期刊封面刊登党和国家领导人图照的通知》(新出报刊[2001]141号)，严格执行送审制度。

天津市地方志书编修行文规范

（2011 年 11 月 17 日）

为提高地方志书编修效率，保证行文质量，根据国务院《地方志工作条列》（国务院第 467 号令）、《图书质量管理规定》（国家新闻出版总署第 26 号令）和中国地方志指导小组、天津市人民政府等法规文件精神，结合工作实际，制定本行文规范。

第一章　文体语言

第一条　志书采取统一称谓。冠以下限时的规范行政区域和单位名称，即“天津××区（县）志”、“天津通志·××志”。首轮志书，不需括注断限起止年份。二轮志书，用括号括注起止年份。处理好与前志的衔接，并注意对前志的拾遗、补缺、纠讹，必须重述前志内容的，应当精炼浓缩。

第二条　坚持志书基本体例。志、记、述、传、图、表、录等体裁并用。结构采用“篇、章、节、目”体。志书之首设综述、大事记，志书之末设人物、附录。

第三条　志文采用规范的语体文记述体，行文准确、朴实、严谨、简洁、流畅。对人物、事物的褒贬寓于事实记述之中。除引文和附录的文献资料外，慎用口语、方言、文言、半文言。

第四条　使用标准的简化字。除引文和特殊情况必须用繁体字外，执行国家语言文字工作委员会 1986 年 10 月公布的《简化汉字总表》。书写格式自左向右横排。

第五条　正确使用标点符号。遵照 1995 年 12 月国家技术监督局发布的国家标准《标点符号用法》（GB/T15834—1995）执行。

第二章　时间表述

第六条　纪年采用两种方法：辛亥革命前采用朝代年号，加括注相对应的公元纪年，如“清光绪二十六年（1900）”。辛亥革命后，采用公元纪年。公元纪年要写完整，不能省略，如“1997 年”不能写成“97 年”。

第七条　大事记中的时间，只有年份没有具体日月的，采用“是年”；只有月份没有具体日期的，采用“本月”；同一天里有两条以上的大事条目时，采取在首条前写时间，以后各条前面加“同日”。年代不详者，排于本阶段之末；月份不详者，排于本年之末；日不详者，排于本月之末。

第八条　表述时间要准确具体。不使用时间代名词，如“今年”、“前年”、“上月”等，也不要使用“最近”、“不久以前”、“多年来”等模糊时间概念。

第三章　称谓名称

第九条　志文记述用第三人称。不用“我市”、“我县”、“我军”、“本局”等第一人称。政党、政区、机构、军队等首次出现用全称，再次出现用规范通用简称。为避免完全第三人称叙事的单一，可选用“全”、“内”等词进行辅助表达，如“全市”、“市内”、“全区”、“全局”等。

第十条　人物直书姓名，不冠褒贬之词。除引文外，姓名之后不加任何称呼，如“同志”、“先生”、“女士”等泛称。为反映历史真实，必要时姓名之前可冠以职务、职称。如出现人物的原职务，“原职务”置机构之后，如“天津市人大常委会原主任”，不称“原天津市人大常委会主任”。因机构变更导致职务的变化，“原”字加在机构前面，如“原天津市经济委员会主任”。

第十一条　记述历史朝代、政府机构、军队时，采用当时的称谓。如清王朝，不称“满清”。北洋军阀统治的政府称“北洋政府”，国民党政权的政府称“国民政府”，不称“旧政府”。日伪傀儡政府称“日伪政府”，如单指汪精卫政权可称“汪伪政府”。日本军队称“日本侵略军”，不称“日寇”；日军、伪军可合称“日伪军”。在中华人民共和国成立之后，称“台湾当局”，运用国外和港台报刊资料，需将其“中华民国”、“国府”的称谓改为“台湾当局”。

第十二条　关于历次政治运动的记述，严格按照《关于建国以来党的若干历史问题的决议》的规定。如“十年动乱”、“文革”，应称“文化大革命”；“四人帮”应称“江青反革命集团”；“四化”应称“农业、工业、国防和科学技术现代化”，或称“社会主义现代化”。各行业在一定历史时期内口头流行的略语，如“三资”、“五讲四美”、“三种人”等，首次出现时应括注其具体内容。

第十三条　各种文件、会议、公报名称用全称，不用简称、俗称。如名称过长，在首次出现时使用全称并括注以后所用的简称。简称应概念准确，避免产生歧义。

第十四条　地名应使用国家和天津市地名行政管理部门颁布的名称。历史地名使用原名，并括注志书下限时的名称。

第十五条　使用外国各种名称，均以新华社的译名为准。首次在志书中出现时，括注外文原名全称。

第十六条　植物、动物、矿物等名称，应使用标准学名，并括注拉丁文。科学术语凡有中文定名的，采用中文名称，括注外文原名全称。尚未确定中文名称的，可采用合理的暂行名称。

第四章　数字书写

第十七条　行文中的统计数据，采用国家和地方统计部门公布的数据，统计部门没有统计的，采用业务主管部门数据。

第十八条　使用汉字数字有以下种类：

1.定型的词、词组、成语、惯用语、缩略语或在具有修辞色彩的词语中作为语素的数字，如第三世界、四氧化三铁、“十一五”规划、九三学社、华东六省一市、相差十万八千里等。

2.相邻的两个数并列连用表示概数或带“几”的约数的，如二三米、七八十种、十之八九、几千年、二百几十次等，连用的两个汉字数字不得用顿号隔开。但出现在具有统计意义的一组数字中，应用阿拉伯数字。

3.含有月日简称表示事件、节日和其他意义的词组。如果涉及一月、十一月、十二月，应用间隔号“·”将表示月和日的数字隔开，并外加引号。涉及其他月份时，不用间隔号。是否使用引号，视事件的知名度而定。如“一·二八”事变（1 月 28 日）、“一二·九”运动（12 月 9 日）、五四运动、五一国际劳动节。

4.数字后不带量词的，如“三省”、“五国”、“四大项”等。

5.农历和清代以前的历史纪年，如正月十九、辛亥年五月十六、清道光二十一年四月初九。

6.整数一至十，如果不是出现在具有统计意义的一组数字中用汉字，以保持局部体例的一致。如一个人、三本书、四种产品、六条意见、读了十遍、六个百分点。

第十九条　使用阿拉伯数字有以下种类：

1.记数与计量，包括正负整数、分数、小数、百分数、比例数、部队番号、文件编号、证件号码、代码和序号。

2.公历世纪、年代、年、月、日、时、分、秒的时间。如：公元前 8 世纪、20 世纪 90 年代、14 时 12 分 36 秒。

3.人物生平年份、年龄、任职起讫时间等。在括号内注明人物生卒年份，卒年后加“年”，如×××(1902~1982年)。如有月日可写全面，如×××(1902 年 7 月 2 日至1982 年 3 月 1 日)。

4.统计数字的书写：1~5 位数写绝对数，如：1890 平方米，59899 元。6~8 位数以万为单位，9 位数以上以亿为单位，小数点后面四舍五入，保留两位数字。例：345914 元，可简写为 34.59 万元；1378318643 元，可简写为 13.78 亿元。

5.用阿拉伯数字表示数值范围时，以波浪式连接号“~”连接，单位放在后一位数字写，如 150~200 千米、2100~3100 元。

第五章　计量名称

第二十条　计量单位名称、符号的运用，按 1993 年国家技术监督局公布的《量和单位》(GB3100-3102-93)国家标准的规定执行。行文中的数量符号、物理量符号及其他符号、代号的书写应保持前后一致。度量衡单位要按标准的公制使用，如“平方千米”、“千克”，勿用已废止的单位名称，如“亩”。必须使用旧制单位的，用括号注明与现行单位的换算，如与当今法定单位换算有困难，也须作必要说明。

第二十一条　行文中的计量单位用中文而不用字母、符号书写，如用“克”、“米”，不写成“g”、“m”，必须载入的公式中可以使用相关字母、符号。

第六章　引文注释

第二十二条　志稿撰写中尽量少用引文，必须引用时，注明转引自何书、何文，要忠于原著。如原文有错字，可将改正之字置于“[　]”内；如原文有漏字，可将增补之字置于“(　)”内；如原文有残缺文字，则用“□”充填。改正错别字，增补漏字，充填残缺字，务须准确无误，杜绝任意性。有疑问的字句，在其后括注(？)，以示存疑。

第二十三条　重要文献选、辑、录必须引用原文，并要加引号；转述大意的内容不加引号。

第二十四条　对行文中的引文、辅文、专有名词、特定事物需要加以说明的，采用括注方式，不用脚注。括注即用括号紧随正文之后，标点符号要点在括号后面。

第七章　照片图表

第二十五条　综合性的图、照集中于志首。志首的图、照要考虑志书内容的全面性、时代性和地方特色、专业特色。照片无广告色彩。除人物传、人物简介外,不上个人标准像。随文图、照、表要与正文内容相照应。所有照片均要有准确精炼的文字说明,包括时间、地点、事物、活动内容,需要说明的人物要注明位置及时任职务等。

第二十六条 地理地图、地形地图、专业地图等入志的各类地图,必须使用国家认定机关绘制、公开出版的地图。图标题位于图的上方居中,图序号以各志书的篇章节和志书全部图照序列号为基本顺序于图左,如"图 1–2–3–4"即为某志书第一篇第二章第三节和全书第四幅图。

第二十七条 统计表、文字表等表格排在相关正文之后,不要与正文内容脱节。统计表表式一般包括标题(表题)、表体、说明三个部分。表体包括表头、表项和表框。标题首标时间,次标地域范围(或行业、单位),再标内容事项。标题(表题)居中排列,左侧标明表的序号,以志书的篇章节和志书全部表为基本顺序,如"表 1–2–3–4"即为某志书第一篇第二章第三节和全书第四张表。统计数据表须标明计量单位,数据只有一个单位的在表右侧上方标明表的计量单位,如"单位:亿元"。如果计量单位2个以上,可加括号直接标在表格的具体项目栏中,如"工资收入"栏为"(万元)"。表格采用开放式。根据表格内容,合理地安排为单栏、双栏或三栏式,尽可能少占篇幅。必须转页续表的,横表项和纵表项不能省略,右上角标"〔续表〕",如再转页,上页续表标"〔续表一〕",次页续表标"〔续表二〕",以此类推。

第八章 署名版式

第二十八条 封面书名采用印刷体,天津通志各分志书名之下署"天津市地方志编修委员会办公室、×××地方志编修委员会。"

第二十九条 志书扉页之后依次排序:彩页、天津市地方志编修委员会组成人员名单,《×××志》审批领导成员名单,市地方志办公室总编审人员名单,审查验收小组成员名单,修志单位编委会成员名单,修志单位编辑人员名单。序、凡例、目录、正文、编后记、全体撰稿人名单。

第三十条 志书印制用国际大 16 开本,硬壳,方脊,精装裱糊。封面、字型、字号、版式由市地方志办公室统一设计。

天津市专业年鉴编纂出版工作规范（暂行）

（2011 年 11 月 23 日）

第一章　总　　则

第一条　为规范本市专业年鉴编纂出版工作，提高编纂质量，更好地发挥其资政、存史、宣传作用，根据国务院《地方志工作条例》（国务院令第 467 号）、《国务院关于修改〈出版管理条例〉的决定》（国务院令第 594 号）和天津市人民政府等有关法规文件精神，结合工作实际，制定本规范。

第二条　本市行政区域内专业年鉴的编纂出版，适用本规范。

本规范所称专业年鉴，是指机关、团体、企业事业单位和其他组织编纂的，系统记述本领域或本单位综合情况的年度资料性文献。

第三条　专业年鉴的编纂，要以邓小平理论和“三个代表”重要思想为指导，深入贯彻落实科学发展观，坚持解放思想、实事求是，全面系统、客观准确地记载本领域基本情况和上年度主要工作，精心组织，精心撰稿，精心编审，为全市改革开放和社会主义现代化建设服务。

第四条　专业年鉴的编纂，必须遵守宪法和保密、档案等方面的法律、法规，对于民族、宗教、军事、政法、科技、外事等敏感问题的表述和评价，要遵守国家有关规定。

第五条　专业年鉴应当逐年编纂，一年一刊，连续出版，有条件的公开出版。

第六条　专业年鉴为职务作品，著作权归年鉴主办单位所有，参与编纂的人员享有署名权。

第二章　组织领导

第七条　市人民政府地方志办公室对全市专业年鉴工作进行业务指导，负责组织经验交流，开展业务培训，制定有关标准和规范。

第八条　专业年鉴的主办单位，应当成立年鉴编纂委员会，由主要领导任主任，分管领导任副主任，有关人员为成员，负责审定年鉴编纂出版方案，决定年鉴编纂出版的重大事项。

第九条　专业年鉴的主办单位，应当设立年鉴编辑部或专门机构，负责年鉴编纂出版的各项具体工作。

第十条　专业年鉴的主办单位，应当建立稳定的撰稿人队伍，由承担撰稿任务的单位确定撰稿人。

第十一条　专业年鉴撰稿单位报送年鉴编辑部或专门机构的稿件，必须经撰稿单位负责人审定签发。

第十二条　专业年鉴必须经主办单位的领导审阅批准，方可出版发行。

第三章　年鉴编纂

第十三条　专业年鉴的编纂，应当遵循下列原则：

（一）坚持实事求是，全面、系统、客观、准确记述；

（二）突出专业特点，不旁及其他领域内容；

（三）突出年度特点，注重反映新情况、新举措、新成果；

（四）务求精益求精，精编细校，前后一致，不产生歧义。

第十四条　专业年鉴应当科学分类，根据本领域和专业特点设计框架结构并保持基本稳定。

第十五条　专业年鉴的内容一般包括综合情况、动态信息、统计资料、附录及检索系统等部分。

（一）综合情况一般有以下内容：

1.特载，置于全书之首，以全文或摘要形式收录上级主管机关重要文件、重要政务活动。

2.文献和专文，收录上级机关和本领域有关领导的重要讲话，价值较高的调研报告和论文等。

3.大事记，置于动态信息之前，应当常事不书、以时为序、以事系人、详略有别，记载有重大影响、有史料价值的活动和事件。

(二)动态信息，设立若干篇(类)目，篇(类)目下设栏(分)目，栏(分)目下设条目。篇(类)目应当设概述，栏(分)目应当设概况，置于所在篇(类)、栏(分)目之首。概述(概况)应包括社会背景、年度基本情况、工作特点、主要成绩、重要数据及存在问题等要素。既反映年度发展变化脉络，又体现资料信息的连续性和可比性。条目分为综合性条目和专题性条目。综合性条目应当记述发展概况、重要举措、基础数据、成绩和问题，字数一般为500字左右，最多不超过800字；专题性条目记述某一具体事件来龙去脉，字数一般为300字左右，最多不超过600字。

(三)统计资料，分为综合性统计资料和配属性统计资料。综合性统计资料以表格和数据的形式反映本领域年度综合情况，置于动态信息之后；配属性统计资料作为条目的重要补充和说明，置于条目之后。

(四)附录，置于统计资料之后，收录现行有关法律、法规、规章、规范性文件等实用资料。

(五)检索系统，包括目录和索引。目录置于正文之首，索引置于卷尾。索引一般采用主题分析索引方法，按主题词词首的汉语拼音音序排列，有条件的可以采取中英文对照的形式。

第十六条　专业年鉴应设置照片、示意图、表格等图表。年鉴之首可刊登本领域重要活动、重要成果的照片，刊登党和国家领导人的照片、题词，要严格执行国家新闻出版主管部门的规定。

第十七条　专业年鉴刊登广告，应当严格遵守广告法的规定，不得使用国旗、国徽、国歌和有关专用标志，不得刊登药品、烟草广告等。

第四章　审核出版

第十八条　专业年鉴实行“三审定稿”制度。初审由年鉴编辑部或专门机构对内容、文字和体例审查修改；二审由撰稿单位进行审查核对；终审由主编、副主编审阅定稿。

第十九条　专业年鉴实行“四校”制度。年鉴编辑部或专门机构对年鉴文稿进行四遍校对，确保无政治性、常识性错误，一般技术性差错控制在万分之一以内。

第二十条　专业年鉴的封面署年鉴主办单位名称，正文前署编辑说明、编纂委员会组成人员名单、编辑人员名单，内文中的特载、文献和专文，按各自的格式署名，每个条目后括注撰稿人姓名或撰稿单位名称。

第二十一条　年鉴名称在书脊和封面用较大的字号标出，主办单位的全称用稍小字号标出，使用国家标准字体，不使用个人题签。

第二十二条　专业年鉴应当以阿拉伯数字在封面和书脊标明出版年份，不标年鉴记载内容的年份。

第二十三条　专业年鉴采用大16开版面印制，硬壳精装，封面设计应美观大方，具有时代和专业特点。

第五章　附　　则

第二十四条　本市编纂专业年鉴的机关、团体、企业事业单位和其他组织可以根据本规范，制定实施细则。

第二十五条　本规范自印发之日起执行。

天津概况

基本情况

天津，中国四大直辖市之一，也是中国北方最大的开放城市和工商业城市。天津简称“津”，意为天子经过的渡口，也称“津沽”、“津门”。

天津地区在商周时期即有人类居住，但作为城市则形成较晚。隋朝大运河的开通，使位于运河北部、兼有河海运输之便的天津地位日渐重要，运河与“五河尾闾”（今海河）在市区三岔河口交汇，天津便以“三会海口”名于史册。唐朝中叶以后，天津成为南方粮、绸北运的水陆码头。金贞祐二年（1214）设直沽寨，直沽是天津城市发展中有史料记载的最早名称。元延祐三年（1316）“改直沽为海津镇”，是军事重镇和漕粮转运中心。

明建文二年（1400），燕王朱棣率兵经海津镇渡河南下，称帝后即将海津镇改名“天津”。永乐初年（1404~1406）先后设天津卫、天津左卫、天津右卫，并建筑城池。清顺治九年（1652）三卫合一，归并于天津卫。雍正三年（1725）改卫为州。雍正九年（1731）升州为府，辖6县1州，成为畿辅首邑。从明朝永乐二年（1404）正式设卫至今，天津建城已有600多年历史。

1860年，天津被辟为通商口岸后，西方列强纷纷在天津设立租界，天津成为中国北方开放的前沿和近代中国洋务运动的基地。军事近代化以及铁路、电报、电话、邮政、采矿、近代教育、司法等方面建设，均开全国之先河。天津成为当时中国第二大工商业城市和北方最大的金融商贸中心。

清光绪二十八年（1902）直隶总督衙门迁津。1912年中华民国成立，天津改为县，属直隶省。1913年直隶省省会设于天津。1928年6月，天津改为特别市，此为设市之始。同年7月，直隶改称河北，省会仍设天津，10月省会迁北平。1930年6月，天津改为直辖市。同年10月，河北省会再迁天津，遂改为省辖市。1935年6月，河北省会迁保定，天津又改为直辖市。1945年8月15日日本投降后，天津仍为直辖市。1949年1月15日天津解放，划为华北人民政府直辖市。同年10月1日中华人民共和国成立，天津被定为中央直辖市。1958年2月11日，天津改为河北省省辖市；同年4月18日，河北省省会由保定迁到天津。1966年5月河北省省会再迁保定。1967年1月2日，天津恢复为直辖市至今。

1949年中华人民共和国成立后，天津作为直辖市，社会面貌发生了天翻地覆的变化。1978年中国实行改革开放后，天津作为首批对外开放的沿海港口城市，经济社会发展取得辉煌成就，人民生活水平实现从温饱到小康的跨越，津沽大地焕发出无限生机和活力。

自然环境与资源

地理位置 天津市位于北纬38°34′~40°15′，东经116°43′~118°04′之间，处于国际时区的东八区。地处中国华北平原东北部，海河流域下游。北起蓟县黄崖关附近，南至滨海新区大港翟庄子沧浪渠，南北长189公里；东起滨海新区汉沽洒金坨以东陡河西干渠，西至静海县子牙河王进庄以西滩德干渠，东西宽117公里。东临渤海，与山东、辽东二半岛相望；北依燕山，与河北省、北京市相邻。是海河五大支流南运河、子牙河、大清河、永定河、北运河的汇合处和入海口，素有“九河下梢”、“河海要冲”之称。天津市疆域周长约1290公里，其中海岸线长153公里，陆界长1137公里。市域总面积11916.9平方公里，海域面积3000余平方公里。

天津市地处太平洋西岸环渤海经济圈的中心，背靠中国华北、东北、西北地区，面向东北亚，不仅毗邻首都，还是华北、西北广大地区的出海口，是亚欧大陆桥中国境内距离最短的东部起点。北距北京120公里，是拱卫京畿的要地和门户。

地势 天津绝大部分为平原，少部分是山地和丘陵。地貌特征：其一北高南低，西北高东南低。从蓟县北部山区到塘沽、汉沽、大港的滨海，呈簸箕形向海河干流和渤海方向倾斜。最高点为蓟县与河北省兴隆县交界处的九山顶，海拔1085.5米。最低处是塘沽大沽口，海拔为零。其二山区面积小，平原辽阔。山地、丘陵海拔高度小，相对高度大。平原既低且平。其三河流纵横，坑、塘、洼、淀星罗棋布。其四古海岸遗迹（俗称贝壳堤）明显存在，成为滨海平原的奇观，为中国其他滨海地区所罕见。天津的地貌类型有山地、丘陵、平原、洼地、海岸带、滩涂等。丘陵分布在燕山南侧，介于山地与洪积、冲积倾斜平原之间，面积228.7平方公里；平原分布在燕山至渤海之间，面积约占全市土地面积的95.5%，绝大部分在海拔20米以下，其中2/3地区为低于4米的洼地；冲积平原分布在燕山山前洪积冲积平原以南，滨海平原以西的广大地区。地势低平，海拔均在10米以下，地面坡度为1/5000~1/10000，受河流交叉沉积影响，地面有小规模缓岗和碟形洼地交错起伏，河流泛区分布有沙丘、沙地；海积冲积平原分布在宁河、潘庄、北仓、杨柳青一线以南，南运河以东，汉沽、塘沽、甜水井一线以西，是全新世以来海洋和河流交互作用地区，地貌低平，多湿地，海拔高度3~5米，地面坡度1/5000左右，有贝壳堤和古泻湖、洼淀；海积平原位于海积、冲积平原以东和海啸所达上界（蔡家堡至驴驹河一线）之间的狭长地带，海拔1~3米。地面坡度小于1/10000，现仍受海水影响，多盐滩、沼泽和低湿地，表面组成物质以盐质黏土为主。海岸带和滩涂位于特大高潮线以下地区。海岸物质粒径小于0.05毫米的占50%以上，属于泥质海带。有龟裂带（也称湿地）、潮间浅滩及水下岸坡等。

水文 天津地处海河流域下游，河网密布，洼淀众多。历史上天津的水量比较丰富。海河上游支流众多，长度在10公里以上的河流300多条。这些大小河流汇集成中游的永定河、北运河、大清河、子牙河和南运河五大河流。这五大河流的尾闾即是海河，统称海河水系，为天津市工农业生产和人民生活的水源河道。此外，天津还有自成水系的蓟运河。

气候 天津地处北温带半干旱半湿润季风气候区，四季分明。冬季受蒙古冷高压控制，盛行西北风，天气寒冷干燥；夏季受西北太平洋副热带高压西侧影响，多偏南风，且高温高湿，雨热同季；春季干旱多风，冷暖多变；秋季天高云淡，风和日丽。天津主要为大陆性气候特征，但受渤海影响，有时也显现出海洋性气候特征，海陆风现象比较明显。全年平均气温在11.4℃~12.9℃之间，1月最冷，月平均气温在-5.4℃~3.0℃之间；7月最热，月平均气温在25.9℃~26.7℃之间。年平均降水量为566毫米，全年85%左右的降水量集中在夏秋季。年平均日照时数在2471~2769小时之间。年平均风速为2.3米/秒。年平均水分蒸发量为163~1912毫米，最大蒸发量2673.3毫米。

自然资源

（一）矿产资源：天津市已探明的矿产资源主要有金属矿、非金属矿和燃料矿20多种。金属矿和非金属矿主要分布在蓟县北部山区，燃料矿主要埋藏在天津平原地下的渤海大陆架。金属矿主要有锰硼石、锰、金、钨、钼、铜、铝、锌、铁等，其中锰、硼不仅为国内首次发现，也为世界所罕见；非金属矿主要有水泥石灰岩、重晶石、迭层石、大理石、天然油石、紫砂陶土、麦饭石等。燃料矿产主要有石油、天然气和煤成气等。其中优势矿种为石油、天然气、地热、水泥灰岩、紫砂陶土。

石油、天然气。天津平原及渤海海域蕴藏着丰富的石油和天然气资源。已探明的石油地质储量40亿吨，油田面积100多平方公里；天然气（含伴生气）地质储量1500多亿立方米。煤田面积80多平方公里。

地热。天津地区地热资源属于非火山沉积盆地中、低温热水型地热。地热资源丰富，主要分布在宝坻断层以南约9638平方公里的范围内。根据地质构造和地势场分析，分为新生界热储层和基岩热储层两大类。依据在温梯度3.5℃/100米的等值线为底界在天津地区划分出10个地热异常区，探明面积2434平方公里，水温在30℃~90℃。已探明的中低温地热资源总量及开发利用程度居全国前列。

水泥灰岩。水泥灰岩是天津市非金属矿产中的优势矿种，已探明工业储量的矿产地有5个，矿体赋存于中元古界蓟县系铁岭组石灰岩层中，含氧化钙48%~50.7%。已探明工业储量的5个矿产地是东营房、转山、铁岭、老虎顶和渔山，探明储量1.8亿吨。

紫砂陶土。天津市蓟县紫砂陶土矿赋存于中上元古界二个层位，即串岭沟组和洪水庄组的伊利石页岩。其中串岭沟组伊利页岩分布在下营镇，全长12公里，宽2公里，出露面积24平方公里，露天储量7亿吨。二个层位的伊利石岩是一个大型黏土矿床，是紫砂陶器的优质矿物原料。

（二）土地资源：全市土地总面积11916.9平方公里。其中，农用地面积7097.7平方公里（耕地面积4407.5平方公里），占全市土地面积的59.56%；建设用地面积3946.1平方公里，占全市土地面积的33.11%；未利用地873.1平方公里，占7.33%。全市的土地，除北部蓟县的山地、丘陵外，其余地区都是在深厚沉积物上发育的土壤，在海河下游的滨海地区，有待开发的荒地、滩涂1214平方公里，可作为建设和生态用地。

（三）海洋资源：天津海岸线位于渤海西部海域，南起歧口，北至涧河口，长达153公里。所辖海域面积约3000平方公里。天津海洋资源可分为海洋自然资源和海洋空间资源两大类。海洋自然资源包括滩涂、海洋生物、海水、海洋油气及海洋能等；海洋空间资源包括海洋水运资源、海港、海岸带及滨海旅游资源等。

滩涂资源。天津滩涂十分发育，宽度在3000~7300米之间，海拔高度0~3.5米，坡降0.4%~1.4%。滩涂面积约370平方公里，大部分尚未充分开发利用。

海洋生物资源。在渤海湾西部海域水中、海底及潮间浅滩生活着较为丰富的海洋生物。按其生活方式和生活区域可分为浮游生物、游泳生物(鱼类)、底栖生物和潮间带生物四大类。据调查，渤海湾西部浮游生物162种，其中浮游植物98种，主要种类是硅藻、甲藻和绿藻，多分布在近岸；浮游动物64种，包括浮游幼虫类、蛲虫类、箭虫类和其他浮游动物。渤海湾西部水域有鱼类56种，分别隶属13目，主要种类有鳓鱼、黄鲫、山黄鱼、白姑鱼、银鱼等。底栖动物181种，隶属11个门类。最重要的优势种为角板虫、绒毛细足、日本棘刺蛇尾等，作为经济种的有对虾和三疣梭子蟹。另外天津沿海潮间带生物96种，其中软体动物27种、多毛类25种、甲壳类23种、鱼类13种、腔肠动物3种、棘皮动物2种、腕足动物和纽虫动物各1种。

海水资源。天津海域海水成盐质量高，氯化钠含量95%~96%。天津自古以来就是著名盐产地，长芦盐场是目前中国最大的盐场。天津原盐85%是工业用盐，是盐化工的主要原料。海水资源除发展制盐业之外，还可以直接用作工业冷却水及海水淡化等。

海洋油气资源。渤海油气区油气资源非常丰富，是中国海上石油勘探与开发最早的海域。目前，已发现45个含油构造。

旅游资源 天津是首批中国优秀旅游城市。旅游资源丰富，景观种类齐全。既有盘山清幽的自然景色，又有八仙山山高林密、保留着山林野趣的自然特色，还有记载古老地质历史的巨厚的中上元古界地层，以及海退后在滨海平原留下的贝壳堤和湿地景观。天津作为历史文化名城，还具有丰富多彩、独具特色的人文景观。1860年天津开埠后，英、法、美、德、日、俄、意、比、奥九国在天津设立租界，随之一些官僚、军阀、买办在租界内设公馆、别墅，陆续建成各种结构和形式的大楼建筑和花园洋房800多幢。在中国近现代史上有许多重大的历史事件与天津有着密切的关系，一些近现代的革命人物也在天津留有革命业绩。天津早年因漕运兴旺而发祥，各方商贾云集，逐渐形成天津独特的地方民俗文化景观。天津有A级景区65个，国家工农业旅游示范点14个，全国红色旅游经典景区5个。天津传统的风味食品多种多样，“津门三绝”(狗不理包子、十八街麻花、耳朵眼炸糕)深受国内外宾客喜爱。

行政建制

行政区划 天津市辖13个区、3个县，有110个街道办事处、1456个居民委员会，有123个镇、11个乡和3784个村民委员会。市辖区包括和平区、河西区、河东区、南开区、河北区、红桥区6个中心城区，以及滨海新区、东丽区、西青区、津南区、北辰区、武清区和宝坻区；市辖县有宁河县、静海县、蓟县。

政府机构 市人民政府是天津市最高行政机关，设工作部门45个，其中办公厅和组成部门25个，即：市发展和改革委员会、市经济和信息化委员会、市商务委员会、市教育委员会、市科学技术委员会、市民族事务委员会、市公安局、市国家安全局、市监察局、市民政局、市司法局、市财政局、市人力资源和社会保障局、市规划局、市国土资源和房屋管理局、市城乡建设和交通委员会、市环境保护局、市市容和园林管理委员会、市农村工作委员会、市水务局、市文化广播影视局、市卫生局、市人口和计划生育委员会、市审计局、市外事办公室；特设机构1个：市国有资产监督管理委员会；直属机构19个，即：市工商行政管理局、市统计局、市质量技术监督局、市旅游局、市新闻出版局、市体育局、市海洋局、市安全生产监督管理局、市机关事务管理局、市交通运输和港口管理局、市知识产权局、市政府法制办公室、市政府研究室、市信访办公室、市侨务办公室、市合作交流办公室、市人民防空办公室、市金融服务办公室、市口岸服务办公室；部门管理机构6个，即：市公务员局、市外国专家局、市粮食局、市监狱管理局、市劳教局、市食品药品监督管理局。

天津市地方志编修委员会办公室是具有行政职能的事业单位，是全市地方志工作的主管部门，负责全市地方志编修的组织推动、督促检查、审核验收等工作。

天津市共有法人单位190099个，其中企业单位170599个，机关事业单位8131个。

人口状况

天津市常住人口1354.58万人，其中，外来人口344.84万人，占常住人口的25.5%。全市户籍人口996.44万人，其中农业人口382.50万人、非农业人口613.94万人。全市城镇化率80.5%。人口出生率8.58‰，死亡率6.08‰，自然增长率2.50‰。天津市共有49个少数民族，少数民族总人口30.38万人。

天津市常住人口中，具有大专以上程度的226.16万人；具有高中

(含中专)程度的267.23万人;具有初中程度的493.60万人;具有小学程度的220.58万人。从业人员763.2万人,其中,城镇从业人员580.3万人,农村从业人员182.9万人。

经济发展

全市生产总值11190.99亿元,人均生产总值13059美元。其中第一产业增加值159.09亿元,第二产业增加值5878.02亿元,第三产业增加值5153.88亿元。三次产业结构为1.4:52.5:46.1。全市地方财政收入1454.87亿元,其中税收收入1004.25亿元,占地方财政收入的69%。全市财政支出1755.86亿元。全社会固定资产投资7510.67亿元。

农业 全市农业总产值349.43亿元。其中,种植业产值179.87亿元,林业产值2.45亿元,畜牧业产值98.49亿元,渔业产值58.59亿元。粮食总产量161.83万吨。农村示范工业园区、农业产业园区、农村居住社区统筹联动发展。31个区县示范园区基础设施建设基本完成,建成20个现代农业示范园区、155个养殖示范园区。43个示范小城镇加快建设,40万农民迁入新居。实施“三化一改”试点,探索城乡统筹新途径。农民专业合作社2414个,进入产业化体系的农户90%。

工业 全市工业总产值突破2万亿元,达到21523.32亿元,拉动全市经济增长近10个百分点。工业增加值5380.53亿元,贡献率56.3%。规模以上工业总产值20857.72亿元。航空航天、石油化工、装备制造、电子信息、生物医药、新能源新材料、轻纺工业、国防科技八大优势产业完成工业总产值18881.52亿元,占工业总产值的90.5%。新能源、新材料、新一代信息技术等战略性新兴产业迅速发展,航空航天、装备制造、石油化工等产业聚集区形成规模,高新技术产业产值6487.93亿元,占31.1%。

服务业 全市服务业增加值5153.88亿元,占全市经济46%。其中,交通运输、仓储及邮政业增加值698.98亿元,批发和零售业增加值1377.06亿元,住宿和餐饮业增加值186.22亿元,金融业增加值701.79亿元,房地产业增加值427.28亿元。商品销售总额超过2万亿元,达到20831.44亿元。旅游业长足发展,旅游外汇收入17.56亿美元,旅游支出40.50亿元。全市有星级宾馆112家,旅行社368家,其中国际旅行社20家。

社会事业

科技 天津综合科技水平位居全国第三位。化学、化工、精密仪器、干细胞、膜材料与分离技术等一批学科和技术领域保持全国领先水平,在基因组学、蛋白组学、纳米材料和干细胞等国际前沿领域取得一大批具有国际重大影响的研究成果。全市16项科技成果获得国家科学技术奖。完成市级科技成果2020项,其中,基础理论成果75项,应用技术成果1917项,软科学成果28项。签订技术合同11726项,合同额171.59亿元,交易额113.99亿元。全社会研发经费支出占生产总值的2.6%。科技型中小企业2.1万家。国家数字出版基地云计算中心投入运营。全市有国家级重点实验室9个,国家部委级重点实验室43个,国家级工程(技术)研究中心33个,国家高新技术产业化基地16个,国家级企业技术开发中心29家,市级企业技术开发中心370家。全市专利申请量36258件,专利授权13982件。全市每万人口发明专利拥有量6.3件,居全国第三位。拥有两院院士39人。新建博士后流动站、工作站12个,总数210个。高级以上技术工人31.6万人。

教育 坚持教育优先发展,促进教育均衡发展,实施学前教育三年行动计划,认真抓好学前教育,加快义务教育学校现代化标准建设,着力实施职业教育,加快海河教育园区建设,推进高等教育改革发展。全市有各级各类学校1554所,其中,普通高校55所,中等专业学校40所,职业中学27所,技工学校33所,普通中学525所,小学874所,在校生总数154.32万人。学前三年入园率94%,义务教育巩固率99%,高中阶段毛入学率95%。全市新增劳动力平均受教育年限14.81年。教育综合实力和整体水平位居全国前列。

文化体育 切实加强社会主义核心价值体系建设,提炼总结“爱国诚信、务实创新、开放包容”的天津精神。“同在一方热土,共建美好家园”活动深入开展。建成市文化中心、音乐厅、电影艺术中心等一批重要文化设施。全市拥有公共博物馆、纪念馆75个,公共图书馆31个,市级公共图书馆总面积12万平方米,居全国第一位,人均拥有公共图书馆藏书0.94册,居全国第二位。全市有艺术表演团体38个,培育形成了“和平杯”中国京剧票友邀请赛,“天穆杯”全国小品展演等国家级群众文化品牌活动。推出一批艺术水准高、社会反响大的精品力作,打造了以电视剧《解放》、《辛亥革命》为代表的重大题材文艺创作品牌。全市广播节目21套,市级电视节目36套。有线电视用户270万户,其中数字电视用户230万户。文化惠民工程扎实推进,全市行政村农家书屋、村文化室和免费数字电影放映实现全覆盖。文化产业快速发展。有国家级文化产业园8个,市级文化产业园区和示范基地50个。深化文化体制改革，在全国率先实行报业宣传经营两分开和广播电视制播分离。竞技体育、群众体育和体育产业全面发展。建成一批体育公园、户外运动营地等大型体育场所，全民健身活动丰富多彩。获得第九届大运会、第六届东亚运动会和第十三届全运会承办权。

卫生 高度重视并抓好医疗卫生健康工作，大力推进公共卫生和医疗卫生建设。统筹城乡医疗卫生资源均衡布局，新建改扩建一批市级和区县级医院。全市有各类卫生机构 4431 个，其中，医院、卫生院 461 个，社区卫生服务中心 95 个，卫生防疫机构 24 个，妇幼保健机构 23 个。卫生机构床位 49423 张，其中，医院、卫生院 44661 张，社区卫生服务中心 2851 张。平均每千人医院床位 3.2 张。卫生技术人员 7.33 万人，其中，执业医师及执业助理医师 2.98 万人，注册护士 2.58 万人。全市婴儿死亡率 5.1‰，孕产妇死亡率 6.8/10 万，人口平均预期寿命 81.46 岁。深化医疗卫生体制改革，完善基本药物制，公办基层医疗机构实行基本药物零差率销售。城乡居民免费享受 18 项基本公共卫生服务。基层医疗服务能力、疾病预防控制能力、卫生应急处置能力进一步增强。

对外开放

天津大力发展外向型经济，不断提高利用外资和对外贸易水平。外商及港澳台商投资企业在天津经济中占有重要地位。全市批准外商及港澳台商投资企业 22878 家，合同外资额 1371.15 亿美元，实际直接利用外资额 800.94 亿美元。全市规模以上外商及港澳台商工业产值 8541.66 亿元，占全市规模以上工业的 41.0%；出口 308.68 亿美元，占全市出口总额的 69.4%。引进国内招商项目 4305 个，实际利用内资 2085.87 亿元。全市外贸进出口总额超过千亿美元，达到 1033.91 亿美元。其中，出口 444.98 亿美元，进口 588.93 亿美元。一般贸易出口 177.64 亿美元。机电产品出口 307.8 亿美元，高新技术产品出口 173.5 亿美元，分别占全市出口的 69.2%和 39.0%。

城市建设

城市总体规划 2006 年 7 月 27 日，国务院印发《国务院关于天津市城市总体规划的批复》，明确天津城市性质为：环渤海地区经济中心，逐步建设成为国际港口城市、北方经济中心和生态城市。2009 年 8 月制定《天津市空间发展战略规划》，提出实施“双城双港、相向拓展、一轴两带、南北生态”的总体战略。“双城”，指中心城区和滨海新区核心区，是天津城市功能的核心载体；“双港”，指天津港的北港区和南港区，是城市发展的核心战略资源，是天津发展的独特优势。“相向拓展”，是指“双城”及“双港”相向发展，是城市发展的主导方向。“一轴”，指依次连接武清区、中心城区、海河中游地区和滨海新区核心区的“京滨综合发展轴”；“两带”，指贯穿宁河县和滨海新区的“东部滨海发展带”和贯穿蓟县、宝坻区、中心城区、西青区和静海县的“西部城镇发展带”。“南生态”，指以“京滨综合发展轴”以南的“团泊洼水库—北大港水库”湿地生态环境建设和保护区为核心构建的南部生态体系；“北生态”，指以“京滨综合发展轴”以北的蓟县山地生态环境建设和保护区、“七里海—大黄堡洼”湿地生态环境建设和保护区为核心构建的北部生态体系。依据这一总体战略，进一步明确了滨海新区、中心城区和各区县的功能定位和发展方向，统筹三个层面联动协调发展，调整完善空间结构和发展策略，优化要素资源配置，形成多点支撑、多元发展、多极增长的市域空间格局。

生态城市建设 坚持高起点规划、高水平建设、高效能管理，不断加快城市基础设施建设，天津生态城市建设成效显现。建成京津城际高铁、京沪高铁、蓟港铁路和京津二线等一批高速公路，改扩建天津站、天津西站等大型交通枢纽。建成天津港 30 万吨航道、天津机场二期等重要交通基础设施。新建改造一批城市道路桥梁，地铁 1、2、3、9 号线建成运营，5、6 号线启动。全市公路通车里程 15163 公里，其中高速公路 1103 公里，港口吞吐量 4.5 亿吨，集装箱吞吐量 1159 万标准箱，机场旅客吞吐量 755.4 万人。人均拥有道路面积 16 平方米。城市整体功能进一步提升。全面实施生态建设三年行动计划，大面积植树造林，规划治理城区河道，改造污水处理厂，饮用水源水质达标率保持 100%，污水集中处理率 87.5%，生活垃圾无害化处理率 93%，全市林木覆盖率 21.8%，建成区绿化面积 33%，全市空气质量二级及以上天数 320 天。从 2008 年起，连续四年奋战 900 天，市容环境综合整治取得重大成果，综合整修道路 928 条 5370 公里，桥梁 128 座，管线入地 100 公里。新建提升改造绿地 1.5 亿平方米，新建改造公园 149 个，植树造林 110 万亩。整治居民社区 943 个，对 1940 万平方米老住宅进行节能改造，完成海河沿线及重点地区 50 多公里灯光设施建设。天津城乡面貌发生历史性变化。

人民生活

坚持以人为本，着力改善民计民生，连续实施 20 项民心工程，涉及生活、就业、就医、收入等各个方面。实施积极的就业政策,扩大就业规模,城镇登记失业率控制在3.6%左右,实现零就业家庭动态为零,劳动合同签订90%以上。制定提高群众收入的政策措施,颁布工资指导线,推进工资集体协商,提高最低工资标准,增加企业退休人员养老金。城市居民人均可支配收入26921元,农村居民人均纯收入13200元。城市低保标准提高到520元,最低工资标准提高到1310元。全市城镇低保标准每人每月480元,农村低保标准每人每月280元。城市居民恩格尔系数为36.2%,农村居民恩格尔系数为35.3%。在全国率先建立统筹城乡居民的基本养老保障和基本医疗保险制度,参保人员看病就医全部实行即时联网结算。建立完善社会救助和保障标准与物价上涨挂钩联动机制。通过实施廉租房、公共租赁房、经济适用房、限价商品房、向中低收入住房困难家庭发放租房补贴等措施,改善中低收入居民住房条件。城市居民人均住宅建筑面积32.77平方米,农村居民人均住房面积30.22平方米。全市燃气、自来水覆盖率100%。中心城区集中供热超过96%。65岁以上老年人免费乘坐公交车。群众生活质量进一步改善。

滨海新区

天津是国务院批准的首批沿海开放城市之一。1984年建立经济技术开发区,1991年5月建立天津港保税区,实施管理体制改革后的天津港建设规模加大,服务功能越来越强。1994年3月,市十二届人大二次会议审议通过政府工作报告,提出“用10年左右时间,基本建成滨海新区”。天津滨海新区包括塘沽区、汉沽区、大港区三个行政区和天津经济技术开发区、天津港保税区、天津港区以及东丽区、津南区的部分区域,规划面积2270平方公里。1994年,成立天津市滨海新区领导小组;1995年,成立天津市滨海新区办公室;2000年9月,成立天津市委滨海新区工委和天津市滨海新区管委会。2005年4月,国务院总理温家宝带领国务院15个部委负责人到天津考察,指出加快天津滨海新区开发开放是环渤海区域及全国发展战略布局中重要的一步棋。2006年,国务院颁发《关于推进天津滨海新区开发开放有关问题的意见》,天津滨海新区开发开放纳入全国整体发展战略布局。2009年11月,国务院批复同意天津市调整部分行政区划,撤销天津市塘沽区、汉沽区、大港区,设立天津市滨海新区。年底到转年初,新一届区委、区政府宣告成立。

天津滨海新区位于中国环渤海地区的中心位置,是继深圳经济特区、上海浦东新区之后中国新的经济增长极。新区的功能定位是:依托京津冀、服务环渤海、辐射“三北”、面向东北亚,努力建设成为中国北方对外开放的门户、高水平的现代制造业和研发转化基地、北方国际航运中心和国际物流中心,逐步成为经济繁荣、社会和谐、环境优美的宜居生态型新城区。

落实国家发展战略,天津滨海新区实施“一核双港、九区支撑、龙头带动”的发展策略。“一核”,指滨海新区商务商业核心区,由于家堡金融商务区、响螺湾商务区、开发区商务及生活区、解放路和天碱商业区、蓝鲸岛生态区等组成。重点发展金融服务、现代商务、高端商业,建设成为滨海新区的标志区和国际化门户枢纽。“双港”,指天津港的北港区和南港区。“九区支撑”,指通过滨海新区中心商务区、临空产业区等九个功能区的产业布局调整、空间整合,打造航空航天、石油化工、装备制造、电子信息、生物制药、新能源新材料、轻工纺织、国防科技八大支柱产业,形成产业特色突出、要素高度集聚的功能区,成为高端化、高质化、高新化的产业发展载体,支撑新区发展,发挥对区域的产业引导、技术扩散、功能辐射作用。滨海新区中心商务区主要发展金融、贸易、商务、航运服务产业;临空产业区主要发展临空产业、航空制造产业;滨海高新区主要发展航天产业、生物、新能源等新兴产业;先进制造业产业区主要发展海洋产业、汽车、电子信息产业;中新生态城主要发展生态环保产业;海滨旅游区主要发展主题公园、游艇等休闲旅游产业;海港物流区主要发展港口物流、航运服务产业;临港工业区主要发展重型装备制造产业及研发、物流等现代服务业;南港工业区主要发展石化、冶金、装备制造产业。“龙头带动”,指通过加快“一核双港九区”的开发建设,提升综合服务功能,营造一流发展环境,率先推进综合配套改革、率先提高对外开放水平、率先转变经济发展方式、率先增强自主创新能力,当好改革开放的排头兵,凸显滨海新区作为新的经济增长极的龙头带动作用,在加快天津发展,促进环渤海地区经济振兴,推动全国区域协调发展中发挥更大作用。

注:文中所涉数据未标年份的,均为2011年数字。

2011年天津市
国民经济和社会发展统计公报

天津市统计局

国家统计局天津调查总队

(2012年3月1日)

2011年是实施“十二五”规划的第一年。全市人民在市委、市政府的正确领导下,深入贯彻落实科学发展观,积极落实中央各项宏观调控政策,牢牢把握主题主线主攻方向,大力实施市委“一二三四五六”的奋斗目标和工作思路,着力构筑“三个高地”,全力打好“五个攻坚战”,统筹三个层面联动协调发展,锐意进取,奋力拼搏,推动经济社会取得新发展、新变化和新突破,实现了“十二五”发展的良好开局。

一、经济发展

经济总量

全市生产总值迈上万亿台阶。据初步核算,并经国家统计局评估审定,全市生产总值(GDP)完成11190.99亿元,按可比价格计算,比上年增长16.4%。分三次产业看,第一产业增加值159.09亿元,增长3.8%;第二产业增加值5878.02亿元,增长18.3%;第三产业增加值5153.88亿元,增长14.6%。三次产业结构为1.4:52.5:46.1。

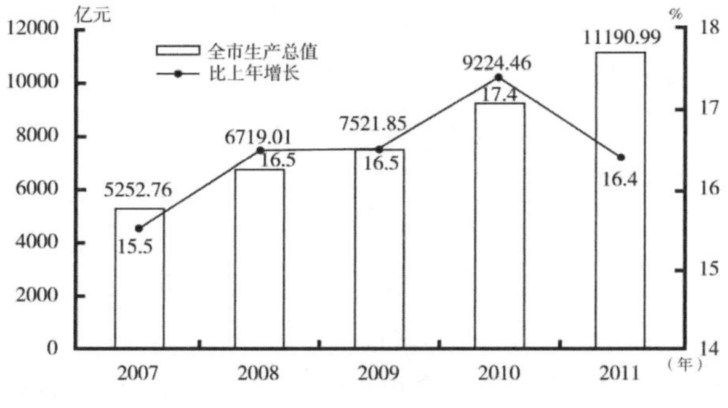

图1 2007—2011年全市生产总值及增长速度

财政收支

财政收入保持快速增长。全年地方一般预算收入1454.87亿元,增长36.1%,增幅比上年提高6个百分点。税收拉动财政增收作用明显。全年地方税收收入1004.25亿元,增长29.3%,占地方一般预算收入的69%。其中,企业所得税增长45.1%,营业税增长24.3%,增值税增长18.6%,个人所得税增长21.1%。

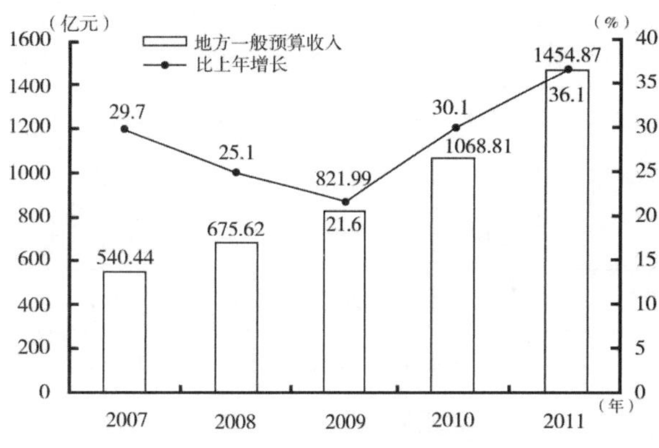

图2 2007—2011年地方一般预算收入及增长速度

民生领域投入力度加大。全年一般预算支出1755.86亿元,增长28.2%。其中,教育支出增长35.6%,文化传媒支出增长28.3%,医疗卫生支出增长29.7%,社会保障和就业支出增长28.9%。

人口和劳动就业

人口总量继续增长。年末全市常住人口1354.58万人,比上年末增加55.29万人;其中,外来人口344.84万人,增加44.40万人,占常住人口增量的80.3%。外来人口占常住人口的比重达到25.5%,同比提高2.4个百分点。全市户籍人口996.44万人,其中,农业人口382.50万人,非农业人口 613.94 万人。保持低生育水平。全市人口出生率为 8.58‰,死亡率为 6.08‰,自然增长率为 2.50‰。

就业规模稳步扩大。实施更加积极的就业政策,统筹推进高校毕业生、失业人员、农村富余劳动力就业,加快创业带动就业实验区建设,启动百万技能人才培训计划。全年新增就业 47.12 万人,增长 4.4%,年末城镇登记失业率控制在 3.6%,低于全国平均水平 0.5 个百分点。截至年末,全市就业人口总量达到 763.16 万人,比上年末增加 34.46 万人;其中,城镇单位从业人员达到 208.6 万人,同比增加 2.9 万人。

价格

物价水平同比上涨。居民消费价格水平比上年上涨 4.9%,涨幅同比提高 1.4 个百分点,八大类商品和服务价格呈现“六升二降”格局(见表 1)。食品类价格上涨 11.4%,拉动消费价格总水平上涨 3.2 个百分点;居住类价格上涨 4.7%,拉动消费价格总水平上涨 1.0 个百分点。生产价格呈现涨幅回落态势,工业生产者出厂价格同比上涨 3.8%,工业生产者购进价格同比上涨 9.8%,涨幅分别比上年回落 1.3 个和 0.2 个百分点。

表 1 居民消费价格指数(CPI)

指　　标	指数(上年=100)
居民消费价格指数	104.9
其中:食品	111.4
烟酒	104.8
衣着	102.1
家庭设备用品及维修服务	106.1
医疗保健和个人用品	101.8
交通和通信	99.9
娱乐教育文化用品及服务	99.5
居住	104.7

固定资产投资

投资实现快速增长。全年全社会固定资产投资 7510.67 亿元,增长 31.1%。其中,城镇投资 7057.20 亿元,增长 31.2%;农村投资 453.47 亿元,增长 29.8%。全年城镇新开工项目 3785 个,比上年增加 1060 个;完成投资 2603.48 亿元,增长 36.5%。在城镇投资中,第一产业投资 57.64 亿元,增长 41.8%;第二产业投资 3104.13 亿元,增长 31.7%,其中,工业投资 3076.03 亿元,增长 31.6%;第三产业投资 3895.43 亿元,增长 30.6%。三次产业投资结构为 0.8:44.0:55.2。

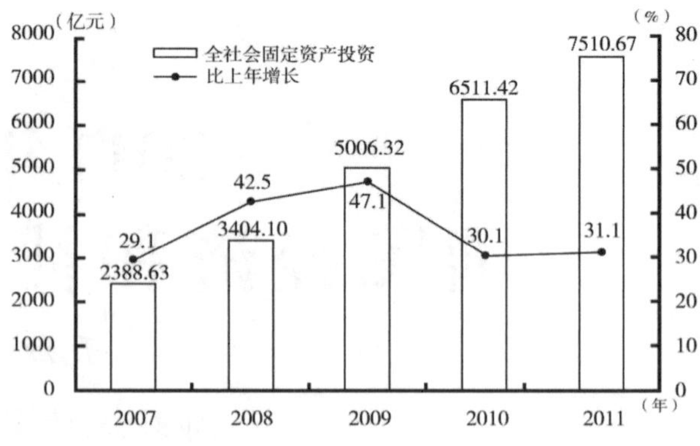

图 3 2007—2011 年全社会固定资产投资及增长速度

重大项目和民间投资支撑有力。当年新推出 340 项重大项目,累计达到 1280 项。全年民间投资完成 3308.15 亿元,增长 47.5%,拉动全社会投资增长 18.6 个百分点。

农业和新农村建设

农业稳步发展。全年农业总产值完成 349.43 亿元,比上年增长 4.2%。其中,种植业产值 179.87 亿元,增长 5.5%;林业产值 2.45 亿元,增长 4.1%;畜牧业产值 98.49 亿元,增长 1.6%;渔业产值 58.59 亿元,增长 2.9%;农林牧渔服务业产值 10.03 亿元,增长 9.0%。粮食生产再获丰收,总产量达到 161.83 万吨,比上年增长 1.3%,实现连续 8 年增产。主要农副产品产量保持稳定增长(见表 2)。

表 2 主要农副产品产量

产品名称	单位	产量	比上年增长(%)
粮　食	万吨	161.83	1.3
棉　花	万吨	7.06	12.6
肉　类	万吨	42.98	0.3
蔬　菜	万吨	444.23	5.9
禽　蛋	万吨	18.65	–0.4
牛　奶	万吨	69.09	0.1
水产品	万吨	35.21	2.1
水　果	万吨	61.58	2.6

农村“三区”统筹联动发展。31 个区县示范工业园区加快建设,起步区基础设施建设基本完成,拓展区建设全面提速,800 个重大项目全部开工,成为保障小城镇农民就业、推动区县经济发展的重要支撑点。高标准设施农业累计达到 60 万亩,建成 20 个现代农业示范园区、155 个养殖示范园区。农民专业合作社达到 2414 个,市级及以

上农业产业化重点龙头企业达到152个，进入产业化体系的农户比重达到90%。4批示范小城镇试点项目扎实推进，新开工农民住房1000万平方米，累计竣工1800万平方米，40万农民迁入新居。农村城镇化进程进一步加快。全市城镇化率达到80.50%，比上年提高0.95个百分点。新创建文明生态村139个，新建改造一批农村公路、污水和垃圾处理设施，农村基础设施不断完善。

工业

工业总产值突破两万亿元。全年工业增加值完成5380.53亿元，增长19.3%，拉动全市经济增长9.2个百分点，贡献率达到56.3%；全部工业总产值完成21523.32亿元，增长28.7%。规模以上工业总产值20857.72亿元，增长29.2%；其中，轻工业总产值3524.47亿元，增长40.0%，重工业总产值17333.25亿元，增长27.2%。主要工业产品产量继续增长(见表3)。

表3　主要工业产品产量

产品名称	单位	产量	比上年增长(%)
发电量	亿千瓦时	619.08	11.1
天然气	亿立方米	18.43	7.2
汽　油	万吨	178.18	12.3
乙　烯	万吨	134.26	22.9
水　泥	万吨	765.53	16.5
生　铁	万吨	2096.98	11.7
粗　钢	万吨	2295.75	8.9
成品钢材	万吨	5163.77	15.9
#无缝钢管	万吨	338.51	3.0
汽　车	万辆	77.44	4.9
两轮脚踏自行车	万辆	2233.26	0.1
移动电话机	万部	9061.68	7.9
锂离子电池	亿只	4.57	29.3
电子元件	亿只	5320.34	14.7
布	万米	27791.96	9.1
服　装	万件	14129.97	2.7

主要行业支撑作用显著。全年航空航天、石油化工、装备制造、电子信息、生物医药、新能源新材料、轻纺和国防八大优势产业完成工业总产值18881.52亿元，增长29.0%，占全市规模以上工业的比重为90.5%。高新技术产业产值完成6487.93亿元，占规模以上工业的31.1%。高耗能行业增速放缓，黑色冶金、电力热力、化学原料及制品、石油加工、石油和天然气开采、非金属矿物制品等六大高耗能行业增加值分别增长17.6%、9.3%、17.5%、20.9%、9.4%和15.0%，均低于全市平均水平。

企业效益持续增加。全年规模以上独立核算工业企业完成主营业务收入20711.91亿元，同比增长26.5%；实现利税总额2777.58亿元，增长42.0%，其中，利润1669.26亿元，增长39.5%。在37个工业行业大类中，有36个行业实现盈利，30个行业利润同比增长。盈利居前的五大行业分别是：石油和天然气开采业(616.31亿元)、交通运输设备制造业(156.63亿元)、黑色金属冶炼及压延加工业(130.82亿元)、煤炭开采和洗选业(96.78亿元)和通信设备计算机及其他电子设备制造业(94.70亿元)。

建筑业

建筑业保持平稳发展。全年建筑业增加值完成497.49亿元，增长8.6%；总产值完成2925.57亿元，增长20.7%。房屋建筑施工面积10007.97万平方米，增长32.3%；房屋建筑竣工面积2527.68万平方米，增长4.5%。年末全市有总承包和专业承包资质的建筑企业1534家，实现利润71.42亿元，增长7.5%；上缴税金89.52亿元，增长14.6%。

交通邮电

全年交通运输、仓储及邮政业增加值完成698.98亿元，比上年增长10.6%。

客货运输业务量稳定增长。全年客运量完成25330.79万人，增长2.1%。其中，公路22053.33万人，增长1.1%；铁路2801.30万人，增长8.0%。货运量完成44651.25万吨，增长8.6%。其中，公路23426万吨，增长12.3%；铁路7286.02万吨，增长5.1%；水路12710.70万吨，增长5.2%。旅客周转量完成342.14亿人公里，增长7.1%。其中，公路133.92亿人公里，增长1.5%；铁路148.38亿人公里，增长8.4%。货物周转量完成10121.44亿吨公里，增长2.4%。其中，公路266.70亿吨公里，增长15.3%；铁路296.14亿吨公里，下降1.9%；水路9552.63亿吨公里，增长2.2%。

北方国际航运中心和物流中心建设取得积极进展。北方国际航运中心核心功能区建设方案获国务院批复，国际船舶登记、国际航运税收、航运金融和租赁业务等试点启动实施。全年港口货物吞吐量完成4.53亿吨，增长9.7%。其中，进港2.27亿吨，增长6.6%；出港2.26亿吨，增长13.1%。集装箱吞吐量完成1159万标准箱，增长14.9%。全年天津机场共完成运输7.4万架次，增长1.1%。机场旅客吞吐量755.42万人次，增长3.8%；货邮吞吐量

18.29 万吨，下降 9.7%。服务辐射功能不断增强。外省市经由天津口岸进出口总额占比为 59.8%。内陆“无水港”发展到 21 个。

邮政电信规模进一步扩大。全年邮电业务总量完成 180.78 亿元，增长 13.2%。其中，电信业务总量 159.10 亿元，增长 12.7%；邮政业务总量 21.68 亿元，增长 17.0%。全年发送邮政函件 17053.43 万件，增长 14.6%；其中，快递 5803.03 万件，增长 33.9%。年末公网固定电话用户 333.81 万户，下降 9.0%；移动电话用户 1234.66 万户，增长 13.2%。互联网用户 819.28 万户，增长 17.3%；其中，宽带接入用户 190.19 万户，增长 9.3%。全年公网电话本地通话量 56.76 亿次，下降 16.1%；长途电话通话量 13.02 亿次，增长 25.1%，其中，国际及港澳台长途电话 0.25 亿次，增长 31.6%。短信业务总量 133.05 亿条，增长 5.6%。

公共交通服务规模进一步扩大。全年公交客运量 13.01 亿人次，比上年增长 5.1%；新辟公交线路 13 条，优化调整线路 25 条，更新车辆 791 辆；年末全市公交线路 523 条，运营车辆 7686 辆。更新出租汽车 1020 辆，总数保持 31940 辆。地铁客运量 4853.61 万人次，增长 16.1%。轻轨客运量 2585.48 万人次，增长 15.3%。

民用汽车拥有量增长较快。截至年末，全市民用汽车拥有量达到 206.56 万辆，增长 17.3%；其中，轿车拥有量 122.98 万辆，增长 22.9%。民用私人汽车拥有量达到 169.22 万辆，增长 19.4%；其中，轿车拥有量 106.80 万辆，增长 25.6%。当年新注册民用汽车 33.21 万辆，增长 6.8%；其中，新注册轿车 22.54 万辆，增长 9.5%。

国内商业和旅游

全年批发和零售业增加值完成 1377.06 亿元，比上年增长 18.1%。住宿和餐饮业增加值完成 186.22 亿元，增长 10.0%。

消费市场持续活跃。全年批发和零售业销售额超过两万亿元，达到 20831.44 亿元，增长 33.2%；住宿和餐饮业营业额 494.81 亿元，增长 27.1%。社会消费品零售总额 3395.06 亿元，增长 18.7%。其中，城镇消费品零售总额 3227.09 亿元，增长 19.3%；乡村消费品零售总额 167.97 亿元，增长 8.3%。大悦城、水游城、佛罗伦萨小镇、红星国际广场等大型商业设施建成开业，促进了商品市场繁荣。汽车、石油及制品、金属材料等成为消费热点。全年限额以上批零企业销售额中，汽车类增长 47.9%，石油及制品类增长 31.3%，金属材料类增长 42.9%，三大类别销售额合计比重达到 72.7%。

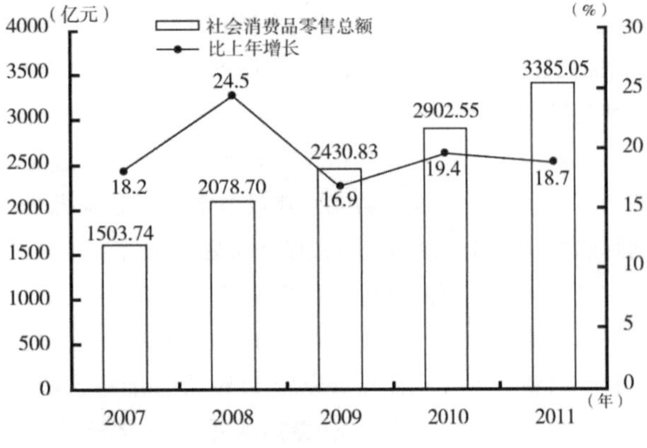

图 4 2007—2011 年社会消费品零售总额及增长速度

旅游业快速发展。海河风光游等旅游线路持续升温，成为展示城市形象的重要窗口。邮轮母港接待来津旅游观光的国际豪华邮轮 39 艘，接待出入境游客 7.2 万人次。年末全市有星级宾馆 112 家，旅行社 368 家，其中国际旅行社 20 家。A 级景区 65 个，工农业旅游示范点 14 个。全年接待入境旅游者 200.44 万人次，比上年增长 20.7%；其中，外国人 183.67 万人次，增长 20.0%。旅游外汇收入 17.56 亿美元，增长 23.7%。接待外省市游客人数比上年增长 12.4%，国内旅游收入增长 20.2%。全市 25.80 万人次出国出境旅游，增长 7.1%；旅游支出 40.50 亿元，增长 15.7%。

金融业

全年金融业增加值完成 701.79 亿元，比上年增长 16.3%。

金融改革创新进一步深化。累计注册股权投资基金企业及管理机构 2408 家，启动外资股权投资基金试点。融资租赁法人机构达到 56 家，业务合同余额超过 2200 亿元。73 家小额贷款公司开业运营，累计发放贷款 147 亿元。累计引进 20 家保理公司。

存贷款稳定增长。截至年末，全市金融机构(含外资)本外币各项贷款余额 15924.71 亿元，同比增长 15.7%，比上年末回落 7.8 个百分点。当年新增贷款 2162.97 亿元，同比少增 451.30 亿元。其中，新增短期贷款 979.99 亿元，新增中长期贷款 732.87 亿元，新增融资租赁 428.02 亿元，新增票据融资 68.23 亿元。年末全市各项存款余额 17586.91 亿元，同比增长 6.7%，比上年末回落 12.1 个百分点。当年新增存款 1094.37 亿元，同比少增 1508.21 亿元。其中，新增单位存款 361.15 亿元，新增个人存款 688.34 亿元。

证券市场交易平淡。年末全市在沪深两市上市公司 37 家，其中当年上市 1 家。全年各类证券交易额 12839.36 亿元，比上年下降 16.9%。其中，股票交易额 11161.17 亿元，下降 24.7%；债券交易额 25.52 亿元，增长 36.6%；基金交易额 190.12 亿元，增长 29.5%。年末证券账户开户 275.74 万户，增长 3.9%。全年期货市场成交量

3412.61 万手，同比下降 27.8%；成交额 41574.31 亿元，下降 4.2%。

保险业稳健运行。年末全市共有保险总公司 4 家，分公司 46 家，各类保险支公司、营业部及营销服务部 527 家，专业中介机构 91 家，兼业代理机构 2800 余家。全年保费收入 211.74 亿元，增长 13.6%。其中，财产险收入 75.10 亿元，增长 15.3%；人身险收入 136.64 亿元，增长 12.6%。全年赔款给付 66.17 亿元，增长 27.5%。其中，财产险赔付 35.51 亿元，增长 11.2%；人身险赔付 30.66 亿元，增长 53.6%。

房地产业

住宅用地有所减少。全市土地供应总量 8628.15 公顷，比上年增长 27.9%。其中，工矿仓储用地 3962.47 公顷，增长 50.6%；住宅用地 2206.44 公顷，下降 14.2%。

房地产市场稳中回落。全年房地产业增加值完成 427.28 亿元，比上年增长 5.5%。全年房地产开发投资 1080.04 亿元，增长 24.6%。商品房销售面积 1643.11 万平方米，增长 8.5%；销售额 1473.11 亿元，增长 14.9%，增幅比上年回落 2.2 个百分点。存量房交易面积 581.22 万平方米，交易金额 434.09 亿元，比上年分别下降 24.2%和 13.3%。

二、改革开放

对外贸易

外贸进出口总额超过千亿美元。全年外贸进出口总额达到 1033.91 亿美元，增长 25.9%。其中，出口 444.98 亿美元，增长 18.7%；进口 588.93 亿美元，增长 32.0%，快于出口增速 13.3 个百分点。对美国、欧盟、韩国、日本四大传统市场出口保持稳定，分别增长 1.7%、22.3%、10.9%和 20.5%，合计出口占全市的 53.8%。对东盟、俄罗斯、澳大利亚等新兴市场出口增势强劲，分别增长 44.7%、38.5%和 33.3%。贸易结构进一步改善。一般贸易出口 177.64 亿美元，增长 25.9%，领先于加工贸易 12.3 个百分点，占全市出口的比重为 39.9%，同比提高 2.3 个百分点。机电产品出口 307.8 亿美元，高新技术产品出口 173.5 亿美元，分别占全市出口的 69.2%和 39.0%。

招商引资

利用外资规模持续扩张。全年新批外商投资企业 634 家，合同外资额 168.37 亿美元，增长 10.1%；实际直接利用外资 130.56 亿美元，增长 20.4%。服务业实际利用外资 72.26 亿美元，增长 25.9%，占全市的 55.3%；其中，租赁和商务服务业增长 1.2 倍，房地产业增长 1 倍。制造业实际利用外资 57.01 亿美元，增长 14.9%。在津投资的世界 500 强企业累计达到 150 家。香港在津投资规模保持领先地位，合同外资额和实际到位额分别占全市的 49.2%和 48.0%；日本在津投资增势迅猛，合同外资额和实际到位额分别增长 1.7 倍和 88.3%。

利用内资保持较快增长。全年实际利用内资首次突破 2000 亿元，达到 2085.87 亿元，增长 27.7%；其中，引进服务业到位资金 1487.5 亿元，占全市的 71.3%。新引进国内 500 强优势企业 43 家。

经济合作与交流

服务外包迅速发展。全年服务外包合同额 9.33 亿美元，增长 1.2 倍；服务外包执行额 6.08 亿美元，增长 78.9%，其中，离岸执行额 3.94 亿美元，增长 91.4%。

对外承包工程和劳务合作业务较快增长。全年对外承包工程合同额 19.44 亿美元，增长 11.9%；营业额 29.91 亿美元，增长 22.0%。截至年末，全市在境外劳务人员 1.61 万人，增长 26.8%。对外投资增势强劲。当年中方境外投资 18.36 亿美元，增长 7.8 倍。年末境外投资涉及的国家和地区达到 98 个。技术引进工作持续稳定开展。当年技术引进合同 489 项，合同金额 15.3 亿美元，增长 25.2%。全市外资研发中心达到 28 个。

对口支援深入开展。新一轮援疆工作实现良好开局，全年财政资金投入 4.8 亿元，启动实施 63 个援疆项目，完工 60 个。对口支援西藏昌都、青海黄南州、甘肃和重庆万州工作顺利推进。

滨海新区

滨海新区龙头带动作用突出。滨海新区生产总值完成 6206.87 亿元，按可比价格计算，比上年增长 23.8%。规模以上工业总产值完成 12732.22 亿元，增长 29.4%；全社会固定资产投资 3702.12 亿元，增长 32.0%；社会消费品零售总额 882.53 亿元，增长 24.3%；实际直接利用外资 85.02 亿美元，增长 20.8%。

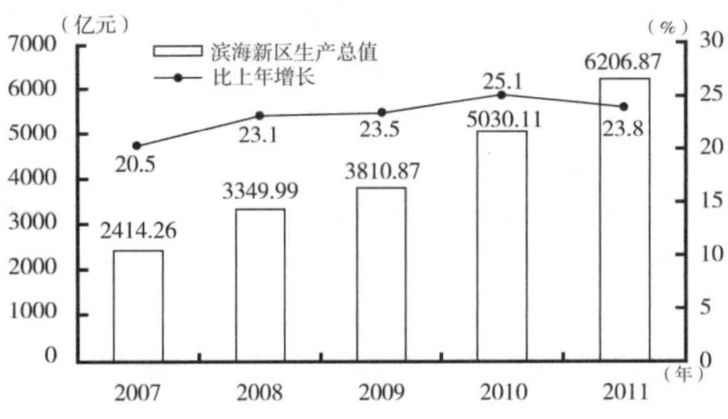

图 5 2007—2011 年滨海新区生产总值及增长速度

新一轮开发开放步伐加快。滨海新区综合配套改革第二个三年计划启动实施，“十大战役”全面推进，功能区开发与招商引资同步进行。东疆保税港区二期具备封关条件。中新天津生态城起步区基础设施基本建成。中心商务区加快建设，铁狮门和罗斯洛克金融中心等项目启动，五矿大厦投入运营。南港工业区、临港经济区建港造陆23平方公里，北方重装基地、中石油原油储备库、中粮油生物化工等项目建成投产，中船重工造修船基地建设加快推进。中航直升机、长城汽车一期、软件及服务外包产业基地一期建成，新一代运载火箭等项目顺利实施。

国有企业改革

国有企业改制面继续扩大。通过股权转让、增资扩股、合资合作等多种形式实施国有企业改制58户，累计完成市属国有企业改制3642户，改制面达到96.8%。

国有资产保值增值取得新进展。天津产权交易中心公开挂牌转让完成交易的国有产权项目275宗，成交金额137.92亿元，增值率达13.2%。

三、城市建设和管理

城市载体功能

基础设施建设全面提速。全年基础设施投资完成1567.78亿元，增长8.8%。滨海国际机场二期开工建设。西站综合交通枢纽、铁路南站投入运营，京沪高铁天津段建成通车，津保铁路、津秦客运专线、地下直径线加快建设。津宁、国道112等高速公路和团泊快速路竣工，全市高速公路通车里程达到1100公里。地铁9号线试运行，2、3号线装修调试，5、6号线加快建设。南水北调天津境内干线工程全面建成。新增供排水、供气、供热等地下管网1000公里。年末城市铺装道路长度5764.56公里，增长6.0%；铺装道路面积9986.12万平方米，增长9.0%。

公用事业服务水平不断提升。全社会用电量695.15亿千瓦时，增长7.7%。全年新增供热面积2040万平方米。更新改造老住宅供水、供气管道11万户，新建一批菜市场、农村消费品连锁店，建成人行天桥20座，增设交通安全岛45处，新增停车泊位2万个。

市容环境

生态宜居城市建设迈出新步伐。启动第二个生态市建设三年行动计划。高标准实施清水工程，综合治理卫津河、复兴河等38条河道。城镇污水处理率达到87.5%。当年造林27.3万亩。第一热电厂关停，供热转换顺利完成。环境空气质量二级以上良好天数达到320天，占总监测天数的87.7%。饮用水源地水质达标率保持100%。新创建“安静居住小区”23个。西青区建成国家生态区，全市23个镇完成创建生态镇任务。全市共有环境监测站21个，自然保护区8个，自然保护区面积9.11万公顷。

高标准实施市容环境综合整治。整修建筑5239栋，整治道路571条、社区350个，新建和改造公园22个，新建和提升绿地2427万平方米，建成区绿化覆盖率提高到31.6%。海河夜景灯光体系进一步提升，群众生活环境得到明显改善。

安全生产和质量监督

安全生产形势总体稳定。全年各类安全事故共死亡1032人，比上年下降5.5%。其中，道路交通事故死亡908人，火灾死亡17人。亿元生产总值生产安全事故死亡人数为0.096人，比上年下降18.8%。

产品质量整体水平持续提升。培育认定天津名牌111个，全市地理标志产品达到10种。年末全市产品质量检验机构401个，其中国家检测中心23个，全年发放产品认证证书5262张，发放工业产品生产许可证（含QS)3659张；计量检定技术机构48个，全年强制检定计量器具188万台(件)。全年天津口岸截获植物检疫性有害生物235种、共2869批次，检出动物疫情6种、共18批次。

四、科教文卫事业

科技

科技创新体系进一步发展。全社会研发经费支出占生产总值的比重提高到2.6%。新认定高新技术企业156家，获得国家级新产品认定20项。科技型中小企业累计达到2.1万家。国家数字出版基地云计算中心投入运营。截至年末，全市有国家级重点实验室9个，国家部委级重点实验室43个，国家级工程(技术)研究中心33个，国家高新技术产业化基地16个，国家级企业技术开发中心29家，市级企业技术开发中心370家。

科技项目硕果累累。综合科技水平继续位居全国第三位。全市16项科技成果获得国家科学技术奖，涉及新能源新材料、生物医药、电气工程、水利水电等多个领域，获奖数量为近三年来最多。全年完成市级科技成果2020项，其中，基础理论成果75项，应用技术成果1917项，软科学成果28项；属于国际领先水平的59项，达到国际先进水平331项。全年签订技术合同11726项，合同额171.59亿元，增长43.2%；交易额113.99亿元，增长16.7%。

知识产权水平达到新高度。当年专利申请36258件，同比增长44.2%；专利授权13982件，增长30%；年末有效专利拥有量突破4万件，达到40016件，增长34.9%。当年提出专利申请的企业3126家，其中1200余家科技型中小企业实现专利申请“零突破”，拥有专利的企业达到4366家。全市每万人口发明专利拥有量达到6.3件，居全国第三位。

人才队伍不断壮大。全年从外省市引进落户人才3714人，是上年的1.4倍；引进海外留学人员1800人，总数达到1.7万人。实施“三年引进千名高层次人才”计划，引进332名拥有自主知识产权、掌握关键技术的高端人才。启动新一轮“131”创新型人才培养工程。新建博士后流动站、工作站12个，总数达到210个，在站博士后860余人。高级以上技术工人达到31.60万人，同比增长6.0%。

教育

年末全市有各级各类学校1554所，其中，普通高校55所，中等专业学校40所，职业中学27所，技工学校33所，普通中学525所，小学874所，在校学生总数达到154.32万人。全市新增劳动力平均受教育年限为14.81年。

基础教育发展更加优质均衡。大力实施学前教育三年行动计划，新建、扩建和改造提升幼儿园485所，“入园难”问题得到一定缓解，年末全市幼儿园在园幼儿22.61万人，比上年增加0.8万人。全市小学招生10.01万人，毕业8.46万人，年末在校51.85万人，专任教师3.75万人；普通中学招生14.33万人，毕业15.07万人，年末在校44.74万人，专任教师4.10万人。年末全市特殊教育学校20所，在校学生2647人，专任教师535人。

高等教育综合实力不断增强。高等院校博士、硕士学位授权一级学科分别增加19个和91个，大学软件学院投入运行，全国高校科技创新成果转化中心启动建设。全市普通高校共招收本专科学生13.31万人，毕业10.87万人，年末在校44.97万人，专任教师2.89万人。招收研究生1.61万人，毕业1.06万人，年末在校4.61万人，指导教师6507人。成人高校年末在校学生6.66万人。全年发放国家助学贷款8494万元，惠及贫困学生4836人次。

职业教育改革加快推进。成功举办第四届全国职业院校技能大赛。海河教育园区一期工程完成，7所职业院校6.5万名师生迁入新校区。国家职业教育改革创新示范区起步建设，职业教育资源共享平台建设加快，职业技能公共实训中心建成，13所中职学校进入国家中等职业教育改革发展示范校建设行列。年末在校学生中，中等专业学校7.22万人，职业中学2.70万人，技工学校2.84万人，成人中专0.89万人。

卫生

医疗卫生布局进一步优化。医大总医院、肿瘤医院、人民医院等改扩建项目投入运营，中医一附院、胸科医院等建设进展顺利。年末全市有各类卫生机构4431个，其中，医院、卫生院461个，社区卫生服务中心95个，卫生防疫机构24个，妇幼保健机构23个。卫生机构床位49423张，其中，医院、卫生院44661张，社区卫生服务中心2851张。卫生技术人员7.33万人，其中，执业医师及执业助理医师2.98万人，注册护士2.58万人。

公共卫生服务水平不断提高。基层医疗卫生服务体系进一步完善，完成6个区县医院和中医院、11个社区卫生服务中心和乡镇卫生院、657个村卫生室标准化建设，完成首批全科医生临床规范化培训。公办基层医疗机构实行基本药物零差率销售。18项基本公共卫生服务政府补助标准由人均20元提高到30元。持续实施妇女儿童健康行动计划，受益人群达到289.2万人次。

文化

公共文化服务体系更加完善。市文化中心主体工程完工，杨柳青木板年画博物馆建成开馆，李叔同故居纪念馆对外开放，平津战役纪念馆提升改造完成。年末全市有艺术表演团体38个，文化馆18个，博物馆19个，公共图书馆31个，电影放映单位55个。全市广播节目达到21套，市级电视节目36套。有线电视用户达到270万户，其中数字电视用户230万户。全年摄制电影故事片7部。京剧《无旨钦差》、歌剧《原野》、电视剧《解放》等一批优秀文艺作品荣获大奖。

文化产业快速发展。全年文化产业增加值392.73亿元，现价增长29.6%，占全市生产总值的3.5%。国家动漫产业综合示范园投入使用，动漫产业公共技术服务平台达到世界领先水平。成功举办2011年中国(天津)演艺产业博览会，观众近5万人次，现场成交额2.3亿元，协议成交额近5亿元。文化体制改革继续深化，组建天津广播电视台、天津广播电视传媒集团。

体育

竞技体育捷报频传。全年在国内外大赛上共获得69枚金牌，其中，国际比赛获得40枚金牌，全国高水平比赛获得29枚金牌。女子排球九年八次取得联赛冠军，男子足球问鼎足协杯。群众体育蓬勃开展。举办第二届全民健身运动会、第七届农民运动会，新建和更新改造1500个健身园和30个体育公园。承办世界女子水球总决赛等大型赛事，获得2017年第十三届全国运动会的举办权。全年体育彩票销量超过25亿元，增幅达63%，再创历史新高。

五、人民生活

收入与消费

居民收入稳步增长。认真落实增加居民收入20项措施，最低工资标准由920元增加到1160元，提高26%，颁布新的工资指导线，推进工资集体协商，连续第七年调增企业退休人员养老金。全年城镇单位从业人员人均劳动报酬58635元，增长13.9%。城市居民人均可支配收入26921元，增长10.8%。农村居民人均可支配收入增长15.5%。

居民消费水平不断提高。全年城市居民家庭人均消费性支出18424元，增长11.2%。其中，服务性消费支出4683元，增长8.9%；商品性消费支出13741元，增长12.1%，快于服务性消费支出3.2个百分点。城市居民恩格尔系数为36.2%。年末每百户城市居民家庭拥有家用汽车20.3辆，比上年末增加4.2辆；电脑95.6台，增加4.4台；移动电话217部，增加11.8部。

社会保障

保障能力不断增强。社会保险体系由制度全覆盖向人员全覆盖延伸，在全国率先实施全民医疗保险和意外伤害附加保险制度。截至年末，城镇职工基本医疗保险参保人员474.52万人，城乡居民基本医疗保险参保人员498.30万人，城镇职工基本养老保险参保人员458.70万人，城乡居民基本养老保险参保人员97.80万人，失业保险参保职工258.75万人，工伤保险参保职工320.42万人（见表4）。职工五项社会保险基金总收入510.6亿元，增长18.1%；其中，养老保险基金收入335.8亿元，增长20.4%。

表4　各类社会保险参保人数

指　标	参保人数(万人)	比上年增长(%)
城镇职工基本医疗保险	474.52	1.0
城乡居民基本医疗保险	498.30	2.5
城镇职工基本养老保险	458.70	6.3
城乡居民基本养老保险	97.80	6.0
失业保险	258.75	5.1
工伤保险	320.42	5.2
生育保险	234.60	10.6

保障性住房建设加快推进。全年保障性住房投资完成306.77亿元，占房地产开发投资的28.4%。全年开工建设保障性住房1600万平方米、23.9万套，发放租房补贴8.5万户。年末城市人均住宅建筑面积32.77平方米，同比增长4.8%。

社会福利与救助

社会福利与救助水平进一步提高。城镇低保标准由450元调整为480元，农村低保标准由250元调整为280元，优抚抚恤、特困救助、农村五保供养、老年人生活补贴标准等都有新的提高。政府抚恤、补助各类优抚对象3.02万人；城乡低保对象27.77万人，其中城镇17.93万人。完善价格补助联动机制，受益群众由18.4万人增加到33.7万人。年末全市各类福利院有床位3.28万张，同比增长14.5%；在院收养2.04万人，增长15.5%。当年新安排残疾人就业3070人。全市11个救助站全年救助5046人。接受社会捐赠2790.6万元，销售社会福利彩票16.07亿元，筹集彩票公益金4.86亿元。

注：

1.2011年各项统计数据为快报数。

2.全市生产总值、各产业增加值绝对数按当年价格计算，增长速度按可比价格计算。

3.从2011年1月起，规模以上工业统计的起点标准从年主营业务收入500万元提高到2000万元，固定资产投资统计的起点标准从计划总投资额50万元提高到500万元。

4.从2011年1月起，国家统计局实施新的工业生产者价格统计调查制度方法，将“工业品出厂价格指数”和“原材料、燃料、动力购进价格指数”分别改称为“工业生产者出厂价格指数”和“工业生产者购进价格指数”。

5.城镇职工基本医疗保险和养老保险的参保对象为城镇职工和退休人员，城乡居民基本医疗保险和养老保险的参保对象为城乡非从业人员。

2011年天津百件大事

1. 20项民心工程

1月5日，市委召开常委(扩大)会议，研究实施2011年20项民心工程。市委书记张高丽主持并讲话。20项民心工程是：改善住房条件；扩大就业规模；提高群众收入；发展公共卫生；促进教育事业；完善社会保障；缓解出行难；加快公交发展；完善养老服务；加快社区建设；提升市容环境；打造绿色天津；改善环境质量；改造供水管网；延伸燃气管网；方便市民健身；建设村镇设施；实施文化惠农；关爱残疾人生活；建设和谐天津。

2. 陕西省政府代表团在津考察

1月10日至11日，由省委副书记、代省长赵正永率领的陕西省政府代表团在津考察。市委书记张高丽，市委副书记、市长黄兴国在迎宾馆会见赵正永一行。两省市召开加强经济与社会发展合作座谈会。

3. 市政协十二届四次会议

1月15日至18日，中国人民政治协商会议天津市第十二届委员会第四次会议在天津礼堂举行。市政协主席邢元敏主持会议。市政协副主席王文华作常委会工作报告，市政协副主席何荣林作提案工作报告。会议增补饶子和为市十二届政协副主席；补选于树香、马春波、王二林、王以鸿、王志铭、宋杰、张同庆、张怀亭、张桂祥、陈彦云、周思纯、荣华、郭林、廖晓愚为常务委员会委员。会议通过市政协十二届四次会议关于常委会工作报告的决议；通过市政协十二届委员会提案委员会关于市政协十二届四次会议提案审查情况的报告；通过市政协十二届四次会议政治决议。

4. 市十五届人大四次会议

1月16日至20日，天津市第十五届人民代表大会第四次会议在天津礼堂举行。市长黄兴国作《关于天津市国民经济和社会发展第十二个五年规划纲要的报告》。史志工作首次进入政府工作报告，对天津修志工作具有里程碑意义。肖怀远当选市十五届人大常委会主任，李泉山当选常委会副主任，马鹤亭等当选常委会委员。大会通过天津市第十五届人民代表大会第四次会议关于《天津市国民经济和社会发展第十二个五年规划纲要》和《纲要》报告的决议、关于天津市2010年国民经济和社会发展计划执行情况与2011年国民经济和社会发展计划的决议、关于天津市2010年预算执行情况及2011年预算的决议。

5. 社会科学优秀成果颁奖大会

1月28日，天津市第十二届社会科学优秀成果颁奖大会在天津礼堂召开。市人大常委会主任肖怀远出席并颁奖。全市77个局级以上单位申报，评出特别奖1项，一等奖29项，二等奖27项，三等奖150项。

6. 调结构增活力上水平动员大会

2月10日，天津市“调结构、增活力、上水平”活动动员大会暨新一批重大项目建设现场推动会在中航直升机公司举行。市委书记张高丽出席并讲话。市长黄兴国作部署。市人大常委会主任肖怀远，市政协主席邢元敏出席会议。市委副书记何立峰主持会议。会议决定，从2月10日至8月31日，在全市开展“调结构、增活力、上水平”活动。其间，市、区县、乡镇三级党政机关4329名干部组成600多个工作组，深入9100多家企业和基层单位，解决5600多个实际问题，帮扶对象满意率96%以上。出台新的促进经济发展30条政策措施。全市三级党政机关24小时开门服务，共解决问题24.9万个。行政审批服务效能进一步提升，在全国率先实现区县行政审批统一规范。

7. 孔祥瑞、刘生友当选全国十大高技能人才楷模

2月13日，由中组部、人力社保部等十部委联合开展的全国十大高技能人才楷模评选活动揭晓，天津市“蓝领专家”孔祥瑞、“织机维修专家”刘生友摘得桂冠，天津市也成为全国第一个两人同时获得该奖项的城市。该奖项每4年评选一次，此次是第二届。

8. 天津医科大学启动国家重大科研项目

2月19日，国家重大科学研究计划项目“基于纳米技术的肝癌早期诊断的研究”在津启动。该项目由天津医科大学张宁教授担任首席科学家，获国家经费资助2300多万元，项目研发旨在通过运用纳米技术提高早期肝癌检出率，降低死亡率。

9. 哈萨克斯坦总统纳扎尔巴耶夫访津

2月23日，哈萨克斯坦总统努·纳扎尔巴耶夫率代表团20余人访津。中共中央政治局委员、市委书记张高丽在迎宾馆会见客人。哈萨克斯坦国务秘书兼外交部长卡·萨乌达巴耶夫,第一副总理、哈中合作委员会哈方主席乌·舒克耶夫等一同到津。市长黄兴国,铁道部党组书记盛光祖参加会见并陪同考察。

10. 李长春参加十一届全国人大四次会议天津代表团全体会议

3月7日,中共中央政治局常委李长春参加在人民大会堂天津厅举行的十一届全国人大四次会议天津代表团全体会议,与代表们一起审议政府工作报告。李长春强调,要加强对文化产品创作生产的引导,多出优秀作品、多出优秀人才,充分发挥文化教育人民、引导社会、推动发展的作用。市委书记张高丽主持会议,市委副书记、市长黄兴国汇报天津经济社会发展情况,市人大常委会主任肖怀远参加审议。文化部部长蔡武、广电总局局长蔡赴朝到会听取意见建议。

11. 地方志工作会议

3月8日,天津市召开全市地方志工作会议。市委常委、常务副市长、市地方志编修委员会副主任杨栋梁出席会议并讲话。市人大常委会副主任李泉山主持会议。市政府副秘书长吴初,市政府副秘书长、市政府办公厅主任杨金海出席会议。市地方志办公室主任苏长伟作工作报告。市地方志编修委员会委员,各区县、各部门分管修志工作的领导及修志负责人150余人参加会议。

12. 周永康在天津考察

3月21日至22日,中共中央政治局常委、中央政法委书记周永康和随行的国务委员、公安部部长孟建柱,在津深入企业、港口、社区和基层政法单位进行考察调研。市委书记张高丽,市长黄兴国,市人大常委会主任肖怀远,市政协主席邢元敏,市委副书记何立峰陪同考察或出席座谈会。

13. 天津市与芝加哥市签署协议

3月23日,中共中央政治局委员、市委书记张高丽,市委副书记、市长黄兴国在迎宾馆会见到津访问的美国芝加哥市市长理查德·戴利一行。黄兴国与理查德·戴利共同签署两市进一步加强友好交流与合作关系协议书。理查德·戴利还被授予天津市荣誉市民称号。

14. 内蒙古自治区党政代表团在津考察

3月24日,由自治区党委书记、人大常委会主任胡春华,自治区党委副书记、主席巴特尔率领的内蒙古自治区党政代表团到津考察。市委书记张高丽,市长黄兴国,市人大常委会主任肖怀远,市政协主席邢元敏,市委副书记何立峰中午在迎宾馆会见代表团一行。黄兴国与巴特尔共同签署《天津市人民政府、内蒙古自治区人民政府关于进一步加强经济与社会发展合作协议》。

15. 解放军滨海新区军事部成立

3月29日,中国人民解放军天津市滨海新区军事部成立大会举行。北京军区副司令员张宝书,市委副书记、滨海新区区委书记何立峰出席会议并讲话,共同为军事部揭牌。市委常委、天津警备区政委谢建华主持会议并宣读滨海新区军事部成立命令、党委常委任职命令和军政主官任职命令,天津警备区司令员董泽平讲话,一起为滨海新区国防动员委员会揭牌。

16. 科学技术奖励大会

3月30日,天津市科学技术奖励大会在天津礼堂召开。市委书记张高丽出席并讲话。市长黄兴国主持会议。市人大常委会主任肖怀远,市政协主席邢元敏,市委副书记何立峰出席。副市长王治平宣读天津市人民政府《关于颁布2010年度天津市科学技术奖的决定》。市领导为获奖代表颁发获奖证书。2010年度,全市有13项科技成果获得国家科学技术奖,214项科技成果获得天津市科学技术奖。

17. 海河教育园区7所职业院校同时开学

4月2日,海河教育园区,5所高职学院和2所中职学校同时开学,6.5万名师生开始新的学习生活。市委书记张高丽,市长黄兴国,教育部副部长鲁昕察看海河教育园区并出席座谈会听取有关情况汇报。市委常委、市委教育工委书记苟利军主持座谈会。市委常委、市委秘书长段春华,市人大常委会副主任李泉山,副市长张俊芳、熊建平参加。天津海河教育园区坐落于海河中游南岸、中心城区和滨海新区"双城"间的"黄金走廊"地带,总体规划37平方公里,办学规模20万人。

18. 天津女排勇夺五连冠

4月3日,天津女排在2010—2011赛季全国女排联赛总决赛中,在0:2落后的不利局面下连扳三局,以3:2逆转击败广东恒大队,以总比分2:1艰难卫冕,斩获九年联赛第八个冠军的同时,也成为"五连冠"的球队。天津队主教练刘晓明当选赛季最佳教练,魏秋月当选最受欢迎运动员。

19. 房地产交易会

4月21日至25日,2011年春季天津房地产交易会举行。累计超过14万群众观展、成交各类房屋1151套、93800平方米。其中,新建商品住宅成交604套、55794平方米、平均价格9537元/平方米;二手住宅成交296套、20842平方米、平均价格8546元/平方米;房屋租赁成交251套、17164平方米。

20. 顾金钟荣获三项全国荣誉

4月28日《天津日报》载,国家人力资源和社会保障部、公安部日前作出决定，授予天津市公安局大港分局海滨派出所民警顾金钟全国公安系统一级英雄模范荣誉称号。6月12日，在公安部与中央电视台共同举办的第四届“我最喜爱的人民警察”评选中，顾金钟等来自全国各级公安机关的10位民警当选为“我最喜爱的人民警察”。9月20日，顾金钟、王欣夫妇荣获全国孝老爱亲模范称号。1993年8月5日晚，顾金钟在执行押解任务途中，遭遇车祸不幸造成高位截瘫。因公负伤后的11年里，他自强不息，顽强地与伤残作斗争，于2004年3月拄着双拐重回工作岗位。多年来，他刻苦学习，忘我工作，将派出所40余年的档案索引全部录入电脑，逐步完善了派出所的档案管理和查询系统，极大提高了工作效率，使所在派出所被评为天津市一级档案管理单位。他还主动承担片区户口管理工作，先后承接办理、查阅户口等事项3000余件、1万余人(次)，无一差错，群众满意率100%。他曾荣立个人一等功1次，获嘉奖2次，荣获天津市滨海新区优秀共产党员等称号。新中国成立以来，天津市公安机关共涌现出三位全国公安系统一级英雄模范，他们是公安交管民警戴成江、秦学恩和社区民警顾金钟。

21. 庆祝“五一”表彰大会

4月28日，天津市庆祝“五一”国际劳动节暨表彰劳动模范和模范集体大会在天津礼堂召开。市委书记张高丽出席并讲话。市长黄兴国主持。市人大常委会主任肖怀远、市政协主席邢元敏出席。市委常委、常务副市长杨栋梁宣读《中共天津市委、天津市人民政府关于表彰2010年度市级劳动模范、模范集体和命名“十一五”期间天津市最具影响力劳动模范、模范集体的决定》。2010年天津市有24名个人荣获全国“五一”劳动奖章，11个单位荣获全国“五一”劳动奖状，28个集体荣获全国“工人先锋号”。995名个人和199个集体获市级劳动模范、模范集体称号，孔祥瑞等20人获得“十一五”期间天津市最具影响力劳动模范荣誉称号，天津女子排球队获得最具影响力模范集体荣誉称号，赵建伟等13人获得最具影响力劳动模范提名奖。

22. 新疆维吾尔自治区代表团到津考察

4月27日至28日，新疆维吾尔自治区党委书记张春贤，党委副书记、组织部部长韩勇一行在津考察。市委书记张高丽，市长黄兴国，市人大常委会主任肖怀远，市政协主席邢元敏，市委副书记何立峰会见客人并陪同考察。其间，张春贤、张高丽看望天津市第一至第七批援疆干部和家属代表，在天津城市建设管理职业技术学院看望在津培训的新疆未就业高校毕业生并座谈。两区市有关领导出席第一届中国—亚欧博览会宣传推介和招商引资会、接回新疆籍流浪儿会议。

23. “天河一号”接入互联网

4月29日，“天河一号”千万亿次系统顺利通过验收，实现与互联网连接，正式通过网络对外提供服务。国家超级计算天津中心依托“天河一号”超级计算机，打造5个以高端制造设计、生物医药、资源勘探为主的设计平台，3个驻津高校分中心和2个新型应用方向。由国家超级计算天津中心与北信酷卡(天津)传媒科技有限公司共同搭建，基于“天河一号”超级计算机系统自主研发的渲染管理平台也正式面向国内外提供各种渲染计算服务。据测算，采用普通渲染技术4个小时左右才能渲染完成一帧画面，而采用该平台只需要两点多秒，大大提高了制作效率。

24. 中国租赁业研究中心成立

4月29日，中国租赁业研究中心在滨海新区东疆保税港区揭牌成立，并正式向国内外独家发布其编制的《2010中国融资租赁业发展报告》。该报告已被商务部、银监会、国家税务总局作为权威参考数据。中国租赁业研究中心由天津市租赁行业协会、滨海新区发改委、天津滨海综合发展研究院、东疆保税港区管委会共同组建。

25. 胡锦涛在津考察提出“四个注重”要求

4月29日至5月1日，中共中央总书记、国家主席、中央军委主席胡锦涛在津考察，市委书记张高丽等陪同。考察结束时，听取市委、市政府工作汇报。希望天津市以邓小平理论和“三个代表”重要思想为指导，深入贯彻落实科学发展观，牢牢把握国家支持东部地区率先发展、加快推进天津滨海新区开发开放的重大历史机遇，始终坚持科学发展这个主题和加快转变经济发展方式这条主线，把创新精神和务实作风紧密结合起来，注重加快转变经济发展方式，注重深化改革开放，注重保障和改善民生，注重加强干部队伍建设，在新的起点上开创科学发展新局面、描绘人民幸福生活新画卷，以优异成绩迎接中国共产党成立90周年。中共中央书记处书记、中央办公厅主任令计划，中共中央书记处书记、中央政策研究室主任王沪宁等一同考察。市委副书记、市长黄兴国，市人大常委会主任肖怀远，市政协主席邢元敏，市委副书记何立峰陪同考察或出席汇报会。5月24日至25日，中共天津市委召开九届十次全会，审议通过《中共天津市委关于认真学习贯彻胡锦涛总书记在津考察重要讲话精神，全面落实“四个注重”工作要求的实施意见》。

26. 第二届中欧政党高层论坛天津会议

5月18日，由中联部与天津市共同举办的第二届中欧政党高层论坛天津会议在天津宾馆举行，会议议题是：中欧贸易及经济合作的现状与前景。中共中央政治局委员、市委书记张高丽在迎宾馆会见与会嘉宾。中联部副部长李进军主持会议并致闭幕词。双方初步商定,由欧方于2011年下半年在布鲁塞尔主办此届论坛第二次会议,届时双方将就中欧关系、国际经济治理等共同关心的问题继续深入对话。约200人出席天津会议。

27. 环渤海区域合作市长联席会

5月26日至27日，环渤海区域合作市长联席会第十五次市长会议在津召开。市委书记张高丽在迎宾馆会见环渤海区域合作市长联席会成员市市长等与会嘉宾。市长黄兴国,市委常委、常务副市长杨栋梁出席会议并致辞。住房和城乡建设部总规划师唐凯,国土资源部总规划师胡存智,水利部副部长李国英等出席会议并发言。副市长任学锋主持会议。会议讨论通过日照市成为新成员城市，宣布成立环渤海区域金融合作联席会和环渤海中小企业合作联盟,审议通过《关于加强环渤海区域合作的天津共识》。约220人参加会议。

28. 中新生态城国家动漫产业综合示范园开园

5月27日,中新天津生态城国家动漫产业综合示范园开园仪式举行。市委书记张高丽,中宣部副部长、文化部部长蔡武,市人大常委会主任肖怀远,中纪委驻国家工商总局纪检组组长何昕,市委副书记何立峰,市委常委、常务副市长杨栋梁出席仪式并共同启动开园按钮。市委常委、市委秘书长段春华出席,市委常委、市委宣传部部长成其圣主持仪式。国家动漫产业综合示范园是文化部与天津市共同建设的国家级重大文化产业项目，占地1平方公里,建设面积77万平方米。园区规划建设创意编剧策划区、研发与孵化区、综合服务区、高端设备集成和智能衍生品集成基地、高端办公区、动漫人才培育学校及动漫主题公园七大功能区。

29. 中国·天津第十八届投资贸易洽谈会

5月28日上午，中国·天津第十八届投资贸易洽谈会暨第七届PECC国际贸易投资博览会在天津梅江会展中心开幕。市委书记张高丽会见来宾并宣布开幕。市长黄兴国致辞。中国外商投资企业协会会长石广生,中国商业联合会名誉会长何济海,市人大常委会主任肖怀远,市政协主席邢元敏,市委副书记何立峰出席。副市长任学锋主持。200多家境内外大企业参会。29日下午，津洽会暨PECC博览会投资合作项目签约仪式在天津大礼堂举行,现场签署内外资投资项目60个。展会吸引外地在津投资协议额超过300亿元人民币,外资实现50个投资项目签约,合同外资额超过30亿美元。

30. 第二届天津市道德模范

6月1日《天津日报》载,由市委宣传部、市文明办、市总工会、团市委、市妇联共同组织开展的第二届天津市道德模范评选活动圆满结束。21名第二届天津市道德模范是:魏宏、张俊兰、豆本加、陈立新、吕文霞、王秀敏、安艳江、陈永刚、张长远、李维廉、李辉忠、许志平、孔祥瑞、王宝泉、李刚、徐文华、付玉玲、李嘉禄、王欣顾金钟夫妇、赵静华。

31. 刘云山在天津调研

6月2日至3日,中共中央政治局委员、中央书记处书记、中宣部部长刘云山在天津调研。市委书记张高丽,市委副书记、市长黄兴国,市人大常委会主任肖怀远,市政协主席邢元敏,市委副书记何立峰陪同。人民日报社社长张研农、中宣部副部长蔡名照等随同。市委常委、常务副市长杨栋梁,市委常委、市委教育工委书记苟利军,市委常委、市委秘书长段春华等及有关方面负责人出席座谈会或陪同考察。

32. 第五届中国企业国际融资洽谈会

6月10日至12日,由全国工商联、科技部、美国企业成长协会与天津市共同主办的第五届中国企业国际融资洽谈会在天津梅江会展中心举行。中共中央政治局委员、市委书记张高丽,全国政协副主席、全国工商联主席黄孟复为融洽会启幕。会议突出“科技金融”主题,首届于家堡论坛年会11日在第五届中国企业国际融资洽谈会——科技国际融资洽谈会上举行,中国“入世”谈判首席代表龙永图主持论坛,美国前贸易代表巴尔舍夫斯基女士在论坛上发表《全球化与中美关系》的演讲。首届于家堡论坛年会由于家堡论坛组委会主办,市政府金融服务办公室、天津新金融投资有限责任公司协办。论坛同时拉开《新金融观察》报创刊一周年系列活动帷幕。《新金融观察》报由天津日报社主管主办、天津新金融文化传媒发展有限公司出品，是天津首份高端财经周报，该报为此次于家堡论坛年会提供全程媒体支持。市委常委、副市长崔津渡在论坛开始前致辞。12日,第五届中国企业国际融资洽谈会在梅江国际会展中心落幕,北方航运中心政策解读在此发布,首届于家堡论坛年会由此起航。

33. 津滨高速公路双向通车

6月26日，津滨高速公路改扩建工程全面完工,提前实现双向通车。改造施工过程中,创出全国高速公路建设“潮汐式”导行不断交、国内北方地区公路工程首次使用预制管桩解决新老路基不均匀沉降处理工艺等亮点,为今后陆续实施的高速改扩建工程积累了技术和管理经验。改造后的津滨高速公路,由原双向4车道拓宽为双向6车道,局部达到双向8车道通行。天津收费站由5进口8出口变为8进口13出口(包括3个ETC车道),滨海收费站由5进口8出口变为7进口9出口（包括3个ETC

车道),军粮城收费站也全新亮相。改造后,津滨高速仍为客运专用通道,禁止货车通行。

34. 全国职业院校技能大赛

6月24日至27日,2011年全国职业院校技能大赛在津举行。此届大赛由教育部、天津市政府、人力资源和社会保障部等共同举办,技能大赛涵盖16个专业类别55个比赛项目。大赛有524人获得一等奖,1012人获得二等奖,1533人获得三等奖,1748人获得优秀奖。大赛组委会评选出中职团体奖9个、优秀指导教师奖464个、企业突出贡献奖10个。闭幕式27日上午在海河教育园体育馆举行。中共中央政治局委员、国务委员刘延东出席闭幕式。中共中央政治局委员、市委书记张高丽,全国政协副主席、中华职业教育社理事长张榕明,市委副书记、市长黄兴国等出席。教育部副部长鲁昕主持。

35. 国际生物经济大会

6月26日,2011国际生物经济大会在天津梅江会展中心开幕。中共中央政治局委员、国务委员刘延东出席会议并讲话。中共中央政治局委员、市委书记张高丽宣布大会开幕。全国人大常委会副委员长、农工党中央主席桑国卫,中国科学院院长白春礼出席。市委副书记、市长黄兴国,科技部副部长王志刚,联合国粮农组织驻华代表珀西·米斯卡致辞。科技部副部长王伟中主持。开幕式上,有关生物医药企业对接签署30个合作项目。开幕式后,与会嘉宾参观"2011国际生物经济大会成果展"。国际生物经济大会每两年在津举办一届。此届大会以"发展生物经济、促进民生改善"为主题,包括学术分会、大会展览和专题活动等内容。有200多个国家和地区的企业参展。

36. 天津西站启用

6月30日,天津西站正式启用。天津西站综合交通枢纽工程是京沪高速铁路上的重要节点,2009年4月开工建设,历经两年全面竣工,具备开站条件。新建的天津西站占地面积68万平方米,站房主体结构为地上两层、地下三层,采用上进下出的进出站模式,站房主体高57米,辅楼高20米,拱形结构跨度114米,进站候车大厅南北长度380米,站房建筑面积23万平方米,配套工程建筑面积32万平方米,实现高铁、普铁、地铁、公交、出租车、长途客运的"零换乘",成为多种交通方式有机衔接的现代化大型综合交通枢纽。

37. 中国共产党成立90周年庆祝大会

6月30日上午,天津市庆祝中国共产党成立90周年大会在天津礼堂大剧场隆重举行。市委书记张高丽出席会议并讲话。市委副书记、市长黄兴国主持。市人大常委会主任肖怀远,市政协主席邢元敏出席。市委副书记何立峰宣读《中共天津市委关于表彰天津市"十大时代先锋"、优秀党务工作者标兵和先进基层党组织、优秀共产党员、优秀党务工作者的决定》。

38. 第四届津台投资合作洽谈会

7月6日至10日,由天津市人民政府、国务院台湾事务办公室、海峡两岸关系协会、政协天津市委员会共同主办的第四届津台投资合作洽谈会在天津迎宾馆举行。中共中央政治局委员、市委书记张高丽,全国政协副主席白立忱,海峡两岸关系协会会长陈云林等出席开幕酒会。中共中央台湾工作办公室、国务院台湾事务办公室主任王毅,市委副书记、市长黄兴国,中国国民党副主席林丰正在开幕酒会上致辞。市政协副主席王文华主持开幕酒会。第四届津台投资合作洽谈会,以"抓住机遇,深化对接,扩大合作,实现共赢"为主题,以"ECFA"实施和"十二五"规划起步为契机,进一步深化津台经贸合作。此届津台投资合作洽谈会,签订投资项目24个,签约投资总额153亿元。

39. 朝鲜友好代表团访津

7月9日至10日,由朝鲜最高人民会议常任委员会副委员长杨亨燮率领的朝鲜友好代表团到津访问。中共中央政治局委员、市委书记张高丽,市人大常委会主任肖怀远在迎宾馆会见客人。朝鲜驻华大使池在龙陪同到津,市委常委、市委秘书长段春华,市人大常委会秘书长王世新参加会见或陪同考察。

40. 天津市党政代表团在江西安徽学习考察

7月11日至13日,市委书记张高丽,市委副书记、市长黄兴国,市人大常委会主任肖怀远,市政协主席邢元敏率天津市党政代表团在江西省考察,学习江西省经济社会发展、改革创新和城市规划建设管理的先进经验和做法,深化津赣两省市交流合作。江西省委书记、省人大常委会主任苏荣,省委副书记、代省长鹿心社,省委副书记张裔炯,省政协主席傅克诚会见代表团并陪同考察。7月13日至16日,代表团在安徽省考察,学习安徽省加快改革开放和现代化建设的先进经验,推动两省市交流合作深入发展。安徽省委书记、省人大常委会主任张宝顺,省政协主席王明方,省委副书记、合肥市委书记孙金龙会见代表团并陪同考察。

41. 滨海新区国家863计划伙伴城区试点工作启动

7月18日,滨海新区国家863计划产业化伙伴城区试点工作大会在天津宾馆举行,首批90个国家863计划项目签约。市委书记张高丽、市政协主席邢元敏18日晚在迎宾馆会见出席会议的科技部领导。全国政协副主席、科技部部长万钢,市长黄兴国出席会议并共同启动国家863计划产业化伙伴城区。市委副书记何立峰出席,科技部副部长曹健林讲话,副市长王治平主持。此次签约,有来自高等院校项目12项,科研院所项目29项,企业项目49项。

42. 萨马兰奇纪念馆落户天津

7月19日,萨马兰奇纪念馆建设合作协议签约仪式在津举行,萨马兰奇纪念馆正式落户天津市静海县。市长黄兴国会见国际奥委会委员、国际拳击总会主席吴经国一行,并共同出席签约仪式。国际奥委会终身名誉主席萨马兰奇是继"奥林匹克之父"顾拜旦之后任期最长的国际奥委会主席。他收藏的珍贵物品记载着奥林匹克运动的发展史,具有很高的研究价值和纪念意义。静海县人民政府与吴经国先生经过协商,决定合作建设萨马兰奇纪念馆。纪念馆占地面积约50亩,建筑面积约3万平方米。该项目由静海县负责投资建设,吴经国先生负责提供纪念馆展品,双方共同负责纪念馆的运营管理。项目将在2013年4月21日萨马兰奇先生逝世三周年纪念日正式开馆。届时,纪念馆将对萨马兰奇先生一生收藏的书籍、纪念品、收藏品、生前用品等约16000件展品进行全景展示。

43. 天津女子网球队实现11连冠

7月19日,在浙江台州结束的2011年全国网球团体锦标赛上,天津联通男、女队双双获得冠军,其中天津网球女队是连续11届获得该项赛事的冠军,创造了中国网球、乃至中国竞技体育史上的新纪录。天津联通女队由张帅、段莹莹、徐一璠和胡悦悦四位选手担纲。女队夺冠后,由常雨、欧阳博文、高鑫、沈友戌四位小伙子组成的天津联通男队在决赛中以2:1战胜北京队夺冠。

44. 喀麦隆总统比亚访津

7月22日,喀麦隆共和国总统保罗·比亚率代表团百余人访津。中共中央政治局委员、市委书记张高丽,市委副书记、市长黄兴国在迎宾馆会见客人。总统夫人尚塔尔·比亚,对外关系部长阿伊西,总统府民事办公厅主任埃布图,总统府副秘书长马瓜尔等随同到津。中国驻喀麦隆大使薛金维,外交部非洲司负责人,市委常委、市委秘书长段春华,副市长任学锋,市政府秘书长袁桐利参加会见或陪同考察。

45. 天津市与惠灵顿市建立友城关系

7月22日,市长黄兴国在迎宾馆会见到津访问的新西兰惠灵顿市市长西莉亚·韦德布朗一行,双方签署建立友好城市关系协议书。市人大常委会副主任李泉山、市政府秘书长袁桐利等分别出席上述活动。

46. 天津市政府代表团访问新加坡泰国印度

7月26日至8月5日,市长黄兴国率天津市政府代表团访问新加坡、泰国和印度。新津经贸理事会第四次会议26日上午在新加坡举行,双方签署涉及企业总部、研发基地、电子信息、航运物流等方面的10项合作项目。27日上午,黄兴国出席中新天津生态城联合协调理事会第四次会议并发言。下午,黄兴国参加国务院副总理王岐山与新加坡有关政要的会见活动。7月29日至8月1日,市政府代表团对泰国进行友好访问。7月31日下午,黄兴国在曼谷会见正大集团董事长谢国民。黄兴国看望天津在曼谷投资企业天津俊安煤焦化工有限公司的代表。8月1日下午,黄兴国会见泰国曼谷市市长素坤潘·博力帕亲王,就加强两个城市的交流合作进行会谈。8月2日至5日,市政府代表团在印度进行友好访问。2日上午,代表团访问印度塔塔咨询服务公司总部,黄兴国与公司首席执行官陈哲会谈。市科委与塔塔咨询服务公司签署战略合作备忘录。2日下午,黄兴国会见孟买市市长施拉达·贾达夫女士。3日上午,黄兴国会见印度国家创新基金会执行副主席安尼尔·古普塔教授。天津财经大学与印度国家创新基金会签署合作备忘录。随后,代表团前往孟买大学参观访问,黄兴国会见孟买大学校长韦卢卡。5日上午,黄兴国会见全印工业联合会高级副主席戈帕尔·辛格。5日下午,黄兴国会见印度国家城市发展部部长纳特。6日代表团离开印度,返回天津。

47. 中新天津生态城第四次会议在新加坡召开

7月27日上午,中新天津生态城联合协调理事会第四次会议在新加坡召开。中共中央政治局委员、国务院副总理、理事会中方主席王岐山,新加坡副总理、理事会新方主席张志贤共同主持会议并讲话。天津市市长黄兴国、新加坡国家发展部部长许文远、中国住房和城乡建设部副部长仇保兴在会上发言。会议审议通过由天津市委副书记、滨海新区区委书记何立峰所作的生态城工作报告。中国外交部、发改委等,新加坡国家发展部、总理公署等联合协调理事会成员单位代表和特邀代表出席会议。

48. 市委召开区县领导班子换届工作座谈会

8月12日,市委召开区县领导班子换届工作座谈会,深入学习贯彻胡锦涛总书记"七一"重要讲话精神和对天津工作一系列重要要求,认真落实中央有关换届的各项政策要求,研究部署区县领导班子换届工作。市委书记张高丽出席并讲话。市委副书记何立峰出席。市委常委、市委组织部部长史莲喜主持并对区县换届工作进行部署,市委常委、市委统战部部长刘长喜就做好区县政协换届工作和党外干部安排问题作说明,市人大常委会副主任邢明军对区县、乡镇两级人大代表选举工作作部署。会上,区县委书记递交《严肃换届纪律工作责任状》。

49. 天津成功申办第十三届全运会

8月16日，天津当选2017年第十三届全国运动会承办省市。全国运动会每四年举办一届。第十三届全国运动会有湖南、湖北、陕西、四川和天津5个省市申办。

50. 市委举办理论学习中心组读书会

8月15日至26日，市委举办理论学习中心组读书会暨"调结构、增活力、上水平"活动现场交流推动会。市委书记张高丽，市委副书记、市长黄兴国，市人大常委会主任肖怀远，市政协主席邢元敏，市委副书记何立峰参加。会议分三个阶段进行：一是深入16个区县现场察看，了解一年来的经济社会发展情况；二是专题学习，自学有关材料，撰写发言提纲；三是召开全体会议，进行交流发言。市委、市人大常委会、市政府、市政协领导，市高级人民法院院长、市人民检察院检察长，武警天津市总队总队长，南开大学党委书记、校长，天津大学校长，市委、市政府有关副秘书长，市有关部门、各区县、滨海新区有关单位、新闻单位主要负责人参加会议。

51. 天津利顺德大饭店成为"中华老字号"企业

8月20日，跨越三个世纪、有着"华夏第一店"美誉的天津利顺德大饭店，被商务部评为全国第二批"中华老字号"企业，这是天津市酒店行业唯一入选"中华老字号"的酒店。也是利顺德大饭店自"唯一在使用的国家级重点文物保护单位酒店"、"唯一拥有专属博物馆的酒店"、"豪华精选品牌首次进入国内市场"、"天津开业的首家奢华酒店"之后的又一亮点。全国第一批"中华老字号"企业434家，第二批"中华老字号"企业799家。

52.《解放》独揽第28届中国电视剧"飞天奖"

8月23日，由国家广播电影电视总局主办的第28届中国电视剧"飞天奖"颁奖盛典新闻发布会在京举行。由天津市委宣传部、天津电视台和中央电视台中国电视剧制作中心、八一电影制片厂联合摄制的50集电视连续剧《解放》独揽长篇电视剧特别奖。"飞天奖"每两年评选一次，代表当代中国电视剧创作最高水平。中国电视剧"飞天奖"是《解放》获得的第十一项重量级奖项。

53. 天津国家数字出版基地云计算中心投入运营

8月29日，天津国家数字出版基地云计算中心开始运营。中心依托其庞大的服务平台，为用户提供安全、可靠、低成本的云服务，大大降低企业和行政机构计算机设备投入及运营成本。该中心定位于专业的云服务提供商，主要通过云计算的方式，采用虚拟化技术，为政府、企业提供低成本高性能的一站式信息化服务。中心推出"智慧云"作为商用云计算服务平台，进一步整合软件、计算、存储、网络资源等服务，形成按需使用和按需付费的计算机租用服务模式。通过该中心，在数字出版创意方面，创意企业无需任何初期投入以及日常维护，能够通过租赁方式使用各类创意工具库。在终端设备和软件方面，该中心可大大提高用户数字出版产品加工效率，实现低成本运作，无地域限制地虚拟协同代工，并可高效支持数字出版版权发行及数字版权交易。

54. 新型动力电源在津问世

9月1日，市政府在天津礼堂举行新闻发布会，作为新型动力电源的高能镍碳超级电容器在津研制成功。市委书记张高丽，市长黄兴国，国家发改委副主任、国家能源局局长刘铁男，工业和信息化部党组成员、总工程师朱宏任出席。副市长王治平主持。天津市于2010年引进由中国工程院院士周国泰领衔的科研团队，采取综合性能平衡设计思路，提出"内并式"超级电容器结构方案，将活性碳材料引入镍氢电池负极，使普通超级电容器与电池结合为一体，成功开发出高能镍碳超级电容器并完成中试。经专家组鉴定，其技术取得纯电动车动力电源领域的重大突破。高能镍碳超级电容器集镍氢电池能量密度和电容器功率密度优势于一身，循环寿命达5万次以上，搭载该电容器的智能搬运车实际充放电次数达1万次以上，使用温度范围从零下40摄氏度至零上70摄氏度。

55. 韩国仁川市代表团到津访问

9月1日，韩国仁川市市长宋永吉率代表团到津访问，市长黄兴国在天津宾馆会见宋永吉一行。两市签署深化友好合作协议书，鼓励各自企业在天津滨海新区和仁川自由经济区投资发展，共同参加在两市举办的经贸交流活动。

56. 中国旅游产业博览会

9月2日至4日，由国家旅游局、天津市政府共同主办，联合国世界旅游组织特别支持的2011中国旅游产业博览会在梅江会展中心举行。市委书记张高丽宣布开幕。市长黄兴国，国家旅游局局长邵琪伟，联合国世界旅游组织秘书长塔勒布·瑞法依在开幕式上致辞。此届旅游产业博览会秉承"旅游产业盛会，合作共赢舞台"的宗旨，努力为旅游业搭建一个展示交易的平台、演艺推介的舞台、合作研讨的讲台，有40多个国家和地区的500多家旅游制造企业参展，3万多名客商参会。博览会期间签订采购房车、游艇、帆船、豪华轿车、游乐设备、户外旅游装备、旅游项目开发、节能环保设施等合同29项，交易额25.6亿元；意向签约600多项，意向交易额28亿元。

57. 张高丽赴爱尔兰阿曼土耳其沙特进行友好访问

9月5日至18日，中共中央政治局委员、天津市委书记张高丽应爱尔兰政府、阿曼政府、土耳其正义与发展党和沙特政府邀请，率中共代表团赴上述四国进行友好访问。中联部副部长李进军、天津市副市长熊建平等陪同出访。代表团6日晚抵达都柏林。爱尔兰总统麦卡利斯8日会见张高丽。7日,爱尔兰副总理兼外交贸易部长、工党领袖吉尔摩会见张高丽,双方就发展两国友好关系交换看法。爱尔兰政府总理、统一党领袖肯尼8日会见张高丽。同日,张高丽会见爱尔兰共和党领袖、前外交部长马丁,爱尔兰就业、企业和创新部长布鲁顿,就共同关心的问题进行交谈。代表团9日抵达马斯喀特,对阿曼进行访问。10日,张高丽与阿曼外交事务主管大臣阿拉维举行工作会谈,分别会见阿曼商工大臣萨阿迪、财政主管大臣巴鲁什,就新形势下加强中阿友好合作关系以及其他共同关心的问题交换意见。11日,阿曼苏丹兼首相卡布斯会见张高丽一行。当日,阿曼副首相法赫德在马斯喀特会见代表团。代表团12日抵达安卡拉,对土耳其进行访问。土耳其大国民议会议长奇切克会见张高丽一行。同日,张高丽与土耳其正义与发展党常务副主席阿克苏举行工作会谈,双方就发展两国、两党关系以及共同关心的问题交换意见。13日,张高丽在安卡拉阿纳多卢技术工业职业学校出席由中国和平发展基金会捐助设立的多媒体教学应用学校揭牌仪式。14日,张高丽分别会见伊兹密尔省省长克拉奇和伊兹密尔市市长科查奥卢。代表团14日晚抵达利雅得,对沙特进行访问。15日,沙特协商会议主席阿卜杜拉会见张高丽一行。当日,张高丽还分别会见沙特基础工业公司董事会主席绥纳延亲王、阿卜杜勒—阿齐兹国王科技城主席苏维勒,介绍天津经济社会发展情况,就加强经济和科技领域的合作进行深入交谈。沙特阿拉伯国王阿卜杜拉16日在沙特西部城市吉达会见代表团。17日,张高丽在吉达会见沙特商工大臣阿里瑞泽、吉达商会会长、吉达市市长和知名企业家,共同探讨进一步扩大双边经贸合作等问题。张高丽率中共代表团18日返津。副市长熊建平等同机回津。

58. 中国国际石油化工大会

9月8日,2011中国国际石油化工大会暨中国(天津)国际石化投资贸易洽谈会在津举行。全球石化行业近千名领军人物齐聚天津,共同探讨石化产业发展的有关课题,谋求合作发展大计。市长黄兴国7日下午在迎宾馆会见中外嘉宾。中国石油和化学工业联合会会长李勇武,市委副书记何立峰,市委常委、副市长崔津渡出席并发言。市委常委、常务副市长杨栋梁和市政府秘书长袁桐利以及市有关方面负责人参加会见。开幕式上,中国石油化工股份有限公司高级副总裁章建华、神华集团有限责任公司总经理张玉卓、沙特基础工业公司执行副总裁阿卜杜拉·巴兹迪等发言。此届大会以“展望新五年”为主题,围绕国际石化行业发展趋势、石化产品市场分析、物流与供应链管理、先进石化工程技术、国际甲醇生产、消费和贸易五个方面展开专题讨论。欧洲石化协会、韩国石化协会等国际知名化工行业协会均派代表出席。与大会同期举行的国际石化投资贸易洽谈会,以市场化、品牌化、专业化、国际化为宗旨,将展览展示、商贸洽谈、技术交流有机结合,为中外石化企业搭建沟通、交流与合作的平台,实现贸易洽谈的无缝衔接。

59. 黄兴国率代表团出席2011夏季达沃斯论坛

9月13日至14日,市长黄兴国率代表团到大连,出席2011夏季达沃斯论坛。14日上午,代表团成员出席在大连世博广场举办的论坛开幕全会,聆听温家宝总理的演讲。14日晚,代表团举办“天津之夜”活动。当日,辽宁省委书记、省人大常委会主任王珉,省委副书记、省长陈政高会见代表团一行。在大连期间,黄兴国会见大连万达集团董事长王健林,实德集团总裁徐明,路明科技集团董事长肖志国,中兴通讯公司高级副总裁、中兴能源公司总经理于涌等企业界人士。会议宣布2012年夏季达沃斯论坛在天津举行。

60. 首届中国天津国际直升机博览会

9月15日至18日,由天津市人民政府、中国航空工业集团公司、解放军总参谋部陆航部主办的首届中国天津国际直升机博览会在空港经济区举行。市长黄兴国出席开幕式并致辞。武警部队副司令员潘昌杰、中国航空工业集团公司总经理林左鸣、解放军总参谋部陆航部部长袁继昌出席开幕式。市委副书记、滨海新区区委书记何立峰主持开幕式。欧洲直升机公司,意大利阿古斯特韦斯特兰公司等有关负责人参加博览会。中国天津国际直升机博览会是在天津举办的永久性展会,每两年举行一届,逢单年举行,侧重于国际最新直升机整机、发动机、航电系统、机载设备等的综合展示,是目前唯一具有直升机飞行表演的直升机专业展会。博览会上,中航直升机有限责任公司、天津市有关部门、滨海新区等分别与合作伙伴签署8项协议。博览会18日落下帷幕。共有211家国际知名直升机制造及国内外配套企业参展,近1000家中外企业参加各项活动,签订销售及合作协议11个、涉及直升机28架。第二届中国天津国际直升机博览会将于2013年9月在天津滨海新区举行。

61. 中国(天津)演艺产业博览会

9月16日,由文化部、天津市人民政府共同主办的2011中国(天津)演艺产业博览会在梅江会展中心开幕。市委副书记、市长黄兴国在迎宾馆会见文化部党组副书记、副部长欧阳坚一行,并共同出席开幕式。市委常委、市委宣传部部长成其圣致辞,副市长张俊芳主持,市政府秘书长袁桐利参加。演博会以“展示演艺创作成果,推动文化科技创新,促进交流与合作,繁荣发展演艺产业”为宗旨,集中展示中国演艺产业的最新成果,国内外300多家单位参展。

62. 中国首个智能电网综合示范工程投运

9月19日,中新天津生态城(中国首个)智能电网综合示范工程正式建成并投入试运行。市委副书记、滨海新区区委书记何立峰会见国家电网公司副总经理栾军一行,围绕加强合作进行深入交谈。中新天津生态城智能电网综合示范工程,是国家电网公司与天津市加强合作,服务天津“两型社会”建设的标志性工程,涵盖发电、输电、变电、配电、用电及调度6个环节和通信信息平台共12个子项。工程于2010年4月7日开工建设,运行后,为生态城提供安全、经济、清洁、高效的绿色能源支撑。智能系统的投运不仅使风电、光伏发电等可再生能源利用比率达到20%以上,而且电网能实现和有线电视、IP电话和互联网的相互融合,其遥控、遥测、信息反馈的智能化可涵盖居民生活、公共设施以及工业生产。

63. 孔祥瑞王欣顾金钟当选全国道德模范

9月20日,第三届全国道德模范名单揭晓。天津市推荐的孔祥瑞、王欣、顾金钟3人荣获全国道德模范称号,魏宏、张俊兰、安艳江、陈永刚、李维廉、李辉忠、王宝泉、赵静华8人获全国道德模范提名奖。评选表彰活动由中共中央宣传部、中央文明办等六部门联合主办。此次评选出全国道德模范54名,全国道德模范提名奖261名。天津港高级工人技师孔祥瑞被评为全国敬业奉献模范。王欣、顾金钟夫妇荣获全国孝老爱亲模范称号。

64. 第13届中国科协年会

9月21日至23日,由中国科学技术协会、天津市人民政府共同主办的第13届中国科协年会在梅江会展中心举行。中共中央政治局委员、国务委员刘延东,中共中央政治局委员、市委书记张高丽出席开幕式并讲话。全国人大常委会副委员长、中国科协主席、大会主席韩启德致开幕词。全国人大常委会原副委员长、中国科协名誉主席周光召,中国科学院院长白春礼,市委副书记、市长黄兴国,市人大常委会主任肖怀远,市政协主席邢元敏,市委副书记何立峰出席。中国科协党组书记、常务副主席陈希主持。此届科协年会吸引7位诺贝尔奖获得者、多个国外科技团体代表、百余名中国“两院”院士等5000余名国内外科技领域专家学者参加。通过学术交流、科普活动、专题论坛、院士专家座谈会、专项活动等,进行交流研讨沟通,促进学科交叉融合,推动经济社会发展。

65. 天津开发区获“14连冠”

9月21日,商务部正式对外公布2010年国家级开发区投资环境评价结果。天津经济技术开发区的投资环境综合评价总指数继续排名第一。这是自商务部开展该项评比以来天津开发区获得的“14连冠”。此次国家级开发区投资环境综合评价的范围由53家扩大到90家,拉萨开发区和2010年新批的36家开发区首次纳入评价。根据综合评分结果,天津开发区以693.99分高居第一,比排名第二位的苏州工业园超出近30分。

66. 习近平在天津调研

9月22日至23日,中共中央政治局常委、中央书记处书记、国家副主席习近平在天津调研。在市委书记张高丽等陪同下,到武清区、宝坻区、东丽区和静海县,围绕统筹城乡发展、加强和创新社会管理以及党建工作,深入农村、企业、社区、科研基地进行调研。调研结束时,主持召开天津市党政干部座谈会。希望天津要一如既往地深入贯彻落实中央精神和胡锦涛总书记对天津工作提出的一系列重要要求,牢牢把握国家支持东部地区率先发展、推进滨海新区开发开放的重大历史机遇,进一步加快转变经济发展方式,进一步统筹城乡一体化发展,进一步加强和创新社会管理,进一步加强和改进党的建设,再接再厉,乘势前进,奋力开创经济社会发展的新局面。中央政策研究室常务副主任何毅亭,中央财经领导小组办公室主任、国家发改委副主任朱之鑫,中央组织部副部长李智勇,民政部副部长姜力,农业部副部长牛盾一同考察。市委副书记、市长黄兴国,市人大常委会主任肖怀远,市政协主席邢元敏,市委副书记何立峰等陪同考察或出席座谈会。

67. 第二届中国(天津滨海)国际生态城市论坛

9月23日,由国家发改委、住房和城乡建设部、天津市政府和中国国际经济交流中心共同主办的第二届中国(天津滨海)国际生态城市论坛暨博览会,在滨海新区开幕。中共中央政治局常委、全国政协主席贾庆林22日向论坛发来贺信。中共中央政治局委员、市委书记张高丽,市政协主席邢元敏,市委副书记何立峰在迎宾馆会见与会嘉宾。全国政协副主席阿不来提·阿不都热西提宣布开幕并作主旨演讲。国家发改委副主任解振华,住房和城乡建设部副部长郭允冲,新加坡国家发展部兼贸易及工业部政务部长李奕贤等出席。副市长熊建平,澳大利亚前总督迈克尔·杰弗里,国际著名生态学者、欧洲生态城之父艾罗·帕罗海默,中国科学院可持续发展战略研究组组长、首席科学家牛文元等分别致辞。此次论坛以“低碳发展与生态城市”为主题,集中展示国内外低碳城市和生态城市的先进理念、技术和产品,同时邀请国内开展生态低碳试点的省市及国外生态示范城市的代表参加。24日,第二届中国(天津滨海)国际生态城市论坛闭幕。市委副书记、滨海新区区委书记何立峰出席并宣读新聘任的滨海新区生态城市建设顾问名单。此次受聘滨海新区生态城市建设顾问的有：中国社科院城市发展与环境研究所所长潘家华，国际地方环境理事会秘书长康纳得·奥托·茨尔曼，清华大学建筑学院副院长毛其智。约600人参加会议。

68. 老挝党中央纪委代表团访津

9月23日，老挝人民革命党中央政治局委员、书记处书记、中央纪委主任兼国家监察委员会主任本通·吉马尼，率老挝党中央纪委代表团访津。中共中央政治局委员、市委书记张高丽在迎宾馆会见客人。老挝人民革命党中央纪委副主任西奈·明拉万、坎苏·本雅冯等随同来津。监察部副部长姚增科陪同；市委常委、市纪委书记臧献甫，市委常委、市委秘书长段春华及有关方面负责人参加会见或陪同考察。

69. 安徽省党政代表团访津

9月23日至24日，安徽省委书记、省人大常委会主任张宝顺，省委副书记、省长王三运，省政协主席王明方率党政代表团70余人到津考察。市委书记张高丽，市委副书记、市长黄兴国，市人大常委会主任肖怀远，市政协主席邢元敏，市委副书记何立峰陪同。安徽省委常委、常务副省长、省委秘书长詹夏来，省人大常委会副主任文海英，副省长花建慧等一同到津。市委常委、市委秘书长段春华，市人大常委会副主任王宝弟，副市长任学锋，市政协副主席田惠光，市政府秘书长袁桐利及有关方面负责人参加会见或陪同考察。

70. 天津市工会第十六次代表大会

9月26日，天津市工会第十六次代表大会在第二工人文化宫开幕。市委副书记、市长黄兴国，中华全国总工会副主席、书记处第一书记王玉普出席并讲话。市人大常委会主任肖怀远，市政协主席邢元敏，市委副书记何立峰，市委常委、常务副市长杨栋梁等出席。市人大常委会副主任、市总工会主席邢明军主持，并作题为“坚定不移地走中国特色社会主义工会发展道路，团结动员全市职工为实现天津‘十二五’规划目标任务而努力奋斗”的报告。市总工会负责人致开幕词，团市委负责人代表群众团体致祝词。王玉普代表全国总工会对大会开幕表示祝贺。市委、市政府有关部委办局、各区县负责人，有关市管企事业单位和人民团体负责人参加大会。29日大会闭幕。市委书记张高丽出席闭幕式并讲话。市委副书记何立峰，市委常委、市委组织部部长史莲喜出席。市人大常委会副主任、市总工会主席邢明军主持。大会选举产生市总工会第十六届委员会和经费审查委员会。邢明军当选为市总工会第十六届委员会主席，邢铁龙、栾凤祥、黄淑玲、黄晓云、徐树青、田松当选为副主席，葛英秋当选为经费审查委员会主任。会议通过《关于天津市总工会第十五届委员会工作报告的决议》、《关于天津市总工会第十五届委员会财务工作报告的决议》、《关于天津市总工会第十五届经费审查委员会工作报告的决议》。约1100余人参加会议。

71. 辛亥革命100周年座谈会

10月9日，天津市纪念辛亥革命100周年座谈会在天津礼堂召开。市委书记张高丽出席并讲话。市委副书记、市长黄兴国，市人大常委会主任肖怀远，市委副书记何立峰出席。市政协主席邢元敏主持会议。座谈会上，市政协副主席、民革市委会主委田惠光代表市各民主党派、工商联发言；团市委书记刘道刚代表群众团体发言。座谈会前，市领导参观纪念辛亥革命100周年大型图片展。

72. 澳大利亚墨尔本市代表团到津访问

10月9日至11日，澳大利亚墨尔本市市长罗伯特·道尔率代表团一行在津访问，两市签署多项合作协议，并举办天津市经济管理干部赴皇家墨尔本理工大学培训项目10周年纪念活动等。黄兴国与罗伯特·道尔共同出席两市合作项目签约仪式。市科委与墨尔本市政府签署关于抗癌药物研发等方面的合作备忘录，中国国际贸易促进会天津分会与维多利亚州雇主工商会签署关于加强商贸往来的战略合作备忘录，市城建学院与皇家墨尔本理工大学签署关于人才培养等方面的合作备忘录，海河教育园区管委会与澳大利亚私立教育培训机构委员会签署关于职业教育合作的协议，市国际展览公司与墨尔本米尔杜拉发展有限公司签署关于合作举办博览会的协议。10日晚，黄兴国与罗伯特·道尔共同出席天津市经济管理干部赴皇家墨尔本理工大学培训项目10周年纪念活动。

73. 天津企业参展第110届中国进出口商品交易会

10月14日，第110届中国进出口商品交易会开幕式暨中国加入世界贸易组织10周年论坛在广交会展馆中央平台举行。天津市有254家企业参展，展位736个，其中品牌展位108个，一般展位628个；特装展位372个（含品牌展位108个），特装展位占全部展位总数比重首次超过50%。参展企业数及展位数与上届持平，参展代表2000余人。展会累计实现成交6.5亿美元，比春季广交会增长3.1%，比2010年秋交会增长9.8%。交易会天津交易团新参展企业25家，占全部参展企业的9.8%。市人大常委会副主任李泉山出席开幕式。

74. 中国国际邮轮博览会

10月15日至17日，2011中国国际邮轮博览会在津举行。多个邮轮项目举行合作签约仪式：天津港与神户港续签友好交流事业备忘录,双方决定充分利用两港积累的交流成果,共享港口信息,继续互派友好交流团,进一步促进两港的繁荣和发展。中国交通运输协会邮轮游艇分会(CCYIA)和台湾首个邮轮及客轮社会团体高雄市邮轮及客轮产业发展协会(KCIDA)举行会谈,双方商定从政策层面、民间层面加大交流和推动力度,共同促进两岸邮轮及客轮产业发展。天津邮轮母港与美国皇家加勒比邮轮公司签订服务协议。2012 年 8、9 月美国皇家加勒比邮轮公司旗下"海洋航行者号"将从天津出发开辟 5 个日韩邮轮航线。此外,天津邮轮母港还与三亚签订合作协议。

75. 滨海新区中心渔港开港

10 月 16 日,滨海新区中心渔港经济区开港。中心渔港经济区位于天津滨海新区北部, 规划面积 18 平方公里,其中陆域 10 平方公里、围合海域 8 平方公里。该经济区以"北方冷链物流及水产品加工集散中心"和"北方游艇产业中心"为定位。中心渔港码头于 2009 年开工建设,项目总投资 5.2 亿元。已建成 6 个 5000 吨级泊位,2 个工作船泊位,年吞吐能力 480 万吨,成为环渤海地区最大的现代化水产品集散、加工港。

76. 京津冀晋蒙五省区市签署文化发展战略合作协议

10月 18 日,北京、天津、河北、山西、内蒙古五省区市党委宣传部在京共同签署《华北五省区市文化发展战略合作框架协议》。华北五省区市将建立文化发展联席会议机制,结合国家文化发展战略,在整合区域文化资源、提升区域文化发展的影响力和辐射力等方面开展广泛而深入的交流合作。根据协议,五省区市将在十个方面展开广泛交流与深入合作。北京市委常委、宣传部部长、副市长鲁炜,天津市委常委、宣传部部长成其圣,河北省委常委、宣传部部长聂辰席,山西省委常委、宣传部部长胡苏平,内蒙古自治区党委常委、宣传部部长乌兰出席签约仪式并致辞。

77. 海协会·海基会第七次会谈

10 月 19 日至 21 日, 海协会·海基会第七次会谈在津举行,双方签署《海峡两岸核电安全合作协议》,就继续推进两岸投保协议协商和加强两岸产业合作达成共识。中共中央政治局委员、市委书记张高丽 21 日中午在天津宾馆会见台湾海峡交流基金会董事长江丙坤一行。中央台办、国务院台办主任王毅,海峡两岸关系协会会长陈云林,市长黄兴国,市人大常委会主任肖怀远,市政协主席邢元敏,市委副书记何立峰参加会见。

78.《天津滨海新区》邮票首发式

10 月 21 日,《天津滨海新区》 邮票首发式在迎宾馆举行。市委书记张高丽,中国邮政集团公司总经理李国华共同为《天津滨海新区》邮票启幕。市长黄兴国,中华全国集邮联合会会长杨贤足共同为《天津滨海新区》小型张启幕。市委副书记、滨海新区区委书记何立峰致辞。《天津滨海新区》特种邮票一套三枚,每枚面值 1.2 元,主题分别为天津滨海新区宜居新城、国家动漫园、于家堡金融区;另发行小型张一枚,面值 6 元,主题为天津港。《天津滨海新区》特种邮票是继 2003 年《杨柳青木版年画》邮票发行后,国家再次发行的天津主题邮票。

79. 温家宝在天津滨海新区调研

10 月 24 日至 25 日,中共中央政治局常委、国务院总理温家宝在市委书记张高丽等陪同下在天津滨海新区调研,并主持召开天津、内蒙古、江苏、山东四省(区、市)经济形势座谈会。24 日下午,前往中航直升机有限责任公司考察。随后到凯莱英生命科学技术(天津)有限公司,与部分新兴产业企业负责人座谈, 了解企业面临的困难和问题。听取 6 位企业负责人的意见和建议。考察中国天津职业技能公共实训中心。24 日晚主持会议,听取天津滨海新区开发开放情况汇报。25 日上午,专门与天津、内蒙古、江苏、山东四省(区、市)负责人一起分析研究经济形势。内蒙古自治区主席巴特尔、江苏省省长李学勇、山东省省长姜大明、天津市市长黄兴国发言。25 日下午,到南开中学看望师生,并和大家交流。国家发展改革委主任张平、工业和信息化部部长苗圩、财政部部长谢旭人等随同。市人大常委会主任肖怀远,市政协主席邢元敏,市委副书记何立峰出席座谈会或陪同考察。

80. 市政协十二届五次会议

10 月 26 日, 政协天津市十二届五次会议在天津礼堂大剧场举行。市政协主席邢元敏主持会议并讲话。会议通过政协天津市第十二届委员会第五次会议有关事项,接受刘长喜、王文华、俞海潮、张大宁辞去政协天津市第十二届委员会副主席职务的请求,选举张有会、武长顺、高玉葆、沈中阳为政协天津市第十二届委员会副主席。

81. 天津市与日本千叶市签署深化友好合作备忘录

10 月 26 日至 28 日, 由日本千叶市市长熊谷俊人、议会议长小川智之率领的千叶市代表团一行在津进行友好访问。市长黄兴国、市人大常委会主任肖怀远 26 日、28 日分别会见熊谷俊人、小川智之一行。26 日晚,黄兴国与熊谷俊人共同签署两市深化友好合作备忘录。双方将大力促进企业和经济团体的经贸合作,进一步深化教育、文化、体育、医疗以及旅游观光等领域的交流合作。

82. 中共天津市委九届十一次全会

11 月 1 日至 2 日,中共天津市委召开九届十一次全会。市委书记张高丽讲话。市委副书记、市长黄兴国就《中共天津市委关于贯彻落实〈中共中央关于深化文化体制改革、推动社会主义文化大发展大繁荣若干重大问题的决定〉的意见(讨论稿)》作说明。市人大常委会主任肖怀远、市政协主席邢元敏、市委副书记何立峰出席。市委委员、市委候补委员出席。全会审议通过《中共天津市委关于贯彻落实〈中共中央关于深化文化体制改革、推动社会主义文化大发展大繁荣若干重大问题的决定〉的意见》和《中国共产党天津市第九届委员会第十一次全体会议决议》。

83. 中国第28次南极科考队离津起航

11月3日上午，中国第28次南极科考队从天津国际邮轮母港启航,赴南极执行科学考察任务。市委书记张高丽,市委副书记、市长黄兴国2日晚在迎宾馆会见国家海洋局局长刘赐贵和科考队员、“雪龙”号船员及家属代表。中国第28次南极科学考察队由220人组成,除48人搭乘飞机到达中国南极长城站外，其他队员搭乘“雪龙”号科学考察船赴中国南极中山站、昆仑站,执行科学考察、能力建设和常规保障维护任务。执行此次科考任务的“雪龙”号极地科学考察船全长167米、满载排水21000吨,配备现代化的航行、定位和导航系统,主要承担物资补给运输、科考队员交替和南北极大洋调查三大任务。

84. 天津市代表团到新疆考察援疆项目

11月3日至4日，天津市党政代表团70多人到新疆维吾尔自治区和田地区,实地考察援疆项目进展情况,看望慰问援疆干部,深入研究加快推进援疆工作问题。4日上午，两市区召开进一步推进援疆工作加强合作交流座谈会。市委书记张高丽讲话,新疆维吾尔自治区党委书记张春贤主持并讲话。市长黄兴国,自治区人大常委会主任艾力更·依明巴海,自治区党委副书记、组织部部长韩勇出席。副市长李文喜与自治区副主席艾尔肯·吐尼亚孜签订《会谈纪要》。和田地委负责人汇报和田地区经济社会发展情况,天津援疆干部领队汇报援疆工作情况。市委常委、市委组织部部长史莲喜,市委常委、市委教育工委书记苟利军,市委常委、市委秘书长段春华等参加座谈或考察调研。自治区党委常委、秘书长白志杰,自治区政协副主席热孜万·艾拜,自治区国资委主任张继勋及自治区有关方面负责人,和田地区、策勒县、于田县、民丰县党政主要负责人参加有关活动。

85. 中国国际矿业大会

11月6日,由国土资源部和天津市人民政府共同主办的2011中国国际矿业大会在梅江会展中心开幕。中共中央政治局常委、国务院副总理李克强为大会发来贺信。中共中央政治局委员、市委书记张高丽在迎宾馆会见与会中外嘉宾。国土资源部部长徐绍史,市长黄兴国等在开幕式上致辞。开幕式由国土资源部副部长汪民主持。安哥拉、布隆迪、厄立特里亚等50多个国家和地区的政府官员、专家学者,以及驻华大使、知名企业代表等约2000人出席开幕式和相关活动。此届矿业大会的主题是“加强国际合作,加快找矿突破”。大会同期举办第六届中国矿业国际合作奖颁奖典礼及第六届中国国际矿业设备展。2011中国国际矿业大会颁出最佳勘察奖、最佳开发奖、最佳环保奖、最佳技术创新奖和最佳服务奖5个奖项。大会项目对接签约仪式签约项目55项，签约额157亿元。其中境内项目12项,合计金额55亿元;境外项目43项,合计金额102亿元。

86. 天津泰达队勇夺足协杯冠军

11月19日,在2011赛季足协杯决赛中,天津泰达队2:1战胜山东队登顶,这是继1980年夺取全国联赛冠军后，天津男足成年队时隔31年再度获得全国冠军殊荣。足协杯赛之前停摆4年,本赛季刚刚恢复,泰达队由于是上赛季联赛亚军,此次参赛直接取得八强一席,并在四分之一决赛和半决赛中先后战胜陕西队与上海队进入决赛。

87. 新海河大桥竣工通车

11月30日,滨海新区新海河大桥竣工通车。市委副书记、滨海新区区委书记何立峰出席,实地察看建成后的新桥。新海河大桥全长2033米,是海滨大道的重要节点之一。桥面宽23米,标准4车道设计,行车时速80公里,主桥为双索面独塔斜拉桥,主塔造型为“钻石”型,塔高自承台以上高165.8米，桥梁跨径490米，桥下净空37.5米,可满足万吨级航船通过。

88. 张大宁当选国际欧亚科学院院士

12月1日,在国际欧亚科学院院士大会上,天津市中医药研究院原院长、中国著名肾病学家、中医肾病学奠基人张大宁教授当选国际欧亚科学院院士。张大宁长期从事肾病医学教研工作，他提出的“心—肾轴心系统学说”和“补肾活血法”已为医学界所公认。1998年8月,为表彰他在肾病领域的杰出贡献,经中国科学院提名,国际天文学小行星命名委员会批准，将中国科学院新发现的8311号小行星命名为“张大宁星”。国际欧亚科学院成立于1994年,是世界上权威性科学学术机构之一,现有美国、俄罗斯、英国、法国、日本及中国等46个国家的600多名院士,其中中国籍院士113名。该院每年召开一次院士大会,决定科学发展方向、重点领域研究思路等,并增补院士。

89. 李克强在天津考察

12月1日至2日,中共中央政治局常委、国务院副总理李克强在天津考察。市委书记张高丽,市委副书记、市长黄兴国,市委副书记何立峰陪同。住房和城乡建设部部长姜伟新、国务院副秘书长尤权、海关总署署长于广洲、国家质检总局局长支树平、国家发改委副主任张晓强、科技部副部长张来武、财政部副部长廖晓军、国务院研究室副主任宁吉喆随同。市委常委、常务副市长杨栋梁,市委常委、市委秘书长段春华,市人大常委会副主任王宝弟,市政协副主席武长顺,市政府秘书长袁桐利及有关方面负责人陪同考察。

90. 贺国强在天津考察

12月5日至7日,中共中央政治局常委、中央纪委书记贺国强在天津考察。市委书记张高丽,市委副书记、市长黄兴国,市人大常委会主任肖怀远,市政协主席邢元敏,市委副书记何立峰陪同考察或出席座谈会。中央纪委副书记张惠新、秘书长崔少鹏随同考察。市级领导班子成员及市有关方面负责人陪同考察或出席座谈会。

91. 苏万华当选中国工程院院士

12月8日,中国工程院在北京公布2011年工程院院士增选结果,天津大学内燃机燃烧学国家重点实验室教授、博士生导师苏万华当选中国工程院能源与矿业工程学部院士。苏万华是中国著名内燃机专家,国家“973”项目——新一代内燃机燃烧理论和石油燃料替代途径的基础研究项目首席科学家。

92. 陈永川当选中国科学院院士

12月9日,中国科学院公布2011年中科院院士增选结果,南开大学教授、组合数学研究中心主任陈永川当选中国科学院数学物理学部院士。由他构造的“Schroder trees”的计数算法是组合数学中最漂亮的算法之一;他建立的指数型结构的上下文无关文法的计数模型被公认为“陈氏文法”。

93. 津宁高速公路正式开通

12月10日,津宁高速公路正式开通。津宁高速公路起于外环线与快速路志成道交口,终于宁河县津芦公路,全长48.1公里。其中,津宁高速公路起点至主线收费站为高速公路连接线,路线长度12.086公里,采用双向6车道城市快速路标准,设计行车速度80公里/小时;主线收费站至终点为高速公路主线,路线长度36.016公里,采用全封闭、全立交的高速公路标准,双向6车道,路基总宽度34.5米,设计行车速度120公里/小时。此次开通的起点为津蓟高速互通式立交至宁河县津芦公路,长度为43.34公里(含高速公路段和部分连接线段)。其中津蓟互通、田辛庄互通、兰台互通与津蓟高速、京津高速、滨保高速公路相连接,通往其他联网高速公路。

94. 全国民兵工作会议在津举行现场观摩活动

12月16日,全国民兵工作会议在天津举行现场观摩活动。与会260余名代表参观天津市民兵转型建设成果。市委书记张高丽,中央军委委员、总参谋长陈炳德,中央军委委员、总政治部主任李继耐,总政治部副主任贾廷安,市委副书记何立峰出席观摩活动。市长黄兴国致辞。副总参谋长孙建国主持。北京军区司令员房峰辉、政委刘福连陪同。天津警备区司令员董泽平汇报天津民兵建设情况。

95. 天津文化产权交易所揭牌成立

12月18日,天津文化产权交易所和天津文化产业股权投资基金同时揭牌成立。市委常委、副市长崔津渡,市委常委、市委宣传部部长成其圣出席,副市长张俊芳主持揭牌仪式。天津文化产权交易所是由6家股东出资设立的以文化物权、债权、股权、知识产权等为交易对象的综合性文化产权交易服务机构。交易品种包括文化企业产权交易、文化产品版权及所有权交易、文化产业投融资。天津文化产业股权投资基金由天津北方文化产业投资集团股份有限公司与天津滨海海胜股权投资基金管理有限公司共同发起成立,基金总规模20亿元,首期募集4亿元,主要以股权投资方式投资文化产业领域,引导示范和带动社会资金投资文化产业。

96. 天津广播电视台广播电视传媒集团有限公司成立

12月21日,天津广播电视台、天津广播电视传媒集团有限公司成立。市委书记张高丽、国家广电总局副局长田进共同揭牌。市长黄兴国讲话。市委常委、市委宣传部部长成其圣主持成立大会。天津广播电视台为市文化广播影视局实施行政管理的事业单位,实行党委领导下的台长负责制;天津广播电视传媒集团有限公司为市管国有企业,实行董事会领导下的总经理负责制。

97. 天津再次荣获中国最具幸福感城市

12月26日,由中国市长协会、新华社《瞭望东方周刊》主办,今晚报协办的2011中国最具幸福感城市调查推选活动在南京揭晓,天津再次荣获中国最具幸福感城市。这是天津市继2008年荣获中国最具幸福感城市,2011年上半年荣获中国民生成就典范城市大奖、中国城市民生成就最佳范例奖之后,在民生领域获得的又一项宝贵荣誉。获得2011中国最具幸福感城市的城市还有重庆市、珠海市、南京市、无锡市、杭州市、成都市、宁波市、昆明市、长沙市。此次活动还评出2011中国最具幸福感城市(县级市)10个、中国十大幸福乡镇,天津市西青区大寺镇获评中国十大幸福乡镇。

98. 中共天津市委九届十二次全会

12月26日至27日,中共天津市委九届十二次全会在天津礼堂举行。市委书记张高丽讲话。市委副书记、市长黄兴国主持。市人大常委会主任肖怀远,市政协主席邢元敏,市委副书记何立峰,市委委员、市委候补委员出席。全会审议通过《中共天津市委2012年工作要点》、《中国共产党天津市第九届委员会第十二次全体会议关于召开中国共产党天津市第十次代表大会的决议》、《中国共产党天津市第九届委员会第十二次全体会议决议》。

99. 奋战900天市容环境综合整治总结表彰大会

12月29日，天津市奋战900天市容环境综合整治总结表彰大会在天津礼堂举行。市委书记张高丽出席会议并讲话。市长黄兴国作总结讲话。市人大常委会主任肖怀远、市政协主席邢元敏出席。市委副书记何立峰宣读表彰决定。市委常委、常务副市长杨栋梁，市委常委、市委秘书长段春华，市委常委、市委宣传部部长成其圣，副市长熊建平、任学锋，市政府秘书长袁桐利出席。副市长只升华主持。市委、市政府决定，授予王敬威等700人天津市奋战900天市容环境综合整治先进工作者荣誉称号。市领导为受到表彰的先进工作者代表颁发荣誉证书。约2000人参加会议。

100. 天津市生产总值迈上万亿元台阶

是年，天津市生产总值11190.99亿元，迈上万亿元台阶。第一产业增加值159.09亿元，第二产业增加值5878.02亿元，第三产业增加值5153.88亿元。三次产业结构为1.4:52.5:46.1。

（唐　旗）

2011年天津市十大新闻

一、胡锦涛总书记对天津提出“四个注重”工作要求；

二、“调结构增活力上水平”活动助推“十二五”好开局；

三、文化改革发展驶入快车道；

四、实体经济加快发展质量效益水平不断提高；

五、滨海新区开发开放全面推进；

六、奋战900天推动城市规划建设管理提升；

七、20项民心工程顺民意惠民生；

八、区县领导班子完成换届；

九、城乡发展比翼齐飞；

十、天津体育事业蓬勃发展。

·天津区县年鉴·

滨海新区

滨海新区

概　述

天津市滨海新区地处华北平原北部，海河流域下游，市中心区东部，渤海湾中心，天津港坐落其间。东临渤海，西与东丽区接壤，北与天津市宁河县、河北省丰南县为邻，南与河北省黄骅市为邻，距北京市140公里。境域地理坐标为北纬38°40′~39°00′，东经117°20′~118°00′，区境南北长，东西窄，呈弯弓状。地当东北亚地区中心地带，是欧亚大陆桥的东起点，辐射中国“三北”(东北、华北、西北)地区。

滨海新区包括塘沽、汉沽、大港3个城区和12个功能区，下辖新村、于家堡、新北、新港、杭州道、新河、向阳、大沽、北塘、胡家园、渤海石油、寨上、汉沽、河西、胜利、迎宾、海滨、古林、港西、泰达20个街道，新城、大田、茶淀、杨家泊、太平、小王庄、中塘7个镇。2010年8月30日，经天津市人民政府批准，滨海新区调整部分行政区划，撤销解放路街道、三槐路街道，成立于家堡街道办事处；设立新北街道办事处；撤销寨上街道办事处、营城镇，设立新的寨上街道办事处；设立泰达街道办事处。2011年，区域面积2270平方公里，海岸线长153公里，海域面积3000平方公里。全区常住人口253.66万人。户籍人口41.66万户113.80万人，其中，农业人口20.86万人，非农业人口92.94万人；男性人口58.64万人，女性人口55.16万人。

2011年，滨海新区经济保持又好又快发展，综合实力进一步提升，实现生产总值6206.9亿元，比上年增长23.8%；规模以上工业总产值12732亿元，增长29.4%；财政总收入1379.3亿元，增长37.1%，其中地方财政收入917.3亿元，增长47.2%；全社会固定资产投资3702亿元，增长32%；实际利用内资459.4亿元，增长30.4%；社会消费品零售总额882.5亿元，增长24.3%；城市居民人均可支配收入、农村居民人均纯收入分别增长12%；节能减排完成年度目标任务。实现“十二五”发展的良好开局。制造业主导地位进一步强化，航空航天、石油石化、汽车及装备制造、电子信息、新能源新材料等八大优势产业实现总产值11530亿元，占工业总产值的90%，拉动经济增长19个百分点。现代服务业加快发展，实施329个重

2011年2月12日，滨海新区调结构增活力上水平活动动员大会暨新一批重大项目建设现场推动会召开。市委副书记、滨海新区区委书记何立峰出席。

大项目，一批服务业聚集区迅速崛起。新引进总部项目60个，总部企业188家，新建文化产业项目70个。全年旅游接待量突破1100万人次，实现旅游综合收入54亿元。航母主题公园晋升国家4A级景区。现代农业稳步发展，新增设施农业733.33公顷、工厂化养殖6万平方米，无公害农产品生产基地158个。

“十大战役”成为加快开发开放的强力引擎。南港工业区，项目用地60平方公里，建成2个5000吨级通用码头，南港港区开港试通航，中石油储备库等4个项目竣工。轻纺经济区，完成起步区开发，二期19平方公里基础设施全面启动，华恒包装等6家企业投产。临港经济区，新增造陆23平方公里，10万吨级航道通航，中粮佳悦、北方重装基地竣工投产。核心城区，城市环境不断优化，开发区现代服务产业区核心区主体建设基本完成，服务外包基地二期工程开始实施；海洋高新区产业载体功能进一步增强。中心商务区，响螺湾20栋商务楼宇主体封顶，5栋竣工，五矿大厦投入运营；于家堡“9+3”项目进展顺利，铁狮门金融广场、罗斯洛克金融中心等项目开工建设。中新天津生态城，完成南部片区基础设施建设，国家动漫产业综合示范园一期投入使用，影视园、科技园、产业园和信息园全面启动。东疆保税港区，实现整体成陆，二期具备封关条件，金融贸易服务中心加快建设。滨海旅游区，完成16.4平方公里土地吹填，启动器项目基本建成，天津世博馆竣工，明远文化商业城等项目加速实施。西部区域，开发区西区完成35平方公里土地整理；渤龙湖总部经济区新开工面积80万平方米；空港经济区天保商务园落成，40家企业总部和研发设计机构入驻。北塘经济区，企业总部基地一期基本建成，北塘古镇风貌初步显现。中心渔港，水产城等项目开工建设，鲤鱼门酒店正式开业，示范冷库、5000吨级码头投入运营。

制定实施综合配套改革第二个三年计划，全面启动“十大改革”。行政管理体制改革通过市编办考评，改革成果进一步巩固，获评全国机构编制工作先进单位。落实市政府第一批下放的110个审批事项，完成审批职能归并，审批事项减少到230项，在全市区县审批办事效率评比中名列第一。土地管理改革专项方案获国土资源部批复，指标动态管理、征转分离、建设用地增减挂钩试点取得新成效。创新推出定单商品房、蓝白领公寓等多层次保障模式，建立具有新区特色的住房保障体系。医疗重组计划全面展开，构建新型社区医疗服务模式。公立医院改革得到国务院医改办充分肯定。股权投资基金及管理企业超过2000家，天津股权交易所挂牌企业128家，中新天津生态城16家企业实行意愿结汇，金融资产交易所交易网络覆盖全国。天津北方国际航运中心核心功能区建设方案获得国务院批准，国际船舶登记等4项试点任务全面实施；融资租赁公司209家，业务总量占全国四分之一。国有产权登记等基础工作全面启动，国企整合重组进展顺利，航母旅游集团挂牌成立，公交集团整合基本完成。强街强镇计划深入实施，8个项目列入市级示范镇试点，3个社区被评为全国基层组织自治示范村(居)。社会管理创新综合试点区建设步伐加快，流动人口服务管理经验和社区管理模式全国推广。科技、教育、文化等领域改革扎实推进。

实际利用外资85亿美元，增长20.8%；实际利用内资459.4亿元，增长30.4%；外贸进出口总额711.2亿美元，增长27.1%；天津港货物吞吐量4.5亿吨，集装箱吞吐量1158.8万标准箱。机场旅客吞吐量755.4万人次。内陆无水港发展到21个，内陆物流网络进一步完善。临港经济区港区通过国家口岸开放验收。成功举办第二届滨海国际生态城市论坛暨博览会、首届中国国际直升机博览会、第八届中国制造业管理国际论坛、第二届滨海国际创意设计展交会等高水平对外交流活动。

累计建成206家市级以上研发中心、22家市级以上重点实验室、10个产业技术创新联盟、9个企业技术创新平台、40家孵化器、6个国家级高新技术产业化基地。组织实施160项自主创新重大项目，3个项目获得国家科学技术进步奖二等奖。通过实施科技创业计划、成长企业助推计划、创新领军企业发展计划、孵育载体建设提升项目、高新技术企业培育资金、科技招商计划等措施，引导培育科技型企业发展，累计落实科技型中小企业扶持资金7.25亿元，科技型中小企业6799家，小巨人企业269家，国家高新技术企业664家。实施人才特区战略，入选国家“千人计划”人才累计21人、天津市“千人计划”48人，各项高级科技人才超过900名。全年申请专利7500件。

继续坚持规划引领，完成6个层面58个专项规划的系统提升，新编制盐田利用和中部新城规划。全年建设重大基础设施项目92个，完成投资1100亿元。中航油石化码头等37个海港项目进展顺利，滨海国际机场二期扩建工程开工，京津城际延伸线、津秦客运专线和于家堡枢纽站、滨海高铁站等铁路项目按期推进，津滨轻轨西段开通运营，中央大道北段、西中环一期、塘汉快速路、轻纺大道等一批重点工程竣工通车，4项工程分获鲁班奖和国家优质工程奖。西外环高速、海河隧道等工程加快建设。建成北疆电厂淡化海水送出工程，新建改造4座再生水厂。实现多水源联合调配,日供水能力151万吨。中新天津生态城智能电网综合示范工程投入使用,15项技术达到世界领先水平。改造130公里供热管网,5万户居民直接受益。新开通和提升16条公交线路，运营里程增加286公里。

城市化和农村示范镇建设提速,8个示范小城镇项目列入天津市二、三、四批试点。全年完成投资85亿元,开工建设农民还迁住宅187.2万平方米，竣工80.6万平方米,1.4万农民迁入新居。塘沽竣工还迁房42万平方米,累计完成投资33.5亿元。汉沽大田镇完成地上物评估工作,征地工作稳步推进。大港太平镇还迁房全部竣工，累计完成投资14.5亿元。大港小王庄25万平方米还迁房主体封顶,累计完成投资8.5亿元。大港中塘镇土地整理工作开始启动。

新增就业10万人,安置困难群体就业7000人,城镇登记失业率控制在3%以内,村级劳动保障工作站实现全覆盖。职工基本养老等五大保险覆盖率居全市领先水平。强化低保救助动态管理,优抚对象抚恤、城乡低保、特困救助、农村五保供养、居家养老补贴标准均有新提高。全年建设社会事业项目124个,建成5个街镇社区服务中心、14个社区服务站和11个老年日间照料服务中心。开工建设保障性住房300.9万平方米。新建、扩建中小学和幼儿园60所,133所义务教育学校现代化建设达标,引进南开中学、天津一中等优质教育资源。成立物流、机电等7个职教联盟，职业教育模式进一步完善。塘沽第一职业中专被评为全国高水平示范性中等职业学校。创建“三甲”医院工作稳步推进，第五中心医院、泰达医院进入评审阶段，泰达心血管医院2个学科被评为国家级重点专科。在全国率先引进2所境外高端社区卫生服务机构。基本公共卫生服务经费补助标准提高到人均40元。大港中医医院新建工程竣工投入使用,建成10个标准化社区卫生服务站、66个村卫生室。建立滨海新区人口服务管理中心，流动人口计划生育基本公共服务均等化成为全国试点。实施文化惠民工程，建成100个居民书屋和文化室，放映公益电影3560场次。成功举办首届滨海国际艺术节等大型展演活动,120多万群众参与。《兔侠传奇》获得华表奖和金鸡奖两项大奖，天津神界漫画等企业在首届中国文化艺术政府奖评比中荣获4项大奖。塘沽、汉沽和太平镇获得中国民间文化艺术之乡称号。举办世界男子桥牌精英赛。泰达足球队问鼎足协杯。新区被评为全国群众体育工作先进单位和全国青少年业余训练工作先进单位。精神文明建设成效明显，涌现出全国文明单位6个、文明乡镇1个、文明村2个,3人荣获全国道德模范称号。文明城区创建工作扎实推进，被中央文明委授予全国文明城区提名资格。

继续奋战300天综合整治市容环境,整修主干道路45条、社区16个,改造提升公园13个,新增绿化面积1270万平方米，绿化覆盖率36.2%。建成汉沽垃圾焚烧发电厂。综合整治河道35.5公里，清水工程三年任务一年完成。新建改造14座污水处理厂，日处理能力70万吨。创建国家环保模范城工作扎实推进。推行城市分类管理标准,实现管理精细化长效化。

建立依法行政年度报告制度，清理规范性文件3000多件,行政执法效能显著提高。深入推行全方位保姆式服务,制定出台12条促进经济发展的政策措施,深入开展“调结构、增活力、上水平”活动,1000多名机关干部深入740家企业和基层单位，帮助解决1218个困难和问题。认真开展群众评议政风行风活动，推进政务公开和政府信息公开,落实重大事项公示和听证制度。组织开展“六五”普法,设立司法救助基金,法律服务、法律援助、基层司法工作得到加强。进一步强化“五位一体”、“三调联动”的大调解机制,延伸信访综治服务网络，畅通群众诉求渠道，有效化解42个历史积案。积极构建和谐劳动关系，评选表彰1500名优秀外来建设者。支持工会、共青团、妇联等群众组织开展工作，民族、宗教、侨务和对台工作取得新成绩。注重源头治理,实施安全生产隐患排查、车辆超载、食品药品安全等专项整治行动。被评为全国安全生产月优秀单位、全国打击侵犯知识产权和制售假冒伪劣商品专项行动先进单位。组织全国民兵工作会议现场观摩活动，荣获全国双拥模范城称号。认真落实“筑堤行动”,强化重点领域、关键环节的审计和监察,保证政府投资安全合理、规范高效。深入推进平安创建活动,建立应急联动机制,形成警防技防民防“三网融合”、陆海空全域覆盖的立体化防控体系，应对突发公共事件的能力不断提高，人民群众的安全感进一步增强。

（蔺胜寒）

滨海新区区级领导名单

中共滨海新区区委领导名单

书　记:何立峰

副书记:宗国英　张继和　吕福春

常　委:何立峰　宗国英　张继和　吕福春　何树山　刘子利　杨英涛　霍庆生　李新建　石凤妍(女)
　　　张锐钢　于景森(蒙古族)　李伟成　赵玉石(4月任职)　王建军(6月任职,挂职)

滨海新区人大常委会领导名单

主　任:张家星

副主任:郝寿义　王殿起　曹纪华　张建军　丁巨波　李玉梅(女)

滨海新区政府领导名单

区　长:宗国英

副区长:刘子利　张锐钢　蔡云鹏　王　盛　郭景平(女)　阳世昊　郑伟铭

政协滨海新区委员会领导名单

主　席:张同庆

副主席:况清利　赖德斌　刘胜和　杨志刚(兼)　杨建英(女,兼)　邵芝祥(兼)　赵树月(兼)

(区委组织部提供)

政　治

概况　2011年,中共滨海新区区委深入开展创先争优活动,推进党的组织和党的工作全覆盖,组织纪念建党90周年系列活动,评选表彰一批先进典型,营造干事创业浓厚氛围。推进竞争性选拔干部工作,调整充实各级领导班子,引导优秀干部向基层一线流动,干部资源配置不断优化。深化干部教育培训改革,各级干部素质能力进一步提升。创新人才管理服务体系,全面推进5项重大人才工程,人才特区建设迈出新步伐。围绕大局、突破创新,把握正确舆论导向,宣传思想文化工作圆满完成各项重大任务。区纪委落实党风廉政建设责任制,推进惩治和预防腐败体系建设,全面推行"阳光作业",深化拓展"筑堤行动",以改革创新精神扎实推进反腐倡廉各项工作。区人大圆满完成区一届人大二次会议确定的各项任务。听取和审议"一府两院"专项工作报告,开展执法检查、专题视察和多项工作调研,较好发挥了地方国家权力机关的职能作用。区政府出台5项行政复议工作制度,依法办理行政复议案件。出台《滨海新区政府信息公开实施意见》,定期通报各单位在滨海新区政府信息公开网发布政府信息、登录政府信息公开系统后台值班等情况。按照《滨海新区领导干部接待群众来访实施办法》,突出"工作重心下移、领导带案下访、包案解决问题"三个重点。全年接待群众2.8万人,解决求助问题2500多件,调解纠纷近6000件。对各城区管委会原有审批事项进行清理规范。严格执行重大事项报告制度,完善突发公共事件信息报告程序,做好现场处置工作。区政协把握团结与民主两大主题,履行政治协商、民主监督、参政议政职能,为推动新区科学发展、和谐发展、率先发展作出积极贡献。区政法系统围绕"十大战役"和"十大改革",深入推进三项重点工作,维护全区社会大局稳定,保障和促进了经济又好又快发展。涌现出"全国模范法官"、"全国政法系统优秀党员干警"、"全国法院办案标兵"包津燕,以及全市"十大优秀法官","全国法院先进个人"、全市政法系统"爱民助民模范"。新区总工会、团区委、区妇联围绕区中心工作，调动广大工人、团员青年和妇女的积极性，有效发挥了人民团体的桥梁纽带作用。

（王　芳）

党委工作　2011年，滨海新区各级组织部门，围绕推进“十大战役”、打好开发开放攻坚战，扎实推进各项组织工作。制定《滨海新区加强领导班子思想政治建设的意见》，推进学习型领导班子建设，会同纪检部门组织全区处级以上领导班子，以落实执政为民要求为主题召开专题民主生活会。制定《滨海新区竞争性选拔干部工作实施意见》、《滨海新区干部任免工作程序》，出台《关于局级干部兼职、处级干部退休和科级干部任用管理的意见》。着眼增强功能、优化结构，调整充实区级机关工作部门、人民团体和区属单位领导班子34个，选配领导班子副职16名、处室处级干部290名。坚持在基层一线培养选拔年轻干部，全年提拔的处级干部中40岁以下的79人占32%。配合全市区县换届和干部交流，4名优秀年轻干部通过竞争性选拔走上其他区县党政副职岗位，12名局级干部交流到区外单位任职。指导完成镇领导班子换届，全区7个镇领导班子配齐35岁以下党政正职、女党政正职和35岁以下党政副职干部。全年提拔处级女干部52名、党外干部9名。安排全区3000多名科处级党员干部进行集中轮训。新区宣传工作，成功举办学习型党组织建设理论与实践座谈会、学习型党组织集中创建会、市委宣讲团十七届六中全会精神报告会等大型会议，深入开展科学发展观新三字经“三进一体现”、“滨海精神”表述语征集、第二届“滨海学习节”、纪念建党90周年和“我为新区发展献计出力”大讨论等一系列大型实践活动，“五大员助推排头兵工程”、社科等特色工作取得成效。突出创建全国文明城区这一核心，创新工作手段，深化群众性创建活动，推进未成年人思想道德建设，一些重点工作走在全市乃至全国前列。被推荐全国文明城区提名资格，涌现出一批全国文明称号和全国道德模范人物，产生一批在全市有影响的品牌项目。区纪委相继召开工程建设、国有企业、农村党风廉政等板块工作会议，对“筑堤行动”工作任务进行部署，成立9个工作推动组，通过任务分解、协调推动、落实督办通报等手段，形成全区上下联动、齐心协力共筑防腐堤坝的合力。推动建立健全各类制度370余项，创新再造业务工作流程60余项。开展专项检查的单位和领导干部自查自纠率100%。邀请南开大学教授为新区处级领导干部、纪检监察干部作“反腐败的国际经验”专题讲座。在全区开展警示教育活动，全年发放警示教育光盘132套，观片党员干部30371人次。启动岗位廉政教育工作，向区环保、卫生、工商等系统发放岗位廉政教育读本66册，指导基层岗位廉政教育工作开展。

（王　芳）

人大工作　2011年，滨海新区人大常委会强化监督工作实效，把事关全局和民生工作中的热点难点问题作为切入点，加大事前、事中监督力度，强化跟踪检查，有力推动和支持了“一府两院”依法行政、公正司法。多次组织常委会组成人员对重点工程项目进行集中视察，听取政府有关情况汇报，与政府有关负责人和部门进行专题座谈，为加快重点区域规划建设和工程项目建设提供有力支持。开展行政审批制度专题调研，走访10多家企事业单位，邀请人大代表、有关专家与政府相关部门召开座谈会。组织人大代表开展住房保障体系建设情况视察，建议区政府及有关部门在宜居的要求下，进一步提升居住品质，解决好密度、环境、配套等问题。继续关注医疗卫生体制改革，组织人大代表对综合性医院和社区卫生服务中心、站点等单位进行视察。对部分科技型中小企业发展情况进行视察，建议政府加大对科技型中小企业政策、金融、服务、载体建设等方面的扶植力度。成立7个调研帮扶活动小组，常委会领导担任组长，与新区16个重点企业和工程项目结成对子，深入开展帮扶。制定执法检

5月17日召开滨海新区2011年公开选拔领导干部动员部署会议

查方案，组织部分市、区两级人大代表组成执法检查组，先后5次深入20多个点位进行检查。全年受理人民群众来信来访153件次，办复119件。

（王　芳）

政府工作　2011年，滨海新区政府出台《行政复议案件立案办法》、《行政复议案件和解调解办法》、《行政复议听证规则》、《行政复议证据规定》、《行政复议案件材料查阅规定》5项复议工作制度。依法办理行政复议案件，全年受理行政复议案件39件，维持37件，撤销1件，撤回申请1件。审核各类文件500余件，其中行政规范性文件33件，完成法规、规章等征求意见25件。开展2次规范性文件清理工作，对区、各管委会、区政府各部门、镇人民政府和法律法规授权组织制定的规范性文件进行全面审查，累计清理各类文件6400余件。新区政府信息公开办公室出台《滨海新区政府信息公开实施意见》，定期通报各单位在滨海新区政府信息公开网发布政府信息、登录政府信息公开系统后台值班等情况。主动公开政府信息5616条，信息公开数量居全市各区县之首，全文电子化率100%。至年底，累计公开各类政府信息10916条。全区政府信息公开网站访问量累计373万人次。按照《滨海新区领导干部接待群众来访实施办法》，突出"工作重心下移、领导带案下访、包案解决问题"三个重点。每月20日区领导在综治信访服务中心接待来访或带案巡访，调处信访突出问题，每周四各城区和功能区领导干部轮流在各自的信访接待场所固定接待群众来访，各街镇领导干部每天随时接待群众来访，或深入村（居）走访、下访。全年接待群众2.8万人，解决求助问题2500多件，调解纠纷近6000件。处理群众网上信访4627件，占全区信访总量的51.7%。对各城区管委会原有审批事项进行清理规范。在新区审批事项230项，比原来减少356项，减少61%。合理划分新区与城区管委会审批事项权限，明确划分出新区本级部门实施的行政审批事项124项、塘沽、汉沽、大港管委会部门实施的审批事项158项审批权限，第一批向中心商务区下放行政审批事项权限25项，向临港经济区下放行政审批事项权限22项，街镇行政服务中心集中办理指导名录事项131项。申请要件由平均7.4个减少到5.18个，减少31.1%。平均承诺时限由8.75天压缩到5.74天，提速34.4%。坚持24小时值班制度，做好日常应急值守和信息汇总工作，严格执行重大事项报告制度，完善突发公共事件信息报告程序，做好现场处置工作。全年接处各类突发事件38起，参与处置突发事件25起，报送《应急信息》14期。开展各级各类应急预案演练859次。发送风暴潮、冰冻雨雪等各类预警信息35期。

（王　芳）

政协工作　2011年，政协滨海新区一届二次会议期间，政协委员提交提案405件，审查立案343件。经过区委、区政府37个部门和单位的共同努力，全部办复完毕。其中，解决和正在解决的218件占63.6%；列入计划逐步解决或作为今后工作参考的111件占32.4%；因审批权限或财力、政策等因素暂时不能解决的14件占4%。委员满意率和基本满意率100%。区政协组织委员专题听取区发改委等部门情况介绍，深入天津开发区等功能区走访座谈，实地考察部分代表性企业，赴北京中关村学习考察产业园区发展的做法经验，形成10篇具有较强针对性和可操作性的专题报告，向区委、区政府报送《关于促进滨海新区战略性新兴产业加快发展的若干建议》。召开中小企业发展专题协商会，组织政协委员围绕搭建银企对接平台、支持参与政府采购、推介自主创新产品等作发言，区政府领导率9个部门负责人与委员面对面沟通交流，共商解决办法，有关部门制定系列对接帮扶措施，全方位助推中小企业升级发展。深入开展"调结构、增活力、上水平"活动，对80余家委员企业摸底调查，汇总出100余个需要解决的问题，政协领导带队深入21家企业走访调研，帮助协调解决技术研发转化、产品应用推广等问题，受到委员企业好评。组织委员视察南港工业区、北塘经济区、滨海旅游区等功能区建设情况，参与盐田利用和中部新城规划、石化产业发展规划研讨论证，协助北塘古镇等区域开展招商引资活动。

（王　芳）

政法工作　2011年，滨海新区区委政法委出台《关于推进全国社会管理创新综合试点区建设实施方案》，确立4个街镇和8个社区为综合试点。继续实施强街强镇计划，全面推行泰达和新港街道社区治理经验。设立1100万元的司法救助基金，建成滨海蓝天教育基地和阳光培训中心。初步建立覆盖全区的源头预防制度体系，在新区、12个管委会、27个街镇和359个居村，全面建立综治信访服务中心（站），完善大调解工作体系。健全四级维稳组织网络，落实"一岗双责"责任制，成功处置和化解一批群体性事件，全区群体性事件比上年下降20%以上。深入开展基层平安创建活动。推进社会治安重点地区和突出治安问题排查整治，24个重点整治对象均达到治理目标。新区公安局深入开展

"打黑除恶"、"春季攻势"、"清网行动"和"除四害、打四黑"等系列专项行动,依法严厉打击涉枪涉爆、涉黑涉恶、杀人、绑架等严重刑事犯罪以及"两抢一盗"等多发性侵财犯罪和假冒伪劣等危害群众健康的犯罪活动。全年破获各类刑事案件5685起,其中破获"八类案件"1298起。依法严厉打击涉税犯罪、金融票证犯罪、电信诈骗犯罪等严重经济犯罪活动,及时侦办活立木涉众型经济诈骗案件,查处非法传销、发放高利贷和一批涉嫌非法集资等案件。破获各类经济案件1214起,比上年提高72%。查处治安案件29687起,提高21.2%。新区检察院受理审查逮捕案件163件241人,案件数上升13.2%,人数上升19.3%。批准逮捕152件230人(含附条件逮捕1件1人),不予逮捕6件6人,未审结5件5人。受理起诉案件189件300人。受理群众各类举报、控告申诉48件,上升4.8%。反贪污贿赂局受理案件线索27件,其中当年新受理案件线索11件,往年积存线索16件。查办职罪案件线索6件7人,立案侦查受贿案件4件4人。新区法院受理各类案件33428件,审(执)结31750件,分别上升28.11%和30.97%,诉讼标的金额36亿元。审结各类刑事案件1647件,判处犯罪分子2517人。审结故意杀人、抢劫等严重暴力犯罪和盗窃、诈骗等多发性侵财犯罪案件902件,审结制假售假、收赃销赃、涉黄涉赌涉毒等犯罪案件89件。审结各类民商事案件19459件,上升27.36%。审结涉及融资租赁、股权基金、破产改制、拆迁安置等方面的案件321件。审结各类行政案件345件,增长165.38%。依法审查非诉行政执行案件755件,行政决定非诉审查案件增长2.5倍。执结案件9602件,执结标的金额7.96亿元,实际执结率75.12%。开展创建无执行积案先进法院,反规避执行和执行信访清理等专项活动,清理各类执行案件142件。

(王　芳)

人民团体工作 2011年,滨海新区所辖功能区全部建立区域性工会组织,在区域层面形成全覆盖。全区新建工会2165家,发展会员40373人。新区总工会和直属工会累计发放帮扶资金244万元,慰问外来务工人员和困难职工93515人次;投入78.42万元,深入207家企业和工地,开展暑期送安全、送凉爽系列慰问活动。"春风行动"中,组织各种形式的专场招聘会和服务活动46次,帮助实现再就业4038人。下发健康查体"关爱"卡片2000张,对947名困难女职工走访慰问,发放帮扶款77.5万元,为311名困难女职工子女发放助学款24.06万元。新区各直属工会累计接待职工来电、来信、来访7987人次,调解劳动争议2350件,调解成功1743件。推荐产生天津市劳动模范87名,模范集体19个,计生系统劳模1名;天津市最具影响力劳模1名,最具影响力劳模提名奖3名;滨海新区建设模范120名,建设标兵30名,开发建设模范集体40个。全区创建选树市级"工人先锋号"先进集体28个,区级"工人先锋号"先进集体60个。团区委组织开展"文明滨海·志愿先锋"系列志愿公益活动,8000余名青年志愿者走进街道社区、农村、学校、青年公寓、建设工地等开展志愿服务活动,累计服务时间超过5000小时。7月30日,由团区委与中国建筑第六工程局有限公司、天津市交通集团滨海公司联合举办的"感受滨海速度·体验新区巨变——万名青少年游滨海"活动正式启动。主办方组织六局千名新员工参观滨海新区规划展览馆和宝龙国际广场、泰达MSD、天富公寓、永定河大桥等新区重点项目。为第二届中国(天津滨海)国际生态城市论坛暨博览会招募培训的344名论坛暨博览会志愿者,出色完成会务、联络、接待、会场搭建、速录翻译等工作,展现了当代滨海青年无私奉献、团结拼搏的良好风貌。2011年,是滨海新区妇联成立后开创妇女工作新局面的初始之年。新区妇联以维护妇女权益为基础,以促进妇女发展为重点,以创新妇女工作为动力,以优化妇女儿童发展环境为保障,开拓进取,真抓实干,各项工作取得明显成效。成立由33个成员单位组成的滨海新区人民政府妇女儿童工作委员会。首个功能区妇女联合会成立。成立女法律志愿者联谊会。全国妇联于5月和9月两次考察滨海新区"半边天家园"创建工作。创建滨海新区单亲困难母亲专项救助金,出台《滨海新区单亲困难母亲专项救助金使用管理办法》,从医疗救助、生活救助、子女教育、就业创业、法律援助等方面提供救助。区财政每年注入资金100万元,年底前为1500名单亲困难母亲发放84万元救助金,并为她们免费投保女性安康保险。帮助各级妇联建立安置单亲母亲的就业创业基地和网上孵化平台。

(王　芳)

经　济

概况 2011年,滨海新区经济保持又好又快发展,综合实力进一步提升,实现生产总值6206.9亿元,比上年增长23.8%。规模以上工业总产值12732亿元,增长29.4%。财政总收入1379.3亿元,增长37.1%,其中地方财政收入917.3亿元,增长47.2%。全社会固定资产投资3702

亿元，增长32%。实际利用内资459.4亿元，增长30.4%。社会消费品零售总额882.5亿元，增长24.3%。城市居民人均可支配收入、农村居民人均纯收入分别增长12%。节能减排完成年度目标任务。实现"十二五"发展良好开局。制造业主导地位进一步强化，航空航天、石油石化、汽车及装备制造、电子信息、新能源新材料等八大优势产业实现总产值11530亿元，占工业总产值的90%，拉动经济增长19个百分点。现代服务业加快发展，实施329个重大项目，一批服务业聚集区迅速崛起。新引进总部项目60个，总部企业188家，新建文化产业项目70个。全年旅游接待量突破1100万人次，实现旅游综合收入54亿元。航母主题公园晋升国家4A级景区。现代农业稳步发展，新增设施农业733.33公顷、工厂化养殖6万平方米，无公害农产品生产基地达158个。

（王莉莉）

总部经济和楼宇经济 2011年，滨海新区始终将总部经济和楼宇经济作为重点工作来抓，不断完善配套扶持政策，实时跟进各区域发展动态。截至12月底，新区有总部企业188家。其中，上年底已有128家。计划内落户企业23家，注册15家，签约10家，在谈30家。计划外新增总部22家，其中已落户5家，注册17家。已投入使用楼宇42个，建筑面积217.8万平方米，商务建筑面积144.5万平方米，在建楼宇82个，总投资932.3亿元，建筑面积1210.9万平方米，其中商务面积733.9万平方米。

（王莉莉）

招商引资 2011年，滨海新区新批外商投资企业353家，合同外资额129.53亿美元，比上年增长10.71%；内联引资到位项目612个，实际到位额459.38亿元，增长30.43%。组织策划各功能区和大集团公司举办一系列招商推介活动，全区举办澳大利亚、印尼、马来西亚、日本、韩国等海外专题招商会50余次，举办马来西亚企业家座谈会、厦门企业总裁投资交流会、太原北塘经济区总部基地专题推介会、新疆滨海新区投资环境推介会等专题推介会超过100次。带领功能区组建300多个招商小分队，分赴深圳、厦门、北京、上海等地挖信息、促项目。全年接待国内外投资考察和商务访问团组近千个、上万人次，挖掘欧朗电子、迪思传媒、东方锅炉、上海东化化工、普莱克斯工业气体、新纶科技、Top-Co石油钻杆项目、柯莱特科技等投资意向1000多个。提升"96667"投资服务热线功能，累计呼入量4000余次。

（王莉莉）

2011年1月14日召开滨海新区经济社会工作座谈会。区委书记何立峰出席并讲话。

外经外贸 2011年，滨海新区外贸进出口总额711.21亿美元，比上年增长27.1%，其中出口完成276.76亿美元，增长18.9%。对外投资项目37个，投资总额4.98亿美元，增长225.5%。完成国际工程承包营业额14.13亿美元，增长70.9%。建立责权明晰、渠道顺畅、沟通便捷、信息全面的外经贸审批和管理体系，累计完成各类审批和服务咨询事项5.59万次。举办两次滨海新区国际贸易洽谈会，组织36家国际采购商与新区132家出口企业开展"一对一"对接洽谈，签订采购协议17项，成交金额超过1亿美元。制定完善外贸奖励和支持方案，科学使用滨海新区外经贸发展专项资金，全年支出1212.6万元，对八大支柱产业中的航空航天、食品与生物医药、新能源新材料、机械与装备制造等企业进行倾斜，拉动出口超过10亿美元。

（王莉莉）

农业 2011年，滨海新区粮食播种面积14218公顷，产量7.49万吨；经济作物播种面积5168公顷，产量9万吨，比上年增长1.4%；蔬菜播种面积1277公顷，总产8.1万吨。农村植树造林668.47公顷，植树131.4万株。其中，防护林542.9公顷，经济林73公顷，用材林51.1公顷,特用林 1.47 公顷。新增育苗面积 53.3 公顷。参加义务植树 2.2 万人,义务植树 12.6 万株。市重点工程完成 433.8 公顷,栽植乔灌木 71.9 万株,完成土方 232 万立方米。全区生猪出栏 25.6 万头、蛋鸡存栏 33.3 万只、肉鸡出栏 320 万只、奶牛存栏 0.95 万头、肉羊出栏 1.8 万只;全年肉类总产量 2.5 万吨、蛋类总产量 340 万公斤、奶类总产量 3.5 万吨。投产渔船 511 艘,总功率 32200 千瓦。其中,中韩入渔及远海生产 78 艘,近海 433 艘。水产养殖投产总面积 11919.93 公顷,其中海水养殖面积 6985.47 公顷,淡水养殖面积 4747.53 公顷。工厂化育苗、养殖设施渔业总规模 71 万平方米,有效养殖面积 54.84 万平方米,完成水产育苗总量 119 亿尾,获产值 15775 万元。全年水产品总产量 48726 吨,完成渔业总产值 10.24 亿元,分别增长 3%和 32.2%。农业机械总动力 75.1 万千瓦,增长 8.4%;投入拖拉机、联合收割机等农业机械 29975 台(套),为"春耕"、"三夏"、"三秋"农业生产顺利进行提供有力保障;机耕面积 17733.33 公顷、机耕率 92.5%以上;机播面积约 17000 公顷、机播水平 85%以上;机灌面积约 11400 公顷。

(王莉莉)

工业 2011 年,滨海新区工业完成增加值 3432.81 亿元,比上年增长 26%,拉动全区生产总值增长 25.4 个百分点,贡献率 62.8%;完成外贸进出口总额 486.71 亿美元,增长 28.4%;合同利用外资 113.06 亿美元,增长 12.4%,实际利用外资 65.23 亿美元,增长 23.7%。规模以上工业总产值 12732.22 亿元,增长 29.4%,占全市的 61.04%;实现利润总额 1054.26 亿元,增长 24.9%。其中,重工业实现产值 10882.75 亿元,增长 27%,占全区的 85.47%,拉动工业总产值增长 23.51 个百分点;轻工业实现产值 1849.47 亿元,增长 45.6%。中央工业完成总产值 2777.12 亿元,增长 35.9%;市属工业完成总产值 4446.22 亿元,增长 19%;区属工业完成总产值 5508.88 亿元,增长 35.7%,占新区工业总产值的 43.27%。内外资企业均衡发展,内资增速较快,完成工业总产值 6245.08 亿元,增长 31.7%,外商及港澳台投资企业完成工业总产值 6487.14 亿元,增长 27.3%。产销衔接状况良好,产销率 99.15%。开发区、保税区、高新区总计实现工业总产值 7563.2 亿元,占新区的 59.4%,拉动新区工业总产值增长 14.18 个百分点。其中开发区实现工业总产值 6102.8 亿元,增长 20.1%;保税区实现工业总产值 1100.4 亿元,增长 32.7%;高新区实现工业总产值 360 亿元,增长 40%。城区工业平稳发展,大港增长 35.4%,塘沽增长 30%,汉沽增长 22.3%。汽车及装备制造、石油化工、电子信息、粮油食品、新能源新材料、航空航天、生物医药、轻工纺织八大优势产业实现工业总产值 11530.8 亿元,占全区的 90.6%,比上年提高 4.6 个百分点。其中汽车及装备制造、石油化工、电子信息、粮油食品、新能源新材料产业规模优势突出,形成两个超 3000 亿元、一个超 1000 亿元、两个超 500 亿元的优势产业集群。

(王莉莉)

商贸旅游服务业 2011 年,滨海新区以保障民生、促进商业繁荣和市场稳定为目标,加强商业体系建设和行业监管,推动建设大型商贸设施 16 项、特色商业街 3 条,改造提升菜市场 6 家,完成冬季蔬菜储备 4000 吨,全区社会消费品零售总额比上年净增 180 亿元。列入区政府民心工程的大港迎宾商务大厦、新基业家居中心,塘沽金元宝批发市场水果交易厅,汉沽蔬菜应急储备库全部建成,新建特色街 3 条、菜市场 3 家,改造菜市场 6 家,完善提升商业中心(邻里中心)4 个,新增早餐流动网点 76 个。着力提升传统旅游品质,开发特色旅游产品,完善旅游营销体系,打造滨海旅游品牌,推动旅游发展环境不断优化,产业总量不断壮大,综合实力不断增强,全年接待中外游客突破 1000 万人次,旅游综合收入突破 50 亿元。航母主题公园获得 4A 级旅游景区认证,填补了新区 4A 级景区空白;推动茶淀葡萄科技园等 3 个景区参加 3A 级旅游景区评定,极地海洋馆、东疆湾景区按 4A 级标准进行提升改造;新增工业旅游示范点 5 家、农业特色村(点)4 家。成功举办"第二届天津港湾旅游文化节"、"茶淀葡萄旅游文化节"等系列节庆活动和"精品工业游"、"海滨休闲行"等系列主题旅游活动;召开滨海新区工业游、海滨游专题推介会,整体展示和推介新区旅游资源;加强旅游宣传,开辟滨海新区旅游网络专栏,推

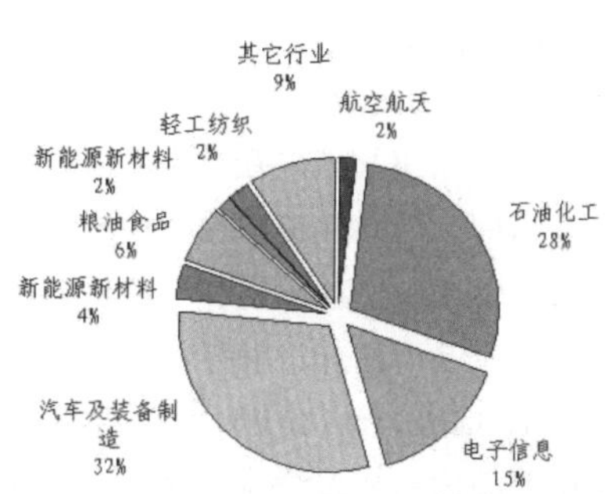

优势产业	2011年产值（亿元）	增速（%）
汽车及装备制造	3920.9	18.1
石油化工	3588.9	34.8
电子信息	1946.6	28.1
粮油食品	813.6	77.5
新能源新材料	510.6	24.6
轻工纺织	269.9	12.2
航空航天	263.2	48.8
生物医药	217.1	11.5

优势产业工业总产值及新区各产业比重图

出《滨海旅游》专刊，在各类媒体刊发稿件229篇。开通天津滨海旅游网，与市旅游局联合主办“滨海杯第四届天津市导游员、讲解员大赛”，集中组织旅游行业高层管理人员培训班、旅游接待礼仪、工业旅游等专业培训共9批1100人次。

（王莉莉）

专项资金投入 2011年，依据《滨海新区关于“解难题、促转变、上水平”加快经济社会发展的政策措施》文件要求，滨海新区设立总额22.8亿元的“促进经济发展专项资金”，由5大类27个单项资金组成。其中，农业和示范小城镇建设类专项资金4.4亿元，科技发展类专项资金9.7亿元，工业发展类专项资金4.4亿元，服务业发展类专项资金4亿元，其他类专项资金0.3亿元。经逐项把关、严格评审，分两批共支持1800多个工业、农业、服务业、科技创新、科技小巨人、安全生产、文化事业等项目，总计拨付资金14亿元。对促进新区经济快速发展以及增长方式转变发挥出积极作用，取得良好的经济效益和社会效益。

（王莉莉）

工商行政管理 2011年1月13日，国家工商总局正式授予天津市滨海新区工商局外商投资企业核准登记权。年内，新区工商局按照“非禁即入”、“非禁即可”原则，放宽登记注册条件，简化办事流程，下放审批权限，最大限度实现“新区的事在新区办”。开展创先争优、为民服务活动，建设“绿色通道”和“党员模范岗”，实施“窗口擦亮”工程，改进工作作风。开展网上年检、团体年检、团体登记、上门登记等近距离服务。开展“调结构、增活力、上水平”等系列活动，百名干部深入基层、走访企业，现场解决疑难问题。加强工作对接，针对大项目、“小巨人”、楼宇经济提供保姆式服务。

（王莉莉）

质量安全管理 为确保春耕期间的质量安全，2011年3月3日至4月20日，滨海新区质量技术监督局先后开展一系列执法活动。累计出动执法人员151人次，检查生产企业11家，检查农资经营商户30家，进入乡村44个，组织宣传活动9次，抽取样品9个，检验合格率100%。组织开展2011年“质量月”大型现场咨询宣传活动。11个政府职能部门和技术机构的42名工作人员参与，发放各类宣传资料18000余份，接受群众咨询、企业咨询5300余人次，受理质量投诉举报22起，为群众免费鉴定检测产品330余批次。做好天津市名牌产品推荐申报工作，实施滨海新区品牌发展战略。截至2011年，新区有54家企业、79种产品获天津市名牌称号，占全市名牌总数的23%。26家企业的34种产品被评定为2011年度天津市名牌产品，比上年增加19种。在新区范围内改革原有定检工作方式，以产品质量监督抽查替代定期检验。制定季度产品质量监督抽查计划并组织实施，全年抽检475家企业的31大类654批次产品，产品抽检平均合格率96.33%，监督抽查产品批次比上年定期检验上升315批次，产品平均合格率提高1.05个百分点。与新区工商局联合开展滨海新区家具和室内装饰装修材料质量安全专项治理活动。新区质监局组织抽检58批次产品，合格率100%。开展儿童玩具专项监督抽查。重点对大型超市和商场的毛绒布制玩具、塑料玩具和电动玩具三类产品进行抽查，抽样21批次，合格18批次，合格率85.71%。对不合格产品依据相关法律法规责令商家立即下架，同时将不合格报告及时转办玩具生产厂家所在地质监部门，对玩具生产厂家进行监督检查。开展计量专项执法监督检查。检查较大型商场、超市、集贸市场等72家，监督检查台秤、汽车衡等计量器具12000余台件，检定合格率98%。开展商品量定量包装抽查，复称定量包装商品508件(次)，均在误差范围内。开展对加油站的专项治理，出动执法人员300余人次，检查加油站140余家，加油机948台。对使用不合格计量器具企业依法做出处理，维护市场稳定和群众利益，取得较好效果。

（王莉莉）

滨海新区质量协会 2011年11月30日，天津市滨海新区质量协会挂牌成立。作为滨海新区第一个依法成立的专业性社会团体，该协会为企业提供质量管理、标准化管理、计量管理、认证认可、资格培训等方面服务，建立起联系政府与企业的桥梁和纽带。

（王莉莉）

食品药品监督管理 2011年，滨海新区食品药品监督管理局一手抓监管、履行职责保安全，一手抓改革、先行先试做示范。出动执法人员3000余人次，查处药械案件55件，全部办结，罚没款15.98万元。

（王莉莉）

文 化

概况 2011年，滨海新区宣传文化工作，以改革创新为动力，以实施文化惠民工程为载体，坚持一手抓新区文化资源的整合与发展，一手抓外部优秀文化资源的引进与吸收，努力塑造具有地域特色的文化艺术品牌。坚持文化遗产是文化发展稀缺资源的理念，努力推进各项文化遗产保护工作。组织完成公益电影放映3560场次，其中财政补贴塘沽、汉沽、大港3400场次，开发区、保税区、高新区未纳入补贴的场次为160场。坚持依法行政，加强行政执法队伍建设，全面落实行政执法责任制。开展打击侵犯知识产权和制售假冒伪劣商品专项执法行动、建党90周年文化市场专项保障行动、全区娱乐演出场所专项检查行动、互联网上网服务场所专项治理行动等专项行动，完善举报受理长效机制，切实维护群众合法权益。注重在培育市场主体、搭建平台、推动落实、协调项目上下功夫，加快建设国家级文化产业示范区，以打造和深化文化产业集聚园为新区发展文化产业的主流形态，努力推动文化产业成为新区支柱性产业。新区新闻宣传工作围绕中心、服务大局，全方位、多角度、立体式宣传报道新区开发建设最新成就。广播电视工作在现有广电平台的基础上，积极推动区域广电事业发展。广播电视节目更加丰富，影视创作有了长足进步，在三网融合工作技术上有了新的突破。广播电视事业呈现从内涵向外延化发展；与广电相关的平面媒体和衍生产业初露端倪，呈现良好发展态势。国家级媒体播发滨海新区的稿件1852篇(不包括专版稿件)，比上年增长23.7%。完成行政许可游艺娱乐场所32家、互联网上网服务营业场所11家、互联网文化经营单位5家。完成对新区新闻出版业、文化娱乐业835家单位的年检换证工作。成立地方志编修委员会，编辑出版滨海新区首部年鉴。

（王　芳）

文化艺术活动　2011年，滨海新区努力塑造具有地域特色的文化艺术品牌。承办中国作协天津滨海新区首届国际作家写作营系列活动，中国文联、中国美协赴滨海新区“送欢乐、下基层”系列活动；联合中国美协版画艺术委员会组织举办首届滨海国际版画作品邀请展和博览会；与市委宣传部、市文化广播影视局、天津广电集团联合主办“滨海杯”天津市第五届青年新歌手电视大赛系列活动；组织开展第二届“同唱滨海”原创歌曲全国有奖征集活动、天津市第八届滨海艺术节暨首届滨海国际艺术节活动。这些艺术特色鲜明的全国性、国际性文化交流活动，彰显了新区的文化魅力，提升了新区的影响力。

（王　芳）

2011年6月9日举行中国天津滨海新区国际作家写作营开营仪式

群众文化活动　2011年，滨海新区组织举办首届社区文化艺术节系列活动、迎新春暨军民联欢会、迎新春晚会；以纪念中国共产党成立90周年为契机，组织开展红色电影公益放映活动、“颂歌献给党”纪念中国共产党建党90周年合唱大赛、“颂歌献给党”合唱大赛汇报演出等文化庆祝活动，组织新区方队参加全市庆祝建党90周年文艺晚会展演活动；组织承接10场新版评剧《珍珠衫》赴滨海新区巡回演出、10场次海泰友好艺术团赴“十大战役”建设工地慰问演出。群众文化活动寓教于乐，丰富了人们的精神生活，营造了良好的社会文化氛围。

（王　芳）

文化市场　2011年，滨海新区文化市场行政执法大队举办三期文化市场法规暨安全培训班，来自全区网吧、娱乐场所、出版物印刷、出版物零售等文化场所的负责人及从业人员近1500人参加培训。集中学习《公共娱乐场所消防安全管理规定》、《娱乐场所管理条例》、《互联网上网服务营业场所管理条例》、《出版管理条例》等法律法规。“扫黄打非”工作领导小组办公室坚持打防并举、标本兼治、综合治理方针，在严密封堵政治性非法出版物和有害信息、大力扫除淫秽色情等文化垃圾、有效遏制各类侵权盗版行为等方面成效显著。截至年底，出动检查人员5888人次，检查出版物市场、店档、摊点2178个，印刷复制企业511家；收缴非法出版物总数3万余件，其中，违禁类出版物近1000件、淫秽色情出版物近600件、侵权盗版出版物18000余件；收缴非法卫星接受设施和电视棒206个；取缔出版物非法经营摊点54个、黑网吧53户，收缴计算机79台，查处“扫黄打非”案件，以案件为抓手和突破口，加强大案要案查办工作，查处案件18起。编印《滨海新区文化市场行政执法日常检查项目手册》、《滨海新区文化市场行政执法大队安全生产监督管理工作规范（试行）》、《第一批游戏游艺市场准入机型机种目录》，建立健全《文化市场举报受理制度》等一系列规章制度，执法人员进一步明确执法任务，提高执法水平。全年收到文化市场举报46件，出动检查3672人次，检查场所942家次。

（王　芳）

文化产业　2011年，滨海新区推进文化产业发展，完善政策平台、投融资平台、公共技术平台、人才交流平台、产品交易平台、行业服务平台六大平台，努力形成多元化、多层次的服务保障新格局。在全区范围内构建6个各具特色的专业集聚园。滨海国家科技创意创业产业园，形成“天河一号”国家超级计算天津中心、惠普、腾讯等35家高新科技企业组成的云计算产业联盟，以及诺梵文化交流有限公司、人通天下网络公司等一批文化企业，打造以高科技文化产品制造和会展服务为特色的综合产业群，园区年产值超过5亿元；滨海国家影视网络产业园，聚集福丰达、魔幻动力等一批国内外颇具影响力的文化创意企业，形成以高新技术为特色的数字内容创意产业群，园区企业累计销售收入20.8亿元；滨海国家新媒体产业园，酷米网络、象形科技等知名企业入驻，形成网游动漫数字娱乐、广告与新兴媒体产业群，园区企业累计销售收入2.25亿元；滨海国家动漫产业示范园，华漫兄弟、引力传媒等60余家公司进驻，大力发展以低碳、环保理念为特色的文化创意产业群，园区企业累计销售收入5亿元；滨海国家军事文化产业园，以航母为核心，军事为文化内涵，建设集“三地一中心”的国际创新、国内一流的世界级大型军事文化产业园，涉及文化旅游、表演、旅游商业、宣传展示、会展、国防教育、影视拍摄等业态，园区接待游客超过100万人次，旅游收入突破1亿元，成为天津首个吸引游客过百万的景区；滨海国家港湾休闲文化产业园，以沙滩景区为核心，形成海上运动娱乐区，沙滩配套文化娱乐区和周边服务配套娱乐区三大区域，采取文化与旅游资源相结合方式，通过引入津味文化演绎基地、真人CS影视拍摄基地、帆船俱乐部、龙舟训练基地等文化旅游项目，发展文化、休闲产业，不断提升新区度假休闲文化品位。加快建设一批具有重大示范效应和产业拉动作用的文化产业项目。新区文化大发展大繁荣第二批70个重点产业项目计划总投资415亿元，比上年增加134亿元，增幅47.67%，其中总投资在5000万元以上的项目37个，占总项目数的43%；总投资超亿元项目26个，占总项目数的37%。

（王　芳）

文物保护　2011年，滨海新区按计划向天津市第三次全国文物普查领导小组上报文物“三普”工作报告和各项普查成果，并向区政府上报《天津市滨海新区第三次全国文物普查不可移动文物名录》。分别成立滨海新区文物保护工作领导小组、非物质文化遗产保护工作联席会议。成立北塘古镇传统文化服务小组，推动古镇传统文化建设，协调施工单位建设前对北塘炮台仁正营进行考古勘探。开展田野文物大检查、文物安全检查工作，依法开展天碱工业遗产保护工作，抢救性保留科学厅、仓库、白灰窑等部分设施。广泛开展文化遗产宣传展示活动。组织开展“国际博物馆日”活动与“中国文化遗产日”活动。加强博物馆的建设与管理。组织完成所属博物馆、纪念馆的年检工作，文物藏品保存完好。出台《滨海新区促进民办博物馆发展的若干意见》。年内，塘沽以版画、汉沽以版画刻字、太平镇以书法绘画被文化部命名为2011—2013年度“中国民间文化艺术之乡”。

（王　芳）

2011年7月8日滨海新区文化创意产业协会成立大会暨第一届会员大会开幕式

新闻出版 2011年，国家级媒体播发新区稿件1852篇(不包括专版稿件)，比上年增长23.7%。人民日报刊发新区稿件47篇(其中头版头条1篇，头版7篇，不包括分社外记者采发稿件)，增长161%；新华社刊发新区稿件1085篇(新华社内参等重要稿件71篇)，增长18.4%；经济日报刊发新区稿件165篇（头版头条1篇、新闻专版3个），增长37.5%；光明日报刊发新区稿件40余篇（其中头版头条2篇），增长186%；中国日报刊发新区稿件108篇，增长2.4%；中央人民广播电台播发重点稿件150余条，增长105%；中央电视台《新闻联播》栏目播发51条(其中滨海新区专稿19条，头条1条)，增长6%；《焦点访谈》正面宣传新区7期节目，增长600%。天津日报、今晚报头版及版面头条刊发709条，增长17.6%，其中天津日报头版279条、头版头条32条，今晚报头版103条、头版头条73条；天津人民广播电台、天津电视台《天津新闻》发稿1237条，增长9%，其中电台645条、电视台592条。国内省级以上报刊刊发专版79个，增长19.7%。海外媒体发稿853条，增长7.7%。新区行政审批工作强化公共服务职能，完成行政许可游艺娱乐场所审批32家、互联网上网服务营业场所审批11家、互联网文化经营单位审批5家。完成对新区新闻出版业、文化娱乐业835家单位年检换证工作。在全市率先完成政府软件正版化工作。完成滨海新区百本书系《滨海两千年》等系列图书的出版发行。基本完成滨海新区版权服务中心组建工作。

（王　芳）

广播电视 2011年，滨海广播电视台对自办节目全新改版，采取先进的技术和手段，加强频道和栏目的策划、制作和包装，制作出一批策划水平高、拍摄手法新、制作技巧精和包装艺术好的精品栏目。《滨海新闻》翔实报道区委、区政府的重大决策，新区的开发开放、经济发展、“十大战役”、市容综合整治、民计民生等。《滨海大舞台》、《小试身手》、《爱的故事》、《滨海戏院》等娱乐生活类栏目，从节目内容和形式上改革创新，走出个人和家庭的框架，进入集体、社会及工矿企业，多方位多角度地展示新区劳动者的才能和感情生活。在原有节目基础上开播其他新的栏目，其中包括：《12点报道》改写了滨海频道没有午间新闻的历史；《财富·滨海》开辟了财经节目空间；《快乐童行》填补了少儿节目的空白；《百姓纪事》、《百姓关注》栏目加深了与基层群众的联系，反映了一线群众的生活；《大港人》、《民生话题访谈录》立足本土，关注百姓身边事、切身事；《温馨祝福》搭建与观众互动平台，吸引群众的收视热情。除内容外，在拍摄品质上也有新的突破，高清纪录片《大龙邮票》开创了新区首部高清电视片历史。

（王　芳）

地方志工作 2011年，滨海新区第一部年鉴于10月底印制完成，正式出版发行。全书近100万字，41个篇目，242个分目，1311个条目。生动反映滨海新区开发开放成果和广大建设者精神风貌，大量采用彩页、插图、表格等多种形式丰富内容，全书配彩页30张，包括领导视察、滨海新区成立、十大战役、城市新貌4个部分。正文中配插图111张、表格10张，书后附相关统计表格47张。为保证年鉴工作顺利进行，新区从塘沽和大港地方志办公室抽调两名经验丰富、责任心强、精于业务的干部，负责组织开展相关工作，并迅速组成一支150余人的年鉴编纂队伍，先后举办两期业务培训。在篇目设计上，着力体现新区时代特征与创新特色，突出记载新区推进“十大战役”、深化“十大改革”、加强和创新社会管理等方面的新思路、新举措、新成果。在排版环节力求大气、美观、细致。2011年4月，经区委常委会议讨论通过，成立滨海新区地方志编修委员会，区委副书记、区长宗国英任主任，区委、区人大、区政府、区政协等领导任副主任，确立27个单位为委员单位。12月1日，召开滨海新区地方志工作会议。副区长刘子利出席并讲话。区政府办公室主任赵顺利主持会议。各有关部门的负责人140余人参加会议。会议总结滨海新区年鉴编纂工作的成绩，部署下一年年鉴工作和地方志编修工作启动方案。

（王　芳）

社　会

概况 2011年，滨海新区继续坚持规划引领，完成6个层面58个专项规划的系统提升，新编制盐田利用和中部新城规划。全年建设重大基础设施项目92个，完成投资1100亿元。继续奋战300天综合整治市容环境。创建国家环保模范城工作扎实推进。完善农村城市化城镇化政策体系，加快农村城市化城镇化建设步伐。以提高自主创新能力、构筑自主创新高地、争创科技创新领航区为工作主线，不断优化科技创新环境，加快推进科技体制改革。全力聚集科技创新资源，着力培育科技小巨人与领军企业，推动创新载体建设，优化企业发展环境，成为全国首个国家863计划产业化伙伴城区。全面实施素质教育，促进学生全面发展。以国家和市政府大力推进学前教育工作为契机，贯彻落实《滨海新区学前教育行动计划》，推进全区学前教育资源建设工作。着力在教育督导体制、教育保障机制、“三名”(名教师、名校长、名学校)培养机制、办学体制、基础教育和职业教育办学模式、提高教育国际化水平等教育体制机制改革方面取得新突破。社区医疗卫生体制改革全面启动，创建三级甲等医院工作进入最后评审阶段，医疗卫生服务能力显著增强，基本公共卫生服务能力和水平不断提高，妇女儿童保健工作取得显著成绩，对外合作交流工作取得新突破。牢固树立“健康第一”的指导思想，以增强全民体质为出发点，坚持体育为人民服务，为新区经济社会发展服务的方针，不断增强学生体质，提高青少年运动水平，开展全民健身活动，提高市民身体素质，不断完善体育设施建设，促进新区体育事业又好又快发展，被国家体育总局授予全国群众体育工作先进单位和全国青少年业余训练工作先进单位荣誉称号。围绕《民政部、天津市人民政府共同推进滨海新区民政事业发展合作协议》任务落实，以“服务大局、保障民生、科学发展、走在前列”为工作方针，深化细化新区民政事业改革任务，以推动体制机制改革、保障改善民生、服务军队国防建设、加强基层民主建设、提高公共服务水平、维护社会和谐稳定为着力点，奋勇争先，创新发展，为全力打好新区开发开放攻坚战，促进经济社会又好又快发展发挥应有作用。

(王莉莉)

城市建设与管理　2011年，滨海新区继续坚持规划引领，完成6个层面58个专项规划的系统提升，新编制盐田利用和中部新城规划。全年建设重大基础设施项目92个，完成投资1100亿元。中航油石化码头等37个海港项目进展顺利，滨海国际机场二期扩建工程开工，京津城际延伸线、津秦客运专线和于家堡枢纽站、滨海高铁站等铁路项目按期推进，津滨轻轨西段开通运营，中央大道北段、西中环一期、塘汉快速路、轻纺大道等一批重点工程竣工通车，4项工程分获鲁班奖和国家优质工程奖。西外环高速公路、海河隧道等工程加快建设。建成北疆电厂淡化海水送出工程，新建改造4座再生水厂。实现多水源联合调配，日供水能力151万吨。中新天津生态城智能电网综合示范工程投入使用，15项技术达到世界领先水平。改造130公里供热管网，5万户居民直接受益。新开通和提升16条公交线路，运营里程增加286公里。继续奋战300天综合整治市容环境，整修主干道路45条、社区16个，改造提升公园13个，新增绿化面积1270万平方米，绿化覆盖率36.2%。建成汉沽垃圾焚烧发电厂。综合整治河道35.5公里，清水工程三年任务一年完成。新建改造14座污水处理厂，日处理能力70万吨。创建国家环保模范城工作扎实推进。推行城市分类管理标准，实现管理的精细化长效化。

(王莉莉)

农村城市化城镇化建设　2011年，滨海新区完善农村城市化城镇化政策体系，颁布实施《天津市滨海新区农村城市化发展“十二五”规划》、《滨海新区促进农村城市化、城镇化发展的政策措施》和《滨海新区城乡统筹发展的实施方案》，提出滨海新区在全市率先基本实现农村城市化，到2015年，全区城市化力争90%以上(按户籍统计)，新建17个城镇居住社区，9个工业园区，15个农业设施园区的奋斗目标。年内，天津市对滨海新区新塘组团幼儿园、大田镇敬老院、太平镇太阳能热水器工程3个项目给予1200万元资金补助，滨海新区对示范镇建设的规划设计、节能环保、公益事业及公共基础设施等22个项目给予4730万元资金支持。太平镇二期、中塘示范镇相继开工建设。新区示范镇新开工57.5万平方米，竣工35万平方米，完成投资25.3亿元，安置农民0.7万人。

(王莉莉)

2011年6月17日召开滨海新区选派干部驻村工作现场推动会

科技工作 2011年，滨海新区成为全国首个国家863计划产业化伙伴城区。新区政府落实支持科技型中小企业发展专项资金6亿元、各管委会落实资金总额超过8亿元。科技型中小企业累计6799家、科技小巨人企业累计269家，其中当年新增科技型中小企业2823家、新增科技小巨人企业124家，科技型中小企业主营业务收入2500亿元。国家动漫产业综合示范园等19个新建孵化载体投入使用，新增孵化面积160万平方米，高新区软件园获批为国家级孵化器，开发区生物医药等5个基地入选市级孵化转化载体建设试点。与东软、IBM等龙头企业合作，建设完善科技型企业云计算服务平台与信息化服务平台。华大基因、展讯通信、完美世界、奇虎360、芯硕科技等一大批国内外知名科技企业相继落户。新区国家“千人计划”人才累计21人、天津市“千人计划”48人。全年有143家企业拟认定为滨海新区高新技术企业，其中塘沽11家、汉沽2家、大港6家、开发区38家、保税区7家、高新区75家、中新生态城3家、东疆港保税区1家。按领域划分，电子信息技术57家、新能源及节能技术11家、新材料技术12家、资源与环境技术13家、生物与新医药技术20家、高新技术服务业8家、高新技术改造传统产业22家。至年底，累计认定滨海新区高新技术企业395家，认定国家高新技术企业664家，占全市70%。全区执行各类科技项目347项、奖励642项，财政资金支持3.64亿元。完成专利申请11855件，增速91.5%；全市占比增加8%，达到32%。商标注册新增2709件、累计16218件，国家驰名商标15件，天津市著名商标209件。根据《天津市滨海新区科学技术奖励办法》规定，组织进行滨海新区2011年度科学技术奖申报、评审、表彰和奖励工作。滨海新区科学技术奖受理申报项目160项，经形式审查确定参评148项。经过专家评审、评审委员会复审、科委机关办公会审核、区政府批准，确定获奖项目72项，其中，科学技术合作奖1项，技术发明奖9项（一等奖1项，二等奖3项，三等奖5项），科技进步奖62项（一等奖8项，二等奖16项，三等奖38项）。

（王莉莉）

教育工作 2011年，滨海新区拥有各级各类学校、幼儿园304所，学生17.68万人，教职工17847人。其中，幼儿园124所，在园儿童24347人，学前教师2622人；小学87所，在校生70948人，教师5604人；中学81所，在校生59874人，教师8100人；中等职业学校7所，在校生8902人，教师671人；高职院校2所，在校生12300人，教师776人；特殊教育学校3所，特教生387人，教师74人。推进教育资源建设。累计133所学校达到天津市义务教育学校现代化建设标准，约占新区义务教育学校的90%。高标准建设学校、幼儿园。新改扩建中小学、幼儿园60余所，其中50余所投入使用。推动区域教育信息化建设，启动10所学校数字化校园示范工程建设，建成滨海新区教育局（体育局）网站。启动滨海新区“三名”工程。培养名教师、名校长，培育名学校。广泛开展教师岗位练兵活动，承办第32届“创新杯”全国教学艺术大赛暨高级研修班和全国第二届“和谐杯”说课标、说教材大赛，举办滨海新区首届教师三项基本功大赛。在天津市第五届基础教育教学成果评审工作中，获3项一等奖、2项二等奖和7项三等奖。加大班主任培训工作力度。选送119名优秀教师、校长赴华东师大接受培训，并在上海市知名学校挂职。加强幼儿园园长、骨干教师培训，推进职业院校“双师型”教师培养。制定《天津市滨海新区学校后备干部、青年教师孵化工作实施办法（试行）》，改革新建学校干部教师培养模式。市内外优质教育资源引进工程取得积极进展。分别与天津外国语大学、和平区教育局和小金星国际教育集团签订合作办学协议，在中新天津生态城建设天津外国语大学附属滨海生态城外国语学校（简称滨海小外），在北塘经济区建设新的昆明路小学，兴建国际一流的幼儿园。各类教育全面发展。大力发展学前教育，努力提高办园质量。塘沽五幼等8所幼儿园成功创建天津市一级幼儿园。大港太平镇中心幼儿园被市教委、市妇联命名为“阳光乐园社区早期教育中心”。义务教育高水平均衡发展。全面启动义务教育质量监测项目，初中学段义务教育完成率99%以上，保障外来务工人员子女平等接受义务教育，全区接收外来务工人员子女就学的学校覆盖率100%。高中教育优质特色发展。塘沽一中、汉沽一中、大港一中和油田实验学校4所高中校首批启动特色化建设实验项目。滨海新区在校生参加高考6645人，其中600分以上人数占在校生参考人数的7.4%；二本以上上线率60.4%，高于全市水平8.3个百分点。塘沽第一职业中专被评为全国高水平示范性中等职业学校。开展滨海新区第一届社区教育展示月暨2011年滨海新区全民终身学习活动月活动，社区学院正式揭牌，滨海新区终身教育网建成投入使用，全年参与各类社区教育活动的市民5万余人。

（王莉莉）

卫生工作 2011年，区卫生局制定《滨海新区创建三级甲等医院实施办法》及其4个配套文件,从学科建设、人才引进、设备购置、医学科研等方面,积极扶持6所医院创“三甲”工作。先后4次邀请市级各专业专家150余人次对创建医院进行全面检查,根据专家意见和建议反复整改,区卫生局多次组织区级各专业专家对整改情况进行督导。区政府投入3000万元,带动管委会、医院投入6000万元,为创建医院购置3.0T核磁共振、64排以上螺旋CT、数字减影血管造影机、数字胃肠机等一批大型医疗设备。第五中心医院对34个学科进行全面评估,加强骨科等7个重点学科建设,申报市级科研计划项目5项,引进学科带头人5名。泰达医院诊疗科目从9个增加到24个,床位从350张增加到520张,引进学科带头人7名,聘请解放军总医院卢世璧院士为特聘教授,医疗技术水平有较大提高。制定《重点人群麻疹疫苗接种工作方案》,率先在全市开展为外来建设者免费接种麻疹疫苗工作,免费为中小学生接种麻腮风疫苗,免费为5.69万名8月龄至4岁儿童进行麻疹疫苗强化免疫,麻疹发病率为3.2/100万,圆满完成市政府5/100万以下的工作目标。免费为适龄儿童接种水痘疫苗7500余支,水痘发病率47.51/10万,比上年下降35.65%。全年无甲类传染病报告,乙类传染病报告发病率117.88/10万,下降6.85%,未发生重大传染病暴发流行。

(王莉莉)

体育工作 2011年,滨海新区组队参加天津市田径邀请赛和青少年柔道、跆拳道、击剑、排球、曲棍球、国际式摔跤、武术套路、乒乓球、网球等项目锦标赛,获金牌138枚、银牌97枚、铜牌100枚,在全国比赛中获金牌6枚、银牌4枚、铜牌7枚。组队参加全国第十七届农民象棋赛,获1项亚军,2项季军,创天津市参加全国农民象棋赛最好成绩。组团参加四年一届在静海县举行的天津市第七届农民运动会,204名运动员和教练员参加全部14个大项的比赛,获金牌33枚、银牌26枚、铜牌8枚,金牌数和奖牌数列各代表团第一位,代表团获优秀组织奖,另有1支运动队和15名运动员获体育道德风尚奖。120余名运动员、教练员参加在江西省南昌市举行的全国第七届城市运动会13个项目决赛阶段的比赛,获2枚金牌、2枚银牌、3枚铜牌,并被大会授予体育道德风尚奖。组队参加天津市第二届全民健身大会,派出2300余名运动员参加39个项目比赛,获金牌190枚、银牌176枚、铜牌153枚,金牌数和奖牌数列全市各代表团第一位。全年举办30余次全民健身活动,参与群众1.4万人。先后举办滨海新区首届门球团体赛、滨海新区首届市民乒乓球比赛、滨海新区“匹克杯”篮球比赛、滨海新区首届机关干部体育比赛和“中建八局杯”滨海新区第二届羽毛球比赛等多项比赛。在2011年全国全民健身活动评比中,区体育局获最高奖优秀组织奖。在天津市第二届全民健身运动会系列活动评比中,区体育局获一等奖(第一名)。对新区中小学校、业余体校开展体育运动项目训练情况进行调研,结合工作实际,完善学校课余体育训练布局。制定下发《滨海新区体育重点项目管理办法》和《滨海新区体育重点项目评估细则》,为业余训练工作提供制度保障。全年向天津市体校输送31名运动员,完成滨海新区251名运动员注册工作,107名运动员被天津市体育局命名为重点苗子运动员。加强教练员队伍建设,举办全体教练员培训班,并组织60余人次教练员和管理人员分别参加市级和国家体育总局举办的培训班。2名教练员被国家体育总局授予全国业余训练优秀教练员荣誉称号,塘沽一中被国家体育总局授予国家级体育传统项目学校荣誉称号。

(王莉莉)

计划生育 2011年,滨海新区制定《村居计生服务室基本设置标准指导意见》,实现机构标准化、规范化。投入专项资金75万元对计划生育“国优”创建先进单位进行以奖代补。投资12万元与天津大学合作开发计划生育技术服务管理软件,并在全区计划生育服务站安装运行。抓好免费孕前优生健康筛查项目试点工作,计划怀孕夫妇优生科学知识知晓率90%以上。塘沽服务站对526人建立家庭优生健康档案,免费检测9833人次、发放叶酸682盒。为全区11162人次提供出生缺陷一级干预免费服务。对生育病残儿夫妇再生育优生指导率100%,高危孕妇建档率100%。推动包括流动人口在内的育龄妇女生殖健康查体服务工作,全区查体82230人次,其中患病人数33555人。实施计划生育手术3901例。发放价值近120万元的避孕药具,发放到位率和落实避孕措施及时率均达90%以上,成立新区计划生育手术并发症鉴定领导小组及专家库。创刊印发《滨海计生信息》13期。积极开展社会化大宣传,开展各类宣传活动40余次,印发宣传材料6万余份,制作横幅80余条,展牌200余块,发放避孕药具3万余盒,受益群众15万余人。制作《人口计生宣传折页》70万张、计划生育政策展牌800块、《诚信计生手册》3万份。

(王莉莉)

劳动就业 2011年,滨海新区

新增就业10.7万人，比上年新增1.5万人，增长16.3%。城镇登记失业率继续保持3%，低于全市水平0.6个百分点。成立以区委副书记、区长宗国英为组长的构建和谐劳动关系领导小组，围绕“加强社会管理创新、构建和谐劳动关系”这一主线，形成政府指导、面向企业和劳动者“双向服务、双向维权、双向监管”三个双向的工作格局，建立起区委统一领导、政府大力推进、工会积极主动、各方密切配合、职工广泛参与的“四级联动”工作体系。积极开展大学生就业服务月、就业服务周等活动，大力推动就业见习、创业实训，建立高校毕业生就业见习基地318个，吸纳7300余名高校毕业生见习，全区举办综合型大学生专场招聘会181场，累计进场单位6100余家次，提供就业岗位98000余个次，高校毕业生安置率92%以上。通过社区劳动保障工作站、街(镇)劳动保障服务中心和各管委会人力社保部门的逐级管理，实行盯人帮扶、动态跟踪、加大托底安置力度。全区认定1862名就业困难人员，其中零就业家庭954人，帮扶1862名就业困难人员实现较稳定就业，保持零就业家庭动态为零，其他认定困难人员全部安置就业，高于全市86%的安置率。围绕“农村居住社区、示范工业园区、农业产业园区”三区联动发展，以制造加工业、物流商贸业、社区服务等为重点，多渠道开发就业岗位，全年安置农村富余劳动力转移就业12739人，超额完成市下达的8500人的安置目标。

（王莉莉）

社会保障 2011年，滨海新区人力社保局把完善社会保障体系作为改善民计民生的重要支撑，全面推进社会保险覆盖范围，认真落实医疗保险各项待遇，不断提升社会保险服务能力，“广覆盖、保基本、多层次、可持续”的全民社会保险制度基本形成，惠及民生成效显著。创新经办服务方式，理顺各功能区参保登记渠道，提出各区域社保经办管理意见，进一步理顺保险经办管理，为功能区注册企业社会保险经办提供便捷高效的服务。至年末，新区参加城镇职工养老保险99.5万人，比上年度增长12.55%。830户企业建立企业年金。参加城镇职工医疗保险95.7万人，增长4.47%。参加城镇职工工伤保险78.4万人，增长4.1%。参加城镇职工失业保险71.5万人，增长8.5%。参加城镇职工生育保险67.2万人，增长9.9%。累计参加城镇个人养老保险3.5万人，参加城镇个人医疗保险2.6万人。新区参加城乡居民养老保险8.4万人，其中参加养老保险3.6万人，享受老年生活补贴4.8万人。全区城乡居民基本医疗保险参保43.51万人，参保率98.5%，比上年度提高3个百分点，参保推动工作位居全市前列。累计参加被征地农民养老保险4274人，享受待遇1284人。受理与社会保障相关的群众信访61件，接待来访群众500余人次。受理各类投诉按时查处反馈率均100%，满意率100%。通过落实连续调整退休金政策，累计为20.7万退休人员增加退休金，新区企业退休人员基本养老金达1840元，比全市平均水平高10%，比新区上年度平均水平高10.2%。城乡居民基本医疗保险报销比例逐步提高，住院报销待遇平均比例达60%以上，并积极落实参保人员意外伤害保险制度。工伤、生育、医疗保险全部实现医疗单位与社会保险基金管理部门直接结算，为治疗性费用支付提供保障。

（王莉莉）

社会救助 2011年，滨海新区城乡低保对象12045户24228人。其中，城镇低保救助对象8747户16399人(塘沽9725人，汉沽4758人，大港1916人)，农村低保救助对象3298户7829人（塘沽1956人，汉沽3151人，大港2722人）。全区城乡特困救助对象625户1407人。其中，城镇特困救助对象450户966人(塘沽291人，汉沽458人，大港217人)，农村特困救助对象175户441人(塘沽2人，汉沽243人，大港196人)。全区有五保户664户682人(塘沽390人，汉沽95人，大港197人)。继续加大临时救助力度，全

2011年1月13日召开滨海新区2009—2010年度优秀外来建设者表彰大会

区开展临时应急救助4346人次，发放救助金220万元。加强流浪乞讨人员救助工作，全年救助流浪乞讨人员4145人次。

（王莉莉）

老龄工作 2011年9月8日，中共天津市滨海新区委员会印发《关于成立滨海新区老龄工作委员会的通知》，成立老龄委，下设办公室，办公室设在民政局，老龄委由33个成员单位组成。为享受抚恤补助的优抚对象和城市低保、特困救助对象中60岁以上需要生活照料的1158位老年人提供居家养老服务，累计发放补贴资金310.3万元，其中用于老人补贴206.35万元，用于服务人员补贴103.95万元。争取市财政补贴资金189.965万元，各管委会匹配资金120.335万元。全年完成9个老年日间照料服务中心和16个老年日间照料服务站建设任务。

（王莉莉）

社区管理 2011年，滨海新区总结提升新区"泰达模式"和"新港街经验"，组织召开滨海新区社区管理与服务现场推动会，向各街道进行成果推广，通过以点带面，促进新区社区服务管理方式不断创新。圆满完成"青年农民工融入社区"试点建设工作，顺利通过国家项目组评估验收，受到民政部认可与好评，民政部在新区召开项目成果发布会，向全国推广新区经验。天津市委研究室对新区"三社联动"（三社：即社区、社会组织、社会工作者）创新社会管理经验进行调研并以内参形式报市领导参阅，得到市领导和市民政局领导的充分肯定。加大社区管理信息服务平台建设力度，投入资金300万元为新区居委会配置电脑和管理软件。率先提高居委会办公经费和社区工作者补贴标准，实现两项补贴均高于天津市平均水平。做好滨海新区首届社区文化艺术节各项筹备工作，组织各管委会、功能区居民代表200余人参加社区文化艺术节开、闭幕式。制定社区工作者培训计划，组织各管委会、功能区社区居委会干部进行专业培训。

（王莉莉）

综合配套改革

概况 2011年，滨海新区在基本完成第一个三年计划的基础上，按照天津市委、市政府要求和第二个三年实施计划的安排部署，统筹谋划，突出重点，提出全力推进"十大改革"，制定具体的安排意见。涉及10个领域、26个重点项目、21个牵头部门和36个支持配合部门单位，组织召开改革工作推动会和新闻发布会，落实改革责任，优化舆论环境。针对26个重点项目，制定出台16个改革指导意见和18个实施方案，为全区经济社会发展提供强大动力。

（王莉莉）

行政管理体制改革 2011年，滨海新区研究上报《关于深化行政管理体制改革的意见》，强化新区领导职能，理顺权责关系。通过由市编办监督检查处等部门组成的考评组对新区机构改革情况进行评估，逐步完善机构职能设置，平稳推进事业单位分类改革。积极搭建政府基层公共服务平台，5个社区服务中心、6个社区服务站基本建成，6个社区服务中心、23个社区服务站陆续开工建设。推动落实"新区的事在新区办"的工作机制，市政府于2011年底同意下放第二批行政审批权限事项32项，职能事权事项33项。

（王莉莉）

行政审批制度改革 2011年，滨海新区成立天津市第一家"项目代办服务中心"，打造"保姆式"全程服务。扩大集中审批范围，增加立等可取事项，强化现场审批、联合审批和限期办结，成为天津市审批办事效率最高区域。承接落实第一批市级下放和扩权审批事项110项，5个市级部门的18项市级行政审批事项在新区行政服务中心开展延伸窗口服务。向中心商务区和临港经济区分别下放行政审批事项权限25项和22项，促进审批服务下沉。

（王莉莉）

土地管理制度和城乡一体化改革 2011年，滨海新区土地管理改革专项方案获国务院正式批复，并组建改革领导机构，落实具体责任分工。初步形成城市总体规划、土地利用总体规划"两规"结合的布局方案，建立新区统一的土地整理储备机制，积极挖潜新区耕地后备资源，至年底完成验收农民自行开垦土地项目505公顷。深化完善"土管会"议事制度，集约节约开发利用土地资源，实施经济激励保护耕地机制。稳步推进农村城市化城镇化进程，新区7个项目列入全市示范镇试点，塘沽"征转分离"试点工作取得良好效果。

（王莉莉）

保障性住房制度改革 2011年，滨海新区创新推出蓝白领公寓和定单式限价商品房两种政策性住房，加快建设公共租赁住房和限价商品住房两种保障性住房，初步建立具有新区特色的保障性住房体系。完成租房补贴使用情况专项调查，新区符合条件的家庭全部享受廉租住房和经济租赁住房租房补贴。确定滨海欣嘉园片区、散货物流片区和轻纺新城片区3个集中建设片区，新区20个保障性住房项目全部开工建设，其中包括公共租赁住房（含蓝白领公寓）21816套，经济适用住房8222套，限价商品住房（含定单式限价商品住房）10755套，共计40793套。

（王莉莉）

医疗卫生教育改革 2011年，滨海新区深入推进社区医疗和公共卫生服务中心分离试点，加快社区卫生服务机构内部分置改革，由大医院对社区医疗服务中心一体化管理。优化配置医疗资源，实现大医院与社区医疗机构资源共享，建立双向转诊“绿色通道”和家庭责任医生制度。实行社区基本药物零差率销售，减免门诊挂号费，鼓励社会资本兴办社区卫生服务机构，全区社区卫生服务站120个。新改扩建7所幼儿园和23所中小学，新区152所义务教育阶段学校全部向外来务工人员子女开放。

（王莉莉）

金融改革创新 2011年，滨海新区发展股权基金的政策环境进一步优化，至年底，在新区注册的股权投资基金及管理公司2063家，协议募集资金额超过4000亿元。金融辐射带动能力持续增强，天津股权交易所与全国27个省市政府签署战略合作协议，累计挂牌企业超过120家，分布全国18个省、市、自治区。另与日本亚洲株式会社、滨海创投基金共同发起设立规模为8亿元的日亚（天津）创业投资基金。于家堡金融区建设步伐加快，各类金融机构不断聚集，在于家堡金融区注册的金融机构500家。推动泰达控股完成首笔跨境人民币直接投资业务，汇出资金6.3亿元人民币，16家企业资本金意愿结汇2.5亿美元，各商业银行累计办理跨境贸易人民币结算业务475笔，结算金额31.13亿美元。

（王莉莉）

涉外经济体制改革 2011年，《天津北方国际航运中心核心功能区建设方案》获得国务院正式批复，国际船舶登记、国际航运税收、航运金融、融资租赁等创新试点全面开展。财政部、国家税务总局联合发布税收优惠政策，对东疆保税港区注册企业从事部分航运、物流和保险业务取得的收入免征营业税。东疆国际商品交易市场的保税展示交易功能进一步提升，已有船舶、红酒、工程机械、贵稀金属等各类15家交易市场主体企业在东疆注册。融资租赁业务领跑全国，至年底，累计171家租赁类企业在东疆注册，完成飞机租赁50架、船舶租赁26艘，租赁资产43亿美元。积极筹备召开第六届中国邮轮产业发展大会暨2011中国国际邮轮博览会。

（王莉莉）

科技体制改革 2011年，滨海新区推进科技成果转化，与科技部、中科院分别合作举办成果对接会，签约项目共计150多项，并设立5000万元的科技合作专项资金，支持成功对接项目在产业化过程中的技术研究。打造科技创新公共服务平台，聚集科技型中小企业，累计认定科技型中小企业6600家，科技小巨人企业259家。开展15家单位的专业孵化器试点建设，形成创新驿站服务网络，国家动漫产业综合示范园等19个新建孵化载体投入使用。探索科技与金融结合，率先开展股权激励、中小企业信用担保试点，建立完善新区科技投融资体系。

（王莉莉）

国企改革和非公有制经济发展 2011年，滨海新区推进国有企业重组，组建成立滨海公交集团，探索公益性企业经营管理新模式。筹建新区国有资产经营管理平台，建立健全国有企业经营业绩考核和薪酬管理体系，完善新区统一的国资监管体系。加大对民营经济的政策支持力度，新区已有的各类相关支持政策30多项。建立新区民营企业融资平台网站，组织开展“银企对接进街镇”活动，支持和引导民营企业发展，新区民营经济总量占全市总量超过40%。

（王莉莉）

社会管理创新和公共服务改革 2011年，滨海新区完善社会管理工作格局，推进社会管理创新综合试点区建设。全面推广“泰达模式”、“新港模式”，对基层社区进行网络化管理。建立实施社会稳定风险评估机制，不断完善“大调解体系”，全面构建维稳工作体系。创新流动人口服务管理模式，为外来建设者兴建30余处蓝白领公寓、投资数亿元的“建设者之家”。着力构建和谐劳动关系，建立4个外来建设者法律援助中心、27个工作站和398个联系点。

（王莉莉）

滨海新区·塘沽

概 述

塘沽系天津滨海新区三个城区之一,处滨海新区中心城区位置。地理坐标为北纬38°44′~39°13′,东经117°30′~117°46′,城区南北长50公里,东西宽25公里,海岸线长92.16公里。东濒渤海湾,西与东丽、津南两区接壤,南临大港,北抵汉沽。海河、潮白河、永定新河、蓟运河、独流减河5条河流流经城区并注入渤海湾。境域属暖温带半湿润大陆季风型气候,四季分明,平均气温13.4℃,无霜期年均234天,降水量平均590.60毫米。2011年,城区面积790.24平方公里。常住人口77.95万人,户籍人口49.10万人,有31个民族,汉族占总人口的97.37%。

塘沽,1949年3月建区,初名塘大区。1952年2月更名为塘沽区。2009年11月撤区,改为城区融入天津市滨海新区。2009年12月,成立天津市滨海新区塘沽管理委员会。2010年1月,成立中共天津市滨海新区塘沽工作委员会。

2011年,塘沽抓住滨海新区开发开放的战略机遇,进一步扩大经济规模,经济发展的质量和效益稳步提高。坚持高标准谋划、高水平建设、高效能管理,城市载体服务功能日益增强。全面落实农村城市化各项政策,提升完善各项规划,农村城市化工作取得新突破。积极推动各项社会事业协调发展,不断满足人民群众物质文化生活需求。落实各项民心工程,不断完善社会保障体系,民计民生工作迈上新台阶。

区域生产总值实现470亿元,比上年增长24%;财政总收入287亿元,增长30%;固定资产投资1100亿元,增长28%。工业总产值210亿元,增长25%;实际利用外资4.33亿美元;实际利用内资123.6亿元;外贸出口22.4亿美元,增长14%;城市人均可支配收入33630元,增长12%;农民人均纯收入14670元,增长12%。

56个固定资产投资项目纳入新区重点建设项目,总投资505亿元。包括续建项目19个,拟开工项目37个。海洋高新区土地出让总量120万平方米,完成投资8.5亿元;实现增加值181亿元,增长25%;固定资产投资41亿元,增长24%;实现税收33亿元,增长25%;内联引资85亿元,增长26%;实际利用外资7800万美元。重点引进金融产业和旅游休闲、商务商贸等现代服务业项目,招商引资额130亿元,增长100%。街道“亿元楼宇”建设取得阶段性成果,大泛华国际中心被纳入全市首批重点支持的亿元楼宇项目,55家企业入驻该楼。街道系统与海洋高新区不断探索“飞地楼宇经济”招商新模式,全方位引进中创(天津)企业孵化器有限公司,入孵成熟型科技企业7家。街道协税护税实现全覆盖,全年代征个体零散税突破5000万元,增长29%。全年投入科技专项资金1.65亿元。第一批“天使资金”项目有26个立项,拨付资金近700万元;科技型中小企业在天津市科技型中小企业网上注册765家,其中538家通过认定。22家企业申报国家高新技术企业和滨海新区高新技术企业,并全部获批。科技企业申报的科技计划项目111项,其中108项通过形式审查。成功组织第18届“津洽会”上的参展和签约工作。签订滨海红星美凯龙家居购物中心、锦恒大厦等一批招商项目。民营企业注册资金突破2000亿元,增长1.94倍。注册资金在亿元以上的民营企业新增199户,税收增长23.6%。

完成塘沽老城分区、海洋高新区、西部新城地区的控规调整、总平面设计方案等各项前期工作。加强规划执法监察,完成39个区域和42个项目的巡查任务,立案查处规划违法案件3件。完成顺化道、振化路等8条支路的道路维修工程。滨海湖3.3公里道路基本建成,黄港二库浚深筑岛工程进展顺利,库内筑岛施工基本完成,森林公园正门及门区广场配套工程全部完工,园内配套设施配置到位。水环境治理工程基本完工,中心桥引河等4条河道得到有效治理。完成上海道、大连道、津滨高速延长线3条重点道路及华云园、芳云园社区环境综合整治工作。完成新村地区长征里等30个社区和福建路、新胡路等8万平方米绿化项目建设。推进南排河污水处理厂一期项目建设,防污减排工作切实加强。全年辖区空气质量显著改善,空气质量好于二级天数297天,达标率87%,位居新区前列。

启动解放路商业街、海河外滩公园、新洋市场等重点地区的集中整治工作。对新北路、塘黄路等脏乱点位进行集中清理。加大对占路经营、夜间烧烤等扰民经营活动的治理力度。建成智能化交通指挥中心并投入使用。加强运输市场管理。提高供热服务能力，新增供热面积180.8万平方米。西部新城新塘组团一期示范区内基础设施建设初具规模，海兴路等一系列基础设施工程相继竣工通车。西部新城起步区42万平方米还迁房达到入住条件。西部新城150万平方米还迁区（头道沟村）完成土地征收组卷、规划提升和拆迁补偿等前期准备工作。相应配套的公建设施如九年制义务教育学校等启动建设，南部新城农村城市化建设项目启动。胡家园产业园区管委会成立，完成胡家园产业园区2.21平方公里起步区的调查评估和规划工作。引进占地面积246.7公顷的北塘休闲渔业示范园区项目。新城镇天津滨海生态农业科技园区累计投资5.1亿元，完成组培中心、蔬菜展示中心、科技研发楼和主题广场等子项目建设。

教育教学质量进一步提升，中、高考成绩继续保持全市先进行列，高考本科上线人数连续五年攀升。教育现代化达标工作加快推进，在滨海新区率先实现义务教育学校100%现代化达标。建成北塘学校等4所学校和幼儿园。为74所学校的81个校区全部配备专职保安和专业防护装备，实现校园安保人员和设备配置100%全覆盖。不断深化第五中心医院与北京大学医学部的合作。积极推进社区卫生服务中心改革试点工作，向阳街、三槐路街社区卫生服务中心和广州道等3个社区卫生服务站建成投入使用。开展打击“问题奶粉”、“地沟油”等专项整治活动，取得显著成效。举办塘沽第16届海门艺术节开、闭幕式等一系列丰富多彩的文化活动、文艺演出。大沽口炮台遗址博物馆落成并向市民开放，对天津碱厂工业遗产、北塘左营炮台、仁正营炮台遗址进行有效保护。塘沽运动员在市青少年击剑锦标赛和排球锦标赛上获得8枚金牌，在市第七届农民运动会上获得6枚金牌。塘沽残疾人运动员在全国第八届残运会上打破女子铅球项目的世界纪录。

就业再就业水平不断提高，实现新增就业2.42万人。为150名农村城市化人员办理养老保险。辖区城镇居民参加医疗保险人员15.1万人。首期5.5万平方米限价商品房项目竣工。累计受理拖欠工资、非法职业介绍等方面的举报投诉283件，为1.08万人追回工资等欠款。全年累计发放各项救助金3203.85万元。建成6个社区老年人日间照料服务站，投入170万元为老年人购买居家养老服务、意外伤害保险等。新建8个街道残疾人阳光家园，具有全国领先水平的塘沽残疾人服务中心投入使用。新北街道行政服务中心投入使用。开展特色社区创建活动，对34个社区开展关爱互助型、文化学习型、民主法制型等十大类特色社区创建活动。开展社区自治议事、文化体育活动、科技普及推广、法律知识援助、志愿为民服务、扶残助困等特色活动1000余次，不断激发社区创造活力，营造和谐社区氛围。

（王　芳）

概况　2011年是实施“十二五”规划的开局之年，是塘沽加快发展转型、实现功能定位的重要之年。塘沽工委深入贯彻中央领导对天津工作和滨海新区开发开放的一系列重要指示要求，认真落实市委、市政府和滨海新区区委、区政府的决策部署，团结带领广大干部群众，适应新形势、谋求新发展、争当排头兵。加强干部培训工作，推动党员教育工作实现制度化和规范化。强化基层党组织建设，抓好基层党组织换届选举工作和窗口单位、服务行业深入开展为民服务创先争优活动。推行党建目标责任制，加大非公组织组建党组织工作和非公党建指导工作力度。制定《加快文化大繁荣大发展的实施意见》，深入开展精神文明创建活动。加强新闻舆论引导和对外宣传工作。围绕纪念建党90周年，深入开展党史和革命传统教育。重点开展廉政风险防控标准化工程试点工作。落实党风廉政建设责任制和信访举报指导员和联络员制度。塘沽管委会认真贯彻落实工委的各项决策部署，圆满完成各项工作任务。加强规范性文件清理，强化执法人员学习培训。实行信访工作动态化管理，强化信访责任主体。做好重点时期信访稳定工作。提高行政审批效率，压缩行政审批时限。强化现场审批率，实行首席代表负责制。定期组织联审部门对重点项目重点区域上门服务，随时接待办理企业、群众咨询和反映的问题。完善“8890”家庭服务热线。推进社会管理创新，推动精品社区建设发展，提升精品服务的影响力和辐射力。加强街区环境综合整治工作。实施百项惠民工程，困难群众帮扶率100%。塘沽工委政法办不断增强履职能力，解决一大批影响社会和谐稳定的问题。公安塘沽分局组织开展“打黑除恶”、打击“两抢一盗”等专项行动。相继破获“5·27”特大销售假冒世界名表案、“10·24”特大销售假冒白酒洋酒案等经济案件，受到公安部领导表扬，被中央电视台等国内主流媒体进行专题报道。塘沽人民检察院全面履行法律监督职责。积极参与“两抢一盗”打击行动。塘沽审判区全年行政案件协调成功率48%，有效缓解了官民矛盾。塘沽总工会困难帮扶救助、开展劳动竞赛、深化素质工程、加强组织建设、实施民主管理、和谐劳动关系等工作取得显著成绩。塘沽团委围绕“创先争优”活动要求，以滨海新区开发开放和塘沽建设发展为契机，扎实开展各项工作，团的各项职能得到充分发挥。塘沽妇联以组织建设“坚强阵地”和“温暖之家”为目标，以“党群共建、创先争优、共促和谐”为主题，团结带领广大妇女抢抓机遇、奋发作为，扎实推进各项工作。

（王 芳）

党务工作 2011年，塘沽工委举办4期党政正职领导干部培训班，2期处级干部政治理论进修班和2期新任处级干部培训班，培训干部1600余人次。举办胡锦涛总书记重要讲话精神学习辅导、科技知识和社会管理创新三场专题报告会。以“万名书记讲党课” 活动为载体，定期培训基层党校理论辅导员和宣传骨干，推动党员教育工作实现制度化和规范化。全年组织各类学习培训230余期，参加培训党员1.9万人次。基层党组织建设不断强化。抓好基层党组织换届选举工作，完成非公企业党组织隶属关系调整。抓好窗口单位、服务行业深入开展为民服务创先争优活动，帮助群众解决实际问题。推行党建目标责任制，与8个驻塘国有企业和8个街道签订党建工作目标责任书，规范街道和农村街镇党建工作联席会制度。加大非公组织组建党组织工作和非公党建指导工作力度，完成8425家非公企业党建信息核查工作，新组建非公独立支部36个，非公联合支部31个，非公有制企业党组织覆盖率80%以上。把促进科技型中小企业发展作为处级以上领导干部考核的重要内容，106名处级干部对企业进行帮扶，帮扶企业330家。深入学习贯彻党的十七届六中全会精神，结合塘沽实际，制定《加快文化大繁荣大发展的实施意见》。深入开展精神文明创建活动，评选表彰塘沽十佳志愿服务先进单位、十佳志愿者服务组织和十佳志愿者标兵，开展净化网络、整治校园周边环境专项行动，为未成年人创造良好成长环境。加强新闻舆论引导和对外宣传工作，大力宣传塘沽在推动经济社会又好又快发展方面的思路举措和最新成果，在国家级和市级媒体刊播塘沽新闻稿件282篇，在天津电视台、天津人民广播电台等媒体播发各类报道269条，在新华网、人民网等门户网站播发新闻消息和专题报道407条。围绕纪念建党90周年，深入开展党史和革命传统教育，组织开展“颂歌献给党”群众歌咏大赛、“学党史、读党章、温誓词”主题教育活动和“忆光辉历程、看发展成就、建美好滨海”万人游滨海主题实践活动，编辑出版展示塘沽60余年发展历程和建设成果的系统成果集。重点开展廉政风险防控标准化工程试点工作，印发《塘沽廉政风险防控标准化工程实施意见》，选择塘沽国投公司、杭州道街、滨海新区地税第一分局作为试点单位，开展廉政风险查找、预防和控制工作。落实党风廉政建设责任制，443名处级干部签订《党风廉政建设责任书》。落实信访举报指导员和联络员制度，在11个街镇聘请11名信访举报指导员、107名信访举报联络员，形成覆盖面宽、便捷畅通的纪检监察信访举报工作网络。

（王 芳）

政务工作 2011年，塘沽加强规范性文件清理工作，集中清理涉及有关行政强制规定和征地拆迁规定的规范性文件。强化资格管理制度，严把关口，认真开展执法人员信息登记和录入工作，建立执法人员信息网络，强化全方位、多角度的学习培训，保证各执法队伍的良好形象和过硬素质。信访接待中心接待办理群众来信来访1530件3629人次，信访事项依法受理率100%。到期办结事项1150件，办结率98%。针对问题突出、越级重访，进京上访的单位和部门，采取请上来“会商”的方法，召开各类协调会70余次。建立每月一汇总分析通报的逐级滚动排查机制，启动3次大排查大化解活动，排查出69件较为突出的越级上访苗头和隐患，化解58件，化

2011年3月22日，塘沽纪工委监察局举行第一届特邀监察员聘任会。

解率84%。实行信访工作动态化管理，建立并实行“四个定期通报”制度，强化责任主体。启动3轮领导包案工作，按照“谁主管，谁负责”的原则，对排查的24件突出信访问题，实行“一个台账、三个报表”工作机制，案件每个月的进展情况及时跟进，采取交办、协办、督办、通报等多种形式化解。组织召开4次信访稳定工作会议，做好元旦、春节、全国“两会”、建党90周年等重点时期的信访稳定工作。全年办理各类行政审批事项47707件，办结率99.98%，现场办结率95%以上，接待咨询5万余人次，群众满意率100%，各项行政审批平均压缩到5.6天，比承诺办结时限提速20%。强化现场审批率，实行首席代表负责制，全年现场审批和立等可取件达46628件，现场审批率95%以上。定期组织联审部门对重点项目重点区域进行上门服务，定期组织重大投资项目协调会。公休日、节假日和工作日夜间，机关干部轮流值班，随时接待办理企业、群众咨询和反映的问题。完善“8890”家庭服务热线，全年受理各类电话咨询和求助49700余件，办结率100%，满意率100%。推进社会管理创新，加强街道社区综合服务中心、街道综治服务中心、街道行政服务中心“三站融合”建设。推动精品社区建设向纵深发展，通过对已创建的24个精品社区加强管理，提升精品服务的影响力和辐射力。推动8个精品社区创建工作，完成对8个生态文明小区的全面验收，在34个社区开展特色社区创建活动。加强街区环境综合整治工作，完成对30个小区的整修改造，对42个小区的周边环境实施重点治理。在原有50余个流动早餐销售点的基础上，增设流动早餐销售点200个。实施百项惠民工程，对困难群众帮扶率100%。

（王　芳）

政法工作　2011年，塘沽工委政法办不断增强履职能力，解决一大批影响社会和谐稳定的问题，确保辖区重大活动和重点工作顺利进行。开展“百日攻坚”、“清积案化新访控非访”和“大接访大走访”等专项活动。全年召开案件协调会14次，维稳协调会82次，积极协调政法和有关部门解决群众困难和合理诉求。完善领导包案、领导接访、领导负责机制。成功协调解决合力拆迁、邓善沽村民集访、黄圈村村民要求尽快启动农村城市化、北塘居民妨碍雨水排水泵站施工和静安里居民阻挠施工、新港街部分老年人聚集上访等一批疑难棘手问题。公安塘沽分局组织开展“打黑除恶”、打击“两抢一盗”等专项行动。全年区域刑事案件发案比上年上升4.4%。相继破获“3·1”绑架案件、“3·29”抢劫杀人案件等一批恶性案件。破获涉毒案件283起，打处违法犯罪嫌疑人177名，收缴各类毒品4702.2克。加强与工商、税务、质监、金融等部门的配合协作，开展打击制售伪劣产品和侵犯知识产权的“亮剑”专项行动，相继破获“1·11”特大销售假冒烟酒案、“2·25”特大贩卖假发票案、“5·27”特大销售假冒世界名表案、“10·24”特大销售假冒白酒、洋酒案等经济案件312起，挽回经济损失3876万元。公安部副部长刘金国对“5·27”特大销售假冒世界名表案作出批示，予以表扬；中央电视台等国内主流媒体对“10·24”特大销售假冒白酒、洋酒案进行专题报道。塘沽人民检察院全面履行法律监督职责。批准逮捕各类刑事犯罪685件983人，提起公诉814件1276人，审查批捕和审查起诉准确率100%。贯彻宽严相济刑事政策，依法决定不批捕53人，不起诉11人。突出打击重点，依法批准逮捕故意杀人、强奸、绑架等严重暴力犯罪46人，提起公诉37人。积极参与“两抢一盗”打击行动，依法批准逮捕抢劫、抢夺、盗窃、敲诈勒索、强迫交易等严重影响人民群众财产安全特别是入室盗窃类犯罪407人，提起公诉467人。初查举报线索27件，决定立案侦查10件22人，大案率100%。立案侦查案件中，贪污贿赂犯罪6件17人，渎职侵权犯罪4件5人，通过办案为国家挽回经济损失56.72万元。塘沽审判区受理各类案件14295件，审(执)结13313件，结案率93.1%，法定审限内结案率99.8%。受理各类刑事案件936件，审结857件。受理民商事案件9383件，审结8591件。受理各类行政案件（含非诉审查)321件，结案310件，分别上升120%和179%。全年行政案件的协调成功率48%，有效缓解了官民矛盾。受理执行案件3456件，执结3393件，执结率98.2%。

（王　芳）

人民团体工作　2011年，塘沽新建工会组织51家、新增工会会员1091人。签订工资集体协议1015份，比上年增长93.33%。评选市级劳动模范21名、模范集体3个，滨海新区建设标兵、模范22名，模范集体5个。推进“当好主力军，滨海我立功”竞赛活动，62个企事业单位参加劳动竞赛，参赛职工8.7万人，其中外来务工人员6500人，参赛项目140种，竞赛创效1.38亿元，提出合理化建议1.72万件，实施合理化建议6315项，创效4511万元，技改和发明创造951项，获专利26项，总结推广先进操作法58项。在元旦、春节送温暖活动中，工会系统发放款物232万元，慰问困难职工3247户，为下岗失业人员提供就业岗位1230个，为1449人提供就业培训，为311名困难职工子女提供助学帮扶。为困难职工提供生活救助4850

人次、提供医疗救助1258人次。协助政府有关部门帮助132名职工追讨欠薪256万元。塘沽团委举办“志愿塘沽1+1”全民志愿行动周系列活动。组织各基层单位团组织、青年志愿者组织、青年文明号集体，以服务“十大战役”、助推和谐塘沽、关爱外来务工人员子女、帮扶特殊群体等方面为重点，开展形式多样的志愿服务活动。举办“远洋之约·爱在滨海——2011年滨海青年集体婚典”、塘沽青少年优秀绘画作品巡展、“圆梦2011”塘沽爱心助学捐助、“我伴祖国共成长，我与塘沽共奋进”2011年塘沽18岁成人宣誓仪式等活动。塘沽妇联开展以评选“美杰”、“美家”、“美意”、“美景”、“美画”、“美食”、“美技”、“美歌”、“美文”、“美物”为主要内容的“十全十美美在塘沽”女性主题系列评选活动。征集美画作品51件、美歌作品43件；评选美技优秀作品164件；美家评选美好家庭90户、最美好家庭10户；美杰评选塘沽杰出女性90名，十大杰出女性10名；美食评选20个特色菜品入围。母亲节期间，妇联联合安利日用品有限公司开展“安利杯”巧妈妈大赛活动。活动历时3个多月，4000余人参与，收集各类作品2000多件，评出环保小制作10件，敬母金点子10条，快乐煮妇11名。开展2011年“春风送岗位”活动。举办专场招聘会11场，发放“春风卡”等宣传资料1.2万份，为2000多名女性提供免费咨询服务，580多人次达成用工意向。8月17日，塘沽妇女手工编织业协会成立，注册资金3万元。至年底，塘沽建成“半边天家园”66个，形成区、街、居“半边天家园”三级服务网络，招募志愿者700余名。

（王　芳）

2011年4月28日，塘沽红十字会为一线工人查体。

经　济

概况　2011年，塘沽把握科学发展主题，围绕加快经济发展方式转变这条主线，不断调整完善发展思路，经济整体运行良好。实现区域生产总值470亿元，比上年增长24%；财政总收入287亿元，增长30%；固定资产投资1100亿元，增长28%；工业总产值210亿元，增长25%；实际利用外资4.33亿美元；实际利用内资123.6亿元；外贸出口22.4亿美元，增长14%。56个固定资产投资项目纳入新区重点建设项目，总投资505亿元。全年安排5000万元以上重点及重点前期项目263项，总投资3061亿元。申请滨海新区重大项目建设专项资金1300万元，组织申报国债项目，争取国债资金1570万元，用于支持塘沽安定医院项目和紫云中学新疆高中班项目建设。积极引导中小企业加快科技创新，向科技型中小企业转变。推动中小企业加快实现经济发展方式转变，向环保绿色产业、低碳技术、循环经济和高新技术产业方向转变。积极为发展中的科技民营、中小企业争取资金支持。组织5家企业申报滨海新区循环经济和低碳经济项目，为企业提供资金支持。围绕商业设施建设、民计民生工程，实施菜市场新建、改造、提升和便民早餐工程，做好家电以旧换新、机动车以旧换新、假日经济以及规范市场经济秩序等工作。推进旅游资源开发，抓好旅游项目建设，规范旅游市场秩序，提高旅游服务质量，提升塘沽旅游形象，旅游经济实现快速发展。围绕招商引资总体战略目标，创新招商引资工作思路，拓展招商领域，搭建招商载体，不断改善和优化投资环境，全力推进招商引资工作。塘沽财政局加强财政性建设资金监督管理，落实财政性资金建设项目投资管理办法，加大建设项目预算审核力度，有效节约建设资金。推进部门预算改革，完善基本支出定员定额标准体系，增强预算安排的科学性和预算执行的约束力。加强审计工作。对资金管理、使用中的不规范、不合规问题，提出改进的意见和建议。

（王　芳）

农业　2011年，塘沽围绕农村城市化建设，加快农业结构调整，优化农业产业布局，推进农业产业园区建设，沿海都市型现代农业快速发展。实现增加值1.4亿元,完成固定资产投资3.2亿元。农民人均可支配收入1.27万元,比上年提高12.38%。全年粮食播种面积933.33公顷,棉花播种面积1366.66公顷,蔬菜播种面积666.67公顷。粮食产量3996吨,棉花产量3314吨,蔬菜产量3万吨。生猪存栏36541头,出栏54676头;禽类存栏12.46万只,牛存栏9516头,羊存栏1274只。畜禽肉类产量4145吨,畜牧业产值9320万元。落实发放冬季蔬菜生产补贴资金17万元,落实市、区两级抗旱补助资金100万元、自然灾害补贴资金60万元,落实良种补贴、种粮直补和农资综合补贴139.26万元。补贴能繁母猪6047头,补贴资金60.47万元。落实农机购置补贴,11个农机用户和4个农业合作组织购机38台(套),办理政府补贴资金29.469万元,吸引和带动农户投资34.4万元。全年植树造林74公顷,其中重点工程6.67公顷,一般防护林58.06公顷,经济林7.8公顷,特用林1.46公顷。栽植苗木72430株,其中乔木44605株、花灌木22725株,重点工程于庄子水库防护林栽植乔木5100株,苗木成活率95%以上。

(王　芳)

工业　2011年,塘沽工业稳步发展。重点企业经济指标实现较大幅度增长。天津长芦海晶集团有限公司实现现价工业总产值13.98亿元,比上年增长28.65%;大口径主营业务收入30.76亿元,增长79.16%;增加值7.6亿元,增长5.35%;进出口贸易额3831万元,增长65.84%;固定资产投资1.97亿元,完成计划的100%;生产工业盐125.1万吨;工业万元增加值能耗降低率5%;国有及国有控股企业实现利润3001万元,增长24.9%;从业人员劳动报酬增长9.3%。天津碱厂以新区装置开齐和提产达标为工作核心,以装备安全、稳定、长周期、满负荷、优质运行为主攻方向,全面推进管理精细化,着力提升工作执行力。新区七套化工装置生产出全系列优质产品,老厂区化工装置规范、安全、稳妥处置,企业呈现出和谐稳定快速发展的良好势头。新区以煤炭、原盐和丙烯为主要原料,装置产能为30万吨/年合成氨、80万吨/年联碱、50万吨/年甲醇、20万吨/年醋酸、22.5万吨/年丁辛醇、4万吨/年聚甲醛等装置及空分、热电、水处理等配套公用工程项目。老厂区以高压锅炉和发电机组热电联产模式运营,主营对外蒸汽供应、居民供热和新型建材生产等,老厂区化工装置平稳退出。天津大沽化工股份有限公司规模以上现价工业总产值178.16亿元,增长25.53%;大口径主营业务收入210亿元,增长31.88%;进出口贸易额27亿元,增长22%;实现利润(国有及国有控股)1.5亿元。100%烧碱67.1万吨,增长11.41%;聚氯乙烯(PVC)77.84万吨,增长3.96%;氯乙烯(VCM)53.12万吨,增长11.03%;环氧丙烷(PO)13.07万吨,增长20.22%;苯乙烯(SM)43.05万吨,增长32.05%;丙烯腈-丁二烯-苯乙烯三元共聚物(ABS)14.62万吨;聚醚4.74万吨,降低11.66%;双氧水(27.5%)8.42万吨,降低16.38%。天津新港船舶重工有限责任公司工业总产值35.65亿元,增长20%;销售收入29.15亿元,增长10.19%;工业增加值6.52亿元,增长16%;实现利润1.429亿元,增长5.58%。造船完工商品船13艘/31.18万吨,首次突破30万载重吨,修船144艘,非船完工焦炉机械、输送设备7台套,吊车58台。承接造船合同订单累计15艘/106万载重吨。与法国路易斯·丹佛船公司签订的18万载重吨散货船是该公司乃至华北地区承接建造的最大吨位船舶,实现"港船人"造大船的梦想。5.7万载重吨、4万载重吨散货船接单均在10艘以上。建造完成港船6号拖轮、"北运405"全回转拖轮等港作船舶,积极开拓国内外两个市场,承接印度塔塔集团6套焦化设备、神华黄骅港4台回转式装船机等大型成套装备项目,累计承接合同额6.5亿元。

(王　芳)

无土蔬菜立体种植

天津碱厂丁辛醇装置外景

民营经济 2011年，塘沽依据滨海新区整体部署，按照管委会对加快科技型中小企业发展的要求，结合中小企业、民营经济发展的实际，积极引导中小企业加快科技创新，努力实现中小企业自身优化升级和产业结构上的优势互补，向科技型中小企业转变。积极推动中小企业加快实现经济发展方式转变，向环保绿色产业、低碳技术、循环经济和高新技术产业方向转变，把支持科技型中小企业发展落到实处。积极为发展中的科技民营、中小企业争取资金支持，先后有博达集团、康莱森生物制药、圣玉豆制品有限公司等单位获得专项资金支持。针对民营中小企业融资难问题，有针对性地帮助有融资需求的科技型民营、中小企业与金融担保机构现场对接，先后有博达集团等单位获得银行贷款4000余万元，促推新融投资担保公司为瑞泰精细化工等10家民营企业担保1.03亿元，拉动被担保企业完成生产总值10多亿元，创利税6000余万元，在推动塘沽民营、中小企业发展中发挥重要作用。2011年，塘沽私营企业发展到9361户，比上年增加1345户，增长16.78%；私营企业从业人员4.93万人，增加1107人，增长2.3%；私营企业注册资金累计2020.43亿元，增加1274.61亿元，增长1.71倍。

（王　芳）

商贸经济 2011年，塘沽围绕商业设施建设、民计民生工程，实施菜市场新建、改造提升和便民早餐工程，做好家电以旧换新、机动车以旧换新、假日经济以及规范市场经济秩序等工作。新建农贸超市2个，改造提升市场2个。抓好元旦、春节、“五一”、国庆、中秋等节假日的市场部署和工作安排，扩大内需，提高假日经济效益。10月1日至7日，塘沽商场、批发市场、超市实现销售额21115.7万元，同比增长17.59%。办理汽车以旧换新47辆，累计给车主发放资金56.2万元。完成家电下乡销售网点登记审批56家。全年审核通过家电下乡补贴申请1911件，落实补贴60.96万元。累计审批通过26家家电以旧换新销售网点备案登记，审核家电以旧换新补贴资金申请89514件，落实补贴2762.52万元。家电以旧换新业务刺激了消费增长，提高了人民生活水平，推动了经济发展。

（王　芳）

旅游经济 2011年，塘沽围绕天津市旅游局、滨海新区旅游局、塘沽经发局工作部署，推进旅游资源开发，抓好旅游项目建设，规范旅游市场秩序，提高旅游服务质量，提升塘沽旅游形象，旅游工作不断推进，旅游经济快速发展。大沽口炮台遗址博物馆、滨海森林公园对外开放；滨海生态农业科技园区、滨海新区绿地蓝天农业生态园建设开发工作进展顺利。培植新型旅游业态，发展休闲旅游，加强旅游景区点标准化建设。天津诺恩渔业生态园被评为国家休闲农业示范点，天津滨海生态农业科技园被评为天津市休闲农业示范点。春节黄金周推出“品海鲜 吃大餐”美食活动、“游民俗 赏文化”体验活动、“迎新春 逛美景”观光活动、“享优惠 淘欢乐”购物活动等一系列新春旅游活动。“五一”小长假，举办为期两个月的塘沽开海旅游节系列活动，包括“滨海邀您来看海”——乘高铁游滨海踏青活动、“北塘出海当渔民”体验活动、“百年海河”巡游活动、“虾肥蟹美品海鲜”美食活动、“体验滨海”购物酬宾活动、“游新区看车展”观赏活动等。“十一”黄金周期间开展“品质旅游伴您行”活动，圆满实现“人旺财旺、安全顺畅、效益增长、游客满意”的目标。

（王　芳）

招商引资 2011年，塘沽完成“津洽会”的组织布展工作，签订红星美凯龙家饰生活广场项目。完善项目跟踪服务工作，对黄港二库、河滨公园综合整治改造、宁车沽休闲渔业产业园等项目进行重点跟踪服务,推动项目建设顺利进行。全年接待各类外商300多人次。全面提高外资项目的履约率、落地率和到账率,促进项目早开工、早投产、早见效。2011年,塘沽完成内资到位额17.88亿元,为计划的102.78%;实际利用外资额7083.04万美元,为计划的101.19%。

(王　芳)

财政工作　2011年,塘沽财政收入继续保持较快增长。全年本级财政收入超过100亿元,再创历史新高。塘沽财政局加强财政性建设资金的监督管理,落实财政性资金建设项目投资管理办法,加大建设项目的预算审核力度,坚持在审定预算基础上确定招投标标底制度,财政性资金建设项目审核443项,送审金额309亿元,审定金额296亿元,有效节约了建设资金。继续推进部门预算改革,完善基本支出定员定额标准体系,切实增强预算安排的科学性和预算执行的约束力。全面深化国库集中支付、政府采购和投资评审制度,工资统发单位220家,支付人数19455人,政府采购支付181笔,采购预算181927万元,实际金额161023万元,节省20904万元,节约率11.49%。

(王　芳)

审计工作　2011年,塘沽审计局完成审计项目22个,审计查出管理不规范金额1亿元,提出审计建议43条。安排6所中小学和2所医院以及2个街道的审计,对一些倾向性、苗头性的问题进行梳理汇总,有针对性地提出加强财务管理,规范收费行为和支出标准等方面的建议,为教育、卫生部门加强内部管理,完善制度,堵塞漏洞,提供参考。安排对塘沽国有资产经营公司及金元宝商厦集团有限公司的资产负债损益情况审计,通过审计评价单位企业资产负债损益情况的真实性、合法性,考核国有资产的保值增值情况,对资金管理、使用中存在的不规范、不合规问题,提出改进意见和建议。

(王　芳)

文　化

概况　2011年,塘沽开展“五月的鲜花”广场合唱、庆“国庆”系列演出活动,举办消夏纳凉系列文化活动;与街道办、残联共同举办社区艺术节和残疾人文体活动月等活动。组织迎新春书画展,塘沽书画、摄影优秀作品展,社区摄影作品展,塘沽美术、书法、摄影、藏书票、剪纸巡展,以及天津市第三次文物普查成果展等展览活动。画院组织专业和业余美术作者创作版画新作20件、国画作品2件,其中主题作品3件。流动电影队落实国家文化部农村电影放映“2131”工程和滨海新区“2191”电影放映工作部署,深入社区、军营、学校、重点工程工地等处,全年免费放映电影886场次。大沽口炮台遗址博物馆完成3D影片设计、制作以及3D影厅建设,并进行试运营,接待观众9万余人。图书馆、少儿图书馆创新服务方式,建社区分馆7个。成立图书馆残联分馆,为分馆整编新书867种1000册。全年,图书馆、少儿图书馆新增图书11500册,接待读者6.1万人次,借阅图书9.6万册,为老干部、残疾人送书1618册。整理、著录古籍图书1801种16800册,其中包括特藏乾隆时期古籍图书1279册。博物馆参观总数10万人次。利用博物馆序厅,举办各类艺术展览,满足观众的不同文化需求。先后举办郑华浚先生遗作及弟子国画作品展、塘沽书法小品新作展等各类流动展览6场。塘沽大剧院全年放映电影9910场,观众近28.05万人。塘沽广播电视台坚持新闻立台、质量强台、人才兴台、管理正台、改革促台的发展思路,以打造省级上星水平为目标,按照节目对象化、栏目个性化、产品多样化的要求,积极开办精品栏目,着力推进机制体制改革,大力发展文化产业,加强人才队伍建设,全面提升整体综合实力。塘沽档案局完成《塘沽年鉴(2011)》出版发行,全书收录133个单位,约76万字。

(张继文)

2011年11月11日下午,在塘沽大剧院举办塘沽第16届海门艺术节闭幕式文艺演出。

群众文化活动 2011年,塘沽举办春节文艺晚会、庆元宵节评剧专场演出、迎新春交响音乐会活动。举办塘沽第16届海门艺术节。邀请中国广播艺术团民族乐团、中国歌剧舞剧院、北京歌舞剧院、中国评剧院、天津交响乐团、天津京剧院等国内知名表演团体到塘演出。庆祝建党90周年“颂歌献给党”歌咏大赛,各系统、各单位的数百支合唱队伍参加,直接参与10余万人,24支队伍进入总决赛。举办红色歌曲大家唱、红色箴言大家读活动,开展“好书伴我成长”读书征文活动,“岁月如歌”摄影大赛,红色交响音乐会等。文化馆发挥群文阵地作用,全年不间断地开展各类艺术培训。老年棋牌室、戏曲活动室、合唱教室、舞蹈排练厅、展厅、录音棚坚持正常开放。为各街道、社区文艺团队,提供演出设备及演出服务共50次。新华书店完成塘沽85所中小学校62570名学生的教材发行工作,保证“课前到书,人手一册。”

(张继文)

文物保护 2011年是第三次全国文物普查工作(以下简称“三普”)的收尾年,塘沽博物馆在实地文物调查、资料整理等各项工作的基础上,编制《塘沽区第三次全国文物普查工作报告》,建立普查数据库、普查档案,统计分析普查成果并积极进行成果转化,按计划完成“三普”各项工作。塘沽的文物普查自2007年底启动,至2011年底结束,历时4年。累计调查、登录不可移动文物38处,其中8处属复查,30处属新发现,文物点新增375%,发现亚细亚火油公司塘沽油库旧址、大沽海神庙遗址等一批具有重要历史价值的文物点。进一步摸清文物家底,掌握文物的分布情况和保存现况,为今后的文物保护工作打下良好基础。为向公众展示塘沽“三普”工作的丰硕成果,分享普查工作的艰辛与喜悦,感悟塘沽文物的丰富与精彩,塘沽博物馆以普查的38处不可移动文物为内容,设计制作《塘沽第三次全国文物普查成果展》,通过图片和相关文字介绍,向公众展示塘沽丰厚的历史积淀。

(张继文)

文化市场管理 2011年,塘沽加强文化市场执法人员培训,提高执法人员依法行政的能力和水平,规范执法程序,依法履行行政许可工作,全年办理行政审批事项30项。加强日常监管,净化社会环境。协助新区文化执法大队对辖区内网吧、歌舞娱乐场所、音像店、印刷企业定期巡视,全年检查100余次,出动执法人员200余人次,检查各类经营场所500余家次。

(张继文)

广播电视 2011年,塘沽广播电视台策划播出《廉政勤政先锋》、《同在一方热土、共建美好家园》、《中外媒体走进十大战役联合采访活动》、《劳动最光荣》、《创先争优、为党旗增辉》等20多个系列报道。与中央电视台合作搭建央视财经频道《滨海演播室》、《焦点访谈》,由央视财经频道工作人员与塘沽电视台记者组成的《滨海演播室》报道组,在中央电视台《经济信息联播》、《第一时间》等央视财经频道王牌栏目中,播出有关滨海新区经济发展与民计民生新闻100多条。与天津电视台卫视频道合作,在《天津新闻》开设“滨海快讯”板块,每天播出相关信息,《天津新闻》、《12点报道》中播发百余条滨海新区新闻。为更好地宣传滨海文化的国际性,塘沽电视台与国际著名的寰宇公司合作,借助“寰宇”的海外先进广播理念和市场经验,在节目制作、主持人培训、频率包装、品牌建设、市场推广以及引进国际先进的音乐市场调研系统与节目和广告管理系统上,将FM100.5打造成一个国际标准的格式化24小时时尚音乐广播,并在天津共同举办一年一度的滨海国际音乐节。为打造省级台专业化频道,在实现24小时数字化播出的基础上,对滨海1频道和2频道进行全面策划包装。滨海1频道以播出《滨海新闻》、《国际纵横》、《12点报道》、《政务在线》、《滨海聚焦》等20档自办节目为主,立足滨海新区新闻资讯,直击新闻事件现场,播报新区的最新政经动向、民生民情。每周播出自办节目43小时,远超国家广电总局规定标准,达到省级上星水平。滨海2频道本着愉悦百姓的核心理念,打造本土文化、地域特色、大众参与、欢乐互动的品牌栏目。《娱乐大会》、《滨海戏院》、《艺苑舞蹈》、《时尚世界》、《午夜留声机》、《630看电影》、《快乐童行》是滨海2频道的自办节目,是百姓了解戏曲、生活时尚、展示才艺的经典栏目。与全国多家电视台、供片公司、制作公司合作,花巨资购入全国热播电影、电视剧、纪录片、动画片、娱乐片、专题片、评书等300余部4000多集,在开设的《梅兰竹菊剧场》、《假日百合剧场》、《紫荆杜鹃剧场》、《映山红剧场》、《清清水仙剧场》、《星空放映厅影院》等各大剧场滚动播出,深受观众喜爱。推进动漫产业发展。塘沽电视台与天津科技大学动漫系及塘沽本土作家合作,以原创“三娃”(鱼娃、盐娃、水娃)为故事核心角色,以动漫为表现形式,制作动画电视连续剧《塘沽三娃》,填补该台没有自制电视连续剧的空白。

(张继文)

《塘沽年鉴（2011）》出版发行 2011年,塘沽档案局下发《关于做好〈塘沽年鉴（2011）〉编纂工作的通知》。在人员少、工作重的情况下,集中力量加大年鉴稿件收集和编撰力度，至8月上旬完成133个单位近80万字的文稿征集和总纂工作。9月底送印刷厂排版。历时几个月反复审校，于2012年1月出版发行。全书收录133个单位，约76万字，设置综述、大事记、文献、专刊、中共天津市滨海新区塘沽工作委员会等19篇。根据机构改革后各单位调整的情况,对一些栏目进行修改。《塘沽年鉴(2011)》为创刊后的第5部,记述2010年的内容。全书继续采用分类编辑法,分为类目、分目、次分目、条目4个层次,并配有“书前目录、书后索引”的双重检索系统,以满足不同读者的检索需要。

（张继文）

社　会

概况 2011年,塘沽加快农村城市化建设步伐，初步完成陈圈和善门口两村试点城市化建设收尾工作。积极兑现还迁房分选房等安置政策，加快推进农民还迁住宅工程建设。加快科技型中小企业发展步伐,设立“天使资金”用于扶持新创办或转型并通过认定的初创期科技型中小企业。塘沽科技局通过科技成果管理、创新载体建设和产学研合作平台建设，提升区域科技创新能力。全年教育经费总收入15.7亿元,比上年增长2.28%;教育经费总支出15.7亿元,增长2.32%。在全国教育科学规划课题评审中,塘沽《构建区域教育科研生态系统的实践研究》课题获教育部重点课题立项并获得资金资助。随着最后一批17所中小学通过天津市义务教育学校现代化达标检查,塘沽义务教育学校全部通过达标,在滨海新区率先完成达标任务,提前一年完成天津市达标计划。落实滨海新区医疗卫生体制改革工作部署,承担社区卫生体制改革试点任务。选择新港街、解放路街两个社区卫生服务中心和第五中心医院为试点单位,实施社区公共卫生服务中心和社区医疗服务中心分置,以及大医院整合社区医疗服务中心实行一体化管理工作。编制《塘沽全民健身“一二三”工程指导手册》,提出“一二三”健身工程。年内通过国家体育总局专家组对塘沽高水平体育后备人才基地验收工作,通过市体育局专家组对塘沽业余训练综合评估及重点项目评估检查工作。在全国第八届残运会上,塘沽肢残人运动员王君在女子F42级铅球、铁饼和标枪三项比赛中,获两枚金牌、一枚银牌,并打破该级别铅球项目的世界纪录。下发《塘沽管委会人口计生委“强基提质”工作实施方案》和《塘沽计划生育工作村(居)委会资料规整指导规范(试行)》,为提升基层基础工作能力和水平提供指导和遵循依据。加强就业再就业工作,实现新增就业27998人，零就业家庭保持动态为零，城镇登记失业率控制在3%以内。加强社会保障工作。全区参加养老保险单位3059户，参保职工18.3万人,享受养老待遇9.39万人。加强社区工作。依托街道社区劳动保障工作平台，加大对就业群体扶持力度。新北街道社区综合服务中心正式投入使用。

（张继文）

农村城市化 2011年,塘沽初步完成陈圈和善门口两村试点城市化建设收尾工作。补偿安置协议签约1681宅2194户，签约率分别为96%和97%。征地补偿款全部发放到位。办理“两险”(养老保险、医疗保险)缴纳5386人。在积累经验、总结教训的基础上,以法律为指导,以保障农民利益为前提,汇总编写《农村城市化建设政策指南》。贯彻把好事办好的原则，积极兑现还迁房分选房等安置政策,维护社会稳定。按照推进生态文明建设的要求，统筹安排西部新城起步区基础设施和绿化景观工程建设，加快推进农民还迁住宅工程建设。在小产权房等历史遗留问题处置等方面积极探索“先行先试”的经验。

（王　芳）

2011年8月29日举行南部新城农村城市化启动仪式

科技工作 2011年,塘沽加快科技型中小企业发展步伐,推动区域科技进步和自主创新。全年在网注册科技型中小企业819家,606家通过认定,其中2月26日之后通过认定的科技型中小企业505家,完成任务指标的266%。财政安排科技专项资金1.65亿元,用于支持企业申报实施一批科技含量高、发展前景好的科技项目。指导21家企业成功申报国家高新技术企业和滨海新区高新技术企业,指导企业完成成果登记27项,认定技术合同188份,实现合同额6.28亿元,技术交易额5.35亿元,全年专利申请量1700件,比上年增长140%。为培育科技型中小企业发展壮大,设立"天使资金"用于扶持新创办或转型并通过认定的初创期科技型中小企业。全年受理两批天使资金项目,企业申报项目96项,48个项目符合天使资金立项要求,安排科技资金1179万元对其进行支持,引导初创期企业投入2.6亿元,项目完成时企业增加收入6.5亿元,增加税收1200万元。12月9日,天津滨海信息安全产业园项目签约落户塘沽海洋高新技术开发区,位于海洋高新区IT产业园内,占地面积18万平方米,建设规模36万平方米,总投资额约45亿元,建成后成为滨海新区唯一的国家级信息安全产业园。塘沽科技局把提升服务水平作为工作重点,通过科技成果管理、创新载体建设和产学研合作平台建设,提升区域科技创新能力。先后组织16家企事业单位19项成果申报天津市、滨海新区科学技术奖励,其中7项成果获奖。组织召开9次科技成果鉴定会,指导企业完成成果登记27项,认定技术合同188份,实现合同额6.28亿元,技术交易额5.35亿元,开具专利费用减缓证明241份。制定出台《关于在民营科技企业中建立科协组织的实施意见》,加强在民营科技企业成立科协组织工作。新增2家民营科技企业科协组织,基层科协组织达44家,科协会员2万余名。

(张继文)

教育工作 2011年,塘沽学校重点建设工程稳步推进,建成北塘学校、塘沽四中、新城幼儿园、远洋城一幼分园和实验学校综合楼。完成九幼分园、向阳三小、塘沽十一中主体工程。顺利接收东沽幼儿园和西沽幼儿园。与黄港公司、南益集团分别签署联合建校协议,建设黄港欣嘉园小学、黄港欣嘉园幼儿园和新河名士华庭小学。教育教学质量稳步提升,高考二本上线率56%,上线1456人。高考600分以上194人,比上年翻一番,是全市600分以上人数增长率的2倍。深化课程改革,在天津市小学第七届双优课评选中有13位教师进入复评,7位教师获天津市一等奖。在滨海新区首届教师基本功大赛中,塘沽教师成绩位居前列。在保证塘沽地区适龄儿童小学入学率100%的基础上,针对外来务工人员子女入学需求加大问题,挖掘资源,合理调配,扩班增容,妥善解决。全年小学一年级招生6483人,其中外来务工人员子女(含外区县)3152人,占招生人数的48.6%。兴华里学校为义务教育阶段适龄重度残疾儿童开展"送教上门"服务活动。教科研工作,完成"十一五"各级各类课题的结题指导、结题鉴定和优秀成果交流推广工作。启动"十二五"各级各类课题的咨询、培训、指导和申报立项工作;组织参加天津市教育学会课题立项培训咨询活动和市级重点课题专家"一对一"指导活动。加强教师队伍建设,开展"互学互比"活动,将师德考评纳入"一考两评",使考评成为教师不断学习、反思和自我约束的过程,激励教师以人格魅力和学识魅力影响和教育学生。100%的中小学校开设大课间体育活动,70%以上的学校坚持业余体育训练。全年举办足球、篮球、排球、乒乓球、游泳、毽球、健美操、街舞、中小学田径运动会等多项比赛,3万余人次参加406场比赛。创新大课间活动形式,在中小学开展"跑操"活动,主要包括跑步、军姿训练、广播体操、大摆臂走、旗语操、秧歌操、韵律操等。年终,开展跑操评比活动,10所学校被评为优秀单位。中央电视台体育频道,天津电视台、天津日报、今晚报等媒体先后进行采访和报道。

(张继文)

2011年,塘沽各中小学开展大课间跑操活动。

卫生工作 截至2011年,塘沽有医疗卫生机构172家,医院20家,其中三级医院1家、二级医院6家、一级医院13家。有疾病预防控制中心(防病站)3家,妇幼保健院(所)2家,结核病防治所1家,卫生监督机构1家,采供血机构1家,医疗教育机构1家,计划生育服务站1家,社区卫生服务中心10家,社区卫生服务站45家,卫生院4家,门诊部22家,诊所、医务室60家,急救中心1家。卫生系统在职职工2993人,专业技术人员2639人,其中副高级以上216人、中级1012人、初级1411人。2011年,落实滨海新区医疗卫生体制改革工作部署,承担社区卫生体制改革试点任务。选择新港街、解放路街两个社区卫生服务中心和第五中心医院为试点单位,实施社区公共卫生服务中心和社区医疗服务中心分置,以及大医院整合社区医疗服务中心实行一体化管理工作。制定《塘沽社区医疗卫生体制改革实施方案》、《塘沽家庭签约责任医生制度方案》和《塘沽大医院对社区卫生服务中心业务技术一体化管理工作方案》。全年医疗机构总诊疗410.9万人次,比上年增长5.1%,出院50120人,增长7.09%,手术17430人次,增长2.7%,平均病床使用率79.1%,平均住院日10.4天。全年门(急)诊量88.9万人次,比上年增长近10万人次,甲级手术率20.5%。全年报告传染病6815例,发病率800.85/10万,下降21.64%,无甲类传染病报告,继续保持无脊髓灰质炎状态,未发生重大传染病暴发流行。做好甲型H1N1流感和肠道传染病的监测、防控和治疗工作,采集流感样病例标本206份,开设13个肠道门诊,及时有效处置手足口病聚集性病例。开展医疗市场健康保障绿色行动,出动监督员381人次,监督车辆188辆次,监督检查医疗机构318户次。组织集中打击非法行医活动,取缔无证行医135户次,没收药品、医疗器械总价值近65万元。完成广州道社区卫生服务站、裕川家园社区卫生服务站、宏基天城社区卫生服务站、响螺湾医院美沙酮门诊、疾控中心HIV实验室的装修改造工程。12月27日,塘沽家庭签约责任医生试点工作正式启动。

(张继文)

2011年12月27日塘沽家庭签约责任医生试点工作启动仪式

体育工作 2011年,编制《塘沽全民健身"一二三"工程指导手册》,提出"每天步行一公里以上、每日两次户外活动、每天活动至少30分钟"的健身工程。通过胡家园街、新港街、新村街、大沽化工厂、老年协会和骑协队6个单位部门试行结果,参加活动3000人左右,群众参与热情和活动的普及率超出预想,为塘沽体育人口保持46%的目标奠定基础。组织体育爱好者参加健身技能培训,开展第二套市民广播体操、太极拳、排舞培训班,近万人参加培训。以健身路径器材、短绳、毽子和长绳等项目为主要比赛内容,举办塘沽街道健身运动会,10个街道300余名运动员参加比赛,推动全民健身运动蓬勃开展。组队参加天津市第二届全民健身大会,塘沽代表队参加风筝、毽球、体育舞蹈、航海模型、游泳、轮滑、乒乓球、篮球、健美操等17个项目比赛,获金牌62枚、银牌50枚、铜牌57枚。向上级体校输送田径、举重、击剑等优秀运动员17名(市体育局认定7名),92人达到国家二级运动员标准。10月份,通过国家体育总局专家组对塘沽高水平体育后备人才基地验收工作,专家组肯定塘沽为国家体育后备人才选拔培训做出的贡献。11月份,通过市体育局专家组对业余训练综合评估及重点项目评估检查工作。专家组认定击剑、排球、曲棍球、举重、篮球、田径6个项目为塘沽的重点项目。10月在全国第八届残运会上,塘沽肢残人运动员王君在女子F42级铅球、铁饼和标枪三项比赛中,铅球、铁饼获2枚金牌,标枪获1枚银牌,并打破该级别铅球项目的世界纪录。曲棍球队在全国青少年锦标赛上获3个第一名、1个第二名、1个第三名。击剑队在天津市青少年击剑锦标赛上获6块金牌、3块银牌、11块铜牌。排球队在天津市青少年排球锦标赛上获3块金牌、1块铜牌。田径队在天津市中小学田径锦标赛上获51枚金牌、40枚银牌、30枚铜牌，获团体第三名。举重队在天津市少年举重锦标赛上取得3个第一名、1个第二名、2个第三名。

（张继文）

人口和计划生育 2011年，塘沽出生人口7019人，比上年增加2520人，其中一孩5586人，政策内二孩1420人，政策外二孩13人，符合政策生育率99.81%，出生人口性别比108:77。至年底，塘沽有计生药具站1家、计生服务站1家。下发《塘沽管委会人口计生委“强基提质”工作实施方案》和《塘沽计划生育工作村（居）委会资料规整指导规范（试行）》，为提升基层基础工作能力和水平提供指导和遵循依据。组织基层干部参加人口和计生专业知识培训和降低剖宫产率等卫生学术活动，丰富了培训内容。截至11月，由管委会审批257例再生育申请，上报新区审批192例再生育申请。诚实守信合同签订率90%以上。对农村主动放弃或退二孩指标的家庭170人进行奖励；享受塘沽独生子女意外死亡一次性救助40人，发放救助金60万元；农村奖扶183人，发放奖扶金21.96万元；为921人发放特扶金194.21万元。各种利益导向政策落实率100%。全年，塘沽计生委投入资金20余万元，为流动人口育龄妇女提供基本计划生育技术服务35000余人次。

（张继文）

就业再就业工作 2011年，塘沽组织公益性招聘活动45场，进场单位3079家，提供就业岗位36000个，实现新增就业27998人（其中就业困难人员1006人，天津市农村劳动力转移就业1509人），零就业家庭保持动态为零，完成目标任务的140%，城镇登记失业率控制在3%以内。针对就业困难人员、高校毕业生、农村城市化人员、外来务工人员等群体，开展就业援助月、“春风行动”等公益性招聘活动。开展就业与大项目对接工作，与驻临港工业区、中心商务区、海洋高新区的28个项目单位签订就业联盟协议，就业安置428人。开展社区招聘活动59场，进场招聘单位2000多个，提供就业岗位1万多个，街道为失业人员推荐就业4000多人。与河北省邢台职业技术学院、徐水县职业技术教育中心建立区域劳务基地，两个基地向塘沽派遣技术工人371人。天津滨海概念人力资源有限公司是塘沽地区最大的就业服务机构，服务单位130余家，年派遣3000多人，被认定为塘沽劳务品牌单位。认定十类就业困难群体1006人（其中零就业家庭621人），享受灵活就业社保补贴860人，公益岗安置146人，安置率100%。全年新增灵活就业失业人员893人，累计享受补贴5488人，补贴金额1666.3万元。全年组织各类职业技能培训319期，培训12787人。开办创业培训班6期，培训215人，其中31人申领小额担保贷款。

（张继文）

2011年6月22日，塘沽草坪门球场落成启用仪式暨门球邀请赛举行。

社会保障 2011年，塘沽有低保户5998户11545人。其中，城市低保5165户9725人，救助标准为月人均402元；农村低保899户1956人，救助标准为月人均243元。全年发放低保金3089.3万元。全区特困户117户293人，全年发放救助金20.6万元。受理审核各类保障性住房家庭申请283户，其中廉租房补贴低保家庭68户，低收入家庭112户，限价房家庭67户，经济租赁补贴36户。对488名大学生，513名高中、中专、技校生实施助学，发放救助金79.58万元。全年累计发放物价补贴677.7万元。对51410户次99689人次城镇低保对象和特困对象实施二次救助，发放救助金710.8万元；对8899户次18590人次农村低保对象和特困对象实施二次救助，发放救助金92.95万元。全年累计对城乡“三无”五保人员1942人次发放救助金19.4万元。对劳改释放人员158人实施救助，救助金额15.8万元。对2365户集中供热低保户和2347户非集中供热低保户进行减免，补助资金195.26万元。对13户低保家庭给予暖气初装费减免，减免4.57万元。年度接收慈善救助捐款1124.98万元，包括经常性捐赠11.06万元。全年接待流浪人员3098人次，实施救助3032人次，其中旧制精神病、危重病人118人。全区参加养老保险单位3059户，参保职工18.3万人，享受养老待遇9.39万人。完成对2928名在职大沽、北塘渔工子弟人员的工龄审核认定工作，审核申报病退病例105例。发放剩余医保基金补贴86537人次2913万元，发放社保卡4万张。完成离休和军转退费审核支付工作，支付费用2928人次852万元。

（张继文）

社区工作 2011年，塘沽依托街道社区劳动保障工作平台，加大对就业群体扶持力度，新增安置就业人员5487人。关注困难弱势群体，对特困家庭、低保边缘家庭、单亲家庭和突发变故家庭进行帮扶慰问，全年低保救助4211户，发放各类救助金3906万元。新河街道自筹资金50万元，扩大对社区弱势困难群众的帮扶覆盖面，辖区困难家庭和外来务工困难群众享受到社区福利资助，感受到社会大家庭的温暖。组建刚满一年的新北街道，经过多方努力，挖掘资源、优化配置、完善功能，内设集综治、经济、行政便民、劳动保障四大功能于一体的社区综合服务中心正式投入使用。正义里等8个精品社区和北仑里等16个特色社区考核达标。完成新新家园等8个生态文明小区建设。建立8个综合性社区编织服务站，组织社区400多名妇女开展手工编织活动。各街道自筹资金170余万元，累计出动2万人次，组织辖区群众大型义务清整97次，对42个小区周边环境重点治理，对30个小区整修改造，对145处有安全隐患的居民房屋和设施检查修缮，解决380项诸如井盖丢失、路灯不亮、甬路破损、露天市场扰民、物业管理不善等问题。加大绿化、卫生防疫和社区设施维护力度，各街道成立社区文明督导队，开展环保宣传活动，提高社区居民节能减排与资源再利用意识。对街道4个保洁员基地和新河街道周转房维修改造，为保洁员发放冬季生活补贴，外来务工人员感受到第二故乡的关爱和温暖。

（张继文）

2011年8月19日塘沽关工委《爱心育才》助学活动捐赠仪式

滨海新区·汉沽

概 述

汉沽位于天津市东北部，是滨海新区的城区之一。境域地理坐标为北纬39°7′40″~39°19′56″、东经117°7′40″~118°3′35″。城区西南邻塘沽，北连宁河县，东与河北省唐山市丰南区接壤，南濒渤海湾。距天津滨海国际机场50公里，距天津港21公里，有海岸线28公里，东距唐山市曹妃甸和南堡35公里。蓟运河南北流经，穿跨城区从北塘入海，境内全长28公里。京山铁路，唐津高速公路、滨保高速公路横贯境内，海滨大道沿海岸线通过汉沽，天津至秦皇岛高速铁路经过汉沽，设滨海北站。2011年，区域面积441.2平方公里（包括生态城、旅游区和中心渔港），其中耕地面积3698.93公顷。总人口6.70万户17.54万人，其中农业人口1.60万户4.60万人。以汉族为主体，另有蒙古、回、苗、壮、布依、朝鲜、满、侗、瑶、土家、黎、仡佬、锡伯、京、赫哲15个少数民族，汉族占总人口的99.2%。

汉沽，1949年3月设置特别区。1954年设汉沽市，属河北省。1958年划归天津市，改称汉沽区。2009年11月撤区，改为城区融入天津市滨海新区。同年12月，成立中共天津市滨海新区汉沽工作委员会。2010年1月，成立天津市滨海新区汉沽管理委员会。

2011年，汉沽在滨海新区开发开放中，坚持以科学发展观统领经济社会发展全局，发挥区位、资源、产业等综合优势，抢抓机遇，创新思路，继续保持了又好又快的发展势头。大力弘扬滨海精神，经济建设、文化建设、社会建设、生态文明建设和党的建设取得显著成绩，实现了“十二五”的良好开局。区域经济总量快速增长，完成生产总值90.2亿元，比上年增长18.8%；三级财政收入35.6亿元，增长28.4%；本级财政收入27.4亿元，增长32%；固定资产投资95.5亿元，增长8%；社会消费品零售额45.5亿元，增长23%；城市人均可支配收入21406元，农民人均纯收入13834元，均增长12%以上。

坚持项目带动，经济建设实现新突破。列入全市区县五批35个项目全部开工建设，完成投资16.67亿元，投资率75%，竣工21项；列入新区重点建设项目43项，开工37项，完成投资60亿元，投资率85%。电子加速器、新型建材等项目竣工投产。三一重工、北新建材、中聚新能源等项目签约落户。与天津经济技术开发区签订合作开发“天津开发区北区”补充协议，致力打造滨海新区的智慧谷。科技型中小企业快速发展，认定科技型中小企业200家；120个科技项目申报立项，1家企业获国家级高新技术企业认定。

坚持突出特色，文化建设结出新成果。认真贯彻落实十七届六中全会精神，研究制定《关于贯彻落实党的十七届六中全会精神推进汉沽文化大发展大繁荣的实施意见》，着力打造汉沽刻字、版画藏书票、飞镲、评剧等特色文化品牌。改扩建刻字艺术馆等一批文化活动场所和基础文化设施。在重点抓好创建全国文明城区工作基础上，全力抓好市民素质提升工程，更新文明创新理念，拓宽文明创建内涵，提炼文明创建特色，打造文明城市品牌。组织开展“汉沽社区文化艺术节”、“三进一体现诵读传唱”、“牵手爱心播撒希望爱心助学活动”、“流动少年宫”等一系列以群众性精神文明创建为重点的活动。评选区级以上精神文明建设先进集体27个、先进个人41名。

生态宜居城区建设

坚持打造环境，生态文明建设获得新提升。按照新区对汉沽的城市功能定位，坚持高起点规划、高水平建设、高效能管理，努力建设生态宜居的新城区。实施绿化提升、街景立面整治、旧楼区改造和城市维护等项目。基础设施建设得到完善，居民天然气用户率、热化率继续提高。顺利完成茶淀镇国家级生态镇创建工作。推进节能减排项目，加强环境监管，重点控制大气、水、噪声环境污染，区域环境质量明显改善。

坚持民计民生，社会建设迈上新台阶。各项社会事业不断进步，新区20件民心工程和汉沽10件实事项目圆满完成。全年就业再就业计划、大学毕业生就业安置计划完成；城镇登记失业率控制在3%以内，零就业家庭保持动态为零。提高街镇发展水平，城区居委会区划调整完成，社区由42个归并为27个。营城镇和寨上街合并，实现平稳过渡。"强街强镇"和社会管理创新取得新经验，受到新区和媒体关注。寨上街社区服务中心竣工投入使用，汉沽街、河西街社区服务中心开工建设，为社会管理创新搭建平台。举办"公仆热线接待"活动13次，现场解答和解决群众反映问题300余件。落实领导维稳责任制，开展领导接访、干部下访活动，全年化解81件信访案件，将问题解决在基层、吸附在汉沽，有效预防和控制了非正常上访发生。强化安全生产管理和检查，全年无重大安全事故发生。

坚持夯实基础，党的建设开创新局面。各级党组织和领导班子，不断解放思想，注重理论武装，及时学习传达中央及市、区委重要会议精神，深刻领会各级领导来汉考察时提出的意见要求，营造了学习指导实践的良好氛围。完成镇级换届任务，选出镇党委委员33名，镇人大班子成员6名，镇政府班子成员20名，镇纪委委员15名。实行委局包村制，开展"五个一"活动，为困难村解决实际问题20余件。加大干部交流调整和年轻干部培养选拔力度，实施岗位目标"双百"考核机制，严格兑现奖惩，完善绩效管理和激励机制，调动干部的积极性和主动性，营造心齐气顺干事创业的良好氛围。

（刘建国）

政　　治

概况　2011年，汉沽工委坚持"围绕发展抓党建、抓好党建促发展"的方针，一手抓经济社会发展，一手抓党的建设，创造性地推进党建工作。深化创先争优活动，认真开展"一诺、双联、四评"活动，实现公开承诺和领导点评全覆盖。推动公共文化服务体系建设，坚持风清气正，镇级换届工作圆满完成。积极主动服务"十大战役"，推进"十项改革"，全力支持北部功能区建设，不断加快汉沽开发开放步伐，推进城市环境建设，改善民计民生，加强社会管理创新，巩固和谐稳定局面，保持良好发展势头，实现"十二五"良好开局。坚持联系各方，鼓励引导各民主党派、工商联及社会各界人士为汉沽发展献计出力，统一战线工作富有成效。开展"弘扬反腐倡廉新风，促进汉沽和谐发展"主题教育活动，进一步加强领导干部的廉政警示教育。加强效能监察，完善"三位一体"效能监督工作机制，开展行政效能监察立项和检查考核。工会、共青团、妇联、工商联等群团组织，积极履行职能，充分发挥他们在经济建设和社会发展中不可替代的作用。

（刘建国　简　勇）

党务工作　2011年，汉沽工委围绕主题主线主攻方向，加强学习型党组织、学习型领导班子和学习型干部队伍建设，在推进改革发展中创先争优。开展"一诺、双联、四评"和为民服务活动，实现公开承诺和领导点评全覆盖。坚持党委中心组学习、领导干部在职学习等制度。建立区级学习型党组织建设示范点2个，组织参加新区领导干部专题培训班114人次，完成正处级以上领导干部自主选学课程培训409人次。加大干部交流调整和年轻干部培养选拔力度，提拔处级干部（含非领导职务）45名、科级干部11名。建立完善处级领导班子和领导干部考核机制，健全干部日常监督管理和考核奖惩办法。深化农村党建"三级联创"活动，推进落实农村基层党组织"四有工程"，深化企业"四好"领导班子和"五个好"党组织创建活动。推进"两新"组织党组织组建工作，组建非公有制企业党组织72个，覆盖企业965家，组建社会组织党组织65个，实现党的工作全覆盖。加大党员服务中心（站）建设力度，3个服务中心（站）被授予天津市党员服务示范站点称号。以庆祝建党90周年为契机，组织开展党性实践锻炼活动及"大宣传、大庆祝、大表彰、大教育、大慰问"活动。落实党风廉政建设责任制，对干部的严格要求、严格教育、严格管理、严格监督得到加强，反腐倡廉建设取得新成效。

（田春刚）

政务工作　2011年，汉沽管委会贯彻落实滨海新区的战略决策和工作部署，充分发挥区位、资源、产业等综合优势，走科学发展之路，推动地区经济综合实力明显增强，城市环境变化显著，民计民生得到改善。"扩权强街"综合改革试点取得阶段性进展，立足所在地区经济发展基础，求真务实服务百姓，坚持少花钱、多办事的原则，积极探索在资金投入较少的情况下，加强和创新社会管理工作的新途径。推进公共服务下沉，城市管理前移，“居站分设”和社区“网格化”管理。依法行政工作取得新成绩，贯彻实施国务院《全面推进依法行政实施纲要》及天津市《关于全面推进依法行政的实施意见》，坚持科学决策、民主决策，继续推进执法责任制，加强行政执法队伍建设和管理，执法监督力度加大，行政行为不断规范。落实新区政府《关于进一步明确行政执法主体等有关问题的通知》精神，组织所属各行政部门认真学习，行政执法部门的执法权限、执法岗位、执法事项、执法责任进一步明确。制定下发《落实区政府依法行政工作考核工作的通知》，明确汉沽管委会行政机关依法行政工作考核内容和评分标准。组织行政执法人员执法资格培训，区域内488名执法人员参加新区政府统一组织的执法人员法律知识培训考试，考试合格率94%。清理审批事项，对事项加强监管。落实新区政府《关于滨海新区行政审批权限划分的实施意见》，从廉政建设的高度，理顺工作职能，抓好关键环节，努力建设服务型、创新型机构。发挥行政服务中心体制改革与机制创新的作用，落实《滨海新区城区管委会行政审批事项名录》158项和《滨海新区城区管委会初审上报行政审批事项目录》59项审批事项。指导各街镇落实《滨海新区街镇行政服务中心集中办理事项指导目录》131项审批服务事项。严格按照联审流程进行审批，控制审批自然时间，平均办理自然时间缩减为2.2天，高于全市5天和新区2.5天的标准。加强公务员队伍和人才队伍建设，落实国家公务员录用、调任、考核、任免、奖惩等项制度，公务员管理不断规范。行政机关16个单位晋升31个科级职位、47个事业单位晋升64个科级职位，科级干部轮岗9人，因提职等原因免职10人。汉沽事业单位面向社会公开招聘工作人员启动，教育、卫生系统完成公开招聘教师、医护人员工作。

（刘建国　董　坤）

政法工作　2011年，汉沽政法系统坚持把维护辖区稳定放在各项工作之首，服务滨海新区科学发展和社会和谐稳定。公安汉沽分局组织开展“开门评警、津城百姓评公安”等活动，深化警务公开和社会监督工作，及时有效地治理群众反映强烈的、影响公安执法形象的突出问题，虚心听取群众的意见建议。加强社会治安重点整治工作。开展4次集中排查和140余次街镇区域排查，完成10多个重点地区和部位整治任务，解决突出问题近百件。坚持严打方针，深入开展“命案侦破”、“打黑除恶”、“打击两抢一盗”和“清网”行动等专项行动。破获各类刑事案件1200余起、经济犯罪案件80余起，查处治安案件6800余起。破获侵害企业合法权益案件20余起，为重点企业解决引进人才在津落户问题40余件，消除治安隐患100余处。严厉打击严重刑事犯罪活动，加大涉及群众利益犯罪的打击和防范力度，有针对性地开展“打拐”、扫黄禁赌等专项行动，深入开展以“警防、民防、技防”为主线的社会治安防控体系建设，完成交通指挥平台升级改造，在7个路口新安装交通信号灯，在部分重要路段新建6处具有实时监控功能的电子警察。指挥巡控一体化格局初步建立，治安民防力量不断壮大，技术防控水平稳步提升。汉沽检察院深入开展“四走进”(走进社区、走进企业、走进学校、走进农村)活动，强化法律监督、自身监督和高素质检察队伍建设。依法打击和预防经济领域犯罪。查办经济类犯罪案件80余起，挽回经济损失440余万元。滨海新区法院汉沽审判区强化审判运行态势监控，通过对司法统计数据的整理分析，随时监控审判工作运行的整体态势，及时发现影响均衡结案、制约案件效率、造成涉诉上访等问题的潜在根源，深入把握审判工作运行规律，促进审判质效提高。引进、开发信息化系统建设，先后投入776万元，建成审判管理、指挥、宣教、诉

法制宣传进社区

讼服务和办公自动化五大信息系统，率先在全市实现审判"数字化"，整体工作实现考核指标综合排名全市第一的历史最好成绩。汉沽司法局开展律师进社区活动，17名律师和法律服务工作者与64个社区确立服务关系。投入470余万元升级改造74个街镇综治信访服务中心（站），建立综治信访服务中心确立示范点14个。贯彻落实《人民调解法》，成立人民调解委员会115个，调解员682人，开展矛盾纠纷排查770次，调解纠纷1107件，调解成功1055件，成功率95%以上。法律援助信息服务平台受理法律援助案件200件，为受援人挽回经济损失150余万元。实施"六五"普法规划，开展大型普法活动7次，举办法制讲座70余场。2011年，公安分局百名民警破获刑事案件位居全市前列，查处治安案件位居全市前三名，命案破案率全市第一；检察院在全市民事行政监察检察部门岗位练兵测试活动中名列第一；审判区在全市基层法院质效指标考核中综合排名第一并荣立集体二等功；司法局在全市法律援助案件受理中排名第三，汉沽司法所被司法部授予全国模范司法所称号；交警支队在年度绩效考核中获全市优秀单位并荣立集体三等功。涌现出综治工作先进单位12个、先进集体29个、先进个人65名。

（付光辉）

人民团体工作　2011年，汉沽工会组织职工开展"五比一创"劳动竞赛。参赛单位135家，参赛职工3.3万人次，开展各项竞赛活动258项，创效2313万元。其中2人分别获得天津市工人发明家、先进操作法称号，2项创新成果获得天津市优秀创新成果称号，7个集体分别获得市、区级工人先锋号。为142名劳动模范体检，组织基层工会购置30万元图书充实职工书屋。汉沽团委推进"青少年维权岗在行动"工作。与21家企业联合创建青年就业创业见习基地。建立4个青少年事务工作中心、5个工作站，青少年诉求热线开通。街镇团组织"1+X"模式在三街三镇形成。汉沽妇联发挥妇女法律服务中心、110家庭暴力报警中心、妇女维权合议庭、社区妇女维权站等维权站点作用，接待妇女维权案例110件，结案率100%，为受害妇女伸张正义，维护社会和谐稳定。培育4个区级"半边天家园"示范点，在农村建家园19个。成立手工编织分站10个，举办创业培训班，为480余名单亲母亲投保女性安康保险。为100余名妇女和儿童提供法律服务和援助，评选表彰文明家庭50户。汉沽妇联被评为天津市妇联系统先进集体、天津市万名女带头人培训工程先进集体。汉沽工会、共青团和妇联组织共向困难家庭、单亲困难母亲等困难群众发放救助金185万余元，米面2万公斤，食用油2750升。汉沽工商联发挥管理非公有制经济的助手作用，促进非公经济组织发展壮大。汉沽红十字会、文联、科协及其他社团组织，秉承建会宗旨，在服务和促进区域发展方面，发挥了积极作用。

（付光辉）

经　济

概况　2011年，汉沽加快推进经济增长方式转变和产业结构升级，经济运行质量提升。深入开展"调结构、增活力、上水平"活动，经济运行保持良好发展势头。区域经济总量快速增长，完成生产总值90.2亿元，比上年增长18.8%；三级财政收入35.6亿元，增长28.4%；本级财政收入27.4亿元，增长32%；固定资产投资95.5亿元，增长8%；社会消费品零售额45.5亿元，增长23%。推进节能减排，单位增加值能耗下降4%。规模以上企业80户，完成工业总产值187亿元，增长10.6%。其中镇属工业完成总产值33.27亿元，增长23.7%。泰达现代产业区完成工业总产值63.84亿元，增长3%。限上民营企业工业总产值完成42.89亿元，增长17.5%。建筑业完成施工产值13亿元，增长10%。完成区域农业总产值12.47亿元，增长8%。商品销售额增幅21%；限上、限下企业分别增长16.3%和23.5%；餐饮业增幅35%。三次产业结构比例为5.7:53.1:41.2。加大招商引资力度，实际利用外资3000万美元，实际利用内资6.6亿元，均增长10%。外贸出口1.06亿美元，增长30%。深化收支两条线改革，财政管理加强。加强网格监管、确保产品质量和食品安全。开展综合治理，打击传销，整顿规范市场秩序。提升改造3家便民菜市场，完善商业街区服务功能，加强粮油、蔬菜等生活必需物资储备，扩充重点零售企业商品种类，稳定物价水平。完善电子商务环境，启动物联网应用示范工程，三网融合进程加快。

（吴欣芳）

工业　2011年，汉沽实施工业开发技改项目60项，结转14项，开工46项，竣工28项，一批新项目竣工投产。加大对企业和项目的政策引导和奖励，制定商贸业、运输业等方面的鼓励政策，地方财政支付资金4225万元，支持中小企业和项目建设。天津渤天化工公司主营业务收入74亿元，增长40.68%；规模工业现价产值51.33亿元，增长42.16%；规模工业主营业务收入49.84亿元，增长42.66%；贸易总额

15.72亿元,增长84.27%。烧碱产量31.58万吨,聚氯乙烯产量30.10万吨,其中糊树脂产量16.29万吨。加大开发技改力度,对一氯化苯生产系统、合成炉、环氧氯丙烷化灰系统和安全环保项目进行技术改造升级,提高经济和社会效益。天津长芦汉沽盐场完成工业产值5.96亿元、增加值4亿元、主营业务收入18.15亿元、产品销售收入5.89亿元。实施开发技改项目,年产5000吨吹溴一期3000吨项目、制盐母液综合利用制取钙镁产品技术改造项目、年产5000吨精制氯化钾项目、四溴双酚A优化扩产改造项目建成投产。中石化润滑油天津分公司是国内最大的润滑脂生产企业,全年完成产值10.61亿元,润滑油产量1312.04吨,润滑脂产量76607吨,为神舟系列飞船提供专用润滑产品。北疆电厂生产运行平稳,全年完成产值43.91亿元,增长18.71%;发电量121.5亿千瓦时,增长14.52%。

(孙 健)

服务业 2011年,汉沽加大消费品市场营销力度,批发、零售业成为拉动商品销售总额增长的主要因素。商品销售总额完成94.2亿元,增长21%。其中,批发业商品销售额45亿元,增长18.4%,对商品销售总额贡献率为42.8%,拉动商品销售总额增长9个百分点;零售业商品销售额40.3亿元,增长21.4%,对商品销售总额贡献率为43.5%,拉动商品销售总额增长9.1个百分点;餐饮业营业额8.4亿元,增长35.2%,对商品销售总额贡献率为13.3%。社会消费品零售额45.5亿元,增长23.4%。其中,零售业零售额36.8亿元,增长22.7%,占消费品零售总额的80.9%,拉动社会消费品零售额增长18.5个百分点;餐饮业零售额7.6亿元,增长28.4%,对社会消费品零售总额总贡献率19.6%。商业服务业项目加快建设,喜盈盈购物中心、亚圣泰会议中心加紧推进。弘珏商务大厦竣工。提升改造3家便民菜市场,完善商业街区服务功能。供销社超市、百货大楼超市启动建设。完善旅游服务设施,加快乡村特色旅游发展,指导5家企业通过市级有关部门认定。农业休闲游项目蓬勃发展,12个景点接待游客27万人次。打造特色文化旅游品牌,举办2011滨海葡萄文化旅游节。全年接待游客22.65万人次,实现旅游综合收入5700多万元。

(孙 健)

农业 2011年,汉沽农业增加值完成5.16亿元。水产品、畜牧产品、蔬菜产量全面增长。推进设施种植业发展,新增设施农业302.53公顷,汉沽果蔬设施化基地建成投入生产,通过国家级农业综合开发项目验收。新建工厂化养殖15万立方水体,无公害水产品养殖企业32家。水产品养殖产量1.99万吨,增长2.8%。五对450马力新型钢壳拖网渔船下水捕捞作业。农业开发项目不断推进,开工建设农业项目11个,投资1亿元。引进宝鹭罗非鱼、澳洲淡水小龙虾、泰国草虾等新品种。杨家泊水产科技园区开工建设,茶淀葡萄科技园区二期工程进展顺利。农田水利建设加强,蓟运河部分险段河堤加固工程竣工,综合治理河道清水工程按期完成。天海源水产养殖厂被认定为天津市科技型中小企业、海珍品苗种繁育和集约化养成的无公害生产企业,被批准为天津市优势水产品养殖示范园区。该厂立项的养殖水循环利用项目,被农业部列为健康示范养殖项目,9月投产试验,引进欧洲鲈鱼3000尾试养。实验120天后,循环水养殖车间运行良好,鱼类生长正常,养殖密度增加一倍,生长周期缩短三分之一。其养殖的半滑舌鳎、大鲮鲆、牙鲆等海珍鱼品获农业部无公害农产品认证。

(董 坤)

项目建设 2011年,实施管委会重点建设项目115项,开工104项,开工率90%以上;列入新区重点建设项目开工38项;35个区县重大项目,竣工22项。引进千万元以上项目60个,其中亿元以上项目20

农家乐游客采摘葡萄

个。三一重工再制造基地及区域销售总部、北新建材、中聚新能源等项目签约落户。现代产业园区建设不断加快。与天津经济技术开发区签署“合作建设天津开发区北区”补充协议,茶淀园区即“泰达慧谷”控制性规划开始编制,该区域将成为继南港工业区后又一个全新的功能区域。杨家泊工业园区,一期规划用地规模198公顷,定位以机械、塑料、新型建材等行业为主,建设附加值高、符合可持续发展要求的先进制造业基地。年内有7家企业入驻并投产,实现生产总值8000万元,安置职工就业1000人。引进与签约企业11家,协议总投资10亿元。入驻营城工业园的中聚天津生产基地由天津中聚新能源科技公司投资建设,年底竣工试生产。项目规划占地53.33公顷,总投资46亿元,项目一期占地22.6公顷,投资15.36亿元,计划三年建成,年产值约50亿元。中聚电池产品应用于电动运载工具,可为电动轿车、电动游艇、电动船、观光潜水艇等提供理想的锂离子电池,并适用于建设城市储能电站及太阳能、风能、地热能、潮汐能等新能源的储能及转换。天津港航桩业有限公司是生产预应力混凝土管桩的专业厂家和研制中心。项目占地12.53公顷,总建筑面积9万平方米,总投资3亿元,主要生产预应力高强混凝土管桩(PHC、PTC管桩),生产线采用韩国先进自动化装备和生产工艺,年内第一条生产线试生产,年销售收入5亿元。

(简　勇)

中聚锂离子电池生产车间

财政工作　2011年,汉沽三级财政收入35.6亿元,比上年增长28.4%。全年支出32.6亿元,增长34.5%,其中,一般预算支出15.7亿元,增长9.9%,基金支出16.9亿元,增长69.5%。完善税务稽查、日常检查与税收征管良性互动机制,组织开展税收重点稽查、专项检查和综合整治,加强票据的使用管理,严厉打击偷逃税行为,切实堵塞税收征管漏洞,实现应收尽收,全年清理欠税2888万元。加强骨干企业培育,落实企业技改贴息和促进服务业发展贴息资金、中小企业科技资金。压缩公用支出,财政支出突出公共资源向民计民生倾斜,财政用于保障民生办事项目投资3.9亿元,其中汉沽匹配资金2亿元。向农业基础设施倾斜,落实义务教育经费保障机制,提高公用经费保障标准。

(简　勇　吴欣芳)

税收工作　2011年,汉沽国税局挖掘潜力,促进增收,完成税收5.04亿元,比上年增长15.52%,年收入总额首次超过5亿元,区级收入完成9661万元。落实结构性减税政策,深入实施增值税转型改革,累计减免各项税收2429万元,固定资产抵扣进项税额1.47亿元。办理减免退税1448万元。调整增值税起征点,628户纳税人受益。加强出口退税管理,全年办理出口退税4410万元,免抵调库2034万元。加大清理欠税力度,清理入库税款501万元。滨海新区第二地税分局(汉沽)完成四级税收收入9.4亿元。加强对重点税源企业的服务和管理。完善重大项目管理台账,加强对重大项目的税收数据分析,全面掌握项目税源情况,实现应收尽收。加强小税种征管工作,加大对房、地、车、印等小税种的征管力度,做好个体工商户的征税方式及纳税限定调整工作,加大对个体工商户委托代征工作的管理力度,启动委托街道代征个体税收工作。联合开展以“严厉打击制售假发票、全力维护社会经济秩序”为主题的专项宣传活动,现场收缴不法分子散发的违法发票信息卡片56张,查获各类假发票6份。

(简　勇　吴欣芳)

工商管理　2011年,汉沽新设立内资企业303家,新增注册资本10.2亿元;新设立个体工商户1301户。汉沽首家债权转股权企业天津安治置业有限公司成立。新设立农民合作社20户,出资总额8337.79万元。企业变更1683户,个体工商户变更2337户。新培育发展商标174件,有驰名商标2件,著名商标31件,地理标志证明商标2件,集体商标2件。加强无证无照综合治理工作,全年取缔无照经营129户。开展乳制品市场、地沟油、猪肉、问题乳粉清查、黑网吧等专项整治活动,深化打击传销和规范直销工作,严厉查处虚假广告、不正当竞争、侵犯消费者权益等违法行为，市场秩序进一步规范。

（简　勇　吴欣芳）

物价管理　2011年，汉沽加强价格监督服务，打击哄抬物价等价格违法行为，清理规范农副产品流通环节收费、行政事业单位收费、居民生活必需品价格、涉农、医疗、教育等行业收费专项检查。严格执行国家和天津市各项价格政策，做好价格管理和收费管理工作，落实水、电、石油、燃气等价格改革举措。开展收费年度审验、换发《收费许可证》和收费统计工作，共有130个行政事业单位参加年审和换证，年审率100%。做好价格鉴证工作，全年办理涉案物品及社会资产价格鉴证案件158件。加大对群众抢购食盐等突发价格波动事件的执法检查力度，严厉打击哄抬盐价、乱涨价的价格违法行为，确保盐价稳定。全天候监测市场价格变化。受理群众举报价格违法案件，"12358"价格举报电话24小时畅通，及时解决消费者诉求，受理办结价格违法案件21件，结案率100%。

（简　勇　吴欣芳）

食品药品监督管理　2011年，食品药品监督管理汉沽分局加大食品安全专项整治力度，开展猪肉及其制品专项整治行动，汉沽辖区未发现含"瘦肉精"的猪肉及其制品。开展"地沟油"专项整治工作，确立"十日清查"工作各环节任务和措施，在对辖区571户行政相对人的检查中，没有发现汉沽境内存在制售"地沟油"的违法行为。开展药品、医疗器械监督检查工作，对辖区38家药品经营企业、40家医疗器械经营企业进行日常监督检查，检查覆盖率100%。加强药品分类管理，统一药品零售企业店堂内标识。开展抗菌药凭处方销售专项检查活动，发现1家药店药师不在岗销售处方药行为，责令其立即改正。开展打击侵犯知识产权和制售假冒伪劣药品、票据核查专项行动工作，专项整治工作取得实效。

（简　勇　吴欣芳）

质量监督管理　2011年，质量技术监督汉沽分局做好重点工程和重大项目的服务工作，提前介入做好特种设备安装告知、法定检验、现场安全监察、为企业解决计量器具送检、人员培训等各类审批许可服务保障工作。搞好各种证件的办理工作，办理各类特种设备注册登记533台套，换发使用合格证798台套，特种设备人员资质考核159人。办理代码证年检408个单位，登记、变更、换证2388个。开展特种设备安全大检查活动，出动执法人员340人次，检查特种设备使用单位111家，检查特种设备243台套，查出特种设备隐患26项，下达监察指令书13份，查出的隐患得到整改，整改率100%。组织开展各类执法检查活动，出动执法1087人次，检查企业411家次，立案5起，罚款1500元。

（简　勇　吴欣芳）

文　化

概况　汉沽盐渔文化底蕴深厚，人文景观资源优势明显，刻字版画艺术国内独树一帜。2011年，研究制定《关于贯彻落实党的十七届六中全会精神推进汉沽文化大发展大繁荣的实施意见》，推动公共文化服务体系建设，举办汉沽飞镲大型交流展示会、滨海国际摄影展和全国刻字艺术精品展。组织参加新区庆祝建党90周年美术创作精品展，组织3支60人的合唱队伍参加滨海新区"颂歌献给党"合唱大赛，组织90人的飞镲队参加滨海新区庆祝建党90周年文艺演出等活动。全年下基层放映公益电影812场，慰问演出60场，培训基层文艺骨干240人次。举办汉沽飞镲大型展演活动。筹资600万元，改扩建刻字艺术馆等一批文化活动场所和基础文化设施。组织参与"迎接建党90周年，看港口发展巨变"主题采风活动，首届天津滨海国际摄影艺术作品展览征集活动，"党在我心中"、"党旗礼赞"征文活动，"同唱滨海"原创歌曲有奖征集活动，"魅力滨海·关注新区"摄影大赛作品征集活动。成立非物质文化遗产工作领导小组，建立非物质文化遗产保护中心，聘请专业人员走访社区、农渔村老艺人，挖掘汉沽非物质文化遗产，保护和传承现有的飞镲等非遗项目。把握正确舆论导向，组织开展开发开放和重点工程、重大活动的宣传报道工作，累计向市、区新闻媒体报送稿件400多条，充分展示了汉沽发展成果。

（刘建国　简　勇）

文化活动　2011年，汉沽文化建设取得显著成绩。举办系列文化活动，组织开展新春送福、春节联欢晚会、元宵节民间花会展演、元宵焰火晚会、评剧周、电影周等活动。文化阵地活动精彩纷呈，依托版画藏书票馆组织举办国际版画藏书票交流展10次，依托刻字艺术馆组织举办全国刻字艺术精品展和汉沽刻字艺术大展2次，依托汉沽群星展厅组织举办由国内外艺术家和汉沽各机关团体个人参加的摄影、书画、剪纸、陶艺等40余场，依托文化馆橱窗举办汉沽专业摄影艺术工作者展览10余次。成功组织举办庆祝建党90周年系列艺术作品展、征文活动、《颂歌献给党》大型文艺演出。组织举办第三届汉沽社区艺术节，组织社区专场文艺演出3场；带领汉沽社区精品文艺节目赴塘沽和大港演出2场；同兄弟城区共同组织美术、书法、摄影、藏书票4个门类的艺术作品巡展。在河西、汉沽、寨上3个街道和茶淀镇组织5场市民讲堂讲座。按照新区统一安排，完成6个居民书屋和6个居民文化室的筹备和测评工作。汉沽国际版画藏书票收藏馆是国内首家规模最大、国际藏书票收藏量最多的收藏馆，是滨海文化教育实践基地，是天津滨海新区特色文化艺术的一枝奇葩。该馆举办的国际交流艺术展，有许多作品曾获得俄罗斯等国家授予的国际文化交流金牌奖、特别奖等奖项。该馆建筑面积1000余平方米，有5个展厅，主要展出国内外版画藏书票精品和刘硕海版画艺术作品。馆内收藏量达2万余件，包括铜版、木版、石版、丝网版等，涵盖了俄罗斯、美国、德国、匈牙利等国家的诸多国际版画大师的精品力作。

（简　勇）

文学创作　2011年，汉沽文学创作活跃，举办新春联谊活动，《天津诗人》“滨海诗人”专号，报送22位作者的作品，《辛卯诗选》报送11位作者的作品。参加在蒙古国乌兰巴托市举办的《中国·天津魅力滨海》摄影作品联展，天津市第六届家庭文化艺术节暨天津市首届美术、书法、摄影优秀作品评展。刘炳清的书法作品《魏楷》获天津市个体民营企业书法绘画摄影展一等奖，王玉梅的小小说《遗嘱密码》获得天津市第二十届“文化杯”全国梁斌小说奖三等奖。3位作者的作品入选《颂红旗》诗集，7位作者的作品入选《团泊洼诗歌散文征文作品集》。参加第五届珠江国际诗歌节，17名选手分获第二届“夏青杯”朗诵大赛3个组别的一、二、三等奖。汉沽6个单位作为滨海新区科学发展观“三进一体现”三字经诵读活动实践基地，获得新区精神文化建设优秀项目。

（简　勇）

特色文化　2011年，汉沽实施品牌文化战略，结合地域文化特色，以汉沽刻字、版画藏书票、汉沽飞镲等优势文化资源为依托，举办国际版画藏书票交流活动，邀请国际版画、藏书票名家来汉设展。打造非物质文化遗产（以下简称“非遗”）文化名牌。“非遗”工作领导小组发挥职能作用，围绕保护、挖掘、传承、推介，推动汉沽民间文化、传统艺术的研究、整理和发掘工作，重点加强对国家级非物质文化遗产汉沽飞镲的传承保护。汉沽被文化部命名为中国民间文化艺术之乡。加大对基础文化设施改造建设力度，汉沽文化馆被文化部命名为一级文化馆，国际版画藏书票馆、刻字艺术馆改扩建工程竣工，34个行政村农家书屋和村级文化活动室建成投入使用，26个社区文化活动站和市民学校设施得到完善。完成“汉沽刻字”人文商标的注册申请和国家级刻字创研基地申报工作。以文化阵地为平台，组织不同层次、不同主题、不同艺术门类的沙龙性艺术创作展览。邀请国际知名人士，举办欧洲现代版画艺术展、意大利藏书票展。组织刻字、摄影等爱好者赴外地学习观摩，促进文化交流。

（简　勇）

广播电视　2011年，汉沽推进广播电视事业发展，完成建党90周年重要活动的宣传报道，推出一大批有深度的新闻报道。汉沽广播电视台，制作播出《汉沽时讯》300多期、2100多条，《汉沽人》、《话题》、《百姓生活》、《法治时空》、《生活新空间》等专题60多期。加大庆祝建党90周年宣传工作力度，两台分别播出相关稿件45篇；开辟专题专栏节目，在《汉沽时讯》节目中开办《汉沽英模榜》专题，集中宣传革命和建设时期汉沽涌现的12位英模人物和4个英模人物集体。在《汉沽时讯》节目中开办《为党旗增辉》专栏节目，宣传一年来在创先争优活动中涌现的先进党组织和优秀共产党员的事迹。开办《红色经典剧院》栏目，精选编排20部优秀影片在电视台播放。重点对汉沽的经济领域、重点工程、城市建设等方面进行深入细致报道。开办《百姓纪事》栏目，深入开展走基层活动，提高社会民生新闻的比重，民生新闻达到35%左右，部分稿件在中央和市级媒体刊播，新闻前期策划得到加强，自采新闻比重逐步提高，有高度有深度的新闻稿件不断增多，新闻整体质量有较大进步。

（简　勇）

社　会

概况　2011年，汉沽市容环境综合整治取得显著成果，环境整治投入资金3.5亿元。新区20件和汉沽辖区10件为民办实事项目全面完成。实施一批居民区环境改造提升工程，城市环境更加舒适宜居。各项社会事业不断进步，群众生活质量继续改善。落实促进就业政策，搭建就业平台，城镇登记失业率控制在3%以内指标完成。城市居民人均可支配收入、农村居民人均纯收入分别增长12%以上。社会救助、扶危济困工作进一步加强。首家残疾人康复站建成。汉沽社会福利院老楼改造完工。加大对科技型中小企业支持力度。制定和执行各种专利奖励政策，强化知识产权保护，提高企业自主创新能力和公众专利保护意识。推动科技企业孵化器建设，汉沽生产力促进中心通过市级认证。教育得到优先发展，义务教育学校现代化标准建设任务全部完成，8所中小学全部通过市政府督导组验收。汉沽医院筹资采购更新医疗设备，保障医疗服务需求。推进全民健身计划，完善体育设施建设。稳定低生育水平，提高出生人口素质，巩固人口和计划生育工作成果。城区居委会区划调整完成，“扩权强街”综合改革试点取得阶段性进展。落实信访工作责任制和领导包案制度，社情民意信访代理接待室在社区居委会成立，各种不稳定因素化解在基层。加强生产、消防、交通安全管理，安全生产责任制不断完善，全年没有发生特大安全生产事故。加强社会治安综合治理，全力维护社会和谐稳定。

（刘建国　简　勇）

城乡建设　2011年，汉沽加快城市基础设施建设，提升城市发展载体功能。推进城区东扩征地拆迁、土地置换和土地出让等工作，城区东扩起步区市政基础设施专项规划完成，还迁房建设、8条道路及基础设施建设全面铺开。朝阳街、平阳里二号路、五纬路（五经路至六经路）绿化及蓟运河留庄段维修加固完工。汉蔡路拓宽改造、五纬路道路排水和新村、王庄泵站工程竣工。规范房地产市场秩序，加快推进保障性住房建设，限价商品房“葆芳苑”项目开工。住宅施工面积143万平方米，竣工56万平方米。泰达蓝盾、东滨置业等4个还迁片区1200余户居民搬入新居。改扩建汉沽水厂，进入设备安装调试阶段。淡化水输送工程投入使用，北疆电厂每天向汉沽城区输送淡化水近万吨，开创了国内利用现有市政管网大规模向城市输送淡化海水的先例。新增补建供热面积47.7万平方米。实施三湖里、一宿舍、益阳里、中阳里等小区燃气补建，新增天然气用户9600户。严格招投标程序，加强建筑施工安全管理，及时消除安全事故隐患。严格执行规划审批、规划用地和执法监察等各项规定。加大土地动态巡查力度，做好耕地占补平衡及违法用地整改工作。推进示范镇建设，大田示范镇调整项目投资平台，完成征地57.27公顷。茶淀镇小城镇复耕顺利，还耕面积16.86公顷。沿海渔村拆迁建居继续推进，土桥村、蔡家堡村征地拆迁基本完成。农村社区环境有所改善。茶淀镇获全国文明乡镇称号，是滨海新区获此殊荣的唯一乡镇。大田镇芦前村获全国文明村称号。投资硬化村庄道路，铺设排水管道，安装路灯，修建村民健身广场，村容村貌改观，农民生活环境改善。

（董　坤　王晓锐）

环境建设　2011年，汉沽大力实施市容环境综合整治工作，搞好绿化提升、街景立面整治、旧楼区改造和城市维护等项目。新建、提升绿化面积100万平方米。一经路、滨河路沿路面貌焕然一新，滨河公园、4个社区游园、5个小区道路修缮和绿化提升全面完成。实施汉沽大桥、寨上大桥及城区19个重点部位的夜景灯光建设。垃圾发电项目并网发电，粪便处理厂建成。加快数字化平台建设，健全城市管理检查监督考评机制，制定详细考核办法，延伸考核范围，探索街道、单位和部门考核机制，完善“以奖代补”制度实施细则。推进城市管理重心下移，实施城乡市容环境管理一体化，坚持城市建设、养护和管理并重，严格落实责权利，完善网格化管理，提高城市管理水平。强化城市维护，依法清理违章和乱堆乱放，改造低洼片，更新路灯，搞好小区绿化、硬化和美化。规范小区农贸市场管理，完善环卫基础设施建设。深入开展病媒生物防治，加强基层爱卫组织建设，加大春季灭鼠和夏季灭害力度，提升病媒生物监测能力。强化污染治理，推进生态环境建设、节能减排及环境监管工作。空气质量好于二级天数达到85.7%。汉沽河西公园改造提升工程完工。该工程是滨海新区2011年环境建设重点工程，总投资9540万元。公园位于汉沽城区一经路和蓟

住宅小区绿化

运河之间，总面积18公顷，其中水面2.5公顷。改造提升后的公园划分为画廊、画卷、画屏、画境四大景区，建有人工湖水系、儿童娱乐设施、铺装工程、绿化工程、风机照明及展示系统、背景音乐和监控系统。利用汉沽季风性气候特征，采用新型风力发电设备，用于园内路灯照明系统，体现了“自然、生态、野趣，低碳环保、创新发展”的主题。

（王晓锐）

科技工作 2011年，汉沽加大对科技型中小企业的支持力度，采取资助、贴息等多种方式，支持成长期和壮大期科技型中小企业发展，完成企业网上注册225家，通过市科委复核备案认定的科技型中小企业200家。其中，初创期企业99家，占认定企业的49.5%；成长期企业88家，占认定企业的44%；壮大期企业13家，占认定企业的6.5%。符合“小巨人”条件的企业5家，占认定企业的2.5%。在认定的科技型中小企业中，总注册资金11.99亿元，总产值31.95亿元，主营业务收入30.61亿元，净利润1.64亿元，上缴税费总额7174.7万元。从业人员11046人，其中科技人员1523人。制定和执行各种专利奖励政策，广泛宣传知识产权，强化知识产权保护，提高企业自主创新能力和公众专利保护意识。科技型中小企业申请专利410件，其中发明专利116件、实用新型专利263件、外观设计专利31件。企业专利申请量比上年增长30%。推动科技企业孵化器建设，2家企业拟建科技企业孵化器。其中，天润成科技孵化器有限公司已注册，注册资金2000万元，孵化器总建筑面积8600平方米，一期孵化面积2500平方米，首批5家科技型中小企业入孵。汉沽生产力促进中心通过市级认证。街镇生产力促进中心建设正在推进。

（董　坤）

教育工作 2011年，汉沽教育事业得到优先发展，办学条件进一步改善，开展中小学生文艺展演系列活动，举办“庆祝建党90周年中小学生百米长卷书画摄影大赛”及中小学生唱红歌、奏红曲文艺汇演专场等。开展以“送课下校”为主要形式的劳动技术教育，全年有1万余名中小学生接受劳动技术和技能教育。注重教师队伍建设，制定《关于加强常规教学管理的实施意见》。举办首届教师“三项基本功”(专业知识、课堂教学、语言能力及特长展示)大赛。组织“265骨干教师”集体培训6次、18名英语学科骨干教师赴加拿大进行为期5周的培训和6名校(园)长赴境外培训。中考参考1577人，参考率97.77%，高考参考1163人，参考率99.83%。600分以上42人，本科上线率71.5%。职业成人教育进一步发展，与3所高职院校签订协议，招生150人。汉沽二中扩建工程竣工投入使用。高庄中学、后沽中小学实验室投入使用。汉沽三幼完成主体工程。汉沽三中建设正式启动。注重师生安全教育，加强校园安全技防建设，为21所中小学、幼儿园安装探头百余个，为所有学校安装一键式报警器。各校均成立应急护校分队，定期进行演练。组成10个校园安全督查组，逐校进行安全督查，校园安全工作全面落实。

（简　勇）

卫生工作 2011年，汉沽深化社区医疗卫生体制改革，按照《滨海新区社区医疗卫生体制改革工作方案》要求，汉沽街社区医疗服务中心和汉沽街社区公共卫生服务中心机构分置，两个中心正式揭牌运行。推行无假日门诊、预约诊疗、临床路径管理等多种便民惠民措施，基本公共卫生服务均等化水平明显提升。推进基层卫生机构综合配套改革，落实公共卫生单位和基层医疗单位绩效工资制度，完成所属单位岗位设置工作。推进人事制度改革，采取竞聘上岗、全员聘用和妥善安置分流人员等措施，建立能进能出的用人机制。完善基本药物制度，做好基本药物目录零差率销售工作，社区卫生服务站零差率销售全覆盖。加快信息系统建设，完善电子健康档案的社区卫生服务信息系统建设，社区卫生中心和社区卫生站、镇卫生院光纤信息沟通设置完成。对城区免疫规划门诊进行改造提升，推进汉沽医院“创建三级医院工程”，投资引进两台先进的彩色超声仪器。与天津总医院建立对口帮扶联系。中医医院加强优质护理服务工作。提升城乡18项公共卫生服务水平，建立健康档案覆盖到10万居民。中医医院、汉沽街社区卫生服务中心两个国医堂建成并通过验收。妇女儿童健康行动计划顺利实施。

（简　勇）

体育工作 2011年，汉沽推进全民健身计划，组织举办“春节健身大拜年”趣味运动会、“三八健康杯”趣味运动会、计生干部趣味运动会和寨上街第三届社区运动会。组队参加市第七届农民运动会五子棋、健身秧歌项目比赛，市第二届“体彩杯”全民健身大会太极拳剑、体育舞蹈比赛及市第二届全民健身大会。举办大型“全民健身日”展示活动，组织汉沽体育骨干参加市一级体育指导员培训班。组织150人的飞镖队伍参加天津市第七届农民运动会开幕式表演。在天津市中小学田径锦标赛上，汉沽代表队获市区组总分第五名，取得8枚金牌6枚银牌14枚铜牌的好成绩。汉沽二中女队在市中小学校园篮球赛中获初中女子组冠军。参加市青少年跆拳道锦标赛、市青少年武术套路锦标赛、市青少年田径锦标赛、市摔跤冠军赛和市中小学乒乓球锦标赛，获得4个第一名、7个第二名和16个第三名的较好成绩。举办滨海汉沽机关干部“迎国庆”健身运动会。参加市青少年篮球比赛。完善体育设施建设，为社区安装6套健身路径和2个健身苑。投资近10万元为河西街俱乐部配建体育健身器材，对体育场及网球馆设施进行维护修缮。

（简　勇）

计划生育工作　2011年，汉沽巩固人口计生委、技术服务站、街镇计生办、村居计生干部“四方联动”的工作机制。强化现居住地管理，落实育龄妇女管理工作面97.37%。开展“计划生育优质服务万户行”健康查体活动，免费为育龄群众查体1.31万人次。构建出生缺陷一级预防体系，对168名获批生育二胎的育龄妇女全部进行孕前实验室筛查和优生指导，高危孕妇建档率100%。加强硬件建设，筹资13万余元为辖区技术服务站建立局域网、配备电子阴道镜等设备。安排10万元专项资金，实施计划生育手术、孕检和健康查体，流动人口享受免费服务。建立5个流动人口爱心驿站。开展选择性别人工终止妊娠现象治理工作，确保出生人口性别比平衡。开展“生育关怀”活动，为计生贫困家庭送温暖关爱，资助1458户计划生育困难家庭。筹资为33户贫困户赠送生活用品。为322户计划生育家庭办理“意外伤害特惠保险”。推进“青苹果家园”项目。开展母亲节走访慰问活动，为40名贫困母亲赠送生活用品，为22户计划生育贫困家庭办理意外伤害保险。为62名贫困母亲免费健康体检，投女性安康保险163份。

（简　勇）

劳动就业　2011年，汉沽突出抓好就业创业，搭建就业平台，完成就业再就业安置1.1万人。举办各类招聘专场29次，提供岗位1.9万个，达成就业意向1.19万人。落实就业优惠政策，帮扶473名困难群体实现就业，零就业家庭保持动态为零，其他困难群体就业率85%以上。安置高校毕业生1723人，应届高校毕业生就业安置率91%。安置农村富余劳动力4399人。开办各类专业技术培训班35个，培训各类人员1496人，就业率80%。组织205人参加SYB创业培训，取得小额贷款资格。为33人办理小额贷款，贷款金额达161万元，实现带动57人就业。完成536人创业能力测评工作。妥善处理劳动争议，办理劳动合同备案1.12万人，受理劳动争议案件25件，结案25件，时效内结案率100%。强化劳动保障监察，整顿人力资源市场，整治非法用工，检查用人单位56家，涉及职工4000余人。全年免费培训农村富余劳动力510人。推进工资集体协商，签订工资协议的企业达431家，涉及职工1.88万人。

（董　坤）

社会保障　2011年，汉沽地区参保扩面目标任务按时完成。城乡居民养老保障1.1万人，城乡居民基本医疗保险参保7.35万人，发放失业保险金312.12万元，累计支付社会保险补贴663.53万元，1.7万人受益。城乡居民医保补偿报销966人次，受理医药费510.52万元，补偿支付金额221.78万元。受理工伤认定申请163件，完成工伤认定147人。社会救助、扶危济困工作加强，向困难家庭发放低保和特困救济金2216万元，发放失业保险金369万元，为930名残疾人办理养老保险，近千户残疾人家庭得到生活救助，城乡低保工作做到动态管理，应保尽保。发挥慈善救助职能，动员全社会参与慈善事业，多次举办慈善救助活动，以爱心超市为平台，长期接受社会衣物等捐助，帮助困难群众解决实际困难。关注老年人生活，探索新形势下的养老模式，以居家养老为基础、以社区养老为依托、以机构养老为补充的养老格局基本形成。一批老年日间照料服务站投入使用，成为社区老年人休闲娱乐、托养照料的家园。

（董　坤　张兴艳）

社会管理　2011年，汉沽加强和创新社会管理取得较大进步。结合地区发展实际，探索社会管理新途径。深入开展领导接访、干部下访活动，形成层层接访、层层负责的工作格局。坚持和完善领导信访接待日制度，工委、管委会领导主动约见约谈上访代表72次，积案和要案会商研判60次。接待日接待群众来访62批，促使一批疑难、复杂信访问题得到解决。通过集中精力、人力、物力、财力，因案施策，分类化解等方式，85%的积案得到妥善化解和有效稳控。律师代理案件69件，法律咨询和代书110件。汉沽公证处为重点工程、企业经营管理、群众生产生活办理公证1600余件。处理矛盾纠纷排查770次，调解纠纷成功率95%以上，预防矛盾纠纷160起，防止非正常上访36起670人。完善《汉沽突发事件总体应急预案》，编制修订各类专项预案，形成较为完善的应急预案配套体系。按照应急预案，快速有效处置13起应急事件。举行危险化学品灾害事故应急救援大型联合演练和联合救生疏散演练。开展百日安全生产专项检查活动，排查危险化学品生产企业112

家次，排查一般隐患132项，整改126项，整改率95.4%。开展百警出击清剿火患集中夜查行动，检查单位2963户次，发现各类火灾隐患1412件，其中重大隐患5件，整改隐患804件，挂牌督办隐患单位5家。组织开展文明交通示范公路创建、百日交通秩序集中整治等专项活动，集中整顿行动76次，累计出动警力5045人次，查处各类交通违法行为43347起，规范了道路交通秩序。

（黄同建）

社区建设 2011年，汉沽城区居委会区划调整完成，社区由42个归并为26个，新建社区居委会1个。寨上街与营城镇合并，设立新的寨上街道办事处。街道经济持续发展，街道系统完成协税任务385.4万元。招商引资5.1亿元，引进企业注册资金2.1亿元。各街与税务部门签订代征协议，分别成立税收征稽站，开展税收代征协管工作。“居站分设”和社区“网格化”管理逐步扩展，各街道相继成立社会组织联合会，社区社团组织规范管理进入新阶段。城乡一体化发展，流动人口管理“四方承诺”，建设“五和社区”（建设“转型和美、楼院和睦、共建和乐、人心和善、社会和谐”的首善社区）等经验，在新区介绍和推广。寨上街道打造特色品牌，创建幸福社区，街道社区服务中心是新区便民服务功能最全、项目最多、管理前移力度最大的服务平台，面向企业和辖区居民提供186项行政便民服务事项。发挥网络和通讯等信息资源功能，推进零距离服务，方便了辖区居民。打造特色街道社区，文化社区、学习型社区等品牌社区不断涌现，区域60%的社区达到和谐社区标准。寨上街道社区服务中心投入使用，实行“一口式受理，一站式办结”的新型服务模式，为辖区群众营造了便利舒适和谐的生活环境。河西、汉沽街道社区服务中心和铁坨里等10个社区服务站开工建设。调整社区退岗居委会干部退养补助，发放慰问金7.2万元。组织社区志愿服务活动3000人次。

（张兴艳）

区领导视察学习型社区建设

人民生活状况 2011年，汉沽职工和城乡居民收入增长加快，城市人均可支配收入、农村人均纯收入均增长12%。增加城乡居民收入的18项政策措施，义务教育、公共卫生与基层医疗卫生单位绩效工资制度的政策得到落实。城镇单位从业人员劳动报酬总额16.4亿元，增长10.3%；人均劳动报酬49503元，增长14.3%。城市人均工资性收入、经营性收入、财产性收入大幅增长。城乡居民消费水平提高。城市居民人均消费支出13082.2元，增长24%。食品、衣着、交通和通讯、文教娱乐服务消费支出增长20%以上。年末每百户城市居民家庭拥有电冰箱115台，增长7.5%；电脑75台，增长2.7%；助力车80辆，增长27%。农民人均工资性收入5540元，增长26.6%，农村居民人均总支出12296元，其中生活消费支出6510元。

（曲仲媛）

滨海新区·大港

概 述

大港地处天津市东南部，境域地理坐标为北纬38°33′~38°57′，东经117°08′~117°34′。东临渤海，北靠塘沽、津南和西青区，西连静海县，南接河北省黄骅市，具有独特的地理和区位优势。2011年，区域面积1113.83平方公里，耕地面积1.34万公顷。海岸线34公里。人口52.31万，民族24个。

大港，1979年11月建区。2009年11月撤区，改为城区融入天津市滨海新区。2009年12月，成立中共天津市滨海新区大港工作委员会。2010年1月，成立天津市滨海新区大港管理委员会。

区域自然资源丰富。北大港湿地自然保护区4.4万公顷，栖息鸟类近100万只，有白鹳和白天鹅等珍稀鸟类。北大港水库1.5万公顷，是华北地区最大的人工平原水库。域内储有丰富的石油、天然气、地热和荒地资源，盛产优质芦苇、海淡鱼类、海虾、海河蟹、冬枣等。津淄公路、津歧公路穿越境内，津晋、津汕等高速公路毗邻而过，黄万铁路贯通京沪和京哈两大铁路干线，万黄铁路连接黄朔铁路，与山西煤矿基地相连。区域经济以石油化工为主，是滨海新区石油化工基地。

2011年，是"十二五"规划的开局之年，大港抓住滨海新区"十大战役"、"十大改革"快速推进的历史机遇，坚持走富民惠民发展之路，开展"调结构、增活力、上水平"活动，实施"53233"工程(实施"五大"园区带动工程，即全力支持配合南港工业区、中华民营经济园区开发建设，提升大港开发区、石化产业园区载体功能，加快推进中塘示范工业园区建设；实施"三农"工作助推工程，即大力提升农业发展水平，加强农村环境治理，全面做好农民工作；实施"两湖"综合开发工程，即加快推进官港湖综合开发，规划实施钱圈湖综合开发；实施"三镇"示范带动工程，即坚持"三区"联动，以示范小城镇建设为龙头，推进城乡一体化进程；实施"三城"建设提高工程，即进一步提速港东新城建设，进一步提升大学城建设水平，加大油田新城建设改造支持力度)，圆满完成年度目标任务，实现"十二五"良好开局。

区域生产总值510.12亿元，比上年增长9.6%。其中，第一产业2.19亿元，增长3.3%；第二产业408.34亿元，增长8.8%；第三产业99.59亿元，增长13.1%。三次产业结构为0.4:80:19.6。地方生产总值完成241.67亿元，比上年增长23.1%，增速列全市各区县及功能区第四位。第一、二、三产业分别完成增加值2.19亿元、139.88亿元、99.60亿元，增速分别为3.3%、31.8%、13.1%。三次产业占生产总值比重为1.0:57.8:41.2。

区域固定资产投资完成183.69亿元。其中地方固定资产投资145.01亿元，增长45.5%。新开工项目208个，其中5000万元及以上项目122个，完成投资97.5亿元；亿元以上项目9个，完成投资17.8亿元。第二产业投资99.42亿元，占区域投资总量的68.6%。龙源电力并网发电，90万吨冷轧薄板一期、雪琰管业、华北风电、金伟晖高档溶剂油和陆港石油橡胶等24个项目部分或全部投入运营。海滨大道大港段全线贯通，轻纺大道全面竣工通车，海景路南延工程竣工，穿港路二期改造工程通车。

对外贸易平稳进行。完成外贸进出口总额9.82亿美元，增长12%。其中出口总额7.69亿美元，增长16.7%。批准外资项目10个，合同利用外资1.08亿美元；实际利用外资1.05亿美元。引进内资项目97个，协议资金94.7亿元，到位资金52.88亿元(市外口径)。

四级财政收入38.3亿元，增长18.4%。地方留成财政收入22.44亿元，增长28.1%。一般预算收入16.68亿元，增长20.6%，其中税收收入13.6亿元，增长20%。

开展市容环境综合治理。先后完成学海路、育梁街排水及人行道工程，东环路非机动车道罩面及人行道工程，世纪大道(津歧路—港塘路)改造工程。环保投入3.78亿元，全年新增绿地面积25.84公顷，栽植各类树木2.41万株；园林绿化覆盖面积2186.13公顷，绿化覆盖率41.24%，建成区绿地率40.1%，人均公共绿地面积11平方米。

推进示范镇建设，太平镇一期34万平方米还迁房完成主体施工，其中竣工14万平方米，小王庄镇43万平方米还迁房全部开工，中塘镇90万平方米还迁房完成规划和前期准备。实施8项重点绿化改造和农村"四绿"工程，全年完成造林面积380公顷，新增绿地26万平方米。开发特色农业。滨海四季田园和崔庄皇家冬枣累计投入1.04亿元完善基础设施,面积达500公顷,被评为新区级农业产业园区。太平镇崔庄村被评为全国“一村一品”示范村,形成以冬枣种植、生猪养殖、蔬菜种植等为特色的8个专业村。

发展科技型农业项目。蔬菜良种科技园年育苗能力24万株,实现收入65万元;荣大、奥群等畜牧小区以繁育种羊、种鸡、种猪为主,实现收入1930万元;立达、海升等渔业园以南美白对虾、海参、罗非鱼等为主,繁育海水、淡水鱼苗共计12亿尾,实现收入420万元。

强化科技服务、科技管理和政策引导,促进科技成果转化,科技对经济社会发展的支撑引领作用成效明显。科技型中小企业完成网上注册535家、通过认定330家,符合小巨人条件的企业44家;申报国家高新技术企业8家,累计26家。组织申报各类科技项目204项,大港生产力促进中心通过ISO9000认证,并成为市级示范中心;获得天津市科学进步奖1项,滨海新区科技进步奖9项。

实施民心工程。欣苑幼儿园、欣苑小学,同盛小学二期、三号院小学综合楼等一批建设项目竣工交付使用;组织广场文化活动100场。组织30场优秀影片放映活动,组织5支电影放映队,深入农村、居委会、社区、部队以及晨晖里广场的各个放映点进行公益电影放映活动,全年放映电影1700场;组织数十项群众喜闻乐见的体育系列活动,举办迎春杯门球赛、迎春长跑比赛和甲、乙级乒乓球赛等多项传统赛事。做好困难群体救助工作,实施特殊病种、特殊变故、特殊困难“三特”救助制度,完善残疾人服务保障体系,各种社会救济对象得到政府救济3.92万人次。11万平方米保障性住房开工建设。提供就业岗位1.2万个次,成功推荐就业8786人。

社会保障体系继续完善。年末,失业保险参保12.79万人,社会养老保险参保13.6万人,基本医疗保险参保9.22万人(不含大港油田),生育保险参保(不含大港油田)7.07万人,工伤综合险参保13.76万人。为城乡80岁以上老人每人每月增发养老补贴110元,领取城乡高龄老人养老补贴4621人。新建27个老年人社区日间照料站。

(马士春)

政　　治

概况　2011年,大港继续深入开展创先争优活动。开展“结对帮扶”、公开承诺、在职党员到社区亮身份等活动,创先争优活动取得阶段性成果。落实换届纪律和相关规定,3个镇的党委、人大、政府换届工作圆满完成。加大竞争性选拔干部力度,干部选拔任用工作更加民主透明,选人用人公信度明显提高。出台加强公务员、事业单位工作人员和专业技术人员管理的规章制度。对科级以上干部、镇街党务干部、农村社区党组织书记和村委会主任进行全员轮训,干部队伍素质明显提高。以纪念建党90周年为契机,开展学习型党组织建设,推进领导干部带头读书活动,开展红歌大赛、红色电影展播,引导广大党员干部忆党史、温誓词、学模范、做奉献。落实党风廉政建设责任制,加强廉政教育,开展反腐倡廉创新研究,严肃查处违法违纪案件。开展“调结构、增活力、上水平”活动。工委、管委会制定并实施《大港区调结构、增活力、上水平工作方案》,抽调大批干部组成14个服务工作组,深入基层、企业和项目单位,按照分解目标开展活动。累计深入企业和项目单位150余人次,走访帮扶对象40个,收集实际问题52个。解决问题44个,接听电话300多个,受理问题电话240个,协调和解决问题180件。组织各类座谈会、宣讲会22场,确定调研课题70余个;组织150家企业与银行“联姻”,为20余家企业提供贷款融资;助推企业技改,计划立项3000万以上技改项目16个,涉及资金70亿元。一批重点项目稳步推进。下发《关于加强春节和全国“两会”期间维护稳定工作的通知》、《关于对社会稳定突出问题落实化解稳控责任的通知》等文件通知,建立健全各项维稳工作制度。开展大走访、大接访活动,在全部74个村选聘综治信访协管员,有效化解不稳定问题。狠抓社会治安综合治理,开展对非法集资、违法传销等涉众型经济犯罪活动的斗争;坚持依法打击和教育转化并重的工作方针,防范邪教活动。发挥工会、共青团、妇联等群众组织的桥梁纽带作用,和谐劳动关系创建、青年文明号、巾帼建功等活动丰富多彩。调整加强工商联组织建设,完成各民主党派基层组织换届工作,新一届民主党派基层组织领导班子更加年轻化、知识化。

(于秀臣)

党建工作　2011年,大港工委继续深化创先争优活动,开展领导点评活动,对1254个党组织、2.2万名党员的承诺进行点评;制定《关于在窗口单位和服务行业深入开展“为民服务创先争优”活动的实施意见》。加强干部教育培训,分4期18个班次轮训处科级领导干部830名;举办处级干部任职能力培训班,培训新提任处级干部55名;提高党务干部素质,组织镇街党务副书记、党办主任和组织科长进行集中学习，举办第15期村党组织书记培训班和社区党组织书记培训班，举办第3期非公有制企业党组织负责人培训班。加强干部考核监督工作，制定出台《大港党政机关公务员平时考核暂行规定》、《大港科级干部选拔任用工作有关事项报告实施细则(试行)》、《大港工委管委会所属单位党组织书记履行干部选拔任用工作职责离任检查实施细则(试行)》。严肃换届纪律，印制《严肃换届纪律营造风清气正的换届环境专题学习材料》、《严肃换届纪律警示教育案例选编》、《中纪委中组部关于12起违规违纪用人典型案件的通报》等宣传品。落实基层党建责任制，制定《关于严格落实党的基层组织生活制度的意见》，汇编《大港农村基层党建工作指导手册》。健全基层组织网络，重新调整基层党组织12个，选配班子成员37名；调整社区党组织18个，新建社区党组织3个。制定《关于开展机关党组织与农村党组织、社区党组织结对帮扶活动的实施意见》，安排34个机关党组织与30个农村党组织、10个社区党组织结成对子。优化党员队伍结构，全年发展党员391名。

(周　斌)

“调结构、增活力、上水平”活动 2011年2月，大港“调结构、增活力、上水平”活动活动正式启动。大港工委、管委会制定并实施《大港区调结构、增活力、上水平工作方案》，抽调大批干部，组成14个服务工作组，深入基层、企业和项目单位，按照分解目标开展活动。工作组围绕经济目标完成、科技型企业创建、楼宇和总部经济、社会管理创新、行政审批提速等课题，多次深入基层单位走访调研。先后到经济发展局、科技局等委办局，就优化投资环境、转变经济发展方式进行调研；到石化园区、大港开发区和中塘工业区，就企业发展、经济结构转变和提升园区综合竞争力进行调研；到中塘、太平、小王庄等街镇，就示范镇建设、设施农业建设、社会和谐稳定等问题进行调研。调研中，对企业反映较多的土地问题、外省技术和管理骨干户口问题、政策扶持问题，管委会领导责成相关职能部门积极协助办理。安排经发局研究制定新型扶持政策。对涉及项目建设、社会发展及民计民生等问题，多次深入各职能部门听取汇报，督促和协调解决。对食品安全、市场供应、安全生产、环境治理等工作做出部署和要求。活动开展以来，服务组累计深入企业和项目单位150余人次，走访帮扶对象40个，收集到影响企业发展、项目建设的实际问题52个，主要涉及土地、资金、减免税、行政审批、配套设施、人力资源等方面。解决问题44个，接听电话300多个，受理问题电话240个，协调和解决问题180件。群众信访办结率90%以上。活动中，组织各类座谈会、宣讲会22场，确定调研课题70余个；组织150家企业与银行“联姻”，为20余家企业提供贷款融资；助推企业技改，计划立项3000万元以上技改项目16个，涉及资金70亿元。一批重点项目稳步推进。金伟晖120万吨/年高档溶剂油项目、嘉泰伟业可发性聚苯乙烯项目二期、鲁华化工C9深加工项目等一批石化下游深加工和新材料项目顺利推进，大港石化下游产业链日趋完善。国电洁能风电、龙源风电一期即将并网发电，二期项目开始前期工作；国电洁能风电三、四期，国电热电联产项目签约，大港新能源产业初具规模。林博园项目签订前期框架协议；中技方桩项目的土地、水电配套问题经协调得到解决。港西四季生态田园开工建设。

(胡香玲)

维护社会稳定工作 2011年，大港按照《天津市加强街乡镇综治信访服务中心和社区(村)综治信访服务站建设的实施意见》和滨海新区《关于加强综治信访服务中心工作的实施意见》要求，把工作重心放在规范化建设上，着力实现“六个统一”(标志统一、制度统一、接访受理流程统一、人员岗位设置统一、工作记录和上报表格统一、工作台账统一)。建立健全职责任务、工作例会、工作程序、信息互通、考核奖惩、工作保障等工作机制，加强社会治安管理工作，扩大矛盾纠纷调处范围，化解基层矛盾纠纷，实现社会治安联合防控、矛盾纠纷联合调解、信访工作联勤联动、突出问题联合治理的目标。大港地区建成管委会级综治中心1个、街镇级综治中心8个、村居综治信访服务站156个、企业综治信访服务站49个。综治中心接待群众2337人次，解答咨询问题833件，解决求助问题156件，调解纠纷182件；综治信访服务站接待群众4476人次，解答咨询1452件，发现隐患603件，解决求助问题502件，调解纠纷829件。

(刘明强)

工会工作 2011年，大港新建工会组织24家，发展会员796人。大港区域范围内，正常生产企业建会1633家，基本实现工会组织全覆盖。以庆祝建党90周年为契机，开展“建功十二五、共创新辉煌”主题教育系列活动。在机关、街镇(开发区)、教育、卫生、市容城建和服务商贸等七大系统开展以“跨越发展建新业、服务滨海立新功”为主题的劳动竞赛活动。联合团委、妇联共同举办“玫瑰之约、牵手情缘”青年联谊活动，为600名单身青年搭建交友平台。组织“津滨杯”职工乒乓球比赛。制定《“工会大学校”培训阵地星级达标考核标准》，完善街镇工会“大学校”培训阵地建设。举办农民工实用技能培训、职工技术上等级培训、安全教育培训、创业就业培训、思想道德教育、能力拓展训练等,培训农民工、技术工人、操作工、工会干部3.62万人次，培训专职工会干部168名。做好全国职工书屋、全国职工培训基地、市级职工书屋申报工作,2个单位获得天津市职工文体示范单位称号。关爱女工,建立女职工组织，女职工委员会组建率100%。完成11个市级劳动模范和新区建设模范推荐评选工作。健全调解组织,完善调解队伍,建立劳动争议调解组织56个，发展调解员168名。开展劳动关系和谐企业创建工作,创建和谐劳动企业128家,和谐园区1个。推动工资集体协议、集体合同签订工作，签订工资协议企业2185家,覆盖职工5.2万人。

（刘会莉）

经　济

概况　2011年，大港抓住滨海新区“十大战役”、“十大改革”快速推进的机遇，坚持走富民惠民发展之路,开展“调结构、增活力、上水平”活动,实施“53233”工程,圆满完成各项目标任务。实现地方生产总值241.67亿元,比上年增长23.1%；地方留成财政收入22.44亿元(含上划新区10%),增长28.1%;地方固定资产投资145.01亿元，增长45.5%。完成农业总产值5,9亿元,增长12.6%。地方工业实现总产值641.2亿元,增长33.2%。社会消费品零售总额97.83亿元,增长20%。全年批准外资项目10个,合同利用外资1.08亿美元；实际利用外资1.05亿美元。引进内资项目97个,协议资金94.7亿元，到位资金52.88亿元(市外口径)。开发建设各类重大项目200多个，完成固定资产投资145亿元。加强财政监管。完成对辖区2010年度国有商业企业、房地产开发企业、外商投资企业和粮食企业的年报决算,以及2011年国有企业、粮食企业、外商投资企业的月报、季报审核汇总上报工作。定期检查和掌握家电下乡、汽车下乡、家电以旧换新补贴资金的发放情况。核实夏粮播种面积，及时将夏粮补贴兑付到农户手中。发挥财政资金的使用效益，加强财政惠农资金的监督与管理。除教育收费继续纳入财政专户管理外，将预算单位的各项预算外收入全部纳入预算管理。加强工商管理。新增申报注册商标430户,新增申报国外注册商标6件;查处侵犯涉外、驰名商标及其他案件48件。查处无照经营234户，规范198户,取缔23户。出台《关于加强滨海新区大港无证无照经营综合治理工作的实施方案》。打击传销和规范直销。开展打击传销活动11次，清理传销人员710余人，清理传销窝点11处(含住所)。推进“12315”进街镇、进村组、进社区、进企业、进市场、进超市,把维权触角延伸覆盖到城乡基层。加强审计监督,审计并整改不规范资金4730万元;开展投资专项审计调查,完成投资审计3.1亿元,审减资金1400万元,审减率5%；加强街镇工业园区及小城镇建设资金审计,全程跟踪项目20个。

（董志伟）

农业　2011年，大港农业发展呈现多元并进的良好态势。按照“规划先行、科学开发,注重特色、有序发展”的原则,充分利用各街镇的资源优势，农业主导产业由单一大田种植逐步向大田、设施种植、设施养殖、冬枣种植等产业发展,改变了农业传统种养模式，初步形成滨海效益型农业。完成农业增加值2.19亿元,比上年增长3.3%。完成农业总产值5.9亿元,增长12.6%。其中种植业产值1.56亿元,增长7.9%;牧业产值2.88亿元,增长17.5%;渔业产值1.43亿元,增长8.6%。主要农副产品产量为：粮食6.90万吨、增长5.7%，生猪存栏8.72万头、增长2.6%,肉类1.08万吨、增长2.3%,禽蛋0.27万吨、增长3.6%，水产品0.95万吨、增长14.9%,蔬菜2.41万吨、增长2.9%,水果0.79万吨、增长9.9%,冬枣0.70万吨、增长24.9%。注重开发特色农业。滨海四季田园和崔庄皇家冬枣累计投入资金1.04亿元,基础设施不断完善,面积发展到500公顷，被评为新区级农业产业园区。太平镇崔庄村被评为全国“一村一品”示范村,形成以冬枣种植、生猪养殖、蔬菜种植等为特色的8个专业村。发挥科技型农业项目的支撑带动作用。蔬菜良种科技园年育苗24万株,实现收入65万元;荣大、奥群等畜牧小区以繁育种羊、种鸡、种猪为主,实现年收入1930万元;立达、海升等渔业园以南美白对虾、海参、罗非鱼等为主,年繁育海水、淡水鱼苗共计12亿尾,实现收入420万元。

（于秀臣）

工业　2011年，大港地区工业总产值首次突破2000亿元,实现工业总产值2022.6亿元，比上年增长41.7%。其中,中央工业完成1381.4亿元,增长39%。区域工业增加值完成380.25亿元,增长9%。地方工业实现总产值641.2亿元，增长33.2%，其中规模以上工业总产值591.7亿元,增长35.4%。地方工业增加值完成111.8亿元，增长39.9%。工业企业产销衔接良好，总体盈利能力提高。地方规模以上工业完成销售产值585.1亿元，增长36.1%，产销率98.9%，比上年提高0.6个百分点。地方工业主营业务收入600.8亿元，增长36.5%，利税总额35.9亿元，增长80.4%。农村工业实施技改项目32个，完成投入7.08亿元，增长24.6%。新产品、高新技术产品产值率29.6%，比上年提高1.5个百分点。科技型企业拉动工业产值增长10个百分点，其中2010年和2011年实施技改的企业拉动增长6.5个百分点。科技对规模企业增长贡献率51.5%。规模工业产值完成129.7亿元，占全部工业产值的73.3%，比上年提高5个百分点。石化下游、汽车配件、钢管、自行车和化工等重点产业，收入在亿元以上的企业23家，完成产值101.4亿元，占规模工业完成产值的78.1%。出口交货值完成19.5亿元，增长19.6%，比规模企业产值增长高出14个百分点，其中橡胶促进剂和自行车两个产业出口形势较好，橡胶促进剂完成5.32亿元，增长79.7%；自行车电动车完成5.56亿元，增长44%。农村工业园完成基础设施建设投资7亿元。入驻企业130家，企业资产82亿元，完成销售收入55亿元，利税总额1.9亿元，实现就业8900人。竣工企业7家，在建企业13家，签约项目20个，储备项目17个，全部项目计划投资275.8亿元，到位资金21亿元。

（刘恩基）

商贸服务业 2011年，大港消费品市场购销两旺、繁荣稳定。实现社会消费品零售总额97.83亿元，比上年增长20%。其中批发、零售业零售额81.60亿元，增长20.7%；住宿和餐饮业零售额16.23亿元，增长13.9%。限上大型商业企业以其消费环境、品牌商品、服务质量等优势领跑市场，成为拉动消费增长的主力军，限额以上批发、零售、住宿、餐饮业实现零售额53.0亿元，增长25.4%，对社会消费品零售总额的贡献率为67.3%。对外贸易平稳进行。完成外贸进出口总额9.82亿美元，增长12%。其中出口总额7.69亿美元，增长16.7%。

（董志伟）

招商引资 2011年，大港招商引资工作稳步推进。完善招商引资奖励机制，草拟《招商引资中介人奖励办法》，组织辖区企业参加各种经洽会等大型招商活动，接待北京、上海、香港等地客商40余人次，储备30个内资项目，协议投资总额226亿元，外资项目7个，协议投资总额约15亿美元。全年批准外资项目10个，合同利用外资1.08亿美元，实际利用外资1.05亿美元。引进内资项目97个，协议资金94.7亿元，到位资金52.88亿元(市外口径)。6月18日，建筑面积3万平方米的大港新基业家居装饰中心开张纳客。

（董志伟）

大项目建设 2011年，大港地区开发建设各类重大项目200多个，完成固定资产投资145亿元；组织推动全市7批46个区县重大项目，新增投资18亿元，累计完成投资118亿元。全年新增5个竣工项目，累计有30个项目竣工或部分竣工。跟踪服务管委会确定的71个重点项目；安排社会事业项目17个，9个项目开工建设，完成投资1.5亿元；安排教育资金1.7亿元，提升改造48所学校及幼儿园；为23个社区服务站(居委会)办理“实施方案”的审核报批和“投资计划”的下达。组织参加“津洽会”等大型招商活动，接待北京、上海、香港等地客商40余人次。至年末，储备内资项目30个，协议投资总额226亿元，外资项目7个，协议投资总额约15亿美元。

（刘树云）

财政监管 2011年，大港完成年度农业开发项目市级总体验收工作；完成投资1100万元的津水水产品养殖专业合作社、福兴源农民合作社两个项目的竣工验收；严格实施年度农业开发项目的可研、论证、申报、批复工作，并申报2012年农业开发项目。完成对辖区2010年度国有商业企业、房地产开发企业、外商投资企业和粮食企业的年报决算工作，以及2011年国有企业、粮食企业、外商投资企业的月报、季报审核汇总上报工作；完成对粮食风险基金的发放工作，全年下拨风险基金399万元。定期检查和掌握家电下乡、汽车下乡、家电以旧换新补贴资金的发放情况，对22家销售企业下户检查。全年下拨家电下乡补贴资金160万多元，发放家电以旧换新补贴资金849万元。完成汽车下乡补贴资金审核检查收尾工作。核实夏粮播种面积，及时将夏粮补贴263万元兑付到农户手中。发挥财政资金的使用效益，配合农口各主管单位做好冬枣、畜牧两个基地建设和城乡一体化建设资金的筹集、投入以及项目资金使用效益的检查验收工作，加强财政惠农资金的监督与管理。除教育收费继续纳入财政专户管理外，大港财政将预算单位的各项预算外收入全部纳入预算管理。严格按照政策规定，对票据的购进、发售、领用及核销各环节进行管理。

（岳俊堂）

工商管理 2011年，工商大港分局注重商标注册管理，为6家企业完成著名商标延续认定、4家企业完成著名商标认定工作；完成库内著名商标后备数8个，驰名商标后备数2个，完成申报驰名商标材料2件。至年末，大港新增申报注册商标430个，新增申报国外注册商标6件；查处侵犯涉外、驰名商标及其他案件48件。指导天津鹏翎胶管股份有限公司完成对所有45类商标的注册。工商大港分局查处无照经营234户，规范198户，移交卫生部门16户，取缔无照经营23户，办结无照经营一般案件20起，罚没款24.31万元。出台《关于加强滨海新区大港无证无照经营综合治理工作的实施方案》。开展销毁专项行动罚没物品现场活动，现场销毁物品5吨，货值30万元。其中，销毁假冒白酒3890瓶、调味品444瓶(袋)、苏打水74瓶、预包装食品17袋；假冒强力胶39桶、润滑油140桶；侵权商标标识4400个。在打击传销和规范直销工作中，为南开大学滨海学院、天津工程职业学院学生作报告，210余人参加活动。全年开展打击传销活动11次，出动执法人员280人次，车辆45台次，清理传销人员710余人，清理传销窝点11处（含住所），解救传销人员7人。利用“12315”三级行政执法信息传输平台(消协基层协会、消费者投诉站和“12315”维权联络站)，推进“12315”进街镇、进村组、进社区、进企业、进市场、进超市，把维权触角延伸覆盖到城乡基层，使消费者特别是农村消费维权更加方便。至年末，累计受理消费者申诉、举报358件。其中，申诉181件，办结174件，涉及争议金额59.5万元，为消费者挽回直接经济损失18.7万元；举报177件，办结160件。

（岳立旺）

审计监督 2011年，大港审计局加强对2010年预算执行情况的审计监督，以大港教育局、滨海教育中心为重点，对大港五中等单位进行延伸审计，审计并整改不规范资金4730万元；在投资专项审计调查工作中，对大港市容街景改造工程、房管局南环西路街景改造工程、市政万泉路排水工程，进行竣工决算审计，完成投资审计3.1亿元，审减资金1400万元，审减率5%；加强街镇工业园区及小城镇建设资金审计，自项目开工起全程跟踪，跟踪项目20个。对国有集体企业2011年4个项目进行审计。

（岳俊堂）

文 化

概况 2011年，大港公共文化服务水平进一步提高，文化惠民活动多彩纷呈。年末拥有文化馆1个，文化站8个，公共图书馆1个，广播电台1座，广播人口覆盖率100%。平均每日广播播出时间18小时，每周电视播出节目128小时。全年组织8场精品演出。举办“颂歌献给党”合唱比赛、送红色电影下乡等庆祝建党90周年系列文化活动。突出广场大舞台特色，组织广场文化活动100场，形成群众文化与企业文化、学校文化、军营文化共融共享的新格局，大港的特色文化活动受到多家新闻媒体的关注和报道。在大剧院组织30场优秀影片放映活动，组织5支电影放映队，深入农村、居委会、社区、部队以及晨晖里广场的各个放映点进行公益电影放映活动，全年放映电影1700场。大港广播局对新闻节目全新改版。开展“新春走基层”系列报道活动和“走基层、转作风、改文风”活动，深入生产车间、田间地头，走进百姓生活，体味百姓喜怒哀乐。电视栏目努力贴近社会需要，调整优化，打造精品。与央视少儿频道合作，在大港录制《金龟子城堡——快乐冰雪季》节目二期并在央视播出。大港档案局落实市档案局、市科委《关于档案工作为科技型中小企业成长服务的意见》，与科技局、经发局联合对中小型科技企业进行调研指导，为科技中小型企业档案工作顺利开展打下坚实基础。开展机关档案管理评估工作，举办专题培训，32个单位通过评估验收，达到天津市机关档案管理一级标准。编写《大港地区劳模名录》，收录大港地区获得国家级、市级荣誉称号的劳动模范125人。文化氛围的日益浓厚，促进了群众文化惠民活动的繁荣发展。

（于秀臣）

2011年1月20日，滨海大港书画院成立暨大港书画精品展仪式在大港大剧院举行。

文化活动 2011年,大港元旦、春节文化活动丰富多彩,先后组织8场精品演出,组织8个街镇、驻地大企业的20支队伍在世纪广场举行大港民间秧歌花会大拜年活动;举办以“玉兔迎春、万象更新、新区辉煌、大港腾飞”为主题的大型焰火晚会等。4月,举办大港湿地公园朗诵会,以“春天、湿地、桃花”为题,创作大量诗歌、散文作品。组织4·23全民读书日活动,开展消夏广场文化活动,举办庆祝建党90周年系列文化活动,举办庆祝中国人民解放军建军84周年文艺晚会。承办滨海新区首届社区艺术节,大港承办市民讲堂5场,精品节目巡演2场,摄影、书法、美术展览3场;承办第八届滨海新区艺术节,先后举办河北梆子名家名段演唱会、话剧《日出》、芭蕾舞剧《堂·吉诃德》、中外歌唱家经典歌曲演唱会、滨海国际摄影展、全国刻字艺术精品巡展、滨海名家——中国美协会员作品展等活动;举办大港迎国庆交响音乐会,音乐会邀请天津交响乐团,易娟子执棒,演奏10首中外经典名曲;邀请亚美尼亚国家艺术团、朝鲜国家大魔术团来大港演出,丰富地区文化活动;举办各类书画、摄影、工艺作品展览,设计布置大港史话、老照片、芦苇、麦秆画等展室,将长期展览和短期展览结合起来。

(李　霞)

“文化惠民”工程 2011年,大港农家书屋和文化室实现全覆盖,对52个农家书屋、2个文体中心(港西和太平)以及22个农村综合楼的文化室进行设备配置。组建文化志愿者队伍开展公益性演出,文化志愿者队伍主要由街镇文化站站长、各基层团队负责人及部分文艺骨干、文艺爱好者组成,文化馆工作人员及文化志愿者定期深入农村、社区、驻港部队、学校等地进行培训,全年培训文艺骨干及爱好者2万余人次,超额完成工作任务。组织5支电影放映队,深入农村、居委会、社区、部队以及晨晖里广场的各个放映点放映电影1700场,完成全年电影放映任务。

(李　霞)

建党90周年文化活动 2011年,大港举办庆祝建党90周年系列文化活动。5月31日开始,举办“颂歌献给党”庆祝建党90周年合唱比赛,大港地区的机关、企事业单位、街镇社区、大中小学校、部队等46支代表队,经过四场预赛、一场决赛角逐,天津工程职业技术学校、大港工会、妇联、团委联合代表队、海滨教育中心拔得头筹。6月26日,在大港大剧院举办农民画家窦锡珍画展,展出90幅优秀作品,包括《龙凤呈祥》、《万象更新》、《盛世欢腾》等。6月27日晚,在大港大剧院举行“党在我心中”庆祝建党90周年文艺晚会,大港青年合唱团、大港少儿合唱班、大港青年舞蹈队、青少年活动中心参演。开展“百场红色电影下基层”活动;举办“党在我心中”大田杯系列读书活动,面向全体中小学生,内容包括征文、绘画、红色箴言诵读等,并出版画册《党在我心中——庆祝中国共产党成立90周年大港儿童画作品集》;举办机关单位红歌赛领唱歌手演唱会,20多名新歌手登上演唱会舞台。

(李　霞)

广播电视 2011年,大港广播局立足功能性,对新闻节目进行全新改版。实施新闻转向,改进时政新闻报道,年初开展“新春走基层”系列报道活动,8月开展“走基层、转作风、改文风”活动,集中全台采编人员驻扎边远一线,走进百姓生活,走进生产车间、田间地头,把握基层心声,体味百姓喜怒哀乐。《大港新闻》设置专栏播发来自基层的报道,突出民计民生,讲述百姓故事;“8158”新闻热线挖掘社会性新闻,对群众关注的热点问题进行监督,增强媒体公信力和影响力。电视栏目努力贴近社会需要,调整优化,打造精品。《百姓关注》以关注百姓生活为视角,以解决百姓问题为切入点,围绕群众关注的环保、红白喜事大操大办等热点难点问题进行深度剖析。揭露矛盾、监督工作、体察民情民意,引领社会文明,备受群众欢迎。《大港人》、《民生话题访谈录》立足本土,突出区域特点,关注百姓身边事、切身事;《温馨祝福》关注大港人感情生活,搭建与观众互动平台、群众展示才艺舞台,吸引群众的收视热情;《相约健康》、《四建之窗》等合办节目,强调栏目功能性,切实发挥媒体的社会责任。《快乐童行》强化教育功能,通过才艺表演、游戏互动、生活体验挑战等形式,突出快乐成长主题。11月,与央视少儿频道《金龟子城堡》栏目合作,在大港共同录制《金龟子城堡——快乐冰雪季》节目二期并在央视播出。结集出版《滨海大港人(上卷)》,书中讲述的“大港人”的故事,是50万大港人的真实写照。

(于秀臣)

档案工作 2011年,大港针对机构改革后档案干部队伍的实际和档案工作面临的新形势、新任务,举办档案业务知识培训班。来自各立档单位的107名档案人员参加培训。落实市档案局、市科委《关于档案工作为科技型中小企业成长服务的意见》,与科技局、经发局联合对中小型科技企业进行调研指导,掌握企业一手资料,为科技中小型企业档案工作顺利开展打下坚实基础。开展机关档案管理评估工作，召开两次推动会议，部署档案室现代化评估工作，举办机关档案管理评估专题培训，32个单位顺利通过评估验收，并达到天津市机关档案管理一级标准。在大港大剧院举办为期10天的庆祝建党90周年爱国主义教育展览。通过生动形象的图片、文字和实物，展示大港地区解放前的抗战史、解放初期的建设史，以及改革开放以来取得的辉煌成就，设置展牌90块，图片近1000张。接待机关、企业、学校等不同行业参观者千余人。配合城乡一体化建设，征集5家涉农街镇农村特色民宅照片787张。编写《大港地区劳模名录》。该名录收录大港地区获得国家级、市级荣誉称号的劳动模范125人。

（刘志敏）

社　　会

概况　2011年，大港注重改善民计民生，各项社会事业进一步发展。以实施20项民心工程为重点，各项既定的民生工程、民生项目全面完成。小王庄镇还迁楼开工建设135栋43万平方米，25万平方米主体结构封顶。太平镇完成示范镇一期34万平方米农民还迁楼主体施工。继续奋战300天，加强市容环境综合整治，城市面貌更显清新靓丽。科技型中小企业网上注册535家、通过认定330家，符合小巨人条件的企业44家。组织申报各类科技项目204项，大港生产力促进中心通过ISO9000认证，成为市级示范中心。区域义务教育学校达标完成率达85%，中、高考成绩在新区名列前茅。中医医院投入使用，妇女儿童健康行动计划惠民12项目标任务圆满完成，覆盖城乡居民的社区公共卫生服务体系进一步完善。逐步建立以社会体育指导员为骨干，以广大市民为服务对象，以组织开展小型多样的健身活动和科学健身指导为工作内容的社区（行政村）全民健身协会，基本实现全民健身组织体系的社会化目标。以港西街为试点，落实对诚信计生户的激励政策。加强流动人口管理与服务，落实各项奖励扶助政策，投资完善30个村居计生服务室。做好生活困难群体救助工作，实施特殊病种、特殊变故、特殊困难“三特”救助制度，完善残疾人服务和保障体系，11万平方米保障性住房开工建设。全年新增就业2.1万人，转移农村劳动力5300人，城镇登记失业率控制在3%以内；五大社会保险参保人数均超过14万人；为城乡80岁以上老年人每人每月增发养老补贴110元，新建27个老年人社区日间照料站。加快为民服务设施建设，建成迎宾、古林两个社区服务中心，18个社区服务站全面开工。

（于秀臣）

示范镇建设　2010年6月，大港港城投资公司在小王庄镇组建小王庄示范镇建设工程指挥部，标志着小王庄示范镇建设正式开工。小王庄示范镇安置区规划总用地面积76.78公顷，项目总投资31亿元，规划建筑面积52.41万平方米。其中，农民还迁住宅楼46.3万平方米，配套公建6.11万平方米（含中小学各1所、幼儿园2所及商业步行街、居委会、社区医疗、老人活动中心、物业管理用房、邮政、银行等）。项目涉及12个村5000余户1.5万人。港城投资公司通过招投标程序，确定4家具备国有一级总承包资质的建设单位分4个标段进行建设。至2011年底，还迁楼开工建设135栋43万平方米，25万平方米主体结构封顶。示范镇累计完成投资8.5亿元，实际到位可使用资金5.72亿元，支付各类款项5.6亿元（其中征地、拆迁和社保支付2.5亿元）。太平镇完成示范镇一期34万平方米农民还迁楼主体施工，小区水、电、暖、气、路、污水处理等配套设施建设基本完成，新建欣苑小学和幼儿园并具备招生条件。示范镇二期拆迁民房900余户、养殖舍和仓库200余处，填平鱼池3处，完成高压线切改。1、2标段32万平方米还迁楼桩基施工正在进行。中塘镇示范小城镇城市前期准备正在进行。

（袁海波　张　龙）

2011年，大港港城投资有限公司承建的小王庄示范镇项目还迁楼已开工建设135栋43万平方米，25万平方米主体结构封顶。

城市建设 2011年，大港着眼于建设“大交通”、构建“大路网”、连接“大通道”，不断加快区域路网建设，海滨大道大港段实现全线贯通，轻纺大道（原上高路）全面竣工通车，海景路南延工程竣工，穿港路二期改造工程即将通车；世纪大道与津歧公路交口处改造工程和振兴路改造全部完成，李港铁路城区段外迁工程顺利完工，市民出行条件得到有效改善。继续奋战300天，加强市容环境综合整治。累计投资3.2亿元，完成福苑里、晨晖里和港明里综合整修工程，整修总面积31万余平方米；翻修世纪广场及周边区域，整修海鲜一条街、幸福路和中港路等7条道路街景立面；实施广告牌匾专项治理和管线切改入地工程，城市面貌更显清新靓丽。港东新城开发取得新进展，建成住宅70万平方米，累计开工道路36.2公里。

（于秀臣）

2011年2月23日，滨海新区港东新城限价商品住房项目奠基。

科技工作 2011年，大港强化科技服务、科技管理和政策引导，促进科技成果转化，企业的科技创新能力不断增强，科技对经济社会发展的支撑引领作用成效明显。科技型中小企业完成网上注册535家、通过认定的科技型中小企业330家，符合小巨人条件的企业44家；申报国家高新技术企业8家，累计26家，争取国家、天津市、滨海新区资金支持4543万元，周转资金1.93亿元。组织申报各类科技项目204项，其中工业项目152项、农业项目33项、社会发展项目16项、科普项目3项；完成孵育载体与服务平台建设项目5项；大港生产力促进中心通过ISO9000认证，并成为市级示范中心，“大港创新驿站建设”通过专家评审；专利申请749件，推荐天津市、滨海新区科技进步奖28项，获得天津市科学进步奖1项，新区科技进步奖9项；注重农民素质工程建设，累计培训农民1500人次，300人取得绿色证书。组织开展大港第25届科技周和知识产权宣传周等活动。

（大港科技局）

教育工作 2011年，大港有普通中学35所，在校生2.7万人；职业高中1所，在校生1612人；小学41所，在校生2.5万人，学龄儿童入学率100%；托幼所61个，在园儿童9922人；参加成人教育2389人；中小学任课教师中具有大学本科及以上学历的3414人，占任课教师的74.4%。天津外国语大学、南开大学滨海学院等4所高等教育院校在校生2.51万人，毕业生5477人。办学条件继续优化，欣苑幼儿园、欣苑小学，同盛小学二期、三号院小学综合楼等一批建设项目竣工交付使用。义务教育学校现代化达标工作进展顺利，27所学校完成达标创建任务（大港教育局所属学校17所，海滨

2011年10月22日，大港油田一中召开庆祝建校40周年大会。油田一中1971年建校，占地9.14万平方米，现有教学班52个，学生2230余人，是油田建校最早、规模最大的区级重点完中校。

教育中心所属学校10所），区域58所义务教育学校有49所完成达标创建任务。中考成绩高出全市平均分近40分，巩固率、参考率、优秀率均居全市、滨海新区前列；高考一本上线率高于全市12.5个百分点，二本上线率高出全市22个百分点，600分以上考生219人，并包揽滨海新区高考文、理科状元。推进"生动活泼，低负高效"课堂建设，组织"教学月"展示活动，举办全国第二届和谐杯"说课标、说教材"大赛，承办全国"创新杯"教学大赛，大港教育系统有53人获全国一等奖。推进区域管理教研网络建设，成立"小班化研究共同体"、"学校管理研究共同体"和"学校教学研究共同体"等组织，推进大港区域教育一体化进程。大港实验中学被《中国教育报》等媒体评为"全国百强特色学校"；大港五中获得天津市第五届基础教育教学成果一等奖；海滨三校连续12年获天津市无线电测向团体冠军，代表天津市参加全国比赛获团体第六名；刘岗庄中学教师刘月升获全国科技创新大赛辅导员发明一等奖；西苑小学校长徐锦津荣获天津市劳动模范和大港第二届十大突出贡献人才称号；油田二中校长张庆军当选天津市2011年度感动天津教育十大人物。

（宋文政 赵增强）

卫生工作 2011年，大港有医疗卫生机构24家，其中二级医院5家、一级医院19家。社区卫生服务站65个，村级医疗点73个。卫生技术人员3701人。城乡居民医疗保险参保19万人。全年医疗系统完成门急诊291.73万人次，出院4.93万人次，各项重点工作如期完成。完善537基本药物目录制度和社区药品零差率销售政策。在城乡10个社区卫生服务中心、65个社区卫生服务站全部实施537基本药物目录制度和药品零差率销售政策。平稳剥离妇幼保健院住院业务，将产科住院业务划转到二级医疗机构。大港医院与天津医大滨海临床学院结为教学实践基地，与医大二院结成对口支援单位。规范预防、保健、医疗、康复、健康教育、计划生育六位一体的社区医疗卫生服务体系，城乡居民建档输机数分别为18.7万份和10.76万份，电子建档率分别达到61%和51.6%；18项免费公共卫生服务项目得到落实。实施《天津市滨海新区大港妇女儿童健康行动计划》，全年活产数4504人；孕产妇死亡率为零；新生儿死亡率2.44‰；婴儿死亡率5.01‰。提高疫情监测管理和网络直报质量，落实学校、托幼机构、社区等重点场所传染病防控措施。组织开展以外来务工人员为重点人群的麻疹疫苗免疫接种工作。全年域内无甲类传染病报告，乙、丙类传染病发病比上年下降30%。强化卫生监管和培训，实行责任制和网格化管理，监督检查覆盖率100%。推动大港医院创建三级医院工作，完成中医医院迁建工程，基本完成42所村卫生室基础设施改扩建工程。在城乡8个社区卫生服务中心建立标准化国医堂。

（马玉林）

2011年3月29日，新址上的大港中医院开诊。新址坐落于世纪大道与凯旋街交口，工程总投资近9000万元，总建筑面积12633平方米，为5层欧式建筑。

体育工作 2011年，大港全民健身体系日臻完善，逐步建立以社会体育指导员为骨干，以广大市民为服务对象，以组织开展小型多样的健身活动和科学健身指导为工作内容的社区（行政村）全民健身协会，基本实现全民健身组织体系的社会化目标。至年底，培训社会体育指导员519名，其中国家级5名、一级74名、二级237名、三级203名。有健身队伍126支。新安装健身路径15条、新建体育公园1座，拆除改建体育健身路径60余条，至年底拥有健身路径94条。举办2011年大港机关干部运动会，13个大项21个小项的比赛，40多个机关事业单位3000余人参加运动会。举办大港迎春杯门球赛、大港迎春长跑比赛、大港街镇领导干部运动会、大港村干部运动会、大港党政企领导干部运动会、大港甲乙级乒乓球赛等赛事。联合工会、妇联组织"三八健康杯"系列活动、大港首届青少年围棋比赛、大港乒乓球精英赛、大港首届电子竞技比赛、大港羽毛球精英赛、大港精英台球赛、大港足球联赛等比赛。举办首届政法系统运动会，设置9个大项比赛，11个单位1000余人参加。承办2011年全国女子自由式摔跤锦标赛，40多支队伍340名运动员参赛。全年在市级比赛中获冠军25个、亚军17个、季军17个、四至八名30个。参加团队交流活动，在"天津高新729杯"2011年中国乒乓球协会会员挑战赛(天津站)比赛中获第三名和第五名；大港乒协在"国际港冠军城"首届北仑杯沿海港口城市乒乓球邀请赛中获女单亚军和女子领导干部组第三名；大港网协在2011年天津市"平安杯"网球团体赛中获第二名。

(张　缤)

人口和计划生育　2011年9月30日(全市统一时间)大港地区常住人口457550人，其中流动人口12911人，已婚育龄妇女77722人，出生人口2788人，计划生育率98.9%，出生人口性别比103.4。2011年，大港以港西街为试点，落实对诚信计生户优先、优惠、扶持等激励政策，村委会、居委会与群众签订《计划生育诚信协议书》。加强流动人口管理与服务工作，应用PADIS平台对流出、流入人口情况进行提交和反馈；启动"浇灌流动花朵，同在一片蓝天下成长"流动人口子女教育项目，大港7所学校(覆盖流动子女在校生近2000人)被确定为流动人口子女示范校；开展生育关怀活动，对几十户流动人口困难家庭走访慰问，发放慰问金、慰问品合计1.7万元；开展流动人口免费查体活动，在为流动育龄妇女提供与当地育龄妇女一样的查体服务的同时，为流动人口开具孕检证明及网络传送590人次。落实各项奖励扶助政策，全区享受天津市特别扶助政策298人，享受管委会长期救助35人，新增一次性救助25人(每人3万元)。农村部分计划生育家庭奖扶对象430人，其中半边户36人；退二孩47例，奖励7.9万元。关心关爱计生家庭，走访慰问贫困母亲、贫困计生家庭及外来流动人口困难家庭2745户，发放慰问金及物品共计28.6万元；与社保大港分中心联合为4500个计划生育家庭投保，投入资金16万元。各街镇投资96万元，完善30个村居计生服务室建设。承办市计生委在太平镇召开的全市技术服务机构建设工作现场会，太平镇服务站被评为国优站，中塘镇服务站被评为市优站，分别得到新区10万元和3万元的经费支持。

(李志敏)

2011年8月7日，由中国残疾人联合会主办、天津市残疾人联合会承办的首届全国残疾人健身周暨自强健身工程启动仪式，在坐落滨海新区大港的天津市残疾人文艺体育训练中心举行。

劳动就业　2011年，大港加大公益岗位开发力度，开发机关事业单位安全保卫、公共设施维护、绿化保洁、后勤保障等公益性岗位1590个，妥善安置193名公益岗大学生转岗就业，其中有60名大学生考入机关、企事业单位，133名安置到大港公益性岗位。在各镇(街)劳动保障服务中心设立专门服务窗口，为辖区零就业家庭等困难群体提供"一对一"就业援助。紧盯轻纺经济区、中华民营经济园建设项目，挖掘就业岗位2028个。举办就业创业系列活动，依托大港创业服务指导中心，完成创业培训320人，创业成功408人，带动就业2012人，推介创业项目50个。帮扶150人申请小额担保贷款，贷款金额750万元。

(孙洪鹏)

社会保障　2011年，大港养老、医疗、失业、工伤、生育五大保险参保人数均超过14.5万人。城乡居民参加基本医疗保险18.88万人，为1594人垫付医疗费报销费用268.3万元。城乡居民参加基本养老保险14068人，已有8375人享受城乡居民基本养老保险待遇。城乡居民养老保险扩面工作提前完成全年任务。为18654名老人发放城乡居民老年人生活费补助140.57万元。对大港地区区属及无主管部门的20家规模型企业4971名职工分别按10%和15%增加了工资总额。推行工资集体协商制度，促进企业工资增长，审查工资集体协议1022份，涉及职工53812名，建立起企业工资增长机制。

(孙洪鹏)

社区工作　2011年，大港社区

服务工作重点围绕社区安全服务、社区为老服务、社区青少年服务、社区特殊人群服务、社区贫困群体服务、社区外来人口服务等六项服务展开。推行天津市社区服务管理平台，大港各街道社区社区服务管理平台的操作培训、信息录入等工作有条不紊进行，相关基础信息基本录入完毕。推动大港社区基础设施建设,社区服务中心(站)建设取得阶段性成果。8个社区服务中心建设项目中,迎宾街、古林街社区服务中心进入后期装修阶段;海滨街、胜利街社区服务中心即将开工建设;港西街社区服务中心结合南港工业区整体规划正在选址;中塘、太平、小王庄3个镇服务中心办理前期手续。54个服务站建设项目中,1个投入使用,13个正在施工,21个年内开工建设。深化“一街一品牌,一居一特色”主题创建工作,9月大港民政局与古林街道办事处联合举办“润泽园中秋赏月活动”暨大港精品社区创建启动仪式，确定党建引领型、为老服务型、育民学习型、数字网络型、环境宜居型、平安有序型、和谐互助型、惠民就业型、双拥示范型、文化魅力型、企地共建型、温馨和睦型12个创建类型,出台《关于加强大港精品社区建设实施意见》(征求意见稿),下发至各街道。

(刘文英)

滨海新区·功能区

天津经济技术开发区

概况 天津经济技术开发区(简称天津开发区)，位于天津市东60公里,紧邻塘沽。总规划面积33平方公里。地处渤海湾西侧的天津开发区,属冲积—海积平原,填垫前为盐田。地面标高东高西低,按大沽高程系,平均高度为2.5米。经填垫后,地面标高3.5米。地形属于退海滩地,并处于新华夏构造体系。地质状况良好,属软土地基,无地震断裂带穿过。温带大陆季风性气候,年平均气温12摄氏度，年平均降水量602.9毫米,年平均蒸发量1909.6毫米,年平均气压1016.4毫巴,日照百分度65%,全年主导风向为西南风,年平均风速4.5米/秒。1993年后,天津开发区分别在武清县（现武清区)、西青区和汉沽区(现滨海新区汉沽)辟建逸仙科学工业园、微电子工业区和天津开发区汉沽现代产业区3个区外小区;2004年,在天津开发区西部扩建天津开发区西区;2009年4月,天津市委、市政府决定由天津开发区管委会主导南港工业区开发建设，组建南港工业区管委会(与天津开发区管委会一套机构、两块牌子)。2009年11月,天津市政府正式批复南港工业区分区规划和南港工业区总体发展规划。2010年3月,滨海新区政府批复南港工业区一期控制性详细规划。南港工业区位于滨海新区南部，距离天津市区45公里,规划西起津歧公路,向东围海造陆至-4米等深线，南至青静黄河右治导线，北至独流减河左治导线,规划面积200平方公里,其中陆域面积162平方公里，海域面积38平方公里。整体形成“一区、一带、五园”的空间结构,“一区”指南港工业区世界级重化产业基地，国家循环经济示范区;“一带” 指在南港工业区西侧，沿津歧公路建设宽约1公里的生态绿化防护隔离带，形成南港工业区和大港油田城区之间的绿色生态屏障;“五园”即石化产业园、冶金装备园、综合产业园、港口物流园和公用工程园。区域功能定位是:以发展石油化工、冶金及重型装备制造产业为主导，以承接重大产业项目为重点，以现代港口物流业为支撑,建成综合性、一体化的现代工业港区。

2011年,天津开发区在市委、市政府和滨海新区领导下，深入贯彻落实科学发展观，认真贯彻落实市委全会精神和滨海新区区委全会部署,实施“构建中国新经济平台”和“二二二三四”发展战略(“二”是集中资源，做强先进制造业和现代服务业“两个产业”;“二”是要形成投资、科技“两个驱动”;“二”是要整合优势,做好企业存量、增量“两篇文章”,即:为已经入驻开发区的企业提供优质高效服务以及做好招商引资,继续上大项目好项目;“三”是要放宽视野,做到外资、国资、民资“三资并重”;“四”是从产业布局发展战略上,按照“东提、西快、南进、北拓”,推动东南西北“四个区域”共同发展),完成全年任务目标,各项工作取得显著成绩。实现地区生产总值1908.45亿元，实现工业总产值6102.84亿元，完成固定资产投资550.14亿元,财政收入403.56亿元,其中税收收入341.86亿元，完成进出口总额416.77亿美元。新批外资及港澳台投资项目129个，合同外资金额63.10亿美元。综合投资环境连续14年在国家级开发区中保持第一。

（俞沛霖）

党建工作 2011年，开发区管委会党组解放思想,更新观念,提高贯彻落实科学发展观的能力和水平。通过考察、现场交流会、邀请专家讲座的方式，加强党组中心组学习。通过公正选拔、严格考核和大规模培训,强化干部队伍建设。全年完成选拔任用干部44名。推动基层党建工作,扩大机关事业单位、国有企业、新经济组织、新社会组织中党的工作覆盖面。紧密联系区内各民主党派及各界代表人士，协助建立6个民主党派基层组织，召开开发区妇女第一次代表大会，成立天津开发区妇女联合会。全年新建工会组织329家。

（俞沛霖）

政务服务 2011年，开发区管委会加强行政审批管理，组织各联审部门召开季度联席会、每月联审工作会、专题协调会，接受企业建议,不断改进工作,减少审批环节,为企业提供便捷。通过简化审批程序,优化审批流程,将原有的163项审批事项清减至119项,减少44个审批事项,清减比例26.9%。深化行政审批改革，完善行政审批电子平台建设。网上办事大厅接受企业办事申请1890条次，有效申请1147条次,受理882条次。注册企业1096家,开通在线受理事项90项,受理事项57项。拓展提升OA功能,设计开发超时公文短信提醒、房屋管理、项目资金管理系统软件，优化电子政务质量。网上互动栏目“在线咨询”受理6078次，办结率100%；推进政府信息公开，做好网站信息更新和发布，全年发布新闻类信息860余条，各类公告(政务公告、企业公告、市民公告、招标公告等)670余条，管委会办公室网站各类信息544条，政府邮箱接受信件123件，信件回复率100%。受理政府信息公开申请8件。至年底，累计受理申请公开信息65条，公开信息2678条。开发区政府信息公开网站访问量累计突破330万次。

(俞沛霖)

投资促进 2011年，天津开发区与国家部委和市、区有关部门加强联系，充分发挥国内外行业协会、商会、中介机构、区内企业作用。商务部投资促进事务局与开发区管委会签署框架合作协议，拓宽开发区项目资源和招商渠道。通过实施“聚焦三星”战略，三星集团成为开发区首家千亿级企业集团。摩托罗拉平板电脑、富士康项目落户开发区。长城汽车西区国家生产基地整车下线，通用汽车项目落户。约翰迪尔、奥的斯增资，滨海环保装备、海芙德建筑、矽比科签约落户。金耀集团制剂园项目、天津医药集团医疗器械项目签约开发区。维斯塔斯、茂联科技等新能源项目先后增资。中石化LNG、壳牌润滑油等项目落户开发区。中石化原油储备库、泰奥石化、林献石化等项目奠基。全年开发区新批外商及港澳台投资项目129个，办理增资项目389个，合同外资金额63.10亿美元，实际使用外资金额43.50亿美元。新设立登记内资企业969家，增加注册资本企业485家，新增内资企业注册资本821.16亿元。开发区新批外商及港澳台项目投资规模1000万美元以上的外资项目75家，新批《财富》全球500强项目4家。新设立1000万元以上的内资企业306家。增资额超过1000万元的项目210个。至年末，开发区累计批准外商及港澳台投资企业4999家，项目投资总额698.96亿美元，合同外资金额525.83亿美元，其中投资规模超过1000万美元的项目957个，投资规模超过1亿美元的项目62个。全区有内资企业9233家，注册资本2412.24亿元，其中注册资本在1000万元以上的内资企业1949家。

(俞沛霖)

南港建设 2011年，南港港区开港试通航，完成西港池和主航道5万吨疏浚工程，具备5000吨船舶通航能力。启动南港工业区绿化导则和二、三期控制规划编制工作，编制完成南港工业区对外管廊、危险化学品停车场等专项规划。南港铁路项目建议书正式获铁道部和天津市政府批复，铁道部原则同意将南港铁路纳入部市合作范围，与西南环线同步建设。启动中俄炼油、公用工程岛、散货物流、中石化LNG等项目海域使用手续办理工作。按进度完成“海、河、渔、油、港、地”领域重大问题协调和征地拆迁、切改补偿工作。渤西管线切改协调工作取得阶段性进展。围绕南港散货物流中心和中石化LNG等重点项目用地需求，完成防波堤围埝建设18公里，吹填施工面积近30平方公里，新增具备项目摆放土地面积10平方公里。实现近50公里道路建成通车，完成30公里道路基础建设。完成近50公里主干水系建设，具备5万立方米/日供水能力、150兆伏安供电能力、500万立方米/日天然气供应能力。举办2011中国国际石化大会、2011亚洲石化科技大会、第13届中国科学年会南港石化产业基地建设论坛等行业会议及论坛，园区的行业影响力和知名度显著提升。中石化LNG、壳牌润滑油、山西鸿基双向拉伸聚酯薄膜等10个项目签约，总投资188.22亿元；中石化商业原油储备基地、泰奥石化储运基地、林献石化润滑油、启明化工粗苯加氢、宏大锦程塑料排水板、图博可特管道涂层、永创石化化工仓储、泰瑞化工香料及精细化学品等项目开工，总投资80.25亿元。全年新增

2011年9月15日，开发区管委会与天津金耀集团有限公司投资合作协议签字仪式在开发区投资服务中心举行。

开工项目6个、签约项目10个。截至年末，南港工业区完成固定资产投资112.91亿元，其中基础设施投资100.14亿元。累计签约企业29家，投资总额720亿元；开工企业11家，投资总额116.4亿元。

（俞沛霖）

2011年8月31日，南港港区开港试通航仪式在南港工业区举行。

西区建设 2011年，按照开发区党组、管委会下达的全年工作目标，围绕管委会关于“西快”的战略部署以及“配套、产出、跃升”的工作要求，开发区西区快速推进征地拆迁、基础设施建设、重大项目服务工作。完成“世纪兴”养殖基地等重要节点拆迁工作，与电力、市政等单位做好协调，加强对大火箭、长城汽车、茂联科技、新兴重工等重大项目的服务，提高西区的产业承载能力，优化投资环境，完善区域配套，提升西区城市功能和区域形象。西区征地拆迁工作扎实推进。东丽集体土地剩余拆迁工作取得新进展，有效缩减东丽集体土著人地剩余拆迁节点范围。基础配套建设不断完善，交通设施逐步健全，冬旭路跨京津高速主桥完成浇筑，冬旭路排水道路工程按进度施工。与新一代运载火箭、茂联科技、长城汽车、康师傅、富士康等企业配套的一批道路竣工。生活配套区10千伏变电站主体完成，住宅楼陆续入住。富士康西区厂房、配套蓝白领公寓和35千伏变电站建设顺利进行。航空航天、生物医药、汽车配套、电子通讯、机械制造、新能源等科技含量高、发展前景好、环境污染少的行业成为西区支柱产业。二期主体厂房按计划建设，键凯、卓达科技、万百力照明等项目开工，太钢大明、浦铁、三星电机、茂联科技、赫比等项目竣工投产。

（俞沛霖）

现代服务业 2011年，金融创新项目显著增多，全年人民币基金及基金管理公司注册366家，注册资本、认缴出资总计382.38亿元。工银国际、汉威资本、俊安中国、神州投资等投资公司落户开发区。融资租赁、小额贷款公司、消费金融项目快速聚集，康正融资租赁、擎天融资租赁、恒运融资租赁、嘉融小额贷款、永旺小额贷款等项目相继签约开发区。服务外包业快速增长，服务外包园一期入驻企业46家，腾讯数码、一重研发中心、中星电子、渣打银行财务共享服务中心等项目顺利实施。铁合金交易所、排放权交易所、滨海知识产权交易所、寿光蔬菜、元盛钢材等各类交易市场累计10家。举办2011年中国国际石油化工大会、第二届国际生物医药外包研讨会等重要会议。围绕产业特色，举办汽车产业、装备制造业、手机等品牌展会，全年举办展会22次，展览总面积30万平方米，累计参观人数57万人次。零售、商贸业态更加丰富，赛博数码广场、伊势丹百货、三菱等高端零售业项目选址开发区，永旺购物、友谊商厦成为滨海新区重要的新兴商贸圈。

（俞沛霖）

科技服务 2011年，开发区科技研发投入78亿元。科技融资规模

2011年7月6日，开发区公寓管理中心揭牌仪式在开发区政府公屋公建楼举行。

2011年3月29日，中国一重研发大楼开工典礼在泰达服务外包产业园举行。

继续扩大，形成政府、银行、担保机构、企业“四位一体”融资模式。对科技型中小企业实行“一站式”认定和“一企一策”服务，帮助有发展潜力的55家企业申报科技小巨人周转资金项目。加快科技载体建设。建立云计算产业基地、云计算中心和物联网孵化服务基地，与北京中关村协会联席会签署战略合作协议。国家超级计算天津中心在全国建立3个分中心和4个信息处理平台，为170多家签约用户提供高性能计算服务。全年有85家企业通过滨海新区高新企业认定，累计150家。新增国家级高新企业26家，累计184家。新增国家火炬计划重点高新企业4家，累计5家。新认定科技型中小企业651家，累计2003家，符合“小巨人”条件的企业83家。科技发展集团全年协助95家科技类企业通过风险投资、担保、银行贷款、设备租赁等方式融资9.4亿元。全年8个品牌入选天津市著名品牌，2家企业荣获国家一类新药批复，200多家企业获得各级科技支持1.2亿元。加强对科技创新人才、团队的培养引进，推动产学研体系建设，生物医药联合研究院研发团队累计180多个。全年新建博士后工作站7个，累计58个，博士后创新基地3家，累计23家。

（俞沛霖）

节能减排与环境保护　2011年，天津开发区不断推进节能减排工作。召开开发区“十一五”节能减排工作表彰会及“十二五”节能减排工作动员会，确定“十二五”污染物排放基数，制定并实施《天津经济技术开发区2011年污染物削减计划》。以南港工业区为重点，推动南港区域污水排海口规划论证工作。重点实施并推进区域凝结水回收项目、太阳能光伏示范项目、区域能耗对标体系建设和路灯节能方案研究等工作。提高环境管理水平，编制开发区“十二五”环境保护规划。发布第四批《天津经济技术开发区节能降耗、环境保护重点鼓励项目名录》，启动一般固体废弃物全过程管理实验项目。组织完成企业环境诚信体系评价的评审和发布。与天津港保税区、中新生态城合作建立环境责任联席会制度，举办2011年滨海新区企业环境社会责任论坛。完善泰达低碳经济促进中心的服务模式。拓展与欧洲、日本等相关机构的合作关系，至年末，开发区与117家相关国际机构建立联系。开发区集中式饮用水水源地水质达标率100%，污水处理厂出水水质达标率100%。市控重点水污染源在线监控率100%、烟气在线监测率100%。全区累计200家企业通过ISO14001认证。

（俞沛霖）

社会事业　2011年，开发区教育水平持续提升。全区5所义务教育学校现代化工程全部达标，形成优质均衡的基础教育条件。全区教师获得国家级奖项24个，市级奖项249个。高考一本上线率52%，二本累计上线率75%。卫生事业长足发展。设立开发区卫生服务中心，引进泰达新世纪妇儿医院及天津市第一家中外合资的泰达普华医院，满足多层次人群就医需求，提高医疗服务能力。实施文化惠民工程，泰达图书馆实现馆藏纸本和数字资源在移动终端的一站式搜索。完善区内网络服务配套环境，建立IP互动电视平台，促进广电网络事业发展。通过“文化产业化路径”沙龙等方式，为文化企业搭建互通平台和业务交流渠道。泰达足球队夺得2011年度中国足协杯冠军。加强社会治安管理，全面落实“六五”普法工作，深化“法律六进”，做好法律进公寓、进工地、进社区等工作；累计开展各类普法活动193次，张贴宣传挂图、宣传标语百余张，发放各类普法材料万余份，直接受众近5万人次；开展普法宣传，为近万名外来职工和建筑工地农民工、企业职工提供义务法律咨询，讲解法律知识，发放法律宣传书籍、资料、服务卡等5000余份。法律援助中心全年受理法律援助案件1756件，其中刑事案件10件，接待来访、来电咨询6337件次，为8449人提供法律援助服务，处理突发性应急涉法事件47件，挽回经济损失

955.48 万元。开发区法律援助中心被司法部评为全国法律援助工作先进集体,全国法律援助"十佳"候选单位,全国司法行政系统"为民服务、创先争优"工作优秀基层窗口单位。开发区流动办被评为天津市2010年度流动人口服务管理优秀办公室,泰达公证处荣获天津市政法系统先进党组织称号。落实滨海新区"强街强镇"计划,强化社会管理与公共服务职能,4月15日成立滨海新区人民政府泰达街道办事处。做好社区安全管理工作,继续实施社区治理"泰达模式",按进度改造提升翠亨、华纳、康翠、芳林等9个社区服务中心,健全完善社区服务中心功能,开发区康翠社区、华纳社区获得"天津市2011魅力社区"称号,城市品质形象进一步提升。

(俞沛霖)

天津港保税区

概况 天津港保税区是中国对外开放的重要区域,是天津滨海新区的核心组成部分,至2011年有两个区域,即海港保税区、空港经济区,总面积73平方公里。

海港保税区于1991年5月12日经国务院批准设立,面积5平方公里,具有国际贸易、国际物流、临港加工和展示展销四大功能,是中国华北、西北唯一的,北方规模最大的保税区。保税区内设有保税物流园区,规划面积1.5平方公里,一期封关运作0.6平方公里。

空港经济区于2002年10月经市委、市政府批准设立,规划面积46平方公里,是融现代服务业、科技研发转化和先进制造业为一体的综合经济区。2009年5月,与东丽区达成协议,在空港经济区以南紧邻机场的位置合作开发航空城新区,面积22平方公里。至此,空港经济区总面积达68平方公里。在空港经济区,还设有1平方公里的全国第一个空港保税区、2平方公里的综合保税区和1平方公里的空港国际物流区。

滨海新区开发开放纳入国家发展战略以来,保税区进入一个加速发展时期。2011年地区生产总值875亿元,比上年增长30%,是2004年的7.6倍,2007年的2.7倍;财政收入156亿元,增长35%,是2004年的8.4倍,2007年的3.4倍。经济总量在新区的比重逐年提高,2011年地区生产总值占新区的14%,外资到位额占新区的31%。全年完成进出口总额192亿美元,增长32%,其中出口35亿美元,增长21%;工商税收120亿元,增长38%。全年完成工业总产值1100亿元,增幅33%。航空航天业增势强劲,全年产值220亿元,增长33%,其中空客A320总装线生产交付飞机36架,实现产值110亿元,中航直升机产值超过100亿元。装备制造业增势良好,全年产值146亿元,增长32%。亚实履带、汽车模具、中集集装箱等企业产值超过10亿元。冶金业和食品饮料业规模继续扩大,全年分别实现产值367亿元和197亿元。截至2011年底,保税区企业总数7500多家,其中世界500强80家、投资项目141个。空客、卡特彼勒、联合利华、雪佛龙、大众、家乐福、加铝、阿尔斯通、丰田通商、SK集团、日本游船(NYK)、沃尔沃、华旗资讯、中航、中远、海航、民生租赁等一批大项目、好项目相继落户。

海港保税区形成以保税为特色,临港为依托,自由贸易为运作空间的功能产业基本框架,在服务中国北方经济发展中发挥辐射和带动作用。一是发挥联接两个市场的窗口和桥梁作用。保税区的3000多家贸易公司同世界上100多个国家和地区建立了贸易联系。美国3M、霍尼韦尔、泰科电子、美卓矿机,德国大众、奔驰、海德堡,法国家乐福,日本住友、丰田通商、松下、伊势丹,韩国三星、SK,台湾永立建机等知名国际贸易企业在保税区投资。二是发挥作为国际货物进出绿色通道作用。吸引新加坡叶水福,日本邮船汽车物流,荷兰铁行渣华,澳门振华物流,中远散货等200多家跨国物流企业,棉花、食用糖、汽车、橡胶、煤

2011年4月15日,滨海新区人民政府泰达街道办事处挂牌仪式在开发区投资服务中心举行。

空客 A320 项目总装车间

炭、稀有金属等大宗商品交易市场聚集。三是临港加工业形成聚集效应。美国卡特彼勒、雪佛龙、久益,韩国 SK 润滑油,台湾台达电子,香港嘉里粮油,黑龙江农垦集团九三油脂,龙威粮油、TPCO 工业园在区内投资。区内的保税物流园区积极拓展国际采购、分拨和过境贸易业务,实现进口集装箱货物直提分拨功能及功能延伸,引进瑞士名门、日本川崎汽船、香港东方海外等一批具有全球经营网络的第三方物流企业。

围绕空客 A320 总装线项目建设,美国古德里奇、PPG,中航直升机、西飞机翼总装、海特、航新、维斯通用航空等世界一流航空项目落户空港经济区,航空产业迅速成为天津产业发展的一大亮点。空港经济区积极搭建科技创新园、软件外包服务基地等科技发展平台,加快高科技项目集聚和产业链条培育,瑞典沃尔沃 IT,台湾威盛电子,美国 CSC,中兴通讯、大唐电信、中科院工业生物研发转化基地、清华紫光、华旗资讯、金发科技、东软等领先项目,带动了通讯信息产业能级提升。装备制造业发展势头强劲,法国阿尔斯通,意大利扎努西,美国卡特彼勒、久益、豪士卡,英国联合利华,加拿大麦格纳、加铝,柳工机械、新疆特变电、鞍钢、天汽模等骨干企业相继开工或投产。

空港物流园位于滨海国际机场货运中心区。新加坡淡马锡丰树、台湾华宇航空货栈、空港货运等企业入区经营。

2008年 3 月,为空客项目配套,滨海新区综合保税区经国务院批准设立,这是全国第二家综合保税区。重点发展航空研发、加工制造、维修改装、物流配送、商贸展示等功能,为空客项目顺利实施提供政策保障,形成具有国际先进水平的民航产业聚集区。

(张志强)

招商引资 2011 年,保税区依托海、空两港优势推动重点项目,围绕民用航空、通讯信息、装备制造、研发转化、总部经济等重点产业,不断加大项目开发的力度、广度和深度,聚焦高增长、高效益、高科技和白领密集项目,做大总量、打造亮点,取得明显成效。全年协议利用外资 47.8 亿美元,比上年增长 13%,占新区的 36%;实际利用外资 26.2 亿美元,增长 20%,占新区的 30.8%;内联引资 83.5 亿元,增长 32%。招商引资工作呈现四大特点。一是世界 500 强和行业龙头项目多。全年引进 20 个世界 500 强项目。法国道达尔、英国联合利华、美国江森自控、美国古德里奇、加拿大麦格纳汽车、加拿大利纳玛、河北钢铁、美国久益、瑞典利拉伐、美的、香飘飘等大项目、好项目完成注册并陆续开工,台塑管材、一汽轿车等项目确定落户。二是工业项目规模大。联合利华、美的、一汽轿车和河北钢铁 4 个项目产值超百亿。三是科技项目亮点多。全球行业排名第一的华大基因、科大迅飞、书生软件,全国行业排名第一的展讯通信、汉柏科技、中央网络电视台等项目落户,国家数字出版基地投入使用。四是总部、白领密集、金融、商业等服务业项目多。Dell 服务外包、泰科融资租赁、常青投资、中铁十三局、中铁十二局电气化公司、俊安能源、农垦投资公司、中金国际等项目完成注册。

(张志强)

规划建设 2011 年,保税区加强规划建设。落实“一城三园”(现代化新城区和科技园、工业园、物流园)发展思路,空港经济区城市格局开始形成。区域规划进一步完善。编制完成“一城三园”规划提升方案、二期城市设计、二期金融商务园和科技园修建性详细规划、三期控制性规划调整、轻纺经济区控制性详细规划。固定资产投资再创新高。全年完成固定资产投资 340 亿元,比上年增长 21%。项目建设呈现出质量高、投资大等特点。捷尔杰、招商局物流、中储粮、日邮、天保商务园等 43 个项目竣工投产;卡特彼勒柴油发电机组、联合利华、麦格纳、道达尔、海特、滨海第一城、香飘飘、瑞源风电、瑞普医药、西子电梯、湖滨广场等 54 个项目开工建设;直升机、南洋电缆、海航、华旗资讯、移动大楼等在建项目进展顺利。空港经济区二期基础建设基本完工。空港经济区三期建设取得突破,基础设施建设进场施工。对外交通网络拓宽取得突破。京津塘高速公路空港出入口竣工通车,M2 地铁联络线具备开通条件,津滨高速南通道工程全面启动。目的地商圈建设快速推进。时尚舞台竣工,湖滨广场开工建设,滨海第一城完成桩基工程。

(张志强)

天保商务园

功能开发和科技创新 2011年，保税区加快大宗商品交易市场集群建设，促进市场集群发展，全区正式经营市场18家，涉及贵金属、稀有金属、钢材、煤炭、农产品、化工品、汽车等行业，各类市场会员企业扩展到2729家。积极推动公共服务平台建设，小批量汽车实验室建成投入使用。积极推进空港物流区功能开发，开通天津—青岛全市首个“三定”(定时、定点、定班次)卡车航班；推动中货航建立天津—芝加哥—上海全货机货运航线，实现了北美航线的突破；吸引11家航空货代、物流企业入区经营。全年专利申请突破1000件，累计拥有市级试点示范单位12家，海鸥集团的“机械手表擒纵机构”获得2011年度天津市专利金奖；73个科技创新项目列入各级科技计划；荣获天津市级科技进步奖15项，天津瑞普生物公司获得天津市科技企业创新工程一等奖；取得国际先进、国内领先技术水平的科技成果12个；9家企业被认定为高新技术企业，在全市处于领先地位；大力推进科技型中小企业发展战略，有600家企业通过认定，其中科技小巨人企业58家；数字出版产业孵化转化载体列入全市7个试点单位行列。

(张志强)

社会事业 2011年，保税区落实“一城三园”发展思路，空港经济区城市格局开始形成。住房体系建设逐步完善，蓝白领公寓、限价商品房、普通商品房等满足不同层次需求的住房开始入住。公共服务能力不断提升，健身中心、邻里中心、露西亚商街投入使用，幼儿园正式开园，文化中心主体封顶，国际医院完成设计和准备工作，一级商圈、二级网点、三级配套的社会服务体系建设正在加速推进。社区管理工作不断深化，成立社区管理办公室，社区行政及服务中心、社区卫生服务中心、社区文化活动中心等各项社区管理与服务平台建设稳步推进。

(张志强)

建区20周年纪念大会 2011年5月11日，纪念天津港保税区建区20周年暨百强企业百名优秀建设者表彰会在空港经济区体育中心举行。市委书记张高丽，市委副书记、市长黄兴国发来贺信。市委副书记、滨海新区区委书记何立峰，市委常委、市委政法委书记散襄军，市委常委、市委教育工委书记苟利军，市委常委、市委统战部部长刘长喜，副市长任学锋出席。与会领导听取天津港保税区管委会汇报。会议表彰2010年度百强企业和建区20年百名优秀建设者，并为中西部合作企业颁奖。1991年5月，保税区在1.2平方公里盐滩碱地上起步，经过20年辛勤耕耘，经济总量年均增长42%，从海港保税区拓展到空港经济区，从5平方公里扩大到73平方公里，从国际贸易、国际物流、加工制造三大功能到形成建设现代化新城区和科技园、工业园、物流园“一城

空港体育中心

三园”的发展布局，成为拥有多种国家级开放形态、区位政策功能优势明显的综合型经济区；形成民用航空、通讯信息、装备制造、研发转化、总部经济、现代商业、贸易物流等优势产业集群。

（张志强）

森林公园主题雕塑

中国天津国际直升机博览会 2011年9月15日至18日，由天津市人民政府、中国航空工业集团公司、解放军总参谋部陆航部主办的首届中国天津国际直升机博览会在空港经济区举行。市委副书记、市长黄兴国出席开幕式并致辞。武警部队副司令员潘昌杰、中国航空工业集团公司总经理林左鸣、解放军总参谋部陆航部部长袁继昌出席开幕式。市委副书记、滨海新区区委书记何立峰主持开幕式。开幕式上，黄兴国与林左鸣、袁继昌共同启动博览会开幕按钮。与会领导为中航直升机有限责任公司新下线的AC310直升机揭幕。欧洲直升机公司，意大利阿古斯特韦斯特兰公司，美国西科斯基飞机公司、铁姆肯航空集团、罗特威公司、霍尼韦尔公司、PPG航空集团、古德里奇公司，瑞士马兰科直升机公司，加拿大贝尔直升机公司、普惠公司，法国透博梅卡公司、萨基姆公司，欧洲宇航集团，俄罗斯直升机公司；法国航空工业协会、意大利都灵工商会、欧洲工商会等有关负责人参加博览会。15日，中航直升机公司分别与北大荒通用航空公司签署两架AC313直升机购买协议、与鄂尔多斯通用航空有限责任公司签署一架AC311直升机和两架AC310直升机购买协议、与香港四季百货集团有限公司签署一架AC310直升机意向购买协议，中航工业昌河飞机工业集团与天津华翼蓝天科技有限公司签署合作开发直升机飞行试验系统协议，空港经济区管委会与法国透博梅卡（天津）直升机发动机有限公司签署合作开展发动机大修、维修业务协议，与德国鹰德航空器材公司签署合作开展航空器材的国际贸易和物流配送项目协议，市商务委与意大利都灵商会签署信息交流、商务和航空航天框架合作项目协议，中国航空运输协会通用航空委员会与天津裕丰股权投资管理有限公司签署航空企业上市融资、筹备通用航空研究专项基金和选定课题研究、市场化推广项目合作协议。博览会期间，有211家国际知名直升机制造及国内外配套企业参展，近1000家中外企业参加各项活动，签订销售及合作协议11个、涉及直升机28架，举行飞行表演60架次。其中，世界六大直升机整机生产厂全部参展，中航工业集团六大板块整体参展，天津市滨海新区还设置航空航天产业展区。博览会吸引国内外的专业观众近万人、普通观众近4万人参观，充分显示出直升机专业展的巨大魅力。中国天津国际直升机博览会是在天津举办的永久性展会，每两年举行一届，逢单年举行，侧重于国际最新直升机整机、发动机、航电系统、机载设备等的综合展示，是唯一具有直升机飞行表演的直升机专业展会。

（张志强）

天津滨海高新技术产业开发区

概况 天津滨海高新技术产业开发区（以下简称滨海高新区）原称天津新技术产业园区，是1991年3月经国务院批准成立的首批国家级高新技术产业开发区之一，2009年3月5日，经国务院正式批复同意更名为天津滨海高新技术产业开发区。2009年，滨海高新区成为国家科技部首批创新型科技园区建设试点单位之一。

截至2011年，滨海高新区形成“一区六园”的格局。“六园”，指华苑科技园、滨海科技园、南开科技园、武清科技园、北辰科技园和塘沽科技园。

华苑科技园。华苑科技园是滨海高新区的直属辖区之一，也是滨海高新区的核心区之一，坐落天津市区西南部，规划面积11.58平方公里，是市区内唯一成片开发的区域，其中环内2平方公里、环外9.58平方公里。地处京津发展轴，距首都北京100公里，距天津滨海国际机场

18公里，距天津港50公里，紧靠京沪、津保、京塘高速公路，毗邻京沪高速铁路，城市地铁3号线将穿行其间。华苑科技园地理位置优越，生活条件便捷，创新资源丰富，高端人才集聚，是天津市第一个“无燃煤区”和“国家ISO14000环保示范区”。在电子信息、新能源、生物医药、先进制造业、现代服务业等领域形成具有较强创新能力的产业集群，一批具有自主知识产权的高新技术龙头企业迅速成长。

滨海科技园。滨海科技园是滨海高新区的直属辖区之一，位于天津市中心城区的东北部，地处天津市东丽湖、黄港湖结合处，距天津市中心城区20公里、距机场9公里、距港口18公里、距北京150公里，北达京津塘高速公路北线、津汉快速路；东至唐津高速公路；南临杨北公路、京津塘高速公路南线、津滨高速公路；西至津汕高速公路。规划面积32.5平方公里，分为集中新建区25平方公里和7.5平方公里绿化带，生态环境得天独厚。2006年，国家科技部与天津市政府决定共同开发建设滨海科技园，滨海科技园成为国务院批准的国内第一个“部市共建”国家高新区。已基本完成基础设施的主体框架建设，航天五院、航天十一院、中海油新能源产业基地等一批重大项目相继落户，渤龙湖总部经济区吸引、聚集高端产业和高端资源的优势日益显现。滨海科技园是科技自主创新的领航区、高端人才的聚集地，是一座生态宜居的科技城。

南开科技园。南开科技园是滨海高新区的功能区之一，位于天津市南开区西南部。园内有国内外著名的南开大学、天津大学等一批高等学府和天津药物研究院、航天机电集团三院8358所等一批国家和市级科研院所，教育、科研、人才资源十分丰富。

武清科技园。武清科技园是滨海高新区功能区之一，地处京津之间，区位优势得天独厚。已形成电子信息、生物医药、新型建材、机械制造、汽车及零部件五大主导产业。

北辰科技园。北辰科技园是滨海高新区功能区之一。分为南北两大发展区域，南区地处天津市区京津塘高速公路宜兴埠出口处，北区地处京津公路引河桥北、九园公路两侧。已形成新能源、机电制造、生物制药、汽车配件、新材料、食品饮料、橡胶制品、现代物流八大支柱产业群体。

塘沽科技园。塘沽科技园是滨海高新区功能区之一。东至渤海海岸和蓟运河口线，西至河北路和新河干渠，南至天津经济技术开发区北塘高压电厂输电的高压走廊绿化带，北至北环线和永定新河。已形成海洋高新技术、新材料、现代机械制造、电子信息等优势产业。

2011年，滨海高新区突出项目带动战略、科技创新引领、环境管理优化、民生事业发展和党建工作创新，实现“十二五”各项工作良好开局。全年完成总收入3619亿元，比上年增长20%；地区生产总值773亿元，增长18%，其中核心区完成地区生产总值370亿元，增长33%；规模以上工业总产值360亿元，增长40%；固定资产投资240亿元，增长23.8%；财政收入62.7亿元，其中地方财政收入37.4亿元，增长30%；内联引资55亿元，增长36.5%；实际使用外资6.4亿美元，增长42%；外贸出口10亿美元，增长30%。

（董丽萍）

华苑科技园全景图

开发建设　在全面开发建设华苑科技园12平方公里的基础上，2007年，滨海高新区积极融入滨海新区的开发开放，开发建设30平方公里的滨海科技园。2010年，滨海高新区高标准启动“天津未来科技城”规划建设。未来科技城核心区位于滨海高新区滨海科技园，规划面积20平方公里。2011年，位于宁河县的未来科技城拓展区40平方公里的开发建设同步启动。2011年，滨海科技园在原有20平方公里基础设施主框架基本完成的基础上，继续推进土地整理、道路、综合管网、配套场站等基础设施建设，为落户项目开工建设创造条件；同时，加快区内高新公寓、公交场站、垃圾转运站等公共服务设施建设，不断完善城市载体功能。截至年底，滨海科技园基础设施、公共设施有新建、在建(含年内竣工)项目50余个，建设道路11条13.3公里；排水、给水、中水、通信、燃气、供电等配套管线150公里；市政场站6座；建成路灯及监控设施13.5公里；土方填垫400余万立方米。在完成滨海科技园25平方公里规划范围内中海油全部土地征用工作基础上，以控规范围内东丽、塘沽、部队三部分土地为工作重点,推动未征转土地的征收、转用工作。加快生活配套设施建设。建设公寓投入使用,航天城住宅区一期邻里中心和首座幼儿园竣工。高新公寓开工建设,一期桩基工程基本完工。滨海科技园起步区公交站及公交沿线候车亭建设基本完成。2011年,华苑科技园建设在提升完善中全面加强。充分利用有限的未出让、未开发建设用地,对好项目、大项目做到应保尽保,切实做好供地工作。在已出让土地资源中挖潜,累计盘活闲置土地24.47公顷,安排8家企业新建或改扩建。建立基于GIS系统的房地管理平台,为房地的精细化管理奠定基础。继续开展"奋战300天"市容环境综合整治,涵盖绿地升级、道路整修、城市家具、环境秩序、河道清整等诸多方面。全面推进华苑科技园国家生态工业示范园区创建工作,2011年底通过国家生态工业示范园区建设领导小组专家技术审查。

(董丽萍)

产业发展 2011年,滨海高新区以新能源、电子信息、先进制造、生物医药、现代服务业五大主导产业为支撑的发展格局进一步形成。新能源产业规模稳步提升,核心地位进一步巩固。电子信息、先进制造、生物医药、现代服务业等产业均实现大幅增长,特别是文化创意产业和现代服务业发展迅速。滨海高新区新能源产业产值突破220亿元,三安光电、力神迈尔斯等新投产企业,为新能源产业持续发展带来新的增长空间。近几年引进并支持发展的力神新能源产业园项目、友达太阳能基地项目、英利光伏产业基地项目、宏大中源400毫瓦太阳能电池项目等达产后,将推动滨海高新区成为全国最受瞩目的新能源产业基地。依托国家影视网络动漫实验园、国家影视网络动漫研究院、天津市动漫产业基地、"智慧山"创意产业基地等品牌优势,文化创意产业得到快速发展,有各类文化创意企业近100家,汇集天津北方电影集团、天津广电网络、天津电视剧制作中心、酷米网络、神界漫画、猛犸科技、福丰达影视、魔幻动力、仁永动画、唐图科技等知名文化创意企业,涵盖广播影视、动漫游戏、新媒体、互联网、出版、培训等行业,企业拥有专利、软件游戏著作权、动画片版权、图书版权等1000余项,从业人员达5000余人。2011年,文化创意产业销售收入180亿元,形成漫画版"四大名著"、3G手机网游等一批"天津品牌"。现代服务业是滨海高新区重点发展的优势产业,包括总部经济、科技服务业和科技金融等产业。滨海高新区重点推动建设渤龙湖总部经济区和高银117大厦组团两大服务业载体项目。中石化华北销售、中海油销售、李宁乐途总部、国美电器总部、梦金园总部、水电十三局、广播电视网络等总部经济实现快速增长,支撑服务业发展。科技服务业发展水平居全市前列,有各类科技服务机构160多家,行业涉及研发服务业、科技中介、科技咨询、专业技术服务、知识产权服务等领域。2011年,滨海高新区成为全国首批科技服务体系建设试点区域。按照"高端产业+高端人才+投融资平台"发展模式,以引导企业向资本市场要资金为原则,以"营造一个环境、建立两个组织、扩展三个平台、开辟九条渠道"为总体框架,积极打造科技金融改革创新基地。汇集投资机构及基金、银行、小额贷款公司、担保公司等相关金融服务机构近80家,形成独具特色的"海泰担保模式",率先开展股权激励试点,积极推进信用体系试验区建设,初步搭建起较为完整的科技金融服务体系。

(董丽萍)

建设中的滨海科技园基础设施配套建设

创新体系 2011年,滨海高新区围绕创新体系建设需要,不断提高企业创新水平,企业科技立项数量持续增加,区域技术市场交易快速增长,产业技术创新能力不断提升。承办中国天津技术创业大赛,营造"创业就在高新区"的浓厚氛围,提高滨海高新区的品牌价值和影响力。企业申报科技计划项目数量持续增加。滨海高新区企业获得天津

2011 年 3 月 11 日，中国(天津)英利光伏产业基地落户宁河举行开工奠基仪式。

市科技型中小企业技术创新资金项目立项 106 项，获得市财政资助 3465 万元；组织 29 家企业申报天津市科技型中小企业发展专项资金(科技小巨人）项目，17 家企业获得立项，获得周转资金贷款 1.19 亿元，获得贴息金额 1677.6 万元；推荐 57 家企业申报滨海新区自主创新重大科技项目，其中 12 家企业获得立项，占滨海新区立项数的 27%；7 家企业申报国家火炬计划，19 家企业申报国家重点新产品计划。高新技术企业认定工作顺利进行。通过强化对高新技术企业认定服务的中介机构的管理与培育，组织召开高新技术企业认定与复审工作培训会，深入初创型中小企业开展咨询活动，对规模企业、小巨人培育企业提供“一对一”的重点辅导等工作举措，滨海高新区内三安光电、明阳风电等 37 家企业通过 2011 年国家高新技术企业认定，占天津市通过企业的 25%。技术市场交易额快速增长。合同项目数达 1218 项，成交额 9.7 亿元，比上年增长 24%。科技型中小企业迅猛发展。新增科技型中小企业 1026 家，其中注册资金 2000 万元以上企业 120 家。区内有 2917 家企业通过市科技型中小企业认定，排名全市第一。在引进科技型中小企业的同时，做好科技型中小企业政策扶持工作，134 家初创科技型中小企业获得 2410 万元无偿资助资金支持。国家创新型科技园区加快建设。按照国家创新型科技园区建设要求，根据滨海高新区及政策区辐射区发展情况，起草《2011 年推动国家创新型科技园区建设工作方案》和《创新型科技园区建设区域联动发展评价考核指标》，并组织政策辐射区结合各自发展特点和建设需求，制定各小区建设国家创新型科技园区的具体措施。加快滨海高新区创新发展，推动国家 863 计划成果转化基地建设，配合市科委筹备科技部 863 项目伙伴城市启动仪式。

（董丽萍）

人才引进　2011 年，滨海高新区引进海外留学人员 51 人，创办留学生企业 30 家，5 人入选国家“千人计划”，7 人入选天津市“千人计划”。在滨海高新区创业的国家和天津市两级“千人计划”入选者分别达到 14 人和 19 人。引进的海外高层次创业人才和“千人计划”创业人才分别占天津市总数的 70% 和 50% 以上。滨海高新区评选出首批 6 名科技领军人才。天津市首个“千人计划”项目产业化基地——今晚传媒集团产业化基地在天津未来科技城正式启动。

（董丽萍）

天津未来科技城　为建立海外高层次人才创新产业基地，2008 年中央组织部、国务院国资委作出建设未来科技城的重大战略部署。2011 年 4 月，中央企业集中建设人

2011年 12 月 15 日中国天津技术创业大赛颁奖典礼

才基地筹建工作小组第三次会议确定天津未来科技城作为全国四家科技城建设项目之一,并提出“建设国际一流科研平台,集聚国际一流科技人才,产出和转化国际一流科技成果”的具体目标。天津未来科技城选址滨海高新区的滨海科技园。天津市将未来科技城建设纳入全市“十二五”规划纲要和中长期人才发展规划,作为全市创新驱动、转型发展的重大引擎项目。自2010年起,天津市启动建设未来科技城。2011年10月,温家宝总理在视察滨海新区时,对天津未来科技城的发展提出“智慧经济城,创新先导城”的总体定位。滨海高新区从组织领导、规划调整、区域拓展、政策研究、招商引智、宣传推介等方面高标准开展工作。2011年11月21日,滨海高新区与宁河县签订共建拓展区框架协议。截至2011年底,未来科技城落户项目有:国家新药安全评价中心、中海油力神新能源研究院、航天五院超大型航天器研发中心、中国农科院兰州兽医所生物医药研发中心、天津电气传动设计研究所新能源设备检测中心等。

(董丽萍)

2011年11月21日,滨海高新区与宁河县签订共建天津未来科技城拓展区框架协议。

南港工业区

概况 南港工业区位于滨海新区南部,距天津市区45公里,距天津机场40公里,距天津港20公里。规划西起津歧公路,向东围海造陆至-4米等深线,南至青静黄河右治导线,北至独流减河左治导线,面积200平方公里,其中陆域面积162平方公里,港池航道38平方公里。2011年,南港工业区完成固定资产投资112.9亿元,其中基础设施投资100.14亿元。项目用地60平方公里,累计签约企业29家,投资总额720亿元;开工企业11家,投资总额116.4亿元。

(蔺胜寒)

区域规划 2011年,南港工业区启动绿化导则和二、三期控制规划编制工作,编制完成对外管廊、危险化学品停车场等专项规划。南港铁路项目建议书正式获铁道部和天津市政府批复,铁道部原则同意将南港铁路纳入部市合作范围,与西南环线同步进行建设。启动中俄炼油、公用工程岛、散货物流、中石化LNG等项目海域使用手续的办理工作。按进度完成“海、河、渔、油、港、地”领域重大问题协调和征地拆迁、切改补偿工作。渤西管线切改协调工作取得阶段性进展。

(蔺胜寒)

港口建设 2011年,南港工业区完成西港池和5万吨级主航道疏浚工程,5号和6号两个5000吨级通用泊位投入使用,取得《港口经营许可证》。8月31日,南港港区正式开港试通航,至年末实现吞吐量40万吨。完成1-4号通用泊位主体工程建设,启动化工码头罐区建设前期准备工作。包括南港港区在内的《天津港总体规划》获得国家交通运输部批复,标志天津港南港区正式得到国家认可。

(蔺胜寒)

基础设施建设 2011年,南港工业区完成防波堤围埝建设18公里,吹填施工面积近30平方公里,新增具备项目摆放土地面积10平方公里。至年末,累计完成防波堤围埝150余公里,形成具备项目摆放土地60平方公里。红旗路、海港路等近50公里道路建成通车,完成30公里道路基础建设。完成近50公里主干水系建设,创新路等5个泵站建设,完成60万平方米绿化施工。完成供水、燃气、蒸汽、通讯等200余公里管线建设,4公里管廊建设。完成创业路110千伏变电站和南港输配水中心一期主体工程,启动公用工程岛燃气锅炉建设,完成克雷登锅炉供气运行,完成炼达污水处理厂建设。至年末,南港工业区具备5万立方米/日供水能力、150兆伏安供电能力、500万立方米/日天然气供应能力,3000吨/日污水处理能力,通讯信号实现全覆盖。

(蔺胜寒)

2011 年 4 月 20 日，市委副书记、滨海新区区委书记何立峰(前排中)到南港工业区调研。

招商引资 2011 年，南港工业区举办中国国际石化大会、亚洲石化科技大会和第 13 届中国科学年会南港石化产业基地建设论坛等活动，国家新型工业化石化产业示范基地在南港工业区挂牌，成为中国石化联合会化工园区委员会 2010—2011 年度副主任单位，提升了行业影响力和知名度。年内，新增开工项目 6 家、签约项目 10 家。中石化 LNG、壳牌润滑油、山西鸿基双向拉伸聚酯薄膜等 10 个项目签约，总投资 188.22 亿元。其中，中石化 LNG 项目一期投资 130 亿元，占地约 50 万平方米；壳牌润滑油项目投资约 1 亿美元，占地约 20 万平方米。中石化商业原油储备基地、泰奥石化储运基地、林献石化润滑油、启明化工粗苯加氢、宏大锦程塑料排水板、图博可特管道涂层、永创石化化工仓储、泰瑞化工香料及精细化学品等项目开工建设，总投资 80.25 亿元。其中，中石化商业原油储备基地项目投资 30.7 亿元，占地 68.44 万平方米；泰奥石化储运基地项目投资约 43 亿元人民币，规划用地面积 71.3 万平方米。

（蔺胜寒）

园区管理 2011 年，南港工业区与中国石油和化学工业联合会签署战略合作协议，启动南港工业区“责任关怀”，确定“责任关怀”标识。南港工业区印发《实施“责任关怀”工作方案》，成立“责任关怀”工作推动团队。这是全国第一个以园区为主体落实“责任关怀”的工业园区。按照协会要求，积极推行“责任关怀”理念，推动开展各项“责任关怀”活动，“责任关怀”主要内容包括社区认知和应急响应、储运安全、工艺安全、污染防治、职业健康安全、产品安全监管 6 个方面，终极目标是实现零事故、零伤亡、零财产损伤、零排放，实现园区的安全、和谐和可持续发展，增强企业的投资信心，推动石化产业的结构调整和技术水平提升。南港工业区参加中国石油和化学工业联合会公共平台建设，按照经济运行预警监测系统的建设要求，及时提供本区域的相关信息，及时反映行业、项目运行存在的问题和建议，共同推动行业有序、健康发展。

（蔺胜寒）

临港经济区

概况 滨海新区临港经济区位于海河、独流减河入海口之间滩涂浅海区，北与天津港隔大沽沙航道相望，南接南港工业区和轻纺工业区，西为滨海新区规划中部新城，东临渤海，处于环渤海经济区的中心地带，距滨海新区中心城区 10 公里、距天津市区 50 公里、距北京 160 公里。临港经济区横跨两河、纵对大海、背靠“三北”、面向世界，是通过围海造陆形成的港口工业一体化的新兴经济区，规划总面积 200 平方公里，是国家循环经济示范区、滨海新区九大功能区和“十大战役”之一，定位于建设中国北方以重型装备制造为主导的生态型临港经济区。临港经济区拥有海、陆、空立体交通网络。海运方面，不仅北依世界第五大港天津港，自身还具备大沽沙、高沙岭、独流减河三条航道，将建设 300 余个万吨级以上码头，实现入港物流无缝对接。陆运方面，京津塘、津晋、海滨大道等九条高速公路纵横交错，贯通临港，区内“三横五纵”骨干路网形成，入区铁路正式通车。空运方面，距中国重要的干线机场和北方航空货运中心天津滨海国际机场仅 38 公里。

2011 年，临港经济区地区生产总值 102 亿元，比上年增长 1 倍以上。工业总产值 700 亿元(在地口径 206 亿元)，增长 1.25 倍。固定资产投资 212.5 亿元。财政总收入 19.6 亿元（其中地方财政收入 17.3 亿元）。实际利用外资 1.82 亿美元，增长 24.1%。内联引资 40.4 亿元，增长 34.7%。新增围海造陆 23 平方公里，新增软基处理土地 12.5 平方公里。新增招商引资协议额 402 亿元。完成港口吞吐量 1500 万吨，增长 13.6%。

（蔺胜寒）

围海造陆 临港经济区围海造陆包括四个步骤：一是通过修筑外坝将经济区与外海隔开；二是通过修筑内坝将造陆区分割成面积适宜的多个吹填部分；三是利用开挖疏浚航道港池的淤泥进行吹填；四是通过真空预压等工艺对吹填淤泥进行固化处理，达到项目进场条件。临港经济区不断探索总结创新围海造陆、土地固化的新技术、新工艺。先后总结形成用半圆体、大型充砂袋建设围海大坝，用世界首例大圆桶结构保护油气管线，用皂化渣拌合、真排式深层抽真空法、二次真空预压固化土地等工艺造陆，取得 6 项国家专利，使得建设大坝、造陆固化成本分别比传统工艺低 20%、10% 以上。至 2011 年底，临港经济区建设外坝 80 公里，内坝 150 公里，围合海域 141 平方公里；吹填泥沙 5.5 亿立方米，造陆 121 平方公里；固化处理土地 62.5 平方公里，其中 50 平方公里达到“七通一平”。

（蔺胜寒）

招商引资 2011 年，临港经济区新增签约项目 30 个，招商引资协议额 402 亿元。金光粮油、京粮油、华能、太原重工、龙净环保、普洛斯、天津重机、均利石材、中际装备、天大研究院、水科院大型水动力实验室等项目加快建设。中粮油、中船重工、中建商混、北方重装基地、10 万吨级粮油码头等项目竣工投产。天津粮油商品交易所全面启动，被国家粮食局列入“十二五”规划。LG 渤化、新龙桥、液空滨海等达产企业正常生产运营并顺利增资扩建。至年底，临港经济基础区招商引资项目累计 116 个，总投资 1537 亿元。其中，投产项目 51 个，总投资 658 亿元；在建项目 34 个，总投资 395 亿元；签约项目 31 个，总投资 484 亿元。另外，还有在谈、储备项目 108 个，投资总额 1689 亿元。落地项目中，有 LG、中船重工、中粮、华能、威立雅、ADM、中铁物资等 9 个世界 500 强企业投资建设，有中国北车、太原重工、泰达控股等 10 个中国 500 强企业投资建设，天碱、大沽化、中船重工、华能、商业地产 5 个项目投资在百亿元以上，初步形成装备制造、粮油食品、港口物流三大产业板块和造修船、海上工程、重型装备、新型能源、粮油食品、生态化工六大产业集群。捣固推焦一体机、第三代电力推进系统火车滚装渡船、百吨巨型挖掘机、2.62 万吨油压液压挤机、1200 吨桥式起重机、6 毫瓦风力发电机、世界最大水动力实验室项目，是拥有自主知识产权的世界一流产品。

（蔺胜寒）

临港经济区航道造陆

港区建设 2011 年，临港经济区 10 万吨级大沽沙航道通航，开挖 5 万吨级高沙岭航道港池，新建 6 个码头泊位，中粮 10 万吨级粮油码头建成投入使用。VTS 雷达站、粮油综合廊道、石化廊道、港区供电一期、港区污水处理一期等项目开工建设。组建临港港务集团，注册资本增至 6 亿元。临港港区口岸 8 月 26 日通过国家正式验收，10 月 17 日正式对外国籍船舶开放。《天津港大沽口港区及附近水域通航安全管理规定》正式发布施行，标志临港经济区拥有大沽沙航道管理权。临港港务集团荣获交通运输部授予的 2011 年最佳成长奖，全年完成港口吞吐量 1500 万吨，比上年增长 13.6%。

（蔺胜寒）

基础设施建设 2011 年，临港经济区新建道路 23.9 公里，同步铺设雨水、污水管道 50 公里，新建泵站 9 座，供排水管线进入所有项目生产建设现场。续建 3 座 220 千伏、35 千伏变电站，完成 10 千伏用电线路新出线工程及综合配套区电力建设，保障了企业施工和生产用电。燃气、蒸汽、桥梁、景观河道等市政设施同步推进，满足了企业施工和生产的需求。综合配套服务区首批 65 万平方米邻里中心及 25 万平方米标准厂房全部封顶。启动 10 平方公里行政商务区建设，引进大型商业项目等高端服务业和生产性服务业项目。

（蔺胜寒）

生态环保 2011年，临港经济区华能IGCC示范电站一期基本建成，新增绿化面积135.2万平方米。利用亚行贷款，建设占地63.25万平方米的国内最大人工生态湿地，其中一期20万平方米绿化建成，二期40万平方米绿化全部开工。绿化面积历年累计500万平方米。完成“863”应急示范体系建设，强化安全生产监督管理，有效预防了重特大事故发生。完善应急管理体制机制，加强应急管理平台建设，有效应对各类突发事件，举办全市规模最大的综合应急演练活动。推进农民工工资协调机制建设，制定实施农民工工资预储账户制度，促进了和谐稳定的新型劳动关系的形成。

（蔺胜寒）

科技创新 2011年，临港经济区与清华大学、天津大学、天津科技大学、中国地质大学等高校合作，形成一批产业技术创新战略联盟，打造一批国家级公共技术和创新服务平台，搭建了产、学、研一体化的产业链条。天大研究院和水科院大型水动力实验室基本建成，国家级生物制造产业中试和产业化示范项目以及生物制药项目加速建设。加快实施科技小巨人成长计划，27家科技型中小企业通过认证。成立“智慧临港”平台公司，推进智慧临港建设步伐。

（蔺胜寒）

中心商务区

概况 滨海新区中心商务区是滨海新区九个经济功能区之一，位于滨海新区的核心地带，横跨海河下游两岸，东至海滨大道，南至大沽排污河，西至河南路、河北路，北至大连东道，规划面积23.46平方公里，是天津滨海新区发展国际金融、国际贸易和高端服务业的聚集区，是新区进行金融改革创新的基地。中心商务区规划重点发展金融服务、现代商务、高端商业等现代服务产业，最终建成环渤海地区的金融中心、贸易中心、商务服务中心和高品质的国际化生态宜居城区。中心商务区2007年开始筹建，2010年12月，经市委、市政府批准，成立滨海新区中心商务区管委会并建立党组，成为滨海新区政府的派出机构。中心商务区主要包括响螺湾商务区、于家堡金融区、解放路(天碱)商业区、大沽生态区和蓝鲸岛5个板块。2011年，中心商务区累计完成固定资产投资744亿元，其中当年完成固定资产投资220亿元，比上年增长46.7%。完成财政收入25亿元。内联引资63.2亿元，增长34.5%。利用外资1亿美元，增长40%。

（李武东）

楼宇建设 2011年，中心商务区响螺湾39个项目、48栋楼宇，累计完成投资180亿元。浙商、五矿、极地海洋馆等5栋商务楼竣工，面积35.4万平方米。中船大厦、温州大厦等20栋楼实现主体封顶，滨州大厦、金唐大厦等6栋楼施工至10层以上，陕西大厦、盈信大厦等7栋楼达到正负以上，富力大厦、中航大厦等10栋楼宇基础施工。于家堡“9+3”和宝龙项目开工220万平方米，累计完成投资79.6亿元，14个地块15栋楼宇中有5栋主体封顶，2栋达到主楼40层以上，1栋达到主楼12层，5栋楼宇达到主楼首层以上，另2栋处于正负零施工和土方开挖阶段。洛克菲勒罗斯洛克金融中心、铁狮门金融广场项目开工。

（李武东）

招商引资 2011年，中心商务区新增注册企业575家，累计1253家，注册资金850亿元。浙商大厦入驻企业101家，五矿大厦吸引中泰融、中际集团等企业总部落户。太重、比克、中船、中海外、中航技、中钢、富力、文促会等区域总部相继落户。吸引中投发展、摩天三五、珠江等企业开发建设天碱商业区。中租公司、华夏人寿、天津银行、英蓝国际、矿交所、OTC市场等金融类总部落户于家堡。全力推动香港英皇、国际能源、新兴铸管等金融和区域总部的入驻进度。为34家省市、央企

2011年12月9日，中心商务区铁狮门(美国)金融广场项目开工仪式。

进驻新区设立办事机构提供办公用房。推进林肯艺术中心、茱莉亚音乐学院、CSPN等项目签约。成功举办于家堡论坛、于家堡之夜、APEC于家堡低碳示范城镇论坛等活动，扩大了区域影响力，营造了良好的招商引资环境。

（李武东）

规划建设与环境整治 2011年，中心商务区进一步提升响螺湾、于家堡规划设计。采取有效措施加强建设中的监督管理。对区域内60余栋建筑外檐、屋顶、颜色、灯光反复调整提升。完成天碱商业区概念性规划、大沽地区控制性详细规划和彩带岛、于家堡沿海河绿化景观的扩初设计。完成塘沽南站、海河外滩、大沽船坞、新港船厂等重点区域规划设计方案征集。累计投资148.3亿元，实施迎宾大道、坨场南道、永太路等5条道路提升改造。完成天津大道东延线、蓝鲸岛绿化工程。实施响螺湾配套管网和大沽地区道路、排水、路灯工程。天碱老厂区启动基础设施建设。对天津大道延长线、迎宾大道、河南路、永太路等道路两侧建筑物实施整修和绿化景观提升。拓宽改造道路8条25万平方米，实施绿化景观80万平方米，整修建筑178栋26.7万平方米，整治施工围挡4500延米，拆除违章建筑5188平方米。严格执法，强化管理。采取有效措施，加强清扫保洁和维护养管。在土地拆迁上，完成天碱老厂区的交接，推进铁路塘沽南站、天津船厂、大东公司、天海公司等土地收购。积极稳妥地参与解决大沽地区拆迁滞留户的安置问题。

（李武东）

管理服务 2011年，中心商务区推进改革创新，平稳完成机构建制。努力健全行政管理体系，制定各项工作制度。加强服务体系建设，承接新区25项行政审批职能，成立并运行行政服务中心，全面实施优质的“保姆式”服务，营造了良好的投资建设环境。大力引进人才，完善对企业的人力资源服务。做好安全、质量、信访、维稳等方面工作，确保了一方平安。加强科学、规范管理，于家堡“建设者之家”成为社会管理创新试点。

（李武东）

中新天津生态城

概况 中新天津生态城位于天津滨海新区北部，距天津中心城区45公里，距北京150公里。规划面积约30平方公里，人口规模35万人。按照发展定位，生态城将建设成为综合性的生态环保、节能减排、绿色建筑、循环经济等技术创新和应用推广的平台，国家级生态环保培训推广中心，现代高科技生态型产业基地，参与国际生态环境建设的交流展示窗口，“资源节约型、环境友好型”的宜居示范新城；努力实现“三和三能”，即人与人、人与经济活动、人与环境和谐共存，能实行、能复制、能推广，为其他城市的可持续发展提供样板。

中新两国领导人对生态城的建设高度重视。2011年4月30日，胡锦涛总书记到中新天津生态城视察，称赞生态城是中国、新加坡两国经济技术合作的又一个亮点，希望生态城的建设者坚持生态文明理念，加快生态城建设步伐，努力探索出一条城市节能环保的良性发展路子。2011年10月24日，温家宝总理在天津考察工作时做出重要指示：中新天津生态城是一个具有标志性意义的战略合作项目，要通过创新发展低碳经济、绿色经济、循环经济和生态环保生活方式，着力构建现代智慧型、科技型、创造型、生态型产业基地和经济发展、社会和谐、环境友好、生态文明的新城区。2011年4月17日，新加坡国务资政吴作栋到生态城视察，希望生态城积极探索人与人、人与经济、人与环境相和谐的发展模式，做到“可实施、可推广、可复制”，共享文明、绿色的发展理念和经验。为及时协调、推进生态城建设，中新双方成立副总理级的中新联合协调理事会和部长级的中新联合工作委员会。由住房和城乡建设部作为中新联合工作委员会中方主席单位，成员单位还包括外交

2011年11月4日中心商务区行政服务中心揭牌仪式

2011年4月17日，新加坡国务资政吴作栋（右三）到中新天津生态城视察。

部、发改委、商务部、科技部、国土资源部、税务总局、环保部等。由新加坡国家发展部作为中新联合工作委员会新方主席单位，成员单位还包括贸工部、环境及水源部、国际企业发展局、公用事业局等。联合工作委员会向联合协调理事会报告工作，研究解决与开发建设生态城有关的事项和问题。新加坡国家发展部专门成立新加坡生态城办事处和跨部门的部长级委员会，进一步完善双方合作机制。天津市于2008年1月组建中新天津生态城管理委员会，代表市政府对生态城实施统一的行政管理。

（李武东）

开发建设 2011年，中新天津生态城实现财政收入超过20亿元，完成固定资产投资160亿元，完成合同外资额1.55亿美元，实际利用外资7431万美元，实现内联引资额30亿元。8平方公里起步区初具形象和规模。绿色产业发展态势良好，新增注册企业263家，累计注册企业602家。纳税上千万元的企业23家，其中产业企业14家。形成节能环保、文化创意、信息技术、新能源新材料、现代服务业等主导产业。在园区建设方面，国家动漫园一期建成投入使用，公共技术服务平台实现与“天河一号”对接；科技园研发大厦、产业园标准厂房一期实现封顶；3D影视园、信息园坚持边建设边招商，园区建设快速推进。

（李武东）

环境治理 2011年，中新天津生态城成为国家首批可再生能源建筑应用示范区，已建成多个太阳能光伏发电、微风发电设施，年发电量2000多万度，全国最大的智能电网示范工程建成投入使用。建设全新的生态道路52公里，达到全区域路网总量的一半。园林绿化完成310万平方米，占全区域绿化总量的三分之一，蓟运河故道示范段、慧风溪、永定洲、国家动漫园4个公园基本建成。生态住宅开工302万平方米，其中有近100万平方米住宅上市销售，累计售出46万平方米，迎来首批居民入住。污水库综合治理顺利完成，治理污水215万立方米，污泥385万立方米，3平方公里污水库变成“清净湖”，污染底泥无害化处置和资源化利用技术申请成为国家专利。10万吨日处理能力的污水厂一级B项目建成投入使用，启动污水厂工艺提升及再生水项目前期工作。区域环境监测实现系统化、规范化、标准化，完成对生态城周边主要污染源的调查。

（李武东）

服务管理 2011年，中新天津生态城启动涉及民计民生的教育、医疗、文化、体育、社区、养老等领域的17个公建项目建设。面向中低收入群体的首期近600套公屋基本竣工投入使用。积极引进滨海小外、杰美司国际学校、南开中学滨海生态城学校等优质公共服务资源。滨海

2011年5月30日，中新天津生态城起步区公共服务设施项目开工奠基。

小外的申请获得市教委正式批准，体制机制方案、办学方案、教师招聘和培训方案编制完成。南开中学生态城学校开工建设。杰美司国际学校获得国家教育部办学许可。积极推进社区工作，开展入住人口进度、数量、需求调研工作。启动生态城起步区入住小区和芦花庄园的"居民信息数据库"建设。制定市民服务卡实施方案。组建女子执法中队，打造生态城城市管理靓丽风景线。

（李武东）

政策支持 2011年，中新天津生态城进一步完善政府机构设置，成立社会局、人事局、总工会等机构和建管中心、房管中心两个事业单位。积极探索智能化城市管理体制，建立城管指挥中心，启动智能化城市管理协调联动机制。完成《"十二五"规划纲要》，由滨海新区发改委批复下发。积极推进综合配套改革工作，完成《建设管理创新实施方案》。出台《可再生能源建筑应用专项资金管理办法》、《住宅装修管理暂行规定》两个规定，完成《物业管理办法》、《新能源产业促进办法》等立法草案，研究制定《市民守则》、《城市建设档案管理暂行规定》、《人才引进、培养和奖励的暂行规定》草案等。国家绿色发展示范区申请、分布式能源站创建、企业债发行获得国家有关部委支持。

（李武东）

东疆保税港区

概况 东疆保税港区位于滨海新区最东端，天津港港区的东北部，2006年8月31日经国务院批复正式成立，规划面积10平方公里，分为码头作业区、物流加工区、港口综合配套服务区，具备集装箱码头装卸、集装箱物流加工、商务贸易、生活居住、休闲旅游五大功能。目标是建设成为北方国际航运中心和国际物流中心，滨海新区实施综合配套改革的先行先试区，中国新一轮开发开放的重要标志区。

2011年，东疆保税港区以建设北方国际航运中心核心功能区为主线，以招商引资和开发建设为驱动，着力推动政策、功能和管理服务三个层面创新，加速融资租赁、交易市场、经贸合作、国际航运等产业聚集。5月，《天津北方国际航运中心核心功能区建设方案》获国务院批复，区域定位进一步提升，东疆保税港区逐步在国际船舶登记、国际航运税收、航运金融和租赁业务创新四大领域展开试点。8月，财政部和国家税务总局批准对注册在东疆保税港区的航运企业、航运服务企业和注册在天津市的保险企业从事国际航运、物流和保险取得的收入免征营业税，东疆保税港区航运税收实现与国际自由贸易港区通行惯例接轨。东疆保税港区的目标是建成各类航运要素聚集、服务辐射效应显著、参与全球资源配置的北方国际航运中心和国际物流中心核心功能区，综合功能完善的国际航运融资中心。

（刘 兴）

金融与租赁 2011年8月，山东航空1架波音737-800型飞机和中国邮政4架波音737-400F在天津机场通关，成功实现海外飞机租赁公司在中国开展飞机租赁业务的"第一单"，内资租赁公司借用境外商业贷款购买飞机"第一单"的突破，东疆保税港区在引进指标、外债使用、税收政策、进口通关等环节完成全流程贯通，以"推动业务—探索流程—形成模式"的方式，在全国率先形成飞机租赁业务新模式。东疆汇聚了一大批租赁行业的领军企业，租赁产业规模在全国居于领先地位。全年，在东疆注册的租赁公司174家，其中单机公司122家，单船公司33家，累计完成租赁飞机51架、离岸船舶26艘，飞机发动机2台，租赁总资产约43亿美元。

（刘 兴）

航运和物流 2011年，东疆保税港区航运和物流产业快速发展。中远集团整合香港、深圳、青岛和天津四地业务，在东疆保税港区注册

东疆保税港区码头作业

成立中远散运项目。天津中铁联合国际集装箱有限公司、天津港远航散货码头有限公司、天津永续航运有限公司、天津裕源船舶工程有限公司、天津紫海航运有限公司相继落户。航运企业的落户,促进了航运交易、航运中介等一批航运服务类企业在东疆投入运营。2011年,东疆保税港区累计引进航运物流企业41家,航运经纪人企业60家,航运物流企业引进数比上年增加141%,经营范围涵盖航运物流业上下游各方面业务,航运物流体系逐步完善。

(刘 兴)

国际商品交易市场 2011年,东疆保税港区注册船舶、航运、红酒、工程机械、乳品、冻品、贵稀金属等15家现货交易市场公司,陆续开展业务并在东疆进行结算纳税。通过交易市场平台聚集一批国际贸易、物流配送等市场类配套项目。同时,东疆国际商品交易网正式开通,红酒品种实现网上交易结算;红酒保税展示中心成功设立;交易市场企业与金融机构之间的银企平台初步搭建,中小企业担保公司挂牌成立;成功举办天津滨海国际游艇暨名品展示交易大会。

(刘 兴)

国际经贸合作 2011年,东疆保税港区以亚欧大陆桥物流节点城市和国际金融机构为目标,开展国际交流与区域合作。继续深入推进津蒙经贸合作;与韩国未来型新兴产业聚集区新万金经济自由区签署合作协议,利用各自的资源、区位、产业、政策等优势,全面开展项目合作;与新疆喀什霍尔果斯特殊经济开发区达成合作意向,东疆的汽车转口贸易保税政策与霍尔果斯整车口岸进口政策联动,共同拓展日、韩以及东南亚国家和地区的转口贸易;与德国GIZ国际合作机构、英国泽西财经事务所和法国里尔都市圈等欧洲城市和金融机构建立联系,促进双方在金融、贸易等多领域的信息交流和务实合作。国际邮轮采购联盟落户东疆,加大邮轮产业对东疆以及周边区域经济发展的带动作用。

(刘 兴)

滨海旅游区

概况 滨海旅游区位于滨海新区北部生活片区,北起津汉快速路,南至永定新河北治导线,西至中央大道,东至渤海-2.5米等深线,总规划面积99平方公里,其中陆域28平方公里,海域71平方公里,计划填海造陆54平方公里,保留海域17平方公里。功能定位为建成以旅游产业为主导、二三产业协调发展、京津共享的滨海旅游目的地,重点发展旅游装备制造业、总部经济、游艇总会、主题公园、商务会展五大产业。2011年,滨海旅游区实现固定资产投资120.34亿元;地区生产总值8.9亿元,财政收入7.7亿元,内联引资到位额14.5亿元,实际利用外资1.08亿美元,新增注册企业100家,注册资本34.9亿元,游客接待量109万人次,旅游业收入1.1亿元。

(刘 兴)

招商引资 2011年,滨海旅游区制定出台发展总部经济、对引资人员奖励及鼓励科技型中小企业发展等一系列招商引资扶持政策,为全力推进招商引资工作奠定坚实基础。中国旅游产业园落户和启动器项目强大"吸附"效应进一步凸现,全年吸纳新注册企业100家,注册资本34.9亿元,投资总额350亿元,其中引进中城建投资总部、远大汽车板块总部等总部型企业5家,旅游休闲娱乐企业36家,商贸服务企业52家,科技型中小企业7家。另外,签订协议和达成投资意向企业104家,计划投资总额1000亿元。

(刘 兴)

起步区建设 2011年,滨海旅游区启动实施"沿路滨河"5平方公里地块的开发建设,平整起步区土地3平方公里。南部海域填海成陆16.4平方公里,完成软基处理地块1.5平方公里。总占地2.13平方公里的土桥子和蔡家堡村征地拆迁工作基本结束,完成对渤化集团一期2.55平方公里的土地征储。全年续建、新建项目13个,世博天津馆如期建成开放,完成航母旅游集团组建,航母餐饮及148套客房改造项目建成运营;42.4米高的妈祖圣像完成安装,总建筑面积18万平方米的妈祖经贸园一期商业示范区工程快速推进;明远文化商业城、欢乐海魔方、贝壳堤公园开工建设;宝龙欧洲城、天成国际温泉度假酒店、渤海监视监测基地等重点项目,实施土地平整、配套和开工前的各项准备工作。

(刘 兴)

启动器项目 2011年4月29日,国内首家国家级旅游产业园中国旅游产业园正式落户天津滨海旅游区。中国旅游产业园由国家旅游局与天津市人民政府共建,园区范围涵盖滨海旅游区整个行政辖区。作为旅游产业聚集区,中国旅游产业园将重点培育生活性服务产业链和生产性旅游产业链两大产业链,吸引高端、高质、高新、高辐射力的项目。重点发展旅游休闲度假业、商业服务业、旅游装备制造业、总部经济四大产业。其中,旅游休闲度假业方面将建设主题公园、游艇、高尔夫、度假村、康体养生、海洋旅游、自驾旅游、体育健身、旅游地产等项目;商业服务业方面包括大型购物、主题酒店、温泉会所、特色餐饮、文化娱乐、金融保险、商业地产等项目;旅游装备制造业主要包括旅游产业前端的研发、孵化、设计及生产加工、展示交易等;总部经济主要包括企业第二总部和旅游企业总部。

(刘 兴)

基础设施建设 2011年,滨海旅游区新建道路5.56公里15.31万平方米,铺设各类管网21.8公里,绿化面积26.7万平方米,区域投资硬环境发生明显变化。狠抓软环境建设,在新区及相关部门大力支持下,设立旅游区行政服务中心和建管中心,国税、地税、工商、公安、公证、人力社保6家机构进驻办公,开启旅游区一站式服务企业和经济发展的便捷之门,基本建立了区域高效规范的管理服务体系。

(刘 兴)

2011年4月29日,中国旅游产业园揭牌仪式暨项目签约仪式举行。滨海新区区委书记何立峰(后排左五)出席。

北塘经济区

概况 北塘经济区位于滨海新区核心区域,规划用地13.1平方公里,北临中新天津生态城,南接天津经济技术开发区,西侧由东丽湖、黄港水库、北塘水库构成天然的生态湿地廊道,景观优美,生态条件优越,是经济与生态双向建设的战略要地。北塘经济区有着丰富的水资源,渔业文化底蕴深厚,拥有“北塘海鲜”和“做一日渔民”等远近驰名的旅游品牌,是天津市旅游体系的重要组成部分。2011年,北塘经济区完成生产总值30亿元,比上年增长500%;固定资产投资181.01亿元,增长37.4%;财政收入36.6亿元,是上年的18倍;实现内联引资11.77亿元,实际利用外资1.67亿美元。

(刘 兴)

城区规划 2011年,北塘经济区完成75宗土地出让和划拨,土地面积259万平方米,建筑面积305万平方米。涉及土地款101亿元,收回土地款98亿元。尚未出让土地总量158万平方米。办理各类规划审批案件241件,完成所有一期项目规划审批工作的80%,北塘古镇、企业总部区、酒店区、总部配套住宅区、特色旅游区、北塘还迁房、融创住宅项目等一期重点区域建筑设计方案基本确定,北塘经济区建筑特色和风格初步形成。配套设施方面,完成北塘经济区公交首末站及公交线路规划,协助新区轨道交通规划调整北塘轨道枢纽站周边用地规划,完善交通体系;组织海挡规划和北塘渔港码头改造提升方案规划;开展区域消防和环卫专项规划;完成北塘综合服务楼、文体中心、白领公寓、新建学校、幼儿园、医院、社区服务中心、邻里中心等项目的规划设计工作;展开数字化城市规划建设工作,启动北塘经济区地理信息系统建设,包括地上三维地理信息管理系统和地下综合管线信息管理系统。

(刘 兴)

项目建设 2011年,北塘经济区一期道路、水系、绿化和配套管线等基础设施建设基本完工;企业总部区一期全部封顶,大部分完成外檐装修,二期部分主体封顶;总部配套住宅大部分主体完工,联发、天保住宅对外销售;北塘古镇局部开放试营业,古镇内部分住宅开盘销售;泰达、联发酒店开工建设;还迁房全部封顶,一期还迁居民即将入住;北塘社区服务中心进行内装修,新建北塘小学投入使用;三河岛及大堤景观提升改造工程进入收尾阶段;生态住宅区融创·君澜项目进行主体施工,部分主体封顶。推进配套设施建设及城市绿化建设,先后组织原有500高压燃气管线、通信管线、1000自来水管线、10千伏电力管线等管线切改工作,为基础设施和地块开发建设扫清障碍。在城市绿化上，北塘经济区完成绿化面积110万平方米，其中新建约95万平方米，提升约15万平方米，栽植乔木约56000株、灌木约37万株，草坪地被约50万平方米。

(刘 兴)

招商引资 2011年，北塘经济区实现内联引资12亿元，实际利用外资17亿港币，新增注册企业31家，注册资本金20亿元，在谈项目42个。坚持现代服务业立区方针，把加快转变经济发展方式作为中心任务，着力发展低碳经济，确定以会展经济、总部经济、风情旅游、商贸休闲为主的绿色经济发展道路，不断拓展招商思路，通过电视、网络、平面媒体、户外广告、招商推介会等多种渠道开展招商活动，融创中国总部、华源电力中国总部、中建一局北方总部和福建大世界集团北方总部等40多个项目完成注册。充分挖掘北塘民俗带动特色文化产业发展，经济区本着保护传统文化，打造特色文化产业和旅游产业的目的，规划建设仿明清建筑风格的“北塘古镇”，古镇炮台营重现当年“北塘双垒”奇景；集休闲、演绎于一体的凤凰街，不仅延续了北塘悠久的历史文化传统，也将成为北塘经济区招商引资的“名片”。

(刘 兴)

中心渔港经济区

概况 中心渔港经济区位于滨海新区北部，南临渤海湾，西邻滨海旅游区，北接汉沽城区，中央大道、沿海高速公路穿区而过，112国道(滨保高速公路)、津汉高速公路、京津高速公路、唐津高速公路等环绕周边，规划面积18平方公里，其中陆域10平方公里，围合海域8平方公里，功能分区包括产业园区、综合商务服务区、渔港宜居小镇、作业港区、休闲港区、城市综合体及市政岛。中心渔港经济区作为滨海新区“十大战役”之一，依托腹地经济优势及渔港码头等资源优势，服务环渤海三省两市，以建设北方冷链物流与水产品加工集散中心和北方游艇产业中心为支撑，带动休闲运动、海洋科技、工业园区、港口物流、商业会展、餐饮娱乐等综合开发，构建多元海洋生态主题经济区，创建特色休闲旅游文化品牌，打造渤海湾度假休闲旅游目的地。

2011年11月30日，北塘经济区60家企业总部入驻集体签约仪式举行。滨海新区区委书记何立峰出席。

2011年，中心渔港经济区实现固定投资61.6亿元，地方财政收入1.5亿元。“三横六纵”主干道路路网基本形成，10平方公里土地实现“九通一平”具备项目进驻条件。滨海鲤鱼门海鲜街、鲤鱼门大酒店、万吨示范冷库、投资服务中心、蓝白领公寓一期竣工投入运营。6个5000吨级泊位及24万平方米堆场建成，天津中心渔港港务公司成立，标志着港区运营实体形成，实现开港通航。休闲港湾区规划建设800个游艇泊位。

(王 芳)

项目建设 2011年，中心渔港经济区引进澳大利亚成功集团、新加坡第一家企业集团、福州名成水产品市场有限公司、天津永丰投资集团有限公司、北京鑫辉发源农业发展有限公司等企业落户。与福建、山东、大连、广东等主要水产产地渔业水产协会建立联系。邀请全国行业前50名、各地前10名的水产企业前来考察，努力拓展招商渠道，储备一批大项目、好项目。

(王 芳)

基础设施建设 2011年，中心渔港经济区完成区内道路47公里，建成陆域一期、二期，海域等主干道路，基本实现中心渔港区域路网建设全覆盖。陆域西污水泵站投入使用，海域泵站正在施工。污水处理厂一期项目土建和安装全部完工，燃气调压站正式供气，主干道路沿线供热管网与路网同步建成，35千伏变电站完工，自来水管网结合道路施工完成铺设工作。全年，区内绿化景观完成32万平方米主干道路及

2011 年 4 月 11 日，中心渔港水产品交易中心综合体项目签字仪式举行。滨海新区区委书记何立峰(后排左四)出席。

迎宾线路沿线绿化和 36 万平方米中央绿轴绿化建设任务，栽植乔木 58710 株、常绿树木 10850 株、花灌木 84128 株、花卉 2000 墩。

(王　芳)

行政审批　2011 年，中心渔港经济区注册企业 37 家，注册资本 18 亿元。围绕产业定位，积极寻求国家部委、天津市有关部门的政策支持。国家商务部将中心渔港纳入天津市现代服务业政策重点扶持区域，天津市商务委正式批文将中心渔港作为津台冷链物流合作试点园区，给予政策支持。

(王　芳)

轻纺经济区

概况　轻纺经济区坐落滨海新区南部，东至临港经济区，南至南港工业区，西至大港城区，北至官港湖森林公园。紧邻京津高速公路、京津塘高速公路、津滨高速公路、津蓟高速公路、海滨高速公路、滨保高速公路、津晋高速公路、唐津高速公路、津港高速公路、天津大道、中央大道、西中环路等主要路网，规划中的环渤海城际铁路和市域轻轨 Z4 线将从园区穿过。距天津港、天津市区不到 20 分钟车程，与首都机场仅 2 小时车程。距北方最大的货运航空基地仅有不到 1 小时车程。园区主要承接石化中上游资源，延伸拓展石化下游产业，是构筑新区“油头—化身—轻纺尾”完整石化产业链的重要一环。以合成树脂、合成纤维、合成橡胶三大石化合成材料为基础，打造轻工、轻纺、商贸物流三大板块，重点发展高端纺织、轻工建材、塑料制品、电子汽配等石化下游产业，着力打造中国北方重要的轻纺产业基地。总规划面积 78 平方公里，其中包括轻纺工业区、生活区和工业区东扩区。工业区主要分为标准厂房区、定制厂房区、商贸、仓储物流区等，同时分 6 个组团规划建设公共配套设施。工业区北侧为生活区，南与官港湖森林公园相接，西临港东新城，东至西中环延长线，建成后将与官港旅游度假区、港东新城共同构成滨海新区中部新城的一部分。

(王莉莉)

招商引资　2011 年，轻纺经济区起步区 7 平方公里土地全部出让，入区企业 121 家，注册资金 19.8 亿元，协议投资额 240 亿元。华恒包装材料、天津国际家纺城、厦翔物流管材等 22 个项目在建，部分工程竣工投产；美浓触摸屏、津铭无纺布等 8 个项目入驻标准厂房。至年底，储备重点项目 35 个，南通罗莱家纺、丹麦洛克威防火保温材料等 10 余个龙头项目重点在谈。

(王莉莉)

项目建设　2011 年，轻纺经济区围绕产业定位严把入区企业关，按照“油头—化身—轻纺尾”产业链

2011 年 4 月 27 日，中国天津国际家纺城奠基仪式举行。滨海新区区委书记何立峰出席。

开展招商。轻工、轻纺、商贸物流项目高度聚集,形成以华恒包装、琪诺科技彩膜、百禄成包装为代表的塑料薄膜产业，以新纶科技为代表的化纤纤维产业，以和能新型建材为代表的树脂建材产业，以津铭无纺布为代表的纺织品产业，以天津国际家纺城、滨海国际商贸城、厦翔物流为代表的商贸物流产业。轻工、轻纺、商贸物流三大板块为主导的轻纺经济产业结构初步形成。

（王莉莉）

基础设施建设 2011年，轻纺经济区推进各项基础设施建设。完成工业区起步区7平方公里基础设施建设。总投资20.9亿元,建设完成21公里道路、78万平方米绿化及沿线全部雨污水管线工程。同时,水、电、气、热等能源配套工程全部完工投入使用，为项目落地创造良好条件。启动工业区二期19平方公里土地收储、整理及基础设施建设。投资7亿元,新增用地面积6平方公里,6条主干道路完工50%。投资1.4亿元,完成配套污水处理厂项目一期2万吨/日土建主体工程。生活区起步区3.6平方公里控制性规划正式获批,启动征地、抽水等基础工作,园区周边路网日趋完善。轻纺大道竣工通车。企业服务中心、蓝领公寓和标准厂房等“启动器”项目建成投入使用。9000平方米企业服务中心正式投入使用,管委会、工商、公安等部门及部分入区企业入驻办公,企业服务大厅具备办件能力。一期10万平方米标准厂房全部竣工具备入驻条件,签约出租率80%,为企业尽快落地提供良好条件,二期17万平方米标准厂房全面开工。起步区一期2.5万平方米蓝领公寓及配套广场工程投入使用,超市、药房、食堂等投入营业,第一批员工入住,二期7万平方米蓝领公寓启动建设。轻纺经济区酒店项目一期投资1.5亿元,建筑面积1.3万平方米，设置61间客房,可供100人住宿,并配有450人会议厅及可供300人同时就餐的宴会厅。至年底,完成主体施工,室内外装修全面展开。

（王莉莉）

滨海新区·街镇

新村街道

新村街道位于塘沽中心，东起河北路，西至新胡路与胡家园街道相接，南与新城镇相邻，北抵京山铁路。2011年，街域面积8.68平方公里，辖10个居委会。常住人口3.17万户10.17万人。2009年11月滨海新区行政区成立。2010年1月10日，天津市塘沽区新村街道更名为天津市滨海新区新村街道。

辖区有5255家行政企事业单位及个体私营企业。天津大沽化工厂、天津长芦集团等大型国有企业，塘沽河滨公园、塘沽体育场、塘沽图书馆、塘沽大剧院、塘沽电视台等文体娱乐设施坐落界内。

2011年，引进内资企业418家，认定引资额9.25亿元，比上年增长60.94%。完成地税纳税申报312户，征收税款553.49万元，增长43.26%。

确立发展楼宇经济，争创塘沽首座亿元楼工作目标。成立招商办公室，对辖区现有资源总量、企业入驻和空置率情况调查摸底，掌握城区楼宇建筑规模、商用面积以及预计竣工日期等情况。将全区各行政执法部门的电话、地址、投诉热线及各行政审批事项的流程、所需材料、办理时限等资料整理成册，发放到企业，进行上门指导。由街道招商专干负责代办新入驻企业的工商注册，税务登记等有关手续，各行政审批部门加强与辖区楼宇物业管理机构、楼宇企业联系，坚持全程跟踪服务。

开展“新村精神”表述语征集评选活动。征集表述语1112条，评出39条优秀表述语。将19条机关获奖作品和20条社区获奖作品制作成展牌悬挂于机关办公区、会议室和居民区1436个楼宇门栋。根据每个楼门特点，设计出不同文化氛围的宣传内容，在楼道、电梯内以宣传园地、作品展示、环境美化等形式反映出来。完成党建文化型、儿童绘画型、漫画型、书法艺术型、花卉盆景型多种特色文化楼门设计、建设工作。

社区依托离休老干部服务站和社区志愿者队伍，组建法律宣传、志愿服务、家政服务、医疗服务工作网络，将社区服务、社区文化工作融入老干部工作。运用专题展板、网络、电化教育、论坛讲座、宣传资料五大载体，向广大党员、居民宣传“尊老、爱老”的中华传统美德。成立合唱、京剧、摄影、书法绘画多支文体活动队伍，创建党建示范型、书法绘画型、绿色环保型等8种特色楼门和手工纸捻、文艺、绘画、摄影等10种特色文化家庭。

建立集康复训练、手工制作、日间照料于一体的残疾人康复助残活动中心“阳光家园”。成立手工技能学校。参加者以重度智力残疾和精神残疾为主，培训内容有绢花，中国结，串珠，绘画等。每逢有关残疾人法律和活动日，居委会都举办宣传和讲座活动，“全国助残日“、”爱耳日“、“聋人节”、“世界精神卫生日”等，邀请专人讲解并开展相应活动，还邀请有关专业人士讲授有关养生保健知识和保护自身权益的法律知识。

构建人文科普型社区，利用社区党校、市民学校、科普中心、七彩假日学校、“半边天家园”等阵地，举办健康保健、饮食营养、文明祭奠、科普教育等知识讲座5场。自创社区科普期刊，引导居民崇尚科学、反对迷信。完善社区服务网络，为居民提供助老、助残、计生、家政、维修等服务。组织辖区志愿者开展“众助

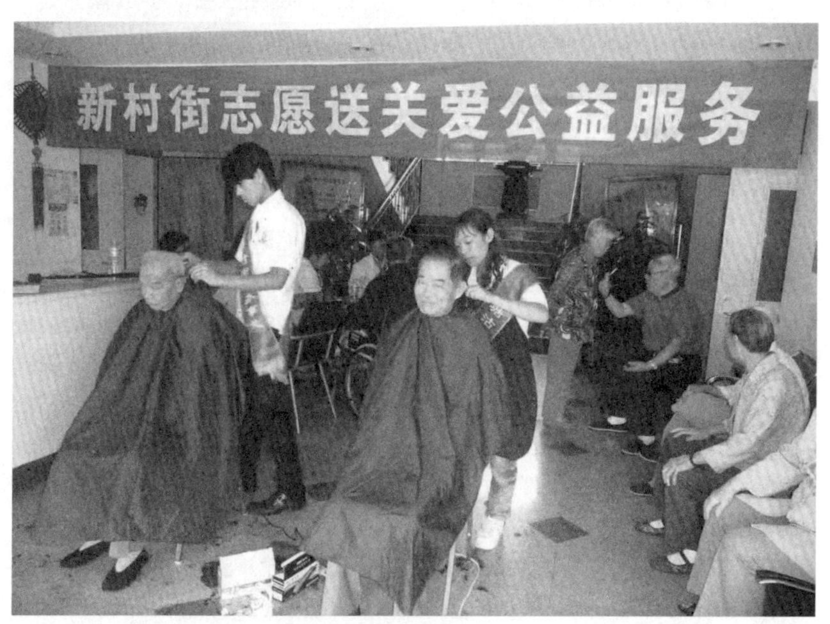

新村街道举行志愿送关爱公益服务活动，社区志愿者为老年人理发。

一”结对帮扶活动,每个志愿者每周至少与结对老人沟通两次，为他们解决实际困难。

街道志愿者协会围绕“志愿服务年”主题开展系列志愿服务特色活动，志愿服务时间1500多小时，受益老人1513人。完成正义里精品示范社区，碧海龙都和建新里特色社区，丹东里生态文明小区创建工作。

全年为低保户发放最低生活保障金306.27万元，发放低保二次救助金37.15万元,为1403位80岁以上老年人发放健康补贴金42.09万元。

（张继文）

于家堡街道

于家堡街道办事处成立于2010年11月16日，由原塘沽区解放路街道和三槐路街道合并而成。街道坐落塘沽中南部,东临春阳路,南抵海河,西至河北路,北至京山线和新港四号路。2011年,街域面积10.23平方公里，辖12个社区居委会,常住人口8万多人。

2011年,招商引企85家,注册资金58.2亿元。代征零散税收1070余万元。固定资产租赁收入100万元，引进和认定科技型中小企业21家，与1家企业签订发展楼宇经济合作协议。

落实20项惠民工程。累计投入180余万元,对海河园、民主街等7个社区居委会装修改造，发放低保金等650余万元。为137户困难残疾人家庭发放救助金30.5万元,报销药费4.3万元。为1568位80岁以上老年人发放慰问金56.7万元。利用街道自有资金20余万元。紫云园社区在滨海新区生态文明小区创建工作中被评为首批绿色社区，联合村社区通过生态文明小区验收。采集就业岗位1056个,安置失业人员608人,发放失业金299人次114万元。举办招聘会4场,提供就业岗位655个。为辖区700名育龄妇女免费健康查体，为188名流动育龄妇女进行孕检。发放塘沽独生子女意外死亡救助金10.5万元，发放享受天津市计划生育家庭特扶金35.7万元，为1197人发放独生子女费7.8万元,为44户贫困母亲发放慰问金2.2万元，利用街道自有资金，为9户困难家庭子女上大学发放奖励金0.65万元。

党建工作取得新进展。全年党员培训32期,组织党员收看远程教育288期,近8500人参加。在基层党组织和共产党员中开展“四学四比四看”(学理论,比觉悟,看品行;学业务,比责任,看实绩;学先进,比服务,看效率;学传统,比创新,看贡献)活动,选树优秀共产党员志愿者牛玉萍、优秀非公企业党组织书记苏雨兰、文明市民标兵刘南阳等一批先进典型，成立于家堡街道社区优秀党员标兵先进事迹宣讲团,深入社区巡回宣讲，成立党员志愿者队伍44支。完成辖区358家非公企业党支部组建工作,与75家非公企业签订工资集体协商协议书和女职工权益保护专项集体合同。

（张继文）

新北街道

新北街道成立于2010年8月30日，由原塘沽区向阳街道的贻正嘉合居委会、欧美小镇居委会、贻成尚北居委会、蓝山国际居委会,原塘沽区杭州道街道的迎宾园居委会，原塘沽区新河街道的融盛居委会、新新家园居委会合并组成，并将原三槐路街道办事处工作人员整建制转入。街道位于滨海新区核心区北部,东起京山铁路,西至宁车沽路—威海路—新河干渠，南临京津塘高速公路及其延长线,北抵北环铁路。2011年，街域面积37.6平方公里，常住人口近10万人。在接收7个社区居委会的基础上，新组建首创国际、晓镇家园社区居委会。招聘工作人员62名,充实社区工作队伍。

2011年,加大招商工作力度,招商引企备案企业130家，协议引资额44亿元,认定企业80家,注册资金24.56亿元,40多家企业筹备办理手续。引进、扶持科技型中小企业15家，引进中创孵化器集团落户海洋高新区。全年代征税款243万余元。

完成20项惠民工程。总面积6595平方米的街道社区服务中心大楼完成改造装修，建成后的办公大楼集社区服务中心、经济服务中心、社区卫生服务中心、劳动保障服务中心、综治服务中心、社区文体中心于一体；建立新北街道临时农贸市场,解决乱堆乱放、占路经营和居民买菜难问题；组织机关干部和辖区群众大型义务劳动12次，参加近4000人次，清理卫生死角20余处、垃圾杂物227车1135吨,清除小广告近45万张;对5个老旧楼区进行整体改造;以创建精品示范社区、生态文明小区、安静小区为契机,促进社区建设整体提高；开展大型医疗卫生宣传活动3次,2000余人受益;为辖区800余名育龄妇女免费查体；建立完善7个社区劳动保障工作站;组织辖区失业人员、流动妇女及青年农民工开展融入社区专题技能培训、创业者培训及创业能力测试等活动8场次；成立老年骑游俱乐部,组建7支社区老年骑行队,吸收70多位老年朋友为成员。

社区“半边天家园”以“服务流动妇女儿童同力构建美好家园”为服务重点，结合联合国青年农民工项目，建立“流动妇女儿童平安之家”和流动妇女图书阅览室，配置投影仪、书桌、椅子等设施，购置《劳动法》、《婚姻法》、《民法》、《妇女权益保障法》、日常生活指南等1000余册书籍和光盘，定期向流动妇女儿童开放；协调社区幼儿园，把一间50平方米的房屋布置成“亲子乐园”，配置益智玩具、小型体育运动器械、卡通防滑地垫等，为外来务工青年提供学习和进行亲子互动游戏的场所；编印《流动人口妇女儿童服务手册》，内容涵盖社区概况、就业指南、计生指南、法律援助、生活指南等方面；整体形成为流动妇女儿童提供一站式服务的工作模式。家园还从法律知识、身体健康、心理健康、住房、保险、孩子教育、求职等方面详细了解流动人口的基本状况和基本要求，针对流动人口中的不同情况，制定不同的服务工作方案，开展精准化、个性化的服务。利用“三八”妇女节及“世界人口日”组织流动人口参加有奖竞答和联欢活动，春节、母亲节期间慰问辖区流动人口困难家庭，送去慰问金、慰问品；半边天家园以服务流动妇女和儿童为主体，促进外来人口管理服务工作模式创新，促进滨海新区和谐稳定。

在各社区组建腰鼓队、舞蹈队、太极拳队、合唱团、模特队等文体队伍。举办街道残疾人运动会、老年人趣味运动会，活跃社区居民文化生活。举办8场社区文艺晚会。

（张继文）

新港街道

新港街道位于塘沽东部，东起新港二号路卡子门，西至春阳路，南到海河入海口中心线，北抵新港四号路。2011年，街域面积6.59平方公里，辖10个社区，常住人口近10万人。2009年11月滨海新区行政区成立。2010年1月10日，天津市塘沽区新港街道更名为天津市滨海新区新港街道。

天津港集团，交通部中港一航局一公司、四公司，交通部水运工程科学研究院，中国储运天津分公司，振华物流，新港船舶重工，新港客运码头，国际海员俱乐部，中国外轮代理分公司等坐落辖区。

2011年，加强招商队伍建设和管理，发挥经济发展促进中心载体功能，形成招商引资跨越式发展的“新港模式”，得到滨海新区区长宗国英的批示推广。成立滨海新区首家街道商会。设立50万元的街道经济发展专项资金。建立科技型企业孵化中心，成立10个帮扶小组，对科技型企业进行“一对一”帮扶服务。全年引进企业350家，注册资金额28.06亿元。征收零散税源455万余元。自有经济520万元，超额完成目标任务。

召开“扩权强街强镇”改革试点工作调研会，提出推进塘沽加快实施“扩权强街强镇”行政审批权下放的思路与对策。坚持定期救助与临时救济相结合，开展“慈善一日捐”和“博爱一日捐”活动。每月发放低保金35.2万元。元旦、春节期间，发放善款17.5万元，慰问困难群众304户。街道总工会启动工资集体协商“要约行动”。成立滨海新区首支人民调解应急队。由居委会主任、律师、退休党员等组成，及时了解居民思想动态，收集社情民意，听取百姓诉求和想法，发现矛盾纠纷隐患，把问题化解在萌芽状态。街道“学党史、读党章、温誓词”主题活动，接受中央电视台“焦点访谈”栏目组专题采访。

召开社会管理工作暨2011年重点工作推动会，开通“民情110综合管理信息系统”。该系统围绕社情民意设置基础信息、网格管理、社会管理、民情指数和协同办公五大板块，实现信息采集、案卷建立、任务派遣、任务处理、处理反馈、核实结案、综合评价7个步骤的信息化，将网管里的大事小情通过软件平台记录在案，使街道工作人员随时了解社区发生的事件，第一时间掌握居民诉求，街道社区的工作效率大为提升。举行公务自行车启用仪式，将首批购入的50辆自行车分发到各居委会和办事处机关，倡导“低碳办公、绿色出行”的环保公务理念，拉近政府机关与百姓之间的距离。

探索城市社区治理新模式。在华云园社区举行居委会专业工作委员会聘任仪式，率先推出“3721城市社区组织体系”，其中“3”是三个基本实体工作机构（社区党委、社区居委会、社区工作站），“7”是七个专业工作委员会（社区共建和协调委员会、社区治保和人民调解委员会、社区公共事业发展委员会、社区福利委员会、社区民情委员会、社区公共环境管理委员会、青年妇女儿童工作委员会），“2”是两个会议制度（居民会议、社区民情议事会），“1”是一个交叉任职机制（建立社区党组织班子成员、社区居委会成员与业主委员会交叉任职制度）。发挥辖区单位、社区民间组织、物业管理机构在社区建设中的作用，提升社区自治水平。

举行“文化新港展示月”活动。制定实施“文化强街”、“文化强居”工程。元旦、春节期间，采取板报、讲座、座谈会、征文、书画展、体育比赛、文艺演出等形式，策划举办“公民道德周”、“延安精神进社区进校园”、“改陋习、树新风、创文明”读书征文、“楼门文化”茶话会、“走向健康”老年健步行、“巧手秀未来”手工编织等主题系列活动，为社区居民献上迎春系列文化“大餐”。通过展示月活动，用文化把社区居民联系起来，提升了社区居民的幸福指数。

2011年，街道获得全国先进基层党组织、全国社区服务先进单位等市级以上集体荣誉和个人荣誉20余项。街道行政服务中心被评为天津市行政服务中心先进单位。北仑里社区荣获“天津市魅力社区”称号。

（张继文）

杭州道街道

杭州道街道地处塘沽中心城区，东起吉林路，西至车站北路，南倚京山铁路，北邻京津塘高速公路。2011年，街域面积3.8平方公里，辖14个居委会。常住人口12.20万人。2009年11月滨海新区行政区成立。2010年1月10日，天津市塘沽区杭州道街道更名为天津市滨海新区杭州道街道。

辖区内有津滨轻轨铁路、津塘公路、杭州道、广州道、福州道等8条主干道路，著名商贸集市“洋货市场”坐落于此。

2011年，引进企业69家，内联引资到位额16.8亿元，引资企业入库税收近3亿元。中国五矿、二十二冶等央企落户该街。零散税收新增纳税户200余户，实现零散税收1200余万元。自有经济收入120余万元。认定科技型中小企业48家。

协调有关部门，健全完善街道综治信访中心功能。投资120余万元，对长征里、京山道居委会装修改造。筹集善款30余万元，对辖区1100余户困难群众帮扶救助。组织辖区志愿者2000余人次，对800余名困难群众提供家政服务。成立滨海新区首家劳动关系协调委员会。全年举办大型免费招聘会6场，为897名下岗人员提供就业岗位，确保零就业家庭动态为零。以“阳光家园”为依托，在各社区成立以残疾人为主的爱心毛衣编织社。指导帮助时代名居、隆盛花园等3个小区完成业主委员会换届选举。引进福润达公司进驻社区配餐。街计生服务率先在新区实行“两制审批”制度（工作时间现场审批服务制；非工作时间预约审批服务制）。盛大康公司为老人提供“菜单式”服务，居家养老水平不断提高。

按照创建精品示范社区要求，对长征里社区装修改造。成立社区流动人口计生协会、流动人口妇女之家、亲子乐园和青少年思想道德教育站。完善街道网站和福州道社区网站，设置社区党建、政策法规、为民服务、法律在线等16个专栏，为居民群众搭建网上电子服务平台，引导居民自治，提升自我管理、自我教育、自我服务水平，天津市委督查专报两次刊载网站创新社区管理经验，点击人数超过200万人次。依托慈善机构，为辖区1200余名困难群众发放救助款物合计120余万元。发放老年免费乘车卡8500余张，为12000余名60至80岁老年人办理意外伤害保险。组织就业培训4次，1118人参加技能培训。开展计生宣传活动，印发宣传资料2000余份，组织4次育龄妇女义诊咨询服务活动。

启动社区“五大员”助推“排头兵”工程。成立杭州道街延安精神宣教中心。在福州道等14个社区成立延安精神辅导站。结合“邻居节”、“艺术节”、“学习节”等举办文体活动36场，组织1000名社区群众畅游滨海。街道、社区有舞蹈队、秧歌队、合唱队等文体组织28个，全年组织开展卡拉OK比赛、消夏晚会、戏曲晚会等大型文体活动12场，中小型活动60余场。

调整3个社区党组织负责人，对社区党组织负责人进行2次业务培训。对长征里、新园里社区党建活动阵地全面提升改造。对辖区952家非公企业党建工作进行核查、统计上报。帮助永隆船员代理公司、天津泰盛商品混凝土有限公司等4家非公企业成立独立党支部。组建14家非公企业联合党支部，将辖区307户非公企业纳入联合党支部，实现非公企业党组织全覆盖。在全体党员中开展“学党史、温誓词、做表率”活动，街道工委领导带头，街道老干部宣讲团、街道延安精神宣讲团成员深入社区、学校讲党课21场次，听众近5000人次。“七一”期间，街道工委组织党史知识竞赛和书画展，总结表彰先进党组织15个，先进党务工作者20名，优秀党员80名，党内学习模范、服务群众模范和促进和谐模范30名。13人获塘沽工委和新区区委表彰。率先在街道系统进行廉政风险防控工程试点工作。街工会建会343个，占注册单位总数的91%。

2011年，文安里社区获首届全国白玉兰社区环保一等奖，福州道社区获评全国社区服务先进社区。杭州道街被评为市级文明单位，新业里社区被评为市级文明社区。

（张继文）

新河街道

新河街道位于塘沽城区西北部，东至车站北路与杭州道街道和新北街道相邻，西至排灌渠与胡家园街道接壤，南隔京山铁路与新村街道衔接，北至杨北公路与北塘街道交界。2011年，街域面积45.80平方公里，辖9个居委会。人口2.31万户7.56万人，其中流动人口1.78万人。2009年11月滨海新区行政区成立。2010年1月10日，天津市塘沽区新河街道更名为天津市滨海新区新河街道。

2011年，实施招商引资目标责任制，完善招商引资政策。完成招商引资额8.5亿元，引进企业135家。认定科技型中小企业52家。做好协税护税工作,征收税款261.49万元,比上年有所提升。

3月至10月，组织举办新河街道中国象棋社区对抗赛暨新河街第二届全民健身运动会，开展广播体操、跳棋、乒乓球比赛等文体活动。庆祝建党90周年,举办辖区单位红歌演唱会,10场社区消夏晚会各具特色。组织开展“携手建设创新型城市——科学发展·科技创新·科普惠民”培训、咨询、讲座等宣传活动16场次。开展军地各类文体、歌咏比赛联谊活动和庆“八一”文艺晚会等系列活动,“八一”期间与66206部队、海军出版社、预备役一团、总参军训与兵种部滨海办事处签署军民共建协议。举办以“激情滨海、和谐新河”为主题的新河街道第二届辖区运动会。至10月底,组织辖区文体活动46场次,参与3万人次,新河街道震新社区被中国福利基金会社区发展基金评为全国社区服务先进社区。

开展“奋战300天”市容环境综合整治，组织机关干部、居委会主任、保洁员、社区志愿者等进行6次大型义务劳动,对小区脏乱死角、堆放杂物、涂鸦广告等集中整治。动用车辆80台次，清运垃圾渣土杂物440多吨，清除涂鸦广告3万余张(处)。加大协调力度,重点解决居民生活实际困难。全年对辖区30余处污水外溢进行治理，维修更换污水井盖160个,解决湘江里、珠江里、桂江里6处自来水地下管道跑冒水问题,栽种冬青树苗1.5万株、果树30余棵。投资20万元,完成长江里中心花园绿地改造升级工程。投资3万元，完成兵营楼平房100余延米自来水管道改造维修，彻底解决居民吃水难、水费高难题。投资2万余元，对兵营楼12栋楼房32个楼门的垃圾道封堵。投资1万元对桂江里17栋垃圾道改造。利用自有资金对岷江里、桂江里、漓江里小区1200余延米残缺破损护栏维修改造。投资1万元在新建里小区新建9块大型文化墙，为活跃社区文化生活提供有利条件。

1月11日,街道举行“爱在新河情暖寒冬”扶残助困活动启动仪式,200余人参加。仪式上,街道爱心企业奉献爱心，为辖区困难家庭捐款22万元；塘沽管委会副主任吴庆云为爱心企业颁发荣誉证书和纪念牌，与企业家代表一起为低保家庭代表、残疾人困难家庭代表和外来务工困难家庭代表发放慰问品。举办“牵手残疾人共创残疾人文化”文艺演出进社区活动。开展以“我快乐、我参与”为主题的特奥队员系列活动，活动期间组织特奥队员进行书法、绘画、手工编织、体能训练等活动,680人次参加，手工作品达400余件。新建里社区举行法治文化超市启动仪式,100余人参加。

(张继文)

向阳街道

向阳街道位于塘沽中部偏北，东至建材路—洞庭路，南至京山铁路,西至吉林路—河北路,北至京津塘高速公路延长线—泰达大街。2011年，街域面积8.06平方公里，辖11个居委会,人口10.08万人,流动人口36366人。2009年11月滨海新区行政区成立。2010年1月10日，天津市塘沽区向阳街道更名为天津市滨海新区向阳街道。

2011年,引进企业209家,引资额22.73万元。做好协税护税工作，国税代征2066户，代征税款80.84万元;地税代征3801户,代征税款641.82万元。认定82家科技型中小企业。网上注册111家,扶持储备企业64家。实现自有资金134万元。

推进精品社区创建工作。滨海新区首家示范亮点工程867平方米的吉庆里社区服务站投入使用。对服务站管理功能与设施布局进行科学规划与调整。配备医疗卫生服务站、老年人日间照料室、电子阅览室、文体活动室等,满足辖区居民需要。

街道承担的国家级国际援助项目青年农民工融入社区项目,以“和谐平等、相融共助”为主题,重点加强组织体系、骨干志愿者队伍、青年农民工联络员队伍“三个建设”和宣传发动、业务培训、专项服务“三项工作”。滨海新区区委书记何立峰调研时对该项工作给予充分肯定,要求将工作成果在新区街道系统推广。该项目不仅得到国家民政部全程跟踪扶持，也引起新华社、中国网、天津电视台等众多媒体关注,获得一致好评。中央电视台、天津电视台、滨海电视台、人民日报、天津日报、滨海时报等媒体分别进行专题报道。该项目的各项工作得到国家项目专家组、民政部、联合国项目办高度评价。

满足群众精神文化需求，根据辖区文体队伍特点，组建社区文化艺术团，并以此为骨干，辐射各社区，带动居民参与积极向上的社区文体活动。其中包括红宝石健美操队、红叶舞蹈队、社区民乐队、社区戏曲队、残疾人合唱队、青年曲艺队等9支艺术团队。组织开展群众性文体大型活动9场次。举办文化艺术节开幕式及邻居节表彰大会、庆祝建党90周年表彰大会、“创先争优下基层,先进文化送社区”主题大型文艺晚会。举办消夏晚会11场次,开展端午节、老年节活动16场次,参与群众3万余人。

做好困难群众帮扶救助工作。为407户低保户发放低保金及二次救助金共297.4万元。发挥残疾人

"阳光家园"作用,提供生活托养、特殊教育、医疗康复等综合性服务。举办免费招聘专场 6 场，开发岗位 2500 余个,新增安置就业 850 人,社区职业介绍 356 人。开展"真情服务流动人口、真心关爱妇女健康"免费查体进商城活动，建立环渤海商城流动人口计划生育服务室。计生工作在各类报纸、杂志、媒体上稿 22 篇,其中国家级刊物 2 篇。街道荣获"红旗街"称号。

完成滨海新区第一家在民营企业建立党委工作。改建贻成集团党委和新建贻成实业公司两个党委并有效开展工作。成立滨海新区第一个流动党员党支部，组织外来务工骨干参加多次培训，有入党申请人 10 名,1 名确定为积极分子。在非公有制企业成立 23 个党组织。各社区党组织选派社区党员骨干和社区年轻党员到非公党组织任书记，实现非公企业党组织全覆盖。党员示范岗文化楼成为创先争优亮点。以朱成玉楼门为基础，扩展 3 个楼门建成 1 栋党员示范岗文化楼。

2011 年，街道荣获国家级奖项 3 项、市级奖项 19 项、区级奖项 33 项,召开现场会 2 场次。

(张继文)

大沽街道

大沽街道位于海河南岸，东临渤海,南与大港接壤,西与塘沽新城镇毗邻,北依海河。2011 年,街域面积近 400 平方公里（10 月临港工业区划入大沽街道),设 9 个社区居委会,人口 5 万余人。2009 年 11 月滨海新区行政区成立。2010 年 1 月 10 日，天津市塘沽区大沽街道更名为天津市滨海新区大沽街道。

辖区有响螺湾商务区、临港经济区、天津港南疆港区、轻纺经济区等经济功能区和聚集区。海晶集团制盐场、渤海石油等大型国有企业坐落界内。

2011 年,招商引资注册资金 10 亿元，比上年增加 3.2 亿元，增长 47%。

做好科技型中小企业申报审核工作，成功申报科技型中小企业 13 家。街道处级领导定期走访帮扶这些企业，对正在申报审核的企业加大帮扶力度，帮助企业解决发展中的实际问题。加强各社区基本单位名录库的建设和维护，完善能源统计,完成辖区企业单位商业报表,对 371 家单位进行基本信息维护。

开展"迎新春送温暖"慈善捐助活动，举行送温暖献爱心现场捐助仪式，争取社会爱心企业宏志教育基金、诺恩水产等单位对辖区困难家庭捐助。开展残疾人"一助一"活动。春节期间为辖区 700 余户困难家庭提供款物救助折合 37 万元。发放各类救助 1313 万元,发放付食补贴、优抚金、老年人慰问金等款项 30 余万元,受益 2772 人。依托社区开展敬老月系列活动，为老年人播放数字电影,赠送"福寿中国结",开展老年人趣味运动会。举办庆重阳文艺演出,开展老年人防范知识讲座,举办金婚庆典和老少同乐庆重阳联欢会。为辖区 9 名困难老人发放 1800 元慰问金,街残联为辖区 80 岁以上残疾老年人送去慰问品。对特别困难家庭发放临时救助 12 万余元,为 198 户低保特困学生(高中至大学)发放助学金 15 万余元。完成 1212 户低保户、53 户特困户、13 户边缘户的复审调标工作，月发放低保金 95 万余元。

改造升级 4 个社区文化活动广场。组建多支群众文化队伍。组织大沽龙灯队和大沽街合唱团参加塘沽第 16 届海门艺术节开幕式的表演和演唱。组织社区中老年人参加塘沽老年体协举办的中国象棋比赛。组织社区居民和机关干部参加塘沽全民健身运动会。组织社区文艺工作者参加滨海新区"红色达人歌咏大赛",京东大鼓文艺演出。纪念建党 90 周年,创作快板联唱《跟着党走奔前方》。合唱《遵义会议放光辉》和歌伴舞《草原上升起不落的太阳》应邀参加塘沽街道艺术节开幕式,参加天津广播原创作品秀大赛,小品《坏毛病》、《说唱快板》、《争做文明有礼天津人》分获一等奖和二等奖,赴大港、汉沽参加滨海新区首届艺术节精品文艺节目巡回演出。

做好安置帮教和社区矫正工作,加强流动人口服务管理,与 212 家驻街企事业单位和社区签订社会治安综合治理责任书和安全生产责任书。深入开展法律宣传活动和反渗透、反颠覆、反分裂、反破坏斗争。街道作为市级安全社区创建工作试点单位,先后进行调查摸底、宣传发动、试点创建以及创建资金申报工作。做好辖区安全社区创建培训工作，建立安全辖区单位安全生产数据库,按行业建立安全生产台账,为安全生产检查和监督工作的开展提供可靠依据。在辖区安全隐患排查中，发现一般安全生产隐患 11 起，重大隐患 1 起,并进行督促整改。

针对辖区实际，及时成立泰和新都社区党支部,成立和睦园、和谐园、和美苑、和盛苑 4 个还迁社区临时党支部。对新桥里等 4 个社区党组织委员进行充实调整。抽调 7 名年轻骨干为 4 个还迁社区居委会筹备组负责人，加强对基层党组织强基创先工作的指导，为各社区党组织统一制作《社区党建服务指南》,党组织办事程序、党建活动更加公开、规范。对辖区 273 家非公企业调查，有党员的企业 11 家，党员 26 名。对两个具备建立党组织条件的企业制订组建计划。分别组建宏瑞混凝土等 3 个独立非公党支部及 3

个非公联合党支部,至10月份街道实现党建工作全覆盖，达到应建必建,组建率100%。

(张继文)

北塘街道

北塘街道地处塘沽北部，南临塘沽海洋高新区,北抵中新生态城,西至黄港度假村，东接天津经济技术开发区。京山铁路横贯南北、京津塘高速路穿越东西。2011年,街域面积117平方公里，其中北塘城区面积10.3平方公里。辖4个行政村、4个居委会、6个渔业公司、8家乡镇企业、3家村办企业、23家个体民营企业。人口0.96万户2.54万人,其中农业人口0.30万户0.76万人。2009年11月滨海新区行政区成立。2010年1月10日,天津市塘沽区北塘街道更名为天津市滨海新区北塘街道。

该街是一座有570年历史的海防重镇。2009年辖区被列为滨海新区“十大战役”之一,2010年正式组建天津滨海新区北塘经济区。

街道城区整体拆迁工作于2009年5月10日正式启动。辖区老企业整体拆迁后，街道办事处成立招商引资办公室，在中心区设立服务中心。制定《北塘街道招商引资奖励办法》等政策。截至2011年底,引进企业52家，其中注册资本1000万元以上13家，注册资本2000万元8家,注册资本5000万元4家,注册资本亿元1家。引资总额5.03亿元。天津新北建设集团有限公司、联发集团、万瑞投资公司、斯诺尔机电设备安装有限公司、金通盛投资发展有限公司等一批国内外知名企业相继落户，招商引资工作实现重大突破。

2011年,农作物播种面积350.4公顷，水产品养殖面积1424.47公顷。其中,海水养殖1034.87公顷,淡水养殖389.6公顷,拥有海上捕捞船只308只。

街道地处塘沽偏远位置，渔农户、城镇户交叉,整体拆迁后,由于产业结构调整,下岗失业人员剧增,就业压力加大。2011年,街道办事处把做好劳动就业工作作为解决民生工作的突破口。拓展就业门路,安置城镇下岗失业人员289人，农村剩余劳动力112人。办理就失业证148人,办理下岗失业人员登记132人,每月代发失业保险金547人次29.07万元。为65名大龄人员办理保险补贴，这些人员得到养老、医疗、失业三类保险的75%补贴,总计1.98万元。为城镇职工办理医疗保险878人，为城乡居民办理基本医疗保险6990余人。多渠道采集就业信息,为辖区群众搭建就业平台,举办“春风行动”、“为劳动者服务日”两场大型招聘活动。94个单位进场招聘，提供岗位435个，达成意向222人。开办技能培训班,开展农村城市化劳动力转移培训,1012人达成培训意向，开办8个培训班,557人接受培训。

有持证残疾人648人，街道残联为174户195名残疾人、低保和特困家庭办理残疾人生活补助金25.83万元，为6名重度残疾人、边缘户申请生活补助金，每季度每人200元。丰富残疾人精神文化生活,组织第20个“全国助残日”宣传活动，举办残疾人歌咏比赛，组织60名辖区残疾人及助残志愿者开展趣味运动擂台赛。在天津市首届全民健身运动会残疾人组比赛中，该街肢体残疾人陈殿起分别取得铅球、铁标枪第一名。在塘沽第六届残疾人文化活动月暨残疾人工艺美术摄影展中，肢体残疾人于连民获一等奖。

(张继文)

胡家园街道

胡家园街道位于塘沽城区西部，东临新河街道，西与东丽区接壤，南枕海河，北抵黄港水库南大堤。京塘高速、津滨高速、京山铁路、津滨轻轨、津塘公路贯穿全境。2011年,街域面积75.2平方公里,耕地面积2128.4公顷。辖19个行政村、2个居委会和3个居委会筹备组。总人口7.23万人，其中农业人口4.03万人。2009年11月滨海新区行政区成立。2010年1月10日,天津市塘沽区胡家园街道更名为天津市滨海新区胡家园街道。

胡家园街道六道沟村大雁养殖

2011年，实现增加值13.2亿元，年收入500万以上的规模企业300家。农民人均纯收入1.55万元。

农村城市化建设取得进展。按照滨海新区区委、区政府和塘沽工委、管委会的工作部署，完成陈圈、善门口两个农村城市化试点村农民选房任务，签约村民全部入住塘沽西部新城。签约农民全部办理“农转非”手续，男60岁、女55岁村民按月领取养老金，享受城市居民医疗保险待遇。两个试点村村民原住房正在拆迁。审批完成征收两村土地604公顷，征收村民宅基地74公顷；完成629户村民承包的82公顷土地栽植林果树和其他农田地上物丈量认证和经济补偿工作。

2010年底开始，对遭受三煤气污染的中西、中八车、中心庄、三川桥、义和庄、一疙瘩、郑庄子村，先行启动农村城市化过渡周转拆迁工作，2011年基本拆迁完毕。按照滨海新区总体发展规划，加快推进在拆迁腾空的村民住宅和村庄占地上建设胡家园产业园区工作。

伴随农村城市化工作逐步推进，围绕相关利益的咨询及纠纷和信访量增多。街道实行预案在先，采取职能部门接访、信访干部入户重点排访、领导干部下访和司法答疑释惑等方式，重视群众诉求，预防化解群体性事件。全年接待来信来访217批次2100人次，办结176批次。信访稳定工作保持平稳可控有序态势。

规划中的西部新城起步区区内道路修建完成，新塘湖等旅游景观工程完工，起步区新楼房竣工交付使用，水、电、气和绿化等配套景观工程基本竣工，西部新城成为塘沽地区的一个旅游景观工程。

29456名农民参加城镇居民医疗保险。全年举办3场招聘会，4500人应聘，1400人达成就业意向。安置下岗失业人员和农村城市化转移劳动力545名。补办社保卡2331张，代发社保卡2725张。保管学生挡案1737份，办理就失业证270份。

农村低保费发放329万元，二次救助发放83万元。全年发放低保金190万元，物价补贴26万元，家庭助学款11万元，特困救助款8.7万元，过节和过冬取暖补贴款108万元。发放复员军人补贴116万元。为992名80岁以上老人发放健康长寿补贴38万元。发放副食补贴等民政事业费69万元。

（张继文）

渤海石油街道

渤海石油街道位于塘沽东部，毗邻天津港和临港工业区，东起新港船闸，西至振兴楼，南倚津沽复线，北靠闸北路及军粮城地区。2011年，街域面积14.85平方公里，辖6个社区居委会和3个社区。常住人口约3.5万人，流动人口约1.5万人，居民以中国海油渤海油田职工家属为主。2009年11月滨海新区行政区成立。2010年1月10日，天津市塘沽区渤海石油街道更名为天津市滨海新区渤海石油街道。

辖区除中国海油渤海油田一线生产企业外，还有海洋石油总医院及社区卫生站、公安南疆分局、离退休管理中心、水电服务公司、通讯网络公司，有小学3所、中学2所、幼儿园2所。

2011年，对低保户、无工作遗孀、无工作残疾人三类人群实施常规季度救助4次，开展春节、夏令、重阳节慰问、金秋助学等救助活动。累计救助10797人次，实现确保困难职工家属生活水平有改善、患大病重病能就医、困难职工子女不辍学的帮扶救助目标。拓宽为老服务领域，坚持“老有所养，困有所帮”的人性化理念，创新服务，开展经常性、制度化的询访活动，对独居、空巢老人加强入户探视。全年为65岁以上老人办理敬老卡426份，为60岁以上老人办理老年证81份，为60至80岁老年人办理免费意外伤害保险7485人，为90岁以上老人发放慰问金79人次2.35万元，为80岁以上老人发放慰问金357人10.71万元，发放老年副食补贴565人5.07万元。

构建具有渤海社区特色的文化载体，社区邻居节以“欢唱滨海、放歌中华”为主题，开展丰富多彩的系列文化活动，举办专场演出4场，评选出“好邻居”10名。各社区借助邻居节平台，把尊老敬老、邻里互助、崇尚科学等内容融于特色文化活动，寓教于乐，收到很好效果。社区上党课、唱红歌、讲故事、走圈锻炼、广场舞健身，从根本上改变了社区文化设施匮乏和居民文娱活动单一的状况。

（张继文）

寨上街道

寨上街道位于汉沽东南部，东临河北省丰南市涧河村，南临渤海，西枕蓟运河与塘沽相连接，北至汉沽城区府北路、大丰路等路段，拥有29公里海岸线。2011年，辖区面积144.69平方公里，其中滩涂面积77.25平方公里。所辖居委会由15个整合为9个。成立朝阳花园居委会。原营城镇完成村居整体搬迁后，暂有3个自然村（大神堂、洒金坨、蔡家堡）和3个村级居民委员会（铁神庙、万根、后大坨）建制。有居民2.57万户7.80万人。

2010年1月滨海新区行政区挂牌成立，天津市汉沽区寨上街道更名为天津市滨海新区寨上街道。

2011年，实现生产总值2.59亿

元，社会总产值6.65亿元，协税护税187.42万元，固定资产投入9600万元，协议利用内资1亿元，实际到位内资5380万元，农民人均纯收入13496元。

投资4000万元新排制5对大马力钢壳船全部下水生产，新建育苗养殖场7座全部竣工，新增注册企业23家，新增企业3家。税收征稽站挂牌成立并投入运行。

开展社区环境整治、"城乡环境大清整百日会战"等系列特色活动，对华阳里等小区维修、硬化、绿化，对建阳里等小区封堵垃圾窑门，增设垃圾桶，为各社区安装休闲椅。成立"城市文明督导队"，对城市管理进行细化督导。完成蔡家堡村398户整体搬迁，按条件分配安置楼房。

发放低保金63万余元，发放供暖补贴34万元。对低保户和特困家庭1317人进行一次性救助，发放救助金108万元。成立街道残疾人康复站。举办寨上街第四届特奥残疾人运动会。铁坨里、东风里日间照料服务站管理有序。开展"游滨海祝福老人"等敬老活动。

创新社会管理模式，"三责联动、居站分设、网格化管理"等特色社区管理模式日渐成熟。寨上街道社区服务中心投入使用。建阳里、惠阳里、中阳里等5个社区服务站启动建设。发挥网络和通讯的快捷功能，推进信息化便民，零距离服务。打造智慧社区，实现便民服务"一点通"、特殊服务"一键通"、社区服务"一线通"的"三一通"服务模式。

加强街镇、村居计生干部队伍建设，严格落实属地化管理，加强信息化建设，村、居、街网格健全，人员到位，资料齐全，计划生育居民自治覆盖率100%。德阳里、平阳里获得市级人口和计划生育示范社区称号。

发挥综治信访服务中心作用，形成大信访格局。接待上访78件，调处78件，解决75件。建立综治办、司法所、社区民警、家属和居委会"五帮一"的帮教工作体系，实现监督与教育、管理与帮扶、疏导与服务相结合。开展综治宣传月、禁毒宣传日、法律宣传日、综治会展等系列活动。

推进社区文化大发展，涌现阳光艺术团、龙狮飞镲队等民间队伍。成立街道社会组织联合会。建立博爱图书馆。开展寨上街道社区"唱响滨海，颂歌献给党"歌咏大会等文化活动。举办寨上街第三届社区运动会。

寨上街道综治信访服务中心

开展"创先争优"活动，抓好党的组织、宣传、教育等工作。铁坨里社区获得天津市魅力社区称号；坨南里社区获得全国学习型家庭示范社区称号；东风里社区获得市级社区党建工作示范点称号。

（张兴艳）

汉沽街道

汉沽街道位于汉沽城区东北部，东至大丰路，西至蓟运河，南邻府北街、友谊路，北接大田镇。2011年，辖区面积6.06平方公里，所辖居委会由15个整合为9个，有居民2.44万户6.62万人。

2010年1月滨海新区行政区挂牌成立，天津市汉沽区汉沽街道更名为天津市滨海新区汉沽街道。

2011年，引进招商项目13个，注册资金5000万元；完成协税77.83万元。引进"家庭迷你小菜园"科技项目，丰富居民"菜篮子"。举办汉沽街首期科技型中小企业对接会。开展零散税源征缴工作。

组织开展社会治安综合治理集中宣传、综治宣传日等宣传活动；开展冬季百日安全无事故活动、夏季安全生产大检查、特种设备安全督察和道路交通安全百日集中整治行动。

开展为流动人口"办实事、送温暖"活动，全面推开流动人口服务管理"四方承诺制"。抓好信访稳定工作，开展"无邪教社区"创建活动，启动"安全社区"创建工作。

发放低保金319.64万元、特困金9.86万元、副食补贴7.21万元，为61人发放退岗补贴。为2户困难家庭申请临时救济金1940元，为1户申请慈善救助金5万元，为低保家庭申请医疗救助金2.35万元，报销孤老医药费4683.13元。办理廉租房补贴69户，新申请廉租住房租房补贴 78 户,发放廉租住房租房补贴 60 户,审批限价商品房 14 户。全年组织 76 人参加就业培训,就业安置 525 人。为 12 名下岗失业人员办理小额担保贷款 60 万元。参加城居医疗保险累计 2482 人,新办理发放医保卡 2292 人;累计参加城乡居民基本养老保险居民 349 人,累计领取老年人生活补助 727 人。

小区环境设施改善,完成中阳里、魏民里、东滨里等小区硬化、绿化、燃气入户等工程。完善保洁管理长效机制,市容市貌得到根本改观。汉沽街社区服务中心、东滨里社区服务站、滨河家园社区服务站启动建设。

深化计划生育优质服务工作,开展计划生育示范社区创建工作,金谷里、后坨里获得市级示范社区称号。成立 10 个流动人口协会,2 个流动人口"爱心驿站"。

开展"创先争优"活动,完成"公开承诺"、"领导点评"、"一诺、双联、四评"、"学、比、创"活动。创建"学习型党组织",开展"强基创先"考核验收工作。设立社区志愿者服务岗等十类岗位,520 名党员参与活动。组织社区党员与辖区孤寡老人、下岗职工、残疾人、低保户等困难群众结成"一帮一"、"多帮一"帮扶对子。成立党员志愿服务队 40 支,开展志愿帮扶活动,发放慰问金、慰问品价值 11.3 万元。

举办汉沽街第一届"邻居节"。评选出文明家庭 24 户,市级文明家庭标兵 1 名,推荐第八届全国五好文明家庭 1 户,推荐文明社区 6 个、文明单位 1 个、文明市民 15 人。

(张兴艳)

河西街道

河西街道位于汉沽城区西部,东邻蓟运河,西与茶淀镇相邻,南与茶淀镇留庄村接壤,北接京山铁路。2011 年,辖区面积 4.75 平方公里,所辖社区由 12 个调整为 8 个,有居民 1.65 万户 4.17 万人。

2010 年 1 月滨海新区行政区挂牌成立,天津市汉沽区河西街道更名为天津市滨海新区河西街道。

2011 年,招商引资 3.47 亿元,协税 115.13 万元,引进企业 5 家,注册资金 4000 万元。

河西街社区服务中心和泰安里、三明里、七星里社区服务站奠基。改善小区环境,对 30 条老旧里巷路整修,完成一经路沿线市容环境整治工程,对宜春里、七星里辖区内临街和可视护栏拆改。建立 11 支城管文明督导队伍,开展清脏治乱行动。采取宣传教育、集中治理、统一规范、长效管理等方式,规范管理辖区摊群市场。

建立维稳工作组织领导体系和应急保障工作机制,强化值班制度,以"平安汉沽"专项行动为载体,平安建设全面延伸。开展消防安全、学校周边环境等专项整治活动 10 余次。接待群众来访 696 人次,受理案件 496 件,调解纠纷成功率 93%。开展"创文明交通城市做文明交通人"和"法律进社区"等活动。

综合节育率 90%,避孕及时率 100%,随访率 100%。开展"送计生温暖入村居,为育龄群众服务到家门"优质服务万户行活动。打破城乡计划生育管理模式,实现计划生育居住地服务与管理。以婚育新风进万家活动为主题,开展以女性健康为主题的科学知识宣传活动。

发放低保金 536 万元,发放各类救助款项 860 余万元。为 108 位困难老人提供居家养老服务。

推进就业再就业工作,安置下岗失业职工 920 余人,采集就业信息 933 条,为 10 人办理小额担保贷款。及时发放失业金,提供就业政策宣传和咨询服务。

对居委会干部进行集中培训和技能评比,提升社区管理水平和公共服务水平。选出 8 人担任社区居委会主任助理。建成学习型社区、关爱型社区、创建型社区、文化型社区、共建型社区、服务型社区、共享型社区,形成"一居一特色"的社区建设新模式。河西街社会组织联合会成立,对 128 个社区非盈利性民间组织重新备案登记,搭建管理服务平台。

2011 年 12 月 15 日,滨海新区汉沽街道社区服务中心及滨河家园社区服务站项目奠基仪式。

增强党组织凝聚力，深化“创先争优”活动，开展“一诺、双联、四评”活动，开展“庆祝建党90周年”向党献礼系列活动。加强社区党支部书记队伍建设，举办社区党支部书记培训班，提高基层党组织带头人综合素质。春节、“七一”前夕走访慰问困难党员128人。成立卢宽利书法刻字艺术文化发展中心党支部和一个联合支部。落实党风廉政建设八项制度，组织开展廉政文化进社区等活动。

（张兴艳）

胜利街道

胜利街道位于大港中部，东以迎宾街道为界，南至南环路，西至炼油厂青年点，北至世纪大道。2011年，街域面积约21平方公里。辖17个居委会，人口6.30万人。

区域内原主要居住着1956年到此开荒的胜利、前进、新立三村村民。1974年初，中石化四公司为建天津化纤入驻此地，在胜利村北建起8幢楼。1976年后，化纤厂又在四周先后建起6个居民区。1979年11月大港区成立，有关行政、企业、事业单位相继建立，成为全区政治、经济、文化、交通中心。街道办事处1981年底筹建，1984年4月经大港区政府批准成立。由天津石化公司组建，为厂办区管体制。1999年7月移交地方管理，2000年成立胜利街道工作委员会。曾获全国军民共建社会主义精神文明先进单位、全国社区体育先进街、天津市民间艺术之乡、天津市文明机关和文明机关示范点等称号。2009年11月滨海新区行政区成立，天津市大港区胜利街道更名为天津市滨海新区胜利街道。

2011年，成立工商业联合会，搭建资源共享平台，引进各类企业191家，累计投资13.7亿元。完成科技型企业注册26家，通过中小型科技企业认定11家。

征求和谐社区建设意见和建议3600多条，提供社会事业扶持资金31万元。开展政策宣传、义诊咨询、治安巡逻、养绿护绿等活动400余次，调解矛盾纠纷40余起，排查不稳定因素13起，社区整体管理水平显著提升。

组建胜利街艺术团，开展红歌演唱会13场次，参加居民1800余人次。举办金秋文化艺术节，开展活动数百场，参加人数近万人，创造文化艺术作品近千件。活动被天津日报等多家媒体报道。

慰问老党员、困难党员67人次，发放慰问金7.7万元，慰问困难人员465人次，发放慰问金近200万元。为辖区258户低保户和特困户发放保障金、春节补助72.1万元。为115位老年人办理健康保险，发放补贴9.99万元。为残疾人提供免费查体和发放辅助器具等服务，为残困家庭学生发放各类助学金1.03万元。采集岗位信息815条，新增就业岗位2846个。实现新增就业1948人，安置失业人员再就业2756人。做好特别扶助人员调查审核工作，发放特扶金20.64万元。受理劳资纠纷案件5起，涉及48人，总额21.3万元，全部通过调解妥善处理，结案率100%。为2909人办理社会保障卡，为160人办理城乡养老保险，为1603人办理城乡医疗保险，均超额完成指标任务。

开展大型环境治理10余次。化解各种矛盾、排查不稳定因素40余起，处理信访34起；出资8700余元，做好重点人工作。计划生育率98%，宣传计划生育政策，传授育龄妇女保健和生育知识，免费为育龄妇女体检，建立育龄妇女健康档案，对患病妇女进行督促治疗。为贫困母亲捐款3万余元，发放慰问金5000余元、大米250公斤、油50公斤。慰问独生子女家庭230户，购买3.34万元的慰问品。为育龄妇女报销手术费1.4万元，发放独生子女奖励费8.1万元。

（刘旭东）

迎宾街道

迎宾街道位于大港城区中心，东至津歧公路，北靠学府路，西至胜利街道，南至南环路。2000年，由港北街道与板厂街道合并组成。2011年，街域面积23平方公里。辖28个居委会，人口15.33万人。2009年11月滨海新区行政区成立，天津市大港区迎宾街道更名为天津市滨海新区迎宾街道。

2011年，注册企业180家，注册资金2.5亿元；注册个体工商户422户，注册资金1814万元。37家中小企业完成网上注册，14家企业通过认证。财政收入1859万元，完成指标任务的121%。

新增就业2908人，完成目标任务的115%。保障育龄妇女知情选择权，对手术人员回访慰问率100%，对辖区常住和流动育龄妇女孕检1万人，孕检率分别达到98.7%和99.3%。建成建筑面积6542平方米的迎宾街社区服务中心，中心正式运行后实行“一窗口受理，一条龙服务，一站式办结”的服务模式，提高工作效率。完成福苑里、兴德里、学府雅居、春晖里等业主委员会换届。全年开展各类集中清整28次，累计出动车辆60台次，清运垃圾90余吨，清除卫生死角300余处、乱贴乱画10万余张，辖区环境明显改善。

强化管理创新，提升和谐程度。推行党组织向基层两个延伸。社区党组织向楼栋（门）延伸，建立楼栋党支部58个，楼门党小组187个，涉及党员2297名，实现支部建到楼栋,党小组建到楼门。党组织向“两新”组织延伸,建联合党支部23个,达到应建必建目标。成立大港地区首家社区组织联合会,下设为老服务、再就业等45个协会,发展会员1万余名。各协会开展丰富多彩的活动,深受居民好评。实行社区网格化管理,在街道设立网格管理站,将辖区32个自然小区、1000多栋楼房按不同区域划分网格群,形成“站、群、点”三级网络体系。全年为民解难700余件。推行“无假日社区”服务模式,实行“朝八晚九”工作制,设置24小时便民服务热线,开通迎宾街社区服务网站,为居民提供高效、便捷、优质的服务。

筹资建设5个“老年星光之家”,建成兴德里青少年快乐营,各类活动设施得到合理配置。投资数十万元将开元里老年活动室装修一新,购置健身器械、棋牌桌椅、空调音响等。与中国石化集团第四建设公司共建老干部活动室、兴旺里物业公司活动室等场所。社区图书阅览室、文体活动室、棋牌室面积2000余平方米,有健身、养生、普法等图书8000余册,设乒乓球、台球、扑克等活动项目13种,健身器械100余件。建设4000平方米的便民服务市场,解决朝阳东路占道经营问题;解决福华里、朝晖里、春港花园3个社区无物业问题。

利用文体活动室,为青少年举办暑期少年围棋班、书法班、书画展、少儿读书节,开展青少年心理健康咨询等活动;为老年人举办老年笔友会、票友会,组建合唱团,举办丝网花培训班,组织健身秧歌大赛、太极拳展演等活动。晨晖里、建安里老年合唱团80余人,迎宾舞蹈队百余人,演出节目由几个发展到几十个;社区评剧团、梆子剧团、天津快板说唱队、京东大鼓文艺队等团体也组织起来;剪纸、中国结、面人、泥塑等民间艺术参与人群逐渐增多。

慰问特困家庭543户,发放现金40余万元。为213户低保户、26户特困户发放低保、特困救济100多万元。举办街道就业招聘会,427人与招工方达成初步就业意向。年内提供空岗信息1169条,挖掘就业岗位5120个,做职业介绍1599人次。举办创业培训和技能培训,提供小额担保贷款促进创业带动就业。对十类困难人员进行就业援助,认定十类困难人员160人,全部安置就业。完成新增就业2831人。

(王奎芳)

海滨街道

海滨街道位于大港东南部,东至渤海边,西以排减河为界与港西街道为邻,北至穿港路,南至防洪大堤。2011年,街域面积118平方公里。辖27个居委会,人口14.02万人。

街道居民区原为大港油田职工家属基地,由大港油田自行管理,产生于1965年油田建设初期。2000年3月,因大港油田企业减负,油田居民区由地方政府接管,经天津市人民政府批准,建立大港区海滨街道办事处,隶属区政府街委会。2001年8月,大港区合乡并镇,海滨街道西部6个居委会划归港西街道。2005年,团泊基地划归海滨街道管辖,成立团泊洼居委会。2006年,成立心港假日居委会。2009年11月滨海新区行政区成立,天津市大港区海滨街道更名为天津市滨海新区海滨街道。

2011年,走访企业70余家,帮助11家企业解决供水、供电等问题;为50余家企业和投资者提供全程工商注册代理服务;帮助15家科技型中小企业申报各类项目,帮助4家科技型企业享受扶持资金20万元的奖励,协助6家科技型企业申报大港科技项目创新、新区及市高新技术项目扶持资金,推荐3家科技企业申报科技小巨人企业。协助1家企业申报并获得市高新技术企业奖励;2家科技型中小企业为“科技小巨人”,并获发展专项资金;4家企业获评科技型中小企业,获得奖金20万元。至年末,注册科技型中小企业37家,被认定为科技型中小企业23家。追缴税款5.6万元,累计完成代征代缴地税910万元、国税31.5万元。

对刑释解教人员帮扶教育。为外来务工人员协调解决工薪11万余元。调处矛盾纠纷200余起。构建治安巡控队,坚持每天24小时巡逻。

安置就业再就业2650人。为2376人办理城乡居民养老保险;为13200人办理医疗保险,报销医药费84万余元;办理发放就失业证94个,发放失业金22.2万元。

发放低保金、特困金、价格补贴59.7万元;发放各类助学金4.4万元;为51户残疾学生申报在校助学金,为27人申报临时救济金3.5万元、滨海新区扶贫济困资金5.2万元。

扫描整理档案,接受升级指导检验。深入社区现场指导,并做好业务培训。年度集中培训两次,分散指导20人次。档案利用率提高,全年借阅资料63次。

加强市容管理,提高城市品位。以强化综合整治为手段,以创建绿色社区为载体,以配合油田治理“六乱”(乱摆、乱卖、乱堆、乱放、户外加工、市场外溢)为契机,推进街道城市管理建设,提高城市管理水平。

开展“奋战300天”市容环境综合整治活动。组织大型集中清整活动7次,出动6320多人次、各种车辆42辆,清除卫生死角103处,清理各类垃圾510余吨，清理和覆盖非法小广告5250多条。

投资1.8亿元对团结路和幸福路实行市容综合治理。拆迁7个区域的平房146栋。同盛西、同盛东两社区创建为市级“绿色社区”。举办大型文艺演出4场，其他演出80余场。

（邵凤霞）

古林街道

古林街道位于大港城区东部，南与河北省黄骅市接壤，北与津南区相邻，东与塘沽相接，西与迎宾街道相连。2011年，街域面积209平方公里，耕地面积69.9公顷，辖10个居委会、5个行政村，人口6.37万人，其中农业人口3439人。至年末，辖区内有企业法人单位546家。

该街成立于2000年3月，由原上古林乡、官港街和千米桥街合并而成。2009年11月滨海新区行政区成立，天津市大港区古林街道更名为天津市滨海新区古林街道。

2011年，完成留成税金9622万元，比上年增长98%；生产总值（增加值）14.35亿元，增长26%；规模以上工业总产值14.75亿元，增长15%；服务业增加值5.65亿元，增长25%；外贸出口额1.92亿美元，增长12%；固定资产投资6.22亿元，增长48.8%；实际利用内资2.088亿元；农村居民人均收入14359元，增长9.8%。

一批骨干企业发展壮大。51家完成网上科技企业注册，35家企业通过科技型中小企业资格认定。科迈公司申报国家级研发中心并争取整体上市；长虹电缆公司研发具有国际先进水平的高铁配套产品；科林公司为创建国家级研发中心做准备。

在谈项目4个，计划投资约20亿元；在建筹建项目6个，预计投资6.2亿元；竣工项目5个。投资5000万元改扩建高档酒店，提高服务水准。

设施渔业养殖面积发展到40000平方米。舍鳎等名贵鱼类珍品产量75吨，经济效益明显提高。渔盐一体化生产面积1066.6公顷，产盐3万吨，水产品产量600吨。

辖区巡逻队办理、破获各类案件40余起，协助抓获犯罪嫌疑人25人以上，预防和制止违法犯罪行为75起，提供大量有价值的治安线索；妥善处置马一村出嫁女要求享受土地补贴款，马二村离异妇女、出嫁女子女要求享受部分村民待遇等问题。各类信访调处成功率96%，上访批次人数比上年下降40%；依法调解纠纷184起，调解成功率95%。

安置就业2637人。办理社会保障卡25000张；发放失业保险金18万余元。为2176人办理城乡老年人生活补贴、发放补贴金180余万元，为1300多人办理城乡养老保险。为6820人办理城乡医疗保险，报销药费60余万元。为689名80岁以上高龄老人申报养老补贴90余万元。为马二村220名村民办理城镇职工养老保险申报手续，为348名村民办理被征地人员社会保险。审核发放一次性补贴、低保特困救助金121.3万元，临时和扶贫救济3.8万元，优抚金14.2万元，伤残补助17.3万元。为官港社区家属工办理生活补贴57万元，为921名家属工发放副食补贴9.88万元，街道发放慰问金7万余元。落实农村惠民政策，发放渔船燃油、冬枣等补贴共计55.4万元。

新建古林街社区服务中心竣工交付使用。3个社区服务站开工建设；凯旋苑社区服务站改造工程竣工投入使用。

（薛玉卓）

港西街道

港西街道位于大港南端，南与河北省黄骅市接壤，东与大港油田和海滨街道为邻，北靠大港水库，西与太平镇相接。地处大港油田腹地。2011年，街域面积74.92平方公里，耕地面积1133.3公顷，水库及滩涂1000公顷，辖6个行政村、6个社区居委会。人口3.40万人，其中农业人口近1万人。回族900多人，是大港少数民族集居区域。

该街前身为沙井子乡。2001年8月撤乡并镇，将邻近油田的6个居委会并入，成立港西街道。2009年11月滨海新区行政区成立，天津市大港区港西街道更名为天津市滨海新区港西街道。

全街乡镇企业275家，以石油化工、制钉、汽车改装与配件、造纸与纸制品、彩钢与仪表、仓储物流为主导行业。有市、区、街三级养殖小区16个。

2011年，实现乡镇企业总产值67.85亿元，比上年增长27.3%；乡镇

2011年12月，天津市规模最大的水泥粉磨项目天津天瑞水泥有限公司400万吨粉磨站在港西街道落成投产。

企业总收入 61.1 亿元,增长 26.4%;增加值 13.6 亿元,增长 26.4%。固定资产投资 7.8 亿元,实际利用内资 4.52 亿元。农民人均纯收入 14017 元,增长 12.5%。

投产项目 8 个,总投资 18 亿元。风力发电项目并网发电;天瑞水泥投料生产;5 家企业完成技扩改并投产,兴源化工注册的"七嘉"牌商标获得天津市著名商标称号。在建项目 10 个,总投资 31.25 亿元。申报市级技改项目 22 个,申报初创期科技型企业 13 家,落实扶持资金 2295 万元,协调银行贷款 11350 万元。认定科技型中小企业 56 家。

都市园初具规模,入园大门及道路绿化、亮化、美化工程完成,新建 330 个温室大棚全部完工,港西农庄、风电瞭望塔正在建设,休闲码头和广场规划设计完成。开发建设滨海太空蔬菜育种示范基地项目正式启动。

安居工程稳步推进。远景三村 1.5 万平方米住宅楼工程四楼封顶。社区综合服务中心进行规划选址。开工建设 6 个社区工作站。劳动保障中心、文体活动中心、日间照料中心和老年公寓内部设施进一步完善。太沙路辅路及园区 1 号路两侧硬化、亮化工程和东大桥翻建工程全部完成,太沙路北延线工程地上物拆迁基本完成,辖区主干路两侧路灯改造工程全部竣工,青静黄河道、工业园区主干道、四季田园入口服务区及村庄绿化工程全面完成。

统筹各方力量、各种资源、各项职能,基本实现从"维稳"到"维权"的转变,辖区环境和谐稳定。举办各类招聘活动 3 次,实现新增就业 2818 人,完成任务的 108%。城乡医疗保险参保率 100%。开展"诚信"计生试点创建活动,在 6 个村建立计生服务室,服务水平提高。根据残困户实际需求,投资购买必需的生活用品,解决他们的实际困难。在大港举办的"踩街"、红歌比赛、消夏纳凉晚会等多项活动中取得优异成绩。建街 10 周年之际,街道工会、团委、妇联等群团组织及各村居相继开展特色鲜明的庆祝活动,在大港庆祝建国 62 周年文化活动中,街道选送的精彩节目向大港人民展示港西浓厚的文化氛围,提升了港西文化档次。

(曹俊义)

新城镇

新城镇是天津市小城镇建设试点镇、文明示范镇之一,位于滨海新区界内海河南岸,同塘沽城区繁华区域隔河相望,南连塘沽盐场、大港,西与津南区葛沽镇毗邻,北靠海河,东临河南路。1998 年 8 月,由原新城镇和邓善沽乡合并组成。2011 年,镇域面积 31.01 平方公里,耕地面积 837 公顷。辖 6 个行政村,常住人口 0.81 万户 1.96 万人,其中农业人口 1.46 万人、非农业 0.50 万人,汉族 1.81 万人、少数民族 0.15 万人。镇政府位于新城村。2009 年 11 月滨海新区行政区成立。2010 年 1 月 10 日,天津市塘沽区新城镇更名为天津市滨海新区新城镇。

镇域海河岸线长 13.8 公里,有大沽化、盐场和新城镇自建码头,可直接至出海口与国内外各港口通航。改革开放以来,初步形成以建筑材料制造、海洋精细化工、仓储运输为主的产业结构,农业向以高新技术农业为龙头,林果、蔬菜、花卉为主的新型农业发展,城市建设发展较快,建有自来水厂、电站、公路等基础设施。有中学 1 所、小学 3 所、卫生院 1 所、敬老院 1 所。

2011 年,实现社会总产值 14 亿元,工业增加值 3.53 亿元,出口供货值 3800 万美元,固定资产投入 8000 万元,上缴税收 1.5 亿元,农民人均纯收入 1.3 万元。

农业生产稳步发展。蔬菜产量 20910 吨,产值 2650 万元。畜牧业肉类产量 1915 吨,产值 2848 万元。粮棉产量 1455 吨,产值 350 万元。果品 1116 吨,产值 480 万元。水产 310 吨,产值 310 万元。牛奶 48 吨,产值 50 万元。花卉 6 万株,产值 120 万元。生猪出栏 11774 头,存栏 10228 头。肉牛出栏 391 头,存栏 666 头。羊出栏 719 头,存栏 1491 头。

农村城市化步伐加快,完成新城、黄圈、营房、南开、邓善沽 5 个村撤村建居四项表决,为农村城市化全面启动打下基础。配合区有关部门协调穿行镇域重点工程,天津大道、蓟港铁路、港塘线拓宽改造等工程顺利实施。加强乡村公路养护工作。天津滨海生态农业科技园区项目进展顺利,园区项目总投资 10.2 亿元,累计投资 7.41 亿元,占地面积 3.89 万平方公里。生态园累计栽植热带乔木 3000 株、灌木 17052 株,各种热带植物 21000 平方米。生态园内部设计方案敲定并全面开工,生态园休闲设施安装施工及农民再就业技能培训中心装修在进行中。主题广场基本完工。种苗工厂土建基础工程完成 10.5 万平方米,钢结构安装完成 8.3 万平方米,场地坑塘填土累计完成 10.5 万平方米。新品种试验示范日光温室基本完工。农情体验园完成碎石淋层 6.3 万平方米,回填绿化土 4.5 万平方米,绿地整理 5.5 万平方米,农产品配套用房工程累计完成基础施工 1.5 万平方米。镇党委、政府高度重视园区建设,协助其向上级申请享受城市化政策,解决土地、资金等多项问题。

全年发放最低生活保障金 210.12 万元。全镇农村人口占总人口的 67%。对辖区低保对象入户系统调查,基本实现动态管理下的应保尽保、应退尽退。辖区特困群众基本生活得到保障。开展双拥和困难户的优抚、慰问工作。全镇优抚对象41人。其中在乡老复员军人18名，参战、参试人员23名。为优抚对象发放生活补助金和二次救助卡（关爱功臣卡）共计23.74万元，报销取暖费8900元。

（张继文）

大田镇

大田镇位于汉沽西北部，东临河北省汉沽农场，南连汉沽城区，西依蓟运河，北接宁河县芦台镇。2011年，辖区面积13.55平方公里，耕地面积531公顷。辖10个自然村、1个社区居委会，人口3686户9842人，其中农业人口3020户8361人。

2010年1月滨海新区行政区挂牌成立，天津市汉沽区大田镇更名为天津市滨海新区大田镇。

2011年，完成国内生产总值2.75亿元。其中，第一产业增加值4140万元，第二产业增加值1.23亿元，第三产业增加值1.11亿元。完成固定资产投资1.26亿元，招商引资1亿元，税收2150万元，农民人均纯收入13132元。

农业产业呈现新特色，小马金湾设施农业园、大王万凤园农庄、芦中芦新园等重点农业项目的扩建改造工程相继完工，成为新的生态绿色旅游观光和农家乐休闲园区。完成设施农业24公顷，引导农民试种草莓九九香果和春红油桃树等新品种获得成功，提高农业经济效益和农民收入水平。

推进示范镇建设，完成10个自然村签约工作，签约率50.46%。

推进各项社会事业，抓好社会养老保险扩面，为低保户修缮房屋，实施医疗救助，实现应保尽保，发放军人安置费及伤残军人补助费。落实强农惠农政策，各种补贴足额发放。培训种植专业技术人员168人次，安置就业700人。芦前、芦后、下坞、小马4个综合服务中心和10座农家书屋投入使用。完成国家级生态镇创建工作。

重视计划生育工作，人口出生率在9‰以下，性别比控制在85%以内。镇域内路网、电网、水网等基础设施得到完善。高压电网改造工程顺利实施，完成输水管网建设工程。

结合开展市容环境综整治活动，实施美化、绿化、亮化工程，拆除违章建筑、清理占道经营和乱堆乱放，清除垃圾杂物，确保道路整洁畅通，镇容村貌焕然一新。

（董　坤）

茶淀镇

茶淀镇位于汉沽西南部，东濒蓟运河，南与塘沽接壤，西接北京清河农场，北临宁河县。2011年，辖区面积52.36平方公里，耕地面积1813公顷。辖17自然村，人口8543户24371人，其中农业人口7553户21526人。

2010年1月滨海新区行政区挂牌成立，天津市汉沽区茶淀镇更名为天津市滨海新区茶淀镇。

2011年，完成国内生产总值9.75亿元，比上年增长5%。其中，第一产业增加值1.87亿元，增长4.5%；第二产业增加值2.61亿元，增长5.1%；第三产业增加值5.27亿元，增长5.1%。完成固定资产投资3.75亿元。实现税收1600万元，增长15.6%。农民人均纯收入13500元，增长3.2%。

推进农业项目建设，12个农业项目投入建设，完成投资7651.5万元。新建设施化农业168.66公顷，其中节能温室26.17公顷、钢架大棚142.49公顷。葡萄总产量43954吨，总产值25223万元，其中大棚葡萄产量2774吨。正跃水产优质养殖基地新建占地1.33公顷的驯养繁殖娃娃鱼项目，形成养殖、繁殖、观赏为一体的景区，成为汉沽农业新亮点。

加快工业项目建设，积极组织企业申报科技型中小企业，申报成功58家，落户企业追加投资1.9亿元。

服务业健康发展，开发以葡萄科技园为龙头的农业体验观光游等特色农业旅游资源。

加大农村社会保障力度，全镇低保户662户，发放低保金177.7万元、特困金4.8万元、物价补贴35.6万元、五保金13.6万元、优抚金44.5万元。全年批准低保97户348人，注销50户111人，政策性调整20户44人。2600余名60岁以上老人领取城乡老年人生活补助，城乡老人养老保险参保808人，城乡居民医疗保险参保率98%。

（董　坤）

杨家泊镇

杨家泊镇位于汉沽东北部，东临河北省丰南市，南与寨上街道相邻，西接宁河县，北与河北省汉沽农场接壤。2011年，辖区面积60.71平方公里，耕地面积1355公顷。辖13个自然村，人口5390户16958人，其中农业人口5054户15771人。

2010年1月滨海新区行政区挂牌成立，天津市汉沽区杨家泊镇更名为天津市滨海新区杨家泊镇。

2011年，完成国内生产总值7.81亿元，比上年增长13.7%。其中，第一产业增加值2.02亿元，增长5.2%；第二产业增加值1.71亿元，增长13.6%；第三产业增加值4.08亿元，增长18.5%。完成固定资产投资4.53亿元，增长25.2%。实现税收3405万元。农民人均纯收入13496

元，增长 10.4%。

加快设施农业建设，完成农业重点项目 10 项，总投资 3300 万元。占地面积 19.5 平方公里的滨海杨家泊水产聚集区规划完成。杨家泊水产科技园区开工建设。正大工厂化养虾试验场项目，4700 平方米的养虾实验场建设完成。水产品工厂化养殖实体达 41 家，总水体 49.4 万立方米。完成鱼虾总产量 9737 万吨，其中对虾 5100 吨、海淡水鱼 4637 吨。完成设施农业开发 73.33 公顷，其中温室 404 个、大棚 214 个。蔬菜产量 600 吨、葡萄 4750 吨。

第二产业发展迅速，以镇工业园区建设为载体，加大招商引资力度。新引进、签约项目 11 个，协议总投资超过 10 亿元，航桩、新型建材等项目试生产并批量生产。

农村劳动保障工作得到加强，全镇 13 个劳动保障服务中心（站）开发就业岗位 910 个，其中安置大学生就业 133 人。全年为 655 名城镇居民办理基本医疗保险。新型农村合作医疗参合率 100%，参合人员报销医疗费 300 万元，发放老年补助 167 万元。组织就业培训 4 期，累计培训 389 人。为低保户、特困户、五保户发放低保、优抚、大病救助资金 117 万元，为困难家庭、残疾家庭修缮房屋 58 户，困难群众基本生活得到保障。

（董 坤）

太平镇

太平镇位于大港南部，南邻河北省黄骅市，东接港西街道，北濒大港水库，西靠小王庄镇。东西宽 16 公里，南北长 18 公里。2011 年，镇域面积 174.7 平方公里，耕地面积 4900 公顷。辖 22 个自然村、19 个行政村，人口 3.40 万人，其中农业人口 3.18 万人。

金秋十月，太平镇崔庄村皇家枣园游人如织。

该镇曾被誉为冬枣之乡、全国书画艺术之乡，文化艺术名扬天下，涌现出作曲家孟庆云、农民画家窦锡珍等一批艺术人才。还是全国综合改革试点镇、全国亿万农民健身活动先进乡镇。规划建设占地 43 平方公里的中华民营经济园，将为镇经济增添活力。

新中国成立前，该地属河北省黄骅县。1949 年属黄骅县五、六区。1953 年属六、七区。1958 年先后属东风公社和北大港公社。1961 年 5 月成立太平村公社。1963 年 2 月划归河北省天津市北大港区。1970 年属南郊区。1979 年 11 月归属大港区。1983 年，太平村公社改建太平村乡。1987 年 3 月，改建太平村镇。1998 年 9 月，太平村镇更名太平镇。2009 年 11 月滨海新区行政区成立，天津市大港区太平镇更名为天津市滨海新区太平镇。2011 年，被国家文化部授予“中国文化部艺术之乡”称号。

2011 年，完成乡镇企业增加值 23.75 亿元，比上年增长 24%以上；规模以上工业企业产值 31.4 亿元，增加值 1.9 亿元；新扩技改及基础设施建设投资 18.8 亿元；实际利用内资 6000 万元；外贸出口 1700 万美元；财政收入 5120 万元；农民人均纯收入 1.37 万元。

完成科技型中小企业申报注册 64 家，认定 36 家。为 39 家企业量身制作专利 201 件，为企业争取专利制作专项资金 90 余万元。为 5 家企业争取扶持资金 300 余万元。

中华民营经济园区完成绿化和天然气、滦河水管网铺设；建成 35 千伏变电站 1 座。太平工业区起步区 3.13 平方公里内部分道路铺设沥青路面。累计发放园区征地补偿款 9.8 亿元，迁移坟墓 3000 座，补偿枣树、果树 12 万株。

小麦产量 3363 吨，秋粮产量 26650 吨，冬枣产量 2200 吨。投资 1400 万元的生态村项目通过市级验收。投资 2400 万元的兴济夹道清淤、护坡和水环境治理工程加紧施工。完成绿化面积 74.4 公顷，栽植树木 75432 株。完成窦庄子、苏家园节水管网 133.3 公顷铺设工程。皇家枣园各项设施建设投资近 6400 万元。冬枣驿站及古戏楼正式竣工，枣博物馆、太平文化展厅及餐饮区对外开放营业。农家院、游步道、荷花塘、木栈道、垂钓园等投入使用。投资 1600 万元新建农业设施蔬菜新型节能温室 111 个。完成 26.7 公顷百果园建设，增植大雪枣、海棠果等2万余株；崔苏路绿化，栽植各种树木9340株。

完成示范镇一期34万平方米农民还迁楼主体施工，小区水、电、暖、气、路、污水处理等配套设施建设基本完成，新建欣苑小学和幼儿园并具备招生条件。示范镇二期拆迁民房900余户、养殖舍和仓库200余处，填平鱼池3处，完成高压线切改。1、2标段32万平方米还迁楼桩基施工正在进行。

发放低保金及各类补贴款296万元；新增就业3799人，完成各类就业技能培训2000人次。

（张　龙）

小王庄镇

小王庄镇位于大港西南部，东邻大港水库，南与河北省黄骅市接壤，西至205国道与静海县中旺镇接壤，北靠马厂减河。2011年，镇域面积105平方公里，耕地面积3758.9公顷。辖20个行政村，人口2.30万人，农业人口2.04万人。

205国道穿镇而过，津汕高速、黄万铁路、钱顺公路横贯其间。经过发展建设，形成“三大基地、五大中心、六大经济功能区”的总体发展框架，成为大港西部崛起的农业重镇。

新中国成立前，该地属河北省静海县。建国后，属静海县抛庄区。1950年改为七区。1953年7月，区下设乡，小王庄地区设小王庄和西湾河2个乡。1958年，小王庄地区划归团泊洼公社管理区。1963年7月，划属河北省北大港区。1965年4月，成立小王庄公社。1970年1月，划属南郊区。1979年11月，划归大港区。1983年5月，小王庄公社改建小王庄乡。1986年8月，小王庄乡改建小王庄镇。2001年8月，徐庄子乡并入小王庄镇。2009年11月滨海新区行政区成立，天津市大港区小王庄镇更名为天津市滨海新区小王庄镇。

2011年，完成地方生产总值11.35亿元，比上年增长24%；镇级财政收入950万元，增长32%；固定资产投资24亿元，增长26%。实际利用内资1.2亿元，增长30%；农民人均纯收入13539元，增长10.4%。

奥特莱斯项目完成项目选址、地籍调查、规划调整、土地上报审批等工作，其他准备工作正在进行。向阳石化下游产品工业区入驻企业14家，年创产值超过2亿元；高标准规划占地300公顷的欣园仓储物流科技园。落实新扩技改资金4.5亿元，实施新扩技改项目9个，认定科技型中小企业32家，专利申请达135件。

新建设施农业基地160公顷投入生产。硬化田间道路3.2万平方米，铺设供水管线6万延米，新打机井5眼，安装变压器3台。53公顷标准化鱼池完成改造。日产7.8吨白灵菇的工厂化车间主体完工，园内“金绿源”生猪养殖场项目通过市级验收。占地4公顷、投资450万元的蔬菜整理配送中心大型设备正在安装，通过验收。冬枣产量突破2200吨，培育出滨港一号冬枣新品种。

安置就业2700人，为80岁以上老人按月发放生活补贴。建立新型救助体系，整修危陋房屋23户，发放扶贫救济款220余万元。

投入20万元完善提升基层党组织教育阵地、档案管理等。镇档案室通过市级验收，达到市一级档案室标准。开展党员点评承诺活动；开展镇村领导干部帮扶活动；开展政风行风民主评议活动；结合建党90周年，深入开展党建6项特色活动；结合党员意识培养，开展党员义务奉献月活动。制定学习长效机制、考核考评机制、驻村干部指导机制、窗口服务机制。推行“三线工作法”(领导干部一线驻守、中层干部底线衡量、村级干部红线控制)。开展领导干部入100个家庭、培养100个骨干活动，深入开展项目服务月活动，对上争取政策、掌握信息、应用政策，对下服务基层、服务企业，服务群众，密切党群关系、拉近干群距离。

（刘洪先）

中塘镇

中塘镇位于大港北部，东至十米河与津南区小站镇毗邻，西连小王庄镇，北与静海县和西青区相交，

2011年10月，小王庄镇沈清庄枣农徐俊树(右)培育出冬枣新品种滨港一号。

南靠天津石化公司。丹拉高速、津港公路比邻而过，205国道、黄万铁路横贯其间。2011年，镇域面积89平方公里，耕地面积2756.15公顷。辖24个行政村，人口4.50万人，其中农业人口3.78万人。

新中国成立前，该地隶属河北省天津县小站市。1950年隶属河北省天津县第六区。1952年划归天津市。1953年隶属天津市南郊区，同年7月建中塘乡和大安乡。1956年，大安和中塘2个乡合并为中塘乡。1959年隶属河西区小站公社西小站管理区，同年11月西小站和小站、中塘划属南郊区。1979年11月6日，南郊区西小站公社以马厂减河为界，划分为西小站和中塘2个公社，中塘公社划归大港区。1983年，中塘公社改称中塘乡。1994年撤乡建镇。2001年8月，赵连庄乡并入中塘镇。2009年11月滨海新区行政区成立，天津市大港区中塘镇更名为天津市滨海新区中塘镇。

该镇是国家星火技术密集区，全国乡镇企业示范区，首批全国小城镇综合改革示范镇。拥有世界第一的二、三酸生产基地，中国第一的汽车胶管生产基地。

2011年，实现乡镇企业总产值236亿元、销售收入231亿元、增加值41.5亿元、利润总额10.5亿元、固定资产投资14.7亿元，均比上年增长26%以上；镇级财政收入突破亿元，增长55%。农民人均纯收入1.26万元。

河东工业园完成二期坑池填埋土方工程，平整土地26.7公顷。投资840万元的安港三路竣工。园区投产项目3个，总投资1.29亿元；开工建设项目8个，总投资3.34亿元。日嘉工业园投产项目1个，总投资3000万元。中塘工业区拆迁民房576户、企业3家，迁坟34座。起步区二期1平方公里的污排、给水及电力设施等配套项目全面开工建设。

投资4000万元建40公顷蔬菜大棚，种植蔬菜20多个品种。投资5000万元建6.7公顷蔬菜良种大棚，并开始培育良种和扩繁。投资1360万元建13.3公顷食用菌智能温室，开始试生产。投资2900万元建设施农业旅游观光休闲园，建成二代温室大棚13.3公顷，全部投入生产。神驰牧业养殖基地总投资6900万元，奶牛存栏达3500头。荣大肉鸡养殖基地年提供雏鸡能力达1000万只。华鳌特色水产养殖基地项目主体建设基本完成。投资1.5亿元新建万码畜牧养殖基地，一期建设完成鸭舍改造67栋。千亩生态林栽植各类树木5.6万株，面积达44.6公顷，唐津高速经济带基本建设完成。绿生源食品饮料公司新建厂区1.5万平方米，年加工冬枣能力3000吨。

示范小城镇城市前期准备正在进行。对6个村地上物进行摄像存档，完成2个村的房屋测量评估。首批50万平方米的中心居住区场平开工。

安置就业3366人。完成城乡居民退休和老年人补助调标工作；办理养老保险参保2666人；发放老年人生活费308万元；城乡医疗保险报销医疗费共计113万元。对镇域所有学校进行操场改造，新建学生食堂4所。成功举办天津市第三届“中塘杯”中老年歌唱比赛等系列文化活动，组建中塘镇“百灵艺术团”。

（吴忠强）

·天津区县年鉴·

中心城区

和平区

概　述

和平区位于天津市区中部，海河干流西岸，地处北纬39°08′，东经117°12′，一般海拔2.8—4.5米。行政区域呈不规则四边形，东西最宽处3.72公里，南北最长处4.2公里。北、东濒临海河，南以津河、马场道与河西区相邻，西以南门外大街和卫津路与南开区接壤。是天津市政治、商贸、金融、文化、信息中心。2011年，区域面积9.98平方公里。辖劝业场、体育馆、南市、小白楼、新兴、南营门6个街道。常住人口135094户402213人，其中男性193506人、女性208707人。除汉族外，有回、满、蒙古、朝鲜等30余个少数民族。

2011年，按照“三个层面联动协调发展、中心城区全面提升”的要求，和平区在推进城市主中心建设、提高国际化水平、提升发展内涵、加强科学化精细化管理上下功夫，促发展，惠民生，保稳定，实现“十二五”良好开局。实现地区生产总值560亿元，比上年增长12.5%，其中考核口径增加值230亿元，增长16.4%；区级财政收入37亿元，增长25.4%，总量位居市内六区第一；完成固定资产投资127亿元，创历史最好水平；社会消费品零售额298亿元，增长16.6%；内资到位额132.5亿元、外资到位额5.8亿美元，居市内六区前列。

金融城建设初具规模。银行、保险、证券等金融机构总数107家，占全市近30%。分行及以上中、外资银行32家，占全市40%；全市全部外资银行中国总部和87.5%的外资银行入驻和平区；保险和期货法人机构分别占到全市的75%和50%，形成门类较为齐全的金融服务体系。区级财政贡献率20%，“金融和平”的知名度和影响力日益扩大。

全区商务楼宇87座350万平方米，23座商务楼宇被列为市重点扶持对象，12座楼宇税收超亿元，形成以外资金融机构为主的津汇广场、以地区总部和中介服务业为主的信达广场等专业特色楼宇，楼宇经济对区级财政贡献率58%。10000平方米以上商业设施31家，业态调整成效明显。金街商圈整体形象和功能品位显著提升，海信广场等4座高端卖场销售额超10亿元。利顺德等5家五星级酒店投入运营，世界第二大电器销售商山田电机天津总店开业。津湾广场等4条商业街入选天津市首届特色商业街区，占全市的三分之二。组织系列商旅活动，开展优质服务竞赛，社会消费品零售额保持全市前列，中心商业区的地位更加稳固。

加快建设南马路、卫津路两条科技产业带。创新大厦一期入驻100%，税收超亿元，二期入驻超过60%。建成特色鲜明、聚集度较高的5座科技楼宇，形成政府主导、政企合作、企业自营三种园区运营模式。被确认为国家级知识产权强区工程试点区。经市认定的科技企业首次突破千家，科技产业逐步成为区域经济新的增长点。

制定出台招商引企、引企增税等政策，创新工作机制，明确招商重点，畅通信息渠道，动员全区力量，成立攻关小组，赴发达国家和地区，招大引强选优。与北京、深圳等地建立战略合作关系，加强与市直部门、科研院所联系，策划组织招商大会等系列活动，对外交流日益广泛。美国泰科、韩国企业银行等一批总部企业入驻，国内外500强企业的地区总部、分支机构82家。

推进普查建库工作，健全完善管理体制，做好国有资产整合、盘活、经营工作，运营质量和保值增值率明显提高，经营性国有资产居市内六区前列。积极稳妥推进国有企业改革，滨江集团改制取得重大进展，滨江世纪广场完成挂牌转让，集团公司从亏损近亿元到实现扭亏。完成国有中小企业改制和困难企业退市。

开展“调结构、增活力、上水平”活动,落实联系重点企业制度,为企业办实事解难题。推进行政审批大提速,开通24小时服务热线,简化办事程序,审批效率和服务质量提高。深入开展“让企业满意在和平”服务活动。实行政府服务和效能公开评议。在全国首创的中介免费全程领办服务模式获全国行政服务创新一等奖,正式入围第六届中国地方政府创新奖候选名单。

完成城市总体控制性详规修订和南京路等一批重点地区城市设计。重点项目快速推进。全年在建项目69个,开工面积531.75万平方米,竣工项目27个,建筑面积120.31万平方米。以泰安道五大院为代表的投资超过600亿元、规模超过600万平方米的5个市级重大服务业项目加快建设。津湾广场一期、“津门”、“津塔”等一批地标性建筑投入运营。

实施市容环境综合整治工程,整修旧楼区306个302万平方米。新建、改建公厕49座。新建、提升改造绿地237万平方米,绿化覆盖率21%。6个街道全部建成市级环保模范街道,空气质量二级以上天数达83%以上。坚持整治与管理并重,严格执行《天津市城市管理规定》,理顺管理体制,建成数字化管理平台和“六大员”网格化管理机制,加强考评监督,依法管理城市的能力不断提高,城市管理综合考评保持全市前列。

坚持把就业作为民生之本,以项目扩大就业,以创业带动就业,以培训促进就业,推进重点群体统筹就业,全年新增就业岗位40774个,困难群体实现兜底安置,城镇登记失业率控制在3.0%以内,就业工作走在全市前列。

社会保险覆盖面保持全市领先。建立“二元三级”长效救助机制,设立助学、助困、助医专项资金,实行物价上涨与困难群众生活补贴联动机制,困难群众基本生活得到保障。杨楼定向安置房投入使用,和畅园定向安置房加快建设。被评为全国基层低保规范化建设典型单位。

坚持把社区作为加强和创新社会管理的切入点,全部完成社区综合服务设施提升改造。建成开封道等一批示范小区。形成具有和平特色的“三大支点”和“六大服务体系”。被确认为全国社区志愿服务发祥地。成为全国和谐社区建设示范区、全国社区服务先进区和全国和谐邻里建设示范城区。

坚持优先发展教育,完成16所义务教育学校现代化标准建设。新增教育设施12万平方米,教育布局调整取得明显成效。高中校全部成为市级重点中学。深入开展“两名工程”。职业教育、终身教育和社区教育创新发展。基础教育保持全市领先。获得首届全国未成年人思想道德建设工作先进区、天津市教育工作先进区等荣誉。开展系列科普活动,再获全国科普示范区称号。

区级健康教育指导中心投入使用。新改扩建6个社区卫生服务中心和23个卫生服务站,全部达到市级标准。实施23项免费公共卫生服务。实行社区卫生机构药品零差率销售,做到让利百姓、施惠于民。率先建立“医指通”就医服务平台,开展家庭责任医生试点工作。中医药适宜技术覆盖率100%。基本医疗和公共卫生服务体系日趋完善。联合国生殖健康/计划生育六周期项目通过评估验收,符合政策生育率99.8%。

建成区文化艺术中心。率先完成文化信息资源共享工程。成为全市唯一通过全国公共文化服务体系示范区申报的区县。“五大道”地区入选中国历史文化名街。举办庆祝建党90周年系列活动。“和平杯”中国京剧票友邀请赛等成为全国群众文化知名品牌。深入开展全民健身活动,竞技体育实现新突破,在市第12届运动会上团体成绩位居第一。

大力发展社区商业,16个菜市场全部提升改造一遍,放心早点经营网点218个,发展津工、华润、7-11等一批超市网点,努力打造15分钟便民服务圈。加强居民区电梯、消防等设施的修缮维护,启动“五大道”部分地区供热补建工作,42%的旧楼小区实现准物业管理。完善社区照料等四种居家养老服务模式,率先启动居家养老呼叫服务,健全残疾人保障和服务体系。成为全国老龄工作先进区、全国残疾人社区康复示范区和全国残疾人工作先进单位。

深入开展“大走访、大接访、大检查”活动,落实维稳责任制,深化领导包案工作,及时受理和解决群众反映的问题。强化食品药品、安全生产、消防等领域监管。投入5亿元,全面改善政法、武装等机关和基层基础设施,保障能力提升。推进平安和平建设,加强社会治安综合治理,圆满完成夏季达沃斯论坛等重大活动安保任务。荣获社会治安综合治理优秀地市称号。

加快政府职能转变,完成新一轮政府机构改革。深入开展“学习十佳公仆、做人民满意的公务员”活动,公务员整体素质提高。自觉接受区人大及其常委会的法律监督和工作监督,接受区政协的民主监督,广泛听取各民主党派、工商联、无党派人士和人民团体的意见。认真办理人大代表建议和政协委员提案,办复率和满意率均达100%。加强反腐倡廉建设,推进政务公开,强化政务督查、效能监察和审计监督。节约型政府建设经验在全市推广。“五五”普法被评为全国先进,实施“六五”普法规划,依法行政考核工作走在全市前列。民族、宗教、侨务、外事、对台、人防、档案、保密、妇女儿童、防震减灾等工作取得新成效。实现全国双拥模范城“七连冠”。

(张国治)

和平区区级领导名单

(2011年12月换届前)

中共和平区委领导名单

书　记:李金亮

副书记:张盛如　常大光　冯绍宽

常　委:李金亮　张盛如　常大光　冯绍宽　穆怀国(回族)　李海军　曹学建　苏　智　李　凤(女)　卫克武　陶东宁　赵昔涛

和平区人大常委会领导名单

主　任:季新国

副主任:马洁泉　欧成中　李联国　徐维芬(女)

和平区政府领导名单

区　长:张盛如

副区长:穆怀国(回族)　苏　智　路艳青(女)　庞学光　石季壮　何　鹏(满族)

区长助理(副区长级):曹大伟

政协和平区委员会领导名单

主　席:潘庆元

副主席:陈永林　王　毅　胡广元　方　健(兼)　张润浦(兼)　许洪玲(女,兼)　苏爱华(女,兼)

和平区区级领导名单

(2011年12月换届后)

中共和平区委领导名单

书　记:李金亮

副书记:张盛如　常大光　李海军

常　委:李金亮　张盛如　常大光　李海军　石季壮　曹学建　路艳青(女)　李　凤(女)　卫克武　陶东宁　赵昔涛　马桂平(女)

和平区人大常委会领导名单

主　任:冯绍宽

副主任:马洁泉　庞学光　王　毅　陈秋华　王晓琳(女)

和平区政府领导名单

区　长:张盛如

副区长:石季壮　路艳青(女)　何　鹏(满族)　姚增顺　张宁宁　孟冬梅(女)

区长助理(副区长级):曹大伟

政协和平区委员会领导名单

主　席:潘庆元

副主席:李联国　陈永林　胡广元　高平武　张素华(女,兼)　汤　欣(兼)　刘朝霞(女,兼)　马成喜(兼)

(区委组织部提供)

政　治

概况　2011年,和平区委、区政府团结带领全区人民,圆满完成区第九次党代会确定的各项目标任务,实现了"十二五"的良好开局。完成地区生产总值560亿元,比上年增长12.5%;区级财政收入38亿元,保持了经济社会又好又快发展的良好态势。积极开展"调结构、增活力、上水平"和"大走访、大接访、大检查"活动。深入群众、深入企业、深入项目,真诚服务,实施一系列促进经济发展的政策措施,解决一批关系群众切身利益的难点问题,化解一批影响社会稳定的突出矛盾,为百姓安居乐业创造良好的生活环境,为投资者创业兴业营造了良好的发展环境。

(张国治)

中共和平区第十次代表大会

2011年12月6日至8日,中共天津市和平区第十次代表大会在区会议中心举行。李金亮代表中共和平区第九届委员会作《解放思想,真抓实干,为建设国际性现代化宜居城区而努力奋斗》的工作报告。大会通过《关于中共天津市和平区第九届委员会报告的决议》、《关于中共天津市和平区纪律检查委员会工作报告的决议》。9日上午,中共和平区委召开十届一次全体会议,选举产生中共和平区第十届委员会书记、副书记、常委,李金亮当选为书记,张盛如、常大光、李海军当选为副书记,李金亮、张盛如、常大光、李海军、石季壮、曹学建、路艳青(女)、李凤(女)、卫克武、陶东宁、赵昔涛、马桂平(女)当选为常委。

(张国治)

和平区十六届人大一次会议

2011年12月22日至24日,和平区第十六届人民代表大会第一次会议在区会议中心召开。区长张盛如向大会作政府工作报告。大会通过《关于和平区人民政府工作报告的决议》、《关于和平区2011年财政预算执行情况和2012年财政预算的决议》、《关于和平区人民代表大会常务委员会工作报告的决议》、《关于和平区人民法院工作报告的决议》、《关于和平区人民检察院工作报告的决议》。大会选举产生和平区第十六届人大常委会主任、副主任和委员,选举产生新一届和平区人民政府区长、副区长,选举产生和平区人民法院院长、和平区人民检察院检察长。冯绍宽当选为区人大常委会主任,马洁泉、庞学光、王毅、陈秋华、王晓琳(女)当选为副主任;张盛如当选为区长,石季壮、路艳青(女)、何鹏(满族)、姚增顺、张宁宁、孟冬梅(女)当选为副区长;康健茂当选为区人民法院院长,田建国当选为区人民检察院检察长。

(张国治)

政协和平区十三届一次会议

2011年12月21日至23日,政协天津市和平区第十三届委员会第一次会议在区会议中心召开。会议听取区政协十二届委员会常务委员会工作报告和提案工作报告。与会委员列席区十六届人大一次会议,听取讨论区政府工作报告。会议选举产生政协和平区第十三届委员会主席、副主席、秘书长、常务委员。潘庆元当选为主席,李联国、陈永林、胡广元、高平武、张素华(女,兼)、汤欣(兼)、刘朝霞(女,兼)、马成喜(兼)当选为副主席。

(张国治)

纪念建党90周年系列活动

2011年,为纪念中国共产党成立90周年,和平区启动以"光辉历程"为主题的百课宣讲活动主题报告会和为期3个月的纪念建党90周年红色经典影片展映活动。4月上旬启动"学红歌、唱红歌、做红歌传人"群众歌咏活动。5月6日,在津湾大剧院举办纪念建党90周年红色经典音乐会,邀请天津歌舞剧院歌剧团进行专场演出,唱响共产党好、伟大祖国好、改革开放好、各族人民好的主旋律。6月13日,举办"光辉的足迹——和平区纪念建党90周年大型图片展"。展览分为"天津建党,人民解放"、"励精图治,艰辛探索"、"改革开放,继往开来"、"干事创业,科学发展"和"展望未来,再创辉煌"5个部分,展出图片170余幅,实物20余件。举办以"党史巡回宣讲"、"革命遗址图片巡展"、"红色经典视听阅读"、"红色征文比赛"为主要内容的纪念建党90周年"红色讲堂"

系列活动。6月20日,在市人民体育馆举办“红歌献给党——和平区纪念中国共产党成立90周年歌咏大会”。7月,《中共天津市和平区历史》(1949—2010)一书正式出版发行。全书分上、下编,共8章41节45万字,以中共和平区委带领全区人民进行社会主义革命、建设和改革的历史史实为依据,从经济建设、政治建设、文化建设、社会建设和党的建设等方面,全面记述了从天津解放至完成“十一五”规划目标任务的60年间,和平区经济社会发展的历史进程和辉煌成就。

(张国治)

2011年6月20日,“红歌献给党——和平区纪念中国共产党成立90周年歌咏大会”在天津市人民体育馆举行。

民心工程 2011年,和平区20项民心工程68个项目全面展开,实施顺利。区人力社保局以保障就业、稳定就业、促进就业为中心,积极化解就业压力,保障社会和谐稳定。通过扩大宣传、改善就业环境、完善就业服务等措施,为用工单位和各类求职人员提供优质的就业服务平台。上半年创造就业岗位35734个,完成市政府下达全年就业目标的91.6%,保持了在全市领先的就业局面。区建委在加快全区安居房建设的同时,着力解决供热、供水、供气等群众最为关心的问题。积极实施五大道供热补建工程,完成重庆道一次管网全部敷设工作,进行换热站土建工程。完成自来水户管改造60余处,锦中大厦二次供水改造项目开始施工。完成新增天然气用户800户,完成计划的53.3%。区商务委承担的建设大沽路菜市场工程是20项民心工程的重点项目。区商务委成立大沽路市场筹建指挥部,一边抓建设施工,一边组织招商引企,该市场4月底建成开业。区商务委积极推动早点工程建设,解决群众反映强烈的吃早点难问题。上半年新建和提升改造25家早点店,打造7家精品早点店,超额完成全年早点工程任务。区质检局对区内637台住宅电梯进行核查,对涉及18个住宅小区59台次超过定期检验有效期或检验不合格的电梯进行重点监控,在规定时间内进行定期检验或办理报停报废手续。其中惠嘉公寓和锦中大厦8台长期损坏电梯经过修理并检验合格,全部恢复使用。区宣传文化部门认真落实涉及群众精神文化生活的民心工程,开展“学红歌、唱红歌、做红歌传人”群众歌咏活动,举行各类红歌会18场,参与6000余人。成功举办有3500名各界干部群众和解放军、武警部队官兵参演的“红歌献给党——和平区纪念建党90周年歌咏大会”。第三届“和平杯”京剧小票友邀请赛、第24届“和平之春”艺术节和消夏纳凉晚会活动取得圆满成功。

(张国治)

法制工作 2011年,和平区认真贯彻全国和天津市依法行政工作会议精神,发布施行《和平区人民政府关于加强法治政府建设的实施意见》、《和平区人民政府2011年依法行政实施方案》,报经区政府常务会议审议通过,以区政府规范性文件形式发布施行,进一步明确了和平区加快推进依法行政,建设法治政府的目标任务和具体措施。在和平区政府法制建设第十二个五年规划中,将政府法制工作列入区经济社会发展第十二个五年规划之分项规

法制宣传

划。年内，加大依法行政教育培训工作。组织落实3次区政府常务会会前学法，区文化旅游局、区食药监局、区房管局主要负责人分别作《天津市旅游管理条例》、《中华人民共和国食品安全法》、国务院《国有土地上房屋征收与补偿条例》讲法汇报；举办3期政府全体会议会前法律讲座。邀请市规划局局长尹海林、市政府法制办主任矫捷分别作《中华人民共和国城乡规划法》、《天津市城乡规划条例》、《中人民共和国行政强制法》专题辅导；举办全区47个执法单位及街道办事处分管领导和法制机构负责人参加的《行政强制法》专题讲座；组织两次行政案件庭审观摩活动，50余个执法单位160余人次参加。认真总结2010年依法行政考核情况。召开全区依法行政工作会议，全面部署依法行政考核工作，以区全面推进依法行政工作领导小组名义，下发《关于做好2011年依法行政考核工作的意见和通知》。组织做好政府法律顾问工作。加强规范性文件管理。依法做好行政复议和行政应诉案件办理工作，进一步畅通复议程序解决社会矛盾纠纷和行政争议的渠道。

（张国治）

信访接待工作 2011年，和平区信访接待工作，严格落实责任制，规范信访程序，畅通信访渠道，以解决重信重访突出问题为重点，把问题解决在区内，矛盾化解在基层；做好矛盾隐患排查，加大源头治理力度，按照“谁主管、谁负责”的原则，对不稳定性苗头及时报告、及时介入、及时疏导；一时难以解决的问题，加强思想疏导和稳控工作；把大接访活动引向深入，完善和规范配套制度，用制度促规范、促深化，帮助基层单位化解难题、总结经验、提高工作质量和水平；继续推动领导包案工作，对尚未解决的领导包案案件加大解决力度，争取早日解决。对新的重点案件，加强走访督办，做到逐步解决老问题不再积压新问题；强化“三条禁令”的宣传执行，引导群众依法有序反映诉求。全年受理群众信访1539人次，比上年下降14.9%。其中，来信440件，下降21.5%；来访406人次，下降27.1%；到区集体访42批541人次；办理市长电子邮件61件；办理上级交办函件85件；办理热线电话6人次；信访案件办结率100%。

（张国治）

打击犯罪 2011年，和平区相继开展打黑除恶、命案侦破、打击“两抢一盗”、治爆缉枪、查禁赌博、禁毒、拐卖妇女儿童等专项打击行动。侦破各类刑事案件2000多起，其中“八类案件”破案157起，打掉涉恶犯罪团伙3个，抓获网上逃犯337名，侦破命案3起，打掉4个涉恶犯罪团伙，打击处理各类犯罪嫌疑人670名，有效遏制了刑事犯罪。针对群众反映强烈的“黄赌毒”问题，公安和平分局加大查处力度，查处各类治安案件9000多起；端掉卖淫嫖娼、赌博等窝点7个；破获毒品案件246起，缴获毒品7000多克，抓获处理涉毒人员114名；收缴枪支及爆炸物品20件，清理“三小”场所9个，将区内近300家文化娱乐场所全部纳入等级化管理体系。依法打击危害经济发展的犯罪活动。以打击金融诈骗、合同诈骗、逃税骗税、职务侵占、商业贿赂、非法集资等严重破坏市场经济秩序，侵害群众和企业切身利益的犯罪活动为重点，相继开展“打击整治发票犯罪”和“打击银行卡犯罪”等专项行动。侦破各类经济案件525起，为辖区单位挽回经济损失1.8亿元。立案查处贪污贿赂案件25件，渎职侵权案件12件，查处职务犯罪大案、要案32件；破获非法集资诈骗等经济案件450起，挽回经济损失近2亿元，有力维护了区域经济安全和市场经济秩序。

（张国治）

人民团体工作 2011年，在开展落实依法推动企业普遍建立工会组织、依法推动企业普遍开展工资集体协商“百日集中行动”中，和平区核查法人单位7000余家，新建工会组织136家，签订工资集体协议151份。团区委以16家青联委员企业为依托，建立大学生就业创业见习基地，为大学生提供就业培训和见习场所。举办大学生就业实习专场招聘会，近200名大学生入场招聘。举办以“竞风采、聚团情、促发展”为主题的和平区“青春竞技月”活动，来自驻区单位、“两新”组织的1000余名团员青年参加各项比赛。深化“青年讲堂”活动，围绕时事政治和热点问题先后举办5场专题讲座，成功协办“2011年秋季大型鹊桥会”，组织400余名单身青年参加，切实帮助单身团员青年解决婚恋交友问题。完成第四届“和平区十大杰出青年”评选活动。评选产生第四届“和平区十大杰出青年”和“和平区十佳优秀青年”。区妇联组织全区妇女姐妹开展技能才艺、服务礼仪形象等技能展示，来自朗香街、烤鸭店、狗不理集团、桂顺斋、老美华、巴黎春天的女职工，表演礼品包装、杯花表演、面点制作、婚纱走秀等技能才艺。深化开展“半边天家园”活动，创建和谐社区。持续推进“创建和谐家庭读书活动”、“低碳家庭·时尚生活”等活动，体育馆街、南市街、南营门街、劝业场街联合开展“健康理念、全新生活”低碳家庭生活知识竞赛活动。

（张国治）

经 济

概况 2011年，和平区坚持抓项目、调结构、扩总量、提质量,以总部经济和楼宇经济为重点，以财政增收为核心，全力推动主导产业加快发展,实现产业转型,发展活力和后劲显著提升。完成区级财政收入37.6亿元,实现内资到位额132.5亿元、外资到位额5.8亿美元,完成社会消费品零售额298亿元，固定资产投资127亿元。产业结构明显优化。高质金融加快发展,金融城建设初具规模,银行、保险、证券等金融机构地区总部107家，占全市近30%。高端商务走在全市前列,商务楼宇87座350万平方米。高档商业繁荣活跃。1万平方米以上商业设施31家,业态调整成效明显。制定出台招商引企、引企增税等政策,创新机制,招商引资成果丰硕。积极做好国有资产整合、盘活、经营工作,运营质量和保值增值率明显提高。积极稳妥推进国有企业改革，完成烤鸭店等国有中小企业改制和困难企业退市。全力提升行政审批速度,开通24小时服务热线,简化办事程序,审批效率和服务质量明显提高。深入开展“让企业满意在和平”活动,实行政府服务和效能公开评议。在全国首创的中介免费全程领办服务模式,入围第六届“中国地方政府创新奖”候选名单。

(张国治)

招商引资 2011年是“十二五”规划的开局之年。和平区以扩大经济总量、增加财政税收为核心,以总部经济和楼宇经济为重点，全力推动高质金融、高端商务、高档商业、高新科技四个主导产业壮大发展。通过活跃招商形式,挖掘潜在资源,搭建招商平台,发展楼宇经济,落实扶持政策，提高服务效能等多措并举,不断优化经济结构,培育新的经济增长点,引进浙江富通(天津)销售总部、赢聚投资控股(天津)有限公司、港中建(天津)航空科技发展有限公司、天津国能天然气投资股份公司等一批大项目、好项目,有效推动了支柱产业聚集发展。全年招商引资国内资金到位额132.5亿元,完成计划任务的139.18%,比上年增长25%。直接利用外资到位额4.84亿美元,增长29.56%。

(张国治)

5月26日举行和平区2011年招商大会

招商大会 5月26日，和平区召开2011年招商大会，引进40个项目,当场签约22个,总协议额200亿元人民币。美国泰科科技公司、万特投资集团、富通(天津)科技有限公司、香港实业投资集团、水泉再生资源交易所、北京金融街公司、华盈担保有限公司、天津信唐货币经纪公司、中国国际金融公司、北大方正集团有限公司、富昇生物科技有限公司、深圳市贝尔信智能系统有限公司、谨信科技发展有限公司、君隆广场、天津市风貌建筑整理公司、英国CCA集团、丹麦公司、天泰公司、新秀丽天津分公司、西班牙海威、北京万通地产股份有限公司、世纪广场有限公司、天津恒昌隆投资有限公司、天津金康房地产开发有限公司等投资企业代表与和平区签订投资服务协议。累计引进内、外资企业106家,实现内、外资到位额8.5亿元人民币。引进包括中财小额贷款、中融担保、融顺小额贷款、沃森股权投资基金等金融类企业9家；水泉再生资源交易所、赢聚投资、联合商品交易所、融蓝投资、万特商贸等商务类企业66家；百盛商业广场、匡章餐饮、天真餐饮等商业类企业8家;贝尔信科技、永耀频谱科技、众彩科技、摩根创科技、艾非诗软件等科技类企业23家。

(张国治)

楼宇经济 2011年，和平区始终把楼宇经济作为转变经济发展方式,推动区域经济发展的有力抓手。通过制定完善楼宇经济发展规划,确定发展目标,明确主攻方向,整合区域资源,招大引强选优,着力培育亿元楼宇。全区商务楼宇87座,建筑面积350万平方米，入驻商务楼宇企业5600余家,商务楼宇入驻率超过90%。87座商务楼宇全口径税收近71亿元，信达广场等12座楼宇税收超亿元，楼宇经济对区级财政贡献率超过50%，成为区域经济发展的重要支撑和中坚力量。区招商大会对和平区16个重点楼宇项目进行推介，其中包括和平区创新大厦商务楼宇、天津中心、君隆广场、“津门”、“津塔”等可供招商的高端商务楼宇资源，为有意向投资的企业代表与楼宇经营单位提供了交流平台。

（张国治）

商贸经济 2011年，面对严峻复杂的形势，和平区推出一系列帮扶企业具体措施，组织策划系列商贸、商文、商旅活动，全区社会消费品零售额298亿元，积极引导外贸企业加大进口，力促企业拓展内贸领域，实现内外贸易并轨发展良好态势。全区外贸出口额16.78亿美元，完成计划的104.89%，增幅29.1%。积极开展多种形式的商贸活动，以节造势，提升消费。先后开展“兔年新春和平嘉年华购物节”、正月初五踩街、正月十五元宵节、“五一”和平之春购物节、端午粽子节5大系列商贸活动。14家大型百货店推出近100个促销活动，春节、“五一”、中秋、国庆效益明显，单店日销售增幅最高99%。国庆节期间中心商圈日客流量突破120万人次。

（张国治）

商业发展 2011年，和平区推进商业结构调整，盯住大型百货等支柱行业，贯彻年初确定的发展2—3家年销售收入10亿元百货店的目标，深入企业开展调研，组织企业家座谈会，走出去引理念、取经验，全力促进企业布局调整、引进品牌、改善环境、发展业态。加大企业服务力度，积极为企业营造良好的经营环境，一批大型百货店在新一轮业态、布局、商品调整中取得实效。累计引进法拉利、DiO、汉斯格雅等国际一线和时尚品牌127个，在推进大品牌落户上采取积极跟进、主动服务措施，促成法拉利、赫莲娜等品牌在区内登记注册。乐宾、海信、伊势丹、友谊新天地4家大型百货店实现年销售收入10亿元以上。

（张国治）

和平区与北京海淀区实现全面合作 2011年4月，北京市海淀区与和平区签订全面合作协议，加强在科技、商贸、教育、文化、旅游和人才智力等方面的合作。海淀区科教发达、人才密集，发展理念先进、综合实力雄厚，两区实现全面合作将进一步密切双方联系、优势互补，扩大金融商贸、科技教育、文化动漫等领域交流合作，共同推动两地经济社会又好又快发展。协议约定，双方加强科技合作，共建和平区科技产业合作基地和海科技大厦，共同建立中关村电子商品和平卖场，共同推动科技成果的转化和产业化，共同推动沟通交流与合作；加强商贸合作，建立两区在商务方面的友好合作、协同发展机制，充分发挥两区商贸优势，共同研究探讨促进商贸发展的政策措施，积极探索两区特色商业街建设工作，在投资促进工作中根据各自区域特点和企业需求，双方尽力提供必要的信息资源与协调服务，交流建立良好的投资环境、法治环境和服务企业的经验和做法；加强教育合作，开展两区名校长、骨干校长学校管理高峰论坛活动，组织两区校长相互挂职锻炼，开展两区名教师、骨干教师教学论坛及课堂教学交流活动，组织两区教育行政部门、教师进修与教研、科研部门的不定期交流互访；加强文化合作，两区文化馆定期开展走访交流活动，加强群众文化活动的交流合作，两区图书馆定期开展走访交流活动。加强旅游合作，充分利用两区旅游资源优势，建立旅游信息共享和对等宣传机制，加强两区旅游管理部门的交流合作，建立长效合作机制；加强高层次人才智力合作，加强人才交流服务合作，加强人才培训与学术交流合作，加强人事人才政策信息交流合作。和平区进一步明确中心城区功能定位，大力发展高端服务业、都市型工业和科技型中小企业、楼宇经济，改善群众生活环境，提升城市建设管理水平，努力打造充满活力、繁荣繁华、生态宜居的中心城区。

（张国治）

财政收支 2011年，和平区坚持依法理财，大力组织财政收入，调整优化支出结构，从严控制一般性支出，切实保障和改善民生，推进财政体制改革，加强科学化精细化管理，提高财政资金使用效益和管理服务水平。全年实现地方一般预算收入38.09亿元。财政收入完成38.09亿元，加上上年结余及调入资金，一般预算总财力38.9亿元，财政支出完成38.9亿元，实现财政收支预算平衡。主要支出情况为：一般公共服务33000万元；公共安全42300万元；教育126000万元；科学技术5100万元；文化体育与传媒4400万元；社会保障和就业25000万元；医疗卫生23700万元；环境保护750万元；城乡社区事务59000万元；其他各类支出69750万元。

（张国治）

工商管理 2011年，和平区优化投资发展环境，提高市场准入服务质量，促进市场主体不断扩大规模增加总量。全年新注册各类市场主体2266户，总量18395户，比上年增长0.1%，注册资金新增54.55亿元，总额2449.57亿元，增长9.21%。其中，新注册内资企业948

户，总量10006户，下降2.14%，注册资金总额2432.66亿元，增长9.26%。新注册外资企业及分支机构66户，总量623户，增长6.68%，注册资本总额13.46亿美元，下降0.44%。新注册个体工商户1252户，总量7766户，增长2.78%，新增注册资金8043.87万元，总额3.45亿元，增长17.75%。借助网格化综合管理平台，实现网格化监管与食品安全监管、查处取缔无照经营以及消保维权工作的有机联系，全面推行网格化年检、上门年检、集中年检、网上年检等服务措施，简化手续，提高效率。多措并举促进食品安全监管，组织食品经营企业参加法律知识竞赛活动，增强企业自律守法意识；建立流通环节食品经营者数据库和经营者信用档案，收集档案信息2251户；组织19类906个批次的食品质量快速检验，并对婴幼儿配方乳粉、含乳饮料、葡萄酒、糕点、食用油5大类54个批次食品质量进行抽样检验，合格率96.3%；进行乳制品、食品添加剂、瘦肉精、塑化剂、地沟油等各类专项治理27次，组织食品市场专项检查5次，有效保障了流通环节食品市场的安全。加强市场交易行为监管，净化经营环境，规范交易行为，维护市场经营秩序。

（张国治）

价格管理 2011年，和平区不断扩大物价监测网点覆盖面，形成覆盖超市、粮店、煤店、加油站、农贸市场、医院、药店、百货商厦、电器商城九大行业的综合检测网络。在食盐抢购风波及肉、蛋价格突涨等事件中，第一时间搜集市场价格信息，及时上报，充分发挥价格监测服务经济、服务市场、服务决策的作用。开展年度收费审验和换发《收费许可证》、部分学校学费调整初审上报及14个单位的许可证核发、变更工作。对全区27个停车场的732个道路停车泊位进行收费登记备案，落实机动车停车收费问题及各个渠道反映的问题5件。开展以优化价格环境为主题的工作活动，跟踪检查子女上学、就医、停车收费、商家打折等热点问题，规范市场价格行为，整治价格混乱问题。对区内大商场、市场明码实价问题进行治理整顿。重点对超市、农贸市场、大中商场、停车收费等与人民生活密切相关的行业，开展主要节日市场检查。对98家医院、63所学校进行收费专项检查。配合3·15国际消费者权益日“消费与服务”年主题活动，开展“12358”大型咨询服务活动，设立价格咨询投诉举报服务台，广泛开展法律法规的宣传、咨询。积极应对价格举报案件，一线执法人员耐心询问、细心调查，通过电话、走访等多种方式解决问题，妥善化解矛盾，办结率100%，为维护正常市场秩序做出贡献。对于价格欺诈举报案件，积极走访案件涉及的企业、个人，取证、分析，掌握详实资料。坚持客观公正立场，严格依法办事，充分维护各方正当权益。

（张国治）

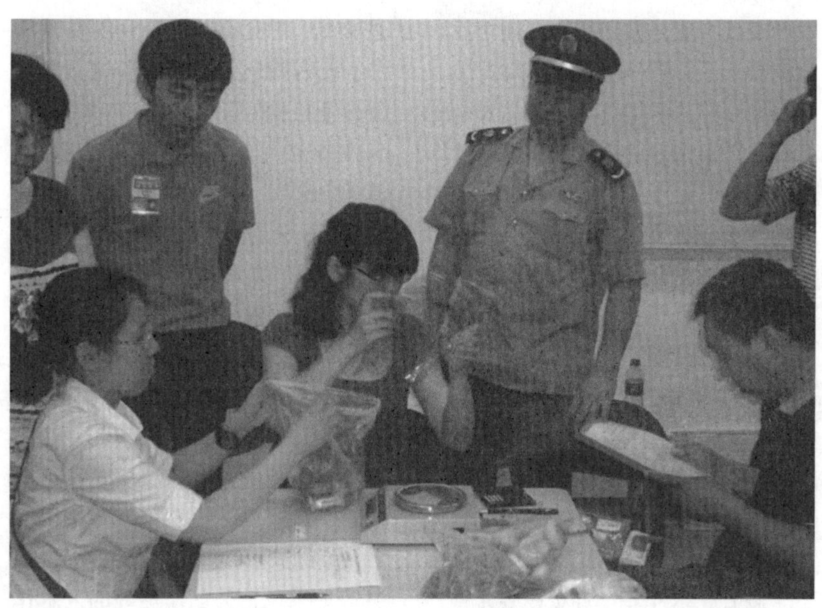

食品安全监管

食品安全监督 2011年，和平区组织召开食品安全目标责任书签约大会。区食品安全委员会各成员单位和6个街道办事处向区政府递交2011年食品安全工作目标责任书。制定《2011年和平区食品安全监管计划》、《2011年和平分局食品安全工作计划》、《宣传方案》、《2011年和平区食品安全工作年终考核方案》。起草《和平区食品安全舆情处置指导意见（试行）》、《和平区食品安全投诉举报奖励办法》。编印《和平区食品安全管理工作资料汇编》。组织节日期间食品安全联合检查和专项联合检查9次。制定《和平区严厉打击食品非法添加行为切实加强食品添加剂监管专项工作方案》，组织食品安全成员单位张贴《关于严厉打击食品非法添加行为严格规范食品添加剂生产经营使用的公告》5470份，编辑印制关于正确认识食品添加剂的宣传手册30000册、食品安全宣传手册10000册。将《食品安全法》和《食品安全法实施条例》关于食品生产经营者的30项责任与义务，33条违法承担的法律责任汇编成册，发放到辖区3500家食品生产经营企业，做到所有持证企业负责人人手一册。组织开展以“严厉打击食品非法添加行为，食品安全责任重于泰山”为主题的和平区食品安全知识竞赛，2093家食品生产、流通和餐饮企业参与知识竞赛，占区食品监管企业总数的70%，收到很好反响。

（张国治）

文 化

概况 2011年，和平区文化事业和文化产业扎实推进，协调发展。十大文化品牌活动亮点频现，取得良好效果。建成区文化艺术中心。成功申报全国公共文化服务体系示范区。“五大道”地区入选中国历史文化名街。举办庆祝建国60周年、建党90周年系列活动。“和平杯”中国京剧票友邀请赛等成为全国群众文化知名品牌。进一步健全公共文化服务基础设施和公共文化服务网络，公共文化服务体系建设走在全市全国前列，文化旅游产业成为和平区经济发展的支柱产业，努力建设富有独特魅力和创造活力的文化强区。发挥政府在发展公益性文化事业中的主导作用，以创建全国首批公共文化服务体系示范区为契机，推动区、街、社区三级综合文化服务全部达到示范区标准。坚持公共文化服务场所免费开放，抓好品牌群众文化活动。

（张国治）

文化品牌打造 2011年，和平区以“繁荣先进文化、建设和谐文化”为主题，以“抓人才、抓服务、抓精品”为原则，面向全国前沿，谋划全区文化战略，各艺术领域齐头并进，同步发展，整体水平继续保持全市各区县前列。本着“拓展视野，增进交流”的思路，充分利用资源优势，与天津社会科学院、鲁迅文学院等专业机构和北京大学、清华大学、天津师范大学等高校以及王彬、肖鹰、李建军、王春林、王兆胜、邵燕君、臧策等专家教授加强合作，积极搞好“中国文学论坛”承办工作，围绕“文学批评的标准与方法、新媒体时代的中国文学和现实主义的此岸与彼岸”等主题，先后承办两次中国文学论坛主题研讨。打破各专业协会各自为战的单一采风模式，组织文学、书法、曲艺、美术等10个协会的60多位艺术家代表赴北戴河、易县等地采风，为创作更好的艺术作品积累丰富素材。

（张国治）

第三届“和平杯”京剧小票友邀请赛 2011年8月2日，第三届“和平杯”中国京剧小票友邀请赛在天津中国大戏院开幕。来自国内22个省、市、自治区和法国的268名小选手参赛。经过复赛，60名“京剧娃娃”到津决赛。2011年是中国共产党建党90周年，“小票友”奏响红色旋律。两年一届的“和平杯”小票友赛成为中国少年儿童的京剧节日，在群众文化领域和京剧界享有良好声誉。经过激烈角逐和评委认真评选，黑龙江的卢布、山东的孟德民、河北的董天歌、浙江的唐育琦、天津的刘璐、辽宁的谢明君、天津的谢子凡、北京的袁铨、辽宁的李沛泽和魏弋晴，获得第三届“和平杯”中国京剧小票友邀请赛一等奖暨新一届“中国京剧十小名票”称号。

（张国治）

第五届“枫叶杯”全国青少年书画大赛 2011年，第五届“枫叶杯”全国青少年书画大赛在和平区举行。大赛以“庆祝中国共产党建党90周年、纪念辛亥革命100周年”为主题，收到31个省、市、自治区和香港、澳门、台湾地区，以及美国、加拿大、比利时等国家青少年书画作品138000余件，取得令人瞩目的成果。经专家组严格评审，分别评出特等、一等、二等、三等、优秀、鼓励、纪念等奖项。国家文化部、天津市文化广播影视局有关领导出席闭幕式，对大赛给予高度赞扬。连续举办五届的“枫叶杯”大赛，成为推动海内外青少年文化交流的平台，成为展示青少年书画才艺的竞技舞台，成为

2011年8月2日，第三届“和平杯”中国京剧小票友邀请赛在天津中国大戏院开幕。

和平区著名的文化“品牌”。

（张国治）

第24届和平纳凉晚会 第24届和平纳凉晚会系列活动于2011年6月开幕，历时3个月。纳凉晚会参与演出团队26支，参演1000余人，观看演出5万人。围绕“庆祝建党90周年”的主题和“再创全国文明城区”的主旨，举办红色电影进社区20余场、楼院广场纳凉30余场、红色书籍进社区、书法绘画作品展、“党在我心中”——少儿红色阅读朗诵会等活动，做到大中小型活动相结合，集中与分散活动相结合、专业与社区团队演出相结合，丰富多彩、热烈红火、品位高雅、振奋人心，取得丰硕成果。

（张国治）

第八届中国·天津五大道旅游节 2011年9月24日至10月4日，由和平区政府、市旅游局、市国土资源和房屋管理局主办的第八届中国·天津五大道旅游节在区举行。其间主要进行开幕式暨盛大巡游表演、五大道摄影展、五大道油画展、五大道名馆游、五大道旅游签证、五大道咖啡红酒节等活动，为“十一”黄金周增添喜庆浪漫的节日氛围。开幕式上举行盛大的巡游表演。一辆辆具有异域风情的马车缓缓驶进开幕式主会场，来自俄罗斯、巴西、印度等国家的十余支表演团队，为游客献上热情奔放的各国特色节目——舞姿曼妙的俄罗斯舞、活泼轻盈的泰国舞、南美风情的拉丁舞、热情奔放的夏威夷草裙舞、温婉华丽的印度舞以及狂热艳丽的桑巴舞……巡游表演队演绎着各具特色的异域风情，小丑和卡通人物与游客互动，不断赢得游客们的掌声和喝彩。和平区整合开发以五大道旅游区为代表的一批旅游项目和旅游产品，在提升城市形象、传承历史文化、推进产业联动、优化发展环境、促进社会和谐等方面发挥了重要作用。五大道旅游节成为天津万民同乐的喜庆节日、都市旅游的重要载体、节庆旅游的著名品牌。

（张国治）

广播影视 2011年，和平区有线电视中心以“调结构、增活力、上水平”活动为契机，进一步加快专题类节目转型，丰富节目内容，提升节目质量。围绕广大电视观众对节目种类要求越来越高的形势，在自主策划类节目上狠下功夫。其中《卫生与健康》、《健康锦囊》、《逗您一笑》、《百部爱国主义影片展播》等栏目极大丰富了全区居民的文化生活，使观众在电视荧屏上既增长了知识又收获了快乐，也使节目在策划和制作方面更具时代感，更加贴近实际、贴近生活、贴近百姓。全年，《和平新闻》节目采录播出新闻240期1876条，总用时24178分钟；《一周要闻回顾》节目采录播出新闻52期520条，总用时520分钟；《和平采真》节目40期，总用时400分钟；《党建》节目12期，总用时120分钟；《卫生与健康》节目52期，总用时1307分钟；《节目预告》50期，总用时3000分钟；《119》节目12期，总用时84分钟；《科技大篷车》50期，总用时750分钟。

（张国治）

地方志工作 为提高全区修志人员的编修水平，高质量、高标准地编修出一部全面、真实反映和平区改革开放30年成果的地方志书，完成二轮修志工作，2011年9月20日至22日，和平区召开《和平区志（1979—2010）》编修工作培训推动会。培训会上，邀请相关专家讲授《志书编纂总论》、《资料收集与志书的文体、文风和行文规范》、《分志稿撰写应注意的几个问题》等专题。全区各基层单位近百名修志负责人或主笔参加培训会。2011年，和平区地方志办公室工作人员以铸造精品为己任，不断提高编辑水平，使《和平年鉴》编纂工作跃升一个新台阶。编辑出版《和平年鉴（2011）》，其中涉及单位90余个，全面反映和平区2010年度工作的各个方面，文字量45万字，搜集照片百余幅，成为和平区第一部全彩印刷、正式出版的年鉴。

（张国治）

2011年9月24日，第八届中国·天津五大道旅游节开幕。

社　会

概况 2011年，和平区坚持执政为民理念，创新社会管理模式，坚持把就业作为民生之本，以项目扩大就业，以创业带动就业，以培训促进就业，推进重点群体统筹就业。困难群体实现兜底安置，城镇登记失业率控制在3.0%以内。社会保险覆盖面保持全市领先。社区建设稳步推进，建成开封道等一批示范小区，“文明、整洁、和谐”社区42个。坚持教育优先发展，新建、改扩建25所中小学和幼儿园。卫生计生创新推进。实施23项免费公共卫生服务和社区卫生机构药品零差率销售。率先建立“医指通”服务平台，开展家庭责任医生试点工作。联合国生殖健康/计划生育六周期项目通过评估验收，符合政策生育率99.8%。深入开展全民健身活动，竞技体育实现新突破，在市第十二届运动会上团体成绩位居第一。大力发展社区商业，16个菜市场全部进行提升改造，放心早点经营网点218个。加强居民楼电梯、消防等设施的修缮维护，42%的旧楼小区实现准物业管理。完善社区照料等四种居家养老服务模式，建立居家养老呼叫服务中心，健全残疾人保障和服务体系。成为全国老龄工作和残疾人工作先进区。扎实推进平安和平建设，加强社会治安综合治理。

（张国治）

市容环境综合整治 2011年，和平区综合整治大沽北路、解放北路、南京路、建设路、保定道5条道路，提升改造兴安路、泰安道、浙江路、海河西路、曲阜道、青岛道6条道路。整修建筑257栋，面积984654平方米；清拆吊挂物964处，安装空调罩8417个；规范牌匾334块。树德北里6号楼、7号楼和树德南里1号楼3处1788平方米“平改坡”工程完工。嫩江路、兴安路架空线缆入地工程正在施工。大沽路新建标准菜市场正式运营，对宜昌道、福安街菜市场提升改造。新建公厕1座、重建公厕6座、改造公厕2座；新建垃圾转运站2座、溶盐站1座；更新、增设果皮箱1000个，垃圾箱桶2200个。解放北园、兴安路公厕建设完成；北安桥公厕、建设路垃圾转运站正在建设，维修、喷漆果皮箱2000余个，更换垃圾箱桶2600余个；添置大型多功能机扫车1部，8吨垃圾压缩车3部，8吨吸粪车1部，中型机扫车2部，小型机扫车20部，电动三轮保洁车100部。治理违法占路经营1413处，店外摆卖1339处，马路餐桌和烧烤5起，清理占路加工84处、占路作业56处。清理大型户外广告31块3875平方米，清理信息牌925块、小张贴85553处、窗贴即时贴338处，覆盖道路涂鸦2808处，乱掉乱挂1096处，乱堆乱放1559处，清理布标幔帐94处。规范整治停车场(处)121处，粘贴、摄录违法停车22374辆，委托清障部门清拖违法停放机动车2420辆，提示告知违法行为人31215人次。出动车辆360余台次、人员900余人次，清理运输撒漏点位500余处，清理渣土540余吨。开展4次环境卫生大清整活动，治理环境卫生脏乱点位180余处，清理堆物堆料41吨。解决路灯设施损坏问题360余个，新安装路灯60盏。对34个社区、46片小区实施综合整治，津南里等10个小区建成示范小区，辅恩里等24个按一般小区整治，华荫南里、怀远里等10个示范小区提升改造。整修楼房333栋95.04万平方米，粉刷楼道23.76万平方米；绿化提升改造7.53万平方米；硬铺装3.38万平方米。整修楼房45栋17.81万平方米，修缮围墙1.2万平方米，清拆吊挂物964处，整修风貌建筑21栋7.4万平方米，完成十一幼建筑整修，整修楼房3栋0.6万平方米。综合整治35片社区、46个小区，其中开封里社区、乐昌里社区等5个小区按精品标准整治，整修楼房45栋28.3万平方米，粉刷楼道939个107万平方米；新建车棚15个；整修小区大门270多处。

（张国治）

环卫设施建设 2011年，和平

加强环卫基础设施建设

区作为中心城区的主城区,在公厕建设上坚持高标准设计、高标准规划、高标准施工，全力以赴把公厕问题做好，特别是海河沿岸新建的6座公厕,从规划、布局、设计和内设服务等方面，均严格按照国标一类厕标准建设配置，不仅解决了居民群众如厕难问题，也成为海河沿岸一道靓丽的风景线。环卫设备更趋现代化。加大机械设施设备投入,购买大中型多功能机扫车、小型洗地车、高压洗地车、洒水车等多种机械化设备，全区环卫机械化作业能力提高,工人劳动强度降低,作业效果增强,实现了路见本色效果。垃圾转运站建设更趋人性化。新建建设路压缩转运站1座。立足高效、高能、绿色、无污染,并加强作业噪音控制，在保证作业的同时避免异味对周围环境和群众造成伤害，为垃圾转运工作发挥重大作用。启用的融盐池,实现建筑风格与改造后的校园建筑相统一。设计上更加注重实用性,使有效的空间最大限度地得以利用，提高了清融雪工作能力。

（张国治）

供热工作 2011年，和平区按照市、区政府规划要求,做好供热新建、老宅补建工作,不断扩大供热面积，发挥热电厂能量，减少空气污染，做好全区新建项目的供热配套审批和服务工作,完成金德园、犀地6号楼、卫津化工厂、和康名邸公寓共计26.13万平方米供热新建任务。完成民园体育场地区、睦南公园地区6万平方米补建任务，受益群众960余户。为劝业场地区宁夏路、新华路12号、吉林路42-46号老宅实施供热补建，协调解决劝业场街老年公寓、区环卫局的供热问题。全年为困难群众补装暖气102户，全区热化率94.38%。

（张国治）

科技工作 2011年，和平区通过市科技型中小企业服务网认定的科技企业达1103家,成为全市第七个拥有“千家科技企业”的区县。世纪龙科技服务公司被认定为市级科技企业孵化器，并通过国家标准化示范园区验收。加大对科技含量高、贡献大的优质企业、优质项目、拔尖人才的帮扶力度。对获得科技骨干企业奖的10家科技企业和获得科技进步突出贡献奖的10名科研人员予以表彰；对获得国家级高新技术企业称号的企业进行授牌，并给予奖励资金支持;为10家具有规模效益的企业制作宣传片;推荐30余家区内科技企业参加“津洽会”、“融洽会”、全国创新创业大赛等重大活动;通过政策扶持,推动产学研良性互动,引导企业增强创新动力,专利申请的质和量均有提升，全区5家企业通过专利试点验收，专利申请近千件,专利授权近300件,新增市级专利试点企业5家，区级专利试点企业3家。

（张国治）

教育工作 2011年，和平区教育事业健康发展。义务教育完成率、巩固率、合格率和高中阶段入学率均达100%,残疾儿童义务教育入学率100%,新增劳动力平均受教育年限15年以上。贯彻落实《中小学教师职业道德规范》,编辑印制《校长论师德》、《名师话师德》两本文集和《和平教师风采》音像专辑。扎实推进“两名工程”建设。暑期组织名校长、名教师培养人封闭培训,聘请高水平专家对名校长培养人撰写的《我的办学特色》书稿进行完善提升，组织名校长培养人参加全国校长办学特色研讨会。积极为教师成长搭建平台。完成第七届“青年教师素质教育优秀案例”评选工作,举办青年教师素质教育论坛演讲会。圆满完成全学科、全员参与的第二届“和平杯”教师专业技能竞赛即常态课教学竞赛活动。全年教育经费总投入118458万元，比上年增长19.12%。其中，财政补助投入100516万元,教育费附加投入8917万元,事业投入及其他投入9009万元。教育经费总支出117278万元，增长19.25%。

（张国治）

医疗卫生改革 2011年，和平区健全卫生服务体系。随着新建的南市街社区卫生服务中心及健康教育指导中心即将完工投入使用,全区社区卫生服务机构新改扩建工程即将全部完成。继续开展疾控中心三年(2009—2011年)标准化建设和妇幼保健机构三年职能建设。独立设置体育馆街社区卫生服务中心，将区中医医院的社区服务职能剥离开来,医疗机构管理、政策执行、职能落实、执业准入等逐步规范。继续实行药品零差率销售。建立新的药品零差率销售政府补偿机制，各社区卫生服务中心药品零差率销售工作运行平稳。自运行以来,累计让利百姓4850万元。开展“环境年”建设和实行无假日门诊服务。根据天津市卫生局《关于在全市卫生行业开展“环境年”建设、对口帮扶、无假日门诊三项重点工作的通知》精神,区卫生局成立“环境年”建设领导小组,下设7个专业组,责任到人,严格考核,细化实施步骤。全系统各单位按照部署,全面启动“环境年”建设和无假日门诊工作。启动绩效工资制度,调动医务人员积极性。在公共卫生与基层医疗卫生事业单位实施绩效工资制度，通过加大政府投入和实施绩效考核，推进公共卫生与基层医疗卫生事业单位转变运行机制，加强管理，建立科学考评制度,完善服务职能,提高服务质量和

1月21日召开2011年和平区卫生工作会议

工作效率。完成区属卫生事业单位岗位设置工作。

（张国治）

体育工作 2011年，和平区成功举办第七届全民运动会。区级机关干部、职工和社区居民以及青少年学生5000余人参加比赛。运动会设置"三八"健康杯、羽毛球、乒乓球、登山、三人篮球、拱猪、中国象棋、广播操、游泳和足球等10个项目比赛。广泛深入开展具有区域特色的品牌体育赛事，组织完成和平区政府和市乒协主办的天津市第三届"和平杯"乒乓球大赛，全市120个团体近400名运动员报名参赛。全年向上级体育单位输送后备人才46名。和平区培养输送的运动员和在训运动员在世界及全国重大比赛中取得好成绩。体操运动员陈一冰在2011年全国体操锦标赛上获吊环个人冠军，在法国举办的世界杯体操赛上获吊环冠军，在东京举办的世界体操锦标赛上获吊环（团体和个人）两项冠军。柔道运动员佟文在巴黎举办的世锦赛上获冠军，在马德里举办的世界杯赛上获冠军。在2011年全国举重分龄赛中，区运动员获女子15岁组69公斤级和男子14岁组94公斤级金牌2枚，获男子14岁组48公斤级银牌1枚。在2011年全国少年击剑锦标赛中，区运动员获女子佩剑个人第一名，少年赛团体第二名。

（张国治）

人口和计划生育 2011年，和平区户籍人口399329人，常住人口224101人，其中已婚育龄妇女20258人，流动人口6813人，其中流动人口育龄妇女3037人。常住出生人口654人，出生性别比100，人口出生率2.823‰，符合政策生育率99.85%，人口自然增长率-1.135‰。和平区连续21年保持人口自然变动负增长。开展面向计划生育家庭和基层计划生育工作者的"双慰问"活动。为群众办实事、好事，解决他们在生产生活中的实际困难，全年帮扶计划生育困难家庭963户、基层干部71人、流动人口家庭66户、贫困大学生153户，发放慰问金和米、面、油、糖、棉衣、吊钱儿等共计66.1万元的款物。开展"关爱女性共享健康"主题活动，将妇女健康知识与趣味有奖问答相结合，为700余名困难母亲、流动人口免费提供生殖健康服务。组织散居儿童参加天津市第十九届健康活力宝宝大赛。为0—3岁散居儿童进行健康查体和能力测试。组织"第二届全国计划生育家庭妇女之星"评选活动。开展流动人口技能培训。围绕优生优育、避孕节育和生殖健康三方面，为育龄群众提供优质服务。为2188名群众办理生育服务证；举办孕期知识讲座41次，5472人接受优生优育保健知识宣教服务。为近12000名已婚育龄妇女进行生殖健康查体和诊治，为35名高危人员进行建档及优生监测。开展全区药具发放服务现状调研，对辖区274家药具使用单位进行调查分析；承担全国计划生育药具管理发放网络与优质服务试点项目。全区发放价值26万元的药具。

（张国治）

民政工作 2011年，和平区落实低保政策，开展对低保和特困救助家庭的春节救助工作，发放春节一次性救助款、春节补贴641万余元，3649户6500人受益。完成全区低保、特困救助3291户5961人标准上调工作，确保175万余元调标资金及时准确发放。全区有低保对象3023户5285人，特困救助对象327户707人，月发放各类救助金184万余元。为325户700人办理低保；为41户97人办理特困救助卡。落实分类救助政策调整，办理低保调标556户。注销低保263户534人；注销特困救助64户138人，实现动态管理下的应保尽保。向困难群众发放物价补贴338万余元。发放百岁老人营养补助金6.16万元。上半年发放敬老卡3480张，办理老年证1471个。为700名六种困难老人免费体检并建立体检档案。完成"精品小区"创建工作，完成开封道、怀远里、三盛里社区“精品小区”创建。完成10个社区提升改造任务。全区有300平方米以上社区综合服务设施39个,200平方米以上17个,200平方米以下4个。

(张国治)

社会救助 2011年，和平区人力资源和社会保障部门努力实现项目与就业岗位对接。新增就业岗位40774个,完成任务的104.5%。城镇登记失业率控制在3.0%。累计认定十类就业困难人员2170人,实现安置2112人,单亲、零就业家庭保持动态安置为零。关注高校毕业生,妥善安置公益岗大学生。建立青年就业见习基地45家，吸纳见习人员1897名,见习就业率90%;招录202名公益岗大学生，在市统一工资保险待遇基础上，由区财政每人每月增加180元补贴。安置期满后,除40人自谋职业外，其余160多人全部安置到街道社工及区属有关单位就业。组织近千家企业与定点院校实现对接，积极开展送岗位进校园等系列就业服务专项活动;在区、街和社区78个职介窗口安装“职业能力测评”软件,对241名各类毕业生进行职业能力测评,进行职业指导278人，对空岗进行匹配,395人对接成功。为自主创业者提供融资服务。建立区级贷款基金担保机构(市、区两级各匹配资金500万元),全区累计自主创业小额担保贷款320人,贷款资金873万元,带动就业527人。开辟创业“绿色通道”。为自主创业者提供创业咨询、风险评估、人员培训、跟踪扶持等“一站式、一条龙”服务。先后组织300余名创业者参加SYB培训,337人参加创业测评，大部分人走上创业之路。加强创业实训基地和孵化园建设。建立34家创业实训基地,398人相继在企业岗位实训。

(张国治)

社会保险 2011年，和平区贯彻实施《社会保险法》,努力扩大城镇职工和城乡居民参保范围。全区城镇职工养老保险覆盖55.41万人(其中在职职工31.04万人、退休职工24.37万人)；城镇职工医疗保险覆盖35万人，失业保险覆盖26万人,工伤保险覆盖29万人,生育保险覆盖28.6万人,均超额完成任务。全区享受老年人生活补助费5915人;累计办理居民养老保险参保869人;累计为220名达到60岁的城居老人办理城镇居民退休手续。全区城镇居民医疗保险参保8.4万人。审核企业职工退休10566人，其中正常退休8813人,病退581人,特岗1145人,其他27人。工伤认定1042例，解决老工伤336人；工伤鉴定630例,老工伤鉴定300人。退休人员医疗保险缴费年限核定9970人;医疗保险证审核8130人;累计追缴失业保险金欠费54.94万元。累计发放社会保障卡66834张，工作进度在全市名列前茅。

(张国治)

住房保障 2011年,和平区认真落实“建设三种住房,发放三种补贴”的立体化保障模式,受理廉租房实物配租及实物配租补贴41件;廉租房租房补贴651件;经济租赁房租房补贴820件,三项合计完成任务的202%，增幅列市内六区首位。受理公共租赁住房787件;限价商品房1284件；定向安置经济适用房91件。全年发放廉租房租房补贴资金6572万元,发放经济租赁房租房补贴35万元。对2032户最低收入和社会优抚家庭及离休干部家庭调整核减租金56万余元，提高和改善了全区中低收入家庭居住条件。

(张国治)

劝业场街道

劝业场街道位于和平区西北部,北起张自忠路、和平路,西临多伦道接南门外大街,东至营口道,南抵南京路。2011年，辖区面积1.78平方公里,辖12个社区居委会。户籍人口27865户80621人，常住人口12507户35156人。其中60岁以上老年人15634人，占户籍人口的19.39%;常住6870人,占常住人口的19.54%。

全街12个社区居委会全部拥有较完备的社区综合服务功能,设置为老服务站6个,残疾人康复站3个;各社区成立帮教、扶老助残、就业帮扶等多支社区服务志愿者队伍。社区志愿者会员9406人,其中注册会员9212人，各类社会组织165个。2011年,在察哈尔路11号成立全市第一家社区食堂，为老人提供就餐服务。

2011年,引进企业8家,注册资金1383.6万元，到位资金1386.6万元。

整治居民区、道路、里巷环境卫生,改善市容环境面貌。清理辖区12个社区胡同里巷116条，楼门院落420余个；对静园社区兴隆南里、耕余里进行大板楼改造，拆除吊挂物596个;完成锦中大厦A座49户二次供水改造；对沈阳道市场周边地区和河南路开展两项专项综合整治活动；对云台花园居民区及113淘宝城进行重点治理，拆除云台花园1404室日租房隔断；取缔两处使用50公斤液化气罐的经营餐馆，小区治安状况明显改善。

广开再就业渠道，创岗安置下岗失业人员，实现创岗安置2587人；加强失业人员岗前培训，为23名有创业意向的失业人员提供创业培训;全面实施保险扩面工作,走访

1326个单位，为30622人办理参保。

圆满完成全国文明城区迎检工作，完成街道和社区“创文”档案创建、整理和入户问卷工作。广泛开展形式多样的文明礼仪活动，开展文明礼仪主题实践活动130余次；建成新津、福明、宁夏路3个市级“快乐营地”，全街市级快乐营地9个。

（张国治）

体育馆街道

体育馆街道位于和平区南部，北起南京路，西北至营口道，西至贵州路，西南至西康路，东南至马场道。地处天津市著名的“五大道”地区，界内历史风貌建筑395栋，是中国近代建筑文化的浓缩。2011年，街域面积1.78平方公里，辖11个社区居委会。户籍人口27330户70796人，其中常住人口16702户35280人，60岁以上老年人6326人，占居住人口的17.9%。

2011年，引进企业9家，注册资金3250，到位资金3250万元。

以创建“文明、整洁、和谐”社区为目标，提升社区建设及环境卫生管理水平，90%的社区居委会面积达到200—300平方米，具备集办公、群众活动多项功能，居民不出社区就可享受低保、计生、民政等“一站式”服务，开展文化学习、娱乐健身等文体活动。

完成津南里、华荫南里精品小区创建任务。协调热电公司，解决津南里、三盛里小区供暖问题；协调房管站，对小区排水管道改造。解决小区附属设施、楼道墙体修复粉刷等涉及群众生活的各类问题。整治期间，拆除违章建筑、煤屋等115间1363平方米，拆除护栏1336个、遮阳罩103个、空调室外机罩334个、外飘窗12个；清运工程渣土424车，规范阳台(露台)26个，修补绿地490平方米。配合市区供热办、热电公司解决施工过程中的各种问题和苗头，确保第一期53000平方米、900多户居民如期装上暖气，为辖区居民创造环境优美、舒适宜居环境。

以综治信访服务中心为依托，维护社会稳定，促进社会和谐。接待、走访群众16207户，累计协调解决各类问题2796件。完善和落实社会治安防控体系建设，先后与佳丽洁、长城、隆石、景厦物业公司签订综治目标责任书，将综治工作延伸到物业管理公司。完成世升花园小区和先农大院重点整治任务。建立完善流动人口和出租房屋管理信息系统。

开展经常性的困难救助、助学活动，发放救助金2659355元。受理廉租住房补贴77户，实物配租3户，经济租赁房补贴51户，限价商品房收入核对226份，公共租赁房收入核对17户。落实劳动保障优惠政策，做好社会保障工作，为下岗失业人员创造岗位880个。配合有关部门落实20项民心工程，如期完成5家放心早点餐馆提升改造和1家精品早点店改造任务。

（张国治）

南市街道

南市街道地处和平区西北角、海河西南侧，东面以海河为界与河北区相望，西面和北面分别以南门外大街、南马路为界与南开区毗连，南面以多伦道为界与劝业场街道对接。2011年，辖区面积1.217平方公里，辖10个社区居委会。户籍人口25308户63792人，常住人口11528户30999人。

界内有楼门419个，社区综合服务设施3321平方米，志愿者协会社区分会7个，志愿者服务团队50个，老年日间照料服务中心（站）2个，残疾人康复站1个，国家级中专1所，市级重点中学1所、社区学校9所，社区体育设施107个，社区商业服务单位944个，辖区(含小区)绿化面积60000余平方米。

2011年，引进企业42家，到位资金3283.7万元。

在打造特色“楼门文化”品牌基础上，提升改造特色楼门，创建艺术、低碳环保楼门等200余个。为楼门安装宣传镜框、为符合条件的楼门添置可供居民休息的座椅等，方

2011年1月26日南市街全国泥塑农民画精品展

便居民生活。举办文明家庭楼门风采展、话剧进楼门等文化活动,提升居民对楼门维护的责任感。

利用南市会馆、南市图书馆、南市楼门文化展览馆、南市地区信息网站、南市地区文化艺术交流协会五大文化平台,开展群众文化娱乐活动。开展“送福到家,千名党员送温暖”活动,为525个楼门22000多户居民送福字、送吊钱、送灯笼、送对联。举办南市街第九届读书节、“书情画意——董嘉田、韩富华书画展”,“走进南市、说南市、讲南市故事”互动活动等,引进“泥人张”传人在街成立工作室,开展平民研究红学系列活动。

针对流动人口相对密集情况,启动“创新社会管理模式,服务新城市建设者”活动,先后建立“城市新青年之家”、和平区首家流动人口计划生育协会、全市首个流动人口图书站,启动“家佳推进计划”。

(张国治)

小白楼街道

小白楼街道位于和平区东北部,海河西岸。东面、北面分别与河东区、河北区隔河相望,南面与劝业场街道、体育馆街道相邻,东南面与河西区相接。2011年,辖区面积2.27平方公里,辖9个社区居委会,居民11398户30982人。

小白楼地区是集高质金融、高端商务、高档商业、高新科技、文化旅游于一体的核心区。天津市地标式建筑“津门”、“津塔”,最高端的商业中心海信广场,最高端的餐饮娱乐中心津湾广场,最高端的商务圈“五大院”及解放北路金融一条街,均坐落该地区。

2011年,招商引资、引企增税6家,投资到位额8100万元,税收60万元。

加大社区基础建设力度,完成开封里小区、开封道社区、开封道4号提升改造工程以及泰安道、哈尔滨道等14片楼区整修工作。落实民心工程,改造3个“放心早点”经营网点,为下岗失业人员发放失业保险,举办大型公益性招聘会,为下岗失业人员、大中专技校毕业生提供1640余个就业岗位;完成新增就业目标任务1121人,创岗安置1076人。

奋战300天,完成14条道路整修、11栋建筑外檐改造粉刷,对赤峰道1、3、5号院,中国大戏院周边,大金台,五号地进行综合治理,为以津湾广场,“津门”、“津塔”,1902风情街,“五大院”为主体的主中心商业格局营造良好的投资经营环境。

注重发挥社区社会组织作用,成功举办第11届社区社会组织节,开展多种群众喜闻乐见的文化活动。举办第24届“和平之春”社区文化艺术节。组织社区文化团队和社区群众开展“学红歌、唱红歌、做红歌传人”群众歌咏活动,其中150人作为代表参加区红歌演唱会和天津市庆“七一”大会展演活动。

(张国治)

新兴街道

新兴街道位于和平区西南部,南沿津河至马场道与河西区相邻;西以卫津路,从卫津路与电台道交汇处起至津河交汇处止与南开区接壤;北沿电台道经气象台路至营口道和贵州路交汇处,与南营门街道相邻,东以贵州路经西康路至马场道与体育馆街道接壤。2011年,街域面积1.77平方公里,辖10个社区居委会,有居民25749户62488人。

界内有63个自然小区、1002个楼门、18个物业管理小区。有道路20条,其中市管道路5条,区管道路15条,交通十分便利。新兴街是全国第一个社区服务志愿者协会诞生地。

2011年,引进外省市企业和人员投资办企业4家,投资额300万元;引进天津市人员投资办企业6家,投资额3900余万元。引企增税企业7家,注册资金4000万元。

积极推进再就业工作。同沃尔玛等企业联系,开发就业岗位,解决227人再就业。举办专项招聘会3

2011年3月,新兴街社区志愿者参加清整街道活动。

场，联系161家用人单位现场招聘，提供就业岗位1150个。促进下岗失业人员、高校毕业生自主创业，对就业困难群体实行小额贷款等援助措施，为“4050”人员、零就业家庭办理保险补贴210人；就失业金发放2020人次；为7名自主创业人员办理小额担保贷款33万元。

办理养老保险111人、医疗保险941人、老年人生活补贴883人，为辖区下岗失业人员、城镇居民办理社会保障卡9349人，临时卡2682人，集中为652家企业单位办理社会保障卡358家4687人。

打造精品“早点工程”，投入引导资金2万元，扶持精品早餐店1家，一般早餐店5家。

对社区市容环境综合整治。清理和装运装修土522车约1566吨，杂物112车约336吨；组织、协调职能部门对社区乱摆乱卖进行清理和取缔；完成乐昌里小区综合改造，清拆二楼以上外挂物731个。

新兴街志愿者协会作为全国唯一的街道协会被全国志愿者工作委员会推荐为中华志愿者协会团体理事，在全国社区工作会议上作《发挥社区志愿服务优势，参与社会管理创新》发言。

在睦南公园组织60余人的合唱团参加“红歌献给党”群众广场歌咏大会启动仪式暨第24届“和平之春”社区文化艺术节闭幕式。以建党90周年为契机，组织新兴街纪念社区志愿者服务22周年活动文艺节目，节目内容紧扣主题，水平质量高，参与范围广。开展“前进的道路，光辉的旗帜”新兴街第五届读书节红色箴言诵读会活动。

推进新建企业工会组建工作，完成179家建会任务，累计建会256家，建会率78%，会员6000余人。

（张国治）

南营门街道

南营门街道位于和平区西南部。北临南京路，与劝业场街道相连；南至电台道，与新兴街道接壤；东以营口道为界，与体育馆街道连接；西至卫津路，与南开区万兴街道为邻。2011年，辖区面积1.25平方公里，设10个社区居委会。户籍人口21662户59788人。

界内有25条街道，驻街单位400多个。市内著名的国际商场、天津经济联合中心大厦、天津医科大学总医院、第21中学、第55中学、中心小学、天主教堂以及和平区法院、区技术监督局、区地税局、工商和平分局等单位坐落辖区。

2011年，加强招商引资、引企增税工作。引进华之新商贸有限公司等10家企业，总投资2.26亿元。

按政策为44户困难家庭办理低保，完成711人低保调标和26户解困卡调标工作。实施助学和大病救助319人，为2140户发放困难补助，为290名残疾人免费体检，为986名残疾人建立个人情况和康复需求档案。为2035人发放失业救济金104万元；为1036名老人发放养老补贴；为1840人办理医保；为3655人办理发放社保卡；为1228人办理灵活就业保险补贴；为331户居民办理廉租房、租房补贴、实物配租和限价房，困难群众基本生活得到保障。建立2个社区老年人日间照料站，成立生活服务队和义工讲师团，开办老年大学，丰富老年人精神文化生活。

奋战300天，市容环境面貌进一步改善。开展“百人百天”环境治理行动，清理乱堆乱放乱吊乱挂452处、乱贴乱画1039处，捡脏护绿7500平方米，清除杂物和垃圾290多吨。高标准完成文化村168号院精品小区提升改造工程，拆除楼体立面护栏和外挂物885个。配合市政部门完成建津里、文善里、众诚里、香榭里、竞业里、绵阳道、万全里7个社区的小区路面翻新改造工程。

安全生产工作常抓不懈，举办各类安全生产培训60次，排查解决安全隐患48件，协调区有关部门妥善解决辖区高层消防安全问题，为吉利花园、观云里两个高层配备消防器材。

组织开展“和平之春”、“纳凉晚会”等品牌活动，结合建党90周年、春节、中秋等节日、纪念日，街道和各社区开展“中秋重阳喜乐会”、“观文明神韵、展社区风采”、“老少同学三字经”等多种形式的主题文体活动，加强并扶持街道社区文体社团建设，挖掘人才资源，充实并打造品牌文艺团队，繁荣社区群众文体活动，丰富地区群众精神文化生活。

提升改造5个“早点工程”精品店铺，新建3个达标店铺。

在全街范围进行普遍走访、对口走访和重点走访。走访居民9000余户，其中457户低保户、26户特困户实现全覆盖，解决家庭困难、家庭矛盾、邻里纠纷等各类问题300余起，投入民政救助、综治调解、信访维稳资金100余万元。协调解决企业问题2件。

（张国治）

河西区

概　述

河西区是天津市中心城区之一，位于市区东南部，因地处海河西岸而得名。区境东临海河与河东区相望，西迄卫津南路、卫津河与南开区、西青区交界，南沿双林农场引水河与津南区毗邻，北抵徐州道、马场道、津河与和平区接壤。2011年，区域面积41.24平方公里。辖下瓦房、大营门、马场、天塔、友谊路、东海、尖山、陈塘庄、柳林、挂甲寺、桃园、越秀路、梅江13个街道办事处。全区户籍人口80.3万人。

河西区历史悠久，界内津门古刹挂甲寺始建于隋唐时期，沿解放南路两侧的德式风貌区至今仍保留许多日耳曼风格的小洋楼。建国以来，经历社会主义时期建设，成为天津市发达的工业区、繁荣的商业区、新型的居民区、先进的文化区和重要的涉外区。以友谊路为轴线，四周分布着天津迎宾馆、天津礼堂、国际展览中心、天津工业展览馆、天津自然博物馆等，全市重要的政治活动、国际交往、经贸科技交流多在这里举行。

党的十一届三中全会以来，河西区各项事业得到迅速发展。20世纪90年代中期，率先在全市基本完成成片危陋房屋改造。之后，区委、区政府按照"优化服务、强化管理、实干创新、造福人民、再上水平"的工作思路，以发展区域经济、加强城市建设管理和社区建设为重点，坚持不懈地为区域经济、为基层单位、为人民群众搞好服务，各项工作实现跨越式发展，取得突出成绩。

"十五"期间，作为天津市六个中心城区之一，河西区发展成为繁荣的商务中心区和高品质的生活住宅区，具有优越的人文环境。区"十一五"规划纲要适时提出以商务为特色、现代服务业蓬勃发展、都市型工业初具规模的经济强区，建设高品位、多样化、开放型的文化大区，建设功能完善、环境优良、安定祥和的宜居城区的战略目标。"十一五"期间，小白楼商务中心区入驻企业600余家，包括西门子、三菱株式会社、普华永道等多家世界500强。友谊路既是体现天津现代化大都市风貌特色的迎宾主干线，又是集金融、涉外、商务、会展、餐饮等功能于一体的服务型经济聚集带，分布银行分行、保险公司、证券营业部及其他金融企业约70家，集聚全市88.9%的内资银行分行。解放南路经济物流带成为以家居、装饰、汽车为主题，服务"三北"地区的建材装饰商品集散、家具名品销售、建材网络信息、国际汽车贸易等多元化经营的现代物流中心。大沽南路商业街有大型商业载体8座，总面积10万平方米。先后拆迁改造48片危陋平房，建成新城小区、安德公寓等16个新型居民小区和梅江生态居住区、泰达园、凤凰城等高档社区。

2008年，市委、市政府把河西区的发展功能定位为"商务河西"，其内涵包括市级行政中心、文化艺术中心、商务办公中心、创意产业基地、生态宜居城区。据此并结合区位优势和特点，河西区整合城市功能布局结构，形成"四区、四带、八大功能区"的整体发展框架。即市级行政文化中心区、小白楼商务中心区、陈塘科技型城市副中心和梅江、梅江东国际社区四个功能集聚区，以及海河城市发展带、友谊路金融服务带、大沽南路—尖山商业商务带、解放南路综合商贸带四条功能发展带。

《河西区"十二五"规划纲要》进一步提出，河西区未来5年的发展目标是建设"国际商务城区、多元文化城区、生态宜居城区"，到"十二五"末，将基本建成经济发达、文化繁荣、环境优美、服务完善、社会和谐的现代化新城区。

2011年，河西区深入开展“调结构、增活力、上水平”活动，区域经济保持平稳较快发展。实现区域生产总值576.9亿元，区属生产总值297.7亿元。服务型经济主导地位进一步提升，完成区域服务业增加值467.3亿元，占区域生产总值的81%；完成区属服务业增加值280.96亿元，占区属生产总值的94.38%。实现三级财政收入66.8亿元，区级财政收入34.3亿元。完成固定资产投资84亿元。社会消费品零售总额303.39亿元。国内招商引资实际到位额104.5亿元，吸引外资实际利用额2.6亿美元。外贸出口总值14.8亿美元。城镇登记失业率控制在3.8%以内。圆满完成节能减排指标。

城市建设重点推进陈塘科技商务区道路基础设施建设，园区主干道路东江道（洞庭路—洪泽临时路）、怒江道(洞庭路—洪泽临时路)综合改造工程10月13日全面竣工。全区房地产业实现开工面积368万平方米，竣工面积81万平方米，完成固定资产投资62亿元。地铁5、6号线站点房屋征收工作，至年底有1033户签订房屋征收补偿协议，占此次征收总量的89.1%。奋战300天市容环境综合整治，涉及贵州路、新围堤道等9条精品改造道路，珠江道、友谊路等7条提升道路，完成楼体粉刷148栋33.98万平方米，改形15栋3.8万平方米，安装通格栅2.27万平方米，底商改造43处1.85万平方米。47个社区实施“三清一整”。新建绿地4.58万平方米，改造绿地46.68万平方米。

认定科技型中小企业800家，新增290家，增长56.9%。科技小巨人17家，位列中心城区第二位。12家企业通过市科委“小巨人周转金”项目评审，获得资金支持7900万元，5家企业通过知识产权质押获得1700万元贷款。新建4个科技孵化器，总数5个，总计孵化面积4万平方米左右，入孵企业200余家。

坚持以提高教育现代化水平、建设位居全国前列的教育强区、办人民满意的教育为目标，各类教育优质协调发展。义务教育学校现代化建设历时三年，43所义务教育学校全部验收达标。学前教育多体制、多机制、多渠道破解资源不足难题，改扩建二幼分园、二十四幼分园，成立民办生生幼儿园，回收原十五幼，取消国办园小小班，开办小班半日班，努力满足幼儿入园需求。启动中小学普优工程，完善教师柔性流动机制，中央电视台《新闻联播》进行专题报道。高考成绩再创佳绩，一本上线率51.4%，二本上线率77.4%，各学科平均分、总分平均分和高中学业水平考试全部学科综合评价及各科成绩均居全市前列。连续第十三次荣获“和谐德育”全国先进实验区称号。

广泛深入开展群众文化活动，举办庆祝中国共产党成立90周年全区歌咏大会、河西区第六届社区文化擂台赛，承办天津市第三届鼓舞大赛、天津市第二届“百姓之窗”家庭DV大赛。成立戏剧家协会，创办河西区第一本大型文化刊物《西岸风》。成功举办第二届天津西岸艺术节，坚持高品位、低票价，为津城百姓提供丰盛的文化大餐。做大西岸品牌，成功举办第二届天津西岸图书节，西岸相声会馆实现开业。

全区有12所社区卫生服务中心、68个社区卫生服务站，社区公共卫生服务覆盖率100%。全面落实22项免费公共卫生和基本医疗服务，继续实行药品零差率销售。全区建立全民健康档案526296份，全民建档率60.7%；60岁以上常住老年人114314人，老年人建档率98.6%。建立高血压患者档案49337份，糖尿病患者管理专案19652份。重性精神病患者管理1816人，肢体残疾康复管理3268人，脑卒中后遗症患者康复管理3429人。区卫生系统全年诊疗276.07万人次，其中门诊204.91万人次；全年收治入院病人4598人，出院4616人，治愈好转率97.94%。

完善公共体育服务体系，促进全民健身事业协调发展。全民健身日活动，全区13个街百余支健身队伍在6个场地进行集中展示。先后举办区离退休老干部运动会、机关干部运动会、环卫系统运动会、各街道社区运动会等，并组织1500余人参加天津市全民健身运动会32个大项的比赛。组织广大青少年学生开展阳光体育展示活动、区中小学田径比赛、区中小学跆拳道比赛、区游泳运动会等。竞技体育做好重点项目布局，女排、游泳等12个项目申报成为天津市重点项目。参加市级比赛共获金牌37枚、银牌44枚、铜牌45枚，向市体校输送优秀运动员17名。

（李　群）

河西区区级领导名单
(2011年12月换届前)

中共河西区委领导名单

书　记:沈家聪(任职至10月12日)　张　杰(10月12日始任)

副书记:彭　三(白族)

常　委:沈家聪(任职至10月12日)　张　杰(10月12日始任)　彭　三(白族)　杨书奎　李　清　史学群　王惠敏(女)　滕仲喜　钟继发　刘小芃(3月7日始任)　陈玉恒(11月15日始任)　苏　智(11月15日始任)　贾　庆(任职至11月28日)　赵年伏(11月28日始任)

河西区人大常委会领导名单

主　任:沈树和

副主任:盖　钢　康凤海　王亚令　王秀琴(女)　边　海(兼)

河西区政府领导名单

区　长:彭　三(白族)

副区长:杨书奎　陈玉恒(12月1日当选)　张金英(女)　许迪春　江　洺　刘国胜　张忠汉(9月27日当选)

政协河西区委员会领导名单

主　席:刘开基

副主席:张秀春(女)　魏　涛　李玉玫(女)　李金水　武国维(兼)　孙惠玲(女,兼)　王丽萍(女,兼)

河西区区级领导名单
(2011年12月换届后)

中共河西区委领导名单

书　记:张　杰

副书记:彭　三(白族)　李　清

常　委:张　杰　彭　三(白族)　李　清　陈玉恒　苏　智　钟继发　刘小芃　赵年伏　王亚令　王　芸(女)　韩　琳

顾　问:杨书奎　史学群　王惠敏(女)　王炳祥

河西区人大常委会领导名单

主　任:刘开基

副主任:滕仲喜　王秀琴(女)　姜德义　王　炜　边　海(兼)

河西区政府领导名单

区　长:彭　三(白族)

副区长:陈玉恒　王亚令　张忠汉　刘永刚　孙惠玲(女)　吴兴东

政协河西区委员会领导名单

主　席:李红梅(女)

副主席:康凤海　江　洺　刘国胜　李金水　王爱俭(女,兼)　武国维(兼)　王丽萍(女,兼)　缪　明(兼)

顾　问:魏　涛　李玉玫(女)

(区委组织部提供)

政　治

中共河西区第十次代表大会

2011年12月6日至9日,中共天津市河西区第十次代表大会在天津礼堂中剧场召开。张杰代表中共河西区第九届委员会向大会作报告。区纪委的工作报告以书面形式提交大会审查。大会选举产生中共天津市河西区第十届委员会和纪律检查委员会。通过《中国共产党天津市河西区第十次代表大会关于中共天津市河西区第九届委员会工作报告的决议》和《中国共产党天津市河西区第十次代表大会关于中共天津市河西区纪律检查委员会工作报告的决议》。大会指出,今后五年是河西继往开来、再创辉煌的五年。河西将处在一个乘势而上、跨越发展的关键时期。要高举中国特色社会主义伟大旗帜,以邓小平理论和“三个代表”重要思想为指导,深入贯彻落实科学发展观,认真贯彻中央、市委的决策部署,以解放思想为前提,以务实创新为动力,以科学发展为主题,全面加强社会主义经济建设、政治建设、文化建设、社会建设、生态文明建设和党的建设,大力实施“产业聚集、文化提升、科技创新、生态宜居、富民惠民、人才支撑”六大战略,努力实现“经济发展再上新台阶、文化实力得到新提升、城区环境展现新面貌、人民生活达到新水平、社会和谐创造新局面、精神面貌呈现新气象”的奋斗目标,同心同德,锐意进取,为建设国际商务城区、多元文化城区和生态宜居城区,进而建设现代化新城区而努力奋斗!

(李　群)

2011年12月6日,中共天津市河西区第十次代表大会开幕。

河西区十六届人大一次会议

2011年12月20日至23日,天津市河西区第十六届人民代表大会第一次会议在天津礼堂中剧场举行。会议听取审议区人民政府工作报告、区人大常委会工作报告、区人民法院工作报告、区人民检察院工作报告,审议河西区2011年预算执行情况和2012年预算草案的报告,并对上述报告作出相应决议。会议选举刘开基为河西区第十六届人大常委会主任,滕仲喜、王秀琴(女)、姜德义、王炜、边海(兼)为副主任;选举彭三(白族)为河西区人民政府区长,陈玉恒、王亚令、张忠汉、刘永刚、孙惠玲(女)、吴兴东为副区长;选举张建国为河西区人民法院院长,孙学文为河西区人民检察院检察长。

(李　群)

政协河西区十三届一次会议

2011年12月19日至21日,政协天津市河西区第十三届委员会第一次会议在天津礼堂中剧场召开。会议总结区十二届政协五年来的工作,确定今后五年的主要任务;选举产生区十三届政协领导机构;列席区十六届人大一次会议;就今后五年经济社会发展的重大问题进行协商。区十二届政协主席刘开基主持开幕大会并致开幕词。区十二届政协副主席张秀春代表区十二届政协常委会作工作报告。区十二届政协副主席李玉玫代表区十二届政协常委会作提案工作报告。大会选举李红梅(女)为政协河西区第十三届委员会主席,选举康凤海、江洺、刘国胜、李金水、王爱俭(女,兼)、武国维(兼)、王丽萍(女,兼)、缪明(兼)为副主席。审议通过《区政协十三届一次会议决议》。

(李　群)

党务工作 2011年，中共河西区委加强和改进党的建设，为河西区科学发展和谐发展率先发展提供坚强政治保证。以严肃换届纪律保证换届风清气正为重点，以发放宣传册、签订承诺书等形式，宣传贯彻中央"5个严禁、17个不准和5个一律"的换届纪律，换届选举期间，组织党代表、人大代表、政协委员签订严守换届纪律承诺书，承诺率100%，营造风清气正的换届环境。市委换届巡视督查组对河西区换届工作进行督导检查，认为河西区换届风气总体良好。圆满完成8个党委局换届，调整配齐党委局领导班子。本着积极稳妥、和谐有序原则，对全区处级领导班子综合分析，按照德才兼备、以德为先的用人标准和向基层一线倾斜的用人导向，集中精力选好干部、配强班子。全年调整42个单位(部门)82名干部，其中提任干部31人(正处级10人、副处级21人)，交流干部51人(正处级21人、副处级30人)。在82名干部中，为专业性部门、岗位配备专业干部11人（正处级1人、副处级10人)，为街道配备干部和从街道提拔干部13人(正处级3人、副处级10人)。先后对陈塘庄、柳林等6个街道进行调整，全区13个街道全部实现党工委和办事处领导班子中各配备1名以上女干部目标。重点组织好处级领导干部轮训班。分7期每期3天，对350名处级领导干部和区属国有企业领导人员集中培训。依托区委党校，举办河西区第23期青年干部培训班。精心组织迎庆中国共产党成立90周年活动。立足基层、面向群众，精心组织"唱响红色经典，坚定理想信念"主题宣传教育活动。举行党史宣讲辅导报告会，开设网络"红色时空"专栏，组织开展"伟大历程，光荣使命"万名党员党史知识竞赛和"全国党建知识竞赛"活动，在全区掀起学习党史、了解党情、增强党性的热潮；举办"党在我心中"征文活动，征集作品近800篇，择优刊登在《天津日报·新河西》，1篇文章获市理论征文三等奖。河西区各级党组织围绕"我为党旗添光彩"主题，组织开展丰富多彩的党性实践活动，不断深化创先争优内涵，引导广大党员发挥先锋模范作用，以优异成绩向党的生日献礼。广泛开展红歌传唱活动，通过自下而上、层层组织方式，举办近200场红歌演唱会，掀起唱响红色旋律热潮。"七一"前夕，"颂歌献给党"——河西区庆祝中国共产党成立90周年歌咏大会将全区纪念活动推向高潮。从机关到学校、从企业到社区，广泛开展征文演讲、诵读经典、书画摄影、主题党(团)日等各具特色的宣传教育活动，为庆祝中国共产党成立90周年营造良好氛围。以《党员学习读本》为主要教材，积极宣传普及党的最新理论成果，深入解读党员干部关注的理论热点，党员理论教育丰富多彩。

（贾志强）

选民投票

政务工作 2011年，河西区政府坚持"规划立区、环境兴区、服务强区"的发展思路，围绕建设"经济强区、文化大区、生态宜居城区"的奋斗目标，解放思想，开拓创新，团结拼搏，真抓实干，经济社会发展取得令人瞩目的成就，主要经济指标实现翻番。城镇登记失业率控制在3.8%以内。圆满完成节能减排指标。按照信息化建设"十二五"规划和"数字河西"总体建设方案，提出"大网络、大平台、大数据"建设规划。大网络建设，建成数字城管、数字执法、数字环卫统一网络以及流动人口管理网络，与已建成的区政务网络、视频监控网络、财政集中支付网络、人事管理网络、社区卫生网络整合，初步建成全区基础大网络。接入整个大网络的点位近900个，实现区委、人大、政府三座大楼及48个委办局、13个街道办事处以及50个社区卫生服务站、13个街道医院、9个卫生服务机构的互连互通，为全区各应用系统的运行提供畅通道路。大平台建设，完成区政府应急指挥中心、区容委二级分控中心、区执法二级分控中心及各大队三级分控中心、区环卫二级分控中心及机扫等三级分控中心；搭建完成区政府、区公安、区交管、区执法、区容委、区环卫等各部门指挥中心大平台。大

2011年10月24日，河西区公务员平时考核现场观摩交流会。

数据建设，完成全区统一的标准机房，机房作为全区的数据中心，具有温度控制、湿度控制以及防雷、自动报警、灭火、远程监控等功能，为全区信息数据提供良好的、安全的存储环境。区信访办公室受理信访总量10578件次。自身受理3346件次，比上年下降27.2%。其中，群众来信975件（含市长电子邮件、交办件），下降17.3%；个访770人次，与上年基本持平；集体访124批1601人次，分别上升25%和下降66.7%。群众信访反映的问题主要集中在房屋拆迁、市容卫生管理及市场建设等方面，办结率98%。召开区信访工作例会45次，分组例会36次。处理市、区领导交办的重要信访问题和市信访办的交办函、电子邮件、回报单1217件，区立案68件，到期结案率100%。制定《河西区领导干部接访、下访活动安排》，区四套班子的26位领导对全区13个街道进行包片、包案。各单位、各部门深入开展领导接访、下访活动。全年区领导接访54次，接待869人次，包案51件，解决40件；各单位、各部门领导接访1587次，接待3413人次，包案334件，解决241件。区人力社保局开展公务员招录工作，设置招考职位44个，2600余人报名，125人进入面试。组织面试工作中，采取全体工作人员入闱、签订保密承诺书、全程录音、纪检监督等措施，确保招考工作公开、公平、公正。区教育系统事业单位岗位设置工作年内全部完成，兑现工资2400万元。为620名专业技术人员办理职评手续，比上年增长10%，申报人员中博士、硕士研究生占到4%，金融等现代服务业人才和民营企业人员占95%以上。

（贾志强）

政法工作 2011年，河西区政法、综治维稳系统发挥职能作用，推进社会矛盾化解、社会管理创新、公正廉洁执法三项重点工作。制定《河西区平安建设第十二个五年规划》，坚持平安创建工作领导小组季度例会制度，及时通报工作进展情况，研究解决工作中的重要问题。区社区综治信访服务中心累计接待群众458人次，解答咨询352件，解决求助问题135件，调解纠纷126件；社区综治信访服务站累计接待群众3022人次，解答咨询2278件，发现隐患980件，解决求助问题518件，调解纠纷651件。公安河西分局加强对区内非正常进京上访重点人员的疏导、教育、控制。投入警力4500余人次，成功劝阻进京人员29次（190余人），对29起（63次）群体性事件进行处置，涉及集访群众3308人次。围绕大型安全保卫和社会治安整治工作重点，强化打击职能作用，严打违法犯罪活动。相继开展春季攻势、秋季战役、清网、娱乐场所专项整治、夏季治安专项治理，“打四黑除四害”等多项行动，加大对娱乐场所清理检查力度，查处一批“黄赌娼”违法犯罪活动，确保行业场所

2011年12月27日，硕士检察官宣讲团走进建筑工地为农民工提供法律咨询。

经营活动依法、安全、有序。截至12月20日,查破卖淫嫖娼案件61起,逮捕24人、行政拘留122人、收教60人;查破涉黄案件5起,逮捕1人,行政拘留5人;查破赌博案件59起,逮捕17人,行政拘留217人,收缴赌资50余万元;查破涉假案件8起,逮捕11人,行政拘留2人;查破涉危案件25起,逮捕21人、行政拘留9人;取缔无证无照经营游艺娱乐场所19家,收缴赌博机455台。区检察院立案查处贪污贿赂等职务犯罪案件22件,其中处级以上领导干部犯罪要案1件。查办国家机关工作人员渎职侵权案件4件。依法严厉打击严重刑事犯罪,受理公安机关提请批准逮捕的各类刑事犯罪案件439件586人,经审查,依法批准逮捕438件582人;受理公安机关移送审查起诉案件624件854人,经审查,提起公诉576件781人。受理民事行政申诉案件45件,其中立案10件;提请和建议提请抗诉8件。受理群众来信、来访、举报145件。区检察院被最高人民检察院确定为天津市唯一一家全国基层检察院"四化"建设示范院,并被评为天津市2009—2010年度优秀检察院。区法院受理各类案件9214件,审结9120件(含旧存),其中受理刑事案件612件,审结624件(含旧存)。受理民商事案件7187件,审结6980件。受理行政案件43件,审结156件(含旧存);受理行政审查案件1372件,审结1360件。坚持"群众利益无小事"的司法理念,认真办理财产权属、损害赔偿、婚姻家庭等与群众利益密切相关案件。引导当事人在自愿互让基础上达成协议,化解纠纷,民事案件调撤率逐步上升,保持在60%左右。针对民事案件数量大,专业化要求越来越高的特点,探索工作新思路,推进专业化审判庭和合议庭建设。5个民事审判庭内部全部按照专业化合议庭配置;成立民事审判五庭,审理供热、物业等群体性较强案件,并负责诉前调解工作。

(贯志强)

人民团体工作 2011年,全国总工会数据库中河西区正常经营企业建会2144家,建会率87.33%;市总工会数据库中建会企业4612家。全区签订集体合同企业4385家,覆盖职工73277人,达到建会企业91%以上;其中2702家开展工资集体协商,覆盖职工41973人,达到建会企业80%以上;签订女职工专项集体合同4385份,覆盖职工33572人,实现女职工专项集体合同在签订集体合同单位的全覆盖。区总工会投入120万元资金,对区工人俱乐部进行提升改造,建设职工培训中心和农民工夜校,并组织全区45家"大学校"基地发挥职工培训龙头作用,举办职业道德、法律法规、交际联谊、青年就业创业、女职工职场解析、农民工岗位技能等各类培训班500余期,参训职工64800余人次。团区委动员全区各级团组织、广大团员青年开展以"三比三争"(团青组织比服务,争做服务大局先锋队;团员青年比作为,争做干事创业生力军;自身建设比成效,争做团建创新开拓者)为主要内容的创先争优活动,发挥共青团品牌工作在创先争优活动中的积极作用,发挥各级青年文明号、青年文明社区以及青年文明服务之星的先锋模范作用,在本职岗位争一流、创业绩。公安河西分局特警支队一大队被命名为全国公安系统青年文明号,天津宏远园林工程有限公司被命名为天津市青年文明示范岗,10个窗口服务行业优秀青年代表被评选为市级青年服务之星。启动河西青年志愿者"七色花"行动,带领全区青年志愿者开展"给力青春,志愿和谐"、"关爱夕阳,红色青春"、"童心向党,亲情六一"等志愿者活动近百次。深化农民工子女"五个一"关爱工程,全区团组织与18所农民工子弟学校结对,直接帮扶农民工子女4298名。全面整合河西青年志愿者队伍,建成河西职大、盈科律师事务所、河西中医医院、义工艺术团等红色敬老志愿者服务队4支,白衣天使公益医疗社、青春法缘公益法学社、我们是朋友公益心理社等志愿服务专业社团5个。至年底,全区建非公企业团组织176家,新社会组织团组织16家。区妇联以家园建设为着力

2011年4月,河西区青年志愿敬老服务基地启动。

点，夯实妇联组织参与社会管理的工作平台。深化“一街一精品、一园一特色”和“妇工+社工+志工”的工作模式，“六个中心” 的服务功能日益完善。东海街汉江里社区“半边天家园” 被命名为市级示范半边天家园，尖山街长达公寓等 7 个“半边天家园” 被命名为市级优秀半边天家园。以“关爱生命，文明出行”为主题，组织开展“万户家庭文明交通行动”、“百万家庭低碳出行行动”，举办 “河西区百场交通安全知识进家庭讲座” 和交通安全手抄报评选活动，选树一批和谐家庭典范。友谊路街谊景村社区、柳林街东海里社区被评为全国创建学习型家庭示范社区。河西区高标准完成家庭教育“十一五”规划终期评估，经全国妇联儿童部专家检查组实地抽查，给予充分肯定。“家庭教育指导与服务进社区”项目成效明显，举办“心系女童”青春期女童家庭教育讲座；开展“说说您的教子感悟”征文活动，征集教子心得 212 篇，区妇联获得市优秀组织奖。开展“河西区第四届魅力母亲”评选活动，评出魅力母亲 26 名。河西区下瓦房街富裕广场社区被评为全国家庭教育工作示范社区。

（李　群）

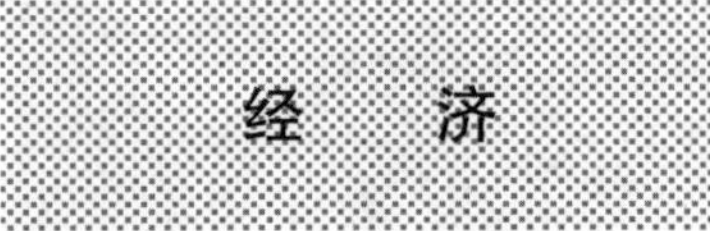

经　济

经济指标完成情况　2011 年，河西区深入开展“调结构、增活力、上水平”活动，区域经济保持平稳较快发展。实现区域生产总值 576.9 亿元，区属生产总值 297.7 亿元。服务型经济主导地位进一步提升，完成区域服务业增加值 467.3 亿元，占区域生产总值的 81%；完成区属服务业增加值 280.96 亿元，占区属生产总值的 94.38%。实现三级财政收入 66.8 亿元，区级财政收入 34.3 亿元。完成固定资产投资 84 亿元。社会消费品零售总额 303.39 亿元。国内招商引资实际到位额 104.5 亿元，吸引外资实际利用额 2.6 亿美元。外贸出口总值 14.8 亿美元。

（李　群）

民营经济和中小企业发展

2010 年 4 月，河西区根据市、区政府机构改革要求，建立民营经济和中小企业发展促进局（简称民企局）。截至 2011 年底，河西区有中小企业 1.35 万家，注册资本 457.13 亿元，从业人员 30 万人。民营企业 1.16 万家，注册资金 182.77 亿元；个体工商户 1.83 万户，注册资金 8.16 亿元。2011 年，按照国家工信部对中小企业新的划型标准，对全区中小微企业进行划分归类，中型企业约占企业总数的 4%，有 540 家；小型企业 2025 家占企业总数的 15%；微型企业 10100 家占企业总数的 81%。对具备向科技型企业转化条件的 100 家企业进行调研，引导企业通过技术改造、技术创新、引入创新元素，提升企业科技含量，形成自主知识产权向科技型转化。有 30 家传统企业转型升级为科技型企业，超额完成市中小企业局下达的任务。召开产学研金融项目对接会，加强科技企业、研发机构、高等院校、金融机构的交流与合作，解决企业转型升级过程中的技术、融资和人才需求等困难。推荐 10 家中小企业参加 “天津市中小企业管理诊断活动”，帮助企业提升经营管理水平。与中国银行、邮政储蓄银行、兴业银行等 7 家银行，以及联合创业担保公司等 3 家担保机构、2 家小额贷款公司达成合作意向，先后举办银企对接会 3 次，年内为 70 余家企业落实贷款资金 2.2 亿元，并与民生银行联手争取银行贷款额度 3 亿元，重点解决小微企业贷款难问题。举办 2011 年民营经济年会，对区内年纳税额前 50 名的民营企业和十佳个体工商户进行表彰，并邀请中国中小企业协会副会长周德文就中小企业发展、民营企业如何做大做强等问题作辅导报告。

（李　群）

招商引资　2011 年，河西区国内招商引资实际到位额 104.5 亿元，吸引外资实际到位额 2 亿美元。举办中国·天津河西 2011 商务商贸节，400 多位中外客商云集，集中推出天津银河国际购物中心、怡乐天地、天津湾海景广场等 18 个重点招商项目。促成总部、金融、文化科技、国内外知名品牌、商业地产 5 大类 37 个投资项目合作签约，合同投资额 118 亿元。确定重点开工项目 10 个，重点竣工开业项目 10 个。总建筑面积 134.3 万平方米、总投资约 166 亿元的天津国际贸易中心、珠江友谊家园等重点项目建设进展顺利。其中，天津国际贸易中心即将开盘；富润中心、香年广场主体封顶开始招商；珠江友谊家园进入外檐装修，招商工作正在进行，一批首次进津的国际品牌签订意向。区驻外招商局分别在北京、上海举办楼宇专题招商会和投资发展座谈会，发布河西载体资源，年内引进泉盛餐饮管理(天津)有限公司等 7 家企业注册，注册资本 8550 万元及 30 万美元；上海宝信软件股份有限公司天津办事处 1 家；日本优衣库(UNIQ-LO)品牌等投资项目 4 个，合同投资额 1.1 亿元。鑫银大厦等 12 座重点楼宇着力引进规模大、品质高的企业，瀚华担保、光大世纪投资公司、中国人寿财产保险有限公司天津分公司等一批现代服务业重点企业分别进驻。全年引进楼宇企业 363 家，楼宇综合出租出售率 90%以上，楼宇综合贡献率增长10个百分点,主要产业包括金融、商贸物流、货运代理等现代服务业。新增纳税超亿元楼宇8座,全区亿元楼18座,数量、质量均全市领先。区行政许可服务中心坚持推进行政审批制度改革,对全区具有审批职能的32个部门的事项进行全面清理和规范,将行政审批事项压缩到168项,比规范前减少34.9%,并实行24小时行政审批开门服务,进一步方便企业。

(刘东捷)

天津三星电机有限公司 是天津中环信息集团与韩国三星电机株式会社共同投资兴建的合资企业,坐落河西区黑牛城道,占地面积49700平方米,建筑面积69200平方米,绿化面积5800平方米。公司生产经营6类产品,主要为彩电、IT产品、移动通讯、卫星通讯和办公自动化产品提供配套电子零部件。公司大部分产品在生产规模和品质方面居世界前十位。产品不仅畅销韩国、日本、新加坡、马来西亚等亚洲国家和地区,还远销美国、墨西哥、英国、西班牙等美洲、欧洲国家和地区。主要为全球著名大企业摩托罗拉、索尼、东芝、松下、JVC、西门子、飞利浦、三星、LG等提供电子产品。三星电机一贯致力于绿色经营,2000年取得天津市高新技术企业认定和天津市节水型企业称号。2002年温家宝副总理到三星电机视察,对其废水处理能力予以高度评价。2004年天津三星电机荣获韩国总统“环境大奖”。2011年,公司环保设施投资202万元。节能降耗方面,将镀金所有线体第一个和最后一个水洗槽溢流水收集到中水收集箱,以便再次利用,年节约自来水73000吨,节约费用55万元。此外,将前处理排放水回收再利用于400T水池及COT补水,实现中水再利用,年节约自来水127750吨,节约费用96万元。公司全年在环境保护、节能降耗方面获得经济效益690万元。

(李 群)

商贸旅游 2010年4月7日,根据区政府机构改革实施方案,组建河西区商贸旅游局,将原经济贸易委员会承担的对内贸易管理职责、对外经济贸易委员会对外贸易管理职责、文化和旅游局旅游工作职责整合划入商贸旅游局,将粮食办公室职责、企业治乱减负职责划出,不再保留经济贸易委员会。2011年,河西区商贸旅游业完成区属生产总值14.11亿元,外贸出口总值14.81亿美元,实现国内招商引资到位额3亿元。新建新美、平泉道2家菜市场,二次改造博疆、梅江津典等10家菜市场,提升河西区菜市场经营档次,完善区域菜市场布局。区内菜市场45家,广大居民得到便利。建成新美商业街和博疆美食街2个特色商业街,与16个社区商业中心共同形成十分钟社区商业圈,居民生活更加便捷,各种生活需求基本得到满足。成立河西区市场监测分中心。在年初南方副食品价格上涨影响下,天津市也出现食盐和蔬菜等部分农副商品的抢购,河西区及时采取应对措施,积极组织货源,未出现因商品脱销、物价上涨引发的不稳定因素。积极开发建设特色旅游项目。由海华创意投资,改造天津感光胶片厂,建成陈塘美术科技馆,被市政府确定为天津市十大工业游示范基地。桂发祥集团投资5000万元建设桂发祥工业游博物馆,工程主体实现封顶。隆兴集团发挥传统织毯独特工艺,建设地毯展览中心。本山传媒刘老根大舞台被批准为2A级景区。人民公园城市会客厅特色街区被确定为天津市商贸旅游重点项目之一。

(李 群)

经济社会发展 2011年,河西区完成“十二五”规划纲要编制并颁布实施。对“十二五”规划中重点发展的金融、商务服务、商贸旅游等八大行业及楼宇经济、总部经济和战略性新兴产业发展情况开展专题调研,形成11篇课题研究成果并汇编成册。从整体协调推动,政策资金引导,短平快项目、重点项目协调服务和产业结构优化升级等方面下手,引领河西区服务业发展结构更加合理,层次更加高端。深入推动全区“调结构、增活力、上水平”活动,组成20个服务工作组,把服务企业与全年重点工作有机结合,贯彻落实市促进经济发展30条措施,182名干部深入500余家企业和项目单位,解决180多个涉及资金、审批、节能、生产生活配套等方面问题,向市调增办和市督查组报送工作简报310期,采用刊发20期,位列市内六区之首。把节能降耗与调整产业结构、转变发展方式、建设生态城区等重点工作有机结合,作为改善民计民生、促进经济又好又快发展的重要举措,纳入全区经济社会发展整体规划,增强区域经济可持续发展能力,取得较好成效。剔除轧一集团影响,“十一五”期间万元生产总值能耗下降32.1%,被市节能考核部门认定为完成等级。完成温室气体清单编制工作,编制数据将作为今后市里对河西区碳排放指标考核核定基数依据。

(付志刚)

河西区国有资产经营投资有限责任公司 注册资金29.85亿元,资产总额36.2亿元。公司发挥特定目的公司投融资和确保国有资产保值增值等主要职能,2011年先后为区政府融资25000万元,确保区内重点项目顺利实施。引进北京富华集团所属天津盛世投资公司入驻马场道107号，并共同出资天津市诺亚商业发展有限公司，积极参与和推进区域内可控项目的建设开发进程。公司在格瑞会馆一期建设项目全部投入使用基础上，二期项目抓紧进行装修装饰。该项目占地面积21公顷，具有商务会议、健身休闲、餐饮娱乐等功能，引入高级酒店管理团队，建有可容纳100人的多功能会议厅、20人小会议厅、接待厅和中西餐厅、休闲音乐酒吧、书房阅览茶吧以及高尔夫球场、高尔夫球练习场、室内网球馆、露天网球场、四泳道标准室内游泳馆、台球室等运动健身设施。项目实现无线网络覆盖，可为商务机构、企业提供会议和商务活动服务，为企业家、高管及在津外籍人士提供休闲健身服务。8月22日，市长黄兴国带领全市各区县中心学访组莅临会馆，对会馆在提升区域服务功能、优化投资环境、促进区域经济快速发展等方面的作用给予好评。公司所属瑞泽公司大沽路、三义庄、围堤道三家菜市场，率先市区同业强化内部管理，规范厂商经营，严格进场登统、食品检测，坚持不合格食品下架、索票索证、食品卫生、一户一档制度，确保放心食品供应。大沽路菜市场被评为市区唯一国家级“诚信菜市场”，先后接待重庆市涪陵区、香港食物环境卫生署、上海普陀区等十几个学访团体。小围堤道菜市场积极联手西青菜农搭建“联耕联种、自产自销”服务平台，在津门首推“从菜园直到市区百姓餐桌”平价菜销售供应理念，引进西青六福蔬菜基地菜农直接进场经营，取消中间批零流通环节，确保新鲜蔬菜低价销售，让周边居民真正得到便宜、新鲜、实惠，天津人民广播电台、天津电视台、天津日报、今晚报等媒体相继报道。

（杨　明）

财政收支　2011年，河西区区级财政收入37.34亿元，比上年增长21.83%。加上市财政对河西区的各项结算补助4.42亿元、上年结余6803万元、调入资金1200万元，剔除应上解市财政支出10.26亿元，区可支配财力32.30亿元。全年实际支出31.65亿元，增长23.15%。主要支出项目：一般公共服务3.70亿元；国防447万元；公共安全2.34亿元；教育8.29亿元；科学技术4750万元；文化体育与传媒2598万元；社会保障和就业1.07亿元；医疗卫生1.93亿元；环境保护721万元；城乡社区事务3.68亿元；资源勘探电力信息等事务215万元；国土资源气象等事务655万元；住房保障支出2.94亿元；粮油物资储备管理事务425万元；其他支出4.34亿元（含其他事业单位绩效工资制度改革、国投公司注资和偿还贷款本息等资金）。社会保障和再就业支出首次突破1亿元。提高居民最低生活保障标准，提高重点优抚对象抚恤补助标准和义务兵优待金，扩大居民特困救助范围并提高救助标准。加大养老机构建设投入，支持社区日间照料中心建设，扩展居家养老服务，给予养老机构建设、运营、床位财政补贴。大力支持社区综合服务设施升级改造，累计投入2000多万元，改扩建社区综合载体16处，百平方米以上居委会达90%以上。实施城乡医疗救助制度，落实居民医疗保险制度等。教育、医疗卫生、文化体育、政法等公共事业方面支出12.60亿元。主要特点，一是支持教育优先发展，比上年增加支出1.3亿元；二是加强社区卫生服务中心及社区卫生服务站标准化建设，建立健全覆盖全区各街道社区基本医疗服务网络，确保人人享有社区公共卫生服务；三是加大文化体育投入，支持社区体育设施和文化馆、图书馆、少儿图书馆等文化设施建设，并投入财力承办天津图书节、文化博览节；四是加大基础设施投入，继续实施旧楼区综合整修、道路和楼房立面整修改造和社区绿化，投入财力购买机扫运行、洒水清雪、垃圾清运等大型机械设备。继续深化预算管理制度、政府采购管理制度改革，完善政府采购管理制度。全年预算采购金额8951万元，实际采购金额7738万元，节约资金1213万元。严格控制因公出国（境）、公务接待及车辆购置运行费用，全年“三公”支出共计1740.38万元，比上年减少352.99万元，下降16.86%。

（王东红）

工商行政管理　2011年，河西区内资企业登记1458户，注册资本101.12亿元。全区经登记注册取得合法经营资格的内资企业13860户，注册资金483.37亿元。新增外商投资企业67户（含分公司），注册资金310.94万美元。个体工商户新增2744户，注册资金1.73亿元；民营企业新增1354户，注册资金18.26亿元。全区实有个体工商户18520户，注册资金8.4亿元；民营企业11769户，注册资金190亿元，其中注册资金在百万元以上的企业2294户，千万元以上的企业386户，亿元以上的企业21户。区工商局对市、区确定的重大项目及国家支持的新兴行业开通“绿色通道”，提供零距离、无缝隙、全过程服务。对涉及友谊路市文化中心、海河休闲旅游区、小白楼商务中心区、友谊路现代金融服务区、大沽南路商业街、解放南路商贸物流经济带等重点开发建设项目和重点文化企业实行“一对一”跟踪服务，帮助协调解决发展过程中的难点问题，助推企业发展。利用工商数据平台，自主编制楼宇市场主体服务监管软件，推动楼宇内的市场主体税收、房屋权属等信息整合，为领导决策提供更为全面系统的数据。撰写《河西区楼宇经济情况报告》，对河西区楼宇发展的总体情况、列入市政府重点建设的亿元商务楼宇、具有亿元楼宇发展潜力的商务楼宇状况进行数据分析，并就推动河西区发展楼宇经济工作提出合理化建议。天津市大亚国际旅行社有限公司的"大亚"、天津快捷洗染有限公司的"快捷"、天津市沸腾鱼香餐饮连锁有限公司的"新煮意"3件注册商标被认定为天津市著名商标。"华夏未来"获评中国驰名商标。河西区有中国驰名商标3件，天津市著名商标44件，注册商标3475件。依法查处虚假广告违法案件16件。成功调解两起涉外合同纠纷，涉及金额近2万美元。查处行政违法案件121件，罚没款125.32万元。与42个居委会签订"不为传销提供便利条件责任书"，检查涉嫌进行传销场所8处，取缔传销窝点1处。严厉打击"傍名牌"、仿冒商品、虚假宣传等违法行为，没收侵权假冒茅台、五粮液、剑南春、津酒等白酒1151瓶，没收侵权假冒"LV"、"GUCCI"、"BURBERRY"等涉外品牌服装、箱包387件，罚没物品总价值80余万元。受理"12315"网上分拨申诉举报1659件，为消费者挽回经济损失260余万元。

（梁祥琪　李　静）

价格监管　2011年，河西区搞好专项检查。先后开展涉企、医疗、教育、质量监督系统、行业协会、社会团体的收费专项检查，规范收费行为。搞好重点检查。根据物价波动较大情况，加强对超市、菜市场价格检查，严厉打击囤积居奇、价格欺诈等相关问题，维护市民切身利益。认真受理价格举报。接待群众价格咨询及举报585件，办结率100%。对反映比较集中的存车收费等问题进行专项治理，对问题存车场加大整治力度，维护社会和谐。做好市场价格的监测与分析，并及时向国家及市发改委上报。

（付志刚）

质量技术监督　2011年，河西区加强食品安全监管，开展打击食品非法添加行为专项检查，对13家食品及食品添加剂企业进行集中检查和区县互查。将5家地沟油分装及使用单位列入检查重点，实行"七必查"。开展邻苯二甲酸酯类物质、饮用水使用水罐、蒸煮类糕点、乳制品专项检查，遏制各种潜在隐患。严格落实对乳制品及含乳食品生产企业三聚氰胺"批批检"，抽样555批次，均未检出三聚氰胺。针对眼镜实物抽查中存在的问题，面向全区20家验配眼镜生产企业开展为期半年的专项整治，并邀请专家指导眼镜店改进。实施"双打"专项行动，与有关单位共同销毁价值10万元的假冒伪劣产品。开展食品农产品认证有效性监督检查，检查8家企业148种农产品，对证书过期的提出改进要求。开展儿童用品专项检查，检查11家百货商场、超市、儿童用品专卖店销售的童车、玩具77种。受理特种设备、汽车、钢材、加油机的举报投诉38起，全部办结。加强特种设备安全监察，先后开展自动扶梯人行道、蒂森电梯等9个专项检查，累计检查406家单位各类特种设备2516台套，下达指令书309份，指令书整改到位284项，指令书整改率91.9%。对5起涉嫌特种设备违法案件立案查处，结案3起。处理特种设备投诉举报26件，全部办结。积极协调解决无物业管理居民区电梯安全问题，通过张贴《特种设备安全监察指令书》与停用通知，督促居委会、业主委员会协调沟通，13个无物管小区中有8个小区实现居民自治管理，1个小区由居委会代管。全年帮助15家菜市场、4家超市、2家餐饮企业加入诚信计量单位行列。对现有在用安全防护类强检计量器具企业调查摸底，建立计量器具档案，对180家单位864台压力表实施动态管理。重点检查18家餐饮企业53台在用计量器具执行强检情况，立案查处2起。规范农贸市场计量行为，对41家菜市场2570台各类秤具现场检定，对22台不合格秤具责令停止使用。

（房　鹏）

2011年3月10日，市、区领导带队检查食品安全。

安全生产监督管理 2011年，河西区安全生产监督管理局为扭转建筑施工领域事故多发局面，对全区51个在施工程进行全面检查，对22家单位实施安全备案管理。重点对新增中小企业和人员聚集场所进行安全检查，累计检查251家，治理隐患376项。春节期间采取专项检查与日查、巡查相结合方式，检查全区烟花爆竹零售网点216点次，清理违禁花炮10余箱。危险化学品从业单位专项整治进一步深化，对14个加油站分3个阶段进行专项检查42次。重点加强对外来务工人员、农民工的安全生产培训，着重解决该类事故高发人群和弱势群体的安全问题。全年累计完成7期安全管理人员培训，26期特种作业人员培训1936人次。开展安全生产执法服务，围绕全区中心工作，提高服务大局意识，为区域经济又好又快发展提供坚实保障。高层电梯及消防安全隐患问题得到初步解决。牵头组织召开多次专题会议，协调房管、质监、消防等部门，研究改造方案及测算维修资金，以直管公产房为试点，初步解决三义大厦及17部无物管电梯安全隐患问题。并以此为试点，发挥开发商、物业及业主委员会作用，从保障民生、可持续发展的角度，有计划地分批解决，彻底根除火灾隐患问题。发挥安委会办公室综合、组织、协调职能，确保火灾隐患治理工作顺利完成。活动期间，持续开展14周检查，累计检查文化娱乐、洗浴、宾馆、大型卖场、菜市场等单位230个次，治理安全隐患391项，有效确保了火灾隐患治理的长治久安。配合消防、交管、质监、民政等部门开展高层防火、公众聚集场所可燃装修材料、运输企业、高层电梯、养老院等执法检查工作，重点解决河西区公共安全领域的诸多难点问题。按照"调结构、增活力、上水平"要求，深入各企业走访和检查，实地指导企业在生产经营活动中安全工作的注意事项，督导企业切实整改消除各类隐患，并就企业的安全发展与主要负责人交流座谈，提出安全管理方面的意见和建议，积极帮助企业走出金融危机困境。累计走访生产经营重点企业20家，协助企业整改重点隐患25项，确保企业安全运行。成立河西区治理车辆非法超载办公室，负责全区治超工作的组织、协调、督办工作，采取源头治理和路面治理相结合方式，致力于建立治超长效管理机制。

（李洁玲）

文　化

2011年9月29日，副区长许迪春（左二）带队开展"清剿火患"检查。

文化艺术活动 2011年，河西区举办庆祝中国共产党成立90周年全区歌咏大会，以"颂歌献给党"为主题，唱响红色经典，坚定理想信念。承办天津市第三届鼓舞大赛、天津市第二届"百姓之窗"家庭DV大赛，并举办河西区第六届社区文化擂台赛等系列文化活动。成立戏剧家协会，区文联下属专业协会6个，会员700多人。创办河西区第一本大型文化刊物《西岸风》，宣传天津市、河西区近年文化发展成果。文联及各协会举办的建党90周年书法美术摄影展、天津市文化系统书画摄影展、德国版画展、"魅力河西"摄影展等获得社会各界好评。远洋地产·西岸艺术团全年演出超过20场。举办第二届天津西岸艺术节，在天津大剧院先后举办28场系列演出，坚持高品位、低票价，让津城普通群众欣赏到多样性的高雅艺术，享受丰盛的文化大餐。与市新闻出版局联手举办第二届天津西岸图书节，参展图书和音像制品10余万种，码洋3000余万元。西岸艺术馆提升演出质量，突出高品位，实现经济效益、社会效益双丰收。西岸金逸国际影城良性运转，上海三联西岸书店实行委托经营。筹建北京三联西岸书店。西岸相声会馆实现开业，受到观众认可和欢迎。

（刘革学）

文化市场管理 2011年，河西区文化局与公安河西分局、区工商局、区综合执法局等部门联合检查文化市场12次,检查文化经营单位4302家次,查处违法违纪案件23起,及时处置举报案件15起,收缴盗版光盘4万余盘,非法出版物2000余本(册)。

(刘革学)

新闻宣传工作 2011年,河西区新闻中心精心策划“展望十二五”系列新闻和专题报道,创新采编形式,在新闻中生动详细地解读河西“十二五”规划美好前景。河西有线电视台《河西报道》同步推出五期“展望十二五”系列访谈,围绕民生,为居民展开“十二五”美好蓝图。《天津日报·新河西》也及时开设“十二五规划解读”,形成台报联动宣传,鼓舞全区人民。与此同时,河西有线电视台在《河西新闻》中开设“调结构、增活力、上水平”专栏,《河西报道》栏目组超前策划,连续推出专题报道。《天津日报·新河西》同步开设“调增上”专栏,以消息、通讯、评论、专访及专版的形式,形成强大舆论声势,进一步增强全区人民拼搏奋进,实现河西又好又快、科学发展的信心和勇气。新闻中心坚持加大台报采编创新力度,努力提升节目质量和办报水平。狠抓电视新闻及栏目创新;坚持新闻创新要求,严格新闻板块定位;以“走基层、转作风、改文风”活动为契机,落实“三贴近”,强化贴近性;开辟“走基层”专栏,首推以记者姓名命名的新闻板块,不断创新新闻采编形式和内容。同时立足新闻类栏目,强调新创意、大制作,出精品。积极探索采编新路,让《天津日报·新河西》更亮丽。2011年度,《天津日报·新河西》持续进行创新实践,在新闻策划上体现“三多”,一是新办栏目多,“赞身边好人”、“记者跑社区”等新专栏,为创新报道形式搭建平台;二是连续报道多,除重大活动的连续报道外,还先后推出“做文明河西人”、“家庭幸福计划”等连续报道,受到各方好评;三是专题性专刊多,在专刊策划采编上,积极尝试突出专题化、主题化,进一步实现新闻版和专版的错位编发,有效提高采编质量。

(李 群)

社 会

建设与开发管理 2011年,河西区房地产业实现开工面积368万平方米,完成计划的115%;竣工面积81万平方米,完成计划的108%;完成固定资产投资62亿元。陈塘科技商务区道路综合改造工程,园区主干道路东江道(洞庭路—洪泽临时路)、怒江道(洞庭路—洪泽临时路)10月13日全面竣工。地铁5、6号线房屋征收工作11月15日正式启动,至12月24日24时,在40天搬迁期限内签订房屋征收补偿协议的住户1033户,占征收总量的89.1%。年内,在陈塘庄热电厂规划外迁情况下,为保证冬季供热不受影响,区建委积极协调热源单位,完成卫星里、机械院、计算机研究所3座锅炉房,管网共计52.15万平方米的燃煤小锅炉并购。河西区供热总面积2680万平方米,热化覆盖率99.1%。企业产、社会无主产小区路灯补建,在没有专项资金来源情况下,通过多方努力,筹措资金21.1万元,完成10片30盏路灯安装,改善了居民夜间出行环境。坚决杜绝重大事故发生,开展建设工程质量安全大检查,对51个建筑工地拉网式清查,下达整改通知书33份,提出整改意见270条,有力推动了建筑安全生产管理各项制度落实。

(李 群)

市容园林 2011年,河西区奋战300天市容环境综合整治涉及贵州路、新围堤道、平山道、气象台路、黑牛城道、寺东路、台儿庄南路、宾友路、宾馆道9条精品改造道路,珠江道、友谊路、南北大街、洞庭路等7条提升道路以及市政府周边道路,立面整修工程粉刷楼体148栋33.98万平方米,改形15栋3.8万平方米,安装通格栅2.27万平方米,底商改造43处1.85万平方米,超额完成市下达任务。规范黑牛城道、南北大街、平山道、气象台路等18条道路沿线牌匾346块6688.3平方米。公园道路绿化建设,气象台路、平山道、黑牛城道等23条道路和西柳公园等新建绿地4.58万平方米,改造绿地46.68万平方米。社区综合整治工程完成47个社区的“三清一整”及楼道清整,绿化提升改造33.72万平方米。其中粤江里精品社区立面粉刷4.98万平方米,规范护栏、塑钢窗1168平方米,提升改造绿化面积1.67万平方米,更换垃圾窑门80个,安装广告宣传栏10组。海河沿线景观提升工程,完成建筑“平改坡”9栋,立面粉刷17处68140平方米,夜景灯光提升44栋。市区景观道路“平改坡”工程完成10栋,其中美化里1栋、秀芳里3栋、平山道4栋、气象台路2栋。加强城市管理考核,发现问题3216件,涉及13个街道办事处和市容园林委、环卫、综合执法、市政、建委、商贸旅游(市场办)、房管、工商、公安、交管、环保11个职能部门,各责任单位对反馈问题办结率90%以上。受理热线反映问题2904件(人)次,回复率100%,办结率96%,群众满意率86%。“数字城管”系统信息采集员上报符合立案条件的实时信息3万余条,办结1.5万件,结案率50%。全区投放溴敌隆灭鼠毒饵8吨,杀它仗灭鼠毒饵2吨,摆放粘鼠板1800余片,投药覆盖率、到位率100%,有效控制了鼠密度,巩固了灭鼠达标成果。

（李　群）

环境卫生　2011年，河西区按照市级行政文化中心、国际商务城区、生态宜居城区的功能定位和环卫作业精细化要求，重新调整和完善环境卫生质量考核办法，严格执行四级巡查考核机制，促进作业质量和道路直观效果全面提升。区环卫局在全市环卫系统率先通过质量、环境、职业健康安全三大管理体系认证,并按照国际标准制定44个程序文件、54个支持性文件和173个统一记录表单，对各部门工作职责、各工种工作流程做出详细规定,真正做到规范化管理、标准化作业。投资100余万元建成的数字指挥中心系统,对全区易污染道路、点位以及垃圾转运站作业情况进行全天候监控，对130辆装有GPS定位系统作业车辆的作业时间、行车路线以及作业量进行实时监控，大大提高了工作效率。年内建成台儿庄路白天鹅公寓、洪泽东路天津小学、蚌埠桥北以及友谊南路玉水园公交站4座公厕，解决了海河沿线和友谊南路部分地区群众如厕难问题。新建公厕均采用国家建设部颁布的一类公厕标准，设计方案作为样板在全市推广。建成九龙路全市首座箱体组合钢结构水平式垃圾压缩站,建筑面积319平方米,设计新颖、环保节能，提高了大营门地区垃圾转运能力。对五号堤路中水站进行改造，新建蓄水池和机械压上水系统,大幅缩短清洗车、洒水车中水上水时间。完成洞庭路56号新建机扫中心续建工程，各类设备设施经过调试全部投入使用。

（李　群）

综合执法　2011年，河西区综合执法局以市容环境秩序实现长效化、执法管理体现人性化、队伍建设落实正规化为目标，发挥城市管理主力军和先锋队作用，先后获得天津市优秀基层党组织、河西区西岸先锋集体等市、区级荣誉称号,并被推荐参加全国文明单位评选活动。严格落实网格化管理新模式，将全区42平方公里划分为5个A级网格,19个B级网格、54个C级网格、145个D级网格,定人、定岗、定责,将责任路段、责任区域逐级分解到每一名队员,确保全区每一条道路、每一个社区、每一个市场、每一个商户、每一寸土地都有人负责管理。加大巡查频率和治理力度，严防各类占路摆卖、店外摆卖出现回潮。不断提升治理标准，强化对道路两侧静态堆物、涂鸦贴画等易反复问题的治理力度，全年清理各类堆物100余车次，涂鸦2万余条，贴画近20万张。针对马路餐桌和夜间烧烤现象,继续采取广泛宣传、坚决取缔和夏季24小时管理不间断的做法,清理各类马路餐桌和露天烧烤苗头20余次，全区夜间市容环境秩序更加有序。巩固往年拆违成果,全面实现新违章建筑的零指标。市容环境综合整治活动中，拆除各类户外广告80余处，各类破损牌匾、残缺广告150余处,规范布标幔帐、气球拱门60余处次。年内建成全部实现光纤联网的数字执法中心、数字办案培训、视频会议中心和数字考核中心,以及各大队分指挥中心和分视频会议中心。6部装有车载云台、笔记本电脑、蓝牙打印机的移动执法工作站和数字指挥车，以及61套车载GPS定位系统和65部PDA手持数字执法终端与“数字河西”系统分布于全区重点地段的210个固定摄像探头资源共享，全面实现可视化远程监控、数字考核评估管理、移动视频监控取证、车辆人员实时定位、可视化指挥、与数字城管对接、数字化执法办案等多种功能，率先迈入信息化高效管理的新阶段。

（徐　征）

新建成的河西区环卫局数字指挥中心系统

环境保护　2011年，经国家环保部全面核查，确定河西区全面完成“十一五”污染减排任务。年内,陈塘热电厂关停3号小火电机组,对6号135兆瓦发电机组进行脱硫治理改造,对环湖医院、天津医院医疗废水污染防治设施进行提升改造,大宇、轧一、高盛钢丝绳和起重设备完成搬迁治理，圆满完成全年污染减排任务。2011年,河西区总有效监测天数344天，二级以上良好302天达87.8%，比上年提高3.2个百分点。区域6条河道水体断面和5个湖面水环境质量达到功能区标准。创建安静居住小区1个，全区安静居住小区达20个。全面完成第一次污染源普查数据更新，进一步摸清区域主要污染物排放总量、排放结构分布点源和污染治理设施排放三个方面具体情况，为河西区“十二五”主要污染物总量控制规划提供依据。完成企业排污申报460余家，全年收缴排污费640万元。先后开展工业企业违法排污、重点行业重金属排放、铅蓄电池行业企业环境违法问题、涉重金属危险废物行业、医疗机构废水排放、工程建设领域六项环保专项整治行动，确保国控、市控等重点污染源各种污染物达标排放。分类排查2008、2009年建设项目57个，对存在问题的25个项目完成整改，解决多年遗留的工程建设领域难点环境问题。核查2011年58个建设项目，督促相关单位及时整改存在的问题。利用报纸、电视和社区电子屏等环保宣传阵地，以“世界环境日”为契机，围绕生态城区创建任务，在街道、大学连续组织“减少污染，行动起来”、“生态创意点亮生活，环境保护惠及未来”、“倡导绿色文明，共建生态城区”主题宣传活动。在《天津日报·河西版》以整版篇幅报道生态城区建设的经验做法，在天津科技大学建成全市第一个生态文明“实践基地”，同时成立大学生环保志愿者宣讲团。年内，创建市级绿色社区4个，区级绿色社区16个，区级绿色学校(幼儿园)2个。河西区有市级绿色社区12个，区级绿色社区68个，国家级绿色学校(幼儿园)4个，市级绿色学校(幼儿园)19个，区级绿色学校(幼儿园)17个。

（李　群）

科技工作　2011年，河西区科技企业注册1048家，新增449家，增长74.9%；经认定的科技型中小企业800家，新增290家，增长56.9%。科技小巨人企业17家，位列中心城区第二位；科技孵化器5个，生产力促进中心2家、院士工作站1个、科研机构创新发展联盟1个、工程技术中心1个。引进博士研究生5名，硕士研究生35名，海外归来人员8名。出台《河西区新发展科技型中小企业补贴奖励暂行办法》、《河西区科技型中小企业创新资金管理暂行办法》、《河西区科技企业孵化器管理暂行办法》、《河西区科技发展资金管理暂行办法》，以促进科技型中小企业发展。对首批认定的22家科技型中小企业分别给予5万元的政策性补贴，对19项科技成果给予33万元的资金资助。有20家科技企业申报“小巨人”周转金项目，光电公司、合成材料研究所、乐凯胶卷等12家企业通过市科委项目评审，获资金支持7900万元。5家科技型企业通过知识产权质押获得1700万元贷款。向市科委申报国家级、市级中小企业科技创新项目24个，科技支撑计划17个，申报市级奖励7个，累计获得科技资金支持1010万元。以商务商贸节为契机，组织召开“产、学、研、银、政”项目对接推介会。天津银行、博安塑胶制品有限公司等8家企业签订技术转让对接协议，区政府与天津大学、天津理工大学、天津科技大学、北方技术交易市场、北方人才中心建立战略合作关系。建立河西区生产力促进中心、影像材料生产力促进中心，天津市污水能源再利用院士工作站和工程技术中心、河西区科研机构创新发展联盟。在原有世纪天感、金之缘珠宝两个科技孵化器基础上，新建陈塘科技孵化器、华软信息科技孵化器、低碳住宅科技孵化器、纺织机械科技孵化器和尚8创意产业孵化器。总计孵化面积4万平方米左右，入孵企业200余家。其中，陈塘科技、华软信息科技、低碳住宅科技、纺织机械科技孵化器已经建成，尚8创意产业孵化器办理规划建设前期手续。陈塘科技孵化器、世纪天感科技孵化器被认定为市级孵化器。年内，河西区承办天津市第26届青少年科技创新大赛，有53个项目获市级一、二、三等奖，其中《地震监测仪》等4个项目获全国大赛二、三等奖。还承办国际机器人奥林匹克竞赛中国区选拔赛、天津市青少年无线电竞赛、天津市青少年模型比赛。

（李　群）

教育工作　2011年，河西区有公办中学14所、小学29所、幼儿园22所、职业中等专业学校2所、特殊教育学校1所、成人教育院校2所，民办中小学、幼儿园18所，非学历培训机构94个。在校学生71267名，1999个教学班；教职工7433名，专任教师5333名。学前教育多体制破解资源不足难题，改扩建二幼分园、二十四幼分园，成立民办生生幼儿园，回收原十五幼，取消国办园小小班，开办小班半日班，努力满足幼儿入园需求。义务教育进一步优质均衡，发挥中学“一对一”互助机制实效，创新小学联合学区工作机制，试点建成6个远程视频教育网络教室，提升教育资源优势效益。实施中小学普优工程，完善教师柔性流动机制，中央电视台《新闻联播》给予专题报道。高中教育推动学校优质特色建设，北师大天津附中成为天津市首批高中特色学校，梅江中学启动艺术特色高中建设项目，第四中学试点英才培养计划。特殊教育建立2个普通小学随班就读缺陷补偿训练教室，完善送教服务支持保障机制，保障残疾儿童少年受教育权利。职业教育提升优势特色专业质量，统计职专承办中国统计教育

2011年5月31日，市委副书记、市长黄兴国(中间站立者)，市委常委、市委教育工委书记苟利军，副市长张俊芳向水晶小学学生祝贺“六一”儿童节。

学会职教分会第二届年会暨统计调查技能大赛，并作为天津市唯一参赛代表队荣获中职组一等奖。连续第十三次荣获“和谐德育”全国先进实验区称号。3名学生荣获天津市十佳中学生和优秀中学生称号。启动中学提高课堂教学效益三年质量工程，举办小学“课改深处在课堂”第二届高效教学论坛暨远程教育视频网络平台推介会。高考一本上线率51.4%，二本上线率77.4%，各学科平均分、总分平均分和高中学业水平考试全部学科综合评价及各科成绩均居全市前列。广泛开展阳光体育运动，举办天津市中小学体育教学展示暨河西区现场会和天津市中小学阳光体育运动推动会暨第三届河西区阳光体育展示活动。《国家学生体质健康标准》测试优秀率达21%。举办首届“艺彩河西”学校艺术教育博览节，高雅艺术进校园普及音乐会和第五届河西区艺术之星大赛，74个节目获市级文艺展演奖项，11个节目获市级合唱示范专场比赛奖项，获奖层次和数量均列全市第一。培养学生创新和实践能力，举办中学第十二届劳动技术与通用技术学科技能竞赛。北师大天津附中成功承办第十三届国际机器人奥林匹克中国区竞赛，参赛中小学生荣获6金4银2铜的佳绩。

(邵春琦　郑晓彦)

卫生工作　2011年，河西区人均期望寿命83.24岁，其中男性81.27岁，女性85.23岁。全年活产数5566人，孕产妇系统管理覆盖率99.09%，7岁以下儿童系统管理覆盖率95.73%；孕产妇零死亡，婴儿死亡率5.03‰，5岁以下儿童死亡率5.39‰。开展孕前专项疾病筛查15491人，筛查率100%；产前筛查5813人，筛查率94.54%；多种儿童先天性疾病筛查，共筛查30601人次，其中新生儿甲低、PKU筛查率99.14%，听力筛查率98.93%。完成妇科病普查25263人。截至年底，区卫生系统诊疗276.07万人次，其中门诊204.91万人次。全年收治入院病人4598人，出院4616人，治愈好转率97.94%。业务总收入4.5亿元。全区乙丙类传染病报告4519例，发病率519.07/10万，其中病毒性肝炎病例196例，发病率22.51/10万。结核病新发病人268例，完成指标的131.4%；新发涂阳病人74例，完成指标的104.2%；HIV筛查64269人份，其中重点人群2146人份，艾滋病自愿咨询检测523人。儿童计划免疫接种率99%以上，安全接种率100%。为实现2012年消除麻疹目标，对全区所有高等院校在校大一学生进行麻疹疫苗接种，大二至大四学生查漏补种，累计接种12856人。全年开展食品安全综合整治行动等专项检查和专项整治30余项，监督检查9958户次，纠正违法违规行为224件，对17户违法单位予以行政处罚，罚款金额51000元。开展打击无证行医专项执法监督检查4次，检查各类机构440户次，发现并纠正违法违规行为90件，责令限期改正60户，取缔社会

2011年12月16日，美国驻华大使骆家辉(右四)，市委常委、市委教育工委书记苟利军(左五)，副市长张俊芳(左四)出席天津和睦家医院开业仪式。

面各类无证行医12户。2011年,河西区有12所社区卫生服务中心、68个社区卫生服务站,社区公共卫生服务覆盖率100%。全区建立全民健康档案526296份,建档率60.7%;60岁以上常住老年人114314人,建档率98.6%;建立高血压患者档案49337份,糖尿病患者管理专案19652份。重性精神病患者管理1816人,肢体残疾康复管理3268人,脑卒中后遗症患者康复管理3429人。为60岁以上老年人查体77449人次,老年人访视95556人,冠心病筛查33559人。与环湖医院联合,启动社区脑卒中筛查与防治工程,采取健教、筛查、转诊、防治一条龙服务,形成覆盖全区的脑卒中筛查与防治网络。创新实行家庭医生服务模式,为有需求的社区居民提供公共卫生、基本医疗、电话咨询、预约诊疗、协助就诊等服务,近万人受益。

(李　群)

体育工作　2011年,河西区有千余人参加全市性登天塔、春节健身大拜年、舞龙舞狮闹元宵、职工长跑等活动。8月8日全民健身日,全区13个街百余支健身队伍在6个场地进行集中展示。先后举办区离退休老干部运动会、机关干部运动会、环卫系统运动会、各街道社区运动会等,组织1500余人参加天津市全民健身运动会32个大项比赛,并承办花毽、轮滑等4项比赛。区体育场、体育馆面向社会,先后承接“比亚迪杯”趣味运动会、华夏未来庆“六一”少儿运动会、“肯德基”三人篮球赛等。加强青少年体育俱乐部和体育传统项目学校的建设和管理,组织广大青少年学生开展阳光体育展示活动、区中小学田径比赛、区中小学跆拳道比赛、区游泳运动会等。区体育局对全区安装健身器材的社区进行全面普查,重新建立健身器材档案,新装和改造健身器材638件,惠及50个社区,其中特别对小海地体育公园进行提升改造。根据国家体育总局要求,区体育局举办健身气功新功法培训班,全区25个健身气功站点的社会体育指导员和体育骨干经过2个月的培训,均能熟练掌握新功法的动作要领和技术要求,为健身气功新功法在河西区的普及奠定基础。竞技体育做好重点项目布局。河西区有12个项目申报成为天津市重点项目。其中一类项目9个,有女排、游泳、柔道、体操、击剑、网球、举重、乒乓球、田径;二类项目3个,有男足、跆拳道、摔跤。2011年,河西区参加市级比赛获金牌37枚、银牌44枚、铜牌45枚,向市体校输送优秀运动员17名,业体校在天津市业训综合评估中获得优秀单位称号。

(沈育红)

人口和计划生育　至2011年10月,河西区常住人口870632人,已婚育龄妇女111272人,全年出生5074人,出生性别比为107。符合政策生育率99.37%,出生率5.83‰,死亡率3.79‰,自然增长率2.04‰。2011年,区政府下发《河西区家庭幸福促进计划实施意见》,从家庭发展的视角出发,建立“政府主导、社会支持、专家指导、志愿者参与”的人口计生服务新机制,着眼于家庭健康和家庭幸福,服务对象由育龄人群扩大到全人口,将人口和计划生育家庭服务融入社会公共服务之中,更好地提高家庭发展能力。召开“家庭幸福促进计划——社区家庭保健项目”确认会。全区13个街道结合自身优势,分别针对服务于七类家庭的“社区主干家庭和社区空巢家庭保健项目”、“社区核心家庭和社区单亲家庭保健项目”、“社区新婚家庭保健和社区重组家庭保健项目”和“社区新市民家庭保健项目”进行确认。编写《家庭健康幸福》系列读本一套六册,分别是《优生四重奏》、《幸福来敲门》、《健康伊甸园》、《避孕与健康》、《人口和家庭》、《青春起跑线》,由中国人口出版社出版。经市人口计生委批准,在全市率先将河西区人口和计划生育分中心更名为河西区人口家庭公共服务中心,作为全区家庭健康幸福服务基地。确定马场、下瓦房、友谊路、大营门、东海5个街为试点,投入近30万元经费建立社区家庭指导室,形成区人口家庭公共服务中心、街人口和计划生育服务站、社区家庭幸福指导室三级服务平台。制定下发《河西区计划生育家庭独生子女患大病、重病救助实施办法》,对全区独生子女患恶性肿瘤、尿毒症、肝肾移植、白血病等大病重病家庭予以每户5000元资金救助,共计支出15.5万元。幸福工程救助贫困母亲和困难大学生7人,发放救助金25000元。人口家庭公共服务中心向怀孕早期的夫妇和出生缺陷高危人群发送“优孕通”短信3万余条,向计划怀孕的夫妇发放“优孕礼包”8000余份,向准妈妈发放“优生礼包”5000余份。孕妇学校每周六为准妈妈开办孕期知识保健讲座,1000余人受益。中心还为高危孕妇建立综合管理档案,提供优生指导及跟踪随访服务,实现出生缺陷一级预防全人群覆盖。在原有服务网络基础上,添置21台身份证识别式自动药具发放机,改造28台刷卡式发放机,群众步行不超过15分钟就可以方便地领取到免费的避孕药具,成为国家级自动药具发放机试点区。7月11日,到津参加世界人口日大会的肯尼亚计划、国家发展与2030年远景规划国务部长奥帕拉尼亚,联合国人口基金亚太区域办公室主任堀部信子，国际计划生育联合会总干事莫莱斯等25位外宾，国家有关部委领导、国家人口计生委领导，以及东部城市70多位参会的人口计生部门领导，专程到河西区考察人口和家庭公共服务中心和富裕广场社区人口计生工作。

（李　群）

社会保障　2011年，河西区新增就业44171人，城镇登记失业率3.67%。全区发展就业联盟单位1464家，安置失业人员2350人，其中当年新增就业联盟单位113家，新安置530人。全年举办招聘专场23场，进场单位1097家，达成用工意向2000余人。全区通过开发各类公益性岗位，安置"4050"失业人员713名。全年办理小额贷款94人462万元；办理失业金一次性领取578人436.9万元；办理自谋职业一次性补贴21人6.3万元。129家单位申报青年就业见习基地，认定46家，吸纳见习高校毕业生1000余人。为解决困难群体就业问题，区、街、社区三级联动，建立盯人帮扶和包保责任制度。各街及时掌握全区就业困难人员情况，发现一个认定一个，解决一个稳定一个。全区认定5101名困难人员，其中713人通过公益性岗位录用实现稳定就业，4388人实现灵活就业，并享受灵活就业社保补贴，保持零就业家庭动态为零。2011年，河西区完成企业职工养老保险参保203804人，比上年增长15.63%；医疗保险参保251611人，增长3.89%；工伤保险参保216364人，增长0.61%；生育保险参保205521人，增长7.44%；失业保险参保214888人，增长6.66%。全区有2772户企业签订工资集体协议，涉及60355名职工，超额完成市人力社保局下达的1100户目标任务。劳动合同备案累计122220人。先后开展"农民工工资支付情况专项检查活动"、"整治非法用工打击违法犯罪专项行动"、"劳动合同、工资支付专项检查"，检查用工单位306家，为劳动者追讨工资138.7万元。劳动人事争议仲裁全年立案1058件，结案1066件，调解率76.3%，未出现因案件处理不及时或不当而引发矛盾激化，区人力社保局调解仲裁科被评为2010年度天津市模范集体。

2011年1月6日，中华全国总工会副主席徐振寰(右二)深入河西区视察困难职工帮扶中心。

（李　群）

民政工作　2011年，河西区完成17个社区5500平方米居委会综合服务设施改扩建，建筑面积100平方米以上的社区达全区85%以上。通过以会代训等方式，分层次、分内容，6次对居委会工作人员1500余人次进行培训，综合素质和办事能力提高。年内，31人通过全国社会工作者职业水平考试认证，11人取得政工师职称，1人取得助理政工师职称。推进区、街道、社区三级信息化网络建设，投入资金90余万元，为各街道办事处和每个社区居委会配发专用工作电脑190台，6月在全市率先完成楼宇和人员信息录入。财政全年拨付活动经费50万元，用于扶持各级社区社会组织开展活动。全区新增低保户1170户2114人，特困户989户2022人；撤销低保户1630户3672人，特困户692户1290人。全年支出救济金额5424.1万元。截至12月，全区享受低保6205户11205人，享受特困救助1361户2859人。春节前，对全区低保、特困家庭发放一次性生活补助、饺子费和国家拨付的春节补助费1518.29万元，救助保障对象15094人。为社会孤老、孤儿、有特殊困难的低保户、特困户发放夏、冬令救济及中秋慰问金52.99万元。全年临时救助1168人，支出78.08万元。为全区低保、特困户15982人办理医疗保险及医疗救助，为低保、特困人员患四种重病的124人实施医疗救助56.7万元。区慈善协会全年接受社会捐款7121876.60元，实施21个救助项目。全年日常救助支出善款7724968元，全区得到相应救助的困难家庭19642户(人)。全年销售"中福在线"即开型福利彩票7857.61万元，募集社会福利公益基金1964.4万元。为全区601名伤残军人发放伤残抚恤金600.93万元，为22名病故军人办理死亡抚恤金

155.95万元。为2009、2010年入伍的义务兵340多人的家属发放优待金411.6万元。为全区210名无军籍退休职工增资75.63万元，为1981年前军队离退休人员补发各类补助101.82万元。接收2010年度退役士兵178人，其中90人自谋职业，发放自谋职业金242.4万元。深化居家养老服务，建立4个日间照料服务中心，5个日间照料服务站。启动80岁以上困难老人以及市级劳模居家养老政府补贴工作，委托公益性公司和民间非营利组织为586位符合条件的老人提供居家养老服务，全年用于购买服务支出经费92.1万元。联系爱心企业开展“众享工程”，全年为困难边缘户老人提供免费送午餐服务1052人次，支出52万余元。为老年白内障患者免费实施白内障手术84人，组织复明老人游津城36人。10月，百岁老人营养补贴每人每月从400元提高到600元。

（刘德禄）

下瓦房街道

下瓦房街道位于河西区东北部、海河西岸，东临海河与河东区隔河相望，东至台儿庄路，南界湘江道、津河，西至广东路，北迄绍兴道。2011年，街域面积1.701平方公里。设12个社区，居民20308户55436人。

2011年，实现引资额1.24亿元，完成零散税征收90万元，比上年均增长30%以上。

市容环境综合整治，完成小围堤道延长线立面清拆任务。对存诚里、解放路297号、海华里3个社区实施“三清一整”，清理楼道164个，拆除违章圈占6处，清理堆物、工程杂土200余吨。

深化“迎新春情暖万家慈善助困”活动，走访慰问各类困难群众760余户，发放慰问金72万余元。发动驻街单位与弱势群体结对子28户，向困难户发放慈善救助款11500元。以大沽路社区残疾人活动站为载体，组织开展残疾人培训、康复以及文化娱乐等活动。举办下瓦房街百名残疾人红歌演唱会，为60户特困残疾人家庭发放各种小家电及生活物品，为11名老年人免费做白内障手术。

举办两场“就业援助月”大型招聘会，联合30余家单位发布就业信息500余条，为90余人找到工作岗位。组织35名下岗失业人员开展技能培训。街道服务大厅被评为区级十佳窗口单位。

发挥街道老年协会作用，完善组织体系，丰富活动内容。创办《夕阳风采》老年报，印发到12个社区老年人手中。36户老人享受居家养老服务，为福盛花园10位老人建立配餐点，为10户低保老人提供居家宝服务。

开展生育关怀系列活动，逐一走访慰问144名特别扶助人员，为百余户独生子女困难家庭发放米、面、油等生活用品及助学金4万余元。富裕广场社区作为全国和天津市家庭幸福促进计划工作的代表，接受出席世界人口大会中外代表的视察，受到各级领导好评。

完善街道市民学校及社区分校办学条件，增设家庭数码摄影技能培训、葫芦丝演奏、越剧表演等课程，有25个教学班500余名学员，社区居民的精神文化需求得到满足。

（李　群）

大营门街道

大营门街道位于河西区东北部，东临海河，西至天津外国语大学，北至马场道、徐州道与和平区接壤，南至绍兴道。2011年，街域面积0.995平方公里。设7个社区，居民15268户，户籍人口35111人，常住人口28056人。

2011年，招商引资2亿元，完成计划的200%；零散税源征收320万元，比上年增长106%。

市容环境综合整治，重点清理社区环境卫生死角、装修工程土、白色垃圾污染物等，南通里、东莱里等7个居民小区于3月底提前完成报验，并协助完成徐州道至绍兴道海河沿线景观道路提升改造工程。

居委会改扩建，完成浦口道社区220平方米、三义大厦社区220平方米，以及荣华里社区180平方米活动场地。

救助困难家庭365户，发放慰问金、救助金等17万余元。规范低保、特困家庭和边缘户的动态管理。坚持组织残疾人游津城和残疾人鹊桥联谊会活动。自筹资金为全街100余位90岁以上老人在生日当天送去祝寿蛋糕。多方协调，从根本上解决三义大厦二次供水难题。

举办公益招聘会、政策咨询活动4次，开发就业岗位1755个，安置就业1133人，十类就业困难人群动态就业率始终保持100%。

发展壮大社区居民文体社团，加强市民学校建设。街道社团发展到9个421人、社区文体团队35个1035人，市民学校教学班级达到19个576人。在4个社区开通“天津数字化学习港”，增加浦口道、三义大厦两个终身学习中心。九江路社区被评为市级先进文化社区。

开展“平安街道”、“平安社区”、“平安单位”创建活动。年内妥善解决富力工地扰民、海河边便民公厕搭建和爱慕里围墙建设等纠纷。

深化社区党建，完善街道党员服务中心及社区党员服务站建设，街道党员服务中心被市委组织部命名为河西区首个市级党员服务中心示范点。加大非公党建工作力度，开展“百日集中行动”,全年建立非公企业党组织 19 个,全街 321 个非公企业实现党的组织 100%全覆盖。

(孟庆刚 齐 冰)

马场街道

马场街道位于河西区西南部,东至友谊路,南邻宾水道,西以卫津河与南开区为邻,北靠津河与和平区接壤。2011 年,街域面积 4.45 平方公里。设 11 个社区,居民 1.7 万户、常住人口 5.4 万人。

2011 年,招商引资 2 亿元,小税种征收 172 万元。

市容环境综合整治,完成宾馆路、宾友道提升改造任务,拆除楼体悬挂物 150 余个,更换塑钢窗 103 平方米,更换 70 余户商家牌匾 1600 多平方米,清运工程渣土 1200 吨,拆除地锁 70 个、违章建筑 6 处、圈占 10 余处。新闻里、劳卫里精品小区通过验收。

发放低保、特困、救助和优抚金 205 万元,办理廉租房补贴 337 户。安置再就业人员 1120 名,为 1825 人办理城镇居民基本医疗保险、为 6262 人办理社会保障卡、为 3437 人办理临时就医卡,为 377 人接续城镇职工养老、医疗保险。举办“七彩爱心”志愿服务活动,成立中央公馆慈善基金和温暖助老爱心基金,募集资金 20 余万元。

与河西军休所、天津大学化工学院、93688 部队 3 个单位组成双拥共建单位,启动“双拥共建和谐家园”项目,建立军地双拥共建实践教育基地,并于 5 月和 6 月两次代表河西区分别接受天津市和全国双拥办的检查,得到上级领导高度评价。

以“和谐社区喜迎新春”为主题,举办“中外邻里一家亲”、“健康饮食大拜年”、“卯门生喜气,兔岁报新春”书画展等文化大拜年系列活动。成立马场街书画协会,聘请书画名家为顾问,定期开展活动,丰富居民文化生活。全国“敬老月”之际,推出以“夕阳映马场,和韵唱晚年”为主题的“健康社区行”系列活动,推进社区为老服务发展,丰富老年人精神文化生活。

接待来信来访 26 人次,办结率 98%以上。排查调处各类矛盾纠纷 201 起,调解结案 203 件。组建处置突发事件应急小分队,健全“四包”、“三定”责任制,做好重点时期、重要会议和敏感时期的安全稳定工作,得到市领导肯定,并在全市大会发言。气象里完成教育转化攻坚巩固任务,得到中央防范办领导好评。

先后开展“我在党旗下成长”纪念建党 90 周年征文演讲、“颂歌献给党”歌咏大会、书画会展等系列活动。举办纪念建党 90 周年表彰大会暨第十届居民节,表彰一批先进党组织、优秀共产党员和优秀党务工作者。

(李 群)

天塔街道

天塔街道地处河西区西南部,东北至紫金山路,西至卫津南路,南到四化河。2011 年,街域面积 3.28 平方公里。设 19 个社区,居民 24761 户 77595 人。

2011 年,完成招商引资额 3.35 亿元,超过任务 2.15 亿元。

市容环境综合整治,将宾水里、宾水西里两个社区作为重点,顺利通过考核验收。其余社区在达到“三清一整”的基础上又有新提高。

元旦、春节期间,组织机关干部开展慈善救助“四日捐”活动,发动社区开展“每月一元捐”活动,街慈善分会筹集善款 66000 余元。春节前为 328 户低保边缘户发放救助金 185000 余元。开展第十届助残月系列活动,救助困难残疾人 50 户。全年安置 890 名下岗失业人员再就业,为 250 人办理灵活就业保险补贴,为 115 名就业特困人员办理就业援助认定,享受 75%社保补贴。

街道办事处整合自有房屋资源用于社区建设,每年预计减少收入 50 万元,在区政府投入基础上自筹资金 160 余万元完善配套设施。年内对 9 个社区居委会实施改扩建,新增面积 1740.21 平方米。全街 19 个社区居委会总面积 3976.64 平方米,平均每个社区 209 平方米。

11 月 8 日举办为期一周的第 13 届邻居节。各社区分别开展 5 大板块 70 余项特色主题活动。11 月 15 日举办第 13 届邻居节和谐邻里建设成果展演,区委书记张杰、区长彭三、区人大常委会主任沈树和出席,兰州市白银路街道代表到场观摩。活动现场,街道党工委书记回顾 13 年来天塔街邻居节历程,总结和谐邻里建设重要成果。街道办事处主任现场开启天塔街道“好邻居”博客,各社区也开通各自的社区博客,并与“好邻居”博客建立友情链接,共同组成天塔街好邻居博客群,通过照片、文坛、博文等版块,推广邻居节经验,发布社区活动信息,展示社区居民风采,以新颖独特的方式开启网络新邻居时代。第 13 届邻居节活动获得天津市精神文明建设优秀品牌项目荣誉称号。

人大换届选举工作,严格落实户口核对、选民登记、资源摸底、确定代表候选人、投票选举几个阶段工作,周密组织、依法实施,选举一次性圆满成功。完成居民人口统计 27906 户 71234 人;单位入户核对 468 个,参选单位 115 个,统计职工总数 14754 人;登记选民 44312 人,参加投票 42407 人,参选率 95.7%;

全街划分12个选区，提名推荐代表候选人43名，确定正式代表候选人31名，选出人大代表19名(其中男代表14名，女代表5名；党员13名，民主党派2名，群众4名；大专以上学历17名)，结构比例优化合理。

按照区委要求，在全街范围开展廉政风险防范工作，清权定责，完善制度，推动全街工作顺利开展。总结五一阳光社区成立社区事务监督委员会、有效开展社区民主监督工作的经验。市纪委和区委将天塔街建立社区民主事务监督委员会，推进社区党风廉政建设的做法在全市、全区推广。全街19个社区全部建立社区监委会和相关制度。3月9日中纪委在津调研会上，作为全市唯一的街道进行专题汇报。环湖南里社区为党风廉政建设示范社区，建立廉政文化广场，制作廉政文化宣传栏和漫画墙，社区党风廉政建设工作得到深化。

对纪发公寓、吉兴大厦等涉及物业管理的突发事件，以及因此衍生的环境、卫生、电梯、供水等问题，街道办事处及时介入，在做好稳定工作前提下，积极与政府相关部门沟通，统筹协调处理，垫付资金数万元用于维持小区日常环境秩序，改造维修高层二次供水设施，引导小区居民成立业主委员会，创造条件促成新的物业公司进驻管理，确保社区居民正常生活秩序。

组织举办天塔地区“幸福家庭研讨活动”，《中国人口报》记者和市、区计生委领导参观并给予好评。在区生育文化节期间，举办天塔街幸福家庭交流感言推介会，特色突出，效果显著。完成天塔街婚育文明特色社团项目和主干家庭、空巢家庭保健项目竞标申报工作。全年组织辖区育龄妇女免费查体470人次，救助计生特服人员159户33万余元。

(刘　艳)

2011年12月13日，市委常委、市纪委书记臧献甫(前排右一)带队观摩友谊路社区卫生服务中心标准化建设。

友谊路街道

友谊路街道位于河西区南部，东起尖山路，西至紫金山路，南到卫津河，北至宾水道、平江道。2011年，街域面积2.87平方公里。设15个社区，居民35103户97317人。

2011年，完成招商引资额2.48亿元，超任务1.28亿元，零散税征收270万元。

市容环境综合整治以市行政中心周边社区为突破口，协调综合执法队、派出所等相关职能部门，解决部分小区难点和重点问题20余件，新增绿化面积1.2万多平方米。突出环境卫生长效化管理，严格落实“月检查”、“日报日清”等各项制度。全年清除堆物、垃圾600余车；清运工程土800余车3100多吨。有效防范病媒生物滋生，投放各类药品1500公斤，除“四害”设施3500个。发挥城管数字化平台作用，全年处理督办单138件，办理网络城市管理案卷6000余条，处置率100%。

为516户低保特困家庭发放救助金110余万元，为472户边缘户发放救助金139880元，实施医疗救助、慈善帮助、爱心助学等各类救助近30万元。

采集就业信息1809条，开发就业岗位2550个，安置1096人再就业。办理廉租住房补贴19户，经济租赁房租房补贴41户，实物配租1户，限价商品房288户。为下岗失业人员办理养老保险续缴手续760人，申请灵活就业社险补贴987人。

以街市民学校、社区分校和4个社区终身学习服务中心为依托，开展庆“两节”系列文艺演出，与驻街单位共同举办“七彩虹”冬、夏令营开营和闭营仪式，组织友谊路街第11届社区居民体育竞技节暨纯真里社区健康宣传墙揭幕等活动。街道荣获全国社区教育示范单位称号。

新建工会组织132个，涵盖单位574家，发展会员7266名。指导辖区558家企业建立民主管理制度，开展“要约行动”，覆盖职工7208人。8月8日，谊景村社区工会联合会代表河西区接受市总工会及全市16个区县总工会关于社区规范化建设工作的视察和观摩，受到市、区总工会领导一致好评。

以街骑巡队、护路联防队、夜间防控队、纠纷调解队等为基础，发挥民防网作用，不定期组织开展大规模隐患排查，对珠宝店、银行、超市等13个市、区重点单位进行反恐督导检查，对市场、保洁队、出租房、烟花爆竹经营摊点等65个重点点位进行消防安全检查。文苑楼、宾泰公寓等5个小区居民因原新华印刷一厂拆除厂房施工扰民而引发的矛盾纠纷，经多次协调最终达成谅解，化解了事故隐患。

10月12日，举办“和谐友谊全民行动”成果展示大会，集中展示5年来和谐友谊全民行动成果。友谊银光服装服饰表演团的服装表演《和谐欢乐友谊情》，社区居民表演的情景剧《友谊欢迎你》，街道青年干部表演的歌曲群唱《相亲相爱》，受到与会领导和群众的欢迎。

（李　群）

东海街道

东海街道坐落河西区东南城郊结合部，东起微山路，西至洞庭路，南迄浯水道，北抵珠江道。2011年，街域面积2.12平方公里。设15个社区，常住居民3.06万户8.70万人。

2011年，引进资金4.3亿元，招商引资额连续六年保持全区街道系统领先位次。零散税征收200万元。

深入开展市容环境综合整治，打造粤江里全区精品示范社区，拆除各类吊挂物1528个，更换内置护栏1234平方米、首层塑钢窗398平方米，配合市容、园林、电力等施工单位进场作业，楼体粉刷、“更新园”绿化景观提升改造、路面补铺和电力增容工程全面竣工。完成松江里等6个社区环境卫生清整任务。

面对“小二楼”拆迁导致的地区情况复杂、人员敏感等问题，发挥综治信访服务中心及社区接待站调解作用，全年接待来访群众979次，调解纠纷335起，成功率95%以上。加强“两劳”帮教、社区矫正工作，解除矫正人员34人，解除帮教人员122人。

配合“小二楼”地区拆迁，将榆林路菜市场全部商户安全有序撤出，市场顺利拆除。随即新建东林菜市场，妥善安置原榆林路菜市场部分商户，同时解决居民买菜难问题。

整合各方力量，用好用足惠民政策。开展“迎春助困、情暖万家”慈善救助活动，为辖区1237户困难边缘户发放救助金24.74万元，为160户低保、特困、边缘户发放医疗救助31.15万元。加大困难群体救助力度，发放低保、特困救助金88866元，发放夏、冬令救济金60320元，残疾人救助金85.58万元，对30名低保、特困家庭高考学生进行助学救助。加强再就业公共服务平台建设，广开渠道创岗3500个，安置就业1000人。

加快社区居委会提升改造进程，完成华江一委、华江二委610平方米扩建工程，粤江里340平方米、珠江里320平方米、漓江里613平方米新建居委会投入使用。利用三水南里新建居委会设施，建成东海社区健身中心，购置电动跑步机、卧式磁控车等10大类30余件专业健身设备。探索“政府主导、社会参与，资源共享、市场运作”的居家养老模式，以各社区居家养老日间照料中心和日间照料站为载体，为辖区155名老年人提供生活照料、营养配餐、心理疏导等全方位、多功能的日间托养服务。

（李　群）

东海街庆祝建党90周年“军民鱼水情，民族一家亲”红歌会

尖山街道

尖山街道位于河西区西南部，辖区东起洪泽路，西至隆昌路、白云山路，南迄潭江道，北抵大沽南路。2011年，街域面积6.3平方公里。设21个社区，居民40949户120383人。

2011年，引进企业22家，完成招商引资额2.12亿元，征缴零散税510万元。

市容环境综合整治，清理乱圈乱占76处，拆除违法建设违章棚亭2间，清理楼道堆物2041处，清除乱贴乱画4542张，清运各种杂土619.8吨，2个社区“三清一整”通过验收。

组织开展“爱在尖山，温暖2011”主题活动，救助1281户，救助资金153万元。发放低保金、特困及边缘户等各项补助金586.7万元,做到动态管理、应保尽保。坚持每月召开一次“送政策、送岗位、送技能、送服务、送补贴”进社区活动,实现网上安置就业1201人,平江北里被评为天津市充分就业社区。

投资3万余元,为200余栋老旧居民楼统一安置自行车防盗地笼。组织21个社区525名义务志愿者建立治安巡逻队。与驻地消防、派出所、物业等部门协商,恢复、打通防火通道10余处。在瑞江花园社区推广和鼓励居民安装家庭防侵入报警系统,经309户居民安装试用,起到很好效果,入室盗窃和非机动车盗窃案件呈明显下降趋势。

举办以“幸福家园,共建共享”活动为主题的和谐社区建设成果展示周,辖区单位和居民群众踊跃参与,天津万科房地产有限公司、天津珠江集团(控股)有限公司等企业给予鼎力支持。天津万科房地产有限公司被中国社工协会城区工作委员会授予全国社区社会责任示范单位荣誉称号。尖山街第二故乡联谊社受到国务院发展研究中心的关注与资助,成为全市影响力较强的外来流动务工人员服务与管理平台。“展示周”期间,种类繁多的书画展、摄影展,各具流派的戏曲节、艺术节,彰显邻里和睦的丰收节、美食节,吸引上万名社会各界人士及普通民众参与,天津日报、今晚报、渤海早报、天津卫视、人民网等众多媒体予以报道。该街被中国社工协会城区工作委员会评选为全国城市社会工作示范街道。

(钟　滨)

陈塘庄街道

陈塘庄街道位于河西区东南部,东起微山路、学苑路,西至洪泽路,南抵珠江道、泗水道,北傍海河。2011年,街域面积6.5平方公里。设13个社区,常住居民23177户61731人。

2011年,河西区行政许可中心迁入陈塘科技商务区。全年完成招商引资任务4.2亿元,零散税源征收240万元。

开展奋战300天市容环境综合整治,拆除郁江道沿线及三师宿舍违章建筑30余间,幸福家园沿复兴河一侧护栏等违章建筑。深入开展居民区“三清一整”活动,昆仑里社区高标准报验达标小区。出台社区环境卫生长效化管理考核制度,实行周抽查、月检查、季度评比、年终表彰等一系列考评措施,全面提升居民区环境卫生水平。春季灭鼠投药940公斤,实现辖区全覆盖。夏季坚持日常消毒打药,并对全街近3000个污水井、下水井、雨水井集中进行药物消毒。积极协调有关单位,彻底清理油毡厂宿舍环境,重新铺设下水管道,解决污水向洞庭路外溢问题;解决瑞泰公寓排水问题,并由热心居民出资重新铺设小区甬路;彻底解决骊山里旧楼区改造遗留问题,得到小区居民一致好评。

发动社会各界扩大对困难群体帮扶力度,元旦、春节期间启动博爱送万家扶贫济困活动,慰问边缘户、困难户、困难党员1644户,慰问金额50余万元,并为96户家庭核发医疗救助14800元。超额完成安置1000人的就业任务。全年办理社保卡申领3310张;办理居民医疗保险支付26人,涉及金额68000余元;为60岁以上无退休费老人发放生活补贴7416人次。

建立健全突发事件应急处理预案,建立陈塘地区信息反馈站,积极预防和妥善处置群体性事件,积极化解矛盾。坚持“打防结合、预防为主,专群结合、依靠群众”的方针,加强社会治安综合治理,逐级签订综合治理责任书,签订率100%。与辖区23家重点危化生产单位签订安全生产工作目标责任书,加强日常监管,防止和减少各类安全事故发生。

(李　群)

柳林街道

柳林街道坐落河西区东南方向城郊结合部,管辖范围北起海河,南至泗水道、新会道,西至学苑路、微山路,东至双林引河与津南区接壤。2011年,街域面积4.2平方公里。设13个社区,常住人口25770户67858人。

2011年,引进企业19家,引资额1.471亿元,超额完成区政府下达任务。零散税征收21万元。

奋战300天市容环境综合整治活动,重点对景雅里、珠峰里、贺福里等6个社区进行清整,清理堆物、工程土23车50余吨;清整下河圈铁道、柳林路、双林路、七一大楼片等重点脏乱点位,清运垃圾杂物18车次52吨。先后对腾华里、幸喜里、景致里等10多个居民区进行清整,清运各类杂物210车次254吨,清除小广告、涂鸦1131处。病媒生物防治工作,喷洒灭蚊蝇、灭蟑螂及各类外环境消杀药物共计78箱880公斤。

针对造纸厂宿舍待拆迁片道路全部破损,排水设施严重损坏,群众反映及其强烈的热点问题,街道办事处领导多次奔走协调,在有关部门支持下,投资近400万元,为该片重新铺设下水管道及沥青路面。对昌源公寓、河东大楼等小区道路破损、污水跑冒、垃圾堆放、小区整治遗留项目等群众反映强烈的难点问题,积极向区相关部门反映,协调相关单位筹措资金,问题得到圆满解决。彻底清除玉峰花园小区居民孙增明堆放多年的80余吨废品垃圾堆物。先后完成贺福里、景雅里、金海湾3个社区办公用房提升改造，为柳苑公寓等4个社区配置新的办公设施。完善柳林街服务中心为民服务载体功能，将劳动就业、社会保险、住房保障、综治信访、计划生育等事项纳入中心集中办理，实现“一站式”服务，极大地方便了群众。

救助工作实现常态化，为生活困难的971户1705人发放春节补贴费95.55万元，为948户1581人发放春节饺子补贴费10.47万元，为21户21人发放医疗救助费98.51万元，为902户1704人减免供热费32.33万元。累计为13228户23996人发放低保特困金644.45万元，为10781户18928人发放物价补贴202.47万元。申报廉租房补贴137户，廉租房实物配租1户，审核限价商品房个人收入293户，办理公房租金核减63户，办理经济适用房租赁补贴107户，公租房审核46户。对各类贫困对象实施慈善救助1040户27.8万元，对大病、重病困难对象实施一次性困难救助56人2.39万元。组织“呵护花蕾”行动，救助2人1.86万元；筹资3.04万元开展“兴和天使救助工程”，152人受益；组织“有爱不再孤单”六一救助活动，9名孤儿得到2万元；组织“爱心成就梦想”慈善助学活动，105名学子得到9.25万元助学金。

完善综治信访服务中心（站）功能，认真组织矛盾纠纷大排查，全年排查调处矛盾纠纷隐患169起，人民调解309件，有效避免矛盾激化，将隐患排除在基层，化解在萌芽状态。配合公安派出所做好重点地区管控防范，集中整治市重点对象天邦购物乐园，效果明显，发案率大幅度降低。加强流动人口管理，为他们免费提供求职登记、岗位就业信息和职业介绍，并将流动人口子女纳入义务教育，保证入学率100%。

（文成兵）

挂甲寺街道

挂甲寺街道位于河西区中部偏东，东临海河、天津市第四棉纺厂西大道，西至隆昌路，北迄津河末梢、湘江道，南抵资水道、大沽南路。2011年，街域面积2.41平方公里。设15个社区，居民32919户85823人。

界内津门古刹挂甲禅寺相传建于唐代，街名由此得来。

2011年，引进嘉鑫典当行、盛世基建建筑有限公司等13家企业，完成招商引资额2.43亿元。收缴零散税306万元。

市容环境综合整治，美满里、美好里、书苑里和重华南里4个小区“三清一整”通过验收达标，南北大街、美化里社区楼体外吊挂物清拆规范工作基本完成。协调区有关部门下力量对跃进楼废品堆积、天润里私自安装地锁等问题进行治理，投入5万元在鹤望里、美满里、前程里和美好里等社区重点路段安装隔离桩130余个，解决小区停放汽车扰民问题。街管道疏通应急小分队急百姓之急，全年解决因下水道产权不明、管道堵塞污水外溢难题50余次。

年初启动“迎春助困情暖万家”慈善救助行动，救助困难家庭1155户，发放救助资金40余万元。为21名重度残疾人实施无障碍进家庭改造，为100名困难边缘户残疾人发放微波炉、轮椅、电风扇等日常生活用品，为43名残疾人办理发放机动车燃油补贴。为64名低保、特困、优抚、工商业者遗属提供政府无偿居家养老服务。为38名低收入老年白内障患者进行筛查，为7名老人实施复明手术。街道荣获天津市“十一五”残疾人工作先进单位称号。

以新生劳动力就业安置为重点，安置212名大中专生就业。街劳动保障中心全年采集就业信息1001条，开发岗位1313个，安置上岗就业1258人。辖区5447名下岗失业人员中5103人实现就业，就业率98.42%。

以迎庆建党90周年为契机，举办“颂歌献给党”大型红歌海选和拉歌展演大赛，社区群众广泛参与，《天津日报》等多家媒体进行报道。以市民学校为龙头，发挥8个终身教育学习服务中心作用，设置管弦乐、模特、腰鼓、京韵大鼓、饮食文化等20余类课程，满足居民不同文化需求。龙都社区被评为市级文化先进社区。市民学校泥塑课程作为河西区第二届社区教育特色课程参加全国特色课程评选。

落实矛盾纠纷排查调处、社情预警机制，排查不稳定因素61件，调解纠纷70余件次。投资10万元在大沽南路沿线的景兴西里、鹤望里、前程里安装30组技防摄像装置，社区治安明显好转。落实社区安全消防“四个一”建设，投入27500元统一配置消防三轮车及消防器具，成立社区义务消防队，建立消防志愿者工作站，提高社区居民防火自救能力。

（贺 菲）

桃园街道

桃园街道地处河西区西北部，西北沿西康路、马场道与和平区交界，东至广东路，南到津河。2011年，街域面积1.09平方公里。设10个社区，居民15458户44248人。

2011年，引进廊坊银行、恒益会所等一批重点企业，引进外省市资金1.8亿元，天津市资金7000万元，完成计划的150%。完成零散税收171万元，为计划的115%。

深入开展奋战300天市容环境综合整治,对8个老社区,尤其是津港路、罗兰花园、照耀里3个社区全面清理,累计清理楼栋160个,清理楼道堆物500余处,拆除楼道内违章2处、圈占6处。继续打造"数字化城管"格局,坚持每天巡视检查,及时处置社区环境突发问题,全年解决110余起。先后开展"环保创意作品展"、"低碳生活从我做起"征文活动,以及"生态创意点亮低碳生活,环境保护从我做起"等多项活动,提高居民环保意识。照耀里、连荣里社区被评为区级"绿色环保社区",罗兰花园社区被评为市级"绿色无噪音环保社区"。

加大对困难家庭救助力度,全年发放各类补贴及救助金144万余元。与驻区企业沸腾渔乡餐饮有限公司共同举办第三届慰问困难老人座谈会,为困难老人发放慰问品,解决他们的实际困难。积极探索具有桃园特色的救助体系,在庆荣里社区成立首家"社区爱心邻里互助站",根据群众需要设立救助项目,力求做到按需帮困。免费为50名社区残疾人体检,为60名残疾人办理残疾人专用机动车燃油补助,为43名残疾学生及残疾人子女发放助学金35040元,为6个重残家庭安装居家宝,为55户残疾人困难家庭发放微波炉、电风扇、压力锅等生活必需品。

开展"就业援助月"系列活动,全年举办10场专场招聘会,为高校毕业生及失业人员提供再就业平台。帮助就业困难家庭26人次实现就业,采集用工信息995条,提供安置岗位1701个,安置失业人员671人。

深化综治信访服务中心建设,加强矛盾纠纷调处力度,全年排查调处矛盾纠纷86起,调解成功率100%。

举办桃园街第11届安居节,以"安居、快乐、健康、和谐"为主题,弘扬中华传统美德,推进公民道德建设,加强社会公德、职业道德、家庭美德、个人品德教育。安居节期间,举办"十佳志愿者标兵、十佳道德模范、十名社区健康寿星、十佳微笑服务之星"系列评选表彰活动,宣传先进典型,引导地区居民形成讲正气、作奉献、促和谐的良好风尚。同时举办桃园地区文化成果展示、第二届社工才艺展示、文化社团汇报表演、社区居民才艺展示、"老少同乐棋牌赛"、"王家声个人根雕展"等系列文化展示活动。

指导辖区单位新成立204个工会,177个单位签订工资集体协议,成功召开桃园地区二届一次职工代表大会和连荣里首届非公企业职工代表大会。

(张淞恒)

越秀路街道

越秀路街道位于河西区中部,东起隆昌路,西至友谊路,南起平江道,北至津河。2011年,街域面积2.64平方公里。设16个社区,居民30351户72105人。

2011年,完成招商引资4.1亿元,征收零散税325万元。

市容环境综合整治,对珠波里、健美里、增强楼健强新里、黄埔里、红波里、恩德里6个小区逐个楼栋进行清整,清理各种堆物杂土26车52吨,小广告涂鸦1500余条,全部达到"三清一整"标准。

筹资121万元,对港云里、爱国里两个社区居委会改扩建,并在港云里居委会配套建设综治信访服务中心。改建后港云里社区居委会建筑面积1200平方米,爱国里社区居委会230平方米。

为1627户困难群众捐款、捐物折合15.2万元,夏令救济230户,冬令救济74户。创岗安置下岗失业人员1157人,开发公益性岗位安置27人。为85户残疾人边缘户按需发放轮椅、自行车、微波炉、电风扇、厨具、夏凉被等生活用品,价值25500元。为32户特困重度残疾人提供打扫卫生、理发、修理家用电器等家政服务。为35户残疾人进行卫生间蹲改坐便、扶手改造,安装闪光门铃和语音门铃。组织49名残疾人参加

改造后的港云里社区居民娱乐活动场所

“关爱健康，千人免费查体”活动，并逐一建立健康档案。

街道办事处出资1万元，为62名社区保洁员发放绿豆、冰糖、毛巾、洗衣粉等生活用品和驱蚊花露水等慰问品。出资2万余元，对保洁员宿舍及散居保洁员住所共计30余间房屋维护修缮。为4名保洁员子女办理入学手续，为12名上小学的保洁员子女聘请英语家教，为2名参加高考获得优异成绩的保洁员子女每人给予1000元助学奖励。

（管菁菁）

2011年8月31日在梅江街道办事处建设国际社区启动仪式上，向外籍志愿者颁发聘书。

梅江街道

梅江街道位于河西区西南部，北起郁江道，南至潭江道，东起五号堤路、白云山路，西至卫津河。2011年，街域面积2.6平方公里，是天津市精心规划设计的高级生态居住区。设8个社区，户籍人口5105户13500余人，暂住人口21700余人。

2011年，招商引资到位额1.73亿元，零散税源征缴708万元。

市容环境综合整治以社区为重点，开展清整绿地圈占、堆物乱放、卫生死角等专项活动，清理堆物、垃圾、工程土、干树枝等12吨，清除垃圾、小广告50余处，协调社区及物业拆除各类违章建筑11处。

全街8个社区全部完成“社区居民基础资料信息台账”系统录入。芳水园社区建成国际化社区，居委会重要标识全部更换为中英双语标识，并加强对外籍人员的管理服务，积极组织外籍人员参与社区建设，融入梅江地区“大家庭”。玉水园社区的“共建国际社区——梅江街残疾人英语口语培训班”活动，《城市快报》等报刊网站予以报道。

开展梅江街慈善老人评选及“大手拉小手”救助坚强孩子活动。向低保户、“三无”人员发放节日慰问物品。春节前，街慈善分会深入开展“温暖在梅江——牵手困难群众”慈善四日捐和梅江街“第三届文化藏品、闲置物品慈善拍卖”等慈善活动，募集善款6万余元。

为居民办理社保卡2142张，办理城乡医疗保险560人。安置300名社区失业人员灵活就业，失业人员档案接转101人。

做好元旦春节、“两会”、建党90周年等重点时期维稳工作，妥善处理龙水园商业区停电等社会矛盾2起，化解社区纠纷8起。

（王　靖）

河东区

概 述

河东区是天津市中心城区，境域地理坐标为北纬 39°04′7″~39°09′7″，东经 117°11′7″~117°18′1″，是中心城区连接滨海新区的起始点，毗邻空港、海港，天津站交通枢纽坐落区内。隔海河与和平区、河西区相邻，向东与东丽区为伴，西、北与河北区相交。沿海河经济带 8.28 公里，天津中央商务区坐落其间。2011 年，区域面积 39.63 平方公里，辖大王庄、上杭路、东新、富民路、鲁山道、大直沽、常州道、中山门、向阳楼、春华、唐家口、二号桥 12 个街道办事处。常住人口 88.98 万人。人口中汉族为主体，另有回、满等 39 个少数民族。

2011 年，河东区深入贯彻科学发展观，按照区十五届人大七次会议审议批准的国民经济和社会发展计划，努力克服复杂严峻的经济形势带来的不利影响，全面促进调结构、增活力、上水平，实现了“十二五”的良好开局和经济社会的更好更快发展。区属增加值实现 158 亿元，区级财政收入 26.25 亿元，固定资产投资 99 亿元，实际利用外资到位额 9211 万美元，实际利用内资到位额 145 亿元。新增就业 3.9 万人，登记失业率控制在 3.8%以内。价格总水平保持基本稳定。万元地区生产总值能耗下降 4.1%，达到预期目标。

金贸河东加快落实。金融企业加速集聚，天津市期货业协会和小额贷款公司协会落户河东，新引进成铭投资、盛京银行等一批实力企业，其中荣盛发展旗下 10 家私募股权基金总规模 25 亿元。金融业对中小企业服务力度加大，裕隆小额贷款公司等相继开业，津发、中民等投资担保公司加快筹备。商业市场全面繁荣，天津啤酒节等活动相继举办，引进顺峰、大宅门、棒约翰等一批知名餐饮企业，河东万达广场等项目成为全市消费热点。全年服务业对全区税收贡献率 82%以上，比上年提高 3 个百分点。

重点项目有序推进。在建项目进度加快，红星国际广场家居、帝旺凯悦酒店等项目即将开业，嘉里中心、渤海银行总部、远洋国际中心等项目加紧施工，雍华府商业载体、金地国际广场南区封顶，振业城中央、浅水湾、水岸银座等项目开始销售。前期项目接续有力，中信城市广场、天津万达中心项目纳入天津市第五批重点服务业项目库。土地交易有新进展，棉一、李公楼、华润超市地块成功出让，营门口地块、轧五地块准备挂牌。

联动发展见到成效。楼宇经济、民营经济、街域经济实现联动发展。10 座楼宇纳入天津市重点扶持范围，天星河畔广场、海河大厦、万隆平洋大厦、经纬大厦实现税收亿元目标。街域内民营经济蓬勃发展，全年新注册民营企业 1275 家，民营企业总数 8648 家，注册资金 196 亿元，初步形成街域统筹服务、楼宇为主要载体，民营科技中小企业为扶持对象的发展格局。

对外合作量质并举。坚持规划导向，注重产业重点，积极开展“招商周”、“服务月”等活动，充分利用土地和楼宇资源开展定向招商。深入开展政策宣讲日、服务接待日活动，推进投资环境不断改善。

自主创新能力增强。科技型中小企业规模扩张，总量 700 家，其中销售收入亿元以上小巨人企业 4 家，国家级高新技术企业 14 家，区级高新技术企业 14 家。八大科技载体建设工程全面实施，“帅” 字号科技创新平台 40 家 15 万平方米，总收入 45 亿元。建成市内六区第一家国家级孵化器。科技成果不断涌现，全年完成技术合同成交额 5 亿元，专利申请量连续三年在全市保持第二名。

服务企业见到实效。深入开展“调结构、增活力、上水平”活动，区领导带头深入基层，以175家纳税大户企业、70座楼宇、31个大项目为服务重点，引导企业立足实业发展、依靠内需发展，及时采取措施解决问题近500件，有效改善了企业经营环境。

市政设施更加完善。实施度夏电网改造工程，新设和更换箱式变电站25座，铺设各类电缆9万余米。新建和改造一批交通设施，二宫人行天桥、雪莲南路涵洞完工，华龙道地下停车场、广宁路涵洞、沙柳南路涵洞、唐口地道加紧施工。中山门积水片改造工程竣工，福泽温泉小区等进行管道返修。全年完成道路小修养护10.5万平方米、里巷道路维修5万平方米、支线道路维修改造7.6万平方米。

市容环境显著改善。奋战300天实施市容环境综合整治“11235”工程，完成天津站后广场地区提升、海河景观带建设、沙柳路和建新里结合部治理工程，对30条道路及51个社区里巷进行整治，新建、提升绿地91.5万平方米。打造风岐东里、远翠西里等精品社区，华兴道成为全市样板道路，建成街心公园如意园。对重点领域进行专项治理，工程渣土撒漏、占路经营、私搭乱盖等现象得到遏制。

居住条件得到改善。加快保障性住房建设，启动减速机厂等4块3699套还迁房建设，组织雪莲路、大江里等2000套周转房源，购买华明新家园、盛世家园等处3389套还迁房源，安置还迁居民1万余户。加快供热工程建设，启动松风里大板楼5.5万平方米节能改造，对东华供热站、东达大直沽供热站、荣华供热站30.5万平方米房屋实施“一户一表”改造。

环保事业扎实推进。主要污染源加快搬迁，扎努西、减速机厂搬迁完毕，第一热电厂年内实现关停，分别削减二氧化硫、氮氧化物4000余吨。淘汰落后产能，置换高能耗设备，推进节能新技术，重点工业企业污染排放稳定达标率100%，城市水环境功能区水质达标率100%。蓝天工程项目全面实施，环境空气质量二级良好及以上天数317天。

劳动就业更加充分。积极对接重点项目促进就业，充分发挥大项目容纳就业优势，跟进服务促成6000余人实现就业，实现经济发展与扩大就业良性互动。发挥创业平台就业带动作用，发展桥园、开迪树等创业孵化园7家、创业实训基地93家，安置就业1100余人。实施困难群体就业援助，认定就业困难人员3739人，其中零就业家庭人员1960人全部得到安置，继续保持零就业家庭动态为零。

社会保障水平提高。社会保险扩面工作深入开展，职工基本养老、医疗、失业、工伤、生育五项保险基本实现全覆盖。社会保障各项待遇足额发放，住房保障受益面扩大。困难群众救助工作深入开展，对低保对象、特困家庭、残疾人家庭以分类救助、“一助一、结对子”等形式实施多层面、全方位救助。

平安建设深入开展。大力开展基层平安创建活动，不断加强防控体系建设，治安状况明显改观。社区自治模式逐步完善，平安社区、和谐社区不断涌现。信访工作制度得到完善，依法处置与化解矛盾实现有效结合。

教育事业积极推进。多形式扩大学前优质教育资源，与市教委合作举办市实验幼儿园，填补市教委直属单位空白。义务教育学校现代化达标工作全面推进，6所中小学通过验收，达标率88.6%。坚持优质特色发展高中教育，第54中学升级为市级重点校。全面推进中小学校舍安全工程，第45中学一号楼、互助道小学分校教学楼等工程交付使用。素质教育全面推进，中考高位提升，高考实现历史性突破，本科上线率83.2%，600分以上高分段考生121人。

文化事业繁荣发展。围绕庆祝建党90周年主题，举办“书香河东”读书节、群众性歌咏比赛、文艺展演大会、第八届家庭文化艺术节等一系列精品文化活动，掀起爱国爱党活动高潮。“拦手门”武术被评为国家级非物质文化遗产。社区文化建设丰富多彩，优秀文艺骨干下基层活动深受群众欢迎。实施文化信息资源共享工程，各社区建立图书馆分馆，实现服务延伸。

卫生事业成绩突出。坚持优先发展社区卫生服务，累计建立居民健康档案48万余份，在11个社区卫生中心开设“国医堂”。加强公共卫生行业管理，食品卫生监督合格率在80%以上，公共卫生场所卫生监督合格率95%以上，重大活动期间的卫生监督合格率均为100%。

体育事业不断进步。全民健身活动覆盖面不断扩大，全区拥有健身团队260支，体育协会、俱乐部29个，社会体育指导员2000名，第六届全民健身运动会参加活动10万余人。在全市率先实现社区体育设施全覆盖。

人口普查顺利结束。完成全国第六次人口普查工作，摸清河东区常住人口的数量、结构、受教育程度以及人口分布状况等，为经济和社会发展提供了准确的基础资料。

（区政府办）

河东区区级领导名单

（2011 年 12 月换届前）

中共河东区委领导名单

书　记：张建星

副书记：王福山　吕德林

常　委：张建星　王福山　吕德林　曹国安　温继平　宋　奇(女)　杨绪荣　张国平　毕宝泉　何　福(满族)　甘同波

河东区人大常委会领导名单

主　任：孔昭礼

副主任：葛全洪　韩馥香(女)　吕吉成

河东区政府领导名单

区　长：王福山

常务副区长：曹国安

副区长：毕宝泉　吴秀宏(女)　刘建国　王毅斋　刘　祺

区长助理(副区长级)：宋建华　卢卫东

政协河东区委员会领导名单

主　席：孙宏光

副主席：赵长明(任职至 4 月)　刘金荣(女)　邓福来　张春跃　魏　东　黄　伟　杜培勇　逯　鹰

河东区区级领导名单

（2011 年 12 月换届后）

中共河东区委领导名单

书　记：王福山

副书记：刘道刚　杨文璁

常　委：王福山　刘道刚　杨文璁　刘　祺　毕宝泉　甘同波　靳　昕(女)　姜德志　刘春波　李建军　解　葆

河东区人大常委会领导名单

主　任：孙宏光

副主任：刘建国　王毅斋　韩馥香(女)　孙基刚　马连庆

河东区政府领导名单

区　长：刘道刚

常务副区长：刘　祺

副区长：毕宝泉　刘程彦　李连仲　赵　霞(女)　张庆岩
区长助理(副区长级)：卢卫东　宋建华

政协河东区委员会领导名单

主　席：温继平
副主席：吴秀宏(女)　邓福来　张春跃　王占勤(女)　黄　伟　逯　鹰　王晓红(女)　王玉颖(女)

(区委组织部提供)

政　治

概况　2011年，河东区民主政治建设稳步推进，人大及其常委会依法履行职权、加强监督的作用突出，人民政协的政治协商、民主监督、参政议政职能充分发挥。爱国统一战线发展壮大。多党合作不断加强。民族、宗教、对台、侨务工作取得新成绩。工会、共青团、妇联的作用明显。各类社会组织健康发展。国防后备力量建设和双拥共建工作扎实有效，保持了“全国双拥模范城”五连冠的称号。依法治区进程加快，“五五”普法和依法治理任务全面完成，“六五”普法规划顺利启动实施。法治政府建设扎实推进，依法行政水平不断提高。政法机关和政法队伍建设全面加强，基层基础建设、法治单位创建和法律服务工作扎实推进，法治河东建设迈出坚实步伐。

(区地志办)

中共河东区第十次代表大会　2011年12月7日至9日，中国共产党天津市河东区第十次代表大会在市第二工人文化宫召开。会议通过中共天津市河东区第九届委员会工作报告和大会决议，选举产生新一届区委，王福山当选中共河东区第十届委员会书记，刘道刚、杨文璁当选副书记，王福山、刘道刚、杨文璁、刘祺、毕宝泉、甘同波、靳昕(女)、姜德志、刘春波、李建军、解葆当选区委常委。会议提出今后五年河东区的总体思路和奋斗目标，强调按照“金贸河东”功能定位，坚定实施“三个起来”和“三二一”发展思路，大力实施富民强区、项目立区、科教兴区和可持续发展战略，认真坚持“一三六六”发展格局，全面推进经济建设、政治建设、文化建设、社会建设以及生态文明建设和党的建设，显著提高经济实力、创新能力和综合竞争力，努力建设“三区一城”和经济繁荣、社会和谐、生态宜居、充满活动、人民幸福的新城市中心。

(区地志办)

河东区十六届人大一次会议　2011年12月20日至23日，河东区第十六届人民代表大会第一次会议在市第二工人文化宫举行。会议听取审议区政府工作报告、区十五届人大常委会工作报告，审议区2011年国民经济和社会发展计划执行情况与2012年国民经济和社会发展计划草案的报告、区2011年预算执行情况及2012年预算草案的报告、区人民法院工作报告、区人民检察院工作报告，并通过相应决议。会议依法选举区十六届人大常委会主任、副主任、委员，区十六届人民政府区长、副区长，区人民法院院长、区人民检察院检察长。孙宏光当选区十六届人大常委会主任，刘建国、王毅斋、韩馥香(女)、孙基刚、马连庆当选副主任。刘道刚当选区十六届人民政府区长，刘祺、毕宝泉、刘程彦、李连仲、赵霞(女)、张庆岩当选副区长。王洪季当选区人民法院院长。齐冠军当选区人民检察院检察长。

(王存召)

河东区十六届人大一次会议预备会议会场

政协河东区十四届一次会议 2011年12月19日至21日，中国人民政治协商会议天津市河东区第十四届委员会第一次会议在市第二工人文化宫大剧场举行。大会听取政协河东区第十三届委员会常务委员会工作报告和提案工作报告，政协委员列席区十六届人大一次会议，听取并讨论区政府工作报告及其他报告，通过区政协十四届一次会议政治决议，选举产生区十四届政协主席、副主席、秘书长和常务委员。温继平当选区十四届政协主席，吴秀宏(女)、邓福来、张春跃、王占勤(女)、黄伟、逯鹰、王晓红(女)、王玉颖(女)当选副主席，胡红利当选秘书长，丁晓丽等37人当选常务委员。

(区地志办)

全国十五城区(县)政协工作理论研讨会第七次会议 2011年9月20日至23日，全国十五城区(县)政协工作理论研讨会第七次会议在河东区召开。会议围绕提高政协工作科学化水平进行深入研讨。市政协副主席王文华，市政协副秘书长赵天皓，中共河东区委书记张建星，区委副书记、区长王福山，区政协主席孙宏光，区委副书记吕德林和区委常委、常务副区长曹国安，区政协副主席刘金荣、邓福来、张春跃、黄伟出席会议。王文华在讲话中对会议召开表示祝贺，并向与会人员简要介绍天津的历史和经济社会发展情况。张建星在致辞中详细介绍河东区经济社会发展情况。会议通过《全国十五城区(县)政协工作理论研讨会第六次会议以来理事会工作报告》。会议期间，与会代表参观海河游轮码头、天妃宫遗址博物馆、河东万达广场，考察空客A320总装线、天津港保税区等。

(孙群海)

科学发展主题轮训 2011年，按照中央组织部《关于实施基层干部"科学发展主题培训行动计划"的通知》、市委组织部《关于推进基层干部"科学发展主题培训行动计划"的实施意见》部署要求，河东区将基层干部"科学发展主题培训"作为两年内培训的主要任务，认真组织，科学安排。自11月8日起，举办三期科学发展主题轮训班并圆满结业。全区28个部、委、办、局的152名科级及以下基层干部参加轮训。三期轮训班由区委组织部调训，区委党校组织教学。通过培训，学员们深化了对科学发展必要性和紧迫性的认识，对河东区"十二五"期间如何牢牢把握以科学发展为主题、以加快转变经济发展方式为主线有了新的思考。

(区地志办)

模拟"新闻发布会" 2011年9月下旬，河东区委党校副处级领导干部任职培训班开展别开生面的"新闻发布会"情景模拟教学，全区各部门38位新任副处级领导干部分成6组，现场接受"媒体记者"提问。通过实战演习，学员们亲身体验了直面新闻媒体的紧张氛围，体会了新闻记者"穷追不舍、刨根问底"的热烈场景。发布会上，区委党校聘请天津师范大学新闻传播学院的40余名在校大学生扮演参加新闻发布会的各大媒体记者，副处级领导干部任职培训班学员扮演相关部门负责人和主持人。新闻发布案例的选取全部由培训班学员，联系自身工作实际，针对社会关注的如"爱心基金会"、"节能减排"、"居家养老"等专题进行。"记者"对模拟新闻发布的"政府官员"进行了深入的提问。问者有所思，答者有所想，听者有所悟，互动效果明显，课堂气氛活跃又不失严肃。"新闻发布会"情景模拟教学是区委党校继讲授式、研讨式、案例式、体验式、现场式等教学模式之后推出的又一种新的教学模式，是党校进行教学改革的有益尝试，在该校教学史上尚属首次。旨在提高处级领导干部对大众传播媒介的功能、特性和传播规律的认识，并使其亲身参加和体验模拟的媒体沟通情景，提高与媒体沟通的能力，从而更好地适应新媒体时代的新情况、新要求。

(彭　娜)

预防职务犯罪 2011年，河东区检察院在开展重大建设项目职务犯罪预防工作中，深入了解辖区内重大建设项目——滨海新区西外环高速14标、塘承高速公路(一期)工程、宁武高速公路南平段工程的主管单位天津五市政公路工程有限公司的项目建设、设计和施工单位的主要情况，并在借鉴其他地区先进经验的基础上，结合建设项目实际，初步形成有关单位协调联动的工作思路，推进工程建设领域建设项目信息公开和诚信体系建设。在福建宁武高速公路(南平段)B1标段专项预防工作会议上，区检察院指派相关干警从工程建设领域职务犯罪特点及容易出现职务犯罪的重点环节出发，为参会人员进行反腐倡廉警示教育，就如何预防职务犯罪提出具有操作性的指导意见。会后，区检察院与天津五市政公司签订《专项预防工作协议书》，就在宁武高速工程中建立预防合作关系，联合做好预防职务犯罪工作，确保职务犯罪零记录等重点问题达成共识。此外，针对建设、设计、施工单位易引发职务犯罪的关键环节和重点岗位，区检察院还开展职务犯罪预防宣传、讲座，及时总结、推广典型经验，加强对工程建设领域职务犯罪特点和规律的研究，及时提出预防对策和建议，将工作责任落实到人、落实到岗。

（刘 钰 李 伟）

青年创业中心挂牌成立 2011年6月14日，河东区青年创业中心挂牌成立，这是团区委和企业搭建的服务河东区青年创业就业的有形平台。区青年创业中心由团区委与天津滨海迅腾科技集团联合建立，隶属于团区委，在行政上受团区委领导，在业务上受天津市青年创业中心指导。该中心以“一二三四五”的工作模式为适龄青年提供技能培训、政策咨询、创业扶持、就业推介等服务。“一”即“一个中心”，河东区青年创业中心；“二”即“二个创办主体”，团区委主体和迅腾集团主体，充分整合团区委主体在政策信息、组织人才、社会资源等方面的优势和迅腾集团主体在市场运作、经营管理、项目开发等方面的优势，推进中心建设；“三”即“三个服务平台”，创业培训平台、就业服务平台、创业融资平台；“四”即“四个重点群体”，大中专毕业生、下岗失业青年、外来务工青年、闲散青少年等群体；“五”即“五项服务职能”，创（就）业培训、政策咨询、劳务派遣、创业项目推介、创业融资等五大职能。

（李 蒙）

经 济

概况 2011年，河东区坚持把握主题、主线、主攻方向，突出调结构、促转变、增实力、上水平，打好“财政增收、项目落地、商业繁荣”三个攻坚战，打造宜商宜居活力城。加快转变发展方式，提升服务效能。加强商业特色街规划，明确经营定位，推动商业特色上规模、创品牌，为区域经济发展注入活力。加强宏观经济管理，做好区域经济发展调研工作，掌握指标完成情况，制定各项指标奖惩办法。举办招商资源推介会，推出4类40个重点招商项目，与8家企业现场签约，签约额210亿元。由市商务委、河东区共同举办中国天津“银联杯”第11届国际啤酒节，历时11天，32万余人参加，实现销售收入2800余万元。河东商旅资源实现对接融合，与20余个景区达成地接关系。不断优化财政支出结构，集中财力保障民生和社会事业财政支出。加强食品安全管理，制定年度食品监测计划，将与人民群众生命安全密切相关的食品作为质量监测重点指标、重点品种，严把食品出厂关，确保出厂产品安全合格。成立工商河东分局行政调解中心，集中力量组织开展市场价格检查。加快“金贸河东”建设进度，区级财政收入实现26.25亿元。

（区地志办）

招商资源推介会 5月27日上午，2011天津·河东区招商资源推介会暨项目签约仪式在天诚丽笙世嘉酒店举行。市外商投资服务中心主任王富强、市合作交流办副主任焦勇、市商务委副主任杨兵出席。区委副书记、区长王福山致辞。区人大常委会主任孔昭礼，区政协主席孙宏光，区委副书记吕德林和区委常委、区委办公室主任何福出席。推介会由区委常委、常务副区长曹国安主持。区委常委、副区长毕宝泉作招商资源推介。驻津商会代表、投资签约单位、区有关部门主要负责人参加。会上推出商业地块、楼宇经济、科技园区和高端商业4类40个重点招商项目，其中包括，营门口地块、李公楼地块、万辛庄地块、轧五地块、富民路地块等10个地块项目；河东万达广场写字楼、福建大厦、帝旺凯悦酒店写字楼、天星河畔广场等20个楼宇项目；帅超科技园、帅越科技园、帅先科技园、帅领科技园、帅智科技园等7个科技孵化器；天津站后广场商业项目、阳光星期八商业项目、喜悦购物中心3个商业项目。签约仪式上，天津万达中心投资有限公司、红星国际、中铁四局第三工程公司、天津远弛房地产公司等8家企业与河东区现场签约，项目涉及商业地产、总部经济、楼宇经济、科技企业等领域，签约额210亿元。

（区地志办）

2011年5月27日，河东区举办招商资源推介会。

第11届“啤酒节” 2011年7月7日，由市商务委和河东区共同举办的中国天津“银联杯”第11届国际啤酒节在河东区第二工人文化宫开幕，17日闭幕，历时11天。啤酒节以“啤酒的世界 百姓的饮品”为主题，设有夜市及文化展演等活动。雪花、珠江、喜力等19家国内外知名啤酒厂商参展，展销各类啤酒近300种，并设立红酒饮品、海鲜、小吃等配套产品和展区，为津门百姓提供夏季休闲纳凉的消费娱乐场所。其间，区商务委协调区市容园林委、公安河东分局和武警、交管河东支队、区综合执法局、区工商局、区卫生局、消防河东支队、区质监局、区文化和旅游局等单位，确保啤酒节顺利举办。啤酒节有32万余人次参加，现场销售各类啤酒140余万瓶，实现销售收入2800余万元，促进了河东区商贸服务业的繁荣发展。

（朱鸿湘）

商旅资源对接融合 3月中旬，由区商务委、区文化和旅游局、天津站商圈领导小组办公室和旅程天下控股集团联合主办的2011中国地接组团旅行社（天津）营销峰会暨首届天津旅游产品博览会在河东区召开。区人大常委会主任孔昭礼宣布开幕。市旅游局副局长何立强、副区长王毅斋、区政协副主席张春跃出席。王毅斋在致辞中介绍了河东区大直沽民俗圈、音乐街、桥园公园等旅游景点和新开路天津站商务商贸区情况，并指出河东区呈现出交通便利、经济发达、商业繁荣、历史厚重、适宜居住和宜商兴业几大特点。此次峰会将旅游与商贸结合起来，让河东商旅圈与全国旅行社、景区对接，实现商旅融合、创新发展、交流共赢。坐落在河东区的华堂国际旅行社负责人表示，通过这次峰会，已与20余个景区达成地接关系，快速有效地拓展了业务面。2011中国地接组团旅行社（天津）营销峰会为期3天，来自全国各地500余家旅行社和景区的主要负责人共同探讨旅游业发展方向和盈利模式，游览天津风景名胜，共享旅游商贸资源。

（石晓钰）

菜市场改造提升 2011年，河东区商务委加强菜市场规划建设管理，对部分菜市场进行综合治理，改善市场经营秩序，美化消费环境。对全区41家菜市场进行甄别，组织各菜市场做好环境卫生综合整治，提升经营管理、经营模式、经营档次和经营环境水平。对存在安全隐患的菜市场、农贸市场进行督促改造，确保购物群众和商户的安全。针对全区菜市场情况，确定新建2个菜市场、改造提升2个菜市场、创建2个亮点菜市场、巩固2个示范菜市场和推进2个菜市场硬件提升的工作目标。至年底，大直沽菜市场和老龙头菜市场按照国家商务部新颁发的菜市场设置和管理规范进行改造提升，并代表河东区参评天津市标杆菜市场；新建二号桥福东源菜市场、阳光菜市场投入使用。

（朱鸿湘）

宏观经济管理 2011年，河东区加强宏观经济管理。根据市、区经济工作会议要求，结合全区经济发展实际，编制《河东区2011年主要经济工作目标考核意见》。对2006—2010年的经济工作进行总结，撰写《关于五年来主要经济工作的简要汇报》等材料。组织各职能部门做好天津市“互比互看”工作，掌握指标完成情况，对奖励额度进行测算，制定各项指标奖惩办法。做好区域经济发展调研工作，编写《区域经济理论在河东区规划编制实践中的应用》，起草《河东区落实“金贸河东”功能定位的思路措施》等材料。起草《河东区发改委2011年重点工作任务第一季度进展完成情况》、《关于2010年落实重点工作情况的汇报》、《河东区发改委五年来主要工作总结和今后工作安排》等。做好指标分解考核工作，起草《河东区2011年综合性指标、固定资产投资、经济环境建设指标考核方案》等。

（周兴合）

财政支持社会事业发展 2011年，河东区不断优化财政支出结构，集中财力重点保障民生支出和社会事业发展支出。区民政局制定《河东区关于进一步加强全区临时救助工作的暂行规定》，配合区卫生局完成河东区全国社区卫生中医药工作先进单位创建工作。落实提高社会保障标准、支持就业再就业等民生政策。市、区两级财政为城镇居民发放最低生活保障金1.11亿元，为公益岗位人员发放补贴金1638万元，拨付248万元用于万新村地区部分大板楼供热节能改造，拨付933万元用于城镇居民基本医疗保险补助。加大市容环境综合整修工程资金投入，安排1.4亿元改善社区居住环境，拨付445万元补贴137个旧楼区物业管理。坚持教育优先发展，拨付360万元落实义务教育阶段“两免一补”政策；加快义务教育学校现代化标准建设工程，拨付3500万元配置教育教学装备、实施校舍安全加固，改善校园环境；拨付112万元用于举办区第八届家庭文化艺术节、第六届全民健身运动会和图书馆购置书籍。拨付1915万元用于18项基本公共卫生服务补助、社区卫生服务站房租，拨付100万元为赤峰医院购置设备。安排4000万元用于促进科技型中小企业发展、落实科技部立项项目地方财政扶持匹配资金和科技园区建设。向市有关部门争取 3500 万元扶持楼宇经济发展。拨付 90 万元用于第十八届天津经贸洽谈会河东招商周系列活动。

（昝　伟）

食品安全检测　2011 年，工商河东分局制定年度食品监测计划，把食品作为质量监测的重点指标、重点品种，对超市、商场及批发市场实施抽样检验，对食杂店、集贸市场开展有针对性的食品检验。完成对乳粉、非发酵豆制品、发酵蛋制品、馒头、水果罐头、蜂蜜、方便面、食用盐 8 类重点食品 105 个批次的法定常规抽检，99 个批次合格，6 个批次不合格，并全部立案查处。对蔬菜、水果、牛奶、水发产品、蜂蜜、蜜饯等品种的经营户实施快速检测筛查，检测 784 次。开展乳制品专项检查 115 户次，实施专项周检 23 次，检测乳品及乳制品 115 批次。全年出动速检执法人员 305 人次、检测执法车辆 140 台次。

（姚　伟）

2011年 9 月 8 日，工商河东分局行政调解中心挂牌成立。

执法人员快速检测超市食品

工商调解中心　2011 年 9 月 8 日，工商河东分局行政调解中心正式挂牌成立。区委常委、副区长毕宝泉，市工商局副局长李荣强为中心揭牌。行政调解中心下设“一室四厅”，即综合室、行政许可调解厅、市场监管调解厅、消费维权调解厅、行政执法调解厅。其中综合室为常设机构，各调解庭实行“依事组厅、事了厅结”。调解中心按照“中心统一受理、业务对口调解、集中联合会办、属地管辖负责”的原则，建立与行政许可、市场监管、消费维权、行政执法职能相联系的行政调解工作平台。依法调解工商行政管理机关职责范围内的平等主体之间的民事纠纷。行政调解中心的受理范围：工商行政管理机关依据职责受理的消费者申诉；工商行政管理机关依法查处违法案件涉及的当事人与被侵害人因损害赔偿产生的经济纠纷；辖区内自然人、法人和其他组织之间发生的经济合同纠纷；企业名称争议；企业变更登记中涉及股权、法定代表人变更等引发的争议；与行使商标权有关的争议；工商行政管理机关职能范围行政调解的民事纠纷。调解程序包括受理、调解、终结 3 个环节，采取一般程序或简易程序进行。一般程序采取两次调解终结制，在 60 日内结束调解工作。简易程序采取一次调解终结制。

（姚　伟）

价格监测　2011 年，河东区发改委按照全市统一部署，结合区域实际，集中力量定期或不定期组织开展不同形式的市场价格检查。年内，对15种蔬菜、19种农产品的价格监测情况上报监测表320余份，提供价格数据7000余条，撰写《市场价格动态与分析》12期。设专人接待群众来电来访，全年受理群众来电来访331件，其中，涉及价格咨询173件、价格举报158件。完成各类标价签、标价牌107305张(块)。立案查处价格欺诈行为为50件，为消费者挽回经济损失24385.7元；全年受理出具价格鉴定结论737件，鉴定标的额387万元，整理价格鉴定结论卷宗736卷。

（周兴合）

食品出厂检查 2011年，河东区质监局按照职能分工，质监部门承担生产加工环节的食品安全监管工作。主要负责食品生产许可证(QS认证）的申报受理和获证企业的证后监管工作。食品生产加工环节是确保食品安全的第一道关口，为了确保出厂产品安全合格，成立以局主要领导负总责的食品质量安全监管领导小组，内设专职食品监管科。制定监管制度和工作规范，覆盖食品生产环节监管的各个层面。在日常检查和专项检查中，做到“五必查”：一是查原料，逐一核查原料库存、采购台账、检验报告，保证企业生产原料合格；二是查实物，包括产品配料、企业生产过程控制、添加剂的使用等；三是查环境，对从业人员、生产设备和操作间进行检查，确保干净卫生；四是查成品，检查现场制作产品的外观、净含量、包装标识、检验标签、储存条件等是否符合要求；五是查实验室，包括产品出厂检验、销售去向、是否留样等。要求企业对生产全过程建立溯源机制，产品发生问题，立即召回产品并将情况上报。

（区地志办）

文　化

概况 2011年，河东区扎实推进社会主义核心价值体系建设，理论武装和形势政策教育贴近实际，思想道德建设和精神文明创建深入开展，“同在一方热土、共建美好家园”活动成效明显，市民文明素质和城区文明程度不断提升。宣传思想政治工作注重创新，连续九年开展的“河东区十大为民杰出人物”评选表彰活动形成创新品牌。新闻舆论的传播力、影响力不断增强。文化事业稳步发展，图书馆网络全面覆盖，天津首个工人新村博物馆顺利落成，直沽文化艺术中心建设已经启动，“拦手门”武术被列入国家级非物质文化遗产名录。家庭文化、社区文化和直沽文化旅游节越办越好，群众精神文化生活丰富多彩。文化产业快速发展，天津音乐街、二宫市场化演出、桥园创意产业园等文化创意产业特色明显，文化创造活力明显增强。

（区地志办）

纪念妈祖诞辰1051周年

2011年4月25日是妈祖诞辰1051周年纪念日。河东区在元明清天妃宫遗址博物馆举行纪念妈祖诞辰1051周年祈福活动，传承非物质文化遗产，弘扬妈祖文化。区领导宋奇、王志忠、吕吉成、王毅斋、张春跃出席活动并进香为河东百姓祈福。由河东区居民自发组织的大鼓队、腰鼓队进行民间花会表演。随后，百名群众进入元明清天妃宫遗址博物馆进行参观。

（王　印）

2011年4月25日，河东区举行纪念妈祖诞辰祈福活动。

“书香河东”读书节 2011年3月10日至6月30日，“书香河东”——河东区纪念中国共产党成立90周年读书节举办，全区各单位各部门广泛发动，精心组织，开展形式多样、主题突出的读书活动。广大干部职工、社区群众积极参与读书节活动，以实际行动纪念建党90周年。活动以“学党史，增党性，谋发展”为主题，开展“重温经典、再现辉煌”红色经典书籍推荐，“讲党史”党史知识系列讲座，“学党史、忆辉煌、做贡献”党史知识竞赛，纪念建党90周年征文比赛，“峥嵘岁月、红色情怀”

红色影片放映，纪念建党 90 周年优秀文学作品展，“红色箴言大家读”7 项主题活动。活动覆盖机关干部、企业职工、社区群众、在校师生等各个层面，充分调动干部群众参与活动的积极性和主动性，大家在读书和参与活动过程中，学习党史，增强党性，坚定信念，扎实工作，为河东提速发展、全速发展、超常规发展贡献力量。河东政务网开设读书节专版，及时更新活动通知、进展情况、评奖结果等信息。读书节专版网页与区图书馆网站建立链接，方便网上用户更加便捷地享受电子阅读服务。

（区文化和旅游局）

第八届家庭文化艺术节 2011 年 6 月，由中共天津市委宣传部、天津市妇女联合会、天津市文化广播影视局、河东区人民政府联合主办的天津市第六届和河东区第八届家庭文化艺术节暨庆祝中国共产党成立 90 周年美术、书法、摄影优秀作品展在桥园公园隆重开幕。市文化广播影视局领导及有关区领导出席开幕式。此届家庭文化艺术节于 6 月开始至 8 月结束，按照高端项目与低端项目相结合、动态项目与静态项目相结合、理论研讨与群众参与相结合的原则，开展形式多样的家庭文化活动。其中，包括庆祝中国共产党成立 90 周年美术、书法、摄影优秀作品展，天津市特色家庭展示，天津市家庭才艺大赛，天津市家庭文化论坛等。共展出美术、书法、摄影优秀作品 465 件，以不同的艺术表现形式，记录、再现、歌颂了建党 90 周年以来经济、政治、文化和社会建设等方面所取得的伟大成就，抒发广大群众热爱党、热爱祖国、热爱社会、热爱生活的真挚情感和对美好未来的追求。

（王　印）

“拦手门”武术列入国家非物质文化遗产 2011 年 8 月 29 日，发源于河东区的拦手门武术被列为第三批国家级非物质文化遗产，河东区为此举行了庆祝活动，来自河东区春华街道的拦手门武术队为广大市民进行精彩表演。2011 年的活动主题是“文化遗产与美好生活”。此次活动还设立咨询台，由天津市文物管理中心和天津市文化遗产保护中心的资深专家面向观众现场开展文物法律、法规和文物知识咨询以及文物鉴定活动，发放《文物保护法》等宣传材料。

（戚　帅）

光纤入户 2011 年 8 月，河东区召开加快光纤入户工作推动会，旨在利用 3 年时间对全区铜质电缆入户线路进行大规模升级改造，采用“光进铜退”的方式实现光纤入户，实现“光纤城市，智慧河东”宽带、泛在、智能、融合、安全的网络建设目标。按照规划，在具备光纤入户能力的区域，将逐步拆除铜质电缆，今后不再利用铜质电缆开放业务，用户申请的新装、移机和复装等业务均采用光纤入户方式开通。至年底，全区 181 个住宅小区完成改造任务，覆盖 8.6 万户。光纤入户是实现电信网、广播电视网和互联网“三网融合”的有力举措。光纤入户可实现“端对端”全程全网光纤传输，利用光纤的大容量、高速度和抗干扰的特性，能够提供最高 100 兆比特每秒的接入能力，大幅降低通信基础网络故障率，提升网络服务质量，实现家庭用户语音通话、高速上网和视频观看，为河东百姓家庭安防、智能家居、远程医疗和家居办公等家庭信息化应用提供良好的网络环境。

（区文化和旅游局）

地方志工作 2011 年，河东区地方志办公室继续深入贯彻《地方志工作条例》精神，加大二轮修志筹备力度，修改完善《河东区二轮修志规划纲要》，并报区领导审阅。完成《河东年鉴》编纂工作，提高年鉴质量。年初，区地志办向全区各编修单位下发文件，对年鉴编写内容、体例及时间安排提出要求，全面启动《河东年鉴(2011)》编纂工作。上半年，完成全部编修单位的业务指导和催稿工作，并着手对稿件进行审修，至 9 月中旬，全部稿件审修完毕，并送至印刷单位打印排版。10 月至 11 月，完成对年鉴稿件的校对、核准、终审以及书前彩照的征集、筛选工作，2012 年 1 月印刷出版。《河东年鉴(2011)》累计 60 余万字，书前有反映河东区工作业绩及特色的彩照 57 幅，全面展现河东区各项社会事业的发展情况。书籍外观庄重大方，以全新的塑封包装面市，便于长期保存。年内，依照市地志办要求，按时保质完成《天津区县年鉴(2011)》“河东区部分”的资料征集、编修、报送、校对等项工作，报送文字 4 万余字、随文照片 11 幅。

（区地志办）

社　会

概况 2011 年，河东区城市面貌发生新变化。一批城市重点工程和基础设施建设相继投入使用或顺利实施，城市载体服务功能不断完善。奋战 300 天的市容环境综合整治成效显著，157 条道路和 56.3 万平方米里巷甬路整治，3183 栋楼房整修、179 栋楼房“平改坡”、446.2 万平方米绿化提升改造和 100 栋楼宇夜景灯光建设，使城市环境更清新更靓丽更优美。201 个旧楼区整修和 150 个社区环境整治，河东公园、中山门公园、唐口公园、如意园的改造提升,成为群众受益的民心工程。环境保护和生态城区建设成效明显。天津站综合管理和城市数字化网格化精细化管理得到加强,宜商宜居活力城明显展现。民计民生有了新改善。对保障和改善民生的投入逐年增多,居民收入水平和生活质量普遍提高。累计新增就业14.5万人,登记失业率控制在3.8%以内,稳定就业率保持85%以上。社会保障全面加强,特别是社会全员帮扶助困长效机制有效保障了困难群众基本生活,得到中央和市委领导的批示肯定。“三种住房、三种补贴”的住房保障政策得到落实,住房保障受益家庭5.2万户,累计发放各类保障性住房补贴1.2亿元。新增供热面积275.28万平方米,集中供热率98%。素质教育扎实推进,优质教育资源不断扩大,教师专业化水平进一步提高,教育实现高水平高质量均衡发展,义务教育学校现代化标准建设和校舍安全工程走在全市前列,成功创建全国社区教育示范区。在全国率先实施的“促进公立医院与社区卫生服务机构合作”试点取得较好成效,公共卫生服务和社区卫生服务水平不断提高,食品药品安全管理得到加强。群众体育、竞技体育、体育产业全面协调发展,河东区被评为全国群众体育先进单位。全国第二次经济普查和全国第六次人口普查高质量完成。人口服务管理和老龄、妇女儿童、残疾人等各项事业取得新进步,发展成果惠及了全区人民。

(区地志办)

市容环境整治 2011年2月28日,河东区开始新一轮市容环境综合整治。坚持“贴近百姓,点面结合,注重创新,决战决胜”的原则,实施“11235”工程,即整治天津站后广场地区、建设海河景观带、治理万新村和二号桥两个地区的城乡结合部、整治30条道路、51个社区。经过300天的奋战,市容整治任务全面完成,河东区呈现出大气洋气、清新亮丽的城市景观。3月21日,成立城市管理志愿者文明督导队。1830余人组成的城市志愿者走进143个社区参与市容环境综合整治,与城市管理综合执法队伍形成市容管理联动互补。年内,大力推进国家园林城区和生态城区建设,新建和提升绿地92万平方米,绿地覆盖率39.2%。城区环境空气质量二级及以上良好天数持续保持83%以上。严格执行《天津市城市管理规定》,城市管理实现精细化、长效化。加强天津站地区综合管理,保持站区安全有序、整洁便捷。

(区市容园林委)

2011年2月26日,河东区启动市容环境清整工作。

科技工作 2011年,河东区科委贯彻落实科学技术进步法,创新发展理念,健全创新体系,完善创新机制,各项工作取得新成效,科技创新能力持续增强。顺利通过2010年度天津市科技进步考核,取得连续6年通过天津市科技进步考核的成绩。河东区被中国科协命名为全国科普示范区。科技企业规模显著扩大,年内发展科技型中小企业230家,全区科技型中小企业累计721家,从业人员超过10万人;全区建成“帅”字号科技创新平台40家,经营使用面积18万平方米;经济贡献率显著增强,总收入由2006年的26亿元增加到52亿元。招商引资提前三个月完成1.5亿元的指标任务,留区税收完成7851万元。专利申请量完成3300件,继续保持全市第二位。

(刘春立)

教育工作 2011年,河东区教育综合实力、影响力和竞争力进一步提升,实现“十二五”开局平稳。教育教学质量持续高位提升,中高考成绩再创历史新高。教研、教科研成果丰硕,在国家级、市级各种优秀论文评选、教学设计大赛和优质课评比中,获得国家级一等奖12个、二等奖11个、三等奖10个,市级一等奖112个、二等奖176个、三等奖427个,优秀奖5个,36人次被评为优秀指导教师。艺术教育影响力持续提升,有4所学校学生合唱团代表河东区和天津市分别赴香港、澳大利亚参加国际学生合唱节或文化艺术交流活动。区教育局荣获全国学校文化建设创新先进单位荣誉称号。紧抓"平安校园"建设,在全区各基层单位开展物防设备配备和"一键式报警"装置安装工作,进一步提升校园物防、技防水平,受到市教委高度评价。完成迎接市政府教育督导检查团对河东区政府任期内教育工作检查,各项工作受到检查组领导和专家好评。巩固义务教育学校现代化达标验收成果,建立长效机制,顺利完成市教育评估检查组对河东区12所学校达标后的复查工作。做好第三轮学校发展性评估,组织进行2011—2014年学校发展规划的培训辅导和制定工作,助推学校自主发展。2011年,河东区有各级各类学校56所,其中职工大学1所,特殊教育学校1所,普通中学17所(民办中学2所),职业学校2所(国家级重点职专1所、省部级重点职专1所),小学22所(民办小学1所),幼儿园13所(市级示范幼儿园5所)。在校生51527人,教职工11688人,其中在职教师5805人,占教职工总数的49.67%;离休人员56人,占总数的0.48%;退休人员5827人,占总数的49.85%。适龄儿童入学率、义务教育完成率、初中毕业率、高中阶段普及率保持100%。高标准推进义务教育学校现代化达标和校舍安全工程建设,现代化标准建设达标率88.6%。年内,市教委首家直属公办幼儿园落户河东区。第54中学被市教委批准晋升为市级重点校,河东区市级重点校升至4所。加强特殊教育学校基础设施建设,河东区特殊教育由单一的义务教育向构建学前教育、义务教育、高中职业教育协调发展的教育保障体系发展。社区教育再上新台阶,在2个街道建立数字化学习示范中心。3月份,全国社区教育专业委员会会长陈乃林一行到二号桥街道调研,对河东区数字化学习示范中心建设运行情况给予充分肯定。

(李荣秀)

卫生工作 2011年,河东区医疗卫生机构总数221个,比上年减少26个。其中,医院48个,基层医疗卫生机构167个,专业公共卫生机构6个。医疗卫生机构总床位3677张。其中,医院3049张、占82.9%,基层医疗卫生机构578张、占15.7%。区卫生系统以"三创三诚"(创新创先创优,诚信诚情诚智)为工作基调,解放思想,创新发展。卫生资源得到不断优化,卫生技术人员5322人。医疗机构布局更加合理,基本实现区域卫生全覆盖。疾病预防与控制机构水平和能力提升,传染病、慢性病防控工作在全市名列前茅,健康教育工作模式不断创新。全年报告甲乙丙类法定传染病7338例,报告发病率822.95/10万,比上年6966例上升5.34%;死亡10例,死亡率1.12/10万,比上年死亡7例上升42.86%。其中,无甲类传染病报告;乙类传染病报告1775例,报告发病率199.06/10万,死亡10例(4例甲型H1N1流感、4例肺结核、2例艾滋病);丙类传染病报告5563例,报告发病率623.89/10万。妇幼卫生指标管理全面达标,孕产妇管理6年未发生可避免性孕产妇死亡病例,处于全市领先位置。医疗服务水平得到全面提高,区域实现医疗、护理、检验质控全覆盖,避免了医疗事故发生。社区卫生服务中心健康档案实现无纸化管理,成功创建"国医堂"。创先争优"窗口服务"活动深入广泛,综合实力和发展水平上了一个大台阶。

(李　发)

体育工作 2011年,河东区体育局贯彻落实《全民健身条例》,围绕建设有影响力"体育强区"的奋斗目标,推动群众体育、竞技体育、体育产业全面协调发展。年内,成立二号桥、向阳楼等12个街道体育协会,组建体育舞蹈、国际象棋、太极拳、乒乓球、空竹5个单项体协和羽毛球俱乐部,会员5000余人。至年底,全区有健身团队260个、早晚锻炼点150个、社会体育指导员2000名,体育骨干4万余人。加强体育社团组织建设,完善群众体育组织网络体系,为深入开展全民健身活动奠定组织基础。积极举办各项比赛活动。区体育局组队参加天津市第二届"体彩杯"全民健身运动会,举

2011年4月22日,河东区举办全民健身运动会。

办河东区第六届全民健身运动会、华北地区体育舞蹈大赛、迎新春《激情绽放"羽"您共享》羽毛球联谊赛、"体育健身大拜年"等全民健身活动,组织河东区第六届全民健身运动会开、闭幕式及20个项目比赛、3个专项运动会、8个专项体育活动,组团参加市运会24个项目比赛,各项比赛累计400余场次,参加活动10万余人。全区各体育社团组织、健身团队开展丰富多彩的群众体育活动,形成"大型活动季季有、单项赛事月月搞"的局面,河东区荣获市第二届"体彩杯"全民健身运动会二等奖。狠抓健身设施建设。组织力量深入12个街道对体育设施安装情况进行现场调研。全年完成唐口如意公园、二号桥、华馨公寓社区、鲁山道街等地163件体育健身器材安装工作,更换破损器材1657件,区内社区健身器材4000余件,价值800万元,受益群众近30万人。发挥河东区全国社区体育发源地的基础和优势,结合群众体育工作实际,认真总结体育进社区、进机关、进学校、进企业、进部队、进家庭的基本经验,组织拍摄电视宣传片。召开天津市第二届"体彩杯"全民健身运动会系列活动暨河东区第六届全民健身运动会总结表彰大会。抓好各项训练和比赛。全年有击剑、网球、足球、曲棍球、国际式摔跤、田径、游泳等11个项目参加国家级、市级比赛,获第一名54.25个,第二名20个,第三名22个,输送运动员29名,是五年来人数最多的年份。承办天津市青少年篮球锦标赛,天津市曲棍球冠军赛,天津市青少年武术、散打锦标赛,肯德基全国青少年三人制篮球冠军挑战赛天津总决赛及河东区预赛等一系列比赛活动,组织击剑教练员、运动员近50人观摩2011年国际剑联世界杯比赛,以赛促训效果明显。区体育局全力抓好河东体育场提升改造工程进度。

(区体育局)

幸福佳园发展计划 2011年,河东区立足于家庭和社区,面向婴幼儿、青少年、育龄妇女、男性、老年人以及城市新居民(流动人口),实现覆盖生命全过程,创造性地提出将广义的家园与狭义的家庭成员结合,出台《河东区幸福佳园(员)发展计划》。为确保发展计划的顺利推进,区人口计生委举办"深化综合改革,推动公共服务转型发展"系列培训,详细解读《天津市家佳推进计划实施意见》、《河东区幸福佳园(员)发展计划》。副区长吴秀宏定期组织召开专题会议,听取区人口计生委和各街道工作进展汇报,提出"做好调研、制定计划、抓好试点、体现特色"的要求,先后8次深入街道实地调研,推动工作开展。各街道因地制宜,结合创新项目,制定具有街域特色的幸福佳园(员)发展计划,并采取多种形式推动计划全面开展。5月份,区人口计生委下拨启动经费24万元。6月份,在全区开展幸福佳园(员)发展计划宣传周活动。7月份,举办面向区、街、居三级计生专干的幸福佳园(员)发展计划指导员培训。8月份,召开幸福佳园(员)发展计划中期推动会,向165个社区赠送价值20余万元的科普书籍,为社区指导员配发指导服务箱。

(区人口计生委)

改善民生 2011年,河东区委、区政府继续实施20项民心工程,推出一系列重大举措,进一步改善人民群众的生活条件和生活质量,让更多困难群众感受到党和政府的温暖。家门口的菜市场、小超市和各类商店多了,灵活多样的商业设施,让河东百姓日益享受生活的便利。四通八达的交通,整修一新的楼区和质优价廉的各类安居房,以及社区医疗卫生教育条件的显著改善,让百姓的幸福生活指数日益提高。2月25日,位于大王庄地区的还迁小区绚丽园迎来首批还迁居民;3月6日,位于大直沽地区的丰盛园二期开始入住;3月18日,位于新开路地区的欣荣新苑还迁小区实现入住。这三片还迁房总面积27万平方米。近3000户居民实现安居梦。在建设安居房的同时,不断加大旧楼区改造和提升力度,全年改造旧楼区348万平方米,新增和补建供热65万平方米。二号桥的福东源菜市场和向阳楼街道的阳光生活购物广场相继开张,极大地便利了周边居民。随着产业结构调整和发展方式转变,第一热电厂供热转换工程全面展开。至11月,供热转换工程如期完成,在确保周边居民温暖过冬的同时,城区大气环境得到进一步净化。

(区地志办)

人力社保大走访 2011年,河东区人力社保系统以"立足社情民意、保障民计民生"为主题,采取走访面谈、集中座谈、问卷调查、集中培训、电话寻访、网络联系等多种方式,深入基层、深入群众、深入企业、深入项目单位,围绕就业帮扶、人才服务、社会保险服务、劳动关系协调、职业培训指导5项内容,开展多项人力资源走访服务活动,倾听需求、宣讲政策、排忧解难。各走访组坚持服务基层、真情帮扶、创新举措,摸实情、问需求、讲政策、解难题,立足河东实际,创新活动载体,不断提升服务效能。在"千名千家千人"调查走访活动中,通过电子邮件、上门发放、实地领取等方式对千名群众、千家企业、千名人才发放调查问卷,收集社情民意。内容涉及就业、人才、社会保险、劳动关系、职业培训各个方面，收集意见建议1000余条。其中共性问题如高校毕业生就业、热门专业培训需求、退出破产企业职工社会保障问题等纳入2012年重点工作范畴，将制约人力社保事业发展的瓶颈问题、影响企业经营生产的疑难问题、限制人才创新发展的关键问题、人民群众关注关心的利益问题收集上来，为群众排忧、为企业解难、服务人才发展。社会保险服务走访活动组以贯彻落实《社会保险法》及其配套政策措施为契机，深入全区大项目开展社保资源摸底调查，宣讲政策文件，了解企业用工参保状况、存在问题、发展需求，积极落实社保扩面工作各项措施。在对大项目红星美凯龙走访过程中发现，由于企业对相关保险政策缺乏了解，特别在申报工伤时存在顾虑，形成劳资双方劳动争议隐患。服务组积极与企业负责人员对接，宣讲工伤保险政策，使企业了解农民工发生工伤、疾病可以享受工伤医疗保险待遇的具体条件，申报流程。通过政策宣讲，让企业了解到一旦发生工伤，一定要按照规定尽早及时办理工伤认定，既能维护职工权益，又能防止自行解决后农民工再次上访事件的发生，保证企业合法利益不受损害。

（齐　敏）

大王庄街道

大王庄街道位于河东区西部，东北隔京山铁路依次与唐家口街道、春华街道为邻，西南隔海河与和平区、河西区相望，东南至十五经路与大直沽街道相连，西北至天津站与河北区接壤。2011年，辖区面积3.61平方公里，下设10个社区居委会、1个居委会筹委会，有物业小区27个、准物业小区18个。常住人口2.91万户7.06万人，暂住人口0.76万人。街道办事处坐落八纬路26号增1号。

街道地处全区政治、经济、文化中心区域。界内机关企事业单位、教育卫生机构及商业网点相对集中，有中央直属单位6个、市属单位34个、区属单位6个、合资民营企业102家、银行8家，有大中小学6所、医院3所、托幼园2所、敬老院4所、各类商业网点405个。

2011年，招商引资2.19亿元，完成指标的292%；引进科技企业10家；超额完成税收任务。

以奋战300天市容环境综合整治为契机，实施“11235”工程。完成2个居民区旧楼区改造任务，拆除违章棚亭2处、违法建筑4处，清理乱圈乱占28处、堆物堆料60余处，清整花坛绿地5000余平方米，清运垃圾杂土40余车30余吨。加大街域三、四级道路和居民区扫保力度，消除脏乱死角。推动病媒生物防治工作，消灭疾病传染源，为居民营造整洁、优美的居住环境。

推进扶贫助困工作。元旦、春节期间救助困难户363户，发放救助金11万元；为74户困难群众办理低保手续，为12户群众办理特困手续，为符合条件的26户家庭办理经济租赁房、廉租房补贴手续。开展助残活动，为41户双残困难家庭子女发放助学金2万余元，为10名残疾学生申请助学金5000余元，为精神病患者提供免费服药费1万余元。推进老龄工作，为15户行动不便的老年人入户办理政府购买服务评估手续，发放敬老卡587张、老年证686张，提升社区老年人生活质量。

增加就业岗位，落实再就业优惠政策。召开招聘会9场，采集岗位信息1988条，创岗2420个，实现就业再就业2200人。发放失业保险金110余万元，认定十类困难人员304人。为17人办理失业金一次性领取手续，为10名失业人员办理小额担保贷款资格审核及网上审批，为124名下岗失业人员办理正常退休、特岗退休等手续。

做好信访接待工作，及时掌握社情民意，解决居民生活难题。健全治安防控体系和突发公共事件应急处置管理体系，落实领导包片包案责任制，坚持警防、技防、群防三结合，维护社区和谐稳定。

创新计划生育管理服务模式。开展生殖健康查体、避孕药具派送、法律法规咨询等“一条龙”免费服务，提高居民生殖健康水平；以“幸福佳园发展计划”、“计生服务进楼宇进工地”等活动为载体，拓展计生宣传服务阵地，推动人口计生工作创新发展。

开展体育健身活动，举办特色文艺演出，丰富居民文娱生活。在首届全国社区音乐活动展播中，街道选送的节目《七郎托兆》获得铜铃奖；在天津市第二届“体彩杯”全民健身大会及河东区第六届全民健身运动会上获得10个冠军、11个亚军、10个季军。以科普大学和社区科普分校为阵地，举办科普健教活动，普及科技知识，提升居民保健意识和健康水平。

2011年，街道及各社区荣获市级先进集体4个、市级先进个人5名，区级先进集体12个、区级先进个人18名。

（朴劲松）

上杭路街道

上杭路街道办事处于2000年5月组建。街道地处河东区中部，辖域自京山铁路路基南下坡线与红星路中心线交汇点起，向北沿红星路中心线自然走向至成林道中心线折向东，沿成林道中心线自然走向至月牙河中心线折向南，沿月牙河中心线至成林道月牙河桥南侧桥栏向西至月牙河西岸上坡线折向南，沿月牙河西岸上坡自然走向至京山铁路路基南下坡线自然走向至红星路中心线止。2011年，辖区面积3.78平方公里，辖13个社区居委会。总户数3.01万户，常住人口6.5万余人，流动人口1.8万余人。街道办事处坐落成林道程林里54号楼旁。

世纪大道、津滨大道贯穿街境。河东万达广场、河东新闻中心、河东公园、登发装饰城、平河装饰城、天津家具街、南方灯具城、华润万家超市、家乐福超市和劝业·红星美凯龙广场坐落界内。驻有铁路车辆段、全聚德饭店等特色企业。有中学2所，小学2所，幼儿园3所。

2011年，新注册千万元以上企业1家、百万元以上企业5家，招商引资1.54亿元，实现税收4100余万元。

开展市容环境综合整治活动，进行20次大规模清整。清理32栋楼164个楼门的堆物堆料，拆除乱圈乱占30处、违章棚亭25处近200平方米，清理垃圾渣土及废弃物500余吨。开展"除四害"工作，投放灭鼠、灭蟑药品，辖区鼠密度降至1.34%，灭效率96.32%；蟑螂密度降至1.3%，灭效率93%，达到国家规定标准。年内，辖区有10个单位被评为市级爱国卫生先进单位。

加强就业指导，提供就业服务和参保服务。组织招聘会6次，安置失业人员1880人。为272人办理困难群体灵活就业补贴，为161人办理失业保险登记，为1199人办理城镇职工养老保险，为儿童、老年人及困难群体办理城镇居民医疗保险。

落实困难群众最低生活保障政策。申报审批享受低保待遇126户285人，对909户居民进行低保调标，为7户低保户办理大病救助，为496名低保、特困人员报销暖气费、发放供暖补贴。开办上杭路街道欣怡工疗站，为残疾人提供学习、训练、康复场所。以社区日间照料服务中心为依托，为47位孤寡、独居、空巢老人和生活不能自理、半自理老年人提供上门服务和日间照料服务。

加强矛盾化解工作。12个社区成立综治信访服务站，接待来信、来访群众420余人次，受理问题324件(次)；防止矛盾激化6次，化解重大矛盾9次。矛盾纠纷调解率100%，调解成功率92%。年内，街道综治办被评为2010年度市级劳动模范先进集体。

构筑社区国学教育平台，提升居民素质。开展主题为"国学经典塑造文明，传统技艺陶冶性情"的国学教育大讲堂活动，邀请天津市实验中学原语文特级教师、懿德园社区居民孙彤芬，为街道干部、社区居委会主任等近50人作题为"浅谈《道德经》第八章关于为人处世的感悟"的开篇讲座。社区教育实验项目《构筑社区国学教育平台提升居民人文素质》申报国家级实验项目。

开展"同在一方热土、共建美好家园"活动。建立环境清整志愿者队伍13支，解决影响市容环境的突出问题。活动中，街道被评为市级文明单位，1个社区被评为市级文明小区；1个社区被评为区级清新亮丽社区、2个社区被评为干净亮丽社区、2个楼门栋被评为清新亮丽楼门栋、4个楼门栋被评为干净畅通楼门栋，6人被评为区级优秀志愿者。

(康　昆)

2011年5月17日，在来安里社区举办"携手建设创新型城市——科学发展·科技创新·科普惠民"书法、摄影、美术、绘画展览。

东新街道

东新街道位于河东区东北部，东以沙柳北路为界与东丽区相接，西至昆仑路与向阳楼街道相邻，南至成林道与东丽区交界，北起卫国道与鲁山道街道相连。2011年，辖区面积2.12平方公里，辖23个居民区，设15个社区居委会，户籍人口3.65万户8.87万人，常住人口10.47万人，是比较稠密的居民住宅区。街道办事处坐落天山路与盘山道交口。

2011年，招商引资到位额7590万元，完成计划的101%。引进科技型企业5家。

实施市容环境综合整治，提升社区环境质量。建设街道“138”工程，即完成1个城乡结合部沙柳路地区整治工作、创建3个达标社区、8个示范社区。清除社区卫生死角，清理垃圾100余吨、堆物90余处。加大燕山路、恒山路等重点道路清理力度，完成松风西里8座大板楼38个楼门改造工作。

保障和改善民计民生。为2670户低保户、108户二低保户每月发放低保金160余万元。成立河东区慈善协会东新分会。做好困难家庭住房保障工作，为符合条件的群众办理经济租赁房租房补贴、廉租住房实物配租补贴、廉租住房租房补贴、限价商品房申请、公房租金减免等手续。安置下岗失业人员2396人。成立街道残疾人工疗站，开展为残疾人“送温暖、送服务、送正气、送快乐”活动；为158人办理残疾证。加强社区为老服务，新增居家养老服务对象26人，为350人办理老年证。

加强信访及为民服务网络建设。发挥街道综治信访服务中心和服务站的职能作用，为群众排忧解难，接待来访、来电1021件1133人次，1018件得到解决。建立多元化的矛盾纠纷排查调处机制，构筑人防、物防、技防三道防线，完成元旦春节、“两会”及特殊时期重点人员的稳控工作。推进“平安河东”建设，发挥成员单位联调联动作用，确保辖区安全无事故。

提升社区工作水平。开展纪念建党90周年系列活动，组织机关干部参加河东区职工排舞大赛和红歌比赛并获得三等奖，举办“古墨丹青迎党庆书画笔会颂和谐”书画笔会。筹建河东区体育协会东新街道分会，组织200余人参加河东区第六届全民健身运动会。筹建天津市数字化教育示范中心。开展“情暖东新”优秀志愿者评选和“邻里节”系列活动，推进社区特色和谐楼门创建工作。发挥《东新信息》专刊和“东新网站”载体作用，报送信息117条，被国家级网站采用5条、市级媒体采用10条。制定《东新街道幸福佳园(员)行动计划实施方案》，为社区群众提供生殖健康综合服务。

加强领导班子和干部队伍建设。落实党工委中心组学习制度，建设学习型党组织和学习型领导班子。加强党的先进性建设，在社区党组织中开展“党员亮身份、树模范、知社区、明街意”主题实践活动、“环卫监督星、调解维稳星、邻里互助星、志愿服务星”和“好支部、好书记、好党员、好党日”评选活动。加强机关廉政建设，设立纠风测评站，畅通群众举报渠道。

年内，街道获得全国科协系统先进集体、中国响沙湾首届沙漠风筝节暨第八届黄河(国际)风筝邀请赛第二名2项国家级荣誉；获得市级国防教育示范单位、天津市先进数字化学习中心、人口与计划生育依法行政先进单位、市级残疾人维权示范岗、天津市优秀流动人口服务站、天津市第六届家庭才艺大赛一等奖等9项市级荣誉；获得区级荣誉18项。

(刘健军)

富民路街道

富民路街道位于河东区东南部，东北起中环线中山门立交桥至月牙河路与中山门街道相邻；东南起月牙河路至海河与东丽区接壤；西南起海河中心线至中环线光华桥与河西区相望；西北起中环线光华桥至中环线中山门立交桥与大直沽街道为界。界内有主干道路2条。2011年，辖区面积5.32平方公里，辖8个社区居委会、1个筹委会，驻有9个团级以上部队单位。常住人口2.3万户4.94万人。街道办事处坐落富民路65号合汇大厦。

2011年，完成1亿元的招商引资指标任务，扶持5家企业通过市科委科技型中小企业认定。成立街道经济工作服务中心，为20余家企业解决问题30余件，促进企业发展。

改善社区环境卫生状况。完成富民东里、津塘路138号、富民路15号3个小区的市容环境综合整治任务，清除乱圈乱占、堆物堆料1000余处，清理杂土杂物100余车110余吨。年内，3个小区均被区市容委评为市容环境综合整治示范社区，街道在“以奖代补”考核中取得全区第一名的成绩。

完善民生救助保障机制。全年创岗安置1870人，完成任务的110%。办理廉租住房租房补贴88户、廉租住房实物配租补贴11户、经济租赁房租房补贴70户、现价商品房手续120户、公租房手续28户、享受核减公房租金资格年审证明133户。办理低保手续958户。为27名符合救助条件的精神残疾人免费提供价值6000余元的药品；为3名贫困精神病患者申请9000元的住院医疗救助；为34名符合条件的残疾学生和残疾家庭在学子女申请发放1.76万元的助学金；为16名接受高等教育的残疾学生和残疾家庭在学子女申请助学金；慰问贫困残疾人37户，发放慰问金及慰问品价值1.56万元。为420名残疾人提供康复服务、为85人提供居家托养服务、为8人提供日间照料服务，为符合政策的102名残疾人申请城镇居民养老保险补贴，为35名残疾人办理燃油补贴，为90余名残疾人免费查体。

提升社区服务水平。增加街道居家养老服务中心以及滨河新苑、滨河庭苑、天琴里居家养老服务站的服务项目，扩大日间照料服务范围。整合形成15支社区教育文化团队，利用社区与学校信息化教室为1200位学员办理上网学习卡。举办孕前期、生殖健康教育培训，开展0—3岁婴幼儿早期教育，为5—6岁儿童举办学国学讲座。开展红歌传唱活动、党史知识讲座、革命传统教育、新老党员"赞党情、颂党恩、抒情怀"座谈会等重温中国共产党90年辉煌历程系列活动。

维护社区稳定。做好矛盾纠纷排查调处工作，协调解决重大矛盾纠纷问题。建立处级领导、科级干部包社区制度，形成重点问题处理流程。健全和完善综治信访服务中心建设，为群众提供一站式服务。加强社会治安综合治理，开展平安创建活动。加强安全生产监管，确保辖区安全。

召开街道党代表会议，选举产生出席河东区十次党代会代表7名。完成区十六届人大代表换届选举工作。

（李建军）

鲁山道街道

鲁山道街道位于河东区东北端，北、东两面隔北塘排污河与东丽区相望，西隔月牙河与常州道街道相邻，南隔卫国道与东新街道接壤。2011年，街域面积4平方公里，辖8个社区居委会。人口1.66万户4.78万人，户籍人口2.14万人。街道办事处坐落丽苑小区云丽北道3号。

界内有中学1所、小学1所、幼儿园2所，企事业单位180个，农贸市场1处。

2011年，招商引资8000万元，完成计划的107%。引进科技型企业5家。

改善社区环境面貌。开展市容环境清整活动，清除垃圾点位86个，清理、清运建筑垃圾、工业垃圾、废土等120余吨，清理社区生活垃圾60余吨。拆除丽苑小区、太阳城地区违章建筑6间90余平方米、棚亭8间130余平方米。加强对迎宾线路昆仑北路快速路巡查，全年巡查40余次。做好爱国卫生工作，投放鼠药1600余公斤，投放灭蟑、灭蝇、灭蚊药品40余公斤。

维护社区安全稳定。完善维稳工作机制，做好矛盾纠纷排查工作，化解各类矛盾12件，实现非正常上访为零目标。加强群防群控组织建设，与驻街道单位签订平安单位责任书10份。加大学校、幼儿园及周边地区的治安排查和重点整治力度。

做好为民服务工作。落实城市居民最低生活保障政策，发放低保救济金542.37万元、特困救济金8.05万元。办理廉租住房租房补贴手续19户、廉租房实物配租手续2户、限价商品房收入核定40户、经济租赁房租房补贴手续4户。组织志愿者为社区老年人提供服务，为10名老年人发放困难救助金4600元，为31名高龄空巢老年人发放"一键通"电话，为191名60岁以上老年人发放老年证。建立重度残疾人居家托养服务体系，联系服务公司与辖区33户重残家庭签订服务协议，保障残疾人生活质量；发放残疾人救助金36万元，为57名残疾人办理养老保险手续。

推进就业再就业工作。建立创业实训基地1家，采集岗位信息200余条，创岗安置820人；举办、协办招聘会8场，100余人达成就业意向。为183人办理灵活就业社会保险补贴，为2人办理自谋职业补贴，为2人办理小额贷款手续。为101人办理城镇居民基本养老保险手续，为2378人办理社会保障卡。

创新计划生育工作模式。落实区计生委"幸福佳园"发展计划，组建由350余名社区骨干组成的计生服务队伍，开辟3处青少年教育基地，在5个社区居委会建立早期教育指导站。组织街域宝宝大赛，83户家庭参赛；以0—3岁宝宝潜能开发为主题组织培训活动11次。

提升社区工作水平。组织社区群众参加天津市第六届暨河东区第八届家庭文化艺术节系列活动及天津市第二届"体彩杯"全民健身运动会、河东区第六届全民健身运动会并取得优异成绩。开展"博爱助百家"、"博爱助老"活动，为困难群众发放价值6000余元的慰问金和慰问品；建立街道造血干细胞应急队伍，组织310名育龄群众免费查体。举办庆祝建党90周年系列活动，在市委组织部、市委宣传部、市委党史研究室及《支部生活》杂志社共同举办的"伟大历程，光荣使命"党史知识答题活动中，荣获优秀组织奖；组织机关干部、社区群众传唱红歌，参加河东区"伟业铸辉煌、颂歌献给党"活动并荣获三等奖。年内，街道被市委宣传部评为基层形势政策宣传教育工作优秀宣讲团。

（李宜静）

大直沽街道

大直沽街道位于河东区西南部，东起东兴路中心线与京山铁路中心线相交处，由该处向南沿东兴路中心线至海河中心线相交，沿海河中心线向西至小十五经路中心线相交，向北沿小十五经路热电一厂东围墙、十五经路中心线、热电一厂铁路中心线至京山铁路中心线相交，沿京山铁路中心线向东至东兴路。2011年，辖区面积3.08平方公里，下设13个社区居委会。人口4.12万户11.08万人。街道办事处坐落大桥道文华里1号。

界内有中央所属单位2个，市

属单位188个,区属单位134个,驻街道委办局9个;有第三中心医院、大直沽医院、区妇幼保健中心等4个社区医院,5个社区医疗站;有第82中学、财贸干部管理学院、立达职专等15所学校;有第五体育场健身娱乐中心、体育中心等文化体育场所。

街道因辖区为原天津市区最早聚落大直沽村而得名。蒙古太宗丙申年(1236),在大直沽设熬煎办,管理盐业生产。元世祖至元十九年(1282)开海运,南粮北调,大直沽设有接运厅、临清运粮万户府和天妃灵慈宫,成为元代海运终点港和河海传输中心。明永乐二年(1404),天津筑城建卫;十三年(1415),罢海运。天津城市发展中心移向三汊口、小直沽一带。至清末,大直沽成为城东荒原一村镇。1900年八国联军入侵天津,大直沽村大半个村落被战火摧毁,失去原村镇规模。1931年属天津特别第四区。1945年改属五区。1949年天津解放后,成立大直沽人民街公所。1954年改为大直沽街道办事处。1961年7月改为大直沽街道人民公社。1963年2月恢复街道办事处。1968年8月建立大直沽街道革命委员会。1978年撤销革委会,恢复街道办事处。

2011年,招商引资7750万元,完成指标的103%;引进科技型中小企业5家,完成指标的125%。

加强市容环境综合整治。对六纬路34号院、后台等社区内违法建筑、乱圈乱占、卫生死角及楼栋内堆物进行治理。加大对社区及辖区内三、四级道路环境问题整改力度,解决群众反映强烈的旺达路环境问题,清运杂物渣土45车;对东宿舍平房片集中清整,清理杂物杂土60余车100余吨。做好病媒生物防治工作,开展春节灭鼠活动,在各社区投放鼠药980余公斤,为居民营造良好生活环境。

2011年6月,大直沽街道开展安全生产月宣传活动。

保障和改善民生。举办就业招聘会12场,安置就业2280人。为407人办理灵活就业保险补贴,为16313人办理社会保障卡,为110人办理城镇居民养老保险,为2176人办理城镇居民医疗保险。做好残疾人帮扶工作,元旦、春节期间慰问残疾人350户,为101户困难边缘户残疾人家庭送去慰问品及现金,价值2.81万元。积极为老年人办实事,提供居家养老服务费5.36万元,为850人办理老年证,为3名60岁以上残疾老年人提供上门服务。落实住房保障政策,为193户居民办理限价房收入核对手续,为63户申请廉租住房租房补贴,为99户申请经济租赁房补贴,为10户办理实物配租补贴手续。

为群众排忧解难。全年,办理区政府热线交办件、《政民零距离》信箱交办件、区督查室交办件、区信访办交办件以及社区群众来信、来访、来电反映问题300余件,解决污水外溢、自来水停水等问题。制定下发《关于开展大接访活动的实施意见》、完善党政领导周四群众信访接待日制度,开展街道大接访、积案化解工作。做好安全检查与矛盾纠纷排查化解工作,在全国"两会"、国庆节期间,发动平安志愿者进行排查、巡逻,确保辖区安全。

发展各项社会事业。推进阳光计生行动,开通服务热线,实行计生政务公开;开展生育关怀行动,走访慰问计生困难家庭,发放宣传资料及避孕药具,提供计生政策咨询和生殖健康服务;推进幸福佳园(员)发展计划,利用幸福佳园(员)指导员服务箱,发放人口计生宣传图册,提高群众计生知识知晓率。提升社区教育、科技、体育工作水平,开展"弘扬直沽地域文化,创建和谐美好家园"主题教育活动,增强居民对直沽文化的了解;参加河东区第25届科技周活动,在各社区开展科普知识讲座18场;组织社区群众参加河东区第六届全民健身运动会,并取得较好成绩。

(房芳芳)

常州道街道

常州道街道位于河东区东北部,辖区北面西侧以真理道为界,与河北区江都路街道接壤，东侧沿泰兴北路，自北向东和月牙河相形，与鲁山道街道临界；南至卫国道与向阳楼街道为邻；西至红星路与春华街道相连。2011年，辖区面积3.73平方公里，辖10个社区居委会、1个筹备委员会。常住人口2.34万户6.44万人，人口呈东疏西密型分布。街道办事处坐落常州道20号。

界内有高压供电公司、城东供电公司、铁道部电气化勘测设计院、市地热勘察设计院、常州医院、常氏骨科医院等348个企事业单位，其中法人单位344个、产业活动单位4个。有军事单位5家，其中师级以上单位2家、团级3家。街域西接天津站，东临空港，是中心城区融入滨海新区开发开放的前沿。

2011年，招商引资到位额7850万元，完成计划的104.67%；实现税收5100万元，完成计划的100.5%。

以奋战300天市容环境综合整治为契机，完成包括常州里第二社区、临营西里、祥泰公寓3个示范社区和常州里第三社区1个达标社区在内的6个小区331个楼门栋清理整治任务，为社区居民营造干净整洁的生活环境。做好辖区卫生保洁、清脏治乱、旧楼区改造等工作，在“以奖代补”考核中，成绩位居全区前列。年内，常州里第二社区在天津市2011年魅力社区评选展示活动中被评为市级魅力社区。

拓展民生工作新举措，为群众办实事办好事，全年发放救助金782.77万元，实现社区救助工作全覆盖。安置失业人员1727人，完成指标的100.8%。为901名社区残疾人发放助残补助6万余元；为352户居民办理各种政策性保障住房手续，发放保障性救助金300余万元。

发挥信访代理制平台作用，维护社区和谐稳定。全年处理信访事项238件，解决重点难点信访问题18件，信访案件办结率超过98%，未发生进京非正常访事件。街道信访工作在全区考核中排名第一，信访代理工作情况在《天津信访》2011年第5期刊登。

推进社区工作开展。组织社区居民参加纪念建党90周年美术书法摄影展、舞蹈展演、诗歌朗诵会等活动，组织1200名社区居民通过“数字化学习平台”进行学习培训。年内，街道被区文化和旅游局评为2011年优秀文化街道。开办老年大学，获得“以老年大学为载体建设老年人需求的文化课堂”试验项目市级三等奖，160名老年人受益。组织近400人参加河东区第六届全民健身运动会，获得总分第八名。为居民提供特色计生服务，开设“幸福家园(员)——独生子女素质教育”创新项目，提升计生教育水平；街道团委与益寿里小学共同举办“零用钱爱心大变身义卖”、“独生子女素质教育”活动，举行“爱心基金”启动仪式。

开展创先争优活动。在区委组织部开展的选送“创先争优创新案例”活动中报送案例3个，其中常州里第二社区“党员集体同庆政治生日”活动被评为最佳案例，街道党工委报送的“十佳党员先进事迹展演”和“抓党群共建、助企业腾飞”2个案例被评为优秀案例。组织开展党史知识竞赛、党团员与流动人口结对帮扶、红色之旅摄影展、红色影厅展播、党员生日同庆会、非公企业党组织成立大会、党员表彰评优暨十佳党员事迹展演会、帮扶慰问党员及党员奉献日等迎庆“七一”系列活动，发挥基层党组织的战斗堡垒作用和共产党员的先锋模范作用。

（高　曼）

中山门街道

中山门街道位于河东区东南部，北以京山铁路为界，与上杭路街道相交；东以月牙河为界，与二号桥街道相邻；南以津塘路为界，与富民路街道相接；西以中环线东兴路为界，与大直沽街道相连。2011年，街域面积2.34平方公里，下设14个社区居委会和1个社区筹备组。户籍总数4.2万户，总人口12万人，常住人口9.4万人，是河东区人口密度最大的街道。街道办事处坐落中山门四号路平房2号。

界内有法人单位175个，其中中央驻津单位1家（水利部海河委员会）。有中学2所、小学3所、幼儿园2所、中等职业学校1所、医院3家、银行8家、超市15家。

2011年，招商引资到位额8700万元，完成计划的116%；实现增加值6.08亿元；实现协税额23.58万元；发展科技型中小企业5家。

推进市容环境综合整治工作。加强对辖区30条道路、14个社区以及菜市场、学校、重点企事业单位周边环境巡查，在全区率先实现三、四级道路全天候保洁，打造清新靓丽的社区环境。做好爱国卫生管理工作，投放灭鼠毒饵1000余公斤、粘鼠板1100个，居民区投药覆盖率100%。

整合社会力量，做好助困工作。建立残疾人工疗站，提供康复服务。为262名残疾人办理养老保险手续、为150名重度残疾人办理居家托养服务手续。年内，街道被评为天津市“十一五”残疾人工作先进单位。加强社区居家养老日间照料服务站的建设和管理，为独居老年人提供生活照料、医疗保健、精神抚慰等服务。为94户老年人发放居家养老服务政府补贴金13.49万元，为

11名80岁以上困难老年人办理居家养老服务政府补贴手续。发挥街道阳光帮扶中心作用,加强对新增困难家庭和低保边缘群体的社会救助。

落实劳动保障政策。采集就业信息1914条,开发岗位1700个,安置下岗失业人员1679人。开展再就业援助活动,召开2次大学生就业专场招聘会。做好十类就业困难人员认定工作,开展“人力社保大走访”活动。

维护社区安全稳定。建立街道综治信访服务中心和15个社区综治信访服务站。以互助西里社区为试点,建立党支部为核心、民警为指导、街政为辅助的综合治理组织机构,形成“群防群守”工作态势。加大矛盾纠纷排查调处力度,化解社会矛盾,实现进京非正常上访为零目标。开展安全生产大检查、安全宣传教育、综合治理宣传月等活动,形成全民参与、共创和谐的平安建设氛围。

提高社区管理水平。开展自治楼门创建活动,评选20个自治楼门。开展“下基层,送服务”、“走千户、访千人”主题实践活动,组织社区工作者深入群众,问需于民。做好民族团结进步创建工作,街道被评为民族团结进步创建区级先进单位。完善群众诉求机制,将矛盾纠纷化解在萌芽状态,营造良好的社区环境,互助西里社区在2011年魅力社区评选展示活动中,荣获优秀社区称号和最佳现场展示奖。推进人口计生工作,落实幸福佳园(员)发展计划,举办家庭幸福摄影展和幼儿才艺游戏展示活动,宣传新的家庭教育理念。开展文体活动,丰富群众生活。举办纪念建党90周年“伟业铸辉煌颂歌献给党”群众歌咏大会、“歌颂党的恩情”庆祝建党90周年文艺演出等活动,街道舞蹈队参加河东区职工排舞大赛并获得第一名。

加强领导班子和干部队伍建设。建设学习型党组织,提高干部业务素质和工作能力。开展创先争优活动和党性实践活动,提高干部的思想政治觉悟。

(李　媛)

向阳楼街道

向阳楼街道位于河东区东北部,北至卫国道,与常州道街道相接;东至月牙河,与东新街道临界;南至成林道,与上杭路街道为邻;西至红星路,与唐家口街道相连。2011年,辖区面积4.12平方公里。辖15个社区居委会、1个社区筹备组。常住人口3.14万户8.42万人,流动人口0.17万人。街道办事处坐落靖江路晨光5号楼旁。

界内有注册企业355家,机关事业单位49家。天津送变电工程公司、军事交通学院、天津市行政许可服务中心、武警8630医院、物美大型综合超市坐落域内。

2011年,招商引资到位额7750万元,引进企业6家,完成税收4653万元。

加强市容环境综合整治。整修晨阳道、顺达路、永宁路、顺杭路和临池里甬道,解决群众出行难问题。开展“同在一方热土,共建美好家园”活动,创建清新靓丽楼门栋和清新靓丽社区。拆除东局子一社区、晨光楼社区、晨阳里社区违章建筑28间、棚亭36间,清除乱贴乱画和涂鸦广告3774张,清理乱堆乱放397处,清运装修工程渣土200余吨。做好春、夏季消毒除害工作,投放杀虫药剂40箱、鼠药2吨。

服务社区群众,改善民计民生。10月,街道成立行政服务中心,设立22个服务窗口,改善为群众办事环境。开展扶贫帮困活动,对339户困难家庭进行生活救助,对452户家庭进行临时救助,对72户家庭进行慈善救助。搭建残障人救助平台,救助93户残疾困难家庭,为88户低保残疾家庭在学子女申请助学金4.73万元,为66名新办理低保手续残疾人申领补贴。服务社区老年人,为922人办理城乡居民养老保险手续;为922名老年人办理生活补助手续。做好就业再就业工作,举办公益性招聘会4场,安置下岗失业人员1890人;为405人办理灵活就业保险补贴手续,为567人办理招工手续。

加强社会治安综合治理。完善居民自治、居民诉求、矛盾化解、邻里沟通“四个机制”建设,落实领导干部信访责任制、领导包片制,坚持人防、物防、技防相结合。做好社会矛盾排查和调处工作,接待群众来信、来访反映问题51件,办结45件,确保实现非正常上访为零目标。创建平安社区,开展治安巡逻防控工作,加强“平安天津”志愿者队伍管理,举办综治宣传月、禁毒宣传日、安全生产大检查等主题宣传活动。

倡导科学、文明、健康的生活方式。建立社区卫生、文化、体育、科技等方面专长人员库,组建科普志愿者、红十字志愿者和文体骨干队伍。加强计划生育工作,开展“新型家庭文化宣传服务一条街”活动,举办“关爱女孩”等知识讲座;在全区率先开展创建“学习型家庭”和教师风采展示活动,展示社区教育成果;率先成立街道体育协会并承办河东区全民健身运动会飞镖大赛;在第二届“体彩杯”全民健身运动会暨河东区第六届全民健身运动会体育特色展示活动中获最佳团队奖、最佳承办奖、优秀体育协会、特色展示最佳风采奖;举办庆祝建党90周年“颂歌献给党”大型文艺汇演和美影书画展。

加强领导班子勤政廉政和干部队伍建设。开展文明机关创建活动,打造学习型、服务型、节约型、廉洁自律型、团结和谐型机关,为构建和谐社区提供组织保证。

年内,街道获得市级文明机关、天津市第六次全国人口普查先进集体、2011年度天津市阳光计生示范先进单位、2009—2010年计生工作市级先进单位、天津市“十一五”残疾人工作先进单位等荣誉称号;滇池里社区被评为市级先进社区。

(张 卓)

春华街道

春华街道位于河东区西北部,毗邻天津站后广场,南起华昌大街,北至真理道、新开路小树林地道,东至红星路,西至京山铁路。2011年,辖区面积3.13平方公里。辖11个社区居委会。常住人口2.72万户6.63万人,暂住和流动人口1.72万人。界内有产业活动单位1092家。街道办事处坐落新广路汇和家园小区旁。

2011年,招商引资到位额1.07亿元,完成计划的107%。深入300余家企业走访,解决问题195件。

加强市容环境综合治理,改善社区面貌。动员居民和辖区单位齐抓共管,以全市春季灭鼠活动和“爱国卫生日”为契机,3月初和5月中旬开展灭鼠、灭蝇、灭蟑、灭蚊工作,在11个居民区、16个物业小区投放消杀药品、药水98箱1072公斤;每月定期监测街域学校、医院、超市、饭店等单位,提升环境卫生水平。打造精品小区,按照区政府提出的“贴进百姓、点面结合、注重创新、决战决胜”原则,对春华里、明和里小区堆物堆料进行清理,清理堆物968处460余车,拆除楼道内违章搭建26处、护栏297个,清除乱圈乱占121处;完成快速路景观道路清拆工作。

开展矛盾纠纷排查调处工作,完善治安防控体系。落实消防、安全生产责任制,提高对群众来信来访的接待办理质量,维护社区和谐稳定。创建平安社区,制定社区平安建设总体活动方案,指导、组织社区开展活动,并将创建工作列入社区总体考核目标,提高活动的质量和水平。开展创建和谐示范社区活动,做好居委会主任队伍建设、社区服务管理和社区自治工作,搭建信息平台,完善居民信息、楼宇信息、驻街单位信息,提高为群众服务能力。

救助困难群体,改善民计民生。做好低保户日常审核、低保金发放等基础性工作,按照政策为困难群众开辟绿色通道,给予分类救助。保障残疾困难群众基本生活,元旦、春节期间,慰问1454名残疾人,发放慰问金、慰问品价值63.54万元;为19名困难残疾人申请一次性大病救助金1万元;为130名患病残疾人子女发放助学金6.5万元。开展助老工作,建立老党员义务奉献岗,为困难老年人提供居家养老政府购买服务,发放居家养老补贴6.29万元,解决困难老年人和空巢老年人的生活难题。

落实再就业优惠政策,开发就业岗位,为下岗失业人员提供就业保障。创岗安置失业人员2301人,举办免费职业招聘会14次,采集招聘信息6624条,为392名“4050”人员办理灵活就业社会保险补贴手续。

做好社区教育、文化、体育工作。举办科普、健康知识讲座,组织特色文艺演出及体育健身活动,提升居民群众思想道德水平、文化品位和健康水准。以社区学校为阵地,开展教育大讲堂活动,扩展教育对象,做到组织落实、队伍落实、课程落实、督导检查落实,举办学习培训40余次,5000人次参加。3月中旬,拦手门武术代表队参加在香港举办的第九届“武德杯”国际武术节比赛,在20个参赛项目中,获得11枚金牌、4枚银牌,取得2个第四名、2个第五名、1个第六名的成绩。

2011年,拦手门武术被批准为国家级非物质文化遗产,街道被评为全国特色课程优秀组织单位并获得市级先进集体荣誉称号2个、区级先进集体荣誉称号4个。

(单子霞)

唐家口街道

唐家口街道位于河东区中部,地域呈三角形,东北至红星路与上杭路街道、向阳楼街道相连,西北至华昌大街与春华街道接壤,西南隔京山铁路与大王庄街道、大直沽街道相望。2011年,辖区面积2.81平方公里,辖14个社区,设10个社区居委会、3个筹委会和1个家属委员会。人口2.35万户5.95万人,流动人口2050人。街道办事处坐落唐家口花园路2号。

界内有新型小区18个;旧楼小区12个,其中旧楼改造小区9个。有企事业单位1126个。是河东区文化教育和产业工人居住较为集中地区。

2011年,引进7家企业,引资到位额7900万元,完成计划的105.3%。经济统计工作在年终统计“双优”评比中获全区第一名。

加大市容环境整治力度,提高居民生活质量。完成东纵快速路立面清拆工作,对5个社区15栋楼的1198个(件)护栏、吊挂物进行清拆;完成5个居民区240个楼门53处乱圈乱占的清整工作。年内,街道在全区"连续大干900天"市容整治工作及"以奖代补"考核中取得较好成绩。

做好再就业工作，提升社会保障水平。积极开发就业岗位,全年安置2320人,完成区政府下达目标的105%；新增失业登记率为3.8%,零就业家庭动态安置为零。召开招聘会45场,采集就业信息1902条,提供岗位5200个，接待求职856人。依托社区劳动保障工作站，入户走访辖区十类就业困难人员，对384名十类困难人员进行补贴认定,补贴金额80万元；为61名灵活就业人员核发失业救济金47万元。以应保尽保、特殊困难分类施保、一般困难充分享受救助为原则，对街道1524户低保户、56户二低保户以及低保边缘户分别实施救助；为因病致困家庭申请大病慈善救助140余人次、救助款33万元。

加强社会治安综合治理，维护社区和谐稳定。街道党工委、办事处分别与15个科室部门、14个社区居委会、15个驻街道企事业单位、7个物业小区签订《社会治安综合治理目标管理责任书》。成立由街道党工委书记任主任,副书记、综治工作专职副主任任常务副主任,下设综治、信访、司法、计生、劳动保障等部门的综治信访服务中心。开展平安创建活动，确定工业大学社区为重点整治对象，坚持治安重点整治与小区卫生环境改造、平安社区创建、综治基础工作相结合。做好信访维稳工作，全年接待群众来信来访来电633件次，信访问题办结率超过95%。各社区创建和谐、卫生、环保、文体、党员、学习型等特色楼门1120个。完善新时期群众诉求机制,年内,市人大常委会主任肖怀远,区领导张建星、王福山、孔昭礼到唐家口六段社区调研指导工作。

开展特色群众性文体活动,扎实推进计划生育工作。完成庆祝建党90周年系列活动中大型群众舞蹈《欢天喜地》的编排和演出工作，受到区领导好评。打造以"空竹"为特色的体育品牌，成立街道体协和河东体育总会空竹协会；承办河东区第六届全民健身运动会投篮比赛；年内，市、区体育局对唐家口六段、卫国道、工业大学、长征路、唐家口南里5个社区安装六年以上的体育器械进行全部更换，保证居民正常使用。制定《甜蜜幸福佳园(员)》五年工作方案,围绕"老年关怀"创新项目开展为老、为民服务,打造计生工作新亮点,年内,街道被区计生委评为计划生育优质服务优秀单位。

(邢爱民)

二号桥街道

二号桥街道位于河东区东南部,东与东丽区接壤,西与中山门街道、富民路街道隔月牙河相望,北靠京山铁路，南邻东丽区村庄可直达海河。2011年,辖区面积5.39平方公里,设12个社区居委会、2个筹备组。人口2.76万户7.73万人,其中暂住人口0.48万人。街道办事处坐落津塘公路175号。

辖区有1条市级道路和14条区级公路，津滨轻轨沿津塘路贯穿街域。中国地震局第一监测中心、中国核工业集团理化工程研究院和中国机械工业集团天津电气传动设计研究所等坐落域内。辖区有帅超、帅明2家科技园区，天寅和银驼2家工业园区,有职业院校4所,中学1所,小学2所,幼儿园5所,敬老院6所,医院2家。

2011年,引进企业8家;招商引资到位额2亿元，征收零散税源24万元,均在全区排名第一。

做好市容环境综合整治工作。采取"点、线"结合方式,对辖区6片旧楼区实施综合清整美化。5月,市委书记张高丽到街道视察，充分肯定街道社区工作。天津日报、河东新闻中心对街道市容环境建设工作进行专题连续报道。

改善民计民生,建设和谐社区。在全区率先筹建"康妈妈"社区厨房物流配送中心,为居民提供绿色、环保、营养、便捷的膳食服务。完善社区助老服务队伍，健全涵盖居家养老服务中心、老年人日间照料中心、老年餐厅、养老院、"一键通"电话

2011年6月11日,二号桥街道举行"创先争优展风采、放歌颂党抒情怀"庆祝建党90周年表彰暨文艺汇演活动。

"银铃"服务等形式的为老服务工程体系，实现对社区困难老年人基本覆盖;10月,市长黄兴国到街道居家养老服务中心视察，对中心工作给予高度评价。开展个性化工疗训练，为智力和精神残疾人提供技能培训和生活帮助。11月,中残联宣文部主任王涛、市残联党组书记兼理事长迟承镇及全市16个区县残联领导视察红旗巷社区"残疾人文化进社区"工作并给予高度评价。

健全完善社会保障体系。在全区创建首个街道劳动保障网，为下岗、失业人员提供政策咨询、信息介绍等服务，全年安置失业人员2200人。为1111户低保家庭提供救助75.75万元，为88户特困家庭提供救助1.27万元，实现低保人员应保尽保目标。

维护社区稳定。加大人民调解"三级网络"建设力度,为群众解决重点难点问题,完善信访、调解、法律援助"三位一体"的群众诉求矛盾化解机制,建立街道部门联动机制,实现由被动排查到主动排查、解释调解到法律援助维权、单一调解到联动调解的转变，全年排查矛盾纠纷356件。

提高社区人口计生、文化体育及党建工作水平,做好换届工作。以开展幸福佳园活动为契机，与辖区育龄夫妇签订《二号桥街道控制人口出生性别比升高诚信协议书》。举办大型文艺汇演、歌咏比赛、演讲等10项庆祝建党90周年系列活动,组织社区居民参加河东区第八届家庭文化艺术节，组织驻街道企事业单位职工、社区体育爱好者和街道干部参加河东区第六届全民健身运动会并取得团体总分第二名。探索社区党建工作新模式，建立街道综合党组,开展创先争优活动,做好非公企业党组织全覆盖工作,年内建立2个独立非公党支部、13个非公企业联合党支部。完成区第十次党代会代表、第十六届人大代表以及第十四届政协委员的选举和协商工作，选举党代表7人、人大代表18人，协商政协委员2人。

年内,街道被国家人口计生委、中国计划生育协会授予人口和计划生育基层群众自治示范村居称号，被评为国家级体育先进单位；获得天津市精神文明单位、市红十字会先进集体、先进数字化学习中心等6项市级荣誉和30项区级荣誉。

(赵家唯)

天津天铁冶金集团有限公司街道

天津天铁冶金集团有限公司街道(简称天铁街道),地处太行山腹地河北省涉县境内，属于企业办街道,隶属天津市河东区人民政府。辖区西靠更乐镇，东临玉林井、三合村,北与井店镇和老爷庙村相连,南与更乐吕仙庙相接。2011年,街域面积6平方公里,设6个居民委员会,居民1.26万户3.14万人。街道办事处位于河北省涉县。

辖区除公司机构外,还有银行、保险公司、工商分局、税务分局、公安分局、邮政局、电信公司、幼儿园、学校、医院等企事业单位。

天铁街道是在天铁各生活区基础上形成的,1988年10月经天津市人民政府批准成立，其前身始建于1973年1月的天铁后勤处居民工作科。街道成立初期,面对企业办社会无现成模式可以借鉴的情况，从摸清居民底数开始,边工作,边建制,先后设置神山、黄花脑、旁岐、寨坡山、玉林井、神黄6个居委会,2011年,撤销玉林井居委会,设立新家园居委会。1989年,按照《中华人民共和国城市居民委员会组织法》要求,召开居民代表大会，民主选举居民组长和片长,组建治保、调解、计生、民政、卫生等居民工作机构。之后，又组建卫生保洁队、昼夜治安巡逻队,增设神山、旁岐、黄花脑文化站，形成完整的社区居民工作网络。

2011年，天铁集团突出科学发展主题,加快转变发展方式,钢铁主业和非钢产业并举发展，着力于人才培养、产品研发、管理创新。街道紧跟企业发展形势,主动调整,加强服务,发挥职能作用。

加强绿化美化工作。树立绿色经济、低碳经济、循环经济理念,促进生态园林式企业建设，改善工作和生活环境。全年种植乔木6212株、花灌木2.5万株、小苗16.7万株,新增绿地6.2万平方米,绿化覆盖率38.1%。自繁自育苗木5万余棵,培育引种小苗3万余株,生产草花17万盆。举办"金秋十月"菊花展,提升社区居民生活情趣。

加强管理,提升商业、餐饮系统服务水平。坚持把社会效益放在首位,分类考核百货大楼、副食商场毛利率及招待系统商品和餐饮综合毛利率，发挥平抑物价、引领市场作用。建设"阳光早点工程",实行成本价销售,让利于职工居民。

加大社区建设投入力度，改善民计民生。投资1295万元维修神山环路和厂区18号公路,新建黄花脑农贸市场。新增271名退休职工作为社区安全服务志愿者，加大社区治安巡逻和防盗窃工作力度。年内,为60岁以上老年人办理老年证170个,为14名无养老金的老年人增加生活补助费,为20名符合政策的社区居民和重度残疾人申报享受城乡居民养老保障金待遇；完成低保家庭最低生活保障调标工作，发放低保金、残疾人慰问金10.8万元。加强社区环境综合治理，规范早点摊位和早市;治理道路流撒、车辆乱停乱放、公共场所乱贴乱画和卫生死角等问题；做好道路保洁工作，对主干道路进行洒水抑尘作业。

做好人口和计划生育工作。落实计生管理制度，深化计生优质服务，提高出生人口素质，达到计划生育率100%、综合节育率100%、人口出生率5.5‰、独生子女领证率99%的目标。

开展适合社区居民特点的教育和文体活动。各社区居委会利用居民学校开展特色教育，举办食品健康、消防、治安、医疗保障、花卉养殖、法律法规等知识讲座，增强居民的安全保障和防范意识。组织春节大型广场花会演出；发挥太极拳协会、老年门球协会和“夕阳红”组织作用，举办太极拳表演赛、老年门球赛、柔力球健身赛、乒乓球比赛、象棋围棋比赛，丰富群众文化生活。

（王建伟）

南开区

概述

南开区是天津市辖区之一，位于市区西南部，境域地理坐标北纬39°3′35″~39°8′3″，东经117°6′8″~117°11′16″。东起海河与河北区相望，沿荣吉大街、兴安路、南马路至南门外大街、卫津路和卫津南路，分别与和平区、河西区接壤；西、南至密云路、芥园西道、陈塘庄铁路支线与西青区相连；北抵通北路、北马路，沿西马路至西关大街、津河、南运河与红桥区毗邻。南北长9.2公里，东西宽5.6公里，略呈倒三角形。2011年，区域面积40.636平方公里（含华苑街道），辖华苑、嘉陵道、万兴、兴南、体育中心、向阳路、学府、水上公园、广开、长虹、鼓楼、王顶堤12个街道办事处。其中华苑街道和向阳路街道的西横堤系非属地管理。有166个居民委员会。户籍人口86.66万人。除汉族外，有回族6929户20504人，满族1536户6612人，蒙古族365户2106人，朝鲜族273户1144人，以及壮、黎、土、土家、锡伯、俄罗斯等少数民族248户2261人。

历史上，南开区是天津的发祥地，悠久的历史文化、繁荣的商业和独特的民俗，对天津的发展起到重要作用。

2011年是南开区高起点实施“十二五”规划、高水平推进“科技南开”建设、高标准启动国家服务业综合改革试点的一年，是经济社会发展迈上新台阶、各项工作不断创造新业绩的一年。南开区深入贯彻落实科学发展观，以科学发展为主题，以加快转变经济发展方式为主线，以调整优化经济结构为主攻方向，经济社会发展各项目标如期完成，经济建设、政治建设、文化建设、社会建设以及生态文明建设和党的建设取得新成效。

深入开展“调结构、增活力、上水平”活动，主要经济指标超进度完成。成立由区委、区政府主要领导挂帅，27位区级领导带队，669名机关干部组成的27个工作组，深入企业、项目和社区开展帮扶，解决各类诉求326件，解决率91.6%。大力表彰功勋、明星、重点企业和20强科技企业，415家企业获得奖励。行政审批事项减少33.7%，实现审批效率再提速。大力推进招商引资，利用“津洽会”推介重点楼宇和商业项目，累计签约6个重点投资项目和10个亿元楼宇服务协议，投资总额219亿元。全年实现区县生产总值480.01亿元，比上年增长13.1%；区县增加值208.42亿元，增长15.1%；社会消费品零售额490.07亿元；区级财政收入32亿元。选商引资到位额105.44亿元；实际利用外资额9702万美元。完成市下达的节能减排指标任务。

把高水平大项目好项目建设作为发展实体经济、加快转变经济发展方式的重要抓手，总规模162万平方米、总投资181亿元的15个城建项目加快实施，全区在施房地产项目32个，建筑面积382.6万平方米；总规模93万平方米、总投资76亿元的25个服务业项目全部建成开业；100个科技发展项目全部研发成功，80%进入产业化阶段，实现产值16.5亿元。推进攻坚克难项目，天津光电子园启动土地整理，西南角、东南角地铁上盖项目策划基本完成，内燃机厂地块挂牌出让，全年实现固定资产投资95亿元。

完善科技型中小企业发展扶持政策，出资6000万元专项资金扶植企业发展。全年新增科技型中小企业702家，科技型中小企业总数1802家，位居中心城区前列。一批骨干企业发展壮大，日拓电装、炜杰科技筹备上市，小巨人企业总数20家。推进科技产业载体建设，天津科技广场一期主体完工，二期建设全面启动,建成进取园等12个科技企业孵化基地。搭建产学研结合平台，与驻区高等院校共建青年博士服务团，与中关村海淀园签署合作框架协议，与市科委筹建科技创新公共服务平台。南开科技园技工贸总收入560亿元,增长30%。

创新楼宇经济工作模式，构建区主管部门、街道办事处和财税工商部门、楼宇管理方“三位一体”工作体制和招商员、专管员、税管员、联络员“四大员”工作机制,实施“一楼一管”。完善楼宇招商政策,鼓励引进优质税源企业、市外境外企业、税收贡献大的龙头企业、总部企业、结算中心以及具有先进管理理念的管理型企业，对楼宇提升改造予以政策扶植。在提高楼宇企业入驻率、工商注册率和税收贡献率上下功夫,慧谷大厦、新都大厦等10座楼宇纳入全市首批打造的亿元楼宇，入驻企业573家，实现税收9.4亿元。奥城11号商务楼等6座楼宇成功申报第二批市级重点扶持楼宇。全年新增4座税收亿元楼宇，全区亿元楼宇7座。

加强与市有关部门沟通，突出抓好关键领域改革，推动体制机制创新。新南马路五金城、鼓楼商业街实现封闭管理。建成科技企业服务中心和天津创投之家融资服务平台。以C92创意产业园为载体的创意企业不断聚集,天大1895建筑创意大厦启用，高端建筑设计企业聚集作用凸显。金融服务业快速发展,深圳发展银行天津分行等地区总部落户南开,金融机构累计374家。加快七大服务业聚集区和九条特色商业街建设,奥城国际时尚风情街、乐天百货等商业商务设施落成，创意会展、科技金融、商贸旅游等产业规模不断壮大,初步形成业态多元、特色突出、品牌聚集的服务业格局。服务业增加值占地区增加值的比重91%,以服务经济为主的产业结构逐步形成。

圆满完成奋战300天市容环境综合整治工程，提升改造天塔道等18条道路、风湖里等32个社区环境,整修各类建筑855栋,楼房“平改坡”199栋,新建改造环卫设施11座,新建提升绿化100万平方米,建成迎水西里、川南里精品社区,提升改造南开公园、翔宇公园,绿水园加紧建设，全区市容环境整体水平显著提升。推进南开西区规划建设。完成城区道路网络布局等专项规划以及天拖、西营门等地区的城市设计。推进16宗地块规划策划和内燃机厂等7宗地块整理，完成兴业里、地铁6号线站点等片区拆迁，拆除各类房屋17.1万平方米。建成保障性住房11.5万平方米,1873户居民受益。

贯彻中央和市委关于深化文化体制改革、推动社会主义文化大发展大繁荣精神,制定《中共南开区委关于加快推进文化强区建设的实施意见》。推进社会主义核心价值体系建设,精心组织“颂歌献给党、光辉映南开”等纪念中国共产党成立90周年系列主题教育活动。继续开展“同在一方热土、共建美好家园”等精神文明创建活动,实施长虹街“五个一”文明社区整街建制创建,完成20个“五个一”文明小区创建,累计有130个小区完成创建任务。举办天津市第三届“南开杯”新广场舞大赛。推动天后宫文化陈列馆、“小梨园”旗舰店等重点项目建设。筹备成立南开区文学艺术界联合会、京剧谭派文化促进会。加强文化市场综合执法队伍建设。连续12年保持全国文化先进区称号。

坚持党的领导、人民当家作主和依法治国的有机统一，支持区人大及其常委会依法行使职权，支持区政协履行政治协商、民主监督、参政议政职能,支持工会、共青团、妇联等人民团体依照法律和各自章程开展工作。圆满完成“五五”普法,被评为全国“五五”普法先进区。积极落实市委《关于进一步加强和创新社会管理的实施意见》,建立健全重大事项社会稳定风险评估机制、突发事件应急处置机制。落实信访工作责任制,开展大接访活动,积极化解积案。加强基层基础工作,发挥综治信访服务中心(站)、司法所、社区警务室、社区检察室和社区消费维权工作站的作用，从源头化解大量社会矛盾。推进“平安南开”建设,加强社会治安综合治理,“五网五模式”群防群治水平进一步提高,全区未发生重大刑事案件，治安形势保持平稳,安全生产形势保持稳定。荣膺全国双拥模范城三连冠。

加强全民科普工作，科技南开建设深入人心，获得全国科普示范城区荣誉称号。坚持优先发展教育,加快教育布局调整和资源整合,推进学校现代化标准建设。社区教育深入推进,新建万兴街、嘉陵北里数字化学习中心。实施黄河医院二期门急诊楼建设，水阁医院重建并开诊，启动三潭医院改扩建工程和社区妇儿保健中心建设，依托“国医堂”拓展中医药特色社区卫生服务。举办第十六届全民健身运动会,获得天津市“阳光体育展示活动”一等奖。区档案馆晋升为国家二级综合档案馆。

实施社会保障和扶贫助困十大重点项目，建成大学生创业实训指导中心、老年配餐服务中心、12个老年日间照料中心、人口早期教育服务中心和阳光家园残疾人托养机构,为全区1777名低保、特困和优抚对象老人提供居家养老补贴。完善低保、医保、助困和再就业联动机制,登记失业率控制在3.4%以内,创岗安置4.95万人。实施社区标准化建设,12个街道全部建成市民社会事务服务中心,实现集社会保障、社会救助、人口计生、为老助残和行政审批等社会事务于一体的“一门式”服务。完成长华里社区提升改造并成为社区标准化建设样板。南开区被评为全国社会工作人才队伍建设试点示范区。加大便民商业进社区工作力度,改造罗江和福川2个菜市场,新建云阳菜市场,社区商业环境不断改善。

(区地志办)

南开区区级领导名单

(2011年12月换届前)

中共南开区委领导名单

书　记:刘长顺(任职至10月)　韩宏范(10月任职)

副书记:韩宏范(任职至10月)　王宝安　张丽丽(女,10月任职)　冯卫华(11月任职)

常　委:刘长顺(任职至10月)　韩宏范　王宝安　张丽丽(女,10月任职)　冯卫华(11月任职)　郭建勋　王　宇　方本荣(任职至11月)　丁登山　朱伟山　景　悦(任职至10月)　林　洁(女)　田金萍(女,11月任职)　左　林(11月任职)

南开区人大常委会领导名单

主　任:林洪国

副主任:马淑敏(女)　李占起　冯恒达　常心明(4月任职)　马金然(女,兼)

南开区政府领导名单

区　长:韩宏范

副区长:郭建勋　朱伟山　段金英(女)　谷云彪　孙树田　刘凯华(女)

政协南开区委员会领导名单

主　席:许景胜

副主席:孙国珍(女)　朱家庆　吕强民(1月任职)　陈一新(兼)　杨国栋(兼)　张社荣(兼)　王复华(兼)

南开区区级领导名单

(2011年12月换届后)

中共南开区委领导名单

书　记:韩宏范

副书记:张丽丽(女)　冯卫华

常　委:韩宏范　张丽丽(女)　冯卫华　朱伟山　丁登山　林　洁(女)　田金萍(女)　谷云彪　左　林　朱树江　李喜军

南开区人大常委会领导名单

主　任:王宝安

副主任:王维宁(女)　刘顺源　刘建农　李志新　马金然(女,兼)

南开区政府领导名单

区　长：张丽丽（女）

副区长：朱伟山　谷云彪　刘凯华（女）　朱　峰　罗进飞　陈友东

政协南开区委员会领导名单

主　席：郭建勋

副主席：段金英（女）　孙国珍（女）　吕强民　石　江　张社荣（兼）　李占通（兼）　孙昌隆（兼）　管怀明（兼）

（区委组织部提供）

政　治

概况　2011年，南开区委、区政府按照"围绕一大目标，抢抓两大机遇，取得三大进展"的总体部署，高起点实施"十二五"规划，高水平建设"科技南开"，高标准启动服务业综合改革，经济社会发展各项目标如期完成。开展"调结构、增活力、上水平"活动，全区城建项目加快实施，服务业项目全部建成开业，科技发展项目全部研发成功。以"规划引导、突出特色"为重点，进一步加强各类人才队伍建设。深入推动创先争优活动，进一步提高党的基层组织建设和党员队伍建设水平。制定《中共南开区委关于加快推进文化强区建设的实施意见》。开展"同在一方热土、共建美好家园"等精神文明创建活动。加强和创新社会管理，完成"五五"普法，被评为全国"五五"普法先进区。建立健全重大事项社会稳定风险评估机制、突发事件应急处置机制。落实信访工作责任制，开展大接访活动。荣膺全国双拥模范城三连冠。区人大坚持"与区委同步、与政府同力、与人民同心"工作理念，依法履行职权。区政协围绕促进科技型中小企业发展、推进创建全国文明城区、提升社区文化建设水平等问题，组织开展视察并建言献策，履行民主监督职能。区纪检委坚持标本兼治、综合治理、惩防并举、注重预防的反腐倡廉工作方针，以构建"四化"工作格局，推进"八个板块"反腐倡廉建设为重点，推进惩治和预防腐败体系建设。区政法系统开展"发扬传统、坚定信念、执法为民"活动，扎实推进以社会矛盾化解、社会管理创新、公正廉洁执法为主要内容的"三项重点工作"。加强打击严重刑事犯罪和社会治安综合治理，提升维稳打防、服务经济、机制创新和队伍建设水平，维护南开区政治稳定和社会治安形势平稳。工会、共青团、妇联等人民团体依照法律和各自章程开展工作。各民主党派、工商联明确全区工作总体思路，围绕"一大目标、两大机遇、三大进展"建言献策，献计出力，并于年内完成换届工作。

（区地志办）

中共南开区第十次代表大会　2011年12月5日至8日在市委党校求知会堂和南开区委老干部局会议厅召开。会议听取区委书记韩宏范所作的九届区委工作报告，审议通过《关于中国共产党天津市南开区第九届委员会工作报告的决议》及《关于中国共产党天津市南开区第九届纪律检查委员会工作报告的决议》。12月8日，中共南开区委十届一次全会在南开区机关会议厅召开。会议选举韩宏范为中共天津市南开区第十届委员会书记，张丽丽（女）、冯卫华为副书记，韩宏范、张丽丽（女）、冯卫华、朱伟山、丁登山、林洁（女）、田金萍（女）、谷云彪、左林、朱树江、李喜军为中共天津市南开区第十届委员会常务委员会委员。通过中共天津市南开区第十届纪律检查委员会第一次全体会议选举产生的书记、副书记和常务委员会委员。

（区地志办）

南开区十六届人大一次会议　2011年12月22日至25日在市委党校求知会堂和区委老干部局会议厅召开。会议表决通过《天津市南开区第十六届人民代表大会第一次会议关于南开区人民政府工作报告的决议》、《关于南开区2011年预算执行情况和2012年预算报告的决议》、《关于南开区人大常委会工作报告的决议》、《关于南开区人民法院工作报告的决议》和《关于南开区人民检察院工作报告的决议》。选举王宝安为南开区第十六届人大常委会主任，王维宁（女）、刘顺源、刘建农、李志新、马金然（女，兼）为副主任；选举张丽丽（女）为南开区区长，朱伟山、谷云彪、刘凯华（女）、朱峰、罗进飞、陈友东为副区长；选举阎福喜为区人民法院院长，闫秀锁为区人民检察院检察长。

（区地志办）

政协南开区十四届一次会议　2011年12月21日至23日在南开文化宫大剧场召开。会议审议通过政协南开区第十三届委员会常务委员会工作报告和提案工作报告；列席区十六届人大一次会议，听取并讨论《政府工作报告》及其他报告；选举郭建勋为政协南开区第十四届委员会主席，段金英（女）、孙国珍（女）、吕强民、石江、张社荣（兼）、李占通（兼）、孙昌隆（兼）、管怀明（兼）为副主席，曹瑞杰为秘书长；通过政协南开区第十四届委员会第一次会议决议。

（区地志办）

区级领导班子和基层党组织换届工作 2011年，南开区委组织部落实中央和市、区委有关要求，组织召开基层党委换届工作专题培训会，起草基层党委换届意见，印发基层党委换届所需各类文书范例，制定“党员代表大会代表推选工作的流程图”。按照《2009—2011年南开区处级领导班子建设规划》，改进和完善换届考察和选举工作，严把人选标准和条件，完成区教育局、卫生局、民政局等10个基层党委两委班子换届工作。贯彻落实市委《关于认真做好区县领导班子换届工作的通知》要求，严格把握市委及市委组织部关于换届工作各个步骤和程序要求，抓好提名、考察、选举等关键环节，完成九届区级领导班子及领导干部的民主测评、民主评议、个别谈话、民意调查，十届区级领导班子的民主推荐以及十次党代会代表选举、会议选举等相关组织工作。出台《关于进一步做好严肃换届纪律工作的实施意见》，全区处级以上领导干部、组工干部及党代会代表分别签订《严守换届纪律承诺书》并张贴公示。开展“换届纪律集中教育宣传月”活动，制作警示卡、案例选编、书签、画册、折扇等10余种宣传品加强宣传。健全完善举报网站、举报电话和信访接待“三位一体”监督举报平台，营造良好换届舆论环境。

（李　艳）

人才工作 2011年，南开区人力社保局组织召开迎新春慰问优秀人才暨做好2011年人才工作求教问计座谈会，特邀12位南开区特聘专家、驻区企业家参加。举办天津市博士后创新团队与南开区科技型中小企业人才项目交流合作对接会。11月23日，在科技园管委会召集部分科技企业代表与部分专家举行专家服务基地挂牌仪式。区委组织部、区人力社保局调研科技人才队伍建设，采集整理基础数据资料，撰写《南开区加强科技人才队伍建设的对策建议》调研报告。制定《南开区人才发展规划(2011—2015年)》，开展南开区第六届专业技术拔尖人才评审、表彰活动和“131”创新型人才选拔工作，久荣车轮技术有限公司副总经理顾正被评选为“131”创新型人才第一层次人选。走访九安医疗电子有限公司、开利达科技有限公司、海生电子有限公司等80余家中小型科技企业。办理高级职称30件，中级评审53件，初级审定43件，中级认定15件，初级认定342件。下发《2011年南开区社会工作人才队伍建设工作安排》，组织南开区全国社会工作者职业水平考试报名、考前辅导、考试，取得社工师资格6人，助理社工师资格64人。人才中心强化社会化服务，开辟人才绿色通道。

（李明友）

推进反腐倡廉建设 2011年，南开区纪检委推进公用事业单位反腐倡廉建设。制发《加强基层站所行政执法和服务标准化建设的实施意见》，建立执法和服务标准化框架体系。推进社区反腐倡廉建设。在全区54个社区成立纪委，57个社区实现居务公开标准化；深化廉政文化示范工程建设。推进重点领域和关键部位反腐倡廉建设。制发《政府投资工程建设项目廉政风险防控六项规定》，建立项目信息公开和诚信体系网络平台，实现对项目运行的规范化管理。推进党政机关反腐倡廉建设。围绕“用人、用钱、用权”等重点岗位深入排查廉政风险，确定重点岗位185个，建立岗位廉政风险信息库和预警机制，促进领导干部廉洁自律，保证权力规范有序、公开透明运行。

（吕鹤峰）

2011年8月11日，南开区人才工作暨第六届专业技术拔尖人才表彰会举行。

审批服务提速 2011年，南开区行政许可服务中心出台《关于深入开展“调结构、增活力、上水平”活动 继续推进行政审批服务再提速的安排意见》，下发《关于深入开展推进审批再提速 实现工作新突破活动的通知》、《关于在“调结构、增活力、上水平”活动中落实审批服务进一步提速 推进重点工作的通知》，成立领导小组和企业设立联合审批、投资项目联合审批、市场准入前置审批、照后服务暨企业信用评估、行政审批效能督察考核5个工作服务组。确认行政审批事项169项，通过网站、报纸进行公示。进驻许可中心办理审批事项161项，进驻率95.27%。23个部门派驻27名首席代表，授权情况通过窗口、网站进行公示并接受监督。19个部门实现职能归并，完成比例55%。158项审批事项做到现场审批，现场审批率98.14%。立等可取即办件147项，位居市内六区第一。

（张 莹）

政法工作 2011年，南开区委政法委实行“四级”包案办法，即区委政法委领导对重大疑难案件进行包案；政法各部门领导落实包案任务；涉及庭、科、所、队的由一把手包案；案件承包人负责化解工作。上级交办的涉法涉诉信访积案116起，已息诉113起（其中3起正在办理案件终结），息诉率97%，基本完成化解任务；受理信访案件20起，全部化解在区域内，没有形成非正常访。实现全国“两会”期间进京零上访目标。其中，公安南开分局将信访维稳工作作为“一把手”工程，最大限度发挥四级接访效能。区检察院严格落实首办责任制和检察长接待日等制度，受理各类来信来访36件，接待群众咨询14件。区法院从办案质量和效率入手，以“定纷止争、案结事了”为目标，坚持调解优先、调判结合，减少当事人的矛盾对抗。区司法局以人民调解和社区矫正为重心，围绕市、区重大经济建设和重点工程项目，在容易发生群体性事件的重点人群、重点区域，有计划有层次地开展法制宣传30余场次。

（马绍梅）

人民团体工作 2011年，南开区总工会开展创建劳动关系和谐企业活动，全区创建A级和谐企业55家，2A级和谐企业6家，和谐园区2个。以职代会为基本形式的厂务公开民主管理制度向非公企业延伸，独立建立职工（代表）大会的非公企业1600家，区域性行业性职代会45个，覆盖非公企业487家。制发《南开区加强劳动争议调解工作的实施意见》，进一步规范劳动争议调解工作，全年接待职工来访328起，调解职工劳动争议案54起。团区委倡导“奉献、友爱、互助、进步”的志愿者精神，组织开展“投身志愿服务 构建和谐社区”集中行动日活动，在桂荷园社区建立南开区首个青年志愿者服务社区联系点，聘请区“学雷锋标兵”为南开区青年志愿者社区服务义务指导员。与天津理工大学团委签署共建和谐社区协议，建立大学生实践基地，将志愿服务与社区居民的需求紧密联系起来，为构建和谐社区做出贡献。区妇联启动妇联系统“六五”普法规划。在社区设立妇女维权岗，发挥妇联三级信访维权网络和148法律服务所妇女维权部作用，全年接待来访739人，处理信访案件18件，为困难妇女减免费用4.4万元，结案率100%。开展女性安康保险、“两节”助困、“六一”关爱、今晚助学、恒爱行动和义卖爱心储蓄罐等活动，为生活困难妇女儿童募集资金19.4万元。做强“阳光关爱”品牌，建立区级单亲困难母亲信息库，为965名单亲困难母亲启动“母亲健康快车”；依托社会爱心力量，在全市率先实现女性安康保险全覆盖；联合空军464医院开展“免费女性两癌普查”，对单亲母亲和市、区级先进女性减免相应手术费；联合市中心妇产科医院举办健康讲座。

（许宪峰 齐世伟 高 敬）

经 济

概况 2011年，南开区以全面

2011年5月17日，天津市南开区“雨露工程”爱心助学行动河池捐赠仪式举行。

2011 年 1 月 14 日，南开区召开“调结构、增活力、上水平”活动暨 2011 年经济和社会发展重点项目启动大会。

推进经济平稳较快发展和社会和谐稳定为目标，分析预测经济形势，实施区“十二五”规划，制定全区经济社会安排，对经济形势分析预测，启动国家服务业综合改革试点工作，推动重点项目建设，组织全区开展“调结构、增活力、上水平”活动，加强投资项目监管，完善协税目标责任制，深化区县经济动员重点单位建设，推动各项主要经济指标落实。推进商务商贸集聚区建设和外向型经济发展，加快惠民工程建设，强化市场监管，推动会展经济。全年实现社会消费品零售额 490.07 亿元，实际利用外资额 9702 万美元，外贸出口 7.12 亿美元，区级财政收入 32 亿元。成立南开区餐饮协会，首批 61 家餐饮企业入会。

（区地志办）

经济社会发展重点项目 2011 年，南开区实施 180 个经济社会发展重点项目。其中经济项目 140 个；城建项目 15 个，总规模 162 万平方米，总投资 181 亿元；25 个服务业项目全部建成开业，总规模 93 万平方米，总投资 76 亿元；百个科技发展项目全部研发成功，80%进入产业化阶段，实现产值 16.5 亿元。推进攻坚克难项目，天津光电子园启动土地整理，西南角、东南角地铁上盖项目策划基本完成，内燃机厂地块挂牌出让，全年实现固定资产投资 95 亿元。

（姜俐颖）

商务商贸聚集区建设 2011 年，南开区以全面启动服务业综合改革为契机，打造“五圈九街”商业聚集区。6 月 17 日，天津乐天百货开业，项目坐落东马路 137 号，建筑面积 5 万平方米，投资总额 6000 万美元，是世界 500 强韩国乐天集团在中国的首家全资店。12 月 25 日，南开区最大的城市综合体中粮大悦城开业，项目坐落南门外大街与南马路交口西侧，建筑面积 50 万平方米，投资 40 亿元，包括一站式购物中心、国际甲级写字楼、高端精品公寓、高档住宅等业态，定位“国际时尚青年城”，以 18—35 岁的中青年人为主力消费人群。奥城国际时尚风情街二期开街，项目投资 6 亿元，延续风情街一期新派欧式风格，沿街 53 家店铺集购物、美食、娱乐、休闲于一体。年内对古文化街经营环境、配套设施、经营方式、管理模式、服务体系和市场秩序等方面整改完善，经过公众推选，评委会审核认定，古文化街被命名为天津市特色商业街区。9 月 27 日，南开区政府与天津市住宅集团举行鼓楼商业街属地化管理交接签字仪式，鼓楼商业街划归南开区实施属地化管理。通过“政府主导、市场运作、企业经营”的方式，提升鼓楼商业街管理水平。

（李　理）

重要节庆会展 2011 年，南开区举办“魅力南开·时尚消费”第一届商贸旅游节，推出老城厢·鼓楼美

2011 年 9 月 27 日，南开区政府与天津市住宅集团举行鼓楼商业街属地化管理交接签字仪式。

食节、水上·奥城休闲西餐节、鞍山西道数码节、长江汽贸街秋季汽车展销会、天后宫秋季大典暨九九重阳敬老节等节点活动。组织大悦城、仁恒海河广场和科技广场等10家企业参展中国·天津第十八届投资贸易洽谈会，推出亿元楼宇、科技企业孵化基地、科技发展重点项目和重点商业载体等44个重点发展项目。宣传推介新南马路五金城电子商务平台建设、新型环保墨汁等10个科技重点项目；天津环兴科技产业园等5个科技企业孵化基地，1895天大建筑创意大厦、慧谷大厦等10个亿元楼宇；奥城国际时尚风情街、宝利广场等9个重点商业载体项目。与苏宁电器达成合作意向并签署协议。举办古文化街元宵节、首届北方赌石文化节。

（李　理）

科技企业孵化器建设　2011年，南开区建立挂牌科技企业孵化基地12个，分别是普天创达、环兴、进取园、创信、慧谷、1895、天铁、C94、科苑大厦、百豪和激光所11家科技企业孵化基地以及青果园网络科技企业孵化基地，建筑面积21.75万平方米，签约面积10.75万平方米。年内引进企业近100家，其中从区外迁入企业10余家，至年底入驻南开区企业545家（科技园336家），涉及电子信息、生物医药、新材料、环保节能新技术、软件开发、创意设计等高新科技领域。

（王　佶）

南开科技企业服务中心　2011年7月18日，南开科技企业服务中心正式对外办公。中心选址天津科技广场大厦1—3层，建筑面积5200平方米。其中科技企业办事服务大厅位于一层，建筑面积1500平方米，主要向各类中小企业提供法律、认证、策划、知识产权、会计税务、投融资和人才等特色服务；科技企业行政许可服务大厅位于二层，建筑面积1500平方米，由南开科技园及相关行政许可职能部门联合办公，为企业提供工商注册、执照变更、执照年检、税务登记、发票申领、税收上报和统计上报等一站式快捷服务；科技成果展示与交易大厅位于三层，建筑面积800平方米；其余面积办公用房用于会议、办公、培训等。作为天津市首家独具特色的集行政许可和企业后期延伸服务功能于一体的企业服务中心，具有政府行政许可与社会中介服务相结合、实体联合办公与虚拟网络服务相结合、综合服务功能与孵化器创新载体相结合的特点。

（王　佶）

2011年5月28日，南开区重点项目推介会举行。

服务业综合改革　2011年，南开区按照试点方案要求，启动国家服务业综合改革试点工作。将试点工作纳入《南开区国民经济和社会发展第十二个五年规划》，列入区委工作要点和政府工作报告。成立区级领导机构，健全完善工作机制。推动全区各部门“三个一”工作目标落实，制定南开区改革创新具体任务和项目，建立试点工作目标责任制和督查机制。成立南开区鼓楼商圈管委会，完成鼓楼地区分属多个市级部门的各项设施管理经营权接管。建设天津创投之家项目，为股权投资基金和科技型中小企业在登记注册、备案管理、融资和培训等方面提供中介服务。打造长华里标准化精品社区，为社区居民提供劳动保障、优抚救助、为老助残以及就餐、医疗等服务。推出告知承诺制审批方式，在全市率先创新推进的市、区审批网络全面连通。

（刘　威）

财政收支　2011年，南开区完成区级财政收入32亿元，比上年增长18.5%。其中，区级营业税完成9.29亿元，占财政收入的29%，增长15.4%；区级增值税完成1.91亿元，占财政收入的5.9%，下降4.7%；区级企业所得税完成3.71亿元，占财政收入的11.6%，增长37.4%；区级个人所得税完成1.01亿元，占财政收入的3.2%，增长12.2%；区级土地增值税完成2.76亿元，占财政收入的8.6%，增长67.1%；契税完成5.33亿元，占财政收入的16.7%，增长7.8%。一般预算支出完成28.77亿元，完成调整预算28.27亿元的101.8%。其中，一般公共服务类支出

3.1亿元，公共安全类支出3.57亿元，教育类支出8.62亿元，科学技术类支出7734万元，文化体育与传媒类支出2536万元，社会保障和就业类支出1.69亿元，医疗卫生类支出2.34亿元，节能环保类支出586万元，城乡社区事务类支出4.41亿元，资源勘探电力信息等事务类支出7882万元，国土资源气象等事务类支出924万元，粮油物资管理事务类支出830万元，其他支出2.99亿元。

（阎　旭）

税收工作　2011年，南开区国税局完成税收收入17.94亿元。其中，完成增值税9.36亿元，消费税739万元，企业所得税8.51亿元，城市维护建设税28万元。实现区级收入4.45亿元。发挥“税收执法考核系统”预警模块监督作用，自动考核发现过错行为14条，经调查评议调整无过错行为14条，执法正确率100%。开展《税收执法管理信息疑点信息库》推行工作，核查疑点信息690条。专人负责定期更新局政策法规库，充实文件74份。加强小规模企业和双定户管理，7月底将839户小规模纳税人调整到属地税务所管辖。清理536户漏征漏管企业，新办税务登记3070户。区地税局实现税收收入41.05亿元，比上年增加6.7亿元，其中区级收入26.28亿元，比上年增加4.34亿元。建立税收分析、纳税评估、税源监控和税务稽查四位一体互动机制，对全局管辖的22571户纳税人定期分析、分类管理。对连续3个月以上未申报户，进行实地调查和跟踪核实，驳回转非正常户申请206户，重新申报104户，申报率94%以上。对2009—2010年纳税额在100万元以上、未缴房地两税的纳税人进行筛查、分析、评估，促进房地两税收入达2.74亿元。开展医疗卫生、广告、农贸市场三个行业专项评估，通过强化减免税审核、建立税负评估模式、制定行业专项管理计划、市场出租柜台明细备案等方法，对其经营行为进行规范，促进补缴税款200余万元。税务稽查工作，以审计式检查和加大税收违法案件查处力度为重点，开展企业自查和专项检查，全年查补税款5224.62万元。

（单　婧　齐中峰）

工商管理　2011年，南开区实有内资企业16933户，注册资本（金）367.9亿元，实有个体工商户14555户，申报资金19.65亿元。全年新增内资企业1798户，注册资本（金）35.78亿元，新增个体工商户注册2521户，申报资金5.45亿元。工商南开分局查处各类案件137起，罚没款金额102.23万元。“12315”办结消费者申诉1771件、受理举报587件，为消费者挽回经济损失166.79万元。加强党风廉政建设和反腐败领导体制和工作机制建设，制定《工商南开分局关于在工商所设立兼职纪检监察员的意见》等文件。完善等级工商所建设，制定《工商南开分局基层所规范化建设实施细则》、《工商南开分局工商所基础建设三年规划方案》。开展打击侵犯知识产权和制售假冒伪劣商品专项行动，推行电子数码产品索证索票制度，将行政建议行为上升到行政合同法律行为。

（李艳玲）

文　化

概况　2011年，南开区有区级文博单位3个，区级图书馆2个；文化产业及文化市场经营单位750余家，其中电玩企业14家；区级旅游景区6处，注册旅行社70家。区文化和旅游局落实党的十七届六中全会精神，加快文化体制改革进程，推进文化大发展大繁荣，实施“文化强区”战略，创新南开特色文化品牌。承办“颂歌献给党·光辉映南开”庆祝建党90周年暨“和谐南开”艺术节活动；举办第三届“南开杯”广场舞大赛活动；弘扬妈祖文化，打造旅游品牌，建成天后文化陈列馆，展示妈祖情缘及历届妈祖旅游节盛况；探索庄王府景区合作经营机制，实施与天津格格府两府联营模式；开发旅游纪念品，提高行政审批效率，规范电玩游艺市场，宣传《天津市旅游管理条例》，受理并妥善解决旅游投诉案件；重新整合影院资源，加快人才交流、培养，开展专业培训活动。区新闻中心围绕全区中心任务、重点工程、重大项目和重要活动，创新宣传栏目、宣传内容和宣传形式，完成区内外新闻宣传任务。配合区政府召开新闻发布会13次。区地志办坚持创新发展，注重提高年鉴编纂质量。《天津南开年鉴(2011)》，突出年度特色，优化装帧设计，改版年鉴封面。

（区地志办）

庄王府合作经营机制　2011年，南开区文化和旅游局实施天津庄王府与格格府“两府合作”的经营思路，举办新年文化庙会、奇石根雕展、中式民俗婚礼及文化演出等活动。5月1日庄王府开府一周年之际，推出格格出嫁、天女散花等民俗表演活动，扩展服务项目，推出“婚庆”、王府家宴及各类文化艺术巡回展等。为推进旅游发展，做强旅游产业，更好地宣扬、传承非物质文化遗产，在庄王府建立泥人张、风筝魏、“天后宫皇会”工作室，组织策划系列主题活动、提升原有“非遗”展示表演、开发王府旅游纪念品，逐步扩大庄王府的影响力，使王府经营转入正轨，闯出经济效益与文化建设双赢的市场之路。

（孙健民）

旅游活动 2011年春节黄金周期间，南开区文化和旅游局依托特有的民俗文化特色，推出以“玉兔迎春”为主题的古文化街庙会、水上公园庙会、鼓楼文化庙会、天津庄王府灯会、老城万民赛灯会等春节庙会。举办天津市首届“国学文化节”系列活动、天津天后宫首届秋祭大典暨“金秋菊香·重阳敬老”系列活动、纪念辛亥革命百年书画摄影艺术展、首届“文玩核桃、葫芦文化节”等大型活动。活动期间接待游客677万人次，比上年增长26%。

（孙健民）

新闻宣传 2011年，南开区新闻中心编辑出版《天津日报·南开时讯》52期，刊发新闻稿件1800余篇、新闻图片280余幅。新开设《调结构 增活力 上水平》、《建设科技南开 实现科学发展》、《开展创先争优活动 创建学习型党组织》、《服务业综合改革试点撷英》、《科技企业强中强》、《五年辉煌成果展示》、《关心关注民计民生 提升群众幸福指数》、《下基层·看发展》、《严肃换届纪律 保证换届风清气正》、《南开区纪委工作回顾》等专栏20余个，与区属委、办、局、街及企事业单位联合编辑出版专版150余块。刊发稿件、新闻图片在《天津日报》报业集团区县版年度“好新闻、好版面、好标题”评选中连续五年获4项一等奖。区有线电视台新开设《抢抓新机遇 构筑新优势 实现新发展》、《辉煌十一五》、《为党旗增辉》、《科技型中小企业风采》、《媒体看南开》、《记者走基层》、《经济视点》、《百姓故事》、《城市新貌》、《辉煌五年 南开巨变》等41个栏目，播发电视新闻2150余条。周六、周日播发行业新闻、专题新闻和电视专题片176部。向天津电视台报送并播出新闻50余条。完成市委以理论学习中心组读书会形式在全市各区县开展的互看、互比、互学活动相关任务。南开多媒体综合信息网站发布视频新闻330余条、文字新闻3500余条，为南开政务网更新信息3500余条。新闻报道站在全国及天津市主要媒体刊播南开区各类新闻稿件2200余篇，其中自采刊播稿件500余篇、头版头条6篇，包括《今晚报》头版头条刊登的《干部帮扶“认领”企业》、《天津日报》一版刊登的《400干部“一对一”帮扶》和《南开区现场签约投资额219亿》以及《科技南开全速发展》和《记从事公房维修的普通劳动者》两块整版专版。

（何有良）

2011年2月17日，南开区举办古文化街庙会活动。

年鉴编纂工作 2011年，南开区地方志办公室坚持创新发展，注重提高年鉴编纂质量。10月，《天津南开年鉴(2011)》出版发行，全书55万字。该书根据2010年区政府机构改革“三定方案”，对区经委、商务委、科信委、人力社保局、市容园林委5个工作部门及新调整的6个工作部门涉及的类目、分目进行重新定位、合理规划，确保年鉴框架结构随实际情况及时更新。编纂内容注重突出年度特色，对经济社会发展120个重点项目、奋战300天市容环境综合整治、第五届中国·天津妈祖文化旅游节等年度大事、要事在“附录”中进行特载。优化装帧设计，改版年鉴封面，采用天蓝色为主基调，以南开区全景图为背景，突出奥林匹克中心体育场、体育中心、水上公园等标志性建筑景观。年内，按照市地志办要求，按时保质完成《天津区县年鉴(2011)》“南开区部分”的资料征集、编修、报送、校对等项工作，报送文字4万余字，照片7幅。

（沙　娜）

社　会

概况 2011年，南开区完成奋战300天综合整治工程。整治天塔道等18条道路、风湖里等32个社区，整修各类建筑855栋，楼房“平改坡”199栋，新建改造环卫设施11座，绿化100万平方米，建成迎水西里、川南里精品社区。完成城区道路网络布局等专项规划及天拖、西营门等地区的城市设计。完成兴业里、地铁6号线站点等片拆迁，拆除各类房屋17.1万平方米，建成保障性住房11.5万平方米，1873户居民受益。拓宽改造天拖北道、怀安环路等6条干支道路，社会事业繁荣发展。坚持科教兴区、人才强区和知识产权战略，提升区域整体科技水平。通过2009—2011年国家科技进步考核，被评为全国科技进步先进区、全国科普示范城区。完成第三批校舍加固和义务教育学校现代化标准建设任务，新建万兴街、嘉陵北里数字化学习中心。实施黄河医院二期门急诊楼建设，重建水阁医院开诊。举办第十六届全民健身运动会，获得天津市“阳光体育展示活动”一等奖。坚持计划生育利益导向机制。启动“幸福在南开美满好家庭推进计划”。全方位启动优生促进、生殖保健促进、有效避孕促进的“三促进”工程，推进计划生育优质服务提质提速。加强社区建设管理，12个街道全部建成市民社会事务服务中心，实现“一门式”服务。提升改造长华里社区，成为社区标准化建设样板，评为全国社会工作人才队伍建设试点示范区。实施社会保障和扶贫助困十大重点项目，建成大学生创业实训指导中心、老年配餐服务中心、12个老年日间照料中心、人口早期教育服务中心和阳光家园残疾人托养机构，为全区1777名低保、特困和优抚对象老人提供居家养老补贴，发放各类社会救助资金3500万元，创岗安置就业4.95万人。改造罗江、福川菜市场。

（区地志办）

建设管理 2011年，南开区建委启动城市建设15个重点项目建设，全区房地产项目在建36个350万平方米，其中新开工102万平方米、竣工101万平方米。招商引资到位额45.5亿元，完成计划的101%；协税护税6.86亿元，完成冲刺目标的114.3%；房地产业固定资产投资86.6亿元，占全区在地口径固定资产投资的91.16%。实施地铁5、6号线房屋征收，完成第一阶段房屋征收工作。“怡美家园”2.9万平方米、“临渭家园”3.8万平方米定向安置房投入使用，“市政三”地块一期6.85万平方米公租房项目开工，储备“针织三厂”等4个新地块。组织实施兴业里地区等道路建设，完成黄河道综合整治改造前期工作。推进社区建设，实施长华里等小区提升改造，20处2.4万平方米社区用房投入使用，完成芥园里大板楼节能改造。建设市场管理工作被天津市评为中心城区唯一先进区。组建天津市南开区建设工程质量安全监督管理支队。完成10个节水型小区(企业)验收和水利普查工作。

（王忠胜）

市容环境综合整治 2011年，南开区启动新一轮奋战300天市容环境综合整治工程，成立以区委书记刘长顺和区委副书记、区长韩宏范任总指挥的南开区市容环境综合整治指挥部，设立9个专项职能组，分别负责实施各项工程。按照整体规划部署，对全区18条道路和33个社区进行市容环境综合整治，其中华苑街道长华里、王顶堤街道迎水西里和嘉陵道街道川南里建成精品社区。提升改造南开公园、翔宇公园，新建绿水园。综合整治道路18条，整修各类建筑855栋482.03万平方米，拆除各类吊挂物3.03万个，完成“平改坡”199栋，规范牌匾6398块，安装空调罩8.08万个，新建和提升绿化面积73.1万平方米。整治社区33个，粉刷楼道2.15万平方米，粉刷外墙11.49万平方米，整修围墙908米，规范空调413台，油饰护栏1万个，拆除护栏1112个、吊挂物554个、违章棚亭86个、违章圈占1478平方米，封堵窗改门44个，清运垃圾堆物5158吨，提升绿化2.07万平方米，道路硬铺装1.27万平方米。南开公园和翔宇公园分别于6月和7月完成提升改造并免费开放。其中，南开公园提升改造4万平方米，栽植各类苗木2800余株；翔宇公园提升改造2.9万平方米，增加各类苗木360株，增加花灌木20个品种9000余株。

（杨如岭　张博宇）

科技工作 2011年，南开区坚持实施科教兴区、人才强区和知识产权战略，发挥政府职能作用，提升区域整体科技水平，提高区域自主创新能力，建设科技南开，加快科技型中小企业发展。以科技发展100项重点项目为龙头，推动全区科技进步。南开区通过2009—2011年国家科技进步考核，被评为全国科技进步先进区、全国科普示范城区。主持起草的《科技南开建设规划》，2月28日区人大常委会审议通过。5月15日，组织“携手建设创新型城市齐心打造科技新南开”第25届科技活动周，76家企业被认定为国家高新技术企业。6月2日，召开2010年度科学技术奖励暨首届青年博士团创新大赛表彰大会，对28个科技奖励项目和南开区首届青年博士科技创新大赛的30个参赛项目分别进行表彰。与电信运营商合作，推进全区居民上网光纤改造和IPTV网络电视进入社区。全年登记科技成果47项，专利申请6775件，继续保持全市领先位置。受理专利资助296件，

2011年5月15日，南开区第25届科技活动周启动仪式。

资助金额4.9万元。南开区门户网站在全市政府网站内容更新检查中被评为优秀单位。

（史庭仙）

教育工作　2011年，南开区有中学27所，其中完中校13所，高级中学5所，初级中学6所，九年一贯制学校2所，十二年一贯制学校1所；在校生2.54万人，其中高中1.33万人，初中1.21万人；教职工3500人，其中专任教师2937人。小学36所，在校生2.72万人（含九年一贯制学校和十二年一贯制学校小学学生），教职工2264人，其中专任教师1930人。幼儿园25所，在园幼儿7420人，教职工830人，其中专任教师594人。职校7所，在校生4773人，教职工627人，其中专任教师522人。特殊教育学校1所，在校生119人，教职工21人，其中专任教师14人。直属单位9个。小学、初中入学率、巩固率、毕业合格率均为100%。区教育局制定新一轮优质教育行动计划，召开优质教育建设启动大会。确定2011年为“师德师风建设年”，以“夯基铸魂”为主题，强化干部教师队伍建设。召开“育贤杯”暨南开区第四届优质课大赛总结表彰会，选派71名骨干教师到华东师范大学培训，57名骨干教师进行校际交流。制定《南开区中小学、幼儿园“特色建设”实施方案》、《南开区中小学、幼儿园特色建设评估标准（试行稿）》，到中小学、幼儿园举办学校特色建设指导论证会4场，对10所中小学幼儿园的办学特色进行指导性论证。推进特色项目带资金的管理机制，22项办学特色和54项特色项目中标。制定并实施《南开区中小学科学素养教育指导意见》，完成《南开区中小学科学素养调查报告》。建立中小学科普教育基地，完善学校科技辅导员队伍建设，聘请81名大专院校、科研院所专家学者，定期开展辅导讲座。与市教科院合作，成为天津市中小学科学教育改革实验区，并制定学校科学教育标准化建设指标体系。在第二十六届天津市青少年科技创新大赛中，南开区获奖192项，其中一等奖24项、二等奖56项、三等奖112项。学生创新项目（科技发明、科学论文）中，有118个项目获奖，取得全市获奖等级和获奖人数双第一；南开中学和南开科技实验小学参赛成绩分获全市中学组和小学组第一名。开展“心中的太阳”主题教育活动，强化中小学生社会主义核心价值体系教育。全区中小学校建立教育管理委员会。举办第二十届京津沪渝四市区德育研讨会，完成第三届班主任技能大赛。开展阳光体育活动，提高各校体育课、大课间活动质量，建立《国家学生体质健康标准登记卡》。协办全国职业院校技能大赛中职组服装设计制作比赛。利用网络平台，建立南开区学前教师专业培训“空中课堂”，制定《幼儿园一日生活管理流程评价标准》。制定

2011年6月24日，全国职业院校技能大赛。

《南开区特殊教育学校现代化标准建设工程实施方案》,组织部分小学和育智学校对全区27名重度残疾儿童实施送教活动。建立学校现代化建设复查回访长效机制,对33所现代化建设达标学校开展专项督查。第三批5所中小学达到评标验收标准,通过市专家组评估验收。

(韩石峰)

卫生工作 2011年,南开区卫生局有区属二级医院6所,社区卫生服务中心12所,社区卫生服务功能一级医院1所,康复医院1所。卫生防病站、妇幼保健所、结核病防治所、口腔病防治所、卫生监督所及医学培训中心各1所,保育院4所。在职职工2448人,其中,专业技术人员2009人,卫生专业技术人员1712人,医生753人,护士627人,药师187人,其他医技人员145人。专业技术人员中,正高级职称27人,副高级职称95人,中级职称597人,初级职称1290人。医疗单位编制床位1489张,年度门诊、住院诊疗380万人次。社会办医机构(包括市、企业、部队属医疗机构)31个,门诊部65个,诊所41个。坚持依法行政,完善公共卫生体系建设,加强疾病预防与控制,提高应对突发公共卫生事件能力。坚持公益性质,推行医务公开,加强行风建设,提高医疗质量,参与完成创建国家级卫生城区等各项任务。健全社区卫生服务网络,建成社区卫生服务站60个。在各医疗机构推进医德医风考评工作,细化医德考评标准,完善考评档案。按照"谁主管、谁负责"、"管行业必管行风"的要求,签订《卫生系统医德医风责任书》、《卫生系统医保诚信责任书》三级网络责任书。对反腐倡廉工作进行任务分解,履行"一岗双责"。把纠风工作纳入整体工作中,与业务工作同部署、同落实、同检查、同考核。对医疗机构药品和医用耗材集中采购及药品零差率的监督,规范医院医务、院务、政务公开。对工程建设领域的招标、设备采购做到事前督察、事中监督。按居住地址统计,接报乙丙类传染病6261例,比上年下降12.51%,无甲类传染病报告。发病前5位的传染病为:其它感染性腹泻2628例、细菌性痢疾1171例、手足口病800例、肝炎278例、梅毒272例。综合监测工作中,筛查101777例HIV,比上年上升64.4%。全区基础免疫各种疫苗接种率99%以上。全年居民死亡5991人,死亡率691.31/10万,比上年下降3.23%。

(安 立 杨 旭)

体育工作 2011年,南开区体育局贯彻《全民健身计划纲要》,推行《全民健身条例》,指导和推进青少年体育,加强体育公共服务,实施全民健身计划。成立天津南开武术协会,筹备成立天津南开足球协会。组队参加天津市第二届"体彩杯"全民健身大会,600余人参与24项比赛。承办全国业余足球联赛天津赛区比赛,16支业余足球队参加比赛,选拔出"钢管足球联队"代表天津地区业余足球队参加全国业余足球联赛。举办南开区第十六届全民健身运动会,设"数据杯"台球比赛、"科技杯"保龄球比赛、"流动杯"羽毛球比赛、"北方网天津地产杯" 足球比赛、"安全生产杯" 太极展示比赛、"人防杯"游泳比赛、"房管杯"乒乓球比赛等11项杯赛及南开区乒友联赛。设计规划"绿水园"体育主题公园。按照市体育局要求,对2004年以前安装的体育路径全部更新,全区更新体育路径51条。结合新一轮市容环境综合整治,为小区新安装路径16条。配合区政府完成对长华里社区的提升改造,投入18万元,重新铺设网球场1片,安装室外健身器材11件,室内乒乓球台2副。争取到市财政局全民健身专项资金600万元,建设全民健身乒乓球馆,推进全民健身羽毛球馆建设。筹建新南开体育馆列入区重点项目。南开区输送的举重运动员吕小军参加国际举重超级大奖赛,获男子77公斤级冠军;参加2011年举重世锦赛男子77公斤级比赛,获抓举和总成绩冠军,挺举亚军。孙雅婷参加第14届世界游泳锦标赛获女子水球亚军。汪皓参加世界跳水系列赛获女子双人10米跳台冠军,参加北京世界跳水系列赛获女子双人10米跳台冠军,参加全国跳水冠军赛获女子双人3米跳板亚军、女子单人10米跳台季军、女子双人10米跳台冠军。常雨参加2011年全国网球团体锦标赛获男子团体冠军。向上级体校输送优秀运动员24人。南开区业余体校获评天津市体育后备人才评估先进单位。

(王国川)

人口和计划生育 2011年,按人口计划生育统计年统计,南开区总人口94.24万人,其中已婚育龄妇女14万人;出生5942人,出生人口性别比106,符合政策生育率99.6%,人口自然增长率0.1‰,综合避孕率保持90%以上。坚持惠泽计生家庭的利益导向机制,完成对1863名特扶对象的审核及251名新增特扶对象的审批工作,确定更新后的特别扶助对象名单,及时发放扶助金440余万元。按照市"家佳推进计划"要求,启动"幸福在南开美满好家庭推进计划",5万余户家庭享受计划生育公益性服务。全方位启动优生促进、生殖保健促进、有效避孕促进的"三促进"工程,以优生优育、避孕节育、生殖健康为重点,推进计划生育优质服务提质提速。

以“流动人口客嫂驿站”为阵地，坚持开展流动人口计划生育系列服务活动，全年为流动人口育龄妇女免费生殖健康查体1714人。落实流动人口均等化服务，为12个街道的流动人口举办青年农民工生活技能培训。

（胡亚宁）

民政工作 2011年，南开区民政局落实扶贫助困重点项目，开展分类救助。向低保、特困救助、低收入实物救助对象13870户27355人发放实物及救助金7155.79万元。向纳入联动机制补助范围的困难群众发放价格联动补贴。实施和谐社区建设标准化工程。在12个街道建设街道市民社会事务服务中心。完成各街道社区管理信息系统基础数据录入。规划新建老年日间照料服务中心（站）12个。建成集配餐就餐送餐于一体的南开区老年人配送餐服务中心，全区老年人助餐覆盖50%社区。年底，全区有养老机构18个，建筑面积5.1万平方米，床位总数3181张，占全区老年人口总数17.4‰。“重阳节”期间，开展“敬老助老，从我做起”老年节庆祝活动。老年公寓联合老年大学、驻区单位举办春季运动会、纪念建党90周年国粹“红戏”唱演会、建寓23周年庆典等活动。实施双拥“1356”工程，完成全国双拥模范城迎检和考评工作。落实安置政策，保障优抚对象、伤残军人、军休干部合法权益。依法办理婚姻登记12861对，出具婚姻证明6394件，办理收养登记18件。为284个民办非企业单位和社会团体年检，对全区64个社会团体进行“小金库”专项治理。完成福利彩票发行销售任务。“清明”等民俗祭奠日期间，组织“都市文明，集体共祭”，引导居民网上祭扫、鲜花祭扫。清理规范殡葬市场。在婚姻、社团、军休、老年公寓、民办养老机构等20个民政窗口单位开展创先争优活动。被民政部评为全国社会工作人才队伍建设试点示范区。

（苏爱平）

南开区老年人配送餐服务中心

社区服务 2011年，按照统一标准、统一标识、统一配置的要求，南开区政府出台《批转区民政局关于加强街道市民社会事务（行政）服务中心建设意见的通知》，健全以社区社会事务工作站为基础、街级市民社会事务服务中心为枢纽、区级社会事务服务中心为龙头的三级服务机制。4月，对华苑街道长华里社区硬件设施、组织建设、岗位设置、工作制度4个方面进行提升改造，设立“一室一校九中心”。长华里社区作为天津市精品示范社区样板，参与市民政局组织的互评互看活动。6月15日，召开南开区加强社区建设创新社区管理推动会，出台《批转区民政局关于加强社区标准化建设意见》。在全区12个街道建设街道市民社会事务服务中心，整合社会保障、民政救助、计划生育、为老助残、红十字会志愿者服务等多部门工作内容，通过对系统平台、服务窗口、热线电话归并整合，形成全区统一的标准化社会事务公共服务平台，为群众和社会组织提供社会救助、社会保障、医疗卫生、人口计生、为老助残、行政审批和行政服务、党组织关系接转、开具各类证明等服务。开展社区信息管理系统培训及数字认证。完成社区管理信息系统内基础信息、社区基本情况、社区公共服务3大类21个项目的基础数据录入，涉及社区楼宇信息、居民信息、驻社区单位信息、公益性服务设施信息、社区简介、社区党组织等服务项目。组织街道开展行政区域界线自查。对行政区划外未建居委会小区情况进行调研。将志愿服务活动与服务群众、创建和谐社会、打造精品社区相结合，志愿者注册人数12.11万人，占居民人口数的12.5%。

（苏爱平）

劳动就业 2011年，南开区新增就业5.14万人，完成目标的131.8%。安置十种就业困难群体5286人，其中零就业家庭3018人，继续保持动态安置归零。帮扶就业困难高校毕业生，开发环卫协管员社区服务公益性岗位，安置困难家庭高校毕业生50人。与南开大学、天津大学等10余所院校建立定点

2011年7月15日，南开区与天津师范大学共建"青年就业创业见习基地"。

联系，组织近千家企业与定点院校实现对接，开展送岗位进校园等系列就业服务专项活动，为大学生就业搭建市场平台。开展青年就业见习基地建设，促进大学生就业。建立毕业生就业见习基地53家。8月30日，与天津时尚新世界购物广场有限公司联合举办招聘会，近30人进场咨询，15人填写新世界百货职位申请表。

（李　宁）

华苑街道

华苑街道(系非属地管理)位于南开区西南部，辖域东起津浦铁路陈塘庄支线，西至外环线，南临宾水西道，北抵迎水道。2011年，街域面积1.68平方公里。辖12个全封闭式物业管理小区，划分11个社区。户籍人口1.43万户4.26万人。除汉族外，有回族22户667人、满族159户646人、朝鲜族56户172人、蒙古族48户214人，以及土家、锡伯、哈萨克、白、瑶、仡佬、达斡尔等22个少数民族33户145人。

界内有物业公司7个，分别管理12个物业小区。驻有中学2所，小学3所，幼儿园10所，医院1家。鹤童老年福利院、邮政局、电话局、公安派出所、公安南开分局刑侦支队各1个。公交汽车站2处。银行、药店、健身中心等商业网点135家，农贸市场、大型超市各2个。

2011年，招商引企60家，实际到位资金1.4亿元，完成计划的275%。市外企业到位资金1.1亿元，完成计划的160%。协税1550万元，完成计奖目标的138%、工作目标的123%、冲刺目标的120%。发展科技型中小企业10家。

奋战300天市容环境综合整治工作，承担长华里7号楼综合整治任务。拆除违章及影响市容观瞻的护栏44个。每个社区配置"城管通"，发现问题及时上报并反馈物业公司进行整改。

城镇养老保险覆盖984人，为12人办理高龄退休人员养老金领取资格认证；城乡居民医疗保险覆盖1050人，制作社会保障卡8197张，受理医保报销35人38万元；办理困难群众社会保险补贴129人，城乡居民养老保险13人，城乡养老退休3人；新增领取失业保险57人，发放失业保险待遇90余万元。全年培训下岗失业人员238人。为129人办理十种就业困难群体认定，帮助实现再就业。为1人办理小额贷款5万元，解决创业资金难题。新增就业476人次，开发岗位860个；新增失业人员288人，发放就失业证83册；采集就业信息1526条，安置就业727人次。开展"春风行动"，发放"春风卡"110份。组织专场招聘会1次，免费服务46人，签订用工联盟协议98人。

慰问困难户400余户，分类救助低保户16户，实物救助困难户20户。发放副食补贴179人次15060元，迁入副食补贴关系2人。发放老年证10000余人次，老年人乘车卡

华苑街道长华里社区市民社会事务服务中心

4917人次。清理廉租房12户,办理限价房收入核定300余户。发放二代残疾证184人,新办理残疾证20人。慈善助困5万余元。

育龄妇女10156人,出生人口410人,其中政策内一孩393人,计划生育率99.3%。办理试管婴儿10例。接收无业人员享受独生子女父母奖励16人,发放独生子女父母奖励费17110元。免费发放避孕药具38000余盒。对独生子女死亡、伤残且不再生育的57户家庭发放奖励扶助金。建立“华苑街人口计划生育驿站”博客,公布办事指南、政策问答、法律法规、优生优育和科技服务等知识。

(贺 云)

嘉陵道街道

嘉陵道街道位于南开区西部,辖域东起红旗路,西至陈塘庄铁路支线,南临天拖北道,北抵密云一支路、长江道。2011年,街域面积3.672平方公里。划分16个社区,户籍人口2.93万户7.92万人。除汉族外,有回族720户2071人,蒙古族25户108人,满族103户381人,以及土家、布依、纳西、俄罗斯、瑶等15个少数民族26户142人。

界内有中学2所,小学5所,医院1所。区委党校、区民政局、环保局、环卫局、消防南开支队、公安南开分局经侦支队、交管南开支队亦坐落界内。

2011年,引进企业283家,招商引资到位额3.17亿元,完成计划的634%,其中市外资金8800万元,完成计划的126%。协税护税2422万元,完成计奖目标的168.8%、工作目标的150.6%、冲刺目标的148.1%。认定科技型中小企业27家。

提升改造石屏里、会泽园、乐至里和川南里4个社区。整治楼栋17栋,楼门82个,违章建筑7间62平方米,棚亭22个,违章圈占46处,粉刷楼道82个,粉刷楼体外墙7195平方米,油饰护栏1.61万平方米,立面清拆各类吊挂物643件,清运垃圾杂物和拆违杂土500多吨。投放鼠药2.2吨,安装投药盒3000个,鼠密度小于3%。专职消杀员每两周消杀5次,楼道消杀3次,未发生疫情。“城管通”使用管理采集信息1400余条。6月,完成福川菜市场提升改造。

为78名优秀学生发放助学金9.07万元,为7户低保及残疾人家庭免费安装暖气,发放各类医疗救助5.81万元。发放残疾人救助金437人,发放残疾家庭燃油补贴77户,免费为视力残疾人做白内障复明手术4人。办理老年证771个,为265名老年人提供居家养老服务。办理廉租房实物配租7户,办理廉租房租房补贴、经济租赁房租房补贴173户,限价房收入认定345户。

新增失业登记762人,发放就失业证1278册。采集就业信息4800条,开发就业岗位5696个,安置4384人。组织下岗失业人员参加公益性招聘活动10余场,办理续接社会保险1561人,十种就业困难群体认定547人。走访居民80户,签订就业援助协议80人,新增灵活就业保险补贴398人,年审1760人。办理新增失业保险金待遇252人,失业金一次性申领71人。新增城乡居民医疗保险参保3149人,药费报销219人。新增城乡老年人生活补助费登记10人。受理社会保障卡10466件。办理死亡失业人员个人账户一次性支取8人,未续接社会保险人员退休手续9人。残疾人参加城乡居民基本养老保险缴费补贴162人。开展“四送”(送政策、送岗位、送服务、送温暖)活动,中央电视台、天津电视台专题报道。

办理一孩生育服务证520份,独生子女证92份,计划内二孩审批32份。发放独生子女费1700人9万元。育龄妇女查体400余人,服务流动人口200人次。全员人口库、育龄妇女库、流动人口库信息录入、审核、修改1500条,与社区计生家庭签订计生诚信协议320户,报销政策内经济困难家庭计生手术费25人。发放特别扶助金284人59.37万元。独生子女伤残、死亡家庭新户调查摸底43人。重新整合建立16个社区基层计生协会,救助社区单亲、困难独生子女家庭25户,发放米、

嘉陵道街道老年大学面塑班结业仪式

面、油价值5000元。救助困难家庭优秀学生3名1500元。开通计生微博，开展“5·29”协会会员日、“7·11”世界人口日、“10·28”男性健康日、“12·1”艾滋病日等主题宣传活动。利用中小学生寒暑假社区活动，开展青春期教育。

（徐宴嫔）

万兴街道

万兴街道位于南开区东部，辖域东起卫津路，西至红旗路，南临鞍山西道，北抵长江道、南京路。2011年，街域面积3.54平方公里。划分22个社区，户籍人口4.32万户12.11万人。除汉族外，有回族888户2660人，满族213户820人，朝鲜族32户129人，蒙古族36户263人，以及维吾尔、苗、土家、壮、锡伯等27个少数民族28户206人。

界内有天津轻工业设计院、天津药物研究院等10个科研单位，天津市人民检察院等17个行政事业单位，天津市中新药业股份有限公司等8个市属企业。大学4所，中学2所，中专4所，技校1所，小学5所，幼儿园4所，医院3家，大型超市2家。天津市儿童福利院分院、南开文化宫、科技宫和少年宫亦坐落界内。

2011年，引进项目106个，招商引资到位额1.63亿元，完成计划的326%，其中市外资金7313万元，完成计划的104%。协税护税1753万元，完成计奖目标的117%，工作目标的105%，冲刺目标的103%。零散税源征收902万元，留区税收348.35万元。引进科技型中小企业32家，成功申报亿元楼宇3个，仲凯国际大厦、环球置地广场2个楼宇实现税收亿元目标。

重点提升春香里、灵隐南里两个社区19栋楼61个楼门环境水平。拆除违章建筑14间130平方米、棚亭33间、圈挡31处，清理各类堆物1000吨，清除乱贴乱画1200处，粉刷外墙3.6万平方米，封堵窗改门40处，粉刷楼道4.3万平方米，粉刷首层610平方米，油饰首层护栏9300平方米，修补围墙1000平方米，修补社区大门100平方米，为两个社区规范门卫室，更换垃圾容器167个。市容环境综合整治，拆除吊挂物86个，改造48栋楼194个楼门，提升257栋楼1138个楼门。春季卫生清整，做好灭鼠、灭蟑、灭蚊蝇工作，投药815公斤，发放蟑螂药1800袋。

发放就失业证1178册，收发失业人员档案2401份。为580余人办理困难家庭就业援助的审核、认定、申报。新增困难人员社会保险补贴496人，社会保险补贴2782人。办理养老保险接续手续3483人。发放失业金491人，办理失业金一次性领取145人。采集就业信息3260条，开发就业岗位2861个，安置就业1803人。组织400余名下岗失业人员参加免费培训，15人参加创业培训。为15人办理小额贷款审核申报手续。办理城乡居民养老保险参保175人。发放老年人生活补助1844人，办理城乡居民医疗保险3400余人，办理社会保障卡登记申领手续7800余人。

开展特困残疾人春节慰问活动，慰问残疾人80人，发放慰问金3000元。办理残疾人特困救助33人，大病救助2人，特困残疾家庭救助516户。助残日期间向肢体残疾人捐赠轮椅4部，办理白内障复明手术登记13人次，登记无障碍进家庭、进社区37户，免费安装暖气登记2户。为特困精神残疾人办理免费服药5人。成立残疾人博爱合唱团，在天津市残联举办的“建党90周年红歌大家唱”活动中获集体二等奖和优秀组织奖。为精神残疾人办理救助住院1人、住院减免1人。办理残疾家庭助学120余人，第一批发放助学金4.36万元。

2月，与22个社区签订目标责任状，奖励兑现达标社区居委会。完善“万兴街计划生育交流中心”博客，加大政策宣传力度。全年举办32场生殖健康知识讲座，4500名育龄妇女参加。完善信息化数据库，录入信息21567条，修改数据23658条，录入新婚卡片2145张。为育龄妇女免费发放药具5238箱，生殖健康查体1786人。与辖区6000余名育龄

万兴街道玉皇里社区读书活动

妇女签订诚信责任书。完成全国流动人口抽样调查工作，对4个居委会200户家庭进行问卷调查、微机录入并上报。

（王　凤）

兴南街道

兴南街道位于南开区东部，辖域东起南门外大街，西至南开五马路、南丰路，南临长江道、南京路，北抵南马路。2011年，街域面积1.7平方公里。划分9个社区，户籍人口1.74万户4.52万人。除汉族外，有回族503户1413人、满族67户217人，以及蒙古、朝鲜、土家、白、黎、纳西、锡伯、俄罗斯等13个少数民族31户128人。

界内有市级重点中学1所，区级重点中学1所，私立小学2所，幼儿园2所，医院2所。天津市高级人民法院、周恩来青年时代在津革命活动纪念馆、今晚报社、中国石化天津石油分公司、天津百利机电控股有限公司、家乐福超市海光寺店、3522工厂、清真东大寺坐落界内。

2011年，招商引企66家，选商引资实际到位额2.46亿元，实现区级目标的492%、市级目标的101%；协税护税1306.27万元，完成计奖目标的103.66%、工作目标的92.56%、冲刺目标的90.91%。完成税务代征总额735万元。发展科技型中小企业19家，发展科技小巨人1家。

拆除寿康里1、2号楼，耀远里1、4、5号楼，华兴楼及南开五马路37号吊挂物139件。重点整治耕耘里社区、紫光山庄和耀远里社区，拆除违章棚亭1间，违法圈占12处，粉刷外墙4100平方米、楼道36000平方米，油饰护栏1827平方米，清运垃圾堆物160吨，规范首层护栏顶板406平方米、挡板609平方米，维修大门50平方米。拆除其他社区内违章棚亭5处、违章建筑3间、圈挡10处，清除垃圾死角3个，清理堆物堆料及楼道杂物150吨。对源德里2、3、4号楼，荣厚里1、2号楼更换窗户、空调移机、更换护栏、拆除飘窗护栏138件。社区免费投放鼠药228公斤、蜡块30公斤、塑料鼠盒1800个、浇注鼠盒100个。

新增登记失业人员543人，安置257人。新增领取失业金118人7.06万元，办理小额贷款7人35万元，自谋职业补助2人6000元。办理社保卡5078人，城乡居民养老保险新增3人、续缴31人，新增残疾人养老保险96人，办理灵活就业保险补贴237人，城乡老年人生活补助7人，城乡居民医疗保险1768人。采集就业信息1504条，安置失业人员2273人次，二期网求职录入2242人次。

发放困难群体救助金14.46万元，大病临时救助5.61万元，困难家庭优秀学生救助金2.67万元，冬煤补助26.7万元。办理二代残疾证1025个。每月为17户残疾家庭发放实物救助券，春节期间慰问残疾家庭32户，解决残疾人就业问题6件，免费做白内障手术19人，重残家庭安装暖气3户，残疾人家庭免费安装无障碍设施19户，免费体检68人，发放盲杖37个、轮椅5个。居家养老服务132人，发放敬老卡4462张，办理老年证2426个。办理廉租住房6户，租房补贴54户，限价商品房136户。创建源德里小区为“十个一”配套工作示范小区。调解物业管理纠纷45件。

育龄妇女4972人（人在户在2581人、人在户不在1904人、外嫁入228人、流动人口259人），全年出生238人，其中政策内一孩230人、政策内二孩8人，计划生育率100%。年内申报政策内二胎21例，计划生育家庭特别扶助97户160人；发放独生子女证56册，避孕工具4880盒。在喜来英大世界免费对0—3岁婴幼儿健康成长抽样测试133例。组织关爱流动人口活动，制作发放兴南街“关爱连心卡”400张，为流动人口育龄妇女健康查体57人，免费给流动人口独生子女办理意外伤害保险33人。为135户单亲家庭建立信息档案，开展协会志愿者与单亲家庭联谊活动，举办青少年健康成长大讲堂心理知识讲座，组织单亲家庭津城一日游。

（徐　莹）

体育中心街道

体育中心街道位于南开区南端，东起卫津南路，西至水上公园东路、宾水西道，南临津浦铁路陈塘庄支线，北抵苍穹道。2011年，街域面积5.26平方公里。划分12个社区，户籍人口1.18万户3.14万人。除汉族外，有回族154户424人，满族87户358人，朝鲜族68户169人，以及蒙古、彝、壮、锡伯等20个少数民族39户182人。

界内有中学1所，小学1所，幼儿园4所，医院5所，科研、行政、企事业单位228家。中国电子科技集团公司第18研究所、中国农业银行党校、公安部天津消防研究所、解放军464医院、市民政局、市残联、市市容园林委、市奥林匹克中心体育场、市老年活动中心、市女子监狱亦坐落界内。

2011年，引进企业127家，招商引资协议额2.6亿元，到位额2.4亿元，完成区工作目标的371%。协税护税1834.5万元，完成计奖目标的125.4%、工作目标的111.9%、冲刺目标的109.98%。零散税征收613.16万元。发展科技型企业13家。奥城商业广场4、11、12号楼完成税收2.97亿元，留区税收3900万元，实现亿元楼宇税收目标。

向居民发放《天津市城市管理规定》宣传册3000余份,在凌研里、金福里、宁乐里、阳光花园、金森园、金谷园、金禧园、金福南里等社区进行大规模集中清整,清理堆物堆料50车70吨。开展集中义务劳动8次,出动340人次,清理垃圾废弃物60吨。对居委会持有“城管通”的工作人员进行专题培训4次、现场培训3次、讲评会2次,确保3月“城管通”手机开通运行。在街域23个自然小区免费投放鼠药160公斤。协调彩虹花园物业公司及区市政局排水、道路部门,解决该小区门前道路破损、无排水管网问题。7月27日区市政局排水十所进驻现场铺设排水管道,并纳入排水大管网;区市政道路所重新硬铺道路,并纳入市政养管范围。

组织招聘会10场,提供就业岗位1182个,安置355人。组织128名失业人员参加市、区劳动部门组织的技能培训及考试,83人参加再就业技能培训,5人参加创业培训。调整586名老人的老年补贴和133名老人的养老保险。为62名新生儿办理城乡居民医疗保险手续。为50名年满60岁的参保人员办理退休手续。办理城乡居民医疗参保手续486人,申领手续5470人,发放社保卡1870张。办理参保人员药费报销64人36万元。发放失业救济金88人60余万元,办理特困认定101人,小额贷款3人。

春节期间,向低保、特困户85户155人及129户困难边缘家庭发放扶贫助困资金、实物15.68万元,向29户低收入家庭发放实物救助6989元,向23名优抚对象发放慰问金4.44万元,向6名军烈属发放慰问物品1200元,向37户困难边缘残疾人家庭发放临时救助金、实物6230元。发放副食补贴191人1.72万元,报销低保户和优抚对象暖气费4.53万元。办理居民租房补贴15户,经济租赁补贴6户,公共租赁房4户,限价房收入核查60户。有持证残疾人347人,发放残疾中小学生助学金13人5800元。发放敬老卡340张,补办敬老卡91张;发放百岁老人补贴2.58万元;居家养老新增6人,有20人享受该项服务。

有已婚育龄妇女8631人,新生儿出生401人,计划生育率98%,完成计划生育任务指标。补录已婚育龄妇女子女姓名、身份证号码等信息3000条。对全街2008、2009两年度36名计划生育家庭特扶对象资格进行确认、审核,登记新增特扶家庭,办理新增人员申请登记审核上报7人,发放特扶金8.74万元。帮助贫困大学生张璇获得幸福工程助学款4000元。

(谭　睿)

向阳路街道

向阳路街道位于南开区西北部,辖域东起咸阳路,西至芥园西道、陈塘庄铁路支线,南临长江道、密云一支路,北抵南运河。2011年,街域面积3.887平方公里。划分17个社区(含西横堤片3个),户籍居民3.80万户10.34万人。除汉族外,有回族1033户2980人,满族111户405人,蒙古族33户125人,朝鲜族10户37人,以及苗、壮、土家、黎、达斡尔、锡伯等15个少数民族12户61人。

界内有中学1所,小学6所,幼儿园2所,国家重点职专1所。国家海洋技术中心,天津市针织运动衣厂,市津水自来水配套有限责任公司等大型企事业单位43家,新南马路五金城坐落界内。

2011年,引进企业158家,招商引资协议额2.24亿元,到位额1.68亿元,完成计划的141%,其中市内资金8706万元、市外资金8128万元,分别完成计划的175%和117%。零散税源征收244.11万元。协税护税1393.41万元。4月,环兴科技园一期揭牌,成为街域首个科技型企业“孵化器”,入驻科技型企业27家。

对芥园西道景观路两侧留园里、锦园里、安泽里3个社区楼体的窗护栏、半栏及鸽子笼、遮阳罩等进行市容景观规范。拆除快速路两侧景观路中密云里、延安楼、宇翔园等社区窗护栏129个。结合市容环境综合整治活动,对宁强里、安泽里、留园里3个自然小区进行清脏治乱综合整治,出动车辆100余辆次,拆除违法建设12间,违法棚亭、违章圈占及违章堆物63处,清运杂物34吨,粉刷外墙1.81万平方米、楼道9387平方米,油饰护栏1248平方米,规范首层护栏顶板3480平方米、护栏挡板3263平方米。对居民区清整35次,出动车辆240余辆次。5月,芥园里社区被列入大板楼节能改造计划,拆除窗护栏1532个,贴保温层5万平方米,更换塑钢窗1.4万平方米。为78个自然小区、360个驻街单位投放鼠药150箱,毒饵1000公斤,灭蟑药品300袋。

办理失业人员城镇养老保险、医疗保险手续1321人。办理困难人员就业援助认定943人,灵活就业保险补贴546人,发放失业保险金1145人次。办理社会保障卡18255张。采集就业信息5361条,安置下岗失业人员3994人。举办招聘会2场,591名求职者达成就业意向。举办复员军人工作推荐座谈会1次,对街域退伍军人进行培训和职业介绍。

开展助学助孤工作,对新考入一本大学的18人发放助学金7.2万元,对考入二本大学的6人发放一次性助学金1.2万元,报销学费4.24

万元。办理廉租房13户,8户特困家庭享受住房保障政策。336名老人享受居家养老服务,新增5人,注销14人。办理60岁以上老年证694个,70岁以上老年证225个。办理残疾证203人,为2087名残疾人进行康复汇总,对359名残疾人提供居家托养服务,为1594人发放副食补贴14.19万元。

办理一孩生育服务证634人,审批二孩生育33人。办理独生子女证307人,发放独生子女奖励费2.03万人10.1万元。报销计划生育手术费15人3120元。办理流动人口婚育证20人。为32名社区流动人口独生子女免费办理健康保险。新增独生子女伤残死亡家庭特别奖励扶助对象40人。发放独生子女家庭伤残死亡特别扶助金401人次83.14万元,其中独生子女伤残扶助金273人次52.42万元,独生子女死亡扶助金128人次30.72万元。启动全国计生工作PADIS信息网络系统和天津市育龄妇女WIS数据库,并进行2个系统对接,完成3万余人信息数据的搜集、整理和录入。为社区群众进行妇科生殖健康查体564人次。对27户计划生育特困家庭(流动人口2户)进行慰问。

(陈 霈)

学府街道

学府街道位于南开区中部偏东。辖域东起卫津路,西至红旗路,南临复康路,北抵鞍山西道。2011年,街域面积4.7平方公里。划分14个社区,户籍人口2.12万户9.49万人。除汉族外,有回族380户1499人,满族207户1489人,蒙古族52户536人,朝鲜族20户192人,以及藏、壮、维吾尔、苗、白等少数民族54户962人。

界内有航天科工集团8358所、国家海洋局天津海水淡化研究所等科研单位18个。有大学2所,中学4所,幼儿园4所,医疗单位3所,企事业单位2100余家。天津科贸街坐落界内。

2011年,引进企业44家,选商引资到位额2.36亿元,其中市外资金到位额2261.78万元,完成区级工作目标的472%。协税护税1872.87万元,完成计奖目标的128.3%、工作目标的114.5%、冲刺目标的112.6%。代征个体户定额税和零散税238.4万元。认定科技型企业41家。信诚大厦通过亿元楼宇认定,天铁大厦被打造为科技企业孵化器。

提前完成学湖三小区、景湖里、风湖里社区环境提升改造工程。粉刷楼道3.7万平方米、外墙2.1万平方米、护栏挡板1731平方米,油饰窗户栏6964平方米,封堵窗改门21处,清除违章圈挡1057处,拆除违法建设9间110平方米,清除残标1481处,清运垃圾1250吨,通过区市容园林委验收。组织学府执法中队拆除天津大学六村17号楼2门违章圈挡,阻止荣迁东里社区2楼以上窗护栏安装回潮问题,强拆学湖三院内违章建房。其他环境清整工作中,清理堆物堆料4000余处、家禽家畜36处、废旧自行车160余辆,清除残标423处,参与清整1262人次,出动车辆789辆次,清运垃圾150吨。完成鼠密度检测工作,投放鼠药近2吨,询问灭蟑2042户,夏季病媒生物消杀14个社区。建立社区居委会"城管通"巡查工作记录,上报问题3610件、核查信息2131件,在市、区市容园林委环境数字考核评比中,多次被评为第一名。成立大干300天共同治理环境青少年志愿者队伍,动员青少年学生参与社区环境维护行动。

为7521名失业人员提供档案托管服务,安置就业1598人次,开发就业岗位1708个。办理社保卡5000张,临时卡1800张,补办卡180张。城乡居民医疗保险投保900人,参保人员报销医药费62人33.66万元。办理老年人生活补贴664人、城乡居民养老保险58人,残疾人参保70人。

低保救助283户496人,走访慰问困难家庭355户,发放慰问金8.2万元。27家社区单位及2个社区党组织与63户困难家庭结对子,发放帮扶款3.2万元。每月为89户低收入家庭发放粮食等生活用品。在四季村、天大六村和学湖里社区开展服务老年人活动。组织开展"关爱残疾人服务进家庭"、"一助一,送温暖"系列助残活动。元旦、春节期间为60户特困残疾人发放米、面、油和慰问金,为110名残疾人办理救助金,投入1万余元为2户残疾人困难家庭进行房屋刷浆、配置家具。

办理一孩生育服务证435人,二孩生育服务证17人,计划生育率99%。办理二胎审批21人。

(刘 芳)

水上公园街道

水上公园街道位于南开区南部,辖域东起卫津南路、水上公园东路,西至红旗南路,南临苍穹道、宾水西路,北抵复康路。2011年,街域面积5.633平方公里。划分10个社区,户籍人口1.29万户4.34万人。除汉族外,有回族166户628人,满族85户458人,蒙古族32户204人,以及苗、壮、白、土家、朝鲜、高山等少数民族36户389人。

界内有水上公园、周恩来邓颖超纪念馆、天津图书馆、天津网球馆、复康路游泳馆、天津跳水馆。建有浩天天娇源、欣苑大厦、水轩大厦、水榭花园等高档住宅。驻有天津理工大学、天津青年职业学院等大专院校12所,小学2所,医院3所。天津社会科学院、新华社天津分社、人民日报天津分社、八里台新文化广场、上谷商业街亦坐落界内。

2011年,实现招商引资到位额3.4亿元。协税护税2360万元,完成计奖目标的140%、工作目标的125%、冲刺目标的122%。零散税收完成630余万元。加大科技型中小企业帮扶力度,帮扶企业60余家,帮助发展科技型中小企业15家。中天大厦、弘泽大厦被批准为亿元楼宇。

结合市容环境综合整治工作,重点对稚优里、科海7号院、居祥里、临园里4个小区提升改造。粉刷楼道9543平方米、外墙379平方米,整治围墙95延米,油饰护栏1027平方米,拆除违章棚亭9个、违章圈占30平方米,清运垃圾堆物372吨。重新铺设临园里小区甬路1.6万平方米,完善下排水1800延米基础工作。对山西省政府驻津办事处、稚优里、新华园等13个小区景观线一侧1254个外檐不规范吊挂物清拆。实行社区市容环境长效管理机制,每月一次组织清理各社区堆物与装修垃圾,全年清理堆物杂物612处394车788吨。

与36家用工单位签订《再就业用工联盟》协议书,开展就业援助月和“春风行动”活动,举办招聘会3次,全年岗位推荐1124人次。新接收失业人员档案340份,发放就失业证117册,办理小额贷款4人次。按月发放失业保险金716人次450万元,特困申报成功108人,其中零就业家庭64人、“4050”人员44人,100%实现帮扶就业。为失业人员接续社会统筹保险503人,为社区居民办理城镇居民基本医疗保险登记343人,办理社会保障卡申领2144张,临时卡申领发放850人次。

严格低保审批制度。建立低保台账管理系统和网络管理系统,为每户低保、救助卡、低收入家庭建立档案。进行低保、救助卡家庭复查、调标及分类工作。为8户居民办理廉租房补贴,为22户办理经济租赁房租房补贴,完成89户限价商品房和2户公租房收入审核工作。对69户廉租房住房补贴家庭进行复查。办理残疾证50余个。办理老年证389个,发放敬老卡812张。帮扶困难职工47人次,发放救助款7200元,新年礼包41份2万余元。救助困难学生5人次,发放救助款4400元。

与10个居委会、35个属地单位的法定代表人签订《人口与计划生育目标责任书》。全年出生288人,政策内一孩272人,政策内二孩14人,政策外二孩2人,符合政策生育率99.31%,完成区下达指标。在人口学校开展相关人口宣传和教育42次,受教育1200余人次,已婚育龄妇女计生知识知晓率90%。育龄妇女随访率95%以上,药具发放率100%。街人口计生办与社区卫生服务中心实施“计卫联手”合作模式,建立联合培训制度、联手“三查”制度、信息反馈制度和情况通报制度。开展对未婚女青年提供知心服务、为婚育期夫妇提供贴心服务、对避孕期夫妇提供放心服务、对困难计生家庭给予关心服务的全程服务活动。

(程东记)

广开街道

广开街道位于南开区中北部,辖域东起南开五马路、南丰路,西至津河,南临长江道,北抵西关大街。2011年,街域面积1.7平方公里。划分13个社区,户籍人口2.98万户8.52万人。除汉族外,有回族786户2292人,满族107户596人,蒙古族19户182人,以及壮、黎、土、土家、朝鲜、锡伯、俄罗斯等23个少数民族26户343人。

界内有大中专院校各1所,中学1所,小学3所,幼儿园2所,医院3所,金融机构26家。南开花园、危改纪念广场、公安南开分局户籍管理中心、区检察院、教育局、规划分局、天主教堂亦坐落界内。

2011年,招商引资到位额2.04亿元,完成计划的409%。征集零散税源377.34万元,完成计划的111%。协税478.85万元,完成计奖目标的102.94%、工作目标的91.88%、冲刺目标的90.28%。发展科技型中小企业15家。街域内方正中心大厦建筑面积9520平方米、13层楼、64套房屋,属办公和居住混合型楼宇,至年底入驻个体经营企业2家、律师事务所2家、有限责任公司27家。

开展市容环境综合整治工作。清理卫生死角57处,清除杂物140余车420余吨。完成5条道路两侧48栋楼房的立面清拆工作。拆除阳台护栏116个、窗护栏235个、半栏46个、遮阳罩17个。完成春夏季灭鼠、灭蟑综合治理工作。进行街域门脸底商卫生摸底调查、登记、注册。组织环境知识讲座16场。投放放心早点车46辆,满足群众早点需求。全年办复市容环境综合整治信访件52件,办结率100%。

下岗失业人员2456人实现灵活就业,参加二次技能培训460人。办理十种就业困难群体认定490人。办理城乡居民医保证3272人,报销医药费34.54万元。办理社保卡6200份,为1200名失业人员办理养老保险缴纳手续。办理就失业证247个,发放失业保险金300余万元。为1579名60岁以上历史无业人员办理生活补贴。办理灵活就业续缴养老保险1973人,缴费23.06万元。

办理1812户低保户和129户救助卡家庭审核调标。全年发放低保金1131.95万元，救助金23.07万元。109名低保人员报销医药费10.7万元，发放扶贫助困资金447户773人。换发第二代残疾人证2000个，开展“春满南开，助明、助听、助行”活动，向残疾家庭孩子发放助学金5.2万元。办理廉租房补贴和经济适用房补贴81户4.3万元，办理限价商品房316户，公租房17户。

成立由社区禁毒工作站、综合治理信访服务中心、街道、派出所联合组成的应急小分队。以街道、派出所、物业、平安志愿者“四方联合”形式联防，可控性案件下降15%。排查治理安全隐患1300余条，整改1200余条，整改率95%。年内接待来信、来访802件，其中市、区热线转件20件，市、区信访转件150余件，集体访6批500余人，办结率98%。

（郭　玥）

长虹街道

长虹街道位于南开区北部偏西，南起长江道，东、北至津河、南运河，西临咸阳路。2011年，街域面积2.635平方公里。划分13个社区，户籍人口2.22万户5.80万人。除汉族外，有回族670户1836人、满族89户266人、蒙古族13户63人，以及维吾尔、朝鲜、锡伯、土家、维、苗、彝、哈尼、壮9个少数民族16户50人。

界内有天津市电子信息职业技术学院和中等专业技术学校4所、中学4所、小学3所、幼儿园2所。有黄河医院、天津怡泰医院、汶水医院、咸阳医院4家医疗单位；天津血液中心等国有、集体企事业单位40家；合资、外资企业3家；黄河影剧院、长虹公园等娱乐场所11处。中共南开区委、区人大、区政府、区政协亦坐落界内。

2011年，招商引企177家，招商引资到位额4.61亿元，完成计划的922.9%，其中市外资金到位额1.84亿元，完成计划的262.8%。留区税收1507.4万元，分别完成计奖目标的164.9%、工作目标的147.2%、冲刺目标的144.6%。征收零散税269.8万元。发展科技型中小企业32家，大通大厦和世纪华远不锈钢城2个“科技孵化器”挂牌。确定虹畔大厦为“亿元楼宇”，确定大通大厦和赢寰大厦为区级重点楼宇。

实施市容环境综合整治重点工程。以拆除小区内违法建筑和封堵私开门脸为重点，改善居民出行状况。开展“同在一方热土，共建美好家园”主题活动，向社区居民发出“人人动手、清洁家园、美化社区”的倡议书。清理楼道杂物和院内堆物，并对楼道、外墙窗护栏、大门等粉刷，对破损墙体修补。清理建设新街私搭乱盖、乱摆卖、乱圈占等问题，拆除违章棚亭及圈占165处、清运垃圾杂土60余吨。拆除山水小区违法圈占6处，封堵私开门脸1处，清理楼道杂物12个楼门，清理院内堆物20余车，经市、区市容园林委验收达到标准。

新增失业登记人员1070人，档案迁出61人；领取失业救济金217人，办理“4050”保险补贴386人，人事代理2318人，正常退休4人，病退申报7人。采集就业信息3347条，开发岗位10777个，安置失业人员687人，其中“4050”人员198人，认定困难失业人员467人。发放老年人生活补助1450人。参加城乡居民养老保险110人。办理新生儿城居医保缴费155人，受理医疗费用报销145人。办理城乡养老参保缴费56人。完成对原“五七”退养人员的归集、整理、上报工作。

为居民发放副食补贴993人8.8万元；发放优抚对象临时救助3000元，冬煤补贴39.9万元；免费安装低保家庭暖气4户；发放困难家庭优秀大学生助学金8人，残疾家庭子女助学金49人3万元；办理残疾家庭生活补助金45户5600元。核查享受限价房补贴192户，办理廉租房补贴33户，经济适用房补贴105户；核查公租房收入25户；办理廉租房家庭手续4户。

有育龄妇女768人，生育新生儿356人，其中二胎8人，办理二胎指标审批20人。核查流动人口1567人，其中育龄妇女403人。开通长虹街计生办交流博客，与260户居民签订“南开区诚信计生协议书”。组织230名社区育龄妇女、30名贫困母亲免费健康查体，资助1名符合条件的计划生育困难家庭应届大学生。为156户独生子女死亡或伤残家庭发放特别优抚金30.57万元，发放独生子女费7.28万元，办理独生子女退保10人。在雅园里和芙蓉南里社区完成三个阶段国务院流动人口监测工作，对40名流动人口育龄妇女和200名调查对象进行入户调查和网上录入提交。

（田洪军）

鼓楼街道

鼓楼街道位于南开区东北部，辖域东起海河，西至西马路，南临荣吉大街、兴安路、南马路，北抵北马路、通北路。2011年，街域面积2.117平方公里。划分6个社区，老城厢社区工作站2个。户籍居民2.26万户5.12万人。除汉族外，有回族620户1599人，满族112户309人，蒙古族19户66人，朝鲜族14户44人，以及苗、壮、黎、布依等9个少数民族8户34人。

界内有天津民俗博物馆、古文化街、天后宫、文庙、广东会馆、鼓楼商业街等旅游景点。有天津市人民检察院第一分院、市第一中级人民法院、市消防局等市级单位,高级中学1所、小学1所、医院1所,新安购物广场、远东百货、乐天百货等工商服务企业亦坐落界内。

因界内建有鼓楼而得名。解放前,鼓楼北地域属第八区,鼓楼南地域分属第七区和第十一区,设保甲制。解放后,取消保甲制,建立街公所。1954年6月,街公所改称街道办事处。1958年10月,西北角街与西南角街合并,改称鼓楼西街,划归和平区。1960年4月,改建成东北角、东南角和鼓楼西3个人民公社。同年10月,划归南开区。1962年10月,恢复东北角、西北角、东南角、西南角4个街道办事处。1993年1月1日,东北角、西北角两街道合并,命名鼓楼北街道办事处;东南角、西南角两个街道合并,改称鼓楼南街道办事处。1999年3月,南开区街道行政区划调整,将鼓楼北、鼓楼南街道合并为鼓楼街道。街境辖区俗称老城厢,是天津的发源地。

2011年,引进企业381家,其中科技型企业16家。招商引资到位额4.10亿元,完成计划的822%,其中市外资金到位额2.64亿元。协税护税1797.57万元,完成计奖目标的141.99%、工作目标的126.77%、冲刺目标的124.57%。零散税源稽征额360.49万元。

5月,批量换发社会保障卡工作启动,受理42个单位集体换卡,制卡465张。新增就业人员749人,其中安置下岗失业人员407人、就业困难人员342人。发放就失业证775册。办理小额贷款3人,新增领取失业金142人,新增灵活就业保险补贴270人。为29名失业人员办理病退材料申报。为2209名失业人员代缴养老保险;城乡居民医疗保险参保1542人,保险报销162人;城乡养老保险参保19人;发放老年人生活补助12人;办理社保卡3633张;求职登记330人,采集信息927条,职业介绍668次,安置54人,签订用工协议27份。为91名残疾人办理城乡居民养老保险缴费补贴。

向1034户低保、特困、低收入、优抚对象和定期救助家庭发放冬煤补贴、暖气救助款近56万元。全年为119名残疾人办理残疾证,换发二代残疾人证26人,迁出5人,改级5人,补办残疾证7人,补办救助卡5人。为20名视力残疾人发放助行盲杖,为10名精神病患者办理免费吃药,对1243名残疾人进行康复需求登记工作。办理老年人优待证600余本,发放敬老卡300余张,补办敬老卡90余人,为2名百岁老人办理营养补助费。发放副食补贴1000余人9万余元。全年受理廉租住房补贴申请104户,发证48户;受理实物配租补贴申请56户;受理经济租赁房租房补贴319户,发证156户;为153户购买限价商品房和35户申请公租住房家庭出具收入核查证明。

1月,为3户计生特别扶助家庭送去米、面、油等生活物品,价值500元。4月18日,组织辖区育龄妇女200余人到人口服务中心进行妇科查体。4月25日,邀请区计生委领导为社区计生主任、计生干部进行业务知识培训。纪念"5·29"协会会员日,组织辖区育龄妇女、协会会员、社区志愿者开展"关注女性健康知识,打造美丽健康人生"知识讲座,70人参加。与育龄妇女签订协议200份,信访接待咨询800人次。全年为重点对象提交信息846条,反馈761条。发放独生子女保健费700人2万余元;发放特别扶助金111人23.47万元;征收历年社会抚养费7例23.3万元,征收比例83%;报销手术费12人2000元。开展"恩爱家庭"促进计划项目工作,6户家庭被评为"五星新婚家庭"。利用社区资源开展0—3岁婴幼儿成长状况抽样调查测评活动,200个家庭200个独生子女参与。在市、区杂志刊登信息19篇,南开有线电视报道2次,天津新闻报道1次。

(韩　萌)

王顶堤街道

王顶堤街道位于南开区西南部,辖域东起红旗路、红旗南路,西、南至津浦铁路陈塘庄支线,北抵天

鼓楼街道市民社会事务服务中心

拖北道。2011年,街域面积5.016平方公里。划分23个社区,户籍人口4.1万户11.1万人。除汉族外,有回族789户2435人,满族196户667人,蒙古族48户173人,朝鲜族27户90人,以及苗、壮、瑶、高山等18个少数民族25户100人。

界内有大学3所,中学5所,小学5所,医院2家。有约翰迪尔天拖有限公司、天津食品公司冷冻厂、天津勘察院、天津市泰通客运公司、天津评剧院等企事业单位426个。

2011年,引进企业47家,其中科技型企业5家。招商引资到位额1.67亿元,完成计划的333%,其中市外资金8096万元、市内资金8559万元。协税护税206.6万元,完成计奖目标的142.88%、工作目标的127.53%、冲刺目标的125.37%。零散税源征稽304万元。

完成快速路简阳路沿线楼体吊挂物拆除工作,拆除立面违章护栏680余个。提升改造迎水西里精品小区,拆除翻盖楼前小房80间,拆除小区内各类楼体吊挂物1043个,空调移机410台,楼体粉刷19760平方米,护栏油饰4060平方米,拆除各类违章建筑48平方米,违章棚亭、圈挡348平方米,清理楼道及楼间堆物堆料850吨。开展鹤园北里等3个社区的综合整治工作,拆除各类违章建筑40平方米,违章圈占、棚亭440平方米,清理堆物堆料960吨。清理保山南里楼道堆物,出动人员72人次,清运车辆32辆次,拆除违章圈挡12个,清理各类易燃物、生活杂物、垃圾84吨。

7月,举办劳动保障政策咨询招聘大会,41家招聘单位参加,200余名下岗失业人员入场应聘咨询,发放宣传材料260余份,政策咨询百余人,达成招工意向45人。采集就业信息、开发就业岗位5800个,与20家企业签订再就业联盟协议,职介网上登记3100人,培训下岗失业人员320人,办理小额贷款15人,安置下岗失业人员2701人,其中"4050"人员1860人,特困人员738人。接转档案关系4651份,办理就失业证1723册。发放失业金6802人次,其中新增380人,办理自谋职业12人,为580名失业人员发放医保卡,为3名失业人员办理退休手续,办理病退14人,办理丧葬费13人。1902人参加养老保险,其中续缴1227人,新增675人,为2619人办理灵活就业保险补贴,3874人参加城镇居民医疗保险。办理社保卡11169张,临时卡3321张。

新增低保户169户,救助卡户14户。年底有低保户1135户2193人,救助卡户50户137人,低收入家庭518户。全年发放低保金907万元,救助金7.9万元,为低收入家庭发放实物价值54.7万元。对临时困难家庭发放救助金14万元。发放民政事业费、副食补贴及困难户冬煤补贴、暖气费报销、医药费报销等78万余元。为困难家庭考取二本大学的学生发放资助金5.4万元,为考取一本大学的学生报销学费4.66万元,为133户低保家庭开具减免学费证明。为182户低保家庭开具公产房租金资格年审证明,审核242户申请租房补贴、400户申请限价商品房、26户申请公租房的家庭收入,并上报区民政局审批。对上年度658户享受租房补贴和19户实物配租的家庭进行收入复审。

有育龄妇女2.05万人,流动人口育龄妇女763人。出生人口904人,其中一胎833例,符合政策生育率99.99%。签订《计生工作目标责任书》,建立流动人口联席会议制度。参加生殖健康免费查体800人次。开展"婚育新风进万家"活动,居民费海深家庭被评为"市级新市民家庭",并报送"国家级新市民家庭"。完成37名扶助对象调查、评议、核实、上报工作。为284人发放奖励扶助金。对全街已婚育龄妇女进行信息修改、采集、录入。街计生办被评为市级人口和计划生育工作先进单位。

(邱仲明)

河北区

概 述

河北区是天津市中心区之一，位于市区东北部，因地处海河和原金钟河以北而得名。境域地理坐标为北纬39°08′，东经117°10′。东部与东丽区接壤；西部以海河、北运河为界，与和平、南开、红桥三区隔水相望；南部与河东区毗连；北部与北辰区相邻。2011年，区域面积29.62平方公里，辖新开河、铁东路、光复道、江都路、月牙河、鸿顺里、望海楼、宁园、王串场、建昌道10个街道办事处，103个社区居委会，户籍人口24.1万户63.18万人。除汉族外，还有回、满、蒙古等26个少数民族。

2011年，河北区贯彻落实科学发展观，按照市委构筑“三个高地”、打好“五个攻坚战”和开展“调结构、增活力、上水平”活动的要求，以科学发展为主题，以加快转变经济发展方式为主线，狠抓产业结构调整、地区开发建设、市容环境整治、社会事业发展、民计民生改善和社会和谐稳定各项工作，全区经济社会保持了又好又快的发展态势。实现地区生产总值153.65亿元，比上年增长16.52%；区级财政收入24.14亿元，增长30.01%，增幅位居中心城区第一；固定资产投资95.45亿元，增长6.8%；国内招商引资到位额103.2亿元，增长10.2%；实际直接利用外资到位额1.6亿美元，增长17.5%；外贸出口2.62亿元，增长15.3%；社会消费品零售总额154.6亿元，增长18.9%。

调整产业结构，提升发展水平，推动全区产业朝高端高质高新方向发展。金融服务业等高端产业发展势头迅猛，渤海商品交易所的龙头带动能量开始释放，已上市17个交易品种，交易规模累计8500亿元，吸聚30多家金融机构、10多家授权服务机构和关联企业落户周边，其中渤海发展股权投资基金有限公司及渤海国投股权基金项目成功落户，注册资金6.07亿元。市、区两级金融机构实现留区税收1亿元，“两区一中心”的发展格局基本形成。按照“建设新园区、提升老园区、改造旧园区”的思路，占地1.2平方公里的张兴庄综合性产业园区规划建设启动，完成纺机绿领低碳产业园区改造，落户企业64家、注册资金2.36亿元，开辟出一条利用老旧厂房发展新兴产业的新路。13个都市产业园留区税收增长59%。楼宇经济发展迅速，重点打造税收超亿元楼宇，列为重点扶持的首批10座亿元楼宇累计入驻企业1262家，实现全税10亿元。科技型中小企业茁壮成长，全区科技型中小企业数量达898家，留区税收超亿元。文化旅游业蓬勃发展，意式风情区荣获中国特色商业街称号，经纬艺术街区实现开街，北宁公园完成创建国家4A级景区的初评审定，并举办多项旅游节庆活动，推出多条旅游精品线路，旅游产业规模不断壮大，知名度不断提高。

全年推出年度项目81个，推出34个重点项目，形成“三个一批”的项目建设格局。建立健全“四个一”项目管理机制，实施月督查、季通报、年考核机制，大力推动项目建设进度。积极推动重点地区开发建设升级，确定海河东路、中山路、金钟河大街、八马路、天泰路、张兴庄地区6个重点开发区域，形成1117万平方米开发总量规划。坚持以规划为龙头推进开发建设，完成天泰路地区、新开河两岸城市设计和张兴庄产业园城市设计的规划编制工作，完成地铁上盖深化方案的编制工作。强力推进土地征收、整理出让、项目融资、开工建设、竣工开业等各个环节，全区项目开工总量391万平方米、竣工111万平方米。海河经济发展带建设取得新进展，规划建设的321万平方米的31个项目，已建成21个项目125万平方米，茂业大厦、远洋二期等项目顺利推进。新开河两岸综合开发纳入市“十二五”规划。土地征收工作平稳进行，全年实施12个项目，安置居民2133户。

优化发展环境、改善人民生活。以强功能、提品位为重点，大力推进改造提升和市容整治，城区面貌更加美化绿化净化序化亮化。坚持“变污点为亮点、抓市容促繁荣”思路，奋战300天，开展大规模市容环境综合整治。全面完成经纬艺术街区、绿领低碳产业园等亮点项目及其周边五马路、万柳村大街等29条道路的市容环境综合整治任务，圆满完成北宁起步区、兴隆街拆违任务，高标准完成意式风情区周边楼宇整修、海河上游8公里河北区段灯光维修和夜景灯光保障任务，分步实施张兴庄产业园区周边综合整治工程，高标准整治58个社区155个小区，全区市容环境面貌得到新改善。以污染减排和生态城区建设为重点，大力推动环境建设，区域空气质量居中心城区前列。大力推进市政基础设施和生活配套设施建设，一批市政道路、里巷道路得到维护和改造。做好小型积水点、雨水管道铺设、环卫设施更新等与群众生活密切相关的工作。提升改造中纺前街等一批老旧道路。完成既有建筑节能改造65万平方米，完成二次供水改造78处，妥善解决一批老旧住宅遗留问题，群众生活环境持续改善。按照“管建并重、管随建进”方针，在“建得好、管得住”上下功夫，不断完善管理体制，加强考核奖惩，加速信息化进程，实行网格化管理，推进市场化运作，城市管理精细化、规范化、长效化建设取得新进展。

科学整合资源、合理调整布局，促进社会事业发展。制定教育工作三个三年行动规划和投资8.1亿元的教育布局调整规划，仁恒育婴里小学等一批教育重点工程投入使用。推进义务教育阶段学校现代化建设，14所中小学通过市达标验收，全区有34所学校达到现代化学校标准，办学条件得到极大改善。加强公共卫生服务体系建设，在全市率先启动规模最大、功能最全的公共卫生医疗中心建设，全面推进社区卫生服务中心和服务站建设，逐步完善全区公共卫生服务体系框架；开展区属二级医院和社区卫生服务机构双向互动，初步形成“小病在社区、大病到医院、康复回社区”的医疗卫生服务新格局；完成全国社区中医药工作先进单位创建工作；全面落实药品零差率销售，缓解群众看病难看病贵问题。稳步推进科普工作，提升居民科学素质。完善公共文化服务体系和体育设施建设，开展群众性文化体育活动，成功承办和举办天津市第四届社区文化艺术节、全民健身日等活动。

保障和改善民生，坚持以人为本，倾情倾力为群众搞服务、解难题、办实事，让广大群众享受发展成果。把就业作为民生之本，多渠道开发岗位，全年新增就业3.96万人，居中心城区前列。以扩面为重点抓好社会保险工作，城镇职工基本养老保险参保超过17万人，城镇居民养老保险和医疗保险参保分别达1.7万人和13.3万人。加强动态管理，低保工作更加规范。广泛开展“送温暖”等各项为群众办实事活动，不断健全扶贫解困长效机制。落实住房保障政策，全年启动建设保障性住房项目10个76.52万平方米，竣工项目4个18.72万平方米。多措并举提升社区建设水平。加强领导，加大投入，建昌道街在全市率先建成集聚多种服务功能的街道社区综合服务中心，成为服务群众办事的“便利超市”、化解矛盾纠纷的“绿色通道”、居民文化生活的“共享平台”。在全市率先制定社区建设三年规划，开展特色社区创建工作，广泛深入推行“一街多品牌、一居一特色”建设，有力提升家园型、花园型、服务型社区建设水平，积极探索贴近群众和实实在在服务群众的机制与方法，创造社区居委会走动办公、居民自治管理物业、居家养老服务等新经验，社区服务功能得到新提升。

维护社会和谐稳定，积极下沉政府职能，增强街道、社区功能，全区10个街道均建立综治信访服务中心，101个社区均建立综治信访服务站，成为社区群众“办事、问事、了事”新平台。坚持源头治理，建立分级分层的社会稳定风险评估体系。加强矛盾排查化解，对重点地区、敏感地段和治安案件高发地区展开拉网式排查和滚动排查，及时发现问题，消除隐患。积极推进人民调解、行政调解、司法调解相结合，构建“三位一体”、多方联动的大调解工作体系。严格落实信访和维稳工作责任制，坚持领导干部接访、下访和包案制度，解决一批群众反映强烈的突出问题和历史遗留问题。深入推进社会管理创新，加强对流动人口、“两新”组织等重点人群和组织的服务和管理，河北区被确立为全市社会管理创新试点。积极推进政务公开、信息公开。深入推进依法治区工作。扎实开展平安创建，强化综合治理，以警防、民防、技防三张网为架构，完善治安动态防控体系，依法严厉打击各类犯罪，维护全区社会和谐稳定。

（区政府办）

河北区区级领导名单

(2011年12月换届前)

中共河北区委领导名单

书　记:孙宝华

副书记:苑广睿

常　委:孙宝华　苑广睿　邢　伟　郑永盛　崔志勇　王秀文(女,回族)　姚建军　连　洁(女)　李耀进　沈志勇　徐生建　田勤耘

河北区人大常委会领导名单

主　任:吴中澄

副主任:王灵生　王　立　李国华　刘俊英(女)　李　懋(兼)

河北区政府领导名单

代区长:苑广睿

常务副区长:崔志勇

副区长:王秀文(女,回族)　于连会　杜　翔　李承毅　周　路(女)

政协河北区委员会领导名单

主　席:张俊英(女)

副主席:赵玉良(满族)　冯幸耘(女)　郑全喜　郭工潮　马丽娣(女,兼)　刘艳明(兼)　刘文伟(兼)

河北区区级领导名单

(2011年12月换届后)

中共河北区委领导名单

书　记:孙宝华

副书记:苑广睿　姚建军

常　委:孙宝华　苑广睿　姚建军　杜　翔　连　洁(女)　李耀进　沈志勇　李承毅　徐生建　田勤耘　李　春

河北区人大常委会领导名单

主　任:张俊英(女)

副主任:郑永盛　王秀文(女,回族)　于连会　王　立　贾凤鸣

河北区政府领导名单

区　长:苑广睿

常务副区长:杜　翔

副区长：李承毅　周　路(女)　周承光　李志琦　刘冬云(女)

政协河北区委员会领导名单

主　席：崔志勇

副主席：赵玉良(满族)　郑全喜　张景云　李根生　马丽娣(女)　刘艳明(兼)　刘文伟(兼)　王海英(兼)

(区委组织部提供)

政　治

概况　2011年，河北区深入贯彻落实科学发展观，大力实施“四三二一”奋斗目标，实现“十二五”良好开局。召开中共河北区第十次代表大会、河北区十六届人大一次会议、政协河北区十三届一次会议。认真贯彻中央和市委的部署要求，围绕科学发展和谐发展率先发展的中心任务和“调结构、增活力、上水平”活动要求，配合市委考察组完成区级领导班子换届工作；以推进创先争优活动为重点，深化干部人事制度改革，建设高素质领导班子和干部队伍，加强各级干部学习培训、落实人才发展规划，形成人才发展的新优势。积极稳妥实施政府机构改革，圆满完成各项任务。建立健全主要经济社会发展指标考核管理机制，实施“三引一服务”激励机制。推进部门预算、国库集中支付和政府采购等制度改革，成立区城市建设投资公司和国有资产经营投资管理公司，国有资产管理和运营机制更加完善。在全市率先完成“三类”困难企业退市工作，1.29万名职工得到妥善安置。制定完善《河北区人民政府工作规则》等一系列制度，提高决策和执行的规范化、制度化水平。自觉接受区人大及其常委会的法律监督、工作监督和区政协的民主监督，认真采纳区各民主党派、人民团体的意见，累计办理市、区人大代表建议和政协提案1287件，按时办复率和满意率均达100%。坚持依法行政，规范行政执法行为，健全监督和过错追究办法；推进政府信息公开，及时受理和解决群众反映的问题，行政效能持续提高。认真落实党风廉政责任制，做好房屋征收、项目建设、市容整治、政府采购等重点领域风险防控工作，廉洁型政府建设取得成效。贯彻落实中央和市委政法委、市综治办一系列工作部署，深入推进三项重点工作，健全社会治安综合治理工作制度，全面提升社会管理创新水平。加大矛盾排查化解力度，开展领导干部大接访，实行领导包案、下访等机制，解决一批难点和遗留问题，维护社会和谐稳定。

(区地志办)

中共河北区第十次代表大会

2011年12月6日至8日，中国共产党天津市河北区第十次代表大会在河北新闻大厦召开。大会全面总结2007—2011年的各项工作和基本经验，提出今后五年发展的基本思路、目标任务和总体要求。在经济增长指标上，提出生产总值年均增长18%，实现五年翻一番；区级财政收入年均增长20%，到2016年底达到55亿元以上。大会提出未来五年要发展沿河经济、地铁经济、高档楼宇经济，实施开发带动、产业升级、政策吸引、环境保障、和谐共建五大战略。大会选举产生中共河北区第十届委员会和纪律检查委员会，孙宝华当选为中共河北区第十届委员会书记，苑广睿、姚建军当选为副书记，孙宝华、苑广睿、姚建军、杜翔、连洁(女)、李耀进、沈志勇、李承毅、徐生建、田勤耘、李春当选为常委。会议审议通过《关于中共河北区委第九届委员会工作报告的决议》和《关于中共河北区第九届纪律检查委员会工作报告的决议》。

(何丽娟)

河北区十六届人大一次会议

2011年12月21日至24日，河北区第十六届人民代表大会第一次会议在河北新闻大厦召开。审议通过《关于河北区人民政府工作报告的决议》、《关于河北区2011年预算执行情况和2012年预算报告的决议》、《关于河北区人大常委会工作报告的决议》、《关于河北区人民法院工作报告的决议》、《关于河北区人民检察院工作报告的决议》。选举张俊英(女)为河北区十六届人大常委会主任，郑永盛、王秀文(女，回族)、于连会、王立、贾凤鸣为副主任。选举苑广睿为新一届河北区人民政府区长，杜翔、李承毅、周路(女)、周承光、李志琦、刘冬云(女)为副区长。选举郝树龙为河北区人民法院院长；选举韩东为河北区人民检察院检察长。

(朱英华)

政协河北区十三届一次会议

2011年12月20日至22日，中国人民政治协商会议天津市河北区第十三届委员会第一次会议在河北新闻大厦召开。会议听取政协河北区第十二届委员会常务委员会工作报告和提案工作报告。政协委员列席区十六届人大一次会议，听取并讨论政府工作报告和其他报告。选举马丽娣等49人为政协河北区第十三届委员会常务委员会委员；选举崔志勇为政协河北区第十三届委员会主席，赵玉良(满族)、郑全喜、张景云、李根生、马丽娣(女)、刘艳明(兼)、刘文伟(兼)、王海英(兼)为副主席，李克勤为政协河北区第十三届委员会秘书长。

(刘　杰)

人大代表选举　2011年6月至11月，河北区完成十六届人大代表换届选举工作。选举产生区十六届人大代表243名。其中，新代表106人，占总数的43.62%；中共党员代表175人，占总数的72%；妇女代表53人，占总数的21.8%；各民主党派代表27人，占总数的11.11%；具备研究生及以上学历的67人，占总数的27.57%，宗教界、少数民族、驻区部队均有适当比例的代表。全区选民40.91万人，参加投票37.97万人，参选率92.8%。其中参选率最高的达99.93%，最低的为80.08%；当选代表最高得票率是99.80%，最低得票率是51.83%。

(王晓迎)

提案办理　2011年1月，河北区正式启动市、区"两会"建议、提案办复工作。至4月，218件建议和提案的办复工作全面完成。其中，被政府部门采纳的125件，占总数的57.3%；列入工作参考的93件，占总数的42.7%。各承办部门通过座谈、走访、电话联系等方式征求人大代表、政协委员意见，基本达到100%满意。

(李　薇)

为民服务专线　2011年，河北区为民服务专线受理群众反映热线电话3563件、市政府转办件161件、新闻媒体批评意见查办126件，以上三项工作办结率均达100%。随着网络的普及，网民数量的不断增加，网民通过网络平台参政、议政以及维护自身权益的意识和能力不断增强，网络成为政府了解民情、聚集民智、解决民忧的重要平台。全年受理网民咨询、投诉、建议1742件，办结1742件，回复率100%，网民满意率99%。每月第一周的周二"公仆接待日"形成品牌，由一位区长和32个职能单位负责人现场受理群众电话。全年安排区长"公仆坐堂"10次，受理问题264件，全部办结。

(刘　明)

公务员管理　2011年，河北区各级单位招录33名学历高，综合素质好的公务员。区公务员局出台公务员平时考核办法，统一印发公务员平时考核手册，全区党政机关和参照公务员管理的事业单位全部实行平时考核。严格干部选拔任用，对区政府办、区建委、区信访办等16个单位119名拟任科级干部进行考察任免；配合区委组织部完成政府系统104名处级干部的考察任免；完成向区人大常委会提请任免的6名正处级领导干部的议案工作；完成152名科级职数审批和60名处级职数的报批工作；指导4个基层单位，对23个科级职位开展竞争上岗；先后选派33名基层干部到区"两重一关键"岗位实践锻炼，提高科级干部选拔任用工作的公信度。举办科级干部任职培训，选派人员参加天津市组织的"名家大讲堂"培训，进一步加强全区人力资源统计分析。

(王　芳)

打击犯罪　2011年，公安河北分局刑事案件破案率比上年有所上升，区域"八类案件"发案有所下降，"清网行动"取得战果。严厉打击各类经济犯罪，立案侦查各类经济犯罪案件818起，破案795起，破案率97.2%，为国家、集体和个人挽回经济损失945余万元。破获公安部督办祁斌非法经营案（此案为天津市首次侦破利用互联网进行非法经营案件）、张宏刚销售假冒产品案等一批有影响的经济犯罪案件，维护了区域正常经济秩序。严厉打击毒品犯罪，破获毒品案件253起(其中市级3起)，缴获各类毒品4500克，逮捕112人，查获吸毒人员并采取戒毒措施217人，缴获大量涉毒工具和财物，取缔涉毒娱乐场所2个。成功侦破"2·14"涉维特大跨省市贩运毒品团伙案、"8·17"董云侠特大贩运毒品团伙案。

(张雪松)

送温暖活动　2011年，河北区妇联号召文明家庭、"三八"红旗手与困难家庭牵手结对子，全区结帮扶对子2637对，走访救助单亲等特困家庭3819人次，发放救助款物119.28万元。为30名贫困学子发放今晚助学金9000元。在认领"爱心兔存钱罐"活动中募集救助金7.58万元。为4名升入重点大学的贫困生争取到"爱心社"每年5000元、连续4年的资助。为900余名单亲困难母亲免费上安康保险，保费1.8万元。动员全区有关单位为1152名女职工和社区妇女办理女性安康保险，保费3.35万元。为18名困难妇女提供"两癌"免费筛查，为4名妇女办理大病救助1.05万元，为7名困难妇女儿童办理一次性救助7000元，积极争取项目合作和资金支持，开展多元化、常态化救助工作，为遭遇突发性困难的特困妇女群体提供及时救助。

(李　冕)

经　济

概况　2011年，河北区产业结构不断优化，项目建设稳步推进，经济发展呈现良好态势。实现地区生产总值153.65亿元，比上年增长16.52%，增速位于中心城区第一；区级一般预算财政收入24.14亿元；完成固定资产投资95.45亿元；国内招商引资到位额103.2亿元，增幅为10.2%；直接利用外资到位额1.60亿美元，增长17.5%；外贸出口2.62亿美元，增长15.3%；社会消费品零售额154.6亿元，增幅为18.9%，增速位居中心城区第一；万元生产总值能耗0.71吨标准煤，同比下降4.46%，下降率位居中心城区第一。全区打造沿河经济发展带初具规模，31个载体项目中，建成白金湾等21个项目125万平方米。高端服务业聚集区效果显现，渤海商品交易所的龙头带动作用不断增强，已上市17个交易品种，交易规模8500亿元，吸聚30多家金融机构、10多家授权服务机构和关联企业落户周边，金融服务业"两区一中心"的发展格局基本形成。高档楼宇经济成为重要增长点，34座楼宇入驻企业1700家，其中列为重点扶持的首批10座亿元楼宇累计入驻企业1262家，并成功打造2座亿元楼宇。现代商业综合体建设全面启动，抢抓地铁建设契机，规划16个10万平方米以上的大型商业综合体项目，10个正在进行开发和建设，6个基本具备启动条件；创意产业基地实现新的进展，按照"建设新园区、提升老园区、改造旧园区"的思路，启动占地1.2平方公里的张兴庄综合性产业园区规划建设，完成纺机绿领低碳产业园区改造，落户企业64家、注册资金2.36亿元。13个都市产业园留区税收增长59%。科技型中小企业达898家，留区税收超亿元。

（王继伟　张文艳）

参加"津洽会"　2011年5月28日至6月1日，中国·天津第十八届投资贸易洽谈会暨第七届PECC博览会举行。河北区借助"津洽会"平台，展示"十二五"期间的总体发展规划、产业规划、发展环境和重点招商项目，并率先签订150亿元的招商引资大单，成为"津洽会"最大赢家之一。此届津洽会，河北区突出展示、宣传、招商、洽谈、签约五大功能，将河北展区打造成对外宣传展示的窗口，投资洽谈项目签约的平台。市长黄兴国亲临河北展区视察参观，高度评价河北展区布展内容。海内外客商高度关注河北展区，累计接待客商3万余人次；发放涉及地块、都市工业、创意产业、商贸服务业和楼宇等重点项目招商、科技产品展示、金融服务等内容的各类宣传册4000余份；项目咨询、洽谈累计700余人。中国绿色照明教育示范基地合作项目等6个项目当场签约。这6个签约项目总建筑面积137万平方米，总投资额150亿元，其中渤海发展基金项目总投资额5.07亿元，由市国资委发起，天津渤海海胜股权投资基金管理有限公司管理。下设基金公司、基金管理公司和团队公司，从事对国有资产和企业的资本运作，为国资保值增值服务。

（王继伟）

2011年5月28日，河北区城投公司与仁恒发展有限公司、珠光投资有限公司签约合作。

金融服务　2011年，河北区以"建设海河沿线高端服务业黄金走廊"为主攻方向，按照"抓住龙头、依托聚集、发展楼宇、服务融资、防范风险"的发展思路，金融业实现健康快速发展。新引进金融机构13户，总建筑面积7619平方米，累计实现投资额7.54亿元。金融业"两区一中心"有金融机构69户，总建筑面积5.61万平方米，总投资14.30亿元，累计实现留区税收3.06亿元。加大金融服务实体经济力度，驻区银行为区内企业提供资金支持23.65亿元，比上年增长61.51%，其中为科技型企业提供资金支持3.17亿元，有效推动驻区企业发展，缓解融资难题。

（陈熙龙）

国有资产管理　2011年，河北

区加大国有资产监督管理力度，国资监管体系更加完善，监管效能和水平得到提升。制定《河北区行政事业单位国有不动产管理暂行办法》，规范行政事业单位国有不动产处置行为，防止国有资产流失；探索新的监管方式，进一步规范全区产权交易行为，提高国有资本经营效益；理顺产权关系，做好国有资产有偿使用收入收缴汇缴工作。全年累计收缴行政事业单位国有资产有偿使用收入6904余万元，全部上缴国库。开展行政事业单位房屋不动产核实、建档工作。至年底，建立房屋管理档案159卷，现场拍摄照片929张，为国有不动产管理保留详实的第一手资料。

（朱　润）

固定资产投资　2011年，河北区固定资产投资保持稳定增长，区级重点项目库中发生投资的项目47个，投资80亿元，比重分别为82%和84%。全年固定资产投资95.45亿元，位居中心城区第二。从项目布局看，以京山铁路为界，东部地区项目26个，投资额55.3亿元，比重分别为45.6%和58%；西部地区项目31个，投资额40.2亿元，比重分别为54.4%和42%。东部地区随着金钟河大街和张兴庄地区的开发建设，投资总量比上年增长176%；西部地区由于海河沿线项目相继竣工，投资增长乏力，东部地区投资实现逆转。以中山路、建昌道沿线为界，南部地区项目34个，投资额53.3亿元，比重分别是60%和55.8%；北部地区项目23个，投资额42.2亿元，比重分别为40%和44.2%。北部地区与南部地区的投资差距也由上年的33亿元缩小到11亿元。从项目结构看，房地产项目30个，投资额77.6亿元，比重分别是52.6%和81.3%。受国家宏观调控政策影响，房地产企业不同程度地减少投资，但由于前期土地费用陆续进入投资环节，以及对房地产企业的全程跟踪，项目实际投资增长56%。非房地产项目（包括基础设施类、产业类、社会事业类等项目）27个，投资17.9亿元，比重分别是47.4%和18.7%，分别下降65%和53%。在投资主体中，非政府投资比重加大。政府投资类项目10个，实现投资3.7亿元，比重分别为17.5%和4%，主要投向公共基础设施和科教文卫等社会事业领域。非政府投资类项目47个，实现投资91.8亿元，比重分别为82.5%和96%，主要投向房地产、商贸、金融、技术升级改造等领域。其中非政府投资增长近20%。

（张文艳）

税收征管　2011年，河北区地税局利用现有数据仓库中的“BOXI”查询系统，开发制作不同的查询板块；启用全国版横向联网系统（TIPS），推进与上级机关和金融部门的信息共享，提高税款入库率。全年清理历年欠税3460万元。完成辖区2041户个体工商户的重新核定工作，保证新政策的惠民措施落到实处。受理税务登记3224户，开具零份发票9689份，录入饮食行业定额有奖发票中奖发票9.49万张，兑付奖金68.72万元，受理纳税人各种涉税事项申请5541件。10月设立服务维权岗，全天候在纳税服务厅提供导税服务、现场辅导、政策宣传、举报投诉受理、“12366”远端坐席接听等综合服务，运行两个月接待涉税咨询1000余人次。通过开展以“局长接待日”为亮点的税收宣传月系列活动，大力宣传税收政策。坚持每月一次的新开户培训，结合企业实际需求，为其讲解涵盖申报、纳税、购票、违法风险防范等实用性内容的税收知识。结合“调结构、增活力、上水平”活动，建立重点税源企业上门服务机制，深入企业50余户次，重点对土地增值税、新个人所得税等税收政策法规进行讲解和现场系统操作，为企业解决实际问题。全年安排检查192户，查补入库税款3031万元。严厉打击发票违法犯罪活动，发挥税务稽查职能作用。

（卢惠茹　何亚平）

工商管理　2011年，河北区新增企业1458户，比上年增长49.23%，新增注册资本（金）31.4亿元，增长143.62%。全年新增企业数和累计注册资本两项任务指标分别创历史新高。至年底，全区内资企业7771户，比上年上升4.41%，注册资本（金）219.07亿元，上升22.51%；外资企业实有234户，注册资本（金）3.49亿美元；个体工商户实有1.09万户，申报资金3.99亿元。新增注册商标190件，全区注册商标总量2233件，增长8.5%。“阔佬皮衣”被国家工商总局认定为驰名商标，实现河北区驰名商标零的突破，新认定著名商标5件，驰、著名商标总数23件。全年依法取缔无照经营459户，引导办照155户，立案查处25户，抄告相关部门905户。立案查处各类案件91件，罚没款总额73.29万元，比上年提高178.88%，案件总量虽有所下降，但案件质量有很大提高。

（左玉文）

物价监查　2011年，河北区物价局履行价格监督检查职能。相继开展教育收费、医药卫生服务价格、商品房销售明码标价及节日期间重要生活必需品价格专项检查，加大检查力度，增加巡查频次，以居民生活用品为重点，在全区设立22个价格监测点，密切关注市场供求和价格变化情况。严格落实价格监测工作制度,按要求做好日报、周报、月报、季报等工作,报送农副产品、蔬菜、民用煤等即时价格400余次,月情况分析12篇。受日本核泄露影响出现抢购加碘食盐风波时,第一时间向市物价局和区政府报告市场价格及供应情况,及时启动价格异常预警和应急监测工作预案,对全区5个大型超市和农贸市场实行全天候监测,扩大监测品种范围,增加报告频次,较好履行了价格监测职能。对主要批发市场、农贸市场和大型卖场进行不间断检查,宣传价格政策,规范价格行为,维护市场价格秩序。全年出动检查1721人次,检查4215户次,查处价格违法案件20件,罚款0.46万元,没收价格违法所得6.61万元,全部上缴财政,保证价格法律、法规和相关政策在全区的贯彻执行。

(张文艳)

审计监督 2011年,河北区审计局审计和审计调查109个单位,查出管理不规范金额9151.9万元,提出审计意见建议49条;财政预算执行审计88个单位及部门,查出违规资金4515万元,提出审计意见和建议26条。完成经济责任审计16户,查出违规和管理不规范资金4636.9万元,提出审计意见和建议20条,审计意见及建议落实率95%以上。对区属公益性公司再就业资金使用和管理情况进行专项审计调查,重点调查单位26个,涉及专项资金2.31亿元,针对公益性公司内部存在管理漏洞,外部管理部门监管乏力,相关政策不完善等问题,提出建设性意见5条。参与市审计局开展对河北区政府性债务审计,涉及资金额6850万元。对全区公办普通高中债务情况展开审计调查,调查学校11个,检查债务资金1955万元。重点对全区2010年政府投资和使用国有资金项目500万元以上的6个建设项目进行检查,检查资金2.36亿元。按照市、区财政部门统一部署,开展"小金库"专项治理检查,查出部分单位私设"小金库"341万元。接受区国资委委托开展对金城房地产开发公司和区建委广场地区供热中心的资产清查工作,审计资金额46.94亿元。

(周建卿)

文　化

概况 2011年,河北区文化休闲旅游业发展快速起步。相继建设意式风情区、经纬艺术街区等特色商旅街区,意式风情区被评为中国特色商业街;打造3个4A级、2个3A级和1个2A级景区景点;推出多条旅游精品线路,开展系列旅游节庆活动;积极拓展旅游市场、丰富旅游产品,文化旅游产业化、特色化进程不断加快。12月31日,河北区图书馆在市内六区率先实行免费开放。区图书馆图书总藏量30.1万册,借书处接待读者8.44万人次,阅览接待读者3.64万人次,电子阅览室接待读者1.68万人次,流通图书13.5万册次,发证3253个。区文化旅游局联合云杰律师事务所在辖区10个街道开展共建宣讲活动,举办"法学讲坛"进社区公益文化讲座,为居民提供优质便捷的法律教育服务,进一步延伸图书馆服务职能。启动河北区地方文献全文数据库建设,继续开展非物质文化遗产普查工作,"朱氏泥塑"、"中华武士会"和"小关公议高跷"3个项目列入第三批区级非物质文化遗产名录,圆满完成河北区第三次全国文物普查工作。

(孙　晨)

新闻宣传 2011年,河北区有线电视台累计播发电视新闻1863条。配合不同时期中心工作,做好区党代会、人大政协"两会"、"调结构、增活力、上水平"活动、市容环境综合整治等重大题材的宣传报道,推出"辉煌十一五"、"对话十二五"、"2011年改善人民生活十项工作"等系列报道22个。《今日河北》专栏加大宣传力度,丰富宣传手段。在外宣上,通过合作、报送等途径,在中央电视台《新闻联播》节目和新闻频道中播发新闻3条;在市级电视媒体各档新闻栏目中播发新闻103条,保持市内区级媒体市台上稿量领先位置。河北政务网上载稿件2300余篇,其中新闻类稿件1400余篇,开设专题11个;加强与各媒体联系,拓展外宣渠道,发稿数量和质量均有所提高。在市级和驻津外埠媒体刊发稿件410篇,其中在《天津日报》、《今晚报》发稿175篇,25篇稿件上"两报"头版,把河北区经济社会发展的新面貌和百姓幸福生活状态,在各级媒体上宣传报道,产生良好社会反响。全年累计播出《成长1+1》、《生活365》等自办栏目93期、专题片30多部,为迎接建党90周年策划播出百集党史类系列纪录片。加大力度打造精品和整点时段,在黄金时段播放反映河北区发展成就的自办栏目及主题节目,增播爱国主义纪录片、红色经典影片。策划、组织、录制包括河北区2010年春节联欢晚会在内的20多场文艺演出和晚会。

(刘　婷)

纪念建党90周年活动 2011年,河北区主题宣传教育扎实开展。采取媒体挂栏、演讲朗诵、知识竞赛和基层宣讲等多种形式,大力宣传党的知识、光荣历史、丰功伟绩和中国特色社会主义理论体系。组织

9600余名党员参与天津市“伟大历程、光荣使命”纪念建党90周年知识竞赛，获得优秀组织奖。举办纪念建党90周年理论征文活动，征集到高质量文章65篇。制作播出30集“奋进河北，光辉足迹”党史党建专题片，集中展播100部反映党的光辉历程的优秀影视作品，受到广泛好评。举办河北区纪念中国共产党成立90周年暨创先争优表彰大会。举办《红色唱响》河北区初赛，从41个节目中选拔出7个节目进入全市复赛。河北区作为全市四个复赛区之一，协办全市复赛活动，获得“天津市纪念中国共产党成立90周年——红色唱响大型电视活动”最佳组织奖。广泛开展“红色歌曲大家唱，红色箴言大家读”活动，以《红色唱响》活动为载体，掀起学唱、传唱红歌热潮。联合有关单位，举办全区中小学幼儿园“红心向党”读书活动，3万余名青少年用绘画、诵读红色箴言等方式，表达对党的无限赞美与热爱。

（刘　鑫）

第四届社区文化艺术节　2011年6月至8月，河北区与市文明办、市文化广播影视局共同主办天津市第四届社区文化艺术节。艺术节以“共享文化成果，共建和谐社区”为主题，坚持“人人参与文化，人人建设文化，人人享有文化”的活动理念，包括艺术节开幕式暨庆祝建党90周年大型歌曲演唱会、“国粹杯”京剧现代戏大家唱活动、优秀文艺作品征集活动、市内六区互动展演、艺术节闭幕式暨颁奖晚会5大板块、12场大型演出，《天津日报》等媒体全程报道。“优秀群众文艺作品征集活动”是此届艺术节的一项创新活动，征集380件原创文艺作品，其中诗歌作品174件，小品曲艺作品41件，舞蹈作品39件，音乐作品126件。

（孙　晨）

主题游活动　2011年4月15日，由天津市旅游局、河北区政府、市交通集团、市海河办共同主办的“津城美景走进河北”主题游活动在意式风情区启动。市旅游局副局长佟景正，市海河办党委书记耿发起，市交通集团党委副书记李蕴才、副总经理田维建，区人大常委会副主任王立、副区长于连会等区领导出席启动仪式。来自河北区社区、机关、团体的200余人乘坐双层敞篷大巴和观光旅游车，分别参加摩天轮体验游、意式风情游、名人故居游等游览项目，沿途游览望海楼、意大利风情旅游区、意大利兵营、梁启超纪念馆等重要景点。

（吴宇铭）

2011年4月15日，“津城美景走进河北”主题游启动仪式在意式风情区举行。

经纬艺术街区　2011年4月20日，由河北区与天津美术学院联手打造的文化旅游特色街区经纬艺术街区正式开街。市委常委、市委教育工委书记苟利军，区委书记薛新立等市、区领导出席开街仪式并参观街区书画展览。经纬艺术街区是

2011年4月20日，经纬艺术街区开街仪式举行。

河北区依托“文化河北”资源优势联手天津美院打造的精品文化旅游项目，该项目以近代天津中西合璧建筑风格为主背景，借鉴杭州南宋御街的设计理念，将地域与江南建筑元素有机融合，对街区立面和路面实施整体改造和整修，新建美院后综合楼，改造美院学生公寓，建成特色商铺15间，改变和调整商户经营业态10家。年内经纬艺术街区40余家商铺全部开业纳客，经营总面积2万平方米，引进德谦文化(主营范曾书画)、孙其峰美术馆、济美堂艺术馆(主营霍春阳作品)、翰瑞轩、包志宽紫砂陶艺工作室等10余个名家作品专营店入驻。开设当代艺术中心展馆和鸿德艺术展馆，举办全国名家国画展、中国版画展、霍春阳书画作品展等，街区文化影响力不断增强。

(吴宇铭)

国家4A级景区北宁公园 2011年12月3日，北宁公园顺利通过国家旅游局4A级旅游景区专家组评审考核。12月29日，国家旅游局正式批准北宁公园景区为国家4A级景区。这是河北区继大悲禅院、摩天轮、意式风情旅游区后第4家国家4A级景区，河北区4A级景区数量居全市第一。北宁公园前身是种植园，创建于清光绪三十二年(1906)，由实业家周学熙筹办。全园面积57.87公顷，沿袭古典造园手法——多以建筑为主的组景，有仿效自然的布局和园中有园的手法，也有诗情画意的构思和因地制宜的处理。水面聚分得体，湖湖相连；29座造型各异的桥涵横架两岸；2000多米弯曲迴异的长廊将水池亭榭、楼台馆阁串连一体，园内有荷花揽胜、九曲胜境、紫阁长春、待月迎风、鱼跃鸢飞、蓬湖叠翠、曲水瀛洲、静波观鱼、俏不争春、宁静致远十大景观。2009年，河北区政府对北宁公园实施改建，新建泵站将园内水系与新开河连通，达到水清水满水流动的效果。改建20座风格各异的桥梁；保留、续建仿古景观建筑25栋3.3万平方米，修复亭榭18座，长廊2000延米，构成北宁公园亭台楼榭特色。新建绿化面积22.3万平方米。2011年5月1日，提升改造后的北宁公园正式对外开放。

(吴宇铭)

李叔同故居纪念馆 2011年12月30日，李叔同故居纪念馆正式向社会开放。市委常委、市委宣传部部长成其圣，市委宣传部副部长赵鸿友等市、区领导莅临视察。李叔同故居纪念馆坐落河北区海河东路与滨海道交口，占地4000平方米，分为园林和故居两部分。园林占地面积2600平方米，由太湖石假山、人工湖、纪念亭和凉亭等组成。故居占地1400平方米，由四组院落、48间房屋组成，传统砖木结构，呈“田”字形格局，凝重而庄严。为恢复故居原貌，增强历史原真性，最大限度地复原李叔同生活起居场景，包括桐达钱庄、佛堂、中书房、意园等。在未来的发展规划中，故居纪念馆将打造成为李叔同生平业绩展示中心、人文精神宣教中心、文献资料收藏中心和学术研究交流中心。

(吴宇铭)

地方志工作 2011年，河北区地方志办公室完成《河北区年鉴(2011)》编辑出版工作。年鉴分为23个类目，1112个条目，设彩页照片280余幅，随文照片113幅，近70万字，全面记述了2010年全区经济社会发展的新变化、新成果、新面貌。完成《天津区县年鉴(2011)》“河北区部分”的撰稿工作，包括河北区概述、区级领导名录、区县纪要、街道4大类目，近5万余字。5月19日，河北区年鉴工作总结表彰暨培训会在西青区杨柳青庄园举行，全区58个单位近70名年鉴撰稿人参加培训，对在年鉴工作中取得优异成绩的36个先进单位和34名先进个人进行表彰。会上，区地志办针对年鉴工作中存在的问题和不足进行分析，对年鉴稿的撰写方法、体例要求等进行讲解，帮助编纂人员掌握撰稿技能，提高编纂质量。年内，区地志办克服人员少、经费不足等困难，通过广泛收集年鉴编纂的相关资料，征求专家意见，吸取市地志办及各区县地志办的先进经验，结合近10年的编纂经验和实例，编写《河北区年鉴编纂工作手册》一书，为全区年鉴撰稿人员提供学习、借鉴、参照的教材，为开展统一培训、提高年鉴编辑人员业务水平提供有价值的参考。

(朱英华)

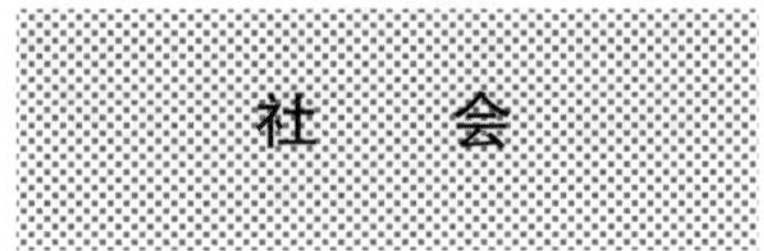

社　会

概况 2011年，河北区注重改善群众生活，不断提升就业创业工作水平，累计新增就业14.5万人，完成率居全市前列；开展和谐劳动关系创建活动，创建和谐企业数量处于中心城区第一。以扩面为重点抓好社会保险工作，城镇职工基本养老保险参保人数超过17万人，城镇居民养老保险和医疗保险参保人数分别是1.7万人和13.3万人。困难群体生活得到有效保障。全面落实各项住房保障政策，累计有3.95万户中低收入住房困难家庭受益。加快各类保障性住房建设，累计竣工148万平方米。坚持教育优先发展。完成第14中学、育婴里小学新校区等一批重点工程；扎实推进义务教育阶段学校现代化建设，34所中小学通过天津市现代化学校达标验收，占义务教育阶段学校总数的91.9%；学校安全工程建设任务顺利完成；素质教育取得较快发展。改扩建第一医院；完成一批社区卫生服务中心达标改造和社区卫生服务站规范化建设任务；创建全国社区中医药工作先进单位。人口计生工作基础不断夯实，被评为国家级计划生育优质服务先进区。科普工作深入扎实，被授予全国科普示范城区称号。

（朱英华）

城市建设 2011年，河北区各类重点建设项目计划施工41个，面积380万平方米，其中上年结转31个项目230万平方米，新开工项目10个150万平方米，竣工15个110万平方米，在施项目39个建筑面积391.33万平方米，占全年指标的103%；完成协税征缴4.9亿元，超计划28.8%。完成既有建筑节能改造65万平方米；投资2680万元改建如皋里、如东里33幢大板楼工程9万平方米，4月开始施工，9月中旬全部结束，受益居民1434户；投资7000万元的暖房改造工程65万平方米，全部进场实施，受益居民1万余户。二次供水改造计划实施41片98处，完成35片78处，其中户管改造22片37处，设施改造13片36处，在施6片25处，计划投资约1000万元，完成投资800余万元，受益居民6500户。

（刘 军）

耳闸公园改造竣工 2011年，耳闸公园提升改造工程竣工。该公园位于新开河与子牙河交汇处，毗邻三岔河口，是海河上游的第一座公园，占地面积5.2万平方米。作为奥运火炬传递重要节点和海河上游重要景观之一，2008年6月耳闸公园建设完成，整个园区种植乔木、花冠木2500余株，绿篱1.5万平方米，草坪1.8万平方米。由于园区绿化遭到不同程度破坏，在2011年市容环境综合整治中，耳闸公园被列入市区公园提升工程。6月1日绿化提升工程竣工，提升面积4.3万平方米，栽植乔木35株、常绿52株、造型植物21株、花灌木175株、模纹绿篱61平方米、组球16组、花卉360平方米，铺设草坪及地被植物1.76万平方米，为市民到海河沿岸休闲娱乐提供良好环境。

（张海岩）

住房保障 2011年，河北区落实住房保障扩面政策，完善受理、公示、审核、备案和发证各环节管理，加大审核监督力度，各项审核监督正确率100%，并做到应保尽保。启用合署办公机制，协调民政部门组建河北区住房保障服务中心，实现限价商品房、公共租赁房及三种补贴的“一站式”服务。充分利用会审机制，用足政策，组织民政、街道等相关部门召开廉租房、经济适用房补贴会审会，全区37户困难家庭受益。全年组织实施两批廉租房摇号选房工作，发放“三种住房”资格证明4658个，完成住房保障责任目标1947户，达到年计划的119%，在全市住房保障年终评比中位居首位。全年维修直管公房38.25万平方米，近万户居民受益。加大公用公房维修力度，完成工程量3.21万平方米，为计划的115%。配合财政部门对全区1639户低保、优抚、离退休老干部家庭及127户困难企业累计减免租金102.89万元，把党和政府的惠民政策落到实处。

（赵 玮）

市政建设 2011年，河北区市政管理局管理区管道路357.79万平方米，管理排水管道484.50公里，其中干管62.81公里，支管421.69公里。完成对垫江道、开江南路等10条道路和乌江里、志成里、义江里等10片里巷的整修改造，对其地段增设雨水设施。整修改造里巷和道路15万余平方米，铺筑排水管道4381延米，砌筑各型井358座。全年对131条支线道路维修，面积11.34万平方米，完成计划的106%；完成管道疏通1027.59公里，掏挖各型井36.17万座/次，返修管道513米，分别完成计划的107%、107%和106%。

（张甄福 魏桂琴）

2011年10月17日，河北区房管局开展住房保障政策咨询活动。

2011 年 4 月 15 日，天津职业大学与河北区科委校区合作共建意向签字仪式暨产学研合作对接洽谈会举行。

科技兴区 2011 年，河北区科技创新成果显著，完成科技成果登记 88 项，技术合同交易额 10.58 亿元。科技成果登记、技术合同交易额两项指标均居全市第一。全年专利申请 1579 项，授权专利 428 项。专利申请、专利授权两项指标超额完成任务指标，位居市区第三。全年组织申报国家和市级项目 47 项，其中国家级项目 7 项、市级项目 40 项，获得国家、天津市资金支持 2200 万元。13 家企业成立市级技术中心，3 家企业建立国家级科技重点实验室，12 家企业被认定为高新技术企业。天人世纪科技有限公司与天津大学共同合作的农林废弃物制备高品质生物燃料关键技术及应用项目和中铁六局集团天津铁路建设有限公司的高速铁路框架桥施工精度控制技术研究及新型成套装备研发应用项目，分获天津市科技进步一、二等奖，受到市政府表彰。

（朱文洪）

教育工作 2011 年，河北区有各级各类学校 69 所。其中，中学 20 所（含民办校 6 所）、小学 23 所（含民办校 1 所、特殊教育学校 1 所）、幼儿园 24 所（含民办园 4 所、其他类型办园 4 所）、职业学校 1 所、高职院校 1 所，在职教职工 5478 人，在校生 4.9 万余人。全年教育总收入 10.10 亿元，比上年增加 1989.65 万元，增长 2.1%。其中，市拨经费 5755.41 万元、区财政拨经费 7.18 亿元、医保经费 2645.17 万元、教育费附加 4000 万元、上级补助 318.92 万元、事业收入等 1.65 亿元。全年教育总支出 10.08 亿元，比上年增加 3836.75 万元，增长 3.95%。其中，人员经费支出 7.72 亿元、公用经费支出 1.03 亿元、基本建设等事业发展支出 1.33 亿元。教育经费总支出中，中学支出（含职专）4.29 亿元、小学支出 3.32 亿元、幼儿园支出 1.13 亿元、其他单位支出 1.35 亿元。安排义务教育阶段生均公用经费均超过市颁标准。基本建设等事业发展支出中，包括用市区专项款安排的校舍加固工程 222 万元、校舍功能提升 4300 万元、高中示范校建设 1700 万元、新建幼儿园及特殊教育建设资金 500 万元。全系统校舍提升改造工程投入资金 7476 万元，改建、扩建、重建、粉刷整修 20 万平方米；铺设操场 15 块及甬路 7.2 万平方米，惠及 2 万余名师生。全区有 34 所学校完成现代化标准建设，全区义务教育阶段现代化学校达标率上升为 91.89%。高考一本上线率比上年提高 1.78 个百分点，创六年来最好成绩，二本上线率提高 5.64 个百分点，创近十年新高，参考率提升 3.97 个百分点。天士力中学马晓然同学以 578.5 分位列市内六区中考第一名。5 名教师获得天津市小学第七届“双优课”评比一等奖；5 名教师获得天津市第二届幼儿园教师新秀杯创优课评比一等奖，获奖人数再次荣登天津市榜首。

（张　硕）

卫生工作 2011 年，河北区医疗机构总诊疗 236.9 万人次，病床周转 13.8 次，病床使用率 46.1%。医疗机构平均住院日为 11.8 天，医疗机构手术例数 4448 例。河北区公共卫生医疗中心项目开工建设，王串场街社区卫生服务中心进行移址重建，高标准完成第一医院改扩建工程，对望海楼街等 5 个社区卫生服务中心的国医堂进行提升改造，全区形成以第一医院、第二医院两所二级综合医院为龙头，以妇幼保健院、河北产院两所二级专科医院为特色，10 个社区卫生服务中心和 46 个社区卫生服务站为基础的基本医疗服务网络格局，初步形成 15 分钟基本医疗服务圈。医疗和护理质量稳步提高，中医药工作扎实推进，顺利通过国家中医药管理局对全国社区中医药先进单位评估。医学科研获天津市科技成果认定 1 项，填补市空白 1 项，区科技进步二等奖 2 项，优秀奖 1 项。全区通过传染病疫情网报告甲类传染病 1 例（霍乱），报告乙类传染病 14 种 1442 例，甲乙类传染病报告发病率为 183.03/10 万，呈逐年下降趋势，报告及时率均为 100%。投入 211 万元，提高全区预防接种门诊整体水平，其中建昌道街、鸿顺里街社区卫生服务中心获得示范预防接种门诊称号。控制孕产妇和婴儿死亡率，做好母婴传播阻断工作。监督检查小餐饮单位1804户次，其中查处无证经营单位75户，取缔21户，催办证13户。新办卫生许可证15户，核换、年审卫生许可证766户。监督检查食品经营单位8116户次、公共场所1524户次、医疗机构988户次，出动卫生监督员1.6万人次，查处取缔无证单位104户，行政处罚51户次。全区社区卫生服务机构全部实行药品零差率销售，累计销售9008.54万元，让利百姓1351.28万元。

（张立新）

体育工作 2011年，河北区举办第十一届运动会和第三届全民健身运动会。河北区第十一届运动会和第三届全民健身运动会分3个组别，包括青少年组、成年组和领导干部组。成年组设足球、篮球、乒乓球、羽毛球、中国象棋、华牌、太极拳剑等12个项目比赛和表演展示；领导干部组设乒乓球、羽毛球等比赛项目。全区36个单位（区属委、部、局17个，街道8个，社会团体4个，驻区部门7个）2269名干部职工和社区居民组成的139支队伍参加各项比赛。全部竞赛和展示活动达282场次（竞赛项目272场次、展示项目10场次）。青少年组设田径、足球、篮球、排球等项目比赛，来自42所中小学的106支参赛队伍1863名运动员参加运动会。组织由330人组成的两支健身队伍、三支妇女腰鼓、太极健身队伍，配合参加第二届环中国国际自行车赛天津赛段起点的表演活动。组团参加天津市第二届“体彩杯”全民健身大会的广播体操、拔河等19项比赛，取得团体比赛4项第一名、4项第二名、5项第三名；个人比赛7项第一名、11项第二名、14项第三名。全年完成10个街道112个小区的健身器材更换、配建工作。

（马利强）

人口和计划生育 2011年，河北区出生人口4472人，符合政策生育率99.78%，出生人口性别比106.8。自3月1日起，河北区人口和计划生育服务分中心对辖区内30岁以下已婚育龄妇女和流动人口育龄妇女开展免费生殖健康检查，查体项目包括盆腔B超、妇科检查、宫颈防癌刮片、乳腺检查，同时进行“一对一”咨询和避孕节育指导，并现场发放宣传资料和避孕药具。累计查体1861人，发放宣传资料4000余份，咨询4120余人次，重点随访37人次，其中查出3例癌症患者。对准备怀孕人员免费提供优生咨询指导、发放宣传材料、孕前检测、发放叶酸、发放“优孕通”服务卡片，受益3万余人次。通过孕妇学校、开通QQ优生优育网站、开办准妈妈培训班等方式，普及优生优育知识。区、街、居三级计生部门对高危孕妇进行重点服务，建立高危孕妇管理电子档案129例，逐一进行个性化咨询指导和孕情监测，建档率、优生指导率均达100%。

（张福义）

2011年9月14日，河北区举办第三届全民健身运动会太极拳展示。

民政工作 2011年，河北区开展形式多样的双拥活动。区领导慰问河北区参加天津警备区应急能力建设实兵综合演练部队，送去慰问品和慰问金价值2万元。春节期间，全区各有关单位领导走访慰问驻津、驻区部队，召开军地首长座谈会，慰问军烈属、军队离退人员，慰问资金60余万元。举行低保、特困家庭子女入伍发放特别优待金仪式，发放2010—2011年特别优待金9.6万元。做好优抚与安置工作。全区享受定期抚恤人员40人，定期补助人员114人，残疾军人461人，军队退改离人员6人，军队退休人员3人。办理2010年度冬季新兵入伍军属关系144人，安置2010年冬季退伍士兵151人，安置率100%，发放2010年退役士兵145人待分配期间生活补助费64.37万元，发放2010年冬季退伍士兵98人自谋职业金252.9万元。全区在天津市义务兵优待金标准8355元基础上提高到1.2万元；对低保、特困家庭子女应征入伍实行优惠政策，增发4000元优待金，发放义务兵优待金298.70万元。至年底，全区有低保户1.33万户2.50万人，全年发放低保金1.21亿元；特困户2636户5211人，发放特困金791.39万元；大病救助863人次233.98万元；临时救济1535人次256.66万元。新建社区老年日间照料服务中心(站)10家,社区食堂50个,居家养老服务机构遍布各街,年服务对象2.60万人次。

(曲崇田　宋纪凤)

就业工作　2011年,河北区新增就业4.08万人,完成任务的104.6%,比上年增长5.3%。在单位从业人员中,新生劳动力6237人,占完成任务数的14%。新增就业人数总量在市区排名第一。帮扶3522名就业困难人员实现较稳定就业,零就业家庭保持动态为零,其他困难群体安置率95%。创业带动就业成效明显,组织创业培训107个班次,培训学员2771人,增长51%;组织935人参加创业能力测评,人数居全市第一;为145人办理小额贷款701万元,257人创业成功,带动981人实现就业。针对市场需求和失业人员特点开展培训,组织38个培训班次,1514名失业人员参加营养配餐、维修电工、数控车工等市场紧缺专业培训,1307人通过职业技能鉴定并取得相应的职业资格证书,增强就业竞争力,80%下岗失业人员实现再就业。举办职业技能竞赛。联合区民政局组织取得养老护理员职业资格证书人员,参加天津市养老护理员职业技能大赛。

(王　芳)

新开河街道

新开河街道位于河北区西北部,辖域东由新开桥起向北沿南口路中心线至榆关道,榆关道中心线至京山铁路线向北至普济河道立交桥拐弯处与铁东路街道办事处、北辰区为界;南由新开河闸起向东沿新开河中心线至新开桥与鸿顺里街道办事处为界;西由新开河闸起向北沿子牙河、北运河至勤俭桥与红桥区为界;北由勤俭桥起向东沿南口路至河北医院北小道,再由此向东沿小道至普济河道立交桥拐弯处与北辰区为界。2011年,辖区面积4.52平方公里,辖13个居委会,2个筹备组,常住居民3.85万户10.04万人。街道办事处位于天泰路席厂下坡14号。

界内有“白庙”、“育婴堂”等历史古迹和隆顺榕制药厂、天津电子线缆公司等10余家大型企业,人文历史资源丰富。

2011年,引进企业184家,其中楼宇引企159家。引进资金4.35亿元,其中外省市资金2.66亿元。楼外护税引税598.1万元,楼宇引税546.14万元。引进科技型企业17家。

围绕奋战300天综合整治任务,提出“四三二一”总体思路,强化保洁队伍管理,科学运用数字化管理,开展群众性爱国卫生运动,集中解决影响环境卫生的突出问题10余处,改善社区卫生面貌。

加大就业再就业优惠政策宣传力度,强化再就业培训。全年安置就业3871人,272人接受创业培训。福音社区就业服务中心,拓展人事代理渠道,抓住全区发展楼宇经济、兴建产业园区契机,率先进驻科技型创意企业绿领产业园区,妥善安置劳动力灵活就业,为驻区百余家企业提供人才招聘、企业人事规划、人事管理及政策咨询等全方位服务。

完善4条帮扶渠道,用好各项救助政策。全街有低保户2131户4342人,特困户345户642人。新增低保192户361人,特困44户84人,停发低保135户302人。按时足额发放救助金,实现应保尽保。

将流动妇女工作纳入街“半边天家园”,建立“流动妇女儿童快乐驿站”。开展申报市级、国家级示范流动儿童之家,申报市级优秀流动妇女半边天家园工作。街妇联被评为市妇联系统先进集体。

加大计划生育宣传、服务、管理力度。利用人口学校、市民学校等阵地,开展避孕节育知情选择知识、药具知识培训等活动。审核发放独生子女费和计划生育特困扶助对象补贴,新增特困扶助对象20人。

完善综治信访服务中心(站)建设,基本实现社区事务、劳动保障、综治信访等功能的“一站式”服务。全年综治信访服务中心接待600余人次,化解矛盾121件,解答咨询389件,受理市、区政府转办的群众来信来访事项45件,成功化解京沪铁路桥、水运名苑小区污水外溢、华

2011年5月28日,“福音杯”新开河街第三届社区文化艺术节开幕式。

泰园小区七年未通燃气、福嘉园小区危墙、东昌里小区遮阳等疑难问题。市委书记张高丽,市委常委、政法委书记散襄军对成功化解华泰园小区不稳定隐患的做法做出批示,给予充分肯定。

以社区青少年学校为依托,开展未成年人教育。寒暑假期间开展法律讲座、法律宣传、心理咨询等活动,邀请法律工作者为社区青少年宣传讲解法律知识,宣传《未成年人保护法》,增强未成年人的法律意识和法制观念,在社区利用板报、广播、横幅、标语、宣传栏等形式进行广泛宣传,促进社区稳定。年内,荣获2010—2011年度天津市优秀青年志愿服务集体奖。

开展社区文化活动,结合建党90周年,举办第三届"福音杯"社区文化艺术节,丰富群众文化生活。

2011年,街道获国家级荣誉1项、市级荣誉6项。

(张　旭)

铁东路街道

铁东路街道位于天津市区东北部,辖域自东由新开河起向北沿京津塘高压线至铁路北环线,由此向西沿北环线至规划路,由北环线起向北沿规划路口至宜白路与北辰区交界;南由新开河起向东沿新开河中心线至京津塘高压线与鸿顺里街道、宁园街道、建昌道街道相望;西由新开河起向北沿南口路中心线至榆关道与新开河街道为邻;北由榆关道起向东沿榆关道中心线至宜白路与新开河街道、北辰区为界。2011年,辖区面积4.16平方公里。辖9个社区居委会,常住居民1.98万户5.58万人,流动暂住人口2.71万人。以汉族为主,另有回、壮等少数民族。街道办事处坐落宜白路南侧华宜里58号。

2011年,引进市外资金7923万元,引进外资70万美元。协税护税419.7万元。引进、转化科技型中小企业17家,引进楼宇企业16家。

奋战300天市容环境综合整治中,拆除破旧护栏及各类吊挂物321个,制作安装新护栏1057平方米,规范空调室外机43台,出动车辆45台次,人力332人次,清理废弃物450吨,整治脏乱点位17个。对城郊结合部脏乱点位进行清理,为市物资集团等闲置空地建设美观围墙,环境面貌大大改善。

高度重视就业工作,召开3场招聘会,100余人与企业达成协议。组织创业培训14期,418人参加。采集就业信息,开发就业岗位,安置失业人员1320人。完成城乡医疗保险参保2755人。城乡医疗保险药费支付189份55.2万元。为520人办理城乡居民养老参险缴费手续,为103名残疾人办理城乡居民养老保险录入及登记工作。向低保户1505户3009人,工商遗属9户9人,特困户259户554人,每月发放救济款105.35万元。完成低保调标工作,新增低保70户120人。新增特困22户46人,办理停发94户。为135户办理房补(其中廉租补贴49户、经济租赁补贴86户);5户廉租房实物配租;为125户低保家庭办理公有住房租金核减;核查116个申请限价商品房家庭收入。

强化流动人口管理与服务,成立街流动人口学校和服务站。利用社区网络微博、手机短信、小区电子屏、文化长廊等载体,宣传优生优育知识,在"5·29"、"7·11"大型宣传活动中,发放宣传资料500余份。在新市民家庭开展送知识、送健康、送温暖的"三送"服务,为新市民家庭送叶酸等药具8000多盒。发放独生子女费8.19万元,为36人报销计划生育手术费1.07万元。

街综治信访服务中心解答各类咨询315件,解决求助问题40件,调解纠纷8件、接待群众125人次。开展"听民声、解民忧、促和谐"活动,抽调36名党员干部组成9个社区工作组,走访单位124个、社会组织18个、群众472人次,排查矛盾纠纷45件。

与区司法局联合在机关、企事业单位、居委会工作人员和社区居民中开展"金牌人民调解能手"评选

2011年9月23日,铁东路街与区司法局联合举办"金牌人民调解能手"评选活动。

活动，印发《致全街各单位和居民群众一封信》，公布"金牌人民调解能手"评选方案。各单位推荐申报35名建议人选，协商酝酿确定20名候选人。为期一周在各社区设立固定、流动票箱，群众投票选举，社区信息栏和网络公示，评选出铁东路街"金牌人民调解能手"10名。

加强平安建设。铁东路街华宜里平安社区建设模式，从激活社区"和谐细胞"入手，创建工作思路和有效载体，走在全市前列。创下四个第一：在全市首创党建平安和谐责任制；在全市首创"军警民"联手，"三警联动"的群防群治工作模式；在全市首创第一张人民调解联系卡；在全市率先举办评选十佳群众满意调解员活动。事迹先后在《天津日报》、《今晚报》、《天津政法报》登载。市委常委、政法委书记散襄军对华宜里的经验做法给予肯定和好评。

（李书敏）

2011年，光复道街举行街京剧团成立仪式暨汇报演出。

光复道街道

光复道街道位于河北区南部。东以京山铁路与河东区、河北区王串场街道为界；南由京山铁路起向南沿东站主站房，东端与邮电局之间小马路中线至海河中线与河东区为界，沿海河东中线至大沽桥与和平区、南开区为界；西由大沽桥起沿海河至狮子林桥与和平区、南开区为界；北由狮子林桥起向东沿狮子林大街中线至金钟河大街地道与河北区望海楼街道为界。2011年，区域面积1.95平方公里，辖7个社区居委会。有居民1.01万户4.86万人。街道办事处驻胜利路娘娘庙前街25号。

域内有国家、市级驻区单位170余家，包括中远散货运输有限公司、天津渤海商品交易所、审计署京津冀特派员办事处、天津市工商局、天津市国税局等重点单位；意式风情区和天津规划展览馆亦坐落街域。

2011年，引进市外资金到位额1.5亿元，引进国外资金56万美元；引进楼宇企业70家，注册资金1.89亿元；完成护税任务391万元；引进税收全额92.5万元；引进科技型企业6家，转型12家。

完成22个非物业和19个物业小区综合整治工作，清理楼道堆物及小区渣土近2000吨，对平安街进行道路市容景观提升改造，空调移机175台，拆除护栏42个192平方米。高质量完成18条三、四级道路15.7万平方米的垃圾扫保清运工作。

走访登记失业人员871户915人次。创业培训55人，困难群体认定223人，灵活就业210人。开发就业岗位895个，安置就业812人，创业培训102人；办理城居医疗保险1346人，办理医保卡2450张、社会保险478人。为符合政策的困难户办理低保、特困手续。新办低保51户、特困21户、大病救助96户。停发72户，调标215户，发放各种生活补贴946万元。为低保户报销医药费4.6万元；为332户低收入家庭办理租房补贴；为673名无工作老年人发放副食补贴5.96万元。

建成近200平方米的光复道街日间照料服务中心，面向全街60岁以上家中无人照料的老年人和16岁至59岁残疾人，提供医疗保健、康复训练、精神慰藉等服务。填补社区服务功能空白，成为全街年度社区建设工作新亮点。

全年与辖区单位签订安全生产责任书109份。组织安全生产检查1432次，发现安全隐患12处，及时整改完毕，辖区未发生安全生产事故和消防重大事故。开展安全生产"星级达标企业"评比活动，评出达标企业12家。

推进国家级安全社区创建工作，建立光复道街安全社区促进委员会，首创安全生产检查专业化、系统化管理的"光复道模式"。成立9个项目促进工作组，实施安全生产监督、矛盾纠纷调解等项目，开展安全检查530次，调解纠纷45起。光复道街国家级安全社区创建工作，在天津市安全社区创建启动大会上，作为全市街道系统唯一创建单位做经验介绍，被正式列为天津市首批2个创建国家级安全社区单位之一。

全年解决领导包案信访事项3件，承办区信访办交办事项11件，热线信访件7件，接待来访群众87人次。开展大调解保稳定活动，全年化解重大不稳定因素5起。创建平安楼栋185个、平安社区1个、平安单位7个。

举行光复道街京剧团成立揭牌仪式暨汇报演出活动，在全区率先开展“一街一特色、一街一品牌”活动。组织社区居民参加河北区“庆祝建党九十周年”美术书法摄影作品展，2幅作品获河北区“十佳”作品奖。举办《科普惠民进社区——身边常见的科普小知识》科普报告会，获得第25届科技周先进单位称号。光复道街庆安街居委会获得天津市健康教育工作示范社区称号，成为天津市首批获得该称号的社区。

（郑承勇）

江都路街道

江都路街道位于河北区东南部。辖域东起泰兴路与河东区接壤，西至红星路与王串场街道相望，南起真理道与河东区分界，北至金钟河大街与建昌道街道相邻。2011年，街域面积1.95平方公里，辖7个社区居委会、40个自然小区。常住居民4.08万人，有汉、回、蒙古、壮、满等13个民族。街道办事处位于靖江路9号。

界内有主次干道24条。驻有河北省水电工程勘测设计院、中国铁路通信信号公司、天津市第三医院、天津公交一公司、普林电路板厂等200余家企事业单位。有城市职业学院、第77中学、聋哑学校等21所中小学校。

2011年，引进企业120家。内联引资1.41亿元，完成税收538万元；引进科技型中小企业17家；引进楼宇企业66家，注册资金1.06亿元，完成楼宇税收137.6万元；完成外资到位额80万美元。

扎实推进市容环境综合整治工作，对衡山里、嵩山里、岷江里小区实施综合整修。全年组织清整活动160余次、5800人次参加。清理卫生死角78处，清理堆物堆料、渣土、废弃物245处6900余吨，清刮残标5.56万张。除害消毒工作，对各楼栋、污水井和绿地灭鼠投药，投鼠药800余袋，杀它仗3桶。申报月梦园为安静小区，廉江里社区为绿色社区，100户家庭申报为绿色家庭。

认定十类就业困难群体，组织两场技能培训，安置失业人员1377名，灵活就业人员265名，“4050”人员动态为零。代缴养老保险141万元，医疗保险19万元，办理小额贷款80万元。

做好低保、特困调标及审批工作，全年发放救助款587万元。开展助残日特别活动，65名残疾人享受居家托养服务，发放残疾人救助金28万余元，发放民政优抚金44.7万元。154人享受居家养老服务。启动“家庭改变计划”，13户居民受益，办理廉租房、经济适用房等审核898户。

举行“家佳推进计划”暨“江都路街早期发展实践基地”揭牌仪式。开展楼道文化建设，89个楼门创建以文明礼仪、科普环保、廉政文化、婚育新风、双拥国防等文化知识为主题的楼道文化。开展以“邻里亲、送祝福、贺新年”为主题的春联评比活动，征集作品40余副。举行“唱响主旋律、颂歌献给党”庆祝建党90周年红歌会，参加“庆祝建党90周年”美术书法摄影优秀作品展及天津市第四届社区文化艺术节活动，巩固和谐社区建设成果。

计划生育基础管理及流动人口服务不断规范。开展生殖健康查体，2162人受益。开展两场常见病预防讲座和救助贫困母亲活动。扎实开展“家佳推进计划”，荣获全国人口计生依法行政示范街镇称号。

重新修订社区管理制度，广泛开展“走动化办公”。筹划建设社区综合服务中心，扩展功能设置。建成靖江里社区日间照料服务中心，为13名老人提供日间照料服务。配合相关单位进行二次供水改造。对社区食堂进行选址，方便群众生活。如皋里社区在精品小区提升改造的同时，不断完善“三型”社区建设标准，被评为全国先进基层党组织，荣获残疾人工作市级先进单位、市级平安示范社区、市级十佳半边天家园称号。衡山里老年大学作为典型在全区“百场报告会”上作首场汇报，并申报为市级社区教育实验项目，被授予市民学校示范校荣誉称号。

开展律师进社区活动，复核平安楼栋951个，上报18个，调解居

2011年11月11日，江都路街举行“家佳推进计划”工作推动会暨“江都路街早期发展实践基地”揭牌仪式。

民纠纷 44 起，调解率 100%，“两会”、春节期间排查矛盾纠纷 14 起，无一例民转刑案件发生。排查出各类信访苗头隐患 80 余起，重大信访苗头隐患 5 起，90%得到化解。受理群众来信来访 180 件次，受理上级部门交办案件 15 件，办结率 100%。

与驻街 260 家企业签订安全生产责任书，开展安全生产隐患排查，排查企业 660 余家，下达整改通知书 5 份，说服教育 420 家，全年未发生安全生产事故及火灾事故。

人大代表换届工作顺利完成，全街划分 8 个选区，3.85 万名选民参加选举，参选率 96.11%，选出河北区人大代表 20 名。

（齐　莉）

月牙河街道

月牙河街道位于河北区东部，辖域东起排污河向北沿上江路中线至月牙河，与东丽区相邻；南由上江路起向西沿排污河至乌江路与河东区相邻；西从排污河转弯处向北沿排污河中心线至金钟河大街与江都路街道相连；北抵金钟河大街向东延金钟河大街中心线至电话 62 局赵沽里分局北侧与建昌道街道、东丽区接壤。2011 年，街域面积 1.77 平方公里，辖 12 个社区居委会、38 个自然小区，居民 8.05 万人，流动人口 1134 人，以汉族、回族为主，藏族等少数民族并存。街道办事处驻靖江路义江道 36 号。

界内驻有铁道部第三勘测设计分院、电话 62 局赵沽里分局等 46 个企事业单位，有中专 1 所、中学 1 所、小学 3 所、幼儿园 3 所、医院 2 所。

2011 年，实现引税 412 万元，引进外资 50 万元；市外引资 8000 万元；引进企业 25 家，入驻楼宇企业 19 家；引进和转化科技型中小企业 22 家。

市容环境综合整治中，完成大江里、环江里、琴江公寓等 5 个自然小区环境整治任务。对 12 个社区 36 个自然小区综合整治，拆除各类违章 24 间、各种圈围 254 处，清整楼栋楼道 837 栋，清理各类堆物堆料 1100 余处。

举办多场“春风行动”主题招聘会，采集岗位信息 1224 条，开发岗位 2851 个，新增就业 1478 人。为 333 名十类就业困难人员办理特困认定，帮助 302 名失业人员实现灵活就业，并为其申领社保补贴。

街综治信访服务中心接待群众 60 人，解答咨询 68 件，解决求助问题 4 件，解决纠纷 20 件。12 个综治信访服务站累计接待群众 88 人次，解答咨询问题 54 件，排查隐患 6 件，解决求助问题 20 件，调解纠纷 30 件，调解成功率 100%。联合驻街民警对全街 162 家生产经营单位进行安全检查，查出各类安全隐患 11 处。

在全区率先推行“家庭改变计划”，完成 5 户低保家庭装修。定期对 1366 户低保、特困户基本情况进行核查，清理出 38 户。对 670 户困难家庭开展廉租住房补贴收入核查工作。

以锦江北里社区为试点，实施“家佳推进计划”，开展对 7 类家庭服务图的绘制和汇总，将计生工作深度融入社区建设和社区管理。完善《跨省流入成年育龄妇女管理档案》，为 252 名流动育龄妇女建立信息卡，为 42 名流动育龄妇女免费体检。

开展特色社区建设工作。大江里社区迎接市环保局、民政局、妇联等五大局检验，完成国家级绿色社区三年复查高标准验收工作。依托丹江里日间照料服务中心，打造居家、日间照料、养老院为一体的养老服务体系。新增居家养老服务专员 45 名，服务对象 395 个。对服务专员进行考核，满意率 100%。打造社区居民基础数据库平台，1 个月完成 2.8 万户居民基本信息电脑录入工作。聘请市民政局领导对全街 84 名社区主任进行 1 个月的培训。完成针对 1499 名残疾人实名制康复需求调查工作。

积极挖掘辖区各方面典型事迹，4 名社区党员事迹在报纸上得到宣传。开展“红色唱响月牙河”活动；开展“志愿服务展风采，身边好人做榜样”先进事迹报告会。组建街、居两级城管文明督导队伍，劝阻不文明行为 364 宗。加强和谐楼栋、文化楼栋建设，推进和谐社区建设向深层次发展。丹江里社区获得 2011 年

2011年6月9日，月牙河街开展“红色唱响月牙河”活动。

天津市“魅力社区”称号，金沙江里社区被评为第四批市级未成年人“快乐营地”。在区第四届“五好楷模”评选活动中，丹江里社区志愿者张文玉被授予“志愿服务好心人”荣誉称号，冯莲华获得提名奖。

全年新建工会组织31家，新增会员752人。与37家企业签订劳动工资集体协议。开展特色家园建设，金沙江里社区被评为市级妇联基层组织建设示范社区和市级示范家园。

（代佳丽）

2011年5月13日，律纬路社区举办喜迎建党90周年书画展。

鸿顺里街道

鸿顺里街道位于河北区西南部，辖域东由北站地道起向北沿京山铁路至新开河中线与宁园街道为界；南由金刚桥起向东沿中山路中线至北站地道与望海楼街道为界；西由金刚桥起向北沿海河中线至新开河闸与红桥区为界；北由新开河闸起向东沿新开河中线至京山铁路桥与新开河街道为界。2011年，街域面积2.58平方公里，辖11个社区居委会，常住居民2.70万户8.56万人，流动人口1159人。街道办事处驻宇纬路13号。

2011年，引进企业81家，注册资金2.20亿元，其中市外资金1.41亿元；引进外资283万美元。协税护税引税342万元。引进、转型科技型企业20家。56家企业进驻楼宇，实现税收746万元。

市容环境综合整治中，高标准完成经纬艺术街区周边9条道路、34栋楼体2716个吊挂物清拆和920台空调室外机规范工作；对14个小区进行环境卫生整治，清理堆物堆料81处、清除卫生死角176处、清运垃圾340余吨，在河北区卫生联查活动中保持前三。

坚持多渠道开发就业岗位。新增就业2433人，为89人办理一次性支取失业就业金76.05万元，全年新增养老保险205人。安置十类就业困难人员640人，保持零就业家庭动态为零。组织528人参加技能培训和创业培训，30人创业成功并带动121人实现再就业。

创新实施低保审批联席会制度，累计审批低保123户，新增特困18户，累计发放低保金、特困补助、临时救济135万余元，发放副食补贴15万元。办理廉租房租房补贴124户、廉租房实物配租补贴21户、经济租赁房租房补贴202户、核查限价商品房收入244户。为残疾人发放轮椅12辆，办理残疾证102份。

为1404人发放独生子女父母奖励金4.13万元。审批二胎37例，实施计生手术17例，符合政策生育率100%。为1773名适龄妇女进行查体，并建立生殖健康档案。

全年，累计接待群众来访106起192人次，其中集体访3件，处理群众来信7件、电子邮件2件，办结率91%。协调解决月秋里小区污水外溢、天沽公寓排水管道堵塞等问题，集中力量重点化解因地铁施工造成择仁里楼体开裂集体访事件。

品牌社区创建工作深入开展，各社区突出特色，创新探索，成就众多品牌社区。如“便民服务型”的元吉里社区，以便民服务集市和邻里爱心互助站为载体，首创“1+11”的邻里爱心互助体系，强化“今日我值班”服务理念，居民不出社区就能享受日常生活中的多种服务；“军地共建型”的二五四社区，依托二五四医院的资源优势，通过组建宣讲团、开展军地书画文体活动、义诊咨询等形式，推动环境整治、治安防范、特色楼栋文化建设等双拥共建工作开展；“民族团结型”的律纬路社区，以开展民族和谐家园创建活动为抓手，积极为少数民族群众办实事，促进社区民族团结、和谐稳定；“党建促共建型”的月纬路社区，以党建为龙头，通过“365日记”形式，将开展社区服务、解决群众困难、探索社区管理模式与之紧密结合，彰显为民、助民、安民的特色理念，有力推进和谐社区建设。

完成天津市“五好楷模”评选推荐工作。11个社区成立由101人组成的社区文明督导队。加强和改进未成年人思想道德建设，律笛里社区被命名为第四批未成年人“快乐营地”。元吉里和律笛里荣获市级精神文明先进社区称号。

对元吉里等9个社区进行党总支改建社区党委工作。在10个社区分别建立社区综合党总支和非公党支部，对600家非公企业进行动态台账管理。开展以党史知识竞赛、书画展、档案手工制品展、文艺汇演、交流座谈会为主要内容的庆祝建党90周年系列活动。

（赵春胜）

望海楼街道

望海楼街道位于海河东岸，三岔河口附近。街域自东由金钟河大街地道起，向北沿京山铁路至北站，与宁园街道为界；南由狮子林桥起，沿狮子林大街至金钟河大街地道，与光复道街道相邻；西由狮子林桥起，沿海河东岸至金刚桥，与红桥区相望；北从金刚桥起，沿中山路至北站，与鸿顺里街道相邻。2011年，辖区面积2.25平方公里，辖11个社区居委会，常住人口8.18万人。

该街是区委、区政府机关所在地，区建委、房管局、新闻中心坐落于此。街域是天津市的发祥地之一，有着悠久的历史文化，著名的文化名园中山公园和天津教案遗址望海楼天主教堂坐落界内。

2011年，引进企业15家，入驻楼宇24家，实现楼宇税收216万元，引进、培育科技型中小企业15家，引进市外资金7950万元。外资到位额40万元，协税护税408.5万元。

市容环境综合整治中，对孚泰公寓、振德里两个小区堆物堆料、闲置杂物、残标小广告进行清理。对金狮家园、昆璞里、望海北里、昆云里、谦益里、金波里等18个小区及三、四级道路反复清理，出动保洁车辆135车次，清理堆物堆料230余处，清运杂物120余吨，清理残标2000余张。

全年安置就业1736人，完成就业培训93人。新增低保131户199人，享受5.9万元；特困25户87人，享受3519元。上调低保1268户2471人，9.1万元；下调低保237户596人，5.6万元；停发低保107户243人，6.1万元。为低保户2350人、特困户570人、定救对象2人、三孤人员6人发放过节费277.4万元，饺子费15.6万元；为990户低保户报销供暖费40.4万元；为203户特困户报销供暖费4.7万元。

2011年6月17日，望海楼街第三届社区艺术节——红旗飘飘节目。

承办人大代表建议1件，接待群众来信、来访、来电170余件，结案率100%。全年接待个人访4000多人次，集体访14批400余人，处理来访信件、电子邮件149封，电话接访、解答问题287件。协调解决遗留问题、重复访11件，满意率98%。

以创建和谐社区、政策知识解答、环境卫生清整、就业、民政、社保等民生问题为主要内容，开展综合治理宣传日活动。制作各类宣传标语20多幅、宣传展牌50多块，150多名社区干部参加活动，咨询群众400多人。

开展“家佳推进计划”，街计生办实施计划生育优质服务，形成行政管理、技术服务、群众工作“三位一体”的工作模式。全年出生507人，计划内506人，符合政策生育率99%以上，对新婚、怀孕、生育、“四术”等对象随访服务，随访率100%，流动人口应持证503人，已持证178人，督办325人。流动人口管理与服务率100%。

加强统计基础工作，提高统计数据质量。对居委会专职统计员进行新《统计法》培训。完成2011年年报工作。涉及服务业单位34个，批零住餐单位46个，劳资年报20个。进行劳动力调查。调查2个小区，200个家庭，常住人口521人，16岁及以上人口486人。

街办事处争取摩天集团支持，举办“摩天集团杯”望海楼街第三届社区文化艺术节，区委常委、副区长王秀文，区政协副主席郑全喜出席开幕式，来自11个社区的居民和部队战士1000余人参加。社区文艺骨干积极参与，开展唱红歌和居民书画展等系列活动。

在各社区开展“推荐评议身边好人好事”活动。经11个社区居民推荐，评选出4名2011年感动你我他先进典型。举办望海楼街第四届感动你我他先进事迹报告会,干部群众受到一次深刻的思想道德教育。

人大代表换届选举，全街参选率93.65%，依法选出区十六届人大代表28名,圆满完成换届选举任务。

(曹润柱)

宁园街道

宁园街道位于河北区中部,东与建昌道街道相邻，南与王串场街道相连,西与望海楼街道、鸿顺里街道相依,北与铁东路街道相接。2011年,辖区面积2.31平方公里,辖6个社区居委会,居民1.38万户3.68万人,有回、蒙古、满等8个少数民族。街道办事处位于中纺前街32号。

2011年，完成护税394.64万元;引进市外资金1.01亿元,引进外资40万美元;引进中小型科技企业19家,引进新注册企业66家,注册资金1.27亿元。

市容环境综合整治中，对芬园里小区进行立面清拆和综合治理,拆除护栏、半栏、遮阳罩246个,拆除违章圈占4处,拆除鸽子窝3处。天华雅园被评为市级绿色社区。

社会保障工作，新增就业817人,困难群体认定186人,新增灵活就业165人，新增申领失业保险金人员179人,创业培训90人,养老保险扩面96人。办理小额贷款6人次,30万元。新增城乡养老保险参保62人,办理城乡居民医疗保险1358人,办理社保卡3739张。

全年办理限价商品房97户,经济租赁房43户,租房补贴52户,廉租房实物配租11户。元旦、春节期间开展送温暖献爱心活动，累计发放慰问金6.42万元。全街有老人5973人,其中空巢老人438人、独居老人129人，建立6个居家养老社区服务站。

街妇联注重巾帼救助，关爱弱势困难妇女儿童，救助单亲特困母亲20户,捐赠米、面、油各20份,价值0.8万元;举办“立足本岗做贡献,再展女性新风采”座谈会;开展“为姐妹的健康与幸福”义诊活动。在爱家社区“半边天家园”科普园地举办社区居民、社区妇女、社区儿童手工艺品展览,赢得社区居民称赞。

街综治信访服务中心和社区工作站,破解社会管理难题,解决中纺前街道路多年低洼不平、雨季积水问题。全年受理上访198件,区领导信件12件,进京接访5次,突发维稳事件接待群众400余次,解决191件,案件解决率95%。

社区居委会提高社会服务功能,完善社区各项制度,规范工作程序,整合社区资源,创建特色社区。打造“赛园里双拥特色社区”、“爱家科普特色社区” 两个国家级示范社区,通过创建活动和打造亮点工作,提高社区建设整体水平。

落实安全生产责任制。开展节假日、暑期安全生产大检查等集中检查12次，全年检查重点单位352个,发现安全隐患12处,当场纠正66处,下达整改通知20件。

街科技爱好者、社区志愿者、广大居民积极参与第25届科普周活动。举办“低碳生活知识”灾害预防科普知识讲座,创建科普创意墙,展示社区居民科普、绘画、征文、社区居民手工小发明、小制作。通过系列创建工作，爱家社区创建科普示范区工作得到市、区领导肯定,并荣获区级先进称号。

深入开展“创先争优”活动,在全街营造学先进、赶先进、创先进的浓厚氛围。开展“忆党史、讲传统、作表率”、“下基层、送服务、促发展”、“争先峰、践承诺、创佳绩”、“送温暖、献爱心、办实事”实践活动。增强基层党组织的战斗力，赛园里社区党委获得市级党建工作示范点荣誉称号，自行车行业协会党支部书记龚孝燕荣获市级优秀共产党员称号。在纪念建党90周年活动中,举办“为党旗增辉,身边好党员”典型先进报告会、党史知识竞赛、红色歌曲大合唱等活动。完成赛园里社区创建全国双拥模范城和爱家社区创建全国科普示范区工作，爱家社区获得科普工作先进单位称号。

(范丽春)

王串场街道

王串场街道位于河北区东南隅。东起红星路，西抵京山铁路三线;南接真理道,北临金钟河大街;西、南两侧与河东区相望。2011年,街域面积2.14平方公里,有14个社区、55个自然小区,常住人口11万。街道办事处坐落王串场一号路清水园小区内。

2011年,引进、转化科技型中小企业18家，老企业协税护税307.7万元，引进市外资金6197万元,引进国外资金568万美元，楼宇经济实现税收65.48万元。

克服两处市场拆迁困难，完成收入227万元。对所有到期租赁户的租赁费上调,增幅为10%。上半年对上年接收街办事处所有经营性房屋优化整合，统一调配增加收入近30%。完成街生产服务处下属14家企业近450名“双纳”职工分流工作。

做好市场公司经济运行工作,加强日常管理,进行卫生安全检查,建立台账制度,每天检查记录,保障群众吃上放心食品。幸福道市场9月作为河北区优秀报价单位，受新华社邀请参加年度汇报工作会议,受到新华社总社领导点名表扬。10月参加市商务委先进工作者监测工作汇报。

全街定期报表单位74家,经营

范围广,涉及报表种类多,将各专业报表填报时间及表种作为温馨提示送到各单位,拉近与驻街企业距离。定期走访,核对企业信息及台账数据,确保准确无误,及时维护名录库,做好年表及限上、限下等各种报表。上半年新增法人单位61家,产业活动单位2家,保证每月70%的企业信息维护率。

在14个社区实行走动办公制度,在全区社区建设推进会上做发言,为全区推行"划片走动办公"提供经验基础。全街有低保户2079户,特困户594户,其中新批222户。发放救助金1500万元。办理大病救助116户,临时救助326人次。办理住房补贴267户,低收入群体享受到政府的惠民政策。创新老龄工作,在水明里社区为困难老人提供日间照料及配餐服务,在街道亮点工作互查中得到区领导肯定和赞扬。

定期入户走访劳动保障工作站,及时掌握第一手信息,根据实际情况安排就业。召开大型招聘会两场,小型招聘会24场,着重解决大中专毕业生安置及下岗失业人员再就业。全年安置就业2214人。

全街已婚育龄妇女1.58万人,其中流动人口700人,办理政策内一孩生育服务证826个,完成政策内二孩初审25例,符合政策生育率100%,发放独生子女费5.37万元。创建流动人口服务管理示范街。以街计生办为中心,与其他部门加强联系,增强流动人口服务管理工作的亲和力。

市容环境综合整治中,清整乱圈乱占146个点位,清理废料及渣土1460吨,更换垃圾箱110个,动用车辆约300台次。抽调精干力量,历时43天高效完成铁路沿线2个小区12个楼栋清拆工作。

社区学校开办计算机、剪纸、京剧、合唱、评剧、书法等各种班次,培训8000人次。与驻街企业青松药店、乐购超市联合进行慰问活动,向特困学生资助9600元,受益学生15名。聘请中药药业讲师进行健康知识讲座20余场,约6000名居民参加。成功举办建党90周年庆祝联欢会。

王串场街办事处主任王志刚(左)慰问困难群众

针对街域个体户多的情况,采取地毯式的安全生产大检查,检查单位500余家,重点检查菜市场、网吧、养老院、游泳馆等人员密集场所,发现隐患5处,整改5起。邀请消防支队、技术监督局讲解相关知识,提高居民防范意识。

街维稳中心和服务站接待群众来访1400人次,化解社会矛盾210起。按照"以房管人"模式,对社区流动人口实行分类管理。为流动人口子女联系入学、入托达30余人。全街有社区服刑人员36人,社区帮教人员78人,将其列为再就业重点扶持对象,对符合条件的办理低保。

(訾　静)

建昌道街道

建昌道街道位于河北区东北部,东与东丽区金钟街道、北与北辰区宜兴埠镇接壤,西、南与河北区月牙河街道、江都路街道、宁园街道相邻。2011年,行政管辖面积5.05平方公里,辖13个社区居委会和1个居委会筹备组。常住人口7.47万人,户籍人口5.68万人,流动人口1778人,少数民族630户1435人。

辖区驻有河北区工商局、天津市戒毒所、金三角海鲜酒店、通号宾馆、天磁有限公司等企事业单位546家;有幼儿园3所、小学2所、中学2所、职专2所、医院2家。

2011年,引进企业68家,其中楼宇企业36家。完成护税和引税任务400万元,引进市外资金9100万元,引进境外资金66万美元,引进和转化科技型中小企业15家。

街综合服务中心在原有设施基础上多次进行提升改造。对服务窗口进行职能整合,服务项目由20项增加到90项。增设国医堂,形成300平方米中西医结合的社区卫生服务站。建立社区老年大学和200平方米的社区配餐中心,引进"康妈妈"餐饮有限公司为社区空巢老人提供就餐、送餐服务,服务范围覆盖全街13个社区。3月,街综合服务中心被评为市级先进行政服务中心,4月被评为天津市模范集体。

开发就业岗位，落实就业保险工作。安置就业1982人，办理灵活就业参保2393人，发放失业保险金287.28万元，认定就业困难人员553人，其中零就业家庭302人，实现100%安置。开展“春风行动”，帮扶进城务工劳动力就业。发放“春风卡”128张，组织农民工专场招聘会2场，提供岗位信息180条，与企业达成就业意向16人。为有创业意向的失业人员开办6期培训班，参加培训285人，20人申请创业小额贷款98万元。

全街有低保户1179户2140人，累计发放最低生活保障金806.57万元。特困户232户537人，累计发放特困救助金34.96万元。发放临时救助款40.36万元。发放大病救助款45户21.51万元。全年办理限价房211户，经济租赁房补贴155户，实物配租补贴5户，廉租房租房补贴89户。

为残疾人办理残疾证150个，发放轮椅13辆，配发盲杖13根，助视器12个，助听器5个，开展残疾人需求意向入户调查1898人次。为残疾人办理特困、救助、银行卡变更501人次。

全街有育龄妇女8309人、流动人口育龄妇女387人。全年出生522人，其中一胎496人、二胎26人，领取独生子女证398人，新增独生子女费发放145人，办理二胎审批25人。组织育龄妇女免费体检，参检率96%以上。

2011年5月5日，河北区举办社区综合服务中心妇女编织成果展。

加大信访调处力度，受理群众信访18件，回复区热线办来信37封、来电11件，集体访两批32人次，个人访150人次。涉及环境卫生、污水外溢、医疗保险、改退组等问题，限期办结率100%。

康桥里精品社区建设被列入市、区重点工程建设项目。历时3个月，对17栋楼进行外沿护栏清拆及更换，拆除护栏及吊挂物2140个，安装贴式外置护栏5665个，更换塑钢窗约6700平方米，完成81个楼道粉刷、油饰、管线整理、地面修补、对讲门安装。4月20日，市长黄兴国到康桥里社区服务中心视察指导，对康桥里社区在较短时间内环境面貌发生巨变予以充分肯定。

成立街文艺协会。定期组织合唱、京剧、书法、舞蹈、模特、民乐等队伍开展活动。结合建党90周年，开展“红心向党”系列教育活动。组织社区开展“唱红色歌曲，读红色箴言”活动，举办“红色歌曲大家唱”展演。

组织成立全区第一个妇女手工编织协会，制作招财蛙、财源滚滚、幸福万年长、天津之眼、春华秋实、吉庆大花篮、荷娃等作品。其中，招财蛙被国台办订购300套，销往台湾，让台湾同胞欣赏到天津的手工编织工艺，感受津门文化。

2011年，街道获市级先进集体奖项7项，先进个人奖5项；获区级先进集体奖25项，先进个人奖24项。

（徐　敬）

红 桥 区

概 述

红桥区是天津市六个中心城区之一，位于天津市区西北部。东与河北区为邻，南与南开区相连，西与北辰区、西青区接壤，北与北辰区交界，是天津早期城市聚落的发祥地之一，也是传统天津市区和近代天津市区的主要组成部分。区内跨河桥梁较多，有金刚桥、北洋桥、大红桥、新红桥等，区名即是根据境内古老的红桥而来。2011年，全区面积21.3平方公里。辖双环邨、咸阳北路、芥园、三条石、丁字沽、西沽、西于庄、邵公庄、大胡同、铃铛阁10个街道办事处、127个居民委员会，人口50.32万人，有33个少数民族，其中回族4.4万人。

2011年，红桥区委、区政府全面落实科学发展观，抓住西站地区城市副中心开发建设的重大历史机遇，深入实施“城建带动、强三优二”发展战略，加快推动“一极两区三廊”区域经济布局建设，圆满完成“十一五”规划和区十五届人大一次会议确定的各项任务，实现“十二五”规划的良好开局。2011年，实现地区生产总值115.25亿元，财政收入12亿元，区实有财力18.7亿元，五年累计实现固定资产投资296.3亿元。

高速度完成西站交通枢纽用地拆迁67万平方米，安置居民和公建单位1.5万余户。23个重大基础设施项目建设按期完成，确保西站交通枢纽工程与京沪高铁同步投入使用。完成西站地区城市副中心控制性详细规划，深化核心区及地下空间利用等规划方案，为西站地区的大开发大发展创造条件。成立西站地区管理机构，实施规范化、高标准管理。借助京沪高铁贯通形成的“同城效应”，提升区域的吸引力和影响力。

建成红桥招商展示中心。在多个发达地区举办招商推介会，取得明显成效。五年累计实现内联引资313.65亿元，实际利用外资1.48亿美元。完成招商引税4.24亿元。引进企业1800余家，注册资金66亿元，注册资金1000万元以上企业100余家。10座楼宇成为全市第一批重点支持的亿元楼宇项目，2011年楼宇经济实现税收2.19亿元。盘活载体19.3万平方米，有效解决载体闲置问题。光荣道都市型产业园起步区17.1万平方米载体主体竣工。整合科技载体4.6万平方米建成国家级企业孵化基地。为科技型企业提供资金支持8800万元。注册科技型中小企业460家，认定300家，培育卓朗科技等“小巨人”企业8家。引进浦发银行等11家金融服务企业。意库创意产业园引进262家企业，创税突破5000万元，被评为全国最佳创意产业园区。天津创意街创意产业聚集效应正在形成。重点推进特色街区建设，天津创意街、南运河美食街初具规模，天津酒文化特色街主要节点和虹桥新天地欧陆风情街相继建成，天津水游城建成开业。组建建设发展有限公司、城投公司、国投公司，参股天津市津源公司，大胡同集团国有股份实现转让，7家参股商业企业国有股权退出，15家国有企业退出市场。7000多名企业职工得到妥善安置。

确定区域经济发展布局。高水平组织编制行动规划和项目策划，建立规划项目库，储备项目100个，实现规划全覆盖。着眼于改善群众住房条件，累计拆除各类房屋243.47万平方米，安置居民及公建单位4万余户，近12万人彻底告别危陋房屋。实施230万平方米定向安置经济适用房建设，其中河怡花园等14个项目97万平方米安置房项目实现竣工入住。享受住房保障政策家庭4.33万户。重点项目建设年均施工面积365.6万平方米，累计竣工面积378.97万平方米。红星职专地下人防工程竣工。完成西站铁路及主站房、地铁4、6号线建设。新建和拓宽改造西北半环快速路等28条道路，建成永乐桥等11座桥梁，基本形成东西贯通、南北通达的路网格局。建成街道办事处3个。新建和改扩建社区服务中心45处。建设学校、派出所等公共配套服务设施18处。新增供热面积398万平方米，全区热化率98%。供热节能改造65万平方米。完成房屋维修和推修306万平方米，连续29年无重大塌房伤人事故。

市容环境综合整治效果突出。以连续奋战900天市容环境综合整治为契机，对西青道等59条重点道路实施立面综合整修，累计清拆违章建筑、吊挂物3万余个，粉刷建筑1191栋次312.8万平方米，规范提升广告牌匾1.74万平方米，完成198栋楼房“平改坡”工程。对186片684.6万平方米旧楼区实施综合整修。完成绿化工程建设536.2万平方米。对向东道等61条42.1万平方米主干支线道路和子牙里等97片95.8万平方米社区里巷道路进行整修，改造78处积水点。对违章停车、脏乱点位、运输撒漏专项治理，整治30余处非法聚集点。完成西沽公园等7个公园提升改造。完成全国污染源普查工作任务。完成“十一五”减排目标，顺利通过创模复验。深入实施蓝天、碧水、安静工程，被评为天津市卫生城区。完成城管体制改革，构建新型城市管理体系。成立潞河环境建设公司，实现政事企分设和建养管分离，环卫园林管理作业水平得到提升。健全城市管理综合协调网络和区、街、居三级长效管理机制。

投资近亿元，对全区27所义务教育学校进行高标准现代化建设。加大配套学校建设，三幼、市师附小、泰达实验中学等新校舍相继建成投入使用。12所中小学完成布局整合。6所学校2.59万平方米的校舍安全工程和11所学校的供热并网改造工作全面完成。推动职业教育发展，投资1.46亿元完成红星职专改扩建工程。连续三年高水平承办全国职业院校技能大赛相关赛事。义务教育全部实行“两免一补”。初中教育教学质量保持全市领先，高中办学特色不断显现。社区教育、特殊教育、民族教育位于全国前列。区属医疗机构全部实行药品网上集中招标采购，社区基本用药全部实行零差率销售，为群众让利4380万元。区疾控中心、卫生监督所项目开工建设。完成30个标准化社区卫生服务站建设。投入5325.6万元，开展18项社区公共卫生服务项目，免费为35.2万名居民提供公共卫生服务。妇女儿童健康行动计划深入推进，总覆盖率90%，为7万余名适龄妇女免费查体。成功创建全国中医药特色社区卫生服务示范区，成为天津市首个国家级双示范区。开展“国医堂”建设，得到国务院医改办、卫生部和市领导充分肯定。代表天津市在全国首届红十字应急救护技能大赛中勇夺冠军。疾病预防控制和卫生监督保障体系进一步完善，有效应对甲型H1N1流感传播，重点传染病报告发病率始终保持全市低水平。被评为国家级计划生育优质服务先进单位。推进区文化馆、图书馆和少儿图书馆实现整合并对外开放。区少儿图书馆被评为国家一级馆。新建西沽公园体育广场等文体设施。安装健身路径148条，组建文化健身团队233支。14所学校体育场馆实现面向社会定期免费开放。成功承办三届市老年文化艺术节和首届“红桥杯”天津相声大赛。估衣街、西沽公园被评为国家3A级旅游景区。

发放各类救助金5.1亿元，保障困难群众基本生活。高度重视就业再就业工作，连续五年超额完成就业指标，实现职业技能培训3.05万人，新增就业14.5万人。投入就业、培训、困难企业退市等各项社会保险补贴6.17亿元。建立以社区日间照料站、养老院和老年人护理院为主要形式的“三线互补”养老模式，新建养老机构6所、老年活动中心(站)48个、老年大学10所、居家养老床位1500张，被评为全国老龄工作先进单位和全国残疾人工作示范城区。

打造河怡花园等31个精品社区，全区居委会平均面积105平方米，比五年前翻一番。开展和谐社区建设示范单位创建活动，创建市级示范街3个，示范社区48个，特色楼门院240个。组织登记注册社区志愿者1.5万人，社区居民的自我管理、自我服务水平提高。被评为全市首批和谐社区示范区，咸阳北路街被评为全国和谐社区建设示范街道，本溪社区荣获全国充分就业示范社区称号。

民族宗教工作扎实开展。全面贯彻执行党的民族宗教政策，不断推进民族宗教工作的规范化和法制化。投资近1500万元，完成两寺合建即芥园清真寺工程，建成全市首家穆斯林养老院，对区内清真寺不同程度进行修缮。精心组织民族团结月系列活动，得到广大穆斯林群众和社会各界高度评价。荣获全国民族团结进步事业模范集体称号。

建立完善“四级排查、五级化解”信访工作机制。积极开展领导干部接访活动，1124件历史积案得到有效化解。发挥基层综治信访服务中心(站)作用，在全市率先实行专业专职化人民调解员工作机制。开展社会稳定风险评估工作，得到中央政法委充分肯定。以平安建设为载体，加强和创新社会管理工作。通过加强对敏感地区、重点行业监控，持续开展对各类违法犯罪的专项严打行动，有效防止各类治安事件和刑事犯罪发生。落实安全生产和食品安全责任制，全区未发生重大安全事故。

（刘润松）

红桥区区级领导名单

(2011 年 12 月换届前)

中共红桥区委领导名单

书　记:赵建国

副书记:张泉芬(女)　李红梅(女,任职至 11 月)

常　委:赵建国　张泉芬(女)　李红梅(女,任职至 11 月)　卢志永(任职至 11 月)　姚建军(任职至 3 月)　王　禹(11 月始任)　宋　奇(女,11 月始任)　张学信　刘克建　刘广理　吴　成　方立民(6 月始任)　唐瑞生(11 月始任)

红桥区人大常委会领导名单

主　任:姬俊英(女)

副主任:李金城　张静秋　徐永有　武有祥(兼)

顾　问:赵金樑(任职至 7 月)

红桥区政府领导名单

区　长:张泉芬(女)

副区长:卢志永　张学信　沈奎林(任职至 12 月)　杜忠晓　姜德志(任职至 12 月)　华长虹

政协红桥区委员会领导名单

主　席:黄禄衡

副主席:由明胜　马　平(女)　马速成(回族)　赵建民(兼)　苑春鸣(兼)　赵树钢(兼)　韩恩山(兼)　李凤军(兼)

红桥区区级领导名单

(2011 年 12 月换届后)

中共红桥区委领导名单

书　记:赵建国

副书记:张泉芬(女)　高树彬

常　委:赵建国　张泉芬(女)　高树彬　王　禹　宋　奇(女)　刘克建　刘广理　杜忠晓　吴　成　方立民　唐瑞生

红桥区人大常委会领导名单

主　任:姬俊英(女)

副主任:张学信　刘连泉　陈淑芳(女)　刘玉明(兼)

顾　问:李金城　张静秋

红桥区政府领导名单

区　长:张泉芬(女)

副区长：王　禹　杜忠晓　华长虹（女）　马　政　穆　强（回族）　田　野

政协红桥区委员会领导名单

主　席：孙晓军

副主席：由明胜　马　平（女）　刘国光（回族）　李　可　苑春鸣（兼）　赵树钢（兼）　韩恩山（兼）　李金胜（兼）

顾　问：黄禄衡　马速成（回族）

（区委组织部提供）

政　治

概况　2011年，红桥区召开第十次党代会、区十六届人大一次会议，政协区十三届一次会议，完成区级领导班子换届。换届工作中做好民主推荐、民主测评和组织考察工作，"运用漫画形式宣传换届纪律"的做法被市委组织部评选为2011年"十佳"特色工作，并在全国组织部长会议上得到中共中央政治局委员、中央书记处书记、中组部部长李源潮的肯定，为做好区级领导班子换届选举工作打下良好基础。深入开展创先争优活动。结合建党90周年，命名表彰一批先进典型。制定《红桥区关于进一步深化学习型领导班子建设的意见》。全年累计培训干部1200余人次，其中处级以上干部1100余人次。认真组织对党的十七届五中、六中全会和纪念建党90周年等重要会议精神的学习贯彻，推动学习型党组织建设。制定年度《依法行政工作要点》和《依法行政考核目录》，对涉及房屋拆迁和行政强制规范性文件进行专项清理。运用多种途径受理行政复议申请。做好群众来信来访工作，深化完善各级领导干部接访、下访机制和首问负责制。全力化解初访和突发事件，确保辖区稳定。加强公务员和事业单位管理，深化公务员平时考核机制。做好全区党政机关和事业单位工作人员年度考核备案工作。按照公开、公平、公正原则，做好事业单位公开招聘工作。区政法各部门研究制定服务全区又好又快发展的工作意见和具体措施，加大经济犯罪的预防、惩处力度。坚持"打防结合、预防为主"方针，保持严打高压态势，有效遏制刑事犯罪。开展打黑除恶、打击"两抢两盗"和治爆缉枪、禁娼禁赌禁毒、扫黄打非、夏季专项整治等统一行动，确保全区社会治安大局持续稳定。完善民防、警防、技防体系，推进平安建设。区总工会广泛开展"工资集体协商要约行动"，提升全区各类企业和个私经济组织落实要约行动成效。做好企业、行业、区域性工资协商签订工资协议工作。完善帮扶工作模式，帮扶困难职工和困难劳模。团区委引进天津青年创业园，发布青年创业贷款政策。实施预防青少年违法犯罪工程，荣获"五五"普法先进集体称号。实施未成年人保护工程，开展关爱帮扶活动。区妇联深化"半边天家园"建设，培育打造优秀家园和示范家园。成立红桥区妇女手工编织协会，在9个街道建立基地，在33个社区建立站点，举办技能培训。

（温　鹏　李淑芳）

区级领导班子换届和处级班子调整　2011年，中共红桥区委认真执行中央和市委关于换届工作的部署要求，制定《关于在换届工作中进一步严肃纪律的若干规定》，把加强党的领导、充分发扬民主和严格依法办事贯穿选举全过程，确保换届人事安排方案圆满实现。配合市委考察组，做好区级领导班子换届的民主推荐、民主测评和组织考察工作，"运用漫画形式宣传换届纪律"的做法被市委组织部评选为2011年"十佳"特色工作，并在全国组织部长会议上得到中共中央政治局委员、中央书记处书记、中组部部长李源潮的肯定。为做好区级领导班子换届选举工作打下良好基础。召开中国共产党天津市红桥区第十次代表大会，选举产生新一届区委。通过区委十届一次全体会议选举产生新一届区委书记1人、副书记2人、区委常委8人；通过十届纪委一次会议，选举产生新一届区纪委书记1人，副书记3人，常委9人。通过区十六届人大一次会议，选举产生新一届区人大常委会主任1人、副主任5人、委员21人；选举产生区人民政府区长1人，副区长6人；选举产生区人民法院院长1人、区人民检察院检察长1人。通过政协区十三届一次会议，选举产生区政协主席1人，副主席8人、秘书长1人、常务委员37人。全年调整处级领导干部4批次，涉及43个班子91名干部，其中，提拔42人，交流轮岗14人，正常解职13人。对16个正处级领导职位进行民主推荐，对1个正处级职位进行差额任用。

（刘　扬）

党务工作　2011年，红桥区委组织部在党员中深入开展创先争优活动。组织开展“亮身份,比干劲,办实事”实践活动,全区有406个党组织、9298名党员做出公开承诺,党组织承诺事项1416件,党员承诺事项7165件。推进党建“全覆盖”工程、品牌工程、班长工程和轮训工程,组建非公经济组织工委和社会组织工委,机关单位与社区党组织对口联系覆盖率达93%。探索实践区域化党建、特色楼门党建,先后为9个街道、68个社区安装远程教育终端。结合建党90周年,开展“党员教育月”活动,命名表彰一批各类先进典型。万隆大胡同置业有限公司党委被市委推荐参加全国“双强百家”非公企业党组织评选。制定《红桥区关于进一步深化学习型领导班子建设的意见》。组织处级“一把手”读书班、副处级领导干部进修班、赴港专题研修班、中青年干部和科级公务员专题培训班,6期207人次参加。全年累计培训干部1200余人次,其中处级以上干部1100余人次。制定完善《关于进一步规范区管干部任免权限的规定》、《区委常委会讨论干部票决办法》等制度。首次开展科级干部选任“一报告两评议”工作。区委宣传部认真组织对党的十七届五中、六中全会和纪念建党90周年等重要会议精神的学习贯彻,制定下发安排意见,编辑印发系列《摘要》和《解读》,为基层提供视频学习资料,开展学习答题活动等,在全区掀起学习贯彻高潮。组织时事政策和形势任务的学习,举办《当前国际形势及热点问题》专题讲座,组织对《“七个怎么看”理论热点面对面——基层党组织和高校形势教育辅导材料》和《从怎么看到怎么办——理论热点面对面·2011》等书目的学习,制定安排意见,举办赠书仪式,召开辅导报告会。深化全区广大党员干部对中央精神的理解和把握,推动学习型党组织建设。结合《公民道德建设实施纲要》颁布9周年,召开“弘扬社会道德力量、倡导全民志愿服务”活动启动仪式,举办大型宣传咨询和志愿服务活动。三条石街御河湾社区荣获“天津市魅力社区”称号,丁字沽街桃花园南里、西于庄街子牙里第三社区获得“天津市优秀社区”称号。在全区范围推荐身边好人和道德模范,公安红桥分局推荐的刘长锁荣获“天津市第二届道德模范”提名奖。25个单位和16个社区分别获得市级文明单位和文明社区荣誉称号,红桥医院和区教育局分别完成全国文明单位复查和验收。组织全区党员干部参加天津市“伟大历程、光荣使命”纪念中国共产党成立90周年知识竞赛,回收答题卡2000多份,获知识竞赛优秀组织单位奖。编纂出版《中共天津市红桥区历史》,全书上限为1994年1月,下限至2010年12月,分上下两编,8章43节34.6万字。

(刘　扬　李　军　张秋杰)

政务工作　2011年,红桥区制定年度《依法行政工作要点》和《依法行政考核目录》,明确目标任务、考核标准、责任部门、完成期限,制定台账,狠抓落实,根据市有关要求,对涉及房屋拆迁和行政强制规范性文件进行专项清理,对两件有关规范性文件经区政府常务会审议废止。开展行政处罚和行政许可案卷评查工作。围绕奋战300天市容环境综合治理,对拆除各片违法建设案卷进行严格审核,制作行政拆除违法建设决定书45件。梳理西站站区行政执法依据196项。运用多种途径受理行政复议申请。公布电子邮箱,完善网上受理行政复议制度。实行重大责任案件实地调查制度,形成与三级法院行政庭信息沟通共享机制和重大案件、重要事项协调制度,接待群众来访咨询34人次,办理行政复议案件7件。做好群众来信来访工作,深化和完善各级领导干部接访、下访机制和首问负责制。全力化解初访和突发事件,确保辖区稳定。12位区级领导接访,走访47次,接待信访群众131人次。各基层单位做好接访工作,形成层层接访、层层负责的工作格局。开展4次全方位、全覆盖的矛盾纠纷排查化解工作。建立健全历史积案定期回访制度,包保案件定期汇报制度,短信案件信访跟访制度,大信访定期研习制度,有效预防和减少了越级访、集体访、重复访现象发生。加强公务员和事业单位管理,深化公务员平时考核机制。制定《红桥区科级及以下公务员平时考核工作规定》,确定区法院等8个单位为平时考核工作联系点,努力提高考核工作的科学性、实效性。组织各单位签订《2011年党政工作目标责任书》,要求各单位做到重点突出,量化标准,确保年度重点工作、重点项目按时完成。做好全区党政机关和事业单位工作人员年度考核备案工作,全区行政机关923名公务员参加年度考核,137人被评定为优秀,占14.8%,786人被评定为称职,占85.2%,没有基本称职和不称职人员,按照公务员奖励规定,对121名公务员记嘉奖一次,对16名公务员记三等功一次。按照公开、公平、公正原则,做好事业单位公开招聘工作。教育系统43个教师岗位、卫生系统104个医护岗位公开招聘。发挥职称引领作用,组织申报专业技术职称评审107名,其中高级39名、中级38名。407名专业技术人员参加社会工作者、统计、监理、造价、医药、卫生、经济、建筑等专业技术资格考试。90人申报,经评审通过政工师高级13人、中级27人。制定《红桥区事业单位岗位设置管理工作实施办法》,对问题多、困难大、进展慢的单位,加大指导、协调和督办力度,确保岗位设置工作平稳有序推进。190个事业单位中,除区房产总公司及所属11个单位外,全部完成岗位设置管理工作,人员全部聘用到位,经检查全部通过认定。推进事业单位建立绩效工资制度。对除义务教育学校、公共卫生和基层医疗卫生事业单位以外的其他事业单位工作人员收入摸底调查。完成机关事业单位工作人员正常晋升级别等次工资审批287人;正常晋升级别档次工资审批103人;事业单位晋升工作津贴493人;事业单位工作人员正常晋升薪级工资审批8197人。

(孔令智 张 辉 王 军)

政法工作 2011年,红桥区委政法委组织政法各部门,摒弃单纯办案观念,创新工作思路,围绕西站城市副中心建设和区域经济发展布局,及时研究制定服务又好又快发展的工作意见和具体措施,加大经济犯罪的预防、惩处力度。强化协作配合,不断完善防范经济犯罪预警机制、综合防控机制和办案协作机制,创新落实服务举措,开展经常性的调研走访活动,定期通报经济犯罪的规律和动向,为企业发展献计献策,对涉及企事业单位的各类案件,做到及时出警速侦速破,维护企业正常的生产和经营秩序,为全区经济发展提供有力司法保障。针对一些综治工作薄弱、治安问题突出、群众反映强烈的重点地区和单位,坚持“打防结合、预防为主”方针,取得良好社会效果,全区70余个重点排查整治地区和单位发生根本变化。继续保持严打高压态势,刑事犯罪得到有效遏制。分析研究新形势下社会治安面临的新情况、新问题,努力掌握刑事犯罪变化的规律特点,坚持“严打”方针不动摇。开展打黑除恶、打击“两抢两盗”和治爆缉枪、禁娼禁赌禁毒、扫黄打非、夏季专项整治等统一行动,有力打击黑恶势力的嚣张气焰,确保全区社会治安大局持续稳定。健全以综治目标责任书为主要内容的约束机制,真抓实管的责任运行机制,齐抓共管的联动机制,充分发挥“组办”协调作用,通过召开联席会、办公会对涉及平安红桥建设的重大问题进行协调解决。完善以民防为重点的社区防控体系、以警防为重点的社会面防控体系、以技防为手段的重点单位、重点部位安全防范体系,实现全区域覆盖,全天候监控。在全区10个街、127个居委会分别成立综治信访服务中心(站),调整充实治保、调解队伍,全区有治保员916人,调解员936人。推进平安示范社区、平安示范单位创建活动;深化社区青少年法制教育和犯罪预防工作及少年犯挽救工作;做好流动人口管理服务工作;全面完成对刑释解教人员和肇事肇祸精神病人的调查摸底工作;精心组织核查纠正监外执行罪犯脱管漏管专项行动;深化打击盗窃自行车专项行动;深入开展护路护线工作,确保铁路运输安全;开展校园周边治安整治工作,维护全区中小学校和幼儿园周边秩序。

(李英华)

人民团体工作 2011年,红桥区总工会在全区广泛开展“工资集体协商要约行动”,印发《关于开展工资集体协商要约行动的通知》和5000份要约书,做到开展“要约行动”同劳动关系和谐企业创建共同部署、共同推动、共同落实,提升全区各类企业和个私经济组织落实要约行动成效。发挥工资集体协商指导员作用,做好企业、行业、区域性工资协商签订工资协议工作。签订工资集体协议5984家,覆盖职工3.8万人,实现劳动行政部门备案审批率100%。创建A级和谐企业98家,其中2A级企业3家,1家企业申报3A级劳动关系和谐企业。评选出市级劳动模范22名,模范集体3个,全国工人先锋号集体1个;区级五一劳动奖章46人,先进集体18个。完善“四四六”帮扶工作模式,投入资金130余万元,帮扶困难职工和困难劳模2800人次。团区委引进天津青年创业园。5月18日隆重开园,市委常委、市委组织部部长史莲喜,区委书记赵建国,区长张泉芬出席仪式。园区入驻企业130余家,提供近500个就业岗位。编印《红桥青年创业贷款一本通》,通过政务网、QQ群、红青在线网站等多种途径,发布青年创业贷款政策,鼓励创业青年积极申报创业贷款,与市青创基金会、邮储银行、天津银行等多家金融单位合作,加强与意库、圣威科技、正本电气等重点青年企业联系,为卓朗科技等114家青年企业协调申请贷款2504万元。实施预防青少年违法犯罪工程。围绕家庭、学校、社会、司法保护4个环节,组织公检法司等成员单位,深入28个社区和13所学校进行法制宣传,近千名社区居民和青少年受到教育,团区委荣获“五五”普法先进集体称号。实施未成年人保护工程,以农民工子女为重点群体,开展关爱帮扶活动。指导区义工服务队探索社会救助新模式,举办“爱心百宝包”征集活动,吸引社会爱心人士参与,征集书包130余个、字典150余本、各类学习文具2500余套。3月4日,在雷锋小学开展志愿服务农民工子女“爱心百宝包”主题捐赠及结对帮扶活动,发放到130余名农民工子女手里。区妇联深化“半边天家园”建设,在实现家园全覆盖基础上,培育打造优秀家园和示范家园。西沽街道河怡社区和三条石街道御河湾社区荣获市级示范家园和市级优秀家园称号。为困难群体办实事,免费为1500名单亲困难母亲上安康保险,为210名单亲困难母亲发放慰问金和慰问品1.25万元,为五中新疆班30名困难学生赠送爱心毛衣。推荐为双胞胎脑瘫女儿恢复健康而执著奔走的80后母亲苏金娜获得天津市十大“感动母亲”荣誉称号。母亲节期间,对身处困境、自强不息的20名优秀母亲进行表彰。与区人力社保局联合举办“三八妇女节春风送岗位”招聘大会,85家企业提供岗位523个,2000余人进场求职,达成就业意向785人。成立红桥区妇女手工编织协会,在9个街道建立基地,在33个社区建立站点,举办技能培训。

(史国闻 李慧 吕莉)

经 济

概况 2011年,红桥区抓住西站地区城市副中心建设历史机遇,继续深入实施“城建带动、强三优二”发展战略,加快推动“一极两区三廊”建设,实现“十二五”规划良好开局。建成红桥区招商展示中心,加快开放步伐。发展现代服务业,着力发展楼宇和总部经济,发展科技服务业,培育壮大创意产业。全力打造“商贸红桥”,引进一批有发展前景的特色产业,重点推进特色街区建设。推进各项经济改革,组建一批新企业,促进一批老字号企业做大做强。实现地区生产总值115.25亿元,比上年增长19%;区级财政收入12亿元,增长20%;完成固定资产投资90亿元,增幅位居室内六区首位;引进税源实现新突破,新引进留区税收1.19亿元,经市发改委批准,红桥区成为天津市服务业发展综合改革示范区。

(温鹏 李淑芳)

招商活动 2011年,红桥区实现内联引资90.5亿元,完成计划的113.12%。引进各类企业564家,注册资金11.92亿元。其中,注册资金1000万元以上企业32家。接待考察洽谈团队180余批近500人次,达成合作意向16项。4月26日,举办天津·红桥京津合作共谋发展推介会。国内30余个商会和中冶建设高新工程公司等近300家企业参加。市人大常委会副主任张元龙,以及两市、区相关部门53位领导出席,艾默莱特(天津)股权投资基金等3家北京企业注册登记,富盛宝通科技发展(北京)公司签订合作协议。5月18日,举办天津·红桥赴港招商推介会,让香港企业家深入了解红桥未来发展走向,为寻找互利共赢发展空间提供平台。全国政协委员陈清霞、曾文仲,香港总商会工业和科技委员会主席余国贤,以及香港金融、贸易、地产等业界60多家企业参加,与10余家企业洽谈考察事宜。香港巨基集团天津吉实股权投资基金管理公司办理外商投资许可等手续。借助这一国内外商贸交流平台,宣传展示红桥六大发展优势和近年来快速发展成果,以及西站商业核心区等17个重点招商资源,参会客商香港和记黄埔、台湾日月光集团、新加坡马星集团等数十家企业在活动结束后考察洽谈。9月5日至6日,在上海召开与上海重点科技企业对接座谈会和投资合作恳谈会,国内500强企业上海绿地集团和上海数字娱乐中心等50余家知名企业参与西站城市副中心建设。中国葛洲坝集团、上海亿兆投资集团等央企和民营企业多次考察洽谈投资合作。将投资建设以新能源产业交易、研发、金融为核心的中国(天津)新能源国际交易中心,并打造成为环渤海地区新能源产业集聚高地。信雅达公司多次来津实地考察,与区领导座谈。为巩固和扩大上海招商活动成效,11月中旬区领导带队赴杭州、苏州考察信雅达集团,就在光荣道科技产业园建设以BPO软件外包服务等科技产业为核心的园中园项目达成深度共识。

(王朝)

5月18日,举办2011年天津·红桥赴港招商项目推介会。

重点项目和特色街区建设 2011年9月29日,天津水游城休闲购物中心开业。水游城以"时间型消费"为核心开发理念,集购物消费、景观欣赏、休闲娱乐为一体的全天候全新消费模式,满足消费者一站式消费需求。酒文化街项目经过前期筹划建设津酒集团业务综合楼、教学设备站综合服务楼项目主体工程和外延装修竣工,进行内部装修。虹桥新天地项目竣工,亲水平台、沿街绿色景观带和道路等配套工程基本完成。经过二次提升改造的估衣街,开发新的商贸旅游资源,增设餐饮小吃等经营业态和景观设施,营业时间延至晚上10点,进一步促进大胡同地区繁荣发展,西沽文苑项目进展顺利。对红桥北大街沿线载体提升改造,引进新华发行有限公司,开办以经营图书为主的文化市场,丰富群众文化生活,促进文化事业发展。

(王亚辉)

楼宇经济 2011年,红桥区成立楼宇经济发展领导小组办公室,编制《红桥区楼宇经济发展规划》,确定"开发新建一批,提升改造一批,规范整合一批"的楼宇经济总体目标,明确楼宇经济近期、中期及远期奋斗目标,制定楼宇经济信息报送、经济运行报表及工作例会等一系列制度,出台相关扶持政策和优惠奖励措施。根据各楼宇的基础和特点,对每座楼宇进行科学定位,形成"一楼一定位、一楼一政策、一楼一专人"的楼宇管理模式,努力打造专业楼宇和特色楼宇,确保2013年完成打造10座亿元楼宇的奋斗目标。制定《关于规范我区重点楼宇入驻企业业态的通知》,明确亿元楼宇鼓励引进业态,明确禁止业态,组织多方力量,采取多种方式,动员不符合楼宇业态定位的企业迁出或转变业态,为引进高质量的企业提供载体空间,累计投入各类资金7000余万元,对意库创意中心、金兴科技大厦、天鸿大厦等楼宇提升改造,优化美化楼宇内外部环境,完善现有商务楼宇基础设施,提升楼宇品质档次。亿元楼宇入驻企业554家,实现税收2.19亿元。

(王亚辉)

行政审批管理 2011年,红桥区行政许可服务中心受理项目1.19万项,总投资17.47亿元,走访回访企业90%以上。先后建立审批部门联审协调机制、重点项目审批信息储备联席会机制、投资类项目审批会诊机制和为科技型中小企业服务的相关举措等审批服务机制,为重点项目早落地、工程早开工创造一流投资环境。组织相关审批部门赴水游城等企业提供现场审批、政策咨询服务,赢得企业和商户赞扬。工商、文化、国税、地税、环保、卫生、物价、质监等部门审批职能科室整建制进驻"中心",现场审批和集中审批率100%。为全面实现行政审批提速,采取"两制审批"等10余项措施,推出"立等可取"审批事项36个,全面实行"一审一核、现场审批"工作机制,实现审批办结时间比承诺办结时限提速20%。红桥区行政许可服务中心被评为2010年度天津市卫生先进单位、服务中心工作先进单位,中心党总支被评为区级先进党总支,中心工会被评为2011年度"五比一创"劳动竞赛先进集体。中心在2011年度政府网站和政民零距离工作中被评为先进。8月7日,中央电视台《焦点访谈》栏目重点报道天津深化政务公开,加强政务服务,建设服务型政府的典型经验——介绍天津首个行政许可智能服务系统在红桥区行政许可中心正式启用。

(贾　健)

2011年9月29日,坐落大丰路的水游城休闲购物中心开业。

财政工作 2011年,红桥区财政局加大对楼宇经济发展的支持力度。争取和筹集资金4900万元,着力打造"亿元楼"。成立国投公司,通过国有资本有效运营,为楼宇经济发展提供载体。安排财政资金2646万元,帮助科技型中小企业做大做强。发挥虹融担保公司和中小企业信用担保中心作用,为科技型中小企业提供融资担保6100万元,解决企业融资难问题。金融业聚集效应不断增强,上海银行、滨海农村商业银行、招商银行三家银行的红桥支行实现开业。北京银行拟在红桥区开办支行。各金融机构业务量不断加大，留区税收5914万元，比上年增长56.3%，成为区财政收入新增长点。强化税源联动机制，对374户重点企业每月进行统计分析，发现问题及时协调解决，全区存量税源实现留区税收4.1亿元，增长13.6%。加强大胡同商贸区税收征管，努力营造公平税赋环境，全年实现全税收入1.5亿元。积极引进新增税源，42个责任部门实现引税目标1亿元。将各类政府非税收入项目逐步纳入预算。重点抓好拆迁补偿费、拆迁协作费等相关收支的管理，区两级财政安排1.04亿元，落实城市居民最低生活保障制度；投入1593万元，用于低保人群医疗补助；安排1644万元，落实城镇居民基本医疗保险补贴。区财政安排2506万元，落实社区办公经费和社区居委会成员生活补助标准；新增支出200余万元，安排公益性岗位人员工资补贴。市、区两级财政安排2500万元，用于中等职业教育示范校建设。区财政投入2500万元用于特教中心和幼儿园新建改建；投入400万元全面完成义务教育学校现代化标准建设。市、区两级财政安排1774万元，落实社区公共卫生服务18项；安排1238万元，支持公共卫生和基层医疗卫生事业单位绩效工资制度改革。安排市容综合治理改造及购置设备区配资金6030万元、道路整治区配资金1257万元，保证奋战300天市容环境综合整治顺利开展。

（宋学宇）

税务工作 2011年，红桥区国税局完成税收收入6.46亿元，比上年增收1.07亿元，增长19.92%；区级收入1.2亿元，增长20.62%。实现税收收入连续6年稳步增长。依托税收执法考核和执法责任追究管理信息系统，对税收执法行为进行全程监督、规范与考核，全年执法行为无过错率99.97%。编辑《税务稽查查前分析推广应用手册》和2010年度《稽查案例选编》，组织稽查干部进行查账软件培训，组织推动税收专项检查、专项整治工作，检查纳税户242户，实际入库各项税款、罚款、滞纳金817万元，有效发挥了规范经济秩序，维护税法尊严的职能作用。围绕第20个税收宣传月，结合“加快开放型经济发展服务月”活动要求，组织局长接待日、送税法进企业、政策宣讲会等一系列服务活动；结合创先争优活动，召开税企座谈会，虚心听取企业代表对纳税服务方面的意见建议，并逐一进行整改落实。按照市局统一要求，对办税服务厅建设进行整体规范，努力营造环境优美、整洁舒适、温馨和谐的办税环境；对各类办税事项实行一次性告知服务，实施“一窗多能”办税服务模式，各类事项的限时办结率100%。区地税局全年组织税收收入12亿元，比上年增收1.21亿元，增长11.21%，区级收入完成6.47亿元，比上年增收1.34亿元，增长26.12%。年初，将重点监控企业调增至1179户，实行局、科所、税收管理员三级税收监控管理。加强房地产公司的项目清算和后期监管，组织入库税款0.62亿元。征管部门加强房、地两税信息比对，与区房管局建立非个人住房转让的税收征管联动机制。房地产开发企业全年实现税收4.01亿元，比上年增收0.2亿元。加强以西站建设为龙头的建筑业税源监管。全年建筑业实现各税收入2.96亿元，比上年增加0.8亿元，增长37%，其中区级收入1.61亿元，比上年增加0.41亿元，增幅34.17%。西站改扩建工程项目入库税款1.24亿元，带动周边道路、水、电等基础设施建设项目税收增长，有效弥补收入缺口。做好楼宇经济及科技型企业监管服务，楼宇经济实现税收1.35亿元，增长25%。完成对属地10个街道1200余户个体工商户计算机定税，基本实现地税自管户定额定税水平增长25%。对大胡同地区5000余户纳税人的定额重新核定，由按月征收改为按季征收税款。强化对零申报户核查，利用房、地两税征期，加强后台监控和信息比对，实现应征尽征。年内，入库房产税、土地使用税、印花税、车船税1.64亿元，比上年增加0.43亿元。全面实施案件督办制度，全年检查478户，入库税款1944.69万元，完成区级收入817.95万元。

（安　平　张　君　贾佩君）

工商行政管理 2011年，工商红桥分局加大对市场主体的服务力度，走访企业500余户次，帮助天津利金粮油股份有限公司、卓朗科技有限公司等50多家企业，解决商标注册、登记审批等方面问题287个。在向科委提供的科技型企业中，有346户被认定为科技型企业。通过股权出质登记、动产抵押登记等多种方式，帮助40余家企业融资4.3亿元；办理股权出质8.2亿元。推行预约年检、上门年检、网格化年检和团体化年检。为天津农商银行股份有限公司等8家企业及下属的113户分支机构办理团体年检。新设立内资企业620户，注册资本（金）13.21亿元，全区内资企业4446户；新设立个体工商户1890户，申报注册资本（金）1.05亿元，个体工商户1.39万户。全年招商167户，注册资本1.85亿元，留区税收突破400万元。全面加强流通领域市场监管。以大胡同地区为重点，深入开展“双打”工作。端掉制售假冒商品黑窝点30余个，依法查扣假冒、侵犯注册商标专用权的各类商品3万余件，罚没款近35万元。强化无照经营治理工作。建立协调互动工作机制。疏导办照473户，取缔无照经营154户。各工商所确定的示范街(场)有照和亮照率100%。加大对“黑网吧”、违法广告、专营专卖的规范治理力度。对全区44户有营业执照的网吧进行规范管理。对擅自经营的网吧发现一起处置一起。按照“六证齐全”标准，建立专营专卖管理档案892份，进一步规范代理品牌经营行为。全年“12315”服务热线受理解决申诉案件564件，为消费者挽回经济损失11万余元。办结率100%。扩大行政指导与行政合同工作覆盖面，与8家企业卖场分别签订行政合同。全区行政合同签约单位12家，服务对象7000余户。7月5日，国家工商总局有关领导专程来区听取行政指导、行政合同专题汇报。通过合同管理的推行和深化，天津都行商城和红星美凯龙红桥店被评为天津市诚信市场。在国家工商总局开展的全国创建诚信市场先进单位评选中，天津都行商城成为天津市唯一获奖单位。

(李　鑫)

价格监督检查　2011年，红桥区发展改革委做好价格监管工作，开展节日市场价格专项检查，价格欺诈专项检查，医药行业价格专项检查，商品房明码标价专项检查，成品油价格检查，食用盐价格检查等工作。落实价格举报125件，对73件价格违法行为进行经济处罚金额42.68万元，其中退还消费者6.02万元，没收违法所得36.36万元，罚款0.3万元。强化价格监测工作，及时采集价格数据和信息，进行分析、整理、计算、汇总，全年按时报送日报表442期、周报96期、半月报24期份、月报12期，并随时向市发改委和区委、区政府上报价格变动信息分析材料，及时准确地完成各项价格监测工作，为各级领导决策做好各项基础性工作。加强价格管理，年内为教育系统22所小学校办理经营性许可证。开展规范酒店客房市场价格意见调查。清理全区公办学前教育收费规范管理上报。审验行政事业性收费许可证82个，经营服务性登记(审核)证81个。2011年度行政事业性收入1.5万元，支出1.7万元；经营服务性收入3839万元，支出3380万元。按照《天津市涉案物品价格鉴证操作规程》，受理公安红桥分局、区法院、交警红桥支队等机关委托的刑事、民事案件涉案物品价格鉴定，受理659件委托，对3226件标的进行鉴定，鉴定标的额1302万元。

(解佩媛　赵红燕　李文华)

质量监督　2011年，红桥区质量技术监督局发挥职能作用。开展4个专项检查，检查生产企业42家，综合市场6个，签订承诺书120份，检查3C认证、绿色农产品等证书55张。制定质量兴区方案，提高产品生产经营全过程的质量控制水平。推进名牌建设。加强计量监督，检查餐饮企业13家，计量器具26台；检查加油站9个，加油枪114把；对6个封闭菜市场的6台公平秤和360余台电子秤进行免费检定。免费为群众检测血压计83台、人体称12台。抽查定量包装商品30批次，合格22批次，合格率73%。帮助企业完成采用国际标准6项、获批6个；办理标准备案17个，办理标准修订备案8个，办理16家企业执标登记手续。到科贸园区集中代码年检119份，全年办理代码证书2622个、年检2843份、迁入30个、迁出25个，挂失54件、废置130件，其他业务2833件。对全区10家食品企业15个产品进行全项监督抽检，产品合格率100%。按照“七必查”要求，巡查食品生产加工及相关企业70余家次。对全区32个住宅小区电梯使用现状调研，形成分析报告，并召开相关部门参加的小区电梯监管长效机制分析会。对重点区域和重点设备开展危险源分析，与32家重点单位签订安全运行保证书，对重点单位开展风险评估试点，逐步实行分

2011年元旦期间，区发改委价格执法人员深入市场，了解市场价格动态，开展价格巡查监管。

类监管。两项工作走在全市前列。为龙悦花园小区37部电梯解决电梯检验和使用问题,保证1100户居民乘梯安全。检查特种设备使用单位86家,下达监察指令书24份。抽调19人成立4个服务工作组,深入区重点工程、重点项目、企业、医院、社区、街道等零距离服务。全年走访服务重点项目和企业143家,解决问题13个。

(侯希光)

2011年4月29日,区质监局特种设备科室及主管领导深入西站电梯安装现场,开展安全检查和服务。

审计工作 2011年,红桥区审计局完成审计项目26个,查处违纪违规问题和管理不规范金额6897万元,提交审计报告、信息、内参84篇,其中被有关部门采纳及区领导批示91篇次。对2010年度区级财政预算执行和其他财政收支情况审计,涉及财政预算资金和财政预算外资金、财政信用资金等其他财政资金,重点延伸审计部分主管预算单位和财政性专项资金。审计结果得到区政府和区人大常委会肯定,审计报告得到区领导批示,预算执行审计在政府加强预算管理和人大加强预算监督中发挥较好作用。接受委托开展党政领导干部和企业领导人员经济责任审计9项,拓展审计内容,将“三重一大”中的重大问题决策、重大项目投资决策、大额资金使用、落实财政管理制度情况、债权债务及资产处置情况,领导干部是否如实交接财产、经费、履行离任交接程序等纳入审计范围,发挥审计机关在干部调整中的监督作用。开展政府采购资金、居委会经费管理使用情况、南水北调工程专项资金、配套费资金管理使用情况专项审计调查,为政府建立专项资金监管机制,加强对大额资金实时监控,规范专项资金管理和运行,确保专项资金安全和提高专项资金使用效益方面发挥服务作用。对西站交通枢纽配套工程中的4个分指挥部拆迁资金使用情况审计,为规范拆迁安置资金的管理,服务区政府管好、用好拆迁资金发挥审计职能作用;根据天津市审计局统一要求,配合市审计组开展地方政府性债务审计和普通高中负债情况专项审计调查,通过审计摸清举债融资规模和全区公办普通高中负债情况,完善政府性债务管理机制;为有效防控工程建设廉政风险,加强工程建设领域突出问题专项治理,重点对2010年需要整改的河怡地块定向安置房项目、碧春里地块定向安置房项目、三条石社区服务中心和疾病防控中心项目检查,促进工程建设项目优质、高效、安全、廉洁运行。

(褚丽君)

文化

概况 2011年,红桥区立足服务区域群众文化需求,着力加快公共文化服务体系建设。积极推进区文化馆、图书馆和少儿图书馆实现整合并对外开放。区少儿图书馆被评为国家一级馆。第三次成功举办市老年文化艺术节和首届“红桥杯”天津相声大赛。精心组织社区文化艺术节等一大批主题文化活动,丰富群众业余生活。致力打造“津卫摇篮”旅游板块。建成“天子津渡”遗址公园。完成福聚兴机器厂旧址落架大修工程。积极推进义和团吕祖堂坛口遗址维修工程和曾公祠复建工程。完成第三次全国文物普查和红桥区非物质文化遗产普查。估衣街、西沽公园被评为国家3A级旅游景区。结合西沽公园改造,建成梁崎、龚望纪念馆,引进知名文化企业荣宝斋,为文化旅游产业发展注入活力。

(温　鹏　李淑芳)

新闻宣传 2011年,红桥区有线电视中心、北方网·红桥在线网站和《红桥》月刊等区属媒体,围绕全区经济社会发展大局,强化引领作用,策划开展一系列主题宣传活动。对纪念建党90周年,学习贯彻十七届六中全会、区十次党代会精神的主题宣传。全区重大项目建设的主题宣传专栏专题醒目，各媒体同步推进，报道稿件密集，形成浓厚发展氛围，受到广泛赞誉。《天津日报》的《高铁开启“新红桥时代”》头版宣传，大篇幅刊发借力西站交通枢纽改扩建，大力建设城市副中心，完善基础设施和城市功能，兴建大型公建、经济载体，提升土地利用效益，改善百姓生活的招法举措。天津·红桥京津合作共谋发展推介会和第十八届天津投资贸易洽谈会红桥展团参展活动等系列宣传活动。区有线电视台发挥自办频道大众传媒引导作用，自办的8个栏目突出各自特色，围绕不同时期的重点报道内容，超前组织、统筹安排，宣传报道与全区工作同频共振。购置部分采编播设备，更新换代播出系统。加快双向网设计、立项、施工步伐，完成6个机房申请立项，17个住宅小区设计施工，基本完成双向网改造任务，覆盖全区14.5万用户，发展高清互动用户1808户，宽带用户1952户。

（李振宇）

2011年5月26日铃铛阁街道康华里社区第二届楼门文化节腰鼓表演

群众文化活动 2011年，红桥区文化和旅游局坚持服务中心和重点工作，以异彩纷呈的群众文化活动营造和谐文化氛围。组织以“颂歌献给伟大的党”红桥区庆祝建党90周年群众歌咏大会为代表的系列纪念活动；高质量承办以“传承红色印迹，展现枫叶情怀”为主题的天津市第五届老年文化艺术节，组织合唱、书法等六大系列活动；以“唱响中国红色经典，共建文明和谐社区”为主题，举办红桥区第九届社区文体艺术节；在西沽公园组织丰富多彩的系列群众文化活动。区文化馆在全国文化馆评估定级工作中成功申报国家二级馆。举办“心系百姓文化惠民”文化器材发放仪式，向7个优秀社区文化室发放各类乐器和电子设备近200件。

（秦 伟 贾 钊）

红桥区非物质文化遗产保护中心展厅

非物质文化遗产保护中心 2011年，红桥区非物质文化遗产保护中心正式对外开放。中心坐落丁字沽一号路，展厅以实物、图片、文字等丰富、直观的形式向参观者详细介绍红桥区15项国家、市、区三级非物质文化遗产项目，多家市级媒体给予报道。继续深入挖掘区内“非物质文化遗产”资源，新挖掘整理出功力门武术、银炭气功、押华葫芦制作技艺、紫雪散制作技艺、天安寺同乐高跷5个项目并完成申报文本。组织益德成鼻烟、汇蚨源手工布艺等项目参加天津市“文化遗产日”非物质文化遗产项目展演展卖活动。

（石启砺）

文物文博 2011年，红桥区深入挖掘整理历史文化资源。完成第三次文物普查数据、资料汇总。在义和团纪念馆举办碑碣石刻展，展出碑石铭刻拓片50余件。编纂出版《天津市红桥区碑石铭刻辑录及释文》和《天津西沽史话》。与天津师范大学历史文化学院签订合作意向书，双方在历史遗产保护、文化资源开发、旅游规划及宣传、专业人员培训等方面开展合作，推动相关工作发展。高标准推进福聚兴机器厂旧址(三条石历史博物馆)布展工程，推进义和团吕祖堂坛口遗址本体维修工程以及外环境整治工程，做好文物库房建设，分步骤建立馆藏文物目录。推进曾公祠复建工程，主体工程竣工。推进谦祥益相声博物馆建设。

(张朝锋)

旅游开发 2011年，红桥区围绕提升西沽公园升级改造成果，通过积极协调、现场指导、编制资料汇编和导游词等工作，使其成功获评国家3A级旅游景区。推动平津战役纪念馆国家4A级景区创建。结合天津义和团纪念馆建筑体维修和福聚兴机器厂旧址(三条石历史博物馆)布展陈列工程，推动两馆创建2A级旅游景区。举办以“共赏桃花源，体验新红桥”为主题的2011运河桃花节，内容涵盖秧歌、“非遗”民间绝活、京剧、书画笔会、集体太极等特色活动，游客突破5万人次。与《城市快报》联合举办“桃花朵朵开”摄影大赛，受到广大市民的热情关注和踊跃参与。以梁崎、龚望纪念馆建馆一周年为契机，在梁崎、龚望纪念馆举办梁崎、龚望书画特展，展出两位大师生前书画精品100件，市民游客络绎不绝，6天展期吸引4000余人次参观。以第十八届“津洽会”、第三届中国旅游产业博览会为平台，宣传红桥区旅游新景观、新产品。结合有关活动，举办《天津市旅游条例》宣传活动以及全区旅游宣传推介。开展旅游安全质量和旅游市场秩序大检查。推动旅行社落实责任险投保工作和旅行社质量保证金补缴工作，提高旅行社抵御风险能力。

(张朝锋)

地方志工作 2011年，红桥区地方志办公室完成《天津区县年鉴(2011)》“红桥区部分” 材料编写上报和《红桥年鉴(2011)》编辑出版工作。上报区县年鉴材料3万余字，随文照片10余幅。红桥年鉴40余万字，配发内文照片百余张。加快推进二轮修志工作。在成立编修委员会办公室基础上，制定相关制度和职责，建立资料室，配备必要的办公设备。创办《红桥区志》编修动态刊物，出版18期，其中4期被《天津史志》刊载，1期被区政府办公室选用。5次对《红桥区志(1979—2010)》篇目修改完善，形成第五稿，32篇175章656节，力求符合“不缺要项、归属得当、排列有序、标题准确”的要求和较为鲜明的区域特色、时代特点，得到市地志办等部门领导的认同和肯定。3月21日，召开《红桥区志》(1979—2010)编修委员会第一次会议。4月，组织各单位修志人员赴河南交流培训，学习河南省部分县市先进经验。8月10日，召开《红桥区志(1979—2010)》编修工作推动大会，宣讲《红桥区志资料长编审核标准》，就《红桥区志》第二轮编修工作应把握的23个有关政策界限问题进行系统讲解。全区73个修志单位近200人出席。各承修单位依据搜集的资料，按照篇目进行撰写。分篇编辑对各单位的资料长编和初稿进行审核、修改、验收，确保资料全面完整。根据稿件中存在的问题，提出修改意见，进行讲评，统一体例。

(景　然)

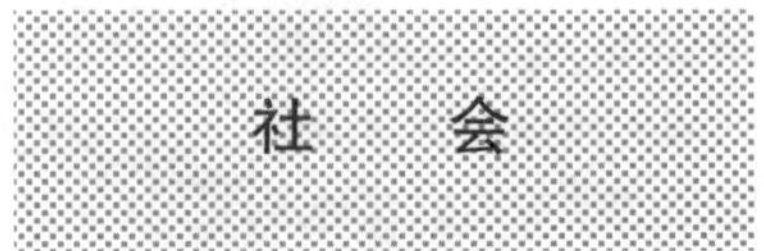

社　会

概况 2011年，红桥区组织编制“十二五”规划行动规划和项目策划，坚持统筹协调稳定发展，各项社会事业全面进步。在加快实施重点项目建设同时，着眼于改善群众住房条件，认真落实住房保障政策，拆迁和安置工作取得明显成效；精心打造生态宜居城区，市容环境综合整治效果突出；加快教育资源建设和优化，教育事业全面提升；深入推进医药卫生体制改革，加快卫生事业发展；稳定低生育水平，被评为国家级计划生育优质服务先进单位；社会保障体系不断完善，保障困难群众基本生活；高度重视就业再就

2011年3月21日，红桥区召开《红桥区志(1979—2010)》编修委员会第一次会议。

业工作，连续五年超额完成就业指标；完善养老模式，为老服务业、残疾人事业不断发展，被评为全国老龄工作先进单位、全国残疾人工作示范城区；开展和谐社区建设，被评为全市首批和谐社区示范区；民族团结工作荣获全国民族团结进步事业模范集体称号；全区未发生重大安全事故，流动人口、应急、交管和消防等工作进一部加强。

（温　鹏　李淑芳）

城市建设　2011年，红桥区建委加快项目建设。全区在建工程建筑面积451.71万平方米，竣工121.36万平方米，分别完成计划的101%。其中商贸类项目113.34万平方米，商住类项目129.76万平方米，经适房类项目159.01万平方米，社会事业类项目49.59万平方米；竣工项目中，商贸类项目18.64万平方米，商住类项目39.09万平方米，经适房类项目25.79万平方米，社会事业类项目37.84万平方米。会同区各职能部门，就明确重点建设项目督察协调工作职责、健全配套管理机制、完善督察协调工作体系等内容进行专题研究，形成"一个平台、两套机制、三项制度、四条措施"的工作机制，成立重点建设项目督察协调服务领导小组，形成协同配合、快捷高效的工作模式。深入全区34个在建项目工地，先后为陆家嘴金融广场、惠灵顿国际学校、水游城、红桥广场、和苑新城、晓春里、南头窑、宝能大厦等重点建设项目现场服务24次，召开现场办公会15次、工作协调会8次、领导小组全体会议2次，下发督办、协办通知单48份，重点协调解决包括红桥广场施工破绿、售楼处建设、停车场迁移、虹桥新天地亲水平台、惠灵顿国际学校涉及医院太平间迁移、水游城配套管线切改、三号路地铁超市土地手续延期等50余个问题，有效推动区重点项目建设。完成快速路西纵联络线立交工程等17片，住宅1654户、建筑面积48134.1平方米；非住宅89户、建筑面积93695.46平方米的拆迁任务。完成西站交通枢纽建设，确保西站交通枢纽与京沪高铁同步投入使用；完善路网建设，河北大街立交桥、西站西立交桥以及西站前后广场、西青道快速路下沉工程、子牙河南路、西站公路客运交通枢纽建成使用；一批重点项目相继竣工，津酒集团业务综合楼、水游城、虹桥新天地、泰达5号地块一期、虹溪公寓项目、中药饮片厂和海洋化工厂安置房、惠灵顿国际学校、三条石中学、科园社区服务中心等项目陆续竣工。邵公庄街科园公寓、三条石街御河湾公寓、三条石中学、西于庄街北岸潞园社区居委会、咸阳北路街化工社区改扩建、和苑配套幼儿园、和苑新城配套公建楼、民畅园配套幼儿园、泰达城配套幼儿园、南头窑街办事处、派出所等项目建设完毕；龙悦花园燃气入户、福居公寓二次供水设施改造工程，新基业大厦二次供水设施改造工程基本完成。新建住宅供热面积15万平方米、单户改造13.6万平方米、建筑节能改造工程6万平方米。

（张洪波）

科技工作　2011年，红桥区科委推进科技创新型城区建设，通过全国2009—2010年度科技进步考核，成功创建为2011—2015年度全国科普示范城区。在天津市科技教育领导小组公布的科技进步监测报告中，红桥区科技进步综合评价指数63.48，位居全市各区县第四位，市内六区第二位。天津意库创意企业管理服务有限公司被科技部认定为国家级科技企业孵化器，成为红桥区第二家国家级科技企业孵化器。区财政全年投入2781万元支持科技型中小企业发展，其中1021万元直接用于奖励科技型中小企业和对转型企业的技改项目无偿支持，实现新增认定科技型中小企业286家，累计认定356家。投入1500万元用于支持科技小巨人企业发展，培育小巨人企业8家。投入260万元用于科技载体设施建设。全年通过区属担保机构为数家科技型中小

2011年6月3日，区科委举办科技展牌进社区活动。

企业担保融资6100万元。天津正本电气有限公司在天津股权交易所挂牌,实现融资1656万元,成为全市首家挂牌的科技型中小企业，并被认定为2011年国家火炬计划重点高新技术企业。红桥科技贸易发展区招商53户,引资额3.2亿元。包括杭州地源能源科技有限公司、天津市城建设计院和天津富康时代公司等规模企业，形成小巨人企业集团和人才高地。企业完成全税1.2亿元。全年科技成果登记实现55项，技术合同认定交易额8亿元，专利申请454件,12个科技项目获得天津市科技计划项目立项支持1144万元,5个项目获得国家创新基金项目立项支持270万元。红桥科技综合服务平台正式开通。区政府与天津工业大学、天津理工大学、天津职业技术师范大学、天津科技大学4所大学共同签署“搭建科技成果转化平台 促进科技型中小企业加快发展”主题战略合作协议。

(丁华英)

教育工作 2011年，红桥区教育局深化“我们同行”活动,形成上下联动的管理机制。在4所学校实施教学改革实验,以点带面,先行先试。加快小学升初中招生改革步伐,推进课堂教学模式的研究实践,开展小学课堂教学模式研究——骨干教师先行课展示活动、小学青年教师课堂教学竞赛活动和初高中常态课展示活动等。中考平均506.31分,超过全市85.25分,超过市内六区13.79分,在全市稳居前茅;中考高分段学生比例及530分以上各分数档学生比例均超市内六区,510分以上学生过半；义务教育及格率99.49%,超出全市9.49个百分点;中考优秀率79.48%，比市内六区高出8.48个百分点;中考14所学校的平均分全部超过全市平均分；高考本科一次上线率比上年提高10.37个百分点,刷新近年高考成绩纪录,实现连年攀升。召开进一步加强德育工作专题会议、举办“以德启智”育人工作现场汇报会、“三习” 养成教育成果展示交流、“校园沃土 感动常在”汇报交流会、“升旗活动”现场会、“抓规范重养成”现场推动会等。促进养成教育与校园文化建设相结合,不断开创德育工作新局面。举办全国中小学校长管理领导力“2011年津沽高峰论坛”暨2011年红桥区校长工作研究会第四届年会。实施幼儿园副园长和小学副校长竞争上岗,开展“牢记神圣使命、弘扬崇高师德”主题师德演讲比赛。精心组织“三杯一奖”竞赛评选活动。8名教师在天津市第七届小学“双优课”比赛中获得一等奖,居全市前列。成功举办特级教师徐长青工作室成立两周年暨全国特级教师观摩课研讨会活动，优秀骨干教师在全国的影响力进一步扩大。北门东中学迁至泰达城配套中学,更名为泰达实验中学,红星幼儿园和特教中心建设工程主体封顶，育才幼儿园完成加固改造施工,接收和苑配套幼儿园,办学条件进一步提升。推举民族中学为区级高中特色建设实验校。特殊教育全国领先,培智学校成为全国首批、天津市唯一一所“医教结合”实验基地校。高水平承办全国职业教育技能大赛美发和形象设计项目比赛，红星职专成为国家中等职业教育改革发展示范校第一批立项建设学校。红桥区作为全国社区教育实验区，受到国家教育部督导专家高度评价。第三批5所义务教育学校一次性通过市专家评估组评估验收，27所义务教育学校达到天津市义务教育学校现代化建设标准，占全区义务教育学校总数的90%。

(周广渝)

卫生工作 2011年，红桥区卫生局卫生服务总量258.78万人次，出院1.5万人次，比上年分别增长17.32%和6.17%，社区卫生服务142.61万人次，占服务总量的55.11%，其中国医堂诊疗26.1万人次,增长78.64%。甲乙类传染病发病率低于市内六区平均水平，未暴发重大传染病疫情。区属各医疗机构全部实行药品网上集中招标采购,9所社区卫生服务机构全面实施基本用药零差率销售，为患者让利1709万元，社区门诊均次费用由187.65元降至145.99元，减轻百姓就医负担。18项社区公共卫生服务实现全覆盖，建立居民电子健康档案35.1万份,达到市定60%的建档标准。免费为6.15万名老年人健康查体,对筛查出的4.26万名高血压、糖尿病患者科学管理,对排查出的1460名重型精神病人进行用药指导、心理疏导。妇女儿童健康行动计划有效实施，为3.1万名妇女免费健康查体,比上年增长96.55%,高危孕产妇管理进一步加强，未发生可避免孕产妇死亡事件，产前筛查率和儿童先天疾病筛查率均超市级规定指标。完成疾病预防控制中心资源整合，加强传染病报告和监测突发公共卫生事件应急预案，预防接种门诊规范化建设取得阶段性成果,市卫生局在区召开现场推动会。红桥医院、铃铛阁街社区卫生服务中心、西于庄街社区卫生服务中心、邵公庄街社区卫生服务中心4家预防接种门诊达到示范门诊标准，芥园街社区卫生服务中心等4家单位的预防接种门诊达到规范标准。开展医疗执业专项整治行动，打击非法行医,净化医疗执业市场。制定实施14种常见疾病诊疗规范，强化临床路径管理。对“国医堂”进行内涵建设,得到卫生部副部长、国家中医药管理局局长王国强，国务院医改办主任孙志刚和市委、市政府领导的充分肯定和高度评价。创建社区卫生服务示范中心工作取得阶段成果，芥园街社区卫生服务中心被卫生部确定为全国首批社区卫生服务示范中心。卫生系统信息网络实现全覆盖联网，建立区级信息网络数据中心，传递、整合、共享全区卫生系统相关数据，实现区卫生局对18项社区公共卫生服务、社区诊疗、医保数据等实时监控管理。先后派送68名医生参加天津市全科医师和住院医师规范化培训；选送19名医生到市级及以上医院进修，继续教育培训参与率和达标率连续三年100%。在天津市卫生局"十一五"继续医学教育评估中，成绩在16个区县名列前茅，获评天津市"十一五"继续医学教育先进集体。

（孙小毅）

体育工作 2011年，红桥区体育局举办6期健身气功五禽戏、健身排舞、秧歌舞等项目培训，9个街道40多支队伍近500人参加。组织70名社会体育指导员参加天津市一级社会体育指导员培训；5名社会体育指导员参加国家级社会体育指导员培训。健身队伍增加5支，全区有规模、有组织的健身队伍达105支；社会体育指导员增加40人，总数1040人。举办"健身大拜年"骑行活动、红桥区第五届全民健身运动会暨市民羽毛球比赛、处级领导干部乒乓球比赛、市民七人制足球赛、"肯德基"全国三人制篮球冠军挑战赛等8场体育活动，吸引60个单位近2万人参与。8月8日全民健身日，在西沽公园广场举办红桥区全民健身展示活动。全区9个街道的晨晚练队和西沽中老年俱乐部、区柔力球协会的千余名中老年人参加。9月25日举办红桥区第五届全民健身运动会暨红桥区第九届文体艺术节闭幕式，来自各社区健身队的群众、机关干部、中小学生、武警天津总队六支队战士4000余人，分别进行健身排舞、广播操、秧歌、军体拳、五禽戏等大型群众健身项目展示。11月11日至13日，第三中学承办2011年中国男子手球联赛（天津赛区），天津、北京、上海、安徽4支代表队进行6场角逐，比赛圆满成功。区代表队参加天津市"三八"健康杯比赛，获社区组一等奖；区体育局代表队参加天津市第二届"体彩杯"全民健身大会趣味运动会获团体总分第八名；区武术代表队参加全市、全国武术大赛，获26枚金牌。区代表队参加天津市青少年游泳锦标赛，22名运动员获得前八名，其中2项冠军、5项亚军；参加天津市乒乓球锦标赛，获男子团体、女子团体第一名，双打项目获3项冠军，单打项目获2项冠军；参加天津市青少年跆拳道锦标赛，获团体总分第二名，21名运动员荣获前3名，其中7项冠军、8项亚军；参加天津市青少年武术套路冠军赛获1项冠军、2项亚军；参加排球锦标赛获女子丙组亚军。聘任高水平的篮球、曲棍球、游泳教练3名。邀请天津市体校校长夏清教授对区体校和竞管中心的专职教练员24人进行培训。从全区小学生中选拔25名队员组建红桥区曲棍球队，注册134名运动员和5名教练员。确认95名运动员，测试146名运动员，为选拔苗子队员奠定基础。13所中小学被市体育局、市教委重新命名为天津市市级体育传统项目学校。对2004年以前安装的46条健身路径拆除更新，对2004年后安装的102条健身路径进行维护。

（王淑林）

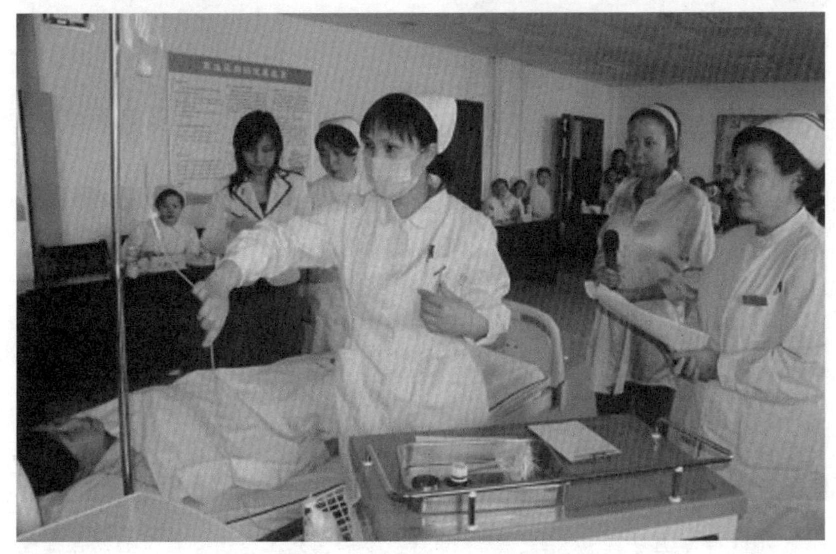

2011年8月，红桥区开展岗位练兵、技术比武活动。

人口和计划生育 2011年，红桥区人口计生委全面完成人口计生工作任务。芥园街泉春里社区荣获国家级人口和计划生育基层群众自治示范居称号。全区现居人口505256人，其中常住人口495136人，流动人口10120人，人口出生率5.23‰，计划生育率99.96%，出生人口性别比95。区政府出台《红桥区家庭健康幸福推进工作五年发展规划》、《关于2011—2015年红桥区继续深入开展婚育新风进万家活动的意见》等文件。围绕"健康促进与家庭幸福"主题，开展七类家庭即核心、空巢、新婚、重组、主干、单亲、新市民家庭（流动人口也称新市民）信息及人口计生服务需求调查。将青春健康教育列入家庭健康幸福推进计划的轴心位置，建立教育基地、师资库，举办师资培训会，编辑制作1万册知识读本，探索建立家庭、学校、社区“三位一体”的宣教服务机制。为新市民家庭青年及辖区部队士兵开展生活技能、青春健康等知识培训。打造蛛网幸福体系，编印《为幸福导航》手册，围绕宣传、政策、信息、优质和帮扶五大服务，面向占全区家庭总数41.4%和31.6%的核心和空巢家庭开展特色服务、特需服务，面向其他家庭开展快捷通项目、生殖健康促进项目、生命珍爱项目等服务活动。区人口计生委制定《优化人口计生户外环境工作方案》，加强新生育文化建设。利用“三八”妇女节、母亲节、世界人口日等重大节日，开展慰问、生殖健康免费查体、健康活力宝宝大赛系列活动10余场，以“幸福工程”等活动为载体，面向基层困难计划生育专职人员、困难女孩、困难大学生、贫困母亲等人群开展救助、扶困等慰问活动，30余人受益，救助资金近2万元。其中6名计划生育家庭困难大学生得到市幸福工程资助。区、街两级审核、确认、公示特扶对象1666人，发放公告2000余份，按时完成新增、退出人员的微机登录以及资金测算上报、特别扶助金银行划拨和下发工作。全面实施出生缺陷一级预防。规范新婚学校培训98期，3905对夫妇参加。为2740名孕妇做优生“四毒”检测，为高危人群建档管理127份，及时跟踪随访。举办10期0—3岁早教专题培训，组织“金色孕律”准妈妈音乐会，800余人参加，开通美素佳儿亲子网站，吸引1500余人成为网站会员，组织天津市健康活力宝宝大赛红桥区海选赛，吸引近百名0—6岁宝宝参与。面向育龄群众、老年人、流动人口、男性以及少数民族等群体，全面开展生殖健康免费查体活动，全年为育龄群众查体16044人次，其中30岁以下育龄妇女查体518人次、男性查体1192人次，流动人口查体1197人次、孕检办证查体837人。

（陈蓉蓉）

社会保障 2011年，红桥区人力社保局加强社会保障制度建设。城镇职工参加养老保险71199人，医疗保险86778人，失业保险67812人，工伤保险53787人，生育保险52861人。为34家享受社险补贴企业32386人次核拨社险补贴1664.6万元。实现新增就业33051人，完成计划的100.15%，提前超额完成市政府下达的新增就业指标。进行创业能力测试502人，完成市局指标的100.4%。建立1000万元额度的小额担保贷款担保基金，为54名自主创业失业人员审核小额担保贷款276万元。完成历年27个再就业培训班1637人，51个技能培训班8888人的纸质和电子数据资料整理、核对工作。全区民办职业培训机构基本信息实现网络系统登记。为全区民办培训机构申报职业技能鉴定、参与考核检查。退还825人培训押金41250元，为817人发放一次性助学奖金40850元，颁发证书1529本。劳动监察接待来电来访597人次，接受群众投诉172件，为职工追讨工资55万元，其中农民工工资46.43万元，企业年度书面审查1100户。劳动仲裁处理争议案件366件，立案受理305件，结案249件，时效内结案率100%。劳动合同备案13807人，其中新签劳动合同9829人，续签劳动合同3912人；实现工资集体协商5989户，覆盖职工38181人。

（杨传勇）

社区建设 2011年，红桥区制发《关于加快我区社区居委会基础设施建设的通知》，对9个街道申报的64个社区逐一实地勘察，初步筛选出4类50个社区改扩建，确定21个首批社区改扩建点位，开工建设社区居委会9个，建成4个，经过两轮改扩建工程，有300平方米以上居委会31个，占居委会总数的24%，全区居委会面积平均105平方米。河怡花园社区“三区十二室”试点工作获教育部、国家民委好评。在全区开展“和谐稳定、干净整洁”示

2011年3月2日至5日，区人口计生委和区总工会联合在区妇幼保健院举办“关爱困难及外来女职工免费查体活动”。

2011年7月，区人力社保局劳动监察科在区政府门前举办劳动保障书面审查工作宣传活动。

范社区及特色楼门创建工作，创建30个示范社区和180个特色楼门，邵公庄、咸阳北路、西于庄等街道获评市级和谐示范街道，咸阳北路街被民政部命名为全国和谐社区建设示范街道。利用街道电子民生平台开展社区服务，以满足社区各个年龄阶层、各个收入阶层、各个知识阶层居民的日常生活需求。在咸阳北路街本溪社区进行试点工作，取得很好成效并在全市推广经验。区社区服务中心组织家政服务、法律咨询服务、老年人健康讲座、维权讲座和社会公益活动，直接为社区居民服务864人次，法律咨询服务108人次，家电维修103人次，开展各种公益活动9次，参加297人，安置下岗再就业人员223人次，安置社会闲散就业198人次。“8890”服务91人次。加快社区居委会标准化、数字化建设进程，配合市民政局组织3期社区信息化培训，并对社区管理信息系统数字证书进行网上申报和文字认证。细化信息化数据平台录入责任分工和时限。申请电子数字证书密钥414人，基础信息录入工作完成。庆祝建党90周年，发动社区志愿者千余人，在9个街道128个社区组织“社区之星”红歌合唱团、老年大学合唱团，深入社区文化站、文化活动点和老红军、老战士、老党员家中开展唱红歌活动，以丰富多彩的活动向建党90周年献礼。深入开展社区志愿者登记注册工作，网上注册1.5万人，发放志愿者证15000余本。筹资改建19个社区日间照料老年食堂，开办社区食堂51家，遍布全区各个街道。区民政局代表天津市民政系统在全国加强和创新社会管理课题研究座谈会上发言，得到中央政法委领导肯定。

（柴振汉　武传贵）

双环邨街道

双环邨街道位于红桥区西北部，北与北辰区王庄相邻，东靠北运河及丁双公路，西与北辰区刘房子村相望，南与北辰区郭辛庄接壤。2011年，辖区面积1.1平方公里，辖6个居委会，居民9779户2.93万人。

2011年，实现留区税收139.2万元，征收个体零散税4.5万元。引进企业7家，办理执照2家。

全面完成朝春里、启春里、枫秋里拆迁任务。完成动迁1551户。改造提升浩达公寓社区休闲广场，增加休闲座椅20把，清理各类绿地圈占73处，增植各类树木30棵全部成活。拆除佳园东里、佳春里各类立面违章护栏212个。

打造文化特色品牌，完成社区明珠园提升改造，开展纪念建党90周年社区文化旅游系列活动，组织书画作品交流、老少同乐赛诗会、评剧演唱会、社区全民健身展示以及红歌演唱。

全面接管碧春里、益春里两个新社区。佳园东里居家养老服务站正式营业，碧春园、浩达公寓社区居家养老中心试运行。制定“家庭健康幸福推进计划”指导规范，确定7类家庭169项服务内容，申报特扶对象100人，发放特扶金22万元。为街计生办和各社区开展家佳计划活动项目投入资金2.6万元。

实现失业人员及新生劳动力多渠道就业，新建档案51份，迁出7份，办理就失业证52本。与90个单位保持合作关系，就业推荐服务率100%，促进1540人实现就业。落实创业扶持政策，为3人办理小额贷款15万元。为10位老年人办理社会补贴新增手续，帮助95位居民参保，为14人办理病退申报、审核等相关手续。

为72名新生儿办理医疗保险，为91人办理医疗报销手续，为3671人办理社会保障卡，为1005人办理社会保险补贴缴费手续，为209名失业人员办理灵活就业社会保险补贴。为2809人次发放失业金161万元，为低保户910户1870人、特困户100户102人发放低保金、特困金720万元，为181户322人发放临时救助金9.4万元。

深化民族“双创”活动，寺管会主任马祥龙获评全国和谐寺观教堂先进个人。在商业街启动“评选群众满意清真食品商户，创民族关系和谐市场”活动。

以纪念建党 90 周年为契机，将创先争优、“双十佳”、聚焦社区大服务等活动有机结合，评选表彰一批先进文化团队、文化带头人，最佳商户、最佳标兵、最佳居民及大服务活动先进单位。

建立双环邨街门户网站。建立与天津电视台、天津日报、今晚报等多家媒体的广泛联系，全年对街报道宣传 40 篇。制作《创优争优——聚焦社区大服务》专题片，整理、制作、出版展现双环地区环境面貌变迁和文化脉络的《今日双环》、《风韵双环》两本画册。

根据人大换届选举工作要求，完成 8 个非辖区换届选举任务，圆满完成人大换届选举任务。

（刘　毅）

咸阳北路街道

咸阳北路街道位于红桥区西北部。东面与丁字沽街道相靠，北面分别与丁字沽街道和北运河相邻，西面与双环邨街道相依，南面与西于庄街道相连。2011 年，辖区面积 2.42 平方公里，辖 20 个社区居委会，居民 2.7 万户 7.9 万人。3 月，工商联咸阳北路分会成立。

2011 年，引进商户 14 家，实现引进税源 482.4 万元，其中留区 348.45 万元。

围绕社会管理创新主线，创造“555”工作新模式。即：建立素质、平安、民生、信息化管理服务和评估决策 5 个体系；成立区域党建、民生服务、平安建设、信息化建设和创新评估决策 5 支队伍；建立健全平安建设、民生服务、素质建设、评估决策和交互式管理 5 个工作机制。新模式的建立，有效提高了基层社会管理和公共服务水平。

对 19 个社区脏乱点位、违章建筑和圈占行为进行排查。全年拆除违章搭建和圈占 63 处，拆除违章建筑 10 余处 200 余平方米，清理脏乱点位 50 余处。清整社区环境脏乱点位 2897 处，出动 1989 人次。清运垃圾堆物 186 车次 600 余吨。完成 19 个社区卫生清整和以勤俭示范小区改造为主的 12 个居民社区道路整治及绿化提升工作。

在 20 个社区集中开展安全大检查，对辖区 228 户“六小企业”及彰武路市场 200 余个摊位、236 户社区独居老人和残疾家庭进行走访，并协助相关单位排查安全隐患。

利用低保、住房、临时救助等各项政策对困难家庭给予救助，全年发放各类救助金 1120 余万元。为 700 余户家庭办理住房保障相关手续。对 224 户特别扶助对象走访慰问。开展以“关注重点人群、营造和谐社会”为主题的生育关怀系列活动。组织 20 名单亲母亲参观滨海新区规划展，了解天津改革开放 30 年成果。街计生办聘请专业教师为驻街部队 1100 余名新入伍战士讲授青春期健康知识，受到战士们欢迎。

各社区举办小型专场招聘会 20 余场，安置失业、下岗人员 2792 人。连续第六年实现当年安置人员大于新增失业、下岗人员。帮助 8 名失业人员实现自主创业。

策划“快乐、幸福、和谐”健康文化广场主题活动。开展“博爱一日捐”活动，筹集善款 6.94 万元。开展“博爱助老”系列活动，救助社区困难老人 48 户。全年举办 10 余场大型健康教育讲座。

人大换届选举，设选区 13 个，选民登记 4 万余人，选举出区人大代表 33 名。

（阎　洁）

芥园街道

芥园街道位于红桥区南部，东起北门外大街，西至旧墙子河（津河）与南开区毗邻，南以芥园道为界与铃铛阁街道衔接，北临南运河与邵公庄街道隔岸相望。2011 年，辖区面积 1.64 平方公里，辖 8 个社区居委会，户籍人口 4.35 万户 3.25 万人，其中回、满等少数民族 7321 人。

该街历史上曾是清朝雍、乾时期著名园林水西庄故址。当时，水西庄驰名南北，蜚声一时，景致甚佳，

2011年 3 月 24 日，芥园街对弘丽园社区进行重点整治，拆除地锁 162 个。

颇具江南特色。乾隆皇帝南巡曾到此处游玩,正值芥花盛开,于是赐名“芥园”。现街道办事处亦袭用“芥园”名称。

2011年,走访重点企业26家,帮扶企业6家,成功认证2家。实现留区税收137万元。完成协税4.5万元。

开展以弘丽园社区为重点的整治活动。出动350余人次,拆除绿地圈占、私搭乱盖47处,清理杂物60余吨,拆除地锁162个,完成退绿硬铺装8970平方米,新铺装雨水管道400米,疏通管道2100米,掏挖化粪池5座,维修检查井9座,翻修铺设柏油路4300平方米,社区环境显著变化。做好清融雪工作,确保雪后道路畅通和群众出行安全。完善区、街、居三级巡查网络机制建设,开展“三无”社区创建活动。

开展领导干部大接访活动和下访活动,及时化解矛盾。接待来访群众65次285人,受理信访件17件,做到件件有答复。组织开展“听民声、解民忧、促和谐”活动,受理纠纷调解和民计民生咨询服务212起。搞好刑释解教人员信息录入核查工作,核实服刑人员信息86人,刑释解教人员帮教率100%。

办理社会保障卡7312张、临时卡1448张。办理就业困难人员认定208人,办理医疗保险参保1480人。报销医疗保险个人垫付146份245万余元。办理退休、病退20人,发放失业金155万余元。救助困难群众1095户1844人,发放慰问金587万余元。办理低保117户,特困12户。慰问残疾人96户,为60名残疾人义务体检,为残疾人安装爱心扶手,发放残疾人大病医疗救助1万余元、衣物180余件。对特困老人走访慰问,入户为80岁以上老人办理老年证。办理廉租房实物配租26户,廉租房补贴200余户,经济租赁房补贴150余户,限价房收入核查150户。为困难家庭募集善款1.61万元。

芥园街“爱心救助超市”成立于2005年1月14日,是红桥区第一家爱心超市。位于红旗北路40号,超市大厅80余平方米,下设17个救助站点。“超市”救助范围包括辖区优抚对象、低保户、特困户或因突发事件造成临时性困难的群众。超市以社会各界捐赠为主导,以政府救助为辅助,以社区共建为依托,2011年慰问社区困难群体500余户,发放衣物400余件、被褥200余床、鞋50余双、生活用品100余件。

对社区育龄群众发放宣传品3000余份、药具4000余盒,免费为100名育龄妇女查体,直接受益2800余人。举办三期妇女健康知识讲座。健全完善全员人口信息化管理,录入育龄妇女392人,户籍人口139户,一孩、二孩生育服务录入286人。泉春里社区被评为全国计生先进社区。

加强对民族清真食品卫生达标检查,改选清真食品监督员。开展节日慰问活动,对少数民族困难家庭进行救助。完成梁家嘴清真寺供电改造工作。

人大换届选举工作,加强混合选区居民和驻街单位工作力度,8个选区选出20名区人大代表,参选率96.99%。

(张述鑫)

三条石街道

三条石街道地处子牙河和南运河交汇入海河的三角地带,东至引滦纪念碑(三岔河口),西至西站前街中心线,北至子牙河南岸、津浦铁路线以南,南至南运河北岸。2011年,辖区面积1.37平方公里,辖7个居委会。户籍人口1.53万户3.23万人,常住居民0.39万户1.93万人。

三条石历史博物馆、引滦入津纪念碑、天津市现代工业纪念馆坐落界内。

清同治九年(1870),直隶总督李鸿章的妻子在总督衙门的寓所去世。为出殡,李鸿章将“果子行窑洼”填平筑路,铺上三条通街的大青石,三条石街由此得名。三条石地区,水路、旱路交通方便,南运河曾是南北运输要道,车来船往为其经济发展提供了有利条件。得天独厚的地理环境和机械铸造业的发展,使三条石地区成为中国现代工贸的繁盛之地,素有“民族工业发祥地”、“华北工业摇篮”的美誉。

2011年,引进企业17家,实现留区税收530万元。

西站枢纽工程西纵快速路南段拆迁工作进入收尾阶段。完成1677户居民、53户公建,共计63636.59平方米的拆迁任务。

开展奋战300天市容环境综合整治工作。在御河湾精品社区改造中先后投资500余万元,拆除立面吊挂物873个,清拆违章圈占、建筑等150余处,清除绿地私种50余处,垃圾堆物60处10吨,拔除违章占路地锁400余个,提升改造绿化8000平方米,新增休闲设施38组、门卫室4处。完善社区居民活动之家、图书借阅室、社区卫生服务站、社区爱心超市、多功能会议室、数字化平台等配套设施。

受理来信来访24件,其中来信19件,来访5件,重复访3件,回复率100%。

组织社区招聘会5场,联系用人单位30多家,提供就业岗位900余个,采集就业信息1329条,开发就业岗位1596个。为2名自主创业人员办理小额担保贷款。

为1326名居民办理城乡医保,为37名居民办理城乡养老保险参保,为1572名60岁以上老年人发放生活补贴，为246名灵活就业人员办理社保补贴，为25名失业人员办理失业救济金一次性领取，为2989名失业人员按时足额发放失业保险金172.4万元，为43名重病人员办理病退审核上报，为14名死亡失业人员办理一次性退保，为3031名参保人员办理"一卡通"社保卡，为1158名参保人员办理临时社保卡，整理参保人员档案31卷。

落实最低生活保障制度，新批低保103户165人，迁出注销136户245人，按标准足额发放临时救助金、医疗救助金、低保救助金和过节费。落实冬、夏令救济工作，启动"爱心救助超市"，对孤老、孤儿、孤残实行重点救助，救济200余户。元旦、春节期间，救助困难家庭300余户。全年发放宣传品10000余份，举办健康知识讲座两期，报销手术费21例。

针对计生工作综合转型，在御河湾和大胡同两个社区推行"家庭健康幸福推进计划"，为老、中、青、少、幼开展分类服务，促进代代和谐。按区计生委要求，以全员人口信息系统为依托，完善更新人口信息数据库，做好流动人口基本情况核查工作，推进人口信息化建设。

人大选举工作，设选区9个，选民登记2万余人，选出区人大代表20名。

（王金华）

丁字沽街道

丁字沽街道地处红桥区北部，东起光荣道与西沽街道相邻，西北至咸阳北路与咸阳北路街道相接，西南邻丁字沽一号路与咸阳北路街道接壤，东北靠北运河与河北区、北辰区隔河相望。2011年，街域面积2.47平方公里。辖17个居委会。户籍人口3万余户10万余人。

2011年，完成留区税收306万元，超额完成指标任务。

对风貌里等社区实施全面综合整治，拆除违规圈占93处720平方米，清理垃圾堆物930处80车，清扫楼道楼门140余个，清除非法小广告3000余处，拆除违章建筑9处70平方米，规范经营店铺8处。对二号路、零号路非法占道经营规范治理，拆除十三段、五中后大道等处各类违章建筑22处380余平方米，清理违章摊贩5000余人次，清理堆物420处12车，规范经营店铺960处，清除刀牌广告16个，窗贴1240处。对桃花园南里120个楼门内的杂物、堆物、废弃物全面清理，社区整体环境提升。

成立城市管理文明督导队，解决百姓难题及信访案件420件。受理数字化平台案卷4000余件，及时处置率99%。

落实就业政策，为5名自谋职业人员提供小额担保贷款25万元，为11名自谋职业人员办理自谋职业补偿金1.2万元。组织就业招聘会，全年安置就业3585人，为2122人调整养老保险与老年补贴待遇；对509名十类困难人员进行认定，办理灵活就业保险补贴607人；为1.27万人办理二代社保卡；1513人参加城乡医疗保险，支付医疗保险95人次75万余元。

为589户低保困难户进行调标，实现应保尽保。开展社救优抚、救灾救助和送温暖活动，为2100名残疾人配备12名残疾人联络员，推进居家养老服务网络工程，初步形成志愿者和空巢老人结对帮扶。发放各类救助金39万元。落实廉租房、租房补贴相关政策，为882户低保户、低保边缘户申办限价房、廉租房、经济租赁房补贴、租房补贴。

完善各类人员档案流动性管理，有效维护地区稳定。深化人民调解工作，广泛开展创建平安社区、平安楼院、平安家庭活动。深入开展处级领导大接访活动，接待上访居民89人次，解决诉求79件，化解矛盾成功率97%以上。加强消防、交通、安全生产管理，充实安全防控工作力量，协助派出所做好校园周边不稳定人员排查，保障校园周边秩序稳定。与814户无上口单位和"六小"企业签订消防安全责任书。强化突发公共事件应急管理，完善各类突发事件应急预案，有效化解三号路地铁商业项目、保寿里供热等问题。做好社区矫正工作，接收各类矫正人员123人。

开展为基层困难群众写春联送福字新春大拜年活动，组织各社区开展建党90周年唱红歌、"红歌歌颂新生活，绿色和谐在社区"第九届社区文体艺术节活动、孝亲敬老评选活动。街太极拳队在天津市第二届"体彩杯"全民健身大会健身气功大赛中获二、三等奖。以创造医疗服务进社区为特色，开展为民办实事系列服务活动，2801户6990人参加天津市首次精神卫生流行病学调查工作。

开展全新的人口与家庭公共服务体系建设，探索面向人口和生命全过程的公共服务内容拓展，在发挥优势、克服不足、提升服务水平上下功夫，统筹各部门力量，发挥社区计生协组织作用。全面落实"家佳计划"，加强服务指导。深化计卫联合，完善流动人口管理服务，不断丰富计生服务内容，提高计生服务水平。

圆满完成区人大代表换届选举任务。登记选民4万余人，参加投票40151人，参选率96.74%。选举产生35名区十六届人大代表。

（周晓杰）

西沽街道

西沽街道位于红桥区中部。东以北运河为界，与河北区隔河相望；西至西横堤与西青区相邻；南以津浦铁路为界，与三条石街道、邵公庄街道相连；北面一部分以子牙河为界，与西于庄街道隔河相望，一部分以光荣道、新红路为界与丁字沽街道、西于庄街道相依。2011年，街域面积4.77平方公里，占全区面积1/4；辖26个居委会，居民4.14万户11.70万人，有汉、回、满等7个民族。

2011年，引进企业6家，引进税源170万元。引进科技型中小企业1家，转型4家。津沽工商实业公司完成10户企业清税撤户，逐步完成挂靠企业退出；继续购买信托理财产品，累计实现理财收入90万元，保证集体资产保值增值。

街道办事处在调配街干部参加西站改扩建等重点工程同时，对因工程施工造成的扰民、房裂、下水管道堵塞等问题，配合有关部门，妥善处理桥南、益福里、北竹林、同义庄、银泰公寓、西沽教堂前等处群众上访。

全年进行安全生产检查5次，检查单位295家，查出安全生产隐患27件，及时下达隐患整改通知书，均得到整改。

全面完成河怡、燕宇、民畅居委会基础设施建设，打造基础设施一流、特色工作一流、规范管理一流、功能发挥一流的全区示范先进社区，多次接待市、区领导考察。区委书记赵建国在河怡花园社区建设信息上作出批示，予以表扬。

制定街道市容环境综合整治方案，先后对龙禧园、正源公寓、涟源里等7个小区进行综合整治提升，完成硬铺装26600平方米、绿化提升改造45000平方米、修建柏油路1400平方米、铺设下水道14000米。开展主干道路两侧清拆工作，拆除各种棚亭、圈占50余处4500平方米，违法建筑63间836平方米；对江源东道、湘潭道、海源道等重点道路专项治理。完成水木天成3至8区物业更替工作。

全街有低保户1161户1991人，特困户177户364人。累计发放各类救助金850余万元。开展爱心募捐活动，募集资金57064.5元。红十字会做好救助工作，对27个社区45户困难家庭进行救助。

利用灵活就业社保补贴政策，安置社区就业3800余人；完成对失业人员、高校毕业生就业优惠政策扩面工作；为进城务工农村劳动力提供免费职业介绍服务。

推进流动人口计划生育服务管理示范街镇创建工作，深化人口信息化建设工作，对困难家庭育龄妇女免费查体，拓展药具发放渠道。

元旦、春节期间和“七一”前后，组织各社区开展系列文化活动。选派人员参加红桥区第五届全民健身运动会，获得健身气功展示二等奖。

畅通群众办事绿色通道，建成西沽街道首个行政服务中心，面积200余平方米，内设业务查询机、服务告知屏等设施，提供民政低保、残疾人服务、计划生育服务、房屋补贴办理等各项便民服务。

发挥信访网、政务公开平台、北方网作用，公开信息百余条，网上回复居民投诉133条，让更多百姓了解各部门工作动态、人事任免和各种办事程序，起到沟通、促进作用。

全面完成全国第六次人口普查收尾阶段工作，对普查数据进行研究开发利用。开展天津市第四次综合交通调查，对10个社区400户居民的出行情况入户登记；完成2011年全国水利普查工作，对2个社区的居民一年用水情况进行调查统计。

完成区十六届人大代表换届选举工作，选出新一届人大代表28名，参选率97%，居全区前列。

（李宏明）

西于庄街道

西于庄街道位于红桥区中部。东以桥口街、桥口南街、三兴里、纯德里为界，与西沽街道相邻；南与西沽街道隔子牙河相望；西以千里堤与北辰区接壤；北以津霸公路、光荣道与咸阳北路街道、丁字沽街道、西沽街道相连。2011年，辖区面积3.89平方公里，辖14个居委会，居民3.6万户10.2万人，有汉、回、满等多个民族。

2011年，引进企业20家，注册资金1.5亿元，实现留区税收200余万元。6家科技型企业网上认定、9家企业网上注册。天津协盛科技有限公司达到市级科技“小巨人”标准。

推行垃圾清运与扫保分离作业模式，实现垃圾日产日清。数字化城市管理考核办理案件结案率100%。奋战300天完成辖区环境综合整治，清理辖区脏乱点位107处，拆除绿地圈占和违章建筑400余处，清理杂土杂物200余吨，改造绿地和道路约5万平方米，安装休闲椅200余个，清理和粉刷楼门72个。加大拆迁片周边私搭乱建违章房屋拆除力度，拆除违章建筑22处1170平方米。完成地铁4号线增悦里商品房拆迁62户。

精心打造为老服务生活圈，健全完善服务载体功能，怡康苑和翠溪园两个居家养老中心南北辐射，相互呼应。不断增加“中心”为老服务项目，与天津商业大学联手建立社区为老服务实践基地，实现大学生志愿者与老年朋友互动互赢。扩建西于庄社区居委会，实现红桥区

11年社区基础设施建设任务零的突破。投入专项资金10万元，完成8个居委会改造工程。投入3万余元，完成32个楼门内部装饰和布置，打造“亮、静、美、洁”社区新貌。双拥工作荣获全国双拥工作先进单位称号。西于庄社区获评全国防震减灾示范社区。

开展扶贫助困活动，慰问困难户500余户，发放米、面、油等生活用品及救济金共计8万余元。开展“婚育新风进万家”活动和“关爱女孩”行动，对24542户家庭信息进行分类，组织开展健康检查服务1000余人次，发放独生子女证500个，独生子女费8000余元，发放药具7000盒。

安置下岗失业人员2406人次，426名下岗失业人员实现灵活就业。为3500人次发放失业救济金，为360人办理就失业证。接待政策咨询3000余人次。为8000余人办理社保卡。

举办西于庄街太极拳协会第十届表演大会和天津市武术协会吴式、陈式太极拳第一届联谊大会，推进全民健身。开展红十字博爱周宣传活动，为困难群体募集善款1.95万元。

妥善处置西站配套工程复兴路高架桥电缆施工、跨河输电线缆切改、地铁4号线、红桥广场施工扰民和中嘉占路市场等集体信访案件。投入20万元，重点解决中嘉电梯、中嘉地区火灾、竹山路路灯、翠溪园围墙、礼貌楼平房燃气入户等涉及市容环境、群众生活等民计民生问题。综治信访接待率100%，有效防止非正常访发生。发放“致居民一封信”2000余份，与479家“六小单位”、市场摊位签订防火责任书。发现安全隐患21处，及时限期整改。组织社区居委会、义务巡逻队定人定岗维护学校门前治安秩序，确保社会和谐稳定。

人大选举工作，设选区12个，选民登记4万余人，选出区人大代表29名。

（张　颖）

邵公庄街道

邵公庄街道位于红桥区西南部。北靠津浦铁路，南至南运河与芥园街道隔河相望，西至西横堤与西青区接壤，东至西站前街与三条石街道相邻。2011年，辖区面积3.12平方公里，辖17个社区居委会，居民8.14万人。

2011年，完成13家企业注册，留区税收144万元。

在16个社区成立城管文明督导队160人，先后开展“摒陋习、树新风，巩固奋战成果”市容环境宣传活动，“擦拭社区垃圾容器”文明督导队主题月活动以及节假日社区环境义务清整活动，推进辖区市容环境综合整治工作。围绕天津西站城市副中心建设，对西站前广场周边社区、景观道路容貌提升改造，清理护栏159个，完成对运河北路、复兴路、西青道等主干道路综合整治。奋战300天，出动500余人次，清理脏乱差点位175个，清理垃圾246车500余吨，清运杂物20余车。完成对跃进里、富泰兴园和云兴家园小区综合整治，社区环境明显改善。

对困难群众摸底调查，新批准享受城市最低生活保障对象173户294人，发放保障金10.39万元。变更低保对象1844户，保障金上调18.74万元。停发低保143户292人，停发低保金7.43万元。为156户办理房屋补贴，办理经济租赁补贴102户、限价房249户、公租房19户，为13户申报廉租房实物配租。重新核查房屋补贴人员家庭收入300余户。

加大西站周边及铁路沿线治安秩序整治。规范废品收购行为，与铁路部门联手打击违法犯罪，组织居委会对铁路沿线每天3次巡逻，做好巡逻记录，确保京沪高铁试运行期间平安稳定。发挥平安天津志愿者作用，开展志愿者社区巡逻，做好巡逻记录，营造社区治安环境。

采集劳动保障服务信息2500多条，开发岗位2800个，推荐5000人次，安置3300人次就业，为162人办理就失业证。为130名符合城

2011年4月15日，区人大常委会主任姬俊英（中）视察邵公庄街人大工作。

镇居民医疗保险的新生儿进行参保登记，为220名新增失业人员办理失业登记。

信访工作坚持分工明确，责任到人，及时上报，及时督办，及时反馈。接待反映噪音扰民、生活垃圾堆放占道、小区机动车停放不合理、居民家庭困难等问题，均圆满解决。落实“四级排查、五级调处”工作机制，排查矛盾纠纷126件，有效维护社会稳定。

举办邵公庄街第九届艺术节，组织演出各类文艺节目30余场次，丰富居民文化生活。

环卫局地块拆迁片基本告捷，第51中学地块有一半居民搬迁，劝迁工作有条不紊进行。

在全区率先完成全国第六次人口普查光电录入工作，摸清全街户籍人口数58071人。在经济普查基础上，建立新的企业和个体户名录库。

完成人大换届选举工作。选民47454人，参加投票45608人，参选率96.11%。依法选出区人大代表30名。

（赵　雷）

大胡同街道

大胡同商贸区（大胡同街道）位于红桥区东南部，北马路东段北侧。东至三岔河口汇合处，隔河与河北区相邻；东南与南部临界南开区；西接芥园街道；北靠南运河与三条石街道隔河相望。2011年，辖区面积0.5平方公里。是天津市重要的小商品集散中心和商贸繁华区，也是华北地区的小商品集散地，高峰时购物人数每天30万人次。

2011年，实现全税1.5亿元。协调国、地税等部门，研究制定税收调整方案，随时掌握企业经营和纳税状况，保证税款及时足额入库。引进天津飞鸿时代等电子商务公司入驻，推进各商城提升改造和业态调整。

做好冬季消防安全大检查及“清剿火患”活动。开展“警警联动、警民联创”平安建设，日出动武警10人与公安民警、平安志愿者组成联合巡控队。发挥各商城调委会作用，对重点企业、重点部位的矛盾点进行排查调处，将矛盾纠纷消除在萌芽状态。

奋战300天促进商贸区市容环境秩序整体上水平，深化外环境属地化管理机制，结合开展爱卫月活动，切实保障环境卫生。对金钟桥大街、归贾大街及各临时占路市场等重点部位综合整治。针对外籍无照违章商贩聚集的管理难题，依据《天津市城市管理规定》等法规，召开专项整治工作会议，耐心细致说服引导，收到较好效果。编纂商贸区城市管理系列工作手册，提高依法执法的管理能力和作业水准。调整充实城管队伍，开展以规范执法行为为主的法制教育和提高管理水平为主的业务培训等活动，树立良好执法形象。

拟定商贸区未来五年（2012—2016）发展规划，深度挖掘大胡同文化底蕴和商贸区特色。商贸区楼宇经济建设、特色老街建设、智能大胡同建设等特色工作成效凸显。

成立天鸿大厦楼宇经济综合管理办公室，制定大厦楼宇经济实施办法、招商奖励政策，消除天鸿大厦安全隐患，促使“隐患楼”向“安全楼”、“财富楼”转变。采取“示范先行，逐步推开”办法，投资70余万元，将A、B两层一楼前厅、电梯和A座7层作为重点打造区域，完成阶段硬件环境改造、业态调整目标。新引进公司、展厅100家。市中小企业局和区楼宇办召开现场会，推广天鸿大厦经验。

打造归贾路步行街，延伸估衣街旅游效应。加大锅店街长效管理力度，投资百万元对锅店街环境综合整治。全力维护3A级旅游特色街估衣街的周边环境及交通秩序。成立归贾路环境秩序管理组，遵循“统一指挥、逐步规范、净化提升、标准不降、力度不减”的工作原则，保持全天候不间断巡查治理，打开归贾路绿色消防通道。提升商贸区智能化管理水平，大胡同智能监控管理中心正式投入使用，对商贸区安全隐患、交通秩序、治安管理等实时监控管理。大胡同商贸区荣获2011年第十七届亚洲最具主题特色休闲旅游景区金旅奖。

（庄泽林）

铃铛阁街道

铃铛阁街道地处红桥区南部，东至西马路，南至西关街、掩骨会、西营门外大街，西至青年路、三元桥与南开区毗邻，北至芥园街道。2011年，街域面积1.1平方公里。辖10个社区居委会。居民1.93万户5.22万人。界内有国家级历史文物保护单位吕祖堂和百年清真大寺，以天津三宗宝之一的“铃铛阁”坐落界内而得名。

2011年，成立铃铛阁街工商联合会分会。与区商务委共同引进大型纳税企业泰日丰茶城，实现招商引税和协税护税留区部分135万元，超额完成经济任务。

市容环境综合整治成效显著，社区环境面貌改善。协调区市政局投资近130万元，翻建庆丰里社区路面近1万平方米。西马路精品线立面楼体整修工作通过市委书记张高丽等市领导视察验收。转变环卫作业管理模式，成立铃洁环卫有限责任公司。明华里、康华里、晓春里社区获评区优秀文明督导队，辖区吕祖堂等3家单位获评市级先进集体。

妥善安排冬、夏季人民生活，为困难群体募捐1.69万元，为患重大

2011年9月24日,区政协主席黄禄衡(左三)参加铃铛阁街义务劳动。

疾病的残疾人提供医疗救助款1.4万元,向1700余户低收入家庭发放米、面、油及过节费累计147.6万元。

举办两次大型免费招聘会,为7200人办理社会保障卡，为120人办理城乡医保。安置就业岗位1900人,办理灵活就业补贴323人,十类困难人员认定277人。为5人办理小额担保贷款25万元。办理失业金申领3000余人次180余万元。为1600余人新办城乡老年人生活补贴。

编写完成10.38万字的红桥区第二轮修志资料长篇，得到区地志办领导肯定。完成全国第六次人口普查光电录入、数据校对及建筑物图复核工作。地铁6号线南运河站和铃铛阁片拆迁分别有35户和1200户居民搬迁，完成拆迁任务的60%和70%,取得阶段性成果。落实新春花苑三期居委会办公用房,居委会办公条件逐步改善。超额完成2011年征兵任务。精心组织第十八届民族团结月活动，为少数民族群众办好事、实事。

落实社会管理工作长效机制，开展平安创建活动，做好刑释人员帮扶,调解各类矛盾。做好“两会”、“两节”、人大换届期间稳控工作,妥善化解吕祖堂围墙修建、新春花苑停水及1—17门供暖改造、代谢病医院入住装修、庆丰里社区精神病人扰民等引起的不稳定因素；排除新春花苑高层地下室不安全隐患。

组织召开街党代表会议，选举产生5名代表参加区第十次党代会。举办群众性文化活动,开展第二套市民广播体操培训工作，在全民健身运动会健身气功展示活动中获得二等奖。以社区宣讲团和市民学校为载体,以庆祝建党90周年活动为契机,组织开展忆党史、十七届六中全会精神报告和以《从怎么看到怎么办——理论热点面对面2011》为主要内容的形势任务教育专题讲座10余场。召开街总工会第二次代表大会。开展“学雷锋　讲奉献”志愿者行动、“三八”妇女维权周、“春风送岗位”、“清风润两节,廉勤促发展”等主题活动。

完成人大换届选举工作,界内9个选区,选民17983人,选出人大代表22名。

（徐　斌）

·天津区县年鉴·

环城四区

东 丽 区

概 述

东丽区地处津滨发展主轴，西连中心城区，东接滨海新区核心区，是天津市中心城区和滨海新区的重要功能区。区境介于东经117°13′~117°29′，北纬39°00′~39°16′，东西长30公里，南北宽25公里。2011年，区域面积477.34平方公里，其中39平方公里位于中心城区，225平方公里属于滨海新区。辖张贵庄、丰年村、万新、无瑕、新立、金钟、华明、军粮城、金桥(6月幺六桥回族乡改金桥街道)9个街道，有109个村，61个社区居委会，5个城市公司。总人口88.38万人（含东丽湖管委会、东丽经济开发区人口数)，其中户籍人口35.18万人，寄宿人口7.42万人，流动人口45.78万人。户籍人口中农业人口20.26万人，非农业人口14.92万人。区内居住汉、回、朝鲜、满、蒙古、壮等40个少数民族。

2011年是“十二五”规划的开局之年，东丽区坚持以邓小平理论和“三个代表”重要思想为指导，全面贯彻落实科学发展观，认真贯彻中央和市委、市政府的重大部署，按照区委九届九次全会要求，抢抓滨海新区开发开放的战略机遇，按照“整合资源、再造优势、构筑高地、创新发展”的总体要求，坚持“融入滨海、集聚优势、构筑高地、科学发展”工作方针，加快实施“三四五六”发展计划(主要经济指标以2008年为基数，到“十二五”末每三年翻一番；四年高标准建成示范工业园区；五年全面完成新市镇建设；六年基本实现现代化)，切实转变经济发展方式，全面推进城市化进程，着力改善民计民生，积极推进体制机制创新，大力加强政治文明、精神文明、生态文明和党的建设，努力实现东丽科学发展。实现地区生产总值455.02亿元，比上年增长24.7%；三级财政收入136.2亿元，增长8.1%；区级一般预算收入52.1亿元，增长29.6%；固定资产投资396.3亿元，增长41.6%；实际利用内资325.3亿元，增长26%；实际利用外资5.5亿美元，增长15.6%；农村居民人均可支配收入14243元，增长17.7%。实现“十二五”开局高起步，经济和社会各项事业全面快速发展。

经济综合实力进一步提升。全面开展“调结构、增活力、上水平”活动，帮助52家企业及41个项目解决16个方面102个难点问题，落实专项扶持资金1.5亿元。优势传统产业和战略性新兴产业不断发展壮大，工业经济发展势头强劲，全区工业技改项目完成投资56.4亿元，实现工业销售收入1257亿元，增长25%。销售超亿元企业100家。东丽湖旅游度假区、新立商务商贸区等服务业聚集区规模效应初显，现代服务业形成快速发展态势。华侨城主题公园、恒大会议中心、宜家家居等一批大项目加快建设，为产业发展积蓄后劲。文化旅游、楼宇总部等新兴业态成为现代服务业发展新亮点。服务业实现增加值160亿元，增长16.5%。现代都市农业稳步发展。高端农业聚集发展，花卉科技园区、食用菌工厂化生产基地及观赏鱼示范园区加快建设，休闲观光农业魅力初现。招商引资成效显著。全年新谈项目205个，其中亿元以上项目76个，协议投资额1271亿元。楼宇经济实现税收10亿元。

自主创新能力不断增强。成功创建全国科技进步先进区和全国科普示范区，保持国家可持续发展试验区称号。承担市级以上各类科技项目51项，全年专利申请突破2000件。加快与清华大学、兰州大学、天津大学等大专院校合作，形成产学研联合体116个。新增科技型中小企业802家，科技小巨人企业61家，高新技术企业52家，创新主体规模进一步壮大。全区拥有4个国家级实验室、3个市级重点实验室、4个市级工程技术研究中心、20个市级企业技术中心和8家生产力促进中心,形成一批创新服务平台。拥有23个科技企业孵化器、3个国家级产业化基地、1个国家级特色产业化基地和1个国家级农业科技园区,打造一批高水平的孵化转化产业化一体化创新创业载体。

改革开放进一步深化。坚持融入滨海,服务滨海。支持空港经济区、泰达西区、滨海高新区等市级功能区加快建设。共同规划建设航空产业区。创新完善"统筹发展、共赢发展"的工作机制。深化国有企业改革,创新使用融资租赁、集合信托、企业债券等金融产品,壮大国有企业资产规模,发挥国有企业在新市镇、产业园区及基础设施建设方面的主力军作用。建立国有资本高效透明的流转机制,发挥国有资本放大带动效应。完善"三区联动"(居住社区、工业园区或服务业聚集区、农业园区联动统筹发展)发展模式,全面推进"三改一化"(农业户口改非农业户口、农民集体经济改股份制经济、村改居,促进城乡一体化发展)工作。加强村集体经济组织资金管理。严格土地管理,加强土地集约节约利用。

城市化建设不断加快。依托"宅基地换房、城中村改造和大项目有序撤村"三条途径,积极推进新城区建设,组团式城市格局基本形成。军粮城新市镇、金钟新市镇加快建设,城中村改造深入推进。完成么六桥回族乡撤乡建街工作。启动中心城区提升改造工程。完成张贵庄污水处理厂一、二期征地拆迁和全长14公里的主干管铺设任务。启动蓟汕联络线工程,推进民和巷危陋平房改造项目。奋战300天综合整治工作取得重大成果。实施重点道路整治,改善社区环境,提升园林绿化。加大对违法占地、违法建设治理力度。新增绿地35.31万平方米,改造绿地49.94万平方米,建成区绿化覆盖率39.8%,空气质量二级良好天数316天,达标率87.29%。

社会事业全面发展。累计安置就业2.3万人,创建充分就业社区(村)88家。建立天津市职业培训中心东丽分中心。举办东丽区首届农民工职业技能大赛,7个街道百名选手参赛。累计被征地参保村59个7.8万人,1.5万人享受退养补助,1.1万人享受老年人生活补贴,24.8万居民参加城乡居民医疗保险。新建和改建丰年、春华、春瑕、流芳、和顺五所幼儿园并投入使用。推进职业教育中心学校工程建设。积极打造区域医疗中心,推进东丽医院二期建设。实施卫生系统优质服务三年行动计划,提高医疗卫生服务水平。广泛开展群众性文体活动,加快实施文体中心等文化、体育设施建设。全面推进电影放映工程和农家书屋工程,丰富群众文化生活。成功举办建党90周年大型系列文化活动,"文化杯"文学评奖活动成为全国公共文化服务体系示范项目。开展全民健身活动,成功举办区第五届运动会,努力构建幸福东丽。

和谐东丽建设进一步加强。贯彻落实《公民道德建设实施纲要》,全面实施公民素质提高工程。加大政务信息公开力度,提升工作透明度。启动"六五"普法工作,以"法律六进"(法律进机关、进乡村、进社区、进学校、进企业、进单位)活动为载体,广泛开展各类法制宣传教育活动。贯彻执行《信访条例》,强化信访稳定工作领导责任制,进一步畅通信访渠道,健全完善三级矛盾纠纷排查调处机制和"三位一体"(人民调解、行政调解、司法调解)大调解工作体系,有效化解社会矛盾,维护社会和谐稳定。坚持做好区长信箱和公仆热线等工作,认真对待并妥善处理群众来访来信。不断完善应急管理体系和工作机制,发挥应急联动指挥中心作用,处理突发事件能力显著增强。严厉打击各类违法犯罪活动,不断完善社会治安防控体系,社会治安秩序保持良好。严格落实安全生产责任制,认真开展安全隐患排查治理,安全生产形势保持稳定。

(区政府办公室资料科)

东丽区区级领导名单
(2011年12月换届前)

中共东丽区委领导名单

书　记:张有会(10月调出)　尚德来(10月始任)

副书记:尚德来(任职至10月)　孙富霞(女)　尚斌义(11月始任)

常　委:张有会(10月调出)　尚德来　孙富霞(女)　尚斌义　刘金钟　冯长江(4月退休)　陈　晖　轧乃利(4月去世)　郑会营　苑树发　徐树青(8月调出)　高秀定(4月始任)　李子英(女,11月始任)　么俊东(11月始任)　于大端(11月始任)

东丽区人大常委会领导名单

主　任:秘长荣(女)

副主任:迟广智(1月退休)　霍俊华(女)　杜要武　佘明斗　韩学森(1月始任)　赵金山(兼)

东丽区政府领导名单

区　长:尚德来(任职至12月)

代区长:尚斌义(12月始任)

常务副区长:尚斌义

副区长:轧乃利(4月去世)　王连成　戴东强　丁　梅(女)

区长助理(副区长级):王庆友　龚振波

政协东丽区委员会领导名单

主　席:弭尚华

副主席:樊延生　王晓敏(女)　刘俊生　王怀英(女)　张长河　宋文喜(兼)　刘金生(兼)　吴仁彪(兼)　高学刚(兼)

东丽区区级领导名单
(2011年12月换届后)

中共东丽区委领导名单

书　记:尚德来

副书记:尚斌义　郑会营

常　委:尚德来　尚斌义　郑会营　戴东强　苑树发　王连成　高秀定　李子英(女)　么俊东　于大端　吴　苓(女)

东丽区人大常委会领导名单

主　任:孙富霞(女)

副主任:佘明斗　韩学森　陈文华　武广华(女)　赵金山(兼)

东丽区政府领导名单

区　长：尚斌义

常务副区长：戴东强

副区长：王连成　丁　梅(女)　张洪宝　刘克强　刘　峰

区长助理(副区长级)：王庆友　龚振波

政协东丽区委员会领导名单

主　席：刘金钟

副主席：刘俊生　王晓敏(女)　王怀英(女)　张长河　田先钰　宋文喜(兼)　吴仁彪(兼)　高学刚(兼)

(区委组织部提供)

政　治

概况　2011年，东丽区以科学发展观为指导，深入贯彻党的十七届五中全会和市委九届八次、九次全会精神，坚持“融入滨海，集聚优势，构筑高地，科学发展”工作方针，加快实施“三四五六”发展计划，切实转变经济发展方式，全面推进城市化进程，着力改善民计民生，积极推进体制机制创新，大力加强政治文明、精神文明、生态文明和党的建设，努力实现东丽科学发展。全区各级领导干部和广大党员群众形成干事创业、开拓创新、率先发展的良好精神状态和稳定和谐的发展氛围。高度重视换届各项工作，坚持统一思想认识，形成高度思想共识。严肃换届纪律，各级领导干部自觉加强纪律学习，把握教育在先、警示在先、预防在先的要求，引导警示党员干部增强组织观念，加强廉政建设，抵制不正之风，筑牢纪律防线，带头开展公开承诺，“5个严禁、17个不准、5个一律”知晓率和公开承诺率均达100%。启动“六五”普法工作，以“法律六进”活动为载体，广泛开展各类法制宣传教育活动。健全三级矛盾纠纷排查调处机制和“三位一体”大调解工作体系，有效化解社会矛盾。

(李淑健)

中共东丽区第十次代表大会

2011年12月6日至8日，中国共产党天津市东丽区第十次代表大会在区会议中心召开。大会听取和审查中共天津市东丽区第九届委员会工作报告和中共天津市东丽区纪律检查委员会工作报告；选举产生中共天津市东丽区第十届委员会（委员33名、候补委员7名），选举产生中共天津市东丽区第十届纪律检查委员会(委员19名)。12月8日，区委十届一次全体会议在区体育局召开，选举尚德来、尚斌义、郑会营、戴东强、苑树发、王连成、高秀定、李子英(女)、么俊东、于大端、吴苓(女)为区委常委；选举尚德来为区委书记，尚斌义、郑会营为区委副书记。

(李淑健)

东丽区十六届人大一次会议

2011年12月21日至23日，东丽区第十六届人民代表大会第一次会议在区会议中心举行。会议听取审议区人民政府工作报告；审议区2011年国民经济和社会发展计划执行情况与2012年国民经济和社会发展计划草案的报告，审查批准区2011年国民经济和社会发展计划执行情况的报告与2012年国民经济和社会发展计划；审议区2011年财政预算执行情况及2012年预算草案的报告；审查区2011年财政预算执行情况的报告和2012年预算草案，批准区2011年财政预算执行情况的报告和2012年预算。听取审议区人大常委会工作报告、区人民法院工作报告、区人民检察院工作报告，并通过对上述报告的决议。会议选举孙富霞(女)为东丽区十六届人大常委会主任，选举余明斗、韩学森、陈文华、武广华(女)、赵金山为副主任；选举尚斌义为东丽区人民政府区长，选举戴东强、王连成、丁梅(女)、张洪宝、刘克强、刘峰为副区长；选举蒋亚辉为东丽区人民法院院长，选举侯智为东丽区人民检察院检察长。

(李淑健)

政协东丽区八届一次会议

2011年12月20日至22日，中国人民政治协商会议天津市东丽区第八届委员会第一次会议在区委党校召开。会议审议通过政协东丽区第七届委员会常务委员会工作报告和提案工作报告；区政协委员列席区十六届人大一次会议，听取并讨论区政府工作报告及其他报告。会议选举刘金钟为政协东丽区第八届委员会主席，选举刘俊生、王晓敏、王怀英、张长河、田先钰、宋文喜(兼)、吴仁彪(兼)、高学刚(兼)为副主席，选举杜凤君为秘书长；选举产生27名常务委员。

（李淑健）

创新基层组织和社会管理模式 2011年，东丽区委组织部适应“三区联动”形势需要，探索构建街道“大党委制”，将“三区”作为基层党建和社会管理的整体纳入区域联动范畴，分别建立区域性党组织，形成1个街道党委领导，居住社区、工业园区、农业园区和行政服务区4个区域性党组织并行的“1+4”基层领导体制。在“大党委”领导下，区域之间实施党建联席会议制度，实现城乡、区域、村居之间党建资源共享，形成组织对接融合、发展相互支持的社会管理区域化共建格局；适应村居转制阶段性特征，对实施整体搬迁、实现集中居住村合理划分小区，及时成立社区党组织，在拆迁尚未完成、资产尚未处置完毕的过渡期内，以“双轨并融”的组织模式全面推进基层管理体制改革；适应全覆盖工作需要，创新“产业党建”、“商会统筹”、“楼宇党建”、“实体独建”等组织模式。

（李淑健）

新闻宣传工作 2011年，东丽区委宣传部坚持创新思路，加大对外宣传力度，向市级以上媒体发稿1680余篇。中宣部《新闻阅评》刊物刊载《农村变社区，管理先来换脑筋——东丽区军粮城街新农村社区管理调查》。中央电视台《新闻联播》、《焦点访谈》等栏目播出全国人大代表张有会、全国政协委员刘乃兰专访和消息6篇，“两会”期间人民日报、新华网、天津电视台等媒体刊登、播发东丽区专题报道62篇。对内宣传工作，完成区第十次党代会、区“两会”、区三级干部会议等重要会议宣传报道。首次开设“杨静观两会”专栏，开展街道书记和经济功能区领导访谈21期。推出“走进大项目——来自重点工程的报道”、“加快发展科技型中小企业”、人才引进、庆祝建党90周年、全国中职汽修大赛等专题报道。深入开展“走基层、转作风、改文风”活动，完成9个街道及区科委等部门新闻选题63个。接待中央电视台、新华社、人民日报、农民日报等中央媒体和天津电视台、天津日报、今晚报等市级媒体采访230余人次。

（李淑健）

反腐倡廉宣传教育 2011年，东丽区纪委开展“学准则、看廉剧、明党纪”教育活动，组织处级以上领导干部必学必看，腐败易发多发重点领域关键环节党员干部必学必看，农村“两委”班子成员和企业党员干部必学必看学习活动，36名区级领导、390余名处级干部精读《廉政准则》，观看廉政系列剧《不可逾越》；为各单位党政负责人讲廉政党课76次；制作《廉政准则》宣传台历1000册，发放全区各单位。开展“评优”活动，评选“十佳廉政勤政标兵”和“百名廉政勤政优秀党员干部”。抓好廉政谈话和培训教育，对22名新提拔副处级以上领导干部进行廉政谈话，组织处级以上干部参加廉政讲座。发挥党风廉政教育基地作用，把党风廉政教育列为科级干部、预备党员和村干部培训重要内容，全年培训1150人次；深化岗位廉政教育，举办预防职务犯罪教育讲座，720人参加讲座。开展廉政文化“六进”（进机关、进社区、进学校、进农村、进企业、进家庭）活动，工商东丽分局、东丽区国税局被评为天津市廉政文化进机关示范点。发挥反腐倡廉宣讲团作用，组织开展宣讲活动15次。组织参加全国中小学生廉洁文化书法创作邀请赛、全国廉政短信大赛等各种活动，报送中小学生书法作品90余件、廉政短信280条。拓宽反腐倡廉宣传渠道，丰富“东丽区纪检监察网”宣传教育内容，更新信息78条；在《今日东丽》报刊开设“廉政文化园地”专栏，刊发稿件10篇；建立网络舆情信息和网络评论工作队伍，营造崇廉尚廉氛围。

（李淑健）

义工服务文明行动 2011年，东丽区文明办完善“社工+骨干+志愿者”管理运行模式。注册东丽区义工服务协会，培养义工骨干3500余

东丽区义工书法小分队在首届义工文化节上为群众撰写书法作品

人。举办首届东丽义工文化节，组织500余名义工开展政策宣讲、道德讲堂、心得交流、才艺展示等活动10余场次，2000余名群众参加；评选表彰10个“优秀义工之家”、20个“优秀义工团队”、200名“优秀义工”。编印《义工专刊》四期，发放到各村(居)义工服务分站1.2万份。举办春节、清明、端午、中秋、国庆、重阳节“我们的节日”主题文化活动以及“红红火火过大年，进村入户送祝福”等志愿活动20余场，参与群众1万人次。完成全市200个“快乐营地”暑期大礼包分发任务。东丽区义工服务协会荣获2011年全国优秀志愿服务团队、全国文明单位称号。宋志功、李振海入选中国好人榜。魏宏获得天津市第二届道德模范荣誉称号。

（李淑健）

区政府办公室工作 2011年，东丽区政府办公室围绕区委、区政府的发展思路和中心工作，拟制起草制发《天津市东丽区国民经济和社会发展第十二个五年规划纲要》、《东丽区科技“十二五”发展规划》等各类文件1200余件，公文流转处理文件1.3万件。通过调研、收集各类资料，起草政府工作报告、会议讲话、上报市有关部门汇报材料及请示汇报等各类文稿700余件，审核文稿200余件。严格把关各部门报送文字材料，审核材料200余件。发挥综合协调作用，全年承办区级会议7次，区政府常务会议13次，区长办公会议30次，区长专题会议9次。

（李淑健）

打击刑事犯罪 2011年，东丽区人民检察院受理公安机关提请批准逮捕案件486件658人，经审查批准逮捕449件607人，不批准逮捕27件41人，公安机关要求复议案件23件26人，经复议全部维持原决定。公安机关要求复核案件15件18人，经复核全部维持原决定。全年，受理各类提起公诉案件646件920人，提起公诉666件942人，出庭支持公诉418件624人，作出不起诉决定10件17人。纠正违法1件，适用简易程序254件327人，占提起公诉案件总数的38.1%，适用普通程序简化审理293件422人，占提起公诉案件总数的44%，发出检察建议12份。

（李淑健）

2011年11月14日，区人民检察院公诉抢劫案件。

发展妇女儿童公益事业 2011年，东丽区妇联通过女领导干部女企业家联谊会和农村妇女创业中心以及社会各界力量，募集“单亲特困母亲及其家庭救助”基金21万余元，确定需要救助单亲特困母亲260名，每人发放500元救助金和节日慰问品。春节期间，组织48名单亲特困母亲到华明示范镇、东丽湖旅游区、空港加工区参观。为448名单亲特困母亲每人投100元的女性安康保险。为211名单亲特困家庭(孤儿）中小学生每人发放助学金400元，为6名考取重点高中的学生每人发放助学奖励金1000元；为7名考取大学本科的学生每人发放助学奖励金2000元。为2名考入重点大学困难家庭学生申请市阳光义工爱心社企业家每人每年5000元的助学金，直至大学毕业。协调女企业家为青海玉树在津的512名困难学生送去价值10万余元的生活用品。大力宣传女性安康保险，全年投保3万余人，120余人受益，理赔金额60万余元，大病救助20人。对《东丽区妇女儿童发展规划(2000—2010年)》进行终期监测评估。

（李淑健）

经　济

概况 2011年，东丽区抢抓滨海新区开发开放战略机遇，切实转变经济发展方式。实现地区生产总值455.02亿元，比上年增长24.7%；三级财政收入136.2亿元，增长8.1%；完成固定资产投资396.32亿元，增长41.6%；实际利用内资325.29亿元，增长26%；实际利用外资5.5亿美元，增长15.6%；农民人均可支配收入14243元，增长17.7%。建筑业税收9.46亿元，比上年增加1.9亿元,增长25.1%。工业技改项目完成投资56.4亿元，实现工业销售收入1257亿元，增长25%。销售额超亿元企业100家。华侨城主题公园、恒大会议中心、宜家家居等一批大项目加快建设。招商引资新谈项目205个，其中亿元以上项目76个，协议投资额1271亿元。新增楼宇备案企业740户,累计楼宇企业2352户,楼宇经济实现税收10亿元。

（李淑健）

招商引资 2011年，东丽区引进内资项目642个，利用内资325.29亿元,比上年增长26%,其中外省市引入223亿元,增长81%。全年,洽谈储备项目128个,协议投资额1608亿元，其中在谈项目107个,投资总额454亿元;投资亿元以上项目42个，占在谈项目的39%;签约未开工项目21个,总投资1154亿元，投资亿元以上项目19个,占签约项目的90%。

（李淑健）

工业园区建设 2011年，东丽区工业经委积极推动工业园区建设,提升“两区四园”(东丽经济开发区、东丽航空产业区、华明工业园区、军粮城工业园区、滨海重机工业园区、金钟工业园区)建设。明确华明工业园区、滨海重机工业园区、军粮城工业园区和东丽经济开发区产业定位,完善各园区规划提升方案,启动示范园区入驻企业“经济运行监测网上直报”工作,对示范工业园区建设及招商、项目建设、企业运行等情况进行直报。园区规划面积调整增加7.49平方公里，总面积58.7平方公里；开发面积新增3.42平方公里,总面积27平方公里;投入基础建设资金31亿元,出租、出让面积15.2平方公里；实现销售收入380.3亿元，上缴税金14.3亿元;新增企业454家(含注册型),企业总数(含注册型)1657家,生产型项目投产461个,投资272.6亿元,在建项目49个,计划投资239亿元,签约项目19个，计划投资294亿元,安置就业3.81万人。滨海重机工业园被科技部命名为国家级高端重型装备制造业高新技术产业化基地;华明工业园区和滨海重机工业园被市发改委列为市级循环经济示范区,华明工业园区在全市31个示范工业园区年度考核评比中名列第一。

（李淑健）

东丽经济开发区 成立于1992年,属市级经济开发区。地处连接天津市区和天津新港的公路沿线,位于东丽区中心位置,北至津塘公路、南至海河东路、西至疏港公路四号桥、东至中河,占地7.22平方公里。落户企业520家,其中生产企业200家，代表企业有天津丰田汽车锻造部件有限公司(日本)、天津安费诺凯翼电子有限公司(美国)、克莱恩(天津)有限公司(瑞士)、天津新兴数字电子有限公司(韩国)、天津金桥焊材集团有限公司（中国）等。2011年，区域总人口2.05万人,其中户籍人口310人，寄宿人口940人,流动人口1.92万人。2011年,完成总产值230.8亿元，比上年增长13.47%;完成销售收入231.74亿元,增长16.45%；国内生产总值53.62亿元,增长19.45%;完成税收11.28亿元,下降0.35%;完成固定资产投入21.05亿元,下降18.16%。实际利用内资34亿元,增长14.5%;利用外资1.21亿美元,增长9.1%;招商引税1.2亿元,增长136%。开工建设阳光新城市、汽研中心等19个项目(含跨转)，总建筑面积84.2万平方米,总投资41.95亿元。全年竣工项目13个,竣工面积22.39万平方米,完成投资13.05亿元。完成天津市百得全自动锅炉有限公司、天津市康达膜材有限公司等项目收购整合工作,项目累计占地面积31.6公顷。完成6个项目7宗地块土地出让工作,出让面积20.4公顷。引进天津新明汽车部件有限公司、竹内(天津)电机安装服务有限公司等140家企业,引进注册资金4亿元。认定科技型中小企业109家，累计认定178家,科技“小巨人”企业18家。认定高新技术企业25家,占全区高新企业总数的55.56%。建立专业孵化器3家,综合孵化器2家,生产力促进中心2家,孵化器总规模10万平方米,引进在孵企业累计31家,实际投资2.2亿元。完成航空产业区征地拆迁涉及军粮城街道刘台村等20个村队和大安村等12个村队征地协议签订工作，签订集体土地面积884公顷,占整体征用集体土地面积的75%。完成金桥街道刘辛庄、中心庄、骆驼房子3个村保障资金1.1亿元,军粮城街道与刘台、大安、塘洼、兴农、北旺、后台5个村签订征地协议,土地补偿资金10.3亿元。

（沈忠营）

东丽湖温泉度假旅游区 是国家级水利风景区和国家3A级旅游景区,坐落东丽区东北部,位于天津市中心城区与滨海新区核心区之间,规划面积85.51平方公里,东至黄港水库、西至环外快速路、南至津汉快速路与津汉高速联络线、北至永定新河，距天津市中心20公里,距滨海国际机场12公里,距天津港30公里，京津高速公路109公里处设有东丽湖出口。周边毗邻滨海新区临空产业区、高新技术开发区和先进制造业产业区，东南与天津经济技术开发区、天津港保税区相望。区域建有东丽湖万科城、朗钜、夏阳溪韵、恒大绿洲、米兰东湖湾等社区。2011年,区域总人口5928人,其中户籍人口383人,流动人口4833人,寄宿人口712人。加快推进以两湖(东湖、丽湖)为核心的景观建设。投资1.99亿元,完成自然艺苑区、三带一区、生态岛绿化工程,绿化面积443.4万平方米。投资1481.2万元,完成东湖岸线12.4公里生态护砌工程,总砌石量2.8万立方米。投资830.7万元,完成东湖5米路第四标段道路工程,道路全长3.5公里,实现东湖环湖道路全线贯通,总长度约12公里。投资48.7万元,完成神龟亭改造工程。投资1900万元,完成东湖平整工程,平整面积71.1万平方米,整理地形起伏9.2万立方米。投资1.24亿元,建成美鹃道等8条市政道路,总长8.2公里。投资450万元,建成东丽湖公交站,建筑面积1016.39平方米。投资425万元,建成燃气服务站办公楼,建筑面积1347平方米。投资288万元,建设东丽湖西区自来水切改工程,全长2.9公里。投资9900万元,建成恒大换热站,完成万科六期换热站主体工程,开凿华侨城、万科等地热井7眼,完成4眼。完成永和仓库新建和搬迁工程,新建库区、生活区面积1.5万平方米,修建连接道路3.2公里。狠抓大项目、好项目开工建设。累计投资40亿元,项目涵盖旅游文化、会议会展、酒店会馆、总部经济、教育卫生等多种业态。华侨城娱乐岛、天安智慧港、武警后勤学院项目启动建设,其中华侨城娱乐岛项目占地31.06公顷,建筑面积20.3万平方米;天安智慧港项目一期开工面积23.8万平方米,3000平方米展厅竣工;武警后勤学院项目占地45公顷,总建筑面积23.25万平方米。万科、恒大、华侨城等地产项目销售面积23.2万平方米,实现销售收入20.7亿元。东丽湖管委会为注册型与办公型企业提供发展空间,整合区域楼宇资源2.2万平方米,引进楼宇企业63家,注册资金6亿元,招商引税8000万元,认定科技型中小企业29家,注册资金6.57亿元。解决适龄儿童就近入学,东丽区实验小学东丽湖校区招收一年级、学前班学生38名。区域内3家民营幼儿园完成安全、卫生和教学设施整改,做好天津市东丽区民办学前服务点办学注册证的审核认证工作。扩大社区卫生服务站规模,增派2名医护人员为居民提供就医服务。开通社区网络服务平台,解决业主、网友提出的生活咨询、意见投诉等问题20余件。

(沈忠营)

运输车辆管理 2011年,东丽区运管局从结构性、技术性、管理性入手,引导和鼓励企业发展高效节能型运输车辆。专用运输车辆累计2363部2万余吨,新增车辆868部7231吨,比上年分别增长71%和89%。甩挂运输车辆2918部(牵引车1176部、挂车1742部)3.53万吨,新增车辆576部2.28万吨,分别增长88%和102%。全区专用、甩挂运输车辆数分别占货运车辆数的26%和32%,分别增长18%和7%。

(李淑健)

商务委工作 2011年,东丽区商务委严格执行审核把关机制和集体论证审核制度。完成3家新建加油站、1家还迁加油站、5家再生资源备案、12家酒类流通企业销售许可备案;联合检查酒类销售备案情况。检查商场、超市26家,批发、零售企业27家,餐饮单位22家。加大对定点屠宰企业检查力度,与定点屠宰厂签订《肉品安全承诺书》,取缔私屠生猪点2处,全年出动执法人员300余人次,动用车辆120余车次,随机取样化验175份,处理病害猪及产品折合758头。组织区农经委、技术监督局、工商东丽分局、食药监局等部门,开展“双打”(打击侵犯知识产权和制售假冒伪劣商品)专项行动,检查企业169家。严格家电下乡、以旧换新监管工作审核程序,加快审核速度,加大审查力度,排查取消33家无销售业绩企业以旧换新经营资格。年内,全区销售各种家电下乡、以旧换新电器产品2.11万台,销售额4299万元,补贴金额525万元。

(李淑健)

民生投入 2011年,东丽区财政局建立社会救助、优抚标准自然增长机制,从制度上保证社会救助政策调整的及时性、标准性、规范性。提高城乡低保、特困等困难群体、被征地农民等特殊群体补助标准,增加预算2300万元。实施东丽区居民住院补助、丧葬补助、居家养老服务补贴、60周岁以上老年人意外伤害保险补贴政策。全年投入民计民生资金约4亿元,重点投入农村退养及被征地农民养老保障8800万元,城乡居民基本养老保险1500万元。落实居家养老、社会办养老机构、高龄老年人、军队移交离退休人员各项补助、补贴资金7580万元,健全覆盖城乡的养老保障体系。用于义务兵优待、优抚对象节日、基本生活补助资金1366万元。投入城乡居民医疗保险、住院补助、优抚对象医疗补助资金6930万元。拨付城乡低保特困补助、救助资金4809万元。加大残疾人事业投入,落实无障碍设施、托养服务中心建设资金,兑现残疾人意外伤害保险、一户多残家庭补贴等资金1000万元。拨付计生奖扶特扶、特殊群体法律援助及农村社会救济资金1070万元。投入公益性岗位、农村劳动力技能培训、职业介绍、自主创业及退伍军人自谋职业等各项补贴资金 4507 万元。新增就业培训设备、设施资金 1127 万元。

(李淑健)

税收工作 2011 年，东丽区地税局组织各项税收收入 45.6 亿元，比上年增加 10.71 亿元，增长 30.7%。全年，营业税入库 16.82 亿元，增加 3.18 亿元，增长 23.3%；个人所得税入库 4.24 亿元，增加 9119.2 万元，增长 27.4%；企业所得税入库 7.32 亿元，增加 2.72 亿元，增长 59.3%；城市维护建设税入库 4.05 亿元，增加 9097.3 万元，增长 29%；城镇土地使用税入库 7943.1 万元，增加 725.5 万元，增长 10.1%；房产税入库 1.62 亿元，增加 2514.3 万元，增长 18.4%；土地增值税入库 1.97 亿元，增加 1.47 亿元，增长 297.6%；印花税入库 1.25 亿元，增加 2017.7 万元，增长 19.2%；车船税入库 3373.7 万元，增加 651 万元，增长 23.9%；契税入库 6.16 亿元，增加 6571.2 万元，增长 11.9%；耕地占用税入库 1.04 亿元，增加 2710.5 万元，增长 35%。

(李淑健)

纳税服务 2011 年，东丽区国税局推行办税服务厅标准化建设。在软件方面，推行“一窗全通”服务模式；在受理、承办、回复等环节，推出全程服务、限时服务、上门服务、延时服务等举措；扩大青年志愿者服务队伍。在硬件方面，对窗口设置重新进行规范化设计，设立纳税申报、发票管理、综合受理、税务登记四类窗口；完善纳税标识，引进电视多媒体、电子评价系统，形成办税服务区、咨询辅导区、取表填单区、自助办税区、宣传服务区和等候休息区六大功能区域。举办“局长接待日”活动，现场解答企业关心的涉税问题，散发税收宣传材料 900 余份。年内添置 4 台电子触摸屏、4 台视频显示设备，分别对征管信息、税收政策、稽查动态、服务标准等内容进行滚动播放。继续推行远程报税和认证系统，推广 5600 余户，占所辖户数 95%以上。

(李淑健)

工商管理 2011 年，工商东丽分局继续推进“两级窗口建设”，以联合审批为平台，深化“一个窗口许可”，实行行政审批大提速。全年，注册登记内资企业 1889 户，注册资本 70.6 亿元，比上年增长 6.17%；外资企业 17 户，注册资本 1.55 亿美元，增长 191.1%；个体工商户 2981 户，申报资金 2.05 亿元，增长 69.42%。新增农民专业合作社 10 家，出资总额 1208 万元。完成团体化登记工作，东丽湖登记私募股权投资基金等金融创新类企业 20 余家；帮助清华科技园天津分园引进注册清华大学网络科技型企业 20 余家；支持东丽区农村“三改一化”工作，完成无瑕街道 10 余个村(居)试点，成立集体资产管理公司。

(李淑健)

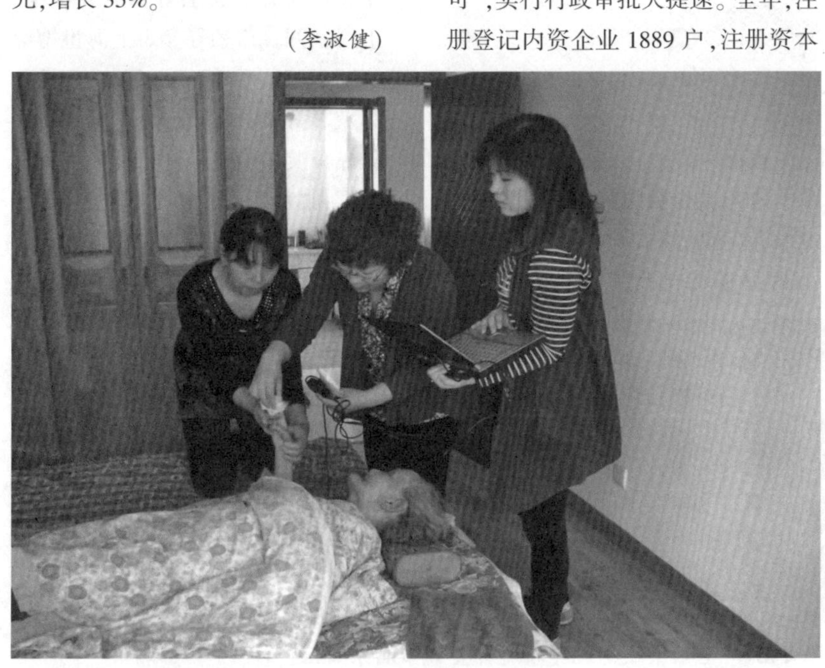

落实农民养老保障服务工作

价格监督检查 2011 年，东丽区发改委组织开展市场价格巡查和节日市场价格专项检查，出动检查 286 人次，检查 205 户次。通过开展“双打”(打击假冒伪劣、打击价格欺诈)专项行动，对不按规定明码标价和虚假价格承诺行为予以纠正。加大对涉农收费、哄抬食盐价格专项检查，对 35 家经营单位下发整改通知书，立案查处不执行国家定价的 2 家经营单位。深入东丽中医医院、东丽医院等 7 家非营利性医疗机构进行医疗服务收费检查，对检查中发现的价格违法行为予以纠正。对东丽区 73 所学校、幼儿园(所)及行政主管部门 2010 年秋季开学以来发生涉及教育收费行为进行检查。重点检查辖区内 11 个在售楼盘明码标价情况，发现 3 家房地产开发企业存在问题，要求限期整改。开展道路客运和城市公交、出租车等交通运输及旅游(住宿、餐饮、购物、停车)等价格和收费监督检查。对 2 家存在乱收费行为的停车场下发《责令整改通知书》和《责令退款通知书》。年内，接待来访、来电 169 件，受理价格举报 41 件，退款 13547.6 元，办结率 100%。

(李淑健)

食品安全监管　2011年，东丽区质监局开展食品添加剂、瘦肉精、“地沟油”等专项整治工作，出动执法人员136人次，检查企业168家次。通过完善工作机制、加大日常监督，督促企业健全质量管理制度，规范生产经营行为。组织召开食品生产企业质量安全培训暨警示教育会，157家食品及食品添加剂生产企业参会，区法院司法人员从食品安全违法角度对企业进行警示教育。执行食品安全监管计划，出动执法人员1262人次，检查企业616家次，完成食品质量安全主体责任自查企业161家。全年受理食品生产许可78件，注销许可证67张，证后复审51家。深化企业质量安全主体责任意识，结合“质量月”等活动，开展“食品安全进校园”法律法规宣传贯彻培训，走进泥沃小学，向学生讲解如何选购安全合格的儿童食品。宣传食品安全方面法律法规，提高消费者食品安全意识，举办培训班10次，培训700余人次。

（李淑健）

2011年6月9日，东丽区质监干部到泥沃小学开展“食品安全进校园”宣传活动。

食品安全和药品专项整治　2011年，食药监东丽分局加强市场管理，严格落实责任。元旦、春节、“五一”、国庆等重大节日期间，与公安东丽分局、区卫生局、工商东丽分局等部门配合，开展食品添加剂、瘦肉精、“地沟油”、乳品及乳制品等食品安全专项整治工作，检查经营户8000余家，问题食品下架100%。组织开展“药品安全整治”、“非药品冒充药品”、“药品零售企业严禁销售终止妊娠药品和盐酸克伦特罗”等专项整治行动20余次，出动监督检查人员600人次、执法车辆120台次，对400家经营（使用）单位药品购进票据进行检查，立案查处非法渠道购进药品、经营假（劣）药等案件11起，罚没款9.37万元。

（李淑健）

文　化

概况　2011年，东丽区贯彻落实中央和市委全会精神，积极开展文化宣传活动，深入调查研究，制定东丽区促进文化改革发展的实施意见，全面推进文化改革和文化事业大繁荣大发展。区政府与市文化广播影视局联合主办的天津市“文化杯”文学评奖活动被国家文化部评为全国公共文化服务体系示范项目；举办庆祝建党90周年系列文艺演出和天津市第二十届“文化杯”全国梁斌小说奖评奖活动，组织东丽区春节系列文化活动、文化艺术节，活动规模和水平不断提高。实施农家书屋、村（居）文化室和农村电影放映工程，建成农家书屋122家。在市新闻工作者协会好新闻评奖中，电视新闻《市领导参观上海世博会华明示范镇展馆》获一等奖，广播作品获二等奖；在市广电学会主持人作品评奖中，获一等奖5件、三等奖2件。加大全区非物质文化遗产保护力度，组织编写《天津市非遗图典—东丽卷》，建立东丽区非物质文化遗产保护名录，区级非物质文化遗产项目32项，市级项目6项。

（李淑健）

梁斌小说奖评奖活动　2011年，东丽区文化广播电视局与中国文化报社、天津市文化广播影视局联合承办天津市第二十

2011年10月28日，天津市第二十届“文化杯”全国梁斌小说奖颁奖会暨第四届东丽区全国群众文学小说创作论坛在东丽湖举行。

届“文化杯”全国梁斌小说奖颁奖会暨第四届东丽区全国群众文学小说创作论坛。收到20余个省市文学作者1021篇作品，评出小小说、短篇小说、中篇小说、长篇小说获奖作品115篇(部)，其中和平区作家协会扈其震的《大画坊》获东丽大奖；东丽区文化馆姚宗瑛的《天时》获东丽特别奖；湖北作者小十的《逆流千年，一世倾城》、天津作者马文韬的《烟花》、香港作者尹晴的《逃课》获新人新作奖。出版获奖小说选集和《纪念“文化杯”成功举办二十届纪念册》。

(李淑健)

文学艺术创作 2011年，东丽区出版《群众作家》文学刊物4期；组织20名文学作者参加“商道文艺奖”全国小小说创作大赛；组织50余名区文艺创作者的作品参加天津市庆祝建党90周年美术、书法、摄影比赛，其中28件作品入围，美术类作品获银奖1名、优秀奖8名；书法作品获金、银、铜奖各1名；摄影作品获银奖3名、铜奖1名、优秀奖4名。

(李淑健)

文化市场整顿 2011年，东丽区文化广播电视局开展网吧、音像、出版物等文化市场综合整治工作。全年，组织检查630次，检查文化经营单位320家次，整治游街商贩140家次，出动执法人员2400余人次，执法车辆660台次。成立区“五老”(老干部、老战士、老专家、老教师、老模范)志愿者网吧监督团，成立9支“五老”志愿者监督队。开展“黑网吧”治理“绿剑”专项行动，取缔黑网吧64家，检查网吧经营单位28家次，出动执法人员200人次。组织“扫黄打非”联合检查200余次，收缴违法音像制品2.7万余张、非法出版物400余册，文化行政执法活动简报被全国“扫黄打非”网转发。加大文化市场监管检查力度，检查文化经营单位300余家。加强广播电视安全播出工作，组织20名执法人员进行防插播演练，筹措资金40万余元，购置SA2600便携式无线信号侦测仪2台。开展“双打”(打击侵犯知识产权、打击制售假冒伪劣商品)专项行动，重点查处万新街道区域，收缴违法音像制品4000余张，违法电脑软件、非法出版物600余张(册)。完成新设立项目审批12项，为网吧、音像、印刷业、出版物等项目办理年检148件。

(李淑健)

旅游文化活动 2011年，东丽区旅游局结合“中华文化旅游年”主题，推进旅游、文化事业发展，举办首届东丽湖“天海风”滑雪狂欢节暨化妆滑雪冲关挑战赛、“五一”游乐嘉年华、拉风“十一”乐活小镇等活动20余场，接待游客170万人次，其中东丽湖温泉度假旅游区接待游客44.8万人次。新版《水浒传》首映礼在东丽湖举行，天津卫视全程报道。首届“华明葡萄节”活动，在华明示范镇宅基地复垦设施农业园区果蔬采摘园举行。

(李淑健)

非物质文化遗产保护 2011年，东丽区文化广播电视局加大非物质文化遗产保护力度，组织编写《天津市非遗图典—东丽卷》。组织王氏蛐蛐罐制作技艺、范氏葫芦制作技艺、仿树根陶制作技艺、志齐剪纸、李氏正骨法、傅氏中医综合治疗法、魏氏面塑技艺、王氏微雕等8项技艺，经个人申报、专家评议，被区政府批准认定为东丽区第二批非物质文化遗产项目。建立东丽区非物质文化遗产保护名录，区级非物质文化遗产项目32项，其中6项纳入市级项目。完成《东丽区三普工作报告》，结合“三普”实地考察资料，绘制出东丽区不可移动文物分布图。

(李淑健)

广播电视 2011年，东丽区新闻中心做好对重点工作、重要会议、重要活动的全面深入宣传报道。制作播出《东丽新闻》255期、《要闻回顾》52期、《东丽故事》6期、《法制经纬》6期、《东丽警方》6期、《赞东丽先锋 展时代风采》6期，新开设《科技苑》、《聚焦卫生》和《文明交通》3个专题栏目。开设《辉煌十一五 展望十二五》、《调结构 增活力 上水平》等专栏，播出重点报道103篇。广播电台制作新闻节目61小时，联办专题节目48小时，综艺专题节目305小时。《今日东丽》编辑部以重点项目建设、城市化建设、改善民计民生、环境整治、创先争优等为宣传重点，开设《东丽发展论谈》、《东丽精神大家谈》等栏目30余个，推出《让百姓过上好日子才是根本》等专版10余个。全年出版常规报纸50余期，刊发各类稿件2500余件。

(李淑健)

年鉴编纂工作 2011年，东丽区地方志办公室完成《东丽年鉴(2011)》编辑出版工作。2月15日在区委党校召开全区地方志工作会议，总结《东丽年鉴》2010版编辑工作，部署2011版编辑任务。采取以会代训形式，对104个单位统稿人进行培训。拟制印发《东丽年鉴(2011)》编辑工作意见及责任分工。制定《东丽年鉴(2011)》初稿审核测评方案，审核指导各单位稿件。严格“四审、四校”制度，实行岗位责任编辑制，定期召开工作例会。将各章编辑责任落实到人，对疑难问题集中解决，统一编辑标准和体例要求，确保年鉴条目结构完整、层次清晰、重点突出、简洁精练。调整年鉴结构,创新年鉴栏目。增设华明示范镇参展上海世博会特色栏目,增加民计民生内容。全书设置区情概况、大事记、特载、百科、文献选编、统计资料、光荣榜、驻区企业·名牌产品、附录等 23 个篇目,1 个特色栏目,110 余个栏目,1000 余个条目,239 条大事记,随文插图 153 幅,书前照片 80 余幅,全书约 70 万余字,12 月 10 日印刷出版。年内,完成《天津区县年鉴》"东丽区部分"的供稿、编辑、校对任务,上报文字 4 万余字,彩色照片 20 余幅。

(李淑健)

社　会

概况 2011 年,东丽区加快城市化建设,落实民心工程,完成撤乡建街工作,提升中心城区改造工程,启动蓟汕联络线(京津唐至津滨高速公路)工程。继续开展奋战 300 天市容环境综合整治活动,完成综合整治任务 29 项,其中市级任务 4 项,迎检项目 6 项,区级任务 19 项;新增绿地 35.31 万平方米,改造绿地 49.94 万平方米,建成区绿化覆盖率 39.8%。新增科技型中小企业 802 家,科技小巨人企业总数 61 家,高新技术企业 52 家,成功创建全国科技进步先进区和全国科普示范区,保持国家可持续发展试验区称号,获得全国科技先进区荣誉称号。新建、改建丰年、和顺、春瑕、春华、流芳 5 所国办幼儿园,推进职业教育中心学校工程建设。积极打造区域医疗中心,推进东丽医院二期改扩建工程建设,实施卫生系统优质服务三年行动计划。建成新立广场、春华苑新区明珠花园、丰年广场 3 个健身公园,成功举办东丽区第五届运动会暨首届全民健身大会。计划生育继续保持低生育水平,符合政策生育率 98.03%。推进就业工作,创建充分就业社区(村)88 家,安置就业 2.3 万人。城乡居民基本养老保障和基本医疗保险制度全面落实,被征地参保村 59 个 7.8 万人,1.5 万人享受区退养补助,1.1 万人享受老年人生活补贴,24.8 万居民参加城乡居民医疗保险。落实社会公共服务职能,加强社区管理,推动社区基础设施建设。

(李淑健)

重点工程建设 2011 年,东丽区建委协调天津城投集团、空港保税区等单位实施蓟汕联络线(京津塘至津滨高速段)项目前期筹备工作,一期工程开工建设。实施民和巷危陋平房改造工程,完成国有、集体土地地上民宅和企事业单位拆迁,拆除民宅 1197 户、企业单位 7 家,一期工程 2 栋住宅楼主体结构封顶。实施蓟汕联络线一期工程拆迁工作,拆除地上建筑物 1.23 万平方米,青苗地 9.33 公顷。完成津宁高速公路建设工程征地拆迁及填土工作,拆迁面积 38 公顷。完成黄岩路—东兴变电站 220 千伏电源线工程拆迁工作,拆除建筑物 8694 平方米。完成泰达西区征地拆迁工作,拆迁面积 45.47 万平方米,累计向泰达西区交地 22.98 平方公里。完成津滨水厂出厂干管供水工程拆迁工作,拆除建筑面积 97.78 平方米,青苗地 6 公顷。完成京山线铁路地道口和道路改造工程,涉及驯海路铁路地道口、跃进路地道口、蓟汕联络线地道口、军粮城新市镇 3 号地道口和 8 号路地道口、雪莲南路地道口、沙柳路地道口。完成东金路(津滨高速至津塘公路)东丽区段 3.2 公里实施方案、初步测量工作。完成成林道延长线改造工程。完成张贵庄污水处理厂一、二期征地拆迁工作,拆迁面积 53728.14 平方米,实施全长 14 公里主干管铺设任务。

(李淑健)

民心工程 2011 年,东丽区建委推进民心工程建设。完成中心城区金华里、福山北里、跃进南里 1–6 号楼等 18 幢旧住宅楼一户一环供热改造工作,改造面积 5.28 万平方米,受益群众 931 户。扩建金钟街道大毕庄锅炉房,安装 3 台 100 吨锅炉。完成第一热电厂替换热力管线、中心城区供热管网主管网工程拆迁工作,拆除建筑面积 3112 平方米,

改造后的驯海路铁路地道

青苗地14.7公顷。完成中心城区6个旧住宅区(福山里、泰安里、先锋里、振兴里、嘉祥里、福山北里)更换塑钢门窗工程,受益群众3700余户,总量1万余平方米,改造建筑面积22.69万平方米。完成张贵庄街道福山北里东路等3条道路改造工程。

(李淑健)

环境综合整治 2011年,东丽区综合执法局开展奋战300天市容环境综合整治活动。按照"四级管理区域"(重点管理、核心、常态、热点)治理标准,实行"主干道路严管、次支道路严控、社区小巷规范"的管理原则。重点对中心城区跃进路、招远路、利津路、先锋路、栖霞道等道路加强管控,规范治理津塘公路、天山南路、程林路、津滨大道、卫国道经营区域和道路周边环境秩序。开展非法占路经营、违法广告牌匾、窗贴涂鸦广告、露天烧烤等专项治理活动。全年,出动执法人员5.28万人次,车辆8802台次,治理纠正非法占路、店外摆卖8804处,清理占路加工1895处,取缔露天烧烤、马路餐桌1287处,清理乱吊乱挂、残缺广告、喷涂窗贴8453处,治理运输车辆撒漏1285起。

(李淑健)

生态区建设 2011年,东丽区环保局组织召开东丽区生态区建设推动会,总结2010年生态区建设情况,安排部署2011年工作任务。继续推进张贵庄污水处理厂、华明新市镇和华明工业园区、东丽经济开发区等污水处理设施及管网工程建设。加大对施工工地、砂石物料堆场、废品收购点等重点扬尘污染源监管力度,严格控制扬尘污染。坚持扬尘控制工作例会制度及部门联动机制,召开联席会议6次,及时查找分析影响环境空气质量因素,与交警东丽支队、区市容园林委等部门开展扬尘防治专项执法检查。全年,空气质量二级良好天数316天,比上年增加32天,达标率87.29%。组织华明街道申报国家级生态示范乡(镇)。为金钟街道5个村级垃圾中转站项目争取到环保部中央农村环保专项资金350万元。

(李淑健)

环境监察 2011年,东丽区环保局根据《天津市危险废物及医疗废物监管工作实施方案》要求,对东丽医院等8家医疗机构产生的固体废物及危险废物处理、处置加强环境监管。加大对建筑工地、餐饮单位等环境噪声污染源的监管力度,增加巡查频次,严管、严控夜间噪声扰民。中高考期间,对张贵庄中心城区及一百中学周边建筑工地施工及其他噪声污染源采取限制、调整作业时间等强制性措施。制定下发《关于开展全区供热燃煤锅炉落实环保措施检查工作的通知》,对43家供热单位燃煤供热锅炉污染防治设施运行情况及污染物排放情况进行环境执法检查,确保污染物稳定达标排放;每季度对军粮城发电厂、天津钢铁集团有限公司、天津钢管集团有限公司等37家重点污染物排放企业污染防治设施运行情况、污染物排放情况等进行执法检查,重点污染源工业废水排放达标率100%。落实《重金属污染防治规划》要求,开展重金属污染防治专项检查6次。开展排污申报登记工作,严格按照标准核定排污单位污染物排放种类及排污量,重点污染源企业申报率100%。全年,完成排污申报登记580户,收费户477家,征收排污费1969万元。协调办理政协提案1件。受理环境信访问题164件,其中反映噪声50件、异味75件、大气32件、废水5件、其他2件,办结率100%。

(李淑健)

2011年2月28日,东丽区召开生态区建设推动会。

科技型中小企业工作 2011年,东丽区科委推进科技"小巨人"成长计划,加快科技型中小企业引进和传统企业转型升级工作,壮大科技型企业规模。全年,新增科技型中小企业802家,其中新引进、新创办企业272家,转型企业530家。科技型中小企业累计1337家,科技研发投入23.08亿元,实现收入468.71亿元,税费22.01亿元。科技"小巨人"企业61家,实现收入349.47亿元。新认定企业中,初创期企业641家占79.92%;成长期企业137家占17.08%;壮大期企业24家占2.99%。14家壮大期企业符合科技“小巨人”条件,占新认定企业的1.62%。加快创新服务体系建设,新建生产力促进中心6家。全区建成4个国家级实验室、3个市级重点实验室、4个市级工程技术研究中心、20个市级企业技术中心、10家生产力促进中心、23个科技企业孵化器、4个国家级产业化基地、1个国家级农业科技园区,构成科技产业发展服务载体平台。科技企业孵化器23家,注册资金1.03亿元,在孵企业307家。新建科技企业孵化器10家,注册资金3430万元,新增孵化面积25.5万平方米。组织赛瑞、凯华、天维移动、博众康泰等10家企业完成“知识产权战略研究计划”项目;组织宜垦农业、正天医疗器械、永昌焊丝、滨海国际花卉科技园区等12家企业认定市级专利试点企业;组织金立钢管、卡达克汽车、新濠科技、康库得重工机械、柯瑞斯空调设备等10家企业认定区级专利试点企业。全年,专利申请量2477件。搭建知识产权流转储备平台,进入专利池的专利2083项,以专利权转让模式入池专利16项(均为发明专利),其中兰州大学11项、天津工业大学5项;以委托代理模式入池专利2067项。

(李淑建)

教育水平全面提升 2011年,东丽区教育水平得到全面提升。学前教育入园率94%;小学入学率、巩固率、毕业合格率、流动人口子女入学率均达100%;小升初考试成绩各科合格率100%;初中入学率100%、巩固率98.5%、毕业合格率100%;高中阶段普及率94%。中考平均分373.49分,比上年提高23.24分,500分以上学生增加462人,占参考人数的21%;高考本科一批(重点本科)上线率16.4%,比上年提高0.7个百分点,本科二批上线率35.6%,提高0.8个百分点。全年教育经费总收入9.85亿元,其中预算内教育经费7.9亿元,各级政府征收用于教育的税费1.57亿元,事业收入3357万元,其他收入438万元;教育经费总支出9.84亿元,其中人员经费支出6.17亿元,公用经费支出3.67亿元。教育系统固定资产总值8.29亿元,其中房屋建筑物5.65亿元,专用设备1.69亿元,其他固定资产9454万元。

(李淑健)

医药卫生体制改革 2011年,东丽区卫生局推进卫生资源优化配置。完成金钟街道、华明新家园社区卫生服务中心主体建设;新建3个街道社区卫生服务站(新立街民航大学、金桥街流芳、万新街泰通);建成无瑕、万新、华明街道3个社区卫生服务中心“国医堂”;建设标准化村卫生室15个。完善基本药物零差率销售补偿机制,销售基本药物4114.58万元,为患者节省费用617.19万元。自2011年1月1日起对具有东丽区户籍、参加城乡居民基本医疗保险并到区属定点医疗机构住院的居民实施补助政策,全年补助金额218.98万元,受益4789人次。推进公共卫生服务均等化,人均基本公共卫生服务经费30元,完成国家重点公共卫生项目农村妇女乳腺癌筛查2000例,15岁以下儿童接种乙肝疫苗2.69万针次,妇女孕前叶酸增补4154人次。

(李淑健)

群众体育 2011年,东丽区体育局举办全国“健身大拜年”全民健身志愿服务活动启动仪式,2000余人参加。举办全国龙狮健身大联动(天津主会场)暨东丽区元宵节文化大集活动,全市58支龙狮、花会等表演队1800人参加舞龙舞狮和踩街表演,被国家体育总局授予“全民健身”龙腾狮跃闹元宵全国龙狮大联动民族传统特别奖、参与奖、最佳摄影效果奖。举办东丽区第五届运动会暨首届全民健身大会,9个街道、43个委办局、17个驻区单位、65所学校,8000余名运动员参加比赛。组织420人参加天津市第二届全民健身运动会19个大项比赛,获金牌52枚、银牌48枚、铜牌33枚,并荣获优秀组织工作一等奖。组织122人参加天津市第七届农民运动会田径、健身秧歌、中国象棋等10个大项比赛,获12枚金牌和优秀组织

2011年8月16日,东丽区万新街道社区卫生服务中心“国医堂”正式揭牌。

奖。举办“三八”健康杯体育活动通讯赛暨第七届家庭趣味运动会，第二届“帝达杯”文体艺术节，庆祝“全民健身日”健身操比赛等文体活动5场次。5人荣获市体育局颁发的天津市百名优秀社会体育指导员称号，于秀敏被国家体育总局和市体育局命名为全国优秀社会体育指导员和天津市十佳社会体育指导员，4人被市体育局评为天津市健身之星。4人荣获全国健身气功展示大赛集体项目比赛三等奖。参加全国风筝锦标赛，获体育道德风尚奖。

（李淑健）

人口计生工作 2011年，东丽区户籍人口35.18万人，已婚育龄妇女8.74万人，出生人口4422人，人口出生率5.3‰，自然增长率3.1‰，出生性别比104，符合政策生育率98.03%，综合避孕率92.2%，奖励优惠政策落实率100%。市计生委下达东丽区二孩生育指标1490个，其中符合《二孩生育条例》的再生育人员，非农业户籍288人，农业户籍968人，确有困难的大龄独女户234人。完成审批计划内二孩指标1473个；批退指标284个，实际审批指标1189个，其中孩残条件审批13个，再婚条件审批159个，大龄独女审批134个，一方独子审批620个，男到女家审批67个，双独审批195个，抱养又孕审批1个。

（李淑健）

社会救助 2011年，东丽区民政局拟制《东丽区关于进一步健全完善社会保障和救助体系的意见》，形成3大类66项社会保障和救助体系，实行“城乡一体化”救助政策，制定《东丽区城乡低保特困五保医疗门诊特殊病救助实施细则》。全年，为2337户4963人发放城镇低保金1715.97万元；为1581户3581人发放农村低保金853.66万元；为313户735人发放特困救助金55.04万元；为38户发放临时救济助困金14.2万元；为607户困难家庭发放助学金125.22万元；为低保、特困、五保对象实施二次医疗救助，住院救助220人次87.94万元、门诊救助204人次28.66万元、门诊特殊病救助70人次33.44万元；取暖费减免补助4137户230.49万元；对流浪人员实施救助34人次。修订完善《东丽区灾民救助工作应急预案》，开展“防灾减灾从我做起”主题宣传活动5次，受众1.1万人次；举办东丽区慈善工作表彰大会暨慈善分会成立大会，表彰25个单位、10家企业、10名慈善个人、9个项目，接收善款55万元，书画作品10幅；开展“四日捐”(助医、助学、助困、助老每项捐助一日工资)等捐助活动，接收捐款526万元；“六一”节期间慰问512名青海玉树来津学习学生，购买电子词典、小水壶、鞋、帽子、储蓄罐等物品，发放款物28.13万元；向甘肃舟曲灾害地区重建工作无私援助50万元。

（李淑健）

2011年9月23日，东丽区第五届运动会暨首届全民健身大会隆重开幕。

稳定和扩大就业 2011年，东丽区人力社保局坚持以“被征地农民转移就业”为主，新生劳动力、农村转移劳动力、高校毕业生和困难群体同步安置就业，深化就业区创建工作，打造扩大就业岗位六大工程，依托“三区联动”发展战略推动就业、依托市级功能区转移就业、依托大项目好项目和联盟企业扩大就业、依托大型国有企业拉动就业、依托公益性岗位帮扶就业、依托自主创业带动就业。召开东丽区就业和社会保障工作会议，总结“十一五”期间就业和社会保障工作，明确“十二五”时期各项任务，全面部署2011年度工作。与天津经济技术开发区、天津港保税区分别签署就业安置协议，两区今后五年内每年为东丽区提供就业岗位2000个以上。妥善解决128名大学生公益性岗位合同到期问题，拿出30个事业编制岗位公开招聘，其余人员在自愿基础上纳入区公益性岗位。年内，通过企业安置、劳务派遣、灵活就业、自主创业、自谋职业、公益性岗位安置等渠道，新增就业2.3万人，完成任务的127.9%，其中安置东丽区籍劳动力1.26万人，完成任务的126%。保持零就业家庭动态为零，困难群体安置率90%以上。

（李淑健）

社会保障工作 2011年，东丽区人力社保局在确保应保尽保、人人享有保障基础上，稳步提升保障水平，进一步增强社会保障能力。至年底，城镇企业职工养老保险覆盖19.3万人；城镇企业职工医疗保险参保13万人；工伤保险参保12.6万人；失业保险参保9.7万人；生育保险参保10.1万人；城乡居民养老保险参保9383人，8949人享受每人14550元的区财政参保补贴；59个村7.8万人参加被征地农民养老保障；1.5万人享受农村退养保障补助待遇，1.1万人享受老年人生活补助待遇，24.8万人参加城乡居民基本医疗保险；3.5万人享受每月30元补充养老待遇。住院患者人均享受住院补贴461元，特殊困难群体人均享受救助3500元。提高被征地农民养老保障待遇，参照市人力社保局标准，将东丽区被征地养老待遇在每人每月520元基础上人均提高50元。

（李淑健）

张贵庄街道

张贵庄街道位于东丽区西南部，东至外环线与丰年村街道相邻，西连河东区二号桥街道，北靠京山铁路，南接新立街道崔家码头村。距天津滨海国际机场5公里，距天津新港30公里，属东丽区中心城区。2011年，街域面积2.88平方公里，辖18个社区居委会。总人口4.8万人，其中户籍人口2.48万人，流动人口1.09万人，寄宿人口1.23万人。有企业913家。

1982年6月，成立东郊区张贵庄街道办事处。1992年3月，更名为东丽区张贵庄街道办事处。

2011年，引进楼宇企业39家，注册资金8088万元，招商引税2000万元。天津浩鹏物流有限公司、天津华兴煤炭销售有限公司、天津顺诺运输有限公司等企业落户。

开展奋战300天市容环境综合整治活动。清理各类私搭乱建138处600平方米、垃圾渣土180吨，乱贴乱画小广告1万张。开展夏、秋季消灭蚊蝇工作，为詹滨西里、兴业里等17个社区发放液体药剂1吨，固体药粉300袋。

推进以“绿化、亮化、硬化、净化、美化”为主题的社区基础设施改造工程。区财政投入资金247.6万元，拆除福山北里和津门里社区4个车棚，重建面积840平方米。完成津塘路以北社区立面外檐整修工程，粉刷面积6.71万平方米，安装楼道延时灯1046盏、楼宇对讲门186个，改造垃圾窑门116个。完成詹滨西里、先锋里、福山里等8个社区2.31万平方米绿化，改造詹滨里社区硬化面积3520平方米。完成街域内居民楼3645栋窗户更换工程。

2月22日，东丽区召开2011年就业和社会保障工作会议。

安置就业819人，各类技能培训131人次。发放城镇低保226.33万元，340户受益；1170人享受保险59.4万元；132人享受城乡居民养老保险15.5万元；2人享受退养补助1.3万元；发放社保卡4966张，临时卡1219张；为3064名70岁以上老年人发放生活补助70.2万元；22人享受优抚抚恤费28.3万元；为533名残疾人办理意外伤害保险；为享受低保待遇残疾人发放生活救助金5.33万元；476人享受残疾人低保17.4万元，其中1户多残家庭中重残人员补助1.27万元；募集残疾人福利基金4.51万元；为42名残疾学生和残疾人家庭中健全子女发放助学金8.2万元。办理限价商品房86件；复审享受廉租房补贴228户；办理廉租房补贴33件，核减公房租金9户。开展育龄妇女生殖健康普查活动，计划生育率99%。为4400名育龄妇女免费查体，普查率90%。年内，先锋里、兴业里、振兴里等12个社区被评为充分就业社区，完成新一轮创建充分就业社区任务。

组织福山里社区参加由市文明办、市市容园林委、天津人民广播电台等单位共同主办的“谁不说咱社区好——天津市2011魅力社区评选活动”，获“优秀社区”称号并被《每日新报》等市级媒体报道，福山里居委会张乃丽受到黄兴国市长接见。撰写各类新闻信息50余篇，采访4次；向市级媒体发稿15篇；向区级媒体发稿24篇。3月3日，创办内部刊物《今日张贵庄》，发行23期，收到各类信息510余件。完成《张贵庄街年鉴(2011)》初稿撰写工作，约13万字。新建"居家书屋"7个，新增各类图书1.35万册。开展法律政策宣讲活动，接受群众意见反馈500余份。开展诚信社区建设活动，评选诚信文明家庭17户、诚信公民20人、诚信示范标兵17人。

推进"打、防、控"一体化长效机制建设。建立"四包一"(包片领导、居委会居干、派出所工作人员、楼栋长，每一名重点人员、非法集资人员、不放心人员)责任制，元旦、春节和"两会"期间对重点人群实施24小时监控。为詹滨里、兴业里、津门里等18个社区配备义务巡逻队员770余人，专职巡警160余人。排查调处各类纠纷135起，调解率100%，成功率98%。

组织安全检查11次，排查治理安全隐患24处，隐患整改14处，下达整改通知13份，协调落实整改较重大隐患1次。利用板报、橱窗宣传493期。召开各类座谈会198次，入户宣传1181次，发放材料7967份，培训26期。

（吴俊侠）

丰年村街道

丰年村街道位于东丽区西南部，地处城乡结合部。东至津塘公路四号桥，南至津塘二线，西至外环线，北至京山线。龙廷路、富安路、丰安路贯穿南北，津塘路、津塘二线横跨东西，轻轨新立站位于域内，交通便利。距天津机场7.2公里，距滨海新区泰达西区14.5公里，距空港经济区17公里。2011年，街域面积5.5平方公里，辖7个社区居委会。总人口1.98万人，其中户籍人口7623人，流动人口3974人，寄宿人口8228人。有中小型企业180家。

1988年3月，成立东郊区丰年村街道办事处。1992年3月，更名为东丽区丰年村街道办事处。

2011年，引进楼宇企业30家，注册资金1748万元，实现纳税460.39万元，天津滨海合力叉车有限公司、天津源顺泰商贸有限公司等企业落户。

落实丽新里示范小区建设工程。拆除楼间违章设施3400平方米，硬化面积4.69万平方米，巷道整修2240平方米，新建绿化面积3.46万平方米，抬高污水井口486个，改造162个管道，更换雨水井管道2500米，修建花池44个，安装庭院灯78个，疏通污水管网240延米，清吸化粪井污水18车。

搭建就业平台。举办招聘会2场，与16家企业签订就业联盟协议。采集就业信息475条，开发岗位449个，安置人员323人，创建充分就业社区5个。发放城镇低保361万元，5505户1.1万人受益；395人享受保险；35人享受城乡居民养老保险；为72名70岁以上老年人发放生活补助19.02万元；发放社保卡1300张；为16人次报销城乡居民基本医疗保险费；为13人发放优抚抚恤费13万元；为322名残疾人办理意外伤害保险；为140名享受低保待遇残疾人发放生活救助金18.4万元；募集残疾人福利基金15.37万元。开展育龄妇女生殖健康普查活动，计划生育率100%。为1763名育龄妇女免费查体，普查率81%。

组织丰和社区参加"天津市2011魅力社区评选活动"。丰和社区被市文明委评为市级文明社区。辖区居民付慧珍、佘树金和杜克忠的事迹分别在市级媒体刊播。1个家庭、3个团队、10名义工被评为区级优秀义工家庭、优秀义工服务队和优秀义工。组建8支城管市容文明督导队，街道直属城管市容文明督导队被评为市级优秀文明督导队。7个社区创建太极功夫扇、新风合唱团、阳光健身队等品牌文体队伍。组织340人参加第二届社区文化艺术节等文体活动。参加区五运会开幕式，组织100人表演太极功夫扇，208人参加27项比赛，获得6枚金牌，取得团体总分第六名。组建丰年村街道残疾人艺术团，参加市残联"党在我心中，红歌大家唱"比赛，获得天津市第三届残疾人歌唱大赛三等奖。

开展信访稳定调处工作，排查矛盾纠纷107起，调处化解105起，成功率99%。解决丰新里(小二楼)居民上访问题，接待上访群众50余人次，信访26件。开展流动人口和出租房屋摸底调查8次，新登记流动人口3100人，入户780户，检查门脸店铺54处，排查治理安全隐患8处。刑释解教人员帮教率100%，安置率98%。

开展以"创先争优做文明先锋，服务群众创和谐家园"为主题的党员服务月活动，组织党员500人次清整社区30余栋居民楼卫生死角、乱贴乱画小广告。开展"察民情、会民意、解民忧"社区调研服务月活动，利用宣传、咨询、服务方式，收集解决各类问题30余件。建立非公企业党组织，成立党支部，街道商会成立党总支。开通社区党员"空中党校"，154名党员党建短信接收率100%。开展形势政策宣讲12场，2000余人次受益。录制社区优秀党员专题片、举办建党90周年党史报告会、"唱响红色主旋律、构建和谐新丰年"和"在党旗下凝聚"专场文艺演出，表彰3个先进基层党组织、29名优秀党员和8名优秀党务工作者。

（吴俊侠）

无瑕街道

无瑕街道位于东丽区东南部，北依京山铁路，西靠军粮城街道，东邻滨海新区胡家园街道，南隔海河与津南区葛沽镇相望，距张贵庄17公里，地处滨海新区规划范围内。域内交通发达，津塘公路、津滨轻轨、津塘二线贯穿全街。驻有天津钢管股份有限公司、中国一重集团天津重工有限公司、天津钢铁有限公司和天津天铁炼焦化工有限公司等国家大型企业。2011年，街域面积21.86平方公里，辖15个村，5个社区居委会。总人口6.22万人，其中户籍人口3.20万人，流动人口2.95万人，寄宿人口737人。除汉族外，还有回、蒙古、满、朝鲜等少数民族。

该街原名李庄子人民公社。1983年3月，建立东郊区李庄子乡。1992年3月，更名为东丽区李庄子乡。1993年12月，撤乡建无瑕街道。

2011年，实现生产总值50.2亿元，比上年增长23.08%；三级财政收入6.76亿元，负增长19%；生产性固定资产投资60.8亿元，增长13.93%，招商引税1亿元，增长81.82%；工业技改投资11.45亿元，增长35.51%；农民人均纯收入1.59万元，增长12.5%。

引进楼宇企业77家，注册资金9400万元，招商引税1亿元，天盛翔矿业集团有限公司、天津天管资源有限公司等企业落户。天津滨海重机工业园装备制造业成为区域第二大优势产业，9个开工项目累计投资60亿元，7个重点项目列入市级重大工业项目。成立天津市无瑕国际钢铁服务中心项目筹备组。丽水集团实现重组改革，筹资3000万元收购股权，出资1000万元参股钢管公司，投资400万余元扩建丽水1号库，投资1000万元新建丽水重机园库。无瑕农业生态园总投资5500万元，实现净收益500万元。

中国一重天津滨海制造基地项目累计投资16.42亿元，年内投资8.9亿元，工业产值4.41亿元，税收342万元；天津赛瑞机器设备有限公司芯棒和优质高合金钢锻件项目累计完成投资12.55亿元，年内投资3.21亿元，工业产值4.46亿元，税收2709万元；天津钢管集团大口径管材深加工及特殊管材热处理项目，由钢管集团公司投资7亿元建设年产能24万吨的大口径管材深加工及特殊管材热处理车间、储存钢管约4万吨的综合仓库，完成桩基工程，钢结构基础正在施工。

街道还迁房春霞里、丽霞里、民惠里、森森里全部竣工，部分村民入住。秋霞里主体竣工，外网正在施工。配套路网中东环路、南环路、规划一路开始施工，规划二路加快准备。苏庄、大杨、新五、西窑、老袁、翟庄6个村2887户8230人还迁，还迁房屋3879套。津塘二线及津塘公路绿化带拆迁111家还迁房屋99套。完成西地、杨泊、李庄、北大道4个污染村搬迁，还迁置换房屋600套。解决西窑、老袁、翟庄、大宋、小宋5个村大龄青年住房12套、高龄老人住房32套。小宋新建村23户入住华丰家园。基本完成7个村拆迁补偿、公建赔付工作。完成新袁、官房、小北3个预拆迁村民房测量工作的95%，并建档立卡。

安置就业1400人，其中安置农村劳动力807人。举办23期培训班，技能培训1119人，获得安置就业优胜杯第一名。发放农村低保133.7万元，201户480人受益；城镇低保144.69万元，240户573人受益；1053人享受保险；112人享受城乡居民养老保险；1351人享受农村退养补助324.24万元；为1380名70岁以上老年人发放生活补助324.5万元；发放社保卡4000张；为66人次报销城乡居民基本医疗保险费17.68万元；为230名残疾人办理意外伤害保险；为享受低保待遇的残疾人发放生活救助金47.41万元，春节一次性补助181.91万元；发放困难家庭慰问品价值11.2万元。开展育龄妇女生殖健康普查活动，计划生育率97.9%。为4478名育龄妇女免费查体，普查率84.08%。开展居家养老服务，成立老年日间照料服务中心。

拆除清理4个村10起各类违法建设，出动执法人员350人次，清除乱贴乱画小广告150余处、破旧布标幔帐60幅，粉刷涂鸦58处，拆除违法广告牌匾36块，制止违规发放路边广告18例。投资842万元，配备保洁车、专职保洁员，成立大无

2011年4月28日，无瑕街道老年日间照料服务中心揭牌。

缝生活区物业公司。投资1500万元，对无瑕花园生活区、钢管公司生活区、新袁等3个未拆迁村管网、道路、环境卫生进行综合整治。投资1231万元，新建钢瑕里菜市场。建成无瑕花园农贸市场，占地6000平方米。接待群众社保方面问题咨询61人次，群众满意率100%。调解保险、工资、劳动争议等8起。

（吴俊侠）

万新街道

万新街道位于天津市中心城区和滨海新区之间，东与天津滨海国际机场相连，南靠海河，西邻河东万达广场，北邻卫国道。东南半环快速路、津滨大道、成林道、津塘公路贯穿辖区，城市交通便捷，地理位置优越。2011年，街域面积27平方公里，辖12个村、16个社区居委会、5个城市公司。总人口14.69万人，其中户籍人口3.99万人，流动人口6.66万人，寄宿人口4.04万人。

该街原名东郊区万新庄人民公社。1983年1月，建立东郊区万新庄乡。1992年3月，更名为东丽区万新庄乡。1993年6月，撤乡建立东丽区程林街道。2005年8月更名为东丽区万新街道。

2011年，实现生产总值46.6亿元，比上年增长25.3%；三级财政收入29.84亿元，增长24.7%；固定资产投入40.26亿元，增长42.8%；内联引资44.74亿元，增长65.7%；农民人均纯收入1.83万元，增长12.7%。

完成万新招商中心、滨海试训基地2个楼宇经济招商项目区认定，引进楼宇企业18家，注册资金8.61亿元，招商引税5500万元，内资企业资金到位35.49亿元。培育科技“小巨人”企业，新增转化科技型企业12家。完成99家科技型中小企业认定，中国汽车技术研究中心、天津市三隆化工有限公司等5家企业通过科技“小巨人”认定。

北京居然之家东丽店开业；万新大厦（商务楼）主体工程完工；上海烟草（集团）公司天津卷烟厂技改二期主体三层完工；天津航空基地建成使用；汇城广场（华润万家）项目完成六层商业裙房主体框架施工。武警天津市总队后勤部新建4.4万平方米指挥中心主体封顶；完成天津空港国际总部基地项目基础设施配套二期工程施工建设。海航模拟机培训基地项目签约；太平洋国际广场项目深入洽谈。天津滨海国际机场延长线成林道立交桥征地拆迁项目涉及土地8公顷，拆除建筑4193平方米、占用鱼池3.16公顷、清理树木6196株、迁移坟墓46座。

加快还迁住宅建设。小王庄村11.8万平方米还迁住宅竣工；杨台还迁楼一期20万平方米还迁住宅主体竣工；南片詹庄、潘庄、辛庄、冯口、杜庄、吴嘴还迁住宅一期工程开工建设，拆除一期还迁地块、海河东路民宅及企业公建8.91万平方米、利福路民宅及企业公建9.5万平方米，完成高压线切改入地工作；二期还迁地块39户签订拆迁协议，公建115处协议拆迁，拆迁面积1.86万平方米；启动南北程林、增兴窑村还迁地块地上物拆迁，涉及民宅2065户，签订拆迁协议1797户。增兴窑村还迁住宅开始勘探施工，项目占地16.8公顷，建筑面积20.35万平方米。完成住宅建档立卡数据复核。

改善提升市容环境。昆仑里等4个老旧小区提升改造，累计投资750万元，圈建围墙157延米、增设垃圾箱120个、整修道路1.3万平方米、改造污水管网80延米，安装楼栋对讲门57个，修缮房屋3万平方米，绿化改造1.9万平方米。为万隆、昆仑里等7个小区及万力园、三美电机地区等重点地段配备保洁人员67名，增设17个3吨可移动式垃圾箱。健全完善万新公寓等5个小区业主委员会。拆除违法建设2.76万平方米。

搭建劳动就业保障服务平台。开发公益性岗位380个，安置就业1302人，技能培训785人次，帮扶失地农民自主创业260人。发放低保金、救助款物876.8万元，为2187户办理低保医疗保障，免费为1400名残疾人办理意外伤害保险，为享受低保待遇残疾人发放生活救助金48.36万元，募集残疾人福利基金

2011年1月，小王庄村还迁住宅楼竣工。

9.69万元，发放优抚金40.76万元，为1554名70岁以上老年人发放生活补助368.54万元。为85户低收入家庭申请廉租房补贴。1.49万人享受城乡居民医疗保险，299人享受退养补助，为103人发放失业保险金6.59万元，办理社保卡2600张。

开展育龄妇女生殖健康普查活动，为3041名育龄妇女免费查体，普查率82.63%。推进老龄事业发展，成立南大桥居家养老服务站。年内，南大桥社区管委会被评为国家级人口和计划生育示范村(居)。万新街道获评天津市机关档案工作评估一级单位、东丽区双拥模范街和拥军优属模范集体。

严厉打击各类违法犯罪活动，配合公安部门抓获违法犯罪分子16名。加大力度查处无证行医场所4处。办理区转信访件334件，办结率100%。调解各类矛盾纠纷160起。刑释解教人员帮教率100%，安置率98%。

(吴俊侠)

新立街道

新立街道位于东丽区中心位置，地处城乡结合部。东邻军粮城街道，西与万新街道接壤，南邻海河，北靠金桥街道。街内驻有天津铁路信号工厂、军粮城发电厂等国有企业，天津滨海国际机场、东丽经济开发区坐落域内，津滨高速公路、津塘公路、津北公路、津塘二线、京山铁路、津滨轻轨贯穿全街。2011年，街域面积66.6平方公里，辖27个村，3个社区居委会。总人口20.52万人，其中户籍人口9.11万人，流动人口10.75万人，寄宿人口6642人，除汉族外，还有回、满、朝鲜等少数民族。

该街原名新立村乡。1958年8月建新立村人民公社，同年10月划归天津市河东区，称新立村管理区。1962年2月由河东区划归东郊区，称新立村公社。1981年8月所辖13个居委会划出，组建张贵庄街道办事处。1983年7月，新立村公社撤销，分别建立新立村乡和么六桥乡。1993年6月撤乡建镇。2001年4月撤镇建街。2001年10月，小东庄镇并入新立街。

2011年，实现生产总值66.3亿元，比上年增长24.1%；三级财政收入11.06亿元，增长13%；一般预算收入3.1亿元，增长12.2%；固定资产投入27.56亿元；内联引资44.27亿元；实际利用外资1.3亿美元；工业销售收入138.2亿元，增长100.1%；农民人均纯收入15150元，增长12.8%。

楼宇总部企业数据库运行156家，注册资本31.3亿元，招商引税1.2亿元。认定科技型中小企业145家。红星美凯龙、钢贸大厦项目主体封顶，宜家家居项目主体封顶，外檐装修开工。

开展新立新市镇建设前期工作，协助区复核组完成顾庄村、翟庄村民宅、人员资格认定。配合区城市化办对顾庄、翟庄、西杨场、东杨场、邢家圈、四合庄、中河、新兴、宝元、泥窝村公建测量数据复核，面积77.46万平方米。军粮城新市镇二期测量民宅8669处136.91万平方米。津秦客运专线（天津至秦皇岛铁路线）、津塘公路绿化带、津滨高速公路项目拆迁涉及253户，完成选房还迁工作。

开展奋战300天市容环境综合整治活动，出动执法人员1200人次、车辆300台次，清理垃圾杂物3300吨。加大土地执法力度，完成卫星遥感监测图斑第十一次卫片违法图斑清理任务84处。

安置就业2814人，技能培训1409人次，与驻街企业和东丽经济开发区对接，新建就业联盟企业30家，帮助困难家庭就业192户。累计发放低保804.39万元，896户1980人受益，4.27万人享受保险，537人享受城乡居民养老保险，5609人享受退养补助1352.21万元，为3767名70岁以上老年人发放生活补助876.36万元，发放社保卡8160张，为610人次报销城乡居民基本医疗保险费228.12万元，发放优抚抚恤费115.12万元，为2470名残疾人办理意外伤害保险，为享受低保待遇残疾人发放生活救助金153.19万元。开展育龄妇女生殖健康普查活动，计划生育率98%。投资22万元，办理独生子女家庭保险。

组建54支群众文体活动队，参加天津市第七届农民运动会，分获健身秧歌比赛一等奖、三等奖，获武术比赛金牌2枚、银牌2枚、铜牌3枚；参加天津市第二届全民健身大会，分获广播体操比赛第一名、第二名；参加东丽区第五届运动会，获金牌总数及总成绩第一名，分获健身操比赛第一名、广播体操第四名。

完成街道领导班子换届。开展创先争优活动，组织参加建党90周年纪念活动，举办“新立青年爱新立”主题实践活动。开展扶贫济困送温暖活动，慰问39名抗美援朝老战士和老党员。街道总工会帮助基层单位成立工会69家，签订工资协议260份。

(吴俊侠)

金钟街道

金钟街道位于东丽区西北部，地处城乡结合部。东、南两面与华明街道相连，北隔新开河、金钟河与北辰区为邻，西与河北区接壤。外环线、京津塘高速公路、津冀高速公路、杨北公路贯穿全街。2011年，街域面积45.6平方公里，辖9个村。总人口12.39万人，其中户籍人口3.9

万人,流动人口 8.04 万人,寄宿人口 4533 人。

该街原隶属天津县。20 世纪 50 年代,隶属河北省天津市河北区,名为兴淀人民公社。1964 年,建立天津市东郊区大毕庄公社。1983 年,建立东郊区大毕庄乡。1992 年 2 月,更名为东丽区大毕庄乡。1993 年,撤乡建立大毕庄镇。2007 年 9 月,撤镇建立金钟街道。

2011 年,实现生产总值 50.9 亿元,比上年增长 23.5%;三级财政收入 4.46 亿元,增长 49.7%;固定资产投入 47.72 亿元,增长 26.6%;农民人均纯收入 1.63 万元,增长 12.4%。

引进注册型企业 178 家,注册资本 4.21 亿元,招商引税 1.13 亿元。新认定科技型中小企业 80 家,其中 2 家获得天津市科技型中小企业技术创新资金扶持,3 家获得初创期科技企业发展专项资金扶持。

完成金钟科技园一期 20 万平方米、河兴庄改造提升货运物流中心、北方五金城机械设备交易市场、保利集团、泰达垃圾焚烧场项目等重点工程建设。天津环渤海家居博览园、雨润集团、金河低碳科技园项目等正在筹备。全力打造金钟科技园项目、金钟商会楼宇总部、金钟科技园楼宇总部三大招商载体平台。

金钟新市镇市政基础设施建设完成 133.4 万平方米,139 栋还迁住宅完成主体施工全部封顶,中小学校、养老院、幼儿园等开工建设。督促科华焊接公司自行拆除 5000 余平方米厂房。赵沽里城中村改造工程还迁区清理各类建筑面积 4 公顷,完成还迁区征地 62.67 公顷,拆迁面积 3.96 万平方米。完成大毕庄村沿街 3 栋楼房立面整修及“平改坡”工程。拆除各类违法建设 36 处 1.18 万平方米,强制清理违法占地 5 处 8.98 公顷。

安置就业 1625 人,组织汽车驾驶、叉车、保洁、美容等培训班 16 次,培训 1080 人。改建农家书屋 9 家,补充各类书刊 1.9 万册。提高办学质量,中小学就近入学率 98%。发放农村低保 133.69 万元,城镇低保 172.5 万元;2.66 万人享受保险,1974 人享受城乡居民养老保险,1.02 万人享受农村退养补助 96.58 万元;为 1975 名 70 岁以上老年人发放生活补助 403.16 万元,发放社保卡 400 余张;为 80 人次报销城乡居民基本医疗保险费 42.2 万元;发放优抚抚恤费 54.02 万元;为 1027 名残疾人办理意外伤害保险,为享受低保待遇残疾人发放生活救助金 20.14 万元。开展育龄妇女生殖健康普查活动,计划生育率 98.1%。为 6872 名育龄妇女免费查体,普查率 81%。

集中检查辖区内农工商企业 1125 家,查出安全生产隐患 1357 处,限期整改 63 家,关闭 18 家。取缔非法食品加工小作坊 82 家,关闭无照行医诊所 3 家,保障人民群众健康安全。

加大维稳工作力度,接待群众来访 44 批 104 人次,办理市区转信 17 件;群众来电来信 17 件,办结率 100%。开展外来人口专项清理整治工作,登记外来人口 3.5 万人,调查私产房屋出租情况 2613 户,出动执法人员 330 人次、车辆 9 部。严厉打击各类违法犯罪活动,配合公安部门抓获网上逃犯 3 人次,查处各类违法犯罪人员 289 人次。

开展“树立一面旗帜、争创一流业绩”活动,评选表彰先进标兵 2 名和优秀干部 8 名。开展“我承诺,我带头,我奉献”主题实践活动,签订党员承诺书 1369 份。加强党风廉政建设宣传工作,印制布标 30 幅、标语 800 余条,制作各种展牌 15 块、宣传栏 20 个,发放各类宣传材料 1 万余份。

(吴俊侠)

华明街道

华明街道位于东丽区中北部,东邻滨海新区,南与金桥街道、军粮城街道接壤,西依万新街道,北连金钟街道及宁河县。天津空港经济区、东丽湖温泉度假旅游区、天津滨海国际机场坐落街域。2011 年,街域面积 156.2 平方公里,其中华明示范镇占地面积 561.8 公顷、华明工业园区用地面积 1000 公顷。辖 14 个村,7 个社区居委会,总人口 10.37 万人,其中户籍人口 5.06 万人,流动人口 5.27 万人,寄宿人口 361 人。耕地面

建设中的金钟新市镇

积3033公顷。

该街原名荒草坨乡人民公社。1962年2月，建立东郊区荒草坨乡。1993年2月，更名为东丽区荒草坨乡。1994年11月，撤乡建立华明镇。2001年10月，撤销赤土镇，将其并入华明镇。2006年10月，撤镇建立华明街道。

2011年，实现生产总值47.67亿元，比上年增长25%；固定资产投入71.96亿元，增长21%；三级财政收入5.23亿元，增长63%；一般预算收入1.75亿元，增长50%；内资到位额51.55亿元，增长32%；外资到位额3180万美元；外贸出口额1600万美元；工业销售收入85亿元，增长54%；工业技改投入3.7亿元，增长61%；农民人均纯收入16300元，增长13%。

引进注册型企业119家，注册资金3.1亿元，招商引税1.66亿元。楼宇经济招商项目区认定9处，包括低碳产业基地28.3万平方米通用厂房、北方园林C座3.5万平方米和EOD总部港B、D区4.2万平方米。华明招商大厦、星港国际嘉华总部、东丽软件园等7个楼宇项目区加紧建设。其中清华科技园天津分园列为天津市亿元楼宇。北方园林、柯蓝总部、华明招商大厦列为市在建亿元楼宇。

申报东丽区天使资金项目23项，区科技型中小企业发展专项资金产学研合作项目2项，区科技企业孵化器项目4项，东丽区科技“小巨人”项目2项，天津市创新平台项目1项，争取无偿资金资助520万元，贴息贷款2000万元。申报国家火炬计划节能装备特色产业基地项目，获科技部认定。

推进“三改一化”工作。启动贯庄、于明庄等12个村试点工作。贯庄村作为先行试点，完成人员资格认定、资产量化工作，成立股份制公司，选举产生36名股东代表，成立董事会、监事会，召开第一届股东代表大会。

华明农业园区销售额196.81万元，增长310.32%。扩大蔬菜礼品箱销售。推出开心农场、农夫集市及会员卡业务。申报丝瓜、苦瓜、油瓜、桃、枣、香椿、韭葱、油麦菜、冬枣、葡萄等22个无公害认证；申报西红柿、黄瓜、茄子、韭菜等10个有机品种；西红柿、辣椒等6个良好农业规范(GAP)品种。建成胡张庄机井工程（1眼机井）、永和排水泵工程2座，完成联栋温室外围覆盖，面积1.26万平方米。年内，旅游接待316批次9950余人、行政接待182批次3650余人。

安置就业2037人，为31名残疾人提供就业岗位，培训各类人员1028人。发放农村低保254.36万元，城镇低保83.49万元；3.88万人享受保险，2130人享受城乡居民养老保险，3285人享受农村退养补助788.4万元；发放社保卡4.77万张，优抚抚恤费126.92万元；为2.68万名70岁以上老年人发放生活补助518.01万元；军转退休人员补贴8.16万元；5人享受老党员津贴7.89万元；春节期间发放残疾人补助9万元；为1838名残疾人办理意外伤害保险；为201名重度残疾人办理城镇医疗保险，为享受低保待遇残疾人发放生活救助金15万元。开展育龄妇女生殖健康普查活动，计划生育率99.2%。为6321名育龄妇女免费查体，普查率73.9%。

市科委、区科委、华明街道办事处、印度塔塔集团有关人员，按照黄兴国市长在访问印度期间提出的建设“智慧华明”设想，探索“智慧华明”建设规划。8月至9月组织人员考察北京IBM中心、无锡物联网及宁波智慧城市建设，并邀请国内多家知名企业参与规划“智慧华明”。2011年底确定以“智慧健康”和“智慧养老”为切入点，推出“智慧华明”建设规划4个版本，全面推进“智慧华明”建设。

（吴俊侠）

军粮城街道

军粮城街道位于东丽区东部，南邻海河，北靠东丽湖，东邻滨海新区和无暇街道，西与新立街道、金桥街道接壤。境内津北公路、杨北公路、津塘公路、京山铁路、津滨轻轨、京津塘、津滨高速公路横贯街域。街道大部分面积坐落滨海新区内，是滨海新区的重要组成部分。西北部是空港经济区、航空产业区，东侧是天津经济技术开发区西区、天津滨海高新技术产业开发区，大推力火箭、长城汽车等大项目坐落街域。2011年，街域面积77.4平方公里，辖19个村，5个社区居委会。总人口11.25万人，其中户籍人口5.21万人，流动人口6.03万人，寄宿人口101人。

该街原属宁河县。1956年建立高级农业生产合作社。1958年8月划归天津市河东区，建立军粮城管理区委员会。1961年8月，建立东郊区军粮城人民公社。1983年改为军粮城乡。1984年4月建立军粮城镇。1992年3月，更名为东丽区军粮城镇。2008年7月，撤镇建立军粮城街道。

2011年，完成生产总值41.4亿元，比上年增长25.5%；三级财政收入3.84亿元，增长11.3%；街级财政收入1.09亿元，增长21.2%。固定资产投资40.8亿元，增长20%；引进内资22亿元，增长20%；利用外资1800万美元。

军粮城工业园区城市设计5.38平方公里，销售收入85亿元，固定资产投入1.5亿元，技改投入2亿元，引进内资14.7亿元，实现税收1.04亿元。通钢大厦项目主体结构封顶。军粮城街道、航天人才开发交流中心与中国北方人才市场，成立航天人才开发交流中心天津基地。入驻楼宇经济企业96家，注册资金10亿元，招商引税1800万元。科技型中小企业注册117家，认定102家。新增科技“小巨人”企业8家，累计19家。

组织修建北旺路（军粮城新市镇临时路）。完成军粮城新市镇二大街5个村30余家企业和公建测量工作，勘察认定拆迁4个村1120余户。一期南区主体封顶(113栋楼房95.9万平方米)。一期北区开工面积70万平方米。航空产业区征用兴农村、大安村、刘台新村、后台村、北旺村、塘洼村等约800公顷土地，并签订征地协议。兴农村、大安村整体撤村。组织实施企业公建、地上物测量，完成中航航空服务保障基地项目涉及用地54.67公顷。完成永兴村、民生村、唐山村、一村村民经营性用房分配工作，落实泰达西区未补偿公建及种养殖户拆迁补偿工作，拆除违章建筑、违章棚亭1.1万平方米。

安置就业1595人，培训各类人员977人次，为8342名企业职工落实最低工资保障。累计发放农村低保61.91万元，131户289人受益；发放城镇低保53.35万元，90户194人受益；3.27万人享受保险，681人享受城乡居民养老保险，768人享受农村退养补助184.32万元；为1930名70岁以上老年人发放生活补助322.02万元，发放社保卡2900张，优抚抚恤费114.35万元；为1838名残疾人办理意外伤害保险，为享受低保待遇残疾人发放生活救助金9.77万元。开展育龄妇女生殖健康普查活动，计划生育率99.6%。为6738名育龄妇女免费查体，普查率88.56%。兴农村村民委员会被区委、区政府授予东丽区拥军优属模范集体称号，驻街93675部队、93603部队被区委、区政府授予拥政爱民模范单位称号。

加强警防、技防、民防“三张网”建设，建立专职治安巡逻队120人。安装监控点位4个。排查调处各类纠纷181件，成功率96%。接待群众来访205批次1898人次。帮扶教育154名刑释解教人员，帮教率100%。对22名社区矫正人员进行社区矫正工作。走访帮扶17名服刑劳教人员家庭及未成年子女。

2011年7月19日，航天人才开发交流中心天津基地揭牌。

开展“伟大历程、光荣使命”党的知识竞赛，组织64个基层党支部参赛。开展“庆贺党的生日、祝福美好东丽”寄语征文活动，征集寄语1012条。在和顺园还迁社区举行“红歌大家唱”文艺专场演出，500余名群众观看。举办党员培训班5次，培训378人次，发展党员19名。

（吴俊侠）

金桥街道

金桥街道位于东丽区中心地带，东与军粮城街道和新立街道接壤，西与天津滨海国际机场和新立街道毗连，南邻京山铁路，北邻天津市空港物流加工区和空客A320项目基地。天津空港物流加工区及空客A320项目坐落街域。2011年，街域面积5.12平方公里，辖13个村。总人口3.52万人，其中户籍人口1.39万人，流动人口2.06万人，寄宿人口668人。回族人口2903人，占总人口的8.2%。

该街原属新立村人民公社。1983年9月，建立东郊区么六桥乡。1985年1月，建立东郊区么六桥回族乡。1992年3月，更名东丽区么六桥回族乡。2011年6月，更名东丽区金桥街道。

2011年，实现生产总值16.65亿元，比上年增长27.6%；三级财政收入1.05亿元，增长4.3%；街级财政收入3212万元，增长4.5%；固定资产投资17.3亿元，增长12.1%；招商引资17.95亿元，增长25.3%；农民人均纯收入1.5万元，增长12.8%。

驻街企业420家，年营业收入2000万元以上企业50家，营业收入120亿元。凯达重型水电、川铁集团和莱德尔电器等企业投入工业技改资金3亿元，比上年增长20%。ARJ21紧固件国产化生产线项目、中昌毛绒等重点项目投产，年生产能力2亿元。航空产业综合服务大厦项目签订用地合同，大厦外檐设计方案获市规划局审批通过，单体设计任务书基础资料备齐，修建性详细规划方案通过审批。6个重点项目累计投资7.93亿元。引进注册楼宇型企业146家，注册资本金2.13亿元，招商引税3900万元。认定市级科技型中小企业50家，累计完成认定85家。

开展奋战300天市容环境综合整治活动，创新环境卫生长效管理机制，完善网格化管理。全年，街域公共场所日常保洁面积11万平方米，绿化管理面积4万平方米。出动车辆1460次，清理垃圾7120吨。加大违法占地、违法建筑查处力度，坚持日常巡查机制，拆除违法建筑5600平方米，连续三年未发生“双违”现象。

完成空客五村（大新庄、流芳台、么六桥、三合庄、向阳）经营性用房选房工作，分配房屋1131套，面积6万平方米，群众满意率100%。推进空客五村“三改一化”工作，完成产权制度改革，流芳台村、大新庄村成立股份责任制公司投入运营。依托航空产业区项目，对刘辛庄村、骆驼房子村、中心庄村进行整体撤村工作，747户村民表决同意，占总户数的95.3%。完成集体经济组织成员资格界定2033人、缴纳社会养老保险1188万元。民房核查工作完成7.12万平方米。

安置就业791人，率先创建充分就业社区，获区安置就业杯第三名。各类技能培训761人，设立13个村级劳动保障服务工作站。累计发放农村低保31.7万元，34户84人受益；发放城镇低保22万元，20户53人受益；9892人享受保险，502人享受城乡居民养老保险，297人享受农村退养补助71.28万元；为306名70岁以上老年人发放生活补助29.4万元，发放社保卡966张；为166人次报销合作医疗费23.57万元，优抚抚恤费11.8万元；为451名残疾人办理意外伤害保险，为享受低保待遇残疾人发放生活救助金8.5万元。

建立街道计生服务站，提供服务2000人次。开展育龄妇女生殖健康普查活动，计划生育率98%。为2361名育龄妇女免费查体，普查率91.4%。建立流芳小学、流芳幼儿园，解决329户400名拆迁村子女就学问题，配备现代化教学设备。慰问58户退二胎指标、单亲家庭，为2305名16岁以下独生子女家庭投保安康保险。

宣传《行政许可法》、《信访工作条例》、《土地法》等法律法规，完成“五五”普法工作任务。建成150平方米的街道信访服务中心，调解纠纷45起，解决问题25件，调解率100%。接待群众来访206批次540人次。开展警企联动“百+百”工程，发挥13个村治安信息员和500名平安志愿者的纽带作用，确保街域社会安全稳定。

（吴俊侠）

西 青 区

概 述

西青区位于天津市西南部，境域地理坐标为北纬 38°51′~39°51′、东经 116°51′~117°20′，东与红桥区、南开区、河西区及津南区毗邻，东南与滨海新区大港相连，南靠独流减河与静海县隔河相望，西与武清区和河北省霸州市接壤，北依子牙河与北辰区交界。南北长 48 公里，东西宽 11 公里。2011 年，全区面积 570.8 平方公里，耕地面积 1.4 万公顷。辖李七庄、西营门 2 街和杨柳青、张家窝、中北、辛口、大寺、王稳庄、精武 7 镇，包括 160 个自然村(含 11 个城中村)、56 个居委会。人口 44 万，常住人口 359915 人，其中农业人口 237289 人、非农业人口 122626 人，有少数民族 39 个 4475 人。

2011 年，西青区深入贯彻落实科学发展观，认真践行市委提出的“改革发展稳定要走在全市全国前列、各项工作再上新台阶”的要求，准确把握西青功能定位，高水平完成区十五届人大一次会议确定的目标任务，各项事业都取得了历史性进步。

2011 年，西青区地区生产总值由 2006 年的 148 亿元增加到 500 亿元，年均增长 27.6%，人均生产总值超过 2 万美元；财政收入由 41 亿元增加到 150 亿元，年均增长 29.8%，其中区级财政收入由 16 亿元增加到 82 亿元，年均增长 39%；农民人均纯收入由 9696 元增加到 17120 元，年均增长 12%；全社会固定资产投资由 76 亿元增加到 636 亿元，年均增长 53%；社会消费品零售总额由 51 亿元增加到 127 亿元，年均增长 20%。主要经济指标走在全市前列，如期实现三年倍增目标。2011 年地区生产总值、财政收入、固定资产投资分别是 2008 年的 2.1 倍、2.1 倍、2.3 倍。全社会万元生产总值综合能耗累计下降 31.5%，主要污染物减排高标准完成市政府下达任务，节能减排水平全市领先。

农业持续做优。加快推动城郊型农业向都市型现代农业转变，农业发展实现设施优、品种优、效益优、龙头优、功能优，在全市率先创建为国家级现代农业示范区。全区设施化种养殖面积新增 3733.33 公顷，达到 6800 公顷。无公害蔬菜基地面积达到 4000 公顷，绿色有机蔬菜生产实现零的突破，达到 233.33 公顷，畜禽、水产养殖基地全部达到无公害生产标准。累计引进推广种养殖新技术 120 项，新品种 200 余个，重点发展蔬菜、花卉、食用菌、畜禽、水产等优势产业，“沙窝萝卜”成为中国证明商标，并荣获第九届中国国际农产品交易会金奖。农业增加值突破 10 亿元，农业劳动生产率、土地产出率分别比 2006 年提高 118 个和 83 个百分点。国家级和市级农业产业化龙头企业 12 家，农民专业合作组织 117 家。建设水高庄园、杨柳青园艺科技博览园等一批特色项目，农业功能实现由单纯生活保障向生产、生活、生态、休闲观光一体化转变。

工业持续做强。加快推动产业集聚和企业优化升级，努力打造先进制造业基地。2011 年工业总产值 1500 亿元，年均增长 27.7%，规模以上企业新增 306 家，达到 575 家，年产值超亿元企业新增 134 家，达到 220 家，大桥集团和新宇彩板达到百亿规模。做强主导优势产业，电子信息、汽车及零部件、生物医药三大主导产业比重 40%，高新技术产业比重 25%，战略性新兴产业产值年均增长 50%。增强企业竞争力，坚持用先进、成熟、适用技术改造传统产业，累计实施技术改造项目 711 个，带动企业技改投入 210 亿元，培育高新技术企业 50 家，拥有驰名商标

6个、著名商标57个、名牌产品34个。

服务业持续做大。以扩大总量、优化结构为导向，推动服务业向规模化、现代化、品牌化方向发展。2011年服务业营业收入1015亿元，年均增长37%。坚持做大生产型服务业，形成凌奥创意产业园、九策高科技产业园等一批现代服务业聚集区。规划建设23个楼宇经济聚集区，建成联都大厦和天物化轻大厦2个“亿元楼”。具有较大规模的物流中心8家，入驻物流企业1400余家。坚持做大生活型服务业，建设津兰国际商贸中心、红旗农贸市场、永旺商业广场等一批高端商贸设施，引进物美、国美、苏宁等一批大型连锁企业。坚持做大新兴服务业，建成梅江会展中心，金融服务、法律服务、信息咨询、中介服务等社会化新兴服务组织160余家。坚持做大文化旅游产业，建设精武门·中华武林园、玉佛禅寺、大院文化区等文化旅游新景区，全区对外开放的景区景点23个，累计接待国内外游客2000多万人次，初步形成以民俗文化为龙头、崇文和尚武为两翼、五大旅游板块为主体的文化旅游产业发展格局。

自主创新能力持续增强。加快建立以企业为主体、市场为导向、产学研相结合的技术创新体系，出台扶持科技型中小企业发展的若干政策，坚持每年1亿元、五年5亿元的扶持资金上不封顶，全区科技型中小企业1400家，科技“小巨人”150家。注册9家科技企业孵化器，建设13家生产力促进中心。累计申请专利8500件，授权专利3000件。实施市级以上科技计划项目256项，开发市级以上科技成果300余项。国家信息安全产业基地被认定为国家火炬计划特色产业基地，捷威动力项目列入国家863计划。

实施大项目好项目建设。五年建设各类项目2056个，完成投资1977亿元。三级五类重点项目累计完成投资1200亿元，竣工及部分投产运营项目280个。累计新批内外资项目1518个，实现外资到位额27.7亿美元，年均增长29.3%；内资到位额802.3亿元，年均增长48.8%。坚持走出去请商，在深圳、广州设置常驻招商机构，引进乐敦制药等一大批高端产业项目。坚持请进来留商，举办两届西青区投资项目洽谈签约大会，成功签约209个项目，计划总投资1028亿元。新引进世界500强企业7家，累计22家。注重延伸企业产业链条，引进灿特电子、三井化学等一批配套企业。积极促进企业增资扩产，累计有428家企业增资145.3亿元。

工业园区建设加快推进。西青开发区各项指标保持年均30%以上的增速，经济总量、财政收入占到全区的三分之一以上，成功升级为国家级经济技术开发区。建设汽车、学府和高端金属制品3个市级示范工业区，累计投入27.3亿元，完成“七通一平”土地面积22.5平方公里，引进项目116个，计划总投资599亿元。街镇工业园区按照市级示范工业区标准加快整合提升，载体功能明显增强。建设天安数码城、深福保创意产业园等10个专业园区，总占地面积6.7平方公里，可承载科技型企业3000家以上。全区形成优势互补、竞相发展的园区建设体系。

生态环境建设卓有成效。完成“五路五河”改造，累计新建和改造道路240公里，全长23.5公里的赛达大道的建成，形成南北相连、东西贯通的“30分钟交通圈”。大力实施水环境综合治理和清水工程，完成大沽排污河等9条135公里河道清淤改造，建成日处理能力6万吨的大寺污水处理厂，铺设污水主、次干管网245公里，基本实现污水主干管网全覆盖，全区污水处理率85%。投入13亿元连续四年累计奋战900天整治市容环境，实施灯光夜景、容貌提升和增绿扩绿工程，建成区绿化覆盖率40%，全区林木覆盖率20.3%。强化污染减排治理，实施燃煤锅炉拆除并网和脱硫改造工程，全区空气质量好于二级良好天数占有效监测天数的88%。推行生活垃圾密闭直运，垃圾无害化处理率75%。实施城镇精细化管理，建立“两级政府、三级管理、四级网络”的城市管理长效机制。在全市率先成功创建国家生态区。

文教卫生体育事业蓬勃发展。加快终身教育体系建设。实施学前教育三年行动计划。新建和改扩建中小学、幼儿园35所，33所学校通过天津市义务教育学校现代化达标验收。落实义务教育“两免一补”政策，实行义务教育教师绩效工资。高考连年实现突破，本科上线率88.1%。建立3个师训基地，培训教师5000余人次。启动启智学校建设，推行免费职业教育。建成区文化中心、5个街镇文体中心，村级农家书屋和文化室实现全覆盖，全民健身路径工程覆盖所有行政村。组织杨柳青民俗文化旅游节以及世界精武·霍元甲英雄会和杨柳青国际年画节等大型文化活动，西青区被评为全国文化先进区、国家级文化产业示范基地和中国民间文化艺术之乡。建成区医疗中心，启动区疾控中心、妇儿保健中心、计划生育服务中心建设，完成街镇卫生院改造，建成85个标准化社区卫生服务站和村卫生所，城乡居民免费享受23项基本公共卫生服务。

群众幸福指数显著提高。全面落实企业职工工资正常增长和支付保障机制，在1900家企业推行工资集体协商，城镇职工人均年收入增长17.3%。在全国首创"24小时求职公寓"服务模式。实施农村劳动力"351"培训工程和农民素质提高工程,累计新增就业7.9万人,其中转移农村富余劳动力2.8万人,农民人均工资性收入累计增长60%。农民人均经营性收入累计增长50%。农民人均财产性、转移性收入累计增长2.8倍。农民人均收入水平连续五年保持全市第一。全面启动农村居住社区建设。实现小城镇建设规划全覆盖,张家窝、中北、王稳庄、杨柳青、精武、辛口六镇成为全市示范小城镇建设试点,累计建设农民住宅667万平方米。张家窝镇成为全市示范小城镇建设亮点。全区农村城市化率74%,比2006年提高16个百分点。在全市率先建立农民养老补贴和保险补贴制度,率先设立900万元的农村医疗保险大额救助基金,实现新型农村合作医疗制度与天津市城乡居民基本医疗保险制度并轨;率先实现最低生活保障城乡统筹及低保价格补贴城乡联动,农村低保标准由月人均215元提高到480元;率先实行规范村级干部待遇制度,累计为2200多名在职和退休村干部发放生活补贴;率先建立虚拟养老院并完成7个老年日间照料中心、33个照料站建设。

社会保持和谐稳定。大力推进平安创建活动,开展社会稳定风险评估,实行领导干部定期接访下访和包案制度。强化安全生产大检查,消减危化企业49家。对超限超载行为进行集中整治,安装校园视频监控1176处,实施基层应急管理"四进"工程,连续五年荣获天津市消防安全工作先进单位称号,连续两次捧得中央综治委颁发的"长安杯"。健全行政复议制度,坚持民主施政,严格执行政府议事规则,规范重大事项调查研究、征求意见、集体决策制度。深入推进政务公开,有效保障群众的知情权、监督权和参与权。通过"公仆电话接待日"、"区长信箱"、"政民零距离"等平台受理群众反映问题1.4万余件次。坚持务实勤政,组织机关干部457人次帮助基层、企业和项目单位解决问题799个。坚持依法行政,自觉接受区人大法律监督和区政协民主监督,累计办理人大代表建议和政协提案400件,满意率100%。

(王富盛)

西青区区级领导名单
(2011年12月换届前)

中共西青区委领导名单

书　记:王宝弟

副书记:周家彪　燕连玉(1月免职)　王宝仁(1月免职)　杨茂荣(3月任职)　王学旺(10月任职,正局级)

常　委:王宝弟　周家彪　燕连玉(3月免职)　王宝仁(1月免职)　杨茂荣　王学旺(10月任职)　于之河　董景川(6月病逝)　杨　震　杨　光(3月任职)　左建平　陈　川　刘　红(女)

西青区人大常委会领导名单

主　任:杨文成(任职至1月)　王宝仁(1月任职)

副主任:于茂珍(女)　高秀冬(女)　徐世魁　勾树松　张同生　邢克智

西青区政府领导名单

区　长:周家彪

常务副区长:于之河

副区长:董景川　肖培芝(女)　杨令生　李治阳　杨洪跃

区长助理(副区长级):龙亚伟　杨祥林

政协西青区委员会领导名单

主　席:吴宝忠(1月免职)　燕连玉(1月任职)

副主席:胡有刚　周学九　臧永芬(女,1月免职)　孙秀华(女)　毛树森(不驻会)　郭宝印(不驻会)　史　津(不驻会)　刘　强(不驻会)　万国普(不驻会)

西青区区级领导名单

(2011 年 12 月换届后)

中共西青区委领导名单

书　记:周家彪

副书记:王学旺　杨茂荣

常　委:周家彪　王学旺　杨茂荣　杨令生　杨　震　杨　光　左建平　陈　川　刘　红(女)　杨洪跃　兰　强

西青区人大常委会领导名单

主　任:王宝仁

副主任:于之河　肖培芝(女)　勾树松　赵春跃　姜美武

顾　问:于茂珍(女)　高秀冬(女)　徐世魁

西青区政府领导名单

区　长:王学旺

常务副区长:杨令生

副区长:杨洪跃　李治阳　刘启阁　高　艳(女)　王　强

区长助理(副区长级):龙亚伟　杨祥林

政协西青区委员会领导名单

主　席:燕连玉

副主席:胡有刚　高向军　韩晓华(女)　郭宝印(不驻会)　史　津(不驻会)　刘　强(不驻会)　万国普(不驻会)　张庆梅(不驻会)

(区委、区人大常委会、区政府、区政协提供)

政　　治

概况　2011 年，中共西青区委认真落实市委对西青提出的“改革发展稳定要走在全市、全国前列,各项工作再上新台阶”的重要要求,全面推进经济、政治、文化、社会以及生态文明和党的建设，取得了新的成绩。全区综合实力稳步提升,经济发展方式加快转变，发展后劲显著增强,各个层面协调发展,改革开放不断深入,城乡面貌持续变化,民计民生有力改善,社会保持和谐稳定,文化建设大力推进，党的建设富有成效，为实现更高的奋斗目标奠定了坚实基础。

(李　刚)

中共西青区第十次代表大会　2011 年 12 月 7 日至 9 日,中国共产党天津市西青区第十次代表大会在西青宾馆召开。周家彪代表中共天津市西青区第九届委员会向大会作报告。大会选举产生中共天津市西青区第十届委员会和纪律检查委员会。大会提出,要高举中国特色社会主义伟大旗帜,以邓小平理论和“三个代表”重要思想为指导,深入贯彻落实科学发展观,围绕富民强区,坚持在科学发展中转型跨越，在和谐发展中凝心聚力，在率先发展中走在前列,为加快建设“五个先行区”而努力奋斗。区委十届一次全会选举周家彪、王学旺、杨茂荣、杨令生、杨震、杨光、左建平、陈川、刘红(女)、杨洪跃、兰强为区委常委,选举周家彪为区委书记,王学旺、杨茂荣为区委副书记。

(李　刚)

西青区十六届人大一次会议　2011 年 12 月 19 日至 22 日,西青区第十六届人民代表大会第一次会议在西青宾馆举行。会议听取审议代区长王学旺所作的区政府工作报告，审议区2011年国民经济和社会发展计划执行情况与2012年国民经济和社会发展计划草案的报告、区2011年预算执行情况及2012年预算草案的报告，听取审议区人大常委会工作报告、区人民法院工作报告、区人民检察院工作报告，并通过有关决议。会议选举王宝仁为区十六届人大常委会主任，于之河、肖培芝（女）、勾树松、赵春跃、姜美武为副主任；选举王学旺为新一届区人民政府区长，杨令生、杨洪跃、李治阳、刘启阁、高艳（女）、王强为副区长；选举王瀚为区人民法院院长，杨杰为区人民检察院检察长。会议提出，要自觉将思想认识行动统一到中央、市委和区委对形势及部署的要求上来，统一到“调结构、增活力、上水平”的决策部署上来，统一到区委“一三六五”的工作思路和“实现三年倍增，造福西青人民”的奋斗目标上来。

（李　刚）

政协西青区八届一次会议 2011年12月19日至21日，中国人民政治协商会议天津市西青区第八届委员会第一次会议在西青宾馆会议中心举行。会议听取审议政协西青区第七届委员会常务委员会工作报告、提案工作报告和会议决议；列席区十六届人大一次会议，听取并讨论区政府工作报告及其他报告；选举产生政协西青区第八届委员会主席、副主席、秘书长和常务委员会委员。燕连玉当选政协西青区第八届委员会主席，胡有刚、高向军、韩晓华（女）、郭宝印（不驻会）、史津（不驻会）、刘强（不驻会）、万国普（不驻会）、张庆梅（不驻会）当选副主席。会议期间，区政协委员围绕促进西青区“实现三年倍增、造福西青人民”和完成“十二五”规划的奋斗目标，充分发扬民主，广泛协商议政，切实履行政治协商、民主监督、参政议政职能等积极建言献策。

（李　刚）

党务工作 2011年，西青区委高标准、高质量完成区级班子换届考察、民意调查涉及的信息核实等工作，确保区级领导班子换届考察工作顺利进行。做好区第十次党代会组织筹备工作。高标准做好街镇领导班子换届工作。制定《西青区人才发展“十二五”规划》，召开全区人才工作会议。组织有关单位制定加强重点人才队伍建设和人才工程的若干实施意见。修订《西青区关于人才引进、培养和奖励的规定（试行）》人才总政策和《西青区引进高层次人才办法（试行）》等4个分政策。重新调整充实区人才工作领导小组，组建300余人的人才服务专员队伍，举办人才工作人员和服务专员培训班。启动科技英才聚集工程等重点人才工程，开展新一届专业技术人才评选表彰活动。加大人才培养、引进工作力度，全年引进培养创新创业人才及各类急需紧缺人才1028名。顺利完成2011年选调生招录工作，选调11名优秀应届毕业生到区工作。区纪检委修订完善镇村村民会议、户代表会议、村民代表会议和“全民表决”等项制度。全面建立村务监督委员会，全区159个村全部建立村务监督委员会。在32个试点村推行农村“三资”（资金、资产、资源）委托代理服务工作，配置人员和设备，并对各街镇“三资”委托代理服务中心主任、代理会计、试点村报账员进行业务培训。推行“一站式”服务工作模式，形成街镇行政服务中心、社区综合服务中心、村级便民服务站和邻里中心四级联动的新型社区服务模式，建立23个街镇级综合服务中心和46个村级社区服务中心。加强农村集体经济合同管理，制定合同管理规定和关于鱼池承包、厂房租赁等四种重点性合同项目的规范性版本，做到台账、合同编号、备案、信息登录、监管措施“五规范”，促进农村党风廉政建设。区文明办不断加强阵地建设，扎实推进精神文明创建活动。对申报创建达标单位进行实地调研，根据存在的问题进行具体指导帮扶。组织各相关成员单位对申报村（社区）进行实地检查验收，李七庄街邓店等5个村、社区全部完成创建达标。组织开展2009—2011年度群众性精神文明创建评选活动，119个单位被评选为区级精神文明创建先进集体；34个单位和个人被评选为天津市精神文明创建先进集体和先进个人；大寺镇、区水务局分别荣获全国文明村镇、全国文明单位荣誉称号。

（李　刚）

政务工作 2011年，西青区深入推进行政审批制度改革，减少申请要件27%，立等可取事项扩大到121个，现场审批率95%。全年公开政府信息599件，处理依申请公开19件。为民服务不断强化，通过“政民零距离”、“公仆电话接待日”、“区长信箱”等渠道全年受理解决群众反映各类问题3775件。开展“调结构、增活力、上水平”活动，组织区、街镇两级党政机关干部130名，组成22个服务工作组开展帮扶活动，协调解决各类问题249个。29个行政单位实行24小时开门服务，回复解决问题3827个。区政府共收到人大代表建议17件、政协提案44件，其中政协提案立案27件，经28个承办单位共同努力，在规定期限内全部办复完毕，代表、委员满意率100%。建议、提案得到采纳，所提问题得到解决的有20件，其中建议5件，提案15件。关于“杨柳青镇青云里小区取暖问题”建议，“关注弱势群体,落实民计民生”提案,“关于在张家窝镇建一灯光广场打造文化中心”提案,都得到积极落实。

(李　刚)

政法工作　2011 年,西青区委政法委继续深化领导大接访、大下访活动,各街镇充分发挥综治信访服务中心(站)作用,进一步完善落实社会稳定风险评估机制。公安西青分局认真落实局长、所长接待日、民警大走访制度,真心实意服务群众,积极构建和谐警民关系。打击“黄赌毒娼”、传销、治理贩卖管制刀具(弩)、治爆缉枪、“零点行动”等系列专项行动。查处治安案件 18563 起,治安处罚 617 人,捣毁各类黑窝点 13 个,收缴赌博机 1188 台,收缴非法枪支 42 支,管制刀具 3450 把,弩 126 把,烟花爆竹 5158 箱。抓获传销组织“家长”14 人,解救被骗人员 28 人,劝返参与传销人员 1227 人;区检察院构建“大控申”格局,率先派驻街镇巡回检察室,创设点名接待、假日接待等便民服务方式;区法院始终坚持“调解优先、调判结合”的工作思路,强化诉前调解、全员全程调解;区司法局大力加强人民调解工作的规范化、制度化建设,对各级人民调解员进行法律知识、调解工作技巧等方面培训。全区各行政部门充分发挥职能作用,共同构建起人民调解、行政调解、司法调解“三位一体”的大调解工作体系,98%以上的矛盾纠纷在基层和部门得到化解。开展平安创建活动,创建平安村 120 个、平安社区 51 个,平安单位 191 个。

(李　刚)

人民团体工作　2011 年,西青区各级工会共筹措现金 200 万余元以及米、面、油和节日大礼包,对全区 2635 名困难职工、困难劳模、离退休人员进行走访慰问,认真做好金秋助学工作,为全区 135 名困难职工在学子女发放助学款 13.24 万元;开展女职工关爱行动,为 59 名单亲困难女职工送去物质关怀和心理疏导。积极开展农民工平安返乡活动,春节前,全区企业共包租火车车厢 36 节,包租汽车 100 余辆,输送返乡职工 8500 多人次,协助返乡农民工购买车(船)票近 5000 张。共青团西青区委深化青年志愿者行动,开展“定期助老服务”,吸纳志愿者 113 名,提供无偿助老服务 2700 余人次、7100 余小时,受益孤寡老人 1300 余人。加强青联组织建设,新增补委员 20 名,组织青联文艺工作者开展慰问演出活动 10 次,号召各战线青联委员参与济困助学活动捐款 6 万余元。区妇联制定出台《西青区关于支持妇女手工编织业发展的意见》,召开西青区支持妇女手工编织业工作会议,明确 2011 年至 2015 年手工编织业发展目标任务。建立街镇手工编织基地 9 个,站点 30 个,各街镇普遍开展钩织、串珠、剪纸等技能培训,培训近 5000 人次。成立区手工编织协会,招募个人及单位会员 81 人。举办“凌奥杯”西青区第一届手工编织制品创意设计暨旅游特色商品设计金点子大赛及其展览活动。启动全区手工编织研发项目,完成 50 余件作品并筹备参加 2012 年春季广交会。

(李　刚)

经　济

概况　2011 年,西青区实现地区生产总值 500.2 亿元,比上年增长 27%;财政收入 150.8 亿元,增长 35%,其中区级财政收入 82.5 亿元,增长 45%;固定资产投资 636 亿元,增长 26.6%;农民人均纯收入 1.71 万元,增长 19.2%。新增种养殖业设施面积 800 公顷,全区设施农业面积 6800 公顷。国家级、市级农业产业化龙头企业 12 家,农民合作组织 117 家。“沙窝牌”萝卜和“金三农牌”双孢菇荣获天津市优质农产品“金农奖”。工业持续做强。工业总产值 1500.2 亿元,规模以上工业企业 576 家,大桥集团、新宇彩板有限公司两家企业年销售收入超过 100 亿元。电子信息、汽车及零部件等八大产业集群占全区工业的 65%。引导企业实施技改项目 116 个,申请专利 3229 件,科技型中小企业 1502 家,科技“小巨人”161 家。服务业迅速壮大。全年实现营业收入 1015.2 亿元,增长 47.5%,建成联都大厦和天物化轻 2 个“亿元楼”,规划建设的楼宇经济集聚区 23 个,物流中心 8 家,金融、法律、中介等新兴服务组织超过 160 家。启动精武门·中华武林园二期、希乐城儿童职业体验中心等一批旅游项目建设,新创建 A 级以上景区 4 个,全年接待游客 676 万人次。

(李　刚)

农业　2011 年,西青区完成农业产值 21.55 亿元,农业增加值 10.02 亿元。利用农业综合开发政策完成 12 个设施蔬菜建设项目。蔬菜建设项目涉及 5 个镇 9 家公司和曙光沙窝萝卜等 3 家专业合作社,占地面积 231.16 公顷,总投资 2.08 亿元。累计建成种植业设施面积 3415.04 公顷,其中智能温室 17 万平方米(建筑面积)、新型日光温室 1487.41 公顷、普通温室等生产设施 1967.65 公顷。各类农业设施面积 6803.4 公顷,其中种植业设施 6329.83 公顷、养殖业设施 473.57 公顷。在蔬菜、花卉、畜禽养殖等全区农业主导产业和农产品市场流通体系建设中,重点打造和培育一批农业产业化经营组织。产业化龙头企业25家,其中资产在千万元以上的23家,进入市级重点龙头企业行列的12家,进入国家级重点龙头企业行列的2家。全区农民专业合作社115家,有11家合作社成为市级标准合作社,2家合作社成为市级示范社。

(李 刚)

商贸服务业 2011年,西青区投资208亿元,重点推动101个服务业项目建设。其中主要发展总部经济、现代物流、创意产业、会展经济、高端服务、服务外包、高端商贸、文化旅游八大服务业主导产业。投资80多亿元,建设楼宇项目23个,入驻企业400余家。其中天物大厦、联都大厦年纳税额达1亿元以上。投资12亿元、建筑面积45万平方米的凌奥创意产业园项目,可容纳科技研发、动漫设计、文化传媒等各类创意企业千余家。落实《西青区促进服务业发展的扶持意见》,为企业和项目做好跟踪服务。为津兰国际商贸中心、董庄子、邓店、凌奥菜市场等5个项目落实扶持资金4659万元。多次组织召开现场协调会,为凌奥创意产业园、中北永旺商业广场等服务业建设项目协调解决影响发展的突出问题,加快项目建设进度。

(李 刚)

开发区建设 2011年,西青开发区工业总产值548.9亿元,完成固定资产投资145.11亿元。引进企业141家,其中外资企业42家,内资企业99家。外资投资9.49亿美元,外资到位额6.39亿美元;内资到位99.1亿元。铺设各种管线33.8公里;新建道路约7公里。绿化10万余平方米,更换、补植树木600余株。污水处理厂日平均处理量4万吨;中水管网完成约50公里铺设。小南河地块开展全面开发与管理,修建临时路网12.5公里,改造区域排水泵站。计划前期开发13.33公顷土地,进行40余种苗木的苗圃建设。完成一、二期大修道路18.5万平方米,便道3.4万平方米。完成30平方公里扩区规划的概念性规划,建设标准厂房和配套建设面积27万平方米。开展奋战300天市容环境综合整治,进一步美化区域环境。

(李 刚)

2011年5月6日,市长黄兴国(左二)、副市长王治平(左一)一行到西青开发区瑞能电气公司调研。

税收征管 2011年,西青区地税局积极探索构建稽查、征管、监察相互联动,执法、服务、管理相互融合,质量、效率、问责相提并进工作格局。重新修订《西青区地方税务局重大税务案件审理办法》,规范重大税务案件审理工作。继续做好打击发票违法犯罪活动工作,促进稽查工作形成征管查联动新格局,全年稽查95户,查补税款82.92万元,罚款81.8万元,加收滞纳金14万元,结案率100%,入库率100%。主动加强与国税、工商、房管、土地等部门合作,构建信息共享工作格局;主动加强与各街镇党委政府合作,构建协税护税工作格局;主动加强与天津市地税局各处室合作,构建上下联动工作格局;主动加强与纳税人合作,构建公平征纳工作格局。努力形成法制、和谐、稳定的税收环境和氛围。

(李 刚)

工商管理 2011年,西青区有各类企业10317户、个体工商户14324户。工商西青分局坚持服务经济发展原则,整治重点区域30处,捣毁制假售假窝点10处,查办各类案件168件,罚没款130.71万元,查获假冒伪劣商品30种。查处无照经营43户,取缔无照经营26户,通过行政指导,引导420户办理营业执照。结合《食品安全法》,出动执法人员2572人次,检查食品经营户1万余户次,检查批发、集贸市场等大型食品交易场所101次,取缔无照食品经营户45户。受理消费者申(投)诉和举报822件,挽回经济损失50万元。采用多种形式开展法律法规宣传,举办大型宣传活动10次、普法讲座40余次,受教育群众3万人。坚持实施"商标战略",组成宣讲团,深入6个街镇进行政策宣讲。西青区新增著名商标11件。全区有注册商标4050件。

（李 刚）

价格管理 2011年，西青区发改委在加强日常市场检查、巡查基础上，重点开展教育收费、居民生活必需品市场价格及相关收费、涉农价格和收费、医疗服务等专项检查，出动检查356人次，检查各类单位264户次，查出价格违法案件7件，查出多收价款500万余元，处理价格违法案件3件，退还用户4892元，接待价格投诉咨询29件，发售各种规格标价签3.8万张。为公检法司、行政执法机关、企业及当事人出具各类价格鉴定结论书377份，鉴定金额1608.56万元；评估交通事故车辆970辆，鉴定金额1290万元。区供销合作社在农业生产资料经营中，为保证农民切身利益不受损失，在搞好市场调研基础上出台一系列为农惠农价格措施，与工商西青分局等有关职能部门联合开展的红盾行动，严厉查处价格案件，深受农民欢迎。

（李 刚）

食品安全监管 2011年，西青区质量技术监督局加强食品日常监管，召开全区严打“地沟油”、瘦肉精等各种工作会议6次。在乳制品整治工作中，配合检验机构对7495批样品进行检验，未检出三聚氰胺。对西青区美可高特羊乳有限公司实施驻厂监管。开展“严打非法添加”专项整治工作，责令在检查中发现的19家存在问题企业整改，对4家停产企业加贴停产封签，未发现添加非食用物质和滥用食品添加剂等违法行为。在“地沟油”专项整治中，未发现非法购进、使用“地沟油”生产食用油、食品等违法行为。在日常监管中，注销食品企业31家，责令整改25家。立案7件，结案5件，罚款2.15万元。根据举报，联合市执法稽查总队和王稳庄镇政府查处1个违法生产咸鸭蛋黑窝点，依法取缔2家糕点生产黑窝点。

（李 刚）

药品监管 2011年，天津市食品药品监督管理局西青分局突出监管工作重点，加强基本药物监管，摸清全区8家基本药物生产企业、98个基本药物品种的实际生产、中标、供应情况，完成54个产品生产工艺、原辅料和包装材料的核查工作，督导7家中标企业按期实现基本药物品种电子监管入网目标，督导6家基本药物配送企业实现对基本药物307个品种的电子监管工作目标。对麻醉药品、二类精神药品生产企业和购进使用麻精药品原料药生产普通制剂企业进行全面检查，对戒毒机构、精神病专科医院、持印鉴卡单位麻精药品购进、保管等环节进行监督检查，杜绝药品流弊事件发生。加强疫苗监管，规范接种单位疫苗的购进、冷链运输和冷藏等环节，保证疫苗质量。全年出动执法人员1460人次，监督覆盖率100%。

（李 刚）

市场管理 2011年，西青区将杨柳青广汇等6个菜市场列入首批封闭菜市场提升改造项目，落实区服务业扶持资金79.43万元。开展煤炭、成品油等经营企业的年检核查工作。完成煤炭企业年检初审42家；成品油经营企业年检45家。圆满完成家电下乡和家电以旧换新工作任务。启动“放心早点民心工程”，投资960万元建成6500平方米配送中心，受益群众5万余人。累计出动700余车次，3700余人次，对新闻出版、手机、服装、汽车配件、药品、种子等商品市场和4000余家生产经营企业、11条社区商业街、4个大型农贸批发市场进行全面排查，有效净化了全区市场经营环境。深入开展猪肉及其制品专项整治行动、打击食品非法添加等专项整治行动。投入12.5万元，请专业检验部门对猪肉注水情况进行不定期检测，维护了生猪屠宰行业的生产秩序。

（李 刚）

审计工作 2011年，西青区审计局完成审计项目41个，出具审计报告、管理建议书、审计专报等54篇，区领导批示审计报告14篇，审计资金89.42亿元，促进完善规范管理资金991万元，节约财政资金58万元。提出审计意见建议88条。撰写审计业务研究、区域经济研究及讲师团研究课题共51篇，提高了审计人员发现问题、解决问题的能力和水平。全年上报审计信息、审计宣传稿件143篇，为各级领导宏观决策提供可靠依据。在任期经济责任

花会演出

审计工作中,对区市容园林委、区发展改革委、区农经委及大寺镇等10个单位的领导干部进行经济责任审计,将国有资产、非税收入、资金等方面监督放在经济责任审计突出位置,公正客观地评价领导干部经济责任,促进领导干部廉洁自律。

(李　刚)

文　化

概况　2011年,西青区文化事业蓬勃发展,5个街镇文体中心投入使用,村级农家书屋和文化室实现全覆盖,基层文化活动丰富多彩。扎实推动街镇文体中心、农家书屋和村文化室、宽带信息进万家活动等文化惠民工程建设。区文化馆晋级为国家一级馆。大力实施文化精品工程,举办迎新春联欢会、元宵节秧歌花会展演、元宵节大型灯展、庆祝建党90周年等特色群众文化活动;开展文艺大舞台欢乐西青行活动,演出节目288个,演员2000余人,吸引观众50万余人次。成立西青区文学艺术界联合会,实施群文社团素质建设工程,基层文化队伍整体素质全面提升。加快推进文化体制改革,组建区文化市场综合执法大队。认真落实市委关于文化产业发展的相关规划,全力抓好第二批市级重点文化项目建设,组织申报市第三批重点项目。组织评选出5家区级文化产业园区和9家区级文化产业示范基地。积极挖掘年画文化、大院文化等题材,完成反映民俗文化精粹、展现西青文化精神的电视连续剧《杨柳青》的拍摄工作。

(李　刚)

群众文化　2011年,西青区突出以民俗文化为龙头,以崇文尚武为两翼的地域特色,高水平开展春节系列文化活动,营造喜庆、热烈、祥和、温馨的节日气氛。高水平举办文艺大舞台欢乐西青行活动,深入街镇、村厂、三区建设、重点工程一线进行专场慰问演出,在固定演出月完成各类演出30场,活跃在全区的各支群众文艺队伍在文艺大舞台上展示风采,得到锻炼。以庆祝建党90周年为主题,开展“成长之路”文艺晚会、红色歌曲大家唱活动、“金色年华”中老年人读书剪报大赛等一系列群众认可度高、参与面广、影响力大的庆祝活动。首次用油画形式记录、表现西青区改革开放成果;文化中心展厅首次面向个人开办展览,收到良好社会效益。

(李　刚)

文化产业　2011年,西青区对凌奥三期、精武门·中华武林园、杨柳青大院文化区、中北花卉基地、辛口都市农业核心示范区等主要文化产业企业和项目进行实地调研,评定命名凌奥集团等14家文化产业示范园区和基地。举办年画衍生品方案设计比赛,研究开发一批杨柳青年画衍生品。举办雕刻培训班,培养一批木版雕刻人才。举办杨柳青年画“金画笔奖”大赛,鼓励新年画创作。参加2011中国非物质文化遗产昆明联展、中国(天津)演艺产业博览会等活态展演和交流互动活动。在2011中国·杨柳青木版年画节期间,成功组织举办中国木版年画传承与发展论坛,出版《中国木版年画传承与发展论坛》一书。精心策划并制作杨柳青年画网,建立地方传统民间艺术网络宣传平台。杨柳青年画营业额2100万元,比2010年增长12%。

(李　刚)

文化遗产保护　2011年,西青区加强历史文化遗产的宣传和保护。全面完成西青区第三次全国文物普查工作;平津战役天津前线指挥部旧址陈列馆经过翻修、布展,重新对外开放。建立京杭大运河保护标志。启动杨柳青博物馆防盗设施安装工作。征集杨柳青镇高氏家族家谱、地契、明清服饰、赶大营相关文物等100余件具有较高收藏、研究价值的文物。加强非物质文化遗产保护工作。开展非物质文化遗产普查和申报工作,发掘出西马高跷、香塔老会、八极拳、胜舞老会等传统项目。组织非物质文化遗产项目及

2011年3月1日电视连续剧《杨柳青》开机仪式

传承人参加中国义乌文化产品交易博览会、“非遗北洋行”天津大学展示活动、中华典籍与非物质文化遗产特展等活动。西青区获得2011—2013年度“中国民间文化艺术之乡”称号。杨柳青年画一条街(明清街)被评为天津市非物质文化遗产保护示范基地。

(李　刚)

旅游活动　2011年，西青区成功举办杨柳青民俗文化旅游节、西青金秋旅游节两大市级节庆，举办中国·杨柳青木版年画节、曹庄花卉生态旅游节、沙窝萝卜节、梨园迎春花卉节、大柳滩桃花节等区内特色节庆活动。其中杨柳青木版年画节和杨柳青民俗文化两大旅游活动，吸引超过百万国内外游客前来西青区旅游观光，带动全区假日市场繁荣。不断推进旅游标准化建设,促进旅游服务规范化。峰山药王古寺、杨柳青园艺科技博览园创建达标国家3A级旅游景区,平津战役天津前线指挥部旧址陈列馆、天津一二·九抗日救亡运动纪念馆创建达标国家2A级旅游景区，全区A级景区10家。水高庄园和杨柳青庄园获评全国休闲农业与乡村旅游示范点,杨柳青庄园成功创建为市级典型特色点。

(李　刚)

广播电视　2011年，西青区广播节目新增《西青传说》和《生活小百科》两个专题节目。《西青传说》讲述西青大地上流传的各种民间故事;《生活小百科》主要涉及与生活有关的小窍门、小知识等内容。电视新闻宣传为配合全区各项重点工作，开设《决战2011　实现三年倍增》专栏,全方位多角度地报道区重点项目和工程的进展情况，又根据时间节点先后推出“街镇书记访谈录”、“首季开门红”等多个子栏目;《创先争优风采录》集中报道一批在创先争优活动中涌现出的先进典型。《打造科技型小巨人》记录全区有代表性的科技型中小企业在政策引导和资金支持下成长为小巨人的历程。《新西青·新城市》从各项事业的发展、时事政策、公共话题等大型选题中,以最新、最热、最快的新闻话题展开评论分析，用新闻事实展示西青区改革发展成果。

(李　刚)

地方志工作　2011年，西青区地方志办公室完成《西青年鉴(2011)》编辑工作。向全区各委办局、街镇、驻区单位发放资料征集通知120余份。并就条目撰写问题向有关单位解问答疑,指导编写。在上稿80%左右时,开始正式编辑、修改工作。先后对政党、政权政协、政法军事、农林牧渔、工业商业、财税金融、城建管理、水利电力、交通邮电、教育科技、广电文化、体育卫生、社会生活等23个类目的内容进行文字编辑、校对、修改,编辑、修改文稿90余万字。按照“三校一通读”的编写原则，在对编辑稿三次校对的基础上再进行最后通读，对全部年鉴稿进行统一规范。最后,打印样书,送交区委办、区政府办审核,并根据审核意见,对年鉴稿的数字、图片等内容进行重新核实、修改。向全区120余个单位发放2011版《西青年鉴》563册。完成《天津区县年鉴(2011)》“西青区部分”编写工作,计3万余字。启动《西青区志》续修前部分准备工作，组织区地志办人员到相关区县学习续志经验。与静海县地志办联系,了解续志编修情况。撰写“关于《西青区志》第二轮编修工作的请示”。

(李　刚)

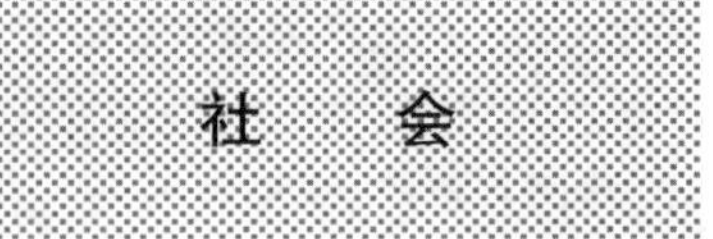

社　会

概况　2011年，西青区推出十项民心工程,区、街镇、村三级全年用于民计民生投入30亿元。就业保持稳定增长,在全国首创“24小时求职公寓”服务模式,全年实现新增就业1.9万人,其中转移农村富余劳动力5600人,城镇登记失业率控制在3.47%，保持零就业家庭动态为零。社会保障更加有力，扩大农村居民基本养老保险补贴范围和基本医疗保险大额救助范围,提高60周岁以上农村老年人医保缴费标准，全区城乡居民基本医疗保险参保实现全覆盖。优化教育资源配置，启动17所中心幼儿园、5所义务教育学校现代化标准建设和10所中小学建设等工程，实施中等职业教育免费政策。提高医疗卫生服务水平,完成区医疗卫生中心建设，启动区疾控中心、妇儿保健中心、计生服务中心建设,城乡居民免费享受23项基本公共卫生服务。全力维护社会安全稳定,不断完善社会管理创新“十项机制”,“四网三中心”、“5+X综治信访服务中心”服务模式走在全市前列,得到中央和市委有关领导肯定。

(李　刚)

城市建设　2011年，按照总体要求，西青区进一步加快示范小城镇建设,着力改善农村居住环境。全区示范小城镇开工建设424.9万平方米，其中在建农民住宅277万平方米。新建村民住宅竣工基本达到入住条件的约147万平方米，能够安置村民数量2.47万人。完成京沪高铁天津南站配套工程项目。该项目于2011年1月初启动建设,总投资6.27亿元。涉及京福公路、辛老路、柳静路、丰泽道和规划路三、四、七、八8条道路和1座站前广场,道路全长9.9公里,广场面积3.2万平方米,绿化面积17万平方米。项目占地49万平方米,拆迁面积3.3万平方米。天津南站配套工程项目完工。完成赛达大道全线绿化82万平方米的栽植修剪,全线路灯照明送电等工作,4座排污泵站正在建设。完成津淄公路新建路灯工程15公里,3座排污泵站的主体、附属用房、变配电及设备安装正在进行,全线75万平方米的绿化工程进入收尾工作。

(李　刚)

市容环境综合整治　2011年,西青区以“奋战300天”市容环境综合整治工作为重点,整治43条主干道路两侧92.13公里,完成绿化提升230.4万平方米;立面整修474栋87.47万平方米,拆除广告26块5200平方米,改造字号牌匾1439块1.58万平方米,拆除窗户护栏2900个,灯光建设46栋。开展村镇环境卫生综合整治。组织开展4次以“同在一方热土、共建美好家园”为主题的社会清整日活动,清理脏乱点位32个,出动车辆160车次、人员3500余人次,清理废弃物近2400吨;组织各街镇开展清理自然村“三边”(村边、河边、坑边)废弃物活动。出动环卫职工500余人,车辆25部,发动社会力量2000余人,清理废弃物近80吨。加大环卫基础设施建设力度,完成新建15座二类公厕任务,对杨柳青镇明清街、柳口市场、一经路三处公厕进行升级改造,安装高压水冲设施,节水效果明显;投入资金2274万余元,购置环卫专用车辆55部、保洁车155部、垃圾箱(桶)6413个,提高了环卫作业的机械化水平,保证了市容环境的整洁。

(李　刚)

环境保护　2011年,西青区陆续开展“整治违法排污企业,保障群众健康”环保行动,以及噪声污染防治、异味源专项整治检查等专项行动,出动执法人员2074人次,检查单位589家,下达行政命令通知书116件,对其中的21家企业进行经济处罚,对104家企业实施限期整改和限期治理决定,对12家企业实施停产决定。对4家不服从环保处罚的企业依法申请法院强制执行,对5家无照经营且无环保手续企业移送工商和电力部门。西青区被授予国家生态区称号后,为巩固生态区创建成果,完善提升生态区建设的21项指标水平,推动生态区建设的83项重点工程的未完事项。有8个街镇完成《创建国家级生态镇工作报告》和《创建国家级生态镇技术报告》,组织协调通过区级初审和市级复审上报国家环保部审核。

(李　刚)

精武镇农村小学校

科技工作　2011年,西青区有近百家企业108个科技项目列入市级、国家级科技计划。其中捷威动力工业有限公司承担的电动汽车用新型锂离子动力电池规模产业化技术研究项目列入2011年度国家科技部首批高技术研究发展计划(863计划),并获得专项经费支持725万元。澳路浦润滑油、鑫源森达新材料及利福特电梯部件等3个项目被列入天津市第七批自主创新产业化重大项目。新开发99项市级科技成果,其中13项成果经鉴定达到国内先进水平。有2项科技成果获得市级科技进步奖,34个项目获得区级科技进步奖。全区科技成果交易额5000余万元。新培育14家国家级高新技术企业,全区高新技术企业51家。科技型中小企业群体规模不断壮大。全区完成网上注册企业1712家,经认定的科技型中小企业总数1488家。

(李　刚)

教育工作　西青区将2011年确定为“义务教育现代化建设标准推进年”,启动大寺镇龙居幼儿园、王稳庄镇中心幼儿园等17所街镇幼儿园建设改造,新建杨柳青二中等10所中小学,建设区启智学校等7项民心工程。全区教育各项指标继续保持高水平,3岁至6岁学前幼儿入园率95%;小学巩固率、合格率、毕业率均达100%;初中阶段年巩固率保持在99%;高中阶段普及率95%。高考本科一次上线1459人。实施西青区科教兴区高层次人才培养和干部教师专业化发展工程,开展校长、中小学薄弱学科教师等各级各类培训。全年校级干部和中小学骨干教师参与培训1000余人次。加强安全工作督查，建立健全区、街镇、学校三级校园安全督查工作机制，把中小学、幼儿园安全管理工作作为社会治安综合治理考核的重要内容。

（李　刚）

卫生工作　2011年，西青区启动疾控中心、妇儿保健中心建设和区域卫生信息化建设工程。完成2009年至2010年建成的85个社区卫生服务站及村卫生室验收，安排设备及人员入驻。各街镇医院、卫生院门诊57.9万人次，比上年增长12.73%，减少群众药品支出692万元。增加5项社区卫生服务项目，免费社区卫生服务项目扩增为23项。按照全市要求，将公共卫生服务经费标准由每万人25万元提高至30万元。每季度对各街镇医院、卫生院公共卫生工作情况督导考核，依据工作完成量拨付经费。建立个人健康档案28.27万份，建档率51.21%，全部实现电子化。纳入健康管理的60岁以上老人4.43万人。根据全市卫生工作要求，开展医院“环境年”建设、无假日门诊，以及优质护理服务工程、临床路径管理等工作，有效促进了“小病进社区”。

（李　刚）

体育工作　2011年，西青区举办第五届全民健身运动会，全区有68个单位3500余名运动员参加25个大项、73个小项比赛，比赛项目设置和参赛人数均超往届运动会。比赛决出31个团体冠军，394块单项金牌，1069名运动员获奖。8月8日“全民健身日”，西青区开展健身操舞比赛，在开幕仪式中安排100人的太极拳(剑)表演、武术表演、抖空竹表演、独轮车表演等项目。此次活动围绕“我运动”“我健康”“我快乐”的主题，推动西青区全民健身运动健康发展，营造出健康、和谐的西青魅力。精武镇、中北镇、李七庄街凌奥集团等街镇和有关单位开展的各种运动会和单项比赛，推动了全民健身活动的深入和普及。体育的综合功能和社会价值得到进一步发挥，丰富了人民群众的体育文化生活。

（李　刚）

人口和计划生育　2011年，西青区进一步规范人口和计划生育政务公开的重点内容和主要形式。完善生育服务证发放、申请生育二胎审批、社会抚养费征收等程序。全面落实《西青区人口和计划生育委员会工作规则》和《西青区人口计生系统法制宣传教育第五个五年规划》，采取多种形式，开展面向广大群众的宣传活动，保障群众的知情权，发挥群众的民主监督作用，切实维护群众计划生育合法权益。积极进行综合治理出生人口性别比偏高专项治理活动，以各级政府综治部门为主，加强案件线索的发现和排查，加大对非法鉴定胎儿性别、非法终止妊娠、不明原因孕情消失、非法施行计划生育手术、非法B超检查、非法销售终止妊娠药品等违法行为的查处力度，建立协作和通报联系机制，形成综合治理新格局。

（李　刚）

人口和计划生育宣传

养老服务　2011年，西青区制定《西青区发展居家养老服务实施办法》，在张家窝镇、中北镇开展居家养老服务试点运行工作。全面实施居家养老服务补贴政策，全区60周岁以上低保、特困、优抚对象和4200余名80周岁以上符合条件的老年人纳入补贴服务范围。全区养老服务形成以“居家养老服务为基础，社区服务为依托，专业养老机构为支撑”的完备发展体系。西青区虚拟养老院作为创新居家养老服务模式，在电信技术支持下，实现服务资源整合、调控、监管的高端化应用。服务开展以来，受到中央电视台、新华社、人民日报等上百家新闻媒体的关注和争相报道。虚拟养老院的成立在天津市解决了足不出户与专业化养老有效对接难题，率先实行城乡一体、普惠与特惠相结合的人本化养老政策。

（李　刚）

优抚安置　2011年，西青区双

拥办与天津市交通学校联办“西青区双拥培训基地”,是天津市首个退役士兵城乡一体化培训基地，天津市有关部门将该基地作为全市试点观摩单位。支出38.5万元开办11个专业技能培训班，对149名退役士兵进行215个专业的城乡一体化培训。西青区拨付26.6万元,为37名病困、残疾、孤寡的优抚对象解决大病临时补贴。拨付69.9万元对“三老”优抚对象的危困住房给予维修和补贴，在全市率先实行优抚对象生活补贴制度，全年为943名优抚对象发放补贴339万元，优抚对象和城镇居民享受同样标准，实施物价联动补贴机制。完成791名60岁以上农村籍老年退役士兵的信息采集、录入和上报工作;为2010年冬季入伍士兵发放义务兵优待安置证174份。退役士兵安置率连续4年保持100%。

（李　刚）

劳动就业　2011年，西青区人力社保局在天津市率先开展“春风行动”和就业援助活动,在全国首创“24小时求职公寓”，在全市首创校企联盟新模式、首创“区聘镇管村用”的村级信息员队伍、首创本地劳动力和外来劳动力平等就业服务平台。全年实现新增就业2万人,其中转移农村富余劳动力7371人,超额完成目标任务。城镇登记失业率控制在3.5%以内。举办劳动力培训班197期,培训各类人员9978人,培训就业率90%以上。组织大中专院校专场招聘会6场，提供工作岗位2200个,450余人达成就业意向;区人才交流服务中心与北方人才市场共同承办西青区企业高层次和急需紧缺人才网络招聘会,20家有高层次人才和急需紧缺人才需求的企业报名参会，提供招聘岗位近百个,300余人与企业咨询洽谈,50余人达成求职意向。

（李　刚）

流动人口管理　2011年，西青区继续完善村级流动人口服务站、流动人口服务登记点和开发区流动人口信息综合应用平台建设，全面推广“易证通”系统,解决好小旅店、日租房流动人口纳管问题。逐步推行流动人口服务管理居住证制度,全区48个千人以上流动人口村队全部建成流动人口服务站,112个千人以下流动人口村队均建立流动人口服务登记点，全面提升流动人口服务管理水平。新登记流动人口481909人。

（李　刚）

养老服务

社会救助　2011年，西青区全面落实低保标准，城乡低保标准统一调整到每人每月480元。建立低保困难对象动态审批和定期复核制度,完善和深化“应保尽保、动态管理”。不断提高困难群众生活质量,全区有城乡低保对象2886户6230人，全年发放低保金2577.23万元、物价补贴387.13万元。临时救助、城乡医疗救助、教育救助等救助综合效应大为增强。为5028户次10457人次城乡低保和五保对象发放节日慰问金、年底一次性补贴、临时救助等973.28万元。对全区11名孤儿及抚养人,低保和特困家庭的2159名未成年人、200名中小学生和34名当年考入全日制大学的学生，发放生活补贴或助学金210.18万元。开展冬、夏令生活困难户住房修缮、生活救济等活动,救济1420户,发放生活物品9600件。对196名五保户上调供养标准,年发放资金141.2万元。

（李　刚）

社区建设　2011年，西青区结合“三区联动”建设,推进社区建设和管理创新,15个社区服务中心建设项目年内全部完成。召开全区社区建设工作现场推动会。制定下发《西青区和谐社区星级建设测评标准》，对全区52个社区和中北镇23个村开展社区信息化管理试点工作。社区组织蓬勃发展，全区健身队、舞蹈队、秧歌队、腰鼓队等各类文体活动队伍800支，开展社区活动955次,参加人数15万人次。在纪念建党90周年唱响红歌、正月十五灯会展演、八一慰问演出、西青消夏纳凉大舞台等全区大型文化娱乐活动中,社区文体组织成为主力军。“和谐邻里节”、“单亲母亲阳光家园”等志愿服务活动形成品牌效应,在全市产生良好影响。西青区社区建设和管理进入新的发展阶段,为建设“新西青、新城市”奠定基础。

(李　刚)

李七庄街道

李七庄街道位于西青区东部。东与河西区相邻,南与大寺镇搭界,北与南开区相连,西与精武镇接壤,其中有4个村处在市区境内。2011年,街域面积54平方公里,辖20个自然村、2个居委会,人口13.5万人,其中农业人口2.6万人。

辖域明代为静海县地。清雍正年间划属天津县。民国年间属天津县二区。新中国成立后,先后隶属津西郊区、西郊区。1958年,属南开区东风人民公社。1962年,划回西郊区,在境内设李七庄、梨园头人民公社,后两个公社合并为李七庄人民公社。1983年,改称李七庄乡。1997年,撤乡设街,称李七庄街道至今。

2011年,实现生产总值35.2亿元,农民人均纯收入1.91万元,比上年增加3038元。

完成农业产值1.03亿元,实现增加值5456万元。投资1200万元,完成3.8万平方米的梨园头都市型现代农业示范园配套建设及招商任务,租赁收入2400万元。解决梨园头村村民就业200人。植树造林27.1公顷。对中兴河、丰产河津涞公路以北段和陈台子排河界内清淤治理。建设污水管线4.3公里,实现全街污水管网全覆盖。

对全街畜禽集中免疫,建立动态免疫档案,及时进行补免,免疫密度100%。加强瘦肉精排查、检测,深入31个养殖场签署《畜禽养殖承诺书》,发放《产地检疫明白书》及相关宣传材料等100余份,并对生猪进行瘦肉精抽检,确保食品安全。

完成工业总产值25.31亿元,销售收入22.96亿元。天祥工业园和大津等7个村级工业园建设全面提速,产值2000万元以上的规模企业17家,科技型中小企业151家。天祥工业园区建成标准厂房15万平方米,入驻企业100家,其中外资企业35家。外资到位额1847万美元,内资到位额13.25亿元。投入8.05亿元,累计完成投资19.34亿元。形成以九策高科技产业园为龙头的现代新兴产业高地。形成以津兰国际商贸中心为龙头的卫津南路现代服务业产业高地。着力发展楼宇经济,培育九策总部大厦亿元楼项目。启动中兴路以南5.8平方公里的中兴生态区功能规划。

全街住宅楼建设面积达198万平方米,平房改造任务全面完成。深入开展奋战300天市容环境综合治理活动,成功完成国家级生态街创建任务。投资4.2亿元,完成全长5.5公里的热力管网并入大配套工程、4公里的燃气大配套接入工程和2.11公里的上下水配套工程,集中解决沿线12个村及小区涉及2万居民的生活配套难题。开展污染源普查,启动22项环保治理项目。

对131户298人发放低保金124.43万元。为447名残疾人发放各类补贴11.67万元,办理残疾证36本,为75人办理城乡残疾人养老保险。开展优抚安置工作,对48名优抚对象发放补助53.2万元,对35名义务兵发放优待金34.7万元。

发展社区事业,制定社区综合服务中心管理办法,建成杨楼、育水佳苑、鹏程里3个社区服务中心。全街有文体队伍40支,文化活动场所50处,直接参与各类文化活动的群众占全街总人口的80%以上。开展系列文化活动,举办街机关新年联欢会,参加杨柳青秧歌花会大型展览,举办中国·天津首届梨园迎春花卉节和“悦雅国际”文化交流节。

(李　刚)

西营门街道

西营门街道位于西青区东部,处于城乡结合部。东与南开区、红桥区相邻,南与李七庄街道搭界,北隔子牙河与北辰区相望,西与中北镇接壤。2011年,街域面积21.85平方公里,辖10个行政村、7个居委会,人口6万人,其中农业人口1.43万人。

辖域明代为静海县地。清雍正年间划属天津县。民国年间属天津县三区。新中国成立后,先后隶属津西郊区、西郊区。1958年,属南开区东风、红旗人民公社。1962年,划回西郊区,在境内设赵庄子、王顶堤人民公社,后两个公社合并为西营门人民公社。1983年,改称西营门乡。1998年,撤乡设街,称西营门街道。

2011年,实现生产总值30.1亿元,农民人均纯收入1.96万元,比上年增加2800元。

完成农业产值2141万元,农业增加值968万元。蔬菜产量8500吨,牛奶产量1900吨,禽蛋产量700吨。加强高致病性禽流感防治,对7万只鸡进行禽流感疫苗免疫,对466头猪进行O型口蹄疫、蓝耳、猪瘟疫苗免疫,对545头牛进行亚1型口蹄疫疫苗免疫。完成造林2.06公顷、植树2000株绿化工作。

确定重点建设项目7个,其中,工业项目4个,总投资1.01亿元;服务业项目3个,总投资29.5亿元。推动“服务业强街”进程,王顶堤市场群经济效益不断提升,积极引进企业,促进科技型中小企业快速发展。引进企业156家,注册资金10.4亿元,实现内资到位额6.31亿元,外资到位额1200万美元。

村镇基础设施建设不断加强，王顶堤村45万平方米、小稍直口村18万平方米和怡合村11.3万平方米的村民住宅建设工程相继开工。

开展面向广大农民的学历教育，培训3000人次以上。先后开办财会、电工、计算机、机械加工、消防安全等各种专业技能培训班20期。发放低保、五保金89万余元，助困、助残、助医、助学、助老、助孤金55万余元，慰问金8.7万元，优抚金38万余元。安置下岗失业人员再就业151人，农村劳动力转移就业354人。清欠农民工工资10.78万元。投入3.17万元为634户独生子女家庭上意外伤害保险。加大对退二孩育龄妇女奖励力度，对23名退二孩育龄妇女分别奖励5000元。

开展丰富多彩的文体活动。迎接建党90周年，举办"唱红歌"、廉政文化书画展、手工编织作品展等系列活动，组织编排"迎七一庆祝建党九十周年"大型文艺演出，组织参加区"农民读书"征文比赛和"十佳农家书屋"、"十佳村文化室"评选。全街组织大型群体活动10次，参加千余人，各类活动队伍50支。

以平安创建为主线，排查登记暂住人口4万余人。为流动人口解决实事20件，涉及金额50万余元，为外来人口提供法律咨询服务110人次，辖区流动人口发案比上年下降26%左右。结合建党90周年，组织青年干部与老党员、老干部座谈，回忆党史，邀请专家教授讲党课。组织开展党史知识竞赛以及唱红歌等系列活动。全年先后有机关干部、大学生村官、村企民兵预备役共计40余人参加武装部和预备役高炮四团组织的军事训练。

（李　刚）

杨柳青镇

杨柳青镇位于西青区西北部。东与中北镇、杨柳青农场毗邻；南与张家窝镇和辛口镇接壤；西与河北省霸州市搭界；北与北辰区、武清区交界。2011年，镇域面积64平方公里，耕地面积2222.4公顷。辖25个行政村、24个居委会，人口44956户127912人。

辖域明代属顺天府武清县地。清代雍正年间设天津县，划属天津县。至民国年间不变，日伪统治时期亦然。新中国成立初期为河北省直辖镇。1954年改为静海县县辖镇。1958年，静海县在杨柳青设红色人民公社。1960年代一度划入南开区。1962年，划属西郊区，设杨柳青人民公社，亦称杨柳青镇。1983年，撤销人民公社体制，称杨柳青镇至今。

外宾参观杨柳青镇文化大院区

2011年，实现生产总值50亿元，农民人均纯收入1.72万元，比上年增加2400元。

投资1200万元，对大柳滩村667公顷农田进行改造提升。对东洼设施园区1500米河道清淤，新建涵桥2座。提高抗旱能力，新开挖生产河道2条，调水200万立方米，解决667公顷土地灌溉问题。

在占地84.7公顷的东洼设施农业园区建设二代节能温室388栋投入使用。完成高标准香猪养殖区2.8公顷建设，香猪基础母猪群达420头。绿化造林8万株，完成全国第二类林业普查。

投资2亿元加强工业园区建设，引进企业30家。推动科技型中小企业加快发展，成立生产力促进中心，注册科技型中小企业123家。25万平方米新能源新材料产业基地项目，厂房工程竣工封顶，做后期配套。

第三产业完成营业收入96.5亿元。投资8100万元，对杨柳青园区进行内部完善和环境建设，其中新建4312平方米古生物化石展馆。园艺科技博览园引进优质蔬菜品种80个。

美化村镇环境，更换垃圾箱桶、封闭旱厕、对公厕进行改造。扩大道路清扫面积5万余平方米。联合行政执法部门清理自发摊群市场。粉刷立面、铺设柏油路面130万平方米。清除卫生死角21处，清理垃圾杂物60吨。对500余处公共场所进行蚊蝇消杀和灭鼠灭蟑作业，修建毒饵站480个。

全镇享受城乡最低生活保障家庭1381户，农村五保户18人。城乡低保标准由每人每月 450 元上调至 480 元。投入 18.1 万元对 256 人次进行社会救助。对 1452 名失业人员进行再就业培训，举办各类培训班 6 期，1250 人实现就业。圆满完成人力资源信息采集及录入工作，电脑录入 6.42 万人。

迎接建党 90 周年，各社区居委会干部组织居民，以文艺、书法、棋类比赛、红歌会、组织参观周邓纪念馆等形式抒发对党的情怀。对各社区 24 名入党积极分子进行党的知识培训。组织 8 支花会队伍参加西青区 2011 年元宵节秧歌花会展演，大柳滩村开展庆元宵猜灯谜活动。丰富群众业余文化生活，白滩寺等村聘请专业戏曲、曲艺团体为群众演出。推动文化产业和文化旅游强镇建设，投资 4000 万元拍摄大型电视剧《杨柳青》。举办各类文艺演出 120 场，观众 4 万余人次。新建 13 座农家书屋，配备相应书籍。为群众放映电影 300 余场。杨柳青镇获得 2011—2013 年度中国民间文化艺术之乡称号。加强社会治安综合治理，组织基层综治人员集中培训 4 次，参与 2300 人次。排查各类矛盾纠纷 423 件，调处化解各类矛盾 415 件。安置刑释解教人员 21 名。

（李　刚）

张家窝镇

张家窝镇位于西青区西南部。东与精武镇接壤，南隔独流减河与静海县良王庄乡相望，西邻辛口镇，北与工农联盟农牧场相连。2011 年，镇域面积 62.7 平方公里，耕地面积 1569.27 公顷。辖 16 个自然村、2 个居委会，人口 1.34 万户 3.19 万人，其中农业人口 2.18 万人。

辖域元明两代属静海县地。清雍正年间设天津县，境内所辖村庄分属天津、静海两县。民国年间分属天津县二区、静海县六区。新中国成立后，先后属静海县二区、津西郊区。1958 年，静海县在境内设小甸子人民公社。1960 年，曾一度划入南开区、和平区。1962 年，划属西郊区。1963 年，在境内设张家窝、古佛寺、小甸子人民公社，后 3 个公社合并为张家窝人民公社。1983 年，改称张家窝乡。1994 年，撤乡设镇，称张家窝镇。

2011 年，实现生产总值 31 亿元，农民人均纯收入 17142 元，比上年增加 2342 元。

以发展都市型现代农业为方向，加快农业产业园区建设。先后投入 1.7 亿元，完成 200 公顷建设任务，建成农业设施面积 10 万平方米，累计 60 万平方米。食用菌一期项目全部完成，8 万平方米生产设施投入生产，日产杏鲍菇 40 吨。引进设施灵芝种植，发展灵芝休闲采摘。扩大节能温室草莓生产规模。园区总产值达 3 亿元，收入 4000 万元，直接吸收 200 名农民就业。抓好冬枣管理工作，全年举办冬枣培训班 15 次，参训 2000 人次，发放技术材料 2000 份，地头跟踪指导 3000 人次。做好宅基地换房中土地复垦工作。对古佛寺、南赵庄等 7 个完成换房村的宅基地进行农田水利配套改造 133.4 公顷。铺设低压输水管道 1.25 万米，清挖毛渠 1.5 万米，新建泵站 5 座。

投资 18.8 亿元建成占地 33.35 公顷、建筑面积 53 万平方米的天安数码城、深福保一期工程。引进投资 25 亿元的际华天津新能源产业园项目。实施天津市凤鸣冷板有限公司等企业提升改造。推进工业园区建设，做好园区绿化，绿化面积达 8 万平方米。投资近 2000 万元，提升工业园区排水能力，新修 1 座大功率排水站。

示范镇农民安置区总建筑面积 180 万平方米，入住 62 万平方米，3681 户村民整体还迁。投资 1.6 亿元加快镇区配套公建，包括 2 所幼儿园和 1 所小学。加大对老区住宅改造，完成人祥南里、人祥北里、灵泉北里等 8 万平方米小区道路硬化改造工程。

培养巩固文艺队伍 19 支 590 人次，体育队伍 11 支 200 余人次；举办各类培训班 12 期；巩固文化活动阵地 21 个，体育健身活动场地 4 处；放映数字电影 192 场；开展各类、各阶层读书活动，读书 7 万余册，挑选 12 篇参加农民征文活动。

张家窝镇小城镇建设

组织田丽社区舞蹈队参加纪念建党90周年“大港杯”天津市广场文化展演活动，京福里社区举办庆祝建党90周年专场文艺演出。

市容环境综合整治，对辖区所有道路两侧环境卫生进行全面整治。清理垃圾死角、工程弃土500吨、白色污染1000处，全面提升环境卫生管理水平和作业质量。

安置45人再就业，农村劳动力转移就业854人，岗前培训854人。帮助零就业家庭实现就业3人。发放低保金109万元、物价补贴15万元，全年医疗大病救助32人，发放救助资金30.5万元。为全镇因患病、车祸、天灾等原因造成贫困的临时困难户解决临时救济金15.7万元。

（李　刚）

中北镇

中北镇位于西青区东北部，东邻西营门街道，西与杨柳青镇搭界，南与工农联盟农牧场接壤，北靠津沪铁路与杨柳青农场相连。2011年，镇域面积39.75平方公里，耕地面积998.25公顷。辖23个自然村，人口16634户43901人。

辖域明代为静海县地。清雍正年间划属天津县。民国年间分属天津县二、三区。新中国成立后，先后隶属津西郊区、西郊区。1958年，南开区在境内设红旗人民公社。1962年，划回西郊区，在境内设中北斜、大稍直口、李楼人民公社，后3个公社合并为中北斜人民公社。1983年，改称中北斜乡。1997年，撤乡设镇，称中北镇。

2011年，实现生产总值62亿元，农民人均纯收入1.95万元，比上年增加2620元。

依托百年花乡和曹庄花卉市场优势，在有限的农业土地资源上推动农业功能由单纯生产型向生产、生活、生态、观光等多功能转化。雷庄花卉基地的建设完善和示范镇建设的推进，全镇第一产业实现向第三产业的根本转变。

实现工业总产值204亿元，销售收入200亿元，固定资产投入35亿元。内资到位额44亿元，外资到位额5450万美元。接洽各类新项目118个，其中现代制造业项目22个，现代服务业项目96个，总投资超过20亿元。有196家企业注册为天津市科技型中小企业，第三产业实现销售收入134亿元。

完成曹庄花卉市场和热带植物观光园提升改造一期工程，建成冰雕乐园、4D影院、天津市乡村特色旅游村等一批新景点，开发引进天津希乐城儿童职业体验馆，以及天津运河文化商业中心项目。投资100万元对东兴里菜市场提升改造，新建万源路菜市场，方便群众生活。对境内菜市场多次开展“地沟油”、一次性筷子、食品添加剂、问题乳粉等专项整治工作。

推进示范小城镇建设，全镇23个村中，有13个村村民搬入新居。基础设施不断完善，对镇区电力、热力、自来水、雨污水、燃气管道进行增容改造，启动南运河4.2公里河道清淤改造工程。投资1800万元建设万卉桥，提升改造万卉路。开展环境卫生脏乱死角专项治理，清理垃圾杂物100余吨，打捞漂浮物13吨，清除违章广告3800余条，保证镇域无可视垃圾。拆除违章建筑近3万平方米，治理流动摊位2500余处，马路作业1000余处，乱堆乱放1200余处，拆除各类广告牌匾、灯箱500余个，取缔废品收购点30余处，取缔规范自发市场2个，全镇整体环境显著提升。

为城市低保户1009人发放保障金37.5万元；为农村低保户4716人发放保障金143.8万元；为农村五保户30人发放五保金18万元。向各类企业推荐用工1.5万人次，录用4500余人次。2.91万人参加天津市城乡居民基本医疗保险，其中60周岁以上老年人4893人，全部参加580元筹资标准。接待观摩考察、召开现场会50余次，新组建各类社区社会组织21支。

举办庆祝建党90周年文艺演出、第四届花会展演、第三届红色歌曲大赛、万人健步走等文体活动，以及包括歌曲、曲艺、戏曲、舞蹈和器乐5个门类的首届“和谐中北，我最闪耀”才艺展示大赛、书画展。各基

中北镇东北斜村庆祝建党90周年红歌演唱会

层单位举办各类文艺演出及文体比赛113场，常年参加活动8000余人。成立13个农家书屋和村文化室，并配发图书和乐器。

（李　刚）

辛口镇

辛口镇位于西青区西南部。东与张家窝镇接壤，南隔独流减河与静海县良王庄乡相望，西邻河北省霸州市扬芬港乡，北与杨柳青镇相连。2011年，镇域面积62平方公里，耕地面积3510.23公顷。辖18个自然村。人口12371户36721人，其中农业人口33547人。

辖域元明两代属静海县地。清代乾隆年间属静海县北路，同治年间静海县在境内划地练。民国年间属静海县四、五、六区。新中国成立后，先后属静海县三、十区。1958年，属杨柳青人民公社。后曾一度划入南开区。1962年，划属西郊区，在境内设当城、木厂人民公社，后两个公社合并为上辛口人民公社。1984年，改称上辛口乡。1997年，撤乡设镇，称辛口镇。

2011年，实现地区生产总值15亿元，税收收入1.04亿元，农民人均纯收入14170元，比上年增长15.5%。

加强农业基础设施建设，投资2亿元，硬化农田道路5万平方米。建成3个总占地50.69公顷的蔬菜基地项目，建设占地33.35公顷的东淀核心区以色列科技种植园。农业科技能力增强。引进日本草莓等10余个新果蔬品种，完成86.71公顷沙窝萝卜绿色食品复审和西红柿等8个无公害农产品认证工作，全镇3亿公斤蔬菜全部达到“放心菜”标准。农业市场化水平提高。都市小菜园项目参与农户达600户，吸引5000户天津和北京等地区的市民和企业体验农家生活，成为发展休闲观光旅游、持续增加农民收入的重要途径。

完成科技型中小企业注册49家，申请专利142个。企业研发水平有所提高，鑫卫化工有限公司研发的OZB（烯丙苯噻唑）制剂项目，填补我国粮食生产中生物农药的一项空白。

完善东淀示范农业核心区绿化工程。推进子牙河风情区、农业风情园和温室区建设，完成10项大型游乐设备基础设施建设及安装工作。玉佛禅寺寝宫项目基本完成，投资3000万元完成三圣殿、寝宫一层B区内部装修工作，并开始对外销售。

辛口镇生态农业

开展市容环境综合整治活动，清理垃圾1万余吨；植树绿化60余公顷，栽植各类树木15万株；实施清洁工程，完成水高庄垃圾生态处理站建设，推进垃圾分类减量处理；加大环境监测力度，完成污水排放在线监测设备升级改造，关停2家不合格排放企业。投资80万元更新辛口卫生院医疗设备，完成公共医疗23项服务任务，建设3个村级卫生室；解决现有小区供热问题，引进津热集团负责全镇6个小区、26万平方米、2700户居民家庭供热工作，方便群众生活。

投入100余万元，完成大沙窝小学校舍加固工程；完成市教育督导室对当城小学、水高庄小学、第六埠小学以及镇中心小学的天津市义务教育学校现代化建设达标验收复查工作。为低保、五保、优抚对象定期发放事业费482万余元及各项专项救助金128.86万元。安置下岗失业人员和农村富余劳动力834人。新建农家书屋2座，配备图书架6个，配发图书各1500册，组织18个村的图书管理员参加区图书馆培训班，培训社会体育指导员39名。搞好“全国健身日”活动，成立健身队伍12支，参与健身群众1100人。

（李　刚）

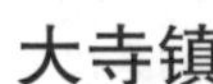

大寺镇

大寺镇位于西青区东部。东与津南区毗邻，南与王稳庄镇相依，西与精武镇接壤，北与李七庄街道相邻。其中有4个村处在市区境内。2011年，镇域面积86平方公里，耕地面积1289.34公顷。辖15个自然村、2个居委会。人口3.82万人，其中农业人口 3.32 万人。流动人口 9.75 万人。

辖域明代为静海县地。清雍正年间划属天津县。民国年间属天津县二区、静海县六区。新中国成立后，先后隶属津西郊区、西郊区。1958 年，属南开区东风人民公社。1962 年划回西郊区，在境内设芦北口、大任庄人民公社，后两个公社合并为大寺人民公社。1983 年，改称大寺乡。1995 年，撤乡设镇，称大寺镇。

2011 年，实现生产总值 54.24 亿元，农民人均纯收入 1.94 万元，比上年增加 2800 元。

农业产值完成 7110 万元。投资 1200 万元建成占地 13.34 公顷的 120 栋新型温室，种植西兰花、花椰菜等多个品种，年产各种蔬菜 177.6 万公斤，产值 1024.8 万元。食用菌援疆项目，建成温室大棚基础 353 栋，其中 110 栋已定植，并建成冷库、加工厂房、制种车间。全镇蔬菜总产量 42 万公斤，礼品菜 1890 箱。投资 3900 万元完成镇绿生园 110 栋育苗温室、30 公顷草皮、办公区、园区道路及配套设施建设。发放夏、秋粮和良种补贴共计 44.92 万元，发放燃油补贴 15.01 万元，能繁母猪补贴 4.51 万元，农业机械补贴 132.01 万元。累计培训农村各类实用人才 5279 人，涉及农业富余劳动力转移培训、非农产业职业技能提高培训、蔬菜园艺师培训等多项培训内容。完成植树造林面积 143.04 公顷，植树 30.96 万株。对全镇 11.68 万只禽类进行高致病性禽流感疫苗免疫，对 2.41 万头偶蹄家畜进行口蹄疫疫苗免疫。

全镇有集体、民营等各类工业企业 360 家，规模企业 64 家，超亿元企业 16 家，全年实现工业总产值 179.20 亿元。认定科技型中小企业 130 家，打造 23 家销售收入过亿元的知名科技型企业。

第三产业形成以房地产开发、商贸流通、餐饮住宿、仓储物流、交通运输、金融服务为主的产业体系。全镇有各类三产企业 5603 家，从业人员 15514 人，完成营业收入 221.44 亿元。

全镇 15 个村中，石庄子等 9 个村村民迁入新居。累计竣工面积 304 万平方米。新增绿化面积 2.14 万平方米，道路面积 1.76 万平方米。新修张道口、芦北口两村乡村公路 4 公里，对龙泉道、青宝路等路段整修养护。实施市容环境综合整治。对龙居花园四、六区的基础设施和环境全面改造提升，完成高空作业修补房檐 300 多延米，完成雨污水管网改造 1200 延米。

投资 3000 万元，新建全镇第一所公办幼儿园大寺中心幼儿园。全年发放节日慰问、低保救济、优抚、养老退休、残疾人补助以及困难户临时救济款等 528.47 万元。为全镇 15 个村 7888 名老人办理老年人意外伤害保险。安排就业 847 人，其中农业 787 人、非农业 60 人，培训 1143 人次。完成社区信息系统建设。成功举办大寺镇庆祝建党 90 周年文艺演出，“文艺大舞台——欢乐西青行”大寺专场，先后举办全民健身广场舞大赛和迎国庆广场舞大赛等各类文艺演出和文化作品展活动。全镇有大型文体活动中心 8 处，图书室及农家书屋 7 个，室内活动室 17 个，室外文体活动阵地 19 个。

（李　刚）

王稳庄镇

王稳庄镇位于西青区东南部，东与津南区毗邻，西隔独流减河与静海县相望，南与滨海新区大港接壤，北与大寺镇相依。2011 年，镇域面积 116 平方公里，耕地面积 2545.96 公顷。辖 15 个行政村，人口 1.24 万户 3.61 万人。

辖域明清两代属静海县地，民国年间属静海县二区。新中国成立后为静海县八区王稳庄乡，1958 年属静海县团泊洼人民公社。后曾一度划入和平区。1962 年划属西郊区，在境内设小孙庄、王稳庄人民公社，后两个公社合并为王稳庄人民公社。1983 年，改称王稳庄乡。1997 年，撤乡设镇，称王稳庄镇。

2011 年，实现生产总值 24.2 亿元，农民人均纯收入 1.46 万元，比上年增长 2200 元。

农作物播种面积 2620.9 公顷，生产夏粮 50 万公斤，蔬菜 850 万公斤。出栏生猪 6.59 万头，出栏肉鸡 300 万只。蛋鸡存栏 9 万只，蛋鸭存栏 20 万只，奶牛存栏 750 头，产禽蛋 375 万公斤，鲜奶 180 万公斤。水产品产量 1.45 万吨。投入 600 万元，新建蔬菜温室 100 栋；投入 30 万元，建成食用菌基地 300 平方米制棒车间，成功试种新品种黑木耳。投入 3000 万元，完成 33.33 公顷农发设施蔬菜生产园区建设。完成绿化造林 271.67 公顷 36.22 万株。对 4 万头猪、20 万只蛋鸭、25 万只鸡、3500 只鸽子做春、秋两季疫苗防治。

完善工业园区服务平台，投资 1.3 亿元建高标准服务中心和蓝领公寓，2.3 万平方米综合楼和宿舍楼开工建设。招商引资，洽谈项目 70 余个，新签约项目 21 个，总投资额 22.73 亿元。增资扩产项目 3 个，总增资额 11.8 亿元。有餐饮、商贸及其他服务业 948 家，从业人员 3170 人。完成营业收入 42.15 亿元，实现三产增加值 4.86 亿元。

全面启动示范镇建设，投入资金 5.9 亿元，铺设临时自来水管 1800 米，安装变压器 22 台，垫土 150 万立方米。还迁住宅楼 101 万平方米桩基工程全部完成，实现进场主体建设 78 万平方米。投入 4000 万元，按照国家一级标准对示范镇主干路网改造升级，新建天源道全长2公里，筑路面积4万平方米，沿线铺设水、电、气、通讯等配套管线1万余延米，实现绿化3.6万平方米，架设路灯100余盏，修建便道9360平方米。投入700万元开展农村清洁工程，购置各类垃圾挤压车13辆、垃圾桶1.15万套、环保三轮车357辆，新建水冲式厕所28座，清除垃圾死角60余个，清理垃圾3000余吨，掩埋露天垃圾场18个；完成东台子、杨科庄文明生态村创建。

总投资3200万元的镇第一幼儿园建成投入使用，有效解决全镇适龄儿童入园问题。投入372万元，启动示范中心小学和示范镇幼儿园建设。加大农村富余劳动力转移培训力度，年内培训880人，新增就业800人。向困难职工和下岗失业人员提供政策宣传200人次，提供就业岗位12个，提供就业培训206人次。投入140万元发放粮食补贴，为全镇4720人发放农民养老补贴金920万元，为189户低保户发放低保金160万元。庆祝建党90周年，开展"巾帼放歌，颂歌献给党"红歌竞唱等文化活动。镇妇联组织开展"巾帼放歌，颂歌献给党"红歌展演活动，在2个月时间，全镇组建13支巾帼合唱团并进行展演。举办集中红歌展示、红歌演唱会以及秧歌展演活动8场，参与2000人次。

（李　刚）

精武镇

精武镇位于西青区中部，东与李七庄街道相连，南与大寺镇接壤，西临独流减河与静海县、隔西大洼排水河与张家窝镇相邻，北与工农联盟农场搭界。2011年，镇域面积57.2平方公里，耕地面积1201.44公顷。辖18个行政村、2个居委会。人口11872户29168人，其中农业人口2.39万人。

辖域明代为静海县地。清雍正年间设天津县，境内所辖部分村庄划入天津县。民国年间分属天津县二区、静海县二区。新中国成立后，分属津西郊区、西郊区和静海县二区。原属静海县的村庄在1960年曾划入和平区。1962年，划属西青区，在境内设小卞庄、付村人民公社，后两个公社合并为付村人民公社。1983年，改为付村乡。1986年，称南河镇。2009年，改称精武镇。

培训农村富余劳动力

2011年，实现地区生产总值18亿元。实现工业总产值104亿元。固定资产投入45.35亿元，内资到位额22.5亿元，外资到位额3020万美元，农民人均纯收入14420元，比上年增加2100元。

生产蔬菜174万公斤，粮食产量86.8万公斤，棉花产量930万公斤，肉食产量509.6公斤，水产品产量408.4吨。观赏鱼品种发展到50个，养殖规模500万尾，利润360万元。对52.36公顷粮田予以粮食补贴，发放补贴金额6.1万元。为1748头能繁母猪发放补贴17.48万元。完成绿化造林146.74公顷，植树26万株。加强抗旱防汛工作，对水利设备及时维修，更换老化部件。完成全国第一次水利普查工作。

10个重大工业项目有3个投产或投入使用。投资98亿元的天津国家信息安全基地项目，与国家和北京的24家企业签订战略协议。被国家科技部命名为火炬计划特色产业基地。学府工业园区新注册企业23家，注册资金11亿元。各企业从业人数3868人。通过转型的科技型中小企业130家，其中3家企业成为科技小巨人企业。

开展特色旅游活动，组织"清明节"爱国教育祭扫活动和"西青人游西青"启动仪式。接待各地游客4万人次，旅游收入60万元。为确保2012年世界精武大会顺利举办，投资9亿元，建设霍元甲武术馆和精武会馆。促进旅游文化产业发展，贯彻落实《天津市旅游工作条例》，对各旅游景点多次进行安全检查。

投资2亿元的示范小城镇安置区开工建设，开工面积25.25万平方米。投资近1亿元，拓宽改造道路1条，全长4.2公里。天津师范大学附属幼儿园开工建设，建筑规模7500

平方米。市容环境综合整治，出动1400余人次，拆除违章1.8万平方米。新建公厕3座。开展春季灭鼠工作。

为农村贫困户、城镇居民贫困户发放各类补贴60万元，为90名优抚人员发放各类补贴20万元。对22户临时救助对象发放临时救助款10万元。建立健全农村社区服务中心,2个社区服务中心基本竣工。为解决农村富余劳动力就业,培训963人。维护农民工合法权益,追回被拖欠工资12.55万元。城乡居民基本医疗保险参保率100%。举办第13届农民运动会，全镇600余名运动员参加比赛,第13届农民运动会被评为天津市2011年度精神文明建设重点项目。组织“西青大舞台”精武镇专场演出。实施电影下乡工程,完成放映任务。

（李　刚）

津 南 区

概 述

津南区位于天津市东南部，海河下游右岸。地处北纬38°50′02″~39°04′32″，东经117°14′32″~117°33′10″。东与滨海新区塘沽毗邻，西与河西区、西青区接壤，南与滨海新区大港相连，北与东丽区隔河相望。2011年，全区面积387.84平方公里，耕地面积13743.6公顷。辖咸水沽、小站、双港、八里台、双桥河、葛沽、北闸口、辛庄8个镇及长青办事处，有173个村民委员会、36个居民委员会。年末常住人口62.98万人，户籍人口41.74万人，其中农业人口10.48万户29.14万人。区内居住汉、回、朝鲜、蒙古、满等27个民族。2010年4月28日区机关迁至八里台镇办公。

2011年，津南区深入贯彻落实科学发展观，按照“五个要做好，一个走在全市前列”的重要要求，发扬“五加二、白加黑”的拼搏精神，大力实施“东进、西连、南生态、北提升”发展战略，凝心聚力，攻坚克难，开拓创新，奋勇争先，实现了“十二五”的良好开局。地区生产总值360.75亿元，比上年增长21.01%；三级财政收入127.71亿元，增长37.88%；农民人均可支配收入13459.9元，增长16.70%；城镇单位从业人员人均工资56226元，增长10.04%，基本建立起覆盖城乡的社会保障体系。海河教育园区投入使用，示范镇、示范工业区加快建设，基本形成“三区联动、城乡统筹”的发展格局，经济和社会发展取得历史性突破。

工业企业3299家，实现总产值809.77亿元，412家规模企业创产值696.27亿元。经济园区载体功能增强，建筑业规模不断扩大，等级总承包和专业承包建筑业企业110家，社会服务业发展提速，新增限额以上服务业企业62家，限额以上服务业事业单位92家，房地产业发展迅速，全年房地产投资82.93亿元，增长36.43%，商贸流通业不断提升，完成社会消费品零售额126.69亿元，增长13.90%。休闲旅游业逐步形成特色。

招商引资总量持续增加。外资企业(含独资、合资、合作)510家，实际利用外资4.11亿美元，内资到位额269.11亿元，增长12.38%。引进国内500强企业项目7项，总投资20.72亿元。一批大项目、好项目列入天津市重大建设项目，为拉动经济增长注入新的动力。

科技型中小企业健康成长。实施科技型中小企业群体发展工程，科技创新能力得到增强，高新技术企业24家，申请专利1420件。完善科技型中小企业发展政策体系，集约利用专项资金，积极推进科技孵化器、企业技术中心等创新平台建设。认定科技型中小企业496家，申报市级科技小巨人企业33家。

楼宇经济成为重要增长点。全年引进注册企业2365家，注册资本23.87亿元，上缴税收12.37亿元。全区在建楼宇经济载体19座，总投资75.3亿元，建筑面积147.8万平方米。

完善综合执法管理体制，健全综合考评机制，实现城市管理全覆盖。推行“户集、村收、镇运、区处理”的环卫作业模式，生活垃圾无害化处理率90%以上。实施街景立面整修、夜景灯光建设和旧小区治理改造。葛沽镇成为市级卫生镇。

完成津南大道、唐津高速公路、辛柴路、建国大街的建设和改造工程，新建小站钻石公园等城市休闲空间。加大环境保护和污染防治力度，城市面貌明显改观。

海河教育园区一期7所职业院校入驻。建成国家级公共实训中心等设施，成功举办全国职业技能大赛。二期天津大学、南开大学新校区建设前期工作基本就绪。津南区正在成为环渤海地区乃至全国专业技术人才的“摇篮”、汇集信息和技术的“磁场”。

实行政府投资项目投融资与财政收支一体化管理,建立健全“借用管还”机制。整合政府资源,做好银行信贷和信托、基金等多渠道融资。在全市率先探索成功滨海创意中心售后回租融资模式。

扎实开展“改陋习、树新风”和“同在一方热土,共建美好津南”系列活动,大力实施“津南新风尚”全民素质提升工程。深入开展科普活动,圆满完成农民素质培训阶段性任务。全民文明素质、科学素质、劳动技能和法制观念明显提升。

深化教育人事制度改革,推进教育均衡发展,教育教学水平不断提高。中小学入学率、巩固率、合格率和高中阶段普及率均保持先进水平。首批一本上线率28.23%,首批二本上线率66.48%。中考平均分420.1分,比上年提高45.59分,毕业合格率98%,巩固率99%,高中阶段普及率97.5%。中职教育快速发展,承办2011年全国职业院校技能大赛中职组电工电子技能比赛,5名学生获二等奖,在天津市技能大赛中,10名学生获一等奖,19名学生获二等奖,南洋工业学校获天津市大赛团体总分全市第一名。

深化医药卫生体制改革,三级卫生服务网络进一步健全,镇村卫生服务一体化稳步推进,公共卫生服务水平不断提高。实行社区医疗机构药品集中招标采购和零差率销售。加强卫生执法监督和疾病防控能力建设,医疗救治水平逐步提高。

广泛开展群众文化活动,办好文化艺术节,实施农村电影“2131”工程,全年放映电影400场次。新建38个村文化室,为42个农家书屋配送图书1426种1502册,光盘100张,订阅报纸杂志32种。举办小站文化研讨会、动漫艺术大赛、翰墨情书画义卖和“盛世之春、魅力津南”大型灯展等活动,编辑出版第四卷《海下风情》,电视剧《小站风云》央视热播,营造了良好的文化氛围。

加强基层体育设施建设,配建健身器材31套,广泛开展群众体育活动。举办机关干部长跑运动会、“三八”健康杯运动会、篮球消夏赛和区第七届全民运动会等赛事。

落实更加积极的就业政策,健全三级劳动保障服务体系,农村富余劳动力转移就业11674人。加强劳动就业基地建设,实施就业困难群体托底安置。努力扩大社会保障覆盖面,实行城乡居民基本医疗保险和基本养老保障制度,加大社会救助力度,提高城乡居民最低生活保障标准。

认真落实区人大及其常委会决议,主动接受人民政协监督,广泛听取各民主党派、工商联、无党派人士的意见。人大代表建议和政协提案全部办复,满意和基本满意率100%。加强基层政权建设。积极推行政务公开,区长热线、政民零距离、“8890”家庭服务热线办复率100%,有效保证群众的知情权、参与权、监督权。积极开展民生档案“一站式”服务工作。基本完成镇级行政服务中心建设,为群众提供高效便捷服务。

加强社会治安综合治理,不断完善社会治安防控体系,“八类案件”破案率90%以上。建立健全信访风险评估机制,超前化解矛盾纠纷;坚持信访接待日制度,扎实开展全员大接访活动,畅通诉求渠道;做好排查研判工作,落实领导包保责任制,化解一批信访积案。严格落实安全生产责任制,加强基层基础工作,安全生产形势稳定,食品药品监管和交通、消防安全管理得到加强。

(李仁会)

津南区区级领导名单
(2011年12月换届前)

中共津南区委领导名单

书　记:李国文

副书记:李广文(10月调出)　韩远达(2月调出)　赵仲华(10月始任)

常　委:李国文　李广文(10月调出)　韩远达(2月调出)　赵仲华　杨国法(女)　王树广　刘　惠(女)　祖大祥　付永荣(4月调出)　张　明(4月始任)　王黎明(11月始任)　袁英才(11月始任)　张　伟(6月始任)　尚　春(11月始任)

津南区人大常委会领导名单

主　任:刘树起

副主任:吴炳喜　王金禄　刘万春　魏云凤(女)　刘义民

津南区政府领导名单

区　长:李广文(任职至11月)

代区长:赵仲华(11月始任)

副区长:刘恒志　窦双菊(女)　李学义　李文海　吴爱民(11月始任)　葛汝凯(11月始任)　么俊东(11月调出)

区长助理(副区长级):宋晓林　申利坤　郝树民

政协津南区委员会领导名单

主　席:邢纪茹(女)

副主席:杨玉忠　刘海岭　龚伯生　孙宝顺　柴宝成(兼)　黄厚祥(兼)　孙奇涵(女,兼)

津南区区级领导名单

(2011年12月换届后)

中共津南区委领导名单

书　记:李国文

副书记:赵仲华　刘　惠(女)

常　委:李国文　赵仲华　刘　惠(女)　祖大祥　张　明　窦双菊(女)　李学义　王黎明　袁英才
张　伟　尚　春

津南区人大常委会领导名单

主　任:杨国法(女)

副主任:吴炳喜　刘万春　刘义民　刘凤禄　韩志秋

津南区政府领导名单

区　长:赵仲华

副区长:祖大祥　张　伟　李文海　吴爱民　葛汝凯　韩凤敏(女)

区长助理(副区长级):申利坤　郝树民

政协津南区委员会领导名单

主　席:刘宝忠

副主席:杨玉忠　刘恒志　龚伯生　孙宝顺　柴宝成(兼)　黄厚祥(兼)　孙奇涵(女,兼)　张荣华(女,兼)

(区委组织部提供)

政　治

概况　2011年，津南区以科学发展、富民强区、构建社会主义和谐津南为主题，圆满完成“十一五”规划的各项任务，实现“十二五”的良好开局。召开区第十次党代会、区十六届人大一次会议、政协区八届一次会议，完成区、镇人大换届选举工作。加强人事制度改革，强化公务员队伍建设。法制工作迈出新步伐，行政复议和应诉工作引用和调解机制取得新成绩。采取政法、维稳、综治、信访、防范等部门联指、联动、联勤、联控，整体推进的“大政法”工作格局，强化网络舆情联合处置机制等各项维稳机制建设，维护社会稳定。深入推进“津南新风尚”全民素质提升工程，开展“文化建设进万家”、“我的社区我的家”、“创建新风尚社区”等活动，不断提高干部群众文明素质和地区文明程度。区总工会坚持“组织起来，切实维权”方针，净增基层工会涵盖法人单位1033家、净增会员17130人。举办各种培训班和技能比赛，组织2843家企业125816人开展“五比一创”劳动竞赛，召开劳模表彰大会。团区委充分调动基层团组织的积极性和创造性，发挥广大青年的生力军和突击队作用，服务经济社会建设。区妇联在统筹城乡妇女发展、推进妇女儿童实事项目、优化妇女儿童发展环境等方面不断深化拓展。

（陈淑香）

中共津南区第十次代表大会　2011年12月7日至9日，中国共产党天津市津南区第十次代表大会在区机关大礼堂召开。会议回顾总结区第九次党代会以来的工作，审议确定今后五年的奋斗目标和思路举措，批准区委书记李国文代表九届区委所作的报告，批准中共天津市津南区纪律检查委员会的工作报告，选举产生津南区第十届委员会和津南区纪律检查委员会。会议提出，未来五年要认真贯彻市委对津南发展的新要求，落实“一轴两带、六区八镇”总体空间布局，深化“东进西连南生态北提升”发展战略，按照“东工、西商、南旅游、北高端、中园区”的发展布局，加快推进“八六五”工程，努力打造创新津南、实力津南、民富津南、宜居津南、和谐津南，建设城乡一体化新津南。会议提出未来五年确保实现“2211”发展目标（到2016年，财政收入达到200亿元以上；农村居民人均纯收入达到2万元以上；地区生产总值达到1000亿元以上；固定资产投资五年累计达到1000亿元以上），实现更高层面上的科学发展；加快构建“东工、西商、南旅游、北高端、中园区”的发展布局，实现集聚发展、错位发展、互补发展、协调发展，形成具有津南特色和比较优势的现代产业体系；大力实施项目带动、产业集聚、科教兴区、文化引领、富民强区、宜居新城六大战略；倾力实施“八六五”工程，积极建设八个新型城镇，创新发展六个实力小区，着力打造“五张名片”（天嘉湖、小站练兵园、北石林、生物谷和中滨城建设项目）。

（陶彦晖）

津南区十六届人大一次会议　2011年12月21日至23日，津南区第十六届人民代表大会第一次会议召开。会议听取审议代区长赵仲华所作的政府工作报告。审议区2011年财政预算执行情况和2012年财政预算草案的报告，批准区2011年财政预算执行情况和2012年财政预算草案。听取审议区人大常委会工作报告、区人民法院工作报告、区人民检察院工作报告。表决通过相关决议。会议选举杨国法（女）为津南区十六届人大常委会主任，选举吴炳喜、刘万春、刘义民、刘凤禄、韩志秋为副主任；选举赵仲华为新一届区人民政府区长，祖大祥、张伟、李文海、吴爱民、葛汝凯、韩凤敏（女）为副区长。选举赵兰阁为区人民法院院长，张俊奇为区人民检察院检察长。

（范学栋）

政协津南区八届一次会议　2011年12月20日至22日，中国人民政治协商会议天津市津南区第八届委员会第一次会议在区机关大礼堂召开。会议听取审议政协津南区第七届委员会常务委员会工作报告和提案工作报告；列席津南区第十六届人民代表大会第一次会议，听取和讨论政府工作报告和其他报告；选举产生政协津南区第八届委员会领导机构，通过大会决议。刘宝忠当选为政协津南区第八届委员会主席，杨玉忠、刘恒志、龚伯生、孙宝顺、柴宝成（兼）、黄厚祥（兼）、孙奇涵（女，兼）、张荣华（女，兼）当选为副主席。

（刘东飞）

津南新风尚　2011年，津南区成为中央和市级新闻媒体特别关注的一个地方，小站镇居民赵静华捐肾捐肝救丈夫崔连发的典型事迹、八里台镇评选“好儿媳”的典型经验和津南区开展“津南新风尚”全民素质提升工程的经验，备受瞩目，一时成为全国主要新闻媒体报道的热点话题，津南的文明新风吹向全国。5月20日19时50分，中央电视台综合频道（一套）《身边的感动》栏目，播出第三届全国道德模范津南区小站镇居民赵静华捐肝捐肾救丈夫崔连发的典型事迹。5月31日，人民日报、解放日报等多家媒体网站同步刊登赵静华的典型事迹。此前，天津日报、今晚报、北方网等媒体同步刊登第二届天津市道德模范候选人津南区小站镇居民赵静华的典型事迹。5月14日和15日，天津人民广播电台《新闻909》、《新闻夜谭之张南访谈》栏目也分别进行播出。天津电视台公共频道《新城市新空间》为赵静华拍摄专题片。6月1日，天津日报、今晚报、每日新报等天津市新闻媒体分别播发赵静华当选第二届天津市道德模范和双港镇的王淑云获得第二届天津市道德模范提名的消息。此外，5月20日央视第七套《生活567》栏目播出津南区八里台镇坚持20年评选"好儿媳"的专题片，中国文明网、中国网络电视台同时刊登八里台镇的典型经验。中央文明办调研组将八里台镇评选"好儿媳"的典型经验和津南区开展"津南新风尚"全民素质提升工程的经验和做法分别收录《农村精神文明建设工作典型经验》和《农村精神文明建设工作调研报告文集》，该书已在全国出版发行。津南区先进典型事迹在中央和市级新闻媒体播发期间，区委宣传部、区文明办及时向各镇、各单位发出《通知》，要求认真组织广大干部群众收听收看节目，学习先进人物的感人事迹。先进典型的事迹在全区社会各界广为传颂并产生强烈反响。

（陈淑香）

"津南新风尚"全民素质提升工程"文化建设进万家"戏曲表演

人大代表换届选举 2011年，津南区指导各镇开好人代会，完成新一届区、镇人大代表换届选举工作。选举过程中，把坚持加强党的领导，充分发扬民主和严格依法办事有机结合起来，按照法定程序，精心组织，周密安排，协调、帮助、指导各镇解决换届选举中存在的突出问题，圆满完成换届选举任务。全区有354362名选民参加区第十六届人大代表投票选举，选举产生区人大代表201名；有298716名选民参加镇人大代表投票选举，选出镇人大代表558名。新当选的区、镇人大代表政治、文化、业务素质均有新的提高，妇女和非党代表人数均达到或超过市要求的比例，结构更加合理。

（何 然）

公务员队伍建设 2011年，津南区人力社保局为30个单位办理科级干部任免179人次，其中竞争上岗、重新任职、轮岗交流153人次，提拔干部93人，改任非领导职务5人，免职21人。对2011年任职试用期满一年的17名科级领导干部进行任期考核。推进重新任职、轮岗交流工作，占全年任职科级干部的35%；整建制接收天津市公路局津南分局203人；加强培训工作，全年举办科级干部任职培训班1期，培训81人。举办机关事业干部初任培训班1期，培训51人。举办"十二五"规划报告会1期，参会130人。与区委组织部、区妇联共同组织45岁以下科级女干部培训班1期，培训50人。组织5次82人参加市公

2011年6月9日，津南区乡镇领导班子换届工作动员会。

务员局举办的“公务员大讲堂”活动；组织2次5人参加市公务员局组织的处科级干部社会管理创新培训班；组织21名2010年录用公务员参加市公务员局举办的公务员初任培训。通过培训，提高了公务员队伍实践科学发展的能力、服务基层和群众的能力、驾驭复杂局面的能力、统筹协调的能力和依法行政的能力。面向社会组织公务员招录、事业单位工作人员招聘和“三支一扶”大学生招募，通过笔试、面试、体检、考核、公式等程序，招录（聘）人员221名。

（温丽娜）

政法工作 2011年，津南区政法系统推进平安津南建设。公安津南分局开展一系列严打整治专项行动，破获刑事案件2130起，打处犯罪嫌疑人1015人。连续5年保持“命案必破”，“清网”行动中抓获逃犯197人，清网率88.73%。查破各类治安案件7311起，处罚违法人员587名；破获经济案件396起，移送起诉327人，挽回经济损失3345.5万元。与区委宣传部、区委政法委、区团委等单位联合举办第三届“十佳警星”评选表彰活动。区检察院履行批捕和起诉职能，推进量刑建议、刑事和解、附条件不起诉、诉讼活动监督等工作。全年审查逮捕各类犯罪嫌疑人406件573人，提起公诉474件760人，要求公安机关说明不立案理由4件，改变侦查机关案件定性29件57人，向侦查机关发出《提供法庭审判所需证据材料意见书》52份，立案监督案件4件5人，追捕22人，追诉1件1人，提出刑事抗诉1件9人。全年立案侦查职务犯罪案件6件19人，逮捕2人。开展“少年模拟法庭”活动。发挥控申职能，全年受理群众来信来访149件234人，对48件实名信访案件全部做出答复，连续两次被最高人民检察院评为全国文明接待室。区法院将2011年定为“审判管理年”，提升案件质效。全年受理各类案件9722件，比上年上升4.71%，审结9262件，上升1.42%，结案率95.27%，涉案诉讼标的金额8.42亿元。年内，区法院被市高级人民法院荣记集体三等功，刑事审判庭被市高级人民法院荣记集体二等功，先后有16名干警因工作业绩突出受到最高人民法院、市委政法委、市高院、市妇联等部门表彰。区司法局召开“五五”普法总结表彰暨“六五”普法启动大会。制定下发普法治理工作意见、考核标准和相关制度。构建由法院、工会、人力社保局、司法局组成的“津南区劳动人事争议纠纷四方联动调解机制”。开展具有津南特色的以“一进三带”为主题的农村专项普法教育活动。年内，区司法局被国家司法部、中央宣传部评为全国法制宣传教育先进单位。

（陈淑香）

人民团体工作 2011年，津南区总工会组织开展2010年度劳动模范评选工作，完成全区20名劳动模范、2个先进集体的推荐、考察、测评工作，召开津南区庆祝“五一”国际劳动节暨劳动模范、模范集体先进事迹报告会。创新协会会费筹措方法，筹措资金50余万元，为劳模协会各项工作的开展奠定基础。组织40名劳模到市职工医院免费查体；组织全区各界49名劳模分两批赴广西地区进行为期一周的学习考察活动。从2011年8月1日起，每逢劳模生日，区总工会将生日贺卡和200元现金送到劳模家中，已为79位劳模赠送生日贺礼，得到劳模和社会各界人士赞誉。团区委加强区属机关单位团组织建设，新建发改委、农经委等机关、企业团支部（青工委）24家，覆盖青年441人。全年新建“两新”组织（新社会组织和新经济组织）团支部220个，农民工聚集地团支部2个，覆盖青年7260人。在农村、社区和“两新”组织建立16个团示范点，成为区、镇、基层三级联动的共青团工作成果的展示窗口。召开津南区“党建带团建”工作会议，各镇、长青办事处分别召开团代会进行换届，75名优秀青年以专兼职结合的方式走上团的工作岗位，团的组织格局创新工作取得阶段性成果。区妇联深化“双学双比”内涵，推进城乡妇女创业就业。开展

2011年6月，公安津南分局破获私藏枪支案件。

“春风送岗位”活动,有效助推妇女就业。举办各类专场招聘会10场,提供就业岗位1321个。组织各镇妇联主席、种养殖大户到种养殖基地走访调研,探索新形势下“双学双比”工作新思路。咸水沽镇赵北村成功创建首个全国巾帼示范村。区工商联引导会员企业参政议政,完成换届选举工作。做好推介工作,促进非公有制经济人士健康成长和非公有制经济健康发展。区科协助推“科技兴企”、“科普惠农兴村计划”,举办以“携手建设创新型城市——科学发展·科技创新·科普惠民”为主题的第25届科技周。津南区荣获全国科普示范区称号。

(陈淑香)

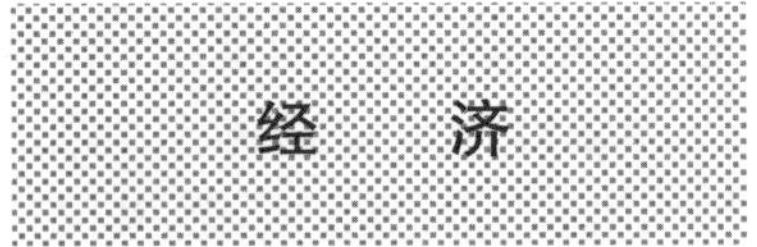

概况 2011年,津南区经济实力继续增强。实现地区生产总值360.75亿元,比上年增长21.01%。三级财政收入127.71亿元,完成计划的104.8%,增长37.88%。其中,地方一般预算收入48.08亿元,完成计划的121.7%,增长32.9%,实现当年收支平衡,略有结余。工业经济保持平稳较快发展,工业企业3299家,完成产值842.25亿元,增长28.92%;实现增加值188.71亿元,增长21.00%。规模工业企业412家,完成产值696.27亿元,增长27.57%;实现增加值148.4亿元,增长25.4%;万元增加值能耗下降6%。固定投资500万元以上内资工业项目完成固定资产投入126.88亿元,增长26.18%。津南开发区及各镇工业园区完成扩域面积480.73公顷,实现“七通一平”面积502.8公顷,完成绿化面积35.83万平方米,修建道路50.7万平方米,基础设施建设投入16.6亿元。全年,工业园区进驻实体企业104家,投资规模173.8亿元,累计1206家,实现销售收入560.59亿元,上缴税金21.10亿元。引进注册型企业2365家,实现销售收入295.93亿元,上缴税金18.26亿元。全年,完成大田作物播种7083.9公顷,完成造林400公顷。畜牧业产值3.39亿元。渔业总产值5.02亿元。实施农业重点项目8个,投资19.81亿元,开工面积71万平方米,注册农民专业合作社58个。服务业增加值实现142.3亿元,增长23.6%;固定资产投资实现102.2亿元,增长69.8%;实现税收31.8亿元,增长23.8%;外贸出口实现11.4亿美元,增长12.93%。加强经济管理工作。区地税局出版《税收宣传月特刊》,以图文并茂的形式向广大纳税人宣传税法知识,讲解办税流程,提示申报要点。区统计局完成第六次全国人口普查数据处理、发布和人口普查先进集体、先进个人表彰工作,公布《津南区2010年第六次全国人口普查主要数据公报》,编撰《天津市津南区第六次人口普查主要数据汇总资料》。区质监局配合区政府在区境内端掉地沟油,小炼铁、有毒豆芽等9个黑窝点;开展3C产品、建材、纸巾纸、严打非法添加、车辆超载超限、塑料购物袋和商品条形码等多项专项治理工作。工商津南分局立案调查侵犯知识产权案件27件,没收各类侵权名酒1.7万瓶;检查阀门生产企业37家,端掉2个侵权窝点;查获传销窝点10个,教育驱散传销人员240人;依法取缔黑网吧23户,没收主机272台,服务器6台,交换机1台;查获不可降解塑料袋75万个。

(宋剑锴)

工业项目建设 2011年,津南区工业经委树立抓发展必须抓项目的理念,扎实推进项目建设,优化产业结构,提高产业竞争力。全年投资千万元以上在建工业项目170个,其中,已建成投产项目86个,计划总投资135.97亿元;待建工业项目78个,其中亿元项目30个,占地面积196.33公顷;在谈工业项目31个,占地面积372公顷,总投资387.02亿元。津南区被列入市级区县重大项目的六批工业项目共61个,年底全部开工建设,投入资金117.08亿元。联东U谷、中盛联投、天大精益、恒生科技等11个工业项目列入2011年新推出的第七批区县重大项目,项目计划总投资52.09亿元。全年新开工建设固定资产投资1000万元以上重点项目137个,其中3000万元至1亿元项目56

2011年11月22日联东U谷总部开放仪式

个，亿元以上项目39个，全年投入资金74.3亿元，占计划投入的72.8%，至年底77个项目竣工部分投产，项目全部投达产后年可实现销售收入155亿元，实现税收7.96亿元，提供就业岗位1.5万个。

（宋剑锴）

农业执法工作 2011年，津南区农经委组织相关部门开展三次大规模的打假保春播执法检查活动。执法大队组织各专业执法部门开展专项执法检查活动14次，出动执法人员506人次，检查种子、农药、肥料等农资4385吨。农机检查出动执法人员30人次，抽查农机维修点10户，对兽药、渔药、饲料企业出动执法人员80人次，对8家饲料企业、5家兽药经营部、3家动物诊所全面检查，检查备案的兽药涉及54个厂家139种药品，所有生产厂家均具有生产许可证，所有药品均有批准文号和GMP认证。利用农业科技赶大集、技术下乡、农民培训、执法检查、普法宣传月、送法下乡等一系列活动，加强法律法规在群众中的广泛宣传，全年举行各类宣传活动10次，发放各类资料17000份，接受农民咨询200人次。

（宋剑锴）

小站稻复种成功 2011年，津南区小站镇深入挖掘稻耕文化传统，选择四道沟村、迎新村、东花园村和名洋湖绿色都市庄园作为试点复种小站稻，种植面积53.33公顷。小站镇与天津市农科院合作成立水稻专业工作组，加强水稻选种、施肥、灌溉和病虫害防治方面技术指导，确保原始耕作方法；利用露天雨水和地下水，解决灌溉水源水质问题。10月9日，复种小站稻试点四道沟村种植的20公顷小站稻获得丰收，亩产稻谷500公斤。标志着在津南区消失近40年的小站稻复种成功，曾以稻耕文化享誉大江南北的小站镇终于再闻米香。

（宋剑锴）

民营企业 2011年，津南区民营办利用广播、电视、报刊、网络等媒体，宣传民营经济发展的政策措施，展示民营企业品牌产品、典型企业，推广先进管理理念和企业发展的成功经验，增强企业发展意识。利用各级技术改造支持政策，加大对民营企业科技创新、技术改造支持力度，全年获得国家、市、区支持资金3600万元，有效提高民营企业发展的积极性。落实《津南区鼓励在职人员创办领办民营企业的工作措施》，鼓励机关、事业单位工作人员在区创办领办民营企业。2008年至2011年，论证批准津南区机关、事业单位工作人员自愿离岗创办、领办民营企业达31人（领办企业1人、创办企业30人），为民营经济发展提供政策、法律、技术、管理、营销、工程设计、信息等服务，营造民营经济发展氛围。

（宋剑锴）

旅游业 2011年，松江乡村休闲旅游区成为津南区继宝成博物苑景区之后的第二个国家4A级旅游景区，滨海观赏鱼科技园区、林泉农业科技生态园、锦堂生态园3家景点被评定为天津市旅游特色点。开通“津南一日游”旅游专线，成功举办第二届天津“宝成杯”国际观赏石博览会，30集电视连续剧《小站风云》在中央电视台和天津电视台播出，国内众多新闻媒体对津南区旅游产业发展给予报道，吸引大批游客来区观光旅游，全年主要景点接待游客近107万人次，比上年增长480.5%，实现旅游收入6490余万元，增长75.7%。

（宋剑锴）

教育经费 2011年，津南区财政局完善义务教育保障机制，推进基础教育均衡发展，落实国家义务教育政策，建立义务教育经费保障机制，安排教育支出54511万元。其中，项目支出28244万元，主要用于中小学义务教育经费保障机制市级补助资金、发放助学金186.2万元、减免学杂费210万元、减免义务教育学生课本费300万元、设备购置1500万元、课改经费50万元、校园安保经费159.6万元，对部分学校设备仪器进行配备和补充。实施咸水沽一中艺术中心工程、咸水沽二中、小站一中、北闸口中学、葛沽镇镇属学校新建扩建工程，对小站六小等6

小站稻收割

所学校危陋校舍进行改造，保证教育教学工作正常进行。

（宋剑锴）

税收服务 2011年，津南区国税局探索税收科学征管和优化纳税服务的途径和方法，积极参与区重大项目领导服务小组项目论证、政策咨询和服务。对重大项目进行跟踪服务、管理监控，确保新增税源及时纳入监管，有针对性地解决纳税人合理的涉税要求。以窗口服务单位和办税服务厅为重点，打造环境、规范管理、优化服务，统一制定办税服务厅值班长制度、着装仪表要求、卫生管理制度、设备维护管理制度、宣传服务制度和安全管理制度等一系列管理事项。根据纳税人的不同需求，实施多元化、个性化服务。重点对税收政策、税收管理和纳税服务等内容进行宣传辅导。各基层窗口单位开展创建"人民满意窗口"活动，把服务发展、服务企业摆在突出位置，着力解决突出问题，不断深化作风建设。

（宋剑锴）

商标品牌建设 2011年，工商津南分局按照"培育一批、打响一批、储备一批"的工作思路，加强品牌建设，牵头起草《津南区知名商标认定办法》、《津南区驰、著名商标奖励资金管理办法》、《全区驰、著名商标发展规划》、《津南区知名商标认定办法》、《津南区实施商标战略促进经济发展的意见》，以政府文件下发全区，为推进商标战略打下良好基础。继续完善"四个机制"，积极开展"注册一个企业，申请一件商标"活动。对津南区2010年被认定及连续认定的13家著名商标企业进行走访验收，代表区政府核发奖励资金420万元，进一步增强商标战略的吸引力。帮助企业申请办理商标注册1186件，注册量创历史最高水平。全年有9件商标被认定为天津市著名商标。

（宋剑锴）

价格监管 2011年，津南区发改委组织开展价格公共服务工作。对全区180个零售药店坐落地点、法人代表等基本情况调查摸底，建立基本情况数据档案。对36家商业零售企业、15个医疗收费单位76名工作人员分别进行价格政策培训，全面推动合法经营，价格诚信工作。组织公安派出所等18个单位34名工作人员进行涉案鉴定文书培训，规范全区价格鉴定委托受理程序。完成172个行政事业性和经营服务性收费单位的年度审验和换证工作，年审率100%，收费4.25亿元。完成全区涉农、涉企、停车、医疗卫生、商品房明码标价、教育、市场商业零售网点明码标价等专项检查。出动1300余人次，检查624户次。报送国家发改委应急监测53期106条数据。完成农副产品价格监测报表106期，完成粮食等138个品种1.8万价次采价，走访农本调查户210户次，上报成本及收益调查汇总数据1.3万个，确保数据准确，依据可靠。组织开展价格举报电话开通10周年纪念活动。摆放宣传展牌，发放宣传材料1000余份。组织600余名学生进行价格法律知识竞答。受理群众价格咨询、举报210件，办结率100%。完成涉案鉴定、车损评估1776件，评估值4229万元。

（宋剑锴）

质监安全 2011年，津南区质监局积极配合政府构建三级食品安全监管网络。检验机构完成"批批检"任务8609个批次，完成天津市质检局监督检验任务73个批次，完成津南区食品安全办公室风险监测任务140个批次。产品质量监督检验所完成迁址扩建工作，通过食品安全实验室资质认定评审，成为天津市首个通过此认证的检验机构。开展特种设备使用单位核查工作，核查520家企业。针对还迁区域高层建筑电梯使用现状开展调研，召集维保单位、物业公司、居民代表听取意见和建议，形成全区电梯情况调研报告提交区政府。

（宋剑锴）

2011年11月30日，天津市金港华不锈钢商用设备有限公司向工商津南分局赠送"加强企业品牌意识，帮扶企业跨越发展"锦旗。

财政审计 2011年，津南区审计局以财政审计格局为指导思想，以预算执行为主线，以预算编制、预算收入、支出、政府债权债务为重点，加大对民生、城建、社保、政府债务风险、重点项目、专项资金的审计力度，加强对财政资金分配、使用和管理情况的监督。全年完成对区级预算执行审计、7个镇财政决算审计、3个示范项目资金筹集管理及使用情况调查审计、家电下乡审计、政府性债务情况审计、天津滨海观赏鱼和科技园区审计。查出违规及管理不规范金额197585.68万元。

（宋剑锴）

文　化

概况 2011年，津南区文化广播电视局围绕全区中心工作，注重抓好公共文化服务体系建设，大力开展公益性、群众性文化活动，进一步加强文化遗产的挖掘和保护，依法管理文化市场，推进文化产业发展。在全区实施农家书屋和村文化室建设工程，组织举办大型群众性文化艺术展览演出活动和广场文化活动，开展“知识工程”全民读书活动和农村电影“2131”放映工程。以《海河柳》为载体，津南区业余创作队伍不断壮大，文学创作取得一定成绩。文化遗产的挖掘、保护和管理工作加强，圆满完成第三次全国文物普查工作，非物质文化遗产得到弘扬和保护。文化市场管理取得一定成效，文化产业实现稳步发展。《津南年鉴(2011)》创刊首发，《小站风云》央视热播，有力促进了地区文化繁荣发展。

（赵宗承　陈淑香）

庆祝建党90周年——红色唱响

群众文化活动 由区委、区政府主办，区委办公室、区委宣传部、区政府办公室、区文广局承办的津南区2011年《盛世之春　魅力津南》元宵节大型灯展和焰火晚会圆满举行。2月16日(农历正月十四)夜晚，灯展和焰火晚会隆重开幕，焰火晚会分为5个乐章，照亮美丽津南。大型灯展于2月16日至18日(农历正月十四至正月十六)在咸水沽镇东沽路举行，59组大型花灯绚丽多姿、流金溢彩，烘托出津南的独特魅力和喜庆、吉祥、热烈、和谐的元宵节气氛。如此规模的大型灯展为津南区首次，吸引50余万各界群众观赏。2011年，区文广局组织举办群众性文化活动300余场次。举办津南区第七届文化艺术节开幕式和“唱响津南”系列文艺展演活动。文艺展演形式有少儿歌手赛、青年歌手赛、家庭才艺赛、折子戏比赛、综合文艺团队展演，活动自5月9日开始至10月底结束，共计演出40余场次，演员4000余人，观众8万余人。举办津南区纪念建党90周年群众歌咏大会和“红色唱响”文艺系列活动60场次，观众6万余人。举办津南区第三届“欢乐新春”《沱牌酒业杯》民间花会展演，累计演出20余场，吸引万余人观看。第五届青年歌手大奖赛，60余名青年歌手参赛。小海鸥艺术团“海鸥飞翔”暨第37期学员汇报演出，舞蹈、二胡、声乐、电子琴、21古筝、扬琴、小提琴、主持人、电声、美术等多个专业的近400名学员参加。年内，组织开展农村电影“2131工程”放映活动，深入农村、社区、学校、工地免费放映电影300余场，观影近12万人次。

（赵宗承）

文学创作 2011年，津南区文广局举办《海河柳》第五届新春联谊会，市著名作家、学者、区有关领导、市群众艺术馆领导及《海河柳》杂志理事、作者200余人出席大会。组织承办由天津大学出版社出版，著名书法家田蕴章真书，红学大师周汝昌先生宣义的《千古奇文千字文》首发式，签售300余册，各界书法爱好者和文学作者100余人参加，新华网、天津日报、今晚报等媒体到场采访。举办著名作家红孩文学讲座和周汝昌千字文解读讲座及著名作家何申文学讲座。组织参加第20届全国“文化杯”梁斌小说征文，津南区上报19篇。组织津南文学作者60余人，举行“看津南，写津南”文学采风，收集诗歌、散文作品40余篇，在

《海河柳》连载。全年出版《海河柳》文学期刊6期，发行12000册。《韩少刚小品曲艺作品集》付梓成书，《海下风情》第四卷编撰出版。

（刘国华）

非物质文化遗产工作 2011年，津南区文广局组织区非物质文化遗产保护领导小组和专家组，开展津南区第二批非物质文化遗产项目审核评选工作。评选出咸水沽镇海下同乐高跷、葛沽镇长乐高跷会、咸水沽镇罗氏五十四枪、咸水沽镇青萍剑、葛沽镇萧氏内家拳府内派杨氏太极拳、八里台镇韩氏中医正骨、咸水沽镇麦秸画7个津南区第二批非遗项目。组织区非遗项目参加全国“文化遗产日”展演展示活动。市级非物质遗产项目“海下同善文武高跷”参加现场展演，津南区王天庆的麦秸画、吉汉元的核桃画、宋彦艳的工艺面塑在活动会场亮相。区张永环、李少鹏、杜家路、宋世祥被市政府命名为天津市非物质文化遗产项目代表性传承人。

（张绍军）

海下文武高跷 2011年6月11日至12日，在市委宣传部、市文化广播影视局和南开区人民政府共同主办的天津市文化遗产日活动中，津南区的张永环、李少鹏成为天津市非物质文化遗产项目海下文武高跷的代表性传承人，被授予证书，载誉而归。天津海下文武高跷已有一百多年历史，在漕运文化、码头文化、盐业文化的影响下，逐渐形成独具特色的海下文武高跷老会。“海下”高跷即指天津卫“海下（旧时从天津卫有一条向东南方向的海大道直达大沽口）”一带民间花会中的高跷（亦指津南区咸水沽和葛沽一带的高跷）。天津海下文武高跷在木腿子上有长短之分，武高跷要比文高跷矮一些。该会的表演器具有腿子、行头、道具、头棒、腰鼓、镜钱等，其唱腔既有南方的温柔也有北方的粗犷，是天津历史上漕运文化、码头文化所体现出的南北文化交流的佐证。北洋村高跷队有140余年历史，原名“同乐高跷队”，后改名“正忠义务高跷队”。高跷花会是天津民间的一个重要艺术形式，天津的高跷、尤其是老海河下游两岸的高跷，与别处不同，不仅有高难度动作的舞蹈，还有优美动听的唱词唱腔，宛如一台文武并举的戏曲表演。北洋村“海下文武高跷”第四代传人、80多岁高龄的李少鹏老人能唱39段唱腔。2007年6月“海下文武高跷”被天津市政府列为首批非物质文化遗产，使得在天津地区独一无二的津南区北洋村“海下文武高跷”这种民间艺术形式能够继续发扬并得以传承。

（陈淑香）

文化市场监督管理 2011年，津南区文化广播电视局新闻出版科更名为文化市场管理科。主要负责新闻出版、文化行政审批、“扫黄打非”及文化行政执法。科室工作人员全部经过天津市文化行政执法总队的专业执法培训，取得文化行政执法证。完成全区242家文化经营单位年检，对新增8家印刷企业、7家娱乐场所、音像和出版物发行设立及变更进行相应审批，完成6场演出备案。加强网络文化市场技术监管体系建设，对34家网吧进行监督管理。建立健全文化市场综合执法办公系统，配备专门办公系统管理员，严格按照执法检查程序和案件办理流程办案，执法工作高效准确。深入开展“扫黄打非”斗争，加强知识产权保护工作，全年收缴盗版光盘7000余张，盗版图书3000余册，有效净化了文化市场。

（张　莹）

津南电台 2011年，津南新闻中心重新整合新闻内容、创新节目形式，着力打造“津南之声”30分钟的资讯时段，强化新闻的及时性、有效性，丰富节目内容，延展节目深度，突出民生主题。栏目设置“要闻播报”、“民生视线”、“新风尚新生活”三大版块，围绕津南区又好又快的发展形势、城乡一体化进程的不断推进，着

天津市非物质文化遗产——海下文武高跷

眼新农村的新风貌提供丰富的新闻资讯，培养新的听众群体，取得良好宣传效果。新栏目不仅使电台更受听众关注，更提升了电台水平档次。

（王　军）

《小站风云》央视热播　2011年9月1日，纪念辛亥革命100周年主旋律献礼剧《小站风云》在中央电视台8套黄金档开播，在津南区掀起收视热潮。《小站风云》创作历时4年，由津南区政府、天津电视台、中国电视艺术家协会、中网影视文化产业投资（天津）有限公司联合摄制。总编剧周震天以天津小站刘、李两大家族争夺“贡米”事件为开篇，首次将稻耕之家的“小人物”在辛亥革命前后的奋斗求索搬上荧屏。在该剧即将播出之际，中国国民党主席吴伯雄应区委副书记、区长李广文邀请，审看了该剧片花。对该剧表现出高度关注和殷切期望的同时，挥笔题词“运古涵今”，希望通过《小站风云》的播出，进一步弘扬优秀历史文化，并以这种文化为介质密切两岸同胞感情，推动两岸关系和平发展。《小站风云》的热播，带动了小站地区及津南区旅游业的发展。

（陈淑香）

《津南年鉴（2011）》首发　2011年10月28日，津南区举行《津南年鉴（2011）》首发式暨二轮修志推动会。区委常委、区委组织部部长祖大祥，区人大常委会副主任吴丙喜，副区长刘恒志，区政协副主席、区委统战部部长龚伯生出席会议。市地方志办公室主任苏长伟到会并讲话，对津南区年鉴编纂和二轮修志工作给予高度评价和充分肯定。会议由刘恒志主持。各镇、各委办局、区直单位主要领导和区年鉴编修委员会成员及供稿单位的主笔近200人参加会议。出席会议的领导向各单位代表赠发年鉴。《津南年鉴（2011）》，采取语体文表述，分类编辑，由篇目、栏目、条目组成。全书设区情综述、大事记、特载、中共津南区委、津南区人大常委会、津南区人民政府、政协津南区委员会、园区建设、城市建设与管理、民营经济、社会事业和人民生活、乡镇街道、创先争优、附录、索引等20个篇目，约40万字，以图文并茂的形式，全面系统、客观准确地记载了津南区2010年政治、经济、科技、教育、文化、卫生、体育等领域的发展成就。《津南年鉴》的创刊，填补了津南区没有年鉴的空白，进一步提高了津南区的影响力。

（陈淑香）

社　会

概况　2011年，津南区建筑行业完成税收27.57亿元，比上年增长33.9%。其中，建筑业完成税收13.70亿元，房地产业完成税收13.87亿元。投资3500万元整修区内道路、高速公路及入市道路共计52公里，推动环卫基础设施建设。综合治理全区主干道路占路经营，建立联查机制，治理运输撒漏现象，保证人民群众宜居津南。加大科技投入力度，区财政投入1100万元，重点支持区科研攻关计划项目12项、区科技创新专项项目24项、科研补贴类项目13项和专利成果转化项目8项，拉动企业投入2.9亿元，实现销售收入10.25亿元，税收5463万元，所在企业实现销售收入30.76亿元，税收1.13亿元。教育教学质量稳步提升，初中毕业合格率98%，巩固率99%；高中阶段普及率97.5%。高考二本以上上线率66.5%。职业学校毕业生就业率96%，南洋工业学校承办2011年全国职业院校技能大赛。开展“环境年”建设，创建无烟医疗卫生机构，改善群众就医环境。咸水沽医院与天津市第三中心医院结成姊妹医院，成为天津市首家“姊妹医院”。销售即开型体育彩票440万元，弥补区体育事业经费不足；开展群众性体育竞赛活动，举办津南区第七届全民运动会，组队参加天津市第七届农民运动会，区体育局被国家体育总局授予2011年全民健身活动优秀组织奖。保持低生育水平，全年出生4322人，其中一孩3078人，二孩1244人，符合政策生育率98.91%，出生人口性别比103。做好就业工作，新增就业18815人。建立社区综合服务中心、老年日间照料服务中心，为居民提供快捷、优质的服务；对养老护理员进行培训，提高

2011年10月28日，津南区举行《津南年鉴（2011）》首发式暨二轮修志推动会。

养老机构服务质量。

（王　君）

城镇建设　2011年，津南区房屋建设总投资174.1亿元，施工面积2143万平方米，其中新开工面积553万平方米，竣工面积345万平米。还迁安置房投资99.6亿元，新开工190万平方米，竣工92万平方米；商品房投资46.9亿元，新开工233万平方米，竣工86万平方米。投资2.87亿元实施津南大道（双桥河段）建设工程、辛柴路大修工程、建国大街改造工程、津南新城起步区与天津大道联络线改建工程。完成双桥河路、小站工业区、八里台海尔、咸水沽镇建国大街等17项道路及排水工程，修建车行道19.6公里，人行道31.5公里，铺设管道24.3公里，砌筑收水井337座，检查井664座。疏通管道228公里，掏挖检查井9560座次；维修检雨井610座，调整井篦子680座；泵站排雨污水23560万立方米。泵站维修水泵72台次，维修电机72台，维修闸门9座，挖池子9座。承担津南新城起步区、咸水沽次高压燃气切改、双港—八里台污水总管、河畔星城、洪泥河东路、海尔、双桥安置房污水外排、辛庄示范镇、北闸口污水干管等9项、18条道路的基础设施配套建设。全区在建污水处理厂4座，总投资2.88亿元，污水处理能力11.5万吨/天，为群众创造良好生活环境。完成咸水沽镇390万平方米供热任务及38家供热单位管理服务工作。投资1470万元完成博雅供热站及新兴供热站建设；投资535万元对14个老住宅小区进行单户循环改造，改造面积11.2万平方米，改造老旧管网3300米。推广节能新技术，对50万平方米三部节能房屋全部安装热计量表并按表收费，完成35个换热站和5个锅炉房及煤库的数据传输及视频通信传输工作。

（王　君）

市容环境综合整治　2011年，津南区投资3500万元整修道路52公里。综合整治津沽新街、红旗路延长线、建国大街等10条建成区道路、海河教育园周边环境及天津大道、津港高速道路，完成解放南路、洞庭路（津南段）共3公里综合整修任务。加强社区整治，平整铺砖地面1.5万平方米，增设垃圾容器230余个，封堵沿街居民区垃圾窑门12处，清理垃圾死角160余处。组织开展精品小区创建工作，创建精品小区40个、良好小区49个、达标小区18个。完成建筑粉刷、清洗28万平方米，牌匾改造9059米，屋顶防水、“平改坡”4.36万平方米，便道铺装8.2万平方米，空调移机1699台，安装空调罩5045个，台阶改造8541平方米，新建围挡8960延米，楼房改形12.03万平方米，安装内置护栏1.47万平方米，规范吊挂物4792平方米，新建绿化10.64万平方米，制作安装城市家具20个。推动环卫基础设施配建及设备购置工作，新建公厕6座，对既有公厕设施提升改造，优化内部环境，增设残疾人设施，咸水沽建城区的13座公厕全部提升改造为二类以上公厕。新购置各类专业车辆12部。新建垃圾转运站1个，环卫班点2处。投资30多万元改造韩城桥转运站及班点，建设200多平方米的外来务工人员宿舍，解决外来务工人员居住问题。完成区数字化城市管理二级平台建设，监督考核范围由主干次支道路向背街里巷延伸，真正做到全区考核监管全覆盖、无盲区，为城市管理工作“及时发现，快速反应、有效处置、圆满解决”打下基础。

（王　君）

道路环境　2011年，津南区综合执法局对全区61条主干道路环境秩序进行综合治理，治理占路经营3200余起，清除乱贴乱画、乱吊乱挂27000余张。以天津大道、天嘉湖路为重点，采取定点设卡、流动巡查和轮班执勤方式，对运输撒漏行为实施24小时管控，组建治理运输撒漏专业队伍，组织集中治理行动46次，治理运输撒漏行为7200余起。完成“四小商贩”规范管理工作，发放“便民早餐车”85部，规范修车摊位17个，对修鞋摊和修锁摊进行规划选点。与国土津南分局建立土地联查共管机制，发现违法建筑案件158件，其中立案调查36件，拆除违法建筑80处45000平方米。组建海河教育园城管执法中队，按照城市管理工作职能，通过日常巡查对园区内占路经营、违法张贴、私搭乱建进行面对面管理，保障园区和谐有序的学习生活环境。

（王　君）

科技工作　2011年，津南区召开科技型中小企业发展工作联席会、发展座谈会等，支持科技型中小企业发展融资对接工作，重点科技型企业与金融机构融资洽谈，召开校企合作对接会。认定科技型中小企业496家，认定总数1013家，申报市级科技小巨人企业33家，其中11家企业获得6900万元贴息贷款支持。举行“海外博士创新创业津南行”活动，来自美国、英国、瑞士、加拿大等国的15位海外博士携带23个高新技术项目，与区内企业洽谈合作，创新创业。申报天津市专利（创造类）试点企业6家，区级专利试点企业52家，全区申请专利数量1420件。在天津市区县科技进步监测中位列第三，通过国家科技部2009—2010全国县市科技进步考核，首次获得全国科技进步先进县

2011年10月7日召开津南区加快科技型中小企业发展推动会

市称号。加快平台建设步伐,全区各镇及开发区均成立生产力促进中心及科技企业孵化器，科技企业孵化器注册资金 3300 万元，总面积 109810 平方米，并通过市级资格认定。实施农业科技项目 20 项,验收 15 项涉及蔬菜、品种引进和育种、林业、畜牧水产、农机等方面的新技术引进及转化、产业化等内容。其中设施芹菜新品种及种植增收技术示范推广项目列入 2011 年度天津市农业科技成果转化与推广项目计划。

（王　君）

职业成人教育　2011 年，南洋工业学校成功申报国家中等职业教育改革发展示范学校。承办并参加 2011 年全国技能大赛,5 名学生获二等奖,2 名学生获三等奖。在 2011 年天津市技能大赛中，南洋工业学校获团体总分第一名。津南区有 7 个社区教育项目经专家评审推荐参加市级社区教育项目评选，其中八里台镇成人文化技术学校的社区项目被评为市级二等奖，咸水沽镇成人文化技术学校的社区项目被评为三等奖。圆满完成“农民大专学历证书教育工程”培训任务,根据“农民大专学历证书教育工程”优惠政策，有 103 人享受市、区级财政补贴。

（李文俊　王　君）

疾病预防控制　2011 年，津南区卫生局加强重点传染病监测,报告甲乙类传染病发病率 148.71/10 万,比上年下降 7.42 个百分点。推动示范化预防接种门诊建设，全区 4 家示范化预防接种门诊通过市级审批。开展消除麻疹工作,完成适龄儿童脊髓灰质炎、麻疹疫苗的查漏补种,5 种疫苗全程合格率 98.52%,疫苗疑似异常反应监测覆盖率及规范处置率 100%;儿童入托、入学接种证查验率 100%。加强慢性非传染性疾病控制，开展慢病干预示范社区“健康一二一”活动,覆盖率 100%。深入基层派出所开展预防艾滋病宣传,在八里台、辛庄、双桥河、双闸 4 个派出所,对 90 余名一线公安干警进行艾滋病职业暴露预防培训。在海河教育园 7 所院校开学之际,为师生开展健康知识及学校传染病防控培训。区结核病防治所、北闸口镇卫生院联合镇工会举办“健康走进企业”——结核病防治知识大赛,发放防病知识宣传材料 400 余份,奖品 100 余份,企业员工千余人受益。区疾控中心病毒核酸检测实验室新增手足口病病毒核酸检测工作,成为全市首家开展此项工作的区县疾控单位。

（王　君）

体育工作　2011 年，津南区少儿体校田径、射击、举重、棒球、网球、柔道、乒乓球、垒球、跆拳道 9 个业余训练项目，被市体育局确定为重点布局项目。咸水沽一中、葛沽实验小学、白塘口小学、小站实验小学被市体育局和市教委命名为天津市

2011年全国职业技能大赛

体育传统项目学校。向市运动队输送的运动员在自行车、柔道、举重、射击、棒球等项目的国际、国内比赛中获得4枚金牌,8名队员进入前三名,26人次取得5至8名的成绩。津南籍运动员李昕哲代表中国队在科威特举行的第四届亚洲气枪锦标赛青年组男子10米气步枪比赛中获得金牌。12名津南籍运动员代表天津雄狮棒球队,获得2011年全国棒球联赛冠军。组队参加在湖南省吉首市举行的全国少年举重分龄赛,获得1枚金牌、1枚铜牌。区武术协会22人赴香港参加第九届香港国际武术节邀请赛,获得9金8银4铜的好成绩。

(王　君)

计划生育工作 2011年,津南区人口计生委以争创全国人口和计划生育综合改革示范区为载体,在全市率先推动人口计生公共服务职能拓展转型,创新工作机制,建立稳定低生育水平的长效机制。推进人口计生公共服务体系建设,确立镇人口家庭公共服务中心“十部制”和社区人口家庭公共服务中心“五室”(人口和计划生育服务室、人口家庭综合服务室、人口家庭宣教室、儿童早期发展促进室、日间照料室)转型模式,确立独生子女父母养老服务保障模式,在全市创新项目评审中名列第一。创新津南特色生育关怀利益导向机制,建立区、镇、村三级奖励扶助基金制度,兑现特扶金253.2万元、独生子女父母年老奖励144.2万元。创新城乡一体化人口计生服务管理,制定《津南区推行社区人口计生网格化服务管理实施意见》,在葛沽镇、咸水沽镇试点推行“区域到块、网格到组、责任到人、条块结合”的社区人口计生网格化服务管理模式,建立“职责明确、信息畅通、管理高效、服务优质、全面覆盖”的人口计生责任网格体系,实现社区人口计生服务管理精细化、信息化和规范化,为探索城乡一体化人口计生服务管理模式提供先行经验。创新拆迁过渡期育龄妇女服务管理,落实拆迁过渡期育龄妇女服务管理制度,采取增投入、增专干、提工资、过渡费发放与集中康检相结合等措施,双港镇创新指纹机康检模式。创新流动人口计划生育公共服务均等化,推行“以房管人”、“以业管人”、“工地式”、“公寓式”、“合同式”服务管理模式,对全区拆迁过渡期17937名育龄妇女做到居住分散服务管理不散。区人口计生委被国家人口计生委命名为首批“全国阳光计生行动示范单位”。

(王　君)

津南区第七届运动会太极拳表演

就业与劳动保障 2011年,津南区新增就业18815人,其中安置农村富余劳动力转移就业11674人,开发公益性岗位779个,帮扶城镇十类就业困难人员就业518人。认定区级“就业帮扶基地”4家,安置农村富余劳动力等384人;严格公益性公司、公安协勤、交通协勤人员增减变动管理,申报下拨补贴资金792万元。职业介绍所举办各类招聘专场24场,1342家用工单位进场招聘,提供岗位28400个,26550名求职者参加现场应聘,达成求职意向4536人。指导各镇开展各种类型、规模的招聘专场67场。建立在职职工继续教育和稳定就业岗位培训机制,完善城乡劳动力培训体系,加强培训流程管理,提高培训质量。建立小额担保贷款基金,全年完成小额担保贷款资格审核53人,审核通过40人,获得贷款资金198万元。城镇职工基本养老保险参保缴费8.18万人,医疗保险参保8.23万人,失业保险参保6.26万人,工伤保险参保7.70万人,生育保险参保6.46万人。建筑业农民工工伤保险参保5个建筑项目,参保农民工3151人。城乡居民基本医疗保险参保28万人,参保率99.96%。全年受理职工举报投诉663起,其中举报立案59件,投诉立案604件(含上级移送案件10件),涉及职工1.19万人。补缴社会保险1.75万元,清欠工资1914.55万元;受理劳动争议案件1411件,结案率97.1%。检查企业455家(户),涉及职工56808人,清欠工资1169万元。检查职业介绍机构11个,取缔无营业执照或职业介绍许可证非法从事职业介绍活动的组织或个人1个。督促用人单位签订劳动合同308份,补签劳动合同47人次，补缴社会保险费15663元。

（王　君）

社区建设　2011年，津南区财政投入1.2亿元，建成8个社区综合服务中心，建筑规模2万平方米，可进行失业就业、保险、老年人服务、低保特困、优抚、残疾人、个体执照、国地税、补贴发放、计划生育、村镇建设、党员管理、团员管理等项工作，为社会提供“进一扇门办百件事”的快捷服务；投入1698万元解决15处社区办公服务用房。建设完成8个示范社区，每个示范社区办公服务用房面积1000平方米以上，建有一校（市民学校不低于200平方米）、一场（室外活动场所不低于1000平方米）、一室（文化活动室不低于150平方米）、一径（体育路径）、一廊（宣传长廊不低于20延米）的“五个一”文体活动阵地。新建7个社区老年日间照料服务中心。新成立7个社区居委会，其中农民还迁社区形成的新型城镇社区6个，新型城镇社区原有集体资产逐步过渡到农村集体经济组织经营管理。

（王　君）

养老机构管理　2011年，全区有区级国办养老机构1所，社会办养老机构5所，共有床位1638张，入住老人820人，养老护理人员183人。91名养老机构护理员在津南区颐养院进行养老护理员从业资格能力培训，并取得证书。参加各种养老护理员职业竞赛，取得优异成绩。区民政局在天津市率先制定《津南区关于资助经济困难老年人入住养老机构实施细则》，区内经济困难的老党员、老村居干部及符合条件的老军人18人入住养老院，享受到政府资助。

（王　君）

咸水沽镇

咸水沽镇位于津南区境北部，海河南侧，大沽排污河以北，辛庄镇以东，双桥河镇以西。2011年，镇域面积55平方公里，耕地面积2128公顷。辖27个行政村、13个居委会。人口3.85万户10.09万人，其中农业人口4.52万人。

隋称豆子卤亢，明始有咸水沽地名文字记载。1948年12月解放。1949年成立咸水沽市，同年撤销，称咸水沽镇。1958年归河西区美满人民公社。1959年系小站人民公社管理区。1961年成立咸水沽人民公社。1966年称永红镇。1969年撤镇建街。1983年复称咸水沽镇。1985年咸水沽乡并入。2001年南洋镇并入。

2011年，生产总值49.08亿元；三级财政收入10亿元；固定资产投入32.89亿元，增长64.77%；内资到位额51.71亿元，增长30.73%；实际利用外资3905.5万美元，增长62.01%；农民人均纯收入14280元，增长11.2%。

工业企业完成税收3亿元；实现工业增加值6.9亿元，固定资产投资11.8亿元，完成103.22%；内联引资16亿元，完成133%，外联引资3077万美元，完成121%。注册企业470家，注册资本17.3亿元，实现税收1.8亿元。新引进4家实体项目，占地26.2公顷，建筑面积31万平方米，总投资31.8亿元。100家企业实施技改，新增固定资产投入4.2亿元。开发填补市空白新产品6个，新组建产学研联合体3家，认定区级技术中心2家，申报专利100项。

服务业增加值34.19亿元，增长42.8%；社会消费品零售额11.24亿元，增长76.1%；固定资产投入18.86亿元，增长76.82%。完成税收2.02亿元，增长76.1%。红旗路商业街被评为第六批国家示范社区商业街。耀华新天地二期2万平方米、津沽首府时尚风情步行街8000平方米开张纳客。月坛现代商业大厦7.8万平方米、金华酒店2.7万平方米、金华超市3.5万平方米、金华电子商城1.6万平方米完成主体建设。首家进驻镇域的丰田汽车4S店10月正式开业。引进猎渔舰大酒店，津沽路金融街具备雏形，委托拍卖行对宝业馨苑底商进行招租，成功租赁28套，面积3522.32平方米，租赁金额264.4万元。

海河科技园区累计签订基础设施施工合同额1.5亿元，完成投入7000万元。斥资900万元铺设管道2100延米，将天然气引入园区。大力发展楼宇经济，打造总部型和科技企业型载体6处，总投资9亿元，建筑面积20万平方米。科海投资发展有限公司建设的11万平方米科技型中小企业孵化园正式对外招商；3.2万平方米园区总部经济园实现主体封顶；中盛汽车孵化园和天大精益装备制造产业园开工建设面积近6万平方米。

新建镇级劳动保障服务中心办公大厅，创刊发行《咸水沽镇劳动保障报》，宣传就业政策、发布招用工信息。举办招聘会12场，成功推荐就业1100人次；举办各类培训27期，安置劳动力3000人；城乡居民医疗保险参合率99.99%。对605户困难家庭和残疾家庭每季度发放生活必需品和300元慰问金；对53户困难家庭进行有效救助；确定79名学生为救助对象，每学年救助1500元；对21名困难大学生发放一次性助学金3000元；为18名困难残疾人赠送轮椅；对全镇110名低保及优抚对象中60岁以上老年人开展上门生活照料等专项服务。

（何　然）

小站镇

小站镇位于津南区东南部，东与葛沽镇毗邻，西与八里台镇相连，南与滨海新区大港相交，北与北闸口镇和双桥河镇接壤。2011年，镇域面积56.72平方公里，耕地面积2398.87公顷，辖26个行政村和5个社区居委会，人口5.93万人。有汉、回、蒙古、土家、苗、满、维吾尔7个民族居住。

该镇因小站稻而兴旺，因小站练兵而闻名，是中国近代史上有重大影响的历史文化名镇，始建于清同治十二年(1873)，因清代铺设马新大道设驿站而得名。小站练兵、小站"四清"、小站稻驰名中外。1937年4月，小站成立中共特别党支部，是津南地区最早的党组织。1948年12月解放，成立小站市。1949年8月，小站市改为小站镇。1958年8月，成立小站人民公社。1983年4月6日建镇(含乡)。1985年6月，小站乡与小站镇合并为小站镇。

2011年，完成地区生产总值35.53亿元，比上年增长25%；财政收入4.91亿元，增长31.7%；固定资产投入28.19亿元，增长64.76%；农民人均纯收入1.3万元，增长13%。工业税收23808万元，工业总产值63.31亿元，内资到位额16.2亿元，实际利用外资3305.2万美元，引进投资千万元以上重点项目15个，投资总额25.8亿元，完成300万元以上企业技改项目6项，投入资金5498万元。认定科技型中小企业49家，企业申请各类专利55项，建立产学研联合体3家。

工业园区企业销售收入33.743亿元，利润5489万元，税收1.094亿元；注册企业完成税收1460.059万元。完成绿化14万平方米，安装路灯671盏，工业区道路修筑3888延米。创意产业园区引进企业64家，注册资金3.2亿元。认定科技型企业27家，完成技改和节能项目企业6家，获得科技扶持资金企业3家。

农作物种植面积1698公顷，其中棉花1213公顷，大田作物种植485公顷。国家扶持的33.33公顷设施农业项目通过市、区验收，棚内蔬菜长势良好。结合"南生态"建设，签订7个农业园项目，租赁农用土地547.3公顷。

全年开展培训14期，培训职工1149人。召开6次招聘会，166家企业参加，达成意向971人。安置农村富余劳动力和城镇下岗失业人员2840人。为盛字营村3237人办理失地农民养老保险，为830名18岁以下人员发放一次性补偿金，为24名参保前死亡人员办理一次性养老待遇领取。为全镇35153人办理城乡居民医疗保险，全年发放临时救助等各类款项1100余万元。

小站实验小学、小站四小被评为教学质量先进单位，东大站小学被评为教学质量突出单位，小站实验中学在中考中获得全区第二，42名干部教师获得荣誉称号。对43所民办幼儿园严格管理，未发生安全事故。实施医药卫生体制改革，推行基本药物零差率销售，实行绩效工资制，深化18项公共卫生服务。儿保工作实行微机化管理，为1022名新生儿建证建册，开展疫苗接种13220人次，有效预防传染病传播。

(何　然)

双港镇

双港镇位于津南区西北部，海河南岸，南连西青区，东邻辛庄镇，西界河西区。津沽公路纵穿南北，天津市外环线、犁双公路横贯东西，距天津机场9公里，以海河为主线的八大河域内纵横交错。2011年，镇域面积30.16平方公里，耕地面积304.26公顷。辖16个行政村、2个居委会。人口1.64万户5.35万人，农业人口3.34万人。有汉、回、满、壮、苗、白、彝、瑶、朝鲜、蒙古、布依、土家、哈尼、东乡、纳西、维吾尔16个民族。

该镇历史悠久，以老海河与赤龙河形成的小港叉而得名双港，素有"双港古寨，海门要津"之称。解放后，经历了河北省天津县第四区、第一区、第九区、天津市东郊区、西郊区、河西区、南郊区等行政归属变化。1983年6月建乡，隶属南郊区。1992年12月31日建镇，隶属津南区。

2011年，生产总值35.39亿元，固定资产投资31.45亿元，引进内资到位额39.96亿元，利用外资到位额3504万美元，实现税收10.08亿元，连续5年保持40%以上增速，农民人均纯收入14149元。

示范工业园区全年基础设施投入3.8亿元，实现税收2.08亿元，洽谈项目56个，其中顺翔宏泰总部经济基地、天宇荣昌创意园、中天证照等9个项目签约落地，协议投资额52亿元，引资到位额16.37亿元。双港科技产业园区固定资产投入2亿元，引进企业43家，出售面积1.6万平方米，实现收入7000万元，税收2100万元。全年引进注册企业356家，引进注册资金16.58亿元，实现税收3.06亿元。其中金巨龙路桥建设工程有限公司注册资金5.89亿元。

第三产业完成增加值18.1亿元，固定资产投入17.1亿元，社会消费品零售额10.4亿元。港汇物业、商业运营公司、富景海鲜大酒店等新建三产企业投入运营。

全面推进中心镇区、新家园、北马集、先锋、柳林风景区等6片重点工程建设。其中新家园还迁工程开工面积 12.91 万平方米，8.9 万平方米完成主体封顶。至年底，累计开工 89 栋 51.79 万平方米，竣工 17.64 万平方米，2189 户迁入新居。

创岗安置劳动力 3755 人，全镇就业率 89%以上；全年举办招聘会 27 次，271 家企业提供就业岗位 4710 个，入场求职 1740 人，成功就业 273 人。企业新注册招聘 59 家，签订联盟协议 15 家。制定并落实 2011 年度扶持就业奖励政策，兑现奖励资金 16.9 万元，自谋职业 50 人，兑现奖励资金 9.85 万元。开展 16 家企业和谐企业创建工作，对 60 家企业开展用工调查。举办各类培训 10 期，培训 785 人。全年办理城镇职工退休 289 人，办理城乡居民医疗保险 27971 人；城乡居民医疗保险录入 442 人，票据录入金额 214.13 万元，全额垫付医疗费报销 529 人 85.98 万元；办理社保卡申领 3665 人，发放 2481 张；城乡居民养老保险参保累计 2007 人。妥善解决 11 名公益性岗位高校毕业生到期安置问题。

（何 然）

八里台镇

八里台镇位于津南区西部，东临北闸口镇，西界西青区，南连滨海新区大港，北接辛庄镇。2011 年，镇域面积 105.96 平方公里，耕地面积 2677.87 公顷。辖 15 个行政村、1 个居委会。人口 1.68 万户 5.12 万人，其中农业人口 4.60 万人。有汉、回、满、朝鲜等 8 个民族。

1953 年隶属天津市津西郊区。1959 年隶属小站人民公社，设八里台管理区。1961 年增入八里台公社建制。1984 年更名八里台乡。1992 年 12 月 11 日更名八里台镇。2001 年 10 月 8 日双闸镇并入八里台镇。

2011 年，地区生产总值 39.09 亿元，比上年增长 45.86%；财政收入 10 亿元，增长 75.4%；固定资产投资 29.59 亿元，增长 25.75%；人均纯收入 14737 元，增长 11%。

示范镇一期项目还迁 30 万平方米，18 万平方米的八里台村村民长远生计用房竣工待验，八小、八幼、派出所等配套公建封顶进行外檐装修。八里台示范镇二期项目新开工 53 万平方米，一期复垦计划 63 公顷，实际完成 72 公顷，年底前全部验收完毕，完成碧桂园配套主干道路、洪泥河东路等道路建设。完成园区道路改（扩）建工程，新建丰泽四大道、建设路（丰四至北边界）、建设六支路段（丰三至丰四），路面铺设 1803 延米，面积 30135 平方米。

救助困难家庭 1080 个，各类困难人群 9200 人，发放救助款 138 万元。开展冬季送温暖活动，为 293 户五保、低保、特困家庭发放冬季取暖补贴 213820 元。为 27 名低保家庭残疾学生及 6 名低保双残家庭大学生发放助学金 38980 元。

八里台第四小学校舍竣工使用；八里台第一小学行政楼和教学楼、八里台第三小学、八里台第二中学、津南八幼校舍主体工程完工；投入 100 多万元对办学先进单位和优秀教师进行表彰；投入 80 万元为每所学校（幼儿园）购置办公用车。落实“铸师德、强师能、做人民满意教师”工程。加大各级各类人员培训力度；启动镇级学科带头人和镇级骨干教师培养、考核工程。

开展好儿媳评选、“文化惠民”、“创五星家庭·树和谐新风” 系列活动。全镇评出五星家庭 3 户，四星家庭 10 户，三星家庭 32 户，二星家庭 156 户，一星家庭 275 户，推动全镇思想道德建设。

（宋剑锴）

双港镇 2011 年春季大型招聘会

双桥河镇

双桥河镇位于津南区东部，北依海河，南连小站镇、北闸口镇，东临葛沽镇，西接咸水沽镇。2011 年，镇域面积 30.76 平方公里，耕地面积 1143.20 公顷。辖 16 个行政村。人口 1.07 万户 2.99 万人，农业人口 2.56 万人。有汉、回、满、苗、朝鲜、蒙古、土家 7 个民族。

宋庆历八年（1048）黄河北徙，从泥沽村入海，史称“泥姑海口”。宋朝曾在此设泥姑寨，屯兵戍边。1948 年 12 月解放，境内属天津县二区。1950 年 7 月属七区东泥沽乡。1958 年属美满人民公社。1961 年成立西泥沽人民公社。1971 年公社驻地由西泥沽村迁至双桥河边。1983 年更名双桥河乡。1997 年 12 月 9 日撤乡建镇。

2011 年，地区生产总值 17.32 亿元，财政收入 4.19 亿元，固定资产投资 18.73 亿元，吸引内资 14.01 亿元，利用外资 1940 万美元，农村居民人均纯收入 13842 元。

双桥河路、经五路、南华路延长线、中惠西道 3200 余米规划路通车。聚和园小区内部配套基本完成，启动景观绿化、电、气工程。友和园、福和园小区内部配套工程即将启动。雨污泵站建设进入收尾阶段，双桥河路景观绿化正在施工，完成经五路景观绿化工程。王庄和西周庄两个村复垦区土地基本整理完毕，已复垦 21.37 公顷。4 月 8 日，津南大道(双桥河段)工程正式启动。新建道路面积 5.5 万平方米，铺设排水管线 5.8 公里，新建桥梁面积 936 平方米，道路两侧绿化面积 9.2 万平方米。

首次对独生子女高考优秀(一、二类本科)录取生 31 人进行集体表彰。其中，一类本科每人奖励 2000 元，二类本科每人奖励 1000 元。召开慈善表彰大会，对 25 个先进单位、33 个捐款大户进行现场表彰。全年救助各类困难群众 600 户 3802 人次。举办第二届天津(宝成杯)国际观赏石博览会，展出精品观赏石、景观石 1.5 万件。开展"新风尚示范社区"创建活动。发放宣传新风尚材料 2000 份，开展卫生清整活动，劝阻不文明行为 20 起。

学习贯彻十七届六中全会精神，举办"推动文化事业大发展大繁荣"系列讲座活动，聘请市委党校专家、区领导为干部职工做《公务员职业道德与职业精神》、《中层干部的角色认知与职能发挥》、《领导形象与礼仪规范》、《津南区"十二五"规划与双桥河镇的发展》知识讲座。组织全体职工开展"我与双桥共发展"主题演讲活动。

(宋剑锴)

葛沽镇

葛沽镇位于海河下游南侧，东临滨海新区塘沽，南界滨海新区大港，西南连小站镇，西北接双桥河镇。2011 年，镇域面积 43.48 平方公里，耕地面积 1754.87 公顷。辖 25 个行政村、6 个居委会。人口 1.94 万户 5.56 万人，其中农业人口 4.07 万人。有汉、回、蒙古、满、壮 5 个民族居住。

2011年 8 月 14 日，双桥河镇独生子女高考(一、二本科)录取生表彰会。

该镇为华北"八大古镇"之一。1948 年 12 月解放，称葛沽市，属天津县。1949 年 10 月更名葛沽镇。1952 年 4 月更名葛沽乡。1958 年 9 月属塘沽区，称河南人民公社。1962 年 10 月属南郊区，成立葛沽人民公社。1966 年称卫东镇。1969 年成立葛沽街道办事处。1983 年 8 月建葛沽镇(含乡)。1985 年 6 月乡镇合并。

2011 年，三级税收 10.08 亿元，比上年增长 33%。完成增加值 116.5 亿元，固定资产投入 31.67 亿元。

"三个一批"项目 19 个，总投资 108.3 亿元，总占地面积 148 公顷，总建筑面积 143.55 万平方米。大田作物种植 483.49 公顷，获得粮种补贴 590268.54 元。对杨岑子和邓岑子 2 个村土地进行复垦还耕。杨岑子村复垦土地约 15 公顷，邓岑子村复垦土地约 32 公顷。

开展创卫、爱卫宣传活动 25 次。发放爱国卫生、健康教育、疾病控制与预防等各类宣传材料 2400 份、创卫宣传手册 10000 册、环保手提袋 5000 个。邀请专家开展多次专业培训和宣教活动，6 月 18 日，区爱卫办在镇召开津南区夏季病媒生物防治现场推动会，集中清整镇内小区和农贸市场环境卫生，清运垃圾、杂物 2000 余吨，累计清运各类垃圾 6000 余吨。

10 月 1 日，葛沽社区综合服务中心投入使用，占地 4400 平方米，建筑面积 5100 平方米。配备 20 多个功能室。

发放保障金 326 万元，各类救助金 26 万元。开展春节、助残、助困、"六一"、夏冬令救济等慰问活动，慰问 4412 人次，金额 103 万元。举办 5 次"慈善行动进家庭"大型活动。举办大型招聘会 4 次，108 家企业进场招聘，提供就业岗位 4118

个,达成就业意向1050人。

开展"和谐津南"创建活动。组建三支宣讲队伍,按照实施方案要求,深入村(社区)进行面对面的形势政策宣讲活动。邀请区督查考核办领导为全体机关干部和基层工作人员讲课。出版印制《明珠葛沽》报纸24期96000份;通过手机短信平台发送信息30条,覆盖3000人。

(宋剑锴)

北闸口镇

北闸口镇位于津南区中部。东临双桥河镇,西界八里台镇,南连小站镇,北依大沽排污河。2011年,镇域面积38.32平方公里,耕地面积1992.13公顷。辖20个行政村、2个社区居委会。人口1.32万户3.52万人。

镇内清光绪元年(1875)提督周盛传屯田练兵的营盘番号至今仍有沿用,如后营、正营、东右营、西右营、仁字营、老左营等。1961年4月建北闸口人民公社,属河西区;1961年12月属南郊区。1966年改为东方红人民公社,机关迁至西右营。1968年复称北闸口人民公社。1973年机关迁回北闸口。1983年改称北闸口乡。1997年12月9日撤乡建镇。

2011年,地区生产总值17.12亿元,比上年增长35.7%;三级财政收入4.7亿元;固定资产投资19.74亿元;内资到位额18.03亿元,外资到位额2543.5万美元;农民人均纯收入1.35万元。

北闸口现代农业产业园区(蔬菜设施区)开工建设。园区蔬菜大棚完成沟渠开挖、配套泵站以及53栋蔬菜大棚主体砌墙等基础项目建设,占地面积13.78公顷,投资3500万元。

补贴种粮面积324.96公顷,补贴金额37.55万元,1521户农户受益;补贴种棉面积722.67公顷,补贴金额16.24万元,镇农业服务中心对镇域所有饲养能繁母猪的养殖场(户)进行统计,按政策规定对其中308头能繁母猪进行补贴,补贴金额3.08万元,全部通过"一卡通"或"一折通"直接兑付到养殖场(户)。全年落实各项惠农政策补贴56.88万元。

工业生产总值36亿元,增长69%,工业固定资产投入13.7亿元,实现工业增加值7.69亿元,完成销售收入35亿元,利税总额3.36亿元。第三产业固定资产投入5.84亿元,实现增加值6.83亿元,增长31.8%。

推进工业科技创新和技术改造,开发研制14项填补市级以上空白产品,申报专利产品68件。经过市科委认定科技型企业59家,累计127家。成立鑫昊海生产力促进中心和鑫昊海科技型企业孵化器两个科技创新平台。

示范镇住宅楼工程项目竣工69幢,面积52.5万平方米,建成住宅6147套,其中还迁3647套、待还迁2500套。安置劳动力2143人。全镇城乡居民医疗保险参保22302人,医保支付金额36.87万元。

镇域3所小学、1所中学均达到中小学现代化建设标准,成为津南区首个中小学全部达标乡镇。开展文化下基层农村、下学校活动,聘请知名书法、绘画专家到小学进行书法、绘画指导。加强镇农民文化学校和村文化活动室建设,充实北闸口村永艺艺术团、三道沟村评剧团、翟家甸村评剧团等业余演出团体。投资7000万元建设北闸口文体艺术中心,占地6666.66平方米,框架结构两层,内设体育馆、阅览室、小型影剧院及小型展厅。

(王　君)

辛庄镇

辛庄镇位于津南区西北部。东邻咸水沽镇,南与八里台镇接壤,西与双港镇相连,北隔海河与东丽区相望。2011年,镇域面积29.10平方公里。耕地面积1340.73公顷。辖20个行政村,人口1.10万户3.08万人,其中农业人口0.98万户2.71万人。有少数民族6个。

1961年4月辛庄地区成立白塘口人民公社,下设20个行政村;1969年3月白塘口公社由白塘口村迁至中辛庄村;1983年改称白塘口乡;1985年6月改称辛庄乡;1997年3月10日撤乡建镇。

2011年,地区生产总值23.21亿元,税收6.02亿元,固定资产投资19.39亿元,实际利用外资2832.8万美元,农民人均纯收入13187元。

工业增加值8.4亿元,园区扩域34.6公顷。完成科技型中小企业认定56家,企业技措技改项目8个,组建产学研联合体3家,企业科技创新项目8个,申请专利95件。第三产业增加值实现13.11亿元。

创意中心引进各类企业264家,注册资金4.87亿元,税收5219.51万元。其中机关干部引进注册企业94家,占引企总数的35.6%,税收2770万元。

完成滞留户拆迁扫尾184处,拆迁面积6.55万平方米。至年底,完成新桥村、柴家圈村、建明村、清和村、继泰村、华泰里小区总体评估88.39%,新桥村、柴家圈村、华泰里小区住宅协议签订率92.63%。

安置劳动力就业1997人。举办招聘会入社区和入村活动5次,达成就业意向680人。安置残疾人员23人,刑释解教人员就业206人。举办创业展示会5次,提供展示项目170个。农村富余劳动力岗前培训

361人，稳岗培训410人，失地农民创业培训86人。

全镇领取城乡居民老年人生活补助费3663人，参加城乡居民基本养老保险1181人，办理2012年度城乡医疗保险农业人口参保21305人，非农业参保732人，参保覆盖率100%。累计受理城乡居民医疗保险报销550人次539万元，办理社保卡1681张。

投资277万余元购置小型扫道车1辆，洒水车1辆，吸粪车1辆，垃圾运输车2辆，并为津沽路和还迁区设置果皮箱84个，垃圾桶200个。投资1000万元在鑫旺里小区建成镇中心幼儿园，提升幼儿园设施环境及师资力量，解决幼儿入托难问题。全镇适龄儿童入学率100%，小升初考试合格率100%。依托天津市农业广播电视学校，承办会计中专班与农村干部管理培训班。举办社区秧歌展演、“辛庄镇庆祝建党90周年”文艺汇演以及“文化建设进万家”等活动。

（王　君）

辛庄镇才艺大赛展演

长青办事处

长青办事处位于津南区西北部。东起灰堆，西至城（市）区八里台，南与李七庄交界，北接小刘庄。户籍管理属河西区，土地、行政管理属津南区。2011年，辖黑牛城、东方红、万年红、挂甲寺、灰堆、向阳、星光、西楼8个管委会（亦称分公司）。组建长青集团等十余家直属企业，长青职工总数2300余人。办事处坐落黑牛城道南侧。

1949年1月，灰堆村属天津县管辖，向阳、星光等村属河西区管辖。1958年建立灰堆人民公社。1959年属河西区小站公社。1962年1月归南郊区管辖。1983年12月撤销人民公社建制，建立长青农工商联合总公司。1992年12月24日设立长青办事处。

2011年，地区生产总值146249.8万元，比上年增长22.27%；财政税收收入61597.9万元，比上年减少8527万元；人均纯收入19739元。

长青直属企业营业收入26.43亿元，税收9121.46万元。全年引进企业271家，其中注册资金500万元以上59家，1000万元以上21家，园区注册企业1269家。

举办计生综合改革及公共服务转型培训班，在落实基本服务的基础上，开展独生子女青春健康教育、生殖健康服务、更年期心理指导和老年健康讲座活动。投入141万元，保证人口与计生工作经费足额到位。办事处和各管委会特扶人员10名，发放特扶金75789元，未参加工作的独生子女医疗补助13.7万元，独生子女教育奖励30000余元，免费查体1128名，体检费21.2万元，报销计生手术费8000元。育龄妇女495人，计划生育率100%，全年无二孩和计划外出生。

年内，办事处总工会召开四次基层工会干部会议，新建工会37家，基层工会91家，覆盖企业726家，会员总数8000多名。62家企业办理工会法人资格登记，40家办理组织代码证，30家办理银行开户，其余699家全部涵盖在长青集团工会联合会中，完成信息采集微机录入工作。

（王　君）

北 辰 区

概 述

北辰区位于天津市区北部，北运河畔。东与宁河县相邻，东南隔金钟河、新开河与东丽区相望，南与河北区、红桥区相连，西南与西青区以子牙河为界，西、北均与武清区接壤。境域地理坐标为北纬39°10′~39°21′，东经116°56′~117°24′。2011年，区域面积478.48平方公里，其中耕地面积1.84万公顷。辖天穆、北仓、双街、双口、青光、小淀、宜兴埠、大张庄、西堤头9个镇和果园新村、集贤里、普东、瑞景4个街道。有126个行政村和99个社区居委会。常住人口14.08万户37.37万人，其中农业人口7.64万户19.86万人。除汉族外，有回、蒙古、朝鲜、满、土家、壮、藏、维吾尔、苗、布依、侗、白、水等36个少数民族。区政府驻北辰道389号。

2011年，是实施"十二五"规划的开局之年。北辰区按照"适应新形势、采取新举措、达到新水平"的总要求，深入开展"调结构、增活力、上水平"活动，瞄准建设"科学北辰"目标，扭住城市化龙头，把"三区"建设、大项目、"小巨人"、楼宇经济作为重中之重，推动经济发展新跨越、城镇建设新突破、综合环境新提升、民计民生新改善，实现经济社会发展新跃升。实现地区生产总值478.1亿元，比上年增长20.9%；三级财政收入113.3亿元，突破百亿元大关，增长23.5%；全社会固定资产投资404.9亿元，增长31.4%；农村居民人均纯收入15784元，增长10.6%；内资到位239.37亿元，增长40.6%；外资到位7.14亿美元，增长20.95%；实现出口创汇31.06亿美元，增长12.6%。

实施环内旧村改造、小城镇建设和新农村建设，相继建成秀水馨苑、天穆新苑、刘园新苑、柴楼庄园、富锦华庭、辰发花园、双街新村、宜鹏园等小区和还迁住宅楼。南仓村、三义村完成全部拆迁，刘房子、杨嘴等7个村安置房建设地块拆迁完成，累计拆迁5318户，占启动拆迁村的77.01%。185.2万平方米安置房开工建设。大张庄镇示范小城镇建设，2009年至2011年累计完成13个村拆迁，开工建设一、二期还迁房60万平方米。

完成工业固定资产投入202亿元，增长25.3%。开工建设投资1000万元以上工业项目171个，其中1亿元以上37个。市级重大项目累计投资484.5亿元，其中华北电缆厂32万吨精品铜项目一期工程投产见效。加快用高新技术改造提升传统产业，落实投资1000万元以上技改项目93个。年销售收入2000万元以上企业625家，其中年销售收入亿元以上企业180家。新创市级名牌产品11个，市著名商标12个，4家企业的商标被认定为中国驰名商标。新培育国家级企业技术中心2家，新创市级企业技术中心7家。

科技园区工业是全区经济重要支撑点，年内引进亿元以上项目33个，总投资规模206亿元。31个项目竣工，建筑面积81.95万平方米。示范工业园是区域经济新增长点，全年完成医药医疗器械产业园蓝领公寓主体工程。陆路港物流装备和医药医疗器械2个园引进投资亿元以上项目17个，总投资规模137.6亿元。开工在建1000万元以上项目23个，面积68.69万平方米，年内工程主体封顶及投入使用项目10个。9个镇工业小区的规模、水平和效益均得到不同程度提升。

引进投资1000万元以上服务业新项目80个，其中亿元以上项目21个，总投资额101.2亿元。中储大厦、天辰科技园(一期)、金都汇百货、永辉超市、津辰钢材城等大项目相继建成运营，蓝岸商业广场、星其大厦主体竣工。服务外包企业全年接包合同签订金额6520万美元,执行额2400万美元,分别增长0.51倍和0.64倍，总量和增速均位居全市区县之首;中储股份、中法王朝、天士力集团、天辰公司、水泥设计院5大总部型企业纳税总额超过10亿元;潭建科技大厦、闽双总部经济产业园、东鹏·智谷产业园等一批大型楼宇开建，年纳税亿元以上楼宇2座,超1000万元商务楼宇6座。举办“津城美景一日游——走进北辰”系列活动，万源龙顺度假庄园被评为全国休闲农业与乡村旅游示范点。

推进“一区九园”建设。建成农业博览馆和蟹味菇工厂化生产等项目,启动“千栋温室”和辛庄花卉项目。新增设施农业316.7公顷,山药基地扩大到133.3公顷。大海实业发展有限公司、国宗梦得农副产品配送中心、安氏蜂业有限公司等农业龙头企业参加中国·天津第十八届投资贸易洽谈会暨第七届PECC国际贸易投资博览会。发展专业合作社12家,累计77家,其中岔房子农产品保鲜专业合作社被评为市级示范社。双口镇徐堡村以“徐堡大枣”特色品质被列入全国首批“一村一品”示范村镇名单。

LG、阿尔斯通、水泥工业设计院3家企业入围“天津出口企业五十强”,金锚、万达轮胎、顶好果蔬3家企业被评为全市“十佳民营出口企业”。邦柱贸易有限公司增资6830万美元,开发印尼1.2万公顷棕榈园项目，投资规模超过历年区企业境外投资总和。全区有10家企业在海外的11个国家和地区拓展业务,合作项目涉及建筑、制造等5大行业,中方总投资额突破1.2亿美元。

实施科技“小巨人”计划。成立区科技型中小企业服务中心,为104家科技型中小企业发放“天使资金”1050万元。争取国家级、市级科技型中小企业技术创新资金1190万元。完成科技型中小企业431家，累计认定1307家,培育认定科技“小巨人”企业162家,占全部认定企业的12.4%。加强知识产权工作,天士力、金锚集团、建科机械3家企业被确定为市级专利示范单位，银龙预应力、中重科技、山河智能等10家企业被确立为市级创造类试点企业。

北辰西道、云鼎道等主干道路建成通车。实施九园路、北辰西道等多条道路旁绿化工程，新增绿地和改造提升绿地共计81万平方米。完成造林420公顷,植树73.9万株,外环线外林地面积达9000公顷,林木覆盖率22.5%。完成安光引河5.5公里疏浚河道治理，丰产河陆路港段2.4公里河道治理,郎园引河南堤内坡9公里护坡、该引河双街段0.9公里生态治理;外环河宜兴埠段3.4公里截污。

双街镇、大张庄镇通过市级生态镇验收。投资2062万元建设完成西堤头镇、宜兴埠镇污水管网并通过验收，争取650万元中央资金支持双街镇污水管网建设、双口镇垃圾处理、小淀镇垃圾场垃圾清理等项目,改善农村环境质量。

开展新一轮奋战300天市容环境综合整治行动。继续实施立面景观建设,涉及西北半环快速路、京津路、永保路、九园公路等建筑物186处(栋),整修面积48万平方米。完善农村和社区“五个一”等配套设施。环内生活垃圾无害化处理率85%以上。

妥善安置城乡劳动力23813人，其中安置农村富余劳动力6042人。认定就业困难人员1159人,均得到及时安置。组建区劳动人事争议仲裁委员会。破解建筑业农民工工伤保险扩面难题，为34078名建筑业农民工办理工伤保险。调整城乡居民最低生活保障标准。新建3个老年人日间照料服务中心（站)。北辰区成为全国养老服务示范单位。在全市率先建立“社区矫正移动管理系统”和“城中村”改造后新型社区管理等创新项目。综治信访服务工作，化解各类矛盾纠纷1143起,解决群众实际困难305件,发现处置隐患635个，实现矛盾纠纷吸附在基层的工作目标,《人民日报》和中央电视台法制频道均做专题报道。

招聘新教师150人，组织教师参加各类培训，提升师资队伍素质水平。启动优质初中建设工程。新建辰风小学主体基本竣工，筹建双街模范第二小学。29所幼儿园的新建和改造提升工程全部竣工。8月,北辰区获全国家庭教育改造示范区县称号。参加全国督学责任区制度建设经验交流现场会，北辰区做经验介绍。北辰医院住院楼工程11月中旬封顶，完成瑞景街社区卫生服务中心工程建设。村卫生所整合为88个,硬件设施和管理均得到加强。北仓等7个社区卫生服务中心国医堂通过市卫生局验收。全面开展婴幼儿早期发展工作，推进非婚生育治理和流动人口计划生育基本公共服务均等化,开展诚信计生行动,启动第四阶段“婚育新风进万家”活动。促进人口均衡发展。举办“青年农民工生活技能培训和同伴教育”33期,得到国家专家组好评。

继续开展“同在一方热土、共建美好家园”和“感动北辰”等创建评选活动。健全公共文化服务体系,成功举办“北仓杯”第二届环渤海地区青年歌手电视大赛。新建6家农家书屋。制作完成《电影表演艺术家郭振清》口述历史专题片。应邀出席首届两岸三地口述历史学术研讨会，并作大会发言。举办区第六届运动会。北辰运动员在市第七届农运会上获金牌25枚、银牌28枚、铜牌12枚，被大会组委会授予优秀组织奖和该届运动会开幕式农民健身活动最佳表演奖；参加市第二届全民健身运动会，获金牌60枚、银牌39枚、铜牌41枚，国家体育总局授予北辰区2011年全民健身活动优秀组织奖。8月，区档案馆通过国家档案局测评考核，晋升为区县一级档案馆。

（刘凤雷）

北辰区区级领导名单

（2011年12月换届前）

中共北辰区委领导名单

书　记：袁树谦（10月离任）　李宝锟（10月始任）

副书记：李宝锟（10月离任）　高学忠

常　委：袁树谦（10月离任）　李宝锟　高学忠　张金锁　郭连生　李连庆（11月始任）　李大勇（11月始任）　朱子民（4月退休）　李林河（4月始任）　薛　辉　董　平（11月离任）　王志平（3月始任）　杨　焕（女）　刘子让（11月始任）

北辰区人大常委会领导名单

主　任：穆瑞刚（回族）

副主任：崔金爽（女）　姜渭湖　崔兆斌　王俊明　刘学安

北辰区政府领导名单

区　长：李宝锟（12月离任）　高学忠（12月任代区长）

副区长：张金锁　薛　辉（12月离任）　张家明　陈文慧（女）　朱　军　沈志勇（12月离任）　赵怡本　李连庆（12月始任）　吴丽祥（女，12月始任）

区长助理（副区长级）：王慧生

政协北辰区委员会领导名单

主　席：兰启布

副主席：鞠连喜　杨玉良　任国光　张普通　赵建华　骆守佶（7月始任）　苗文秀（女）　赵军屹（女）

北辰区区级领导名单

（2011年12月换届后）

中共北辰区委领导名单

书　记：李宝锟

副书记：高学忠　郭连生

常　委：李宝锟　高学忠　郭连生　李连庆　李大勇　王志平　朱　军　杨　焕（女）　李林河　刘子让　胡学明

北辰区人大常委会领导名单

主　任：穆瑞刚（回族）

副主任：崔金爽（女）　崔兆斌　刘宗浩　张子明　刘学安

北辰区政府领导名单

区　长:高学忠

副区长:李连庆　朱　军　陈文慧(女)　赵怡本　陈　健　吴丽祥(女)

区长助理(副区长级):王慧生

政协北辰区委员会领导名单

主　席:张金锁

副主席:姜渭湖　杨玉良　赵建华　骆守信　李书秀　苗文秀(女)　赵军屹(女)　于　静(女)

(区委组织部提供)

政　治

概况　2011年,北辰区瞄准“科学北辰”目标,扭住城市化龙头,突出抓好“三区”、大项目、“小巨人”、楼宇经济四大重点,扎实推进惠民生、保稳定、强党建三大工程,深入开展“调结构、增活力、上水平”活动,加快推进经济发展方式转变,着力提升发展质量和水平。经济发展规模和水平显著提升,城市化步伐显著加快,民计民生显著改善,民主政治建设显著加强,经济社会保持了又好又快的发展态势。成立北辰区委第十届领导班子,依法选举产生北辰区第十六届人民代表大会常务委员会组成人员、区人民政府区长、副区长,区人民法院院长和区人民检察院检察长,选举产生政协北辰区第八届委员会。圆满完成区十五届人大九次会议确定的各项目标任务,完成改善城乡人民生活10件实事。全区综治信访服务中心(站)共接待群众来信、来访9836人次,化解各类矛盾纠纷1143起,解决群众实际困难305个,处置隐患635个,协调处理各类问题4255个。人民团体举办大型招聘会20场次,3000余人实现就业。新建2家再就业服务联社,安置下岗失业500余人。新建5个残疾人康复站。全区13个镇街妇联、195个村居妇代会全部建立“妇女之家”和“半边天家园”,实行统一双挂牌,实现全覆盖。4月29日,胡锦涛总书记视察北辰区秋怡家园。

(刘秋香)

中共北辰区第十次代表大会　2011年12月6日至8日,中国共产党天津市北辰区第十次代表大会在区龙顺农博馆召开。会议听取审议李宝锟代表中共北辰区第九届委员会所作的报告;审议中共北辰区纪律检查委员会的工作报告;选举中共天津市北辰区第十届委员会和纪律检查委员会。大会通过《中国共产党天津市北辰区第十次代表大会关于中共天津市北辰区第九届委员会工作报告的决议》,批准中共天津市北辰区第九届纪律检查委员会工作报告。选举产生中共天津市北辰区第十届委员会委员31人,候补委员6人,纪律检查委员会委员19人。12月8日,召开北辰区委十届一次全体会议。选举产生中共北辰区第十届委员会常务委员会委员(由11人组成),李宝锟为书记,高学忠、郭连生为副书记,通过中共北辰区第十届纪律检查委员会第一次全体会议选举产生的常务委员会委员(由9人组成),李大勇为书记,吴玉友、杨文利、郑丽莉(女)为副书记。

(李啸宇)

北辰区十六届人大一次会议　2011年12月21日至23日,北辰区第十六届人民代表大会第一次会议在区龙顺农博馆召开。会议听取审议代区长高学忠所作的政府工作报告,审查批准关于北辰区2011年预算执行情况和2012年预算草案的报告,听取审议区人大常委会工作报告,听取审查区人民法院工作报告和区人民检察院工作报告,并通过各项决议。大会选举产生北辰区第十六届人民代表大会常务委员会组成人员,区人民政府区长、副区长,区人民法院院长和区人民检察院检察长。穆瑞刚(回族)当选区十六届人大常委会主任,崔金爽(女)、崔兆斌、刘宗浩、张子明、刘学安当选副主任;高学忠当选新一届区人民政府区长,李连庆、朱军、陈文慧(女)、赵怡本、陈健、吴丽祥(女)当选副区长;孙勇当选区人民法院院长,李卫东当选区人民检察院检察长。

(李啸宇)

政协北辰区八届一次会议　2011年12月20日至22日,中国人民政治协商会议天津市北辰区第八届委员会第一次会议在区龙顺庄园会议中心举行。会议听取审议政协天津市北辰区第七届委员会常务委员会工作报告和提案工作报告;列席区十六届人大一次会议,听取并讨论区政府工作报告和其他报告。

选举产生政协北辰区第八届委员会委员 33 人，张金锁为政协主席，姜渭湖、杨玉良、赵建华、骆守佶、李书秀、苗文秀(女)、赵军屹(女)、于静(女)为副主席；通过大会决议。

(李啸宇)

2011 年 5 月至 9 月，举行“北辰双街”杯天津首届“幸福领秀”大赛。图为 9 月在双街模范小学举行的颁奖典礼。

建党 90 周年活动 2011 年，中共北辰区委制发《关于纪念中国共产党成立 90 周年活动的安排意见》，开展党史宣讲、知识竞赛、读书演讲比赛、群众歌咏等多项系列活动。2 月，举办“红色经典”迎新春音乐会，拉开纪念建党 90 周年庆祝活动帷幕。5 月，编辑出版《中共天津市北辰区历史》，开展党史宣传教育 50 余场。6 月，开展走访慰问老干部和老党员活动，为建国前老党员送上一封《慰问信》、一册《北辰党史》、一套红色经典光盘、一本党章和一枚党徽，并为每位老党员发放慰问金 4000 元。举办全区“颂歌献给党”歌咏大赛。区教育局组织 2000 余名师生，举办“诵红色经典、抒爱党情怀”红色箴言诗歌朗诵比赛。区卫生系统以“树良好行业新风、做人民健康卫士”为主题，举办红歌会。区妇联组织 1500 余人参加的巾帼合唱团，开展“爱党爱国爱北辰”歌咏比赛。6 月 25 日，全市“唱支红歌给党听”万人歌咏大会在北辰第 47 中学体育场举行。28 日，在晨光影剧院召开北辰区庆祝建党 90 周年大会，表彰 51 个先进基层党组织、150 名优秀共产党员和 30 名优秀党务工作者。双街村党委被评为全国先进基层党组织，刘春海被评为天津市“十大时代先锋”。

(祝国清 刘秋香)

2011 年 6 月 25 日，天津市庆祝中国共产党成立 90 周年群众歌咏大会在北辰区第 47 中学举行。

精神文明活动 2011 年，北辰区继续深化创建文明单位、文明村镇、文明社区活动。双街镇获全国文明村镇，区教育局获全国文明单位，宜兴埠镇、天穆镇、天津天士力集团有限公司继续保留国家级文明村镇、文明单位荣誉称号；全区共建市级文明单位 26 个，市级文明社区 4 个，市级文明村镇 6 个，市级精神文明建设先进个人 3 名。区教育局在全市“三大系列”命名表彰大会做经验交流。双街镇作为全市唯一乡镇代表，赴京参加全国“三大系列”命名表彰大会。开展假期社会文化环境专项整治行动，为每个网吧安装摄像头 6 个以上，实现对区内正规网吧的全程实时监控。新建“快乐营地”10 个。成立 50 支 500 余人组成的城管文明督导队伍，劝离占路经营 1.2 万处，清理小广告等 8000 余张(处)，制止、拆除各类违章建筑 160 余处。举办“关爱老人”志愿服务活动，开展百名驾驶人签名承诺、书写交通安全寄语活动。以“为每天设计一条文明用语，每天争当文明人”为主题，持续开展“365 文明征言”、文明征文、文明摄影活动，收到文明用语 1700 余条、征文 96 篇、摄影作品 244 幅。天穆镇东苑社区获天津市“魅力社区”称号，万达新城社区入围“魅力社区”最佳展示奖；开展“家和万事兴” 最美家庭创评活动，双街村冠名天津市首届“幸福领秀”大赛，并于9月承办全部比赛；该村被评为全市20个最美乡村首位。双街镇“创十星、评百户”活动，作为全市唯一典型经验，入选《培育新农民、倡导新风尚、发展新文化，全国农村精神文明建设工作经验交流会经验汇编》一书。

（田法伟）

政法工作 2011年，北辰区建立物业管理纠纷人民调解委员会和交通事故纠纷人民调解委员会，开展“争当人民调解能手”活动，调解各类矛盾纠纷3292件，调解成功3268件，调解成功率99%。全区累计建成全国民主法制示范村3个，市级民主法制示范村63个、社区17个。率先建立北辰区社区矫正移动管理系统；尝试“所外试工”帮教模式，安置刑释解教人员就业102人。建立法律实践基地。办理公证事项3028件，通过全国企业质量信用3A等级认证，举行北辰公证校园行活动以及首届公证理论与实务研究学术论坛。北辰公证处获全国优秀公证处称号。北辰区获2006—2010年全国法制宣传教育先进区（市、县）称号。区检察院成功调解首例刑事和解案件，对天津市首例女性醉驾案件及区内首例摩托车危险驾驶案件提起公诉。批捕全市首例生产、销售伪劣烟草专用机械一案，双口劳教所检察室再次被最高人民检察院评定为一级规范化检察室。北辰区检察院被评为全国检察宣传先进单位，侦查监督科被评为2010年世博会知识产权保护专项行动先进集体。区法院受理各类案件8798件，审执结8315件，比上年分别提高16.28%和14.91%，审结和执结标的总金额8.33亿元。案件评查审理工作在全市法院专题会议做经验交流。中央电视台法制频道播报专题片《浪子归》。

（刘秋香）

人民团体工作 2011年，北辰区净增工会组织354个，净增工会会员1.4万人。基层工会组织由2006年的629家增至1664家，增长162.2%。净增基层工会组织354家，净增工会会员14407人。全区基层工会组织1664家，工会会员17.48万人。13个镇街妇联、195个村居妇代会全部建立“妇女之家”和“半边天家园”。区妇联获全国妇联系统先进集体、全国巾帼文明岗、全国“学习党的历史 展示巾帼风采”党史知识网络竞赛优秀组织奖。团区委下辖基层团委20个，团工委4个，团总支5个，团支部397个。区直属系统14至28岁青年4.76万人，其中团员1.47万人，占青年总数的31%。全年新发展团员3460人。举办第二届北辰区青年创业推介会。启动“两法一例”宣传月活动，营造良好的法制宣传氛围。5月16日，中国残疾人联合会残疾人社会保障体系和服务体系建设办公室副主任凌晓光等一行到北辰区考察“两个体系”建设工作，参观特教学校和残疾人康复训练指导中心。全区累计基层红十字会组织312个、红十字会员2万人、红十字志愿者8553人。社区红十字会建会率95%，农村90%。开展“博爱一日捐”活动，全区募集善款212万元。开展博爱救助活动，募集资金347.28万元，集中对困难家庭、残疾人、孤儿及困难学生进行救助。区红十字会被评为2006—2011年度天津市红十字会系统先进集体。

（李啸宇）

经 济

概况 2011年，北辰区以“三区”建设、大项目、“小巨人”、楼宇经济为重点，深入开展“调结构、增活力、上水平”活动，推进经济平稳较好发展。加强投资项目监管、完善协税目标责任制，推动项目建设，加强商标战略，做好食品药品安全监管。全年实现地区生产总值478.1亿元，比上年增长20.9%。其中，第一产业实现增加值8.7亿元，下降4.3%；第二产业经济主导地位显著，实现增加值318.3亿元，增长18.8%，对全区经济增长的贡献率为61.2%；第三产业发展势头良好，实现增加值151.1亿元，增长27.8%，对全区经济增长的贡献率为39.2%。从三次产业占生产总值的比重来看，一、二、三次产业依次为1.8:66.6:31.6。三级财政收入113.3亿元，突破百亿元大关，增长23.5%。全社会固定资产投资404.91亿元，增长31.42%。内资到位239.37亿元，增长40.62%；外资到位7.14亿美元，增长20.95%。实现出口创汇31.06亿美元，增长12.6%。实现社会消费品零售额144.3亿元，增长19.1%。

（刘秋香）

北辰企业参展农业博览会 10月20日至23日，2011天津现代农业博览会暨“十一五”天津农业成果展在天津龙顺农业博览馆举行。农博馆坐落北辰区龙顺度假庄园，建筑面积2.8万平方米，标准展厅和室外农资展区及休闲观光区占地面积6500平方米。来自各农业区县、滨海新区、农口局院和外省市农业企业200余家参加展览会。销售产品交易金额200万余元，达成合作意向57项，协议额18亿元。北辰区组织大海实业发展有限公司、国宗梦得农副产品配送中心、岔房子农产品保鲜专业合作社、安氏蜂业有限公司、津张清真肉类有限公司、天合日本锦鲤养殖场、太阳食品(天津)有限公司、耕耘种业有限公司、津北蔬菜研究所9家企业参展，达成合作意向31项，协议额近3亿元。

(齐群生　田佳桂　李富强)

科技型中小企业　2011年，北辰区政府制发《加快科技型中小企业发展的实施意见》、《专项资金管理办法》等文件，对初创期、成长期、壮大期的科技型中小企业，进行贷款贴息、争取扶持资金等政策支持以及协调解决人才人力资源等困难的服务机制支持。7月，陆续出台高标准认定科技型中小企业、推动"小巨人"上市、打造104国道科技型中小企业产业带、实行无空白服务企业、加大资金扶持力度五大举措，推进科技型中小企业健康、和谐发展。至年底，全区认定科技型中小企业431家，累计有1307家科技型企业通过认定，其中初创期企业489家，成长期企业558家，壮大期企业260家。符合科技"小巨人"条件的超亿元企业累计162家，占全部认定企业的12.4%，在全市"小巨人"企业中近六分之一。北辰区科技型中小企业之一维达维宏电缆科技有限公司于2011年承担中国载人航天工程发射火箭相关元器件配套工作，该公司研发的航天高温导线和地面综合控制电缆等产品在天宫一号和神舟八号首次交会对接工程中应用性能稳定，为首次空间交会对接运载火箭发射成功做出贡献，获得国家航天部门颁发的荣誉牌匾。

(刘凤雷)

服务业综合改革试点区　2011年，北辰区开始打造天津市级服务业综合改革试点区。成立服务业综合改革试点领导小组，完善重点产业和重点工作推进机制。制定《北辰区服务业中长期发展规划》，出台《北辰区关于加快楼宇经济发展的实施意见》和《北辰区进一步加快发展生产性服务业的实施意见》。在制定年度用地计划时，优先安排生产性服务业重大项目新增建设用地指标，通过与闲置土地处置、中心城区产业"退二进三"、城中村改造紧密结合的方式，将收回的闲置土地以及腾换出来的土地优先用于发展现代生产性服务业。构筑资金保障机制，设立5000万元生产性服务业发展资金，专项用于推动北辰生产性服务业发展，并努力争取金融信贷资金支持，取得显著成效。天津地区最大的钢铁商贸物流集散区，"十一五"期间在北辰区形成。该钢铁商贸物流集散区集聚12个交易市场和以中储南仓、陆路港、辰峰为支柱的3个仓储物流基地。依托"中储"品牌和土地、库房、货场、铁道专用线、运输装卸设备、经营网络等资产优势，正向国际、现代化方向迈进。2011年实现交易量1713.3万吨，占全市交易量的三分之一，钢铁商贸业流通规模为全市之最。在建华瑞服务外包基地、华泰火炬创业中心、华太电池研发中心和天辰科技园四大服务外包载体，外包业务从2008年的零发展到2011年的6520万美元，总量、增速均位居全市各区县之首。

(李国明　马国翠)

2011年10月，天津龙顺农业博览馆建成投入使用。

工业大项目建设　2011年，北辰区完成工业固定资产投入202亿元，比上年增长25.3%。开工建设1000万元以上新项目171个，其中1亿元以上新项目37个；落实1000万元以上技术改造项目93个。累计列入市八批重大工业项目22个，列入市七批区县重大项目53个。61个项目开工建设，开工率91%，其中42个项目竣工或部分投产，项目累计完成投资201.6亿元，占全部投资规模的41.6%。其中，天津市第四批20项重大工业项目之一的华北电缆厂32万吨精品铜项目一期工程投产，该项目总投资10亿元，于2009年启动，工程分两期完成。科技园区在建项目40个，建筑面积102.27万平方米。除结转项目外，新开工项目24个，新开工面积65.31万平方米。七〇所、山河智能装备(天津)开发有限公司等项目竣工；天津天开陶普电器有限公司等项目主体完工。示范工业园项目建设中，10 月 28 日天津滨海环球印务药品包装印刷项目主体封顶。11 月，投资 6 亿元的天津地天泰钢铁集成有限公司项目一期工程竣工正式投产；同月，天津汇通中博印铁有限公司项目试运行投产，该项目投资 8000 万元，占地 2.667 公顷，建筑面积 1.4 万平方米，企业主要从事各类产品金属包装的印刷业务。

（贺　妍　崔亚楠　宫衍伟）

水务工作　2011 年，北辰区水利总投资 3.65 亿元，新建改造国有泵站、镇村泵站 6 座，新增排水流量 35 立方米/秒，完成二级河道治理 8.8 公里，疏浚骨干渠道 12.5 公里；实行计划用水和节约用水，科学利用水资源，压缩地下水开采量，完成设施农业节水及配套工程建设 133.3 公顷；依法对河道堤防、水库、国有泵站等水利设施管理。至年底，全区灌溉面积 1.738 万公顷，其中，有效灌溉面积 1.453 万公顷，林地灌溉面积 7900 公顷，园地灌溉面积 2060 公顷；万亩以上灌区 7 个，灌区干支渠总长度 916.4 公里。固定机电排灌站 148 座，装机容量 273550 千瓦，固定排灌点 567 座，装机容量 7590 千瓦；机电井 623 眼，装机容量 15100 千瓦。推进水生态环境建设。完成安光引河 5.5 公里治理。疏浚河道、恢复及加固两岸堤防、绿化。完成丰产河陆路港段 2.4 公里河道治理。其中景观治理长度 1.9 公里，生态治理长 0.5 公里。完成郎园引河南堤内坡 9 公里护坡。完成郎园引河双街段 0.9 公里生态治理。完成清淤河道，规整堤防，清淤 1.6 万立方米。完成外环河宜兴埠段 3.4 公里截污。完成部分河段树木更新。在永定新河、丰产河等一、二级河道部分堤段栽种、补栽速成杨 39000 株、火炬 3000 株、丁香 1500 墩。

（杨立贯）

运输业　2011 年，北辰区运输管理部门坚持为纳税人服务的“两清四通”（办理流程一次讲清，须提交的资料一次说清；符合纳税要求的保持畅通，需向有关部门协调的及时疏通，对重大税源采用“用足用活政策”进行灵活变通，对一时难以抓住的税源经常沟通）制度，通过“走基层”深入企业上门服务、加强沟通、前置服务、限时落实等措施，抓住税源，不断扩大税基，取得扎实实效。全年完成运输业协税收入 2.6 亿元，比上年增加 6210 万元，增长 31.3%。北辰区抓住示范园区、科技园区、镇示范园区开发建设之机，进一步掘能挖潜，加大招商引车工作力度，不断保持运力、运量增长良好势头。全年新增运力 5963 辆，运量 35483 吨。运力保有量 27067 部，运量 132684 吨。继续保持全市各区县第一位置。

（丁　辉　米庆波）

经济管理　2011 年，北辰区以“三区”建设、大项目、“小巨人”、楼宇经济为重点，加大政策支持和资金扶持力度。落实财政收入目标责任制，加强税源经济分析、监控与管理，强化关联税种的比对分析与稽查，全区地方一般预算收入完成 33 亿元，比上年增长 23.96%，第三产业税收持续增长，增收贡献率 64%。集中财力促进全区经济和各项社会事业健康发展，全年财政支出 33.75 亿元，比上年增长 24.97%。完成税收收入 47.8 亿元，比上年增加 2.15 亿元，增长 4.71%。完成三级收入 36.8 亿元，增幅 29.1%，其中区级收入 22.31 亿元，增长 36.6%。全力扶持大项目、“小巨人”、楼宇经济发展，为 39 个大项目注册落户提供全程服务，为 1182 户科技型企业提供对接服务。帮助企业融资 48.7 亿元，为 18 家企业办理贷款 4155 万元。全区累计拥有驰名商标 15 件，著名商标 105 件。加大打击侵犯知识产权和制售假冒伪劣商品的“双打”工作力度，全年检查各类市场主体 4800 户次，捣毁制假售假窝点 29 个，查办商标侵权案件 107 件。在食品生产企业开展食品添加剂、“地沟油”十日清查、“塑化剂”、酒类质量安全专项整治。围绕“双打”专项行动要求，整治非药品冒充药品、强化药品生

2011 年 3 月 19 日，天津联东金达产业园投资有限公司在天津医药医疗器械工业园举行“联东 U 谷·北方耀谷”项目开工仪式。

产监管、加强药品和医疗器械审评审批相关工作和强化药品、医疗器械购销渠道管理。

（李啸宇）

文 化

概况 2011年，北辰区被文化部命名为2011—2013年度中国民间文化艺术之乡。作为北辰区五大文化品牌之一的“天穆杯”小品展演活动，自1989年诞生至2006年的近二十年间，连续举办11届，被列为天津市农民艺术节重点活动项目。6月，“天穆杯”全国小品展演活动被文化部评为全国首批公共文化服务示范项目。举办丰富多彩的群众文化活动。举办第四届“小淀杯”征文与采风活动，第三届“双口杯”桃园诗会暨庆祝建党90周年诗歌朗诵会。在“天津楹联十杰”评选中，北辰区5人获奖。完成第三次全国文物普查。史志工作稳步推进，启动编写中国共产党天津历史资料丛书《奋斗的历程——北辰区卷》（上限为1978年12月，下限为1992年12月），续志工作开展专项社会调查的经验做法向全市推广。

（李啸宇）

2011年2月3日，北辰区举办第十五届“北辰之春”焰火晚会。

文化惠民工程 2011年，北辰区举办首届“小淀杯”戏曲比赛，演出16个折子戏，38个彩唱，演员400余人，观众2万余人。评出金奖17人，银奖15人，铜奖9人。举办第十五届“北辰之春”焰火晚会、第十八届“万民同乐”大联欢花会展演等活动。开展第六届“和谐文化大舞台”活动，采取“村居自演、镇街互演、全区调演”相结合形式，在全区组织百余场演出，歌舞、器乐、戏剧、曲艺、武术、绝技绝活等各类艺术形式轮番上演，观众逾40万人次。7月，新建农家书屋6家，顺利通过市农家书屋领导小组验收，实现全区农家书屋全覆盖。举办3期农家书屋图书管理员培训班，110名书屋管理员参加培训。扩大电影放映工程受惠面，为校园、驻区部队、农民工以及企事业单位送电影，全年放映1512场，观影20万人次。

（季晓涓）

群众艺术之星大奖赛 2011年3月，北辰区启动“金光大道”群众艺术之星大奖赛。大赛历时8个月，分为静态和动态两组，2000余人报名参赛。静态组包括书画、摄影、雕塑、泥塑等项目，收到作品1000余件（幅），组委会从中遴选120余件（幅）优秀作品参展。8月，在北辰书画院进行展览，并根据专家和群众的意见，从中评出30名区级静态类群众艺术之星。动态组包括声乐、器乐、舞蹈、曲艺、模仿秀等项目，经过海选和初赛，108名选手进入复赛。8月，在北辰公园举办为期5天的复赛和决赛，评选出10名北辰区“十佳”群众艺术之星、60名区级群众艺术之星、115名镇级群众艺术之星和60名村级群众艺术之星。

（季晓涓）

2011年3月，北辰区启动“金光大道”群众艺术之星大奖赛。

北仓杯歌手电视大赛 2011年3月，北辰区启动"北仓杯"第二届环渤海地区青年歌手电视大赛。10月18日至20日，大赛决赛在北辰区举行。来自环渤海地区18个城市19个单位的70余名选手，经过复赛、决赛，产生金奖12人，银奖26人，铜奖28人。此次活动评委由天津歌舞剧院国家一级演员李青，天津音乐学院副院长靳学东，天津交响乐团国家一级演员、著名男高音歌唱家李华典，北京音乐家协会副主席王瑞璞，男高音歌唱家、天津音乐学院教授赵振岭以及河北省群众艺术馆副馆长王伟华等8人组成。与上届相比，参赛作品水平有较大提升，《运河颂》、《我的营口》、《我的爱恋大平原》、《思念家乡黄河口》、《九十年的爱》、《美丽的半岛》等原创作品获得广泛赞誉。

（季晓涓）

文化遗产保护 2011年，北辰区完成第三次全国文物普查工作。整理上报刘园祥音法鼓、王秦庄同议高跷2个项目申报市级"非遗"项目示范保护基地。6人被评为天津市第二批"非遗"项目代表性传承人，市级"非遗"项目代表性传承人11人。做好第三批市级"非遗"项目申报工作。搜集整理宜兴埠诚音法鼓、宜兴埠永新廿四式通背拳、王秦庄少林功力拳、北仓随驾狮子、霍家嘴村平音法鼓、闫记酱制品制作技艺、赵堡太极拳7个项目的文本和影像资料。

（季晓涓）

档案工作 2011年8月，北辰区档案局通过国家档案局专家组验收，晋升为国家一级档案馆。开展企业档案宣传，采取下发"致科技型中小企业一封信"、网上公布信息等形式，让企业了解档案工作服务的内容，推动科技型中小企业建档工作。选取银龙预应力、山河智能2家科技型企业为试点，规范企业档案。完成馆藏全部婚姻档案数字化，共计加工档案4400余卷，约50万页。完成馆藏地契档案数字化，共计154件，其中清朝地契档案44件、民国地契档案110件。实现馆藏婚姻、地契档案目录电子化、查阅图像化。创建全国社会主义新农村建设档案工作示范区，全区9个镇全部通过天津市机关档案工作评估，其中7个镇达到天津市一级水平，2个镇达到天津市二级水平，126个村全部建档，其中76个村达到天津市市级规范化标准。11月30日，通过国家档案局验收，成为天津市首家全国社会主义新农村建设档案工作示范区。

（杜宏图）

史志工作 2011年，北辰区根据实际撰稿内容，修改续志篇目，志书内容归属更加科学，地方特色和时代特征更加突出。完成《北辰区志》(1979—2009)初稿分撰25篇。基本完成堤河淀、北辰知青及北辰人民革命斗争史略3个专记志稿。启动"人民生活"和"民风民情"专项问卷调查，确定农民从业状况、城镇居民住房状况、居民婚嫁情况等7个调查选题，采取定点百户问卷和重点人群座谈答卷两种方式，选取13个镇街30个试点1302户进行抽样调查。审验指导《北辰教育志》、《北辰人口与计划生育志》、《北辰税务志》、《天穆镇志》、《霍庄子村志》等部门志，其中《北辰教育志》公开出版。与天津市档案局编研人员合作，搜集整理《档案中的北辰》相关档案资料。公开出版发行《北辰年鉴(2011)》，出版时间比上期提前1个月。编辑《2010年中共北辰区大事述要》，完成2010年荣誉名录征集工作。组织北辰区委党校、区关工委、团区委共20余名在职干部和离退休老干部组成党史宣讲团，以《中共天津市北辰区历史》为蓝本，为党员干部宣讲50余场，受教育党员干部群众数千人。完成《天津区县年鉴(2011)》"北辰区部分"4万字撰稿任务，择优选配图片14幅。

（刘秋香　邱宝亮）

社　会

概况 2011年，北辰区在全市率先完成义务教育学校现代化建设达标任务，百姓对义务教育满意度逐年提升。深化科技服务，推广先进适用技术，提升经济、农业发展水平。加强社会保障，妥善安置城乡劳动力，完善医疗、体育、养老机构设施建设，建立居民电子健康档案，调整城乡居民最低生活保障标准，不断提高人民生活质量和水平。顺利完成建设地铁3号线及年度城中村改造拆迁任务。天穆镇、北仓镇被环保部授予"全国环境优美乡镇"称号；双街镇、大张庄镇通过市级生态镇验收。

（李啸宇）

城市建设 2011年，北辰区坚持以绿治脏治乱，以绿提升形象。以中心城区、路网河道沿线、产业园区为重点，高标准完成九园路、北辰西道、城际铁路等绿化及提升工程，建成区园林绿地面积1534公顷，人均公园绿地面积12平方米。新增造林面积333.3公顷以上，全区林木覆盖率22%以上。强化节能减排和污染治理。完成北运河、郎园引河双街段、安光引河截污清淤治理。完善津围公路沿线、宜兴埠镇、小淀镇、西堤头镇、双街镇污水管网建设。完成地铁3号线拆迁工程（含地铁场站及附属拆迁2项工程），拆迁12.8万平方米，征地73.3公顷，项目总投资30.2亿元。完成医疗器械园、陆路港物流园、风电产业园内重大项目征地报批项目42个，涉及新增建设用地近403公顷。投资245万元，完成4.7万平方米直管公产房屋顶防水修缮工程；投入127万元用于碎修工程，全年入户维修7219次。

（李啸宇）

市容环境综合整治 2011年，北辰区按照“干净整洁、清新靓丽”要求，开展新一轮“奋战300天”市容环境综合整治活动，实现环境面貌明显改观。完成24个小区、37条道路的养护维修及排水工作任务。维修道路28274平方米。疏通管道241156延米、掏挖各型井91743座/次、维修检查井579座；铺设管道200延米；泵站进水明渠清淤2578立方米；清运垃圾1660立方米。完成西北半环快速路、京津路、永保路、九园公路等路旁建筑物立面整修，拆除各类违章建筑76处10073平方米。新建与提升绿地81万平方米，上土40余万立方米。恢复京津路、北辰道、铁东路等7条路段路灯照明，方便群众夜间出行。对在建的24个施工工地进行223处次检查，处罚纠正运输撒漏和未密闭车辆783辆次，夜间治理运输撒漏60余次，检查拆迁作业工地11处次，依法下达法律文书59份。确保全区107条道路计555.6万平方米达到晨清扫、日保洁、终日干净标准，其中实施机扫268万平方米，机扫率40%以上。向双口垃圾填埋场清运垃圾10.6万吨，垃圾无害化处理率85%以上。清理环内109个脏乱点位，清理垃圾8000余吨，清除渣土1.5万余吨。开展5次“卫生清整日”活动；清除垃圾点位69处2255.5吨。3月投药集中灭鼠，957名投药员参加，累计投放药品20余吨，投药覆盖率100%，总体灭效率77.6%。

（肖 莹）

环境保护 2011年，北辰区投资26261万元，开展污染减排治理，全区二氧化硫削减412.43吨，氮氧化物削减481.26吨，分别完成任务的293.8%和286.6%；化学需氧量削减1188.76吨，氨氮削减447.13吨，分别完成任务的133.3%和389.5%。完成区内11条河道1个水库的16个地表水断面及宜兴埠泵站、功能区噪声、区域环境噪声、道路交通噪声等常规监测任务。开展水环境保护专项执法检查，加大饮用水源、备用水源、景观河道、农业用水的巡查力度；加强重点水污染源的监督管理和水质监测，保证污水处理设施正常运行。开展涉重金属、铅蓄电池、危险化学品、医药制造等11类专项环境执法检查工作，严查偷排偷放和超标排放污染物等环境违法行为；加强各类噪声控制，减少噪声扰民现象；强化中高考期间噪声污染防治，保障中高考顺利进行；查处群众反映强烈的噪声、异味、冒黑烟、水污染等环境问题，24小时受理环保投诉，处理环境信访597件。开展绿色创建，创建市级绿色社区5个，区级绿色社区9个，区级绿色学校20所，区级绿色幼儿园4所，创建安静居住小区2个。

（刘成毅）

科技工作 2011年，北辰区认定科技型中小企业1307家，其中符合“小巨人”条件的162家，约占全市“小巨人”企业的1/6，初步形成以长荣、中重、建科为代表的先进装备制造业，以天士力、六中药、美伦为代表的生物医药，以汉森、威能级、华电重工为代表的新材料新能源三大支柱产业。组织实施区级科技型中小企业专项资金项目，争取国家级、市级科技型中小企业技术创新资金1190万元。申报市科委、市农委科技转化项目和科技合作项目，获得资金支持300万元。1项专利获2011年度天津市专利金奖，2项专利获2011年度天津市专利优秀奖。韩家墅蔬菜种植科技服务中心获市级科普惠农兴村先进集体称号，西堤头镇季核亮被评为市级科普惠农兴村带头人。成立北辰区青少年无线电工作室。选送24件作品参加天津市第26届青少年科技创新大赛，22件获奖。

（韩凤萍）

教育工作 2011年，北辰区教职工4283人，参加全国第四届主题班(团、队)会现场展示大赛，获一、二等奖教师各1人。参加中央电视台“希望之星英语演讲风采大赛”，获一等奖1人，二等奖2人。第47中学校长“实名制推荐大学生”上榜北大招生网，是全市唯一一所涉农区县中学。改扩建学校4所，幼儿园29所，新建辰凤小学，完成2所新增义务教育学校现代化验收，打造全市一流特教中心。成立天津民族中专“塑力班”，为塑力集团定向培养各类高级技工；首批新疆中职班正式开课。全区中考成绩提高20.01分，高考高分段(600分以上)人数由上年的60人增至110人，考入清华大学、北京大学人数由上年的4人增至7人。北辰区被评为天津市社区教育实验区，经验材料入编《环渤海地区社区教育协作组织第六届研讨会暨陕西省社区教育现场观摩会经验材料汇编》。区教育局被评为天津市农民素质提高工程先进单位，申报项目获市级一等奖；被列入争创全国社区教育先进单位。承办全国教育督导科研课题汇报暨交流会,代表天津市做典型经验介绍。承办全国中学生排球赛和全国职业教育技能大赛中职组模特比赛。连续5年获得市中小学运动会区县组冠军。普育学校被评为全国消防安全教育示范校。

(刘　珺)

2011年11月,小淀医院国医堂落成。

卫生保健　2011年,北辰区开展“医疗质量万里行”活动,集中治理抗菌素应用,两所二级医院抗菌素种类均减至35种,各社区卫生服务中心减至25种。北辰医院、北辰中医医院抗菌药物使用强度分别降至33.6%、39.1%。全区7个社区卫生服务中心国医堂通过市卫生局验收。在市二级中医医院“中医医院管理年”评审活动中,区中医医院名列第二名。各社区卫生服务中心调整公共卫生服务项目,增加血常规、肝肾功能检查,将中医体质量化辨识与调养指导纳入新增服务内容;开展老年人健康评估和高血压、糖尿病动态管理项目。基层医疗机构全部执行天津市基本药物目录和集中网上采购,实现药品销售9187.3万元。加强麻疹、手足口病、肠道传染病等重点疾病防控,抓好学校、幼儿园及流动儿童管理。0—6岁免疫规划适龄儿童接种63536人,接种建册率99%以上;为5所大专院校10988名大一学生接种麻疹疫苗。推进《北辰区妇女儿童健康行动计划》项目,儿童先天性心脏病筛查、儿童髋关节筛查、孕妇产前筛查等12项免费筛查项目惠及53508人。开展“牢记使命,提升医德,演好岗位角色”医德医风教育活动。举办心肺复苏、心肌梗死、高血压、脑卒中等理论和技能培训2300人次。启动中国居民营养与健康状况监测工作,完成6个监测点450户1033人调查。

(杨兵团)

体育工作　2011年,在全国“亿万农民健身活动”展示暨全国农民健身秧歌大赛中,北辰区果园新村街道健身秧歌队再次获得大赛第一名。17名北辰区运动员代表天津市参加“士宝杯”全国少儿游泳冠军赛,获得18枚奖牌。在天津市第七届农运会上,区代表队获奖牌65枚,同时获得优秀组织奖和最佳表演奖。区游泳队第五次蝉联天津市青少年游泳冠军赛、锦标赛冠军。年内,举办天津市“全国冬泳日”冬泳表演大会、华北地区“双街杯”传统武术比赛、北辰区第六届运动会,承办天津市中国式摔跤锦标赛、天津市财税系统第12届田径运动会、中国天津“哈瓦那”杯津门武侠武术搏击挑战赛,协办天津市庆祝“全民健身日”系列活动。参加天津市第二届全民健身运动会,获奖牌140枚,同时被市体育局评为天津市第二届全民健身运动会组织工作二等奖。新建群众体育健身设施23处,安装健身器材32套253件,价值50万元。国家体育总局授予天穆镇人民政府2011年全民健身活动先进单位称号。北辰区连续5年被市体育局评为天津市业余训练评估优秀单位。北辰区农民体协被评为2011年度天津市区县农民体协工作优秀单

2011年6月1日,全国教育督导科研课题汇报暨交流会在北辰区召开。

位。1人被评为2011年全国业余训练先进个人,1人被评为天津市“十佳社会体育指导员”,5人被授予天津市百名优秀社会体育指导员称号。

(李　宏)

人口和计划生育　2011年,北辰区出生人口3606人,出生人口性别比为101.90,符合政策生育率98.02%。在全市率先启动家佳推进计划,完成家庭类型的基线调查、分类建档。继续打造区“兴辰天使宝贝”婴幼儿早期发展品牌,抓好三级网络建设。年内,举办0—3岁婴幼儿家长培训101场,参加人数2448人次,开展亲子活动40余次。为1050人进行免费优生健康检查,发放智能孕育卡2780套,5718人进行孕前风险评估并接受专家面对面指导。人口计生政务公开,区独生子女父母奖励费、奖励扶助制度、特别扶助制度落实率均100%。深入企业、学校开展“流动人口健康教育大讲堂”和健康查体、心理咨询等服务活动,宣传培训受益人群5000人。全年举办“青年农民工生活技能培训和同伴教育”33期,培训1000余人,该项目通过国家专家组考核评估。建成3个社区人口文化园和90余个新家庭文化书屋。加大计划生育政策宣传,在北辰有线电视台开设《北辰人口与家庭》专栏节目;全年在国家级和市级新闻媒体刊播人口计生宣传报道342条,位居全市各区县之首。

(张寒棋)

老龄工作　2011年,北辰区组建养老机构党组织3个,成立养老机构联合党支部1个,为5家没有党员的养老机构配备指导员。建成瑞景街爱馨、西堤头镇赵庄老年日间照料服务中心及瑞景街宝翠花都老年日间照料站,为社区老人提供多样养老服务。为62名居家养老政府补贴对象发放2011年度服务券。严格规范化管理,对有关镇街居家养老档案进行全面检查,合格率100%。年内,区内养老院新增床位650张,基本满足老年人需求。8月1日起,开展农村籍老年退役士兵认定和生活补助发放工作,落实待遇406人。元旦、春节期间,区领导带队,走访慰问老党员、百岁老人。民政系统对优抚对象、社会救济对象、困难老党员、百岁老人、残疾困难户,发放慰问金、救助款1385.17万元。宜兴埠敬老院被市民政局评为天津市民政系统行风建设示范单位和天津市民政系统第五届文明示范窗口。

(胡晓蓉)

2011年9月23日,华北地区“双街杯”传统武术大赛在北辰区开幕。

劳动就业　2011年,北辰区安置城乡劳动力23813人,完成计划的140%,其中安置农村富余劳动力6042人。先后组织市场交流95次,提供岗位57143个,达成就业意向14240人次。认定就业困难人员1159人,全部得到及时安置,城镇零就业家庭动态为零。先后开办创业培训16个班次,培训400人;为18人办理小额担保贷款88万元;全年培训7185人,开展职业技能鉴定2964人。

(宋学婷)

社会保障　2011年4月1日起,北辰区调整城乡最低生活保障标准。城镇低保标准由人均每月450元调至480元,农村年人均低保标准高于市统一标准1200元,特困户救助标准由135元调至144元。农村五保分散供养标准由每年每人4000元提高到每年每人5060元。制定临时救助工作实施意见,全年有171户困难群众享受临时性救济政策,总计用款65万元。开展“慈善圆梦,阳光助学”活动和“慈善助孤”活动,对11名孤儿和应届考入全日制普通高等院校的99名低保户、特困户子女发放一次性助学金26.68万元。发动全区各界开展“送温暖、献爱心”慈善捐助活动,募集善款343.08万元。元旦、春节期间,发放慰问金、救助款共计1385万余元。城镇职工养老、失业、医疗、工伤、生育保险征缴人数分别为14.22万人、9.31万人、16.66万人、13.16万人和10.15万人。其中,参加城乡居民养老保险新增3132人(累计10982

人)。城乡居民基本医疗保险参保突破25万人。办理工伤认定审批2024件,劳动能力鉴定1045人。为34078名建筑业农民工办理工伤保险。为7588人(次)失业人员支付失业保险金446万元,为956名农村合同制工人发放一次性生活补助金105.1万元,为21222人(次)发放灵活就业社会保险补贴739.8万元。

(宋学婷)

人民生活状况 2011年,北辰区城镇单位(不含乡镇企业)从业人员人均劳动报酬47998元,比上年增加3187元。农村居民人均可支配收入14459元,比上年增加1529元;人均纯收入15784元,增长10.6%。食品消费支出3160元,占生活消费支出的42.6%,居住支出869元,占生活消费的11.7%;人均拥有移动电话0.71部,户均拥有电脑0.49台、(彩色)电视机1.43台、空调机1.33台,人均住房面积37.43平方米。

(祁莉莉)

果园新村街道

果园新村街道位于北辰区中部,京津路中部东侧。是北辰区的政治、金融、文化、商贸及行政服务中心。根据《关于明确果园新村街道和集贤里街道行政区域界线的通知》(北辰政办发[2011]15号)文件,重新调整行政区域界线为:东至京山铁路,南至丰产河,西至京津公路,北至北辰道,面积3.67平方公里。具体的行政区域界线走向为:自丰产河中心线与京津公路中心线交点起,向北,沿京津公路中心线至北辰道中心线;折向东,沿北辰道中心线至京山铁路中心线;折向南,沿京山铁路中心线至丰产河中心线;折向西,沿丰产河中心线至京津公路中心线止。2011年,街域面积3.67平方公里,辖10个社区居委会。户籍居民1.45万户3.75万人。

1969年2月北仓公社建新村街,1972年10月改为区政府派出机构,1982年5月改称果园新村街道。

2011年,完成协税、护税3895万元,实现财政收入1360万元。

投资136.4万元,重新铺装、修缮新华里、东升里等5个社区5200余平方米的社区道路;养护和更新2724平方米铁艺大门、透视墙;修剪1052棵树木;补种500余平方米绿篱和30余棵树;安装楼宇对讲门75个、体育健身器材11件套;安装旭日里、霞光里、丹凤里等6个社区330个楼门的温馨提示栏;投资50余万元,完成丹凤里社区院内电力、通信管线入地。

为低保户、特困户、优抚对象、困难党员等发放救助金32.88万元。为街域178户低保、特困户,每户每人发放300元春节生活补贴及60元饺子费。筹集6万元救助资金,对街域低保边缘户、困难老党员、残疾人家庭进行实物救助。为83户家庭办理限价商品房相关手续,办结廉租房补贴10户及公租房4户。帮助2名自主创业人员申领小额贷款10万元,27人申报意外伤害险11.08万元。办理社保卡2650张,医疗保险报销金额18.85万元,安置下岗失业人员899人。劳动力转移技能培训2133人次;农民学历教育招生15人,毕业生19人;培训特殊工种叉车、电工222人全部取得资格证书;与区保安公司合作完成800余人的保安人员招聘、培训、上岗再就业工作。累计接待群众来信来访163件次,信访办结率98%。

为育龄妇女建立生殖健康电子档案,并跟踪随访,查体2032人。慰问计生困难家庭336户,款物合计4.8万元。开展"阳光计生社区行"活动,收集"社区居民评计生"问卷50份,签订《阳光诚信计生双向承诺书》562份。果园新村街健美操队代表北辰区参加天津市第二届全民健身大会健美操比赛,取得第一名,健身秧歌队代表天津市参加全国第四套健身秧歌比赛,再获第一名。

(王浩轩)

集贤里街道

集贤里街道,根据《关于明确果园新村街道和集贤里街道行政区域界线的通知》(北辰政办发[2011]15号文件),重新调整行政区域界线为:东至高峰路,南至北辰道,西至京津公路,北至延吉道,面积0.84平方公里。具体行政区域界线走向为:自北辰道中心线与京津路中心线交点起,向北沿京津路中心线至延吉道中心线;折向东沿延吉道中心线至高峰路中心线;折向南沿高峰路中心线至北辰道中心线;折向西沿北辰道中心线至京津路中心线止。2011年,辖11个社区居委会,原属果园新村街道的4个社区(发电楼、北医道、瀛台里、瀛洲里)划归集贤街道管辖,讷河里社区划归北仓镇管辖。户籍居民0.82万户2.02万人。

2011年,新注册企业35家。完成协税、护税2106.6万元,财政收入720.21万元。

投资10万元对泰来西里、集贤里2个示范小区进行综合改造,种植冬青树300平方米12000余株;栽种果木70余株;铺设草坪500平方米;更换健身器材7套。重点整治集贤道、讷河道,铺设2000余平方米,整修侧石300余延米。集中清理泰来道以南、北辰道以北地段,拆除违章建筑14间,清理占路摊位、乱堆乱放191处,新添置垃圾桶50个。在迎接市区48次卫生考核中,均位居全区上游。改造供热管网1184户80156平方米。

投资1400余万元,建成总建筑面积5015平方米的社区服务中心,设立居民服务大厅,集劳动就业、社会保险、社会救助等7个直接面向居民的职能科室联合办公,实行"一站式"服务。安置就业人员899人,举办叉车、司炉等劳动技能培训28期,培训在职就业人员1810人次。集贤里社区被评为天津市充分就业社区。全年发放生活保障金227万元。为550名居民发放老年生活补助52万元;为28户家庭办理限价商品房相关手续;为73户符合政策的家庭办理租房补贴;为252名老年人办理老年证和免费乘车卡。元旦、春节期间筹资66万元,走访慰问742户困难群众。筹资2.3万元为115名低保、特困残疾人发放慰问金。

围绕治理"瘦肉精、牛肉膏、食品添加剂、地沟油"等各项工作,对街域所有商户开展拉网式食品安全大检查。对鞭炮市场、密集场所、超市进行5次集中检查。成功调解各类民事纠纷54件。开展唱红歌、花会展演、戏曲专场、评剧演唱等系列特色活动。参加市区各项文体活动,获区"和谐文化大舞台"擂台赛一等奖,获市七届农运会2金1银,获市全民健康大赛1金1银。

(李冬梅)

普东街道

普东街道坐落于北辰区东南部,东起汀江路,西邻天穆镇,南起宜白路与河北区接壤,北至淮河道。2004年4月成立。2011年,街域面积3.49平方公里,辖17个社区居委会,常住人口6万人,其中户籍人口0.36万户0.80万人。

2011年,完成协税、护税4908万元,财政收入304.8万元。

对2个集贸市场、88个食品摊位,62个门脸店铺和25个流动摊位进行重点排查整治。会同工商北辰分局宜兴埠工商所,查获存储过期奶粉30箱。会同公安北辰分局、普东派出所查获私存鞭炮24箱76万头。

开展奋战300天市容环境综合整治工作。重点治理都市桃源南侧、香河道两侧等8个脏乱点位。协助区市容委在田园小区675路公交站旁建占地面积约70平方米公厕1座;拆除姚江东路、均胜路占路砖混建筑及彩钢房、亭子、围墙等3500余平方米;拆除社区违章建筑50余处,建筑面积100余平方米。

2011年12月,集贤里街社区服务中心落成。

办理城乡居民基本医疗保险837人,新生儿保险73人,受理参保人员医保报销26人。办理养老保险征缴38人,城乡老年人生活补助费96人,社会保障卡2639张。慰问困难家庭289户569人,发放物品188件27.2万元,新批低保15户、特困3户,低保复审核减89户,核增38户。开展"博爱送万家"及博爱救助活动,发放慰问品、救助金1万余元。组建邻里互助为老服务志愿队伍61支,为社区35名老人提供代买代办、定时观望、情感陪护、养生保健、家庭卫生、文化活动等服务。落实计生工作目标管理责任制,计划生育率100%。投入12万元,为183名流动已婚育龄妇女全部进行登记造册。创建计生居级服务室6个,组织免费健康查体39406人次。开展"四海一家亲"送温暖活动4次,慰问流动人口困难家庭30户,发放宣传品100份。安置富余劳动力就业634人。

安装健身器械3套16件,添置3台广场机,投资8万余元更新、修缮宣传橱窗14个。组织合唱、秧歌、健身操等培训21次。新组建合唱队、秧歌队、广播操队、太极队等文体队伍5支,申报社会体育指导员一级3人、二级4人、三级5人。开展各类公益宣传、社区文体活动50余次。组织"和谐文化大舞台"3场次。

(周建颖)

瑞景街道

瑞景街道位于北辰区西南部,南与红桥区接壤,东起辰昌路向南至千里堤再至光荣道,由光荣道向西至外环线,再向西北至北辰道,由北辰道至辰兴路再至龙泉道，再由龙泉道折至辰昌路。2011年，街域面积4.95平方公里。辖20个社区居委会。常住居民3.7万户12.7万人，其中户籍人口0.52万户2.33万人。

2005年9月成立佳荣里街道办事处，2007年7月更名瑞景街道办事处。

2011年，引进各类企业76家，注册资金6761万元。完成协税、护税1521万元，实现财政收入550万元。

治理外环辅道、佳宁道菜市场、地铁站预留地段等6处垃圾点位，清理垃圾渣土8000余吨。集中清理瑞贤、瑞秀廉租社区积存垃圾223吨。拆除燕宇、人民家园、佳平里私装地锁80余个。更换、栽种道路两侧树木2000株，实现街域绿化整体提升。硬化旧楼社区塌陷路面6000平方米，维修、更换塌陷及破损井盖20个，违章铁亭3处。

打造宝翠花都、熙景园2个市级绿色社区，瑞康、佳荣里、翡翠城3个区级绿色社区及熙景园、富山东晶2个安静社区。斥资40余万元建街道社区“一站式”综合服务中心。投入50余万元对佳荣里、熙景园、宝翠花都3个社区实施社区办公和服务平台改造。完成紫瑞、瑞益、瑞盈3个居委会筹建，统一招录居委会工作人员35人。建成1200余平方米辐射全街的老年人日间照料服务中心和宝翠花都社区老年人日间照料服务站各1处。开展“阳光服务”、“清晨问候”和“送温暖”等关爱活动，发放慰问金8万余元。

全年登记申领(补、换)社会保障卡2923例，发放社保卡1000余张。办理新生儿城乡医保参保登记130例，受理城乡医保参保人员医疗费报销56例，金额30.83万元。开展各类计生服务活动30次；走访、慰问育龄妇女困难家庭340次；组织育龄妇女免费体检2次，发放药具2.4万盒。评选表彰“十星和谐家庭”20户。安置就业人员962人。解决居民实际问题4件。全年监督检查生产经营单位236家，排查并整改29项事故隐患，消防排查86家。排查社区民用电梯安全隐患135处。对“地沟油”、假酒流通实施专项治理及打击非法食品添加剂等重大检查活动，联合排查经营单位434家次。

承办“感恩励志教育进社区”启动仪式，举办瑞景街“老少同乐，欢度重阳”大型文艺演出活动，培育120余支社区文体队伍，打造10支特色队伍。街柔力球队代表北辰区取得天津市第二届“体彩杯”柔力球大赛铜牌。百人合唱团代表北辰区参加全市“唱支红歌给党听”群众歌咏大赛汇演。

（魏晓玲）

天穆镇

天穆镇位于北辰区中南部，与红桥区、河北区接壤。2011年，镇域面积25.16平方公里，耕地面积453.9公顷，辖15个村、16个社区居委会。户籍人口2.13万户5.35万人，其中农业人口0.45万户1.23万人，回族0.6万户1.6万人。

1953年建天穆、南仓、柳滩3个乡，后几经变动。1961年5月建天穆公社，1982年11月改为乡，1986年4月改为镇。域内有华北地区最大铁路编组站——南仓铁路编组站。

2011年，实现生产总值50.9亿元，比上年增长30.2%；固定资产投入50.9亿元，增长51.5%；四级财政收入11.5亿元，增长15.3%；镇级财政收入2.99亿元，增长8%；农民人均纯收入17629元，增长10.6%。

完成1000万元以上工业项目8个，1000万元以上技改项目7个，总投资4.7亿元。天鼓机械、勒克五金等投资1000万元以上新项目全部开工建设。列入区级以上科技项目18个，其中国家级项目6项、市级项目7项；申报专利160项；科技型中小企业通过认定38家；“南洋胡氏”家具获评中国驰名商标。引进1000万元以上服务业新项目9个，其中1亿元以上3个。投资18亿元的天辰科技园一期天辰大厦入驻；投资10亿元的天物大厦完成土地整理；投资10亿元的蓝岸商务广场主体建设与内外装修基本竣工。

完成2830户民宅和7.5万平方米公建的拆迁任务，南仓、刘房子2村进入还迁房建设阶段；阎街、马庄还迁地块场清地平具备进场施工条件；天穆、王庄2村民宅核量和公建评估工作全部完成；完成天穆西苑还迁房建设地块无证建筑50户1.3万平方米的拆迁任务。重点工程天穆村段4个地块84户遗留点位的拆迁工作圆满完成。

对柳滩东里、南苑公寓等9个小区，24栋楼进行立面整修。协调解决各类重点、难点市容环境问题120余件。取缔各类违规行为5300余处，拆除违章建筑1.3万平方米，整修商铺门脸29间，立面粉刷48万平方米。新建、修补围墙近1万延米，清运垃圾渣土4.8万吨，绿化面积500余平方米。投资583万元建设的南仓道垃圾转运站主体工程完工。实现垃圾无害化处理95%以上。

天穆摔跤、花毽、游泳队参加天津市第六届农运会和第二届全民健身大会4个单项比赛，获金牌40块、银牌28块。对拆迁户中492名育龄妇女全部建立跟踪服务管理档案，为4000余名育龄妇女建立生殖健康档案。核定参保人数1.9万人。实现就业总数2158人次，其中农村富余劳动力转移就业612人。为低保户、特困户发放低保金和特困救助金683.5万元，发放各类补贴款

305.4 万元,慰问困难户 650 户。

检查各类生产经营单位 436 家,查改隐患 1802 处。排查化工企业、食品生产企业等 1151 家,对 38 家肉类摊点、130 家餐馆开展专项整治行动。

(赵　坤)

北仓镇

北仓镇位于北辰区中部，北靠永定新河,南、西南与天穆镇、青光镇接壤,东临小淀镇,西接双口镇。北运河流经域内,京津路、外环线、津榆、津永公路过境。2011 年,镇域面积 32.2 平方公里。辖 13 个行政村、10 个社区居委会。常住人口 2.1 万户近 7 万人，其中户籍人口 1.35 万户 3.32 万人，农业人口 0.7 万户 1.73 万人。

1953 年 7 月设北仓、周庄、王秦庄 3 乡,后几经调整变动。1961 年 5 月建(小)北仓公社。1983 年 4 月改为乡。1986 年 12 月改为镇。是登高英雄杨连弟的故乡。天津市爱国主义教育基地革命烈士陵园复移至域内。

2011 年,实现生产总值 30.8 亿元，比上年增长 25.5%；财政收入 10.3 亿元,增长 28%;固定资产投入 43 亿元,增长 35.2%;农民人均纯收入 16200 元,增长 10.5%。引进 1000 万元以上工业项目 15 个,完成科技型中小企业认定 37 家,中小企业创新基金申报 13 家,申报专利 30 个。

三义村民房拆迁任务全部完成,桃花寺村民房拆迁完成 63%,丁赵村民房拆迁完成 40%。北仓示范小城镇项目立项和可行性研究报告获市发改委批复，土地整体审批完成;一期 35 万平方米还迁房核定用地及上部结构荷载计算工作完成。王秦庄、桃花寺、董新房 3 个村整理土地 200 公顷，移交住宅集团进场施工。

2011年 11 月,天穆镇举办首届古尔邦文化节。

富锦道大中华还迁地块长约 1 公里的配套道路高云路修缮竣工,启动拆迁朝阳路北仓段第四标段。教工楼、荣辉里等 5 个居民小区一户一环供热管网改造完工。完成第 47 中学和同生化工厂 2 个排污泵站改造工程。完成延吉道、龙洲道、津保高速和永保路的综合整治，对天阳社区等 3 个旧楼区和运河东路等 3 条道路进行集中整治,对京山铁路沿线等重点点位进行集中清理。在津永新线两侧李嘴村地段动土 2400 立方米,造林 2.667 公顷,植树 4000 余株。对王秦庄设施农业示范园道路进行绿化,栽植国槐 1500 株。对北运河中的水面漂浮物及沿岸的柴草杂物等进行打捞清理，清除杂物 35 处,垃圾近 2 吨。环内拆除燃煤锅炉 2 台。

召开大型人才招聘会 2 次,开发就业岗位 4500 个,安置农村富余劳动力 600 人。御龙湾社区老年日间照料中心装修工程完工。560 名村民纳入城乡居民养老保险范畴。为全镇 2016 名 60 岁以上老年人进行健康查体，为 3185 名儿童接种疫苗。取缔食品生产黑窝点 7 处,开展

2011 年 10 月 20 日至 22 日,举办"北仓杯"第二届环渤海地区青年歌手电视大赛。

"地沟油"、乳制品生产和食品添加剂专项整治活动。加强被拆迁户计划生育管理工作，计划生育率99%以上。3所小学完成现代化达标创建工作，建成镇第一中心幼儿园。举办第十八届"万民同乐"花会展演，放映电影156场。新建刘园村农家书屋1处，实现村村有书屋。

（刘婵娟）

双街镇

双街镇位于北辰区北部、京津公路两侧，东与大张庄镇相连，西与双口镇毗邻，北与武清区接壤。2011年，镇域面积40.69平方公里，耕地面积1360.4公顷。辖15个村、2个居委会。户籍人口0.93万户2.71万人，其中农业人口0.61万户1.64万人。

1941年设双街大乡。1953年7月设双街、张湾、汉沟、常庄4个小乡，后几次调整。1961年5月设双街公社，1983年4月改为乡。1995年8月改为双街镇。

2011年，实现生产总值41.5亿元，比上年增长33.6%；社会固定资产投入41.3亿元，增长42.1%；农民人均纯收入16340元，增长10.6%。内资到位16.8亿元，外资到位2479万美元。

天津龙顺农业博览馆建成投入使用，占地约2公顷，建筑面积2.1万平方米，总投资2.2亿元。首届天津现代农业博览会暨"十一五"天津农业成果展在此开幕。双街村投资6000万元建成高效、智能、全自动种植组培连栋大棚195个；投资4100万元，建成精品花卉基础设施项目，占地26.67公顷。

引进投资1000万元以上工业新项目19个，其中亿元项目2个，完成技改项目5个。天工伟业、二建产业基地、中部一技（天津）冷弯设备、钨金机械等项目落户该镇。建成区级企业技术中心1个，创著名商标2个。规模以上企业达79家，其中2000万元以上51家，实现产值156亿元。引进1000万元以上服务业项目33个。闽双总部经济产业园、东鹏智谷产业园列入市重点建设项目并开工建设。招商银行、永辉超市、友鹏海鲜、恒信家俬等知名品牌落户该镇。庞大汽贸城建成、在建4S店17个，引进中企达、闽创钢贸市场，注册商户130余家。

30万平方米国耀上河城高端地产项目顺利实施。小街村10万平方米还迁房及配套设施竣工，年底全部还迁入住。张湾村完成拆迁奠基仪式。

投入15万元，增置垃圾转运箱20个、垃圾箱40个、果皮箱30个、维修路灯90个，绿化面积31386平方米；修花池800延米。投入51万元，维修电缆，规范牌匾324.5平方米；新建及增高围墙537.7平方米；粉刷房屋及围墙9370平方米。对京津公路两侧542棵树木进行剪枝，集中清整5处重点点位，清理垃圾50余吨，取缔废品回收站2个。

安置农村富余劳动力885人。医疗保险参保9841人，报销金额58.2万元。为60岁以上老年人查体90%以上，30至65岁妇女查体60%以上，健康建档率75%以上。为残疾、困难、孤老、低保、五保户等发放慰问金和慰问品40余万元。解决经济纠纷8起，追回拖欠农民工工资180余万元。该镇被评为全国第三批文明村镇，并作为天津基层乡镇的唯一代表赴北京领奖。

（殷国霞）

双口镇

双口镇位于北辰区西部，南与西青区为邻，西、北与武清区接壤，津保高速公路、津霸、津永、京福公路域内纵横交错。2011年，镇域面积72.4平方公里，耕地面积3896公顷，辖21个行政村。户籍人口1.42万户4.12万人，其中农业人口1.25万户3.94万人。

1941年3月建双口、河头大乡。1953年7月设双口、安光、丁庄、岔房子、河头5乡，1958年4月裁并为双口乡和河头乡，后多次分合。1961年5月设双口公社，1963年从青光公社析建岔房子公社，1983年4月两公社改乡，1985年1月岔房子乡改称上河头乡，1995年12月和1999

2011年7月26日，双街镇举办首届"四海相聚·耀动双街"流动人口消夏晚会。

年3月双口、上河头乡先后改镇，2001年10月上河头镇并入双口镇。

2011年，实现生产总值18.3亿元，比上年增长28.25%；固定资产投入19.31亿元，增长38.15%；四级财政收入1.91亿元，增长36.74%；镇级财政收入5606.69万元，增长28.70%；农民人均纯收入1.16万元，增长13.81%。

引进1000万元以上工业项目16个，其中亿元以上3个，总投资9.8亿元。引进服务业项目8个，其中亿元以上1个，总投资4.5亿元。完成技术改造项目5个，总投资1.5亿元。天津永大电梯设备有限公司、天津艺佳商业股份有限公司2家企业通过ISO9000、ISO14000质量体系认证。认定科技型中小企业37家，申报工业科技项目7项，销售收入2000万元以上规模企业45家。

岔房子村种植山药133.33公顷，比上年扩种81.3公顷；投资370万元，兴建二代节能温室实验室和工厂化菌类种植车间113座，面积8.16万平方米。徐家堡村被评为全国种植“一村一品”示范村。线河二村引进葡萄新品种“巨玫瑰”2万株，试种4公顷。申报市、区农业科技项目6项，争取市、区补助资金273万元。投资1500万元，完成梦得牧业奶牛繁育示范园二期工程基础部分设施建设。

投资165万元，修建景观墙380延米，广告牌120延米，粉刷公路两侧立面9300平方米，清理津保路、津永路两侧沟边3.5公里，动土9900立方米，路面800平方米，新增绿地1.8万平方米。拆除违法建筑4700平方米，清理垃圾7000吨。新修和复修平安庄、下河头、上河头等6个村镇村公路2.1公里。完成线河一村市级卫生村创建。

为60岁以上老年人、妇女健康检查9400人。建立居民健康档案3.14万人，建档率60%。投资126万元，改扩建双口小学、金摇篮幼儿园设施，新建安光附属幼儿园。市教育局评定金摇篮幼儿园为市一级幼儿园。发放低保金、优抚金1258.64万元。出生人口285人，计划生育率99.65%。帮助农民工解决劳动纠纷、工资拖欠、工伤赔偿等问题12起，涉及金额500余万元。

（韩良桂）

青光镇

青光镇位于北辰区西部，东邻天穆镇，西与双口镇接壤，南隔子牙河与西青区相望，北与北仓镇相连。2011年，镇域面积41.61平方公里，耕地面积1718公顷。辖6个行政村和红光农场社区居委会。户籍人口0.96万户2.55万人，其中农业人口0.78万户2.17万人。

1941年3月设韩家墅乡。1953年7月设青光、韩家墅、杨家嘴、铁锅店4乡。1958年4月并为青光乡和韩家墅乡，后几经分合调整。1961年5月建青光公社，1983年4月改乡，1995年11月改镇。

2011年，实现生产总值20.32亿元，比上年增长16.62%；固定资产投入23.15亿元，增长84.98%；四级财政收入2.38亿元，增长31.42%；镇级财政收入5746.52万元，增长17.27%；内资到位12.93亿元，增长36.82%；外资到位1460万美元，增长20.67%；农民人均纯收入14157元，增长10.5%。

引进1000万元以上工业项目11个，其中亿元以上新项目1个，总投资1.69亿元的8个1000万元以上技改项目投产见效。北京韩建河山管业项目、赛英斯电池、京泊汽车零部件等项目运营达产。建筑面积1500平方米的招商中心大楼正在施工建设。引进投资1000万元以上服务业新项目8个，其中亿元以上新项目1个。总投资3.55亿元的冠能商贸、五湖物流、方鼎检测、哈迪普科技等新项目运营。总投资2.5亿元、占地面积26.67公顷的天津韩家墅海吉星农产品市场二期物流园在建。投资55万元，在铁锅店村改建7.33公顷菊花种植大棚。投资1200万元，建成占地20公顷的青光村连栋大棚。

李家房子还迁房建设进展顺利，并完成施工验收；签订杨家嘴村

2011年，全国种植“一村一品”示范村——徐家堡村大枣喜获丰收。

拆迁协议1110宅,完成全部拆迁任务的90%,一期8公顷还迁地块最高建至15层,二期还迁地块开工。

完成津霸公路、104国道、青光村设施农业、京沪高铁、永清渠两侧等重点区域绿化,绿化面积26.67公顷,植树逾2.1万株。协助完成北辰西道绿化工程32万立方米上土任务。开展全国水利普查工作。

安置富余劳动力就业880人。解决劳动纠纷63起,追回拖欠工资近20万元。办理城乡居民医疗保险1.9万人、养老保险417人、老年卡620人。为391户低保户发放低保金。投资50余万元为青光小学添置25套电子白板,实现班班联网。举办第四届课堂教学大赛,64名教师在全区教学考核中名列前茅。投入145余万元落实计划生育各项奖励优惠政策,47个家庭94人接受退二胎指标家庭奖励金。对4870名中小学生进行乙肝强化疫苗补种。开展电影"四进"活动,播放影片86场次。开展"颂歌献给党"红歌合唱以及"和谐文化大舞台"文艺巡演活动。

(张　磊)

小淀镇

小淀镇位于北辰区东部、津围公路两侧。东隔永金引河与西堤头镇相望,西与北仓镇接壤,南傍宜兴埠镇,北邻大张庄镇。2011年,镇域面积43.12平方公里,耕地面积1931公顷,辖5个行政村、1个社区居委会。户籍人口0.68万户1.87万人,其中农业人口0.57万户1.57万人。

1941年3月设小淀乡。1953年7月建小淀乡、刘安庄乡。1958年4月刘安庄乡并入小淀乡。后几经调整,1961年11月建小淀公社,1983年5月改乡,1995年11月改镇。

2011年,实现生产总值24.85亿元,比上年增长25%;财政收入4.71亿元,下降5.23%,其中镇级财政收入1.21亿元,增长4.83%;固定资产投入27.34亿元,增长51%;农民人均纯收入13836元,增长10.3%;到位内资16.9亿元,增长22%;到位外资1980万美元,增长20%。

引进1000万元以上工业新项目31个,总投资38亿元。其中浩鹏汽车城、成邦物流园等7个项目投资在亿元以上。投资2100万元完成温家房子村工业载体建设。鼎天幕墙、中泽瑞丰和昊天压铸件3个项目开工运营,钰薪石油、力中天、前进电器等4个项目年底动工。投资200万元对小淀村工业园排水设施及其绿化进行升级改造,形成工业园、银河风景区和地铁商务区优势互补、联动发展格局。为钰薪石油、前进电器等14个项目办理审批手续;帮助天津市鑫坤泰预应力有限公司、宏大纸业有限公司等企业先后协调解决贷款2000万元。

小淀村秀水新苑二期工程竣工,建筑面积8.4万平方米,632套房屋,总投资4.3亿元;景瑞阳光尚城二期工程建筑面积3万平方米,360套房屋,总投资1.2亿元,在建施工中。

投资300万元,完成刘安庄村机电公司路、花卉路和温家房子支路等乡村公路修建工程。镇域地铁3号线主体工程告捷,长度2公里,终点站设在该镇。景瑞地产和天津公交一公司举行"公交助力北部新区670景瑞阳光商城车站成立仪式"。各村累计支出30.66万元,奖励132名考入大学和重点院校的应届学生。天津市人孚投资集团捐款20万元,用于刘安庄村扶贫助困。北辰区"婚育新风进万家"活动第四阶段启动暨第三届人口文化艺术节开幕仪式在小淀村社区人口文化园召开,镇文艺骨干编写创作并演出反应人口和计划生育内容的舞蹈、小品、相声、快板和男女重唱、独唱等精彩节目。

(徐克新)

宜兴埠镇

宜兴埠镇位于北辰区东南部,东靠小淀镇温家房子村,西与天穆镇相邻,南隔新开河与河北区、东丽区相邻,北与小淀镇接壤。2011年,镇域面积22.72平方公里,耕地面积578公顷。辖10个街(村)、8个社区居委会。户籍人口1.31万户2.83万人,其中农业人口0.70万户1.57万人。

1937年7月至1952年10月先后属天津市三区和天津县三区。1953年7月建镇,1958年10月并入兴淀公社为大队,1961年5月建宜兴埠公社,1983年4月改乡,1985年1月改镇。是现任国务院总理温家宝的故乡。

2011年,实现生产总值36.2亿元,比上年增长25.6%;固定资产投入31.16亿元,增长46.8%;四级财政收入6.2亿元,增长17.1%;镇级财政收入1.6亿元,增长25.9%;农民人均纯收入17992元,增长10.4%。

引进1000万元以上工业项目9个,总投资5.88亿元;完成1000万元以上技改项目18个,总投资10.41亿元。完成1000万元以上服务业项目8个,并全部建成。认定科技型中小企业175家。先后引进奔驰、奥迪、宝马等品牌汽车4S店30家。大力发展楼宇经济、总部经济,引进20余家国内外有实力的集团总部、工程集团、研发中心落户该镇。

启动9号地块11万平方米中的5栋多层封顶、8栋高层打桩,1B

地块3万平方米还迁房进场施工。一街城中村改造一期、二期完成拆迁709户。三角地块完成华宜联市场505户商铺拆迁工作。投资50万元,维修三千路、宜白路、津围公路地段6000平方米道路,治理清整域内12780米排水管道及647座检查井,确保安全度汛。

购进环卫三轮车30辆,新增环卫人员24人,清扫面积15万平方米,日清垃圾100吨。清理小广告800余处,治理马路餐桌、露天烧烤、外摆灯箱、乱堆乱放违章行为。出动300人次,执法车辆120辆次,完成奋战300天市容环境综合整治活动。

3所小学全科平均分超全区平均水平,第一小学、普育学校受全区表彰。镇中心幼儿园进入市一级幼儿园行列。开展农民素质提高工程,累计培训各类人员4325人次,实现就业801人。发放各项困难救助款项980余万元,医疗保险二次报销审核2381人次,报销金额349万元。投资近30万元,在宜鹏园社区建立技防监控平台,在宜兴埠工业区二街、四街、六街等多个工业小区设置小型电子监控平台,安装30余个视频监控探头。受理群众来信来访945件,解答咨询374件,解决救助158件,解决纠纷146件。检查企业200场次,覆盖率90%,查出隐患975处,整改率95%。在天津市第二届“体彩杯”中国象棋比赛中,获女子成年甲组个人冠军。乒乓球赛取得女单金、银牌,并获得团体银牌。

(王 倩)

大张庄镇

大张庄镇位于北辰区东北部,东邻西堤头镇,西接双街镇,北与武清区梅厂镇接壤,南靠津榆公路。2011年,镇域面积98.16平方公里,耕地面积4790公顷。辖31个行政村。户籍人口1.16万户3.20万人,其中农业人口1.06万户2.77万人。

1953年设大张庄乡、李辛庄乡。1958年4月,李辛庄乡、大张庄乡合并为大张庄乡。1961年成立朱唐庄公社,1983年改制为乡。1992年5月,朱唐庄乡改称大张庄乡。1997年改镇,时辖15个村。1962年1月,南王平公社归属北郊区,1983年该公社改乡,1997年12月改镇,时辖16个村。2001年10月,南王平镇并入大张庄镇。

2011年,实现生产总值36.07亿元,比上年增长31.7%;财政收入2.5亿元,增长25%;社会固定资产投入23.07亿元,增长46%;农民人均纯收入14065元,增长10%。

完成下殷庄、南王平2村拆迁任务,拆除认定民宅734宅、新建94处、公建56处、企业213家、农建61处,总拆迁面积15.32万平方米。启动北辰生态公园大张庄段建设,完成入村测量工作。

引进1000万元以上项目11个,其中亿元以上项目1个,1000万元以上技改项目6个。被列入天津市区县重大项目的伟星建材、华北电缆、盾安华信、始丰塑胶4个总投资20亿元以上的重点项目,全部投产见效。26家企业通过ISO9000系列认证,工业增加值实现31.1亿元,增长24.5%。引进1000万元以上服务业项目7个,总投资4.05亿元。服务业增加值实现4.4亿元,增长48%。

完成3333.33公顷大田作物种植工作。平整土地180.67公顷,深松509.8公顷。北何庄村20公顷和小孟庄村13.33公顷,2个蔬菜设施农业项目95个大棚建设完成。投资370万元,新建、维修泵站6处,清淤各类水渠14500米。

开展奋战300天环境整治活动,种植树木1500株,绿化面积2000平方米,修建17个垃圾池,粉刷围墙3.6万平方米,清除垃圾2000余吨。

为未拆迁村60岁以上老年人发放养老补贴金343.55万元。为2323名拆迁村民发放养老补贴金1434.22万元。为3133名拆迁村民上养老保险金5750.8万元。医疗保险参保率99%以上,报销金额96.1万元。对五保、低保、城乡低保边缘户以及独生子女困难家庭等近千户家庭进行慰问,送去慰问金近25万元。投入140余万元,完成镇中心幼儿园和凤凰一幼改造提升工程。为552户计划生育家庭投保独生子女家庭安康保险。安置就业1175人。受理劳动争议投诉19起,解决拖欠工资126.93万元。排查化解矛盾纠纷238件,受理群众来信来访64件。排查企业256家,查出隐患364项,整改隐患351项,整改率96.4%。

(霍 然)

西堤头镇

西堤头镇位于北辰区东部,东与宁河县接壤,西与大张庄镇、小淀镇为邻,南隔金钟河与东丽区为邻,北接武清区上马台镇。2011年,镇域面积89.47平方公里,耕地面积2820公顷。辖10个村。户籍人口1.38万户3.66万人,其中农业人口3.36万人。

1953年5月至7月,该地域建宁河县辖霍庄子乡、东堤头乡和津北郊区辖韩盛庄乡、芦新河乡,后几次变迁。1962年2月,恢复北郊区和划分郊区界限后,原属和平区的堤头公社改称东堤头公社,划归北郊区;1963年,芦新河公社更名霍庄子公社;1983年4月两公社均改乡。1985年东堤头乡改称西堤头乡,1995年12月西堤头乡改镇,1997

年4月霍庄子乡改镇，2001年10月霍庄子镇并入西堤头镇。

2011年，实现生产总值36.52亿元，比上年增长30%；固定资产投入25.56亿元，增长30%；四级财政收入2.80亿元，增长37%；镇级财政收入7329万元，增长38%；农民人均纯收入13796元，增长3%。内资到位13.41亿元，外资到位3643万美元。

引进1000万元以上工业新项目12个，完成计划的109.1%；其中亿元以上项目3个，完成计划的300%；1000万元以上技改项目7个，完成计划的116.7%。“恒景再生”获批市级企业技术中心；“佳世通”和“冠通”获评天津市名牌产品；天塑科技集团第二塑料制品厂“兰花”品牌获中国驰名商标；“福业金属”通过ISO18000高级产品质量认证。6家企业获第一批天使资金10万元；4家企业获第二批天使资金10万元；1家企业获第一批无偿周转资金1000万元。江天重工、新星兽药、恒景、佳世通4家企业被列入科技小巨人培育扶持计划。帮助15家企业兑现税收奖励，15家企业通过质量认证。

投入资金240万元，完成东堤头村和韩盛庄2座泵站改造及节制闸维修。水产养殖业经济效益增加。总投资742.5万元、占地面积50公顷的亿达水产示范园开张纳客。

开展市容环境综合整治活动，出动装载机30辆次，大型挖掘机45辆次，运输车80余辆，清理垃圾340余吨，工程还土20000余立方米，种植花草、灌木4000余平方米，种植槐树等树木2000余株。

协调解决拖欠外来务工人员工资纠纷4起，涉及金额59万元。协调发放拖欠工资100余万元。接待来访群众400余人次，调解劳资、民事等各类矛盾纠纷86件。安置富余劳动力1145人，医疗保险参保25599人，医疗保险报销金额79.95万元。城乡居民基本养老保险参保1980人。东堤头村举行永定寝园启用仪式，总建筑面积4288平方米，可容纳43648个骨灰盒集中存放。总投资近230万元，建筑面积分别为2700平方米和1600平方米的季庄子村办集体园和霍庄子村阳光乐园，举行启用仪式。

（刘珂伶）

远郊区县

武 清 区

概 述

武清区位于天津市西北部，海河水系中下游，地理坐标为北纬39°07′05″~39°42′40″，东经116°46′43″~117°19′59″。东与宝坻区、宁河县毗邻，南界北辰区、西青区，西与河北省廊坊市、霸州市接壤，北与北京市通州区搭界、与河北省香河县隔青龙湾河相望。境域东西宽41.78公里，南北长65.22里。2011年，区域面积1574平方公里，耕地面积8.67万公顷。辖杨村、徐官屯、东蒲洼、黄庄、下朱庄5个街道，大碱厂、崔黄口、梅厂、上马台、大良、河北屯、下伍旗、南蔡村、泗村店、大孟庄、河西务、城关、大王古庄、东马圈、黄花店、石各庄、陈咀、王庆坨、汊沽港19个镇，曹子里、大黄堡、白古屯、高村、豆张庄5个乡，有725个村民委员会，33个社区居民委员会。全区人口85.55万人，其中农业人口69.27万人，非农业人口16.28万人。除汉族外，有回、满、壮、苗、藏、瑶等少数民族1.74万人，其中回族9699人。

2011年，武清区实现地区生产总值427.22亿元，比上年增长25.2%；三级财政收入120.15亿元，增长29.6%；全社会固定资产投资428.65亿元，增长20.7%；职工年平均工资4.87万元，农村居民人均可支配收入1.17万元，分别增长9.4%和16.9%。

城市化建设实现新突破。全年开工建设面积1600万平方米，竣工450万平方米。武清新城开发建设加速推进，年内完成拆迁村庄12个、4144户、80万平方米，开工建设还迁房86万平方米，还迁房在建面积435万平方米。投资10亿元，新建、改造城区道路16.6公里。全年小城镇建设开工面积455万平方米，竣工150万平方米，取得突破性进展。年内投资1.6亿元用于新农村建设，累计建成510个村、惠及50余万农民。年内开工建设区级公路7条、40公里。大东路、城王路、津同路、宝武路、通王路福源道延长线竣工通车，梅石路完成主体。建成4座110千伏变电站、1座35千伏变电站。新增、提升绿化面积338万平方米，开展奋战300天市容环境综合整治工程，实施广告牌匾规范整治、建筑立面整修粉刷、道路亮化、景观绿化、便道硬化等综合整治工程，城乡面貌进一步提升。

农业发展质量提升。完成农业总产值65亿元，增长8%。新增设施农业面积2333.33公顷，累计发展到1.13万公顷。新建标准化养殖小区5个，累计93个。建成梅厂现代农业示范园，农科院科技创新基地完成主体工程。无公害蔬菜产量16.5亿公斤，实现产值18亿元。奶牛存栏4.87万头，年产鲜奶21.9万吨，实现产值7.8亿元。全年粮食产量66.12万吨，产值16.2亿元。新发展专业合作社和龙头企业30余家，累计300家。

林业生产发展较快，水绿生态环境优势进一步显现。年末实有林地面积3.65万公顷。当年造林1800公顷，植树23万株，新育苗320.53公顷。完成过境高速公路、城际铁路、区级路网沿线绿化工程。投入4亿元，新增绿地面积338万平方米。

工业持续较快增长。新增规模以上工业企业42家，累计376家。全区工业总产值1059亿元，销售收入1012.51亿元，利润128.73亿元。“一区四园”（开发区、自行车王国产业园、京滨工业园、地毯产业园、汽车零部件产业园）引进新项目287个，实现税收59亿元。乡镇产业区实现销售收入增长30%以上。

服务业在创新引进中全面发展。实现服务业增加值132亿元，增长 22.6%。被列为天津市服务业综合改革试点区域，前期工作全面启动。佛罗伦萨小镇、北方世纪钢材城等服务业大项目投入运营；凯旋王国游乐场初具规模。消费市场繁荣活跃，完成社会消费品零售额 594.23 亿元，增长 56.9%。楼宇经济加速发展，注册企业 3011 家。

固定资产投资规模继续扩大。全年完成固定资产投资 428.65 亿元，增长 20.7%。其中，第一产业完成投资 17.16 亿元，增长 12.5%；第二产业完成投资 172.55 亿元，增长 27.9%；第三产业完成投资 238.94 亿元，增长 16.6%。

重点建设项目进展顺利。全区各类市级重大项目 86 个，计划总投资 1410 亿元。开工建设项目 83 个，竣工项目 50 个。其中 76 个区县重大建设项目全部开工，计划总投资 572.4 亿元，累计完成投资 371.3 亿元，占计划总投资的 64.9%。

招商引资成效显著。全年吸引内资到位额 141.2 亿元，同比增长 22.7%，实际使用外资额 4.82 亿美元，增长 20.1%。内资注册资金 5000 万元、外资注册 500 万美元以上项目 177 个，注册资金 170 亿元，占引资总额的 69%。引进中国机械工业集团、亚马逊、国际纸业等世界和国内 500 强企业 3 家。

外经外贸快速增长。全年完成外贸出口额 22.7 亿美元，增长 19.5%。贸易结构持续优化，一般贸易出口 13 亿美元，增长 27%，占总量的 50%以上，超过加工贸易。年出口额在 1000 万美元以上的外贸重点企业 29 家，出口额占全区出口总量的 77%，拉动作用明显。

社会保障更加健全，居民生活水平显著提升。全年新增就业 2.3 万人，其中，城镇就业 4000 人，转移就业 1.9 万人。社会保障范围进一步扩大，城乡基本医疗保险参保率超过 90%，基本养老保障参保 11.6 万人。城镇职工年货币工资收入 4.87 万元，增长 9.4%；农村居民人均可支配收入 1.17 万元，增长 16.9%。城乡居民储蓄余额 280.39 亿元，增长 18.4%。

科技工作扎实推进。年内在部、市两级立项 23 个，获无偿资助 1166 万元。申请国家专利 1265 项，取得专利授权 330 项。获得市级科技进步奖 2 项，市级科技成果 15 项；取得区级科技成果 8 项，区级科技进步奖 6 项。通过高技术认定企业 22 家，新认定 4 家；通过市级科技型中小企业复核认定企业 1600 家，其中新引进科技型中小企业 639 家，小巨人企业 80 家。

教育发展水平提升。杨村第八中学、第十一小学建成投入使用。杨村一中新校区完成部分主体，保利中学完成主体建设。东蒲洼、北河滩、富民里等还迁中小学、幼儿园建设全面开工。年内新增标准化学校 130 所。新建、改造提升标准化幼儿园 74 所。全年财政在教育方面支出比上年增长 34.3%。至年底，全区有各类学校 168 所，教学班 3824 个，在校生 14.10 万人，毕业生 3.69 万人。考入大中专学生 5323 人，其中考入全国本科院校 4234 人，22 名学生被清华大学、北京大学和香港名校录取。年末全区拥有教职工 10603 人，其中任课教师 9066 人。校舍面积 123.1 万平方米。

文化、体育、广播电视事业健康发展。“两台一报”（电视台、广播电台、武清资讯报）在宣传武清、树立正确舆论导向方面发挥积极作用。全年新增农村有线电视入网户 3.75 万户，累计 11.85 万户。年末拥有电视村 684 个，全区电视人口综合覆盖率 100%。完成 15 个乡镇文体中心主体建设，新建“农家书屋”132 家、村文化室 168 个。新建健身广场 25 个，落实 90 个行政村街及社区体育健身设施。全区拥有体育设施 1248 个，全年参加体育竞赛 20 万人次，获市级以上奖牌 101 枚，其中金牌 39 枚、银牌 29 枚、铜牌 33 枚。

卫生事业加速发展。区医院 1.88 万平方米外科住院大楼投入使用，中医院 3.3 万平方米康复楼主体竣工。区疾病防控中心、城区计生服务站投入使用。完成河西务、王庆坨服务中心改扩建工程。启动下朱庄、东蒲洼服务中心新建改造工程。新建标准化农村社区卫生服务站 120 家，累计建成达标 360 家。年末全区拥有医疗卫生机构 125 个，病床 2757 张，卫生技术人员 3948 人。计划生育继续保持低生育水平，计划生育率 98.24%，一孩率 73.55%，人口出生率 8.4‰。

（李久云）

武清区区级领导名单

（2011 年 12 月换届前）

中共武清区委领导名单

书　记:张　勇

副书记:罗福来　韩胜军

常　委:张　勇　罗福来　韩胜军　郭宝琴(女)　苗宏伟　苗玉刚　钟书明　李建成　朱继业　刘志强

武清区人大常委会领导名单

主　任:刘万明

副主任:王胜林　杨作莹(女)　郭宝联　杨中东　陈　平

武清区政府领导名单

代区长:罗福来

副区长:苗玉刚　王学芝(女)　张宗启　李伯怀　尤天成

区长助理(副区长级):郭明华　邢德惠

政协武清区委员会领导名单

主　席:李学鹏

副主席:钟有龙　尤兰英(女)　程焕金　姚文霞(女)　王占海　韩万景　李金元　毛兴宇

武清区区级领导名单

（2011 年 12 月换届后）

中共武清区委领导名单

书　记:张　勇

副书记:罗福来　郭宝琴(女)

常　委:张　勇　罗福来　郭宝琴(女)　李建成　钟书明　朱继业　刘志强　周惠军　周德友　李　明　王志强

武清区人大常委会领导名单

主　任:韩胜军

副主任:杨中东　李荣虎　郭久龄　薛　梅(女)　陈　平

武清区政府领导名单

区　长:罗福来

常务副区长:李建成

副区长:钟书明　李伯怀　尤天成　李丽君(女)　钟学军

区长助理(副区长级):郭明华　邢德惠

政协武清区委员会领导名单

主　席:李学鹏

副主席:王学芝(女)　王占海　谢呈悦　胡宝泽　刘士栋　韩万景　李金元　毛兴宇

党组副书记:程焕金

(区委组织部提供)

政　治

概况　2011年，武清区深入实施以城市化为主导的率先发展战略，抢抓战略机遇，加快高水平发展,构建和谐社会。制定《关于进一步加强领导班子和干部队伍建设的意见》,坚持在干中锻炼、考察和选拔任用干部。深入推进学习型组织建设,加大干部教育培训力度,各级领导班子和干部队伍驾驭全局、创新发展、推动落实的能力不断提高。开展"下基层、办实事、解难题、交朋友"活动，密切与基层干部群众关系，各级干部执政为民的宗旨意识增强。落实决策目标、执行责任、考核监督体系暂行办法，形成责任明确、定期督查、半年联查、年终考核的工作机制。深入实施基层组织固本强基工程，强化村民自治机制规范运行。落实党员教育、管理和服务机制,不断提高党员队伍能力素质。以落实党风廉政建设责任制为龙头,推进惩治和预防腐败体系建设,增强各级勤政廉政意识，有力促进和保证了全区发展。

(李久云)

武清区第四次党代会会场

中共武清区第四次代表大会

2011年12月6日至9日,中共天津市武清区第四次代表大会在天鹅湖国际会议中心召开。出席会议的代表342名。大会审议通过《中共天津市武清区第三届委员会工作报告》和《中共天津市武清区纪律检查委员会工作报告》，并通过相应决议。会议选举产生中共天津市武清区第四届委员会委员35名,中共天津市武清区纪律检查委员会委员21名。区委四届一次会议,选举产生中共天津市武清区第四届委员会常委11名,选举张勇为中共天津市武清区委书记,罗福来、郭宝琴(女)为副书记。区纪委四届一次会议,选出新一届区纪委常委,刘志强当选区纪委书记。

(李久云)

武清区四届人大一次会议

2011年12月21日至25日,天津市武清区第四届人民代表大会第一次会议在奥蓝际德国际酒店召开。出席会议的代表269名。会议听取审议各项工作报告,并作出相关决议。会议选举韩胜军为区四届人大常委会主任,杨中东、李荣虎、郭久龄、薛梅(女)、陈平为常委会副主任,选举产生区四届人大常委会委员21名;选举罗福来为武清区人民政府区

武清区四届人大一次会议会场

长,李建成、钟书明、李伯怀、尤天成、李丽君(女)、钟学军为副区长;选举张林才为区人民法院院长,郭庆为区人民检察院检察长。

(李久云)

政协武清区四届一次会议会场

政协武清区四届一次会议 2011年12月20日至24日,中国人民政治协商会议天津市武清区第四届委员会第一次会议在奥蓝际德国际酒店召开。出席会议的代表378名。会议审议通过政协武清区第三届委员会常务委员会工作报告和提案工作报告;列席区四届人大一次会议,听取讨论政府工作报告和其他报告;选举产生政协武清区第四届委员会主席、副主席、秘书长和常务委员,选举李学鹏为政协武清区第四届委员会主席,王学芝(女)、王占海、谢呈悦、胡宝泽、刘士栋、韩万景、李金元、毛兴宇为副主席;张殿清为秘书长;赵淑萍等30人为常务委员。会议通过政协武清区四届一次会议决议。

(李久云)

组织工作 2011年,武清区圆满完成区、乡两级领导班子换届工作,选举产生新一届区委、人大、政府、政协领导班子及乡镇党委、人大、政府领导班子。开展"下基层、办实事、解难题、交朋友"活动,全年各级领导干部为基层干部群众办好事、实事6367件,排查化解矛盾纠纷4007宗,协调帮扶助困资金(物资)5592万元。深化干部人事制度改革,完善竞争性选拔工作机制,组织实施乡镇局机关选调优秀公务员进入区级机关工作,为区纪委(监察局)等11个单位选调乡镇局公务员20名。加强干部教育培训工作。全年举办各类培训10期,培训处级以上领导干部1000余人次;依托乡镇成校和区委党校,对1600名村主要干部进行岗位提高培训,组织600名村干部参加以市农学院大专层次专业证书班为主渠道的大专学历教育学习。开展武清区第二届杰出人才评选工作,授予梁栋等10人"武清区杰出人才"荣誉称号。完成32名选调生和公务员的招录工作,选拔录用1名优秀村干部到乡镇机关工作,选聘大学生村官44名。开展农村基层党组织抓强促弱工作。全区65个区直单位与52个基层党组织开展活动196次,完成帮扶项目43个,拨付帮扶资金468万元;开展村与村"手牵手"帮带活动,引导先进村与61个村结成帮扶对子,完成帮扶项目39个,涉及帮扶资金68万元。全区新发展党员627名,新建非公企业党组织185个,党的工作覆盖企业3466家,覆盖率97%。

(刘集贺)

宣传工作 2011年,武清区在以突出城市品牌策划宣传为重点的对外宣传,以深入推进文明创建为重点的精神文明工作和抓实搞活理论武装工作等方面,取得明显成效。开展"红色歌曲大家唱、红色箴言大家读"活动,在全区唱响共产党好、社会主义好、改革开放好、伟大祖国好、各族人民好的时代主旋律,全区直接参加活动的干部职工群众3万余人。组织1.3万名党员干部参加"全国党建知识竞赛"及全市"伟大历程、光荣使命"纪念建党90周年主题知识竞赛活动。组织开展纪念建党90周年征文活动,收到征文1400余篇。抓好城市品牌策划宣传,确定武清区城市品牌形象标识和宣传用语备选方案。完成武清形象宣

武清区"红色歌曲大家唱"活动现场

传片的拍摄和编制，在央视六套连续播出36期。全年在市级以上新闻媒体发稿200余篇。抓好净化社会文化环境、未成年人“快乐营地”和乡村学校少年宫建设工作，武清区的经验做法被中央文明办《未成年人思想道德建设工作简报》2次采用。实施文明单位、文明社区、文明村镇创建工程。区教育局、武清海关、工商武清分局被评为全国文明单位，梅厂镇、梅厂镇灰锅口村、白古屯乡东马房村被评为全国文明村镇，公安武清分局等20个单位被评为天津市文明单位，开发区栖仙社区等4个社区被评为天津市文明社区，大王古庄镇等12个村镇被评为天津市文明村镇。

（王战勇）

纪检监察工作 2011年，武清区纪检监察部门积极履行职能，加强对各级贯彻执行区委、区政府各项决策，以及强农惠农等民计民生政策落实情况的监督检查，加大对危害发展环境、损害群众利益等各类案件的查办力度，抓好村民自治制度落实和机制规范运行，加强政风行风建设，着力消除矛盾隐患。查处安全生产事故5起，关停非食用油生产企业6家，处理环境违法违规行为81个，发现和纠正土地违法违规问题442个；立案查处各类违纪违法案件20件，给予党纪处分18人，其中开除党籍14人，留党察看2人，党内警告2人。未发生申诉复查案件；受理群众信访举报105件，全部进行调查核实，对19名处级干部实施信访监督，为56名受到失实举报的党员干部澄清问题；组建778人的纪检监察信访举报指导员和联络员队伍，强化工作指导，将不稳定因素化解在基层，解决在萌芽状态。

（王　倩）

人事管理 2011年，武清区严格落实公务员招考和事业单位招聘工作人员有关规定，严把机关事业单位进人入口，实现凡进必考，考录工作顺利进行。全区招考公务员58人，招聘事业单位工作人员497人。调整科级干部248人，科级干部竞争上岗率85%。完成事业单位岗位设置管理工作，全区有59个部门512个事业单位实施岗位设置管理，覆盖16624人，分别占任务指标的98.3%、97.7%和91.7%。绩效工资制度稳步推行，完成公共卫生和基层医疗事业单位1519名在职工作人员和703名退休人员绩效工资实施工作。制定《武清区专业技术人员和政工专业人员职称评聘及管理暂行办法》，职称评聘工作有序开展，完成6名高级、10名中级政工师和8名初级政工师的认定工作，完成39名高级、53名中级和235名初级技术职称申报工作。24名军转干部和6名家属安置工作有序进行，企业军转干部基本保持稳定。

（谭　静）

政法工作 2011年，公安武清分局以“服务发展、保障民生”为根本，做好安全保卫工作。全年破获各类刑事案件2348起，打处犯罪嫌疑人1137人；完成警卫任务82次，完成道路引领任务410次；查处治安案件17615起，治安处罚1457人；全年办理身份证3.61万人，审批办结各类户口18110件；推广安装各类报警设备132套，全区视频监控联入“技防网”平台点位392个，视频监控点位累计1.6万个。区检察院推进“社会矛盾化解、社会管理创新、公正廉洁执法”三项重点工作，强化法律监督，查办职务犯罪，打击各种犯罪，化解社会矛盾。全年批准逮捕犯罪嫌疑人324件474人，不批准逮捕16件23人，批捕正确率100%；立案查办职务犯罪案件5件16人，涉案金额40余万元；提起公诉435件661人，决定不起诉19件44人，追诉漏罪11件，所诉案件有罪判决率100%；受理控告申诉案件19件；受理民事行政申诉案件74件，成功立案28件，依法提出抗诉22件，成功改变原审判决5件。区法院加强审判执行工作，全年受理各类案件（含旧存）10424件，审（执）结

武清区“五五”普法总结表彰暨“六五”普法动员大会会场

9635件,结案上升2.43%;涉案标的总金额13.77亿元,同比上升57.01%。区司法局推进社会矛盾化解,社会管理创新,公正廉洁执法三项重点工作,发挥司法行政职能,维护全区社会和谐稳定。全年办理各类法律服务案件4009件,其中,公证业务2787件,律师诉讼代理案件282件,法律援助案件31件,接待来电来访咨询909件;启动实施“六五”规划,制定《关于在全区公民中开展法制宣传教育的第六个五年规划》和《“法治武清”建设五年规划纲要》。建成纵向与市司法局指挥信息中心相连、横向与13个区县相连的视频会议室,实现与全市各司法行政机关的信息互联互通。

(张玉宝 刘 伟)

人民团体工作 2011年,武清区有基层工会组织2519家,会员12.7万人。29个乡镇街道在全市率先全部配备专职副处级工会主席。全年开展技术比武和劳动竞赛500多场,参与职工2万余人,职工提合理化建议1800余条,技术创新成果150多项,创效益4400余万元。全区非公企业职代会建制率90%以上,工资集体协议签订率93%以上。全区有454家企业被命名为区级以上劳动关系和谐企业。团区委团结带领全区各级团组织,推进共青团工作。深化青年志愿服务行动,组织学雷锋志愿服务月、暑期“奉献直通车”、“三下乡”等志愿者活动;加强典型选树,推荐5名青年、3个青年集体当选天津市优秀青年志愿者和优秀志愿服务集体;举办武清区2011年青年集体婚礼,为14对新人举办盛大结婚仪式;服务青年创业就业,全年培训青年1000余人,对接创业项目12个,新建百兴钢结构就业实践基地,帮助600余名青年顺利上岗,扶持42名青年投身创业,帮助51名创业青年落实小额贷款238万元。区妇联以创建和谐家庭为重点,编印《和谐家庭手册》25万册,发放到全区25万个家庭;制定《武清区妇女手工编织业2011—2015年发展目标任务》,成立武清区妇女手工编织协会,开展武清区“中华地毯园杯”手工编织品展示大赛;举办促进女企业家发展科技型中小企业政策培训会;开展争创“示范妇代会”活动,激发基层妇联组织活力;成立武清区老区建设促进会妇女工作委员会;开展“阳光工程”爱心助学、救助单亲贫困母亲、妇女免费体检和女性特病安康保险等活动,确保广大妇女得实惠、普受惠、长受惠。

(张 静 冯海华)

经 济

概况 2011年,武清区实现地区生产总值427.22亿元,比上年增长25.2%;三级财政收入120.15亿元,增长29.6%,其中区级财政收入58.76亿元,增长28%。全社会固定资产投资428.65亿元,增长20.7%;新增注册资金246亿元,增长29.5%;农民人均纯收入1.17万元,增长16.9%。新增规模以上工业企业42家,累计376家。实现工业总产值1059亿元,销售收入1012.51亿元,利润128.73亿元。完成外贸出口额22.7亿美元,增长19.5%。服务业实现增加值132亿元,增长22.6%,被列为天津市服务业综合改革试点区域。完成社会消费品零售额594.23亿元,增长56.9%。楼宇经济加速发展,注册企业3011家。全年完成农业总产值65亿元,增长8%。当年造林1800公顷,植树23万株。养殖业生产突出抓好畜禽良种、动物防疫、养殖技术、无公害生产、养殖排泄物综合利用和环保设施等方面的标准化建设,养殖业总产值22.6亿元。区税务部门严格落实责任,狠抓组织收入,全年完成税收102.72亿元,入库税款78.82亿元。工商武清分局服务全区重大重点项目,服务招商引资。全年新增内资企业3210户、注册资金276.2亿元;新增个体户4852户、资金3.29亿元;新增外资企业51户、投资总额6.18亿美元、注册资本3.24亿美元。区物价局营造良好的价格服务环境。全年出动检查1345人次,检查785户,查处价格违法案件11件,查处违法金额12.36万元。区质监局以加强特种设备和食品“两个安全”监管为重点,加强监管工作。全年出动检查5187人次,检查企业2552家,查处违法案件36起。区食品药品监督管理局的不良反应、行政审批、药品抽验、基本药物监管等项工作走在全市系统前列;药检所工作成绩突出,获全市系统2010年度先进区县药物检验所称号。

(李久云)

工业发展 2011年,武清区实现工业总产值1059亿元,销售收入1012.51亿元,利润128.73亿元。全区吸引注册资本246亿元,增长29.5%。其中,新增内资注册资本208亿元,增长30.5%;合同外资6亿美元,增长10%;外资到位4.82亿美元,增长20.2%。全区新批项目1973个,其中注册资本内资5000万元(外资500万美元)以上大项目171个,注册资本176.7亿元,占全部注册资本的72%,分别增长20.4%和11.1%;亿元以上大项目75个,增长43.6%。171个大项目中,实体项目96个,占56%。全年新批外资项目53个,合同外资额6亿美元,增长10%。外资增资企业44家,合同外资额 25267 万美元，占合同外资总额的 42.1%。全区工业投资项目 298 个,完成投资 180 亿元,增长 19.7%。楼宇经济加速发展，新增注册企业 592 家,累计 3011 家。4 个示范工业园区基础设施建设、招商引资继续保持良好态势。累计基础设施投资 33.17 亿元,完成“七通一平”面积 19.8 平方公里；新签约实体项目 86 个,计划总投资 656 亿元,注册资本 82 亿元。加快中小型企业发展,年内有 429 家中小企业实现转型升级，引进培育科技型中小企业 1600 家，科技“小巨人”企业 80 家。认定数量居全市第三。完成固定资产合理用能审查评估项目 297 件，投资总额 269 亿元。完成钳工、焊工、自行车装配工、地毯制作工、服装缝纫制作工、制鞋工等 16 个专业、87 个班次的职业技能培训工作，累计培训职工 6979 人。

（李劲松　王连海）

开发区内企业生产车间一角

开发区建设　2011 年，武清开发区以升级为国家级经济技术开发区和建区 20 周年为契机，以推进产业结构优化转型升级为主线，以完成三期开发建设和四期规划为重点，坚持培育新产业、拓展新空间，引进和发展高端制造业、现代服务业和科技型中小企业，实现又好又快发展。全年引进项目 113 个，引资 82.7 亿元，比上年增长 25.7%。引进天津坝上春秋艺术园、敏华家具、普亚物流等投资超亿元优质项目 24 个。引进亚马逊、普洛斯和国机重工 3 个世界 500 强项目。高端制造业聚集区基本招满项目，引进项目 17 个。总部楼宇经济取得突破性发展，累计引进项目 18 个。保税物流区基本招满项目，引进现代物流项目 4 个。原有企业增资扩产形势良好，累计增资 23.33 亿元。全年，开发区实现地区生产总值 166 亿元，增长 29.1%；工业总产值 595.77 亿元；新引进项目 113 个，吸引投资 82.7 亿元，增长 25.7%；税收 56.5 亿元，增长 25%；固定资产投资 97.7 亿元，增长 32%。新增就业岗位 1 万个，增长 10%。

（张书月）

农业　2011 年，武清区耕地面积 8.67 万公顷，其中种植业播种面积 12.45 万公顷。蔬菜占地面积 1.73 万公顷，播种面积 2.07 万公顷，总产 127.67 万吨，毛收入 17.5 亿元；新增设施农业面积 2333.33 公顷，总面积 1.13 万公顷；粮食占地面积 5.71 万公顷，播种面积 9.44 万公顷，总产 66.13 万吨，实现连续八年增产。全区有无公害蔬菜基地面积 1.51 万公顷、无公害粮食作物面积 4.15 万公顷，蔬菜产品检测、抽检合格率 99.96%。开展新品种试验示范项目 53 项，品种 600 余个。农村新能源成效显著。完成 15 个乡镇 30 个养殖小区沼气主体工程建设；在 14 个乡镇 20 个新农村试点村建设户用沼气池 600 座，全部投入使用并初步发挥投资效益；新建农村沼气服务网点 15 个，新增获证沼气技术人员 114 名。提高种植业产品质量安全，全年开展各种技术培训 20 次，培训农民 6000 人次。发放各种技术手册、明白纸 2 万余份。全年发放粮食

设施农业——无公害蔬菜种植

直补、农资综合直补资金 10075 万元,补贴面积 9.2 万公顷,涉及 15.6 万农户;发放良种补贴 1330 万元。投资 6909 万元用于 3 个土地治理项目和 3 个产业化项目,新增灌溉面积 5200 公顷,扩大良种种植面积 1666.67 公顷。

(赵凤侣　马洪影)

林业　2011 年,武清区造林 1800 公顷,植树 23 万株,完成育苗 320.53 公顷。重点实施绿色通道、绿色村镇、绿色园区、农田林网、成片林地等绿化工程。投资 4 亿元,新增城市绿地 338 万平方米。开展森林资源二类调查工作,完成对全区 43707 个小班,69 万株四旁树的实地调查。深化林业资源保护工作,完成林木采伐限额 3 万立方米,依法准许采伐各种林木 50 余万株,办理采伐许可 1500 余件,征收育林基金 100 余万元,受理出省木材运输行政许可 32 件,准运木材 1490 立方米。全年办理森林植物调运检疫 52 批次,检疫木材 1590 立方米,苗木 100 余万株。年内,武清区林业局被国家林业局评为 2011 年度全国林业资源管理先进单位。

(许　冉)

奶业生产　2011 年,武清区有奶牛养殖小区和规模奶牛场 56 个,生鲜奶总产量 21.9 万吨,所产鲜奶尽产尽销。奶牛产业总产值 7.55 亿元,奶牛养殖户获经济效益 1.21 亿元。全区奶牛优质冷精改良率 100%,18 个奶牛场近 1 万头奶牛实现科学选种选配,建立 8 吨以上高产核心群 2.1 万头,成母牛年平均产奶量 7500 公斤。2.5 万头奶牛应用 TMR 饲喂,优质青贮、干草饲喂率 65%以上,使用全株玉米饲喂奶牛 1.8 万头,各奶牛小区应用奶牛场信息管理系统,奶牛生产实现精细管理。有 8 个奶牛场通过实施固液筛分、沼气发电技术实现粪污无害化处理。生鲜奶质量安全水平不断提升,原料奶理化指标乳脂率 3.4%以上,乳蛋白率 2.96%以上,微生物指标控制在 40 万/ML 以内。推动奶业产业化经营。发挥武原奶牛养殖专业合作社作用,建立生鲜奶统一销售机制,引导加工企业打造武清优质生鲜奶品牌。有 36 家养殖小区(养殖场)加入合作社,占全区奶牛养殖的 64%,日产鲜奶 300 吨,面对 4 家乳品企业实行统一销售,平均每公斤鲜奶增利 0.2 至 0.3 元。

(钟金胜)

商贸服务　2011 年,武清区总投资 11.42 亿元、占地 88.67 公顷、总建筑面积 32 万平方米的环渤海绿色农产品交易物流中心全部完工,进入试运营阶段。总投资 1.15 亿元、总建筑面积 53450 平方米的金汇广场项目完成主体工程。第三产业实现增加值 121.3 亿元,比上年增长 7.2%;社会消费品零售额 594.2 亿元,增长 56.9%。全年吸引内资到位额 141.2 亿元,增长 22.7%,实际使用外资额 4.82 亿美元,增长 20.1%。区供销系统营销总额 22.12 亿元,增长 25.04%;社会消费品零售额 5.97 亿元,与上年持平;增加值完成 6461 万元,增长 29.07%;利润完成 3602 万元,增长 20.03%;上缴税金 1.08 亿元,增长 6%。全区销售家电下乡产品 103939 台(件),实现销售额 2.19 亿元,补贴 87171 台(件),补贴金额 2308 万元;销售家电以旧换新产品 72885 台(件),实现销售额 2.74 亿元,完成审核 66615 台(件),完成补贴 52301 台,补贴金额 1.55 亿元。

(张林侠　孙义忠)

财政工作　2011 年,武清区财政工作推进国库集中收付和部门预算改革,完善投资评审和政府采购制度,强化财政监督检查工作,安排专项资金,深入开展"调结构、增实力、上水平"活动。统筹调度资金,支持路网工程、新农村建设、全区基础设施和重点工程、教育、医疗和社会保障等事业,城市载体功能不断增强,社会和谐化程度不断提高。全区三级财政收入 120.15 亿元,完成收入任务的 102.7%,比上年增长 29.6%。其中地方一般预算收入 45.3 亿元,完成收入任务的 115.3%,增长 37.8%。全年财政支出 73.2 亿元,完

2011年 9 月 3 日,环渤海绿色农产品交易中心开业试运营。

成预算的107.3%,增长21.9%。

（马洪影）

税收征管 2011年，武清区国税局完成税收任务58.12亿元,入库税款53.32亿元;认定增值税一般纳税人1081户,认定达一般纳税人标准小规模企业61户;核定征收企业所得税收入2898万元;完成出口企业退税审核审批3700户次,涉及出口额116亿元；完成退税额9.58亿元,审核免抵额6.45亿元,审核来料加工企业进出口报关资料2.79万份，开具出口加工免税证明32571万元。区地税局完成税收44.6亿元,比上年增收13.4亿元,增长42.7%;入库税款25.5亿元，占税收总额的66.71%;征收个体税2192.4万元;查补款项6065.59万元。

（何鹤 薛艳）

工商管理 2011年，工商武清分局注册内资企业3210户、资金276.2亿元,比上年分别增长46.84%和20.2%,企业总量12081户、注册资本累计1191.13亿元;注册个体户4852户、资金3.29亿元,分别增长17.5%和49.55%，个体总量22479户,资金累计9.76亿元;注册外资企业51户、投资总额6.18亿美元、注册资本3.24亿美元，分别增长4%、24.1%和23.98%,外企总量521户、投资累计51.53亿美元、注册资本累计27.43亿美元。登记集中办公区企业1618户、科技开发企业284家、新兴行业企业326户，助推全区完成科技型企业认定任务，注册全区第一家楼宇经济经营企业、第一家直销经营企业、首家零首付企业,办结首家跨省区迁移企业变更登记,注册资本上亿元的西安企业落户武清。核准全市第一家农民专业合作社联合社,为20家土地承包权流转信息合作社集中办公实行团体化登记,快速办理有关手续。新设立农民专业合作社105家，成员出资额1.18亿元,登记入社农户920户。实施商标战略,发展品牌农业,注册的“西肖庄”、“大黄堡”等集体商标效益明显，大黄堡鱼的知名度不断提高，学清农产品专业合作社生产的紫薯、黑豆、黑玉米等黑色系列产品畅销全国各地,农民收入不断增加。年内新申请注册商标1112件,新认定中国驰名商标2件、天津市著名商标10件、集体商标8件。全区拥有驰名商标4件，著名商标61件,有效商标4592件。维护消费者合法权益,全年受理投诉举报371件,涉及争议金额23.9万元，为消费者挽回经济损失16.43万元。

（张云星 高文艳）

物价管理 2011年，武清区物价局发挥职能作用，营造良好价格服务环境。全年出动检查1345人次,检查785户,查出价格违法案件11件，处理11件，查处违法金额12.359万元,实行经济制裁12.36万元。城区超市、大型市场等场所明码标价率100%,推行价签15万张。全年接待群众价格咨询463件，价格举报17件，经查11件存在高收费问题，为群众挽回经济损失65438元。开展收费年度审验工作。全区有行政事业性收费许可证297个,涉及收费项目29项,收费21939.38万元；经营服务性收费21项，收费7155.56万元。通过审验和换证,注销《收费许可证》30个,新核发《收费许可证》1个,核发《行政事业单位经营服务性收费登记(审核)证》2个,全区有267个单位通过年审并申领新的《收费许可证》。开展价格认证工作,全年接受各类价格委托并办结案件1434件,鉴证金额5136.5万元。

（陈玉芝）

农村经济管理 2011年，武清区做好农村经营管理基础工作,规范管理土地承包、经济合同、财务、集体资产、农民负担监督等方面工作,做好相关环节的指导、把关、监督。推进农村土地流转工作,全年新增农村土地流转面积800公顷,流转面积累计8446.67公顷;完善区级土地流转服务中心服务功能，建立土地流转合同季度清理机制，清理归档各类土地流转合同183份;新建村级土地流转合作社20个,乡镇土地流转服务中心3个。村级公章委托代理深入推进。全年新增2个乡镇53个村街完成村级公章委托代理，全区实施委托代理的乡镇19个,村街473个。开展农村集体资产清理工作,有13个乡镇345个村完成集体资产清核工作,24个乡镇健全村级集体资产管理台账。规范农村土地承包管理,对6个乡镇13个村街的土地调整、机动地发包实施监督把关和政策指导，杜绝和避免违背民主意愿发包、损害村民合法土地承包权益等问题发生。深入实施村级合同管理规范化建设，指导乡镇强化对村街合同签订过程中的考察论证、民主表决、公示、公开招投标等关键环节的监督和指导把关，规范集体经济组织土地以及其他资产资源发包、租赁等经济行为。

（郝东芳）

文化

概况 2011年，武清区文化事业以加强文化建设为全区发展注入精神动力，以繁荣武清文化为全区增添光彩，以区委中心工作和庆祝建党90周年为主线,积极挖掘运河文化、融入地域文化、打造品牌文化,推进全民文化,打造武清和谐稳定的人文环境。开展以春节、消夏和广场文化“三大文化活动”为龙头的群众文化活动,举办庆祝建党 90 周年“红歌唱响、红歌达人”、“红色歌曲大家唱、红色箴言朗诵大赛”及征文、书画等系列活动;加快村街和社区公共文化建设,大力实施农家书屋工程,实现全区 725 个村街农家书屋全覆盖,累计送书下乡 100 余万册,建成乡镇综合文化站 29 个,文化活动中心 9 个,图书馆分馆和少儿分馆 10 个。成立武清区文化市场行政执法大队,规范文化经营行为。广播电视工作取得新发展。在天津市台年度评比中,武清广播电台和电视台连续 5 年列全市各区县台综合评比第一名。完成农村有线电视“村村通”工程,全区有线电视信号覆盖率 100%。地方志工作取得新成就。《武清年鉴(2006—2010)》、《武清劳动保障志》出版发行。年内,武清区获得文化部颁发的中国民间文化艺术之乡称号。

(李久云)

文化服务 2011 年,武清区文化广电局深化“满意在武清”特色服务品牌创建活动,以文化建设为载体提升武清的竞争力和软实力。举办“武清杯”国际小姐中国大赛天津赛区总决赛,吸引天津、山西、山东、内蒙古等省市及非洲和中东地区的外籍选手 500 余人参赛;举办“商道文艺奖”首届全国小小说大赛,吸引全国 13 个省市、地区的文艺爱好者参加,收到有效稿件 2368 篇;举办“鲜于璜杯”全国隶书邀请展,征集全国各省市(包括港澳台地区)书法家作品 129 幅;完成佛罗伦萨小镇开业工作,积极引导商贸旅游区创建,发放旅游宣传资料 1 万余份。推进文化市场健康发展。成立文化执法大队,开展打击侵犯知识产权和假冒伪劣产品的“双打”专项行动,严厉打击文化违法行为,检查文化市场 35 次,检查网吧 70 余次,联合工商、公安、教育部门组织专项执法行动 17 次,取缔无证经营图书、音像摊点 4 个,捣毁印刷黑窝点 1 个,收缴印刷设备 5 台,印版 500 张,半成品 200 包,收缴盗版光盘 9922 张,盗版图书 10495 册。研究制定《武清区“十二五”文化产业发展规划》和《武清区 2011—2020 年旅游发展总体规划》,为武清文化产业、旅游业发展提供依据。

(李久云)

文化活动 2011 年春节期间,武清区文化活动异彩纷呈。从正月初八至十五,在城区举行广场舞展演活动、民间花会优秀团队调演、京评梆戏曲展演、第 11 届书画摄影作品展、谜语竞猜、图书优惠展销活动、体育活动、焰火晚会 8 项区级活动,组织广场舞展演 65 场、民间花会 390 道、戏剧 140 场,演员近万人,吸引观众 30 万人次。各乡镇开展多种群众喜闻乐见的文化活动。举办武清区第 11 届消夏晚会,从 6 月 20 日至 8 月 10 日,历时 50 天,分基层和城区两部分进行,演出文艺节目 100 余场,其中在城区 6 个表演点演出 50 余场、在基层演出 30 场,放映电影 30 场,评选出优秀表演团队 19 个、优秀组织单位 17 个。开展庆祝建党 90 周年系列活动,4 月至 7 月先后举办“党在我心中”系列征文、绘画、红色箴言诵读比赛、庆祝建党 90 周年大合唱比赛、“红色歌曲大家唱,红色箴言朗诵大赛”、“红色唱响、红色达人”大赛武清专场,纪念建党 90 周年散文、诗歌征文、红色影片专题放映、“悼念烈士英灵、重温入党誓词”等活动。推进“2131”农村数字电影放映工程,全区组建电影播放队 32 支,全年放映数字电影 8892 场,活跃了全区农民群众业余文化生活。

(张春凤 李继英)

春节花会调演——高跷表演

广播电视 2011 年,武清区广播电视工作紧扣全区推进大开发大开放新的战略部署和经济社会发展的新举措、新亮点、新成效,通过动态报道、跟踪报道等多种形式开展宣传。全年播发《武清新闻》2200 余条,开设《小巨人在成长》等 10 余个新闻专栏，制作节目200多期。在天津市台年度评比中，广播电台和电视台连续5年列全市各区县台综合评比第一名；7件作品被中央台采用播出；在天津广播电视协会好新闻评选中，14件参赛作品获奖。组织策划“区内区外看武清”记者异地采访、“中央媒体武清行”等大型宣传活动，形成集中宣传效应。开展“走进乡镇村”记者采访活动，两台新闻记者深入乡镇街村，围绕重点乡镇区域发展特色、经验典型以及村街面貌发生的巨大变化，每周一个乡镇每天一个专题进行采访报道。全年制作播发连续报道180期，全面展示了武清新农村、新市镇建设取得的成果。

（宋晨辉　刘媛媛）

广电网络　2011年，武清区农村有线电视市场拓展工作进展顺利，签订农网项目212个，覆盖56866户，签约入网户32460户，完成施工村街212个，农村有线电视用户数11.85万户。各乡镇村街基本实现有线电视入户，农网“村村通”工程实现收尾。城区数字电视用户新增用户终端6198个，累计46278户，终端总数50463个，全区有线电视信号覆盖率100%。

（张国萍）

档案工作　2011年，武清区档案局深入开展“档案资源建设年”活动。以新馆建设为契机，抓好新馆“五位一体”功能建设，加快推动“三个体系”建设，全面改善服务环境，提升档案公共服务水平。全年出具建设工程竣工档案验收合格证47个，接收进馆工程项目档案2000余卷。新农村建设档案规范化管理水平明显提高。全区有667个村街实现规范化管理，占全区村街的90%。完成区检察院、公安局、规划局、审计局等17个单位的机关档案评估工作。开展年度归档和执法检查，检查47个单位。做好档案管理工作，完成录入1980—1998年婚姻档案14万条；全年接待查档1640余人次，出证926份；完成2011年度“项目申报书”，争取到国家和市档案局重点档案抢救和保护补助费15万元。2010年开始筹建的新馆舍竣工，基础设施建设成效显著。制定新馆配套项目工程建设方案；完成数字化扫描、密集架、库房智能化管理、软件开发及硬件设备采购、展厅等项目的招投标工作；841立方米密集架安装基本完成并通过验收；库房智能化管理进场施工，数字化扫描、硬件设备采购签订合同；一期工程投资370万元。

（于秀华）

地方志工作　2011年12月，由区地方志编修委员会办公室编辑的《武清年鉴(2006—2010)》出版发行。该书为5年合订本，130万字，70余幅照片，内设概述、大事记、文献、党政、人民团体、乡镇街道、区域经济、财税金融保险、经济管理、城市建设与管理、交通通信供电、政法军事人防、社会事业、社会生活等16个栏目，全面系统地反映了五年来全区经济社会发展情况及取得的成就。年鉴发送至全区123个单位共390余册。完成《天津区县年鉴(2011)》“武清区部分”撰稿任务。组织协调有关单位做好部门志及镇村志书的编辑出版工作。年内完成《武清劳动保障志》、《武清区明代瀛西杨家将》、《西南庄村志》的编辑出版工作，《崔黄口镇志》正在编纂。

（李久云）

社　会

概况　2011年，武清区城市建设稳步推进。新建城区道路10条16.6公里；新建改造道路17条，新增绿化面积169.3万平方米；铺设永塘秦燃气管道24公里，城区改造燃气管道22.5公里；全年商品房新开工面积400.18万平方米，比上年增长183.64%。新建商品房成交1.9万套，总建筑面积171.17万平方米，成交金额104.03亿元。年内启动的7个污水处理厂建设有3个通过验收投入运行。完成全区环境目标任务，环境质量稳步提升。社会各项事业全面进步。科技工作扎实推进。年内在部、市两级立项23个，获无偿资助总额1166万元。申请国家专利1265项，取得专利授权330项。取得市级科技成果15项。区级科技成果8项，区级科技进步奖6项。教育发展水平提升。杨村第八中学、第十一小学建成投入使用；杨村一中新校区完成部分主体，保利中学完成主体建设；东蒲洼、北河滩、富民里等还迁中小学、幼儿园建设全面开工；新增标准化学校130所，新建、改造提升标准化幼儿园74所。卫生事业加速发展。区医院1.88万平方米外科住院大楼投入使用，中医院3.3万平方米康复楼主体竣工。完成河西务、王庆坨卫生服务中心改扩建工程；启动下朱庄、东蒲洼卫生服务中心新建改造工程。修建高标准健身广场25个，落实90个行政村街及社区体育健身设施。统筹推进人口计生工作，计划生育率98.24%，保持稳定的低生育水平。就业和社会保障工作得到加强，新增就业2.36万人。城乡居民基本养老保障和基本医疗保险制度全面推开，医疗保险参保率90%以上，养老保障新增参保4.83万人,增长31.3%。城乡社区建设稳步推进。在23个乡镇、56个村街全面实施社区规范化建设;完成东蒲洼亨通社区服务中心改扩建工程；中国养老示范社区建设主体工程全部完工；启动武清区第二养老院建设。做好优抚安置及双拥工作。接收退役士兵和转业、复员士官304人,安置城镇退役士兵和转业士官80人,安置率100%;开展双拥共建活动,军地互办实事好事393件,互访43次。年内,武清区被中央军委总政治部、国家民政部授予全国双拥模范城区称号，连续保持全国双拥模范城区“五连冠”殊荣。

（李久云）

城市建设 2011年，武清区新建道路10条16.6公里，实施17条道路绿化和改造建设，增新绿化面积169.3万平米。铺设永塘秦燃气管道24公里,城区改造燃气管道22.5公里，增加供热面积95万平方米。29个乡镇街完成基础设施投资30亿元。全区在建工程面积1700万平方米。制定出台《建筑市场施工质量监管办法》，建立项目审批绿色通道。全年完成工程报建、招标、施工合同备案、施工许可、商品房批复、商品房准入等2800余件,涉及工程建设面积1600万平方米的项目审批。7月份,经区政府批准,完成天津雍鑫建设投资集团、雍阳园林绿化公司组建工作。加强对建设项目的控制和引导,制定出台《武清区规划设计导则》。完成规划设计条件374件2778万平方米,审定建设项目规划设计方案448件2074万平方米,核发选址意见书105件、用地面积477.8万平方米,核发建设用地规划许可证215件、用地面积979万平方米,核发建设工程规划许可证330件、建筑面积636.9万平方米,核发市政工程规划许可证78件,核发规划验收合格证215件、建筑面积254.5万平方米，收取配套费23724.8万元,发放标准地名证书52件。完成规划展览馆布展工作。完成测绘任务1100项,承接设计任务40项。全年完成63个批次、1707公顷土地报批，出让土地119宗1144.5公顷,收取土地出让金62.5亿元。全年商品房新开工面积400.18万平方米,比上年增长183.64%。新建商品房成交19037套，总建筑面积171.17万平方米，成交金额104.03亿元，分别增长26.54%、21.60%和35.02%。商品房成交均价为6078元/平方米,增长11.32%。

（张殿阁　李文刚）

环境保护 2011年，武清区空气质量一级天数119天，二级天数193天，二级以上天数占总天数的87.4%。全年开展水质常规监测取得数据4920个,开展城区大气常规监测取得数据500个，开展噪声常规监测取得数据3550个。完成各类污水处理厂水质监测数据8190个。完成全区锅炉监测,提供数据800个。完成新建项目验收监测79家,废水限期治理2家,环境管理体系认证5家,综合类监测34家。做好建设项目环境管理工作,全年审批项目400个,验收项目79个,保证了建成项目“三同时”的落实。加强重点污染源治理。全区有第三、第四污水处理厂两个化学需氧量减排工程项目，全年削减化学需氧量460吨，削减氨氮56吨；关闭高污染企业3家，削减化学需氧量431.4吨,削减氨氮173吨，削减二氧化硫380.6吨,削减氮氧化物307.5吨。办理排污许可证43家。完成城区中小燃煤锅炉摸底排查,对92家单位进行检查并建档。受理排污申报登记963家。接收环境行政处罚案件34件，结案24件。圆满完成年度污染减排目标,促进环境质量改善。

（刘　青）

科技工作 2011年，武清区以加快转变经济发展方式为主线,把全区科技型中小企业自主创新和项目带动作为推动经济发展的工作重点。21个工业类项目列入国家级、市级科技计划项目，获得资助金额1076万元。104个工业项目被列为区级科技项目，获得科技资助金额2060万元。网上注册申报科技型中小企业2049家,1600家通过市级科技型中小企业复核认定，新引进科技型中小企业639家，小巨人企业80家。申报市级周转资金项目78家,58个项目通过市科委论证,1.34

武清区科技进步奖励工作会议会场

亿元贷款获得周转金贷款贴息支持,贴息总额1790万元。孵化器竣工22.7万平方米,加速器竣工32.4万平方米,京滨工业园孵化器通过市级孵化器验收,自行车王国产业园联京腾飞科技企业孵化器和开发区天津可信科技企业孵化器完成认定,入孵企业90余家,为科技型中小企业发展提供了新的空间。召开武清区科技进步奖励工作会议。2009、2010年两个年度受理申报成果25项,16项获奖。

(王明忠 李建生)

教育工作 2011年,武清区有各类学校168所。其中,小学105所,普通中学49所,职业中专2所,农职中、卫校、电大、教师进修学校各1所,其他教育8所;教学班总数3824个,年末在校生14.1万人;年末拥有教职员工1.06万人,其中任课教师9066人;具有高级职称2019人,中级职称6262人。全区教育经费总收入18.86亿元,比上年增长39%。教育经费总支出18.86亿元,增长39%。有43所义务教育学校通过市整体达标验收,34所学校通过硬件达标验收;规划改造的54所义务教育学校中,40所竣工投入使用;新建标准化幼儿园4所,提升改造乡镇中心幼儿园15所,改扩建标准化村办幼儿园55所;杨村一中新校区建设完成全部工程主体建设任务;杨村第八中学和第十一小学建成投入使用。教育教学质量提升。全区高考本科二批以上上线3536人,比上年增加263人,上线率63.21%,超出全市平均上线率11.5个百分点,全区600分以上考生244人,22名学生被清华大学、北京大学及香港名校录取。教育服务能力增强。全区幼儿园教师大专率70%,小学教师大专率和初中教师大本率均达84%,48名高中教师取得研究生学历。深入实施12年免费教育。投入资金1505万元,落实义务教育阶段“两免一补”政策;投入资金1750万元,实施高中阶段免费教育;向职校学生发放国家助学金288.64万元,向职校食堂和学生发放伙食补贴16.74万元;增加义务教育学校公用经费定额标准,初中由每生560元增长到760元,小学由每生420元增长到620元。

(魏建东)

卫生工作 2011年,武清区拥有医疗卫生机构125个,其中区卫生局所属44个。至年底,全区卫生系统固定资产总值3.33亿元;在职职工2721人,退休职工1089人;卫生技术人员3948人;开放病床2757张。年内,完成河西务、王庆坨中心卫生院扩建工程;启动下朱庄卫生院新建和大良医院扩建;完成河西务等10家乡镇医院、卫生院“国医堂”建设;成立杨村街道社区卫生服务中心;全面启动新一轮村卫生室标准化建设,全区规划513家,建成达标360家。狠抓甲型流感、艾滋病、病毒性肝炎、结核病、麻疹、手足口病、脊髓灰质炎等重大疾病的综合防治。全年报告甲乙类法定传染病775例,发病率81.63/10万;启动预防接种门诊规范化建设,河西务、石各庄两家医院通过验收,成为全市第一批示范接种门诊;建成免疫规划信息网络管理系统;组织开展脊髓灰质炎疫苗查漏补种,入户摸底11万余户,涉及儿童3.2万人;完成常规免疫接种23.5万针次,接种率99.45%。区医院、区中医院2家二级医院围绕“三级”创建工作,在强化管理、硬件提升等方面加大工作力度,狠抓工作落实,取得一定成效。新招聘博士、硕士研究生12人,引进天津泰达医院脑系科专家3名,强化脑系科实力,建成新生儿科,填补区内空白。中医院建成国家级、市级名中医工作室各1个,市级重点专科3个。区人民医院被卫生部评为“百姓放心医院”。区中医医院被卫生部评为2011年度改革创新医院。

(丁 华)

体育工作 2011年,武清区群众体育蓬勃开展,竞技体育扎实推进,城乡居民体育健身意识不断增强。年内,开展“禾农杯”中国象棋、围棋赛,第17届“豹鸣杯”乒乓球赛,健身操(舞)展示活动,“三八”健康杯体育活动通讯赛等多项群众体育活动,展示了武清全民健身的高涨热情。举办“国环杯”武清区篮球赛、“农行杯”乒乓球赛、“华瑞德”足球赛、“华北城杯” 羽毛球赛等一系列群众体育比赛,展现出参赛者良好的精神风貌,营造了社会和谐新风尚。加大社会体育指导员队伍建设。全区有一级社会体育指导员60名、二级社会体育指导员93名、三级社会体育指导员269名。推进城乡全民健身设施建设。修建健身广场25个,为90个行政村(街)及社区安装健身器材100套。全区拥有体育设施1248个,全年参加体育竞赛20万人次,获市级以上奖牌101枚,其中金牌39枚、银牌29枚、铜牌33枚。4月,举办“盛世天下杯”2011年全国篮球俱乐部青年联赛,广东、辽宁、八一、天津、福建、青岛、上海、香港8支青年篮球队聚集武清,进行48场高水平比赛。9月,举办“建德杯”中欧职业女子排球对抗赛,俄罗斯车宾火车头女排、斯洛伐克德普拉斯塔女排、天津女排为全区排球爱好者献上两场精彩比赛。

(李 梅)

人口和计划生育 2011年,武清区被国家人口计生委确定为天津市唯一一个开展幸福家庭创建活动试点。成立创建活动领导小组,出台具体实施方案,创建幸福家庭活动在全区普遍推开。落实各项奖励政策,全区独生子女父母奖励费、农村部分计生家庭奖励扶助金和特别扶助金全部发放到位,奖励扶助金由每人每月60元提高到80元。区儿童早期发展指导中心建成投入使用,为城区0—3岁婴幼儿家庭提供儿童早期发展教育,累计开办35期,服务1100人次。实施“三促进工程”。区、乡两级建立出生缺陷一级预防人员基本情况花名册,为2485名高危育龄妇女进行优生检测。结合孕情普查为育龄群众提供查体服务,查出各类疾病2582人。指导育龄群众开展有效避孕,避孕率90%以上。全年出生人口7207人,其中一孩5301人,内二孩1779人,外二孩127人,计划生育率98.24%,人口出生率8.4‰。出生人口性别比为105.1,在正常范围内。

(田玉金)

社会保险 2011年,武清区社会保险覆盖范围持续扩大,经办管理能力明显增强,服务水平有效提升。全年各险种基金征收19.15亿元,基金支付10.73亿元,城镇职工养老保险的在职和退休之比为4.4:1。城乡居民两险工作取得突破性进展。养老保险缴费人数15.43万人,比上年增长31.3%,城乡居民医疗参保登记62.07万人,覆盖率95%以上。做好撤村建居失地农民参保工作。为南蔡村、上马台、梅厂3个乡镇23个自然村9509名失地农民办理参保手续。做好社会保障卡批量制卡换卡工作,累计为583户企事业单位完成批量制卡57972张,批量制卡率96.4%。

(王金颖)

社会保障 2011年,武清区以增强社会事业内部发展的协调性,改进民生事业发展的薄弱环节为重点,科学合理安排财政各项支出。继续完善覆盖城乡居民的社会保障制度。提高农村老年人基本生活费补助标准,为73093位农村60周岁以上老年人发放基本养老保障金6951万元;为参加城乡居民养老保险的39466人发放基本生活费补助金8148.1万元;提高城乡居民基本医疗保险补助金额标准,为参保的成年居民和学生儿童62.4万人安排资金11528万元;投入2234.34万元,为24826名公务员和事业单位人员办理补充医疗保险。开展农民人身意外伤害险保费财政补贴工作,投入282多万元,为70多万农民投保意外伤害险。加强城乡社会救助体系建设。做好13208名五保、低保对象3850万元资金的社会化发放工作;为4900名优抚对象发放资金3000万元;拨付资金417.55万元,为112户农村低保户、贫困残疾户、重点优抚对象翻建住房。加大公共卫生投入,筹措资金3361.7万元,用于政府购买18项社区公共卫生服务;争取专项资金1224万元,落实公共卫生和基层医疗卫生事业单位绩效工资政策。

(马洪彩)

就业工作 2011年,武清区新增就业2.37万人,比上年增长4%。全年富余劳动力就近就地转移1.5万人,其中撤村建居人员转移就业1800人;人才交流会和毕业生专场招聘会取得良好效果,推荐高校毕业生就业1700余人;就业困难群体得到有效帮扶,安置失业人员再就业1838人,落实工资和社会保险补贴资金2674万元,零就业家庭保持动态为零,其他就业困难群体安置率90%。完成就业培训1.58万人,其中职业技能培训1.24万人。通过培训,实现就业1.06万人,技能培训就业率85%。三级服务平台举办各类招聘会180余场,进入市场招聘的用人单位7000余户次,提供岗位信息10万余个次,进场求职9万余人次,实现就业2万余人。新建劳务输入基地7个,引进外来务工人员1100余人,有效缓解了部分企业出现的招工难现象。

(谭 静)

社会救助 2011年,武清区提高城乡救助对象保障标准。农村低保标准调整为每人每月280元,特困救助标准调整为每户每月84元;城镇低保标准调整为每人每月480元,特困救助标准调整为每户每月144元;五保供养标准调整为每人每年5060元。开展专项救助。投入资金45万元完成61户贫困对象危陋住房翻建和大修工作;广泛开展助医、助学、助老、助困活动,先后为158户401人发放“四助”专向救助金130.45万元;发挥临时救助功能,为773户2075人发放临时救助金33.42万元。春节期间,对3975户贫困家庭和27所敬老院进行走访慰问,发放慰问品、慰问金134万元。完成春节一次性补贴发放工作,为困难群体发放补贴1023.05万元,发放春节饺子费73.94万元。启动东蒲洼、徐官屯、泗村店3所区域性综合敬老中心新建工程,工程建成后新增养老床位850张。组织开展“有爱不在孤单慈善助孤”和“市政协委员助养孤儿”活动,为47名孤儿发放助孤款10.12万元。育英助学、英亚地毯助学活动筹集资金62.3万元,帮助297名困难学生走稳求学路。

(张彦军)

社会事物专项管理 2011年,武清区深化婚姻登记规范化建设,全面建树“真情·便捷”服务理念。办理结婚登记8580对，离婚登记2138对，补办结婚登记1263对，婚姻登记合格率100%。积极扶持培育行业协会、公益慈善类组织、社区社会组织和农村专业经济协会健康发展，全区有社团48个，民办非企业单位38个。加强老龄工作。春节、重阳节期间，对全区百岁老人和95岁以上老年人进行逐户走访慰问，开展“关爱老人、构建和谐”老年法律咨询、免费义诊活动，完成老年大学、老年维权、老年文体等活动的组织开展工作。信访、民政信息、民政宣传分别被评为2011年度天津市民政系统三项工作先进单位，民政宣传工作取得天津市民政系统第一名的好成绩。

（张彦军）

杨村街道

杨村街道位于武清中心城区，是区委、区政府所在地。东隔津蓟铁路与梅厂镇搭界，南与下朱庄街道、黄庄街道为邻，西与东蒲洼街道毗连，北与徐官屯街道接壤。2011年，街域面积22.3平方公里。辖14个村街、22个居委会。人口10.92万人，其中农业人口2.72万人。除汉族外，另有少数民族7503人，其中回族6199人，七街村回族居民占90%。

该街因驻地而得名。1939年属武清县第六区。1950年7月调整区划，改为第十一区。1950年11月武清县人民政府从城关迁入。1952年12月改属第一区。1953年7月建镇。1957年1月撤区并乡，改称杨村乡。1958年9月改为杨村公社。1982年10月由杨村公社析出建镇。2001年10月改称杨村街道。

2011年，实现地区生产总值25.6亿元，三级财政收入4.86亿元，农民人均纯收入1.47万元。

有工业企业237家，从业人员8416人。完成工业总产值25.39亿元，销售收入23.12亿元，利润9635万元。发挥私营经济区品牌优势，招商引企183家，吸引注册资金8.28亿元。全街有51家企业被认定为科技型中小企业，其中改造提升45家，新引进6家。天津益斯达燃气设备有限公司等8家企业获得“创新资金项目”认定，并享受政府扶持资金140万元。

拆迁工作稳步推进，涉及集体房屋拆迁50处4万平方米、居民住宅2567户30万平方米，完成住宅拆迁2501户。还迁房建设、开发项目建设进展顺利。上下园还迁小区、夹道还迁小区完成内外装修，九街、十街一期还迁小区全部封顶。提升城区环境水平。出动320人次，动用车辆、机械80台次，对杨北路、杨黄路、夹道高铁等重点区域进行卫生整治，填埋覆盖用土3800立方米，清运建筑垃圾7500立方米。

改善办学条件，提高教育现代化水平。投资2000万元，完成育才小学扩建和回民小学、街中心幼儿园功能提升工程。为回民小学、街幼儿园配备功能教室和高标准运动场。全街5所小学、5所幼儿园通过现代化达标验收。做好居民社会保障工作。参加城乡居民医疗保险3.3万人，参保率100%，有300人报销医疗费50万元。参加养老保险5500人，年内为3300人办理退休手续。享受老年人生活补助900人，发放金额7.5万元。年内为3100名妇女做健康检查。开展“阳光工程”爱心助学活动，为贫困学生捐款14170元，救助学生36人。

（冯振虎）

徐官屯街道

徐官屯街道位于武清城区北部，北运河东侧。东与曹子里乡、梅厂镇接壤，南与杨村街道搭界，西与东蒲洼街道毗连，北隔北京排污河与南蔡村镇、大碱厂镇为邻。2011年，街域面积19平方公里，耕地面积635.07公顷，辖11个行政村、2个居委会。人口1.32万人，其中农业人口1.11万人。除汉族外，另有少数民族54人。

该街因驻地而得名。1939年属武清县第六区。1948年12月属武清县第十三区。1949年改称第十一区。1950年8月属第八区。1952年1月改称第一区。1957年撤区并乡，分属大顿邱乡、灰锅口乡。1958年9月属杨村公社。1973年分属大顿邱公社、杨村公社。1982年恢复杨村镇建制，杨村公社驻地迁至徐官屯并将原属大顿邱公社的曹园、郑楼、陈官屯、孔官屯划入。1984年7月改称徐官屯乡。2001年10月撤乡改街。

2011年，实现地区生产总值5.71亿元，三级财政收入1.14亿元，农民人均纯收入1.37万元。

粮食种植353.4公顷，总产4688吨。落实粮食直补及良种补贴87万元。北岗农业示范园4.66公顷果蔬大棚开园，初步形成东外环西侧设施农业景观带。畜牧业稳步发展。生猪饲养4392头，奶牛存栏2852头，羊存栏437只。有林地408公顷，果园2.67公顷，果品总产26吨。

有工业企业133家，从业人员5981人。实现工业总产值26.93亿元，销售收入18.65亿元，利润1.73亿元，增加值2.55亿元。招商引企47家，注册3.05亿元。年内，引进科技型中小企业13家，提升改造28家。

完成曹园撤村建居居民还迁工作，还迁365户850套房。投资360万元，整治武宁路、103国道、京津塘高速公路等环境卫生，确保全街村容整洁、道路洁净。

投资1700万元，完成建筑面积6500平方米的段庄中心小学建设并投入使用。年内该校通过市级现代化教育达标验收。建立180平方米的社区医疗服务站，完成郑楼、薛庄、小辛庄等6个村级医疗卫生室基础工程建设。医疗保险实现全覆盖，城乡居民参保率100%。享受独生子女奖励475人，对计划生育困难户予以经济扶持，保持低生育水平，计划生育率97.8%。开展“阳光工程”爱心助学活动，捐款1.14万元。

（时春祥）

东蒲洼街道

东蒲洼街道位于武清城区西北部，环抱武清开发区。东与徐官屯街道、杨村街道接壤，南隔京山铁路与黄庄街道为邻，西邻豆张庄乡以龙凤河故道为界，北与南蔡村镇隔北京排污河相望。2011年，街域面积48.31平方公里，耕地面积1534.33公顷，辖5个行政村、8个居委会。人口2.62万人，其中农业人口1.79万人。除汉族外，另有少数民族53人。

因驻地东蒲洼而得名。1939年分属武清县第三、六区。1948年12月解放，分属武清县第十二、十三区。1949年改称第七、十一区。1950年8月属第四、八、九区。1952年1月改称第一、二、十一区。1957年撤区建大顿邱乡。1958年属杨村公社。1973年1月将杨村公社西北部的30个村划出建大顿邱公社。1981年公社驻地迁至东蒲洼。1982年将孔官屯、陈官屯、郑楼、曹园4个村划归杨村公社。1982年12月改称东蒲洼公社。1983年改称东蒲洼乡。2001年12月撤乡改街。

2011年，实现地区生产总值1.39亿元，三级财政收入9615.75万元，农民人均纯收入1.39万元。

有工业企业1家，从业人员360人。实现工业总产值1.39亿元，销售收入1.17亿元，利润1282万元。招商引资2.6亿元。新引进科技型中小企业9家，改造提升6家。

该街是全区率先实施撤村建居工作的乡镇（街），至2010年底，16个村撤村建居工作全面完成，街内耕地被征用，用于开发区和城区开发建设。

推进社区建设。成立社区党校、社区图书室、社区书画室等活动场所。开展社区居民就业岗位采集、求职人员登记、培训、信息发布等活动，为居民采集就业信息2.1万条，为群众提供就业岗位3500个，组织社区居民参加职业技术培训6720人次。

加大环境整治力度。清除干道两侧小广告332条，粉刷南东路两侧围墙、桥两侧7500平方米。取缔废品收购点3处。

落实劳动保障工作。办理城乡养老保险退休200人，领取退休费人员3112人。办理社会保障卡2060人。为273人报销住院费，报销金额50余万元。为261人办理基本生活补助，发放7960元。培训汽车驾驶、电工、电焊、叉车、美容美发等1000余人，为居民办理就失业证、优惠证180件。落实计划生育政策，有1270个家庭领取独生子女费13.28万元，计划生育率97.6%。

（吕　莹）

黄庄街道

黄庄街道位于武清区南部，东邻下朱庄街道以北运河为界，南到北辰区界，西与陈咀镇、豆张庄乡为邻，北与东蒲洼街道、杨村街道接壤。京山铁路、京津城际铁路自西向东横跨街境北部。2011年，街域面积42平方公里，耕地面积2233.13公顷，辖10个行政村、1个居委会。人口2.13万人，其中农业人口1.97万人。除汉族外，另有少数民族68人。

因驻地黄庄得名。1939年属武清县第六区。1948年属津武县第四、五区。1949年3月津武县撤销，属武清县第十三区。1950年属第八区。1957年2月撤区建黄庄乡。1958年9月属杨村人民公社。1961年1月建黄庄公社。1983年改称黄庄乡。2001年10月撤乡改街。

2011年，实现三级财政收入7290万元，农民人均纯收入1.34万元。

农业以种植小麦、玉米为主，兼种棉花、油料作物、瓜菜等。粮食种植754.4公顷，总产6947吨。落实夏、秋粮直补面积901.37公顷，补贴98.26万元。发展养殖业。生猪饲养1.56万头，羊存栏2073只，奶牛存栏1670头，蛋鸡存栏1800只，年产蛋28吨。有林地661.93公顷，果园5.2公顷，果品总产80吨。

有工业企业118家，从业人员1801人。实现工业总产值2.66亿元，销售收入2.42亿元，利润3326万元，增加值7536万元。完成市科技型中小企业认定15家，其中新引进企业10家、提升改造5家。与街属31家企业签订“安全生产目标责任书”，签约率100%。

启动二期撤村建居工作，涉及3个村1551户4927人，土地878.89公顷。加快城镇建设。完成片区内8条主次干道建设，总里程29.1公里，面积41.25万平方米，配套完成总长度68公里地下管网建设和重点道路沿线绿化工程。完成66栋45万平方米还迁楼主体建设。出资145万元完成马六桥重建工作，新桥全长52米，宽7米，载重15吨。

全街新增城镇职工养老保险320人，发放养老保障金138.26万元，办理劳动保障卡800余张。享受老年人生活补助974人，发放补助费132.68万元。参加城乡医疗保险1.8万人，参保率95%以上。全年门诊医疗费报销310人，报销药费42

万元。全街有低保对象42户86人，发放低保金20.48万元。办理驾驶证补贴347件，补贴金额27.76万元。落实计划生育家庭奖励扶助政策，103人接受奖励。计划生育率98.26%。建立马家口、六合庄村农家书屋，配备各类图书6000余册。为老米店、城上村文化室配备锣鼓、电子琴、笛子等乐器，丰富群众文化生活。

（马浩宇）

下朱庄街道

下朱庄街道位于武清区南部，为武清南大门。东邻梅厂镇，南界北辰区，西与黄庄街道以北运河为界，北与杨村街道接壤。街域面积29.74平方公里。2010年重新修订《街域总体规划和总体城市设计》，将原武清农场所属区域7.86平方公里纳入总体规划，实际规划面积37.6平方公里。原辖13个行政村，2009年103国道以西6个村完成撤村建居，2010年始，高楼、高王院、白疙疸、太平庄、南北辛庄村合并成立越秀园社区居委会，下朱庄村划入静湖花园社区居委会。2011年，街道辖7个行政村、2个居委会。人口1.63万人，其中农业人口1.09万人。

因驻地下朱庄而得名。1958年属武清农场。1961年东部郎庄子、藕甸、小于庄、五间房、小高庄、柳河、辛庄属武清农场；西部南北辛庄、太平庄、白疙疸、高王院、高楼、下朱庄属黄庄公社。1973年将黄庄公社南北辛庄等6个村划入武清农场。1984年5月从武清农场析出13个村建下朱庄乡。2001年10月撤乡改街。

2011年，实现地区生产总值11.2亿元，三级财政收入3.37亿元，农民人均纯收入1.4万元。

有工业企业95家，从业人员4645人。完成工业总产值22.27亿元，销售收入20.64亿元，利润1.6亿元，增加值7.1亿元。实现招商引资13.6亿元，引进项目80余家。完成科技型中小企业认定89家，其中新引进24家、提升改造65家。

全街撤村建居工程全面完成。建成总面积60万平方米的“碧溪园”还迁区，建住宅楼168栋，配套建设社区管理服务用房4处6351平方米，社区幼儿园3所7047平方米。

推进城市建设。投资2170万元对机场排污河进行景观改造，新建亲水平台、长廊等，绿化面积12万平方米。投资5376万元，完成13万平方米街中心公园建设。对全街道路两侧进行绿化美化，新增绿化面积69万平方米。年内长安、比亚迪汽车4S店建成并开业运营。

投资3770万元，完成占地3.46公顷的新静湖小学建设，并配备相关设施。年内有1所中学、2所小学通过市级教育现代化达标验收。中考考入杨村一中10人、英华学校实验班2人，升学率71%。推进城乡居民医疗保险参保工作，参保率100%，为撤村建居居民提高医疗报销比例20%。

（王志忠　高春燕）

大碱厂镇

大碱厂镇位于武清区中部，东与曹子里、北与崔黄口、西与南蔡村、南与徐官屯等经济重镇相毗邻。2011年，镇域面积35平方公里，耕地面积2089.67公顷，辖26个村民委员会。人口2.03万人，其中农业人口1.84万人。除汉族外，另有少数民族236人。

因驻地大碱厂而得名。1939年分属武清县第三、四、六区。1948年12月解放。1949年属武清县第二、三区，同年10月改称第六、第十三区。1950年8月属第四、五、六区。1956年属第四区。1957年2月建大碱厂乡。1958年9月属筐儿港公社。1961年6月由筐儿港公社析置大碱厂公社。1983年改称大碱厂乡。1999年1月撤乡建镇。

2011年，实现地区生产总值4.50亿元，三级财政收入9200万元，农民人均纯收入1.24万元。

粮食种植1756.67公顷，总产2.14万吨。落实粮食直补政策，补贴面积1666.6公顷，补贴资金365万元。有规模型养殖小区33个，养殖大户165家，涉及奶牛、肉牛、生猪、蛋鸡、肉鸡等10余个种类。年末奶牛存栏3556头，年产鲜奶3200吨；生猪饲养1.04万头，出栏5200头；蛋鸡存栏9.05万只，年产蛋1250吨；肉鸡出栏26.2万只，存栏4.1万只。有林地570.73公顷，果园19.06公顷，果品总产1018吨。

有工业企业164家，从业人员5306人。完成工业总产值8.72亿元，销售收入8.31亿元，利润3359万元，增加值1.72亿元。固定资产投入10032万元。全年招商引企145家，注册资金5.95亿元。通过科技型中小企业认定48家，其中新引进企业13家、提升改造35家。

投资800余万元，完成3个村新农村建设、2个生态村和2个村的单项创建工作，新修乡村公路5.5公里，完成5座桥闸修建，17个村供水管网改造维修全面竣工。加强镇区环境综合整治。投资370万元，统一制作牌匾511个，节点绿化3600平方米，铺设面砖3.6万平方米，种植法桐400棵，更新路灯90盏。

坚持教育优先发展。投资400余万元，完成镇中学、一小、二小义务教育现代化标准建设及镇3所幼儿园提升改造工程，并全部通过市、区两级验收。城乡居民基本医疗保险、养老保险规范运行。落实计划生育政策，年内退指标上养老保险13户，计划生育率95.3%，人口自然增长率8.2‰。

（高秋芬）

崔黄口镇

崔黄口镇位于武清区东北部，东以青龙湾河为界与宝坻区大口屯乡相望，南以筐儿港北堤为界与大黄堡乡为邻，西与大良镇接壤，北与河北屯镇毗连。2011年，镇域面积90平方公里，耕地面积4825.67公顷，辖54个村民委员会。人口5.2万人，其中农业人口4.66万人。除汉族外，另有少数民族470人。

因驻地崔黄口故名。1939年属武清县第四区。1948年12月解放。1957年2月撤区并乡，西北部的10个村属辛庄寺乡，其余35个村属崔黄口乡。1958年9月属筐儿港公社。1961年5月从原筐儿港公社划出47个自然村和1个崔黄口自然镇，建崔黄口公社。1983年6月改称崔黄口乡。1988年9月改称崔黄口镇。2001年10月后巷乡并入。

2011年，实现地区生产总值10.6亿元，三级财政收入1.29亿元，农民人均纯收入1.3万元。

粮食种植3382.34公顷，总产4.26万吨。种植蔬菜1138公顷，总产7.99万吨。落实夏、秋粮直补面积6177.44公顷，补贴662.14万元。年末大牲畜存栏996头，出栏1030头；生猪饲养5.75万头；羊存栏2389只；蛋鸡存栏37.7万只，年产蛋5278吨。水产品有鱼、虾、河蟹等，总产9600吨。有林地2624公顷，果园113.26公顷，果品总产1576吨。

有工业企业383家，从业人员1.06万人。实现工业总产值19.89亿元，销售收入17亿元，利润1.29亿元。一批行业龙头、上市公司和世界500强企业落户地毯产业园。累计引进实体项目30家，投资总额140亿元，出让土地161.33公顷。引进科技型中小企业53家，改造提升30家。

完成龚营、北三、北辛庄、黄洼等9个村街新农村建设任务，硬化主干道路28公里，胡同里巷8.5万平方米，安装路灯540盏，植树8000株。投资500万元，完成镇区绿化1万平方米，更换广告牌匾380块，安装路灯60盏。

加大教育投入，改善办学条件。完成修家庄小学、镇北小学、大宫城小学、后巷中学4所义务教育学校教学楼建设和现代化达标工程。推进城乡居民医疗保险和居民基本养老保险制度，医疗保险参保率96%，参加养老保险7187人。完善救助机制和保障体系建设，发放保障和救助资金54万元。

（马则栋）

梅厂镇

梅厂镇位于武清区东南部，东与上马台镇为邻，南与北辰区毗连，西与徐官屯街道、杨村街道、下朱庄街道接壤，北与曹子里乡搭界。2011年，镇域面积71.46平方公里，耕地面积4142.53公顷，辖46个村民委员会。人口3.23万人，其中农业人口2.88万人。除汉族外，另有少数民族51人。

因驻地梅厂故名。1939年属武清县第五区。1948年12月解放，属武清县第七区。1949年改称第十五区。1950年8月改称第七区。1952年1月改称第三区。1957年2月撤区建梅厂乡。1958年9月建梅厂公社。1983年12月改称梅厂乡。1991年2月建梅厂镇。2001年10月聂庄子乡并入。

2011年，实现地区生产总值8.35亿元，三级财政收入1.6亿元，农民人均纯收入1.38万元。

粮食种植2677.53公顷，总产2.64万吨。设施农业规模化发展。灰锅口核心区33.33公顷采摘园实现年效益600余万元，累计吸引游客1.5万人次；1万平方米科技展示园投入运营。年末大牲畜存栏5388头，羊存栏3078只，生猪饲养3.01万头，蛋鸡存栏11.74万只，年产蛋1214吨。有林地1183.46公顷，果园534.34公顷，果品总产1.64万吨。

有工业企业245家，从业人员5961人。实现工业总产值20.13亿元，销售收入18.1亿元，利润1.27亿元。福源开发区发展势头迅猛，年内引进企业42家，其中科技型企业14家。实现招商实体3.8亿元，注册招商2.6亿元。注册资金2亿元的博慕达汽车零部件等项目落户汽车园。扶植培育军星管业、东方先科成为“科技小巨人”。

启动吴辛庄、甘庄、梅一、梅二、梅三5个村示范村建设。推动灰锅口村庄改造，建还迁别墅485栋，入住420户。完成塘坊市级文明生态村，大吴庄、尤庄新农村重点村及小吴庄、沈庄重点项目村建设并通过验收。投资240余万元，新建乡村公路2.6公里，翻修道路2000平方米。落实综合治理长效机制，实现村街、路网沿线环境动态管理。

全镇教育教学环境实现现代化。投资40余万元，改善张大庄、灰锅口、聂庄3所幼儿园办学条件；投资80余万元，完成聂庄小学改造提升工程。投资800万元重建梅厂体育馆。做好城乡居民“两险”工作，医疗保险参保率95%以上。年内完成4个村健身广场建设。投资44万元，落实独生子女家庭政策及义务兵优抚政策待遇。保持低生育水平，计划生育率98%以上。

（孙雪莲）

上马台镇

上马台镇位于武清区东南部，东邻宝坻区和宁河县，南至北辰区界，西接梅厂镇，北隔北京排污河与大黄堡乡为邻。2011年，镇域面积66平方公里，耕地面积2138.13公顷，辖18个村民委员会。人口1.74万人，其中农业人口1.6万人。以汉族为主，另有蒙古、壮、朝鲜、满、黎、毛南等少数民族129人。

因驻地靠近上马台故名。1939年属武清县第五区。1948年12月解放。1949年属武清县第十四区。1950年8月属第七区。1952年1月改称第三区。1958年9月属梅厂公社。1961年将上马台等15个村由梅厂公社析出，另建肖刘杜农场。1963年2月15个村划入大黄堡公社。1974年3月将上马台等15个村从大黄堡公社划出，与从梅厂公社划出的董庄、杨家河、大康庄、小康庄、小裕庄、魏家堡、王老庄7个村另建上马台公社。1983年改称上马台乡。2001年10月撤乡建镇。

2011年，实现地区生产总值15.2亿元，三级财政收入3.52亿元，农民人均纯收入1.28万元。

粮食种植2043.73公顷，总产2.36万吨。落实夏、秋粮补贴资金339.86万元，良种补贴29.32万元。特色水产品养殖蓬勃发展，白鱼养殖4公顷，总产4.5万公斤；黄金鲫养殖16.66公顷，总产18.75万公斤。生猪饲养2.49万头，羊存栏2020只，蛋鸡存栏1.25万只，产蛋110吨。有林地1283.26公顷。实现农业总产值6600万元。

有工业企业150家，从业人员7137人。完成工业总产值53.61亿元，销售收入48.76亿元，利润8.19亿元。镇工业区规划面积2.6平方公里，至年底，建成区面积2平方公里，入区企业48家，投资总额40亿元，注册资金14.1亿元，安置各类从业人员8000余人。招商引企14家，新增注册资金7.18亿元。有31家企业通过科技型中小企业认定，完成老企业改造、认定18家。

完成14个新农村、6个文明生态村创建工作。累计硬化主干道路7公里，胡同里巷3.03万平方米，修建健身广场2个，投资110万元实施垃圾集中处理工程。完成廊良路、武宁路、112高速公路绿化工作，植树3.3万株，动土9.82万立方米。

投资130余万元购置多媒体教学仪器设备，全镇3所学校软硬件通过市专家组验收。中考考入杨村一中9人，高中上线率48%。对60岁以上老年人、孕妇及新生儿进行定期检查，每月定期对全镇儿童进行疫苗接种及查漏补种。落实60岁以上独生子女父母扶助金政策。全年做各种节育手术137例，计划生育率97.3%。新建农家书屋、村文化室5个，投资1.5万元为秧歌队、小剧团购置音响设备，丰富群众文化生活。

（石荣田　韩宇婧）

大良镇

大良镇位于武清区北部，东邻河北屯镇、崔黄口镇，南接南蔡村镇，西隔北运河与大孟庄镇相邻，北至下伍旗镇界。2011年，镇域面积81.20平方公里，耕地面积4938.26公顷，辖55个村民委员会。人口4.15万人，其中农业人口3.72万人。

因驻地大良故名。1939年属武清县第三、四区。1948年12月解放。1949年属第四、五区。1949年10月第四区改称第十二区。1950年8月属第五区。1952年1月改称第六区。1957年2月撤区并乡，属大良乡。1958年9月属筐儿港公社。1958年12月从筐儿港公社划出大良及26个村建大良公社，从香河县划入28个村。1961年划出34个村建下伍旗公社，划出33个村建河北屯公社。1973年1月从后巷公社划出10个村入大良公社。1983年改称大良乡。1991年2月撤乡建镇。2001年10月原双树乡并入。

2011年，实现地区生产总值7.3亿元，三级财政收入1.52亿元，农民人均纯收入1.25万元。

粮食种植4051.86公顷，总产6.23万吨。落实夏、秋粮直补面积8006.13公顷，补贴858.95万元。设施农业面积466.66公顷。新建棚室297.8公顷，其中钢骨架冷棚和二代暖棚296公顷。新增涉农企业、合作社4家。有奶牛1640头，其中新世纪奶牛养殖场1200头；肉鸡存栏11万只；蛋鸡存栏12万只，年产蛋1130吨。有林地1552.6公顷，果园94.93公顷，果品总产1921吨。

有工业企业203家，从业人员1793人。完成工业总产值5.17亿元，销售收入4.64亿元，利润4669万元。招商引资6.25亿元，引进企业44家，其中内资43家、外资1家。新引进科技型中小企业14家，提升改造15家。

投资1383.81万元，完成刘家务、庞各庄、前沙陀等10个村新农村建设并通过验收。硬化主干道路24.75公里，胡同里巷37.5公里，建挡土墙11.8公里，植树6260棵。投资2124.27万元，完成安家务、北四百户、炒米庄等6个文明生态村建设并通过验收。硬化主干道路25.5公里，胡同里巷67.8公里，植树9800棵，建健身广场7000平方米。完成大良镇景观公园建设，占地2.66公顷。

加大教育投入，完成双树、蔡各庄、北小营等7个村幼儿园标准化建设。投资689万元，完成二百户小学义务教育现代化标准建设，配备音乐教室、信息教室等5个专用教室和电子备课室，设有12个教学班，可容纳学生480名。推进医疗、养老保险参保工作，全镇养老保险新增281人，参加城乡居民医疗保险26678人。落实计划生育奖扶、特扶资金23万元，发放独生子女费12万元，计划生育率98.7%。

（张　颖）

河北屯镇

河北屯镇位于武清区东北部。东北部与宝坻区大口屯镇隔青龙湾河相望，东南部与崔黄口镇接壤，南与大良镇毗连，西与下伍旗镇搭界，北以青龙湾河为界与河北省香河县刘宋乡为邻。2011年，镇域面积47平方公里，耕地面积3158.67公顷，辖31个村民委员会。人口3.25万人，其中农业人口3.01万人。除汉族外，有回、壮、满、瑶、蒙古等少数民族491人。

因驻地河北屯故名。1948年12月解放。东部属武清县第四区。1949年10月改称第十二区。1950年8月改称第五区。1952年1月改称第六区。1957年1月属大良乡。1958年9月属筐儿港公社。1958年12月属大良公社，由香河县划出自然镇河北屯、李大人庄等28个村并入大良公社。1961年6月，从大良公社析出32个村和1个自然镇河北屯，建河北屯公社。1983年7月改称河北屯乡。1999年撤乡建镇。

2011年，实现地区生产总值5.3亿元，三级财政收入4222万元，农民人均纯收入1.22万元。

粮食种植2543.4公顷，总产3.43万吨。设施农业面积196.1公顷，其中温室大棚164.8公顷，冷棚47.96公顷，露地菜198.93公顷。新建钢骨架大棚225栋，占地30.08公顷。有农业专业合作组织9个。养殖业稳步发展，生猪饲养1.87万头，蛋鸡存栏13.85万只，年产蛋1350吨。有林地771.46公顷。

工业以地毯生产、皮革制品、服装为主，另有汽车配件加工、泡棉制品、铝制品、铸造标准件等，从业人员3664人。地毯生产、皮革加工2个行业取得自营出口权。完成工业总产值3.5亿元，销售收入3.48亿元，利润2370万元，增加值7821万元。完成固定资产投入1.2亿元，注册企业43家，注册资金2.06亿元。

推进新农村建设。完成6个捆绑村、3个单项村建设和北口哨、肖赶庄市级文明村建设并通过验收。硬化主干道路19.81公里、立砖1.4万平方米，胡同里巷硬化5.59万平方米。新建农民健身广场5个。

启动义务教育现代化工程建设。总投资5972万元、建筑面积2.42万平方米的5座教学楼全部竣工，3座投入使用、4座通过验收。中考考入杨村一中7人，考入普通高中124人，升学率54.3%。投资140万元，完成镇文体活动中心主体建设。劳动保障工作稳步推进，参加医疗保险2.7万人，参险率95%。享受医疗保险7787人，报销金额314.12万元。投资40万元，完成敬老院扩建工程并投入使用。保持低生育水平，计划生育率97.93%。

（何建国）

下伍旗镇

下伍旗镇位于武清区北部，东与河北屯镇为邻，南与大良镇接壤，西与河西务镇以北运河为界，北隔青龙湾河与河北省香河县五百户乡相望。2011年，镇域面积49.80平方公里，耕地面积3042.13公顷，辖34个村民委员会。人口2.48万人，其中农业人口2.27万人。除汉族外，另有少数民族315人。镇西南部有一港北森林公园，是华北地区最大的原始次生林，占地500公顷。

因驻地下伍旗故名。1939年分属第二、四区。1949年属第五区。1950年8月西部属第三区，东部属第五区。1952年1月东部属第六区，西部属第七区。1957年1月建下伍旗乡。1958年9月属筐儿港公社。1958年12月属大良公社，同期香河县刘皮庄等28个村划入武清县大良公社。1961年5月从大良公社析出34个村包括下伍旗，建下伍旗公社。1983年7月改称下伍旗乡。1997年撤乡建镇。

2011年，实现地区生产总值6.63亿元，三级财政收入1.05亿元，农民人均纯收入1.29万元。

粮食种植2266.67公顷，总产3.24万吨。落实夏、秋粮直补面积3614.2公顷，补贴388.8万元。蔬菜种植1346.66公顷，总产19.4万吨。建成设施农业面积1019.33公顷，其中高标准二代节能温室21.33公顷、钢骨架塑料大棚408公顷。全年生猪饲养2.42万头，羊存栏4051只，蛋鸡存栏8.27万只，年产蛋930吨。有林地940.06公顷，果园4.46公顷，果品总产37吨。

有工业企业176家，从业人员1363人。实现工业总产值2.51亿元，销售收入2.11亿元，利润2546万元，增加值5105万元。引进企业30家，引资额2亿元。引进科技型中小企业16家，提升改造17家。

完成柴庄、马坊2个文明生态村和北闫庄、良官屯2个新农村建设工程。硬化主干道路2.07万平方米，建挡土墙4.5公里，种植景观树2000株，清理垃圾杂物4000余立方米，改厕260户。新建良庄村健身广场1000平方米，安装健身器材15件。在苗圃路、旗良路沿线安装路灯100盏，配置变压器1台，安装新型果皮箱 70 个。

启动 3 所学校教学楼建设,1 所学校完成教育现代化达标验收,镇中心幼儿园提升改造并通过市级验收。全镇参加城乡医疗保险 1.98 万人。发放 3.39 万名 60 岁以上老年人生活补助金 266.92 万元。保持低生育水平,计划生育率 97.1%。村级组建文艺团体 29 支,丰富群众业余生活。

(张海静)

南蔡村镇

南蔡村镇位于武清区中部,东与大碱厂镇隔北运河相望,南隔北京排污河与徐官屯街道、东蒲洼街道为邻,西与泗村店镇隔北京排污河为界,北与大孟庄镇接壤。京塘高速公路、高速二线、京津公路、京福公路支线南北贯穿全境。2011 年,镇域面积 80 平方公里,耕地面积 5107.53 公顷,辖 48 个村民委员会。人口 4.29 万人,其中农业人口 3.74 万人。除汉族外,另有少数民族 365 人。

因驻地南蔡村故名。1939 年分属武清县第三、六区。1948 年 12 月解放。1957 年 1 月撤区并乡,建南蔡村乡。1958 年 9 月建南蔡村“九五”人民公社。1961 年 6 月 1 日公社体制变更,以其东南部 26 个村建南蔡村公社。1983 年改称南蔡村乡。1995 年 4 月撤乡建镇。2001 年 10 月原北蔡村乡并入。

2011 年,实现地区生产总值 6.6 亿元,三级财政收入 9573 万元,农民人均纯收入 1.3 万元。

粮食种植 3778.26 公顷,粮食总产 4.73 万吨。夏、秋粮直补面积 7246.66 公顷,补贴 776.58 万元。以奶牛养殖为主导的养殖业形成规模,新建奶牛养殖小区 7 个,养殖小区 12 个,奶牛存栏 7544 头,产鲜奶 3.02 万吨。生猪饲养 1.71 万头,牛出栏 578 头;蛋鸡存栏 16.23 万只,年产蛋 3289 吨。有林地 1488.53 公顷,果园 138.46 公顷,果品总产 3339 吨。

有自行车、工艺品、橡塑制品等各类企业 289 家,从业人员 9962 人。实现工业总产值 23.16 亿元,销售收入 21.16 亿元,利润 8543 万元,工业增加值 3 亿元,出口产品交货值 6.89 亿元。新引进入区企业 73 家,注册资金 5.7 亿元。引进注册企业 62 家。完成招商引资 5.7 亿元。全镇认定科技型中小企业 59 家,其中提升改造 45 家。

加快城镇建设。总投资 600 万元,完成 103 国道镇区沿线绿化、工业区绿化及莲胜小区北水渠护坡改造。3 个环卫保洁队坚持日巡查机制,做到卫生长效保洁。

投资 6732 万元完成教育布局调整。调整后有中学 2 所,在校生 1346 人;小学 7 所,在校生 3018 人;专职教师 401 名。有镇文化站 1 家,民间花会 39 道。镇内有卫生院 2 所,村级卫生所 21 个,各类医务人员 102 人。全镇居民参加养老保险 6350 人。实施帮扶制度,设立帮扶基金 80 万元,解决困难村民、困难教师和困难学生的生产生活问题。

(赵庆敏)

泗村店镇

泗村店镇位于武清区西北部,东隔北京排污河与南蔡村镇、大孟庄镇为邻,南与豆张庄乡、东蒲洼街道以龙凤新河为界,西与东马圈镇、城关镇接壤,北与白古屯乡以廊良公路为界。2011 年,镇域面积 52.60 平方公里,耕地面积 3302.53 公顷,辖 12 个村民委员会。人口 1.78 万人,其中农业人口 1.61 万人。除汉族外,另有少数民族 37 人。

因驻地泗村店故名。1939 年属武清县第一区。1948 年 12 月解放,分属第九、十二区。1949 年 10 月改称第三、七区。1950 年 8 月属第七、九、十一区。1957 年 2 月建泗村店乡。1958 年 9 月人民公社化,属南蔡村“九五”人民公社。1961 年 6 月建泗村店公社。1983 年改称泗村店乡。1995 年撤乡建镇。

2011 年,实现地区生产总值 4.1 亿元,三级财政收入 7948.6 万元,农民人均纯收入 1.23 万元。

粮食种植 2664.93 公顷,总产 3.09 万吨。落实夏、秋粮直补面积 4433.33 公顷,补贴 310 万元。发展高效农业,投资 1800 万元,启动绿色富硒现代农产品示范基地建设。后庄村新建设施果园 2.66 公顷、采摘观光园 6.66 公顷。做好畜禽免疫工作,防疫畜禽 18.8 万只。生猪饲养 2.76 万头,羊存栏 4090 只,蛋鸡存栏 6800 只,年产蛋 100 吨。有林地 1142.86 公顷,果园 153.86 公顷,果品总产 1363 吨。

有工业企业 72 家,从业人员 4569 人。实现工业总产值 2.97 亿元,销售收入 2.59 亿元,利润 2450 万元。工业园区渐成规模,投资 1.2 亿元,启动龙凤新城产业园建设,其中 40 公顷起步区基础配套和企业建设完成。产业园区落户企业 14 家。全年招商引企 105 家,其中实体企业 15 家,招商引资 6.44 亿元。年内有 21 家科技型中小企业通过市、区科企部门审批认定,其中 6 家企业获得市、区两级各项扶持资金 772.3 万元。

投资 1400 万元,新修翻修乡村公路和村内主干道路 15.9 公里,主干道、公路两侧彩砖硬化 4.2 万平方米,修建挡土墙 1.9 万米,安装路灯 300 盏,植树 2.63 万株,修建健身广场 6 处,全镇 50%以上的村达到文明生态村标准。全镇设立农田保护牌 99 块,拆除各类违章建筑 1.8 万平方米。

投资200万元，完成太子务小学、镇中学现代化达标工程。投资1000余万元建成湖西中心小学，达到现代化学校标准并投入使用。中考考入杨村一中12人，普通高中72人。落实“两险”工作，参加养老保险1953人；参加医疗保险13704人，参保率95.6%。为1739名老年人发放养老金补贴151万元，医疗保险报销280余万元。投资20万元新建仓上、后所社区服务站。投资40余万元建成泗村店镇计划生育技术服务站，落实各项计生奖扶政策，被评为全国计生服务优秀单位。有文艺演出团体21支，全年演出200余场。建成健身广场8个，农家书屋12个。

(王晓静)

大孟庄镇

大孟庄镇位于武清区西北部，距城区18.5公里。东以北运河为界与大良镇为邻，南邻南蔡村镇，西与白古屯乡、泗村店镇隔北京排污河相望，北与河西务镇接壤。镇内设有京津高速二通道和京沪二通道大孟庄出口、京沪蓟唐联络线高速出口，京沪高速正线在镇域西部南北穿过。京津公路南北贯穿，廊良公路东西穿越。2011年，镇域面积46.5平方公里，耕地面积3032.4公顷，辖21个村民委员会。人口2.24万人，其中农业人口2.03万人。除汉族外，另有少数民族328人。

因驻地大孟庄故名。1939年分属武清县第二、三区。1948年12月解放。1950年8月分属第三、四区。1952年1月属第七区。1957年1月撤区建大孟庄乡。1958年9月人民公社化，属南蔡村“九五”人民公社。1961年6月公社体制变更，“九五”人民公社一分为三，析东南部建南蔡村公社，析西南部建泗村店公社，析北部1个自然镇大孟庄和22个自然村建大孟庄公社。1983年改称大孟庄乡。1996年撤乡建镇。

2011年，实现地区生产总值4.07亿元，三级财政收入6794万元，农民人均纯收入1.3万元。

农业以种植业为主。粮食种植2046.13公顷，总产2.71万吨。种植蔬菜766.66公顷，总产4960万公斤。有温室大棚101.8公顷，新增温室大棚180栋，占地23.33公顷。养殖业稳步发展，年末奶牛存栏2170头，肉牛存栏348头，生猪饲养2.01万头，肉鸡存栏23.5万只，蛋鸡存栏11.2万只，年产蛋1651吨。有林地740.47公顷，果园242.67公顷，果品总产8044吨。实现农业总产值10721万元。

有工业企业30家，涉及皮件加工、建材、模具、食品、橡胶等行业，从业人员2456人。实现工业总产值9.4亿元，销售收入9.11亿元，利润7141万元。招商引企13家，引资额2.75亿元。东篱产业园项目占地86.66公顷，总投资2亿美元，年内完成一期工程建设。集二手车交易、汽车配件制造、物流等于一体的天津市北方汽车主题公园落户该镇，项目占地100公顷，总投资32亿元，是全市最大的二手车交易市场。

投资1179万元完成新农村建设任务。硬化主干街道16.1公里，胡同里巷95954平方米，建成主干道排水渠16.1公里，植树4000棵，修建健身广场2个，新建村级活动场所2个，户改厕272户，处理垃圾1.5万立方米。年内，完成大道张庄、亭上村文明生态村建设和安子上、寺各庄村对口帮建工作。

调整学校布局，扩大优质教育资源。小王庄中心小学、大押虎寨中心小学通过市级现代化学校验收；完成大孟庄中心幼儿园和5所农村幼儿园提升改造并通过市级达标验收。中考考入杨村一中6人，普通中学165人。全镇参加医疗保险13773人，参保率95.6%；参加养老保险2516人。落实农村计划生育家庭奖励扶助金12.67万元、特别扶助金3.98万元、独生子女父母奖励费8.05万元。发放政策法规、优生优育等宣传品1000余份，计划生育率97.9%。

(白　丁)

河西务镇

河西务镇位于武清区北部，东隔北运河与下伍旗镇、河北省香河县相望，南与大孟庄镇为邻，西与高村乡、白古屯乡毗连，北与北京市通州区、河北省香河县接壤。地处京津两市地理中心，是天津市重点发展的中心城镇。2011年，镇域面积69.5平方公里，耕地面积4643.86公顷，辖51个村民委员会。人口4.11万人，其中农业人口3.58万人。除汉族外，有回、满、蒙古、壮等少数民族2929人，其中回族2812人。

因驻地河西务故名。1939年属武清县第二区。1948年12月解放，属第六区。1950年8月属第三区。1952年1月分属第七、八区。1957年撤区并乡，东半部属河西务乡，西半部属东、西陈庄乡。1958年9月属河西务公社。1961年6月从河西务公社划出35个村另建大沙河公社和高村公社。1983年6月改称河西务乡。1988年改称河西务镇。2001年10月原大沙河乡并入。

2011年，实现地区生产总值17亿元，三级财政收入1.12亿元，农民人均纯收入1.34万元。

粮食种植1860.06公顷，总产2.41万吨。无公害蔬菜占地2800公顷，其中温室、大棚等设施1733.33公顷，蔬菜总产5亿公斤。有农民专业合作社19个。养殖业稳步发展，生猪饲养1.69万头，羊存栏4100

只,蛋鸡存栏 6.76 万只,年产蛋 863 吨。有林地 700.4 公顷。

大沙河蔬菜批发市场是国家农业部定点蔬菜批发市场、华北地区影响最大的蔬菜产地批发市场之一。统一注册的“驿泉”蔬菜品牌享誉周边。市场占地 8 公顷,有保鲜冷库 3000 平方米。主营蔬菜瓜果等 120 余个品种,远销广东、上海、内蒙古、东北三省等 10 余个省市。年交易量 4 亿公斤,交易额 3 亿元。

有工业企业 59 家,从业人员 2939 人。实现工业总产值 16.82 亿元,销售收入 14.82 亿元,利润 3.43 亿元。招商引资 8.9 亿元。新引进科技型中小企业 19 家,改造提升 29 家。镇产业功能区累计吸引企业 33 家,从业人员 5000 人。

投资 1800 万元,完成 12 个村街新农村建设。硬化主干道路 24 公里,胡同里巷 7 万平方米,栽植景观树 6500 棵,粉刷墙面 8000 平方米,建挡土墙 8 公里。

中国艺术家聚集区项目一期完成 250 栋工作室、23 栋学者公寓建设;中国示范老年社区项目养老公寓主体建筑全部封顶并通过验收。

总投资 7000 万元,新建 5 座教学楼并投入使用。有 2 所中学、6 所小学通过义务教育现代化标准达标验收。投资 170 万元,对 1 所中心幼儿园、5 所村级幼儿园进行提升改造。镇中心幼儿园被评定为天津市一级幼儿园。投资 430 万元完成医院公共卫生楼建设。城镇居民基本医疗保险参保率 98%。投资 236 万元,完成 51 个村街有线电视入户,入户率 78%。

(孙卫忠)

城关镇

城关镇位于武清区西北部,东邻白古屯乡、泗村店镇,南接东马圈镇,西界河北省廊坊市安次区,北与大王古庄镇毗连。京津塘高速公路和廊良公路贯穿镇域,京沪高速、京津塘高速二线与京沪高速联络线、京津城际铁路穿越境内。2011 年,镇域面积 56 平方公里,耕地面积 3689.73 公顷,辖 30 个村民委员会。人口 2.62 万人,其中农业人口 2.28 万人。除汉族外,另有少数民族 96 人。

因驻地武清城关故名。1939 年属武清县第一区。1948 年 12 月解放。东南部的八里庄属第九区,西部的草茨、田古屯、东张营、西张营、后庄、小屯属第十区,武清城关和其他 20 个村属第一区。1949 年 5 月原属第十区的 6 个村划入。1952 年 1 月属第九区。1957 年建武清城关乡。1958 年建城关红旗人民公社。1961 年 6 月划出 27 个村和 1 个自然镇建城关公社。1983 年 7 月建城关乡。1988 年置镇。

2011 年,实现地区生产总值 3.81 亿元,三级财政收入 6813 万元,农民人均纯收入 1.19 万元。

粮食种植 2152.46 公顷,总产 2.54 万吨。镇内建有紫薯、黑花生 2 个特色种植基地,有养猪、蔬菜、水果等专业合作社 10 个。生猪饲养 4.31 万头,羊存栏 1500 只,蛋鸡存栏 6.95 万只,产蛋 600 吨。有林地 962.06 公顷,果园 209 公顷,果品总产 4921 吨。

有工业企业 150 家,从业人员 2725 人。实现工业总产值 7.26 亿元,营业收入 5.65 亿元,利润 8747 万元。完成固定资产投入 1.5 亿元。引进注册企业 53 家,招商引资 2.15 亿元。泰拓鞋业、中瑞药业、华电器材等 26 家企业通过科技型中小企业认定。

完成柳林屯文明生态村建设,硬化主干街道 2.2 公里,铺设地下排水管道 1.9 公里,安装路灯 50 余盏,使用太阳能热水器等清洁能源 240 台。新建健身广场 1100 平方米。加强环境建设,规范镇域东西大街牌匾 300 余块,清理店面小广告 150 平方米,更新路灯 150 盏。完成庆通路两侧绿化任务,全长 7200 米,植树 1.2 万株。

投资 1200 余万元完成教育现代化达标工程。新建东张营中心小学,教学楼面积 4253.44 平方米,新修水泥路面 2300 平方米,绿化硬化场地 4700 平方米。做好社会保障工作。为 140 户五保户发放经费 14 万元;为 144 户 309 人发放最低生活保障金 12.5 万元。为 200 名 65 周岁老年人发放免费乘车卡,为 100 名 60 周岁老年人办理意外伤害保险;为 16 名困难残疾家庭学生办理每户 1000 元补助,为 10 名听力残疾人配备助听器。

(刘井达)

大王古庄镇

大王古庄镇位于武清区西北部,东与白古屯乡、高村乡接壤,南与城关镇搭界,西接河北省廊坊市安次区,北与北京市通州区为邻。2011 年,镇域面积 48.08 平方公里,耕地面积 2484.53 公顷,辖 17 个村民委员会。人口 2.23 万人,其中农业人口 2.04 万人。除汉族外,另有少数民族 205 人。

因驻地大王古庄故名。1939 年属武清县第一区。1948 年 12 月解放,分属第一、六、十区。1949 年 10 月分别改称第一、二、四区。1950 年 8 月属第二区。1952 年 1 月分属第九、十区。1957 年 2 月撤区并乡,属大王古庄乡。1958 年 9 月人民公社化,属城关红旗人民公社。1961 年 6 月,从城关红旗人民公社析出置大王古庄公社。1983 年改称大王古庄乡。2001 年 10 月撤乡建镇。

2011 年,实现地区生产总值

7.93亿元，三级财政收入1.7亿元，农民人均纯收入1.3万元。

粮食种植1533.34公顷，总产1.7万吨。种植棉花433.34公顷，天鹰椒166.66公顷。落实夏、秋粮直补面积2210.16公顷，补贴238.50万元。养殖业稳步发展，生猪饲养2.09万头，肉鸡42.6万只，蛋鸡3.28万只，奶牛257头，肉牛200头，肉羊1600只，肉兔1550只，鹌鹑12.82万只。有林地971.34公顷，果园124.53公顷，果品总产1464吨。实现农业总产值3.75亿元。

有工业企业83家，从业人员6539人。实现工业总产值30.75亿元，销售收入28.44亿元，利润7380万元。招商引企132家，投资100亿元，注册32.15亿元。认定科技型中小企业97家，其中新引进51家，改造提升46家。京滨工业园总规划面积9.6平方公里，完成5.8平方公里基础设施建设。

完成北刘庄、聂辛庄、水活铺、宋家场4个村的新农村建设任务。新修村级主干道路3.7公里，里巷硬化6.3万平方米，植树3800株，修建挡土墙1.12万米。建成宋家场、北刘庄2个健身广场，安装健身器材30部。全镇17个村集中供水。实施有线电视"村村通"工程，覆盖率70%以上。

投资1.2亿元，启动3所学校教学楼建设，总建筑面积3万平方米，完成主体工程。推进"两险"工作，医疗保险参保率95%以上。落实各项计划生育奖励扶助政策，发放奖励扶助资金10.65万元，特别扶助资金22080元。发放各类宣传品1万余份，计划生育率98%。

（张宝山）

东马圈镇

东马圈镇位于武清区西部，距城区20公里。东邻豆张庄乡，南邻河北省廊坊市落垡镇，西邻廊坊市区，北邻城关镇。京福公路、京山铁路贯穿全镇。2011年，镇域面积37.4平方公里，耕地面积2413.06公顷，辖13个村民委员会。人口1.59万人，其中农业人口1.39万人。除汉族外，另有少数民族3人。

因驻地东马圈故名。1939年属第一区。1948年12月解放，东部和南部属第一区，西部和北部属第十区。1950年8月第十区改称第二区。1952年1月分属第九、十、十一区。1957年属东马圈乡。1958年人民公社化，属东马圈"火箭"人民公社。1961年6月1日，"火箭"人民公社改称东马圈公社。1983年改称东马圈乡。1995年撤乡建镇。

2011年，实现地区生产总值3.35亿元，三级财政收入6813万元，农民人均纯收入1.25万元。

粮食种植1466.67公顷，总产1.41万吨。落实夏、秋粮直补面积1403.76公顷，补贴151.55万元。天鹰椒种植100公顷，总产45万公斤，收入270万元。设施农业稳步推进，建成暖棚11个。全年生猪饲养3.54万头，年末羊存栏1664只，蛋鸡存栏1.17万只，年产蛋165吨。有林地761.67公顷，果园53.67公顷，果品总产1393吨。完成农业总产值9234万元。

有工业企业65家，从业人员1488人。实现工业总产值4.44亿元，营业收入4.07亿元，利润2148万元。招商引企38家，其中实体企业13家。引进和提升改造科技型中小企业33家。

投资625万元，推进田家务、广善、小谋屯、董标垡、东马圈5个村新农村建设，硬化主干道路8.6公里，胡同里巷2万平方米，新修健身广场3个。加快城镇建设，投资600余万元，完成104国道及武落路镇区段的绿化、美化、亮化工作。启动燃气站建设，地热供暖系统开始运转，提升居民生活品质。

投资1500余万元，完成东马圈镇中心小学建设并投入使用。镇域4所中小学校达到教育现代化标准。落实各项惠民政策，积极帮扶贫困家庭、残疾人、老年人等弱势群体。全镇医保参保率96%以上，为138人报销医疗费37万元，为1736名60岁以上老年人发放补贴176万元。指导各村成立各类文体队伍17个，电影放映队全年放映电影143场。

（杨国辉）

黄花店镇

黄花店镇位于武清区西南部，距城区16公里。东邻豆张庄乡，南界石各庄镇，西接河北省廊坊市安次区，北与豆张庄乡接壤。境内有黄王公路穿过，连接104国道和津霸公路。2011年，镇域面积53平方公里，耕地面积3226.4公顷，辖22个村民委员会。人口2.45万人，其中农业人口2.26万人。除汉族外，另有少数民族77人。

因驻地黄花店故名。1938年属武清县第七区。1948年12月解放，属第五区。1949年3月属第十一区。1949年10月属第八区。1950年8月属第九区。1952年1月分属第十一、十二区。1957年2月建黄花店乡。1958年9月人民公社化，建黄花店"卫星"公社。1961年6月，南部6个村建石各庄公社，"卫星"公社改称黄花店公社。1983年改称黄花店乡。1999年1月撤乡建镇。

2011年，实现地区生产总值4.06亿元，三级财政收入6000万元，农民人均纯收入1.29万元。

棚室蔬菜种植721.86公顷。粮食种植2216.93公顷，总产2.49万吨。落实夏、秋粮直补面积3023.76

公顷。完成甄营村83.33公顷和杨营村16.67公顷无公害农产品产地认定和产品认证复查换证工作。养殖业稳步发展,生猪饲养2.72万头,年末羊存栏3820只,蛋鸡存栏9.5万只,年产蛋690吨。有林地1338.67公顷,果园33.34公顷,果品总产692吨。实现农业总产值4.32亿元。

有工业企业119家,从业人员2124人。完成工业总产值7.37亿元,销售收入6.82亿元,利润总额8343万元。招商引企102家,引资额1.53亿元。引进科技型中小企业9家,改造提升24家。

完成崔胡营、马营、东田庄、邵七堤4个村新农村建设并通过验收。硬化主干道路1.5公里、铺设立砖1.48万平方米,硬化胡同里巷3.73万平方米,建挡土墙5.21公里,植树2050棵。投资251万元完成甄营生态村建设。推进城镇建设,新修公路3800米。投资7万余元,完成1500余户自来水冻结管道改造工程。投资350万元,组织实施津沪高铁两侧绿化带、两个主要节点、两处片林、三处环村林的工程建设,绿化68公顷,植树10.8万株。

投资1800万元,完成八里桥小学新建和黄花店小学扩建工程并通过市级现代化达标验收。至年底,全镇所有学校全部达到教育现代化标准。全镇享受养老补贴2536人,发放补贴款22.1万元。全年新增养老保险人员2805人,享受养老保险待遇1214人,发放养老金432万元。医疗费报销3545人次,报销金额350万元。发放社保卡1402张。完成甄营、杨营、罗古判3个村的社区援建工作。

(张文怡)

石各庄镇

石各庄镇位于武清区西南部,东邻陈咀镇,南界汊沽港镇,西接河北省廊坊市安次区,北靠黄花店镇。2011年,镇域面积45平方公里,耕地面积3245.67公顷,辖12个村民委员会。人口2.27万人,其中农业人口2.09万人。除汉族外,另有少数民族102人。

因驻地石各庄故名。1939年属武清县第七区。1948年12月解放。1949年3月分属第十一、十五区。1949年10月分属第八、九区。1950年8月改称第九、十区。1957年置石各庄乡。1958年9月人民公社化,属黄花店“卫星”公社。1961年由“卫星”公社析出6个村建石各庄公社。1983年改称石各庄乡。1993年撤乡建镇。

2011年,实现地区生产总值18亿元,三级财政收入1.87亿元,农民人均纯收入1.35万元。

粮食种植2420.26公顷,总产1.57万吨。落实夏、秋粮直补面积2793.3公顷,补贴305.69万元。发展设施农业,规划占地66.66公顷的高效农业示范区。新增各类棚室200个,其中石北村建成高标准日光温室蔬菜大棚66个。全年生猪饲养5450头,年末羊存栏1460只,蛋鸡存栏1.5万只,年产蛋96吨。有林地1102.46公顷,果园170.8公顷,果品总产2769吨。

有编织、纸制包装、制药等工业企业113家,从业人员5933人。实现工业总产值24.88亿元,销售收入23.42亿元,利润1.26亿元,增加值6.3亿元。招商引企30家。新引进科技型中小企业14家,培育“小巨人”企业2家。

投资500余万元,创建敖西、石南市级文明生态村,完成路面硬化、主干街道绿化、安装太阳能路灯、修建健身广场等任务。建成镇环卫站及第二污水处理厂并通过验收。完成全镇2000平方米破损路面修补及石西、石北2个村6公里乡村公路修建工作。

投资1100余万元,完成石各庄小学教学楼扩建工程。全镇1所初级中学和3所中心小学达到现代化学校标准。落实“两险”政策,累计参加养老保险1992人,参加城乡居民基本医疗保险1.71万人,参保率91.1%。为2376名60岁以上老年人发放生活补贴金218万元。镇内有敖咀评剧团、石各庄京剧团、定子务评剧团3个民间剧团,丰富群众文化生活。

(王　艳)

陈咀镇

陈咀镇位于武清区西南部,东与黄庄街道接壤,南至北辰区界,西邻黄花店镇、汊沽港镇、石各庄镇,北界豆张庄乡。2011年,镇域面积61平方公里,耕地面积4289.8公顷,辖14个村民委员会。人口3.07万人,其中农业人口2.88万人。除汉族外,另有少数民族100人。

因驻地陈咀故名。1948年12月解放。1949年3月津武县撤销。1950年分属第八、九、十区。1953年7月属第十三区。1957年2月建陈咀乡。1958年8月人民公社化,陈咀、渔坝口属王庆坨公社,其余7个村属黄花店“卫星”公社。1961年6月从王庆坨、黄花店公社析出9个村建陈咀公社。1983年改称陈咀乡。2001年10月撤乡建镇。

2011年,实现地区生产总值6.5亿元,三级财政收入8500万元,农民人均纯收入1.17万元。

粮食种植2844.4公顷,总产2.09万吨。做大做强鲜食玉米保鲜深加工项目,种植、加工、销售形成产业链,被市农业局命名为天津市无公害鲜食玉米生产基地。养殖业稳步发展,生猪饲养1.32万头,年末羊存栏3438只,蛋鸡存栏4.2万只,年产蛋343吨。有林地1050.46公顷,果园67.34公顷,果品总产1790吨。

有工业企业81家,从业人员2420人。实现工业总产值13.41亿元,销售收入13.87亿元,利润1.38亿元。以万兴工贸园发展为龙头,投资2000余万元,完成11万伏变电站、污水处理厂、供热站、燃气站、电信塔和排水管网等基础设施建设。引进入区企业34家,注册企业150家,新增引资10亿元,吸纳就业1000人。

完成杨庄村新农村建设任务。改造庞庄村自来水管网1200余户2.5万米。翻建大旺村、庞庄村生产桥2座。新建大旺村沼气池50座。完成渔三、杨庄、大旺3个村有线电视安装。硬化胡同里巷1万平方米。翻修庞庄、渔三、杨庄3个村级公路6.1公里。投资40万元,对全镇垃圾掩埋点和主干道两侧进行集中整治,镇村环境明显改善。

投资2400万元,完成建筑面积1万平方米的镇初级中学主体和附属工程建设。计划生育落实人性化服务措施,完成社会抚养费征收7起,保持低生育水平。投资40余万元,建成1所日间照料中心和9所社区服务中心。城乡医疗保险参保率94.3%,参加居民养老保险2710人。加大弱势群体帮扶救助力度,扶助困难家庭52户。

(贾丽萍)

王庆坨镇

王庆坨镇位于武清区西南部,距城区杨村36公里,距天津市区25公里。东与北辰区、西青区接壤,南接河北省霸州市,西界河北省廊坊市安次区,北邻汉沽港镇。镇内有京保高速、京沪高速、112国道、京九铁路穿过。2011年,镇域面积54平方公里,耕地面积3477.46公顷,辖22个村民委员会,人口3.88万人,其中农业人口3.52万人。除汉族外,另有少数民族58人。

因驻地王庆坨故名。1939年属武清县第八区。1948年12月解放。1949年3月撤销津武县复属武清县第八区。1952年1月改称第十三区。1953年7月建王庆坨镇,仍属第十三区。1957年2月建王庆坨乡。1958年9月建王庆坨人民公社。1974年3月划出北部15个村另建汉沽港公社。1983年建王庆坨乡。1988年改称王庆坨镇。

2011年,实现地区生产总值19亿元,三级财政收入1.3亿元,农民人均纯收入1.42万元。

农业以种植小麦、玉米为主,兼种油料和其他经济作物。粮食种植1931.4公顷,总产1.1万吨。落实粮食直补、良种补贴212万元。养殖业稳步发展。生猪饲养6981头,奶牛存栏670头,羊存栏2235只,蛋鸡存栏4100只,年产蛋40吨。有林地1708.46公顷,果园192.34公顷,果品总产3112吨。

工业以自行车产业为主导,成立自行车商会,组织各地自行车展会,成交额8.02亿元;自行车网站入网企业230家;企业品牌意识增强,申请驰名商标1个,著名商标3个。自行车总产量1100万辆,电动车130万辆,实现销售收入36亿元。招商引企84家,其中注册5000万元以上企业5家。引进科技型中小企业20家。全镇实现工业总产值39.58亿元,销售收入36.54亿元,利润4.44亿元。

推进城镇建设,投资550万元完成镇区段硬化、亮化、绿化工程。投资1350万元,完成东环路、北环路、黄王公路镇区段及老政府路翻修工程。完成2000平方米乡村公路修补工程。植树造林6万株66.66公顷。

投资350万元,完成二街、郑楼、一街小学现代化达标工程。推进“两险”工作,居民医疗保险参保率96.4%。发放60岁以上老年人养老补贴400万元,发放低保、五保资金105万元。稳定低生育水平,计划生育率97.97%。

(邢丽丽)

汉沽港镇

汉沽港镇地处武清区西南部,距城区杨村23公里。镇东与北辰区接壤,南与王庆坨镇相邻,西界河北省安次区,北邻陈咀镇、石各庄镇。2011年,镇域面积58.56平方公里,耕地面积3920.46公顷,辖18个村民委员会。人口3.74万人,其中农业人口3.48万人。除汉族外,另有少数民族154人。

因驻地汉沽港故名。1939年分属武清县第七、八区。1948年12月解放。1949年3月,南部属第八区,北部属第十五区。1949年10月改称第九、十区。1950年8月属第十区。1952年1月改称第十三区。1957年2月成立汉沽港乡。1958年9月人民公社化,属王庆坨公社。1974年3月从王庆坨公社析出,成立汉沽港公社。1983年改称汉沽港乡。1997年8月19日撤乡建镇。

2011年,实现地区生产总值13.2亿元,三级财政收入1.6亿元,农民人均纯收入1.36万元。

农业以种植小麦、玉米为主。粮食种植2222.93公顷,总产1.46万吨。“西肖庄紫薯”形成产销规模,行销全国,品牌效益、经济效益与社会效益初步显现。畜牧业发展迅速,年末大牲畜存栏1285头,出栏1130头;生猪饲养7466头,出栏3582头;蛋鸡存栏8.8万只,年产蛋1078吨。有林地1266.46公顷,果园1028.47公顷,果品总产1.75万吨。

有工业企业263家,涉及纺织、

自行车、金属加工、食品、建材、化工等13个行业1100多种产品，从业人员8598人。完成工业总产值40.09亿元，销售收入38.03亿元，利润6.46亿元，增加值8.3亿元。中华自行车王国产业园区引进科技型中小企业54家。基础设施建设投入11.4亿元，园区实现销售收入10亿元，税收5000万元。

完成新农村建设任务。硬化主干道路2.9公里，胡同里巷硬化3000平方米，安装路灯115盏，建挡土墙600米，植树1000棵，修建排水管道1200米，清理垃圾杂物10处。以神泽“奶公犊小白牛”循环农业为龙头，推动六道口村生态农业示范区建设，至年底，完成牛舍、温室蔬菜大棚、仓库及相关配套基础建设，小犊牛存栏1000头，出栏1100头。

投资900余万元进行义务教育学校现代化建设，6所中小学校在全区率先通过市级验收。镇中学有19名学生考入杨村一中，高中上线190人。累计投资800万元，完成汉沽港镇卫生院和文体中心建设，为群众就医和休闲健身创造良好条件。落实“两险”工作，医疗保险参保率100%，发放60岁以上人员养老补贴103万元。全年发放各类弱势群体救助金115万元。

（韩福蓉）

曹子里乡

曹子里乡位于武清区中部，东与大黄堡乡、上马台镇接壤，南与梅厂镇为邻，西与徐官屯街道毗连，北与大碱厂镇搭界。2011年，乡域面积56平方公里，耕地面积3149.13公顷，辖33个村民委员会。人口2.22万人，其中农业人口2.02万人。除汉族外，另有少数民族31人。

因驻地曹子里故名。1939年分属武清县第四、五、六区。1948年12月解放。1949年属武清县第三、十四区。同年10月改称第三区。1950年8月属第六、七区。1952年属第四区。1957年属拾棉庄乡。1958年9月，东部属大黄堡公社，西部属筐儿港公社，南部属梅厂公社。1958年12月属大黄堡公社。1961年自大黄堡公社析置拾棉庄公社。1982年更名曹子里公社。1983年改称曹子里乡。

2011年，实现地区生产总值4.90亿元，三级财政收入1.1亿元，农民人均纯收入1.27万元。

粮食种植2497.26公顷，总产3.21万吨。落实粮食直补及良种补贴496万元。养殖业稳步发展。有奶牛养殖小区5个，奶牛存栏4193头，月产奶量1030吨。年末牛出栏1040头，羊存栏1690头，生猪饲养1.82万头，肉鸡存栏4.6万只，蛋鸡存栏6.73万只，年产蛋808吨。有林地1233.26公顷，果园11公顷，果品总产605吨。

有工业企业74家，从业人员3157人。实现工业总产值8.3亿元，销售收入6.41亿元，利润2679万元。招商引企82家，引资额6.79亿元。完成老企业提升改造32家。加大产业区基础设施建设。投资1600余万元，翻修产业功能区主干道路7万平方米，安装路灯64盏，栽植景观树2000余株；投资1200万元启动供热站建设；投资300万元，建成日处理能力1000吨的污水处理厂。

完成东柳店等4个新农村捆绑村和六小庄等5个单项申报村建设并通过检查验收。硬化主干道路21.1公里，胡同里巷2.6万平方米，植树2000株，建健身广场2400平方米，安装健身器材40台套，完成3个村电力低压改造，户厕改造110座。投资15万元，在镇区段安装技防视频监控设备并投入使用。投资170万元，翻修、新修乡村公路5.83公里。

加大教育投入，提高教学水平。完成汉百户中心小学教学楼建设，全乡4所中小学实现楼房化，并达到市级现代化示范校标准。中考有11名学生考入市级重点高中。落实各项优抚政策，走访慰问群众300余户，发放慰问金7.5万元，为全乡10例白内障患者进行免费复明手术，为行动不便的残疾人配发轮椅车30辆。落实农村家庭奖励扶助47人，发放独生子女费9.6万元。建立健全育龄妇女生殖健康档案，保持低生育水平。建成农家书屋3个，并配备图书和报刊杂志，丰富群众文化生活。

（陈广静　范　磊）

大黄堡乡

大黄堡乡位于武清区东部，东与宝坻区尔王庄镇接壤，南与上马台镇隔北京排污河相望，西与曹子里乡为邻，北与崔黄口镇毗连。境内几万亩芦苇荡野趣横生，是古代著名的“燕王湖”故地，津京走廊上著名的“渔苇之乡”。2011年，乡域面积102平方公里，耕地面积847公顷。辖28个村民委员会。人口1.78万人，其中农业人口1.68万人。江泽民、胡锦涛等党和国家领导人曾先后到该乡后蒲棒村视察工作。

因驻地大黄堡故名。1939年，北部属武清县第二区，南部属第十四区。1949年10月第二区改称第十三区。1949年12月解放。1950年8月，北部属第六区，南部属第三区。1957年1月建大黄堡乡。1958年9月称大黄堡公社。1983年5月改称大黄堡乡。

2011年，实现地区生产总值10亿元，三级财政收入1.09亿元，农民人均纯收入1.32万元。

该乡土地肥沃,地产资源丰富,盛产芦苇,有苇田1333.33公顷。有养殖水面3333.33公顷,年产鲢鱼、鲤鱼、草鱼、罗非鱼、武昌鱼、彭泽鲫、河蟹、南美白对虾等各种水产品2.5万吨,鱼类产品注册“大黄堡”商标。大黄堡湿地保护区有野生植物221种,鸟类199种,是中国北方地区原始地貌保存最好的典型芦苇湿地。

大黄堡湿地保护区

粮食种植724.86公顷,总产8662吨。落实粮食直补及良种补贴142万元。高效农业形成以水产养殖为主导的特色农副产品生产基地,是京津两地和东北、华北地区重要的水产品供应基地。生猪饲养1.18万头,蛋鸡存栏6.16万只,年产蛋660吨。有林地5639.6公顷,果园1.34公顷,果品总产10吨。

工业形成化工、地毯纺织、塑料、金属制造、建材、纸制品6大主导产业,其中地毯产品久负盛名,远销世界多国。全乡有工业企业164家,从业人员3435人。实现工业总产值5.3亿元,销售收入4.66亿元,利润3035万元。引进项目153个,引资额5.75亿元。

投资1015.63万元,完成八里庄、小黄堡、千户庄、东汪庄、西丝窝、朱曹子6个村新农村建设并通过验收。硬化主干道路13.7公里,胡同里巷71430平方米,建挡土墙9公里,植树4000棵。投资580万元,完成千户庄、后蒲棒、东汪庄3个文明生态村建设。修建乡村公路7.4公里,完成八黄路、赵庄村路、普贤坨路1000余平方米破损路面修补工作。

总投资3325万元,完成东八里庄小学、代家庄中心小学和大黄堡乡初级中学建设,全乡教育教学环境实现现代化。落实城乡居民养老保险和医疗保险工作,医保参保率95%,为2541名老年人发放养老金和生活补助425万元。投资230万元建成大黄堡乡敬老院。保持低生育水平,计划生育率97.5%。建成6个村农家书屋和文化活动室,配齐音乐器材55套,丰富群众文化生活。

(陆婷婷)

白古屯乡

白古屯乡位于武清区西北部,距城区30公里。东与河西务镇、大孟庄镇隔北京排污河相望,南与泗村店镇接壤,西接城关镇、大王古庄镇,北与高村乡隔凤河西支为邻。2011年,乡域面积51.66平方公里,耕地面积3544.93公顷,辖21个村民委员会。人口2.22万人,其中农业人口2.06万人。除汉族外,另有少数民族208人。

因驻地白古屯故名。1939年属武清县第一区。1948年12月解放。1949年分属第二、三区。1952年改称第九、十区。1957年属和平庄乡。1958年9月人民公社化,属城关“红旗”人民公社。1961年6月从“红旗”人民公社析出21个村建东马房公社,公社驻地东马房。1980年驻地迁往白古屯。1982年改称白古屯人民公社。1983年改称白古屯乡。

2011年,实现地区生产总值3.96亿元,三级财政收入6779万元,农民人均纯收入1.25万元。

粮食种植2888.34公顷,总产4.12万吨。落实夏、秋粮直补面积5333.33公顷,补贴600万元。全年生猪饲养2.78万头,年末羊存栏5057只,奶牛存栏132头,蛋鸡存栏4.49万只,年产蛋404吨。有林地747.67公顷,果园75.6公顷,果品总产4010吨。

有工业企业58家,从业人员1305人。实现工业总产值1.79亿元,销售收入1.48亿元,利润1619万元。招商引企93家,引资额2.97亿元。完成科技型中小企业网上申报16家,其中14家通过认定。做大做强东马房村“草根”经济,打造以豆制品加工为起步区的村级产业功能区,成立集豆制品生产技术开发、咨询,预包装食品兼散装食品批发兼零售为一体的天津市凯耀食品有限公司。

新农村建设完成市级帮扶村和平庄村、桐林村项目建设,投资200余万元,硬化胡同里巷2.8公里,安装路灯95盏。绿化植树1000株,修建健身广场2000平方米,粉刷街道3000平方米。年内耿庄村通过天津市文明生态村验收。

教育基础设施建设和设备装备累计投资5400余万元。乡中学8800平方米教学楼、桐林中心小学5400平方米教学楼建成投入使用。提高医疗卫生服务水平。完成全乡60岁以上老年人建档工作,建档率

100%。对精神病、肢体残疾等患者进行体检,检查率85%以上。落实"两险"政策。参加城乡居民基本养老保险1952人,782人领取养老金。按月为2413位农村老年人发放养老补贴,为140人报销医疗费20余万元。稳定低生育水平,计划生育率97.2%。

(邢振源)

高村乡

高村乡位于武清区西北部,东与河西务镇为邻,南界白古屯乡,西与河北省廊坊市接壤,北邻北京市。京津塘高速二线在该乡留有进津第一"出口",并在台头村西建有开放式服务区。2011年,乡域面积41.50平方公里,耕地面积2622.53公顷,辖16个村民委员会。人口1.9万人,其中农业人口1.7万人。除汉族外,另有少数民族202人。

因驻地高村故名。1939年,西南部属武清县第一区,余属第二区。1948年12月解放,属武清县第六区。1949年10月改称第四区。1950年8月改称第三区。1952年1月改称第八区。1957年建高村乡。1958年9月人民公社化,属河西务人民公社。1961年6月从河西务公社析出14个村建高村公社。1983年改称高村乡。

2011年,实现地区生产总值4.62亿元,三级财政收入3600万元,农民人均纯收入1.18万元。

土壤肥沃,地下水资源丰富,水质好,无公害瓜菜生产为特色产业。种植瓜菜1400公顷。粮食种植1143.2公顷,总产2万吨。落实夏、秋粮直补面积1456.96公顷,补贴157.78万元。总投资1.3亿元、占地92公顷的"北国之春"农业生态园完成700栋日光温室大棚主体建设。全乡有温室大棚1300栋,冷棚2900个。生猪饲养2.86万头,蛋鸡存栏6.24万只,年产蛋843吨。有林地1306.67公顷,果园24.8公顷,果品总产879吨。

有工业企业62家,从业人员762人。实现工业总产值1.04亿元,销售收入7800万元,利润1740万元。完成招商引资额4.46亿元。年内认定科技型中小企业10家,提升改造9家。

投资800万元,完成永兴庄、田户、大周3个村新农村建设并通过验收。投资1300万元,完成高王路、凤港引渠路绿化工程。崔大路南侧绿化2.2公里,栽植国槐5200棵。

调整学校布局,改善教学硬件环境。投资2926万元,完成高村乡第一中心小学和第三中心小学教学楼建设,可接纳12个村760名学生。落实城乡居民医疗保险和养老保险制度,完善救助机制和保障体系建设。加强计划生育管理与服务,推动优生优育,保持低生育水平。

(陈　晓)

豆张庄乡

豆张庄乡位于武清中心城区西侧11公里,东与东蒲洼街道接壤,南与黄花店镇、陈咀镇毗邻,西与河北省廊坊市安次区搭界,北隔龙河与东马圈镇、泗村店镇相望。2011年,乡域面积61平方公里,耕地面积3699.6公顷,辖18个村民委员会。人口2.39万人,其中农业人口2.16万人。除汉族外,另有少数民族24人。

因驻地豆张庄故名。1939年分属武清县第六、七区。1948年12月解放。1949年3月津武县撤销,各村分属武清县第十一、十二、十三区。1957年建豆张庄乡和东柳行乡。1958年9月属东马圈"火箭"公社和杨村公社。1961年从"火箭"公社和杨村公社划出18个村建豆张庄公社。1968年4月改称"四一四"公社。1982年恢复豆张庄公社名称。1983年7月改称豆张庄乡。

2011年,实现地区生产总值6.15亿元,三级财政收入2.2亿元,农民人均纯收入1.22万元。

粮食种植2866.67公顷,总产3.07万吨。落实夏、秋粮直补面积3666.66公顷,补贴401.5万元。推广种植玉米良种2466.66公顷,优种棉花80公顷。生猪饲养2.06万头,年末奶牛存栏2420头,羊存栏4915只,蛋鸡存栏1.16万只,年产蛋157吨。有林地866.26公顷。

有食品、电子、印刷、包装、建材、制药等工业企业82家,从业人员3458人。完成工业总产值10.99亿元,销售收入10.68亿元,利润1.19亿元。招商引资3.6亿元。年内引进科技型中小企业13家。

投资195万元,完成东辛庄生态村建设并通过验收。投资977万元,完成豆张庄、龚家庄、青坨等7个村新农村建设任务。投资160万元,完成周立营、北双庙、青坨、眷兹、双河5个村6.65公里乡村公路提升改造工程。投资1.63万元,维修中双庙、茨州水厂深井泵变频启动柜2台,保证村民正常饮水。

加快义务教育现代化建设,投资3500余万元、建筑面积1186万平方米的南双庙中小学、茨州小学教学楼建成投入使用。为2423名60岁以上老年人发放生活补贴202.41万元。全乡参加城乡居民养老保险2000余人,涉及缴费金额435.59万元。保持低生育水平,计划生育率98%。

(马仕奎　李　明)

宝坻区

概 述

宝坻区位于天津市北部，地处京、津、唐三角地带的中心区。地理坐标为北纬39°21′~39°51′，东经117°12′~117°40′。东及东南与河北省玉田县、天津市宁河县相邻,南及西南与天津市武清区、宁河县接壤,西及西北与河北省香河县、三河市相连,北及东北与天津市蓟县、河北省玉田县隔河相望。西北距北京、南距天津市区、东距唐山高速公路车程均不超过一小时。

区境南北通长53.7公里，东西横距47.9公里,幅员面积1509平方公里。辖海滨、宝平、钰华3个街道,霍各庄、史各庄、高家庄、牛道口、大口屯、马家店、新开口、郝各庄、大白庄、大唐庄、周良庄、王卜庄、方家庄、口东、林亭口、八门城、大钟庄、新安镇、牛家牌、尔王庄、黄庄21个镇(其中牛家牌、尔王庄、黄庄2011年由乡改镇),765个村委会和26个居委会。2011年,全区人口67.63万人。出生人口6720人，出生率9.95‰；死亡人口4491人，死亡率6.65‰。自然增长率3.30‰,计划生育率98.36%。

2011年是实施“十二五”规划的开局之年,宝坻区围绕“全力提质增速、加快转型升级”的工作主题,坚持推进科学跨越发展，深入实施环境立区、产业强区、文化兴区三大发展战略,着力推进富民强区进程。

国民经济持续快速发展，整体经济实力显著增强。实现地区生产总值300.31亿元，比上年增长21.6%,三次产业全面发展,第一产业完成增加值24.04亿元，增长7.9%；第二产业完成增加值161.47亿元,增长24.5%;第三产业完成增加值114.80亿元,增长20.7%。

财政收入持续大幅增长。完成三级财政收入60.05亿元,比上年增长50.0%。其中,地方一般预算收入完成25.44亿元，比上年增长51.1%。

工农业生产持续快速发展。完成工农业总产值682亿元，增长38.1%。其中,工业产值完成625亿元，增长40.9%。农业产值完成57亿元,增长13.3%。

现代农业不断发展壮大。高水平推进设施农业，培育壮大林业循环经济、稻区湿地立体种养、食用菌生产、精品花卉种植、淡水养殖、良种繁育和观光休闲等特色产业,新建设施种植业1333公顷、稻区立体种养1333公顷、林业循环经济333公顷,标准化养殖小区达42个。连续实施农业综合开发、基本农田开发、土地整理、灌区节水改造等重点农田水利工程，不断提高综合机械化水平,加强气象服务,农业生产条件进一步改善。

加快现代农业创业园、中粮健康生猪、台湾食用菌、宝迪食品等龙头项目建设；启动海航农业科技开发、森禾现代农业生物科技、大成科技研发等农业科技项目建设；大力培育农民合作组织，全区各类农民专业合作社328家，全区80%以上的农户进入产业化体系。

农、林、牧、渔业生产效益显著提升。完成农业产值57.0亿元,增长13.3%，其中种植业产值29.2亿元,林业产值0.2亿元，牧业产值22.3亿元,渔业产值5.3亿元。完成农业增加值24.04亿元,增长7.9%。粮食作物播种9.2万公顷，比上年减少0.16%。粮食总产63.94万吨，增长1.09%。经济作物播种7240公顷,蔬菜产量55.16万吨,果品产量2.5万吨。巩固林业成果。造林676公顷,植树204.28万株，年末实有林地2.74万公顷,林木覆盖率25.6%。畜牧业生产持续增长。生猪饲养108.7万头,出栏74.4万头。肉牛饲养7.4万头,禽蛋总产量4.96万吨。渔业生产稳步发展。水产品养殖3567公顷,水产品产量4.06万吨,其中养殖产量3.87万吨。

农业现代化水平提高。农机总动力87.44万千瓦,机耕、机播、机收面积分别为7.89万公顷、9.90万公顷和7.63万公顷,化肥施用量8.5万吨,农药使用量704吨。农村用电量7.64亿度,其中农业生产用电量1.44亿度。有效灌溉面积6.56万公顷,当年实灌面积6.49万公顷,节水灌溉面积6.08万公顷。

工业经济增量升级。完成工业增加值145.68亿元,比上年增长26.6%,完成工业总产值625亿元,实现利税总额59.4亿元。以4个示范工业园区为重点,深入推进载体开发建设,新增工业固定资产投资152.49亿元,比上年增长50%,建成投产新型工业项目45个,在建项目160个。新能源、新材料、新型装备制造、节能环保制品等新兴产业快速成长,纺织服装、文体用品、家具、地毯等传统产业加快转型。深入实施科技和品牌兴企战略,加快实现由技术引进型向自主创新型转变,科技型中小企业总数达712家,其中"小巨人"企业40家,销售收入超亿元企业80家。中国驰名商标4件,天津市著名商标33件。

建筑业平稳增长。完成建筑业增加值15.79亿元,比上年增长7.7%。

全社会固定资产投资快速增长。全社会固定资产投资完成301.4亿元,比上年增长46.7%。受国家宏观调控影响,房地产业发展步伐趋缓。完成房地产业增加值12.47亿元,比上年增长3.4%,投资总额31.6亿元,施工面积251万平方米,竣工面积121.8万平方米,销售面积99.5万平方米。

规模以上工业企业主要产品产量

产品名称	单位	数量
化学纤维	吨	3458
纸制品	万吨	12.21
服　装	万件	7680.25
皮　鞋	万双	495.70
家　具	万件	190.43
乳制品	万吨	4.07
塑料制品	万吨	12
钢　材	吨	2273
饲　料	万吨	32.18

交通运输、仓储和邮政业较快发展。实现增加值18.66亿元,比上年增长15.2%。公路客运量929万人次,客运周转量54528万人公里;公路货运量1035万吨,货运周转量10.55亿吨公里。邮电、通信业高速发展,交换机总容量20.43万门,电话机总数15.2万部,其中农村13.23万部。宽带网用户发展到9.77万户,增长2.06%。

现代服务业发展提速。以金融服务、商贸物流、休闲旅游、文化教育等为特色的现代服务业成为区域经济新亮点。玉佛宫、劝宝购物广场运营良好,海滨商贸物流园区、京津金融服务外包园区等项目加快推进。农产品、机动车、五金机电、粮食仓储物流中心等专业市场投入使用,农村"三进"工程实现全覆盖,新型商业业态和现代流通方式日益普及。实现服务业增加值114.8亿元,比上年增长20.7%,其中批发、零售、住宿和餐饮业实现增加值45亿元,增长40.1%。社会消费品零售额107.11亿元,增长11.6%。

招商引资取得新成果。吸引内资协议额787.57亿元,比上年增长175.4%;实际到位额275亿元,增长71.9%;合同外资额1.49亿美元,实际到位额2.51亿美元。

财政收支均保持快速增长。完成区域财政收入60.05亿元,比上年增长50%,其中地方一般预算收入完成25.4亿元,增长51.13%。财政支出52.98亿元,增长45.34%,财政收支基本平衡。金融机构各项存贷款余额不断增加。金融机构存款余额255.57亿元,增长11.5%;其中储蓄存款162.83亿元,增长8.8%,各项贷款余额116.64亿元,增长35.8%。保险事业平稳发展。保费收入4亿元,增长28.5%。其中财产险保费收入7552万元,人寿险保费收入3.25亿元。赔案件数3.03万件,支付各类赔款5166万元。

科技创新能力不断增强。实施各类科技项目219个,取得市级以上成果16项,专利申请量800件。区科协和各种专业技术研究会组织科普宣传508次,科技培训267次,各种科技知识培训群众2.6万人次。全面实施科技"小巨人"培育计划,推动科技型中小企业规模扩大、成长提速,科技"小巨人"企业40家。

教育教学质量不断提高。新建投入使用学校9所,提升68所中小学设施功能,99所义务教育学校通过现代化达标验收。全区有各类学校214所,教学班2493个,在校生9.09万人,毕业生2.72万人。教职员工8558人,其中专任教师7564人。高考本科上线5840人,专科上线504人。

文化、广播电视事业平稳发展。文化兴区战略深入实施,文体设施加快向镇街和社区延伸,率先在全市普及农家书屋和村文化活动室,群众性文体活动广泛开展,区"两台一报"编发水平不断提高,有线电视网络全面覆盖,非物质文化遗产得到保护和传承,"开心双休日"栏目成为电视文化品牌并收入《中国广电蓝皮书》。成功举办区首届春节联欢晚会、第四届文艺展演、第二届全民健身大会。全区有图书馆、室776个,藏书370.75万册。开展文艺演出(含电影放映)9214场,观众186.05万人次。有线电视用户11.2万户,比上年增长34.3%,有线电视线路总长3414延长公里。

卫生、体育事业健康发展。全面落实18项公共卫生服务,实施社区卫生服务站达标工程,迁建镇街医院、卫生院2所,公共卫生和医疗卫生服务体系更加健全。拥有卫生机构46个,社区卫生服务站265所,卫生技术人员2190人,诊疗348.8万人次,治愈率61.59%。群众性体育活动日趋活跃。举办各类区级运动会14次,参赛3145人;获市级及以上竞赛奖牌54枚,其中金牌16枚。

城乡人民生活水平得到新提高。区委、区政府坚持以人为本,扩大公共服务,加强社会管理,努力增强群众的幸福感和社会的和谐度,高标准完成10项民心工程。区财政用于民计民生的支出32亿元,比上年增长40.7%。完善区、镇街、社区三级公共就业服务网络,新增就业1.52万人,开发公益性岗位201个,转移农村富余劳动力1.16万人。城乡居民收入稳步增长,农村居民人均可支配收入1.1万元,增长16.15%。城镇职工人均工资6.4万元,增长26%。居民储蓄余额162.83亿元,增长8.8%。人均储蓄2.41万元,增长8.4%。

(张殿成　何素英　张海涛)

宝坻区区级领导名单

(2011年12月换届前)

中共宝坻区委领导名单

书　记:王宏江

副书记:贾凤山

常　委:王宏江　贾凤山　李连元　安洪文　张子堂　孟宪昆　李维怀　李　凤(女)　李国田　陈高龙

宝坻区人大常委会领导名单

主　任:徐　刚

副主任:吴　会　刘开亮　王桂芹(女)　倪守强　梁德仓

宝坻区政府领导名单

区　长:贾凤山

副区长:孟宪昆　王素艳(女)　艾玉昆　尹建国　边荣海

区长助理(副区长级):冯　义(满族)

区长助理(副区级职级):陈元吉

政协宝坻区委员会领导名单

主　席:张振祥

副主席:云凤和　张力华(女)　胡静江　张伯苓　白俊生　邹万志(兼)　陈秀华(女,兼)

宝坻区区级领导名单

(2011 年 12 月换届后)

中共宝坻区委领导名单

书　记:王宏江

副书记:贾凤山　李国田

常　委:王宏江　贾凤山　李国田　李森阳　陈高龙　边荣海　白　艳(女)　殷　奇　薛广庆　王宝雨　刘亚秀(女)

宝坻区人大常委会领导名单

主　任:李连元

副主任:张子堂　王素艳(女)　吴红专　张志友　陈秀华(女)

宝坻区政府领导名单

区　长:贾凤山

副区长:李森阳　边荣海　艾玉昆　尹建国　陈　宇　芮永玲(女)

区长助理(副区长级):冯　义(满族)

区长助理(副区级职级):陈元吉

政协宝坻区委员会领导名单

主　席:李维怀

副主席:张力华(女)　张伯苓　白俊生　康德元　李　海　邹万志(兼)　杨文胜(女,兼)　韩少波(兼)

(区委组织部提供)

政　治

概况　2011 年，宝坻区加强社会管理创新,完善党委领导、政府负责、社会协同、公众参与的社会管理格局。不断深化“一站三中心”建设,拓展服务领域,整合服务资源,提高服务质量，完善综合服务站运行机制。畅通群众诉求渠道,扎实开展矛盾纠纷排查化解。深化平安宝坻建设,加强重点人群服务管理,提升治安防控水平，严厉打击各种违法犯罪活动。加强统战、对台、工商联等工作，巩固壮大最广泛的爱国统一战线,做好民族和宗教工作。充分发挥工会、共青团、妇联等群团组织的作用。

(张海涛)

中共宝坻区第四次代表大会

2011年 12 月 5 日至 7 日,中国共产党天津市宝坻区第四次代表大会在宝坻宾馆召开。大会选举产生中共天津市宝坻区第四届委员会、第四届纪律检查委员会,通过《中国共产党天津市宝坻区第四次代表大会关于中共天津市宝坻区第三届委员会报告的决议》、《中国共产党天津市宝坻区第四次代表大会关于中共天津市宝坻区纪律检查委员会工作报告的决议》。出席区委四届一次全体会议的区委委员 32 人,区委候补委员 6 人，选举王宏江为中共宝坻区第四届委员会书记,贾凤山、李国田为副书记,李森阳、陈高龙、边荣海、白艳(女)、殷奇、薛广庆、王宝雨、刘亚秀(女)为常委。全会通过中共宝坻区纪律检查委员会第一次全体会议选举产生的区纪委书记、副书记和常委。殷奇为区纪委书记，许俊杰、刘俊杰、赵景东为副书记。

(张海涛)

宝坻区四届人大一次会议

2011年 12 月 21 日至 24 日,宝坻区第四届人民代表大会第一次会议在宝坻剧院举行。会议听取审议区人民政府工作报告，审查批准区 2011

年国民经济和社会发展计划执行情况的报告及2012年国民经济和社会发展计划,审查批准区2011年预算执行情况的报告及2012年预算,听取审议区人大常委会工作报告、区人民法院工作报告、区人民检察院工作报告。选举李连元为宝坻区第四届人大常委会主任,张子堂、王素艳(女)、吴红专、张志友、陈秀华(女)为副主任;选举贾凤山为新一届宝坻区人民政府区长,李森阳、边荣海、艾玉昆、尹建国、陈宇、芮永玲(女)为副区长;选举戚忠东为宝坻区人民法院院长;选举吉树海为宝坻区人民检察院检察长。

(张海涛)

政协宝坻区四届一次会议

2011年12月20日至23日,中国人民政治协商会议天津市宝坻区第四届委员会第一次会议在宝坻宾馆举行。会议听取审议政协天津市宝坻区第三届委员会常务委员会工作报告和提案工作报告。区政协委员列席区四届人大一次会议,听取并讨论区政府工作报告及其他报告。选举李维怀为政协宝坻区第四届委员会主席,张力华(女)、张伯苓、白俊生、康德元、李海、邹万志(兼)、杨文胜(女,兼)、韩少波(兼)为副主席。通过区政协第三届委员会常务委员会工作报告的决议,通过区政协提案审查委员会关于四届一次会议委员提案审查情况的报告,通过大会政治决议。

(张海涛)

党务工作 2011年,宝坻区批准成立基层党支部9个,撤销企业党支部4个,社团组织和民办非企业建立独立党支部17家,联合党支部3个。举办120名入党积极分子培训班一期,全年发展新党员72名,转正预备党员92名。开办区直机关党委党员“求知大讲堂”五期,区直机关党委“党员学业务、讲业务”宣讲四期,两项活动共培训党员干部1800余人次。结合开展“创先争优”活动,为基层党支部及时购买下发学习辅导读本1500多册。开展创先争优活动,庆祝中国共产党成立90周年,区直机关党委开展评选表彰机关基层党组织“双服务”标兵和党员“双岗”标兵活动。表彰机关基层党组织“双服务”标兵10个,党员“双岗”标兵48人。在天津卫视《天津新闻》节目播发宝坻新闻90余条,在天津电台播发反映宝坻的新闻180余条。反映区内工作的两篇报道《开展“三下乡”,把服务送到农民身边》、《农村社区卫生服务站方便农民就医》在中央电视台《新闻联播》节目播发。以专题片《不可逾越》和《迷途》为教材,组织区内各级党员干部4946人次集中观看警示教育光盘。对13个镇街和区直部门22名党政主要领导,落实离任经济事项交接办法情况进行监督指导。领导干部经济责任审计监督延伸到农村基层,制定落实《宝坻区村级干部任期和离任经济责任专项审计实施方案》,对审计监督对象、监督范围、审计主要内容、监督程序和实施步骤等提出明确要求,协调区财政局、审计局、农委、种植业中心等部门对村级干部任中经济责任审计工作做出具体安排,24个镇街对所属512个村的“两委”主要干部进行审计监督。制定下发《宝坻区2011年效能建设工作安排意见》,确定“推进服务标准化,加强机关作风建设”总体效能立项,并制定具体实施方案。组织21个重点单位和部门的行政一把手,通过电视荧屏、《宝坻报》和“宝坻政务公开栏”,向社会进行公开承诺,接受各界群众监督。

(张殿成)

政务工作 2011年,宝坻区招录公务员(工作人员)28名,招聘事业编人员289人,定向为区卫生、教育系统招聘专业人员202人。审核科级干部职数及竞争上岗(民主推荐)任免方案42份,其中竞争上岗86个职位,民主推荐5个职位。平职交流49人,免职10人。组织26个单位的60名处、科级公务员参加“公务员名家大讲堂”系列讲座培训。组织63名新录用公务员分两期参加市公务员局组织的公务员初任培训班。推荐686名专业技术人员申报各级各类职称资格,其中高级职称75人,中级39人,初级572人。组织390名非公经济专业技术人员参加职称资格申报,占申报总数的56.9%,其中高级职称3人,中级职称15人,初级职称372人。举办各类培训班2035期,培训3万人次。为2010年度职称评审通过的463名专业技术人员颁发专业技术资格证书,其中高级83人,中级53人,初级327人。为科技型中小企业推荐评审高级职称3人,中级12人,初级31人。接收2011年应届毕业生209人,出具商调函83份,接收函2060份,提档信1605份,接收2011年应届毕业生档案265卷,接收各类流动人员档案34卷,转出档案232卷,根据有关政策为流动人员接转干部身份125人。网上发布招聘信息871条,求职信息104条。为机关事业单位432人办理退休手续,为148人办理抚恤金、丧葬费审批手续,为61人办理遗属困难补助手续。接收军转干部11人,营职7人,连排职以下2人,技术干部2人。接收干部档案94卷,转出干部档案225卷,借查档案700卷,出具相关证明443件。区信访办受理群众来信来访2393人次,其中来信384件,来访570人次,集体访100批1439人次。到市上访143人次,进京上访106人次。区领导接待群众来访56次1241人次，为群众解决实际问题131件。12名区领导对139件重点信访问题实行包案责任制。排查不稳定因素及重点信访问题139件，全部登记建档，集中交办，136件得到妥善解决，化解率97.8%。化解蓝印户口、征地拆迁、拖欠工资、物业管理等群众集体访43批725人次。

（何素英）

政法工作 2011年，公安宝坻分局破获刑事案件1981起，打处犯罪嫌疑人1149人。命案发案16起破案16起，破案率100%。“八类案件”发案202起破案174起，破案率86.1%。追捕逃犯347名，其中分局网上在账逃犯78人，清网率86.4%。依法取缔法轮功及有害气功活动点8处，捣毁制作法轮功宣传品窝点2个，侦破法轮功邪教案件2起，处罚2人，教育训诫65人，缴获涉案计算机、打印机6台及非法宣传资料1300余份。开展“四黑四害”拉网式大排查，出动警力1565人次，端掉掏挖收购“地沟油”等黑窝点19个，取缔非法场所10家，抓获违法犯罪人员306名。安排局长接待日12次，走访企业853家，为企业解决实际困难270余件。侦破各类经济犯罪案件180起，打处49人，为企业挽回直接经济损失3600余万元。区检察院受理公安机关及该院自侦部门提请批准逮捕案件329件488人，经审查依法批准和决定逮捕319件474人。受理公安机关及该院自侦部门移送审查起诉案件505件759人，经审查依法提起公诉465件700人。受理各类经济案件线索19件，初查22件，立案6件7人，为国家挽回经济损失60余万元。协助外省市反贪局开展协查4次，成功追逃犯罪嫌疑人1名。开展警示教育活动49次、提供预防咨询62次。向有关单位发出检察建议9份，进行职务犯罪案例剖析50件，进行行贿犯罪档案查询99次，开展预防调查29次，移交案件线索1件。区法院受理各类诉讼、执行案件9389件(旧存371件)，审(执)结9469件，比上年增长26.8%和22.3%，法定审限内结案率99.17%、案件平均审理天数35.28天。受理刑事案件571件(旧存25件)，审结580件，比上年增长13.5%和16%。受理各类民商事案件6076件(旧存260件)，审结6164件，比上年增长38.9%和38%。受理行政诉讼案件6件(旧存2件)，审结5件。受理非诉执行案件40件（旧存2件），执结40件。新收执行案件2609件(旧存82件)，执结2593件，其中实际执结1125件，案件执结率和实际执结率为96.4%和43.3%。民商事案件调解(含撤诉)结案3249件，调撤率52.7%，刑事附带民事案件的民事赔偿部分调解率80.8%。接待涉诉群众来访47人次，处理来信18件次，清理信访积案12件。区司法局办理各类法律服务案件2561件，其中律师诉讼代理案件868件，公证业务1462件，法律援助案件166件，基层法律服务65件。依托村(居)委会、人民法院、劳动仲裁委员会设立763个法律援助申请受理点，实施法律援助民心工程。各级人民调解组织排查各类矛盾纠纷4771件，成功调处4563件，成功率95.6%。预防重大群体性矛盾纠纷2件。防止群体性上访47件近600人次。

（张海涛）

宝坻区司法局开展“送法下乡”活动

人民团体工作 2011年，宝坻区有基层工会组织1423个，涵盖独立法人单位2313个，发展会员13.4万人。各级工会组织开展劳动竞赛、岗位练兵107场，职工提出合理化建议854条，为企业节约成本1204.65万元。第三届职业技能大赛有近5000名选手参赛，决出一等奖18名、二等奖36名、三等奖55名，获奖选手分别被授予宝坻区职业技能标兵、宝坻区技术能手称号，对符合相应职业资格条件的选手申请核发相应等级证书。评选出19名市级劳动模范、2个市级模范集体。举办技术技能培训班286期，培训科目30余类，培训职工1.8万人次。98家企业申报劳动关系和谐企业，其中申报A级85家，申报2A级12家，申报3A级1家。宝坻九园工业园区申报市级劳动关系和谐园区。调解劳动争议案件58起，为326人追回拖欠工资99.52万元。元旦、春节送温暖活动中，救助困难职工453人，发放慰问金18.48万元及米、面、油等生活必需品。金秋助学活动中，帮扶困难家庭学生180名，发放救助金33.3万元。对34名大病或遭遇突发事件的困难职工发放救助金4.77万元，为247名困难职工发放季度救助款10.6万元。为300名困难职工投保医疗保险8.1万元。新增6家工会再就业服务联社，安置就业困难人员1628人，争取市总工会支持资金225.64万元。团区委组织3436名青年参加技能和创业培训，组织开展招聘会20余场次，3000余名青年进场寻求岗位，2646名青年实现就业、再就业。为415名青年发放小额贷款3755万元，为1名基层大学生村官争取无息贷款30万元。结合“一站三中心”建设，建立人大代表、政协委员联系青少年事务工作中心24个、工作站97个，实现人员、制度、活动三到位。各中心和工作站组织“面对面”活动242次，收集汇总各类舆情信息67件、利益诉求50多条。以“青春与法同行”为主题，举办义务法制讲座、法律咨询20余场次，受众5000余人。建立专业志愿服务队伍10支、区级志愿服务基地2个，打造“假日志愿行”、“青企志愿行”等志愿服务活动品牌，多次组织医疗、教育、劳动保障等领域的志愿者深入农村、社区开展志愿服务活动，组织青年企业家协会会员深入四川北川等灾区学校、农民工子女集中学校和重点残困户家庭开展志愿救助等活动。青年志愿者提供志愿服务1400小时，服务群众6000多人次，救助特困生150人、残困生20人。区妇联为城乡妇女提供“订单式”培训102场次，培训1.2万人。组织300多名妇女参加宝坻区第三届职业技能大赛，11人分别被授予宝坻区职业技能标兵和宝坻区职业技术能手称号。为25户农村妇女提供信贷资金190万元，发放妇女发展循环金14.5万元。创建市级“巾帼示范村”1个、市级“双学双比”示范基地1个、区级示范基地10个、镇街级示范基地40个。接待处理群众来信来访来电168件(次)，办结率100%。实施妇女儿童健康行动计划，为妇女免费健康查体4.9万人次，为3名患重大疾病妇女争取救助金3万元。实施女性安康保障计划，1.3万名妇女参与，62名妇女获理赔金30.5万元。

(张海涛)

宝坻区第三届职业技能大赛钩针编织比赛

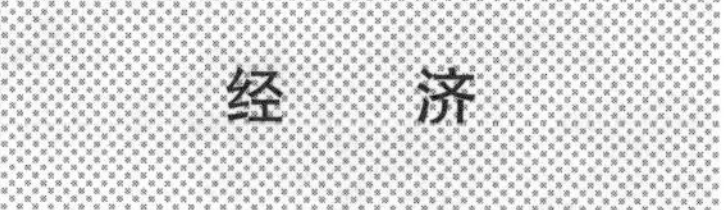

经　济

概况　2011年，宝坻区实现地区生产总值300.31亿元，比上年增长21.6%，三次产业全面发展，第一产业完成增加值24.04亿元，增长7.9%；第二产业完成增加值161.47亿元，增长24.5%；第三产业完成增加值114.8亿元，增长20.7%。完成工业增加值145.68亿元，增长26.6%，完成工业总产值625亿元，实现利税总额59.4亿元。以4个示范工业园区为重点，深入推进载体开发建设，新增工业固定资产投资152.49亿元，增长50%，建成投产新型工业项目45个，在建项目160个。新能源、新材料、新型装备制造、节能环保制品等新兴产业快速成长，纺织服装、文体用品、家具、地毯等传统产业加快转型。深入实施科技和品牌兴企战略，加快实现由技术引进型向自主创新型转变，科技型中小企业总数达712家，其中“小巨人”企业40家，销售收入超亿元企业80家。中国驰名商标4件，天津市著名商标33件。

(张海涛)

农业　2011年，宝坻区新建设施农业1333公顷，发展林业循环经济333公顷、稻区立体种养1333公顷。建成28个国家级标准化养殖场，6个市级畜牧业示范园区和3个市级水产示范园区。引进推广农业新技术、新品种60项。向国家商标局申报“宝坻三辣”地理标志证明商标成功，向农业部申报“宝坻大葱”、“宝坻天鹰椒”地理标志登记保护成

农机技能培训

功。投资31.8亿元,完成台湾食用菌产业园区、中粮集团健康生猪产业化基地、现代农业综合发展试验区、大成集团研发中心等重点龙头项目建设。投资3.8亿元,实施生态绿化工程。造林2733公顷,植树2658.3万株,城区绿化覆盖率39.8%。提高文明生态村创建补助标准,创建文明生态村22个。农业综合开发工程改造中低产田4000公顷,投资5472万元。实施黄庄洼蓄滞洪区分区滞洪围堤、农用桥闸涵、小型农田水利等重点水利工程,完成投资5.2亿元。举办农业标准化生产技术培训班20次,发放资料3.5万份,培训3000余人。认证无公害农产品38个,绿色产品4个,有机产品17个,无公害基地复查换证面积5467公顷,换证率100%。投资480万元,完成品种区域试验站项目库房、考种室等基建工程900平方米,路面硬化、打晒场2600平方米。投资2000万元建设户用沼气池3000座,大中型沼气站600立方米,服务网点19个。培训蔬菜园艺工564人,农艺工843人,大专班学员610人。完成粮食直补面积8.31万公顷,补贴资金9098.72万元,种子补贴面积10.62万公顷,补贴资金1762.4万元。实施"菜篮子"工程8个,争取扶持资金6448万元。农业综合开发、标准化示范区等工程立项16个,争取补贴4800万元。落实粮食补贴资金9373万元,种子补贴资金1576万元,农机补贴资金3100万元。争取市级产业化工程补贴600万元。争取能繁母猪、奶牛人工受精等良种补贴667.2万元。争取中央、市级扶持补贴资金4.09亿元。新增大中型拖拉机372台、小麦收获机64台、玉米收获机159台、高速水稻插秧机136台、水稻收割机30台。

(张海涛)

工业 2011年,宝坻区工业企业完成地区生产总值300亿元,比上年增长26.05%。其中工业增加值138.67亿元,增长30.94%。工业税收9亿元,增长40.36%。工业用电量6.4亿度,增长34.23%。固定资产投资152亿元,增长55%。投资结构持续优化,97个新建项目中,新能源、新材料、节能环保、机械装备等战略性新兴产业项目42个,服装、地毯、食品、家具、建材等特色产业类项目55个。4个示范工业园区开发面积23.73平方公里,投入18.7亿元。有入区企业358个,总投资485.4亿元,到位投资228.6亿元,包括建成企业170个,投资到位142亿元;在建86个,投资到位86.6亿元;筹建102个,计划投资171.8亿元。财政资金1.7亿元投向园区建设,采取BT、风险投资等方式融资10亿元,各园区自身完成融资或待批资金近3亿元。引进签约项目110个,投资166.8亿元,其中亿元以上项目37个,投资122.45亿元。68个区重点项目完成投资187.05亿元。其中投产项目38个、在建项目9个、筹建项目21个。

(张海涛)

商贸服务业 2011年,宝坻区社会消费品零售额107.11亿元,比上年增长11.6%。服务业增加值实现114.8亿元,增长20.7%。外贸出口值

市场中心大厅全景

4.9亿美元，增长22.5%。举办宝坻区第一届迎新春购物节，实现销售额13.5亿元。推行家电下乡、家电以旧换新等惠民政策，销售家电下乡、家电以旧换新产品8.7万台(件)，实现销售额2.41亿元，分别增长46.4%和58.9%。新增日用消费品直营店5个，加盟店10个。新发展农资直营店3家，加盟店10个。实施南关大街、钰华街社区与“8890”的对接，实现便民信息网络资源共享。农产品、五金机电(旧货)、粮油仓储物流、机动车等几大专业市场实现市场交易额46亿元。投资2.64亿元完成百代富地购物广场建设。投资1.8亿元完成汇丰休闲广场主体工程。投资1.2亿元完成佰豪酒店项目裙楼及B座工程。新增楼宇经济和总部型经济企业1426家，实现税收22.46亿元，增长70%。新增民营企业1373家，新增注册商标432件，新增驰名商标2件，新增著名商标8件。完成2600平方米的机动车市场交易大厅建设工程，办理新车上牌照近4000辆，二手车交易过户4500辆，实现市场交易额10亿元。

(张海涛)

开发区建设 2011年，宝坻节能环保工业园(经济开发区)引进项目34个，投资72.1亿元。其中引进亿元以上项目20个，5亿元以上项目4个。新开工项目23个，开工面积54万平方米，计划总投资72.8亿元。续建项目8个，技改扩建项目11个，开工面积11万平方米。总产值61.8亿元，比上年增长51%，实现税收3.1亿元，增长220%。园区有从业人员6500人，增加1500人。完成起步区220公顷范围“九通一平”和物流城宝中道及兴海路基础设施工程。完成投资服务中心主体工程和园区标志及景观工程。开通城区至开发区公交专线，开设开发区网站和网上办公系统。新增高新技术企业2家，入选天津市重大工业项目2家。宝坻仁诚创业实业有限公司(石桥管委会)吸引注册企业269家，注册资本12亿元，实现税收1.35亿元，其中国税9300万元，地税4200万元。深入企业检查41次，配合区安监局组织专项检查4次，排查各类安全隐患60多处。将多年闲置的旧楼改造成集节能环保、自动化为一体的商务办公写字楼，成为市级首批亿元楼宇之一。该大楼作为“宝坻区总部经济发展服务中心”正式投入运行，为全区发展服务型总部型经济工作提供广阔平台。宝坻低碳工业区(九园工业园)地区生产总值21.2亿元，比上年增长60%。完成销售收入69.3亿元，增长47%。税收1.8亿元，增长40%。实现内资到位额45亿元，增长62%。完成工业固定资产投资41.5亿元，增长61%。新增就业岗位2000个。引入服务型总部型企业40家，新增注册资本4.4亿元，税收6100万元。投资1.8亿元，完成石材产业基地二期道路5.5万平方米，起步区、南二区、石材产业基地二期排水排污管网1.87万米，新能源产业基地、起步区绿化16.3万平方米，燃气管道1800米，更换路灯684盏。完成标准厂房建设5万平方米，固定资产投资1.2亿元。引进项目14个，协议投资额48.7亿元，出让土地123.6公顷，其中亿元以上项目12个。盘活一期项目3个。新增投产企业19家，投资28.29亿元，税收2538万元。其中，北京首航艾启威节能技术股份有限公司天津分公司年初建成投产，实现税收2000万元；天津华夏泓源实业有限公司11月投产，实现税收300万元。

(张海涛)

九园管委会大楼

交通业 2011年，宝坻区交通局完成产值4.75亿元，比上年增长36%，其中大中小修工程产值4.33亿元，增长39%，证、照业务办理及其他罚没收入4139万元，增长10%。新增生产性固定资产投入840万元。投资4亿元，维修改造道路146公里。投资1.11亿元，实施京津新城内观涛路等6项道路新建及津围路挖补罩面等52.4公里。路面维修10余万平方米，植树2.7万株，成活率、保存率均达95%以上。治理超限车2.8万辆次，实施卸货1.06万吨。安全发送客运16.5万班次，安全输送旅客275万人次。办理从业资格证3000个。组织8次客运市场秩序专项治理活动，查处扰乱客运班线运营出租车110部，查处班线黑车4部。

(张海涛)

财政工作 2011年，宝坻区区域财政收入60亿元，完成预算的115.4%，比上年增长50%。其中地方一般预算收入25.2亿元，增长50%，上划中央收入17.95亿元，增长51.7%；上划市级收入7.64亿元，增长74.3%；政府性基金收入9.21亿元，增长31.2%。财政支出完成52.98亿元，完成调整预算的91.6%，增长45.34%。教育投入14.5亿元，占一般预算支出的37%，完成69所义务教育中小学校新建扩建及功能提升，支持潮阳幼儿园及宝坻中专实训楼等建设工程，提升改造镇街中心幼儿园22所。安排专项资金落实中职学校和普通高中助学金及困难中职学生免学费等政策，4032名困难学生受益。投入资金1.2亿元，落实城乡居民基本养老保障制度，保障人数13万人。投入资金6870万元，保障优抚对象、城乡低保五保生活补助及时足额发放，2.4万人受益。实施优抚对象和残疾人贫困户安居工程，为68户重点优抚对象和残疾人贫困户翻建修缮危陋房屋199间。完善养老服务体系，实行居家养老服务，新建19所老年人日间照料中心。投入1.8亿元，落实粮食综合直补、良种补贴等惠农政策，促进农民增收。投入7665万元，改造中低产田和建设高标准农田6666.67公顷（10万亩）。投入9092万元，落实居民基本医疗保险政策，参保49.9万人。对政府投资的236个项目进行工程预算审核，资金核减率37.3%。开展小金库治理，完成581个党政机关、事业单位、社会团体和国有企业小金库全面复查，建立健全防治小金库长效机制建设措施。培训会计6000余名，为329名会计从业人员办理会计从业资格证书调入、调出、补发和信息变更。

（张海涛）

宝坻区国税局新办公大楼

税收工作 2011年，宝坻区国税局完成税收21.07亿元，与市局对口径完成税收19.35亿元，比上年增长19.92%，完成市局计划的107.08%。与区财政对口径完成税收21.05亿元（含免抵调库，不减除出口退税），增长23.7%。审核144户注销企业，补征税款119.56万元。对房地产开发、外资、苗木花卉生产等8个行业67户纳税人开展纳税评估，补缴增值税164万元，补缴企业所得税1148万元，调增应纳税所得额3628万元。与区地税局传递电子信息8071条，通过企业代码信息共享平台对4732条企业信息进行比对修改，对2223户企业登记、非正常户及注销情况进行联合检查。开展增值税税负核查，检查228户税负偏低企业，对23户成品油进项税额抵扣额偏高企业和19户运费进项税额占比偏高企业逐户逐票进行检查，补缴增值税638万元。审核审批135户出口企业退（免）税额4.28亿元，其中退库税额2.44亿元，调库税额1.84亿元，实际调库1.71亿元。发生执法行为4973次，其中无过错行为4933次，过错行为40户次。检查纳税人183户，其中，有问题的查结100户，滞补罚合计575.8万元，实际入库642.5万元（其中以前年度查补入库66.76万元）。组织126户企业开展自查，自查有问题的19户，补税2094.73万元，加收滞纳金1.36万元。区地税局组织入库各项税收收入24.5亿元，增长48.8%。到企业举办各类座谈、调查60余次；收集各种意见和建议200余条；现场答复、解决基层问题125个。筛选25户重点企业，采取抽调分组、交叉检查方式，查补税款6.2万元，罚款2.2万元。依新政策调增应税房产原值3.9亿元，实现增收房产税624.88万元。完成18个房地产开发项目的土地增值税复核工作，复核补征土地增值税949.62万元，减少应退土地增值税687.33万元，复核补征契税及甲供材营业税57.2万元。完成土地增值税1.98亿元，增长593.41%。评估企业76户，调减年度亏损290余万元，补缴税款及滞纳金152.68万元，税款入库率100%。对358户企业（含自查305户）进行检查，查补并入库收入总额为3899.44万元，其中税款3861.67万元，加收滞纳金7.7万元，罚款30.08万元。核定新版发票户349户，比上年增长85.64%；已领购新版发票户291户，比上年增长79.63%；申请领购新、旧版发票182.67万份，发出144.9万份，缴销作废发票10.1万份。

（张海涛）

工商行政管理 2011年，宝坻区新设立内资企业1602户，新设立个体工商户3726户，比上年增长41.02%和37.44%。其中，楼宇企业158家，注册资本4.11亿元。申报并获批地理标志证明商标4件，新增注册商标432件，集体商标3件，天津市著名商标8件，中国驰名商标2件。运用QQ群、开通微博、发送短信等技术，宣传、指导企业及时、依法参检。内资企业年检率83.39%，网检率98.56%，个体工商户验照率79.38%，网检率100%。组织开展“红盾护农”“保春耕”、“保夏种”、“保秋收”系列专题行动。查办案件476件，罚没款172.78万元，万元以上大案44件，分别增长22.62%和175%。查处特大涉外“假名牌”服装案，查扣假冒国际名牌服装3.27万件，货值2亿元。处理消费申诉、投诉、举报案件434件，为消费者挽回经济损失171.08万元。投入372万元新建、置换工商所两个，总面积2145平方米，完成6个工商所提升改造，总面积5000多平方米。

（张海涛）

物价管理 2011年，宝坻区开展涉农价格与收费专项检查工作，确定检查单位17个，出动检查65人次，其中包括教育局、畜牧局、农机局、民政局、乡镇政府、水务局和移动、联通、电信资费。协助天津市物价检查监督分局完成区内农机监理站、国土局、农村建房收费检查，查出各类价格违法行为3项，多收价款8.87万元。按照《收费许可证管理办法》规定和市发改委安排，对区内执收单位210个行政事业性收费许可证和35个经营服务性登记审核证进行年度审验，按照相关政策对个别收费项目做出变更调整，年审合格率100%。全年实际换发新行政性收费许可证正本204个，注销6个。经营登记审核证35个。通过教育系统各类幼儿园收支情况测算，对区内98所幼儿园的幼儿保育费标准重新进行调整和备案。药品和医疗服务专项检查中，检查单位27个，查出各项违价行为7项，违价金额3.67万元。按照市物价检查监督分局要求，开展教育收费检查，确立并检查单位72个，覆盖区内80%的中学、50%的小学幼儿园，出动检查112人次，查处涉案金额3040万元。设置各类市场监测点17个，对区内5大类53个主要品种的商品价格及时采价、报价和动态分析。完成各类市场监测报表227份，市场监测月分析报告12份，市场动态情况报告2篇，并完成《关于我区粮食生产价格和市场购销情况的调查报告》。受理各类价格鉴证案件1862件，鉴证总额2020万元。其中，刑事案件940件，鉴定金额483万元；经济、行政案件14件，鉴定金额300万元；交通事故车物定损908件，鉴定金额1237万元。

（张海涛）

红盾法制网

审计工作 2011年，宝坻区财政预算执行审计部门和单位45个、涉及资金84亿元，查出违规及管理不规范资金1.25亿元，补缴入库财政资金1.03亿元，对34个问题进行现场整改，整改资金2.3亿元。制定出台《关于建立政府债务偿债准备金的意见》、《宝坻区土地整理储备暂行办法》、《宝坻区闲置土地处置实施意见》等多项制度规定。对45项政府重点投资建设项目进行审计，其中道路工程22项、房建工程12项、绿化工程6项、污水处理厂5项，审计投资总额12.2亿元，揭示违规问题230个，其中83个问题已整改。对3个区直部门、10个镇街共22名处级主要领导干部进行经济责任审计，其中任中审计10名、离任审计12名。查出违规和管理不规范金额6415万元，提出审计建议31条。会同区纪委、区委组织部研究提出《宝坻区关于领导干部离任经济事项交接办法》，并由区委办公室、区政府办公室下发实施，对10个单位的领导干部交接过程进行监督。

（张海涛）

文　化

概况　2011年，宝坻区充分发挥“两台一报”等媒体作用，加大对社会热点问题的引导力度，有效化解矛盾、理顺情绪、凝聚人心。开展对外宣传工作，办好宝坻新闻网站，推动新闻宣传与经济涉外活动、节庆活动、文化活动相结合，持续提升宝坻的知名度和影响力。实施文化惠民工程，加快城乡文体设施建设，促进镇文体中心、农家书屋、村文化活动室发挥应有作用。挖掘宝坻文化资源，注重文化与生态自然资源有效链接，促进文化与旅游等产业整合发展，打造名人文化、曲艺文化、寺庙文化、温泉文化和生态文化等品牌，将宝坻的文化资源优势转化为产业优势。

（张海涛）

群众文化活动　2011年，宝坻区举办首届春节文艺晚会，上演节目18个。举办“盛世和声”春节系列文化活动，包括春节招待会文艺演出、戏曲歌舞贺岁演出、评剧贺岁演出、焰火燃放、新春文化大集、送文化下乡六大板块。举办“颂歌献给党”庆祝中国共产党成立90周年大型文艺演出。举办第四届文艺展演，以“新农民·新文化”为主题，包括5场乡镇调演、1场青年歌手赛“红歌会”专场，历时6天，上演节目140余个。9月28日，宝坻区庆祝“撤县设区”10周年文艺晚会在区文化广场举行，区主要领导与1000多名观众一起观看演出。农村文艺骨干培训工程启动，培训内容涵盖舞蹈表演、书画创作、乐器演奏、评剧演唱、京东大鼓演唱等内容。24个乡镇街文化站长，1100余名村文艺骨干参加培训。举办“魅力新城·和谐周良”新年书画展、“相约锦绣香江”果蔬采摘节、生态黄庄邀您来过年、宝坻区首届农家厨艺大赛等旅游活动。与黄庄镇政府联合举办中国旅游日暨黄庄生态文化节庆典、张岗铺生态农庄暨农家院开业庆典等重大活动。

（张海涛）

宝坻区2011年春节文艺晚会

文化设施建设　2011年，宝坻区文化中心建设项目征地工作完成，设计方案征求意见工作结束。周良庄、王卜庄、八门城、史各庄、黄庄、大白庄、尔王庄、牛家牌、新安镇、大钟庄等10个镇文体中心建成投入使用。今晚名门会所项目完成投资3480万元，进行规划设计。专题节目在制作手段上运用新传媒软件，在庆祝《开心双休日》开播十年庆典晚会“十年开心路”中，通过LED大屏幕，利用主持词与播放大屏幕对接，把过去记载《开心双休日》的视频历史资料做成若干个小片段，展示《开心双休日》十年历程，增加节目看点。区新闻中心成立鼎晟文化影视传媒有限公司，并投入试运营，引进市场化运作机制，承担文化产业社会责任，提升

长城新天地影视城开业庆典

文化产品质量，拓展文化市场，从传统的专题片、汇报片扩展到广告片制作、平面设计等领域，实现公司经营平稳起步。

（张海涛）

图书影剧 2011年，宝坻区新华书店完成全年中小学教材发行任务。一般性图书销售比上年有所提升，图书发行码洋2646万元，其中教材2489万元，门市零售157万元，上缴税金86万元。图书馆组织开展读书活动，举办“好书伴我成长”、“党在我心中”系列读书演讲活动，营造良好的读书氛围。宝坻剧院转变经营理念，与区内大型企业和市内外艺术院团开展合作，经营性收入比上年有所提高。完成9180场农村数字电影放映任务。农家书屋、村文化活动室等项工作得到加强，有效缓解农村读书难、观影难、文化活动少的状况。开展“扫黄打非”工作，实施娱乐场所“阳光工程”，出动执法人员2120人次，检查经营场所和单位1077家次。

（张海涛）

文化旅游 2011年，宝坻区文化广播局对大觉寺、秦城遗址等文物古迹保护工作进行科学规划，编制《大觉寺修缮规划书》、《秦城遗址保护规划书》。举办第二届全国京东大鼓艺术节，举办董湘昆京东大鼓艺术论坛，中国文联副主席、中国曲艺家协会主席刘兰芳出席活动并对宝坻区的非物质文化遗产保护工作给予肯定。建成霍各庄后党村等5个京东大鼓“非遗”基地。完成“宝坻区非物质文化遗产丛书”（第一辑）编辑工作。完成《宝坻区文化产业发展规划》修改完善工作。完成《宝坻区旅游业发展规划》（征求意见稿）编制工作。参与天津市旅游拍客大赛、旅游纪念品大赛、“津城美景一日游”、天津市最美乡村评选活动，借助相关平台，宣传推介宝坻旅游资源。协助周良庄张岗铺、八门城欢喜庄、大唐东淀等村庄创建旅游特色村，组织三期旅游从业人员执业技能培训活动，培训354人。

（张海涛）

广播电视 2011年，宝坻区新闻中心策划和推出“全力提质增速加快转型升级推进科学跨越”、“创先争优、推动科学跨越发展”、“奋战新300天进行时”、“庆祝建党90周年”、“撤县设区十周年”、“新城市、新空间”、“迎接党代会、巡礼新成就”等重头报道。天津卫视《天津新闻》节目播发宝坻新闻90余条，其中5条为《天津新闻》头条，比上年提高10%。在天津人民广播电台播发反映宝坻的新闻180余条。《开心双休日》栏目组拍摄录制常规节目26期。组织小海选近50场，选拔培训戏迷选手近500人次，其中156人参加评剧擂台赛。策划拍摄制作“魅力新城——五一特别节目”、“第四届评剧擂主总决赛”等8场大型活动，制作播出节目近50个小时。编辑、制作、播出104期《绿色田野》、《今日宝坻》、《宝坻金盾》等社教类专题节目。完成《风景这边独好》、《一样的土地，不一样的风景》等20余部外宣专题片。在2011年天津市广播电视学会组织的2010年度全市区县广播电视节目评比中，14件作品获奖，其中一等奖7个，广播长消息《推开一扇门，办成所有事我区“一站三中心”搭建基层社会管理新平台》荣获市委宣传部、市记者协会组织的天津市好新闻评比一等奖。

（张海涛）

档案史志 2011年，宝坻区档案局接收珍贵实物档案3件，16个单位卷级档案3649卷，件级档案4万件。对馆藏自形成之日起满30年的6个全宗文书档案进行严格审查，审核档案711卷，向社会开放档案463卷。接待查阅利用2792人次，查阅档案资料5804卷。开通民生档案“一站式”服务窗口，接待异地查档5人次，电话咨询3人次，利用档案8卷。验收包括改建区农产品批发交易市场、百代富地广场等重点工程和龙熙帝景、天馨家园、橄榄树等重点住宅小区工程30个建设项目档案。4个建设项目

整理民政婚姻档案

通过档案预验收，验收建设项目档案3014卷，登记率和验收率100%。推行代保管服务，签订代保管合同15份，保管项目档案2646卷。落实市档案局、市科委《关于档案工作为科技型中小企业成长服务的意见》，通过向区内工业园区企业下发《企业档案工作规范》，与企业建立联系，走访30家科技型中小企业，重点扶植10家对档案工作有需求的企业，培育天津宝盈电脑机械有限公司、天津奥林股份有限公司2家档案工作典型单位。举办由9家科技"小巨人"企业档案人员参加的企业建档培训班，推动企业档案规范化管理。坚持档案年检制度，4月初开展年检专题培训，讲解年检标准和要求，完成100个立档单位年度归档目录审核、信息反馈工作。由区人大办公室、区政府法制办公室和区档案局组成联合检查组，对112个立档单位档案工作开展情况进行年度检查。检查组依据《2011年档案工作年检标准》对各单位档案工作开展情况进行综合评定，107个单位达到优秀标准，优秀率95.5%。在档案年检工作中，对20个档案行政执法检查合格单位进行复查，合格率100%。举办"党旗飘飘——纪念中国共产党成立90周年图片展"、"魅力宝坻——纪念宝坻撤县设区10周年"成就展。收集包括天津市各区县及江苏、上海、江西等30多个外省市的地方志63册。完成《宝坻县志(1990—2001)》出版发行工作。完成地情书《宝坻话古今》初稿35万字。完成《宝坻档案志》部分章节撰写。完成《天津区县年鉴(2011)》"宝坻区部分"供稿任务，包括概述、领导名录、区县纪要、乡镇街道等计4万余字。出刊《宝坻档案》一期。

(张海涛)

社　　会

概况　2011年，宝坻区在"一河双城、双向拓展、两翼联动、城乡一体"等城乡总体构架下，完善提升各级各类规划。坚持老城区改造与新区开发并重，加大行政新区、文体活动区以及潮白新河城区段生态产业带建设力度，提升城市形象。开展市容环境综合整治活动，集中开展违章占地、违章建筑和交通秩序、路面撒漏等专项治理。坚持多渠道促进增收，以扩大就业增加工资性收入，以鼓励创业增加经营性收入，以拓展投资领域增加财产性收入。推进城乡居民基本养老、基本医疗保险和城镇职工基本社会保险扩面工作。注重保护妇女、未成年人合法权益，支持残疾人事业发展，继续实施残疾人扶贫安居工程。

(张海涛)

城市建设与管理　2011年，宝坻区完成津围路绿化工程。维修北台宿舍、东关街、海滨宿舍和寺西宿舍等13处区域里巷道路3.6万平方米。实施市政基础设施维护工作。启动宝平路南段取直工程，投资3300万元。制止各类违法挖掘便道事件6次，处理收水井道堵塞、污水外溢问题562次。受理各类建设审批事项1060件，办理项目报建139项，核发施工许可证167份，开工面积225万平方米。办理质量监督备案135件、合同备案155份，收取墙改、散装水泥基金772万元。完成各类建设工程招标177项，中标规模232万平方米，中标总价51亿元，收取交易服务费和招标代理费520万元。实施新建房地产开发项目资质预审10项，总规模17亿元，建筑面积55.8万平方米。审批新建商品房交付使用证8批次，计109栋44万平方米。对136项工程履行监督职责，竣工验收工程21项，建筑面积35万平方米，未发生质量安全事故。受理建设工程农民工投诉135起，清理拖欠工资600余万元，农民工上访率比上年下降50个百分点。监理工程105项，建筑面积135万平方米，收取监理费530万元。办理各类房地产权属登记2.8万件，面积600万平方米，完成年度工作的133%。代征各种税费2.56亿元，监管资金5.72亿元。完成对71宗地实施证后监管工作，商品房销售许可现场查勘39件，资金监管现场查勘28件。完成房屋安全鉴定报告24件，测绘业务102件。为228户低收

新建住宅楼

入住房困难家庭办理廉租住房租房补贴，为44户出租户办理奖励补贴，办理房屋租赁登记备案2115件。办理房屋拆迁许可证4件，办理延长房屋拆迁期限审批4件，完成3家拆迁资质单位年度考核和验资换证。出具新建房屋规划许可证阶段供热证明18件，建筑面积127.4万平方米；新建住宅商品房供热配套证明8件，建筑面积54.7万平方米。

（张海涛）

宝坻区鲍丘河清淤现场

环境保护 2011年，宝坻区环境空气质量二级及以上天数达91%，引滦水质达标率100%，一级河道水质达到国家地表水五类标准。京津新城第一污水处理厂通过环保验收。3个主要水污染物减排项目实现削减化学需氧量177吨、削减氨氮12吨，11个主要大气污染物减排项目实现削减二氧化硫528.67吨、削减氮氧化物185.59吨。编制《宝坻区"十二五"主要污染物总量控制规划》和《2011年主要污染物减排计划》。完善《天津市海河流域"十二五"水污染防治规划》治理项目安排。制定《宝坻区"十二五"重金属污染防治规划》和《宝坻区重金属污染防治2011年度实施方案》。开展整治环境违法排污企业保障群众健康环保专项行动，出动执法人员6282人次、现场检查单位2862家次。对8家重金属危险废物产生和排放企业、1家铅酸蓄电池企业进行规范整治。依法关闭小电镀企业2家、小炼铅企业1家。结合乡镇政府对198家小塑料颗粒加工企业进行联合执法，予以关停取缔。对20家畜禽养殖场（小区）进行专项检查。开展工程建设领域突出问题专项治理，对250个项目进行执法检查。对5个园区及化工、电镀等行业35家存在环境风险隐患的单位、企业下发《突发环境事件应急预案》。中高考期间整治消除超标噪声点源15处。麦收期间制止焚烧秸秆行为34起。完成污染源普查动态更新调查，530家企业完成排污申报。审查立案41件，对6家违法企业移送法院强制执行。受理环境信访189件、处理189件，结案率100%、回复率100%、群众满意率100%。加强燃煤设施监管，检查各类锅炉400台，对12家不符合环保要求的单位下达整改通知书，实现达标排放。23台合计115吨的小锅炉实现并网供热。对经济开发区、九园工业园区供热锅炉制定高效脱硫除尘治理方案。对23家"三堆"和建筑工地每月定期检查。

（张海涛）

科技工作 2011年，宝坻区财政投入1亿元用于小巨人培育项目（天使资金），产学研科技合作项目，农业新品种、新技术推广项目，创新平台建设，领军人才奖励，科技创新奖励，比上年增长400%。立项支持农业项目39项，小巨人培育计划项目96项，产学研合作项目10项，领军人才创新团队11个，科普项目17项，创新奖励项目470项。组织申报市级以上项目100余项，立项63项，获得资金支持8728万元。组织开展产学研合作34次，15家企业与大学签订合作协议。新增科技型中小企业400家，完成天津市"十二五"指标任务，小巨人企业40家。成立3家科技企业孵化器和5家生产力促进中心，九园新能源及机械装备制造孵化转化载体成为市级试点。引进企业332家，科技成果45项、35名博士、硕士和5家科研机构，引进资金150.8亿元。科技型中小企业研发投入3.28亿元。拥有专利企业128家，专利申请802件，通过市级认定企业技术中心10家。新增高新技术企业4家，科技成果16项。九园低碳工业园区形成完整的新能源和机械装备制造产业链，其中东皋膜公司的动力电池隔膜填补国内空白。东皋膜、贝特瑞、华夏泓源等公司全部达产后，年销售收入60亿元，成为全球最大的动力电池、储能电源材料制造基地。天宝工业园区成为以环保设备、节能产品为主导的现代工业制造基地，聚集宝鼎科技、安力斯环保设备、中瑞森等节能环保企业。塑料制品工业园区聚集博安信公司等一批高端塑料企业，随着塑料产业链不断延伸，初步形成"产业相关、规模匹配、上下互补"的产业链和企业集群。

（张海涛）

教育工作 2011年，宝坻区有特级教师13人,天津市未来教育家7人,培养市级骨干教师26人、区级58人、校级730人。宝坻一中、景苑小学被评为全国消防安全教育示范校。区内学校配备保安人员374人、摄像头1821个。新建、扩建12所中小学教学楼工程,9所竣工投入使用。30所中小学校完成功能提升,通过义务教育学校现代化达标验收。5所学校10栋流动教师公寓全部竣工,设备购置完成。钰鑫幼儿园竣工投入使用,潮阳幼儿园主体完工。22所镇中心幼儿园提升改造完成,12所通过天津市一级幼儿园达标验收。中小学教学仪器配送工程全部完成。高考本科二批上线率69.1%,比上年提高4个百分点，高出全市平均水平20.6个百分点。600分以上考生216人，比上年增加59人，其中2名考生总分名列全市前10名,10人被北京大学、清华大学录取。春季高考首批上线率高于全市平均录取率10个百分点,1名学生考入天津大学本科。9380名考生参加中考,巩固率99.63%,平均分比上年提高31分。在全国中学生数学、物理、化学、生物、信息技术等学科奥林匹克竞赛中,4名学生分获数学、物理和信息技术竞赛国家级一等奖,131人分获国家级二、三等奖。完成2.85万人次培训任务，其中农民大专学历证书教育工程,完成512人在籍考生招生任务。

（张海涛）

卫生工作 2011年，宝坻区区财政投入53万元,购置免疫门诊信息化硬件设施。海滨医院,史各庄医院、大钟庄医院、林亭口医院、口东卫生院五家“国医堂”建成投入使用。报告法定传染病2364例,比上年减少36.3%，其中乙类传染病12种540例，丙类传染病7种1824例。无甲类传染病报告。计划免疫疫苗接种率98%以上，孕产妇系统管理和儿童系统管理覆盖率均达95%以上。社会卫生方面,46.4万人建立电子健康档案,建档率60.4%,为8.9万名60岁老年人免费体检。管理高血压病人6.8万人、糖尿病病人8400人、重症精神病人936人。卫生监督执法与镇街“一站三中心”进行有效对接，方便群众咨询和受理许可事项。孕前筛查及监测率均达100%，叶酸免费发放6606人份,新生儿甲低、PKU筛查1.02万例,筛查率100%。听力筛查1.01万例,筛查率99.13%。白内障筛查6682例，筛查率95.54%。髋关节筛查6644例，筛查率95.46%。先心病筛查6722例(含外省市、外区县),筛查率96.11%。30岁至65岁妇女病免费查体5.06万人。发放餐饮业服务许可证306件，出动监督人员1.17万人次。开展瘦肉精、“地沟油”、食品添加剂、学校食品安全等专项检查,监督检查餐饮单位1.4万户次,查处违法行为183件,没收违法物品、器械212件,罚款36万元。完成17次重大活动食品安全保障工作，保障6.6万人餐饮食品安全。区人民医院康复楼及放疗机房项目竣工，建筑面积5029平方米。其中,康复楼为框架六层结构3637平方米,放疗机房框架四层结构1392平方米。

（张海涛）

体育工作 2011年，宝坻区举办第二届全民健身大会,历时10个月。设有“中国象棋大赛”、“津河乳业杯”庆三八巾帼健身比赛、“双佳杯”乒乓球比赛、“联通杯”职工羽毛球比赛、“富达杯”篮球比赛、信鸽比赛、“泸州御酒杯”新农民趣味运动会、“东区杯”钓鱼比赛、“联通杯”台球比赛、田径特定项目比赛10项赛事活动。113个单位、339支代表队、2145名运动员参赛。举办第二十五届迎春“农行杯”乒乓球比赛、庆祝建党90周年“金刚石杯”乒乓球大赛、庆国庆“明蕾杯”中国象棋大奖赛、迎元旦“仁道地产杯”冬季长跑比赛等主题性体育活动。组团参加天津市第二届全民健身运动会和天津市第七届农民运动会。获市七届农运会最佳组织奖、开幕式最佳表演奖和市第二届全民健身运动会组织工作三等奖。宝坻体育中心建设工作一期工程体育馆建设完成。为行政村安装健身路径器材50套,更新旧器材30套。新建南城公园健身园,坐落环城南路与津围路交口处,占地2000平方米,装有室外乒乓球台、各种健身器械共41件(套),器材投资15万元,已投入使用。举办2011年镇街群体工作骨干培训班,培训骨干35名。

（张海涛）

人口和计划生育 2011年,宝坻区出生6720人，其中一孩5129人,内二孩1481人,政策外生育110人,符合政策生育率98.36%,人口出生率9.95‰，出生人口性别比117.26。创建国家级计划生育示范村8个,市级24个,区级24个,国家、市、区三级示范村截至年底分别达16个、157个和246个。24个镇街基本实现诚信计生,84%的育龄群众家庭签订诚实守信合同。未出现违法违纪案件；计划生育信访办结率100%。为育龄群众进行免费生殖健康查体4261人次,并建立优生咨询档案,占出生人口总数的60%,为育龄妇女生殖健康查体4.78万人次，全部建档,占育龄妇女总数的35%。61个区直及驻区单位投入260余万元，帮扶计生贫困家庭和文明幸福示范家庭400户。投资4万元,为办理结婚登记的新婚夫妇免费发放《准妈妈必读》、《给妈咪支招》等宣传手册，与社会早教机构联合创建“新爱婴早教基地”，启动开展0—3岁婴幼儿早期教育工作。完善流动人口计生服务管理机制，“以房管人”系统应用软件进行试运行，各工业园区和成建制企业建立流动人口计划生育协会和综合服务室，与周边26个区县建立双向服务管理协议，免费技术服务率100%。

（张海涛）

就业工作 2011年，宝坻区实现新增就业1.91万人，城镇登记失业控制在3.6%以内。新增就业人员中，单位就业占49%，第三产业占51%。投资400余万元改造区级就业训练中心，购置铣床、数控车床等22台套设备，17台套维修电工设备以及能够满足四种焊接工艺的新型焊接设备。中心拥有建筑面积1200平方米的教学楼，700平方米的机械加工实训车间和350平方米的焊工实训车间。职业技能培训各类人员7035人，其中4925人取得初级以上职业资格证书。组织“农民工春风行动”、“大学生就业服务月”、“重点企业专场招聘”、“重点务工人员专场招聘”等系列专项就业服务活动，举办招聘会53场，进场单位2190家，提供就业岗位3.23万个，达成就业意向1.47万人次。建立高校毕业生青年见习基地27家，吸纳242名高校毕业生入场见习。开发公益性岗位201个，帮扶659名就业困难人员实现稳定就业，零就业家庭保持动态为零。小额贷款担保中心3月正式运行，筹措小额担保贷款基金500万元，其中区财政筹措200万元，市局匹配300万元。为237人办理小额担保贷款手续，发放小额担保贷款资金582万元，带动720人实现就业。

（张海涛）

社会保障 2011年，宝坻区城镇职工基本社会保险参保5万人，城乡居民养老保险参保13万人，城乡居民医疗保险参保51.27万人。建立并实施被征地农民保障资金预存制度，为2090名被征地农民缴纳养老保险，预存养老保险金1.46亿元。6.6万名60岁以上城乡居民享受老年人生活费补助金，2.13万名老年人享受城乡居民养老保险待遇。创建A级以上劳动关系和谐企业109家，其中2A级12家，3A级1家。348家劳动关系和谐企业建立调委会，调处劳动争议1186件。受理劳动争议案件165件，审限内结案率100%，其中调解结案率68%，为劳动者追索劳动报酬294万元。接待来信来访670批2733人次，处理集体访124件，处理突发事件12件，立案36件，结案36件，补签劳动合同943份，追缴社会保险费34.7万元，追讨工资报酬212万元，对7家严重违法企业进行行政处罚，清退童工5名。下达参加社会保险通知书46份，提请行政处罚8户，其中整改4户，实施处罚1户，实现户户有结果。333户用人单位办理社会保险登记并完成结算，养老保险结算户数比上年增加314户，缴费人数增加7561人。“农综险”捆绑养老保险工作中，为224户参保单位6092人增加养老险种。企业养老保险参保4.71万人，基金征收2.28亿元。医疗保险参保5.39万人，基金征收1.08亿元。工伤保险参保4.56万人，基金征收888.5万元。生育保险参保4.37万人，基金征收859.61万元。失业保险参保3万人，基金征收2103.79万元。为359个机关、企事业单位1.42万名离退休人员发放养老金2.71亿元，为8.73万名城乡居民和城乡老年人发放养老待遇和老年人生活补贴1.3亿元。发放社保卡2.42万张，完成住院和门诊特殊病登记6万余人次，手工和网上审核门诊、住院、门特报销手续100万余人次，支付医疗基金3596万元。生育保险登记1432人次，支付基金365万元。工伤保险备案821起825人，为846人支付医疗费等各项待遇1175.6万元。

（张海涛）

社会救助 2011年，宝坻区新

2011年3月10日宝坻区军地两用人才培训基地揭牌仪式

增低保、特困865户2071人，累计7458户1.76万人。提高城乡低保、特困和农村五保供养标准，其中城镇低保标准由月450元调至480元，农村由月250元调至280元，农村五保年供养标准由4600元调至5060元。为2.18万名困难群众和优抚对象发放物价补贴，其中优抚对象首次被纳入补贴范围。实行居家养老政府购买服务，开展多种形式的敬老助老活动。发放各类救助帮扶款4400万元，惠及群众3.4万人次。落实重点优抚对象抚恤优待和医疗保障政策，审核认定“两参”人员和带病回乡退伍军人173名并落实相应待遇。60岁以上农村退役士兵纳入定期补助范围。实施农村“三老”优抚对象二期“安居工程”，为47户修建住房136间。完成区养老服务中心主体工程，建成军地两用人才培训基地、民政综合服务厅、寝园停车场，新建老年日间照料服务中心(站)19个，托老所1所，修缮敬老院3所，新建农村社区综合服务中心23个，老年日间照料服务中心(站)总数43个，农村社区综合服务中心总数72个。

(张海涛)

海滨街道

滨海街道于2006年4月建立，街道办事处设在大吴路6号。辖区位于宝坻区西北部鲍丘河南岸。东与霍各庄镇接壤，南与宝平、钰华街道搭界，西、北部均与高家庄镇毗邻。2011年，街域面积16.31平方公里，耕地面积442.67公顷，辖12个居委会、20个行政村，人口1.29万户3.61万人，其中非农业人口2.74万人。绝大多数为汉族，还有回、满、蒙古、藏、朝鲜、苗、壮、高山、土家等少数民族。驻防营村为满族聚居村。

辖区内的城关古镇有1000多年历史，至今城池痕迹明显可见，呈正方形，四周有环城公路，中有十字大街，交点处有建于辽代的石经幢，为全城最高点。五代时于此置榷盐院，金设为县，旧镇为今城区一部分。

2011年，工农业总产值6.74亿元，其中工业总产值6.44亿元、农业总产值2952万元；国内生产总值增加值5.88亿元，其中第一产业增加值2344万元、第二产业增加值3.11亿元、第三产业增加值2.53亿元。农民人均纯收入1.24万元。

粮食作物以小麦、玉米、大豆为主，种植面积193.47公顷；经济作物以蔬菜为主，种植面积189.47公顷。粮食总产1217吨，棉花总产9吨，蔬菜总产5354吨。生猪饲养5217头，羊存栏419头，家禽存栏1.69万只，禽蛋总产267吨。

有工业企业115家，营业收入6.36亿元，利润总额5235万元，应缴增值税2410万元，实缴税金2593万元。规模以上企业4家，现价产值2.01亿元，应缴增值税702万元，实缴税金885万元。

有中小学校13所，其中宝坻一中为市级重点中学。文化馆、图书馆、工人俱乐部分别坐落南街和北城路。城内普遍建有社区服务站。计生率98.14%，一孩率89%，晚婚率47%，综合节育率100%。

(张海涛)

宝平街道

宝平街道于2006年4月建立，街道办事处设在开元路1号。辖区位于宝坻区西北部，通唐公路以南，津围公路以西。东与钰华街道接壤，西与史各庄镇相连，南与马家店镇隔河相望，北与海滨街道毗邻。2011年，街域面积18.22平方公里，耕地面积743.3公顷，辖12个居委会、13个行政村，人口1.84万户5.46万人，其中非农业人口4.57万人。绝大多数为汉族，另有回、蒙古、藏、苗、壮、朝鲜、满、土家等少数民族。大马庄、岳家园为回族聚居村，占村内居住人口20%以上。岳家园村建有穆斯林教堂一座。

2011年，工农业总产值40.07亿元，其中工业总产值39.81亿元、农业总产值2600万元；国内生产总值增加值17.37亿元，其中第一产业增加值970万元、第二产业增加值11.55亿元、第三产业增加值5.72亿元。农民人均纯收入1.27万元。

粮食作物以小麦、玉米、大豆为主，种植面积668.93公顷，粮食总产4424吨。生猪饲养124头，羊存栏520头，家禽存栏1.31万只，禽蛋总产99吨。

有工业企业415家，营业收入38.04亿元，利润总额2.15亿元，应缴增值税1.53亿元，实缴税金1.87亿元。规模以上企业13家，现价产值22.93亿元，应缴增值税6073万元，实缴税金9393万元。

计生率97.94%，一孩率85%，晚婚率78%，综合节育率93%。

区四大机关和大多数政府部门、群众团体及宾馆、广播电视大厦、科技中心、职工活动中心、青少年活动中心、老年公寓、宝坻人民医院、宝坻中医院、宝坻剧院、宝坻气象台均设在辖区内。还设有文化广场、体育广场、游泳馆、射击馆及乒乓球训练基地。有中小学及专业性学校12所。烈士陵园被市委、市政府命名为天津市爱国主义教育基地。

(张海涛)

钰华街道

钰华街道于2006年4月建立，街道办事处设在津围路东、窝头河南。辖区位于宝坻区西北部，潮白新河北岸。东与霍各庄镇接壤，西与宝平街道相连，南与马家店镇隔河相望，北与海滨街道毗邻。2011年，街域面积16.31平方公里，耕地面积832.93公顷，辖3个居委会、30个行政村，人口0.77万户2.48万人，其中非农业人口0.93万人。绝大多数为汉族，还有回、满、藏、朝鲜、蒙古、苗、壮等少数民族人口在此散居。

2011年，工农业总产值14.30亿元，其中工业总产值13.90亿元、农业总产值4005万元；国内生产总值增加值4.26亿元，其中第一产业增加值1612万元、第二产业增加值2.04亿元、第三产业增加值2.05亿元。农民人均纯收入1.26万元。

粮食作物以小麦、玉米、大豆为主，种植面积466.53公顷，粮食总产3662吨。生猪饲养1.02万头，羊存栏1181头，家禽存栏6800只，禽蛋总产79吨。

有工业企业118家，营业收入13.74亿元，利润总额8708万元，应缴增值税4032万元，实缴税金4360万元。规模以上企业8家，现价产值4.87亿元，应缴增值税699万元，实缴税金1027万元。

计生率97.80%，一孩率82%，晚婚率25%，综合节育率97%。

有火车站和公路客运站，津围路与通唐路在境内交汇，交通方便，客货两运繁忙。鲍丘河、窝头河、引滦入津明渠纵横交错，给农业生产和人民生活提供便利。

（张海涛）

霍各庄镇

霍各庄镇平安家园小区

霍各庄镇位于宝坻区东北部，镇政府驻地东霍各庄村。东、南与方家庄镇接壤，西与海滨街道、高家庄镇相连，南与钰华街道毗邻，北隔蓟运河与蓟县相望。2011年，镇域面积36平方公里，耕地面积2420公顷。辖33个行政村，人口0.81万户2.68万人。大部为汉族，另有少数回、满、壮、蒙古等少数民族人口在此散居。

该镇因驻地而得名。1953年建霍各庄乡，1958年属城关人民公社，1961年改建霍各庄公社，1983年恢复霍各庄乡，2001年撤乡建镇。南邻鲍丘河，北倚蓟运河，引滦入津明渠穿境而过。镇内各村均位于津围公路和津蓟铁路两侧，京沈高速公路东西横跨镇境，津蓟高速公路纵贯全镇，并设有出入口。九园公路以镇内九王庄村为始端，向南延伸。镇域水源充沛，交通便利。

2011年，全镇工农业总产值16.94亿元，其中工业总产值15.04亿元、农业总产值1.90亿元；国内生产总值增加值8.42亿元，其中第一产业增加值9978万元、第二产业增加值3.80亿元、第三产业增加值3.62亿元。农民人均纯收入1.27万元。

该镇属区境高上地区，地势平坦，土质肥沃。粮食作物以小麦、玉米、高粱和豆类为主，播种面积2673公顷，总产2.19万吨。经济作物以棉花、蔬菜为主。棉花播种92.4公顷，总产104吨。建有以陈家口、白龙港百亩日光大棚为示范区的反季节蔬菜生产基地，并以露地订单蔬菜和设施性农业为特色。蔬菜种植466.13公顷，总产2.58万吨。以优质生猪、肉牛、羊、蛋鸡、肉鸡为主的养殖业发展迅速，生猪饲养4.88万头，肉牛饲养1295头，羊存栏2712只，家禽存栏14.67万只，禽蛋总产520吨。有养殖水面17.33公顷，水产品产量247吨。

有工业企业108家，营业收入14.44亿元，利润总额7244万元，应缴增值税3861万元，实缴税金4120万元。规模以上企业8家，现价产值7.29亿元，应缴增值税647万元，实缴税金909万元。天亨洗涤剂用品有限公司等为骨干企业。沿津围公路两侧的水磨石业发展迅速，厂家300多个，成为镇内一大特色产业，有"水磨石之乡"之称。

计生率97.65%，一孩率74%，晚婚率10%，综合节育率94%。

有初级中学1所、中心小学5所，有综合卫生院1所、社区医疗服务站10多个、敬老院1个。

（张海涛）

史各庄镇

史各庄镇位于宝坻区西部，镇政府坐落杨辛庄村。东与高家庄镇、宝平街道接壤，西与河北省香河县毗邻，南与新开口镇隔潮白新河相望，北与牛道口镇相连。通唐公路穿境而过，乡村公路纵横相连，交通方便。2011年，镇域面积39平方公里，耕地面积1988.33公顷，辖26个行政村，人口0.79万户2.54万人。大部为汉族，另有满、壮、回、蒙古等少数民族人口在此散居。

该镇因原政府驻地史各庄而得名。1958年属赵各庄人民公社，1961年建史各庄人民公社，1983年改称史各庄乡，1996年迁至现址，2001年撤乡建镇。

2011年，全镇工农业总产值13.15亿元，其中工业总产值11.82亿元、农业总产值1.33亿元；国内生产总值增加值7.31亿元，其中第一产业增加值6574万元、第二产业增加值3.44亿元、第三产业增加值3.20亿元。农民人均纯收入1.27万元。

粮食作物以小麦、玉米为主。播种面积3642公顷，总产1.92万吨。经济作物以棉花、蔬菜为主。棉花播种33.33公顷，总产19吨。蔬菜播种210公顷，总产9140吨。瓜类播种10公顷，总产196吨。生猪饲养2.38万头，肉牛饲养3172头，羊存栏2956只，家禽存栏22.47万只，禽蛋总产2745吨。有养殖水面6.67公顷，水产品产量86吨。

有工业企业201家，营业收入11.21亿元，利润总额8182万元，应缴增值税4204万元，实缴税金4513万元。规模以上企业7家，现价产值4.04亿元，应缴增值税1065万元，实缴税金1374万元。以地毯业最为知名，大部分村建有地毯加工厂。其中鑫海地毯有限公司年产值1.2亿元，成为华北地区规模最大的大型地毯企业。镇内建有占地18公顷的工业园区。

计生率97.03%，一孩率69%，晚婚率16%，综合节育率97%。

有初级中学1所、中心小学2所，建有教学楼4栋，有综合卫生院1所。镇内建有“知青林”一片，位于窦家桥村北侧，占地6.7公顷。

（张海涛）

高家庄镇

高家庄镇位于宝坻区北部，镇政府坐落高家庄村。东与霍各庄镇接壤，西与史各庄、牛道口两镇相连，南与海滨街道毗邻，北隔泃河与蓟县相望。2011年，镇域面积48.4平方公里，耕地面积3405.93公顷。辖46个行政村，人口1.16万户3.97万人。大部为汉族，还有少量回、满、藏、朝鲜、蒙古等少数民族人口在此散居。

镇域地处鲍丘河与泃河之间，百里河由西向东曲流而过。宝平公路、宝三公路纵穿全境，通唐公路、双李公路、三赵公路、京沈高速公路东西跨越，乡村公路村村相连，交通十分便利。

该镇因驻地而得名。建国后属宝坻第一区，1958年属城关人民公社，1961年始建高家庄公社，1983年改建高家庄乡，2001年撤乡建镇。

2011年，全镇工农业总产值26.16亿元，其中工业总产值20.17亿元、农业总产值5.99亿元；国内生产总值增加值17.37亿元，其中第一产业增加值3.32亿元、第二产业增加值4.69亿元、第三产业增加值9.36亿元。农民人均纯收入1.27万元。

粮食作物以小麦、玉米、高粱、豆类为主，播种面积3293.73公顷，总产1.72万吨。经济作物以棉花、蔬菜为主，棉花播种73.53公顷，总产120吨；蔬菜种植438.33公顷，总产1.36万吨。生猪饲养12.24万头，肉牛饲养4638头，羊存栏5892头，家禽存栏22.63万只，禽蛋总产2741吨。

有工业企业167家，营业收入19.72亿元，利润总额8055万元，应缴增值税7859万元，实缴税金8086万元。规模以上企业13家，现价产值6.35亿元，应缴增值税1906万元，实缴税金2132万元。服装生产成为主导行业。

有中心小学2所、初级中学2所，综合卫生院2所。计生率98.20%，一孩率70%，晚婚率31%，综合节育率90%。11个村成为市级小康村，12个村被评为市级文明村。

（张海涛）

牛道口镇

牛道口镇位于宝坻区西北部边缘，镇政府驻地牛道口村。东与高家庄镇接壤，西与河北省香河县、三河市为邻，南与史各庄镇相连，北隔泃河与蓟县相望。2011年，镇域面积72平方公里，耕地面积4634.6公顷。辖23个行政村，人口1.40万户4.77万人。大部为汉族，还有少量回、满、蒙古等12个少数民族人口在此散居。镇内沟头村为全区最大、人口最多的村，有1368户4930人。

该镇因政府驻地而得名。1953年属焦山寺乡，1958年属赵各庄乡，1961年始建牛道口人民公社，1983年改称牛道口乡，2001年撤乡建镇。

镇域交通便利，京沈高速公路由西往东横跨全境，并设有出入口。宝平公路由南向北纵贯镇境，曹三公路、三赵公路境内交汇，乡村公路四通八达。

2011年，全镇工农业总产值19.03亿元，其中工业总产值16.32亿元、农业总产值2.71亿元；国内生产总值增加值19.29亿元，其中第一产业增加值1.85亿元、第二产业增加值6.81亿元、第三产业增加值10.63亿元。农民人均纯收入1.17万元。

镇域属区境高上地区，地处武河、泃河流域，土质肥沃，适宜多种作物生长。粮食作物以小麦、玉米为主。播种面积5956.53公顷，总产4.02万吨。经济作物以棉花、蔬菜、油料为主。棉花播种95.33公顷，总产135吨。蔬菜播种1338.73公顷，总产5.17万吨。油料播种161.33公顷，总产158吨。瓜类播种29.33公顷，总产1144吨。生猪饲养8.02万头，肉牛饲养1.06万头，羊存栏1.13万只，家禽存栏24.67万只，禽蛋总产1394吨。有养殖水面13.33公顷，水产品产量190吨。

有工业企业235家，营业收入15.98亿元，利润总额9676万元，应缴增值税5889万元，实缴税金6385万元。规模以上企业16家，现价产值6.36亿元，应缴增值税3802万元，实缴税金4295万元。

计生率97.19%，一孩率79%，综合节育率98%。

有初级中学2所、中心小学2所，综合卫生院2所。镇内建有全国林业英雄“马永顺纪念林”一片，占地5.7公顷。

（张海涛）

大口屯镇

大口屯镇位于宝坻区西南部，镇政府驻地大口屯。东与郝各庄、周良庄两镇接壤，西倚青龙湾河与武清区、河北省香河县毗邻，南与牛家牌镇相连，北与马家店、新开口两镇搭界。2011年，镇域面积88.2平方公里，耕地面积5332.47公顷。辖58个行政村，人口1.66万户5.02万人。大部为汉族，其次为回族，另有少量蒙古、壮、朝鲜等少数民族人口在此散居。

大口屯明朝建镇，因地处“萧太后运粮河”(今锈针河）的大口处而得名。1958年建大口屯人民公社，1983年改称大口屯乡，1987年撤乡建镇。

镇域属区境高上地区，交通便利。津围公路、津蓟铁路纵贯全镇并设站，大新公路、大黑公路、青龙湾左堤公路从镇内向外延伸，乡村公路纵横交汇。

该镇是天津市政府首批命名的明星小康乡镇之一，也是天津市重点发展的小城镇之一。镇内基础设施完善，社会服务机构齐全，建起占地10公顷的住宅小区。

2011年，全镇工农业总产值52.59亿元，其中工业总产值46.25亿元、农业总产值6.34亿元；国内生产总值增加值20.98亿元，其中第一产业增加值4.75亿元、第二产业增加值13.62亿元、第三产业增加值2.61亿元。农民人均纯收入1.27万元。

青龙湾河、锈针河纵贯全镇，水资源充裕。粮食作物以小麦、玉米为主。播种面积8904.33公顷，总产6.5万吨。经济作物以棉花、蔬菜为主。棉花种植34.67公顷，总产94吨。蔬菜种植295.33公顷，总产1.27万吨。生猪饲养11.96万头，肉牛饲养1.25万头，羊存栏7145只，家禽存栏33.21万只，禽蛋总产5246吨，奶类产量816吨。有养殖水面106.67公顷，水产品产量1020吨。

有工业企业342家，营业收入43.97亿元，利润总额2.43亿元，应缴增值税1.85亿元，实缴税金1.96亿元。规模以上企业19家，现价产值20.11亿元，应缴增值税5941万元，实缴税金7038万元。镇内建有占地66.7公顷的工业园区。胜利集团有限公司、天津晨光化工有限公司等成为骨干企业。

计生率98.65%，一孩率74%，综合节育率93%。

有国办高中1所、初级中学1所、中心小学3所。建有影剧院、敬老院、文化站等福利设施，还有综合卫生院2所。镇内西南部有占地200公顷的青北森林公园一处，颇具原始森林风貌。园内设有多处养殖和服务场所，可供游人采实、野餐、垂钓等。

（张海涛）

马家店镇

马家店镇位于宝坻区南部潮白新河右侧，镇政府坐落马家店村。南与大口屯镇接壤，北倚潮白新河与城区相望，东与郝各庄镇毗邻，西与新开口镇相连。2011年，镇域面积50平方公里，耕地面积2781.27公顷。辖22个行政村，人口0.79万户2.68万人。大部为汉族，还有少量壮、满、蒙古、侗、黎、瑶等少数民族人口在此散居。

镇域属区境高上地区，交通十分便利。津蓟铁路、津围公路穿境而过，乡村公路交织相连。

该镇因驻地而得名。建国初属大口屯区，1958年属大口屯人民公社，1961年建马家店人民公社，1983年改称马家店乡，2001年改建为镇。

2011年，全镇工农业总产值44.04亿元，其中工业总产值42.49亿元、农业总产值1.55亿元；国内生产总值增加值15.75亿元，其中第一产业增加值3.03亿元、第二产业增加值10.67亿元、第三产业增加值2.05亿元。农民人均纯收入1.27万元。

粮食作物以小麦、玉米、豆类为主，播种面积3431.07公顷，总产2.24万吨。经济作物以棉花、蔬菜为主。棉花种植214.2公顷，总产594吨。蔬菜种植803.07公顷，总产10.47万吨。大白菜、“叶三黄瓜”是该镇特产，产品除销往京津唐地区外，还出口日本。随着农业结构逐年调整，建有棉花生产加工、蔬菜生产加工、“三辣”(大葱、大蒜、天鹰椒）

马家店中学

和精品农业生产、优质苗木生产、果品生产、肉牛繁育及青贮饲料生产加工六大生产基地。生猪饲养2.87万头，肉牛饲养5353头，羊存栏6590头，家禽存栏10.68万只，禽蛋总产1406吨。有养殖水面30公顷，水产品产量160吨。

有工业企业203家，营业收入41.07亿元，利润总额1.15亿元，应缴增值税1.48亿元，实缴税金1.59亿元。规模以上企业21家，现价产值31.92亿元，应缴增值税9796万元，实缴税金1.09亿元。以服装、旅游制品、印刷、化纤、机械加工为主导行业。天津金龙服装实业有限公司等为骨干企业。

计生率99.61%，一孩率77%，晚婚率10%，综合节育率94%。

有初级中学1所、中心小学2所，建有综合卫生院1所。

（张海涛）

新开口镇

新开口镇位于宝坻区西部边缘，镇政府驻地新开口村。东与马家店镇接壤，西与河北省香河县毗邻，南与大口屯镇相连，北倚潮白新河与史各庄镇隔河相望。2011年，镇域面积41.8平方公里，耕地面积2380.2公顷。辖22个行政村，人口0.74万户2.53万人。大部为汉族，还有少量蒙古、回、藏等少数民族人口在此散居。

该镇因驻地而得名。1958年属大口屯人民公社，1961年始建新开口公社，1983年改称新开口乡，2001年改建为镇。

镇域交通便利，东部紧靠津围公路，大新公路纵贯全镇，乡村公路相通。镇域属区境高上地区，地势高而平坦，北部靠潮白新河，一号渠、龙尾屯渠并行自潮白新河一直往南纵贯全镇。

2011年，全镇工农业总产值20.93亿元，其中工业总产值19.33亿元、农业总产值1.60亿元；国内生产总值增加值7.57亿元，其中第一产业增加值1.15亿元、第二产业增加值4.40亿元、第三产业增加值2.02亿元。农民人均纯收入1.27万元。

粮食作物以小麦、玉米为主。播种面积4373.6公顷，总产2.94万吨。经济作物以棉花、蔬菜、瓜类为主。棉花播种9.73公顷，总产9吨。蔬菜播种696.13公顷，总产3.39万吨。瓜类播种29.87公顷，总产1666吨。生猪饲养1.33万头，肉牛饲养7650头，羊存栏3997只，家禽存栏37.56万只，禽蛋总产466吨。

有工业企业152家，营业收入19亿元，利润总额1.67亿元，应缴增值税6416万元，实缴税金7142万元。规模以上企业10家，现价产值10.63亿元，应缴增值税2423万元，实缴税金3145万元。形成面粉加工、服装、彩印、塑料、纺织五大主导产业。天津凯业有限公司等为骨干企业。

计生率98.66%，一孩率72%，晚婚率54%，综合节育率88%。

有初级中学1所、中心小学1所，教学楼4栋，有综合卫生院1所。建成市级小康村6个。

（张海涛）

在建中的新开口镇总部型经济发展服务中心

郝各庄镇

郝各庄镇位于宝坻区中部,镇政府坐落前郝各庄村。东与口东镇接壤,西与马家店、大口屯两镇毗邻,南与周良庄镇相连,北倚潮白新河与口东镇、钰华街道相望。2011年,镇域面积45平方公里,耕地面积2302.53公顷。辖21个行政村。人口0.66万户1.95万人。大部为汉族,另有少量满、壮等少数民族人口在此散居。

该镇因驻地而得名。1953年建郝各庄乡,1958年属黑狼口人民公社,1961年建郝各庄公社,1983年改称郝各庄乡,2001年撤乡建镇。

镇域地处区境中心位置,津蓟高速公路、宝白公路、大黑公路及引滦入津明渠纵贯全镇,交通便利,水资源丰富。

2011年,全镇工农业总产值14.06亿元,其中工业总产值10.99亿元、农业总产值3.07亿元;国内生产总值增加值7.77亿元,其中第一产业增加值2.23亿元、第二产业增加值3.41亿元、第三产业增加值2.13亿元。农民人均纯收入1.26万元。

粮食作物以小麦、玉米、高粱及豆类为主,播种面积1450.93公顷,总产1.06万吨。经济作物以棉花、蔬菜为主。棉花播种524公顷,总产607吨。蔬菜播种875.2公顷,总产2.03万吨。实施以农业龙头企业带动种养业发展战略,建有以大五登村为中心的万亩棉花生产基地,以郝各庄为中心的“三辣”生产基地,以刘各庄为中心的无公害蔬菜生产基地,以岔沽、高台为中心的奶牛生产基地,形成产业集群。生猪饲养2.96万头,肉牛饲养1868头,羊存栏1232头,家禽存栏15.67万只,禽蛋总产2337吨。有养殖水面40公顷,水产品产量821吨。

有工业企业121家,营业收入10.79亿元,利润总额7372万元,应缴增值税5156万元,实缴税金5687万元。规模以上企业10家,现价产值4.72亿元,应缴增值税1654万元,实缴税金1875万元。形成建筑安装、机械加工、服装三大支柱产业。

计生率98.97%,一孩率83%,晚婚率15%,综合节育率93%。

有初级中学2所、中心小学2所,建有教学楼3栋,有综合卫生院1所。

(张海涛)

大白庄镇

大白庄镇位于宝坻区东南部,镇政府坐落大白庄村。东与黄庄镇隔潮白新河相望,西与尔王庄、牛家牌两镇接壤,南与大唐庄镇毗邻,北与周良庄镇相连。2011年,镇域面积82平方公里(不含国营里自沽农场),耕地面积2634.93公顷。辖20个行政村,人口0.57万户1.60万人。大部为汉族,另有少量蒙古、回、藏、壮、土家等少数民族人口在此散居。

该镇因驻地而得名。1953年始建大白庄乡,1958年建大白庄人民公社,1983年改称大白庄乡,1996年撤乡建镇。

镇内交通便捷,青龙湾左堤公路、宝白公路和津蓟高速公路呈“川”字形纵贯境内,九园公路横穿东西,乡村公路交织相连。该镇地处大洼地区,地势低平,海拔平均2米。西部有引滦入津明渠经过,中部有引青入潮东西横卧,东部有潮白新河,水资源丰富。

2011年,全镇工农业总产值10.66亿元,其中工业总产值8.04亿元、农业总产值2.62亿元;国内生产总值增加值6.12亿元,其中第一产业增加值4.24亿元、第二产业增加值1.05亿元、第三产业增加值8326万元。农民人均纯收入1.24万元。

粮食作物主要以小麦、玉米、水稻为主,种植面积2397.07公顷,总产1.49万吨。经济作物以棉花、蔬菜类为主。棉花种植894.93公顷,总产1781吨;蔬菜种植46.87公顷,总产3690吨。生猪饲养1.44万头,肉牛饲养672头,羊存栏1915头,家禽存栏9.57万只,禽蛋总产1256吨。渔业、畜牧业发展迅速。水产品养殖面积653.33公顷,总产8890吨,产品销往北京、河北及东北等地。

有工业企业90家,营业收入7.65亿元,利润总额4145万元,应缴增值税3723万元,实缴税金3893万元。规模以上企业5家,现价产值4.4亿元,应缴增值税1446万元,实缴税金1616万元。京津新城在该镇占地200公顷,吸引投资百万元以上的18家企业入驻。丰瑞旅游制品有限公司、恒润运动器材有限公司等成为骨干企业。恒润运动器材有限公司产品打入国际市场,具有一定竞争实力。

计生率99.38%,一孩率75%,晚婚率35%,综合节育率92%。

有高级中学1所、初级中学1所、中心小学2所,有综合卫生院1所。

(张海涛)

大唐庄镇

大唐庄镇位于宝坻区南部边缘,镇政府驻地大唐庄村。东部、南部均与宁河县接壤,西部与尔王庄镇毗邻,北部与大白庄镇、黄庄镇相连。2011年,镇域面积59.9平方公里,耕地面积2172.6公顷。辖18个行政村,人口0.41万户1.31万人。大部为汉族,另有少量满、壮、蒙古等少数民族人口在此散居。

大唐庄距205国道2公里,距津蓟高速公路2.5公里,距九园公路2公里,青龙湾左堤路贯穿全镇,乡村公路村村相通,交通便捷。

该镇以驻地而得名。1949年属大白庄区,1961年始建大唐庄人民公社,1983年改称大唐庄乡,1996年撤乡建镇。

2011年,全镇工农业总产值12.77亿元,其中工业总产值10.70亿元、农业总产值2.07亿元;国内生产总值增加值7.12亿元,其中第一产业增加值1.43亿元、第二产业增加值3.34亿元、第三产业增加值2.35亿元。农民人均纯收入1.25万元。

境内渠系配套,林网交错,有自然苇地333.33公顷。粮食作物以小麦、玉米、水稻为主,播种面积1816.6公顷,总产1.32万吨。经济作物以棉花、蔬菜、瓜类为主。棉花种植742.07公顷,总产1103吨。蔬菜种植99.87公顷,总产5926吨。瓜类种植20.67公顷,总产1250吨。生猪饲养3.75万头,肉牛饲养2371头,羊存栏7722头,家禽存栏17.74万只,禽蛋总产707吨。有养殖水面366.67公顷,水产品产量4352吨。

有工业企业106家,营业收入10.36亿元,利润总额5009万元,应缴增值税3392万元,实缴税金3471万元。规模以上企业6家,现价产值3.35亿元,应缴增值税530万元,实缴税金609万元。以大唐布业有限公司规模最大,固定资产超亿元。形成以服装、制造、橡胶制品、针织品为主的四大产业。

计生率98.41%,一孩率73%,晚婚率15%,综合节育率90%。

有初级中学1所、中心小学5所,建有教学楼6幢。还有综合卫生院、文化站、敬老院等文化福利设施。

(张海涛)

周良庄镇

周良庄镇位于宝坻区中南部,镇政府驻地周良庄村。南与里自沽农场、大白庄镇接壤,北与郝各庄镇毗邻,东隔潮白新河与黄庄镇、口东镇相望,西与大口屯、牛家牌两镇相连。2011年,镇域面积50.5平方公里(含珠江温泉城面积),耕地面积1335.53公顷。辖26个行政村,人口0.32万户0.97万人。大部为汉族,另有少量满、壮、蒙古等少数民族人口在此散居。

该镇因驻地而得名。1958年属黑狼口人民公社,1961年始建周良庄公社,1983年改称周良庄乡,2001年撤乡建镇。

镇域地理位置优越,津蓟高速公路由南向北纵贯全镇,并在镇驻地设有出入口。宝白公路横跨全境,乡村公路交织相连,交通十分便利。

2011年,全镇工农业总产值7.47亿元,其中工业总产值6.54亿元、农业总产值9354万元;国内生产总值增加值3.57亿元,其中第一产业增加值9825万元、第二产业增加值1.17亿元、第三产业增加值1.42亿元。农民人均纯收入1.27万元。

镇域地势低洼,河渠密布,地上水资源和地下热水资源充沛。经过农业综合开发,镇内土地地势平坦,土质肥沃。粮食作物以小麦、玉米、水稻为主,播种面积1829.8公顷,总产1.16万吨。经济作物以棉花、蔬菜为主。棉花种植215.13公顷,总产317吨。蔬菜种植46.33公顷,总产433吨。生猪饲养2.95万头,肉牛饲养1723头,羊存栏428只,家禽存栏7.07万只,禽蛋总产565吨。有养殖水面200公顷,水产品产量1097吨。

有工业企业38家,营业收入6.47亿元,利润总额5337万元,应缴增值税2028万元,实缴税金2759万元。规模以上企业7家,现价产值4.59亿元,应缴增值税1297万元,实缴税金2028万元。天津振宇服装有限公司等成为骨干企业。

计生率99.01%,一孩率75%,晚婚率11%,综合节育率87%。

辖区建有北京科技大学天津学院、天津财经大学珠江学院。有初级中学1所、中心小学1所,有综合卫生院1所。镇内有区招商引资建造的京津新城一座,占地7平方公里,形成达到国家4A级标准的温泉休闲度假景区。

(张海涛)

王卜庄镇

王卜庄镇位于宝坻区中部,镇政府驻地王卜庄村。东与大钟庄镇接壤,西与口东镇相连,南与林亭口镇毗邻,北与方家庄、新安两镇搭界。2011年,镇域面积73平方公里,耕地面积4731.13公顷。辖49个行政村,人口1.11万户3.31万人。大部为汉族,另有少量蒙古、回、藏、苗、壮、维吾尔等少数民族人口在此散居。

该镇因驻地而得名。1953年设王卜庄乡,1958年成立王卜庄人民公社,1983年改称王卜庄乡,1998年撤乡建镇。

镇域属区境高上地区与大洼地区接合部。镇内九园公路、通唐公路纵横交汇,乡村公路交织相连,交通方便。箭杆河、窝头河、鲍丘河曲流过境,地上水资源充沛。

2011年,全镇工农业总产值18.99亿元,其中工业总产值17.37亿元、农业总产值1.62亿元;国内生产总值增加值14.24亿元,其中第一产业增加值3.09亿元、第二产业增加值5.88亿元、第三产业增加值5.27亿元。农民人均纯收入1.26万元。

粮食作物以小麦、玉米、豆类为

主，播种面积7556.93公顷，总产4.65万吨。经济作物以蔬菜为主。蔬菜种植426.2公顷，总产1.61万吨。全镇形成“东经西养”格局，东部地区以“五叶齐”大葱、天鹰椒、大蒜为特色种植，面积2333公顷，有“三辣之乡”美誉；西部地区多以猪、牛、羊、鸡等群体养殖为主，生猪饲养7.77万头，肉牛饲养960头，羊存栏1632只，蛋鸡存栏6.67万只，禽蛋总产462吨，奶类总产5000吨。有养殖水面33.33公顷，水产品产量297吨。

有工业企业353家，营业收入16.92亿元，利润总额1.35亿元，应缴增值税4554万元，实缴税金4616万元。规模以上企业4家，现价产值1.08亿元，应缴增值税538万元，实缴税金600万元。主要从事服装、制造、建材、军工、餐饮、运输等行业。天津健生制药有限公司等成为骨干企业。

计生率98.93%，一孩率70%，晚婚率83%，综合节育率91%。

有国办高中1所、初级中学1所、中心小学3所，综合卫生院2所。民间艺术和体育活动较为活跃，有“象棋之乡”的美称。

（张海涛）

方家庄镇

方家庄镇文明生态村小杜庄

方家庄镇位于宝坻区东北部，镇政府驻地方家庄村。东与新安镇接壤，西与霍各庄镇相连，南与王卜庄、口东两镇毗邻，北隔蓟运河与蓟县相望。2011年，镇域面积45.6平方公里，耕地面积3077.07公顷。辖42个行政村，人口1.04万户2.99万人。大部为汉族，另有少量蒙古、壮、满等少数民族人口在此散居。

该镇因驻地而得名。1958年属王卜庄人民公社，1961年建方家庄公社，1983年改称方家庄乡，1996年撤乡建镇。

镇内交通便利，京沈高速公路与津蓟高速公路域内纵横交汇，通唐公路、宝新公路横跨镇境，九园公路纵贯南北，乡村公路四通八达。该镇是我国北方著名的“沙发之乡”，被列入天津市名街名镇。

2011年，全镇工农业总产值31.40亿元，其中工业总产值29.26亿元、农业总产值2.14亿元；国内生产总值增加值17.30亿元，其中第一产业增加值1.21亿元、第二产业增加值11.73亿元、第三产业增加值4.36亿元。农民人均纯收入1.27万元。

粮食作物以小麦、玉米为主，种植面积3250.6公顷，总产2.11万吨。经济作物以蔬菜为主。蔬菜种植262.67公顷，总产2.25万吨。生猪饲养1.49万头，肉牛饲养1169头，羊存栏1503只，家禽存栏5.91万只，禽蛋总产669吨。有养殖水面6公顷，水产品产量80吨。

有工业企业440家，营业收入28.31亿元，利润总额4.17亿元，应缴增值税4866万元，实缴税金5211万元。规模以上企业24家，现价产值13.05亿元，应缴增值税2199万元，实缴税金2544万元。商业、交通、餐饮等服务业300多家，从业人员近万人。工业企业主要有木制品、沙发家具制品、金属制品、服装、鞋业、纸制品等。其中沙发、家具制造业有20多年历史，产品远销北方各大、中、小城市，部分产品打入韩国、澳大利亚、蒙古、俄罗斯等国外市场。

计生率98.34%，一孩率77%，晚婚率28%，综合节育率93%。

有初级中学2所、中心小学5所，有综合卫生院2所。建有文化站、敬老院、文体活动中心和灯光健身广场、篮球场等设施。

（张海涛）

口东镇

口东镇位于宝坻区中心，镇政府坐落口东村。东与王卜庄、林亭口两镇接壤，西与钰华街道毗邻，南倚潮白新河与郝各庄、周良庄两镇隔河相望，北与方家庄镇相连。2011年，镇域面积71平方公里，耕地面积3167.6公顷。辖31个行政村，人口0.89万户2.84万人。大部为汉族，还有蒙古、回、壮、满等少数民族人口在此散居。镇内老庄子村为宗教村。

该镇因政府驻地而得名。1958年属黑狼口人民公社，1961年始建口东人民公社，1983年改称口东乡，

2001年撤乡建镇。

镇域交通便利,宝黑公路、林黑公路、津蓟高速公路纵贯全镇,乡村公路首尾相连。

2011年,全镇工农业总产值18.77亿元,其中工业总产值16.19亿元、农业总产值2.58亿元;国内生产总值增加值13.53亿元,其中第一产业增加值7276万元、第二产业增加值7.65亿元、第三产业增加值5.16亿元。农民人均纯收入1.27万元。

粮食作物以小麦、玉米、豆类为主,播种面积4144.4公顷,总产3.22万吨。经济作物以棉花、蔬菜为主。棉花种植30.93公顷,总产50吨。蔬菜种植600.67公顷,总产2.63万吨。生猪饲养7.19万头,肉牛饲养2115头,羊存栏2157只,家禽存栏14.74万只,禽蛋总产1676吨,奶类总产2091吨。还有甲鱼、观赏鱼等特色养殖。有养殖水面37.33公顷,水产品产量458吨。

有工业企业215家,营业收入15.8亿元,利润总额4918万元,应缴增值税5565万元,实缴税金6209万元。规模以上企业10家,现价产值10.97亿元,应缴增值税3087万元,实缴税金3729万元。其中固定资产百万元以上规模企业7家,形成服装、塑料制品、造纸、机床附件四大主导产业。天津凯兴服装股份有限公司等成为骨干企业。

计生率98.63%,一孩率75%,晚婚率62%,综合节育率84%。

有初级中学1所,中心小学2所,综合卫生院2所,幼儿园4所。

(张海涛)

林亭口镇

林亭口镇位于宝坻区东南部,镇政府坐落林亭口村。东与大钟庄镇接壤,西与口东镇毗邻,南与黄庄、八门城两镇相连,北与王卜庄镇搭界。2011年,镇域面积106.4平方公里,耕地面积5257.6公顷。辖55个行政村,人口1.05万户3.04万人,大部为汉族,另有少量蒙古、朝鲜、苗、壮、布依等少数民族人口在此散居。

林亭口村历史悠久,明朝时即建有两公里长的龙形街。1949年成立林亭口区,1958年建林亭口人民公社,1960年先后划归汉沽区、宁河县管辖,1962年复归宝坻县,1983年改建林亭口乡,1987年设林亭口镇。

该镇交通十分便利,九园公路纵贯全镇,与宝芦公路、宝钟公路纵横交汇,乡村公路交织相连。

2011年,全镇工农业总产值28.40亿元,其中工业总产值24.39亿元、农业总产值4.01亿元;国内生产总值增加值16.80亿元,其中第一产业增加值2.16亿元、第二产业增加值9.52亿元、第三产业增加值5.12亿元。农民人均纯收入1.27万元。

粮食作物以小麦、玉米、水稻为主,种植面积7292公顷,总产5.53万吨。经济作物以棉花、蔬菜为主。棉花种植98.67公顷,总产268吨。蔬菜种植1555.8公顷,总产8.04万吨。养殖业形成猪、鸡、鸭、牛、羊大群体养殖格局。生猪饲养6661头,肉牛饲养391头,羊存栏2433只,家禽存栏28.52万只,禽蛋总产2304吨。有养殖水面166.67公顷,水产品产量1131吨。

有工业企业157家,营业收入24.07亿元,利润总额1.32亿元,应缴增值税1.23亿元,实缴税金1.32亿元。规模以上企业13家,现价产值16.63亿元,应缴增值税8416万元,实缴税金9337万元。主要涉及服装制造、军工、建材、运输、餐饮等行业。天津通达集团等成为骨干企业。

计生率99.67%,一孩率78%,晚婚率19%,综合节育率83%。

有中心小学4所、初级中学2所、国办高中1所,有综合医院1所,还建有电影院、敬老院等公共设施。林亭口自古就有民间花会、演评戏、唱皮影的历史,群众文化生活活跃。

(张海涛)

八门城镇

八门城镇位于宝坻区东南部,镇政府驻地八门城村。东与河北省玉田县隔蓟运河相望,西与林亭口、黄庄两镇相连,南与宁河县毗邻,北与大钟庄镇接壤。2011年,镇域面积

八门城镇中日水稻品质食味研究中心

110.5平方公里,耕地面积7046.2公顷。辖54个行政村,人口0.85万户2.71万人。大部为汉族,还有少量满、壮、朝鲜等少数民族人口在此散居。镇内汪家庄村仅有67口人,为全区最小的村。

该镇因驻地而得名。1953年建八门城乡,1958年属林亭口人民公社,1960年划归汉沽市,1961年划归宁河县,1962年复归宝坻县,1983年改称八门城乡,1996年撤乡建镇。

镇内交通便捷,宝芦公路由西向东横穿全境,八袁公路由南往北纵贯全镇,乡村公路交汇相连。地处大洼地区,低洼易涝,箭杆河在镇域东北部汇入蓟运河,蓟运河沿镇域东北侧蜿蜒南下。镇内河渠纵横,建有大型扬水站2座。

2011年,全镇工农业总产值18.65亿元,其中工业总产值15.84亿元、农业总产值2.81亿元;国内生产总值增加值12.49亿元,其中第一产业增加值2.06亿元、第二产业增加值8.10亿元、第三产业增加值2.33亿元。农民人均纯收入1.27万元。

粮食作物以水稻、小麦、玉米、豆类为主,播种面积7600公顷,总产5.60万吨。经济作物以棉花、蔬菜为主。棉花种植393.13公顷,总产347吨。蔬菜种植176.93公顷,总产6871吨。生猪饲养13.72万头,肉牛饲养122头,羊存栏498头,蛋鸡存栏9.41万只,禽蛋总产419吨。有养殖水面326.67公顷,水产品产量4390吨。

有工业企业156家,营业收入14.95亿元,利润总额1.08亿元,应缴增值税4346万元,实缴税金5369万元。规模以上企业7家,现价产值7.93亿元,应缴增值税1152万元,实缴税金2177万元。以服装、化工、纸业、五金为四大支柱产业。

计生率97.92%,一孩率70%,晚婚率27%,综合节育率95%。

有初级中学1所、中心小学5所,有综合卫生院2所。还建有文化站、敬老院等文化福利设施。

(张海涛)

大钟庄镇

大钟庄镇位于宝坻区东部,镇政府驻地大钟庄村。南与八门城镇接壤,北与新安镇相连,西与林亭口、王卜庄两镇毗邻,东隔蓟运河与河北省玉田县相望。2011年,镇域面积100平方公里(不含国营大钟庄农场),耕地面积5864.4公顷。辖45个行政村,人口1.13万户3.44万人。大部为汉族,尚有少量蒙古、回、苗、壮等少数民族人口在此散居。

该镇因政府驻地而得名。1958年建大钟庄人民公社,1960年划归汉沽市,1961年划归宁河县,1962年复归宝坻县。1983年改称大钟庄乡,1995年撤乡建镇。

镇域地理位置优越,交通方便。京沈高速公路从镇北部通过,通唐公路跨越东西,林钟公路纵贯南北,乡村公路构成四通八达的交通网络。镇域海拔较低,素有“大洼”之称。境内渠网密布,地上水资源充沛,地下水资源蕴藏丰富。

2011年,全镇工农业总产值30.49亿元,其中工业总产值26.37亿元、农业总产值4.12亿元;国内生产总值增加值24.20亿元,其中第一产业增加值2.76亿元、第二产业增加值14.30亿元、第三产业增加值7.14亿元。农民人均纯收入1.27万元。

粮食作物以小麦、玉米、水稻为主,种植面积9072.07公顷,总产6万吨。经济作物以棉花、蔬菜、瓜类为主。棉花种植126.47公顷,总产183吨。蔬菜种植980.8公顷,总产4.96万吨。瓜类种植117.67公顷,总产6515吨。生猪饲养9.45万头,肉牛饲养608头,羊存栏4551头,家禽存栏65.62万只,禽蛋总产1.5万吨,奶类产量1800吨。有养殖水面25.53公顷,水产品产量476吨。有甲鱼、肉狗、肉鸭、奶牛等20多个特色养殖户。

有工业企业224家,营业收入25.05亿元,利润总额8191万元,应缴增值税1.43亿元,实缴税金1.58亿元。规模以上企业26家,现价产值12.58亿元,应缴增值税6652万元,实缴税金8206万元。建有大钟、华旗、环球三大企业集团,产品有服装、旅游制品、食品饮料、皮革、塑料、化纤棉、木制家具及包装箱等十几个品种。其中环球集团为亚洲最大的旅游帐篷生产厂家。

计生率97.60%,一孩率78%,晚婚率22%,综合节育率92%。

有国办高级中学1所、初级中学2所、中心小学10所,有综合卫生院2所。

(张海涛)

新安镇

新安镇位于宝坻区东北部,镇政府驻地新安村。东隔蓟运河与河北省玉田县相邻,西与方家庄镇接壤,南与王卜庄、大钟庄两镇相连,北与蓟县隔蓟运河相望。2011年,镇域面积57.6平方公里,耕地面积3780公顷。辖46个行政村,人口1.04万户3.17万人。大部为汉族,另有少量蒙古、回、满、维吾尔等少数民族人口在此散居。

该镇因驻地而得名。1953年始建新安镇乡,1958年改建新安镇人民公社,1960年随大钟庄公社划入汉沽市,1961年划入宁河县,1962年复归宝坻县,1983年改称新安镇乡,1995年撤乡建镇。

镇域地处大钟庄洼北部,京沈高速公路由西向东横跨镇境,并设有出入口。宝新公路直达城区,新钟公路纵贯镇境,乡村公路互联相通,镇内交通便利。

2011年,全镇工农业总产值36.55亿元,其中工业总产值34.29亿元、农业总产值2.26亿元;国内生产总值增加值16.66亿元,其中第一产业增加值2.72亿元、第二产业增加值4.77亿元、第三产业增加值9.17亿元。农民人均纯收入1.26万元。

粮食作物以小麦、玉米、豆类为主,种植面积4032.4公顷,总产2.84万吨。经济作物以棉花、蔬菜为主。棉花种植495.33公顷,总产860吨。蔬菜种植971.87公顷,总产4.78万吨。生猪饲养2.53万头,肉牛饲养1.24万头,羊存栏1964头,家禽存栏12.50万只,禽蛋产量1853吨,奶类产量7488吨。有养殖水面5公顷,水产品产量40吨。

有工业企业415家,营业收入33.5亿元,利润总额2.06亿元,应缴增值税1.31亿元,实缴税金1.37亿元。规模以上企业14家,现价产值9.03亿元,应缴增值税3438万元,实缴税金4022万元。以体育器械、塑料包装、服装纺缝、彩色制帽、食品饮料为五大支柱产业。以专门生产体育健身器材著称的天津奥林股份有限公司,在国际市场占有一席之地。

计生率98.69%,一孩率81%,晚婚率25%,综合节育率91%。

有国办农业职业中专1所、初级中学2所、中心小学6所,有综合卫生院2所。

(张海涛)

牛家牌镇

牛家牌镇位于宝坻区南部,镇政府驻地牛家牌村。东与大白庄镇接壤,西与武清区毗邻,南与尔王庄镇相连,北与大口屯、周良庄两镇搭界。2011年,镇域面积61.1平方公里,耕地面积2685.13公顷。辖20个行政村,人口0.58万户1.71万人。大部为汉族,另有少量回、满、瑶、壮等少数民族人口在此散居。

该镇因政府驻地而得名。1958年属黑狼口人民公社,1961年始建牛家牌人民公社,1983年改称牛家牌乡,2011年改称牛家牌镇。

镇域地处里自沽洼边缘,锈针河、青龙湾河与左堤公路并行贯穿境内,津蓟高速公路从东部纵穿全境,乡村公路纵横相连,交通方便。

2011年,全镇工农业总产值11.93亿元,其中工业总产值9.89亿元、农业总产值2.04亿元;国内生产总值增加值5.18亿元,其中第一产业增加值1.65亿元、第二产业增加值3072万元、第三产业增加值3.22亿元。农民人均纯收入1.25万元。

粮食作物以小麦、玉米、水稻、高粱为主,播种面积2750.27公顷,总产2.16万吨。经济作物以棉花、蔬菜为主。棉花种植386.93公顷,总产1509吨。蔬菜播种138.93公顷,总产1.05万吨。生猪饲养5.56万头,肉牛饲养924头,羊存栏1959头,家禽存栏31.64万只,禽蛋产量3640吨。有养殖水面680公顷,水产品产量7146吨。

有工业企业82家,营业收入9.8亿元,利润总额5718万元,应缴增值税3128万元,实缴税金3463万元。规模以上企业13家,现价产值7.27亿元,应缴增值税2555万元,实缴税金2889万元。其中大来服装有限公司等成为骨干企业,主导产业为服装、地毯和缝纫机零件。

计生率99.36%,一孩率72%,晚婚率30%,综合节育率92%。

有初级中学1所、中心小学3所、中心幼儿园1所,有综合卫生院1所。

(张海涛)

尔王庄镇

尔王庄镇位于宝坻区最南端,镇政府坐落尔王庄村。南与宁河县接壤,北与牛家牌镇、大白庄镇毗邻,西与武清区搭界,东与大唐庄镇相连。2011年,镇域面积68平方公里,耕地面积2877.4公顷。辖26个行政村,人口0.43万户1.30万人。大部为汉族,还有满、藏等少数民族人口在此散居。该乡幅员辽阔,地广人稀,为全区人口密度较小的镇之一。

镇内交通便利,九园公路、津蓟高速公路穿境而过,乡村公路村村相通。镇域属大洼地区,青龙湾河、北京排污河流经境内,水利资源充裕。

2011年,全镇工农业总产值7.10亿元,其中工业总产值5.01亿元、农业总产值2.09亿元;国内生产总值增加值4.75亿元,其中第一产业增加值1.90亿元、第二产业增加值1.95亿元、第三产业增加值9068万元。农民人均纯收入1.25万元。

粮食作物以小麦、玉米为主,播种面积1070.07公顷,总产7060吨。经济作物以棉花、蔬菜为主。棉花种植2159.8公顷,总产2482吨。蔬菜播种36.87公顷,总产2506吨。生猪饲养1.63万只,羊存栏1765头,家禽存栏25.3万只,禽蛋总产2371吨,奶类产量257吨。有养殖水面620公顷,水产品产量6170吨。引进并推广名优品种彭泽鲫,远销韩国等国家和地区,成为出口创汇新的增长点。经多年农业结构调整,初步形成“东菜、西粮、南经、北渔”的粮、经、牧、渔、菜共同发展格局。

有工业企业48家,营业收入5.81亿元,利润总额7294万元,应缴增值税3344万元,实缴税金4225万元。规模以上企业1家,现价产值

3.09 亿元，应缴增值税 2547 万元，实缴税金 3426 万元。天津滨涛混凝土有限公司固定资产 2100 万元，成为骨干企业。

计生率 98.57%，一孩率 71%，晚婚率 14%，综合节育率 98%。

有初级中学 1 所、中心小学 3 所，建有教学楼 3 幢。还有综合卫生院、文化站、敬老院等设施。

（张海涛）

黄庄镇

黄庄镇位于宝坻区东南部边缘，镇政府驻地黄庄村。东与八门城镇接壤，西与大白庄镇隔潮白新河相望，南与宁河县毗邻，北与林亭口镇搭界。2011 年，镇域面积 112 平方公里，耕地面积 4058.93 公顷。辖 19 个行政村，人口 0.38 万户 1.13 万人。大部为汉族，还有少量回、满、蒙古、壮等少数民族人口在此散居。

该镇因驻地而得名。1953 年建黄庄乡，1958 年属林亭口人民公社，1960 年划归汉沽市，后划归宁河县，1962 年复归宝坻县，为黄庄人民公社，1983 年改称黄庄乡，2011 年改称黄庄镇。

镇域交通便利，九园公路由北向南纵贯全境，乡村公路纵横相连。

2011 年，全镇工农业总产值 18.49 亿元，其中工业总产值 16.25 亿元、农业总产值 2.24 亿元；国内生产总值增加值 7.24 亿元，其中第一产业增加值 2.01 亿元、第二产业增加值 3.35 亿元、第三产业增加值 1.87 亿元。农民人均纯收入 1.27 万元。

粮食作物以水稻、小麦、玉米为主，播种面积 4155.13 公顷，总产 3.74 万吨。经济作物以棉花、蔬菜为主。棉花种植 309.13 公顷，产量 1159 吨；蔬菜种植 10.67 公顷，产量 1600 吨。生猪饲养 2.41 万头，肉牛饲养 3082 头，羊存栏 2610 只，家禽存栏 40.75 万只，禽蛋总产 1706 吨，奶类产量 1680 吨。有养殖水面 230 公顷，水产品总产 3541 吨。

有工业企业 42 家，营业收入 15.17 亿元，利润总额 1.26 亿元，应缴增值税 2134 万元，实缴税金 2680 万元。规模以上企业 4 家，现价产值 12.92 亿元，应缴增值税 1495 万元，实缴税金 2041 万元。形成乳制品、纸制品、棉油、饲料、机加工、服装六大产业。津河乳品有限公司等为骨干企业。

计生率 99.09%，一孩率 75%，晚婚率 7%，综合节育率 95%。

有国办职业中专学校 1 所、初级中学 1 所，有综合卫生院 1 所。

（张海涛）

宁河县

概述

宁河县位于天津市东北部，华北平原东部，渤海湾西北部，地处京津唐腹地。地理坐标为北纬39°09′06″~39°36′01″，东经117°18′54″~117°55′37″。南北宽49公里，东西长52公里。境域北起还乡河、小新河汇流地带，邻河北省唐山市丰润区、玉田县；南至永定新河、潮白新河汇流地带，与天津市东丽区、滨海新区相邻，西南傍永定新河，东南倚京山铁路；东接河北省唐山市丰南区、丰润区和天津市滨海新区汉沽；西连天津市宝坻区、武清区。县城芦台镇距北京市区180公里，距天津市区80公里，距唐山市区48公里。2011年，区域面积1031平方公里，耕地面积3.87万公顷。辖芦台、丰台、潘庄、七里海、岳龙、苗庄、板桥、造甲城、宁河、东棘坨、大北涧沽11个镇，俵口、廉庄子、北淮淀3个乡。有283个行政村，29个街道居民委员会。人口13.15万户38.73万人，其中农业人口8.64万户28.35万人、非农业人口4.51万户10.37万人。以汉族为主，还有回、满、蒙古、朝鲜、侗、瑶、仫佬等23个少数民族。

2011年，宁河县贯彻落实科学发展观，按照“立足天津，服务京津唐，面向环渤海，建设成为重要的先进制造业基地、商贸物流基地、生态旅游基地、绿色农业基地和生态宜居城区”的发展定位，围绕“抓住两大机遇、坚持三个面向、培育五大产业、建设四大新区”的战略构想，坚持规划引领、项目带动、基础先行、环境支撑、民生为本的工作思路，改革开放不断深化、经济社会协调发展、城乡面貌明显改观、民计民生持续改善，实现“十二五”规划高点起步。地区生产总值229亿元，比上年增长30.9%；财政收入40.63亿元，增长35.3%，其中地方一般预算收入12.7亿元，增长58.4%；全社会固定资产投资287.2亿元，增长31.9%；农民人均纯收入11553元，增长15%。

发展载体功能不断完善。推进设施农业园区、示范工业园区和农村居住社区“三区”统筹联动建设，经济社会发展的载体和平台日趋完善。农业园区建设成效明显。种植业设施园区“三个一”工程全面完工，“十个一”万亩循环生态农业示范园区建设整体实施，新建种植业设施园区12个500公顷，累计建成75个3466.67公顷；新建改造标准化养殖小区14个，累计建成258个，创建市级示范农业园区22个，累计94个。列入天津市十大种业基地之一的七里海河蟹种业基地建设成效明显。全市唯一的长毛兔种源基地建成，年供种兔10万只。

工业园区建设步伐加快。现代产业区基础设施建设新增投入2亿元，累计8亿元，总投资超400亿元的22个入区项目先后开工建设。潘庄工业区累计投入近3亿元，道路、桥梁、污水处理等基础配套工程全面推进。经济开发区7平方公里扩域工程顺利实施，荣亨工业园等21个项目抓紧建设。京津合作园区8平方公里起步区规划建设启动。大北涧沽、七里海、淮淀等重点乡镇工业园区开发同步进行。

居住社区建设扎实推进。桥北新区农民还迁安置完成，整体开发启动，恒大集团御景半岛地产项目实施桩基工程。芦台老城区南小区平房改造、赵家园城中村改造还迁房入住，凤凰城、龙胤溪园开发接近尾声，周边商业集聚区建设基本完工。经济开发区周边村迁村并点项目与福建大世界集团签约。淮淀、潘庄小城镇建设纳入全市第四批示范小城镇建设试点。

项目建设量质并增，发展引擎作用凸显。总投资818亿元的前七批重大产业项目扎实推进，为经济社会发展积聚充足后劲。建成投产33个,新增投资86.5亿元,累计412亿元。玖龙纸业天津基地项目累计完成投资85.8亿元,一期、二期建成投产,三期工程启动实施,年生产高档包装纸160万吨。天钢联合特钢公司全面竣工投产，钢材深加工项目抓紧建设。雨润集团(天津)食品工业园屠宰车间建成试生产,10万吨冷鲜肉深加工车间安装调试设备。投资超百亿元的英利光伏产业基地项目一期工程接近尾声。天津未来科技城、马文化产业城等项目顺利实施。科技型中小企业、楼宇经济、总部经济同步发展,新认定科技型中小企业220家，群体规模451家,完成市下达宁河县“十二五”计划指标的150.3%。百科种苗、天祥渔业生产力促进中心进入实质运行阶段;茂川大厦主体封顶,开始全面招商;新华产业科技园、嘉禾产业园开工建设,冀唐商会总部经济、中福天黑色金属北方结算中心、国盛汽车电子产业园项目开工，中英金融交流中心项目签约。

城乡面貌显著提升，发展潜能有效释放。城乡基础设施建设日趋完善。投资130亿元的滨保、津宁、塘承高速公路建成通车，过境高速公路增至6条，成为全市区县中高速公路网密度最大地区。海清公路、卫星公路东延线、芦玉公路改建以及丰李公路大修等工程竣工通车，芦汉公路拓宽改造工程部分路段竣工。芦台第四水厂、桥北新区污水处理厂等一批公用设施项目顺利实施。环境综合整治工作取得实效。城区以亮化绿化美化为重点，道路两侧绿化提升、建筑立面整修、景观节点建设等工程相继完成；乡镇以治脏治乱治差为重点，乡镇政府所在地、产业园区、主干道路、主要河道等重点部位环境得到全面整治。新增绿化景观节点近百个，新增绿地80多万平方米，华翠公园、方舟公园、街心公园景观提升工程完工,七里海大道绿化高标准完成。围绕七里海保护性开发利用，总投资近3亿元的七里海（西海）湿地走廊竣工,兴海湖鸟类保护区景观提升、梁斌文学艺术馆装修布展等工程完工。绿色宁河建设工程新增造林2666.67公顷。

民计民生持续改善，发展成果全民共享。扎实开展20项民心工程,公共服务水平不断提升,群众关心的热点、难点问题得到解决。全县义务教育学校全部完成达标创建，校舍安全工程完工；医药卫生体制改革扎实推进，乡镇卫生院改造升级、社区医疗服务扩面等重点工程稳步实施;七里海文化旅游节、七里海湿地河蟹节、社区文化艺术节品牌效应提升。推进创岗就业多元化、增收致富长效化、社会保障一体化工程,富民惠民政策得到落实,系列化服务实现全覆盖，新增就业岗位3600个,“五险”参保16.5万人,城镇登记失业率控制在4%以内,城乡居民收入增幅保持10%以上。增开城区公交班线,改善居民出行条件。创新社会管理，加强社会治安综合治理、安全生产管理、食品药品监管等工作,完善信访调处机制,全县进京、赴市访实现“双零”目标,社会保持和谐稳定。

（县地志办　县政府办）

宁河县县级领导名单
（2011年12月换届前）

中共宁河县委领导名单

书　记:荣建勋(10月调出)

副书记:李树起　刘建国

常　委:荣建勋(10月调出)　李树起　刘建国　张炳江　李泽民　王东升　刘宝迎　崔红梅(女)
赵年伏(11月调出)　廉桂峰(11月调出)　刘国建　李明海(11月调入)

宁河县人大常委会领导名单

主　任:王志刚

副主任:张国权　刘克忠　韩绍昌　康振河　赵锦秀(女,兼)

宁河县政府领导名单

县　长:李树起

常务副县长：张炳江

副县长：李泽民　杨　霞(女)　李润得　姜福元　张金明

县长助理(副县长级)：李军峰

政协宁河县委员会领导名单

主　席：孙会元

副主席：李振亮　李志军　李敬霞　董恩兴　王　琢(兼)　郑宗富(兼)　于东祥(兼)　崔玉君(女，兼)

宁河县县级领导名单
(2011年12月换届后)

中共宁河县委领导名单

书　记：李树起

副书记：张炳江　王东升

常　委：李树起　张炳江　王东升　李泽民　崔　奕　刘宝迎　崔红梅(女)　刘国建　韩学群　李明海　张付川

宁河县人大常委会领导名单

主　任：王志刚

副主任：刘克忠　韩绍昌　姜福元　康振河　赵锦秀(女，兼)

宁河县政府领导名单

县　长：张炳江

常务副县长：李泽民

副县长：崔　奕　杨　霞(女)　李润得　张金明　李春海

县长助理(副县长级)：李军峰

政协宁河县委员会领导名单

主　席：刘建国

副主席：李振亮　李志军　李敬霞　赵仲春　田淑敏(女)　于东祥(兼)　崔玉君(女，兼)　武文术(兼)

(县委组织部提供)

政　治

概况　2011年，是实施“十二五”规划的第一年，宁河经济社会发展取得显著成果。宁河县委、县政府认真履行职能，团结带领全县各级党组织和广大党员干部群众，以邓小平理论和“三个代表”重要思想为指导，深入贯彻落实科学发展观，围绕“抓住两大机遇，坚持三个面向，培育五大产业，建设四大新区”的战略构想和战略任务，按照“调结构、增活力、上水平”的总体要求，抢抓机遇、攻坚克难，开拓创新、真抓实干，圆满完成各项任务，实现了“十二五”开局高起步。宁河县委坚持党要管党、从严治党，以执政能力和先进性建设为主线，全面加强党的思想、组织、作风、制度和廉政建设，各级党组织的凝聚力、创造力、战斗力明显增强，领导班子和领导干部的执政能力和领导水平不断提高，为经济社会发展提供了坚强的组织保证。县政府各部门攻坚克难、干事创业，始终坚持科学发展主题，以改善民计民生为目标，优化经济结构，推动产业转型，统筹城乡发展，创新社会管理，保持了全县经济社会持续快速健康发展态势。政法工作服务全县发展大局，落实司法为民要求，为宁河的和谐发展提供了司法保障。工会、共青团、妇联等群团组织切实履行职责，充分发挥在加快宁河发展中的积极作用，并取得显著成绩。

（田 莉）

中共宁河县第十一次代表大会 2011年12月6日至9日，中国共产党天津市宁河县第十一次代表大会召开。李树起代表中共宁河县第十届委员会作报告。总结第十次党代会以来全县工作的主要成就和基本经验，明确今后五年宁河县经济社会发展的总体目标和战略任务。会议审议通过《中国共产党宁河县第十届委员会工作报告》、《中国共产党宁河县纪律检查委员会工作报告》和《中国共产党宁河县第十一次代表大会关于中共宁河县第十届委员会报告的决议》，选举产生中共宁河县第十一届委员会和中共宁河县纪律检查委员会。9日召开中共宁河县委十一届一次全体会议，县委委员、县委候补委员参加。全会选举李树起为中共宁河县第十一届委员会书记，张炳江、王东升为副书记。当选县委常委的有李泽民、崔奕、刘宝迎、崔红梅（女）、刘国建、韩学群、李明海、张付川。

（田 莉）

宁河县十四届人大一次会议 2011年12月19日至23日，宁河县第十四届人民代表大会第一次会议召开。会议审议通过宁河县人民政府工作报告的决议（草案），宁河县2011年国民经济和社会发展计划执行情况与2012年国民经济和社会发展计划的决议（草案），宁河县2011年财政预算执行情况和2012年财政预算的决议（草案），宁河县人民代表大会常务委员会工作报告的决议（草案），宁河县人民法院工作报告的决议（草案），宁河县人民检察院工作报告的决议（草案）。选举产生宁河县第十四届人大常委会主任、副主任、委员，县人民政府县长、副县长，县人民法院院长，县人民检察院检察长。王志刚当选宁河县第十四届人大常委会主任，刘克忠、韩绍昌、姜福元、康振河、赵锦秀（女，兼）当选副主任；张炳江当选新一届县人民政府县长，李泽民、崔奕、杨霞（女）、李润得、张金明、李春海当选副县长。李强当选县人民法院院长，肖荣会当选县人民检察院检察长。

（田 莉）

政协宁河县十届一次会议 2011年12月18日至21日，中国人民政治协商会议天津市宁河县第十届委员会第一次会议召开。会议听取审议政协宁河县第九届委员会常务委员会工作报告和提案工作报告；列席县十四届人大一次会议，听取并讨论县人民政府工作报告和其他报告；选举产生政协宁河县第十届委员会领导机构，刘建国当选政协宁河县第十届委员会主席，李振亮、李志军、李敬霞、赵仲春、田淑敏（女）、于东祥（兼）、崔玉君（女，兼）、武文术（兼）当选副主席；审议通过大会决议。

（田 莉）

党务工作 2011年，宁河县处级党员干部深入基层联系点3010次，帮助基层解决矛盾纠纷1260起，解决发展难题475个。在窗口单位和服务行业开展“为民服务创先争优”活动，在全县基层党组织中开展“学讲话、比贡献、创佳绩”主题实践活动。举办各类培训班32期，培训领导干部1300余人次。加大乡镇局领导班子调整力度，提拔领导干部53人（其中妇女干部11人），实施“1233”人才培养工程，招录行政事业干部244名。发动各级领导干部开展帮扶活动，帮助220家企业完成科技型中小企业认证。“两新”组织党组织组建工作取得重大突破，全县新社会组织新建党组织34个，覆盖率51%，新经济组织新建党组织55个，覆盖率100%。实施大学生村官“12345”培养工程，在全市特色组织工作成果展评比中，宁河县“原籍大学生‘村官’积极投身新农村建设”获得全市特色组织工作成果展“十佳”称号。县电视、广播两台开设《聚集惠民工程》、《热点报道》等专题栏目，解答群众关心的热点难点问题。开办“调结构、增活力、上水平”、“三重工作巡礼”、“科技型中小企业在成长”等20个专栏，深入报道县工业园区开发、民计民生等方面情况。在市级以上新闻媒体刊发、播出反映宁河经济社会发展成果的新闻稿件（含照片）400余篇。中央电视台播出《七里海的秋天》和《嫁对情郎入对行》两个专题片。组织百余名新华社签约摄影师到县采风，推出500余件优秀摄影作品。举办第四届七里海文化旅游节，推出大型活动38项，接待游客30余万人次，创造旅游综合收入近1亿元。创作200余部（件）文艺作品。新建农家书屋100家，实现283个村农家书屋全覆盖。新建村文化室100个。对全县湿地文化、英雄文化、民俗文化等12种文化资源进行系统挖掘梳理。县纪委、监察局组织乡镇委局主要领导干部在县电视台向社会公开承诺40余人次，党员领导干部签订廉政承诺书1500多份。畅通信访举报渠道，健全信访举报指导员和联络员制度，14个乡镇选聘14名信访举报指导员，选出311名信访举报联络员。全年受理群众初信初访72件次，比上年下降14%。初核案件36件，立案24件，结案20件，处理党员和干部24人，其中开除党籍9人。加强精神文明建设，开展“奋战300天”城乡市容环境整治专项活动。组建10支城市管理志愿者文明督导队，共2000余人。推进文明单位、文明社区、文明村镇等群众性精神文明创建活动。与唐山地区开展精神文明“友邻共创”活动，6对相邻村先行先试，实现信息共享、设施共用、交通共建、文明共创。在全国开创跨省市文明共建先例。推选8名事迹突出的道德模范组成宣讲团，在乡镇开展巡回宣讲6场；在县电视台开办“和谐宁河、身边感动”栏目，宣传报道20位道德模范事迹。评选百名“文明学生标兵”、千名“文明学生”。新建“快乐营地”10个。县首个乡村少年宫项目在潘庄镇西塘坨小学启动。

（陈　兵　陈宝阳　胡子毅　王士兴）

政务工作　2011年，宁河县参加机关公务员考核1436人，9678人参加事业单位考核。行政单位中，28名公务员竞争为正科级职务，15名公务员竞争为副科级职务；事业单位中，49名工作人员竞争为正科级职务，65名工作人员竞争为副科级职务。推荐上报专业技术高级职称47人，中级职称94人。全年进行机构改革的事业单位443个。办理工资审批手续94人。办理机关、事业单位退休审批手续106人。县行政许可中心受理行政许可事项、非行政许可审批事项19739件，办结19741件（含上年跨转事项2件），现场审批率100%，按时和提前办结率100%。对行政审批事项进行统一清理规范，数量由原来的403项减至282项，平均承诺办结时限由原来的8.17天减至6.4天，全县行政审批事项名录和办事指南在政务网、审批服务网统一公开。组织各审批职能部门成立审批服务科，各职能部门办理立等可取件13038件，占办件总数的66%。年内，全县有109个投资项目进入联合审批程序办理，其中办结93项，总投资额191.16亿元人民币、60.7万美元。14个乡镇的行政服务中心全部按照“五个统一”的标准挂牌成立。“8890”家庭服务网络中心宁河执行部受理市民求助事项2541件，办结率100%。县信访办受理群众来信来访2037件次，比上年下降18.2%。推行“四家工作法”（把来访群众当家人，把群众来信当家书，把群众的事当家事，把群众工作当家业）。全县14个乡镇全部建立综治信访服务中心，重点村队成立综治信访服务站，将信访工作的触角延伸到村队、社区前沿。重大政治活动期间，未发生集体进市上访和进京非正常上访事件。

（刘建军　陈喜辉　董连军　王士兴）

政法工作　2011年，宁河县委政法委开展不稳定问题大排查活动，妥善处置3起非法聚集事件。组织政法部门开展清理整顿涉法涉诉信访积案活动，10件全部终结。平安系列活动中，全县命名平安社区20个、平安村201个、平安单位78个，平安家庭11637个，平安示范村3个，平安示范单位5个。开展专项打击活动，破获刑事案件721起，打击处理320人，抓捕网上逃犯215人。全县295个村（居）综治信访服务站均挂牌办公，接待群众信访4894人次，解决问题289件、纠纷584件。公安宁河分局破获年内刑事案件812起，年前积案152起。打击处理各类违法犯罪嫌疑人394名（提请批准逮捕222人，直诉161人，劳动教养11人）。其中，破命案11起（外省市命案6起、积案1起）；打掉恶势力犯罪团伙7个，破获涉黑涉恶案件24起，抓获涉黑涉恶团伙成员30人；打掉毒品犯罪团伙4个，侦破涉毒案件40起，打处涉毒违法犯罪嫌疑人21人，收缴各类毒品2539.22克，查获吸毒人员40名。抓获网上在册逃犯83名，清网率94.8%，在全市各分局中名列第一，被市局评为“对清网行动做出突出贡献”单位，荣立集体二等功。经济犯罪案件立案88起，破案85起。打掉储藏印制假发票窝点24个，收缴假发票20万份；收缴假人民币58000元；捣毁非法生产窝点168个，查扣盗版光盘10000余张，查封机油兑装生产线1组。查处治安案件6885起，收缴制式枪支16支，子弹890发，管制刀具373把。县检察院立案侦查贪污贿赂等职务犯罪案件17件17人，其中大案16件16人。通过办案为国家和集体挽回经济损失410余万元。受理提请逮捕案件149件220人，经审查批准逮捕149件222人。受理移送起诉案件223件370人，经审查提起公诉218件366人。加强对刑事立案、侦查、审判活动监督，立案监督2件2人，改变定性14件14人，纠正侦查机关适用法律不当10件13人，追诉1件1人。建议公安机关撤诉1件2人，对4人做出不捕决定。受理各类民事行政申诉案件5件，立案4件，其中提起抗诉2件，不立案1件，改判1件。受理举报26件26人，控告申诉9件15人，无一群体访和进京访发生。县法院受理各类案件8976件，审结7879件，结案率87.78%，比上年上升1.66个百分点。受理刑事案件337件，审结315件，结案率93.47%，收结案分别下降3.71%和3.67%。受理各类民商事案件5418件，审结4820件，结案率

88.96%,新收案件上升 24.14%。受理行政案件 9 件,审结 8 件;受理审查行政非诉执行案件 150 件,147 件准予执行。受理执行案件 3061 件,执结 2586 件,执结率 84.48%。接待群众来访 240 人次,来信 7 件。审理再审案件和发回重审案件 43 件,审结 38 件。清理积案 73 件。

(王　萍　关文宝
运明智　孙凤晖)

人民团体工作　2011 年,宁河县有基层工会组织 1630 家,会员 121034 人。新建工会 118 家,发展会员 7680 人。培训职工、农民工 2.6 万人次。推动非公企业建立企业职工工资正常增长机制,维护职工合法权益。健全困难职工帮扶网络,筹集资金 78 万元,帮扶困难职工 1250 人次。完善职工医疗互助制度,活动范围扩至 200 人以上企业。广泛开展劳模评选表彰活动,评选出 2010 年度天津市劳动模范 17 名、天津市模范集体 1 个。全县 14 个乡镇均配齐 9 至 11 人的乡镇团委,选举委员 130 名,书记 14 名。举办青少年纪念建党 90 周年系列活动启动仪式暨"为党旗增辉、传革命精神、弘时代正气"授牌表彰大会、纪念五四运动 92 周年大会等系列活动。青年创业中心、青年创业广场增设技能培训 10 种。与天津市 9 家企业签订长期用工协议,输送青年就业 2000 余人。新建青年就业创业见习基地 18 家,全年提供见习岗位 645 个,上岗 511 人。开展创业培训 12 期,金融知识培训 12 期,累计培训 2300 人次。举办创业项目推介会 5 场,推广创业项目 10 个。协调团市委为 3 家企业融资 1400 万元。为创业青年发放贷款 91 笔 2300 万元。筹资 5 万元用于 3 所学校图书馆建设,筹资 23000 元对口援建新疆 1 所希望小学图书馆,筹资 30 万元在丰台镇后棘坨村援建"郑汝铨希望小学"。县妇联于 3 月 8 日召开纪念"三八"国际劳动妇女节 101 周年暨先进事迹报告会,对 70 个单位和个人进行表彰。举办宁河县第 30 届妇女"三八"健康杯体育活动通讯赛,40 支代表队 500 余名运动员参加比赛。新建"半边天家园"68 个,全县半边天家园 198 个。创建市级"巾帼示范村"1 个,市级"双学双比"示范基地 1 个,县级"巾帼示范村"14 个,县级"双学双比"示范基地 14 个。万名女带头人培训工程,新增培训指标 1500 人。筹资 10 万元,救助单亲困难母亲。筹集助学款 13.7 万元,资助困难学生 100 名。县妇儿工委办公室完成《妇女儿童发展规划(2001—2010 年)》监测评估工作,撰写完成《宁河县妇女儿童发展规划终期监测评估报告》。4 月 23 日,市长黄兴国在宁河主持召开天津市妇女手工编织现场推动会议,推广宁河县经验。8 月,成立宁河县妇女手工编织业协会,吸纳个人和企业会员 50 个。全县 2 万余名妇女通过手工编织实现灵活就业,手工编织产品远销 30 多个国家和地区,年产值超过 1 亿元。

(陈文健　刘广军
刘玉红　王士兴)

2011年 9 月 26 日,全国妇联副主席、书记处书记甄砚(左三)率队视察宁河县妇女手工艺品发展中心。

经　济

概况　2011 年,宁河经济平稳较快增长,生产总值完成 229 亿元,比上年增长 30.9%。其中,第一产业增加值 23.49 亿元,增长 5.3%;第二产业增加值 113.04 亿元,增长 23.6%;第三产业增加值 92.34 亿元,增长 24.6%。全县财政收入 40.63 亿元,增长 35.3%。人均财政收入 10491 元,增长 33.9%;职工人均工资(县属)45379 元,农民人均纯收入 11553 元,分别增长 11%和 15%。全年固定资产投资完成 287.2 亿元,增长 31.9%。农业基础作用更加巩固。全县农林牧渔业总产值 48.17 亿元,增长 11.8%。全年农作物种植面积 4113.33 公顷,棉花种植面积 1.6 万公顷,蔬菜种植面积 8400 公顷,全年肉猪出栏 84 万头,增长 4.2%;家禽出栏 1837.8 万只,增长 13.7%;肉类总产量 9.67 万吨,增长 7.3%;禽蛋产量 1.81 万吨,增长 0.5%。渔业生产保持稳定发展。全县养殖水面

7266.67公顷，与上年持平，其中淡水养殖面积7053.33公顷；水产品产量4.69万吨，增长10%。工业生产平稳增长。全年完成工业总产值488.5亿元，增长22.2%，其中规模以上工业总产值324.96亿元，增长18.2%。

（田　莉）

农业　2011年，宁河县耕地面积3.87万公顷，农作物播种面积4.11万公顷。农村经济总收入353.57亿元，比上年增长16.3%。农业增加值23.49亿元，增长5.3%，种植业收入16.11亿元，增长10.8%，种粮直接补贴和农资综合补贴涉及14个乡镇、257个村队、3.63万户、12个国有农场。种粮直补面积1.67万公顷，补贴1814.28万元，其中，种粮直接补贴733.22万元，生产资料综合补贴1081.06万元。全县新增设施农业占地面积775公顷、建筑面积297.31公顷，建成棚室3828栋。建设农村户用沼气池1500座，农村沼气服务网点8处。建成宁河鑫瑞畜牧养殖场大型沼气工程，建成809立方米厌氧发酵罐和394模式储气柜等，投产后年产沼气35.77立方米。完成宁河县国家绿色能源县建设实施方案申报工作。完成野生植物资源和外来入侵生物黄顶菊调查。加强无公害产品(种植业)产地认定、产品认证和证后监督管理，天津市津沽粮食工业有限公司"津沽"牌大米参加天津市无公害农产品典型企业评选及中国农产品区域品牌评选。新增无公害农产品(种植业)产地认定286.67公顷，无公害农产品(种植业)产地认定面积2.06万公顷。全县形成具有一定规模和带动能力的农业产业化组织378个，固定资产总值9.16亿元，进入产业化组织从业人员7360人。通过各种合作联结方式，带动全县进入产业化体系农户6.23万户，其中通过订单带动3.86万户。全县各级龙头企业98家，其中资产千万元以上的市级重点农业龙头企业24家，资产总值16.6亿元，固定资产总值6.6亿元，销售收入14.5亿元，带动农户47528户从事农业产业化经营。具有一定规模和带动能力的专业化农产品批发交易市场5个。其中县贸易开发区综合批发市场被国家农业部批准为第11批农业部定点市场，成为国家级"菜篮子"。创办各类农民专业合作经济服务组织505家，资产总额13亿元，入社社员10404人带动6万余户参与农业产业化经营，有效提高了农民的组织化程度，促进农民增收。为9家农民专业合作社申请扶持资金280万元。创建综合型文明生态村15个，提升型6个。实施农民素质提高工程，全县培训40026人，28761人取得证书。

（杨长水　刘志未）

工业　2011年，宁河县有工业企业3207家。总资产285.7亿元。工业总产值488.5亿元，比上年增长22.2%；利税总额24.3亿元，增长12.5%。工业总产值占全县工农业总产值的90.3%。全县工业涉及26个行业，1000余种产品，主要有金属制品、食品加工、机械制造、新型材料、高档包装纸五大主导行业。列入天津市重大工业项目4项，计划总投资120.9亿元，年内投入资金102.4亿元，分别为玖龙纸业高档包装纸项目、荣亨石油钻采设备项目、英利光伏电产业项目、天津百利展发集团有限公司项目。列入市政府1—6批重大项目中有工业项目48个，计划总投资391.4亿元，年内计划投资47.07亿元，自项目开工累计完成投资249.36亿元，占计划总投资的63.7%，完成投资38.15亿元，占当年计划投资的81%。48个项目中，试生产或已投产26个，累计完成投资178.23亿元，企业与银行达成融资意向1.36亿元，到位贷款2900万元。全县申报天津市郊区工业科技创新项目18项，列入市科技创新项目3个。正方工业有限公司研发的SMC新型绝缘材料生产的配电箱柜系列产品，有25项获得发明专利，是电力、铁路、石油自动化控制的更新换代产品，被国家有关部门批准在全国推广使用。天津芦阳化肥股份有限公司的壳体固氮缓释复合肥料技改及建氨站项目的实施，提高了产品质量，年节约标准煤1.4万吨，是全县第一个列入国家支持的项目。达亿钢铁公司转炉煤气回收综合利用项目，投资3800万元对转炉配套系统进行节能减排改造后，年可节约标准煤30711吨。全县科技型中小企业转型升级72家，完成指标任务的360%。茂川大厦和幸福广场写字楼两个"亿元楼宇"招商工作进展顺利，与100多家单位达成入驻意向。至年底，工业企业从业人员8.27万人。个体私营企业发展到12026家，从业人员24072人。实现产值347亿元，占全县工业总产值的86.8%，上缴税金7.7亿元，增长22.5%。有78家企业完成ISO9000质量体系认证，5家企业完成ISO14000环保认证和ISO18000职工安全健康认证，10家企业完成特殊行业认证。

（赵树山　田　莉）

商贸服务业　2011年，宁河县第三产业增加值92.34亿元，比上年增长24.6%；三产固定资产投入77亿元，增长51%；社会消费品零售额59.12亿元，增长10.4%；新批外资企业4家，合同外资额12290万美元，增长20.89%；实际利用外资18090万美元，增长21%；出口创汇额1.35亿美元，增长43%。全县销售家电下乡产品52258件，销售金额11161

万元,补贴金额1450.9万元,家电以旧换新产品销售23112件，销售金额7840万元，补贴金额529万元。全年出动执法检查1261人次,车辆349台次,对全县14个集贸市场、18个摊群市场、2个菜市场、10家猪肉零售店、2家定点屠宰厂进行拉网式大检查,猪肉市场价格稳定,无制售贩卖违规猪肉行为，猪肉经营户证照齐全,定点屠宰率、使用定点猪肉率、出厂合格率均达100%。县内定点屠宰厂屠宰量10.5万头，无害化处理220头。审批发放酒类流通许可证62份,查处没收假冒白酒6个品牌2000余瓶。发展典当企业3家,新建、迁建、改建加油站6个,新批煤炭经营企业2家，争取政策支持资金50万元发展家政服务业。为13个在谈、在办、在建外商投资项目做好政策咨询、跑件办件、部门协调等全过程服务,完成18家外商投资企业合同、章程条款变更审批工作,为外商投资企业审批加工贸易合同60份，进口料件2800万元，增长182%，出口成品总值3600万美元，增长192%;为6家企业开具生产能力加工证明,为55家外商投资企业办理年检申报,合格率100%;办理因公出国(境)团组24批39人次,邀请外国人来华4批5人次。举办宁河县第二届七里海湿地河蟹节系列活动。活动期间,到七里海湿地旅游观光游客30余万人次,比上年增长36%；旅游综合收入1.6亿元,增长28%。县供销社与县烟草专卖局续签新一轮烟草联营合作协议,全年完成销售额4.7亿元。酒类专卖公司加大经营网络结构调整力度,在市区、滨海新区、芦台镇乃至唐山地区建设网点6家，成功打造地产名酒“芦台春”特色品牌,全年实现销售额5600万元。盐业公司抓盐政执法、稳食盐市场，全年实现销售额1260万元。土产公司实现主营业务与拓展业务互补，全年完成销售额2200万元，其中烟花爆竹1200万元。各类农资商品库存充足,销售情况良好,完成销售额4511万元。赛丰广场、芦阳大厦分别实现成交额1.03亿元、6600万元。

(高　杨　张　艳)

开发区建设　2011年，宁河经济开发区实现国内生产总值44.24亿元,利润总额1.9亿元,完成计划的103.27%;固定资产投入42.77亿元;财政收入2.5亿元,完成计划的125.04%。实际利用外资9500万美元,完成计划的206.52%;内联引资33.005亿元，完成计划的111.88%;外贸出口交货值6500万美元;工业总产值140亿元，完成计划的246.28%。新入区项目13个,协议投资总额8.83亿元，占地面积29.84公顷,其中注册公司3家,注册资本230万元。亿元以上项目3个。在建项目21个，协议投资122.78亿元,占地19.27公顷。即将开工建设项目5个,项目总投资9.9亿元,占地46公顷。在办项目13个,项目投资总额3.27亿元,占地27.62公顷。在谈项目8个，预计投资总额22.35亿元,占地87公顷。投资1900万元加强基础设施建设，安置就业500多人。贸易开发区市场交易额23亿元,比上年增长9%,创历史新高。投资36万元实施蔬菜批发市场改建工程。维修检查井、收水井16座,疏通检查井、收水井43座,排水管线650延米,改进公厕4座,恢复混凝土破损路面2处，为市场安全运营提供硬件保障。宁河现代产业区完成工业固定资产投入49.4亿元,内联引资35.29亿元，第三产业投入10.5亿元，土地出让金17.52亿元,引进注册科技型中小企业42家。基础设施累计投资近8亿元，配套企业投资4.5亿元。累计签约项目24个,投资额400多亿元。格力空调、宜家宜居、河东区合作区域科技型中小企业等十几个项目在谈。其中,被列为市级重大项目12个,列为县级重大项目17个,单体内资10亿元以上项目8个,外资项目2个。24个入区项目中,大部分开工建设。完成新注册科技型中小企业42家。天津潘庄工业区入区项目累计43个,总投资38亿元，年产值145亿元,利税8.02亿元。基础设施建设累计投资2.7亿元,投资1.2亿元先后完成园区四经路、六经路、一纬路建设工程,同步完成配套管网、绿化提升工程。投资1.5亿元建设“三路一桥”(二纬路、三纬路、五经路,五经路桥梁)。投资1.6亿元的雨水泵站工程、给水厂工程、污水处理厂(一期)工程完成图纸设计、工程量单审核,完成招标和施工前的准备工作，建成投产项目37个，在建项目3个,在办项目8个,新签约项目6个,形成以食品加工、金属制品、商贸物流为重点的产业格局。

(闫　颖　王作金
李　强　张鸿江)

财政工作　2011年，宁河县财政总收入406266万元,完成预算的105.8%,比上年增长35.3%;地方一般预算收入126996万元,完成预算的126.7%,增长58.4%,基金预算收入192641万元，完成预算的105.8%,增长25.4%。全年财政支出418565万元。全年拨付教育资金52870万元,投入6893万元,完成校舍安全加固及功能提升任务。拨付医疗卫生经费12300万元，支持公共卫生体系建设。科技支出2400万元,支持企业科技进步,安排粮食直补、农资综合直补、良种补贴资金2604万元，受益农田1.53万公顷，惠及农户36264户；投入8556万元,支持设施农业、造林工程、水利工程建设,投入3376万元用于农业综合开发,支持土地综合改造2000公顷,改善农业生产条件。支出1300万元,保证家电下乡和家电以旧换新补贴政策落实。投入社保资金5950万元,落实城乡居民养老保险和老年人生活补助政策,提高城乡低保、优抚对象和特困人员补助标准,落实下岗职工再就业政策,全年扶持公益性岗位5592人次。融资20亿元,支持县重点工程建设。

(兰宝来 田 莉)

税收工作 2011年,宁河县国税局实现税收57503万元,比上年增收6824万元,增长13.47%。全年申报固定资产进项税额55263万元,实际抵扣10175万元。落实出口退(免)税政策,审核通过应退免税额12977万元,其中退税7830万元,免抵税额5147万元,办理退免税额9781万元。落实减免税政策,支持中小企业发展,审批退税85户次,退库增值税204万元。对139户企业开展增值税税负核查,补缴税款155万元,调减留抵税额3159万元。对全部825户查账征收企业进行"一对一"辅导,强化核定征收。有1069户企业参加2010年度所得税汇算清缴,入库税款6217万元,比上年增收3617万元,增长139.12%,亏损面由上年的25.05%降至5.58%,下降19.47个百分点。全年评结159户,查补入库税款235万元,调增应纳税所得额1223万元。县地税局完成税收收入83382万元,比上年增加15769万元,增长23.32%。加强税收征管工作,落实各项税收优惠政策,为纳税人减负,55户企业享受税收优惠政策,合计减免3226.81万元。为19户企业办理房产税、土地税困难减免手续,合计减免税额126.6万元。加大税收控管力度,62户外商投资企业参加联合年检,参检率81.58%。全年安排5批162户税收检查,先后三次组织开展企业所得税、个人所得税、房产税、土地税、车船税自查,自查638户,实现查补收入2152万元。纳税评估446户,入库税款1270万元。

(王新欣 付克为)

工商行政管理 2011年,工商宁河分局新登记注册各类内资企业482户,其中民营企业456户,比上年增加72户,增幅17.56%,新增注册资金23.45亿元,比上年增加7.58亿元,增幅47.81%。全县各类企业4038户、注册资金195.75亿元。新发展个体工商户1683户,注册资金2154.3万元,比上年增加97户、7651.9万元,增幅分别为6.12%和38.77%。全县个体工商户9288户,注册资金57726.5万元。农业专业合作社突破500家,其中联合社3家,出资总额13.46亿元。全县商标注册140件,接受企业、商户咨询并解答商标注册问题31个,为企业和商户设计商标51件/次。抓好流通环节食品安全监管,确保辖区流通环节食品安全。全县食品经营户2163户,其中1114户领取食品流通许可证。对5家违法销售不合格食用油经营者立案调查,查扣违法食用油5405公斤。查办案件70件,其中查处取缔无照经营案件62件,查处个体工商户违反登记管理法规案件19件。受理申诉和举报233件,为消费者挽回直接经济损失310.68万元,申诉、举报办结率100%。消费者协会、分会接受社会咨询613件,增长31%;受理消费者投诉82件,为消费者挽回直接经济损失22.38万元,增长42%;投诉调解成功率100%。发放各种宣传材料2000余份。现场接待咨询服务500余人次。受理消费者申(投)诉72人次。打击传销规范直销,出动执法人员124人次、车辆52台次,驱散遣返传销人员16人次,捣毁传销窝点3个,检查出租房145处、各类宾馆茶室等聚会场所56处。捣毁"黑网吧"27家,没收电脑主机126台、显示器121台。切断黑网吧接入网线20户。

(曾现龙 田 莉)

物价管理 2011年,宁河县物价局出动检查414人次,检查334户次。受理群众价格举报案件2件,销售商品标价签4.3万张。对全县行政事业性、经营服务性收费进行年度审验,审验收费许可证186个,审验收费资金23104.7万元。全县换发收费许可证186个,清理整顿行政事业性收费13项。对全县生猪、鸡蛋成本及饲料、农业生产资料及杂粮市场价格监测,上报报表24份。开展农副产品、肉蛋鱼菜、粮油等价格监测,每周两次上报报表108份。及时向社会公布2500余种药品价格,三次调整成品油价格,调整地下水水资源费征收标准,城市公共供水管网覆盖范围内的地下水水资源费征收标准由每立方米3.00元调整为3.40元,公共供水管网未覆盖区域的地下水水资源费征收标准由每立方米2.40元调整为2.80元。全年受理公检法司案件、交管部门交通事故车辆及车载货物定损认证案件1613件,认证金额1358万元。受理刑事案件45件,认证金额487万元。民事案件9件,认证金额22万元。交管部门交通事故车辆及车载货物定损认证案件1189件,认证金额849件。

(王雅辉 田 莉)

质量监督与管理 2011年,宁河县质量技术监督局完成天津市名牌企业复评2家,申报天津市名牌企业1家,采用国际标准企业2家,"芦台春"酒荣获国家地理标志保护产品，宁河县重大质量与安全事故为零。全年出动执法人员2485人次，查处各类违法案件35件，受理群众举报投诉案件15件。帮助企业查询标准700多个，起草修改、修订标准并备案100个，办理执标登记49家168个标准，完成采标工作2家。举办GB/T1.1-2009国家标准培训班，50多名企业标准化管理、技术人员参加培训并通过考核。办理组织机构代码1681个，年检业务2064个，废置代码46个，整理纸质档案3200份，办理信息公开查询业务49件。办理条码注册4家，续展6家。宣传标准化法律法规，发放各类宣传资料2100余份。检查在用计量器具58台件；检查定量包装产品39批次，检查参加商业计量诚信活动的加油站26家，加油机196台；对取得计量免检"C"标志的企业换证3家；完成计量体系认证到期换证企业2家，完成测量体系认证1家，对耗能5000吨以上企业调查摸底，6家企业建立档案。检定计量器具8150台件，为跨地域企业提供计量检定服务50余次。出动执法366人次，检查各类生产企业156家，立案查处案件14起，结案14起，涉案物品货值14.26万元。全年服务企业6524家次，接受法规标准培训600余人次。

（徐志发　田　莉）

审计工作　2011年，宁河县审计局完成审计项目36个，查出违规金额1557万元，全部上缴财政。管理不规范资金48296万元，提出审计建议62条，均被审计单位采纳。撰写审计信息、宣传文章、简报56篇，被天津市审计局采纳36篇次，《审计科学与实践》发行28期。完成6个部门执行的2010年部门预算审计，查出违规资金139万元，全部上缴财政。管理不规范资金31688万元，提出审计建议13条。开展财政决算审计，查出管理不规范资金410万元，提出审计建议8条。对6个单位开展行政事业审计，查出违规资金1418万元，管理不规范资金8101万元，提出审计建议18条。对固定资产投资进行审计，查出管理不规范资金509万元，提出审计建议3条。对9个单位的10名领导干部进行经济责任审计。开展专项资金审计与审计调查，查出管理不规范资金5496万元，提出审计建议19条。开展企业审计，查出管理不规范资金2092万元，提出审计建议1条。

（李宏秋　田　莉）

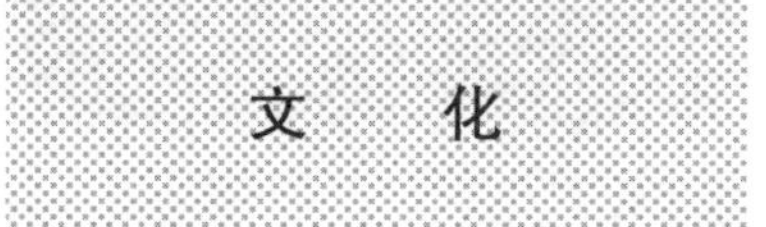

文　化

概况　2011年，宁河县文化事业协调发展。开展送戏、送书、送电影、送文化器材"四下乡"活动，放映数字公益电影3396场，观众达120多万人次，实现全县283个村一村一月放映一场电影的目标，解决群众看电影难问题。举办第四届七里海文化旅游节、第二届七里海湿地河蟹节、第五届社区文化艺术节，举办庆祝建党90周年大型文艺演出和"党在我心中"中小学生读书征文演讲比赛。农家书屋在全县283个村实现全覆盖，赠送图书累计达45万册。宁河县第三次文物普查工作取得阶段性成果。出版《宁河县文物图集》，开展非物质文化遗产普查和汇总工作。重点对民俗文化、民间文学、民间音乐、民间舞蹈等41类300个项目进行整理，出版《宁河县非物质文化遗产图典》。天尊阁大修工程全面完成，接待游客10万多人次，北淮淀乡北淮淀村、板桥镇盆罐村被市政府命名为市级民间文化特色村。县新闻中心在"两台"新闻节目开辟"两会特别报道"、"代表委员专访"、"展望十二五"、"调结构、增活力、上水平"、"创三优系列谈"、"迎接建党90周年推进宁河跨越发展"等栏目；开设"走基层"专栏，每周保持4篇左右的发稿量；并长期开设"强力招商引资，推动项目强县"栏目，宣传全县招商引资活动及项目进展落实情况。结合县中心工作先后开辟"三重工作巡礼"、"设施农业在宁河"、"科技型中小企业在成长"、"争先创优"、"同在一方热土共建美好家园"、"劳模风彩"、"植树造林绿化宁河"等18个栏目。并与新华通讯社联合，开设《新华社视频新闻》，以视频新闻、文字新闻、图片新闻等方式加大新闻宣传量。

（田　莉）

文化活动　2011年，宁河县成功举办春节系列文化活动、七里海文化旅游节、社区文化艺术节。歌曲《欢迎你到七里海》、《说唱七里海》，快板《谈古论今话宁河》、《五大工程新亮点》等一批优秀节目参加2011年春节文艺晚会和七里海文化旅游节演出。赵文梅、赵文芬获全国评剧票友大赛十大名票称号。邀请石家庄评剧院来县演出10场传统评剧，满足广大戏迷看戏要求。开展"扫黄打非"专项斗争，送戏、送书、送电影、送文化器材"四下乡"活动，放映数字公益电影3396场。农家书屋在全县283个村实现全覆盖，赠送图书45万册。

（张明河　郝连用）

七里海文化旅游节　2011年6月28日至10月15日，宁河县举办第四届七里海文化旅游节，参与人数超过50万。举行"七里海魅力大舞台"综艺演出，"巧手编出新生活"妇女手工编织大赛，"爱祖国爱家乡"读书征文演讲比赛，"靓丽宁河风光秀丽七里海”摄影展，第三届七里海湿地河蟹节文艺演出等15项文化活动，邀请著名歌唱家李光羲、刘秉义等演出，受到广大群众好评。

（张明河　郝连用）

七里海旅游风景区

文艺创作　2011年，宁河县创作各种精品力作200多部(件)。《父亲回乡下了》荣获全国诗歌“鲁黎杯”大赛金奖，美术作品《记忆中的团聚》获天津市第15届群星奖铜奖。小品《天堂的微笑》、《狗尖》获全国“天穆杯”小品大赛一等奖。《游戏规则》、《情到深处》等5部电视连续剧分别在中央电视台、天津电视台播出。12位作者的长篇小说发表，多篇作品被《人民文学》、《小说月报》等报刊选载、转载或连载，书画、摄影、音乐等作品参加国家和市级比赛，其中获国家级优秀奖1项，市级一等奖9项、二等奖18项、三等奖33项。

（张明河　郝连用）

文化遗产保护　2011年，宁河县第三次文物普查工作取得阶段性成果。完成112处不可移动文物数据整理工作。出版《宁河县文物图集》，开展非物质文化遗产普查和汇总工作。重点对民俗文化、民间文学、民间音乐、民间舞蹈(如潘庄鹤翎会、芦台罗汉会、江洼口龙灯会、丰台八大帅)等41类300个项目进行整理，县政府公布宁河县第一批非物质文化遗产项目，出版《宁河县非物质文化遗产图典》。天尊阁大修工程全面完成，接待游客10万多人次，天尊阁成为县旅游一大亮点。北淮淀乡北淮淀村、板桥镇盆罐村被市政府命名为市级民间文化特色村。

（张明河　郝连用）

广播电视　2011年，宁河电视台更新定位3个电视频道，分别是新闻综合频道、文化娱乐频道、影视频道，发射功率覆盖全县。设有《宁河新闻》、《TV视线》、《荧屏纵横》、《华彩乐园》、《动漫天地》、《文化长廊》等栏目。调频立体声广播覆盖全县，每天播出18个小时，设有《宁河新闻》、《农民科技》、《评书连播》、《蓟运风景线》、《月光宝盒》等栏目。每月定期向天津区县联盟广播《联盟大视野》投送稿件，在区县联盟上稿量由全市农口区县落后位置上升到前五名。新闻中心在“两会”期间，开辟“两会特别报道”、“代表委员专访”、“展望十二五”、“调结构、增活力、上水平”、“创三优系列谈”、“迎接建党90周年推进宁河跨越发展”等栏目；开设“走基层”专栏，每周保持4篇左右的发稿量；开设“强力招商引资，推动项目强县”栏目，宣传全县招商引资活动及项目进展落实情况。结合县中心工作，先后开辟“三重工作巡礼”、“设施农业在宁河”、“科技型中小企业在成长”、“争先创优”、“同在一方热土共建美好家园”、“植树造林绿化宁河”等18个栏目。与新华通讯社联合，开设

2011年8月5日，宁河人民广播电台、宁河电视台“金芦杯”第五届广播电视主持人大赛颁奖晚会。

《新华社视频新闻》,以视频新闻、文字新闻、图片新闻等方式加大新闻宣传量。

(张　平　郝连用)

档案工作　2011年，宁河县档案馆政府信息公开查阅服务中心收集现行文件1880件。信息化建设总投资150余万元，库房安装密集架累计60列494立方米。开放档案14批8万余条信息。240个单位达到天津市合格标准。整理现行文件150件。执法检查20家单位,被查单位均达到合格标准。建立区域内历史、地理、人文特色档案3000余件,兵工专家俞濯之、根雕大师张宗泽等一批名人档案资料相继进馆。“351”工程、宅基地、建设项目、知青、地名等特色档案陆续进馆。完成宁河名人于敏、俞濯之、李兴中档案立项申报工作。实施李恩宝将军档案抢救工作,征集李恩宝档案16件12张。整理照片档案14卷949张。加强信息化建设，建立馆藏档案目录数据库,储存信息70万条。对重要的文书档案和兵役档案等进行全文数字化,完成250万页,占重点全宗档案的80%。建成照片档案数据库,扫描老照片9000余张。建成目录数据库299个,全文数据库33个。《古代巨泽七里海》图文资料在天津市档案网站重要位置登载。建立县、乡、村三级档案管理体制,强化乡镇档案检查指导,14个乡镇年度立卷71盒1122件。督促县直机关强化档案工作,68个单位完成年度立卷任务,归档798盒16288件。规范归档目录格式,20个单位安装今易系统软件并进行数据转换。接收66个单位文书档案1411卷、3933盒、67361件,会计档案71卷,新增9个全宗单位。整理县政府2001—2006年档案300盒6674件。接收建设项目档案1836卷。鉴定38个县直局级单位档案，开放324卷6278件。接待档案资料利用者3583人次,利用档案资料10263卷(册)。指导天津市重点建设项目运河家园工程规范建档，形成档案1333卷，天津市档案局验收通过。举办建设项目档案管理培训班,40人参加。完成32个项目工程档案的检查、指导、验收工作，移交进馆项目工程档案1836卷。培训企业档案管理人员280人，注册资本在1000万元以上的民营企业170家,120家实现档案规范化管理。完成16个机关档案单位评估验收。全县283个村全部建档,252个村实现规范化管理。县档案局与县纪检委等4个部门联合出台《宁河县农村集体经济承包合同档案管理办法》,建立联合培训、检查、考核机制,建立县、乡、村三级档案管理体制,确保农村核心价值档案的安全管理和有效利用。

(王士亮)

地方志工作　2011年，宁河县地方志办公室完成《天津区县年鉴(2011)》供稿任务。编辑《宁河年鉴(2011)》，年底出版。《宁河县志(1979—2010)》完成初稿修订工作,续修工作处于攻坚阶段。按篇目结构设置要求,依次展开业务培训、搜集整理资料、编辑资料长编、初稿撰写、意见反馈等工作。截至12月,123个单位完成资料搜集工作,编写资料长编500万字,上报初稿,县地志办完成133万字稿件的合编工作。初选照片1880幅。年内,邀请15名富有志鉴工作经验的老同志为修志补遗,收集材料4.5万字。方志资料丛书第二辑《清初良相杜立德》,经天津市地方志编修委员会办公室、市档案局、宁河县档案局和县地方志编修委员会办公室审查，于2012年初由天津古籍出版社出版，全书16万字。

(王士亮)

社　会

概况　2011年，宁河县社会事业全面进步，经济社会统筹协调发展。科技事业成果丰硕。积极转变经济方式,培育科技“小巨人”,加快资金向科研项目倾斜，与科研院所合作，促进科技成果向现实生产力转化。全年使用科技费用2427万元，有专业技术人员9924人,组织实施国家、市、县级科技项目49项。教育事业健康发展。积极发展素质教育，缩小城乡教育差距，加快教育设施和教师队伍建设，全面提高教育水平。至年末,全县拥有各类国有学校85所，国有幼儿园4所，教职员工4528人,有中等专业学校1所。九年义务教育率100%，高考录取率91.76%，其中本科录取率73.16%。卫生服务能力提升。加快卫生服务体系建设,推进医疗卫生设施建设,加强卫生人才队伍建设，全面提升城乡医疗水平。城乡居民医疗保险累计参保291320人,参保率102%。体育事业加快发展。举办县以上运动会1次，参赛运动员1565人次，举办各类体育培训班,参加人数115人次，各项目等级运动员达24人，拥有分项目各类儿童业余体校学员60人。全面完成计划生育各项指标，符合政策生育率95.28%，人口出生率9.28‰,出生人口性别比104.54，人口素质进一步提高。

(田　莉)

城市建设与管理　2011年,宁河县建委完成城区道路维修改造工程、4个小区环境提升改造工程,实施城区商品房开发工程，桥北新区开发工程。办理招投标手续73项、工程报建备案91项,审查各种合同

106份，监督工程91项，总建筑面积191.8万平方米，检测各类建材11000余组。办理各类房地产权属登记4938件。二手房交易资金监管606套，资金监管率94%。房屋拆迁行政裁决30件。办理廉租住房租房补贴1件，入户核查租房补贴续期手续48件，出租人申领补贴8件。办理物业管理服务合同备案3件，物业企业三级资质核定1件。执法巡查570人次，开发企业证后监管、市场巡查170余次，检查房屋中介机构36次。赵家园商品房一期工程竣工交付使用，南小区商品房一、二期开发工程主体完工。投资538万元，完成城区路面维修及城区排水管网疏通等工程。投资1600万元，完成4个住宅小区环境提升改造工程。投资83.83万元，完成市政工程管理中心路面维修工程。投资177.88万元，完成金翠路便道硬化工程。投资57.24万元，完成下水疏通工程。投资376万元，完成供热管网新建及维修改造工程。全县有直管公产住宅房屋1763.47平方米，供热面积197.62万平方米，管道天然气供气23875户，供气量300万立方米。城市道路全长55公里，面积40万平方米，路网覆盖率550公里/平方米，雨污分流排水管道长度55公里，雨水管道2.722公里，污水管道22公里，服务面积10平方公里。县市容园林委投入612万元用于环卫基础设施建设，购置各种清洁车辆10部，维修改造城区内40座公厕。全年清运生活垃圾10万余吨，清理乱倒垃圾杂物500余吨，清理道路81条次、脏乱点位29处、卫生死角19处、各种废弃物1500余吨。拆除户外广告30处，更新商招店招20处。完成户外广告牌匾行政许可72处。城区新增绿地面积95万平方米，安装灯杆573个。创建七里海市级卫生镇1个，市级卫生村15个，县级卫生村30个。

(张忠学 贾德权 郝连用)

环境保护 2011年，宁河县环境空气质量二级及以上天数占有效监测天数的88.3%，比上年上升2.1个百分点。地表水继续保持V类标准，蓟运河水质实现实质性改善。饮用水达标率100%。噪声功能区达标率100%。职权内审批新扩改建设项目213个，协助市局审批项目8个，验收项目47个，提前办结率100%，当天办结率96.2%。征收入库排污费698.7万元。发布环境监测预警6期、预警超标通报39份。18家企业被约谈，并按要求完成整改。接待和处理信访130件。加强固体废物污染防治。强化危险废物、医疗废物的集中处置管理，县医院、中医院等4家医疗机构医疗废物无害化处置均达到相关要求，县医院液体危险废物无害化处理走在全市前列。创建安静小区。桥北丽月湾小区被评为市级安静居住小区，光明小区、幸福小区、东方裕景和福康花园4个小区通过市级安静居住小区复测复核。推动大北涧沽镇创建全国生态镇步伐，经市环保局考核验收，各项指标均达国家考核要求，报请国家环境保护部复核批准。

(刘 鑫 郝连用)

芦台镇榕泽城住宅区

科技工作 2011年，宁河县科学技术费2430万元，占县级财政一般预算支出的1.39%。组织实施科技项目35项，其中市级以上科技项目9项、县级科技项目16项、农业实用推广技术10项，取得市级科技成果5项，获天津市科技进步三等奖1项。科技型中小企业服务网上注册企业529家，科技型中小企业群体规模451家。建成科技企业孵化器和生产力促进中心3家。申报天津市小巨人周转资金项目17项，其中15项通过专家论证，9个项目获周转资金5300万元，获贴息资助374.8万元。县科委争取国家级、市级科技项目任务5项，完成9项(国家级1项、市级8项)，获无偿经费325万元。天津市换新水产良种场承担太湖白鱼引进、新品种培育及繁育技术研究项目，将太湖白鱼引种移植到天津地区，进行养殖驯化、人工繁殖，选育适合北方地区养殖的鲌鱼杂交新品种，预计到2015年可实现太湖白鱼及杂交种的规模化、产业化生产，尤其是育成的鲌鱼新品种，将成为中国北方地区淡水养殖鱼类主要品种。实施县级科技项目16项，其中科研项目12项、示范项目3项、星火项目1项。实施农业先进适用技术推广10项。选聘80名科技特派员服务农业，由科技特派员领办的市级科技项目5项、县级科技项目17项，建立科技特派员工作站3个、示范基地85个，带动科技示范户7955户，引进推广新品种93个、新技术53项，培训农民8316人次。获市级科技成果登记5项，获天津市科技进步奖三等奖1项，获宁河县科技进步奖10项。宁河县通过2009—2010年度全国科技进步考核，县科委获优秀组织单位奖。全年申请专利159项，其中发明专利29项、实用新型专利95项、外观设计专利35项。为申请人减缓专利申请费14.8万元、实审费64750元、保护费91770元，办理专利资助15465元。解决产权纠纷1项，检索专利信息365人次、专利咨询540人次。确定3家企业为专利试点企业。开展春季送科技下乡、第25届科技活动周、全国科普日、社区科普活动月等活动，组织报告会、学术交流会、培训班、座谈会等518期次，组织科普赶集、上街宣传、义诊服务、咨询服务190次，举办展览、科普知识展示、影视展播、参观学习283期次，举办知识竞赛、避险演练23次，展出科普宣传展牌448块，发放各类宣传资料78.79万份，受益48万余人次。

（李春花 郝连用）

教育工作 2011年，宁河县有中小学校97所，在校生43582人，国办幼儿园4所，中专、特殊教育学校、青少年宫各1所。教职员工4885人。投资4700万元，完成20所学校28栋教学楼抗震加固。投资9000万元，完成39所创建校功能提升。投资3834万元，完成8所学校拆除重建。投资2200万元，完成11所乡镇中心园建设。投资1150万元，完成15所村办幼儿园拆除重建和8所村办幼儿园改造提升。投资300多万元建成芦台四中塑胶运动场。新增教学仪器配送工程和图书配送工程，完成年度任务。高考本科二批以上上线1629人，上线率56.64%，比上年提高2.84个百分点，4人考取清华大学，3人考取北京大学。5所学校被评为市级思想政治先进校，5所学校被评为市级法制教育先进校，7所学校被评为市级交通安全达标校。“肯德基”天津市中小学校青少年健身操比赛，5所学校7支代表队获小学、初中、高中各组别一等奖，获区县组团体总分第一名，县教育局获最佳组织奖，芦台一中教师戴树云获最佳明星奖和最佳编排奖。天津市中小学第二届阳光体育长跑比赛，获团体总分第二名，宁河县获最佳组织奖。天津市中小学校青少年田径锦标赛暨阳光体育展示活动，获区县组团体总分第三名，阳光体育运动展示活动获一等奖。参加市级各项比赛，获金牌30块、银牌42块、铜牌45块，4人打破天津市中小学田径纪录。参加“成长的足迹”全国幼儿美术创意大赛，县幼儿园135幅参赛作品全部获奖。其中，7幅作品获特金奖，12幅作品获金奖，104幅作品获银奖，6幅作品获铜奖，6幅作品获蓓蕾奖。谷欣欣老师获指导特等奖，县幼儿园获得全国幼儿创意美术教育成果二等奖。14所乡镇成人文化技术学校上台阶工作通过市级专家组验收，10所乡镇成校被评为市级示范校，4所乡镇成校被评为市级一类校。9月、10月底，市政府教育督导室63名专家分7个小组，对全县39所申报达标验收学校验收检查，认为申报学校基本符合标准要求。宁河县提前一年完成义务教育学校现代化标准建设工作。新华网天津频道8月30日以“天津农村校的新变化”为题，配发11张照片，报道宁河县义务教育学校现代化标准建设达标校新面貌。12月23日，《天津教育报》头版头条以“用现代人精神办现代化教育”为题报道宁河县现代化达标建设。

（王保胜 郝连用）

卫生工作 2011年，宁河县卫生系统有卫生技术人员1238人。其中，正高职称21人，副高职称52人，中级职称339人。有二级医院2家（宁河县医院、宁河县中医院）、一级医院19家（其中中心卫生院5家）、妇幼保健所1个、疾病预防控制中心1个、卫生监督所1个、结核病防治所1个、救护站1个、卫校1所、采供血机构1个，企事业保健站18个，村级社区卫生服务站167个，有病床1040张。全县法定传染病发病率在300/10万以下，报告法定传染病1751例，其中乙类传染病531例，发病率127.61/10万，无甲类传染病和突发公共卫生事件。婴儿死亡率和5岁以下儿童死亡率控制在规定标准以下。结核病人全程化疗率100%。麻疹疫苗接种率98%以上，基础疫苗接种率95%，未发生疫苗可控制的传染病流行。妇女病普查25983人，查出妇科病人17561人。孕前检查6658人，筛查率88.9%。叶酸检测7339人，异常率12%，免费发放叶酸3293人。产前筛查4744人，筛查率86%。高危孕妇管理率100%。先天性心脏病筛查4681人，筛查率98.36%，阳性114人，阳性检出率2.44%。髋关节发育不良筛查4668人，筛查率98.09%，异常50人，阳性率1.07%。先天性白内障筛查4676人，筛查率98.26%。全年新生儿听力筛查5179人，筛查率98.84%，查出听力障碍622人。甲低、PKU筛查5198人，筛查率99.20%，初筛阳性33人。全县19所乡镇医院零差率销售537个品种药物并执行相应报销政策，实现“537”药品全面覆盖，国家基本药物制度执行率100%，为群众节约药品费用800余万元。制定《宁河县农村社区卫生服务站建设实施方案》，确立涉及14个乡镇196所社区卫生服务站建设(其中新建165所、改建10所、已建21所)。社区卫生服务站完成主体建设155所。全县496名乡村医生全部参加业务考核。举办科研教学培训80余次，参加学习6000余人次。完成科研立项2项，县级立项6项，市级科技成果3项。15名专业技术人员通过副高级职称审核，1人通过高级职称评审。宁河中心血库免费为群众体检1923人次，采血1693人次，采血量50.8万毫升。全年出动卫生监督员4776人次，检查被监管单位11283户次，完成大型专项整治任务10项，立案查处罚132件，收缴罚款25.5万元。县医院通过卫生部创建三级医院预评审，在卫生部举办的抗生素合理使用检查中位列全国二级医院第一名。

(王　恒　郝连用)

体育工作　2011年，宁河县体育局举办宁河县庆新春象棋比赛及中专“至上杯”象棋比赛。与县妇联联合举办第30届“三八健康杯”妇女体育活动通讯赛，2000名妇女参与活动，600多名妇女参加决赛。与县总工会联合举办“五一”职工拔河比赛、职工乒乓球比赛、职工篮球比赛三大赛事。协助县教育局在县体育场举办天津市迎春长跑比赛选拔赛。配合肯德基宁河分店开展三人制篮球赛，10支篮球队68名运动员参加比赛。7月20日，承办中韩少年篮球邀请赛。8月20日至26日，承办“芦台春”杯2011年CBA全国青年男子篮球比赛，8个省市的青年男子篮球队在县体育馆、芦台一中训练馆进行36场高水平比赛，3万名观众观赛。组织119人的代表团参加天津市第七届农运会和第二届全民健身运动会，参加第七届农运会的开、闭幕式入场和田径、武术、手扑球等8个项目比赛。连珠五子棋比赛获团体第七名，象棋比赛获男子个人第三名，宁河象棋队获精神文明道德风尚队称号，羽毛球比赛获男子单打第五名1个、第六名1个，乒乓球比赛获男子团体第三名，健身秧歌比赛获一等奖1个、二等奖1个，田径比赛获第三名2个、第四名2个、第五名2个、第六名2个。县大型团体操“希望的田野”获市农运会开幕式表演优秀表演奖。参加市第二届全民健身运动会开幕式入场、健身秧歌、拔河、广播操、乒乓球、武术等8个项目比赛。太极拳、剑比赛获第一名9个、第二名3个、第四名1个、第五名1个、第六名2个、第八名1个，广播操比赛获第四名，趣味运动会运转乾坤比赛获第五名。县体育局与县教育部门配合，开展“亿万学生阳光体育活动”，完成青少年运动员注册工作。向市级训练组织输送后备人才2人。芦台一中、芦台二中、芦台五中被市体育局重新命名为市级体育传统校。全县有21名学生达到国家二级运动员标准。全民健身活动站点292个，开展健身项目30多个。举办农村社会体育指导员培训班1次，培训60人。各级各类社会体育指导员480人，在体育健身指导方面成为主力军。8月8日，举办宁河县第四届七里海文化旅游节暨全民健身日健身展示活动，13支健身队伍参加健身展示，400名群众参加活动。体育场、馆承办各级各类体育赛事60次，健身群众达30万人次。

(李云玲　郝连用)

2011年4月15日职工乒乓球比赛

人口和计划生育　2011年，宁河县常住人口385156人，流动人口19495人，出生人口3561人，人口出生率9.28‰，符合政策生育率95.28%。出生性别比104.54。独生子女父母奖励费、奖扶、特扶政策落实率100%；再生育审批工作合格率100%。2625对夫妇享受免费孕前优生健康检查服务，咨询指导5208人次，早孕随访497人次，孕前优生健康检查人群覆盖率80.1%，目标人群优生知识知晓率92%。开展各类宣传教育活动400余次，出动宣传车120余辆次，发放各类宣传品10万余份。投入奖扶金59万元，特扶金46万元，独生子女父母光荣费76万元，国家项目“免费孕前优生”检查项目资金80万元，流动人口计划生育服务费54万元。为独生子女办理意外伤害保险和“两全”保险15.69万元。建立对独生子女病残救助、贫困母亲救助、贫困计生家庭子女助学制度，受益80余人次，发放救助资金40余万元。受理人口计生咨询44次，其中个人访19次、电话访25次，办结率100%，开展集中整治“两非”（非法鉴定胎儿性别、非法中止妊娠）专项行动，遏制出生人口性别比偏高。开展流动人口计划生育服务管理示范街镇创建活动，芦台、潘庄、造甲3个镇被评为市级示范镇。实现“统一管理、服务均等、信息共享、区域协作、双向考核”的流动人口计划生育工作机制。出台《宁河县集中整治“两非”专项行动方案》，加强各类医疗保健、计划生育技术服务机构B超、流引产手术及药品销售、使用单位管理。加强孕情跟踪管理。建立完善相关部门信息沟通、工作互动机制，对怀孕14周以上的引产手术与卫生部门建立严格的审批制度和信息通报制度。通过打击“两非”，在全社会营造自然生育的良好氛围。

（刘建敏　杨　枫）

社会保险　2011年，宁河县参加社会养老保险缴费27067人，累计征缴基金18619.48万元，为16609名离退休人员按时支付养老基金29507万元。为7339名城乡居民发放养老基金2415万元。为33756名老年人累计发放生活补助金3169万元。为企事业单位新退休的1562人进行指纹采集。医疗保险缴费36681人，累计征缴基金7431.25万元。审核支付756061人次，支付金额5065.73万元。其中，门诊568人次27.37万元，基本医疗479人次352.14万元，城乡居民68683人次404.40万元，城镇职工686331人次4281.82万元。为37331名参保人员进行医保卡换发社保卡工作。工伤保险实际缴费31409人，征缴基金663.21万元。工伤事故备案174个单位，伤亡职工796人，其中死亡6人。工伤职工登记167个单位716人次，工伤保险基金审核支付203个单位1616人次，累计审核支付工伤保险基金819.54万元。生育保险实际缴费32701人，征缴基金600.7万元，审核生育保险2726人次，审核支付金额185.05万元。失业保险计划缴费26600人，基金征缴额1683万元。截至年底，实际缴费26627人，累计完成基金征缴额1728.27万元。

（刘松山　郝连用）

社会保障　2011年，宁河县新增就业8160人，其中城镇失业人员就业3810人，农村转移劳动力就业4350人。认定青年见习基地22家，见习286人。再就业基地2家，服务型企业1家。开发公益性岗位安置就业42人，认定就业困难人员514人，通过帮扶实现就业485人。服务型、商贸型企业、再就业基地有672人，工资补贴469万元。审批小额担保贷款18笔，创业人员43名，带动150人就业，累计放款90万元。举办大型招聘专场24场，吸纳进场用人单位480家（次），求职者13800人次，提供岗位8560多个，二期网络求职登记5160人，发放就失业证1398本。职业技能培训4300人次。

（董连军　郝连用）

社会救助　2011年，宁河县享受低保6038户14062人，发放低保金2802.6万元。为1436名五保老人发放五保金660万元。实施医疗救助181户200人，发放救助资金68.28万元；开展冬季救助，救助困难群众7953户14190人，发放救助金4700万元。发挥慈善救助补充作用，救助困难群众1338人次，发放救助款142.4万元。其中慈善助困25.6万元、慈善助学6万元、慈善助医65万元、支持公益46.8万元。春节期间，救助慰问养老服务中心住养老人和95岁以上高龄老人148名，发放慰问金8.92万元。投资80万元，建成面积110平方米的民享（贻成）慈善超市，为救助困难弱势群体搭建新的平台，实现扶贫帮困活动的日常化、长期化。投资372万元，建立8处老年日间照料服务中心和8个老年日间照料服务站，总建筑面积5800平方米，惠及老年人3800人次。

（李洪刚　郝连用）

芦台镇

芦台镇位于宁河县东南部，是宁河县政府所在地。北与苗庄镇交界，南与滨海新区汉沽接壤，东与河北省汉沽农场、唐山市丰南区相邻，西与大北涧沽镇、七里海镇相隔于蓟运河。2011年，镇域面积60.6平方公路，耕地面积1370.6公顷。辖37个农村队、10个转非街、19个街道社区居委会，人口11.31万人。

该镇曾名将台、海口镇、芦台军。唐贞观十九年（645）唐太宗东征高丽，相传在今芦台镇南部“筑土城驻中军”。五代时刘守光设芦台军于海口镇。元朝立芦台盐使司。明朝设芦台盐场。清通永镇总兵驻此。民国初年在此设芦台镇。1938年始为宁河县治。1948年为镇政府驻地。1949年9月宁河县人民政府迁至芦台。

1961年设芦台公社。1984年设芦台镇。2001年9月20日,撤销董庄镇、桥北镇建制,并入芦台镇。

2011年,财政收入20106.1万元,比上年增长25.9%,其中地方财政收入7858.6万元,增长24%;工业固定资产投入10.99亿元,增长22.7%;内联引资4.70亿元,增长10.4%。农民人均纯收入13215元,增长15%。

农业生产投入8605万元,增长69%。春播面积830.6公顷,粮食播种464.87公顷,造林90.33公顷,植树75908株。新建泵点1座,维修泵点6座;打温水井1眼;购置机泵5台套;清淤沟渠6条,动土3.6万立方米。薄后村运河湾设施农业示范园区,投资260万元,打温泉井1眼,投资240万元,改建8个热带鱼养殖温室。北胡村"龙湖湾奶牛养殖场"建设项目,占地10公顷,投资502.2万元,改造牛舍2栋,新建3200平方米的奶牛饲喂长廊1栋,奶牛存栏2000头。农夫畜牧业科技有限公司,投资500万元,建占地2800平方米的大型饲料厂。曹庄村设施蔬菜园二期工程,占地13.33公顷,建大棚100个。薄前村建生猪养殖小区1个,年出栏生猪2100头。张二村发展林下经济3.33公顷,建鸡舍200平方米,散养蛋鸡6000只。大艇村投资380万元,建养鸡场1个,年蛋鸡存栏5万只。依托国家级换新水产良种场、农夫猪场等农业产业化龙头企业,先后建成全国淡水鱼类科研基地、鲤鲫鱼遗传育种中心、淡水鱼种质资源数据库和种质资源保存库、百利蔬菜种苗服务中心。

乡镇企业总产值145.14亿元,增长20.88%;增加值43.57亿元,增长32.24%;销售收入146.6亿元,增长24.28%;利税总额13.97亿元,增长32.62%。新上重点工程2个,固定资产投入8100万元。新上重点项目8个,固定资产投入5.37亿元。技革技改项目23个,固定资产投入6.06亿元。

第三产业固定资产投入3.42亿元。投资在2000万元以上的天天港湾大酒店,亨达装饰城、泽安超市和蓝天丽日商厦等一批大中型三产企业投入使用。固定资产投入2.463亿元,新上三产企业21家。

城乡低保1295户2584人,发放低保金879.1万元。年底给予城镇低保户每人一次性补贴800元,共计153.7万元;农村低保户、五保户每人一次性生活补贴500元,共计39万元。全镇五保户109人,每季度每人发放1264元;城镇孤老11人,按月发放630元;优抚对象310人,全部纳入医疗保障范围,发放优抚金97万元;为全镇9931位65岁以上老年人办理乘车"敬老卡"。城乡居民医疗保险参保率100%。全镇有残疾人2124人,新增救助54户63人。救助残疾人412名,发放救助金192.4万元。新建农村社区卫生服务站2个。华翠社区、光明社区、幸福小区文化活动中心建立书屋和老年人活动娱乐中心。16个村街修建文体活动中心,42个村街建立农家书屋。完成农村5所校舍安全加固和现代化学校标准创建工作。开办农村妇女实用技术培训班8期,参加培训580人次。妇女"两癌"筛查免费体检23535人,发放计生宣传材料10000多份,全年出生1058人,计划外生育49人,符合政策生育率95.37%。

(王术勇　郝连用)

丰台镇

丰台镇位于宁河县北部,北与河北省丰润县接壤,南连板桥镇,东邻岳龙镇,西接河北省玉田县。丰李公路、芦玉公路、梅丰公路贯穿全境。蓟运河、还乡新河、小新河流经南北。2011年,镇域面积84平方公里,耕地面积4632.2公顷。辖28个行政村,人口9940户26110人,其中农业人口7888户23192人、非农业人口2052户2918人。

该镇在清光绪三十年(1904)始属宁河县,曾享有"一京二卫三丰台"和"京东首镇"美誉。1961年建丰台公社。1984年建丰台镇,管辖7个行政村。2001年9月区划调整,撤销小李乡、后棘坨乡建制,并入丰台镇。

2011年,财政收入1644.4万元,比上年增长23.8%,其中地方收入610.2万元,增长39.3%。工业固定资产投入3.42亿元,增长82%。三产投入11.5亿元,增长322.5%。农业投入1.83亿元,增长60.2%。农民人均纯收入13425元,增长12%。

农作物种植6098.07公顷,其中水稻63.33公顷、棉花1200公顷、玉米2572.2公顷、蔬菜2163.2公顷。建成泰达水源地、高稳村、宏源食用菌三大设施农业园区,占地160公顷。泰达水务农业园区累计投资4000万元,建成占地73.33公顷的高标准设施蔬菜生产园区,建普通温室300座、连栋温室3座,新架变台2座,铺设暗灌5000米,新打深机井2眼;南村宏源食用菌栽培中心投资500万元,建成占地20公顷的高标准设施蔬菜生产园区,建温室60座,新架变台1座,新打机井2眼,6.67公顷食用菌上市,每亩纯收入超过17000元;高稳设施蔬菜园区累计投资1500万元,建成占地66.67公顷的高标准设施蔬菜生产园区,建钢骨架大棚135座,新架变台1座,每亩纯收入12000元,人均增加收入5000元。后棘坨园区扩大规模33.33公顷,投资6000万元,建大棚200座。投资280万元,重点建设占地3.33公顷的东赵肉鸡养殖场，年可出栏肉鸡100万只，收益500余万元；筹建西赵村占地5公顷的生猪养殖场，预计年出栏生猪3000头。与温氏和雨润集团对接项目，启动农户饲养肉鸡、生猪项目。植树301公顷24万株，其中片林236.33公顷、绿色河道17.2公顷、绿色道路6.67公顷、农田林网40.8公顷。

完成汇鑫钢压延有限公司设备改造项目，投资5000万元，安装25道600型联扎生产线2条，年产量35000吨，产值16亿元，利税4300万元，吸纳就业240人。南埋珠村建成2个五金加工区，年生产垫圈15万吨，年产值7.5亿元，利税1000万元，从业人员1400人，人均月收入2000元。

筹集资金255万元，建成占地3500平方米集工艺品展示、健身娱乐、生产技术培训于一体的文体活动中心，组建文化产业合作社。建立妇女手工编织坊4家，主攻特色旅游产品开发，民俗工艺品和旅游纪念品生产基地初步形成，丰台木版年画以及“宁河八景”、“十二生肖”等剪纸手工艺品销往海外。

投资2000多万元，完成乡村公路大修及街道硬化71.12公里，改造户厕3000余座。在28个自然村中，有市级卫生村5个，结合生态村建设将南埋珠村、南村纳入创建市级卫生村行列。筹集资金575万元，新建后棘坨小学教学楼。新农合参合率98%。全年出生190人，人口出生率7.3‰，出生婴儿性别比为71.17:100。

（胡桂娜　郝连用）

潘庄镇

潘庄镇位于宁河县西部，北与宝坻区接壤，南与造甲城镇相邻，西与北辰区搭界，东与俵口乡、芦台经济开发区、东棘坨镇连接。东距县城芦台30公里。2011年，镇域面积114平方公里，耕地面积3625.27公顷，七里海苇地600公顷。辖17个行政村，人口11824户31370人。

该镇古名监官庄，建于唐朝武德年间。北宋时为潘美之封地得名。清雍正九年(1731)，称集镇。1939年成镇。1957年建潘庄乡。1958年设东风公社潘庄管理区。1961年建潘庄公社。1984年复建潘庄镇。2001年10月撤销大贾乡建制，并入潘庄镇。

2011年，财政收入7006万元，比上年增长41.5%，其中地方财政收入3911.9万元，增长56.1%。工业固定资产投入12.6亿元，增长150%。内联引资6.1亿元，增长103%。农民人均纯收入12797元，增长9%。

粮食种植1920公顷，总产15785吨；棉花种植1675.27公顷，总产5000吨；蔬菜种植415.67公顷，年产有机蔬菜40608吨。津台合作现代农业示范园区(原齐心庄设施农业示范园区)投资2000万元，新建工厂化车间4幢，主产杏鲍菇，建成1000吨保鲜冷库。亨达农业示范园区(纪庄村设施农业园区)投入2400万元，完成提升改造工程。有养殖合作社42个，其中规模养殖合作社21个。大龙湾长毛兔养殖小区、天隆源养殖小区建设启动；齐龙养殖小区完善提升工程，年经济效益由60万元增至75万元。投资1000万元的一鸣养殖小区投入运营，年出栏肉鸡90万只，收益210万元。全镇肉鸡出栏160万只、存栏72万只；生猪出栏9.6万头、存栏1.6万头；奶牛1760头。改造中低产田266.67公顷，改造扬水站3座。大贾村、朱头淀中台村、朱头淀西台村三村连片林植树446.67公顷38万株。森林覆盖率35%。

镇内企业1642家，其中私营企业163家，三资企业7家，从业人员12900人。天津中技桩业有限公司5月开工生产，招收工人500人。天津雨润食品工业园进入设备安装阶段。

全镇各类三产经营户1300户，其中饭店52家，旅店16家，从业人员5500人，三产增加值22亿元。投资16亿元、占地33.6公顷的天津天中福投资管理有限公司正在建设，完成仓库44栋，建筑面积158779平方米，大棚44个，建筑面积9240平方米，修路2000平方米，建办公楼3栋、宿舍楼44栋，跨河桥1座在建，完成投资2亿元。

潘庄镇示范小城镇试点，经天津市人民政府于2011年3月4日批准实施。主要涉及8个行政村，6535户19990人。规划占地688.61公顷，建设农民还迁楼80万平方米，项目总投资预计41亿元。村文化室藏书4.2万册，建设健身活动场所17处，配备健身器材150件套。扶助单亲母亲8户，帮扶贫困学生10人。潘庄镇成人文化技术学校、潘庄镇幼儿园中心园、潘庄镇中学、西塘坨小学、老安淀小学完成市级达标验收，潘庄小学、西塘坨小学获县级现代化达标先进学校称号。老安淀小学、西塘坨小学新建教学楼落成使用。投资900万元的潘庄医院住院楼完成建筑施工。全镇有五保户239户，低保户560户1486人，城镇低保34户64人，优抚对象216人。享受老年补助金3159人，参加养老保险451人，城乡居民医疗保险参保率98%。

（李继忠　郝连用）

七里海镇

七里海镇位于宁河县西南部，2001年9月区划调整，撤销南涧沽乡、任凤乡建制，合并建立七里海镇。北距205国道5公里，南与滨海新区汉沽、北京清河农场相邻，东与芦台镇隔蓟运河相望，西与北淮淀乡、俵口乡搭界。七里海是天津古海岸与湿地国家级自然保护区的核心区,盛产远近闻名的七里海河蟹。域内主要河流有蓟运河、潮白河、津塘河、曾口河和杨虎子河。2011年,镇域面积59.5平方公里,耕地面积2576.8公顷。辖15个行政村,人口7911户27071人。

2011年,财政收入6577万元,其中地方财政收入2150.1万元。工业固定资产投入8.59亿元。内联引资7.23亿元。农民人均纯收入13300元,比上年增加1132元。

农作物种植2214.8公顷,其中水稻100公顷、棉花866.67公顷、玉米998.07公顷。农业投入20650万元,其中农田水利投入13750万元;农机投入1250万元;畜牧水产投入5650万元。任凤村海城专业合作社("菜篮子"工程建设项目)规划面积8公顷,计划投资720万元,建日光温室30栋。齐家埠村海港生态园发展86.67公顷设施农业,计划投资7260万元。东移民村建8个葡萄大棚,占地1.06公顷。李台子村建38个葡萄大棚,占地4.67公顷。任凤村建5个大棚,占地0.67公顷。植树245.25公顷,其中经济林79.77公顷、林网49.29公顷、片林116.19公顷。北移民村、齐家埠村发展林下经济16公顷。养殖土鸡、大雁等2万只。

完善园区规划。新建项目13家,续建项目2家,在谈项目2家。完成科技型中小企业申报工作,全镇有科技型中小企业40家,涉及光电科技、制造业、农产品深加工、建筑材料等众多科技领域。

投资1300多万元,加强农村公共卫生和基础医疗服务体系建设,完成南涧中学提升改造工作。城乡医疗保险参保24454人。投资1500万元,实施环境综合整治工程,粉刷建筑外墙2.5万平方米,拆除违章建筑150处,打造景观节点3个;创建文明生态村3个,硬化村内道路50公里。

七里海河蟹种业基地,占地88公顷,总投资8000万元。规划良种扩繁、示范养殖、储养交易、生态养殖4个功能区。承担七里海河蟹种源的选种、保种、扩繁和养殖技术的示范推广,是承接国家级河蟹遗传育种、生殖发育调控研发的重要平台,列入全市十大种业基地建设项目。基地全部建成后,年繁育优质蟹苗4.8亿只,培育优质蟹种30万公斤,实现销售收入5300余万元,可带动13333公顷河蟹养殖,成为中国北方优质蟹苗蟹种研究繁育供应基地。

(赵 彬 郝连用)

蟹 源

岳龙镇

岳龙镇位于宁河县东北部,处天津市与河北省搭界之地。北与河北省丰润县接壤,南邻板桥镇,东临河北省丰南市,西与丰台镇相连。距县城芦台50公里。2011年,镇域面积67.4平方公里,耕地面积3148.87公顷。辖21个行政村,人口5255户14833人。

1961年建岳龙公社。1984年建岳龙乡。1995年3月建岳龙镇。

2011年,财政收入1305.8万元,比上年增长46.3%,其中地方收入510.6万元。工业固定资产投入3亿元,增长190.6%。内联引资1.25亿元,增长111%。农民人均纯收入14000元,增长22.7%。

农作物播种(含复种)4368.53公顷,其中粮食作物858.67公顷,经济作物4400公顷。农业投资1.23亿元,其中农田水利基本建设投资678万元。投资1260万元,开发土地800公顷,开挖土方73万立方米。建闸涵18座,新建泵点1座,架设高低压线路14公里,新打机井25眼,维修排灌站1座,铺设暗灌124公里,增加节水面积540公顷。植树281.36公顷。

抓住农业增效、农民增收主线,以西大寨路为主轴的万亩循环农业园区新建钢骨架大棚173.33公顷,全镇设施农业面积达620余公顷。投资3900余万元,完成园区水、电、路配套工程建设。小闫村设施园区被市农业局评定为市级设施农业示范园区。

全镇有企业62家,以棉花加工和腌制为主。规划建设2平方公里的工业园区,100公顷土地流转工作完成,投资500万元,完成主干路、水、电等一期工程建设。投资3500万元的静发钢铁公司完成扩建生产

岳龙村文体活动中心

线项目,年产提高到60万吨,产值20亿元。投资3500万元的炬坤三期工程完工投产,年产量10万吨,产值7亿元。

投资1500万元,完成西大寨路、村级道路、园区路等道路硬化35公里;投资600余万元,拆除违章建筑26处,粉刷墙壁5万平方米,绿化景点5处,购置垃圾箱70个,安装高标准路灯320盏,治理卫生死角160多处,清运垃圾5万多立方米,建风景墙1000米;投资1624万元,完成东魏、小良等5个生态村创建;投资800万元,完成岳龙中学现代化建设;投资362万元完成8个村自来水改造工程;新建社区卫生服务站14个、农家书屋4座,实现农家书屋、村文化室全覆盖;投资230万元,建成5000平方米岳龙村文体活动中心;投资200万元,建成李麻、西魏等4个老年活动中心。城乡居民医疗保险参保率97.35%。办理低保173户355人,办理五保109人。一胎率85.75%,生殖健康普及率98%以上。

(丁建江 郝连用)

苗庄镇

苗庄镇位于宁河县东部,北与板桥镇相邻,南与芦台镇搭界,东隔还乡河与唐山市丰南区相望,西靠蓟运河与宁河镇、廉庄子乡相连。南距县城芦台10公里。芦玉公路穿境而过,是县城连接宁河东北部的主要公路。2011年,镇域面积61平方公里,耕地面积2654.13公顷。辖30个行政村,人口6123户17508人。

1961年建苗庄公社。1984年建苗庄乡。1998年11月撤乡建镇。

2011年,财政收入1269万元,比上年增长68.7%,其中地方收入532.6万元,增长73.6%。工业固定资产投入9200万元。农民人均纯收入13672元,比上年增加1000元。

种植粮食作物466.73公顷,其中水稻40.67公顷、玉米359.73公顷。经济作物2354.13公顷,其中棉花2016.13公顷、瓜菜303.87公顷、果树140公顷。后捷道沽圆梦园设施农业园区规划占地33.33公顷,建棚室120个。孟旧窝蔬菜园区二期工程完工,建高标准温室100栋。大沙窝村生态观光园规划占地53.33公顷。栽植片林588.8公顷,其中速生杨338.6公顷、经济林250.2公顷。

引进企业5家。工业园区有企业10家,全镇有企业34家。建立重点项目跟踪服务制度,促进项目落实。

投资200万元,治理商户门脸120户,更换广告牌匾90块,粉刷墙体立面5600平方米,清运柴草垃圾150余处36吨,清理坑塘水面8处,安装高标准太阳能路灯26盏,种植各类风景树2600余株。投资80万元,改造户厕60座,新建公厕2座。投资86万元,硬化乡村公路2条3.5公里。投资10万元,修建残疾人无障碍设施坡道70座;投资160万元,新建村委会2所。新建社区卫生服务站11所。

全镇329人享受养老退休待遇,为2098人发放城乡老年人补贴142264元。14976人参保。发放社会保障卡14273张71365元。全年出生139人,人口出生率7.8‰。

贵达卧牛湖生态旅游度假村坐落苗庄镇南端,紧临205国道和津塘高速公路,交通便捷,景区占地面积100公顷,其中水域占70%,水上项目丰富多彩。是集旅游、餐饮、住宿、娱乐、矿泉洗浴、室内外垂钓和会议接待为一体的综合性服务景区。

天祥水产有限责任公司是集苗种繁育、示范养殖、饲料加工、产品销售、科技研发一体化的民营股份制企业。公司拥有266.67公顷(4000亩)养殖基地,6万吨级膨化饲料加工厂。以生态、绿色、标准化方式,生产质量安全的淡水产品,其中“昌翠牌”南美白对虾、团头鲂、团头鲂专用配合饲料被评为第三届天津农业名牌产品,率先通过国家无公害农产品认证。2011年,公司实现销售收入1.2亿元,利润880万元。

(韩 丽 郝连用)

板桥镇

板桥镇地处宁河县东北部,东与唐山市丰南区相连,西隔蓟运河与宁河镇相望,南与苗庄镇接壤,北与丰台镇、岳龙镇为邻。芦玉公路穿越全镇,蓟运河和还乡河流经域内,土地肥沃，是著名的蔬菜之乡。2011年，镇域面积50平方公里，耕地面积1799.33公顷。辖19个行政村，人口3685户10232人。

1961年建板桥公社。1984年设板桥乡。1998年10月撤乡建镇。

2011年，财政收入2296.8万元，比上年增长38.3%，其中地方一般预算收入741.6万元，增长29.4%；全社会固定资产投资2.7亿元，增长35%；内联引资7937万元，增长51.5%。农民人均纯收入13346元，增长14.4%。

农作物播种面积2264.2公顷，其中棉花340公顷、玉米503.2公顷、蔬菜1390.33公顷。农业投入1.15亿元。93.33公顷的易缘、海晟等绿色有机蔬菜种植园区启动建设。全镇种植蔬菜1390.33公顷，占全镇耕地面积的三分之二，初步形成沿滨玉路、板张路“两线、两面”的发展格局。以王石银河养猪场和老万养猪场(各存栏3000头)为龙头，带动全镇14个养猪小区发展，饲养量6万头，出栏4.5万头。全年肉鸡出栏230万只。长毛兔存栏5500只。植树造林176.86公顷。核桃片林160公顷。新打机井2眼，维修机井15眼；投资30多万元，维修闸涵4座；新上高低压线路3公里，改造6公里；新上低压线路6000米，改造1万米，新安装变压器8台。

投资6000万元的佳岳兴精铸、洛基特工艺制品2个改扩建项目建成投产。新引进项目4个。工业园区主路改建，拓宽道路达到长1000米、宽12米。修建南北向水泥路1条，长1000米、宽6米。

还乡河、滨玉路和板张路沿线“一河两路19村”环境综合整治工程完成。大修板张公路5.5公里5000余平方米；清理违章建筑、垃圾60余处；改造自来水管网50公里；墙壁粉刷2.2万平方米。杨花庄村健身休闲娱乐广场建成，路面硬化2公里。创建示范型文明生态村2个，标准型文明生态村12个，市级卫生村13个，县级卫生村19个。

镇成人文化技术学校通过市级示范校验收；板桥中心小学现代化标准创建完成。新建农村书屋9座，每村存书1500余册，光盘300余张。11个村医疗服务站一体化建设完成。城乡居民基本医疗保险参保率100.2%(包括流动人口)。为71户五保户，639户低保、特困户发放救助金139.2万元，为2户低保户提供修房补助6000元。办理老年人优待证1500个。为102名残疾人办理养老保险。为60名享受优抚待遇的退伍军人发放优待金48.2万元。为全镇优抚对象发放优抚金80余万元。婚前检查率100%，已婚育龄妇女1972人，人口出生率7.1‰，出生人口性别比为87.2。

(李会娟　郝连用)

易缘绿色有机蔬菜种植园区

造甲城镇

造甲城镇位于宁河县西南部，北与潘庄镇相接，南与东丽区为邻，东与北淮淀乡接壤，西与北辰区搭界。距天津开发区西区12公里，距天津滨海国际机场20公里。2011年，镇域面积108平方公里。耕地面积2409.6公顷。辖8个行政村，人口8987户26652人。

1983年，造甲城公社更名造甲城乡。2000年12月，造甲城乡更名造甲城镇。

2011年，财政收入1.03亿元，比上年增长100%。固定资产投入13.21亿元，增长23.0%，其中工业固定资产投入12.21亿元，增长31.3%。内联引资8.36亿元，增长45.1%。农民人均纯收入13290元，增长13.6%。

农作物种植2151.07公顷，其中水稻28公顷、棉花1497.07公顷、玉米131.53公顷、蔬菜355公顷。新建温室73栋，大棚190个，占地面积48.26公顷。投资460万元，建设完成占地26.67公顷的绿森林下柴鸡综合养殖小区一期工程，建禽舍2000平方米，引进柴鸡2000只。建成占地13.33公顷的冯台村双源丰林下养殖小区，建禽舍1000平方米，引进柴鸡1000只。占地3.67公顷的东小王台村养牛场建成使用，养殖规模550头。投入120万元，动土30万立方米，清淤主排渠4条，新挖干支渠46条，改造低产田200公顷。维修机井5眼，泵站4座，新建闸涵2座。

投资300万元，完成天骄集团扩建项目，建筑面积2.35万平方米；投资480万元，完成万丰化工扩建项目，建筑面积5600平方米；投资161万元，完成天津轻型板材公司扩建项目，建筑面积1880平方米。计划投资20亿元，扩大陆港钢材市场规模，增加仓储量，筹划天津市陆港钢材市场有限公司。

依托“七里海”品牌，发挥特色水产养殖优势，建设一批档次较高的垂钓园，全年可接待游客8万余人次，逐步形成垂钓、旅游、观光、餐饮为一体的经营模式。

投资700万元，完成大王台村7.5万平方米道路修建。投入450万元，完成付台村5万平方米路面硬化。投入27万元，完成冯台村1.5万平方米三级路面修建。投资1200万元、建筑面积5470平方米的乐园小学将于2012年竣工。医疗保险参保21049人，位居宁河县第一名。人口出生率10.9‰。

（王思洁　郝连用）

宁河镇

宁河镇位于宁河县北部，北与宝坻区接壤，南与廉庄子乡毗邻，东邻苗庄镇、板桥镇，东北部与丰台镇、河北省玉田县潮洛窝乡相隔于蓟运河，西与东棘坨镇相连。域内河流纵横、水网交错，蓟运河、西关引河、卫星河流经域内，拥有24条排干渠，50多个蓄水鱼塘，总面积200多公顷。地下水资源丰富，有机井302眼，每眼机井淡水年开采量3000多万吨。有二级公路1条，四级公路3条，乡村公路26条。2011年，镇域面积83平方公里，耕地面积3812.2公顷，人均耕地0.17公顷。辖27个行政村，人口8656户22050人。

该镇曾名备粮屯、储粮城、军粮城、柳城、梁城，约始于东汉末年。清雍正九年(1731)置县，县治署梁城。因县名宁河，梁城遂改成宁河城里、宁河镇。1949年9月，宁河县委、县政府移至芦台镇。1956年建宁河乡。1958年设卫星公社宁河管理区。1959年改成宁河公社，辖51个自然村。1984年设宁河镇。2001年10月，大辛乡并入宁河镇。

2011年，财政收入2771.9万元，比上年增长30.3%，其中地方收入1134万元。工业固定资产投资2.73亿元，增长73%。内联引资2.49亿元，增长105.7%。农民人均纯收入12805元，增长1699元。

农作物种植3853.87公顷，其中水稻439.73公顷、棉花2335.67公顷、玉米809.67公顷、蔬菜223.27公顷。投资310万元，新发展小月河设施蔬菜园区33.33公顷，建中冷棚160座。规划小月河无公害蔬菜园区100公顷、大辛村有机蔬菜示范园33.33公顷。建标准化生猪养殖小区5个，年出栏生猪20万头以上，设施养殖业成为该镇农民增收的另一主导产业。植树造林347.93公顷。发展林下经济113.33公顷，主要为林畜、林禽养殖，成立天津市鑫林达柴鸡养殖专业合作社和天津市泽林鑫丰大雁养殖专业合作社。

汽车玻璃、木器包装、棉花轧花、服装加工四大支柱产业持续发展壮大，形成年产6万片汽车专用玻璃、42万个木质包装箱、716万吨皮棉的优势行业。投资5000万元的宏宝公司塑料薄膜十色彩印项目、投资500万元的润亚食品扩建项目和天津三联公司技改项目建成投产。

投入400万元，实施环境工程建设，美化镇容村貌。创建端庄、牛口2个市级文明生态村及江洼口、牛口2个市级卫生村。投资160万元，建成牛口村和端庄村2个老年活动中心。建成社区服务站18所，新建改造农家书屋、村文化室22个，全镇27个村全部完成乐器配备及农家书屋建设工程，增设健身场所8处。19个村完成管网改造。组织培训农技工800人。1236人参保，办理医保手续162人次，发放社保卡18804张。计划生育率95%。

（庄晓新　郝连用）

东棘坨镇

东棘坨镇位于宁河县西北部，为农业大镇。北、西与宝坻区搭界，南与唐山市芦台经济技术开发区相邻，东与宁河镇、廉庄子乡相连。卫星河、潮白河、西关引河流经镇域，在建的塘承高速公路穿境而过。2011年，镇域面积164.1平方公里，耕地面积6180.07公顷。辖42个行政村，人口8938户27634人。

1962年3月建东棘坨公社。1983年6月建东棘坨乡。2001年9月撤销赵本乡、东棘坨乡建东棘坨镇。

2011年，财政收入2253.6万元，比上年增长14.6%。地方一般预算收入905.9万元，增长25.8%。工业固定资产投入3.91亿元，增长50.4%。内联引资1.57亿元，增长25.6%。农民人均纯收入13386元，增长12.2%。

农作物种植6528.53公顷，其中水稻1400公顷、棉花2825.2公顷、玉米1634.87公顷。投资530万元，建成韩太33.33公顷冷棚甜瓜种植园区，农民通过甜瓜直接获利112.5万元。完成樱桃鸭生产加工基地建设项目土地流转平整工作和天津腾龙种鸡孵化场建设项目地块落实工作。完成6个长毛兔小区基础设施改造升级工作。完成韩太等4个村防渗明渠修建以及泵点更新改造工作。春植落实地块241.46公顷，植树19.92万株。

加大工业园区投入，完成水、电、路配套设施建设以及园区道路绿化美化工程。坚持多轮驱动,推动科技型中小企业快速发展。认定科技型中小企业7家，帮扶6家中小企业完成转型升级。

投资50万元,完成东棘坨中学教学楼加固工程,投资1008万元的小芦、李家店、高景中心小学教学楼投入使用,东棘坨中学、赵本中学、赵本中心小学通过市级标准化教学验收。创建市级卫生村2个、县级卫生村3个。投资273万元,完成东棘坨镇文体中心建设并投入使用。投资298万元，完成小顷甸村市级文明生态村创建验收工作。加大环境综合整治力度,完成卫星路两侧违章建筑拆除、垃圾清理、堆物清除工作。

(廉　明　郝连用)

大北涧沽镇

大北涧沽镇位于宁河县中部,北、西为唐山市芦台经济技术开发区所环抱,南依七里海镇,东与芦台镇隔蓟运河相望。2011年,镇域面积25平方公里，耕地面积1324.33公顷。辖11个行政村，人口3993户13502人，其中农业人口12406人、非农业人口1096人。

1958年属红星公社，设大北涧沽管理区。1961年6月建大北涧沽公社。1984年设大北涧沽乡。2001年9月撤乡建镇。

2011年，地区工业生产总值55.91亿元。财政收入1亿元,内联引资6.2亿元,工业固定资产投入16.4亿元。农民人均纯收入13605元。

农作物种植1110.53公顷。农业投入7700万元。其中,农田水利建设投入6540万元,农机投入660万元,畜牧水产投入500万元。粮食作物播种577.4公顷,其中玉米343.86公顷、大豆17.46公顷、高粱20公顷。经济作物种植564.46公顷,其中棉花477.8公顷、葡萄86.67公顷。造林122.26公顷,植树10.06万株。生猪出栏30494头、存栏16404头。羊出栏740只、存栏835只。蛋鸡存栏12万只,肉鸡出栏22万只。水产养殖面积152公顷,其中,鱼类养殖面积77.33公顷,产量675吨;虾类养殖面积57.33公顷，产量450吨;蟹类养殖水面17.33公顷，产量15吨,育苗208万元。完成519.06公顷种粮直补和生产资料补贴以及750.45公顷良种补贴审核，发放72.7万元。

工业投入16.4亿元。新建、扩建企业53家。民营工业企业297家，民营经济占全镇经济总量的75%，民企税收占全镇财政收入的80%。扶持壮大高低压电器、保温材料、建筑异型模板、新型散热器、办公家具五大主导产业，形成年产3万台套高低压电气开关柜、2.6万吨保温管、5万吨异形钢模、360万组散热器、6万套办公器材的生产规模。

三产投入1.2亿元。成立物流、运输公司11家,形成以镇级商品超市、村级小型超市和村级集贸市场为主的商品零售行业，全年消费品零售额4亿元，服务业增加值占地区生产总值的比重超过11%。

基础设施和环境建设投入4.5亿元。大修改造乡村公路32.1公里，硬化村街道路32.3公里,完成11个村自来水改造294公里。卫生厕普及率99%。建生活污水处理泵站2座。先后创建市级卫生镇和宁河县第一个国家级生态乡镇。

社会事业和社会保障投入1500万元,完成大北小学教学楼建设、大北中学现代化标准创建以及3所中小学校舍安全加固和功能提升工程。实施大北卫生院改扩建和社区卫生服务站建设。改造提升农家书屋、村文化室11个,农民健身广场与老年活动中心实现全镇覆盖。抓好就业、增收、社会保障三件实事，城乡医疗保险参保率98%，养老保险参保率12%。

(李　冬　郝连用)

俵口乡

俵口乡位于宁河县西南部,七里海核心区。东距县城芦台35公里,北靠唐山市芦台经济开发区,南邻北淮淀乡,东连七里海镇,西与潘庄镇隔潮白河相望。潮白河、曾口河流经乡域。2011年,乡域面积46平方公里,耕地面积1399.26公顷。辖8个行政村,人口5991户20121人。革命烈士于方舟故居坐落该乡解放村。

2011年，财政收入1757.2万元,比上年增长6.3%。农业投入1.28亿元,增长49.6%。工业固定资产投入2.5亿元,增长61.3%。内联引资7600万元,增长61.8%。第三产业投入8200万元,增长90.8%。农民人均纯收入13040元,增长12.97%。

农作物种植1369.13公顷,其中水稻20公顷、棉花418.47公顷、玉米39.87公顷。农业投资1.28亿元。落实洛坨葡萄拓展区66.67公顷地块,新发展设施葡萄20公顷。

工业投资1.55亿元。新上企业2家。5家原有企业实施项目改造和产业升级，全乡科技型中小企业达10家。正方工业园投资5000万元的SMC玻璃钢制品一期项目满负荷运转,产品供不应求。投资8000万元的二期项目办理土地手续，北方最大的SMC玻璃钢制品生产基地正在形成。

后海乡村公路垫土4万立方米,新增绿化带900米,新建高标准公厕5座。投资120万元,完成2500米街道硬化工程。利用七里海宝贵的自然资源和人文资源，升级改造梁斌文学纪念馆、《红旗谱》影视基地、于方舟故居等景点。投资500万元,完成津兴绿丰生态园建设。乡属旅游区全年接待游客1.5万人次，红色旅游、生态旅游、科考旅游、人文旅游四大特色旅游区逐步形成。

投资280万元，完成乡文体活动中心建设。投资155万元，完成兴坨、后辛、幸福村村级活动场所建设。投资270万元，完成兴家坨小学、俵口中学楼体加固工程。投资190万元，完成兴家坨、俵口幼儿园建设。投入30万元，成立以村队为单位的垃圾清运队伍，清运垃圾3000吨。打造兴坨水库大堤、兴芦公路2条高标准绿化带。城乡基本医疗保险参保率100.13%（包括流动人口）。

（李连超　郝连用）

廉庄子乡

廉庄子乡位于宁河县中东部，北与宁河镇相连，南与唐山市芦台经济开发区相邻，西与东棘坨镇接壤，东与苗庄镇隔蓟运河相望。蓟运河、卫星河流经乡境，芦宝公路、卫星河公路贯穿境内。2011年，乡域面积45.72平方公里，耕地面积1746.33公顷，人均占地0.1公顷。辖16个行政村，人口5927户16824人。

1961年建廉庄子公社，1984年改称廉庄子乡。

2011年，财政收入1606.8万元，其中地方收入552万元。内联引资2.02亿元。工业固定资产投入3.53亿元。第三产业投入6080万元。农民人均纯收入12495元，比上年增加1467元。

全乡作物种植1794.87公顷，其中水稻699.6公顷、棉花714.67公顷、玉米293.2公顷、杂粮73.33公顷、各种瓜果蔬菜80.53公顷。粮食直补2446户165万元。造林68.53公顷，植树4万株。生猪出栏34835头、存栏20459头，牛存栏125只，羊存栏310只，家禽出栏33880只、存栏16180只。新打机井3眼，架设变台3座，新建泵站2座，修建闸涵2个，平整土地66.67公顷，完成暗灌133.33公顷。朝阳村投资70万元修建排灌站1座，建生产桥1座。

投资120万元，发展占地6.67公顷的林下花卉、蚯蚓、种植示范推广基地。建成占地13.33公顷的林下食用菌种植区、占地3.33公顷的葡萄种植区。建生猪养殖小区2个，年出栏10000头。投资120万元，成立占地1公顷的天津市承诺蓝孔雀养殖专业合作社，完成一期工程，饲养孔雀200只。投资1400万元，建占地40公顷的银河湾热带鱼养殖基地，新建养殖大棚13栋，新打温泉井2眼，年产成鱼1800吨，利润750万元，鱼品种有罗非鱼、白鲳鱼等。

投资1000万元，新建占地1公顷的鑫鼎盛制品有限公司。引进注册公司5家，其中引进投资300万元以上注册公司4家，500万元以上的1家。引进天津宁海投资有限公司，对工业园区进行整体规划设计。加快实施“小巨人”成长计划，3家企业被认定为科技型中小企业。

投资400万元，改造加固中学教学楼。投资543万元，对大于、廉庄两所中心小学进行功能提升。投资300万元，新建乡中心幼儿园。投资200万元，建16个乡村卫生服务站。投资30万元，成立占地200平方米的妇女编织培训中心和占地100平方米的制作站、编织作品展示厅。投资50万元，修建占地150平方米的菜园骨灰堂。投资20万元，粉刷墙面8200平方米，绿化亮化大于村桥头景观。投资70万元，建占地300平方米的廉庄乡政府综合服务中心。全乡16个村全部完成有线电视入户工程，安装有线电视3160户。高坨村投资50万元，新建350平方米的村委会办公室。投入200万元，创建孟庄村为提升型生态村。投入150万元，创建高坨村为综合型生态村。大于村投资125万元，新建600平方米的村委会办公室、党员活动中心、老年活动中心、农家书屋、超市等。大于村建立集贸市场。全乡居民基本医疗保险征缴14538人，收缴保险金809620元。有低保户213户541人，新增低保39户68人，五保61人，发放低保金228964元。全乡育龄妇女3357人，人口出生率8.40‰，自然增长率5.33‰，出生人口性别比100:108。

（王聪华　郝连用）

北淮淀乡

北淮淀乡位于宁河县西南部，北连俵口乡，南临北京清河农场，东与七里海镇相接，西靠造甲城镇。津芦公路横穿乡境。境内水资源丰富，有潮白河、永定新河两条主要河道。是天津古海岸与湿地国家级保护区七里海的重要组成部分。2011年，乡域面积64平方公里，耕地面积1987.07公顷。辖3个行政村，人口6312户20309人。

1957年建北淮淀乡。1958年12月设红星公社北淮淀管理区。1961年7月建北淮淀公社。1984年建北淮淀乡。

2011年，财政收入2486.7万元，比上年增长22.9%，其中地方收入1069.4万元，增长29%。农业投入9100万元，增长51%。工业固定资产投入3.63亿元，增长142.3%。内联引资1.49亿元，增长28.8%。第三产业投入1.44亿元，增长172.7%。农民人均纯收入12590元。

粮食作物面积546.67公顷，主要种植玉米、大豆和高粱。种植优质玉米273.33公顷，优质棉花933.33公顷。南淮淀村占地80公顷的设施农业园区基本建成，建大棚94个，温室110栋，种植葡萄26.67公顷。

造林173.33公顷,植树15万株。其中,农田林网86.67公顷,河道8公顷,绿化道路18.67公顷,片林46.67公顷,经济林13.33公顷。生猪饲养6.25万头,出栏4.36万头,存栏1.89万头。肉鸡出栏200万只。完成农建土石方13.8万立方米,连片治理土地133.33公顷,清挖干、支、斗、渠46.2公里,新建干渠以上建筑物13座,新打机井4眼,连片治理工地100公顷,铺设暗管3200米。

工业园区起步区占地6.52平方公里,其中,一类工业区占地1.88平方公里,二类工业区占地3.03平方公里,公建区占地1平方公里。投资6250万元,完善园区基础设施建设,对十号路、七号路、南环路进行绿化美化,园区具备项目入区条件。

投资1200万元的北淮淀小学教学楼5月交付使用。全乡中小学全部通过现代化达标验收。南淮淀小学获得佳吉公司捐赠的价值48万元的教学物资。城乡居民医疗保险参保率109.3%(包括流动人口)。为118人办理报销手续,报销金额20.33万元。194人参加城乡居民养老保险,累计357人。符合条件享受老年人补助人员1817人,平均每月发放补助13.93万元。审批低保64户144人,增加社会资金80万元,发放定补71.08万元。新增优抚人员6人,发放社会救济、优抚金额260万元,帮助困难群众、低保人员、五保人员、优抚人员2300人次。解决4名残疾人就业问题。全年出生213人,计划生育率94.4%,人口出生率11.41‰,出生婴儿性别比为121:100。建成高标准计生服务站,为100多对新婚夫妇免费进行优生健康检查。为全乡3个行政村配齐电教化设备、图书、报刊以及光盘。奖励扶助农村计划生育家庭26人,发放18720元,特别扶助计划生育家庭4人,发放8640元。帮扶4名特困学生,帮扶金额1600元。开展"阳光关怀"活动,资助单亲困难母亲8人。开展"关爱妇女健康"活动,免费为2600名妇女进行"两癌"筛查。

(赵树军　郝连用)

静海县

概　述

静海县位于天津市西南部，地理坐标为北纬 38°34′59″~39°04′15″，东经 116°42′06″~117°15′5″。东西宽 47.25 公里，南北长 54.4 公里；地形南高北低，西仰东下，平中略有缓坡，地面纵坡约为万分之一；属暖温带半湿润大陆性季风型气候。南与滨海新区大港为邻，东北隔独流减河与西青区相望，西北与霸州市相连，西与文安县接壤，西南与大城县毗邻，南与青县、黄骅市交界。2011 年，县域面积 1414.9 平方公里，耕地面积 6.46 万公顷；辖静海、独流、唐官屯、王口、子牙、沿庄、台头、大邱庄、团泊、大丰堆、蔡公庄、西翟庄、双塘、陈官屯、梁头、中旺 16 个镇和良王庄、杨成庄 2 个乡。有 383 个行政村、36 个居民委员会。全县人口 57.13 万人，其中农业人口 45.66 万人。人口中汉族占主体，另有蒙古、回、藏、苗、彝、布依、朝鲜、满、白、瑶、土家、傣、黎、土、傈僳、达斡尔、锡伯、鄂温克 18 个少数民族。

静海县历史悠久，东周时期即有先民。西汉初年，置东平舒县。宋大观年间(1107—1110)，置靖海县。明洪武初年，改“靖”为“静”，称静海县。1948 年 12 月 20 日，静海县城解放，建立人民政权，隶属河北省天津地区。1973 年 8 月，改属天津市。

2011 年，是“十二五”规划的开局之年。静海县抓住“基础设施、项目建设、民计民生”三个关键，推动经济社会取得新发展、新变化和新突破，实现“十二五”发展的良好开局。全县生产总值 307.07 亿元，比上年增长 21.3%。分三次产业看，第一产业增加值 16.88 亿元，增长 7.9%；第二产业增加值 219.48 亿元，增长 23.9%；第三产业增加值 70.71 亿元，增长 17.4%。三次产业结构为 5.5:71.5:23.0。全县能源消耗总量折合 353.47 万吨标准煤，比上年增长 13.7%，其中生活能源消费量折合 36.09 万吨标准煤，增长 9.1%。按在地口径统计，单位国内生产总值能耗为 1.07 吨标准煤/万元，下降 4.4%。

三级财政收入 60.69 亿元，增长 48.6%，增幅比上年提高 4.3 个百分点。其中区县级一般预算收入 23.98 亿元，增长 60.2%。税收 41.80 亿元，增长 33.3%，占三级财政收入的 68.9%。主要税种增长较快，其中企业所得税增长 70.9%，营业税增长 63.4%，增值税增长 9.6%，个人所得税增长 32.9%。财政一般预算支出 37.80 亿元，增长 53.1%。其中，教育支出增长 11.2%，文化体育与传媒支出增长 66.9%，医疗卫生支出增长 63.8%，社会保障和就业支出增长 95.8%。

年末全县常住人口 67.43 万人，户籍人口 57.13 万人，其中农业 45.66 万人、非农业 11.47 万人。全县人口出生率 12.07‰，死亡率 3.86‰，自然增长率 8.21‰。年末全县从业人员 33.95 万人，比上年增加 1.20 万人，其中第一产业 8.70 万人，第二产业 15.85 万人，第三产业 9.40 万人。全年新增城镇就业岗位 9292 个，比上年增加 1600 个。

固定资产投资实际完成 315.11 亿元，增长 16.7%，其中第一产业 16.77 亿元，第二产业 132.60 亿元，第三产业 165.74 亿元。三次产业投资结构为 5.3:42.1:52.6。市考核口径固定资产投资完成 292.72 亿元，增长 46.1%。全县计划总投资亿元以上项目 64 个，完成投资 136.40 亿元，占全部投资总额的 43.2%。全年民间投资完成 194.76 亿元，增长 34.6%，增速比全部投资增速高 25.6 个百分点。

合同外资额 1.91 亿美元，增长 91.2%，实际直接利用外资 1.58 亿美元，增长 57.8%。实际利用内资 152.33 亿元，增长 26.7%。静海开发区和子牙循环经济园引资取得较大进展，外资实际到位额1.02亿美元，增长148.8%，占全县外资到位额的64.6%；内资实际到位额84.62亿元，增长33.8%，占全县内资到位额的55.6%。

农业总产值36.90亿元，按现价计算比上年增长15.5%。其中，种植业产值17.39亿元，增长3.7%；林业产值1.41亿元，增长2.7%；畜牧业产值15.75亿元，增长36.7%；渔业产值2.35亿元，增长3.3%。粮食产量29.28万吨，下降8.6%；棉花产量2.01万吨，增长2.01%；肉类产量6.57万吨，增长11.1%；蔬菜产量34.73万吨，增长7.3%；禽蛋产量1.28万吨，增长21.0%；牛奶产量11.18万吨，增长15.5%；水产品产量2.35万吨，增长5.9%。

农业经济结构不断优化。全县农林牧渔增加值比例为52.2∶4.4∶38.7∶4.7，养殖业比例43.4%；蔬菜播种面积6600公顷，增长13.0%；林海循环经济园区年末有温室、大棚等设施面积368.6公顷，林下养殖面积1334公顷。

全县有工业企业4302家，工业总产值1260.1亿元，增长31.3%；完成工业增加值205.31亿元，可比增长24.5%。企业效益持续增加，工业企业销售收入1234.5亿元，增长30.5%，增幅比上年提高4.5个百分点；实现工业利润120.5亿元，增长28.1%，增幅比上年提高2.9个百分点。全县规模以上工业企业456家，工业总产值1103.69亿元，增长39.2%，占全县工业总产值的87.6%；工业增加值完成187.57亿元，增长26.2%，占全县工业增加值的91.4%。重点行业支撑作用明显，黑色金属冶炼和压延加工业产值724.65亿元，金属制品业产值80.05亿元，废弃资源综合利用业产值76.35亿元，铁路、船舶、航空航天和其他运输设备制造业产值37.61亿元，有色金属冶炼和压延加工业产值32.45亿元，以上5个重点行业产值占全部规模以上工业企业产值的86.2%。

交通运输、仓储及邮政业完成增加值6.09亿元，增长27.0%。公路运输货运量639万吨，增长31.5%；公路货运周转量83041万吨/公里，增长11.5倍；公路客运量514万人次，下降22.4%；公路客运周转量17870万人/公里，增长35.0%。电信规模进一步扩大。电信业务总量29794万元，增长89.5%。年末固定电话用户14.33万户，增长0.2%；互联网用户8.44万户，增长28.3%，其中光纤入户1.03万户，ADSL宽带接入用户7.41万户；公用电话3030部，增长1.02倍。

在静海县域运行的公交车

批发和零售业完成增加值11.55亿元，增长31.6%。住宿和餐饮业完成增加值4.54亿元，增长32.5%。社会消费品零售总额60.07亿元，增长11.6%。团泊温泉酒店、利达粮油一期等项目建成投产；唐官屯物流园区一期、三和众诚石油物流中心项目部分投产；义乌北方国际商贸城、游龙大酒店、金桥国贸中心等一批项目正在建设。外贸进出口总额24.39亿美元，增长32.3%。其中，出口9.44亿美元，增长42.4%；进口14.95亿美元，增长26.6%，出口快于进口增速15.8个百分点。

金融业增加值9.20亿元，增长12.7%。全县金融机构各项存款余额345.46亿元，增长10.2%。其中，对公存款余额128.14亿元，比年初增加5.04亿元；居民储蓄余额217.32亿元，比年初增加26.91亿元。全县金融机构各项贷款余额144.49亿元，增长32.4%，比年初增加35.40亿元。其中，农业贷款余额20.00亿元，比年初增加3.83亿元；企业贷款余额90.12亿元，比年初增加24.07亿元；个体贷款余额29.28亿元，比年初增加4.33亿元。

全县有保险支公司、营业部7家，全年保费收入6.11亿元，增长17.6%。其中，企业财产险收入0.04亿元，运输工具险收入0.95亿元，人身、人寿险收入4.96亿元。全年赔款给付1.24亿元，下降15.8%。其中，企业财产险赔付0.25亿元，运输工具险赔付0.69亿元，人身、人寿险赔付0.25亿元。

全县经营性用地出让面积187.49万平方米，下降74.0%。受调控政策影响，房地产市场稳中回落，全年房地产业增加值完成8.57亿元，下降6.3%。全年房地产开发投资40.80亿元，增长40.7%；商品房销售4118套，下降35.7%；销售面积46.51万平方米，下降37.4%。

全县基础设施投资52.81亿元，其中城市环境基础设施建设投资14.39亿元，增长55.4%。路网建设投资19.86亿元，西北环线、徐良路、津海路、团泊大桥等一批路、桥竣工，高速公路通车里程113.55公里。年内城市集中供热工程投资1.03亿元，静海县城、团泊新城集中供热面积608万平方米，供热4.2万户。

全县有华静污水处理厂、北环污水处理厂、大邱庄污水处理厂等6座大型污水处理厂运营，全年县城生活污水处理率75%。团泊新城西城污水处理厂、静海新城西城污水处理厂正在建设。2010年5月始，对全县356家排放含酸废水企业进行专项治理，85家企业限期验收，88家停产治理，183家企业予以关闭和取缔。

推进“生态立县”战略，当年造林3126.67公顷；推进城市园林绿化工程建设，建成区绿化覆盖率39.82%；环境空气质量二级以上良好天数323天，占全年总天数的89%。

科技拨款3601万元，增长56.9%；实施国家、市、县级科技项目216项，其中攻关项目198项。年末实有科技型中小企业806家，科技小巨人企业120家。引进农业新技术16项，推广农业应用先进实用技术6项，引进农作物新品种26个，举办农民培训班76期，培训农民3500人次。全县36项科技成果获科技进步奖，涉及农业、工业、卫生等多个领域。全年市级科技成果登记13项，增长85.7%；当年专利申请666件，增长2.17倍；发明专利授权50件，增长13.6%。

有专业技术人员10891人，增长5.6%；人才队伍逐步年轻化，其中35岁以下3965人，增长27.9%；专业人才文化程度有所提高，研究生及以上学历77人，增长22.2%；工程和农业技术人才比例增大，占全县专业人数的15.9%。

全县有各级各类学校153所，在校生9.30万人。其中，普通中学51所，学生3.71万人；小学99所，学生5.23万人。教育系统重点建设项目投资9847万元，新建瀛海学校、第三幼儿园教学楼、流动教师公寓、独流中学宿舍楼和模范学校餐厅，完成校舍加固工程。

全县有各类卫生机构82个，其中县级医院3个、农村卫生院19个、民办综合医院7个、卫生防疫机构1个。有床位1452张，其中县级医院790张、卫生院256张。有卫生技术人员1915人，其中执业医师及执业助理医师956人、注册护士508人。全县383个行政村全部实行合作医疗和医疗保险。

全县有文化馆1个，乡镇文化站16个，县级图书馆2个，学校乡村图书馆450个。有剧团1个，年内演出265场，观众55万人次。全县有256个行政村接通有线电视，用户7.4万户，其中数字电视用户3.73万户。

全县初步形成广播影视、出版印刷、图书音像、体育健身等综合文化产业体系。蔡公庄镇天津圣迪乐器有限公司被命名为天津市首批文化产业示范基地，“环团泊湖”自行车邀请赛成为全国较有影响的赛事之一。

群众体育蓬勃开展。全县有晨、晚练站(点)26个，每天有6000人参加活动。全年举办大型群众体育活动6次，参加活动7.3万人，成功举办天津市第七届农民运动会。

城镇单位从业人员人均报酬53238元(含市属单位)，增长1.7%。农村居民人均可支配收入11288元，增长16.0%；消费性支出6434元，增长16.4%。平均每百户农村家庭拥有汽车14辆、电脑31台、移动电话194部。

全县有5.31万人享受农村老年人补贴。城乡居民养老保险参保2.69万人，比上年增长9.8%；享受1.46万人，增长28.1%。城乡居民医疗保险参保45.51万人，增长7.5%；享受4094人，享受金额742万元。

(王敬模)

静海县县级领导名单

(2011年12月换届前)

中共静海县委领导名单

书　记：孙文魁

副书记：冀国强　刘建国(回族)

常　委：孙文魁　冀国强　刘建国(回族)　曹殿卿　王亚明(3月调出)　张希峰　李宝成　李壮虎

刘春波(11月调出) 王洪茹(女) 刘 伟 安长海(回族) 畅志杰(11月任职)

静海县人大常委会领导名单

主 任:高凤阁(女)

副主任:高中恒 欧宝聚 李广琦 刘国英(女) 张 瑛

静海县政府领导名单

县 长:冀国强

常务副县长:曹殿卿

副县长:王亚明(3月调出) 陈颜忠 张忠芬(女) 张绵生 刘家兴

政协静海县委员会领导名单

主 席:倪福江

副主席:卢凤华(1月退休) 姚金明 张金丽(女) 黄淑芳(女) 顾春瑞 李润华 桑少卿 吕 超 王玉佩

静海县县级领导名单

(2011年12月换届后)

中共静海县委领导名单

书 记:孙文魁

副书记:冀国强 曹殿卿

常 委:孙文魁 冀国强 曹殿卿 张希峰 张绵生 李壮虎 王洪茹(女) 刘 伟 安长海(回族) 畅志杰 李洪东

静海县人大常委会领导名单

主 任:高凤阁(女)

副主任:欧宝聚 张忠芬(女) 张 瑛 贺亦农 杨广才

静海县政府领导名单

县 长:冀国强

常务副县长:张希峰

副县长:陈颜忠 崔悦平 张金丽(女) 顾春瑞 于树民

政协静海县委员会领导名单

主 席:刘建国(回族)

副主席:姚金明 黄淑芳(女) 李润华 舒万成 桑少卿 吕 超 王桂花(女) 徐宗佩(回族)

(县委组织部提供)

政　治

中共静海县第十次代表大会

2011年12月7日至9日，中国共产党天津市静海县第十次代表大会在静海宾馆召开。孙文魁代表中共静海县第九届委员会向大会作报告。大会选举产生中共静海县第十届委员会、第十届纪律检查委员会，通过《中国共产党静海县第十次代表大会关于中共静海县第九届委员会工作报告的决议》、《中国共产党静海县第十次代表大会关于中共静海县纪律检查委员会工作报告的决议》。12月9日下午，中共静海县第十届委员会召开第一次全体会议，新当选的县委委员、县委候补委员出席会议。全会选举孙文魁、冀国强、曹殿卿、张希峰、张绵生、李壮虎、王洪茹(女)、刘伟、安长海(回族)、畅志杰、李洪东11人为县委常委，选举孙文魁为中共静海县第十届委员会书记，冀国强、曹殿卿为副书记。

(袁守云)

静海县十六届人大一次会议

2011年12月21日至23日，静海县第十六届人民代表大会第一次会议在静海宾馆新会议楼举行。冀国强代表静海县人民政府向大会作政府工作报告。大会选举高凤阁(女)为静海县第十六届人大常委会主任，欧宝聚、张忠芬(女)、张瑛、贺亦农、杨广才为副主任；选举冀国强为新一届县人民政府县长，张希峰、陈颜忠、崔悦平、张金丽(女)、顾春瑞、于树民为副县长；选举付滨中为县人民法院院长，杨克兴为县人民检察院检察长。会议通过关于静海县人民政府工作报告的决议，县2011年国民经济和社会发展计划执行情况与2012年国民经济和社会发展计划的决议，县2011年财政预算执行情况和2012年财政预算的决议，通过县大常委会工作报告的决议，县人民法院工作报告的决议，县人民检察院工作报告的决议。

(袁守云)

政协静海县十二届一次会议

2011年12月19日至22日，中国人民政治协商会议天津市静海县第十二届委员会第一次会议在静海宾馆召开。会议听取审议政协天津市静海县第十一届委员会常务委员会工作报告和提案工作报告；县政协委员列席县十六届人大一次会议，听取和讨论县人民政府工作报告和其他报告。会议选举产生政协静海县第十二届委员会主席、副主席、秘书长和常务委员。刘建国(回族)当选新一届政协主席，姚金明、黄淑芳(女)、李润华、舒万成、桑少卿、吕超、王桂花(女)、徐宗佩(回族)当选副主席。通过大会政治决议。

(袁守云)

党务工作　2011年，静海县1468个党组织和3万多名党员承诺事项8.2万件。各级领导干部对基层党组织和党员承诺活动进行点评。结合庆祝建党90周年，评选表彰99个先进基层党组织和297名优秀共产党员、50名优秀党务工作者。完成县、乡领导班子换届工作，配备女干部40名，其中女乡镇长2名；35岁以下年轻干部28名，其中乡镇党委书记2名。选举产生乡镇党代表2561名，县党代表345名。组织5个科研攻关项目参加天津市“人才智力引进洽谈会”，与11名博士进行合作洽谈，3人达成初步合作意向。引进高层次人才38人。成立56人的人才引进服务专员队伍，开展“人才工作宣传月”和“人才政策下基层进企业”等活动，走访企业153家，解决实际问题37个。组织召开学习型党组织创建活动座谈交流会，杨成庄乡、团泊新城等8个单位作典型交流，在《静海言语汇》开办“创建学习型党组织”专栏推广先进单位经验。组织举办“市委宣讲团党的十七届六中全会精神报告会”、“千名书记讲党课”、“理论下基层”等理论宣讲活动，县形势任务宣讲报告团荣获天津市先进宣讲报告团称号，8名宣讲员被评为市级优秀宣讲员。在县“两台一报”开辟“全面开创静海发展新局面”、“小巨人在成长”、“喜迎党代会辉煌成就回顾”等重点工作专栏30多个，刊播新闻稿件3200余篇，评论性文章150多篇。先后在中央电视台、天津日报、今晚报、天津电视台等市级以上新闻媒体刊(播)发稿件260多条。《蹬杆迎元宵》、《林下小蘑菇闯出大市场》、《华北最大拆解企业投入生产》等9篇报道在中央电视台财经频道播发，4条被央视评为当月优秀稿件。中央电视台财经频道授予静海县县域经济报道集体三等奖。印发《关于开展纪念中国共产党成立90周年活动的通知》，对全县开展庆祝建党90周年活动进行全面系统部署。全县有150多个基层单位组织开展唱读活动，参与干部群众数万人，组织选拔100人方队参与全市庆祝建党90周年群众歌咏大会，组织举办静海县庆祝建党90周年文艺演出。在10个部门推行国库集中支付改革试点，落实收支两条线管理，加强政府采购管理，完成67个政府采购项目，节省资金402万元。开展“小金库”专项治理，纠正违纪单位1户，涉及金额19.58万元。对40个政府投资和16个中央拉动内需项目进行监督检查，发现问题226个，下达整改通知书59份。举办“廉政准则”和“四项监督制度”知识竞赛，3700

多名党员参与活动，在全县范围内选树20名廉政勤政优秀党员干部。县纪委受理群众来信来访104件，初核案件线索41件，立案28件，结案28件，处分党员31人，其中开除党籍17人，留党察看11人，追究刑事责任9人。严肃查处乾湖医院集体骗保案、静海镇五小违规收费私设“小金库”案，挽回直接经济损失200多万元。

（袁守云）

政务工作 2011年，静海县群众到县级以上机关上访689批次5596人次，比上年批次、人次分别下降21.3%和1.8%。发生重访239批次2618人次，批次、人次分别下降16.1%和23%。发生到县上访572批次4849人次，批次、人次分别下降27.4%和10%。全年举办各级各类培训班6期，培训公务员483人次。其中，科级干部培训班3期，培训199人；公共危机管理知识培训班1期，培训109人，新招录公务员初任培训班1期，培训65人；经济发展软环境建设培训班1期，培训110人。完成县政府序列62个单位1745名公务员(含参照管理人员)信息系统数据库建设，提高了公务员队伍管理的科学化、规范化、信息化水平。全县480个事业单位岗位设置方案审定全部完成。11425名人员聘用认定工作正在进行。定向招聘2011年到期的“三支一扶”大学生和大学生村官。为21个事业单位公开招聘工作人员262名。完成除义务教育和公共卫生事业单位以外的206个基层事业单位5452名在职职工及1068名退休人员的收入情况调查摸底工作，为全市实施第三步事业单位绩效工资改革奠定基础，提供依据。在全县选拔培训10名市内领先的学术技术拔尖人才、100名县内领先的学术技术带头人、1000名行业(单位)领先的优秀技术骨干。推荐申报“131”创新型人才培养工程二层次人选7名、三层次人选18名，选派52名优秀人选到市内外高校和科研机构参加进修培训和学术交流，组织75名副高级以上人员开展课题研究和科技攻关，对54名县级拔尖人才进行走访和考核，推荐2名业绩突出人员参加政府特贴专家评选，其中1名被批准为享受政府特殊津贴人员。推荐上报高级专业技术职务资格52人(正高级2人)、中级67人；聘任正高级专业技术职务5人、副高级40人、中级55人、初级121人。举办县内人才招聘会18场，参会单位645家，提供岗位9150个，入场求职12058人次，达成意向4315人；举办网络招聘会2场，参加企业52家，提供就业岗位1053个，求职人员浏览量210602次；组织32家企业参加环渤海地区人才智力洽谈会、市大中专毕业生指导中心举办的“经济类、管理类毕业生专场招聘会”等市内外招聘活动，引进各类优秀人才526人。县行政许可服务中心办理各项业务22000件，按时办结率100%，群众满意率100%。全县行政审批事项508项，行政服务事项121项。推出全部审批事项可在网上咨询和表格下载及124项审批事项可在网上申报和审批。投资项目审批可在25个工作日、90个自然天数内办结，比全市规定的办结时限减少5个工作日和50个自然天数。企业设立联合审批缩减至2.2个工作日之内，最快当天即可办结发证。“8890”家庭服务网络受理市民电话7100多个，新增加盟企业150多家，在全市区县月考核中5次进入前三名。

（袁守云）

政法工作 2011年，公安静海分局立刑事案件4323起，比上年下降9%，其中“八类案件”388起，下降22%；破获刑事案件1548起，比上年下降29%，其中“八类案件”303起，下降18%；打击处理933人，比上年上升7.6%，其中逮捕278人、直诉106人、劳教12人、转外12人。年内发生的21起命案、7起绑架案件全部告破，在全市各分局排名首位，“八类案件”破案率75%以上。先后打掉杨凤平、杨瑞芳恶势力人员和“工程霸”谭梦良等5个恶势力团伙，打处团伙成员40人，破获各类刑事案件19起。破获经济案件118起，打处犯罪嫌疑人62名，挽回经济损失2.9亿元。“清网”追逃行动中，刑侦200名逃犯到案168人、经侦31名逃犯到案25人，清网率分别为84%和80.6%，均超额完成市局80%的既定任务，警均抓获数在全市排名第二。县检察院受理公安机关呈送批捕犯罪案件428件584人，经审查依法批准逮捕386件532人；受理审查起诉犯罪案件508件801人，经审查依法提起公诉485件750人。审理市高检院督办以及在全国有一定影响的刘新强等生产销售有害有毒食品案以及涉及集资人数13000余人次、涉案金额12亿元、波及全国29个省市自治区的韩秀琴特大非法吸收公众存款案，对42件52人做出不捕决定，对6件8人做出不诉决定。受理涉及未成年人案件24件54人，依法批捕23件52人、不捕1件2人、起诉23件69人、附条件不诉1件1人。初查各类职务犯罪案件线索42件，立案侦查10件18人，通过办案为国家和集体挽回经济损失210万元。监督公安机关立案8件8人、追捕犯罪嫌疑人2名，对“另案处理”监督的做法受到市高检院肯定。举办宣传活动8次，主动下访13次，依法妥善处理群众来信来访512件818人次。县检察院被评为全国检察机关文明接待示范窗口。县法院受理各类案件7934件，审执结7551件，诉讼标的总额3.74亿元。处理和化解涉及土地征用、拆迁安置、劳动争议纠纷案件343件。依法审结商事案件2089件，其中买卖合同纠纷383件、借贷合同纠纷628件，其他纠纷772件。审结各类民事案件2431件，其中劳动争议案件306件；审结涉农案件48件。全院民商事案件调撤率52.68%，人民法庭民事案件调撤率71.07%。诉讼服务中心接待立案、咨询、来访群众9894人次。在中央政法委开展的“清积百日攻坚”活动中，中央政法委交办的14件案件全部办结息诉。县司法局开展“送法下乡”活动22次，累计发放法制宣传材料38000余份，宣传挂图4500余张，摆放展牌186块，解答各类咨询320余人次，解决法律难题65件。承接各类法律援助案件87件，其中指派律师办理民事案件35件，刑事案件1件，代书3件，指派148所法律工作者办理民事案件43件，代书5件，接待信访咨询274人次，来电358人次。

（袁守云）

人民团体工作 2011年，静海县新建工会组织385家，新增会员14553人。工会组建率、职工入会率分别达到99.34%和93.27%。15个乡镇实现工会组织全覆盖。全县1921家企业与职工签订工资集体协议，覆盖职工82909人。各级工会组织发放慰问金564.86万元，走访慰问困难职工7472人次；发放助学金19.6万元，救助困难职工子女305名；协助政府有关部门追讨农民工欠薪376.3万元。各行业开展技术比武、劳动竞赛1084场，参与职工73520人。总结推广“职工先进操作法”62项，“职工技术创新成果”63项，专利发明11项，职工提合理化建议1870条，采纳实施939条，创经济效益1124万元。天海同步科技设备动力科、岐丰集团二热车间等“工人先锋号”和王立福、刘自立等全国和天津市劳动模范，30名职工、4个集体受到市级立功表彰。团县委新建“两新”团组织148家，覆盖35岁以下青年7142人。吸收企业负责人、青年致富带头人、专业合作组织负责人、大学生村官、派出所民警、优秀外来务工青年等共计170余人进入乡镇、村团组织班子，吸收290余名优秀青年进入“两新”组织团的岗位。举办各级团干部培训班5期，培训798人次。建立青年就业创业孵化基地3家，推广创业项目7个。开展青年就业创业、职业技能培训18期，培训青年2617人。建立青年就业创业见习基地35家，提供见习岗位411个，实现上岗411人。与有关部门举办大型招聘会17场，帮助2310余名青年实现就业。为82名创业青年协调贷款3922.5万元，推荐24家企业参与中国天津技术创业大赛，选树市级农村青年信用示范户10家，推荐创业征文3篇。全县有60个青年集体获市、县级称号，138名优秀青年获市、县级称号，向市青联推荐委员8人。县妇联举办妇女培训班12次，受训4358人次。在“万名女带头人培训工程”中，县妇联被评为先进集体，6名妇女被评为优秀学员，2名妇联干部被评为先进管理者。开展大型咨询、招聘会，组织98家企业提供就业岗位2860个，为430多名下岗女工和女大学生就业搭建平台。“三八”节评选表彰甘长霞等70名县级三八红旗手，县一中英语教研组等33个三八红旗集体，翟宏海等94户文明家庭标兵户和刘丽霞等13名女致富带头人。其中，甘长霞等9名优秀女性被评为市级三八红旗手，刘娟被评为市级三八红旗手标兵提名奖，县一中英语教研组被评为市级三八红旗集体。联合市老促会妇工委，携手爱心企业家肖克谱为台头镇50名困难学生发放助学金2万元；联合县老促会妇工委开展“今晚助学”活动，为25名困难学生发放助学金7500元；为刘元新、任云溪两名先天性心脏病患儿向市老促会妇工委申请免费手术求助。按照市妇联安排，为562名单亲困难母亲每人购买一份安康保险。为26名患重大疾病困难妇女和儿童向市妇儿基金会申请求助款3.35万元。

（袁守云）

经　济

农业 2011年，静海县农作物总播面积7.4万公顷，其中粮食作物4.68万公顷，经济作物2.72万公顷。粮食总产2.93亿公斤，棉花种植1.86万公顷，产籽棉6034.2万公斤，蔬菜种植0.67万公顷，总产3.5亿公斤。良种补贴工作落实到位，完成2010—2011年度小麦良种补贴面积1012.28公顷，补贴资金151842元，补贴农户1813户。涉及13个乡镇102个村。棉花、玉米良种补贴面积32967.54公顷，补贴5490913元。新增设施农业面积1013.33公顷，其中曝光温室566.67公顷、复合结构塑料大棚366.67公顷、普通塑料大棚80公顷，建成食用菌、蔬菜生产基地4个：独流镇李家湾子设施蔬菜基地66.67公顷、唐官屯镇满意庄设施蔬菜基地66.67公顷、大邱庄镇津美街设施蔬菜基地133.33公顷、天房集团设施无土有机设施蔬菜基地33.33公顷。全县25个主要蔬菜品种全部推行标准化栽培技术。15个乡镇8000余公顷无公害瓜菜生产基地推行田间档案管理制度，并扩大田间管理记载范围。建成粮油无公害基地222个11867公顷，涉及16个乡镇。累计出动执法151车次，执法人员547人次，检查620户次。检查种子40万公斤，查处种子违法案件10起，查处不合格种子500公斤，取缔无证经营3户，接待种子举报投诉25起，挽回经济损失30万元。检疫检查种子20万公斤。

（袁守云）

工业 2011年，静海县工业总产值1260亿元，比上年增长31.3%；工业固定资产投资125亿元，增长8.7%。全县工业由原来的黑色金属一枝独秀，调整为优质钢材、装备制造、轻工、再生资源和以生物医药为代表的高新技术产业五业共兴的健康稳定结构，五大支柱产业完成工业总产值1140亿元，占全县工业的95%。全县规模以上企业381家，完成工业总产值1052.3亿元，增长34.6%，占全部工业的83.5%，增速高出全县平均水平8.8个百分点，重点行业平衡增长。钢铁、有色金属、金属制品、机械制造等12个重点行业完成工业总产值1080亿元，增长28.1%。产销衔接更加合理，累计完成营业收入1234.5亿元，产销率98%。全年完成出口交货值33亿元，增长21.1%。工业园区基础设施投入累计65亿元，子牙循环经济产业区累计完成投资46亿元。年内，园区开发面积达79.2平方公里，完成工业总产值507亿元，增长30%。全县列入市重大工业建设项目61个，计划总投资336.9亿元，累计投资158.8亿元，年内投资55.6亿元，投产项目14个、部分投产项目23个、在建项目18个。新兴产业科技型中小企业26家，至年底，县城工业有中国驰名商标7个，市级名牌产品27个，天津市著名商标18个。全县科技型中小工业企业累计认定732家，其中老企业转型升级192家。

（袁守云）

商贸服务业 2011年，静海县实现服务业增加值72亿元，比上年增长30%，完成固定资产投资130亿元，增长18%，服务业从业人员10万人；社会消费品零售额60亿元。新批外商投资项目15个，增资项目8个，合同外资完成2.2亿美元，外资到位1.58亿美元，分别增长120%和57.3%，外资到位超额完成市下达指标；实现进出口额24亿美元，增长31%，其中直接出口9.4亿美元，增长43%，外向型经济指标各项增幅均位列全市各区县前三。全县建成日用消费品连锁店329个、农资连锁店88个，建成日用品配送中心3个和农资配送中心1个。在全县范围形成以公司为龙头，乡镇连锁为骨干，村庄连锁店为基础的县、乡(镇)、村三级连锁经营农村流通网络体系，促进农村市场繁荣。累计建设改造完成13个社区商业中心，投资1000万元新建团泊新城菜市场，投资3500万元建成王口月牙河综合市场。通过家电下乡销售网点备案128家，家电以旧换新网点65家，销售新家电17.4万台套，金额4.72亿元，城乡居民享受财政补贴4500多万元。新建社区回收亭23个，全县各类收购站点240家。审核电子拆解产品90万台，拆解率95%以上。市商务委把商务部分配天津市的唯一扶持资金名额给了静海，编写75页的《静海县再生资源回收体系发展规划》，上报商务部。年内组织企业参加境内外展会，为50多家企业争取春、秋两季“广交会”展位70多个。全年为外贸企业争取中小企业国际市场开拓资金、农产品出口贷款补贴、贸易融资补贴等各类上级扶持资金近800万元。完成天海、凯诺、海吉星等5个外贸公共服务平台认定工作，争取国家补贴资金近2000万元。

（袁守云）

开发区建设 2011年，静海开发区完成工业产值140亿元，比上年增长54%；完成工业增加值46亿元，增长40%；完成税收6亿元，增长50%；固定资产投入70亿元，增长3%；内资到位65亿元，增长23%；外资到位8000万美元，增长134%；完成科技型中小企业认定83家。全年签约项目89个，协议总投资190亿元。其中，内资项目82个，协议引资172.85亿元；外资项目7

位于静海开发区的台湾(天津)玻璃集团生产线

个，协议投资2.45亿美元。超亿元项目42个，超5亿元项目9个。有651家企业入区建设。投资额1亿元至5亿元(含1亿元)的项目34个，占全年投资项目的40%，比上年增加7个；投资额10亿元(含10亿元)以上的项目5个，占全年投资项目的5.9%，比上年增加2个。年内协助59家企业报建，完成报建面积121万平方米，占任务的121%，增长6%。全区在建项目61个，在建面积122万平方米。其中样报开工项目49个，开工面积105万平方米，增长5%；竣工项目50个，竣工面积100.3万平方米，列入市、县级重点项目61个，其中开工建设项目59个，开工率97%；新增市级重点项目7个，总投资16.1亿元，开工5个，开工率71%。全年投入3950.32万元，完成新修北区三号路、七号路、八号路、清亮大道、中央大道、岩峰西道、十亿道7条道路，总长7.1公里，面积9.5万平方米，沿路雨水管网14公里，污水管网6.9公里。投入231.1万元架设10千伏外电源线路11.36公里，其中包括汽配园及十亿道7.06公里，南区爱玛路至二十四号路3.5公里，宝力圣尼、荣昌盛钢管线路延长线0.8公里。打造低碳环保产业园区，投入130余万元安装太阳能路灯136盏，年可节电24万度；投入550万元完成绿化美化33.33公顷，种植树木7.5万株，灌木5万株，草坪2000平方米，修建花池16个，美化景点8个。

(袁守云)

房地产管理 2011年，静海县房管局每周组织2小时的业务培训，参加各级各类培训30余期，培训500余人次。邀请市局专家授课2次，组织集体考试1次。2011年度有8人取得市局房地产登记官资格，12人取得土地登记员证书。重新制作窗口工作人员桌牌和胸卡，在休息区安装2台电子显示屏，大厅16个点位的视频、音频监控系统实现与县纪检委远程监控系统对接。全年深入企业150余家，为企业办理各种登记633件，帮助企业融资52亿元，到市局领办50余次，上门服务20余次。完成各项登记1.6万件、面积320万平方米，比上年分别下降23.8%和20.3%。全县商品房销售4008套46.3万平方米，分别下降36.7%和27.6%；二手房交易1264件23万平方米，分别下降55%和41%。累计完成房产测量381件、建筑面积27.5万平方米，分别下降63.7%和46.7%；累计完成房屋安全鉴定19件4162.6平方米，分别下降65.5%和89.3%。完成房屋租赁合同备案690件17.6万平方米，分别增长60%和20%。全年档案整理归档1.1万卷，接待群众查询2187人次，出示登记簿查询566件，开具无房证明36件，受理司法查询156件，补录更新信息、数据6813条。

(袁守云)

财政工作 2011年，静海县三级财政收入606922万元，占预算的114.3%，比上年增长48.6%，其中，县乡级一般预算收入239759万元，完成预算的125%，增长60.2%。一般预算支出377976万元，增长53.1%。政府性基金支出428370万元，下降7.6%。其中，用于征地拆迁补偿等成本性支出299276万元，其余基金支出主要用于修路、贷款还本付息、支持县经济园区和乡镇示范园区建设。县直行政单位及教育系统全部实行工资统发，对部分政府采购项目和部分项目资金实行财政直接支付，对54家一级预算单位、12家二级预算单位实行“零余额账户”管理改革；对52家基层单位推行公务卡结算制度改革。实施采购项目的实际采购金额6761.7万元，比采购预算节约财政资金649.9万元，平均节约率8.7%。

(袁守云)

税收工作 2011年，静海县地税局完成地方税收215368万元，比上年增长56.5%，完成年初计划的111.5%，超进度11.5个百分点。在天津市地方税务局委托国家统计局天津调查总队对全市27个地税局的办税服务厅和从事征收、管理、稽查以及综合征管工作的219个税务所的明察暗访中取得好成绩。

(袁守云)

工商管理 2011年，静海县新发展市场主体4930户。县域市场主体23081户，比上年增长15%；注册资本(金)662.56亿元，实际利用外资1.58亿美元。新注册商标1048件，新认定驰名商标3件、著名商标11件，三项数据均创县域商标发展史新高，并在全市名列前茅。累计办理股权出质登记130件，实际股权融资115亿元。组织3次中小企业融资推介，为25家企业融资2.4亿元；帮扶3000多家企业引进人才3200余人。新发展合作社115户，总数460户，增长35%；出资16.6亿元，增长32%。开展集中打击传销行动35次，取缔传销窝点148个，断电、断水107处，清理遣送非法传销人员7130人，解救被控人员41名。查处无证无照经营3013好察暗访58903户，取缔无证无照经营327户、引导办照1881户。食品检测增长150%，组织应对瘦肉精、地沟油、问题乳粉、食品添加剂等快速反应行动23次，检查市场282个次、食品经营户12326户次。以工商所名义办案452件，占分局案件总数的55%。

(袁守云)

物价工作 2011年，静海县物价局机关干部先后进村12次，开展接待日9次，访谈农户289户。征求意见和建议7件，解决6件。拿出资金2万元用于改善村委会办公条件及村民文化娱乐活动场所设施添置；对9户困难户进行慰问，送去慰问金8500元。对农产品、农用生产资料价格及涉农收费共80个品种进行价格监测，对监测数据及时进行汇总、分析、上报，累计上报各类价格监测数据180余次。全年审验执收单位24个，审核换发《收费许可证》193个，审验2010年度行政事业性收费16004.81万元；审核经营性收费单位32个，登记审核证23个，备案证9个。为行政事业单位核发《收费许可证》1个、《审核登记证》3个，涉及收费项目9项，注销《收费许可证》2个，涉及收费项目5项。变更收费许可证单位名称13个，合并收费许可证2个。全年出动价格检查727人次，检查涉价收费单位284户次，查处价格违法案件8件，查出价格违法金额98.14万元，实现经济制裁金额9.24万元，其中退还多收价款9.14万元，罚款1000元。全年接到群众举报(咨询)37件，办结率100%，"12358"价格举报电话社会影响力提升。年内对商品标价签实行专人负责，并建立进货、销售台账，实行严格管理，全年发行各种型号明码标价签24.27万张。完成涉案物品价格鉴证353起，标的金额1348万元。其中刑事案件318件，鉴定金额869万元，民事、行政案件35件，鉴定金额479万元。车辆评估845件，评估金额940万元。案件完成率100%。案件纠正、复议率为零。

(袁守云)

质量监督 2011年，静海县质量技术监督局出动执法人员4696人次，立案81件，结案72件，其中万元以上大案19件，结案19件，结案率100%；受理投诉13起，端掉制假窝点31个；总计罚没款51.5万元，比上年增加45万元，增长694.4%。组织开展"食品非法添加和混用添加剂"、"瘦肉精"、"塑化剂"、"地沟油"、"三聚氰胺"、"企业生产条件和企业质保体系"、"打击假冒伪劣"7项专项整治活动，严厉打击食品生产加工违法行为，确保全县食品安全。全年出动特种设备安全监察人员990人次，巡查特种设备使用单位559家，检查特种设备2532台(套)，查出隐患516项，下达《特种设备安全监察指令书》274份，完成整改318项。出动执法人员550余人次，车辆110余辆次，检查企业270余家次，立案查处32起，罚没款14.9万元。组织开展农资专项执法打假活动、纸制品专项治理、轮胎专项检查、电线电缆产品专项整治、起重机械专项整治、电梯维护保养使用环节专项整治等15项专项活动。全年检定计量器具20723台(件)，产(商)品检验1070批次，检验特种设备2370台(部)。质检所承担检验北辰区部分企业奶粉及含乳食品企业三聚氰胺检测任务，完成50批次任务。

(袁守云)

食品药品监督管理 2011年，天津市食品药品监督管理局静海县分局筹办各类会议15次，起草制发文件32份，组织专项整治、督查15次，处理举报投诉5件。举办GSP培训4次170人次，完成GSP认证跟踪检查32家。全年立案16起，结案16起，案件核查20件，均高于上年。受理各类许可291项，办结291项，复审合格率100%。筹资26万元完成无菌室改造，全检率由上年的50.5%提高到64.5%。食品、保健品模拟检验在拓展之中，委托检验92批。

(袁守云)

审计工作 2011年，静海县计划审计40个单位，实际完成40个单位。审计查出违规金额38380万元，管理不规范资金18488万元，应上缴已上缴财政资金5万元，提出被采纳审计建议74条。提交审计报告和信息125篇，被上级部门指示采用154篇(次)。重点审计县财政局执行有关法规政策情况和预算管理执行情况，延伸审计6个相关单位。非税收入28942.5万元，未按规定全额缴入国库、少提取农业土地开发资金691.8万元，少提取被征地农民社会保障风险准备金4572.5万元，向非预算单位拨款936万元。重点审计11个预算单位和乡镇政府，延伸审计8个相关单位。对专项资金审计(调查)，审计4个部门，抽查延伸审计（调查)5个部门、4个商场，查出违规和管理不规范资金32661.5万元，向县政府及管理部门提交审计(调查)报告3篇，提出审计建议7条，项目资本金未及时拨付到位32661.5万元。配合县纪检委对政府采购中心组织的73个政府采购项目进行监督。全年项目采购预算4867.31万元，项目实际采购资金4465.07万元，节约财政资金402.24万元，平均节约率8.26%。

(袁守云)

文　化

群众文化 2011年，静海县举办春节文艺晚会、送文化下乡、新春戏曲票友大赛、文化技艺大展示、民间花会踩街表演、元宵节焰火晚会等春节系列文化活动。组织举办和承办静海县"完美杯"京评梆戏曲大赛、静海县第二届广场舞蹈大赛、"天津市第三届洼诗会"、静海县庆祝中国共产党成立90周年文艺演

2011年春节，杨家园村秧歌队在大街表演。

出、静海县“乐乐迪杯”青年歌手大赛、静海县“乡镇文艺调演”活动、静海县“西双塘杯”第二届广场舞蹈大赛、静海县“西双塘杯红色歌曲大家唱”群众歌咏比赛、“‘永安杯’天津市第二届中老年歌舞大赛”静海赛、“南开杯”广场舞蹈大赛静海赛区初赛等多项大型文化活动。组织参加第五届“枫叶杯”全国青少年儿童书画大赛、“大港杯”天津市广场文化展演活动、天津市庆祝建党90周年书画影展、天津市社区艺术节现代京剧演唱大赛、“大田杯”天津市中小学生读书系列活动、第二届“文化共享杯”知识技能大赛、2011中国(天津)演艺产业博览会等活动。组织开展送文化下乡活动。送科技、生活等各类图书8500余册，送书画1130幅，累计送戏、送文艺节目下乡120余场，放映公益电影6500多场。组织开展基层文化大辅导、大培训活动，辅导培训文化骨干、业余文艺爱好者4000人次。

(袁守云)

书画创作 2011年，静海县组织举办“笔歌墨舞贺新春”迎新春书画精品展，展出作品200余幅，其中书法作品120件、美术作品80件，展现了静海县的书画创作水平。举办纪念中国共产党建党90周年优秀书画作品展，展出书画作品150幅，精品力作不断涌现。举办静海县第二届残疾人书画精品展，展出书法作品70幅，设立王恩峰个人展区，展出他在世博会上的活动情况和多幅优秀书法作品，彰显了静海残疾人书法艺术水平。在北京卢沟桥宛平举办于守义、林伯墀艺术观摩品赏会。在陈官屯镇书画活动中心，举办首届“古城新韵”书画展，展出精品40余幅，静海县书画艺术水平得到普及和提升。组织参加由天津市文化广播影视局主办的“丹青颂中华，翰墨书辉煌”中老年书画展，报送书画作品15幅，全部入选并获奖。其中金奖2人，银奖3人，铜奖1人，优秀奖9人。参加天津市第四届文化系统书画影展，静海县报送作品12幅，全部入选并获奖。其中银奖2人，铜奖2人，优秀奖8人。举办“魅力静海——中国书法名家书法展”和静海县第四届书法作品展，出版《书法之乡·魅力静海》画册，并被中国书法家协会命名为“中国书法之乡”。

(袁守云)

文化市场管理 2011年，静海县开展夏季文化市场专项整治行动、“五一”文化市场安全大检查活动、打击淫秽色情出版物和有害信息专项行动，取缔无照印刷企业4家，黑网吧2家，收缴电脑52台，没收非法出版物2000余册、DVD光盘3500余张，对全县18家娱乐场所点歌系统的非法曲目进行逐一删除。

(袁守云)

社　会

城市建设与管理 2011年，静海县建委办理工程报建备案215件，总面积641.73万平方米，总投资221.24亿元；核发施工许可证112件；完成施工合同备案167项、设计合同备案43项、监理合同备案128项、勘察合同备案29项、分包合同备案217份；完成施工图审查备案151项；办理节能技术登记107项。累计监督建筑工程371项，2182个单位工程，总建筑面积880.01万平方米，其中，当年新接工程134项，875个单位工程，367.7万平方米；上年跨转工程237项，1307个单位工程，512.31万平方米。从业农民工高峰期21150余人。全年执法检查380余次，检查工程项目136个，填报建筑执法检查表60份，下发停工通知书65份，下发整改通知书92份，查处未报建工程42项。全县完成小城镇建设总投资48.08亿元，办理建设项目120件，其中公建项目投资9.26亿元，建筑面积48.63万平方米；工业项目投资15.32亿元，建筑面积134.27万平方米；工业项目投资15.32亿元，建筑面积134.27万平方米；住宅项目投资20.26亿元，建筑面积86.57万平方米；基础设施建设投资3.24亿元。

（袁守云）

市容环境建设 2011年，静海县对东方红路中段、旭华道南段、地纬路、东升道、东平道、东安道、东兴道、泰山道等9条道路进行综合整治。拆除牌匾14510平方米、更换牌匾16620平方米、空调加罩9457平方米；外檐粉饰35.82万平方米；隐蔽裸露外线2000延米；粉刷防盗门窗及卷帘门窗37.37万平方米；粉刷透视围栏18500平方米；制作围挡(围墙)5080平方米。对34个居民区、49个物业小区、城乡结合部、7个城中村、3条河道、5个集贸市场的积存垃圾和渣土杂物进行清理，出动6000多人次，各类车辆1734车次，清理垃圾点位451个，清运垃圾杂物2万余吨。投资1900万元，完成整修后道路和玉带公园、顺驰广场提升改造工程，栽种各类树木3132件，种植绿篱2697平方米，铺设草坪34209平方米，公园硬化铺装10200平方米。拆除噪声广告牌匾256处，清理乱吊挂、乱贴画90余处，管理私装外檐商户13家，拆除大型广告6块。投资3.4万元对社区农村丢失的楼房垃圾窑门统一安装，安装垃圾窑门200个。投入资金53.7万元，对接管后的社区、农村长年积存的垃圾死角集中清整，清除卫生死角510余处，清除建筑、生活垃圾2万余吨。对58座破损公厕维修、粉刷，对沿线80余个果皮箱喷涂翻新。每月平均修剪2次，修剪草坪40万平方米，绿篱24万平方米，清理垃圾、杂草、枯枝3000余车，清扫保洁率100%。公园、广场、街景绿地补植乔木1915株，种植灌木592株，模纹色带1463平方米，宿根花卉1557平方米，铺草坪286平方米，应季草花12000平方米，丰花月季200平方米，绿地景观置石45组，维修安装白色围栏3000米，检修灯具500余盏，检修各种园林机械200余台次，树木刷白4万余株。对县城街景绿地、公园、广场40万平方米以及4万余株行道树进行5次全面预防和消杀，投资85万余元，喷洒农药2700余箱。清理路面污染25处；督促整改工地9家；查处噪声施工工地8家；查处噪声装修商户49家；暂扣渣土运输撒漏车辆51台次。

（袁守云）

静海县城胜利大街(中段)夜景

环境保护 2011年，静海县环境保护局对全县范围内400多家污水排放企业进行全面治理，限期治理企业128家，停产治理企业88家，关闭和取缔违法企业204家。在大邱庄、子牙、唐官屯、独流4镇分片建立4个环境保护管理办公室，将环保管理力量延伸至基层，实行环境区域管理。对全县12家蓄电池企业生产及排污等情况全面排查，6家关闭或转产，6家进行治理。对全县30家涉重金属企业类污染物达标及危险废物处置情况进行检查。对重点区域实行24小时零距离监管。对96家涉水企业抓污水处理设施正常运转、抓污水稳定达标排放、抓管网的雨污分流、查污水偷倒偷排。对大邱庄镇76家、团泊镇6家涉酸企业登记调查，查处环境违法企业12家。查处违法焚烧行为14起，比上年减少25起。安装280台铜米条幅，查处辖区内企业烟尘排放3起、烟尘异味14起，查处非法塑料加工企业35家，有效维护了群众的环境合法权益。完成年度污染物减排任务并为“十二五”减排开好局，团泊新城、子牙环保园处理厂正在建设，预计2012年初竣工。全年削减化学需氧量988.03吨、氨氮145.07吨、二氧化硫1261吨，圆满完成年度减排任务。审批新建项目239个，环评执行率100%；完成建设项目竣工环境保护验收62个。完成排污申报678家，征收736户次，累计征收排污费514.5万元。完成常规数据1101个，验收监测数据11050个，服务性监测2599个，完成应急性监测5次。

（袁守云）

科技工作 2011年，静海县有884家企业在网上注册，761家企业被认定为科技型中小企业。新认定科技型中小企业324家，培育科技小巨人企业30家；落实财政专项扶持资金2792万元，支持企业157家。注册科技企业孵化器4个，加速器2个，生产力促进中心5个，新建企业技术中心5个，市级企业技术中心累计10家。抓科技小巨人企业培育，筛选100家具有自主知识产权、产业化规模大、市场发展前景好的骨干企业，建立科技小巨人项目库。帮助企业申报市政府周转金和科技部创新基金项目，41家企业在周转资金项目立项，争取周转金3.6亿元、政府无偿贴息资金4200万元；天津东方舜能润滑材料公司等7个创新基金项目在科技部立项，引进无偿资金450万元。对30家重点企业实施政策聚焦，通过加大财政资金投入、扩大社会融资、强化政府服务等措施，培育成年销售收入100亿元、利润10亿元、税收1亿元以上的龙头企业。对天海同步器有限公司、友发钢管集团等7家具备上市条件的企业，从科技项目立项等环节进行重点扶持。全年县财政投入资金742万元，对37家传统企业进行技术改造升级，全部转型为科技型中小企业；投入2050万元对50家初创期、40家成长期、30家壮大期的科技型中小企业进行支持。创新金融服务，为企业提供1亿元授信贷款额度；组织融资洽谈会5次，帮助34家企业融资5亿元。全县申请专利666个，比上年增长223%；118家企业实现专利零突破。引进科技团队15个，高级人才253人，与天津大学等25个高校、科研院所及学人、协会、研究会建立长期合作关系，400家企业与高校、科研院所建立对接关系，实施产学研合作项目20项，50项科技成果得到转化。全年申报各类科技计划项目105项，比上年增长110%。其中政府周转金项目41项、科技支撑计划项目26项、市创新资金项目12项、其他领域项目26项。96个项目获得国家科技部、市科委等部门立项支持，157家企业获得县级项目立项。全年实施国家、市、县三级农业科技计划项目15项，获得市级以上科技成果3项。引进新品种26个、新技术16项，筛选、推广新品种8个，推广新技术6项，开发新产品5个，建立试验、示范基地9处，示范面积100公顷。年内，围绕林海循环经济示范区，实施3个农业科技项目。推广食用菌反季节种植技术3项，引进食用菌品种4个，推广种植面积813.33公顷；引进和示范推广畜禽养殖技术3项、畜禽养殖品种6个，推广规模873.33公顷。

（袁守云）

教育工作 2011年，静海县教育系统有17个单位被评为市级教育工作先进集体。4人荣获全国优秀校长、优秀教师称号。1名教师被评为天津市"十佳"班主任。20名干部教师被评为市级德育先进个人。学生体质达标率82.2%，参加市中小学田径运动会和长跑比赛，分获初中组团体总分第一名和小学组第二名。荣获市阳光体育运动展示活动一等奖。由县体校输送的静海籍运动员陈飞勇夺2011年世界杯和世界柔道大奖赛2项冠军。成功举办第二十四届学生艺术节和第六届合唱节。43个节目参加市文艺展演并全部获奖，其中一等奖5个，二、三等奖38个，获奖数量和奖级位居全市领先位置。全年学前一、二年入园率保持100%，学前三年入园率95%。高考成绩实现历史性突破。一本上线首次超过1000人；二本以上上线2107人，比上年增加210人；三本以上上线2948人，上线率超过80%。17名学生考入清华大学、北京大学和香港名牌大学；全市文科高考状元和清华大学自主招生考试第一名出自静海。新增34所村级成校达到"一固定五落实"标准，达标比例提高到70%，完成各类教育培训11万人次。中职教育的多元化、专业化和实效性全面增强，就业率达97%。确定试验项目27个，推广优质品种29个。新增数字化学习中心5个，注册学习家庭4000户。开设6个本科、7个专科专业，新增学员638人，在校生总数突破1500人。427人参加成人高考，录取率超过90%。老年大学增加到10个专业，在学410人。投资4500万元，新建塑胶运动场4处、水冲厕所44座，装配现代化标准实验室、专业教室282个，增配图书16万册，44所学校一次性通过现代化达标验收。全县达标学校126所，达标率92%，居全市前列。投资1.1亿元，完成学校加固29所，提升功能45所，新建第三幼

静海第一中学

儿园，新建、改建 12 所乡镇中心园和 92 所村办幼儿园。

（袁守云）

卫生工作 2011 年，静海县预约诊疗 158169 人次，节假日门诊诊疗 225773 人次。县医院有 18 个病种纳入临床路径管理，全年接诊病例 3877 例，进入路径管理 2372 例，占该病种住院人数的 61%。在县医院 19 个病区、县中医医院 2 个病区开展优质护理服务工程。乡镇卫生院网上采购药品 2956 万元，网上采购率 96.4%，药品价格降幅达 25%。19 家乡镇卫生院门诊量 537584 人次，比上年有较大提高。县医院改扩建一期项目，建筑面积 29998 平方米的外科大楼竣工进入报验阶段。二期建设项目急症综合楼和教学科研楼，建筑面积 23950 平方米，总投资 11680 万元。新建疾病预防控制中心综合楼 1 栋，建筑面积 4500 平方米，附属用房 500 平方米，总投资 1800 万元。总建筑面积 8200 平方米的大邱庄镇医院新建项目投入使用。投入 3384 万元用于各医疗单位购置医疗设备，投入 437 万元用于卫生院整体修缮，投入 240 万元用于预防接种门诊、国医堂建设和公共卫生信息化建设。参加住院医师培训 82 人，参加全科医师培训 14 人。举办乡村医生培训班两期，培训乡村医生 900 余名。录用医学毕业生 72 名，其中硕士研究生 4 名、本科生 43 名、专科生 23 名。建立居民个人健康档案 393465 份，建档率 54.6%；建立电子档案 388624 份，电子建档率 53.93%；其中 60 岁及以上老年人建立档案 72848 份，达到全县常住老年人口的 94.39%。对 63548 名老年人实行健康体检和健康管理，管理率 82.34%。管理高血压患者 37789 人，糖尿病患者 6015 人，脑卒中后遗症患者 2923 人，重性精神疾病患者 1368 人，肢体残疾人 1467 人，规范管理率均达 80%以上，全部建立慢性病专案，开展定期随访及年度健康体检工作。全年婴儿死亡率控制在 4.5‰，孕产妇保健手册建册 8948 人，建册率 98.95%，产后访视 8481 人，访视率 93.79%，免费发放叶酸 3852 人份，发放率 99.49%，开展农籍妇女病免费普查 8948 人。孕前专项疾病筛查 8134 人，新生儿甲低、PKU 筛查 8932 人，儿童听力筛查 8927 人，儿童白内障筛查 7577 人，儿童髋关节发育不良筛查 7521 人，儿童先天性心脏病筛查 7587 人，各项疾病筛查率均在 98%以上。避免 89 名残疾儿出生，21267 名普查患病妇女和 512 名筛查异常的儿童得到早期干预和治疗。

（袁守云）

体育工作 2011 年，由市委农工委、市农委、市体育局、市农民体协主办，静海县承办的天津市第七届农民运动会在静海举行。设置田径、健身秧歌等 14 个大项、81 个小项，10 个涉农区县的 1100 多名运动员参赛。静海县 134 名运动员参加比赛，取得 8 枚金牌、10 枚银牌、13 枚铜牌、29 人次团体获 4 至 6 名，五子棋、手扑球、足球三支运动队荣获体育道德风尚奖，张金洪、戴永春等 16 人获个人体育道德风尚奖。举办 2011 年静海县“蓝色经典·天之蓝”杯乒乓球比赛。45 支代表队 180 人参赛，邀请天津市乒乓球队总教练、原世界冠军马文革及天津乒乓球队队员进行表演，副县长张忠芬及县有关单位领导出席开幕式。完成 151 个村体育场地复查，完成市体育局配套方案。95%的行政村建设体育场地并安装体育器材。完成 36 个健身苑器材更新考察和申报工作。配合市体育局完成 2010 年 6 个乡镇文体中心复查工作，督促 7 个乡镇文体中心建设。指导完成 10 个大型公园新改扩建工作。对各乡镇改扩建的 60 个健身公园增加体育设施配备申请。举办 150 人参加的静海县二、三级社会体育指导员培训班，培训结业并向国家社体中心申报备案。组织各乡镇、体育团体、晨晚练点等 50 名优秀群众体育骨干参加在天津体院举办的国家一级社会体育指导员培训，全部结业。另有 3 名群众体育骨干荣获国家级社会体育指导员称号。在静海注册的社会体育指导员中，有国家级 10 人，国家一级 88 人，二、三级 479 人。

（袁守云）

静海体育场

人口和计划生育 2011年，静海县人口计生委制作“禁止鉴定胎儿性别”、“禁止选择性别终止妊娠”等标识牌360块，在全县各医疗单位、村街和居民小区悬挂张贴。对获准使用B超、获准履行终止妊娠手术和获准开展14周以上终止妊娠手术医疗单位的名单进行公示。县人口计生委、卫生局、食药监局等部门组成联合检查组，对全县63家医疗机构、民营医院、个体诊所和药店进行执法检查，下达整改通知书16份。静海县被列为第二批国家免费孕前优生健康检查试点县之一。召开专题会议3次、动员会1次、推动会4次、培训会2次，发放宣传资料4万余份。为5844名符合生育政策计划怀孕人员及流动人口提供孕前优生检查，优生检查人群覆盖率72%。对查出的498名高风险人员及时给予治疗或转诊服务。待孕夫妇的优生知识水平明显提高，计划妊娠比例80%以上。全年在《中国人口报》、《人口与计划生育》杂志、《人口家庭》杂志等全国性刊物刊登典型经验文章13篇。在《天津日报·静海版》刊登计划生育政策和优生优育知识6期。在县政府门户网站开设人口计生窗口，将政策法规、科学知识、办事程序、服务承诺进行网上宣传。在电视台开办计生专栏，播出56期。制作大型宣传广告板80多块，灯箱400多个。发放各类特色宣传物品20多万个。在县城邮电局大楼、健身广场和党员服务中心的电子大屏幕上，每天播出宣传内容52次。利用党员服务中心信息发布平台，向全县2万多名党员和5000多名待孕育龄群众发送手机短信。先后选派18名技术人员参加国内有关学术活动。对410多名村级计生专干进行避孕节育、生殖健康、优生优育知识培训。全年新增避孕药具发放点4个，全县避孕药具免费发放网点440个。指导待孕夫妇服用叶酸等预防神经管畸形的专用药品并进行“四毒”检测、染色体筛查以及B超诊查。全县高危人群优生指导率、叶酸发放率均达100%。全年为5万多名育龄群众免费查体，为2240名流动人口育龄妇女开展免费服务，对4万多人进行随访服务，对5000多名患病育龄群众给予治疗。对农村符合再生育条件，批准后当年退掉二胎生育指标的夫妻，一次性奖励2000元，全年兑现180多户。对11名采取结扎措施的农村双女户，分别给予一次性奖励5000元。将子女在14周岁以上、领取《独生子女父母光荣证》的夫妻奖励费，由每年120元提高到每年240元。为独生子女家庭办理意外伤害保险，投保额达45万元。

（袁守云）

劳动保障 2011年，静海县发展联盟企业11家，累计联盟企业133家，新增就业岗位9292个，完成任务的103.2%；为企业办理招工录用就业登记7712人，完成任务的103%。认定就业困难人员113人，其中零就业家庭31人，单亲家庭5人，“4050”人员61人，其他15人，帮扶安置90人，实现零就业家庭动态为零，其他就业困难人员安置率98%。认定服务型企业1家，累计服务型、商贸型企业24家，在岗人数540人，全年享受保险补贴412万元。完成公益性公司年检13家，13家公益性公司安置“4050”下岗失业人员2581人，其中年内安置182人，困难群体人员70人，落实公益性岗位工资补贴1586万元，社会保险补贴16.3万元。全县城镇职工基本养老保险参保企业2025家，其中扩面33家，参保99838人（缴费45537人），其中扩面3972人，缴费金额29979万元。累计退休23485人，支付金额36160万元。失业保险参保单位1449家，新扩面201家，参保39576人，其中新扩面5284人，缴费2819万元。享受失业保险待遇591人，发放失业保险金463万元。全县城镇职工基本医疗保险参保单位2255家，参保58356人，缴费14988万元；工伤保险参保企业2177家，参保54924人，缴费1276万元，享受工伤保险待遇1455人，支付金额3759万元；生育保险参保单位1570家，参保44351人，缴费金额933万元；城乡居民基本养老保险参保26900人，其中当年扩面2406人，享受退休14562人，支付金额4738万元；城乡居民医疗保险市局下达任务428800人，实际完成446692人，完成任务的104.2%。10月开始，市局下达静海县2012年城乡居民医疗保险参保任务444900人，县政府下达任务指标459025人，至2011年底，完成2012年参保455126人，占全县任务指标的99.1%，完成市局指标的102.3%。全年为农村老年人发放生活补贴4868万元，涉及53067人，当年新增老年人2621人。劳动保障监察受理各种案件358件，其中拖欠工资案件261件，涉及职工2975人，追回拖欠工资款1970.57万元；工伤案件8件，涉及职工8人，支付赔偿金额84.9万元；合同案件89件，补签合同3510人。受理劳动争议案件890件，比上年增长31%，其中立案前调解解决141件，经审理不符合立案范围60件，符合立案条件批准立案689件，立案数量增长48%，结案663件，其中调解139件、裁决349件，结案率96%，调解率21%，裁决率52%，为企业职工挽回工资损失321.3万元，保险及经济补偿金140万元，工伤赔偿金2970.6万元，依法维护1340名职工合法权益。

（袁守云）

社会保障 2011年，静海县新增城镇低保对象71户182人，新增城镇特困19户51人；新增农村低保405户1161人，新增农村特困259户613人，新增五保对象217户。全年享受城镇低保762户1864人，城镇特困170户407人，共计发放保障金586万元；农村低保3574户8849人，特困1227户2854人，累计发放保障金2029万元；五保供养对象2665人，发放五保金1304万元。春节前为城乡低保特困家庭发放米、面9636袋，拨付一次性补助款、饺子款1083万元，为330户结对帮扶对象、敬老院发放米、油、现金等慰问款物，合计27.8万元；临时救助因突发灾害致生活困难家庭166户192人，发放救助资金18.6万元。县慈善协会为500户低保边缘户每户提供400元的现金救助，总计20万元；为28名孤儿发放善款5.6万元；资助17名困难学生每人4000元，共计6.8万元；为6名小学生每人资助100元学杂费。加强对流浪乞讨人员救助工作，累计救助300人，护送返乡6人，医疗救助32人。投入1200多万元对唐官屯镇敬老院和大丰堆敬老院进行改扩建，新建后的唐官屯敬老院建筑面积4200平方米，床位140张，21名老人入住；大丰堆敬老院扩建后，建筑面积1750平方米。

（袁守云）

静海镇

静海镇位于静海县境中部偏北。为静海县人民政府驻地。东连大丰堆镇和杨成庄乡，西邻梁头镇，北界独流镇和良王庄乡，南靠双塘镇。2011年，镇域面积80.2平方公里，辖37个行政村，2个街道办事处，34个居民委员会。人口39570户110019人，其中非农业人口12726户37326人。人口密度为每平方公里1371人，是全县人口密度最高的镇。

该镇因驻地静海而得名。历史上，这里称涡口寨，亦称涡子口、涡子寨。西汉至东晋十六国时属东平舒县。南北朝时属平舒县。隋、唐二朝属鲁城县。五代十国时先后属宁州和永安县。北宋时先属乾宁县，大观二年(1108)首次在涡口寨置县治，时称靖海县。嗣后，县治一度去销复置。明朝洪武初年，改“靖”为“静”，称静海县。静海从此定名，沿用至今。1946年，这里置县城镇，属静海县第一区。1948年12月设静海市，属河北省冀中行署八专署静海县。1949年12月，改名城厢区。1958年8月，改建红旗人民公社。1961年5月，改建城关公社。1965年3月，置静海镇。上述区、公社、镇的驻地均在静海。2001年8月调整区划，将城关乡、徐庄子乡和府君庙乡的西五里村、北五里村、魏家庄、付家村并入静海镇。

2011年，实现国内生产总值26.35亿元，财政收入2.8亿元，固定资产投入41.77亿元。农民人均可支配收入11288元。

农业常用耕地2086.98公顷，平均每一农业人口占有0.05公顷。全年，粮食播种140405公顷，总产7525吨；棉花种植429.88公顷，总产466吨；蔬菜种植258.46公顷，总产2714吨；有果园338.9公顷，总产水果493吨。全年造林50.23公顷，采伐木材418立方米。有奶牛310头，产奶1850吨。淡水养殖面积134.87公顷，总产水产品1310吨。全镇农业总产值1.3亿元。

发挥园区资源和区位优势，加大招商引资力度，翰吉斯农产品国际物流中心项目、义乌北方(天津)国际商贸城项目、天津利达粮油现代物流中心项目、翰金佰餐饮服务项目、总部经济项目等一批项目落户北环工业区。北环园区自升级为市级示范工业区以来，园区控制面积扩至40平方公里，规划建设面积18平方公里，累计投资1.5亿元用于园区基础设施建设，实现“八通一平”标准，固定资产投入达37亿多元，北环工业区成为推动全镇经济发展的“发动机”。

围绕县城总体规划，配合县政府推动十里长街、旭华南路、西北外环的拆迁改造和征地工作；加大查处整治违章建设力度，拆除违章建筑6处，罚款处理12处，拆除村民违章建房1处；投资702万元完成乡村公路大修8470米63880平方米。

农家书屋建设和新建基层文化室工作进展顺利，完成任务；完成37个村街、34个社区居委会5万人次的体检工作，占应检人口的70%；投入资金200万元，完成第四小学塑胶操场、院区建设以及第二小学、上三里小学、花园小学校舍扩建、维修和院墙翻建工程，加强镇中学、高家楼小学、第三小学等学校现代化配套建设。

（王　卉）

独流镇

独流镇位于静海县最北部。北依西青区，东接良王庄乡，西靠台头镇，南与静海镇为邻。2011年，镇域面积64.4平方公里，辖28个行政村街。人口13391户36532人，其中非农业2247户3758人。镇政府位于兴业大街西侧，南距县城10公里。

该镇因南运河、子牙河、大清河在此汇成一条河流而得名。宋代，曾在这里设独流东寨、独流北寨。明永乐年间移民至此，渐成集镇。该镇地处水陆交通要冲，地理位置非常重要。清咸丰年间，太平天国北伐军曾在这里和清军激战100天。光绪二十六年(1900)，义和团首领张德成曾在此设“天下第一坛”，是义和团运动的重要活动地区。清朝中期，在此设独流地练。1923年，置独流镇，属静海县第五区。1948年12月，设独流市。1949年12月，改设独流区。1950年8月，改设静海县第三区。1958年8月建东风公社。以上区、市、社、镇均驻地独流。1961年5月建独流公社。1965年3月复置独流镇。2001年8月调整区划，将北肖楼乡和府君庙乡的王家营、苟家营、刘家营、冯家村4村并入独流镇。

2011年，实现国内生产总值11.06亿元，财政收入8828万元，工业固定资产投入1亿元，农民人均可支配收入11379元。

有耕地419.59公顷，平均每一农业人口占有0.13公顷。全年粮食播种3191.26公顷，产量22289吨。投资1080万元的东淀300.15公顷粮食基础能力建设项目完成，计划投资1200万元的南泊万亩农业综合开发项目启动。李家湾子村千亩设施农业示范园区二期40.02公顷和凤仪村设施农业示范园区二期10.67公顷二代节能温室棚区建设完成。六堡、八堡、民主等村街冷棚建设33.35公顷完成。投资180万元新打农用机井6眼，维修扬水站5个。新增农民专业合作组织10家，至年底，全镇有农民专业合作组织20家。全镇农业总产值3.5亿元。

有规模以上企业7家，资产7.4亿元，工业销售收入、利润总额分别为8.9亿元、3337万元。年内，引进招商项目6个，协议资金8880万元，到位7180万元。

计划投资1000余万元的集中供水工程在施。投资450万元、总里程10公里的9条乡村公路大修改造工程完成；配合有关部门完成总投资1200万元的南运河污水回头改造工程。计划投资150万元、占地面积3414平方米的镇文化体育活动中心主体工程完工。全镇190户低保户、234户五保户、116户特困户、344户优抚对象得到有效救助。

（王　卉）

唐官屯镇

唐官屯镇位于静海县最南部。东邻蔡公庄镇，西界河北省青县流河镇，南靠青县马厂镇和陈缺屯乡，北连西翟庄镇和陈官屯镇。2011年，镇域面积113.1平方公里。辖43个行政村街，是全县行政村最多的乡镇。人口17936户47656人，其中非农业13748户41033人。镇政府位于大张屯村南部的京福公路北侧，北距县城26公里。

该镇得名始于明朝。明永乐年间，唐世义率移民来此垦官田，初称唐世义屯，后简称唐官屯。这里位于天津市和静海县的南端，是水陆交通要冲，地理位置非常重要。清朝时，设唐官屯地练，属静海县南路。1923年置唐官屯镇，属静海县第三区。1946年6月“青（县）沧（州）战役”后，属冀中区。1947年，设唐官屯市，属静海县。1949年12月，改设唐官屯区。1950年8月，改为六区，驻地唐官屯。1957年8月，改设唐官屯乡。1958年8月，建钢龙人民公社。1961年5月，改为唐官屯公社。1965年3月，改置唐官屯镇。上述公社和乡镇驻地均在唐官屯。2001年8月调整区划，将原大张屯乡和大郝庄乡并入该镇。此后，唐官屯镇驻地移至原大张屯乡驻地。

2011年，实现地区生产总值9.73亿元，财政收入8871万元，全社会固定资产投入8.16亿元，农民人均可支配收入11049元。

有耕地5908.09公顷，平均每一农业人口占有0.15公顷。全年粮食种植6177.35公顷，产量39878吨。在保障粮食种植基础上，着力调整农业结构，重点实施满意庄、亚庄子设施农业建设。满意庄农业观光园在原来基础上投资600万元，新建大棚95个。亚庄子菌类蔬菜种植园区完成投入400万元，新建大棚12个。全年造林170.8公顷，采伐木材865立方米。全镇饲养生猪54000头、牛4335头、羊33250只、肉鸡239万只。全年，肉类总产7994吨，蛋类总产680吨，牛奶总产7600吨。全镇实现农业总产值2.3亿元。

有规模以上工业企业13家，资产3.9亿元，从业人员1494人。全年实现总产值8.3亿元，营业收入8.2元，利润1422万元。唐官屯物流加工园区基础设施建设继续完善，投入资金3500万元，修建道路6000平方米、完成园区内唐王路两侧绿化33600平方米。完成污水处理厂设计方案；重新签订园区水站建设合同，正在办理开工前各项手续；确定天然气引入路线；园区电力规划获市局批复，迁移1条10千伏和110千伏高压线改线。至年底，园区入驻企业4家，注册企业14家，在建项目6个，在谈项目11个。

该镇西部地区22个村集中供水改造工程完工；镇敬老院建设工程完工投入使用。全年办理农村低保47户，特困44户，城镇低保2户，农村五保38人，落实大病医疗救助2.4万元，对308户没有享受政策救助人员进行困难救助。大张屯中学改建工程开工建设；15公里乡村公路大修改造和镇区污水排放治理规划完成；新建住宅小区2个；唐官屯医院扩建工程完工；农家书屋、村级文化室实现全覆盖。

（王　卉）

王口镇

王口镇位于静海县西部，子牙河两岸。北至台头镇，西界河北省文安县滩里乡和德归乡，南连子牙镇，东邻梁头镇。2011 年，镇域面积 78 平方公里。辖 24 个行政村街。人口 10932 户 34078 人,其中非农业 1513 户 2587 人。镇政府位于大瓦头村的静文公路北侧,东距县城 15 公里。

该镇因镇内王口得名。元朝时称文定乡,属顺天府。清初改称王家口,1946 年置王口保公所,1947 年设王口市,均属大城县。1948 年 12 月改属静海县。1949 年 12 月设王口区,1950 年8月设四区,驻地王口。1957 年 8 月建王口乡,1958 年 8 月建旭升公社,1961 年改名王口公社,驻地均在王口。1983 年7月置王口乡,1988 年改置王口镇,驻地均在大瓦头。

2011 年,实现国内生产总值 7.5 亿元,财政收入 2147 万元,全社会固定资产投入 2.1 亿元,农民人均可支配收入 11223 元。

有耕地 4703.62 公顷,平均每一农业人口占有 0.15 公顷。全年粮食播种 2147.74 公顷，产量 13430 吨。苗圃、林下食用菌、冬枣、花卉等特色农业板块基本形成。造林 23.81 公顷，年末实有林地 4457.83 公顷,森林覆盖率 58.7%。林下食用菌种植面积 333.5 公顷;林地散养鸡面积 66.7 公顷；新建寿光节能温室大棚 108 个;新增枣、桃、梨等特色果树种植 400.2 公顷。新打机井 3 眼,修建田间路 30 公里，完成中低产田改造 1334 公顷。新建农民专业合作社 12 个,年末总数 54 个。全镇农业总产值 2.3 亿元。

炒货业为该镇主导产业。注册炒货企业 252 家。其中加工企业 187 家、贸易货栈 65 家,资产总额 13 亿元,年销售总量 50 余万吨,销售额 50 亿元,利润 2.5 亿元。炒货产业园区选址静文路北侧、津涞路西侧、王口镇区东侧范围内。至年底,园区前期规划工作仍在进行，总规制定完成并通过审查,园区控规、详规和产业发展规划在规划设计中。

投资 426 万元，大修乡村公路 6.8 公里。投资 4000 万元,完成建筑面积 1.66 万平方米的月牙河综合市场建设工程,建成商铺 80 家,棚罩 5600 平方米,摊位 500 个。遏制私搭乱建 20 宗,拆除违法占地 8 宗。规划静文路两侧 6 处商住小区，其中月牙河北段商住小区项目启动。年内,投入 380 万元用于救济、救助、优抚；投资 370 万元用于扩建镇卫生院；投资 200 万元建成镇文体活动中心;23 个村全部建立文化图书室;新农合参合率 95%以上。

（王　卉）

王口镇林下经济

子牙镇

子牙镇位于静海县西南部。东邻梁头镇，西界河北省文安县德归乡和大城县旺村乡,南连沿庄镇,北接王口镇。2011 年，镇域面积 60.1 平方公里。辖 16 个行政村。人口 11214 户 34697 人，其中非农业 1583 户 3021 人。镇政府驻王二庄,东北距县城 19 公里。

该镇因原驻地东子牙得名。清朝设子牙地练,属静海县西路。1946 年置子牙大乡。1948 年 12 月属静海县第四区。1949 年建子牙区。1950 年 8 月改称五区,驻东子牙。1957 年 8 月置子牙乡。1958 年 8 月建卫星公社,驻地东子牙。1961 年 5 月改名子牙公社。1974 年公社驻地迁至王二庄。1983 年 7 月复置子牙乡。1989 年 6 月置子牙镇。

2011 年,实现生产总值 5.26 亿元,财政收入 4077 万元,全社会固定资产投入 8350 万元,农民人均可支配收入 12002 元。

全镇耕地面积 3916.42 公顷,人均占有耕地 0.13 公顷。全年粮食播种 2807.74 公顷,总产 14357 吨。造林 615.31 公顷，年末实有林地 4457.83,林地覆盖率 80%。完成大黄庄 100.05 公顷、焦庄子 20.01 公顷、小邀铺 33.35 公顷节水项目工程,打深机井 4 眼，铺地下暗管 12 公里,架设高压线路 5 公里。建成大黄庄 36.35 公顷林下食用菌大棚基地。并以食用菌基地为依托，成立残疾人专业合作社。全镇农业总产值 1.2 亿元。

发挥金属拆解、汽车自行车零部件、印刷包装、民族乐器制造的集群优势,形成四大支柱产业。其中金属拆解企业 430 家，占工业经济总量的 51%；汽车自行车部件企业 58 家,占总量的 24.2%;印刷包装企业 17 家,占总量的 10%;民族乐器企业

18家，占总量的9.8%。组建静海县民族乐器制造商会，参加在天津、北京、上海等大城市举办的乐器博览会，成功打造"森雀"名牌商标。至年底，全镇有工业企业605家，其中规模以上企业5家，从业人员229人，全年实现总产值2.23亿元，利润137万元。

投资450万元，完成9公里的乡村公路修建工程。94万平方米的住宅楼和16万平方米的行政办公楼、文体中心、中小学、幼儿园、公交始末站等综合配套公建项目完工，进入装修阶段。投资230万元，对镇区及各村环境进行治理，对镇域内5条县级河道进行清整，回复水系原生态10.1公里，新建河道护栏网4000米。

城乡居民医疗保险参保29570人，城乡居民养老保险参保148人，企业职工签订劳动合同5300多份。全年，投资30万元完成3个村的活动场所新建、改建工程。21个村建成农家书屋，有线电视实现村村通。

（王　卉）

沿庄镇

沿庄镇位于静海县西南部。西界河北省大城县旺村乡，北接子牙镇和梁头镇，南界河北省青县流河镇与大城县南赵扶镇，东邻陈官屯镇。2011年，镇域面积98.7平方公里。辖24个行政村。人口12003户34768人，其中非农业人口1473户2348人。镇政府驻东滩头北侧，东北距县城18公里。

清朝和民国时期，镇域西部地区属大城县，东部地区属静海县。1948年后属静海县十一区。1950年属五区。1957年8月建沿庄乡。1958年8月设沿庄管理区，属卫星公社。1961年5月属子牙公社。1974年3月建沿庄公社。1983年7月17日复置沿庄乡。2001年8月改为沿庄镇。2001年8月调整区划，东滩头乡并入沿庄镇。

2011年，实现生产总值5.88亿元，财政收入4103万元，工业固定资产投入6100万元，农民人均可支配收入11269元。

全镇耕地面积6359.65公顷，平均每一农业人口占有0.19公顷。粮食作物主要有小麦、玉米、大豆。全年粮食播种4182.76公顷，总产29647吨。投入资金300余万元，新建扬水站2座，维修抽水泵站17座，新建输水明槽6000余米，新打机井5眼，铺设地下输水管线14000余米。投入资金247.5万元，发展畜牧养殖业。新增各类养殖户40户，新建养殖小区1个，年末总数6个，其中市级养殖小区5个。全年出栏生猪45160头、羊8650只、肉鸡107.95万只，实现畜牧业增加值4000余万元，占农业增加值40%以上。新建农民专业合作社9个，年末总数29个。全镇农业产值2.2亿元。

工业以喉箍制造、餐具制造和有色金属加工三大产业为主导，有规模以上工业企业7家，从业人员2516人。全年实现产值7.96亿元，利润5585万元。

投入918万元，新建、大修村街公路18.9公里；投入32万元，新建敬老院住房300平方米；投资750万元，迁址重建西港中心小学和东滩头中心小学；投入23万元规范完善各村文化书屋、村民健身广场设施和设备；先后投入200余万元，对道路、村街、坑塘、河道等进行综合治理。

为44户138人办理特困、低保待遇，为1177名特困、低保和五保人员办理医疗保险，全镇96户困难群众得到及时救济帮助。

（王　卉）

台头镇

台头镇位于静海县西北隅。北界河北省霸州市辛章镇，西界河北省文安县滩里乡，南邻王口镇和梁头镇，东连独流镇。2011年，镇域面积56.6平方公里。辖18个行政村。人口8445户25196人，其中非农业人口759户1361人。镇政府驻台头村，东南距县城16公里。

该镇因驻地台头得名。清朝和民国时期均属大城县。1948年12月，建台(头)黄(岔)市，改属静海县。1949年12月，设台黄区。1950年8月，属静海县四区。1957年8月，建台头乡。1958年8月，置台头管理区，属旭升公社。1983年7月，建台头乡。1989年6月，置台头镇。2001年8月，调整区划，将二堡乡并入台头镇。

2011年，实现生产总值5.16亿元，财政收入1822万元，全社会固定资产投入5500万元，农民人均可支配收入10610元。

有耕地3765.42公顷，平均每一农业人口占有0.16公顷。全年粮食播种2644.79公顷，产量17909吨。造林238.19公顷，至年底实有林地3106.55公顷，森林覆盖率69.4%。发展林下经济100.05公顷，年末林下经济总面积193.43公顷。新建寿光式暖棚12.74公顷，年末，全镇设施农业面积333.5公顷。农业招商方面，至年底，绿源农业生态园投资3000余万元，区内一期道路硬化工程完成、餐饮服务区主体建筑竣工，垂钓园主要工程完工，新增20.01公顷高标准特色苗木、果树种植，新申请的2公顷会议、餐饮、住宿区等项目在建设中。规划占地240.12公顷的苗木栽植、农业观光企业初具规模，其中南二堡、民生、一堡等苗木种植区积极筹备扩建，北方创业、金苑景观等有机蔬菜苗木花卉综合项目改善生态环境,集聚地区吸引力。至年底,有6家苗木花卉生产企业入驻该镇,规划面积333.5公顷。

全镇有专业合作社24家,其中林木种植合作社5家、蔬菜种植业6家、西瓜种植合作社3家,林木管理合作社1家、农机合作社1家、畜类养殖合作社4家、食用菌种植合作社1家。全镇农业产值2.5亿元。

有工业企业68家(不含个体工商户),其中规模以上企业3家。主要行业为纺织服装、汽车配件和自行车配件,大多以加工配套为主,属劳动密集型行业。

协调有关部门对静台路台头段5公里、静霸路台头段3公里进行翻修;投资140万元,对坝台村村内主干街道硬化2.5公里;投资100万元,对姜家场村村内主干街道硬化2公里。完成台头片8个村管道改造工作。投资10余万元完成四堡村有线电视入户工作,投资20余万元完成友好村有线电视入户工作。至年底,全镇18个村有16个村完成有线电视“村村通”工程。

投资350余万元对大六分、二堡、三堡、台头一小进行学校基本建设;完成4所学校现代化建设达标;投资140万元更新设备;完成一小、二小2所村级幼儿园达标工作。18个村农家书屋全部建成投入使用,每个书屋藏书2000册,实现专人管理。

对12名现役军人及时发放优待金,完成11名伤残及老复员军人危陋房屋修缮工作;申报审批低保24户、特困8户,五保8户,临时救济3户。为残疾人建房4户,发放轮椅5辆,为3名白内障老人做复明手术,办理残疾人养老保险132人;投资6万余元改善敬老院居住环境。

(王　卉)

大邱庄镇

大邱庄镇位于静海县东南部。东接团泊镇,西连西翟庄镇,南至蔡公庄镇,北邻大丰堆镇。2011年,镇域面积119平方公里,是全县面积最大的乡镇。辖26个行政村街。人口12897户40619人,其中非农业2021户4446人。镇政府驻大邱庄,西北距县城18公里。

大邱庄于明朝永乐二年(1404)建村,因多为“邱”姓移民,故起名邱家庄,后改称大邱庄。该镇历史上一直隶属蔡公庄,直到1993年11月18日,撤村建镇。建镇之初,下辖万全、尧舜、津美、津海4街。2003年9月25日,将原蔡公庄镇所辖的大屯、满井子、王虎庄3村划归大邱庄镇。2006年1月1日,原西翟庄镇所辖庞庄子村划入。2011年6月23日,原团泊镇、蔡公庄镇、西翟庄镇、大丰堆镇所辖丁房子村、邢家埕村、东房子村、五美城村、三间房村、刘房子村、胡连庄村、官坑村、太平村村、东尚码头村、西尚码头村、前尚码头村、北尚码头村、巨庄子村、岳庄子村、崔庄子村、白公坨村、李八庄村整建制划归大邱庄管辖。

2011年,实现生产总值82.73亿元,财政收入8亿元,农民人均可支配收入13377元。

有耕地4855.09公顷,平均每一农业人口占有0.13公顷。全年粮食播种2016公顷,总产11982吨,比上年增长26.5%。发放粮食补贴款209万元,惠及4275个农户。聘请市农科院制定农业产业发展规划,重点为“三个一万亩”工程。万亩林地工程,全年投资5000万元,植树1000.5公顷100万株;万亩设施农业,投资1.5亿元、占地266.8公顷的生宝谷物和津美街设施蔬菜项目一期工程建设完成,建温室大棚600个。两个园区开始与科研院所在技术和品种上进行对接,2012年进入实施阶段,建成万亩粮食作物发展区。全镇农业产值2.89亿元。

有规模以上工业企业143家,从业人员21238人。全年产值624.8亿元,利润69.7亿元。大邱庄工业园区被市政府列为全市31个示范工业区之一。起步区土地开发利用率达93.4%,投入4.38亿元,达到“七通一平”。至年底,起步区内入驻项目40个,其中17个项目投产,7个项目在建,3个项目办理土地手续。

大邱庄镇示范小城镇建设被市政府批准为天津市第四批小城镇建设试点单位,全镇26个村街、12000户、4万人全部参与宅基地换房。至年底,宅基地换房宣传发动、征求意见、房屋测量、人员情况分类等基础性工作进展顺利;安置房一期建设工程开工74万平方米,打桩两个地块11万平方米。规划展厅和指挥部建设工程完成规划展厅,样板间在施,指挥部办公楼实施内外装修。初中学校工程桩基打完,办理招投标手续。团泊大道(大邱庄段)一期工程4.3公里路面完工,路灯安装完毕。

投资5800万元,对48条沟渠和30个坑塘进行治理,对105家废水排放企业进行治理,其中涉酸企业73家,印染企业9家,化工企业17家,热轧企业16家。关闭非法排污企业27家,停产整顿46家。

(王　卉)

团泊镇

团泊镇位于静海县东部。北隔独流减河与西青区王稳庄镇交界,东依大港油田生活基地,西邻蔡公庄镇,南靠大港小王庄镇。2011年,镇域面积28.6平方公里。辖8个行政村。人口2754户9557人,其中非农业399户911人。镇政府驻团泊村南侧，西距县城20公里。

该镇因驻地团泊得名。清朝属静海县东路大泊地练。1945年置团泊保公所。1948年12月属天津县马圈区。1949年划归静海县。1950年8月属静海县八区。1957年8月属赵连庄乡。1958年8月建团泊洼公社，驻地洋闸。1961年5月改建团泊公社。1983年7月置团泊乡。1999年12月改为团泊镇。2001年8月调整区划，将胡连庄乡并入团泊镇。2011年6月23日，丁房子村、邢家㙍村、东房子村、五美城村、三间房村、刘房子村、胡连庄村析出。

团泊湖湿地

2011年，实现国内生产总值3.02亿元，财政收入6737万元，农民人均可支配收入11269元。

全镇耕地面积303.49公顷，人均占有耕地0.03公顷。全年粮食种植35.68公顷，总产234吨。水产养殖业发达，形成南美白对虾养殖区、商品鱼养殖区和鱼虾套养养殖区的区域布局，品种有鲫鱼、鲤鱼、鲢鱼、鳙鱼、草鱼、南美白对虾等10余个。水产养殖面积1192.53公顷，总产水产品13800吨。全镇农业产值1.7亿元。

工业主导产业为金属丝绳、金属制品和金属压延业。全镇规模以上企业12家，占全部工业的90%以上。从业人员1991人，实现总产值11.67亿元，利润7019万元。

示范小城镇建设，一期搬迁的吴家堡、孟家房子两村还迁楼具备入住条件。4月底，镇党委建立搬迁复垦工作领导小组和搬迁复垦工作专门队伍，在镇文体活动中心独立办公，开展示范镇搬迁动员和组织工作。7月26日，组织搬迁仪式，孟家房子村一次性协议签订率100%，一次性搬迁率100%，镇政府补偿资金到位率100%，老村庄拆除率100%，搬迁后村庄复垦工作基本完成。10月10日，组织吴家堡村村民选房，至年底村民仍在有序搬迁，搬迁后村庄复垦工作正在推进。

1万余平方米的团泊中心小学建设和整体搬迁完成；还迁区为各村修建村民健身广场及活动中心；新的镇卫生院在建设中。全镇困难群众138户得到救助，15名孤老、五保人员得到供养，农民及城镇贫困人口81人/次被纳入低保范围，11名残疾学生申报残疾人助学金。全年办理城乡居民医疗保险8065人，参保进度为98.67%，报销医疗费16.78万元；办理城乡老年人补助739人，发放社保卡527张；调解劳动争议9起，处理劳动纠纷18起，涉及金额311万元。殡葬管理工作进一步规范，占地13.34公顷的公益性墓地建设初步完成，至年底，有470座坟茔入葬，火化率100%。

（王 卉）

大丰堆镇

大丰堆镇位于静海县中部偏东。北至杨成庄乡，西邻双塘镇，南接西翟庄镇，东连团泊镇。2011年，镇域面积55.7平方公里。辖16个行政村。人口5378户15516人，其中非农业920户1841人。乡政府驻大丰堆北侧，西北距县城9公里。

该镇因驻地大丰堆得名。清朝属静海县南路高家庄地练。1946年置大丰堆乡，属一区。1948年12月属砖垛区。1950年8月属二区。1956年属八区。1957年8月建大丰堆乡。1958年8月属红旗公社。1961年5月建大丰堆公社。1983年7月置大丰堆乡。2001年3月16日改为大丰堆镇。2011年6月23日，所辖崔庄子、李八庄、岳庄子、白公坨4村析出。

2011年，实现国内生产总值2.25亿元，财政收入3731万元，固定资产投入8000亿元，农民人均可支配收入11260元。

全镇耕地面积1492.08公顷，平均每一农业人口占有0.11公顷。粮食主要有小麦、玉米、大豆。全年，粮食播种722.76公顷，总产3904吨；棉花种植588.83公顷，总产555吨。新增造林面积134.87公顷，年末实有林地1971.72公顷。饲养生猪39400头、羊10477只、肉鸡147.6万只，全年肉类总产3870吨，蛋类总产9吨。水产养殖业较发达。有淡水养殖面积200.1公顷，总产水产品2900吨。全镇农业产值1.21亿元。

有规模以上企业12家，从业人员561人。实现产值9.43亿元，利润

898万元。

重修崔黄路北段，提高路网承载能力。对10家污水排放企业治理整顿，先后投资315万元增上污水等处理设施15台套，投资28万元对周边环境治理改造。对镇域穿越12个村的5条县级主要河道集中清整，清理河道10.5公里。

实施妇女儿童健康行动、老年人健康筛查、18项公共卫生服务项目和全民健康教育等工程；实现农民书屋全面普及；投资200余万元兴建的镇文体中心竣工；投资150万元对敬老院进行提升改造。城乡医保参保率100%，乡镇企业职工养老保险逐年增加，人口出生率得到控制。

（王　卉）

蔡公庄镇

蔡公庄镇位于静海县东南部。北接大邱庄镇和团泊镇，西连西翟庄镇和唐官屯镇，南至中旺镇，东邻团泊镇。2011年，镇域面积75.4平方公里。辖16个行政村。人口7490户21053人，其中非农业人口892户1487人。镇政府驻蔡公庄，西北距县城21公里。

该镇因驻地蔡公庄得名。清朝属土河地练。1945年置蔡公庄保公所，属静海县二区土河大乡。1948年12月属天津县湾头区。1949年划归静海县。1950年8月设八区，驻蔡公庄。1957年8月建蔡公庄乡。1958年8月设蔡公庄管理区，属团泊洼公社。1983年7月复置蔡公庄乡。1995年12月25日，蔡公庄乡改镇。2003年9月25日，大屯、满井子、王虎庄3村析出。2011年6月23日，官坑、太平村2村析出。

2011年，实现生产总值5.17亿元，财政收入6830万元，农民人均可支配收入11764元。

全镇耕地面积2577.15公顷，平均每一农业人口占有0.13公顷。粮食种植2535.6公顷，总产15779吨。山芋种植233.45公顷，其中紫薯种植66.7公顷，实现销售收入325万元。完成特色小杂粮基地建设100.05公顷，种植黑花生、黑绿豆等黑色系列杂粮。“马场减河”牌黑绿豆、黑花生、紫薯3个农产品获得绿色食品认证，成为全县首个通过绿色食品标志认证的农产品。引进高产优质葡萄品种“扎娜”，在惠丰东村建设4.67公顷大棚葡萄种植园，投入资金120万元，完成10个大棚示范区建设。至年底，全镇有农民专业合作社18个，涉及农机、蔬菜、瓜果等各个方面。全镇农业产值1.25亿元。

工业以黑色金属轧延、金属制造、乐器制造为主。有规模以上企业17家，从业人员1742人。全年总产值22.21亿元，利润4161万元。

依法取缔污染企业28家，投入资金400万元在四东工业集中区、四中乐器园区建成污水处理厂2座。惠丰中村三家化工厂投资24万元对污水处理设备升级改造；镇工业园区三家排污企业投入资金800余万元新上污水处理设备；对镇域水系、坑塘采取集中治理和日常维护相结合的方式治理，年内投入人力1500人次，出动车辆4500车次，清理河道水系2万米，坑塘2.3万平方米，清除河道坑塘污泥1万多立方米。投资44万元，完成唐王路杨家场至静王路段2公里标准绿化段建设，种植火炬、泡桐1万余株。按照“四绿”工程要求新植树木422.54公顷，全镇林木覆盖率31.4%。

投资125万元兴建蔡公庄幼儿园，主体工程完成。投资45万元，建成占地200平方米的便民服务中心，自运行以来，为群众办事1500余件，解答咨询300余人次。年内，筹措资金50万元帮扶困难家庭263户，57个家庭得到临时救济，对全镇2629名60岁以上老年人、1069名妇女进行免费健康体检。全镇实现农家书屋、村级文化活动室全覆盖。

（王　卉）

西翟庄镇

西翟庄镇位于静海县东南部。北接大丰堆镇，西连陈官屯镇，南至唐官屯镇，东邻蔡公庄镇和大邱庄镇。2011年，镇域面积55.9平方公里。辖13个行政村。人口5311户14014人，其中非农业人口731户1141人。镇政府驻西翟庄南侧，西北距县城20公里。

该镇因驻地西翟庄得名。清朝属静海县东路顺民屯地练。1946年置西翟庄保公所，属二区土河大乡。1948年12月属天津县湾头区。1949年划归静海县。1950年8月属八区。1957年8月建西翟庄乡。1958年8月设西翟庄管理区，属钢龙公社。1961年5月建西翟庄公社。1983年复置西翟庄乡。2001年8月改为西翟庄镇。2006年1月1日，所辖庞庄子村划归大邱庄。2011年6月23日，所辖东尚码头村、西尚码头村、前尚码头村、北尚码头村、巨庄子村划出。

2011年，实现生产总值38771万元，财政收入3759万元，固定资产投入1.18亿元，农民人均可支配收入11187元。

有耕地2065.77公顷，平均每一农业人口占有0.16公顷。全年粮食播种面积2140.8公顷，总产量10738吨。中翟庄村13.34公顷高标准设施农业示范区规划启动，投资250万元，新建日光节能温室大棚5.47公顷，道路整修硬化2640米，铺设地下输水管道3000米。盛福源有机农业示范园建设加快，投入50

万元，用于平整土地等基础设施建设；投入150万元，新建日光节能温室大棚60个。小枣特色产业进一步发展，嫁接新品种33.35公顷，接穗27.5万个，枣的种类达20余个。张庄子、矫庄子两村引进大型小枣烘干机2台，解决鲜枣储存问题。全年造林239.15公顷，年末实有林地3559.91公倾，林地覆盖率43.3%。发展专业合作社4家，累计农村专业合作社20家。全镇农业总产值7399万元。

有规模以上工业企业11家，从业人员1288人，全年总产值33.62亿元，利润2.54亿元。

投资470万元，大修改造公路2条2.2公里，硬化里巷胡同12.8公里。镇村投入150余万元，用于街道清理、硬化，修建公厕、完善上下水等设施改造。清理河道13条33.5公里。投入900余万元，完成东翟庄、吕家沟、中翟庄3个文明生态村创建验收和张庄子文明生态村提升工作。投入200余万元，对镇内4家企业进行点源治理，新上污水处理设备，全部实现达标排放。

发放各类救济资金近25万元，40户111人得到救助。政府出资为5户优抚对象翻建、修缮危房。全年发放粮食补贴490.2万元，良种补贴21.7万元。对2个村的社区服务中心改建；完成2个村社区卫生服务站建设；完成西翟庄小学和矫庄子中心学校现代化达标验收。完成贺新村集中供水工程，全镇12个村安全饮水问题全部得到解决。

（王　卉）

双塘镇

双塘镇位于静海县中部。北接静海镇，西连梁头镇，南邻陈官屯镇，东至大丰堆镇。2011年，镇域面积44.1平方公里。辖10个行政村。人口5313户14404人，其中非农业人口881户1399人。镇政府驻东双塘村，北距县城7公里。

该镇因驻地双塘得名。清朝置东双塘地练，属静海县南路。1946年置东双塘保公所，属静海县一区。1948年12月属七区。1950年8月改属一区。1957年8月属八里庄乡。1958年8月置东双塘管理区，属红旗公社。1961年5月建东双塘公社。1983年7月置东双塘乡。2000年12月改为双塘镇。

2011年，实现生产总值9.46亿元，财政收入6116万元，固定资产投入11.4亿元，农民人均可支配收入11040元。

全镇耕地面积2088.24公顷，平均每一农业人口占有0.16公顷。全年粮食播种2038.89公顷，总产12610吨；棉花种植211.51公顷，总产228吨；蔬菜种植379.86公顷，总产16698吨。有果园140.07公顷，产水果2000吨。年内造林169.55公顷，年末实有林地2434.22公顷。畜牧养殖业发达。饲养生猪18670头、牛6541头、羊1465只、肉鸡188.59万只，全年产肉类3523吨、蛋类206吨、牛奶33152吨。全镇农业产值2.24亿元。

有企业180余家。其中规模企业19家，工业总产值12.38亿元，利润6399亿元。镇工业园区起步区2平方公里实现“六通一平”；重点项目进展顺利。至年底，园区新区引进项目51个，协议引资额35.6亿元。

镇循环经济示范园区建设启动。协议引资41.9亿元，涉及国家级老年养生乐园、循环农业植物园、生态休闲度假村，高级娱乐场所等，生态民俗旅游度假村项目开工建设。

总投资632万元修路4条，道路总长7.6公里。完成杨学士文明生态村验收和西双塘文明生态村提升验收工作，确定2012年创建周家院生态村和提升东双塘生态村。全年各村出动车辆120台次，清运各类垃圾500余吨；投资60万元，对8处坑塘水系进行综合治理（包括对争光渠内漂浮物全面清理，在运东排干渠修建挡水坝2处）；配合燃气集团在西双塘建站、铺设线路选址工作，至年底，村内管道铺设完毕。

新增低保11户、特困8户、五保6户，10户生活确实困难的申请临时救济。完成妇女健康检查，老年人体检、儿童麻疹疫苗接种任务。

（王　卉）

陈官屯镇

陈官屯镇位于静海县中南部。北接双塘镇，西连沿庄镇，南至唐官屯镇，东邻西翟庄镇。2011年，镇域面积92.5平方公里。辖24个行政村。人口11063户31755人，其中非农业人口1415户2153人。镇政府驻陈官屯村，北距县城12.5公里。

该镇因驻地陈官屯故名。清朝置陈官屯地练，属静海县南路。1949年12月置陈官屯区。1952年10月改称九区，1957年8月建陈官屯乡，均驻地陈官屯。1958年8月建陈官屯管理区，属钢龙公社。1961年5月建陈官屯公社。1983年7月复置陈官屯乡。1988年8月置陈官屯镇。

2011年，实现生产总值6.28亿元，财政收入2695万元，固定资产投入5650万元，农民人均可支配收入10884元。

有耕地4702.35公顷，平均每一农业人口占有0.16公顷。全年粮食播种3855.39公顷，产量22746吨。新建设施农业14.67公顷，智能育苗温室2公顷，至年底，设施农业面积115.39公顷。投资530万元，建设施葡萄示范园区8公顷，建棚26个。打机井2眼。成立新兴农业合作服务组织7家，累计27家。发放各种惠农资金补贴 460 万元，其中粮食直补 399 万元，良种补贴 43 万元，能繁母猪补贴 18 万元。全镇农业产值 2.5 亿元。

规模以上工业企业 5 家，从业人员 717 人。全年实现现价产值 6.5 亿元，利润 3245 万元。工业园区载体服务功能和经济支撑作用增强。新上项目 1 个，技改项目 1 个，续建项目 2 个。电子制品、化工、食品加工、金属制品四大主导行业不断壮大。全年招商引资实际到位额 4400 万元，其中工业固定资产投资 3450 万元。

完成乡村公路建设 9 公里，争取补贴资金 90 万元，实际到位 58.5 万元。协助县交通局完成镇域 38 条桥涵普查、照相、登记。完成静陈路和新 104 国道用地手续补办工作。协助县土地部门完成 24 个村 140 块基本农田保护牌安装和卫星定位工作。覆盖 13 个村的北片集中供水厂及其村内水路改造基本完成。完成大赵家洼村和胡辛庄的集中供水工程，纪家庄主供水管改线工程。吕官屯 22 万千伏变电站建成投入使用。

新建王官屯幼儿园投入使用。陈官屯小车会和狮子舞、冬菜制作工艺成功申报为非物质文化遗产。新建陈官屯镇文化体育活动中心，陈官屯镇书画创作中心成功挂牌，并举办首届“古城新韵”书画展。年内，联合市农科院在西钓台村成立天津市农业科技图书馆。

附记：

静海特产——天津冬菜

“天津冬菜”由静海县陈官屯镇生产，色泽金黄，香味浓郁，久负盛名。是以县内特产的“青麻叶小核桃纹白菜”为主料，配以大盐、大蒜，经发酵腌制而成的佐餐调味品。既可冲汤，又可配合炒制各种菜肴，是厨房中的常备品。该产品生产历史悠久，自明朝永乐年间，陈官屯镇纪庄子村即有农户生产。清乾隆年间，陈官屯镇纪庄子村一带以常氏家族为主的几家冬菜作坊改进了工艺，使产品味道更佳、更耐存放。民国初期，纪庄子村常氏后裔常富源创建“庆昌德酱坊”，主营冬菜。民国十六年(1927)，酱坊易名“山泉永”，并在天津西北角设立驻津分庄，批发兼零售；又在天津西郊三园村建立仓库，储存冬菜。由于产品长期占领天津市场，故世人称其为“天津冬菜”。是时，产品注册“人马牌”商标，标签注有“山泉永常万三制造”字样。30 年代初，“天津冬菜”在香港设庄，并出口印度尼西亚、新加坡、马来西亚、越南、泰国、柬埔寨等国家。冬菜用大蒜泡制，有除湿、去瘴、解毒功能，深受国内外客户欢迎。

2011 年 12 月成立天津冬菜协会，会员 30 家。年产量 9000 吨，出口十几个国家和地区。

(王　卉)

梁头镇

梁头镇位于静海县西部。北连独流镇和台头镇，西接王口镇和子牙镇，东邻静海镇和双塘镇，南至沿庄镇。2011 年，镇域面积 96.7 平方公里。辖 22 个行政村。人口 7655 户 21370 人，其中非农业人口 1150 户 2071 人。人口密度为每平方公里 220 人，是全县人口密度最小的乡镇。镇政府驻梁头南侧，东距县城 5.5 公里。

该镇因驻地梁头得名。清朝置梁头地练。1946 年置梁头保公所。1948 年 12 月设静海县四区，驻梁头。1957 年 8 月建梁头乡。1958 年 8 月设梁头管理区，属红旗公社。1961 年 5 月建梁头公社。1983 年 7 月复置梁头乡。1997 年 3 月 10 日改为梁头镇。

2011 年，实现生产总值 6.48 亿元，财政收入 3166 万元，固定资产投入 2.63 亿元，农民人均可支配收入 10903 元。

全镇耕地面积 5124.56 公顷，平均每一农业人口占有 0.27 公顷，在全县人均耕地占有最多。全年粮食播种 1447.92 公顷，总产 8231 吨；棉花播种 3204.94 公顷，总产 3394 吨。新增节能温室 80 个 11.94 公顷。林海区域先后引进 14 家公司，发展绿化苗木和休闲观光采摘项目，面积 2001 公顷。全镇农业产值 1.99 亿元。

工业以有色金属轧延、黑色金属轧延、金属制造和针织为主导产业。全镇规模以上企业 11 家，从业人员 807 人。全年实现总产值 6.49 亿元，利润 207 万元。

投资 353.8 万元，大修、新修乡村公路 5 条 6.1 公里。小修挖补静邓路、张静路等 4500 平方米。配合县级重点工程静台路和 104 国道北延工程建设，征地 25.15 公顷、租地 17.28 公顷，按期完成地上物补偿发放工作。年内，完成谷庄子文明生态村验收，进行梁头村和罗塘村创建。

境内有梁头和王庄子 2 所镇属中学。有 11 所小学，其中镇属小学 4 所、村办小学 7 所。新建西柳木中心校、梁头中心幼儿园；新建、改扩建东河头、于家村等幼儿园。镇内有 1 所卫生院。18811 人参加新型农村合作医疗，参合率 95%。各村均建起农家书屋、健身路径、健身广场。

(王　卉)

中旺镇

中旺镇位于静海县东南隅。西界河北省青县陈缺屯乡，南至青县金牛镇和黄骅市齐家务乡，东邻大港小王庄镇，北隔马厂减河靠唐官屯镇和蔡公庄镇。2011 年，镇域面积 118.4 平方公里。辖 29 个行政村。人口12790户35390人，其中非农业人口1642户2534人。镇政府驻中旺，西北距县城38.5公里。

该镇因驻地中旺得名。清朝置中旺地练，属静海县东路。1945年5月属津南县。1949年3月划归静海县。1950年8月设七区，驻中旺。1957年8月建中旺乡。1958年8月设中旺管理区，属团泊洼公社。1961年5月改设中旺公社。1983年7月置中旺乡。1988年3月置中旺镇。2001年8月调整区划，将大庄子乡并入中旺镇。

2011年，实现国内生产总值8.78亿元，财政收入3423万元，全社会固定资产投入4.48亿元，农民人均可支配收入11214元。

全镇耕地面积5521.63公顷，平均每一农业人口占有0.17公顷。全年粮食播种6880.17公顷，产量46189吨。设施农业快速发展，建成占地33.35公顷的大曲河设施农业示范区，新建二代节能温室大棚80个。投资1000余万元，建设占地13.34公顷的罗庄子设施蔬菜示范区，建设高标准节能温室120个。累计组建苇帘、紫甘薯、设施蔬菜、农机等领域的农民专业合作社15个。全镇农业产值2.31亿元。

有工业企业140余家，其中规模企业9家，涉及钢铁、建材、苇帘、乐器、服装、体育用品六大支柱产业。全年，规模企业实现总产值16.36亿元，利润12.35亿元。镇工业园区基础设施配套工程实现“六通一平”，园区签约落地项目11个，投资总额6.3亿元，其中建成项目3个，在建项目3个，待建项目5个。

累计投入1亿余元，新开工建设幸福家园、兴旺小区等住宅小区3个，建筑面积5万余平方米；完成乡村公路硬化7公里，实现村村通公路；完成大庄子片集中供水厂3个村管网入户，实现中旺等8个村集中供水。新建中旺商贸中心项目，一期临街商铺、二期综合酒店项目完工。

新建2个标准化社区卫生服务站，服务范围辐射全镇29个村。全镇2所中学、7所中心小学实现楼房化。建设镇文化活动中心1个、村级健身小广场2个，对29座农家书屋管理人员进行系统培训。

（王　卉）

良王庄乡

良王庄乡位于静海县东北部。北隔独流减河与西青区辛口镇、张家窝镇交界，西连独流镇，南接静海镇，东邻杨成庄乡。2011年，乡域面积53.3平方公里。辖18个行政村。人口7325户19355人，其中非农业人口1104户1781人。乡政府驻良王庄南侧，西南距县城12公里。

该乡因驻地良王庄得名。清朝置良王庄地练，属静海县北路。1946年置良王庄大乡。1948年12月属静海县六区。1949年12月设良王庄区。1950年8月属三区。1957年8月置良王庄乡。1958年建良王庄管理区，属东风公社。1961年5月建良王庄公社。1983年12月复置良王庄乡。2001年8月调整区划，将府君庙乡的王家院、李家院、府君庙、十一堡、普提洼、白杨树6个村并入良王庄乡。

2011年，实现生产总值5.39亿元，财政收入2772万元，全社会固定资产投入1.66亿元，农民人均可支配收入11132元。

全乡耕地面积2469.5公顷，平均每一农业人口占有0.14公顷。主要粮食作物有小麦、玉米、大豆。全年粮食播种1185.13公顷，总产7047吨。组织实施际丰蔬菜合作社千亩设施农业示范区建设，完成100个、占地面积26.68公顷的日光温室大棚建设，启动集观光、休闲、旅游于一体的万亩农业观光园工程，至年底，全乡设施农业面积373.52公顷。“一村一品”特色产品种植规模扩大。年内，罗阁庄村种植大果型鸭梨120.06公顷、李家楼村种植山药20.01公顷、王家院村种植棚室甜瓜46.69公顷。全乡农业总产值2.1亿元。

有规模以上工业企业4家，从业人员563人，全年实现产值2.28亿元，利润534万元。招商引资方面，新上项目3个，协议引资17050万元，实际到位5900万元。其中两家在建，一家试生产。储备项目两个，协议引资2000万元，进入待建阶段。

投资1110万元，新修、翻修乡村公路10.6公里，铺设下水管道8.7公里。

投资620万元、面积3000平方米的良王庄中学教学楼竣工交付使用，中小学现代化达标建设全面完成。全乡计划生育率98%。全年，享受最低生活保障230户577人，优抚对象202人，基本做到应保尽保。

（王　卉）

杨成庄乡

杨成庄乡位于静海县东部。北隔独流减河与西青区精武镇交界，东邻团泊镇，南接大丰堆镇，西连静海镇和良王庄乡。2011年，乡域面积67.5平方公里。辖13个行政村。人口8461户25320人，其中非农业人口1240户2501人。乡政府驻杨成庄西侧，西距县城12公里。

该乡因驻地杨成庄得名。清朝属静海县东路双窑地练。1945年属一区砖垛大乡。1948年12月属天津县砖垛区。1949年划归静海县。1950年8月属二区。1957年8月属管铺头乡。1958年8月属团泊洼公社。1961年5月建管铺头公社。1983年

7月置管铺头乡。1984年6月28日更名杨成庄乡。

2011年,实现生产总值6.39亿元,财政收入1.03亿元,全社会固定资产投入1.62亿元,农民人均可支配收入11324元。

全乡耕地面积2367.45公顷,人均耕地0.11公顷。主要农作物有小麦、玉米、棉花。全年粮食作物播种1386.09公顷,总产8110吨;棉花播种1312.72公顷,总产1476吨;蔬菜种植17.68公顷,总产1060吨。有果园283.94公顷,总产水果220吨。新造林77.77公顷,年末实有林地1491.08公顷。全年产肉类6776吨,蛋类1182吨,牛奶13420吨。淡水养殖面积156.48公顷,总产水产品2691吨。全乡农业产值2.31亿元。

有规模以上工业企业11家,从业人员950人,全年实现产值7.47亿元,利润5418万元。

健康产业园建设有序进行。团泊新桥、团泊体育场、奥特莱斯商业中心、北华路、团泊大道(一期)、体育大道(一期)、污水处理7个项目基本投入使用,天津体育训练基地、国际网球中心、天津中医药大学、住宅还迁区等20多个项目仍在建设。团泊水库除险加固工程和蓄水任务完成。

城乡居民基本养老保险参保828人,基本医疗保险参保21778人,参保率95%。全年为112户243人发放困难救助金15万元;投资15万元,实施贫困户安居工程;为55名参战人员落实经济待遇,提高烈军属优抚待遇。新建村卫生室4所,新建村级文化广场1座、健身广场4座。

(王　卉)

蓟　县

概　述

蓟县位于天津市最北部，地处京津冀都市圈之腹心，南距天津市区110公里，西距北京市区88公里、首都国际机场68公里，东距秦皇岛港236公里，自古为战略要地，有“畿东锁钥”之称。随着津蓟、蓟平高速公路通车，已融入京津一小时经济圈，成为环渤海经济圈“京东发展门户”。

蓟县是天津市唯一的山区县，有京津“后花园”之誉。山区、平原各占一半，地势北高南低，属暖温带半湿润大陆性季风型气候。2011年，全县面积1590.22平方公里，耕地面积5.39万公顷。辖渔阳、洇溜、官庄、马伸桥、下营、邦均、别山、尤古庄、上仓、下仓、罗庄子、白涧、五百户、侯家营、桑梓、东施古、下窝头、杨津庄、出头岭、西龙虎峪、穿芳峪、东二营、许家台、礼明庄、东赵各庄25个镇(穿芳峪、东二营、许家台、礼明庄、东赵各庄2011年由乡改镇)，孙各庄满族乡1个乡和文昌街道，有949个行政村，总人口84.3万人，有汉、满、蒙古、回、壮等民族。县城位于县境中部、府君山脚下，是全县政治、经济、文化中心。

蓟县是天津市历史文化名城，有县级以上文物保护单位37处，国家重点文物保护单位2处，被联合国专家组评为“千年古县”。蓟县是华北地区重要的旅游度假休闲胜地，境内名胜古迹、旅游景点众多，有国家重点文物保护单位千年古刹独乐寺、千像寺石刻造像群，国家首批5A级旅游景区盘山，列入世界文化遗产的4A级景区黄崖关长城等。蓟县是全国首批生态环境建设示范县和全国环保模范城区，生态环境得天独厚，全县林木覆盖率42.6%，山区达70%，是京津唐都市圈的“绿色屏障”。

2011年，蓟县开展“调结构、增活力、上水平”活动，经济社会保持平稳较快发展，实现“十二五”规划的良好开局，主要指标均完成或超额完成计划。地区生产总值264.5亿元，比上年增长28.2%；三级财政收入40.3亿元，增长36.5%，其中县级财政收入29.0亿元，增长48.7%；全社会固定资产投资350亿元，增长43%；城镇居民人均可支配收入21321元，增长14%；农村居民人均纯收入12330元，增长12%。

结构调整步伐加快，三次产业竞相发展。经济结构比重由上年的10:27:63调整到9:28:63，其中第二产业比上年提高1个百分点。工业经济加快发展。完成工业增加值57亿元。新型工业逐步发展壮大，凯德瑞异型材、一阳磁性材料等大项目相继投产，工业结构进一步优化，传统产业加快升级，实施技改扩建项目230个，其中竣工投产200个。节能降耗工作扎实开展，实施28个重点节能改造项目，年节约标准煤1.5万吨。全县万元工业产值能耗下降4.8%。企业技术创新能力提升，规模以上企业相继引进开发96种专利产品，新产品产值率15.5%。外向型经济较快发展，外贸直接出口额7625万美元，增长25%。服务业发展水平提升。服务业增加值165.8亿元，增长28.2%。山前旅游文化产业带初具规模。乡村旅游规范提升，创建市级特色村点13个，总数104个；改造提升农家院406户，蓟县被国家农业部、国家旅游局评定为全国休闲农业与乡村旅游示范县，旅游接待突破千万人次，综合收入45.5亿元。商贸流通繁荣活跃，家电下乡、家电以旧换新等政策得到较好落实，全县社会消费品零售额完成100亿元，增长25%。农业经济稳步增长。完成农业总产值49.7亿元，增长12.1%，实现农业增加值23.7亿元，增长11.5%。设施农业规模扩大，全县新建设施农业1000公顷。特色农业加快发展，苗木花卉、山区优质果品规模不断壮大。养殖业生产保持稳定，新增现代养殖示范园区5个，总数10个。农业产业化水平提升，新发展农民专业合作社24个，总数220家，带动农户2.05万户。

大项目、“小巨人”、楼宇经济全面推进。大项目建设进展顺利，全年实施亿元以上项目89个，竣工33个，完成投资215亿元。其中，实施亿元以上工业项目15个，完成投资52.7亿元，增长1.5倍。56个市级区县重大项目有54个开工建设，26个竣工，完成投资89亿元。科技型中小企业加快发展，新认定科技型中小企业200家，累计427家。其中达到小巨人条件的企业16家。楼宇经济实现突破性发展，8.9万平方米楼宇改造工程全部完成，新建楼宇陆续开工，新增楼宇企业100家。

固定资产投资强劲增长，发展后劲增强。全社会固定资产投资完成350亿元，增长43%，增幅位居全市前列，创历史最好水平。其中，第一产业完成投资34亿元，增长69.2%；第二产业完成投资150亿元，增长66.5%；第三产业完成投资166亿元，增长22.7%。投资结构不断优化，三次产业投资比重由上年的8:37:55调整到10:43:47。第二产业投资所占比重比上年提高6个百分点，其中工业投资135亿元，是前四年投资的总和。园区投资引领作用增强，两个现代农业示范园区、两个市级工业园区和盘山文化产业园投资136亿元，占全社会投资总额的38.7%。产业项目投资力度加大，实施亿元以上重点产业项目58个，完成投资140亿元。其中设施农业投资13亿元，增长2倍；工业投资53亿元，增长1.5倍；旅游文化产业投资41亿元。基础设施建设继续加强，实施重点项目14个，投资23亿元。

“三区”联动稳步推进，城乡统筹发展迈出新步伐。两个市级现代农业示范园区建设任务圆满完成。上仓园区新发展设施农业110.3公顷，园区内中滨公司1万平方米北虫草生产车间全部投入使用。侯家营园区新发展设施农业220公顷。两个市级工业园区规模扩大，基础设施进一步完善。专用汽车产业园规模5平方公里，园区落地项目25个，总投资160亿元，其中18个项目实现投产或部分投产。上仓工业园区规模4平方公里。签约项目11个，总投资231亿元。宝航玻璃幕墙项目开工建设，环山饲料等4个项目竣工投产。蓟县新城建设全面启动实施，还迁安置区正式开工，开工面积12.77万平方米。田家峪一期、毛家峪、玉石庄农民还迁住宅竣工18.9万平方米，田家峪一期首批137户居民实现入住。上仓园区2万平方米农民还迁楼竣工。

改革开放不断深入，发展活力持续增强。国有集体企业改革扎实推进。渔阳建工集团改制工作顺利完成。挂月集团资产重组取得积极进展，完成酿酒公司剥离重组。启动盘山啤酒厂改制工作，职工分流安置工作基本完成。旅游体制改革取得可喜成果，成立蓟州旅游文化集团有限公司。创新融资模式，注册成立天津力赛小额贷款公司，天津大通广成投资担保有限公司投入运营，广成公司融资总额21.88亿元。扩权强镇改革逐步深入，镇域经济实力显著增强。26个乡镇投资147亿元，税收2亿元。招商引资工作取得明显成效，实际利用内资220亿元，实际利用外资1.25亿美元。举办第19届渔阳金秋旅游节、第12届黄崖关国际马拉松赛等重大活动，蓟县影响力进一步扩大。全年签约亿元以上大项目26个，投资规模674亿元。

城市建设加快推进，城乡面貌发生显著变化。城乡路网进一步完善。燕山西路竣工通车，津围路等3条道路大修改造工程相继竣工，全县大修改造县级以上公路110公里，大修改造乡村公路311公里，完成15座低标准桥梁改造。供水、电力设施建设得到加强，上仓工业园区第一水厂竣工，西龙虎峪35千伏变电站投入运营。市容环境综合整治工作取得显著成果。建成邦均苗木花卉基地精品园。城区新增绿地105.5万平方米。文明生态村31个新建村、10个提升村创建任务基本完成。生态建设扎实开展，完成于桥水库周边水污染源治理一期、滨河供热站脱硫、开发区污水处理厂污水回用等重点工程建设，实施造林绿化工程，完成造林1333.33公顷。完成两个矿山环境治理项目，生态环境日益改善。

民生工程深入实施，人民生活水平稳步提高。十项民心工程高标准完成。落实各项惠农政策，农村居民人均纯收入12330元，增长12%。拓宽就业渠道，采取项目拉动、创业带动等有效办法，多渠道扩大就业。全年新增就业11000人，城镇登记失业率控制在3.7%以内，帮扶困难群体就业720人，零就业家庭保持动态为零。全县城镇居民人均可支配收入21321元，增长14%。社会保障体系不断完善。城乡居民养老保障13.3万人，其中领取老年人补贴11.2万人。城乡居民基本医疗保险参保率98.3%。

社会事业全面进步，和谐社会建设迈上新台阶。实施科教兴县战略，全年组织实施县级以上科技项目128个，其中国家级项目3个、市级项目16个，取得科技成果10项。教育教学条件不断改善，94所义务教育学校现代化建设工程全部完成并通过市级验收，4所公办幼儿园改扩建工程完成主体,15 所乡镇中心园提升改造和 106 所村办标准园新建和改扩建工程全部完工,15 栋流动教师公寓投入使用。卫生事业加快发展，县医院迁址新建工程正式启动，村卫生室标准化建设全面铺开，完成 415 个新建村卫生室主体工程，乡镇医院标准化建设稳步推进,公共卫生体系建设得到加强,疾病预防控制能力显著提高。文化体育事业蓬勃发展,建成农家书屋 409 座,农村电影“2131”工程圆满完成,举办全县首届农民运动会。人口和计划生育工作扎实开展，人口出生率 10.41‰，人口自然增长率 4.39‰。

（刘　春）

蓟县县级领导名单
(2011 年 12 月换届前)

中共蓟县县委领导名单

书　记:张　杰(10 月调出)　肖　松(10 月任命)

副书记:肖　松　景　悦(10 月任命)　庞晓光

常　委:张　杰(10 月调出)　肖　松　景　悦(10 月任命)　庞晓光　卢金生　李志山　倪景泉　王庆利　乔金生　刘小芃(3 月调出)　左　林(11 月调出)　宋称意(11 月调出)　孙向军(女)　王洪海(3 月任命)　王宝强(11 月任命)　薛铁军(11 月任命)　王通海(11 月任命)

蓟县人大常委会领导名单

主　任:张景阳(1 月辞职)　庞晓光(1 月当选)

副主任:吴海瑞(11 月辞职)　张广友　王金鹏　靳德军　王永亮(1 月当选)　王俊茹(女,兼)

蓟县政府领导名单

县　长:肖　松(11 月辞职)　景　悦(11 月代县长)

常务副县长:卢金生

副县长:王庆利　刘素侠(女)　郭春富　胡晓光　汪清生　于　清(11 月当选)

政协蓟县委员会领导名单

主　席:罗翠华(女)

副主席:宪树堂　张　力　张从润(1 月当选)　张桂婷(女,兼)　王　友(兼)　尹学芸(女,兼)　李春生(满族,兼)

蓟县县级领导名单
(2011 年 12 月换届后)

中共蓟县县委领导名单

书　记:肖　松

副书记:景　悦　王庆利

常　委:肖　松　景　悦　王庆利　乔金生　王洪海　汪清生　王宝强　薛铁军　王通海　金汇江(朝鲜族)　陈东杰(女)

蓟县人大常委会领导名单

主 任:庞晓光

副主任:倪景泉 靳德军 王永亮 卢 旺 王俊茹(女)

蓟县政府领导名单

县 长:景 悦

副县长:乔金生 汪清生 刘素侠(女) 马占亭 田建国 于 清

政协蓟县委员会领导名单

主 席:卢金生

副主席:郭春富 张 力 张从润 刘燕南 张桂婷(女,兼) 王 友(兼) 尹学芸(女,兼) 李春生(满族,兼)

(县委组织部提供)

政 治

概况 2011 年,蓟县组织工作始终坚持围绕中心、服务大局,以县乡领导班子换届为重点,以创先争优活动为动力,统筹推进各级领导班子建设、党员队伍建设和基层党组织建设,强化人才队伍建设和组织部门自身建设,各项工作实现新突破,取得新成效,为“十二五”顺利开局奠定坚实的思想和组织基础。宣传思想文化战线贯彻党的十七大和十七届五中、六中全会精神,贯彻落实中央、市委和县委的决策部署,唱响主旋律,打好主动仗,在常规工作中抓重点,在重点工作中创特色,在特色工作中求突破,营造推动科学发展、促进社会和谐稳定的浓厚氛围。全县纪检监察组织围绕加快构建中等规模现代化旅游城市发展目标,贯彻以人为本、执政为民要求,突出重点,整体推进,全县纪检监察、反腐倡廉建设取得明显成效。县委政法委以服务蓟县新发展、创造政法新业绩、满足人民新期待为目标,充分发挥职能作用,在社会矛盾化解、社会管理创新、公正廉洁执法等方面做了大量卓有成效的工作,为维护社会和谐稳定、促进经济发展作出重要贡献。各群众团体围绕县委中心工作,发挥各自优势,为建设中等旅游城市发挥重要作用。

(刘 春)

中共蓟县第九次代表大会

2011年 11 月 7 日至 9 日,中国共产党天津市蓟县第九次代表大会召开,360 名代表参加。大会听取审查中共天津市蓟县第八届委员会工作报告;听取审查中共天津市蓟县第八届纪律检查委员会工作报告;选举中共天津市蓟县第九届委员会;选举中共天津市蓟县第九届纪律检查委员会。大会总结县第八次党代会以来取得的成绩和经验,分析蓟县“十二五”时期面临的发展形势,对今后五年经济社会发展和党的建设作出全面部署。县委九届一次会议选举产生九届县委常委。县委书记肖松,副书记景悦、王庆利,常委肖松、景悦、王庆利、乔金生、王洪海、汪清生、王宝强、薛铁军、王通海、金汇江(朝鲜族)、陈东杰(女)。

(刘 春)

蓟县十六届人大一次会议

2011年 12 月 21 日至 23 日,蓟县第十六届人民代表大会第一次会议召开,听取审议代县长景悦所作的政府工作报告及其他报告;选举庞晓光为县第十六届人大常委会主任,倪景泉、靳德军、王永亮、卢旺、王俊茹(女)为副主任;选举景悦为县人民政府县长,乔金生、汪清生、刘素侠(女)、马占亭、田建国、于清为副县长;周振怀为县人民法院院长;薛九如为县人民检察院检察长。

(刘 春)

政协蓟县十二届一次会议

2011年 12 月 19 日至 22 日,政协蓟县第十二届委员会第一次会议召开,听取审议政协常委会工作报告和提案工作报告,列席县十六届人大一次会议,听取并讨论县人民政府工作报告及其他报告,选举产生县十二届政协主席、副主席、秘书长和常务委员,主席卢金生,副主席郭春富、张力、张从润、刘燕南、张桂婷(女,兼)、王友(兼)、尹学芸(女,兼)、李春生(满族,兼)。

(刘 春)

党务工作 2011 年,蓟县圆满完成县乡领导班子换届工作。乡镇党政领导班子中全部配备 35 岁以下年轻干部,配备比例比上届提高 69.2%,女干部配备比例提高 61.5%。交流轮岗乡镇局级领导干部 119 人,其中 11 名乡镇党委书记、乡镇长安排县直单位任职，8名乡镇长转任党委书记，横向交流党政正职22名。围绕“调结构、增活力、上水平”，全县220名领导干部深入企业、基层单位，帮助发展科技型中小企业220家。选派近200名党员干部深入新城建设第一线，宣讲政策、推动工作。开展承诺践诺活动，全县2017个基层党组织、4.7万名党员承诺事项13万件。强化党员教育管理，举办旅游专业村党支部书记等专题培训班33期，累计培训农村党员干部4500多人次。推进非公企业和社区党建工作，新建非公企业独立支部21个，联合支部48个，全县非公企业党组织115个，党组织覆盖率和党的工作覆盖率100%。深化学习型党组织建设。推进“三个一”和“千名书记讲党课”以及“坚持科学发展、共创和谐蓟县”主题活动。全县举办各类理论培训班、读书班200余期，党员干部培训率90%以上。在县“两台一报”开辟“新跨越、新亮点”、“调结构、增活力、上水平”、“大干300天”、“魅力新城”等专栏专题，报道重点工程和大项目建设进展；开辟“讲述蓟州感动”、“身边的楷模”等专栏，推出先进人物典型90多位，先进集体典型70多个。邀请主流媒体报道蓟县，新华社、人民日报、中央人民广播电台、天津日报等新闻单位分别在蓟县建立联系点，编发一批重要稿件。与央视财经频道签订信息采集合作协议。邀请中央、省市级媒体记者300多人次到蓟采访，中央、省市级主流媒体刊播蓟县稿件1300余篇。与天津电视台合作，制作《生态渔阳、人文蓟州》形象宣传片。与《天津日报》合作，为全县农家院免费建立信息平台。组织庆祝建党90周年主题活动。“七一”前后，举办“光辉历程”庆祝建党90周年红歌演唱会，与天津音乐学院共同举办“红色畅想”民族音乐会，举办“颂歌献给党、和谐新蓟州”大型文艺演出。组织参加天津市纪念建党90周年《红色唱响》大型主题活动和万人歌咏大会，荣获二等奖和最佳组织奖。坚持各级领导定期接访制度，各级领导干部听取群众意见建议2578条。建立完善惩治和预防腐败体系。建立述职述廉等各类制度743项，开展廉政承诺活动，表彰100名廉政勤政优秀党员干部，播放警示教育片1147场次。对2008年以来开工的221项重点建设项目排查，开展公务用车专项治理，开展庆典、研讨会、论坛活动清理和规范，检查推动工程建设公开招投标、土地使用权出让招拍挂、政府采购、产权交易进入市场等制度落实。受理群众信访举报68件，未发生一起赴市进京集体访，查办违纪违法案件18件，党纪政纪处分18人。

（县委组织部　李鹏岳　李海啸）

政务工作　2011年，蓟县完成公务员招录工作，招录公务员60名。开展公务员培训，组织参加公务员大讲堂知识讲座4期，培训科级干部239人。事业单位全部实行公开招聘，为教育、卫生系统公开招聘88人。严格职称评审工作，上报市高中级职称评审委员会213人，组织开展专业技术人员继续教育1321人。为用人单位引进急需人才16名，其中硕士研究生以上12名。接收安置军转干部16名。县信访办开展矛盾纠纷排查化解，加强源头预防，畅通信访渠道，全县信访总量大幅度下降，赴市、进京非正常上访明显减少，信访秩序明显好转，联合接访工作扎实稳妥推进。县审批办受理各类申办件32729件，办结32706件，按时办结率100%，窗口匿名测评群众满意率100%，收到企业和群众赠送的锦旗276面。制定《干部考核办法》等相关制度，修订完善《工作人员守则》等一系列制度，修订完善《行政效能考核办法》和《文明示范窗口评选办法》，先后评选出“月度文明示范窗口”66个次，“月度优秀个人”111人次。设立意见箱和投诉中心，聘请人大代表、政协委员作为行政效能监督员，受理群众投诉，接受群众监督。利用电子监察系统，加强对审批服务工作的管理监督。审批事项由原来的392项减少到269项，减少31.4%，推进行政审批职能归并工作，审批主体部门100%建立审批科、审批事项100%进入“中心”、审批权限100%授权给首席代表，26个镇乡成立相关组织机构，相对集中办公，实现挂牌运行。实行特殊审批办法，对所有进入县开发区、特色产业园区和乡镇工业小区的工业企业项目，实行提前启动立项审批程序和部位先行审批，建立特殊快速审批通道。开辟科技型中小企业专用特快通道，对中小型企业开展全程领办、代办等审批服务。建立服务楼宇经济发展窗口，受理楼宇注册申请74件，企业注册投资总额约5.7亿元，平均办理时限1.5个工作日，受到项目单位好评和欢迎。

（苏荣友　申广虎　赵亚静）

政法综治工作　2011年，蓟县政法、综治部门服务重点工程和重大项目建设。对市、县重点工程实行廉政准入，对资金使用、招投标、征地补偿等环节进行监督。服务镇乡和部门经济发展，全力支持重点项目建设、基层党组织建设、突发事件和信访维稳事件处置。开展突出不稳定问题日常排查和全国“两会”、建党90周年、国庆等敏感时期集中排查工作，加强对土地征用、城镇拆迁、企业改制、非法集资等引发的矛盾纠纷的排查化解工作。完善人民调解、行政调解、司法调解“三调联动”的大调解工作体系,全县建立人民调解委员会1073个,构建三级调解网络,调解成功各类矛盾纠纷6816件,调解成功率96%。畅通涉法涉诉信访渠道,受理涉法涉诉信访案件264件,接待群众382人次。认真清理涉法涉诉信访积案,妥善解决上级交办进京访和非进京访信访积案58件,息诉结案率97%。制定《蓟县关于对煽动非法聚集活动实行分级戒备的实施意见》,全县实施二级戒备2次,三级戒备9次。出台《蓟县维护社会稳定应急处置群体性事件工作预案》,成立群体性事件应急处置领导小组,妥善处置各类群体性事件34起,突发事件12起。推进综治信访服务中心建设,加强镇村治安巡控队伍建设,搞好村际联防、村企联防。各镇乡街配备10人以上治安巡逻队伍,村一级建立5人以上专兼职巡逻队。规范城内小区物业管理模式,推广技防设施入户工程,在城内小区推广家庭报警电话系统;组建460人的综治协管员队伍,到各小区开展治安巡逻。组织公安部门开展打击“两抢一盗”专项行动,破获案件1410起,组织公安、教育、交通等部门开展校园周边治安环境专项整治,依法处理不符合标准校车310辆。开展保“两节”、保“两会”、保“畅通”铁路护路百日专项整治和“防破坏、防盗抢、保畅通”专项整治行动,排查化解涉路纠纷7起,查处铁路沿线违法盗采尾矿8起,取缔非法经营废旧物品收购站点2个,确保铁路沿线治安稳定和运输安全畅通,铁路护路经验被中央护路办在全国推广。出台《蓟县非监禁刑管理工作规程》,对全县700名社会服刑人员分片集中进行法制教育并组织公益劳动活动。加强流动人口服务管理,实施“青少年违法犯罪社区预防计划”和“为了明天工程示范县”创建活动。实施2011—2013年平安示范村创建“280”工程,平安示范村建设在全市乃至周边地区引起强烈反响。制定《蓟县加强和创新社会管理工作实施意见》,打造网格化、动态式建筑业农民工服务管理机制、流动人口村民化服务管理模式等一批社会管理创新亮点项目。市委政法委、市创新办先后7期刊发报道蓟县社会管理创新经验,市委常委、市委政法委书记散襄军在《天津政法信息》增刊第16期上对蓟县社会管理创新工作作出批示。

(宾铁永)

人民团体工作 2011年,蓟县总工会在全市工会创新成果展中荣获二等奖;蓟县帮扶中心获得市级“模范帮扶中心”先进称号,再次获评天津市五一劳动奖状先进集体;蓟县工会法律援助中心晋升为三星级援助中心;上仓镇总工会被评为全国百家示范乡镇工会;11个单位和集体分获市级“工人先锋号”、市级厂务公开民主管理先进单位、市级“巾帼示范岗”等多项荣誉称号。561个单位开展劳动竞赛活动,7.8万名职工参加。开展“建功‘十二五’共创新辉煌”主题教育活动和“大学习、大培训、大提高”活动,表彰2010年度劳动模范并召开劳模事迹报告会,开展“三八”健康杯及迎庆建党90周年系列文体活动,举办第十四届“渔阳杯”职工趣味运动会。推进下营镇常州村等旅游专业村建会工作。完成26个乡镇工会换届工作,配备专职工会主席。签订集体合同421份,签订工资集体协议387份,签订女职工集体协议355份。建立职代会制度的企事业单位680家。评选12个乡镇和委局总公司先进工会、12名优秀工会干部。帮扶困难职工6925人次,帮扶资金291万元。为270名困难职工在学子女发放助学款23万余元。协调6个部门为特困家庭制定优惠政策,与县人力社保局联合举办再就业招聘会11场次。组成25名专业律师组成的法律援助队伍,接待来访职工450余人。元旦、春节期间,走访慰问1800户困难职工,发放慰问款物138万元。县妇联推动妇女创业发展。举办各类科技培训班82期,培训妇女6400人。发放贷款1000余万元,104名妇女受益。建成蓟县妇女手工编织中心,成立妇女手工编织业协会,在基层建立妇女手工编织基地和站点27个,举办5期培训班,培训骨干1000多人,研发产品十几种,手工编织品在义乌小商品博览会上获得优秀奖。建立“半边天家园”785个,举办知识讲座380场,受益妇女16122次,处理矛盾纠纷392次,提供就业岗位280个,帮扶贫困妇女228人。召开庆祝“三八”国际劳动妇女节101周年总结暨表彰大会,举办“三八”健康杯体育比赛,开展“寻找身边感动母亲”活动,高宝英、陈桂霞分别获得“天津市十大感动母亲”和“天津市十大慈爱母亲”荣誉称号。开展争当“三八”红旗手、“三八”红旗集体,争创“平安和谐家庭”等系列创先争优活动,公安蓟县分局刑侦支队二大队队长蒙新生荣获全国“三八”红旗手称号,下营镇赤霞峪村绿化荒山女能手刘素云、渔阳镇郭庄子村支部书记刘玲获得天津市“三八”红旗手称号。组织“春风送岗位”活动5场,提供就业岗位320个,达成就业意向1942人,提供劳动维权和法律援助7人,发放小额贷款83万元。争取市有关方面支持,资助蓟县92名贫困妇女儿童,救助款248万元;为546名单亲困难母亲投保女性安康保险,县妇联被评为全国维护妇女儿童合法权益先进集体。

(张聪颖)

经 济

概况 2011年，蓟县县委、县政府广泛开展“调结构、增活力、上水平”活动，全县经济社会保持平稳较快发展，实现“十二五”规划的良好开局，主要指标均完成或超额完成年度计划。其中，地区生产总值264.5亿元，占计划的100.1%，比上年增长28.2%；万元生产总值能耗0.845吨标准煤；三级财政收入40.3亿元，增长36.5%，其中县级财政收入29.0亿元，增长48.7%；全社会固定资产投资350亿元，增长43%；城镇居民人均可支配收入21321元，增长14%；农村居民人均纯收入12330元，增长12%。

（刘 春）

农业 2011年，蓟县设施农业规模进一步扩大。全县设施农业面积5400公顷。两个现代农业园区进展加快，上仓园区完成投资1.07亿元，新发展设施农业110公顷，累计727公顷。园区内中滨公司北虫草项目1万平方米生产车间投入生产。侯家营园区完成投资1.06亿元，新发展设施农业220公顷，累计726.67公顷，园区内科技示范园建设主体工程完工，建成智能连栋温室5330平方米，山东七代日光温室9.33公顷。养殖业生产保持稳定。全县生猪存栏41.6万头，出栏80万头；肉牛存栏6.4万头，出栏9.4万头；羊存栏10.5万只，出栏15.9万只；蛋鸡存栏440万只；禽蛋总产量4.91万吨；肉类总产量8.03万吨。畜牧部门加强动物疫病防控工作，重大动物疫情保持稳定。新增现代养殖示范园区5个，全县畜牧业现代养殖示范园区总数10个。农业产业化水平提升。新发展农民专业合作社24家，总数220家，注册社员21520人，带动农户2.05万户。农产品质量安全监管加强。加大执法检查力度，累计出动执法2285人次。制定实施《蓟县重大农产品质量安全事故应急预案农业部门操作办法》。加强农业标准化生产，全县经过认证的绿色食品基地达9026.67公顷，有机食品基地7160公顷，新认证绿色有机品种15个，总数135个。惠农政策得到落实。28667公顷夏粮补贴全面完成，发放补贴3013.9万元。秋粮补贴面积45333公顷，发放农机补贴1844.33万元，补贴机具2186台，受益农民1791户。“三秋”期间投入机具6600台，完成机耕面积29467公顷，实现玉米机收面积25333公顷。推进文明生态村创建工程。创建文明生态村41个，总投资1.45亿元，完成投资8285万元。苗木花卉基地核心区建设项目总投资7700万元，建设路网4500米，苗木填平补齐42公顷，粉刷看护房9000平方米，规范广告牌100块，建成8500平方米的多功能用房和2.47公顷的精品苗木栽植展示区。农民素质提高工程。全年培训农民20692人，获得市级补贴资金3472万元。

（代小波）

水务工作 2011年，蓟县水利工程建设任务圆满完成。投资2853万元，完成小型农田水利重点县建设工程，铺设低压管道138.3公里，新打机井68眼，建小水窖48个，新增节水面积1200公顷，改善灌溉面积1467公顷。投资398万元，实施尤古庄高效节水灌溉工程，新打机井26眼，铺设管道37.2公里。投资4937万元，完成沙河和宾昌河治理任务，清淤9.3公里，铺设沿河污水管道3.8公里，浆砌石护砌1.02公里。投资926万元，对于桥水库周边16条沟道、32个坑塘治理。投资1462万元，封山育林22.3平方公里，梯田整修1.3平方公里，治理沟道12.2公里，新建谷坊坝19道，新建混凝土路面3.84公里，新建沼气池188座，完成小流域治理38平方公里。防汛抗旱工作。打抗旱井35眼，配泵35台套，安装管道10万余米。对13座国营排水泵站、30台套启闭机、80台套电机维修，修订完善各项防汛预案。投资3592万元，完成州河右堤除险加固工程；投资202万元，完成沟河右岸黄崖关段和下营段挡墙护砌工程，完成护砌长度950米。供水和节水工作。全年供水1035万吨，安装铺设供水管道19.5公里，完成管网维修462次，补齐阀门井盖44套，保证安全不间断供水。投资430万元，铺设蓟县新城供水主干管网1980米，砌筑阀门井11座。市政和排水管理工作扎实开展。市政管理所投资2000余万元，铺设排水管道8000米，铺设人行道彩砖9.8万平方米。维修人行道彩砖1.4万平方米，疏浚排水管道26公里，清理检查井1.4万个，更换井盖267套，城市道路综合完好率95%以上，排水管道畅通率97%以上，市政设施维修更换率100%。

（王晶鑫）

林业工作 2011年，蓟县林业局完成造林1370公顷，栽植苗木157.4万株。完成湖滨带防护林工程570公顷，该工程是市级重点造林工程，涉及5个镇40个村，栽植各类苗木50万株。其他绿化工程800公顷，栽植各种苗木107万株。加强森林资源保护管护。启动实施《蓟县森林防火2011—2013年规划》，投资2349万元，新增森林防火专业队队员50人，森林防火远程监控系统、通信指挥平台、森林防火培训基地

丰收的喜悦

项目顺利实施；购置防火服装、防火运兵车等扑火装备70余台套。建成全国领先的森林防火指挥中心，其中林火自动监控系统建成野外监控探头30个，可视范围达全县山区林地面积的80%。完成除治春尺蠖1666.67公顷，开展3次美国白蛾除治统一行动，出动4.6万人次，使用农药50吨，完成人工喷药除治面积43333公顷，飞机喷药除治2667公顷。加大行政执法力度，全年办理各类案件89起，处理当事人93人次，案件查处率100%。开展科技兴林工作。实施蓟县核桃优质高效产业化基地建设项目，投资1200万元，新建丰产核桃园200公顷，栽植良种嫁接苗13.2万株，低产劣质核桃树高接换优5万株，新建核桃优良品种采穗圃6.67公顷。实施苗木花卉基地提升改造工程，栽植各类苗木1960株。实施受冻柿树救助工程，完成救助受冻柿树14000株；高接红香酥梨5000株，新建红色梨密植园26.67公顷。

（张怀忠）

绿色食品产销 2011年，蓟县绿色食品产销基地建设稳步推进。全县绿色食品基地规划建设面积2.67万公顷，经过中国绿色食品发展中心认定的绿色有机食品生产基地1.618万公顷。绿色食品基地总产量10万吨，年产值8.8亿元。全县有40多个品种、135个单品获得绿色有机食品标志使用权，形成蔬菜、果品、禽蛋、畜产、粮食、水产六大系列产品。产业经济态势良好。17家企业被确认为绿色食品生产加工企业，企业产品销售到全国各个省会城市，有的远销至欧洲、东南亚等地，企业年产值1.71亿元，销售收入1.57亿元，创利税3500多万元。3个公司全年完成营业收入8200万元。市场份额继续扩大。在天津梅江、红桥区新发展两个“一村一品”加盟店，在华润万家超市建14家专柜，在北辰区永辉超市建2家专柜，在西青区百顺超市建1家专柜，在天津市区和河北省唐山、廊坊沃尔玛超市建4家专柜。在天津市范围内“一村一品”绿色、有机专营店总数达7个，超市专柜21家，在北京建立分公司，在上海西郊农展厅建立分销处，基本实现覆盖津城辐射周边乃至全国的网络化销售格局。项目建设成绩显著。通过市商务委申报的蓟县绿色食品物流配送中心建设项目投入使用。

（卢　光）

工业 2011年，蓟县加快重大项目建设。项目开工390个，金鹏管业等352个项目投产或部分投产。亿元以上项目19个，完成投资59.62亿元。建立《中国中小企业天津蓟县网》和《天津市中小企业运行监测网蓟县分网》，加强管理与指导，强化网上直报，提高统计数据衔

2011年3月2日，天津中玻北方新材料股份有限公司太阳能光伏玻璃及LOW-E节能玻璃深加工项目举行奠基典礼。

接质量。抓好节能工作。完成120个项目的合理用能审批，项目能耗下降10%以上。完成投资2460万元，实施28个节能改造项目，年节标煤1.5万吨，单位生产总值能耗比上年下降4.2%以上。加速企业转型升级步伐。举办企业厂长经理培训班，400多家企业厂长经理参加培训。组织机械制造、纸制品包装和食品行业企业与天津理工大学等高校开展6次科技合作对接活动，30名专家教授到县进行技术帮扶与合作。为260多家企业申请专利323件。电网建设、教育培训全面推进。启动两个35千伏电站重建、大秦铁路电铁110千伏牵引站增容电源线工程、盘龙谷35千伏输变电工程，投入7588万元。县工经委连续4年被市中小企业发展促进局授予“非农产业职业技能提高培训工程先进集体”称号。争取政策和资金扶持。15家企业通过资源综合利用认定，获得国家政策扶持；为企业争取各类资金1455.68万元。盘山啤酒厂改制工作取得阶段性成果。

（邵云鹏　马小刚）

县长景悦（前左二）、县政协主席卢金生（前左三）到蓟县开发区天津凯德瑞塑料异型材有限公司调研。

园区建设　2011年，蓟县推进示范工业园区开发建设。专用汽车产业园、上仓酒业及绿色食品加工区两个园区基础设施投入43.34亿元，其中两个园区起步区投入25.06亿元，达到“九通一平”标准；拓展区投入18.28亿元，正在建设之中。专用汽车产业园拓展区完成投入16.28亿元，区内12条道路建设、70公里各类管网铺设以及21万平方米绿化工程基本完成，商务楼宇、商业住宅和商贸配套工程全面启动。上仓酒业及绿色食品加工区拓展区完成投入2亿元，基本完成147公顷土地收储、2.2万平方米样板车间和雨水泵站建设，穿越州河左堤工程、配电线路工程和规划1号路地道桥工程完成工程总量50%以上。两个园区累计签约落地项目40个，投资规模373亿元，累计完成投资97亿元。其中，专用汽车产业园签约落地项目29个，计划总投资151亿元，累计完成投资86.6亿元；上仓酒业及绿色食品加工区签约落地项目11个，计划总投资222亿元，累计完成投资10.4亿元。

（邵云鹏　马小刚）

旅游业　2011年，蓟县接待中外游客1098.6万人次，比上年增长29.5%，旅游直接收入9.2亿元，综合收入46亿元，增长29.5%。旅游固定资产投资完成4.7亿元，增长8.8%。实施旅游规划项目20个，完善《蓟县旅游业“十二五”规划发展纲要》，重编《孙各庄满族乡发展规划》、《郭家沟度假村发展策略报告》。盘山景区投资2亿元，完成新门区建设、房车营地一期、入胜索道改造、盘山雕塑园等重点工程。毛家峪长寿度假村投资9300万元，推进“五亩之宅”续建、悠然山庄等项目建设。长城、八仙山、独乐寺、九山顶、石龙峡等景区投资2845万元，实施一批基础设施改造项目。格林豪泰、渔阳宾馆、四方台宾馆、速8酒店、电力宾馆等旅游饭店投资1800万元，接待条件显著改善。蓟县被评定为全国首批休闲农业与乡村旅游示范县、国家低碳旅游实验区，盘山景区入选“中国旅游百强景区”、天津市循环经济示范点，亿豪山水郡荣膺五星级酒店。举办各类培训班57期，培训3689人次，举办“谁能伴我游蓟州”——第八届蓟县导游电视大赛。全年举办14项主题活动。第12届长城国际马拉松赛参加者吃、住在蓟县，带来可观经济效益。第19届渔阳金秋旅游节实现市场化运作，成为区域合作载体。第八届独乐寺庙会荟萃民间文化，丰富居民、游客假日生活。第三届梨花节、盘山滑雪节等活动引起游客、媒体关注。央视2套“消费主张”栏目专题报道蓟县“美食美景”。蓟县获中国第三届旅游产业博览会纪念品大赛一等奖、最佳组织奖。县旅游局创办天津市首家旅游官方微博。常州村入选“中国最具潜力的十大乡村旅游”。开通北京至盘山景区旅游公交专线。组织北京、天津、唐山、秦皇岛等地促销活动13次。印制发放光盘、扑克、宣传册等基础宣传资料19种

40万件。邀请《中国旅游报》等20多家主流媒体到县采访报道，刊发新闻稿件50余篇。拓宽网络营销渠道，依托专业网站，全面提高营销水平。全年投资1亿元，创建市级特色村点13个，总数104个，占全市总量的52%，创建市级典型旅游村1个，总数5个。开启郭家沟村、孙各庄满族乡新一轮规划建设并成为全市发展重点。推行“星级评定、挂牌管理”，新创建市级乡村旅游户94户，总数920户，占全市总量的73%。改造提升农家院406户，硬件建设不断升级。实施素质教育工程，举办烹饪、餐饮服务培训班52期，培训农民3089人。改版升级农家乐官方网站，数字化管理水平提高。开展采摘、栽植等农业休闲和体验性活动，挖掘皮影、草编、根雕、泥塑等传统手工艺，恢复小磨香油、水磨豆腐、漏粉等传统食品加工，完善民间小剧团、农民乐团、花会表演队等文娱活动团体，举办乞巧节及农家传统婚庆表演。完成全县旅游特色村、点资源普查，启动《蓟县乡村旅游发展20年》编撰工作。

（张春平）

商务工作 2011年，蓟县社会消费品零售额实现100.6亿元，外贸出口7625万美元。市场建设长足进展。安排新建、续建、扩建市场项目7个，总投资10.41亿元。邦均四季苗木花卉市场、安裕综合市场、国际物流园区、再生资源分拣加工中心等项目竣工，商户入驻80%以上。下窝头菜市场竣工营业，出头岭食用菌专用批发市场、蓟州农副产品批发市场二期工程、渔阳旅游文化中心等项目建设有序推进。开展全县市场建设项目调查摸底，建立项目储备库。商业网络建设取得明显成效。确定蓟县家乐商贸有限公司为“万村千乡市场工程”龙头企业，引导家乐超市加强商品配送中心建设，组织世纪华联、华润万家等连锁超市与有关乡镇对接，加快网点布局建设。开展农超对接活动，首批6家农超对接龙头企业完成申报。组织企业参加天津市农超对接洽谈会5次。市场经济秩序持续稳定。出动执法1.6万人次，查处违法违规案件167件。完成市食品安全整顿评估考核和“双打”工作督查。加大食品安全监管力度，召开全县生猪定点屠宰厂负责人会议，签订生猪屠宰责任书；组织工商、畜牧等部门对生猪屠宰企业检查5次。春节、“五一”、中秋期间，组织安监、工商等部门开展商贸系统安全生产联合检查活动。

（高　伟）

新建的盘山山门

楼宇经济 2011年，蓟县大力发展楼宇经济。8.9万平方米的改造提升工程全部竣工，具备企业入驻条件。5个新建楼宇陆续开工。楼宇招商实现较大突破，各乡镇、园区发展楼宇经济积极性高涨，西龙虎峪镇等10个镇乡与万事兴兴华商阜签订协议，开展飞楼招商。官庄镇与万事兴集团签订利用新农村“农家小院”发展楼宇经济框架协议，重点发展区域总部经济；下仓镇改造闲置楼宇工程竣工，穿芳峪、泗溜等镇正在改造闲置楼宇。出台《关于加快蓟县楼宇经济发展的实施意见》、《蓟县促进楼宇经济发展扶持奖励办法》等政策文件，制定《楼宇经济发展联席会议制度》、《楼宇企业和楼宇税收认定细则》以及《楼宇经济税收分成兑现细则》3个配套性文件。别山等镇制定出台招商引资、楼宇企业奖励办法等优惠政策，形成政策叠加效应。县工商、审批等部门联合出台《加快推进入驻楼宇项目暂行办法》等文件，设立窗口楼宇经济联合专职人员，缩短审批时限，实行保姆式服务，优化楼宇发展环境。

（高　伟）

财政工作 2011年，蓟县财政局加强行政性收费、罚没收入和政府性基金征收管理。加快县乡财政体制改革，及时兑现乡镇超收奖励政策，下达乡镇财政收入考核办法，全年乡镇级税收2.13亿元。支持大项目好项目加快建设，筹措“天使资金”5000万元，对109家科技型中小企业给予资金支持。制定鼓励楼宇经济发展财政奖励政策，新增楼宇企业100家，楼宇税收1.5亿元,为36户中小企业提供融资担保上亿元。支持3家工业企业技术改造项目,带动投资1.5亿元。安排专项资金1685万元，支持市场监管体系、新型农村金融机构、外贸出口、盘山八仙山景区基础设施建设、旅游特色村和生态环境保护等项目。落实家电下乡和汽车摩托车下乡财政补贴2150万元,拉动销售家电下乡产品4万台件，汽车下乡产品1350辆,家电以旧换新1.5万台件。安排专项资金7.93亿元,支持新城建设、库区保护等。投入1.97亿元,落实义务教育经费保障机制,94所义务教育学校现代化标准建设全面完成。安排6240万元,落实基层医疗卫生机构绩效工资改革,提高18项社区公共卫生服务补助标准。投入930万元,支持镇乡文体设施建设。落实资金5055万元，实施27个乡镇街综治信访服务中心等项目。安排1.63亿元,落实就业、再就业财税政策。落实安置政策,68名城镇退役士兵实现货币化安置,1521名实现分流安置。筹措3.9亿元,落实城乡居民基本养老保险制度,11.3万名60岁以上老年人生活补助得到落实。全县2.9万低收入困难群众受益。投入2.1亿元支持农林项目,2000公顷高标准农田示范工程全面建成。落实粮食直补、综合补贴和良种补贴9208万元,夏、秋两季补贴面积7.33万公顷；支持大中型水库移民后期扶持项目建设,11.2万库区移民得到政策扶持。推进农村公益事业“一事一议”财政奖补试点,1.2万农户受益。

（高向军）

税收工作 2011年,蓟县国税局组织入库税收82517万元，完成计划指标的109%，超收6817万元。完成县级财政收入17225万元，完成计划指标的100.4%，超收65万元。加强重点税源管理,加大对房地产等非电企业跟踪管理力度,加强重大项目税收管理，全年重点税源企业完成税收67120万元，占收入总量的81.5%。强化增值税管理，以税负为切入点,制作预测税负表，按月通报各所零负申报情况、行业及整体税负情况。开展钢材、建材、煤炭、服装等重点行业税负核查,全年核查102户，查补税款87.71万元,加收滞纳金1.74万元。所得税管理,抓好汇算清缴工作。抽调业务骨干,对电厂、房地产企业等重点税源进行辅导，提高企业自行汇算能力，全年组织入库非电所得税11833万元。加强税源互动机制建设,做好征管状况监控分析。确定纸制包装品行业为建模标本，选取服装和水泥制品行业的17户企业进行模型验证，选取房地产等9个行业32户企业,实施重点行业纳税评估,全年评估企业340户,发现问题企业182户，补缴税款及滞纳金774万元,转出进项税196万元。开展房地产行业、重点税源企业、低税负企业等各类专项检查，累计查补入库税款、加收滞纳金及罚款503万元。个体征管方面，推行集体定税,调整定额4000余户,调增比例超过20%,月均增收15万元。建立健全建账户收入申报定额预警机制,加强发票控管,对达到建账标准的,辅导、督促其建立简易账或复式账。全年入库个体税收6109万元，比上年增长31%。落实减免税政策,全年审批减免税365户次,减免税款1.5亿元。严格执行退税政策，办理减免退税3305万元,出口退税3094万元。蓟县地税局完成税收总收入12.84亿元，完成县级税收83527万元。加强重点税源管理。68户市级重点税源户入库税款69880万元,占收入总额的54.39%。纳入津税系统监控的市级大项目75个，区县自定义项目30个，关联合同1698笔,关联企业62户,实现税收20960万元。对6座重点商务楼宇实施税源监管，实现税收6766万元,地税收入3135万元。实施精细管理。对契税和耕地占用税专人负责,两个税种入库33708万元。加强对房地产和建筑安装行业的营业税管理，两大行业实现收入52423万元。强化土地增值税清算工作,查补税款240万元，对注销户的土地增值税清算严格把关,入库税款40万元。优化征管效能。完善《销售不动产窗口开票管理办法》,规范窗口征收工作。规范股权转让工作,全年办理股权转让登记199户次，入库印花税148.63万元,入库个人所得税7.42万元。对官庄镇农家院清理，实现对269户农家院的委托代征，入库税款50多万元。全年实现乡镇税收16303万元。稽查查补入库2037.80万元，入库率100%，完成任务的108.86%。

（杨银华　张建光）

国有资产投资管理 2011年，蓟县企业经济运行总体平稳。物资销售总额1900万元,实现社会消费品零售额1290万元，销售液化气3550吨。5家规模以上工业企业完成总产值16220万元，销售收入17300万元,完成增加值4500万元。所属渔阳酒业股份有限责任公司全年产销白酒20050吨，销售收入14000万元,创利税2480万元。加强国有资产经营管理。对现有资产重新登记分类排队,面向社会招投标，新增收入182.3万元。5家工业企业申报落实科技型中小企业发展专项资金75万元。争取各项财政支持170万元,得到有关部门支持150万元。推进化轻公司改制，完成炸药库土地解封收储工作。

（陈红忠）

安全生产监督管理　2011 年，蓟县安全生产监督管理局督促指导 64 个责任单位向县长递交安全生产目标管理责任书，督促各单位将安全责任分解、量化到主管领导、企业和村级，健全安全生产责任网络。对 210 家危险化学品生产、经营许可证到期企业进行安全评价验收，换发许可证；对 3 家 A 类危险化学品企业进行逐项检查，一次性通过市安监局考核验收；对全县危险化学品从业单位检查，查出各类安全隐患 125 处，下达整改指令 26 份，隐患整改率 100%。春节前夕，进行销售资格、安全距离、消防设施、产品质量等查验，收缴违禁烟花爆竹 20 余箱，查处无证无照销售烟花爆竹流动摊点 10 余个，消除安全隐患 70 余处。对 34 家制砖企业进行节后复工安全检查，消除安全隐患 228 项，对 450 余名从业人员进行安全培训；聘请专家对 2 家安全生产许可证到期矿山进行安全评价验收，换发许可证。进入夏季后深入 3 家酿酒厂、13 家造纸厂、32 家食品厂和 70 余家可能产生硫化氢场所的相关单位进行安全隐患排查，排查安全隐患 227 处，严防硫化氢中毒事故发生。检查 12 家对公众开放的游泳馆及其宾馆饭店等附设的游泳场、池、馆，查出安全隐患 17 处，整改 14 处，关闭 1 家，责令暂停使用 2 家。取缔无证或超许可范围生产经营危险化学品行为 3 起，违法运输危险化学品行为 7 起；查处未依法进行安全培训、没有取得相应资格证 57 人次。推广醇基液体燃料，28 个单位取消 50 公斤以上液化气瓶，安装使用醇基液体燃料。暑期对制砖企业、加油站、液化气充装站、涉爆剧毒品和危险化学品单位、木制家具制造企业、电焊点和汽车维修点进行重点检查，查出各类安全隐患 693 处，全部责令整改。组织“安全生产月”活动。深入 600 余家重点企业，指导查找和治理安全隐患 1240 处。因安全生产监管监察工作成绩显著，人力资源和社会保障部、国家安监总局授予蓟县安监局全国安全生产监管监察系统先进集体荣誉称号，局长李奇被国家安监总局评为安全生产监管监察先进个人。

（胡中全）

文　化

概况　2011 年，蓟县以丰富群众文化生活为重点，文艺活动、创作演出硕果累累。节日活动丰富多彩，广场活动影响广泛，主题活动精彩纷呈。创作演出打造精品。以实施文化惠民工程为载体，公共文化服务体系日臻完善。409 家农家书屋建设任务圆满完成。农村电影“2131”工程圆满完成。文化信息资源共享工程作用显著。以加强文化遗产保护工作为抓手，管理水平进一步提升，以推动文化发展繁荣为契机，文化事业、文化产业发展形势喜人，以规范文化经营秩序为目标，文化市场监管力度不断加大。

（刘　春）

文化活动　2011 年，蓟县节日活动丰富多彩。先后举办蓟县春节联欢会、庆新春元宵节花会调演、第三届“有奖灯谜竞猜”等活动；“五一”期间组织歌舞、戏曲演出；举办全县庆祝中国共产党成立 90 周年大型红歌演唱会和专场文艺演出；“八一”期间，到总参测绘大队和 66166 部队进行慰问演出，送 800 多册图书进军营；国庆节前后，组织迎国庆文艺演出，开展老年节敬老月暨第五届老年人体育健身大会健步走活动。广场活动影响广泛。在鼓楼广场和府君山广场组织系列文艺演出，在蓟州大舞台举办为期 4 个月的消夏纳凉系列文艺演出，组织演出 36 场，观众达 13 万余人次。主题活动精彩纷呈。先后举办首届蓟县美术艺术作品展、书法作品大赛、摄影大赛、蓟县戏曲大赛、蓟县歌手大赛、文学创作大赛，参赛选手 700 多人，报送参赛作品 500 多件（篇），评选出金奖 11 名、银奖 21 名、铜奖 34 名，举办“群众文化年”主题创建活动颁奖晚会，对各赛事获奖选手（作者）进行表彰。创作演出打造精品。天津评剧院三团创作、排练的农村生活组剧《咱们村里的新鲜事儿》，在北京梅兰芳大剧院参加建党 90 周年全国优秀剧目展演。创作报送 240 多件美术、书法、摄影作品参加市级大赛，其中获奖作品 118件。

（张　颖）

文化惠民　2011 年，蓟县完成 409 个村农家书屋硬件建设、图书配送、协议签订、信息收集等大量工作。农村电影“2131”工程圆满完成，全年放映 1 万多场。加强文化信息资源共享工程建设，投资 100 万元完成图书馆维修改造工程，为读者提供检索和咨询 2800 多次，接待读者 60050 人次。

（张　颖）

文化产业　2011 年，蓟县推进文化产业发展。独乐寺打造精品景区，提高接待水平，成功举办独乐寺庙会，接待游客 8 万人次；蓟县新华书店强化优惠营销力度，图书发行销售收入 3100 万元；九鼎工艺品厂开发蓟县特色工艺美术品，销售收入70余万元；评剧院三团演出230场，创收80万元。青少年宫免费为社会、单位和学校提供培训、讲座、排练、演出20余场次。

（张　颖）

第八届独乐寺庙会

广播电视　2011年，蓟县新闻中心在县九次党代会召开期间，把党代会的宣传作为全县中心工作的重中之重，精心安排组织宣传报道工作。每天播发1小时以上的电视新闻，及时报道党代会盛况，开办党代会专题，先后采访93位党代表，县电台做到当天新闻当天播出。印发《新蓟州》报党代会专刊。在县十六届人大一次会议和政协蓟县十二届一次会议宣传报道中，在播发“两会”新闻基础上，开办“两会专题”，圆满完成“两会”新闻宣传任务。加大节目创优力度，努力打造精品，全力推介和宣传蓟县。全年在中央电视台财经频道播发稿件5条，在天津电视台播发稿件130条，广播电台在市台播发稿件260条，并4次走进市台直播间，共同主持《区县直通车》节目，介绍蓟县历史文化、风土人情和旅游景点。

（吴圣男）

档案工作　2011年，蓟县档案事业纳入国民经济和社会发展规划，列入县委、县政府领导议事日程，主管领导定期听取档案工作汇报。县档案局主动参与新城建设项目档案管理。推进机关档案评估，督促各评估单位整理文书、会计、专业、照片、声像、实物等各门类载体档案2万余卷，24个机关单位通过市一、二级评估验收，档案管理软件安装率90%以上。开展档案利用，接待查档7210人次，调阅档案29897卷次，为编史修志、历史研究、法律诉讼，尤其是为百姓解决婚姻纠纷、养老保险、老兵福利、库区移民待遇等出具准确翔实的凭证资料。为盘山停车场、盘龙谷文化城、北少林寺等项目提供历史档案资料近百次；接待查考蓟县名胜古迹的专家学者和新闻媒体记者100人次。开展微机录入工作，录入文件级目录75万余条。婚姻档案、知青档案、退伍军人档案和县委、县人大、县政府、县政协、县纪委五大全宗档案全部实现机检，查全率、查准率100%。馆藏档案资源日益丰富。接收文书档案2918卷16783件，接收民生档案3000余卷，收集第九次党代会、第十六届人代会、第十二届政协会议文件260件，照片265张。馆藏档案累计150个全宗、26个门类、13万余卷册。蓟县档案局首次获得天津市档案工作先进集体称号。

（代伟海）

地方志工作　2011年，蓟县地方志办公室继续做好续修《蓟县志》工作，为《天津区县年鉴(2011)》撰写“蓟县部分”数万字，编写《蓟县年鉴(2011)》草稿。参与《蓟县历史展览》文字策划。指导《蓟县文物志》、《蓟县文化志》、《蓟县计划生育志》编写，整理《蓟县旅游志资料》，在县委党校作《蓟县历史与文化》讲座。协助天津电视台《这是天津卫》节目组拍摄《戚家军后人在蓟县》、《黄崖关寡妇楼的传说》、《水浒传在蓟县的故事》三集纪录片，为中央电视台第10套节目提供《地理中国·蓟县部分》文字。

（刘　春）

社　会

概况　2011年，蓟县城市建设加快推进，城乡面貌发生显著变化。城乡路网进一步完善。供水、电力设施建设得到加强，市容环境综合整治工作取得显著成果，生态建设扎实开展，生态环境日益改善。十项民心工程高标准完成。落实各项惠农政策，拓宽就业渠道，多渠道扩大就业。社会保障体系不断完善。实施科教兴县战略，教育教学条件不断改善，卫生事业加快发展，公共卫生体系建设得到加强，疾病预防控制能力显著提高。体育事业蓬勃发展，人口与计划生育工作扎实开展。

（刘　春）

蓟县新城规划建设 自2011年4月开始,蓟县新城规划建设进入全面实施阶段。制定蓟县新城总体规划、控制性规划、修建性详细规划和各专项规划设计,引领新城建设工作。计划征用土地306.7公顷用于安置区建设,实际征地632公顷,涉及3个镇30个村8214户,比预期目标超出1倍,完成腾迁596.5公顷,占总任务的94.3%。其中,安置区内别山镇、中昌路西侧地块84.7公顷办完征转手续。注册成立天津蓟州新城建设投资有限公司,公司注册资本20亿元,注册资本金到位12亿元,其中广成公司8.4亿元,海航公司2.25亿元,大通公司1.35亿元。向国家农发行申请项目贷款80亿元获得批准,到位20亿元。新城项目投入10.89亿元。起草《蓟县新城规划区占地村及于桥水库库区村搬迁补偿办法》和《蓟县新城规划区占地村及于桥水库库区村搬迁村民安置办法》。"两个办法"经县委常委会、县政府常务会正式通过。制定"两个办法"实施细则,经县新城领导小组审定下发执行。研究制定《关于企业、个体工商户搬迁评估办法》和《实施细则》,为企业、个体工商户的清点、评估作价提供标准依据。成立蓟县新城群众工作现场指挥部,相关乡镇成立分指挥部并组成若干工作组,形成750人的群众工作队伍,推进群众工作并取得阶段性成果。安置区涉及搬迁企业67家,涉及3个镇,企业清点、评估、认定工作全部完成。签订搬迁协议13家,占总任务的19.4%。完成工程立项、经济适用房投资计划、工程招投标等前期工作。完成A1区一期18栋住宅楼桩基施工,1362根桩静载试验全部合格,均为一类桩;A1区一期12.77万平方米农民安置住宅工程进入主体施工;A1区二期3个地块开始桩基施工。

(县新城办)

城乡建设 2011年,蓟县开(复)工工程建筑面积375.34万平方米,比上年增长53.75%。建筑市场秩序更加规范。全年招标代理工程138项,中标总价29.05亿元;进场招标120项,工程造价33.82亿元。依法办理行政许可事项,办理各类行政许可手续2338件;办理房地产开发资质预审24项、施工许可证82个、新建商品房准许交付使用证611个、掘路许可证9个。开展建筑市场秩序检查,全年查处甲方直接发包工程7项、违法分包35项;对17个存在严重违规的项目进行38项次处罚。强化施工质量安全监管。开展拉网式质量大检查4次,下达质量整改通知书76份、暂停通知书15份;委托抽测建筑材料490批次;发现并纠正一般性质量问题2852项。推行企业创优活动,蓟州体育馆、光荣院等25个工程争创"海河杯"。加大预拌砂浆推广力度,使用率95%以上。保障建筑施工安全生产,开展各类安全专项大检查10次,累计巡查1400余次;下达各类整改通知单1300余份、经济处罚8份、约谈企业法人代表10次;发现并消除各类安全隐患3000余项。全年未发生较大安全事故,七星花园、曲院风荷等8个施工项目创建市级文明工地。完善农民工管理长效机制。推行并落实实名制和预储账户制度,向在建工地发放投诉举报卡,公布举报电话,引导农民工通过正常渠道维护合法权益,全年为3481名农民工协调解决工资款1966万元。加快市政设施建设。投资1321.3万元,完成大学城南路、二经路等5条路段105584平方米人行道彩砖铺设工作;投资3683.5万元,铺设凤凰山路、黄花山路等10条路段的雨污水管道54072米,砌筑检查井530座。市政设施管理和维修养护及时高效,下达道路违法通知书71份、缺损设施通知单80份,处理各种违章288处。恢复因公挖掘的电缆沟4932.32平方米;维修人行道彩砖14490平方米;维修、更换、调整侧石2800米;维修绿化带、树穴砖2000米;清掏收水井、检查井2606座;更换井盖、井箅子231套,市政设施完好率95%以上。审批服务大提速。对开发区特色产业园等重大项目开辟"特快通道",先办理基础部位施工

2011年7月19日举行蓟县新城建设工程开工奠基仪式。县委书记肖松致辞。

许可，实行整体立项分步办理。全年上门服务50余次，累计为项目解决难题60余件。盘龙谷文化城、京津国际文化产业教育园等重大旅游文化项目一期工程如期完工，一批重大新型工业项目顺利开工。

（郑紫姣）

蓟县县城鼓楼广场夜景

环境保护　2011年，蓟县整体环境质量明显改善，空气质量二级及以上良好天数315天，城区烟尘控制区覆盖率100%，饮用水水质达标率和城市水功能水质达标率均达100%，工业废水排放达标率95%以上。加强污染减排工作。制定《蓟县"十二五"总量控制规划》。大气污染减排方面，督促大唐、国华两个电厂实施烟气脱硝工程。重点推进滨河等供热站烟气脱硫和改燃并网工程建设进度，促成国华电厂热电联产减排工程项目，投入246万元，用于28个节能科技改造项目。水污染物减排方面，推动完成开发区、城区污水处理厂升级改造工程。全年削减二氧化硫38.65吨，氮氧化物35.64吨，化学需氧量569.53吨，氨氮43.53吨。加强生态县创建。制定生态县建设规划，对县域生物多样性情况调查，开展农村污染情况调查，向市环保局推荐洇溜镇为首批生态示范镇候选单位。对关停的矿山开采企业反复巡查，强制关停20家私自开采矿点。开展引滦水质保护工作。强化引滦沿线监管，对水库南岸28家、北岸10家餐馆饭店建立流动档案，对25家营业餐馆立案调查。加大污染检查力度。全年出动执法人员800人次，车辆90车次，检查排污企业500余家次，对62家企业下达限期改正通知书，强制关停私自恢复生产的小塑料企业5家、机制砂企业3家，制止12起秸秆焚烧事件。加强污染治理。检查7家化工厂、8家电镀厂，与8家电镀厂签订危险废物安全转移合同。对清理出的37个项目实施整改，6个项目整改完毕。对52家加油站下达限期整改通知，对全县农家院旅游户污染治理情况摸底调查。加强行政审批服务。严把建设项目审批关，审批环境影响评价文件98件，完成竣工项目验收16件，拒批不符合城市规划和国家产业政策的项目10件。

（徐高龙）

科技工作　2011年，蓟县科委以加快科技型中小企业发展为主线，加强科技创新，推进科技进步，在县综合服务部门年度考核评议中被评为第一名。推进科技型中小企业发展上水平，全年认定科技型中小企业200家，圆满完成工作目标，全县科技型中小企业451家，超额完成市下达蓟县"十二五"300家的总目标，完成自定目标700家的64.4%。年销售收入超亿元的科技小巨人企业16家，完成"十二五"规划目标30家的53%。推进127家企业实现转型升级，以北京中关村为招商主区域，聘请145名专业人士开展招商，引进发展科技型中小企业73家，累计新发展科技型中小企业90家。建成开发区10000平方米、上仓园区4000平方米两个科技企业孵化器，引进入孵企业12家。筹措天使资金5000万元，支持109家科技型中小企业科技创新项目和开发区、上仓园区孵化转化载体建设。28位县级领导和125名处级干部完成帮扶发展任务，帮助发展科技型中小企业158家。组织企业与金融机构对接，29家科技型企业获得贷款支持，为企业融资4.67亿元。推进科技计划管理上水平。建立科技计划项目储备库，培育科技项目资源，征集200个项目入库。推荐市级以上科技计划项目92项。高速列车专用刹车岗背、光伏太阳能专用蓄电池等19个项目获得市级以上科技计划项目立项，争取资金3005万元。对109项在施项目进行中期检查。组织鲴鱼养殖示范及推广、复合改性材料管式微孔曝气器等5个项目结题验收；组织成果登记项目8项，组织4个项目申报2011年度天津市科技进步奖。推进"三农"科技服务上水平。加强农业科技推广服务网络建设。全县技术开发和服务机构215家，科技特派员工作站5个，科技特派员360名。9月，联合国副秘书长瑞贝卡·格林斯潘女士来县考察UNDP科技特派员项目，视察出头岭镇中峪村蘑菇种植基地和科技特派员工作站，对项目试点工作成绩给予肯定。实施45个农业科技成果转化与示范推广项目，引进新品种45项，推广新技术30项。

推进科技普及工作上水平。举办蓟县第25届科技活动周。组织市级科普惠农兴村优秀科普示范基地和科普带头人项目推选。在中小学生中开展科技创新实践活动，在第26届天津市青少年科技创新大赛上，参赛的25件作品中获7个一等奖，11个二等奖。组织开展主题科普月活动。加大科普宣传力度。开展科技示范乡镇、示范村、科普示范基地建设。推进知识产权工作上水平。资助专利申请102件，对23个具有专利等自主知识产权的科技计划项目予以资助，金额380万元。做好专利项目调查，促进专利的实施和运用。加强知识产权宣传，提高知识产权意识。开展打击侵犯知识产权和制售假冒伪劣商品专项行动。启动专利示范园区建设，促进优势特色产业发展。

（张进京）

教育工作 2011年，蓟县重点教育工程建设取得突破性成果。94所义务教育学校全部通过市政府现代化建设标准验收，达标学校数和一次通过率居全市第一。新建改扩建4所公办园工程、15所镇乡中心幼儿园提升改造工程和106所村办标准化幼儿园新建改扩建工程通过市级验收，15栋流动教师公寓投入使用。教学质量再创新高。小学抽测的平均分提高6.4分、合格率提高5.4个百分点、优秀率提高5.24个百分点。初中学业考试平均分提高1.71分，优秀率提高1.1个百分点。普通高考创历史最好成绩，高分段考生所占比率、一本上线率、二本上线率等各项指标上升幅度均高于全市上升幅度。8名学生考入清华大学、北京大学，其中，全市理科第一、第三和文科第七各1名。春季高考以高出全市平均分67分的成绩摘得全市桂冠，上线率99%，其中1人获全市春考第一。素质教育扎实推进。获天津市第26届青少年科技创新大赛市级一等奖5个。燕山中学学生潘立业参加全国科技创新大赛获国家二等奖，卢大明老师被聘为天津市6名科普宣传大使之一。123项德育成果分获国家级一、二等奖，3所学校被评为国家级德育先进学校，渔阳中学学生鲁钊益被评为天津市十佳中学生。县教育局被评为全国贯彻落实规划纲要加强新形势下德育工作先进集体、全国教育系统关心下一代工作先进集体、国家级全民终身学习活动优秀组织奖、市级精神文明建设先进集体和市级人防工作先进单位。职业、成人教育服务经济社会。信息工程学校以全市排名第一的成绩，被教育部确立为国家级中等职业教育改革发展示范学校。成人教育加大农民培训力度，启动“科普之春”等系列培训活动，开展实用技术培训127场，参加农民16159人次。组织实施社区教育实验项目，县科技服务中心和罗庄子镇成校实验项目获市级二等奖，上仓镇、渔阳镇成校实验项目获市级三等奖。渔阳镇社区学校被评为天津市数字化学习先进单位。县教育局荣获国家级“全民终身学习活动优秀组织奖”。平安和谐校园建设成果显著。召开安全工作专题会议8次，开展全系统“拉网式”安全大检查3次。开展接送学生车辆专项整治活动，县教育局被评为蓟县安全生产工作先进单位。

（丁宝利　曹明远）

卫生工作 2011年，蓟县卫生局加快卫生改革，在乡镇医院、卫生院全面落实药品零差率销售和绩效工资制度，推进药品、医用耗材等物资集中招标采购和统一配送，全年节约成本2523万元，让利群众1406万元。推进财务一体化管理。成立财务管理中心，对3所公共卫生单位和22所基层医院实行财务集中统一管理。加快卫生信息化建设。组建信息管理中心，构建七大管理系统。年内投资375万元，开通蓟县卫生综合信息网站，完成安保视频监控、行政办公自动化和公共卫生管理系统建设。改善就医环境，启动实施县医院新址和村卫生室标准化两个重点项目，县医院新址建设与“天一”集团签订BT总承包协议，2011年底举行迁建奠基仪式；卫生室标准化建设稳步推进，完成268所村卫生室标准化建设。发挥基层医院标准化建设基金的引领作用，投资2600万元，完成尤古庄、马伸桥、桑梓等12所基层医院维修改造，配置医疗设备490台件，群众基本就医环境明显改善。在市局年度“环境年”建设考核评比中，县卫生局被评为一等奖，获奖金60万元。县医院在38所三级医院中位列第五名，被评为二等奖，并受到市局书面表扬，获奖金85万元。提高医疗质量，强化医疗质量控制，完善三级质控体系，加强医疗质量管理，开展抗菌药物临床应用专项治理，抗菌药物应用达到市局指标要求。加强院内感染控制，投资90万元，完成8所乡镇医院消毒供应室和21所卫生院消毒间标准化建设；实行医疗废弃物管理责任承诺制和“五统一”管理。推动重点学科发展，设立重点学科建设基金，共申报市级重点学科10个，开展新技术项目39项，完成市级科研成果11项。开展公共卫生服务。全年完成60岁以上老年人筛查11.5万人，筛查率和建档率均达86.7%；高血压、糖尿病、脑卒中系统管理率82%以上，顺利通过市级各部门年终复核。妇女儿童行动计划深入推进，12项免费检查项目直接受益人群 18.2 万人，妇幼保健综合指标年终考核老五县排名第一，连续 3 年被评为控制孕产妇死亡工作先进县，妇女儿童行动计划中期评估取得优异成绩，荣获达标县称号。疾病预防控制工作成效明显，完成 29 个预防接种门诊规范化建设，一类疫苗接种率以镇乡为单位达 95% 以上，霍乱、鼠疫、手足口病等重点传染病得到有效控制，全年无麻疹疫情，保持无脊髓灰质炎状态。中医药工作取得新进展。启动实施邦均、尤古庄、出头岭、上仓医院四所国医堂建设，顺利通过市局验收，达到示范标准。

（安建国）

体育工作 2011 年 6 月，蓟县举行首届农民运动会，27 个乡镇街 726 人参加，设乒乓球、羽毛球、篮球、拔河等 11 项比赛，是迄今为止蓟县规模最大、参赛人数最多的一次集健身性、娱乐性、趣味性和竞技性于一体的综合性农民体育盛会。会同有关部门相继组织开展全民健身日、“三八”妇女健康杯体育通讯赛、职工趣味运动会、老年人体育健身大会和正月文体活动月、元宵节文体活动展演、消夏纳凉文体系列活动等群众性体育活动；举办全民健身日暨第三届老年人体育健身大会开幕仪式；组织参加天津市第七届农民运动会开幕式文体表演和 8 个项目比赛，并获得优秀组织奖和最佳展示奖。举办社会体育指导员培训班三期，新发展指导员 163 名。新建健身休闲中心 1 个、路径工程 80 个，同时为部分健身小区更换体育器材。参加天津市青少年各项体育比赛，获金牌 37 枚、银牌 30 枚、铜牌 23 枚，98 人次进入前八名。

（吴艳双）

人口和计划生育 2011 年，蓟县出生人口 8559 人，比上年增加 169 人，符合政策生育率 95.74%，人口出生率 10.4‰，自然增长率 4.39‰，出生人口性别比 109.5。人口文化宣传实现常态化。县电台、电视台安排常年专题节目，利用集日出动宣传车宣传政策法规，自编生殖健康、优生优育、政策法规小册子。利用“7·11”世界人口日等纪念日组织宣传活动。人口文化阵地建设取得新进展，新建人口文化大院和文化一条街 64 个，村级活动阵地 290 个，书写规范文明标语 300 余条。在《中国人口报》等媒体刊登稿件、图片 27 篇(幅)。坚持依法行政。规范执法行为，推广下仓镇执法服务“一站式”管理运作模式，创建渔阳、礼明庄等 6 个综合服务大厅。社会抚养费“收支两条线”工作得到落实，上缴财政专户率 100%。创建 9 个国家级基层群众自治示范村、国家级依法行政示范乡镇 1 个、阳光计生示范乡镇 1 个。签订《计划生育诚信协议书》26.19 万份，25 个镇基本实现诚信计生。推进政策内二孩生育审批的公开化、规范化，全年审批政策内二孩 604 人。开展计划生育服务。完善三级服务网络，加大创建优秀服务站力度，7 万余育龄群众享受服务。孕检 22.9 万人次，生殖健康建档率 100%，孕检到位率 92%，开办各种讲座 160 期，知识普及率 90%以上。

（孙浩然）

2011年6月16日，蓟县首届农民运动会开幕。

社会保障 2011 年，蓟县就业规模持续扩大。实现新增就业 1.1 万人，完成市政府下达任务的 105%。低于全市平均水平 0.5 个百分点。就业援助机制不断完善。全年帮扶困难群体就业 816 人。通过进校园招聘、落实“三支一扶”等措施，大学生就业渠道不断拓宽。社会保险覆盖面扩大。城镇职工基本养老保险累计参保 5.46 万人，医疗、工伤、失业、生育保险参保人数分别达 4.62 万人、3.87 万人、3.7 万人、4.23 万人。公务员全部纳入工伤保险范围。连续七年增加企业退休人员养老金，全年审核病退 2550 人。上调失业保险金标准，累计发放失业保险金 1100 万元，2027 名失业职工基本生活得到保障。城乡居民养老保障水平逐步提高，1.08 万名城乡居民按月领取养老金。发放老年人生活补助 1.6 亿元，11.3 万名城乡老年人直接受益。累计发放社会保障卡75万张，城乡居民医疗保险参保62万人。劳动者合法权益得到保护。各类企业普遍建立劳动合同制度，受理劳动人事争议案件235件，审限内结案率100%，其中调解结案率79%。开展农民工工资支付情况专项检查，立案查处违法案件61件，督促补发拖欠工资103万元。

（苏荣友）

民政工作 2011年，蓟县有城乡低保、特困救助、农村五保对象11846户23310人。保障标准不断提高，城镇低保标准由原每人每月450元调整到480元，农村低保由原每人每月250元调整为280元，平均增幅9.4%；农村五保对象2559人，保障标准从每人每年4600元调整为5060元，增幅10%。安排资金130余万元，对6100户城乡低保、特困救助、农村五保对象进行临时救济。采取集中捐赠等形式，对641名孤儿、特困户、老年人、困难学生进行救助，慈善捐款100余万元。13家福利企业安置残疾人就业1337人，全年累计投入救灾、救济、救助资金4852.3万元。为4817名重点优抚对象提高抚恤补助标准。安排资金711.51万元，为152户"三老"优抚对象和重度残疾军人维修住房。开展烈士陵园及零散烈士墓保护工作，落实抚恤补助优待资金7091.37万元。接收退役士兵278名，帮助128名退役士兵找到工作，向城镇退役士兵发放补助金和待安置期间生活补助费156.3万元，接收安置军休人员16人。总结双拥成果，被评为全国双拥模范县。投资1005.6万元，建设老年日间照料服务中心、服务站14所。筹措资金97万元，改扩建14所敬老院。采取政府购买服务形式，为54名困难老年人提供入户服务。建成5所社会办养老机构，全县养老床位1451张。协调资金70万元，新建城乡社区综合服务中心20个，全县社区综合服务中心68个。壮大志愿服务队伍，新建志愿服务分会54个，志愿服务站1989个，各类志愿服务队2586支，注册志愿者29980名。

（吴鑫宇）

文昌街道

文昌街道位于蓟县县城，东到凤凰山，西至吉华化工有限公司，北抵府君山，南达蓟县火车站。2011年，街域面积24平方公里，下设26个社区居委会、228个居民小区。人口11.02万人，其中常住人口9.02万人、流动人口2万人。街道办事处位于文昌街28号。

2011年，推进招商引资工作。完成天津永源达汽车销售有限公司、中国车主消费储蓄网注册工作，引进内资3200万元。

办理低保106户，特困266户。26个社区劳动保障站采集用工信息1954条，开展职业培训643人次，登记社区下岗失业人员2117人，安置643人。加强社区服务志愿者队伍建设，组织居民自编自演节目21场次，开展绿化美化家园、卫生整治活动7次，清理垃圾3吨，铲除小广告3万余条。举办群众性文体健身活动6场次，参与居民3000多人次。

加快规范化社区居委会建设。完成26个社区居委会社区职责、服务承诺等规范制度上墙工作。规范2个服务大厅、5个日间照料室、2个居民学校、4个文体活动室、5个图书室、5个棋牌室的管理工作。加强社区远程教育，为25个社区配置电脑、电视机各25台，并安装远程教育光纤网络。

街道社区创新管理工作，细化职责任务、具体部门实施和包保责任人。完善街道信访服务中心和26个社区综治服务站建设，新建示范社区3个。建立和实行"四法调处"（信访调处、司法调处、联合调处、请求上级有关部门调处），化解矛盾纠纷。

强化社区基层组织建设。在26个社区居委会规划15个社区离退休干部服务中心。开展卫生整治等义务奉献活动26次，党员为社区居民办好事、实事、解决实际问题30多件。

各项工作协调发展。完成年度

县城小区

兵役登记、上站体检和新兵征集工作,为部队输送合格兵员23名。完成26个居委会的财务审计、资产登记和账目统一管理工作。完成工会换届选举,新建15个独立工会、4个联合会。安排下岗失业人员21名。为社区及流动人口育龄妇女查体1000多人次。优先帮助安排计划生育困难家庭就业316人,优先享受低保待遇15户。

(赵新宇)

渔阳镇

渔阳镇位于蓟县中心,是县委、县政府所在地。南临洇溜镇,北靠罗庄子镇,西接官庄镇,东与穿芳峪镇接壤。2011年,镇域面积65.76平方公里,耕地面积1017.07公顷,辖70个村,人口4.80万户14.21万人,其中农业人口5.34万人。

1949年新中国成立后,属第一区。1956年撤区并乡成立城关乡。1958年建城关公社。1981年将东关等10个村划出,单独成立城关镇,其他村改为城关乡。1995年,城关乡和城关镇合并为城关镇。1986年,洪水庄乡的桃花园、西井峪等6村划入城关镇。2001年撤乡并镇,逯庄子乡并入城关镇。2008年7月,改为渔阳镇。

2011年,实现国内生产总值475489万元,其中第一产业4544万元,第二产业58022万元,第三产业412923万元;农村居民人均纯收入13450元。

加快形成商贸物流、旅游文化、房地产和楼宇经济四大富民强镇支柱型产业。投资3.6亿元的渔阳旅游接待服务中心项目进展顺利,实现满铺招商;投资4.1亿元的渔阳国际物流园区项目开张纳客;投资1.1亿元的桃花寺行宫项目各种手续全部批复;投资7亿元的荣宝斋文化产业园项目完成项目用地征地拆迁;投资1亿元的安裕商贸市场项目投入使用;投资1亿元的蓟州建材大世界二期暨金鼎大厦项目开工建设;投资25亿元的凯旋城商贸综合体项目拍得项目用地;投资5亿元的海棠湾项目开工建设;与广成集团签署城区小地块合作开发协议,联合收储四宗13.33公顷城区小地块。

组建税收办公室,成立协税护税专职队伍;加大协税护税力度,确保税源少流失,不流失;发展楼宇经济,投资2000多万元,对东关环岛老兴华服装厂装修改造,建设兴华商务中心,以煤炭业为重点,与渤海证券等20家煤炭、货运、服务公司达成兴华商务中心入驻协议,注册资金1亿多元。

投入专项资金1500万元,整治镇村市容环境。组建3支垃圾清运队,完成主干道路沿线环境综合整治任务,实现库区生态村组团式发展,西井峪村被命名为全国第五批历史文化名村。

城乡基本医疗保险参合率100%;机关干部捐资成立“爱心基金”,重点扶持特困贫困户,全年发放各项救助资金1000多万元;38家标准化村级卫生室主体工程全面完工;完成4所学校标准化建设任务。推行平安村创建活动,加强社会创新管理,加强和改进信访工作,社会大局和谐稳定。

先后为东通景观大道休闲度假项目区等6个县级重点工程征地拆迁200余公顷。5月启动蓟县新城建设,涉及22个村473.33公顷地6000多户的拆迁搬迁,基本完成征地拆迁任务,启动11个村1500户村民住宅清点工作,完成500座村民住宅清点和人口清登工作,涉及渔阳镇新城核心区的5个安置区、7条主干路网、中央公园的大部分地块均具备施工条件。

(董子忠)

洇溜镇

洇溜镇位于蓟县中部,州河西岸。东邻别山镇,南邻东赵各庄镇,北邻城关镇,西邻邦均镇。2011年,镇域面积28.28平方公里,耕地面积1511.73公顷,辖33个行政村,人口0.75万户2.56万人,其中农业人口0.66万户2.34万人。

1949年建国后先后属第三、第九区。1953年属第十区。1958年成立洇溜公社。1983年改为洇溜乡。1996年改为洇溜镇。

2011年,实现国内生产总值84793万元,其中第一产业11455万元,第二产业25338万元,第三产业47946万元;农村居民人均纯收入13323元。

与天津润源鑫地公司签订战略合作协议,成立鑫城达投资有限公司,作为示范镇建设的投融资平台。编制项目区城市设计方案,完成立项手续申报。完成2.51公顷土地周转指标。完成项目资金平衡测算。初步完成环境规划编制。前期规划、投融资平台搭建、土地测量等前期投入资金3000万元。群众工作稳步进行,群众满意率98%。

新城规划区首期涉及该镇富王庄村搬迁工作。该村作为“先入村后征地”群众试点,完成宣传发动、村民决议、入户清登、人口认定、房屋评估和房型选择工作,村民协议签订率50%。

1000公顷的高标准农田项目建设接近尾声,新打和修复配套机井77眼,埋设地下管道108公里,修建渠系建筑24座,修建机耕路16.8公里,营造防护林、植树1万株,完成投资1600万元。全镇设施农业种植面积593.33公顷,覆盖近90%的村。

认定天津市迪明彩印包装有限公司等19家企业为科技型中小企

业。筹建占地3500平方米的泗溜商务中心,注册企业4家。鑫泰园商品房开发建设项目全面启动,总建筑面积3万平方米,建筑主体工程完成40%。天津翔誉食品工贸有限公司项目总投资2700万元,占地约1.33公顷,完成厂房主体建设。海骊食品公司项目签约投产,建厂房1000平方米,办公用房500平方米。

投资600万元,明沟变暗渠、拆除违章、节点绿化,提升镇区环境面貌。对京哈公路沿线实施道路绿化,成立执法队和保洁队,加强日常管护。

筹建占地420平方米的镇政府行政服务中心,整合服务资源,增设多项服务窗口,开展“一站式、一条龙”服务。各村成立便民服务站,解决群众到镇办事路途远问题。

（周　军）

官庄镇

官庄镇位于蓟县西北部,盘山脚下。东邻渔阳镇,南接邦均镇,西临许家台镇,北与北京市平谷区接壤。2011年,镇域面积84.22平方公里,耕地面积1681.8公顷,辖34个行政村,人口0.95万户3.38万人,其中农业人口0.84万户3.14万人。

1949年建国后属第三区。1953年属第九区。1958年属城关公社。1961年成立官庄公社。1983年改为官庄乡。1990年改为官庄镇。

2011年,实现国内生产总值82558万元,其中第一产业3840万元,第二产业17479万元,第三产业61239万元;农村居民人均纯收入12881元。

优质核桃、板栗经济效益凸显,梁后庄红果市场扩大,成立红果种植“山旮旯”合作社并通过市农委验收,形成盘山磨盘柿、核桃板栗、红果三大基地。中智示范农场二期建设基本完成,上海世博会智利馆成功移建,成为集优良果树苗木繁育、中智先进技术交流与培训、科普推广、旅游观光为一体的现代化休闲农场。

天津市康得石油机械制造有限公司被评为县级十强企业和先进纳税单位。天津利众工贸有限公司实现销售收入9500万元,华阳服装厂总投资3500万元,销售收入2800万元。私营企业发展到84家,扶持和发展科技型企业15家。

借助盘山5A级风景名胜区优势,发展农家院旅游,农家院经营户288户,建立18个采摘园和4个垂钓园。

盘山新城渐成体系。投资100亿元的盘山金碧国际会议旅游度假中心项目基本完工。投资3亿元的北少林寺恢复重建项目开工建设。投资6.7亿元的官庄镇新农村建设一期完成,133户508人入住新居。御乾庄园、福灵旺岛、盘谷蜜蜂养殖园等大项目、好项目落户该镇。

市“九镇三村”试点村玉石庄新农村建设项目加紧建设。投入资金6515万元,修水泥路48.1公里,安装路灯445盏,放置垃圾箱129个,文明生态村13个。

投资25万元,对盘山停车场周边7户4000多平方米农家院外墙立面粉刷,与盘山5A景区建筑物颜色协调统一。拆除各村100余处违章建筑,投资10万元对蓟官路进行保洁,投资12万元粉刷蓟官路沿线3万平方米墙壁。投资30万元对镇机关进行改造。

投资673.51万元完成义务教育现代化提升工程。城乡居民基本医疗保险参保率97%。完成27个村22万米安全饮水管网入户改造工程,电网改造率先实现户户通。21个村保水工程和20.67公顷节水灌溉工程通过专家组验收。34个村完成农家书屋和村文化室建设,在29个村建体育健身小区。

（彭　敏）

马伸桥镇

马伸桥镇位于蓟县东北部,于桥水库北岸。东邻出头岭镇,南临于桥水库,西与穿芳峪镇接壤,北与孙各庄满族乡、河北省遵化市石门镇相连。2011年,镇域面积43平方公里,耕地面积1352.73公顷,辖42个行政村,人口1.27万户3.75万人,其中农业人口1.05万户3.37万人。

1949年建国后属第二区,1956

马伸桥镇“仁义农家”旅游专业村

年成立马伸桥乡，1958年成立马伸桥公社，1983年改为马伸桥乡，1994年改为马伸桥镇。2001年撤乡并镇，将宋家营乡并入马伸桥镇。

2011年，实现国内生产总值68544万元，其中第一产业8773万元，第二产业23018万元，第三产业36753万元；农村居民人均纯收入11562元。

农业产业结构调优。累计投资1000余万元，发展现代设施农业66.67公顷。

新型工业加快发展。正翰石油设备有限公司等一批骨干工业项目建成投产，二、三产业非公有制经济单位1506个，实现营业收入13.2亿元，增加值3.1亿元，从业人员7300人。

农家院基础设施进一步完善，旅游接待水平提高。

"世界一"苹果科技园区核心区项目、宝磊伟业干粉砂浆项目、镇区集贸市场改造、家乐超市项目、世纪博宇电力设备有限公司电缆桥架项目竣工投产，湿地公园项目加快建设。

配备110名专业保洁人员、839个生活垃圾桶、3辆垃圾清运车和1辆管理用车，建立统一收集、统一清运、日产日清的镇村垃圾治理体系。筹资500万元的镇区大街改造工程基本竣工。投入资金5500余万元，创建完成25个文明生态村，硬化主干街道65公里、里巷道路140余公里，安装路灯920盏，建成沼气池710座，修建垃圾池450个，新建健身广场7个。修建排水管道68公里、铺设自来水管道260余公里、打深井4眼、中井21眼，安装农田灌溉管道6.2公里。

投入2000多万元，对8所义务教育学校进行现代化改造。投资220余万元，新建农家书屋42座，配发各类书籍3000余册。投入350万元，新建村级卫生室26个，改建3个。计划生育率95.2%，出生人口性别比100:117。城镇居民医疗保险参保率98.3%，初步建立起医疗保障制度，老年人生活费补助按时足额发放，惠及5235名60周岁以上老年人。退伍老兵201名、困难低保户479户、五保户130户均得到相应生活补助资金。筹集资金12.2万元，为贫困残疾人家庭翻建住房12间，无障碍工程为残疾人家庭提供资金5.9万元，修建坡道294条，发放坐便式轮椅142辆。

（李小雷）

下营镇

下营镇位于蓟县北部，距县城25公里。东邻孙各庄满族乡，南与罗庄子镇相邻，西与北京市平谷区相邻，北靠河北省兴隆县。2011年，镇域面积143.64平方公里，耕地面积734.26公顷，辖35个行政村，人口0.67万户2.05万人，其中农业人口0.57万户1.87万人。

1949年建国后属第八区。1958年成立下营公社，1983年改为下营乡，1990年改为下营镇，2001年撤乡并镇，将小港乡并入下营镇。

2011年，实现国内生产总值34661万元，其中第一产业2366万元，第二产业5329万元，第三产业26966万元；农村居民人均纯收入11506元。

实施"农业三个基地和一个生态园"建设项目。投资500万元，发展山地优质杂交谷53.33公顷。投资300万元，建设石头营优质板栗基地46.67公顷，发展优质核桃基地80公顷，栽植苗木5.4万株。继续实施豪美生态农业园区建设项目，投资5000万元，新建现代化温室大棚、生态植物园4万平方米，引进培育各类苗木25万株。

在建工业项目3个。天津瑞本盛工艺品项目完成厂房、展示厅主体工程。清涟山水饮品项目，投资800万元，完成场区围墙建设和设备订购工作。山楂片深加工项目，实现试生产。

加快旅游业发展。实施龙泉山庄地类变更，为山庄宾馆、山间别墅和综合演艺广场项目创造条件。实施石龙峡景区电力配套，新建景观屏风、扩容水库等建设内容。新发展两个旅游专业村，提升5个旅游特色村。新发展农家院60个，总户数600户，改造原有农家院150户。全镇接待游客81.6万人次，旅游综合

"梨园情"旅游文化节

收入近亿元，农村居民人均旅游收入5000元以上。

楼宇经济发展。新引进惠泽航海总部经济，该企业形成镇级税收分成收入110万元。投资1500万元，建设环秀湖生态休闲总部经济，完成设施建设，配套物业管理服务。

投入815万元，实施环境综合整治。投资65万元，完成3条公路管线入地。投资400万元，规范临街铺面、农家院、户外广告牌匾。投资25万元，对多个景观节点绿化、美化、亮化，新修乡村公路18.6公里，新修田间作业路4700米，清理4条景区路空中垃圾，实施管线入地24公里，3个文明生态村创建工程基本结束，4所学校义务教育现代化工程通过验收。

加强基础设施建设。投资344万元，完成4所学校义务教育现代化提升工程。完成6个村自来水管网入户。投资728万元，新修乡村公路18.6公里，补修公路13公里。改造12个村低压线路，解决旅游旺季电力不足问题。依托文明生态村建设，投资570万元，完成村内主路、里巷道路硬化9公里，地下排水管道1.5公里，安装太阳能路灯80盏，建健身广场5600平方米，栽植绿化树木6000株。投资180万元，新建镇级文体活动中心900平方米。

（杨德伟）

邦均镇

邦均镇位于蓟县西部，东与洇溜镇接壤，南临东二营镇，西接白涧镇，西南与桑梓镇相接，东南处紧接东赵各庄镇，东北处紧接官庄镇，北靠许家台镇。2011年，镇域面积34.73平方公里，耕地面积1844.4公顷，辖43个行政村，人口1.04万户3.34万人，其中农业人口0.80万户2.94万人。

1949年建国后属第三区，1953年成立邦均乡，1958年成立邦均公社，1983年改为邦均乡，1990年改为邦均镇，2001年撤乡并镇，将李庄子乡并入邦均镇。

该镇自古商业繁荣，有“京东第一镇”之美誉，是华北地区最大的苗木花卉生产基地，重型汽车集散地。

2011年，实现国内生产总值142758万元，其中第一产业8118万元，第二产业21493万元，第三产业113147万元；农村居民人均纯收入13289元。

投资2亿元，完成天津嵩山伟业集团公司组建及扩建项目，建成占地8.67公顷的生产基地并投入运营。投资1.2亿元，完成天津雀巢天然矿泉水有限公司技改扩建项目，新上设备2台套。投资1.1亿元，启动陕西重汽天津天挂有限公司扩建项目。投资3700万元，完成5家中小企业技改扩建项目。投资7700万元，完成以中园四季苗木市场建设为核心的苗木基地改造提升项目，新建两层8500平方米的苗木花卉管理中心、占地1公顷的多功能服务大厅、占地24.86公顷的各类苗木工程展示区和占地2.46公顷的苗木花卉精品展示园；新修产业路5145米。投资1039万元，完成邦均农贸市场改造项目，建成2580平方米的综合农贸大厅。

全镇苗木花卉种植户4200户，种植面积1333.33公顷，从业人员17000多人，相关产业收入10亿元以上。全镇形成汽车制造、汽贸、维修、运输四大行业优势，从业人员4000人。建立服装、建材、小百货、苗木、汽车、蔬菜6个专业市场。全镇个体私营企业383家，个体工商户2146户。

强化科技示范镇建设。投资1200万元，对清洁种植、清洁养殖、乡村清洁和农业废弃物循环利用等进行改造，被市政府命名为天津市第一批科技示范镇。投资300多万元，对京哈公路镇区段3.5公里整修。强制拆除主干线两侧违章建筑。投资1050万元完成临路墙体立面粉刷和广告牌匾更换工程。文明生态村创建工作。投资5000多万元，栽植绿化树木35.5万株，硬化路面6.1万平方米，粉刷立面7.2万平方米，村容村貌根本改善。

投资150万元，建成1200平方米的文化体育中心，建成藏书2000册以上的村民阅览室18个、农民文化中心6个、农民健身广场25个，成立农民秧歌表演队和演出组织28个，参加活动3000多人，举办邦均镇农民花会大赛。投资20万元，建立综治信访服务中心，设立服务窗口。城乡居民医疗保险、养老保险工作迅速推进。农村土地流转、合同管理工作步入正轨。完成2所中学、3所小学高标准示范校建设。

（赵卫东）

别山镇

别山镇位于蓟县县城东南部，北侧为于桥水库，东与五百户镇、河北省玉田县，南与杨津庄镇，西与洇溜镇、礼明庄镇接壤。2011年，镇域面积83平方公里，耕地面积3244.66公顷。辖64个行政村，人口1.56万户4.82万人，其中农业人口1.31万户4.38万人。

1949年建国后属第六区。1953年建别山乡。1958年属洇溜公社管辖。1960年，窦家楼等36个村划归河北省玉田县。1962年复归蓟县，成立别山公社。1983年改为别山乡。1994年改为别山镇。2001年撤乡并镇，将翠屏山乡并入别山镇。

2011年，实现国内生产总值118259万元，其中第一产业14510万元，第二产业26841万元，第三产业76908万元；农村居民人均纯收入13005元,增幅位居全县第二。

完成科技型中小企业网上注册19家，认定科技型中小企业17家，科技型中小企业总数32家。与天津三立专利代理有限公司合作，帮助23家企业申报专利，申请专利43个,5家企业完成商标注册。

建成设施农业面积155.13公顷,全镇土豆播种533.33公顷,产量24000吨;大葱播种800公顷,产量51600吨。

引进上海光明乳业荷斯坦牧业有限公司与神农奶牛养殖中心合作经营,全年生猪出栏18758头,肉牛出栏6848头,鸡蛋产量1428吨。

完成3000平方米的三羊合综合楼建设,入驻商户9家。发展楼宇经济,投资1100万元,完成建筑面积4700平方米的首期A座楼宇改建工程及前广场整治，引入央企中铁九局等企业20家，注册资本金18.6亿元。投资1560万元,完成建筑面积2800平方米的天津市凯烁汽车销售有限公司建设。全镇个体、私营经济总数2586户，从业人员9361人。

全面参与蓟县新城建设,完成首期起步区内西河套等7个村1079户房型摸底调查、167.73公顷土地清点补偿及地表附着物清整工作。完成新城A1区内西河套、翠辛庄两村房屋清点,签订房屋腾迁协议111份。

完成占地约26.67公顷的塘承高速二期别山段地上附着物清点工作。完成22座开发区光伏35千伏塔基清点、补偿工作,塔基组塔工程完毕。完成7座大秦铁路11千伏塔基混凝土浇筑工程。

加强新农村建设。创建具有导向作用的示范村8个，帮助村级新修沼气池88座，粉刷墙面7000平方米。加快镇域路网建设,新修规划六号路3500米,新建及维修乡村公路72.5公里。以102国道、中昌南路、水库南线三条主干线和翠贾路等乡村公路为重点，加强道路两侧环境整治,继续加强矿山监管,落实矿面修复工程，全年完成矿面修复866.67公顷。完成人工造林106.67公顷,环境绿化水平提升。

城乡居民基本医疗保险参保率99.2%,城乡居民养老保险参保人数提升，老年人生活费补助惠及全镇7070名60周岁以上老年人。投资580万元,完成7所学校现代化提升工程。计生工作获天津市先进集体荣誉称号。

加强社会治安综合治理,64个村成立综治信访服务站。开展领导干部大接访活动，每周一领导干部信访接待日、部门负责人陪访、信访“一周清”等信访工作机制较好落实。处理土地纠纷59件,调处房屋争议纠纷21起；全镇64个村普遍建立健全理财小组和监督小组,完善民主理财机制；订立各类经济合同226份,解除合同24份。

（任胜东）

尤古庄镇

尤古庄镇位于蓟县西南部,东、西、南、北分别与东施古镇、桑梓镇、侯家营镇、东二营镇接壤。2011年,镇域面积49.93平方公里,耕地面积3554.93公顷,辖44个行政村,人口0.75万户2.68万人，其中农业人口0.64万2.46万人。

1949年建国后分属第三、第四区,1958年成立尤古庄公社,1983年改为尤古庄乡,1996年改为尤古庄镇。

2011年，完成国内生产总值96792万元,其中第一产业12845万元,第二产业27787万元,第三产业56160万元；农村居民人均纯收入12531元。

与中国矿业大学生态功能材料研究所达成蓄水渗膜项目协议,项目总投资2000万元;与空间技术研究院天成公司达成太空蔬菜项目,项目总投资1200万元;与天津融汇瑞德私募基金管理公司签订高纯硅烷及高纯硅溶胶生产项目合作意向书,项目总投资10亿元;与天津宝成新宇电子科技有限公司达成LED芯片项目协议,项目总投资15亿元。

天津美琪凌油脂有限公司投资2000万元更新设备；天津嘉石水泥制品公司投资1200万元进行续建；天津市欣华轻质建材有限公司投资1000万元更新设备。10家企业被认定为科技型中小企业，全镇科技型中小企业18家。

引进中沃秉瑞(天津)化工有限公司入驻兴华商埠，注册资金2000万元，与天津市锦之泽科技发展有限公司和兴凯祥商贸有限公司达成入驻协议。

加大工业园区建设力度，完成园区中心路、地下排水管道建设、供水管道、电力基础设施前期工作,入驻企业7家。

新农村建设，邀请天津市建筑设计院对镇区进行规划布局调整。加大基础设施投入,卢相庄、果庄子等村对主干街道进行水泥硬化;全镇44个村有43个村完成自来水入户工程,44个村建成文化书屋;建成体育广场15处。新建村级卫生室21个,改扩建村级卫生室6个,改善群众就医难问题。

做好低保、农村五保户供养、农村特困户新农合等民生保障工作,城乡医疗保险参保率96%。对镇内桥、闸、涵整修维护;清整镇前大街排水设施,对镇前大街及尤古庄、北周庄、黄辛庄3个规划村和邓各庄等17个重点村村容村貌整治。对仓桑路、宝平路两侧及沿线两侧村庄整治。累计出动车辆 30 台次,人员 2000 余人次,清理垃圾 200 余立方米。对 5 所学校进行现代化建设提升改造,通过市级验收。

(马俊波)

上仓镇

上仓镇位于蓟县中南部,州河两岸。东至礼明庄镇,南至杨津庄镇,西至东施古镇,北至东赵各庄镇。2011 年,镇域面积 47 平方公里,耕地面积 2998.13 公顷。辖 41 个行政村,人口 1.19 万户 3.73 万人,其中农业人口 0.90 万户 3.24 万人。

1949 年建国后先后属第五、第六区。1956 年合并为上仓乡。1958 年成立上仓公社。1960 年划归河北省玉田县。1962 年复归蓟县,改为上仓公社。1983 年改为上仓乡。1994 年改为上仓镇。2001 年将东塔镇并入上仓镇。

2011 年,完成国内生产总值 123324 万元,其中第一产业 11755 万元,第二产业 31680 万元,第三产业 79889 万元;农村居民人均纯收入 12781 元。

投资 1800 万元建设 1.1 万平方米的北虫草项目车间,用于北虫草的研发和生产,年产鲜虫草 15 万公斤。东方中滨公司国家级农业开发项目投资 680 万元,新建棚室 50 栋,用于发展设施蔬菜种植。投资 1075 万元建设农田水利设施、田间路、高低压线路等。

确定 11 家重点企业为科技型中小企业发展对象。上仓工业园区扩展区收储土地 121.33 公顷,地块移交上仓工业园区。

河东物流中心投资 52 万元,完成 800 米围墙及场地平整,铺设干路 400 米。河西产地市场投资 1000 万元,建成 3000 平方米的交易棚室和 2000 平方米的服务中心。上仓立体经济中心项目投资 3500 万元,建设建筑面积 10000 平方米的商务楼,楼宇招商工作成效显著,10 家公司签订入驻协议。

加强城镇建设。栽植 4400 平方米的绿化隔离带和 16000 平方米的景观带,铺设彩砖 22000 平方米,打实体墙 1500 米。投资 20 多万元,组建 24 人的市容环境专职清扫队伍。投资 300 万元,建成建筑面积 1300 平方米的办公楼。投资 2290 万元,在上仓镇中学和东塔中学各建 1 栋教学楼,总建筑面积 8000 平方米,完成地基等基础工程。

加强新农村建设。硬化 7 个村水泥路 19.1 公里。投资 6000 万元建设 10 栋农民集资住宅楼,7 栋住宅楼完工。为 14 个村建农家书屋和文化室,配备图书 20000 余册、器材 14 套,新建农民健身广场 3 个,安装健身器材 48 件。完成 18 个村卫生室标准化建设。

(胡建军)

下仓镇

下仓镇位于蓟县南部、蓟运河北岸。东邻河北省玉田县,南临天津市宝坻区,西与下窝头镇隔河相望,北与杨津庄镇相邻。2011 年,镇域面积 85.29 平方公里,耕地面积 555.67 公顷。辖 67 个行政村,人口 1.46 万户 4.77 万人,其中农业人口 1.28 万户 4.31 万人。

1949 年建国后属第七区,1958 年建下仓人民公社,1960 年划归河北省玉田县,1962 年复归蓟县,1983 年改为下仓乡,1995 年改为下仓镇,2001 年将蒙圈乡并入下仓镇。

2011 年,完成国内生产总值 98872 万元,其中第一产业 16281 万元,第二产业 22830 万元,第三产业 59761 万元;农村居民人均纯收入 12642 元。

实现工业产值 96370 万元、销售收入 94650 万元、利润 5435 万元、增加值 25350 万元。全镇工业企业 238 家,其中规模以上企业 8 家,职工总数 3585 人,全镇工业资产总额 22820 万元,主要有服装加工、粮食加工、建材、纺织、矿泉水、电线电缆、电力紧固件、食品加工、木制家具等 16 个品种。全年镇重点项目投资 12 家,其中县级重点项目 2 家。工业固定资产投资计划完成 45960 万元。县级 2 个重点项目全部完工并投产。其中,蓟县瑞强服装完成投资 700 万元,蓟县登云手套厂完成投资 600 万元。

发展绿色高效农业。建成设施面积 46.7 公顷,涉及 5 个村。累计投资 1368 万元,对 19 个村 1000 公顷农田完成低产田改造。打井 90 眼,盖井房 90 座,配泵 90 台套;安装管道 70.47 公里,架设低压线路 13.6 公里;配套 80 千伏安变压器 5 台,修机耕路 9.6 公里,修桥 4 座,建扬水站 1 座;清淤 11.57 万方,栽树 5000 棵,保障农业生产需要。

加强新农村建设。丰富村投资 239.4 万元,硬化道路 5000 米,建户用沼气池 100 座,建占地 1000 平方米村民健身广场 1 处,安装路灯 60 盏,植树 1000 株,实现自来水户户通。加强津围路两侧砂石料堆放点治理,组建市容执法队,配车辆 3 台,24 小时巡查监控。清理砂石料堆放点 43 处,清理砂石料 3 万立方米,没收石料 230 立方米。拆除临街违章建筑 65 户,公路两侧绿化、遮挡 2000 米,实现垃圾零堆放,临街墙面实现统一粉刷。投资 30 万元,绿化镇政府门前等 3 个重点地段,修花池 50 个,栽种黄杨 200 棵、花树 150 棵、花球 50 棵,铺垫草坪 550 平方米。完成乡村公路一期工程 15 公里,投资 750 万元,涉及 6 个村,实现镇内路网村村通、户户通、路路通。

开展平安乡镇创建活动。受理群众来访239件，排查不稳定因素65件，预先化解集体访3次。成立综治工作中心，建立镇、村两级矛盾纠纷调处小组，受理各类民事纠纷253件，其中镇级调解86起，调解成功83件。组织法制宣传6次，发放宣传材料5000余册、宣传挂图300套。投资17万元建村级农家书屋9间，购置图书12万余册；投资50多万元建成村级健身广场10座。组织8支花会队巡演100余场。全年出生442人，计划生育率98%以上，为育龄群众康检42000人次，提供技术咨询与服务377人次。

（王建忠）

罗庄子镇

罗庄子镇位于蓟县北部，东与穿芳峪镇相连，南接渔阳镇，西连北京市平谷区金海湖镇，北与下营镇接壤。2011年，镇域面积99平方公里，耕地面积565.86公顷。辖25个行政村，人口0.42万户1.35万人，其中农业人口0.38万户1.24万人。

1949年建国后，属第八区。1956年属杨庄乡。1958年设3个管理区。1961合并到罗庄子公社。1983年改为罗庄子乡。2001年将洪水庄乡并入罗庄子镇。

2011年，完成国内生产总值27017万元，其中第一产业3202万元，第二产业6215万元，第三产业17600万元；农村居民人均纯收入11132元。

宏泰化工扩建项目将炸药库迁址到新征的20.53公顷土地上，在老厂区建导爆管雷管生产线，项目控规通过县政府审批，完成土地挂牌手续、水电路配套及围墙建设工程。欧陆风情度假村、北美风情小镇、蓟洲国际滑雪中心二期项目完成土地收储、规划条件、土地利用总体规划、土地变性等土地挂牌前期手续。

完成4家科技型中小企业转型，完成宏泰化工科技公司转型工作。

投资101.3万元，出动清运车辆70台次，清运垃圾600立方米，修建垃圾池50座，拆除破旧房屋5间，新建彩钢房150平方米，规范广告牌匾980平方米，粉刷建筑立面5800平方米，栽植各种苗木11万株，镇区村庄环境提升。

建立综合便民服务中心，实行“一站式”服务；建立村级便民服务站25个，包村干部驻村开展工作。建立矛盾纠纷排查化解机制，排查矛盾纠纷28起，解决26起，另2起达成调解意向。

3所小学提升改造工程和流动教师公寓工程完成改建投入使用，并一次性通过验收。

（董子忠）

白涧镇

白涧镇位于蓟县最西部，东邻邦均镇，东北邻官庄镇，西邻河北省三河市，南邻尤古庄镇。2011年，镇域面积43.31平方公里，耕地面积1084公顷。辖19个行政村，人口0.62万户2.04万人，其中农业人口0.52万户1.85万人。

1949年建国后属第三区。1956年撤区并乡合并为白涧乡。1958年属邦均公社。1961年3个管理区合并为白涧公社。1983年改为白涧乡。2001年改为白涧镇。

2011年，完成国内生产总值72181万元，其中第一产业4428万元，第二产业11488万元，第三产业56265万元；农村居民人均纯收入12844元。

投资120万元打中井5眼，铺设地下管道5000米。投资300万元，发展苗木33.33公顷。投资50万元修信用社前水泥路300米、镇前油漆路800米。13家企业转化为科技型中小企业。

加大税收征管力度。增加协税人员。与税务部门建立长效税收机制，共同把好税收关。

对宝平公路两侧进行环境整治，巩固102国道环境整治成果，打击非法粉石场、非法机制砂点生产经营，加大尾矿盗采巡查力度。

投资50万元翻建文化站房屋15间，完善图书室、阅览室、乒乓球室等基础设施，修健身广场1座。完成3所学校教育教学设施提升改造工作。对18个村卫生所进行改扩建。为困难群众办理五保、低保，开展残疾人救助工作，为独生子女父母落实奖励扶助政策。

（卢　东）

五百户镇

五百户镇位于蓟县东南部，于桥水库南岸。东接西龙虎峪镇，西接别山镇，南至燕山山脉，北邻翠屏湖。2011年，镇域面积43.31平方公里，耕地面积1084公顷。辖42个行政村，人口0.85万户2.60万人，其中农业人口0.73万户2.38万人。

1949年建国后，属第二区。1953年属第十二区。1958年属马伸桥公社管辖。1960年魏庄子等27个村划归河北省玉田县。1962年复归蓟县，成立五百户公社。1983年改为五百户乡。2001年将九百户乡并入五百户镇。

2011年，完成国内生产总值36693万元，其中第一产业6953万元，第二产业7683万元，第三产业22057万元；农村居民人均纯收入11083元。

实施4个县级重点工程项目。计划投资12亿元的王朝酒庄项目，完成投资1000余万元。翠屏湖农业生态观光园完成投资600余万元。

樱桃谷果树良种基地完成投资260万元,建组培室2座、日光温室育苗大棚2000平方米，栽植11种优质樱桃苗11万株,栽植高酸苹果5000株。义务教育现代化工程总投资330万元,全部完成。

东头百户村创建为文明生态村。抓好委局包村工作,增强发展后劲。村级班子集中培训3次,抓好农村党员教育培训。

做好新城建设前期准备。组织县派工作组、镇包村干部、村两委班子200多人,率先在一期25个村开展入户房型选择等群众工作。制定规划,加强宣传,及时梳理汇总上报意见；组建专业巡查队伍，逐村巡查,保持打击违法建设、特别是在基本农田、机动地和承包地上建设的高压态势。

新增科技型企业5家，分别是天津市华利达服饰工贸有限责任公司、鑫龙陶瓷制品有限责任公司、翠湖机电科技有限公司、嘉盛亿邦塑料包装有限公司、胜景门控设备有限公司。

引进楼宇注册企业,培植更多税收增长点。与县楼宇办、万事兴集团签订协议,租住楼宇330多平方米。青池商贸、辉大两家公司入驻楼宇。

于桥水库水污染源治理工程全面推进,42个村全部配备专职保洁员和清扫工具，购置3辆大型垃圾清运车,实行垃圾统一清运。清除村庄内外生活垃圾，建成占地1.06公顷的垃圾中转站1座。

对堤埝内外及水库南路两侧砂堆63处进行清理,切断砂点供电主线路15条，破除砂场主路8处,拆除砂堆看护房52间，设置路障7处,平整维修堤埝3900米,非法采砂得到有效遏制。

完成村庄道路硬化12公里,农村电网改造工作全面完成，农村人畜饮水安全工程竣工,低保、五保实现应保尽保。卫生院医疗条件改善,建成乡镇文体中心,村级文化室、农家书屋实现全覆盖。

(周德全)

侯家营镇

侯家营镇位于蓟县西南部,东与东施古镇相邻，东南与下窝头镇相邻,南临宝坻区,西与河北省三河市一河之隔，北与尤古庄镇相邻。2011年,镇域面积55.72平方公里,耕地面积3517.33公顷。辖43个行政村，人口1.09万户3.91万人,其中农业人口0.93万户3.60万人。

1949年建国后属第四区。1958年属尤古庄公社，设两个管理区。1961年两个管理区合并为侯家营公社。1983年改为侯家营乡。2001年撤乡并镇,三岔口乡并入侯家营镇。

2011年，完成国内生产总值98757万元,其中第一产业21822万元,第二产业33783万元,第三产业43152万元；农村居民人均纯收入12971元。

推进现代农业园区建设。投资8000万元发展设施农业200公顷及其附属设施。投资1400万元建成占地10公顷的科技示范园。全镇发展设施农业1033.33公顷，建成现代农业示范园、循环农业园、农产品物流园一期工程、科技示范园主体工程,园区建设基本完成;建立绿怡庄园和9个村设施农业生产基地,成立8个合作社,形成“龙头企业+合作社+基地+农户”的产业化经营模式。完善蔬菜储藏保鲜设施。天津华海世纪农副产品销售有限公司投资5000万元，新建2.2万平方米的蔬菜保鲜库。加强技术服务体系建设。从山东寿光聘请3名技术人员,为设施蔬菜种植提供技术支撑。定期举办技术培训班，加强与天津农科院及天津市农业高新技术示范园区合作。

天津雷云峰科技有限公司投资1500万元，扩建厂房2000平方米，购进设备20台套。天津市燕南包装股份合作公司投资1800万元,改建车间6000平方米,购入瓦楞纸板生产线等设备。天津皇昊饲料科技有限公司投资800万元，购置饲料生产设备50台套,新建生产车间2000平方米。天津合鹏肉类工贸公司投资400万元，扩建冷库1500平方米,新上1条整猪屠宰生产线。

全镇科技型中小企业发展到21家。投资60万元,改造楼宇3000平方米,4家企业注册,与辽宁丹东、内蒙古等6家企业达成进驻意向。

完成3个村自来水入户工程；投资850万元大修乡村公路及主街道硬化27.2公里；投资3600万元，实施18个村低压线路改造工程;投资505.79万元,完成7所小学现代化提升工程,投资170余万元,完成中心幼儿园和教师公寓建设；启动36个村级卫生室建设工程;加大环境综合整治力度,实施农村清洁能源建设及墙面粉刷、绿化美化工程。

(王巨月)

桑梓镇

桑梓镇位于蓟县西南部，东与尤古庄镇接壤,南与侯家营镇为邻,西与河北省三河市隔沟河相望,北与白涧镇相邻。2011年，镇域面积68.76平方公里，耕地面积4705.93公顷。辖44个行政村,人口1.19万户4.13万人,其中农业人口1.02万户3.82万人。

1949年建国后属第四区。1953年属第十一区。1956年建桑梓乡。1958年属尤古庄公社管辖，设两个管理区。1961年合并为桑梓公社。

1983年改为桑梓乡。2001年撤乡并镇，将刘家顶乡并入该镇。

2011年，完成国内生产总值100559万元，其中第一产业22786万元，第二产业23738万元，第三产业54035万元；农村居民人均纯收入12728元。

投资8000万元的天津祥润成橡胶制品有限公司技改扩建项目，建成2个占地5000平方米的标准化厂房；投资2600万元的桑梓电镀厂扩建项目实现产值900万元；投资3000万元完成桑梓苗木基地建设；完成13家科技型中小企业转型；楼宇经济实现突破，引进注册资金1000万元的天津聚宝龙投资有限公司。

投资2200万元，整修乡村公路9公里，硬化村庄街道6万平方米，栽植绿化树木12000株，安装路灯450盏，粉刷墙体立面2万平方米，新建沼气池260座，翻建村级办公场所6个，新建村文化室20个，村级健身广场5个。达标型文明生态村15个，示范型文明生态村10个。

完成桑梓卫生院免疫接种中心建设并代表蓟县接受市卫生局检查验收，被命名为市级示范基层卫生院；完成1所市级示范幼儿园和2座流动教师公寓建设，8所中小学校现代化提升改造工程通过验收；11个村新建卫生室，7个村卫生室改造，投资45万元建设镇文体活动中心，完成全镇28600人城乡居民基本医疗保险缴费任务。

（钱立军）

东施古镇

东施古镇位于蓟县西南部，东、南、西、北分别与上仓镇、下窝头镇、尤古庄镇、东二营镇相邻。2011年，镇域面积20.2平方公里，耕地面积1276.66公顷。辖17个行政村，人口0.49万户1.68万人，其中农业人口0.46万户1.55万人。

1949年建国后，先后属第四、第五区。1958年属上仓公社，设两个管理区。1961合并为东施古公社。1983年改为东施古乡。2001年改为东施古镇。

2011年，完成国内生产总值46594万元，其中第一产业10366万元，第二产业15655万元，第三产业20573万元；农村居民人均纯收入12522元。

发展设施农业47.73公顷，总投资637万元，完成设施农业建设任务。完成投资520万元的福顺源生猪养殖基地扩建项目，建筑面积8000平方米，建猪舍20间，存栏母猪500头，生猪4500头。县畜牧局种鸡养殖场开工建设。

天津北方金恒化工厂投资5500万元，开发生产石油驱动剂。天津合缘伟业轻质建材有限公司开业，总投资4500万元，主要产品为粉煤灰加气混凝土砌块。天津鑫泉金属制品有限公司LED太阳能灯进入小规模试制阶段。科技型中小企业发展到10家，天津市北方金恒化工厂成为科技小巨人企业，科技型中小企业总资产达8950万元。发展楼宇经济，在新华商埠注册两家公司。3所学校完成教育现代化建设达标任务。投资120万元建成教师公寓和市标准化中心幼儿园。

（梁振海）

下窝头镇

下窝头镇位于蓟县南部，州河西岸。东至州河与杨津庄镇相望，南至泃河与宝坻区相望，西与侯家营镇、东施古镇相连，北与上仓镇接壤。2011年，镇域面积44.5平方公里，耕地面积2937.73公顷。辖29个行政村，人口0.88万户2.97万人，其中农业人口0.75万户2.69万人。

1949年建国后属第五区。1958年后属上仓公社，设3个管理区。1962年，17个村划归河北省玉田县。1963年复归蓟县，将3个管理区合并为下窝头公社。1983年改为下窝头乡。2001年撤乡并镇，将白塔子乡并入下窝头镇。

2011年，完成国内生产总值60763万元，其中第一产业9847万元，第二产业22822万元，第三产业28094万元；农村居民人均纯收入12616元。

签约项目5个，技改项目1个。天津欧亚设备安装有限公司投资3000万元，建立天津欧亚汇通门业有限公司，新上生产线2条；从北京国顺飞腾商贸中心引进资金700万元，建立天津杰威塑业有限公司，新建厂房800平方米，上设备4台套；从北京京水旺源园林绿化工程有限公司引进资金1亿元，成立天津津水园林工程有限公司，注册资金500万元，新建办公用房和培训中心4000平方米；从北京建工集团引进资金2150万元，建立天津达通建材有限公司，新建厂房300平方米，上生产线4条；从北京市通州区酒厂引进资金800万元，成立天津蓟润酒业有限公司，维修厂房3000平方米；从河北省大厂回族自治县砖厂引进资金1500万元，维修砖窑2300平方米，新建办公用房和职工宿舍750平方米，建机房500平方米，以上项目均投产。

实施中低产田改造二期工程，投资1800万元，实施水电路配套工程，新打机井80眼，铺设地下节水管道10.8万米，输变电线路配套25.8公里，架设变压器5台，修建渠系建筑5座，修建机耕路17.03公里。打造两个农业基地。以青甸吴依岔澎泽鲫养殖园区为重点，建万亩无公害水产品养殖基地；推广水稻机械化生产，建万亩优质水稻种植基地。

投资480万元，对天津市嘉孚电脑绣花厂技改扩建，引进设备6台套，新建厂房1200平方米；投资360万元，天津市信意达工艺蜡烛有限公司新上生产线1条，维修厂房1800平方米，引进专业人才3名。投资500万元，对4座闲置厂房维修。鼓励企业科技投入，全年科技投入不低于1000万元，打造4个科技小巨人。发展楼宇经济，北京颐北商贸有限公司入驻，注册资金300万元，年营业额1.5亿元。

升级镇域乡村公路，11月底完成"一线穿"公路贯穿。做好"一线穿"、程白路、政和大街两侧绿化、美化工作。加强对生态村、新农村建设创建村、示范村环境治理，推进清洁能源建设。

全镇9所学校完成现代化建设并通过验收。做好农村居民养老保险和医疗保险保费收缴，农村居民医疗保险参保率94%。稳定低生育水平，控制出生缺陷和性别比。

（王宝立）

杨津庄镇

杨津庄镇位于蓟县南部，东与河北省玉田县隔河相邻，西与下窝头镇隔河相邻，南与下仓镇相邻，北与上仓镇相邻。2011年，镇域面积71.03平方公里，耕地面积4570.46公顷。辖52个行政村，人口1.13万户3.71万人，其中农业人口0.96万户3.39万人。

1949年建国后北部属第六区，南部属第七区。1953年属第十区，建4个乡。1956年合并为杨津庄乡。1958年属下仓公社管辖，设2个管理区。1960年杨津庄等18个村划归河北省玉田县。1962年复归蓟县，改为杨津庄公社。1983年改为杨津庄乡。2001年撤乡并镇，将大埜上乡并入杨津庄镇。

2011年，完成国内生产总值74119万元，其中第一产业18651万元，第二产业16527万元，第三产业38941万元；农村居民人均纯收入12597元。

"一线穿"公路工程通车。涉及该镇8个村，全长7.6公里。做好群众工作，拆除建筑物150座，协调解决各种问题65个，保证公路按时通车。

设施农业建设。完成土地流转40公顷。天津黑土地生态农业开发有限公司建设项目总投资3268万元，一期工程规划占地33.3公顷。完成1266.7公顷中低产田改造工程，总投资1792万元，涉及18个村。新打机井130眼，完善机井配套150眼，新建桥闸函2座，铺设输水管道85000米，架设低压线路78000米，新栽林木8000株。投资150万元，新建200公顷的糯玉米基地。投资200万元，新建储藏能力100吨的小型冷库7座。

年初启用行政服务办公大厅，将镇农经站、财政所、劳动保障服务中心、公章办等部门迁到大厅办公。投资5万元改善大厅办公设施，电子屏幕向群众公示相关制度、工作流程。

完成9家中小企业转型，加大5家服装企业技术投入，完成仓北水泥厂窑体改造，加快东晖众和电力制造有限公司向科技型企业转变。

招商引资新建项目3个，到位资金5230万元；在建项目1个，到位资金2400万元；扩建项目19个，到位资金23935万元。

清整津围公路两侧边沟5公里，清理乱堆乱放砂石料、煤站点位11个，建筑材料堆放7处约1800立方米，清理广告牌匾200家，违章摊位18个，拆除违法建筑24处670平方米，补栽树木2400株，粉刷镇区建筑立面9600平方米，津围路两侧新增围墙15000平方米，清理村内垃圾点位530余处。生态村提升村建设，投资450万元，修水泥路5公里，建垃圾处理厂2000平方米，墙面粉刷1300平方米，栽植绿化树木1000株。

投资320万元，完成7个村自来水管网入户工程，铺设输水管道15万米，解决1300户自来水入户问题。投入450万元，改造、新建桥闸涵7座。投资2000万元，修建乡村水泥路48公里，硬化街道30公里，产业路23公里，解决38个村群众行路难问题。

（张文存）

出头岭镇

出头岭镇位于蓟县东部，于桥水库东北侧。东邻河北省遵化市平安城镇，南与西龙虎峪镇接壤，西与马伸桥镇隔淋河相望，北与河北省遵化市石门镇相连。2011年，镇域面积58.2平方公里，耕地面积1846.8公顷。辖36个行政村，人口1.21万户3.75万人，其中农业人口1.07万户3.46万人。

1949年建国后，属河北省遵化县第四区。1953年建2个乡。1956年成立出头岭乡。1958年后属遵化县五星公社，设出头岭管理区。1961年改为出头岭公社。1979年划归蓟县。1983年改为出头岭乡。2001年撤乡并镇，官场乡并入出头岭镇。

2011年，完成国内生产总值69909万元，其中第一产业15002万元，第二产业23920万元，第三产业30987万元；农村居民人均纯收入11085元。

完成60公顷设施农业建设任务。投资20多万元，新建养殖场1个。新发展优质高产张杂谷6.67公顷。更新水产养殖品种133.33公顷，打造精品水产示范园区。

天津官场衬衣有限公司扩大“艾丝秀影”品牌市场占有量，强化订单加工和品牌发展，全年总产1700万件，完成利税360万元。天津瑞特亨五金工具有限公司落户该镇，总投资1500万元，注册资本300万元。完成19家科技型中小企业转型认定工作，6家企业由个体工商户变更为公司，4家企业注册自己的商标。成立蓟县出头岭镇商务中心。

新建商贸设施1.5万平方米。加快县重点项目食用菌批发市场内部装修；筹建农贸市场交易大厅，完善食用菌专业批发市场建设。

抓好5个文明生态村建设工作，修建村内水泥路4500米、拆除违章建筑600平方米。完成7个村移民后扶项目，修水泥路7000米。投资30万元建设占地210平方米的出头岭有线电视中心站。

投资330万元，启动29个村级社区卫生室规范化建设。投资450万元，对4所小学进行硬件改造提升，通过市里验收。开展农民素质提高工程，举办各类培训班53期，培训4500人次。发放全民环境整治倡议书9000份。补刷立面墙体3000平方米，增补绿化苗木15000株。出动3500人次，清除垃圾520车次，清除主要公路两侧和村内垃圾12000立方米。在街道两侧增设垃圾桶400多个，配备垃圾清运车2辆，专职保洁员43名。清理违章建筑75处560平方米，清除柴草350处、废弃杂物180处。清理乱摆广告牌匾170块，规范镇区商品外溢80处。

（王洪保）

西龙虎峪镇

西龙虎峪镇地处蓟县最东部，于桥水库东岸。东邻河北省遵化市，南临河北省玉田县，西接五百户镇，北临出头岭镇。2011年，镇域面积45平方公里，耕地面积1255.73公顷。辖16个行政村，人口0.84万户2.73万人，其中农业人口0.76万户2.55万人。

1949年建国后属河北省遵化县第四区。1953年建5个乡。1956年合并为2个乡。1958年属遵化县五星公社，设2个管理区。1961年合并为西龙虎峪公社。1979年划归蓟县。1983年改为西龙虎峪乡。2001年改为西龙虎峪镇。

包装食用菌白灵菇

2011年，实现国内生产总值50825万元，其中第一产业6160万元，第二产业2836万元，第三产业41829万元；农村居民人均纯收入11035元。

抓好设施农业和林下食用菌发展。累计投入3500万元，发展设施农业60公顷，发展大棚210个，制作菌棒630万棒；发展林下经济100公顷，制作菌棒200万棒。巩固扩大酒用葡萄种植规模。投资170万元，新栽植酒用葡萄33.33公顷，栽植苗木16.5万株，总面积366.7公顷。投资200万元，建成干鲜果品基地，发展优质核桃66.67公顷，栽植苗木5.5万株，修农田作业路5公里。增加水产养殖面积，改良水产养殖品种。

新发展个体私营企业3家，总数11家；发展个体工商户26户，从业人员1000人；投资2000多万元，发展大型运输车辆50部，总数550部，带动从业人员1700人。

引进遵化市食品深加工龙头企业，建成食品深加工基地。该企业总投资5000万元，进行板栗、红薯、食用菌等深加工。引进北京企业建立绿色有机生态发展公司，投资140万元发展獭兔养殖，养殖獭兔万余只。引进发酵床养猪技术，建成占地3000平方米的蓟县库区环保养殖培训基地。

投资1000万元，修乡村公路5公里，硬化村内街道17公里；拆除街面违章建筑3处200多平方米，清理村内外垃圾14000立方米，清理道路边沟13公里，配置垃圾桶70个，各村安排保洁人员49名，栽植绿化树木1950株，安装路灯30盏。投资10万多元，规范4个集市，实现退路进场。

创建蔡老庄文化街，带动全镇精神文明建设。创建小刘庄平安街，提高村民法律意识。燕各庄等4个市级文明生态村创建取得较好成效。

发放库区移民后期扶持资金320万元，发放退耕还林补助资金110万元。发放扶贫款10万元，为贫困户修缮房屋120平方米，发放粮食直补款60多万元。栽植核桃苗2万余株，帮助310个农户增收致富。投资950万元，加快8所学校义务教育现代化建设。投资135万元，修缮敬老院；投资90万元，建设文化体育中心。投资10万元，打造蔡三庄计划生育一条街。为63名困难群众办理低保、五保。

（程爱东）

穿芳峪镇

穿芳峪镇位于蓟县东北部。东至马伸桥镇，西至渔阳镇，南至于桥水库北岸，北至下营镇。2011年，镇域面积48.02平方公里，耕地面积524.87公顷。辖26个行政村，人口0.49万户1.58万人，其中农业人口0.42万户1.47万人。

1949年建国后属第二区。1953年设5个乡。1956年并入穿芳峪、马伸桥2个乡。1958年属马伸桥公社，下设2个管理区。1961年合并为穿芳峪公社。1983年改为穿芳峪乡。2011年改为穿芳峪镇。

2011年，实现国内生产总值47535万元，其中第一产业5999万元，第二产业23636万元，第三产业17900万元；农村居民人均纯收入11505元。

实施民心工程。投资50万元，对7000株冻害果树喷施保护液、加注营养液、加施肥料。新建库区边绿化片林23.33公顷，对100公顷现有绿化带扶育管理。投资180万元，完成果香峪小学和春发小学义务教育现代化建设工程。投资40万元，新建老年日间照料服务中心300平方米。投资50万元，翻修果香峪村主街道1500米，改变到九龙山景区的交通环境。

加速重点工程。毛家峪项目区各建设项目进展顺利，投资300万元的篝火娱乐中心工程完成项目选址、前期规划设计准备工作，进行地基开槽和基础设施施工；投资5000万元的新农村二期完成38栋主体建设，完成道路、绿化、护坡等工程。投资4亿元的悠然别墅项目完成前期规划、设计，基础设施建设完成。投资1200万元的蓝孔雀特种养殖项目完成基础设施建设，特禽存栏10000只。投资10亿元的翠屏庄园项目进行基础设施建设。科技型小企业工作，深入企业培训指导，帮助企业转型，开展网上认证，完成12家企业转型认证工作。

（张永刚）

东二营镇

东二营镇位于蓟县西南部，102国道南侧。东临东赵各庄镇，南邻东施古镇和尤古庄镇，西接桑梓镇，北与邦均镇接壤。2011年，镇域面积28.38平方公里，耕地面积2030.87公顷。辖31个行政村，人口0.54万户1.85万人，其中农业人口0.47万户1.70万人。

1949年建国后属第三区。1953年建3个乡。1956年合称东二营乡。1958年属邦均公社，设3个管理区。1961年3个管理区合并为东二营公社。1983年改为东二营乡。2011年改为东二营镇。

2011年，实现国内生产总值41652万元，其中第一产业10936万元，第二产业10714万元，第三产业20002万元；农村居民人均纯收入12690元。

投资850万元，完成苗木花卉市场精品展示园项目建设。投资6500万元，新发展及改造苗木花卉基地413.33公顷，投资260万元，扩建草坪基地16公顷，苗木花卉产业增加农民收入的作用突出。发放各类惠农补贴220余万元。

新建纽伯恩电器制造有限公司和轩杰电气机械有限公司2家企业。新增科技型中小企业3家。投资1450万元，完成金源造纸厂和利祥采暖设备厂技改扩建项目。

镇域3家小型超市改造升级。新增苗木公司4家，总数31家，物流运输车辆212辆。以万事兴楼宇载体为依托，广泛招商引资，在谈、入驻企业6家。

投资196万元，翻修镇村公路4900米。投资120万元，翻修小律庄桥。投资570余万元，完成陈各庄村市级文明生态村创建，新建村委会办公场所250平方米，铺设水泥路7800米，修建排水沟3000米、明渠1000米，安装路灯80盏，建沼气池60座，栽植绿化树木20.6万株，立面粉刷10000平方米，建文化健身广场1600平方米。

2所学校通过义务教育现代化建设标准验收，4所中小学全部达标。18项公共卫生服务全面展开，农村居民医疗保险参保率90%以上。计划生育优质服务水平提高。农民文化生活丰富多彩。

（王海兴）

许家台镇

许家台镇位于蓟县西北部，东邻邦均镇，西、南邻白涧镇，北邻北京市平谷区。2011年，镇域面积42.05平方公里，耕地面积415.53公顷。辖15个行政村，人口0.52万户1.19万人，其中农业人口0.28万户1.08万人。

1949年建国后属第三区。1953年属第九区，建许家台乡。1958年属邦均公社，设2个管理区。1961年2

个管理区合并为许家台公社。1983年改为许家台乡。2011年改为许家台镇。

2011年，实现国内生产总值42781万元，其中第一产业1066万元，第二产业19753万元，第三产业21962万元；农村居民人均纯收入12989元。

实施民心工程。完成新农村一期11.72万平方米还迁房建设，首批116户拆迁户入住新农村社区，21.6公顷土地复垦项目通过市、县部门验收。新建中小学教学楼等32500平方米。

加速重点工程。盘龙谷文化城一期艺术馆投入使用，并成功举办国家画院画展、电视剧《美丽谎言》开机仪式；二期画家村、启航社完成主体建筑；国家画院创作基地进行主体施工。滨海体育公园高尔夫球会所投入使用，五星级唐朝酒店、建行培训中心、范曾书院开工建设。滨海生态公园一期3万平方米温室竣工，室内培育的盆栽果树瓜果飘香；天津体育学院运动与文化艺术学院竣工，3000余名学生在校上课。

发展社会事业。畅通信访渠道，来信来访来电件件有回音。推行“一帮一”刑释帮教工作，开展平安镇(村)创建活动。全镇人口出生率保持在10.67‰以内，计划生育率91.3%以上，多孩出生率在0.2‰以下。成立10余家系列综合服务公司，2000多人就业。实施“五五”普法，公民法律意识增强。新建农村文化活动场所3处，改建村级卫生所2处，新型农村合作医疗参合率98%。

(李雪柱)

礼明庄镇

礼明庄镇位于蓟县县城南侧，东、北与别山镇接壤，南与上仓镇接壤，西与洇溜镇接壤。镇政府距县城10公里。辖区内有蓟县经济开发区、蓟县绿色食品示范区。2011年，镇域面积38平方公里，耕地面积2217.47公顷。辖37个行政村，人口0.86万户2.53万人，其中农业人口0.73万户2.31万人。

1949年建国后先后属第六区和第九区。1953年属第十区，建4个乡。1956年合并为两个乡。1958年属洇溜公社。1960年孟家楼等32个村划归河北省玉田县。1962年复归蓟县。1971年改称孟家楼公社。1983年改为礼明庄乡。2011年改为礼明庄镇。

2011年，实现国内生产总值49164万元，其中第一产业7726万元，第二产业8994万元，第三产业32444万元；农村居民人均纯收入12231元。

优化农业结构。推广节水抗旱玉米品种666.67公顷，节水抗旱麦333.33公顷，无公害蔬菜种植400公顷，推广小麦测土配方施肥技术533.33公顷，推广麦田除草技术666.67公顷，推广夏玉米免追肥节支增效666.67公顷。

壮大工业企业。投资1亿元实施建丰液压机械有限公司扩建项目，完成主体楼、附属设施建设和机械设备安装，已落成投产；投资1000万元，完成百利鹏耐火材料厂项目。

改善基础设施。投资1144万元，修路28.6公里，道路硬化水平提高。通过绿化、环境整治等工作，林木覆盖率24%。加大农业基础设施投入，累计打井配套42眼，修田间路2000米，节水灌溉工程完成7200米，灌溉面积400公顷。

环境综合整治。拆除有碍观瞻的厂房1.5万平方米，违章建筑3万平方米，粉刷立面2.4万平方米，建垃圾池120座，新修百米长的进村水泥路96条，清理垃圾点180个，清理建筑材料堆放点130个，更换广告牌匾80余家，腾迁所有绿化地块，绿化植树8万余株。

配合县重点工程。80公顷的光伏玻璃项目全面开工，东西两侧道路完工；地源热泵项目所征的64.4公顷签订征地协议，地上附着物腾迁结束，53户腾迁完成。镇区及还迁的6个村48公顷，树林类地上附着物完成腾迁；新城征地8公顷，52户签订腾迁协议；起步区外113.33公顷征地商贸物流区涉及两个村。

(刘 辉)

东赵各庄镇

东赵各庄镇位于蓟县中部，州河西岸。东与礼明庄镇毗邻，西与东二营镇接壤，南与上仓镇相连，北与洇溜镇衔接。2011年，镇域面积29.43平方公里，耕地面积1920.8公顷。辖31个行政村，人口0.66万户2.21万人，其中农业人口0.57万户2.03万人。

1949年建国后，属第九区。1953年属第十区，建4个乡。1956年合并为2个乡。1958年后设两个管理区。1960年划归河北省玉田县。1962年复归蓟县，两个管理区合并为东赵各庄公社。1983年改为东赵各庄乡。2011年改为东赵各庄镇。

2011年，实现国内生产总值45489万元，其中第一产业6810万元，第二产业12248万元，第三产业26431万元；农村居民人均纯收入12520元。

调整农业结构。筹集资金600万元、争取国家资金300万元，新打机井60眼，建变压器4台，架设高低压线4000米，对陈旧水利设施维修改造。发展设施农业，设施农业面积666.67公顷。

重点项目建设。华悦制衣有限公司投资4600万元，新建标准化车间3000平方米，购置服装专用设备

300台套；镇福利造纸厂投资3000万元，新建标准化车间1000平方米，上生产线1条；振东电子设备厂投资2000万元，新建厂房及办公用房2000平方米，购置设备15台套；福祥氩气充装站投资600万元，翻建厂房及办公用房800平方米，新上氧气、氩气充装线1条；模具模板有限公司投资1500万元，新建厂房1200平方米，上模板生产线1条；振东建筑有限公司投资2400万元，升级为国家建筑二级企业；津京造纸厂投资150万元，翻修厂房600平方米，新上175型纸生产线1条，安装锅炉1台；新洋化工厂投资120万元，新建厂房600平方米，上生产线1条；丰欣益制衣有限公司投资300万元，新建厂房700平方米，购置服装专用设备280台套；海铨净化设备有限公司投资200万元，新建厂房600平方米，购置设备26台套。

发展社会事业。成立环境卫生管理所，投入配套专项资金40万元，配备专职卫生清扫队伍和垃圾清运车辆，每个村配备1至2名卫生协管员、投入6000至10000元专项资金进行环卫整治。投入130万元，维修硬化28公里镇村公路、52公里村级主干道。有线电视、宽带网络实现村村通。6个村达到市级文明村标准并通过验收。投资630万元完成5所学校现代化建设达标工程。村村建起阅览室、文化活动室、农家书屋、农民健身广场等文化活动场所。改造镇卫生院，医疗条件改善，医疗保险全面铺开，农民参保率95%以上。投资60万元建立计划生育服务站，实现由管理型向服务型的转变。

（苏成武）

孙各庄满族乡

孙各庄满族乡位于蓟县东北部，东邻河北省遵化市，南与马伸桥镇接壤，西、北与蓟县下营镇相邻，是天津市唯一的满族乡。2011年，乡域面积26平方公里，耕地面积400.47公顷。辖13个行政村，人口0.24万户0.73万人，其中农业人口0.20万户0.67万人，满族人口占总人口的36.7%。

1949年建国后属第二区。1953年设4个乡。1956年建孙各庄乡。1958年属马伸桥公社。1961年建孙各庄公社。1983年改为孙各庄乡。1985年建立孙各庄满族乡。

2011年，实现国内生产总值17612万元，其中第一产业771万元，第二产业7141万元，第三产业9700万元；农村居民人均纯收入11148元。

对原乡总体规划进行修编。全乡13个村分别制定发展规划。建设干鲜果品集贸市场和满族风情农业示范园。隆福寺村将建成特色旅游专业村，用满族风格对该村进行整体包装。

引进绿岭系列优质核桃5万株，嫁接核桃6.6万株，18万余个芽。试种张杂谷53.33公顷并获丰收，每公顷产9000公斤。投资500万元新打维修机井5眼、大口井1眼，建拦水坝1座，安装输水管道2000米，实施3000米作业路工程，对原来1—2米宽的土路拓宽改造，变成4—6米宽的砂石路，新建景观篱笆墙800米。帮助4家中小型企业获得科技型小企业认定。抓好县重点工程打靶场占地和中华文明孝道园土地收储工作。投资80万元，建设教师公寓1栋300平方米。配齐3所学校专用教室和设备。拆除户外厕所70座，违章建筑1560平方米，硬化街道12600米，新建垃圾箱（池）300个，绿化、美化街道20000平方米，乡村环境面貌改观。

（孙宝军）

统计资料

2011年天津在全国的地位

指　　标	单　位	天津市	占全国比重(%)
年末常住人口	万人	1354.98	1.0
社会从业人员	万人	763.16	1.0
全市生产总值	亿元	11307.28	2.4
第一产业	亿元	159.72	0.3
第二产业	亿元	5928.32	2.7
第三产业	亿元	5219.24	2.6
人均生产总值	元	85213	高 50130
城市居民人均可支配收入	元	26921	高 5111
地方财政一般预算收入	亿元	1455.13	2.8
地方财政一般预算支出	亿元	1796.33	1.9
金融机构本外币存款余额	亿元	17586.91	2.1
金融机构本外币贷款余额	亿元	15924.71	2.7
保费收入	亿元	211.74	1.5
主要工业产品产量			
天然原油	万吨	3187.78	15.7
发电量	亿千瓦小时	619.08	1.3
天然气	亿立方米	18.43	1.8
原　盐	万吨	184.02	2.9
化学纤维	万吨	12.77	0.4
纱	万吨	3.08	0.1
布	亿米	2.78	0.3
乙　烯	万吨	134.26	8.8
水　泥	万吨	765.53	0.4
生　铁	万吨	2096.98	3.3
粗　钢	万吨	2295.75	3.4
汽　车	万辆	77.44	4.2
自行车	万辆	2233.26	37.2
移动电话机	万台	9061.68	8.0
全社会固定资产投资额	亿元	7510.67	2.4
沿海主要港口货物吞吐量	万吨	45338.00	7.4
社会消费品零售总额	亿元	3395.06	1.8
外贸出口总额	亿美元	444.98	2.3
实际直接利用外资额	亿美元	130.56	11.3
高等学校在校学生数	万人	44.97	1.9
研究与试验发展经费支出	亿元	297.76	3.5
专利申请授权量	项	13982	2.4
医院	个	296	1.3
医院床位	万张	4.08	1.1
报纸出版数	亿份	9.25	2.0

2011年各区县主要经济指标汇总

区县	区县生产总值(亿元)	2011比2010年增长(%)	规模以上工业总产值(亿元)	2011比2010年增长(%)	区县级财政一般预算收入(亿元)	2011比2010年增长(%)	区县级财政一般预算支出(亿元)	2011比2010年增长(%)	全社会固定资产投资(亿元)	2011比2010年增长(%)	社会消费品零售总额(亿元)	2011比2010年增长(%)	外贸出口总额(亿美元)	2011比2010年增长(%)	实际直接利用外资(万美元)	2011比2010年增长(%)
和平区	577.47	13.2	49.39	51.0	38.10	26.7	38.84	29.3	127.08	15.8	311.75	13.9	16.79	29.1	48434	11.7
河西区	585.13	9.2	518.55	18.8	37.34	21.8	31.65	23.2	84.33	-20.8	337.24	11.9	15.13	22.7	25044	5.8
河东区	254.06	8.0	106.99	-12.2	26.26	24.7	30.10	24.3	95.32	16.9	272.41	15.0	3.54	27.4	9227	22.2
南开区	480.01	13.1	173.08	26.1	32.00	18.5	32.31	18.8	95.35	18.3	490.07	18.8	7.18	17.8	9702	21.1
河北区	291.98	14.0	363.38	1.5	24.14	30.0	30.66	21.3	95.45	6.8	154.60	15.4	2.62	15.3	16018	17.5
红桥区	128.68	12.7	28.96	8.4	12.05	20.4	20.74	21.2	90.19	18.3	124.02	10.1	0.26	24.3	938	3919.1
东丽区	602.81	10.4	2153.33	21.8	52.08	29.6	49.77	23.7	396.32	41.6	132.07	6.7	22.46	20.0	55028	15.6
西青区	595.50	12.4	2725.46	11.0	54.51	44.8	51.56	20.8	436.09	40.1	134.03	13.2	21.90	12.7	72481	21.0
津南区	379.97	18.5	689.73	13.1	48.08	32.9	42.05	-7.8	382.77	22.5	128.05	13.2	11.40	13.1	39009	21.6
北辰区	562.99	10.5	1410.26	15.4	34.95	30.9	34.73	23.6	404.91	39.5	141.35	9.8	28.08	8.7	71392	21.0
武清区	455.51	19.8	1046.03	37.7	45.25	37.8	59.48	27.2	389.16	45.7	118.95	11.5	22.71	19.5	48176	20.1
宝坻区	323.33	13.8	293.89	29.6	25.44	51.1	41.73	42.1	301.40	46.7	111.68	8.6	4.73	17.7	16003	25.0
滨海新区	6206.87	23.8	12828.95	27.1	407.77	47.2	429.99	42.6	3702.12	32.0	887.53	24.3	276.76	18.9	850200	20.8
宁河县	224.95	16.0	444.63	30.8	12.70	58.4	23.17	44.5	276.51	46.2	61.29	10.4	1.35	42.8	18090	20.5
静海县	343.66	19.0	1250.37	43.1	23.98	60.2	37.80	53.1	292.72	46.1	62.97	12.7	9.44	42.3	15827	57.0
蓟　县	250.11	14.2	137.57	19.7	15.46	41.8	28.79	37.5	330.75	49.0	100.63	18.5	0.65	15.9	10005	27.2

注:1.区县生产总值增速按可比价格计算。2.滨海新区为注册口径,其他为在地口径。

2011年各区县基本情况

和平区基本情况

指　　标	2010年	2011年
常住人口(万人)	27.39	30.31
户籍户数(万户)	13.41	13.51
户籍人口(万人)	39.93	40.22
男	19.22	19.35
女	20.71	20.87
人口出生率(‰)	2.70	2.82
人口自然增长率(‰)	-2.57	-1.14
新增就业人员(人)	38718	40774
区县生产总值(亿元)	504.49	577.47
第二产业	73.32	71.90
#工　业	56.15	58.03
第三产业	431.16	505.57
区县生产总值增速(%)	11.8	13.2
*区县增加值(亿元)	191.80	232.06
*区县增加值增速(%)	15.7	16.3
区级财政一般预算收入(万元)	300658	380953
区级财政一般预算支出(万元)	300447	388391
规模以上工业企业单位数(个)	22	8
从业人员(人)	6437	6037
主营业务收入(亿元)	39.21	50.70
利润总额(亿元)	1.33	3.30
工业总产值(亿元)	32.70	49.39
固定资产投资(亿元)	124.69	127.08
社会消费品零售总额(亿元)	336.85	311.75
外贸出口(亿美元)	13.36	16.79
民营企业注册资本(亿元)	230.89	276.93
实际直接利用外资(亿美元)	4.34	4.84
实际利用内资(亿元)	76.19	102.83
小学校数(所)	27	27
普通中学校数(所)	26	22
幼儿园数(所)	23	22
养老院床位数(张)	921	1041
卫生机构数(个)	122	123
每千人医疗卫生机构床位数(张)	14.37	14.40
每千人执业(助理)医师数(人)	8.39	8.04
每千人注册护士数(人)	8.47	8.81
空气、水、噪声环境质量指数	95.55	96.23

注：1. “*”为区(县)属数，其余为全区(县)数据。2. 区县在地口径生产总值称为区县生产总值，考核口径生产总值称为区县增加值。3. 2010 年规模以上工业统计口径范围为年主营业务收入在 500 万元及以上的工业企业，2011 年调整为 2000 万元及以上。4. 2011 年卫生机构含村卫生室。5. 后表同。

河西区基本情况

指　　标	2010年	2011年
常住人口(万人)	87.10	90.10
户籍户数(万户)	27.73	28.10
户籍人口(万人)	79.06	80.30
男	38.98	39.56
女	40.07	40.74
人口出生率(‰)	5.90	5.83
人口自然增长率(‰)	0.71	2.04
新增就业人员(人)	42801	41819
区县生产总值(亿元)	515.05	585.13
第二产业	99.48	116.44
#工　业	88.29	105.18
第三产业	415.58	468.69
区县生产总值增速(%)	14.2	9.2
*区县增加值(亿元)	251.20	286.11
*区县增加值增速(%)	16.9	10.2
区级财政一般预算收入(万元)	306476	373387
区级财政一般预算支出(万元)	256994	316490
规模以上工业企业单位数(个)	126	68
从业人员(人)	33374	32640
主营业务收入(亿元)	644.25	665.96
利润总额(亿元)	23.46	28.70
工业总产值(亿元)	436.40	518.55
固定资产投资(亿元)	118.33	84.33
社会消费品零售总额(亿元)	294.67	337.24
外贸出口(亿美元)	12.34	15.13
民营企业注册资本(亿元)	162.14	198.01
实际直接利用外资(亿美元)	2.37	2.50
实际利用内资(亿元)	93.34	102.37
小学校数(所)	42	42
普通中学校数(所)	28	26
幼儿园数(所)	36	37
养老院床位数(张)	2513	2937
卫生机构数(个)	226	236
每千人医疗卫生机构床位数(张)	9.41	9.53
每千人执业(助理)医师数(人)	4.28	4.21
每千人注册护士数(人)	4.82	4.94
空气、水、噪声环境质量指数	95.53	96.28

河东区基本情况

指　　标	2010年	2011年
常住人口(万人)	86.12	88.98
户籍户数(万户)	26.97	27.30
户籍人口(万人)	71.18	71.80
男	35.93	36.25
女	35.25	35.55
人口出生率(‰)	5.96	6.43
人口自然增长率(‰)	1.05	2.54
新增就业人员(人)	38717	40783
区县生产总值(亿元)	232.11	254.06
第二产业	43.30	38.24
#工　业	26.22	22.04
第三产业	188.81	215.82
区县生产总值增速(%)	12.0	8.0
*区县增加值(亿元)	132.10	146.51
*区县增加值增速(%)	16.9	13.9
区级财政一般预算收入(万元)	210589	262618
区级财政一般预算支出(万元)	242094	301014
规模以上工业企业单位数(个)	91	40
从业人员(人)	17300	12644
主营业务收入(亿元)	186.24	124.72
利润总额(亿元)	3.76	3.43
工业总产值(亿元)	121.86	106.99
固定资产投资(亿元)	91.63	95.32
社会消费品零售总额(亿元)	232.83	272.41
外贸出口(亿美元)	2.43	3.54
民营企业注册资本(亿元)	133.00	203.20
实际直接利用外资(亿美元)	0.76	0.92
实际利用内资(亿元)	65.58	78.31
小学校数(所)	22	22
普通中学校数(所)	20	19
幼儿园数(所)	35	35
养老院床位数(张)	3681	4229
卫生机构数(个)	213	207
每千人医疗卫生机构床位数(张)	4.04	4.50
每千人执业(助理)医师数(人)	2.34	2.71
每千人注册护士数(人)	1.86	2.25
空气、水、噪声环境质量指数	96.18	93.23

南开区基本情况

指　　标	2010年	2011年
常住人口(万人)	101.88	105.54
户籍户数(万户)	29.85	30.36
户籍人口(万人)	85.34	86.66
男	43.00	43.63
女	42.34	43.03
人口出生率(‰)	5.78	6.29
人口自然增长率(‰)	-0.80	0.10
新增就业人员(人)	38718	40783
区县生产总值(亿元)	350.05	480.01
第二产业	53.76	68.29
#工　业	39.69	54.69
第三产业	296.29	411.72
区县生产总值增速(%)	10.1	13.1
*区县增加值(亿元)	167.77	208.42
*区县增加值增速(%)	13.7	15.1
区级财政一般预算收入(万元)	270037	320012
区级财政一般预算支出(万元)	271973	323077
规模以上工业企业单位数(个)	222	93
从业人员(人)	32166	31114
主营业务收入(亿元)	177.05	216.56
利润总额(亿元)	14.16	17.04
工业总产值(亿元)	137.23	173.08
固定资产投资(亿元)	90.55	95.35
社会消费品零售总额(亿元)	330.36	490.07
外贸出口(亿美元)	6.10	7.18
民营企业注册资本(亿元)	232.72	275.35
实际直接利用外资(亿美元)	0.80	0.97
实际利用内资(亿元)	75.60	76.06
小学校数(所)	37	36
普通中学校数(所)	26	27
幼儿园数(所)	46	41
养老院床位数(张)	3082	3427
卫生机构数(个)	220	198
每千人医疗卫生机构床位数(张)	7.05	6.50
每千人执业(助理)医师数(人)	3.62	3.48
每千人注册护士数(人)	3.54	3.30
空气、水、噪声环境质量指数	96.23	96.93

河北区基本情况

指　　　　标	2010年	2011年
常住人口(万人)	78.86	80.53
户籍户数(万户)	23.84	24.00
户籍人口(万人)	63.13	63.18
男	31.82	31.85
女	31.31	31.33
人口出生率(‰)	5.93	6.89
人口自然增长率(‰)	-2.59	1.54
新增就业人员(人)	38719	40784
区县生产总值(亿元)	345.18	291.98
第二产业	100.85	95.20
#工　业	92.50	86.10
第三产业	244.33	196.78
区县生产总值增速(%)	12.5	14.0
*区县增加值(亿元)	128.32	141.20
*区县增加值增速(%)	18.0	16.5
区级财政一般预算收入(万元)	185677	241399
区级财政一般预算支出(万元)	252786	306642
规模以上工业企业单位数(个)	110	46
从业人员(人)	22952	20476
主营业务收入(亿元)	368.84	379.56
利润总额(亿元)	11.69	8.44
工业总产值(亿元)	358.16	363.38
固定资产投资(亿元)	100.45	95.45
社会消费品零售总额(亿元)	144.28	154.60
外贸出口(亿美元)	2.27	2.62
民营企业注册资本(亿元)	88.40	141.29
实际直接利用外资(亿美元)	1.36	1.60
实际利用内资(亿元)	93.93	103.21
小学校数(所)	26	24
普通中学校数(所)	27	23
幼儿园数(所)	30	29
养老院床位数(张)	2436	3511
卫生机构数(个)	202	198
每千人医疗卫生机构床位数(张)	6.05	5.87
每千人执业(助理)医师数(人)	3.20	3.31
每千人注册护士数(人)	3.13	3.28
空气、水、噪声环境质量指数	96.23	96.85

红桥区基本情况

指　　标	2010年	2011年
常住人口(万人)	53.23	54.69
户籍户数(万户)	20.84	20.90
户籍人口(万人)	54.24	53.84
男	27.37	27.13
女	26.87	26.71
人口出生率(‰)	5.85	6.46
人口自然增长率(‰)	-2.38	1.77
新增就业人员(人)	32101	34500
区县生产总值(亿元)	114.68	128.68
第二产业	11.23	19.28
#工　业	6.87	7.90
第三产业	103.44	109.40
区县生产总值增速(%)	11.8	12.7
*区县增加值(亿元)	93.92	107.05
*区县增加值增速(%)	15.5	14.5
区级财政一般预算收入(万元)	100041	120475
区级财政一般预算支出(万元)	171198	207435
规模以上工业企业单位数(个)	48	19
从业人员(人)	5421	5136
主营业务收入(亿元)	30.80	31.11
利润总额(亿元)	2.58	2.65
工业总产值(亿元)	26.72	28.96
固定资产投资(亿元)	86.92	90.19
社会消费品零售总额(亿元)	112.68	124.02
外贸出口(亿美元)	0.30	0.26
民营企业注册资本(亿元)	43.97	56.47
实际直接利用外资(亿美元)		0.09
实际利用内资(亿元)	34.20	40.13
小学校数(所)	28	28
普通中学校数(所)	22	22
幼儿园数(所)	17	17
养老院床位数(张)	1366	1326
卫生机构数(个)	128	115
每千人医疗卫生机构床位数(张)	4.99	5.25
每千人执业(助理)医师数(人)	3.10	3.26
每千人注册护士数(人)	2.81	2.94
空气、水、噪声环境质量指数	96.10	96.85

东丽区基本情况

指　　　标	2010年	2011年
常住人口(万人)	57.08	63.54
户籍户数(万户)	13.42	13.57
#农业户	7.97	7.97
户籍人口(万人)	35.10	35.73
#农业人口	20.25	20.26
人口出生率(‰)	6.50	7.56
人口自然增长率(‰)	2.50	4.36
新增就业人员(人)	17745	18820
区县生产总值(亿元)	540.14	602.81
第一产业	3.63	3.80
第二产业	355.37	375.76
#工　业	332.27	349.00
第三产业	181.14	223.24
区县生产总值增速(%)	13.7	10.4
*区县增加值(亿元)	339.62	453.96
*区县增加值增速(%)	25.4	24.7
区级财政一般预算收入(万元)	401922	520784
区级财政一般预算支出(万元)	402198	497690
农林牧渔业总产值(万元)	79453	83852
农林牧渔业总产值增速(%)	-6.0	2.8
规模以上工业企业单位数(个)	806	460
从业人员(人)	147468	147325
主营业务收入(亿元)	2021.84	2445.36
利润总额(亿元)	59.53	78.20
工业总产值(亿元)	1768.53	2153.33
固定资产投资(亿元)	336.97	396.32
社会消费品零售总额(亿元)	134.12	132.07
外贸出口(亿美元)	21.51	22.46
民营企业注册资本(亿元)	278.02	389.84
实际直接利用外资(亿美元)	4.76	5.50
实际利用内资(亿元)	121.05	180.39
小学校数(所)	40	40
普通中学校数(所)	20	20
幼儿园数(所)	65	43
养老院床位数(张)	850	2249
卫生机构数(个)	1316	1200
每千人医疗卫生机构床位数(张)	3.75	3.41
每千人执业(助理)医师数(人)	1.78	1.98
每千人注册护士数(人)	1.23	1.48
空气、水、噪声环境质量指数	94.25	71.78

西青区基本情况

指　　标	2010年	2011年
常住人口(万人)	68.47	74.13
户籍户数(万户)	12.82	13.06
#农业户	9.05	9.13
户籍人口(万人)	36.00	36.60
#农业人口	23.73	23.92
人口出生率(‰)	8.46	
新增就业人员(人)	17655	18821
区县生产总值(亿元)	526.35	595.50
第一产业	9.80	10.02
第二产业	369.84	379.64
#工　业	348.58	346.66
第三产业	146.70	205.84
区县生产总值增速(%)	11.4	12.4
*区县增加值(亿元)	393.80	500.68
*区县增加值增速(%)	23.5	24.1
区级财政一般预算收入(万元)	376566	545087
区级财政一般预算支出(万元)	426752	515633
农林牧渔业总产值(万元)	207110	215496
农林牧渔业总产值增速(%)	6.2	4.0
规模以上工业企业单位数(个)	1448	777
从业人员(人)	268603	269375
主营业务收入(亿元)	2502.77	2763.53
利润总额(亿元)	167.98	204.88
工业总产值(亿元)	2455.35	2725.46
固定资产投资(亿元)	353.76	436.09
社会消费品零售总额(亿元)	114.58	134.03
外贸出口(亿美元)	19.45	21.90
民营企业注册资本(亿元)	221.97	325.25
实际直接利用外资(亿美元)	5.99	7.25
实际利用内资(亿元)	95.69	135.25
小学校数(所)	32	32
普通中学校数(所)	13	13
幼儿园数(所)	68	60
养老院床位数(张)	605	1075
卫生机构数(个)	79	197
每千人医疗卫生机构床位数(张)	4.44	4.42
每千人执业(助理)医师数(人)	1.69	1.71
每千人注册护士数(人)	0.97	0.97
空气、水、噪声环境质量指数	88.88	96.65

津南区基本情况

指　　标	2010年	2011年
常住人口(万人)	59.40	62.98
户籍户数(万户)	14.66	14.82
#农业户	10.33	10.43
户籍人口(万人)	41.29	42.06
#农业人口	28.90	29.14
人口出生率(‰)	9.30	11.79
人口自然增长率(‰)	4.89	5.75
新增就业人员(人)	17745	18815
区县生产总值(亿元)	290.69	379.97
第一产业	4.25	4.68
第二产业	177.72	234.06
#工　业	155.19	203.00
第三产业	108.72	141.23
区县生产总值增速(%)	17.2	18.5
*区县增加值(亿元)	284.86	360.07
*区县增加值增速(%)	20.2	21.0
区级财政一般预算收入(万元)	361840	480805
区级财政一般预算支出(万元)	455988	420494
农林牧渔业总产值(万元)	100276	112154
农林牧渔业总产值增速(%)	7.5	6.3
规模以上工业企业单位数(个)	905	453
从业人员(人)	90938	75445
主营业务收入(亿元)	590.91	655.60
利润总额(亿元)	64.02	87.59
工业总产值(亿元)	609.91	689.73
固定资产投资(亿元)	380.12	382.77
社会消费品零售总额(亿元)	111.07	128.05
外贸出口(亿美元)	10.09	11.40
民营企业注册资本(亿元)	505.54	577.81
实际直接利用外资(亿美元)	3.21	3.90
实际利用内资(亿元)	159.47	185.58
小学校数(所)	39	39
普通中学校数(所)	16	16
幼儿园数(所)	158	167
养老院床位数(张)	1656	1736
卫生机构数(个)	85	251
每千人医疗卫生机构床位数(张)	3.72	3.82
每千人执业(助理)医师数(人)	2.19	3.10
每千人注册护士数(人)	1.55	2.05
空气、水、噪声环境质量指数	92.93	92.53

北辰区基本情况

指　　标	2010年	2011年
常住人口(万人)	66.91	70.43
户籍户数(万户)	13.83	14.08
#农业户	7.57	7.64
户籍人口(万人)	36.50	37.37
#农业人口	19.72	19.86
人口出生率(‰)	6.55	6.40
人口自然增长率(‰)	1.89	2.13
新增就业人员(人)	16585	17768
区县生产总值(亿元)	464.13	562.99
第一产业	8.56	9.31
第二产业	335.35	363.07
#工　业	315.46	338.19
第三产业	120.22	190.60
区县生产总值增速(%)	8.9	10.5
*区县增加值(亿元)	377.93	490.08
*区县增加值增速(%)	20.3	20.9
区级财政一般预算收入(万元)	266911	349519
区级财政一般预算支出(万元)	280974	347336
农林牧渔业总产值(万元)	175311	191732
农林牧渔业总产值增速(%)	-1.6	2.6
规模以上工业企业单位数(个)	1071	660
从业人员(人)	136205	119841
主营业务收入(亿元)	1213.18	1449.81
利润总额(亿元)	121.84	137.75
工业总产值(亿元)	1222.05	1410.26
固定资产投资(亿元)	308.10	404.91
社会消费品零售总额(亿元)	132.41	141.35
外贸出口(亿美元)	25.88	28.08
民营企业注册资本(亿元)	299.40	455.37
实际直接利用外资(亿美元)	5.90	7.14
实际利用内资(亿元)	76.52	114.24
小学校数(所)	39	38
普通中学校数(所)	21	20
幼儿园数(所)	144	125
养老院床位数(张)	1279	2229
卫生机构数(个)	86	173
每千人医疗卫生机构床位数(张)	3.36	3.53
每千人执业(助理)医师数(人)	2.62	2.69
每千人注册护士数(人)	1.76	1.85
空气、水、噪声环境质量指数	94.63	89.78

武清区基本情况

指　　标	2010年	2011年
常住人口(万人)	94.99	100.51
户籍户数(万户)	27.06	27.21
#农业户	21.41	21.54
户籍人口(万人)	84.70	85.55
#农业人口	68.97	69.27
人口出生率(‰)	8.60	8.40
人口自然增长率(‰)	-2.50	3.80
新增就业人员(人)	19896	20390
区县生产总值(亿元)	341.17	455.51
第一产业	29.07	31.41
第二产业	188.50	266.50
#工　业	170.90	240.79
第三产业	123.60	157.60
区县生产总值增速(%)	21.1	19.8
*区县增加值(亿元)	326.87	428.21
*区县增加值增速(%)	20.2	25.2
区级财政一般预算收入(万元)	328368	452545
区级财政一般预算支出(万元)	467714	594779
农林牧渔业总产值(万元)	637147	691408
农林牧渔业总产值增速(%)	4.5	4.2
规模以上工业企业单位数(个)	537	404
从业人员(人)	131568	146819
主营业务收入(亿元)	746.33	1014.06
利润总额(亿元)	125.78	114.71
工业总产值(亿元)	759.57	1046.03
固定资产投资(亿元)	301.33	389.16
社会消费品零售总额(亿元)	157.30	118.95
外贸出口(亿美元)	19.03	22.71
民营企业注册资本(亿元)	588.38	813.67
实际直接利用外资(亿美元)	4.01	4.82
实际利用内资(亿元)	116.59	141.19
小学校数(所)	121	105
普通中学校数(所)	48	49
幼儿园数(所)	195	185
养老院床位数(张)	1081	1081
卫生机构数(个)	117	535
每千人医疗卫生机构床位数(张)	3.28	3.21
每千人执业(助理)医师数(人)	2.36	2.59
每千人注册护士数(人)	1.23	1.40
空气、水、噪声环境质量指数	96.70	96.65

宝坻区基本情况

指　　标	2010年	2011年
常住人口(万人)	79.93	83.12
户籍户数(万户)	21.63	21.74
#农业户	16.44	16.54
户籍人口(万人)	67.19	67.59
#农业人口	54.14	54.09
人口出生率(‰)	10.08	9.95
人口自然增长率(‰)	1.95	3.30
新增就业人员(人)	14445	15160
区县生产总值(亿元)	241.82	323.33
第一产业	21.09	24.04
第二产业	120.39	161.49
#工　业	106.69	143.68
第三产业	100.34	137.80
区县生产总值增速(%)	25.2	13.8
*区县增加值(亿元)	235.69	295.31
*区县增加值增速(%)	22.2	21.6
区级财政一般预算收入(万元)	168366	254444
区级财政一般预算支出(万元)	293619	417262
农林牧渔业总产值(万元)	503196	570005
农林牧渔业总产值增速(%)	8.2	13.3
规模以上工业企业单位数(个)	437	341
从业人员(人)	78635	74037
主营业务收入(亿元)	298.02	374.89
利润总额(亿元)	16.02	20.43
工业总产值(亿元)	303.83	393.89
固定资产投资(亿元)	233.09	301.40
社会消费品零售总额(亿元)	100.76	111.68
外贸出口(亿美元)	4.02	4.73
民营企业注册资本(亿元)	92.15	207.10
实际直接利用外资(亿美元)	1.28	1.60
实际利用内资(亿元)	111.17	141.28
小学校数(所)	126	69
普通中学校数(所)	48	40
幼儿园数(所)	135	103
养老院床位数(张)	340	495
卫生机构数(个)	260	335
每千人医疗卫生机构床位数(张)	2.59	2.62
每千人执业(助理)医师数(人)	1.39	1.46
每千人注册护士数(人)	0.92	1.06
空气、水、噪声环境质量指数	95.30	96.98

滨海新区基本情况

指　　标	2010年	2011年
常住人口(万人)	248.25	253.66
人口出生率(‰)	6.53	7.46
人口自然增长率(‰)	2.45	3.69
新增就业人员(人)	92500	95137
区县生产总值(亿元)	5030.11	6206.87
第一产业	8.17	8.82
第二产业	3432.81	4273.89
#工　业	3215.39	4036.40
第三产业	1589.12	1924.15
区县生产总值增速(%)	25.1	23.8
区级财政一般预算收入(万元)	2943668	4167477
区级财政一般预算支出(万元)	3202828	4374729
农林牧渔业总产值(万元)	204052	225082
农林牧渔业总产值增速(%)	3.2	5.1
规模以上工业企业单位数(个)	2262	1426
从业人员(人)	448944	689127
主营业务收入(亿元)	10384.78	13012.73
利润总额(亿元)	1054.29	1334.64
工业总产值(亿元)	10091.69	12828.95
固定资产投资(亿元)	3352.71	3702.12
社会消费品零售总额(亿元)	743.58	887.53
外贸出口(亿美元)	232.60	276.76
民营企业注册资本(亿元)	2905.52	5944.43
实际直接利用外资(亿美元)	70.42	85.02
实际利用内资(亿元)	352.20	459.38
小学校数(所)	89	87
普通中学校数(所)	83	81
幼儿园数(所)	126	109
养老院床位数(张)	1691	1768
卫生机构数(个)	467	568
每千人医疗卫生机构床位数(张)	5.49	5.47
每千人执业(助理)医师数(人)	3.77	3.89
每千人注册护士数(人)	3.59	3.64
空气、水、噪声环境质量指数		88.53
林木覆盖率(%)	8.6	8.9

注:区级财政一般预算收支数据含东丽区无瑕街、津南区葛沽镇。

宁河县基本情况

指　　标	2010年	2011年
常住人口(万人)	41.66	43.10
户籍户数(万户)	12.79	1304
#农业户	8.43	8.64
户籍人口(万人)	38.32	38.74
#农业人口	28.17	28.37
人口出生率(‰)	9.82	9.28
人口自然增长率(‰)	3.25	4.26
新增就业人员(人)	7490	7839
区县生产总值(亿元)	169.28	224.95
第一产业	21.09	23.49
第二产业	94.64	111.57
#工　业	83.81	100.91
第三产业	53.55	89.89
区县生产总值增速(%)	13.4	16.0
*区县增加值(亿元)	163.01	223.86
*区县增加值增速(%)	21.8	21.5
区级财政一般预算收入(万元)	80190	126996
区级财政一般预算支出(万元)	160272	231668
农林牧渔业总产值(万元)	431035	481694
农林牧渔业总产值增速(%)	9.0	11.8
规模以上工业企业单位数(个)	217	204
从业人员(人)	39840	49769
主营业务收入(亿元)	341.04	432.75
利润总额(亿元)	32.44	38.16
工业总产值(亿元)	340.02	444.63
固定资产投资(亿元)	220.86	276.51
社会消费品零售总额(亿元)	56.40	61.29
外贸出口(亿美元)	0.94	1.35
民营企业注册资本(亿元)	82.67	116.51
实际直接利用外资(亿美元)	1.50	1.81
实际利用内资(亿元)	25.98	51.96
小学校数(所)	59	59
普通中学校数(所)	30	30
幼儿园数(所)	63	63
养老院床位数(张)	112	220
卫生机构数(个)	44	177
每千人医疗卫生机构床位数(张)	2.64	2.82
每千人执业(助理)医师数(人)	1.56	1.68
每千人注册护士数(人)	1.08	1.12
空气、水、噪声环境质量指数	71.30	94.75

静海县基本情况

指　　标	2010年	2011年
常住人口(万人)	64.75	67.43
户籍户数(万户)	19.66	19.99
#农业户	14.71	14.90
户籍人口(万人)	56.16	57.13
#农业人口	45.09	45.66
人口出生率(‰)	11.06	12.07
人口自然增长率(‰)	2.26	8.21
新增就业人员(人)	7490	7840
区县生产总值(亿元)	278.26	343.66
第一产业	14.82	16.88
第二产业	195.52	231.03
#工　业	183.49	215.13
第三产业	67.92	95.75
区县生产总值增速(%)	11.4	19.0
*区县增加值(亿元)	229.85	315.64
*区县增加值增速(%)	21.0	21.3
区级财政一般预算收入(万元)	149669	239759
区级财政一般预算支出(万元)	246842	377976
农林牧渔业总产值(万元)	319442	368998
农林牧渔业总产值增速(%)	7.1	8.9
规模以上工业企业单位数(个)	519	479
从业人员(人)	68259	75983
主营业务收入(亿元)	925.57	1264.64
利润总额(亿元)	40.69	101.44
工业总产值(亿元)	874.01	1250.37
固定资产投资(亿元)	230.35	292.72
社会消费品零售总额(亿元)	55.44	62.97
外贸出口(亿美元)	6.63	9.44
民营企业注册资本(亿元)	356.62	459.25
实际直接利用外资(亿美元)	1.01	1.58
实际利用内资(亿元)	42.28	50.08
小学校数(所)	98	99
普通中学校数(所)	51	51
幼儿园数(所)	315	308
养老院床位数(张)	462	467
卫生机构数(个)	80	405
每千人医疗卫生机构床位数(张)	2.37	2.43
每千人执业(助理)医师数(人)	1.58	1.89
每千人注册护士数(人)	0.78	0.88
空气、水、噪声环境质量指数	97.60	96.98

蓟县基本情况

指　　标	2010年	2011年
常住人口(万人)	83.27	85.53
户籍户数(万户)	26.00	26.28
#农业户	19.71	19.95
户籍人口(万人)	83.35	84.27
#农业人口	68.71	69.22
人口出生率(‰)	8.64	10.40
人口自然增长率(‰)	1.44	3.80
新增就业人员(人)	10700	10975
区县生产总值(亿元)	215.47	250.11
第一产业	21.26	23.72
第二产业	57.98	79.36
#工　业	43.09	53.36
第三产业	136.23	147.02
区县生产总值增速(%)	20.2	14.2
*区县增加值(亿元)	206.27	246.10
*区县增加值增速(%)	22.4	21.0
区级财政一般预算收入(万元)	109008	154552
区级财政一般预算支出(万元)	209336	287935
农林牧渔业总产值(万元)	440566	496879
农林牧渔业总产值增速(%)	2.1	5.8
规模以上工业企业单位数(个)	172	140
从业人员(人)	27113	25215
主营业务收入(亿元)	106.45	128.36
利润总额(亿元)	7.67	8.67
工业总产值(亿元)	114.99	137.59
固定资产投资(亿元)	240.61	330.75
社会消费品零售总额(亿元)	73.11	100.63
外贸出口(亿美元)	0.56	0.65
民营企业注册资本(亿元)	58.07	92.33
实际直接利用外资(亿美元)	0.79	1.00
实际利用内资(亿元)	94.03	123.61
小学校数(所)	128	124
普通中学校数(所)	65	64
幼儿园数(所)	152	153
养老院床位数(张)	1186	1169
卫生机构数(个)	272	580
每千人医疗卫生机构床位数(张)	2.00	1.95
每千人执业(助理)医师数(人)	1.71	1.72
每千人注册护士数(人)	0.77	0.93
空气、水、噪声环境质量指数	94.23	96.65

·天津区县年鉴·

附　　录

为民服务热线

滨　海　新　区

区级机关及所属街镇

单　位	电　话
区纪检委	65309891
区法院	66306019
区检察院	25209091
区总工会	25275612
团区委	65305164
区妇联	65305190
区残联	65305691
区工商联	65305177
区发改委	65305353
区经信委	65305809
区商务委	65305892
区教育局	65305835
区科委	65305966
区公安局	65309750
区民政局	65305660
区司法局	65305515
区人力社保局	65309506
区规划国土局	66223565
区建交局	65305300
区环保市容局	65305002
区综合执法局	25866083
区农业局	65305549
区卫生局	65305769
区安监局	65305620
区工商局	65305119
区质量技术监督局	65305448
区食品药品监督管理局	65305706
区行政审批管理办公室	66198788
区信访办公室	25605105
新村街道办事处	25862244
于家堡街道办事处	25861192
新北街道办事处	25226013
新港街道办事处	65770617
杭州道街道办事处	66317501
新河街道办事处	66313611
向阳街道办事处	25862598
大沽街道办事处	65260861
北塘街道办事处	25253496
胡家园街道办事处	25359797
渤海石油街道办事处	66918915
寨上街道办事处	67195478
汉沽街道办事处	25695668
河西街道办事处	25694085
胜利街道办事处	63311018
迎宾街道办事处	25985467
海滨街道办事处	63957412
古林街道办事处	63213875
港西街道办事处	63199111
新城镇政府	25330951
大田镇政府	25695321
茶淀镇政府	25694691
杨家泊镇政府	67257869
太平镇政府	63157600
小王庄镇政府	63129101
中塘镇政府	63278140

塘　　沽

单　位	电　话
城管为民服务中心	961001
卫生监督所	25892577
自来水公司	4006518822
电力公司	95598
煤气公司	66269301
供热管理处	66897043
公交公司	25862000
环保局	25866601
环卫局	66306028
营口道派出所	65300609
中心商务区派出所	65300670
开发区派出所	65300687
新洋治安派出所	65300516
临港治安派出所	65300592
公交治安派出所	65300782

汉　　沽

单　位	电　话
供电	95598
供水	25695880
供气	25695122
供热	25686421
火警	67121510(119)
气象局	25695359
救护站	67127187(120)
防病站	25695440
食品卫生监督所	25695440
人防地震办	25695678

大　　港

单　位	电　话	
大港管委会办公室	25990516	25995555
信访办		25991727
建设和交通局大港分局		25991129
港益供热有限公司		25982454
房管局		25992817
供电公司		63215644
行政许可服务中心		25988890
城管局		63224444
环保和市容市政管理局		63221696
工商大港分局		63101960
物价举报电话		12358
广电局		63388158
中国联通大港分公司		63396444
邮政局		63220111
交警支队	63220820	63221951
消防支队		25991800
技术监督局	25991089	25985248
消费者协会		12315
教育局		25990665
卫生局		25991012
纪检委		63378590
规划大港分局		63214487
大港供水站		63109201
司法局		25990082
法律服务热线		12348
法院	63366011	63366000
检察院举报中心		63222000
民政局		63109908
劳动局		63222631
计生委		63227210
妇联		63221640
残联	63218820	63214484
大港报社		63230881
国税局	25990730	63399019
地税局		63222937
人事局		63385348
科技局		63221296
财政局		63236519
经发局		63393565
文化局		63222995
体育局		63385486
水务局	25991939	25990092
档案机要保密办		63220205
工会		63222280
团委		63101138

天津经济技术开发区

单位	电话
泰达呼叫服务中心	25201111
管委会查号台	25201114
投资服务中心总服务台	25203000
投资促进局	25201835
经济发展局工商分局	25201908
贸易发展局	25202247
财政局	25201218
建设和交通局	25201539
发展和改革局	25202147
科技发展局	25201311
人力资源和社会保障局	25201274
教育文化卫生体育局	25202293
城市管理局	25202749
公用事业局	25201487
安全生产监督管理局	25201209
环境保护局	25201003
国家税务局	25202330
地方税务局	25201084
泰达公证处	25203325
交通运输管理处	25325703
社保开发区分中心	66370790
再就业热线	25202284
法律援助咨询及受理专线	25329148
消费者协会	25320315
社区服务志愿者协会	66299221
泰达图书馆档案馆	25203122
卫生防病站	25204955
泰达国际心血管病医院	65209999
泰达医院	65202000
泰达国际养老院	25326619

天津港保税区

服务热线	84906611

天津滨海高新技术产业开发区

单位	电话
审批办(中心)	83713156　83713076
社保中心	83715670　83717220
劳人局	83715919　83715920
科技局	83715996
城管局	83716245　83715900
消防支队	83717820
财政局	83715916
规划处	83718235　83715950
建环局	83718231
投资服务局	83719101-8402
经发局	83715778
质监局	83715695
工商局	83715931(内资)　5935(外资)
国税局	83716307
地税局	83715631
社会发展局	83715776(白天)
安监局	83715990(白天)
24 小时服务热线	83726666

中 心 城 区

和平区

单位	电话
区政府办公室	23196611
区精神文明办公室	23196216
区台办	23196288
区综治办	23196276
区委党校	27301400
区委老干部局	23140555
区总工会	23196865
团区委	23196877
区妇联	23196015
区文联	27116045
区工商联	27237956
区侨联	27219379
区残联	27256260
区红十字会	27300545

区档案局	27112689
区新闻中心	23127339
区有线电视中心	23122066
区政协办公室	27116426
区法院	27835000
区检察院	23396008
区法制办	23196816
区民宗侨办	23196788
区市容园林委	23196882
区科委	23196222
区人口计生委	23196778
区合作交流办	23266900
区信访办	23196559
区繁华办	27123678
区人力资源和社会保障局	58117680
区教育局	27110457
区文化和旅游局	23337800
区卫生局	23195333
区体育局	23143996
区民政局	23140566
区老龄委	23040581
区环保局	23033630
区市政管理局	23116712
区综合执法局	27113415
区房管局	23399569
区质监局	23040133
工商行政管理局	87811918
行政审批管理办公室	23196318
区市民服务中心	27287601
区人才交流服务中心	27301306
公安和平分局	27114431
交管和平支队	23398244
消防和平支队	27819720
劝业场街道办事处	27110208
体育馆街道办事处	23392822
南市街道办事处	27221562
小白楼街道办事处	23306170
新兴街道办事处	23358620
南营门街道办事处	27810963

河西区

单 位	电 话
区市容园林委	23278513(昼夜)
执法大队市容环境投诉办理中心	88113008(昼夜) 88111008(昼夜)
区建委	23278036 23278801 23278025(昼夜)
区供热办公室	23278043 23278044
市广电网络总公司	96596
广电网络河西分公司	28331118 28330118(昼夜)
区房管局	28377778(昼夜)
区房屋抢修中心	28307778(昼夜)
区市政局	23392495(昼夜)
区市政局监理所	88252975
区市政道路管理所	28335837
区市政局排水管理所	83815582(昼夜)
区环保局	28013698(昼夜)
区环卫局	28385601(昼夜)
工商河西分局	28365172(昼夜) 28365190(昼夜)
区民政局	28337039(昼夜)
区经济发展局	23278805
区卫生局	23278725(白天)
区公共卫生监督所	28249988(白天)
区文化局	23278815(白天)
区文化局稽查队	23278809
区教育局	28302310(昼夜)
区技术监督局	88227100(昼夜)
燃气河西营业所	88293576(昼夜)
自来水第五营销分公司	23149999(昼夜) 28341958
排水五所	28354354(昼夜)
城南供电局	28246208 或 95598
市供热办	23284009(昼夜)
市津安热电公司	23285550(昼夜)
区城安热电公司	58835000
市热电公司	23024567(昼夜)
市热力公司	23010538(昼夜)
公安河西分局	23394890(昼夜)
交警河西支队	28115853(昼夜)
规划和国土资源处	23288237(昼夜)
市防汛办公室	23333708
区商贸旅游局	23278761
下瓦房街道办事处	23261040(白天) 23260779(夜间)
大营门街道办事处	23240777(白天) 23240781(昼夜)
马场街道办事处	23350679(昼夜) 23350873(夜间)
天塔街道办事处	23345973(昼夜)
友谊路街道办事处	28351683(昼夜)
东海街道办事处	28380169(昼夜)
尖山街道办事处	28333504(昼夜)

陈塘庄街道办事处	28199117(昼夜)
柳林街道办事处	28196526(昼夜)
挂甲寺街道办事处	28221143(昼夜)
桃园街道办事处	23278300(昼夜) 8308办
越秀路街道办事处	28273030(昼夜) 28273029(昼夜)
梅江街道办事处	88388767(白天) 88388763(昼夜)

河东区

单 位	电 话(专线电话/夜间值班电话)
区建委	24387895/24130043
区市容园林委	58811870
区商务委	24313896/24149230
区科委	24311659/24312164
区发展改革委	24212788
区信访办	24210375
区人防办	24223273/24304582
区法制办	24301733
区综合开发办	24304613
区房管局	24307778/24307778
区审计局	24160423/24160423
区民政局	24121245/24382350
区司法局	24314382 24150148/24150148
区文化局	24125574/24126402
区环卫局	24328920/24328920
区卫生局	24124619/24310354 81499739
区教育局	24127718/24127718
区体育局	24148382/24380389
区市政局	24148639 24125723/24389836 24125945
区劳动保障局	60891273 60891255/24382032
区财政局	24313930/24310347
工商河东分局	24137308/24138011
区环保局	24160439/24160439
区技术监督局	24020618/24020604
公安河东分局	24329680 24329679/24329680 24329679
区国税局	24314379/24314379
区地税局	/24127234
区残联	24123975/24123975
规划河东分局	24020230/24020224
交警河东支队	24335600/24335600
区综合执法局	24342959/24342959
消防河东支队	58991866转838/58991866转838
区有线电视中心	96596/96596
区供热办	24312316
区防汛办	24125945/24125945
区节水办	24315781/24120727
区拆迁办	24493768
区市场办	24219308/24219308
区排管所	24137241
区消费者协会	24310315
河东煤气营业所	24388065/24315487
自来水服务中心	23149999/23149999
市自来水二分公司	26432122/26432122
自来水公司新开路收费所	24417731
市电力局服务专线	95598/95598
城东供电局	84408228/84408228
排水四所	24320961/24320961
市燃气管理所	27301276/27306663
路灯处	24340230
大王庄街道办事处	24250238/24250196
上杭路街道办事处	24660012/24660012
东新街道办事处	24672110/24673081
富民路街道办事处	84330106/84330106
大直沽街道办事处	24314320/24310577
鲁山道街道办事处	24681487/24681487 24680008
常州道街道办事处	24342020/24342020
中山门街道办事处	84330119/84330122
向阳楼街道办事处	24340814/24340814 24344062
春华街道办事处	24414218/24414218
唐家口街道办事处	24491798/24493937
二号桥街道办事处	84371639/84371629

南开区

单 位	值班电话(昼/夜)
区政府热线	27361913
区法院	27350562/27354648
区新闻中心	87724200/87724230
公安南开分局	27601111
交管南开支队	27369994
消防南开支队	27629988-8000
工商南开分局	12315
区规划分局	85682003/85682211-206
区技术监督局	27023123/27023112
区建委	27382828/27380680
区市容园林委	27451895/27380586
区商务委	27638580/27638411
区人力社保局	27381338

区教育局	27459970
区民政局	27693402/27693395
区卫生局	27429932/27429936
区房管局	27438700/27497778
区市政局	27453380/4006-222-118
区排水队	27363697
排水二所	27022207
区环卫局	27686523
区环保局	27366533
区文化局	27631800
区综合执法局	27421196
区招商合作办	27586676
区信访办	27585256
区供热办	27431168
区人防办	27370278/27375270
区粮食办公室	23668961
区行政许可中心	27280056/27280086
南开科技园	87891011/87890056
区残联	27457064/27457070
区配套办	27474921
区节水办	27380131
区旧楼改造整修办	27022093
津西供电	95598
区有线台	96596
南开网络	96596
区开发公司	27495561
服装街管委会	27355740/27354175
南开煤气所	23007566
天津市煤气调度中心	23011222
区煤建公司	23667998
区防汛指挥部	27365248
区卫生防疫站	27616458/27618179
区动物检疫站	28267966
区消费者协会	27560315
华苑街道办事处	23730054/23730051-101
嘉陵道街道办事处	27612944/27612943
万兴街道办事处	27457171
兴南街道办事处	27223408
体育中心街道办事处	23919100
向阳路街道办事处	27632996/27632276
学府街道办事处	27497590/27497545
水上公园街道办事处	23627844/23627852
广开街道办事处	27458009/27458001
长虹街道办事处	60221878/60220922
鼓楼街道办事处	27272699/27273412
王顶堤街道办事处	23366851/23364480

河北区

单 位	电 话
区个体劳协	24214364
区纪检办公室	26296146
区法院	26243688
区司法局	26292206
区检察院	26360381-8509
公安河北分局	26462567
交警河北支队	24030901
消防河北支队	26365813
区新闻中心	26263984
区国税局	24462938
区地税局	24467055
区供热办公室	26472352
区房管局	26293614
区环卫局	26236401
区环保局	26298001
区工商局	26321318
区卫生局	26278946
区商务委	26472317
燃气集团河北营业所	26026036
区市政局	26293188
区安监局	26296209
区质监局	26011936
区人力社保局	26242826
区档案局	26296352
区教育局	26288180
区民政局	24554034
区审计局	26296166
区文化旅游局	26296133
区消费者协会	26220315
区节水办公室	26242315
区市容园林委	26296611
区信访办公室	26296121
区建委	26242308
区司法专线	12348
区残联	26292133
规划河北分局	26355688
意式风情区管委会	24451446
区卫生监督所	26473043

自来水五站	26321256
排水三所	26022328
自来水河北营业所	24574501
供水服务部	23149999
供电局河北所	26435717
城东供电所	95598
路灯管理所	24406110
北站地区管理办公室	26452745
区综合执法局	26435403
大悲院管委会	26295763
新开河街道办事处	26636314
铁东路街道办事处	26727033
光复道街道办事处	24464604
江都路街道办事处	24550679
月牙河街道办事处	26154114
鸿顺里街道办事处	26236188
望海楼街道办事处	26246615
宁园街道办事处	26464064
王串场街道办事处	26472000
建昌道街道办事处	26154315

红桥区

单 位	昼	夜
区建委	86516850	86516863
区供热办	86513767	86513760-1
区市容委	86516775(昼夜)	
区商务委	86516160(昼夜)	
区计生委	86516071	
区信访办	86510137	
区法制办	86516092	
区房管局	27599005	27593116
区环保局监察支队	86516702	86516700(夜间及节、假日昼夜)
区市政局	86570705	86510712
工商红桥分局	26372357(昼夜)	
区民政局	86516219	
区卫生局	86516271	27339988
区教育局	26372001(昼夜)	
区文化局	86515275	
区人力社保局	86516650	86516676
区发展改革委	86516300	12358
区质监局	27730155	13820556299
公安红桥分局	27323400(昼夜)	
区监察局	86516348	
区司法局	27252298(昼夜)	
区档案局	86516357	86516363
区房产总公司	26033915	26033916
区开发总公司	86516800	86516863
区残联	26560598	26546153
规划红桥分局	27729985	27729990
交警红桥支队	27716993(昼夜)	
区执法大队	26568901	86516783
广电网络红桥分公司	26372059(昼夜)	
消防红桥支队	27710167	27710183
区法院	86516449	26578100
区检察院	26532000	27523174
		26544481
		26523174
区旧楼办	27725073(昼夜)	
区环境建设公司	27725093	27730792
区政府办	26371527(昼夜)	
区老干部局	86516356	
区行政许可中心	86516097(昼夜)	
区献血办	86516252	
区体育局	26521268(昼夜)	
区安监局	86516172	
区财政局	86516600	86516639
区审计局	86516198	
区人防办	27598020(昼夜)	
区招商办	86516066	13820878382
区民宗办	86516105	86516109
区综治办		86516409
区科委	86516961	86516963
市房管局供热(负责红桥)		23110364
市房信集团供热(负责红桥)		23395935
社保基金管理红桥分中心		86520332
双环邨街道办事处	26654462(昼夜)	
咸阳北路街道办事处	86513831	86516246
芥园街道办事处	27580466	27580447
三条石街道办事处	87738917	87736022
丁字沽街道办事处	86513508	86516137
西沽街道办事处	86513560	86513580
西于庄街道办事处	86513600(昼夜)	
邵公庄街道办事处	27326896	27320181
铃铛阁街道办事处	27560915	18920365081
大胡同管委会	27352640	27273035-602

环城四区

东丽区

单 位		电 话
区委办公室		84375861
区政府办公室		84375008
区政府热线		24390795
区人大常委会办公室		84375227
区政协办公室		84375500
区纪委监察局		84375996
区委组织部		84375890
区委宣传部		84375896
区委统战部		84375883
区法院		24390800
区检察院		24390172
区委政法委		84375893
区委党校		24390635
区老干部局		84375194
区武装部		24392148
区总工会		84376793
团区委		24390958
区妇联		84375882
区工商联		84375985
区商务委		84375270
区法制办		84375667
区信访办	84375162	84376594
区财政局		84375562
区发展改革委		84375020
区国资委		84376641
区民政局		84375391
区残联		84375907
区科委(科协)		24996819
区农经委		84376595
区人口计生委		84375131
区合作交流办		24982759
区建委		24391128
区市容园林委		24945294
区工业经委		84375486
区人防办(地震办)		84376854
区畜牧水产服务中心		84375825

区农业技术推广服务中心	84375677
区水务局	24983323
区金融服务办公室	84375032
区文化广播电视局	24390913
区教育局	84375705
区体育局	84375801
区卫生局	84375340
食药监东丽分局	84376515
区安监局	84375497
区审计局	84375347
区质监局	84375979
区统计局	84375242
区运管局	84370967
区档案局	84375897
区人力社保局	24390233
区环保局	84375771
区房管局	84375199
工商东丽分局	84375926
工商东丽分局举报热线	84371168
区国税局	84375085
区地税局	58186008
区新闻中心	24958964
规划东丽分局	84375679
市国土资源局东丽分局	24985050
区司法局	84375812
东丽湖管委会	24880668
公安东丽分局	24960407
东丽经济开发区管委会	24990531
区综合执法局	84375014
区供销社	24390160
东丽宾馆	84808955
区审批办	24980599
区人口服务管理中心	24981925
今日东丽报社	84374338
区服务滨海委	58775810
区空港经济区管委会	25763929
东方财信	24993818
滨丽公司	84370811
城投集团公司	84375121
重机工业园区	24362388

军粮城工业园区	84366031
华明工业园区	58552779
华明示范镇管委会	58552822
东丽排水处	24360339
交警东丽支队	24998220
消防东丽支队	24967900-0
市公路局东丽分局	24971127　24862000
区城市化办	84375003
区路障队	84933916
区邮电局市场部	84373099
区宽带网络公司	24978899
东丽有线电视网络公司	24966637
天津铁路通讯	26180726
区供电局	24950408
区电话局	24391000
区煤气站	24390801
区供热站	24393734
张贵庄街道办事处	84371570
丰年村街道办事处	84931343
无瑕街道办事处	24360652
万新街道办事处	24375278
新立街道办事处	24993464
华明街道办事处	58552777
金钟街道办事处	26791434
军粮城街道办事处	84968504
金桥街道办事处	84893387

西青区

单　位	电　话
区政府值班室	27392411
区新闻中心	27392459
公安西青分局值班室	27392592
区信访办	27940057
区物价举报中心	12358
区检察院举报中心	27932000
区法院诉讼服务中心	27949116—624
区食品药品监管局	27944591
区政府金融服务中心	27929911
区行政许可服务中心	27949836
区邮电局	27391102
西青通信分公司	23710611
公路局西青分局	27392479
西青供电局	23917456
杨柳青供电所	27945990
杨柳青火车站	27391171
杨柳青汽车站	27391381
杨柳青发电厂	84505467
杨柳青水厂	27392324
西青煤气站	27391560
西青医院(总机)	27391697
空军464医院(总机)	23380395
空军水上村医院	23341082
271医院(总机)	84665114
李七庄街道办事处	23384094
西营门街道办事处	27982005
杨柳青镇政府	27392205
张家窝镇政府	87983344
中北镇政府	27392844
辛口镇政府	27991933
大寺镇政府	23971295
王稳庄镇政府	23990146
精武镇政府	23982026

津南区

单　位	电　话
区政府值班室	28391894
区天然气站	28390819
区电力公司电力服务	95598
区自来水公司	88913333
区防汛办	28392232
区供热办	28514192
区地震办	28390728
区供电分公司	28390853
广电网络有限公司津南分公司	
办公室	28543228
值班室	28521234
区教育局	88511000
区政府热线	88512345
工商津南分局	28390920
区信访办	28398084
咸水沽医院	88912404
区疾病预防控制中心	28562233
公安津南分局	28511111
区中医医院	88913526
区妇幼保健院	28391237
航空、铁路售票	28515191

劳动保障咨询热线	12333
法律援助热线	12348
咸水沽镇政府	28390862
小站镇政府	88615089
双港镇政府	28581842
八里台镇政府	88521590
双桥河镇政府	88659373
葛沽镇政府	28690087
北闸口镇政府	88538495
辛庄镇政府	88532225
长青办事处	28224221

北辰区

单 位	电 话
区劳动和社会保障局	
劳动保障监察	26391044
职业技能培训	26819160
劳动争议仲裁	26391575
职业介绍服务中心	26812543
人力资源服务中心	26812542
区行政许可服务中心	
中心大厅	86814791
服务热线	88908890
区民政局	
热线	26391153
社会救济科	26393615
婚姻登记	26390673
区市容委	
热线	26392012
市容管理	26822866
环境卫生管理监察	26392019
区物价局	
热线	26391644
价格管理	26394171
区环境保护局	
热线	86819110
污染防治	26392018
工商北辰分局	
热线	26913936
消费者协会	86810315
食药监北辰分局	
市场监督	26916773
区房管局	
热线	26391171
供热办	26837121
拆迁办	26397654
交易大厅	26826841
交警北辰支队	
热线	86888005
事故科	86888013
区教育局	
热线	26390666
考试中心	26824737
区卫生局	26390197
公安北辰分局	26390505
区综合执法局	26390809
区国土资源局	26817329
区建设管理委员会	26390350
区农业经济委员会	26390184
区发展计划委员会	26391119
区商业委员会	26391107
果园新村街道办事处	26390724
集贤里街道办事处	26391421
普东街道办事处	26737145
瑞景街道办事处	26686792
天穆镇政府	26630968
北仓镇政府	26390250
双街镇政府	26970950
双口镇政府	86835765
青光镇政府	26951957
小淀镇政府	26990461
宜兴埠镇政府	26301250
大张庄镇政府	86853725
西堤头镇政府	86849973

远 郊 区 县

武清区

单 位	电 话
区政府	82138801
区农委	82138860
区商务委	82138856
区发改委	82138827
区信访办	82111053
区档案局	29341066
区人口计生委	29342484
区行政审批办	82132233
武清开发区	82115688
武清海关	84202618
区建委	29341494
区人防办	29341534
区市容园林委	29342048
区综合执法局	59623333
区房管局	29341968
区规划局	82100610
区国土局	82111566
区交通局	82191929
区供电公司	82110918
区环保局	22173009
区邮电局	29320005
区农业局	29341331
区林业局	29581328
区水务局	29341218
区畜牧局	29341273
区农机局	29341874
区气象局	82163868
区审计局	29341893
区财政局	22173300
区国税局	82191300
区地税局	82120032
区统计局	29332847
区物价局	29341060
区质监局	29341346
区工商局	29341565
区粮食局	82107201
区烟草局	82111173
区公安局	82167101
区检察院	29341542
区法院	29341071
区司法局	82112083
区人力社保局	29342320
区民政局	29341871
区科委	59610216
区新闻中心	82117218
武清资讯	82130280
区卫生局	22106606
区食药监局	82129709
区文化广电局	29342567
区教育局	82171820
区体育局	29342215
区工经委	59623800
区安监局	82125008
区广电网络公司	29360000
区社保中心	29334603
区消防队	29342093
区人才市场	82122053
区行政许可服务中心	82132233
区建委建筑工程质量监督站	29343783
区房管局产权市场管理科	29345107
区国土局地籍管理科	82115211
区交通局公路运输管理所	82175840
区供电公司客户服务中心	29329791
区林业局林政科	29582253
区国税局征收大厅	82191370
区地税局征收大厅	82120017
区质监局质检所	29330842
区工商局机关服务大厅	29347710
区公安局服务办证大厅	82167187
区司法局公证处	82112941
区劳动局劳动力市场	59618750
区民政局婚姻登记科	29345598
杨村街道办事处	82105802
徐官屯街道办事处	29446929

东蒲洼街道办事处		59621399
黄庄街道办事处		59610601
下朱庄街道办事处		59699109
大碱厂镇政府		82219023
崔黄口镇政府		29571185
梅厂镇政府		29534090
上马台镇政府		82289309
大良镇政府		29561038
河北屯镇政府		22275295
下伍旗镇政府		22289169
南蔡村镇政府		29411224
泗村店镇政府		29425634
大孟庄镇政府		22261168
河西务镇政府		29439339
城关镇政府		29461062
大王古庄镇政府		22192002
东马圈镇政府		29471652
黄花店镇政府		29481260
石各庄镇政府		22159180
陈咀镇政府		22146411
王庆坨镇政府		59619500
汊沽港镇政府		29491251
曹子里乡政府		29559019
大黄堡乡政府		82241011
白古屯乡政府		22186067
高村乡政府		22221502
豆张庄乡政府		22167576

宝坻区

单　位		电　话
区政府办公室	29242220	29241328
区城市建设委员会		29241440
区民政局		29241835
区交通局		29241641
区国税局		29241159
区地税局		29242644
区司法局		29241517
区档案局		29241986
区法院		29241195
区检察院		29262809
区审计局		29241493
区邮政局		29225038
区劳动局		29241428
区粮食局		29241381
区农业局		29241049
区畜牧水产局		29241837
区林业局		82622920
区水务局		29241095
区财政局		29241196
区统计局		29242875
区供电局	29241017	29241722
区电信局		82680000
区环保局		29241587
区环卫局		29241830
区房管局		82661347
区教育委员会		29241233
区城管办公室		29236314
公安宝坻分局		29241551
区物价局		29243026
工商宝坻分局	29241430	29243129
区技术监督局		59218900
区广播电视局		29241916
区商业委员会		29243851
海滨街道办事处		29241239
宝平街道办事处		29241813
钰华街道办事处		82656161
霍各庄镇政府		22517599
史各庄镇政府		22578343
高家庄镇政府		22536704
牛道口镇政府		22558101
大口屯镇政府		29689411
马家店镇政府		59219123
新开口镇政府		29611041
郝各庄镇政府		29679010
大白庄镇政府		29660208
大唐庄镇政府		29657908
周良庄镇政府		22499467
王卜庄镇政府		82517853
方家庄镇政府		82447547
口东镇政府		22568594
林亭口镇政府		82538463
八门城镇政府		82567111
大钟庄镇政府		82428606
新安镇政府		82469107
牛家牌镇政府		29635183

尔王庄镇政府	22469832
黄庄镇政府	82579107

宁河县

单　位	电　话
县政府办公室	69591458
县行政许可服务中心	69598890
县政府信息公开查阅中心	69579003
县档案局办公室	69591398
公安宁河分局	69591252
芦台派出所	69591457
工商宁河分局	69591358
县交通局	69591971
县市容环境卫生管理委员会	69592446
县环保局	69591471
县物价局	69591028
县人力社保局	69591514
社保宁河分中心医疗保险科	69585353
宁河供电有限公司	69570016
县城关供电营业所	69589098
县广播电视局	69591347
县有线电视台	69592341
市广电网络公司宁河分公司	69580925
县城乡建设委员会	69591556
县民政局	69591418
县畜牧水产局	69591426
县信访办公室	69591876
县水务局	69591037
县卫生局	69591817
县新型农村合作医疗办公室	69119255
县规划局	69591555
县技术监督局	69591631
县法律服务专线	9148
县集中供热工程公司(维修队)	69599679
市燃气集团第三销售公司宁河分公司	69118777
天津华燊燃气有限公司	69569976
县供水站	69592270
县救护站	69591917
县消费者投诉热线	12315
县房地产开发公司	69593447
浩地凤凰城	69586666
县安驰物业管理中心	69591654
光明小区物业	69584630
幸福小区物业	69118810
华翠小区物业	69564083
中国移动天津有限公司宁河分公司	69563300
中国网通(集团)有限公司宁河分公司	69160001
北方电信有限公司宁河分公司	59310001
芦台镇政府	69591741
丰台镇政府	69489064
潘庄镇政府	69529106
七里海镇政府	69539117
岳龙镇政府	69251504
苗庄镇政府	69221000
板桥镇政府	69469254
造甲城镇政府	69519262
宁河镇政府	69419174
东棘坨镇政府	69379801
大北涧沽镇政府	69549033
俵口乡政府	69331001
廉庄子乡政府	69459704
北淮淀乡政府	69321754

静海县

单　位	电　话
县政府办公室	68612176
县信访办公室	68612696
县防范办公室	68611373
县法律援助中心	28916885
县政府为民服务专线	68612060
县监察局举报中心	68613713
县政府纠风办公室	68611140
县打假办公室	28914042
公安静海分局	28942821
县检察院举报中心	28932000
县反贪局	28942381
县反渎职侵权局	28944110
县消费者协会	28940315
县劳动保障服务中心	28911072
县职业介绍服务中心	28910217
县人才交流中心	28949308
天津市仲裁委员会静海调解中心	28934427
县环保局	28942397
县建设工程质量监督站	28941152

单位	电话
县供电有限公司	28942193
县规划土地管理局	28945141
县开发区办公室	68609512
团泊风景区	68581011
静海镇政府	28942891
独流镇政府	68815045
唐官屯镇政府	68360001
王口镇政府	28836175
子牙镇政府	28859314
沿庄镇政府	68771000
台头镇政府	68139015
大邱庄镇政府	28899495
团泊镇政府	68504012
大丰堆镇政府	68663009
蔡公庄镇政府	68565825
西翟庄镇政府	68371140
双塘镇政府	68865002
陈官屯镇政府	68761000
梁头镇政府	68969045
中旺镇政府	68531094
良王庄乡政府	68120168
杨成庄乡政府	68651015

蓟 县

单 位	电 话
县政府办公室	29142355
县发改委	29142419
县农工委	29142112
县商务委	29142419
县科委	29142419
县法制办	29141608
县信访办	29142419
县人力社保局	82862113
县民政局	29142206
县统计局	29141662
公安蓟县分局	82863044
县司法局	82862385
县人民法院	82853001
县人民检察院	82826001
县农业局	29142129
县林业局	29142189
县水务局	29142617
县财政局	29142212
县国税局	29142720
县地税局	29141203
工商蓟县分局	82862510
县审计局	29142945
县开发区	29899599
县工业总公司	29142118
县交通局	29142737
县供电局	29142529
县环保局	82869001
县技术监督局	29142406
县文广局	29142045
县教育局	29142619
县卫生局	82829001
县体育局	82862115
县人口计生委	29141674
县档案局	29142734
县药检分局	29145622
县地矿局	29141819
县规划局	29146846
县房管局	29140364
县旅委	29142566
盘山管理局	29826000
长城管理局	22718106
八仙山管理局	22711044
县建委	29142691
县安监局	29142040
县市容委	29143475
农发银行	29120330
农业银行	29142595
建设银行	29142184
工商银行	29141875
中国银行	29143126
信用联社	29138643
蓟县海关	29145946
渔阳宾馆	29142814
挂月集团	29858164
县委党校	82861625
县人民武装部	29142921
县总工会	82828300
县残联	29141033
县老龄委	82869920
县工商联	29141857

县街道办	29142368	侯家营镇政府	22832017
渔阳镇政府	29142109	桑梓镇政府	22843113
泗溜镇政府	29899018	东施古镇政府	82743024
官庄镇政府	29821651	下窝头镇政府	82782009
马伸桥镇政府	29738547	杨津庄镇政府	29860008
下营镇政府	29718054	出头岭镇政府	59160900
邦均镇政府	29818284	西龙虎峪镇政府	22750798
别山镇政府	29779381	穿芳峪镇政府	22762019
尤古庄镇政府	59163001	东二营镇政府	22852007
上仓镇政府	29858105	许家台镇政府	22820258
下仓镇政府	29878624	礼明庄镇政府	82791505
罗庄子镇政府	29728544	东赵各庄镇政府	82731005
白涧镇政府	22879261	孙各庄满族乡政府	22741047
五百户镇政府	29792002		

天津市部分医院一览表

天津市二级以上医院一览表

机 构 名 称	卫生机构类别代码	地 址	邮政编码
天津市公安医院	综合医院	天津市和平区南京路78号	300042
天津市职工医院	疗养院	天津市和平区大理道60号	300050
天津市天和医院	专科医院	天津市和平区睦南道122号	120101
天津医科大学总医院	综合医院	天津市和平区鞍山道154号	300052
天津铁厂职工医院	综合医院	河北省涉县天津铁厂职工医院	056404
天津医科大学口腔医院	口腔医院	天津市和平区气象台路12号	300070
天津市口腔医院	口腔医院	天津市和平区大沽北路75号	300041
天津市眼科医院	眼科医院	天津市和平区甘肃路4号	300020
天津医科大学眼科中心	眼科医院	天津市和平区同安道64号	300070
天津市胸科医院	胸科医院	天津市和平区西安道93号	300051
中国医学科学院血液病医院	血液病医院	天津市和平区南京路288号	300020
天津市中心妇产科医院	妇产医院	天津市和平区营口道146号	300052
天津市和平区妇产科医院	妇产医院	天津市和平区赤峰道73号	300041
天津医科大学代谢病医院	其他专科医院	天津市和平区同安道66号	300070
天津市第三中心医院	综合医院	天津市河东区津塘公路83号	300170
天津医科大学第二医院	综合医院	天津市河西区平江道23号	300211
天津市第四医院	专科医院	天津市河西区小海地微山路4号	300222
天津市河西区柳林医院	综合医院	天津市河西区下河圈口	300222
天津市河西区中医医院	中医医院	天津市河西区5号路6号	300201
天津市河西区口腔医院	口腔医院	天津市河西区广东路37号	300203
天津市肿瘤医院	肿瘤医院	天津市河西区体院北环湖西路	300060
天津市河西区妇产科医院	妇产医院	天津市河西区宁波道12号	300202
天津市儿童医院	儿童医院	天津市河西区马场道225号	300074
天津市安定医院	精神病医院	天津市河西区吴家窑大街39号	300074
天津市天津医院	骨科医院	天津市河西区解放南路406号	300211
天津市环湖医院	其他专科医院	天津市河西区气象台路122号	300060
天津市新生医院	综合医院	天津市南开区红旗南路凌庄子水厂西	300381
天津市民政局老年病医院	专科医院	天津市南开区咸阳路52号	300111
天津大学医院	综合医院	天津市南开区卫津路92号	300072

续表

机　构　名　称	卫生机构类别代码	地　　址	邮政编码
天津市第一中心医院	综合医院	天津市南开区复康路 24 号	300192
天津市南开区王顶堤医院	综合医院	天津市南开区王顶堤林苑中路	300191
天津市天拖医院	综合医院	天津市南开区天拖宿舍 7 号楼	300190
天津中医药大学第一附属医院	中医医院	天津市南开区鞍山西道 314 号	300193
天津市南开区中医医院	中医医院	天津市南开区广开新街 28 号	300102
天津市中西医结合医院	中西医结合医院	天津市南开区三纬路 122 号	300100
天津市第二人民医院	传染病医院	天津市南开区苏堤路 75 号	300192
天津市民政局残疾儿童康复中心	其他专科医院	天津市南开区五马路 18 号	300100
天津市第二医院	综合医院	天津市河北区中山路 296 号	300141
天津市第四中心医院	综合医院	天津市河北区中山路 3 号	300140
天津市第一医院	综合医院	天津市河北区光明道 6 号	300010
天津市第三医院	综合医院	天津市河北区江都路 24 号	300250
天津中医药大学第二附属医院	中医医院	天津市河北区真理道 816 号	300150
天津市河北区妇产科医院	妇产医院	天津市河北区革新道 15 号	300150
天津市公安局安康医院	精神病医院	天津市河北区建昌道 34 号	300240
天津市人民医院	综合医院	天津市红桥区芥园道 130 号	300121
天津市红桥医院	综合医院	天津市红桥区丁字沽一号路 44 号	300131
天津市红桥区中医医院	中医医院	天津市红桥区西于庄城防里大街 35 号	300132
天津市中医药研究院附属医院	中医医院	天津市红桥区北马路 354 号	300120
海洋石油总医院	综合医院	天津市滨海新区塘沽闸北路 10 号	300452
天津市泰达医院	综合医院	天津经济技术开发区第三大街	300457
天津市塘沽区大华医院	综合医院	天津市滨海新区塘沽滨河道 68 号	300455
天津市永久医院	综合医院	天津市滨海新区塘沽东大街 7 号	300450
天津市滨海新区塘沽响螺湾医院	综合医院	天津市滨海新区塘沽河南路 8 号	300455
天津港口医院	综合医院	天津市滨海新区塘沽新港二号路	300456
天津市第五中心医院	综合医院	天津市滨海新区塘沽西半圆路 3 号	300450
泰达国际心血管病医院	心血管病医院	天津经济技术开发区第三大街 61 号	300457
天津市滨海新区塘沽传染病医院	传染病医院	天津市滨海新区塘沽胡家园三爱里 109 号	300454
天津市滨海新区汉沽医院	综合医院	天津市滨海新区汉沽河西医院路 28 号	300480
天津长芦汉沽盐场有限责任公司职工医院	综合医院	天津市滨海新区汉沽前坨 1 号	300480
天津市滨海新区汉沽中医医院	中医医院	天津市滨海新区汉沽牌坊街 40-42 号	300480
大港油田总医院	综合医院	天津市滨海新区大港 3 号院	300280
天津华兴医院	综合医院	天津市滨海新区大港生活区	300270
天津市滨海新区大港医院	综合医院	天津市滨海新区大港石化路一号	300270
天津市滨海新区大港社区医院	综合医院	天津市滨海新区大港	300270
天津市滨海新区大港中医医院	中医医院	天津市滨海新区大港生活区	300270
天津市东丽区军粮城医院	综合医院	天津市东丽区军粮城镇	300301

续表

机 构 名 称	卫生机构类别代码	地 址	邮政编码
天津市东丽区东丽医院	综合医院	天津市东丽区张贵庄立交桥东	300300
天津市东丽区中医医院	中医医院	东丽区东丽区张贵庄先锋路 32 号	300300
天津市民政局安宁医院	精神病医院	天津市东丽区津塘公路永平巷 20 号	300300
天津市西青医院	综合医院	天津市西青区西青道 403 号	300380
天津市海河医院	综合医院	天津市津南区津沽公路双港镇	300350
天津市津南区咸水沽医院	综合医院	天津市津南区咸水沽津沽路 120 号	300350
天津市北辰医院	综合医院	天津市北辰区北医道 7 号	300400
天津市北辰区中医医院	中医医院	天津市北辰区京津公路拜泉里南	300400
天津天穆骨科医院	骨科医院	天津市北辰区津京公路 254 号	300400
天津市武清区第二人民医院	综合医院	天津市武清区杨村镇招商场	301700
天津市武清区人民医院	综合医院	天津市武清区杨村镇雍阳西道 100 号	301700
天津市武清区中医医院	中医医院	天津市武清区杨村镇机场道 10 号	301700
天津市宝坻区人民医院	综合医院	天津市宝坻区广川路 8 号	301800
天津市宝坻区中医医院	中医医院	天津市宝坻区南关大街 115 号	301800
天津市宁河县医院	综合医院	天津市宁河县	301500
天津市宁河县中医医院	中医医院	天津市宁河县芦台镇新华道 30 号	301500
天津市静海县医院	综合医院	天津市静海县胜利南路 14 号	301600
天津市静海县中医医院	中医医院	天津市静海县静海镇东方红路	301600
天津市蓟县人民医院	综合医院	天津市蓟县兴华大街 16 号	301900
天津市蓟县中医医院	中医医院	天津市蓟县鱼阳南路 19 号	301900
天津市职业病防治院	专科疾病防治医院	天津市河东区新开路 55 号	300011
天津市干部疗养院	疗养院	天津市南开区育梁道 2 号	300191
天津市南开区三潭医院	综合医院	天津市南开区三潭路 50 号	300193
天津市水阁医院	妇产医院	天津市南开区北城街 1256 号	300120
天津市黄河医院	综合医院	天津市南开区黄河道临潼路	300160
天津市河东区妇产科医院	妇产医院	天津市河东区八纬路 22 号	300120
天津市河西区康复医院	康复医院	天津市河西区大沽南路 365 号	300202
天津市滨海新区塘沽中医医院	中医医院	天津市滨海新区塘沽杭州道 90 号	300451
天津市宝坻区妇产科医院	妇产医院	天津市宝坻区城关镇围津路 8 号	301800
天津市民政局复员退伍军人精神病疗养院	疗养院	天津市静海县胜利南路	301600

天津市学校名录

2011年天津市高校名录

校　　名	地　　址	邮　编	电　话	校　长
南开大学	天津市南开区卫津路94号	300071	022-23508206	饶子和
天津大学	天津市南开区卫津路92号	300072	022-27403536	龚　克
天津科技大学	天津市河西区大沽南路1038号	300222	022-28340538	曹小红
天津工业大学	天津市河东区成林道63号	300160	022-24528000	杨庆新
中国民航大学	天津市东丽区滨海国际机场	300300	022-24092104	吴桐水
天津理工大学	天津市南开区红旗南路263号	300191	022-60215678	马建标
天津农学院	天津市西青区津静路22号	300384	022-23792065	程治山
天津医科大学	天津市和平区气象台路22号	300070	022-23542636	郝希山
天津中医药大学	天津市南开区鞍山西道312号	300193	022-59596111	张伯礼
天津师范大学	天津市西青区宾水西道393号	300387	022-23766666	高玉葆
天津职业技术师范大学	天津市河西区大沽南路1310号	300222	022-88181500	孟庆国
天津外国语大学	天津市河西区马场道117号	300204	022-23282310	修　刚
天津商业大学	天津市北辰区津霸公路东口	300134	022-26651929	刘书瀚
天津财经大学	天津市河西区珠江道25号	300222	022-28341570	张嘉兴
天津体育学院	天津市河西区卫津南路51号	300381	022-23012708	姚家新
天津音乐学院	天津市河东区十四经路9号	300171	022-24310376	徐昌俊
天津美术学院	天津市河北区天纬路4号	300141	022-26241712	姜　陆
天津城市建设学院	天津市西青区津静路26号	300384	022-23085000	朱世和
天津天狮学院	天津新技术产业园区武清开发区源泉路15号	301700	022-82112575	李杨威
天津职业大学	天津市北辰区丰产北道2号	300410	022-60585269	董　刚
天津中德职业技术学院	天津市南开区育梁道3号	300191	022-23010335	李大卫
天津滨海职业学院	天津市塘沽海洋高新区庐山道1101号	300451	022-25215008	马连华
天津工程职业技术学院	天津市大港区幸福路51号	300280	022-25924581	张西江
天津青年职业学院	天津市南开区水上公园路43号	300191	022-23627667	王胜利
天津渤海职业技术学院	天津市河西区九连山路11号	300221	022-88250579	韩　伟

续表

校　名	地　址	邮 编	电 话	校 长
天津电子信息职业技术学院	天津市红桥区光荣道大新街 183 号	300132	022-26583688	云景乾
天津机电职业技术学院	天津市红桥区竹山路 7 号	300131	022-26651156	张维津
天津现代职业技术学院	天津市河西区大沽南路 1501 号	300222	022-28193132	李国桢
天津公安警官职业学院	天津市西青区精武镇	300382	022-58393600	尹利民
天津轻工职业技术学院	天津市西青区西青道 274 号	300380	022-27391637	戴裕崴
天津对外经济贸易职业学院	天津市河西区珠江道 86 号	300221	022-88382909	钱伟荣
天津国土资源和房屋职业学院	天津市大港区学苑路 600 号	300270	022-63303801	王　钊
天津医学高等专科学校	天津市河西区柳林路 14 号	300222	022-60276688	刘　斌
天津开发区职业技术学院	天津经济技术开发区第十三大街 9 号	300457	022-60662222	姜炳坤
天津艺术职业学院	天津市南开区苍穹道 8 号	300381	022-23418967	万镜明
天津交通职业学院	天津市西青区西青道 269 号	300110	022-87912186	吴宗保
天津外国语大学滨海外事学院	天津市大港区学府路 60 号	300270	022-63353080	王玉泉
天津体育学院运动与文化艺术学院	天津市东丽区津塘二线一号	300300	022-24971763	李　实
天津商业大学宝德学院	天津市西青区津静路 28 号	300384	022-23799800	邱冠雄
天津医科大学临床医学院	天津市大港区学苑路 167 号	300270	022-63305281	张文清
南开大学滨海学院	天津市大港学府路 634 号	300073	022-63304887	杨清海
天津冶金职业技术学院	天津市北辰区京津公路学海道 38 号	300400	022-26987538	张建国
天津石油职业技术学院	天津市静海县	301607	022-29000406	李书森
天津城市职业学院	天津市河东区真理道 27 号	300250	022-26430105	王丽雅
天津铁道职业技术学院	天津市河北区建昌道 21 号	300240	022-26181859	李群先
天津师范大学津沽学院	天津市西青区宾水西道 393 号	300387	022-23766088	范恩源
天津理工大学中环信息学院	天津市西青区杨柳青柳口路 99 号	300380	022-60541800	李国强
北京科技大学天津学院	天津市宝坻区京津新城珠江北环东路 1 号	301830	022-22410800	郭景文
天津工艺美术职业学院	天津市河北区红星路革新道 10 号	300250	022-26786331	孙敬忠
天津城市建设管理职业技术学院	天津市北辰区光荣道 2688 号	300134	022-58319048	孙伯全
天津生物工程职业技术学院	天津开发区西区南大街 175 号	300462	022-66339006	高　琪
天津海运职业学院	天津经济技术开发区第十一大街 3 号	300457	022-66237300	马魁君
天津大学仁爱学院	天津市团泊新城博学苑	301636	022-68579996	武　星
天津财经大学珠江学院	天津市宝坻区周良庄温泉城北环东路 2 号	301811	022-22410851	刘秀芳
天津广播影视职业学院	天津市西青区东姜井凯苑路 148 号	300112	022-27529970-8203	方　卫
天津市和平区新华职工大学	天津市和平区河北路 211 号	300040	022-23396190	徐　钢
天津市河西区职工大学	天津市河西区徽州道 31 号	300203	022-23262956	肖昭海

续表

校　　名	地　　址	邮　编	电　话	校　长
天津市河东区职工大学	天津市河东区大桥道 34 号	300171	022-24122186	张家俊
天津市红桥区职工大学	天津市红桥区丁字沽三号路 45 号	300131	022-86513059	李克山
天津市南开区职工大学	南开区南开五马路 94 号	300100	022-27373310	贺兰芳
天津市建筑工程职工大学	天津市河西区气象台路 93 号	300074	022-23016675	单叔居
天津市职工经济技术大学	天津市河北区民生路 56 号	300010	022-24450295	李恒强
天津市渤海化工职工学院	天津市塘沽区东大街 206 号	300450	022-28580248	程　刚
天津市管理干部学院	天津市南开区育梁道 4 号	300191	022-23679103	祝宝钟
天津市广播电视大学	天津市南开区迎水道 1 号	300191	022-23679931	冯雪飞
天津市财贸管理干部学院	天津市河东区六纬路 82 号	300170	022-24020262	钱伟荣
天津市政法管理干部学院	天津市南开区水上公园路 45 号	300191	022-23368935	邵　建
天津市工会管理干部学院	天津市河东区津塘路 79 号	300170	022-24023049	刘永强

2011年天津市中职学校名录

校　　名	地　　址	邮　编	电　话	校　长
天津铁厂中等专业学校	河北省涉县天津天铁集团	056404	0310-3973515	刘忠立
天津市第一商业学校	天津市河东区津塘路 129 号	300180	022-84940451	郭　葳
天津市市政工程学校	天津市河东区红星路 107 号	300171	022-24385574	常杰禄
天津市劳动保护学校	天津市河东区卫国道南沙柳路东程泉道 2 号	300162	022-24379649	王玉涛
天津市园林学校	天津市河东区津塘路 101 号	300181	022-84262746	张秀军
天津音乐学院附属中等音乐学校	天津市河东区七纬路 110 号	300171	022-24160002	秦贵宝
天津市体育运动学校	天津市河西区体院北体北道 5 号	300060	022-23953915	杨志成
天津市纺织工业学校	天津市河西区琼州道 36 号	300202	022-23265593	马志刚
天津市建筑工程学校	天津市河西区郁江道 61 号	300221	022-60267600	杨　庚
天津市仪表无线电工业学校	天津市解放南路南头	300221	022-88242534	杨金国
天津市化学工业学校	天津市河西区珠江道 70 号	300202	022-88250579	韩　伟
天津市美术中等专业学校	天津市南开区长江道 60 号	300102	022-27373692	张国华
天津市工业学校	天津市北辰区学海道 38 号	300400	022-26987538	张建国
天津市城市建设管理学校	天津市河北区真理道 18 号	300250	022-58627920	王金鹏
天津市工贸学校	天津市红桥区本溪路 2 号	300131	022-60208716	刘金栋
天津市第一轻工业学校	天津市红桥区丁字沽勤俭道 24 号	300131	022-26370131	吉永发
天津市机电工业学校	天津市红桥区本溪路 28 号	300131	022-26650245	宋春林

续表

校 名	地 址	邮 编	电 话	校 长
天津市塘沽区第一职业中等专业学校	天津市塘沽区塘汉路 389 号	300451	022-66317402	贾启来
天津市塘沽区中等专业学校	天津市塘沽区胡家园三爱里 145 号	300454	022-25350293	贾启来
天津港口管理中等专业学校	天津市塘沽区新港三号路 688 号	300456	022-25707109	冯启发
天津市汉沽区中等专业学校	天津市汉沽区新开北路 66 号	300480	022-25668926	李学东
天津市滨海中等专业学校	天津市大港区霞光路 42 号	300270	022-63109253	刘益轩
观璎戏曲学校	天津市河东区万新村 12 区河东体校内	300162	022-24711359	张 克
天津市西青中等专业学校	天津市西青区杨柳青柳霞路 79 号	300380	022-27390275	刘志强
天津市涉外工业中等职业学校	天津市西青区杨柳青镇北津同公路	300380	022-27911178	王新鸣
天津市城乡经济学校	天津市西青区津同路 19 号	300380	022-27934937	邢克智
天津市经济贸易学校	天津市西青区卫津南路 239 号	300381	022-23380960	郝立成
天津市物资贸易学校	天津市西青区侯台东	300384	022-23792300	朱为刚
天津市第二体育运动学校	天津市西青区津涞道 102 号	300382	022-23982709	王 伟
天津市劳动经济学校	天津市西青区杨柳青十四街平安道一号	300380	022-87972179	魏贺平
天津市交通学校	天津市西青区西青道 154 号	300112	022-27326774	薄小川
天津市南洋工业学校	天津市津南区咸水沽津沽路 700 号	300350	022-28392677	王崇明
天津市北辰区中等职业技术学校	天津市北辰区富锦道 3 号	300400	022-26390772	曹 旺
天津市民族中等职业技术学校	天津市北辰区京津公路天穆村北	300400	022-26345327	时儒山
天津市药科中等专业学校	天津市北辰区津霸公路千里堤西刘房子	300400	022-66339006	高 琪
天津市雍阳中等专业学校	天津市武清区大孟庄镇京津公路 14 号	301711	022-22261042	杜希元
天津市武清卫生学校	天津市武清区雍阳西道 88 号	301700	022-29342134	孙奎东
天津市宝坻区职业教育与成人教育中心	宝坻区进京路 28 号	301800	022-29241613	顾连华
天津市宁河县中等专业学校	宁河县芦台镇金华路 100 号	301500	022-69592983	冯恩山
静海成人与职业教育中心	静海县地纬路 2 号	301600	022-68692341	王乃春
天津市中医学校	天津市静海县静海镇文化里一排一号	301600	022-28941701	王宝富
天津市信息工程学校	蓟县武定西街 89 号	301900	022-29172900	赵金良
天津市幼儿师范学校	天津市南开区双峰道 38 号	300073	022-27387602	郭亦勤
天津市和平区职工中等专业学校	天津市和平区鞍山道 129 号	300070	022-27814736	马来强
天津市河东区职工中等专业学校	天津市河东区大桥道 34 号	300171	022-24311027	张家俊

续表

校　　名	地　　址	邮 编	电 话	校 长
天津求实科工贸成人中等专业学校	天津市河东区津塘路雪莲南路 71 号	300300	022-24391721	魏兆彬
天津市航运职工中等专业学校	天津市西青区卫津南路 241 号	300381	022-28341438	张　卿
天津市农业广播电视学校	天津市河西区友谊路西园道 5 号	300061	022-28358432	刘训江
天津市南开区职工中等专业学校	天津市南开区五马路 94 号	300100	022-27373310	贺兰芳
天津市红桥区职工中等专业学校	天津市红桥区丁字沽一号路 56 号	300131	022-86513059	孙莉华
天津市红桥区教师进修学校	天津市红桥区丁字沽五爱道风光里 55 号	300130	022-86513047	马文娟
天津市机电工业总公司干部中等专业学校	天津市红桥区竹山路 7 号	300131	022-26651156	张维津
天津市塘沽职工中等专业学校	天津市塘沽区福建路 39 号	300450	022-25894318	贾启来
中交天航局有限公司职工中等专业学校	天津市塘沽区中心路一号	300450	022-66880276	姜增国
天津远洋职工中等专业学校	天津市塘沽区津塘路 1498 号	300451	022-66300663	卢士波
天津市汉沽区成人中等专业学校	天津市汉沽区新开南路 102 号	300480	022-25667851	白毅军
天津市汉沽区职工卫生学校	天津市汉沽区河西三经路南	300480	022-25694462	鲁　云
天津市西青区成人中等专业学校	天津市西青区杨柳青西青道 329 号	300380	022-27913068	宋福铭
天津市津南区成人中等专业学校	天津市津南区咸水沽镇津沽路 700 号	300350	022-28392677	王崇明
天津市北辰区教师进修学校	天津市北辰区富锦道 1 号	300400	022-26390905	刘文和
天津市北辰区成人中等专业学校	天津市北辰区富锦道 3 号	300400	022-26830171	穆自强
天津市武清区教师进修学校	天津市武清区杨村光明道	301700	022-29341939	孙学刚
天津市宝坻区教师进修学校	宝坻区城关镇东街 12 号	301800	022-29241145	李　华
天津市宝坻区职工卫生学校	宝坻区津围路 7 号	301800	022-29241142	李建东
天津市宁河县成人中等专业学校	宁河县芦台镇金华路 100 号	301500	022-69592983	冯恩山
天津市蓟县成人中等专业学校	蓟县武定西街 89 号	301900	022-29172900	赵金良
天津市中华职业中等专业学校	天津市和平区贵州路 92 号	300070	022-23352286	王家栋
天津市旅游育才职业技术学校	和平区哈密道 121 号	300020	022-27303961	郭兆杰
天津市立达职业中等专业学校	天津市河东区大桥南道 1 号	300170	022-24140097	胡增亮
天津市财经职业中等专业学校	天津市河东区华龙道 77 号	300011	022-24322743	窦增明
天津市轻工中等职业学校	天津市河东区大桥道 62 号	300170	022-24160786	皮洪升
天津市统计职业中等专业学校	天津市河西区珠江道西横街 27 号	300222	022-28158606	张淑君
天津市电子计算机职业中等专业学校	天津市河西区利民道 48 号	300201	022-28332896	肖昭海
天津市盲人按摩职业学校	天津市河西区梅江道 2 号	300221	022-88253880	王琳琳

续表

校　　名	地　　址	邮　编	电　话	校　长
天津市残疾人职业学校	天津市红桥区咸阳路 21 号(临时)	300122	022-27726129	冯　超
天津市国际商务学校	天津市河西区贺江道 3 号	300221	022-88382500	李富森
天津旅游外事职业学校	天津市河西区隆昌路 94 号	300201	022-28322417	穆建成
天津市立信职业中等专业学校	天津市南开区保山道淦江路 4 号	300190	022-27649241	王锐强
天津市南开职业中等专业学校	天津市南开区黄河道 458 号	300111	022-27368182	姚铁松
天津市慧翔职业中等专业学校	天津市南开区渭水道 8 号	300110	022-27034178	于建新
天津市中国旅行社旅游职业学校	天津市南开区迎水道 7 号	300191	022-23680954	周学伟
天津市新华中等职业学校	天津市南开区复康路 11 号	300074	022-23592377	王芝荣
天津市礼仪职业中等专业学校	天津市南开区雅安道延安南路 1 号	300113	022-27032858	冯兆军
天津市中山志成职业中等专业学校	天津市河北区张兴庄大道 57 号	300402	022-86320613	艾方晶
天津现代艺术职业中等专业学校	天津市河北区元纬路 50 号	300141	022-60518213	刘　鹤
天津市红星涉外职业学校	天津市河北区红星路增产道 17 号	300250	022-24575538	韩宝旺
天津市翔宇科技贸易中等职业学校	河北区红星支路 13 号	300240	022-88242034	杨翊军
修曼(天津)同文涉外职业学校	天津市河北区张兴庄大道 57 号	300204	022-88384355	燕　青
天津市北洋职业中等学校	天津市红桥区光荣道 18 号	300130	022-26370089	邱双进
天津市红星职业中等专业学校	天津市红桥区丁字沽三号路 45 号	300131	022-86513116	崔亚萍
天津市环海职业中等专业学校	塘沽区向阳北街 1 号	300451	022-25863866	郭庆文
天津泰达足球职业学校	天津经济技术开发区第十三大街 9 号	300457	022-60662877	姜炳坤
天津市汉沽区职业中等专业学校	天津市汉沽区河西二纬路 32 号	300480	022-25697715	李学东
天津市华苑职业学校	天津市大港区学苑路 694 号	300270	022-63315606	许国友
天津市东丽区职业教育中心学校	天津市东丽区津北公路 13 号	300300	022-84892879	李正海
天津市武清区职业中等专业学校	天津市武清区黄庄街	301700	022-29372170	刘宝玉
天津市蓟县职业中等专业学校	天津市蓟县	301906	022-59118166	赵金良
天津艺术职业学院中专部	天津市河东区娄山道	300181	022-23418967	万镜明
天津现代职业技术学院附属中专部	天津市河西区大沽南路 1501 号	300222	022-28193132	李国桢
天津对外经济贸易职业学院(中专部)	天津市和西区珠江道 86 号	300221	022-88380627	钱伟荣
天津师范大学学前教育学院	天津市南开区双峰道 38 号	300073	022-27387602	郭亦勤
天津市渤海职业中等专业学校	天津市河北区乌江路南头	300251	022-26762524	王丽雅
天津工艺美术职业学院附属天津工艺美术学校	天津市河北区红星路革新道 10 号	300250	022-26786331	孙敬忠

续表

校　　名	地　　址	邮　编	电　话	校　长
天津铁道职业技术学院附属铁路工程学校	天津市河北区建昌道21号	300240	022-26181859	李群先
天津城市职业学院附属渤海职业中等专业学校	天津市河北区乌江路南头	300251	022-26762524	王丽雅
天津工程职业技术学院附属中专部	天津市大港区幸福路51号	300280	022-25924581	张西江
天津轻工职业技术学院	天津市西青区西青道274号	300380	022-27391637	戴裕崴
天津石油职业技术学院	天津市静海县	301607	022-29000406	李书森

2011年天津市各区县初、高中学校名录

滨海新区

校　　名	校　长	校　　址	邮　编	电　话
滨海新区塘沽一中(育华高中)	于学光	滨海新区塘沽烟台道3号	300450	25863957
滨海新区塘沽紫云中学(高中)	何建民	滨海新区塘沽新港三号路3351号	300450	25861758
滨海新区塘沽十三中(高中)	卢学良	滨海新区塘沽广州道开源里21号	300451	66368422
滨海新区塘沽滨海中学(高中)	张云忠	滨海新区塘沽杭州道吉林路2号	300450	25716881
滨海新区塘沽一职专	贾启来	滨海新区塘沽塘汉路389号	300451	66308624
滨海新区塘沽四中	郭如良	滨海新区塘沽向阳北街1号	300451	25863885
滨海新区塘沽五中	贾立新	滨海新区塘沽营口道31号	300450	25894058
滨海新区塘沽六中	常继红	滨海新区塘沽东大街北头	300450	25893649
滨海新区塘沽九中	甄凤祥	滨海新区塘沽大梁子振教路12号	300455	66611151
滨海新区塘沽十一中	冀少华	滨海新区塘沽民和里15号	300450	25892263
滨海新区塘沽十四中	侯树梅	滨海新区塘沽广州道51号	300451	25816878
滨海新区塘沽十五中	潘怀林	滨海新区塘沽广州道江西路2号	300451	25349187
滨海新区塘沽新港中学	孟凡玲	滨海新区塘沽新港二号路3号	300456	25792129
滨海新区塘沽新城中学	王长洪	滨海新区塘沽新城镇	300455	25330921
滨海新区塘沽河头中学	荆英来	滨海新区塘沽胡家园街	300454	25359039
滨海新区塘沽中心庄中学	邢洁明	滨海新区塘沽中心庄村西	300454	25365038
滨海新区塘沽实验学校(初中工农村校区)	张兴泰	滨海新区塘沽河北路47号	300451	25212870

续表

校　　名	校 长	地　　址	邮 编	电 话
滨海新区塘沽宁车沽学校（九年一贯制）	王　健	滨海新区塘沽宁车沽东村	300453	25231007
滨海新区塘沽北塘学校（九年一贯制）	李世伟	滨海新区北塘文化宫大街 28 号	300453	25253464
滨海新区塘沽新湖学校（九年一贯制）	马万清	滨海新区塘沽胡家园普利达开发小区五翠路	300454	66592021
滨海新区塘沽盐场中学	韩凤轩	滨海新区塘沽河南路 34 号	300455	66680256
滨海新区塘沽渤油石油一中(高中)	郑宝国	滨海新区塘沽渤海石油家属院内	300452	25808386
滨海新区塘沽渤油石油二中(高中)	肖宗熙	滨海新区塘沽渤海石油家属院内	300452	66916684
滨海新区塘沽外国语学校	苏金龙	滨海新区塘沽杭州道吉林路 2 号	300451	25711500
滨海新区汉沽一中	白正三	滨海新区汉沽文化东街 9 号	300480	67193142
滨海新区汉沽二中	刘克洪	滨海新区汉沽东风里友谊路南	300480	67113547
滨海新区汉沽三中	王　伟	滨海新区汉沽二经路与三纬路交口	300480	25661724
滨海新区汉沽五中	杨云同	滨海新区汉沽太平东街 27 号	300480	67192727
滨海新区汉沽六中	王克生	滨海新区汉沽河西二连里	300480	25695605
滨海新区汉沽八中	张　建	滨海新区汉沽文化街 80 号	300480	67194475
滨海新区汉沽九中	张洪延	滨海新区汉沽太平东街	300480	67114398
滨海新区汉沽大田中学	白金民	滨海新区汉沽大田镇大田村东	300480	67227208
滨海新区汉沽后沽中学	张砚术	滨海新区汉沽茶淀镇后沽村南	300480	67273255
滨海新区汉沽茶淀中学	郭志勇	滨海新区汉沽茶淀镇茶西村	300480	25696346
滨海新区汉沽大神堂中学	魏树耕	滨海新区汉沽营城镇大神堂村北	300480	67296732
滨海新区汉沽桃园中学	徐福禄	滨海新区汉沽杨家泊镇杨家泊村北	300480	67257653
滨海新区汉沽高庄中学	刘玉祥	滨海新区汉沽杨家泊镇高庄村	300480	67261256
滨海新区汉沽中专	李学东	滨海新区汉沽新开北路 66 号	300480	25662166
滨海新区大港一中	李凤清	滨海新区大港世纪大道东 288 号	300270	63239001
滨海新区大港第二中学	孟宝彦	滨海新区大港世纪大道与育秀街交口处	300270	63212866
滨海新区大港第三中学	李庆忠	滨海新区大港迎宾街 130 号	300270	25991033
滨海新区大港第四中学	刘文熙	滨海新区大港中塘镇中港路 14 号	300270	63270860
滨海新区大港第五中学（滨海新区培英外语实验学校）	刘炳昭	滨海新区大港学府路 669 号	300270	63309987
滨海新区大港第六中学	何世利	滨海新区大港春晖北里北侧	300270	63100368

续表

校　　名	校　长	地　　址	邮　编	电　话
滨海新区大港第七中学	张明术	滨海新区大港喜荣街与石化路交口	300270	62087437
滨海新区大港八中	张　森	滨海新区大港迎新街77号	300270	25990586
滨海新区大港第九中学	刘志奇	滨海新区大港迎宾街开元里	300270	59719200
滨海新区大港徐庄子中学	高颖贤	滨海新区大港小王庄镇向阳小区北侧	300275	63169041
滨海新区大港区栖凤中学	王文阁	滨海新区大港中塘镇新房子村	300273	63132822
滨海新区大港小王庄中学	李俊华	滨海新区大港小王庄镇	300273	63129586
滨海新区大港刘岗庄中学	商锡怀	滨海新区大港小王庄镇刘岗庄村	300275	63166037
滨海新区大港太平村中学	刘承宏	滨海新区大港太平镇太平村	300282	63142100
滨海新区大港太平村第二中学	刘培义	滨海新区大港太平镇	300282	63148107
滨海新区大港窦庄子中学	窦书森	滨海新区大港窦庄子村	300282	63189128
滨海新区大港滨湖学校	周允山	滨海新区大港古林街官港建工里	300274	63285086
滨海新区大港沙井子学校	杨志伟	滨海新区大港港西街沙井子二村	300282	63192506
滨海新区大港远景学校	王文通	滨海新区大港港西街远景一村	300282	63199901
滨海新区大港油田实验中学	李春年	滨海新区大港油田二号院(团结村对面)	300280	25969889
滨海新区大港油田第一中学	郝际侠	滨海新区大港油田二号院(光明大道东侧)	300280	25921168
滨海新区大港油田第二中学	张庆军	滨海新区大港油田钻井公司(钻井医院对面)	300280	25972824
滨海新区大港油田第三中学	李国权(书记)	滨海新区大港油田侧井公司(港中宾馆对面)	300280	25962679
滨海新区大港油田第四中学	任克亮	滨海新区大港油田西小区(市场对面)	300272	25912470
滨海新区大港海滨学校	靳玉成	滨海新区大港油田康宁小区(南大门西侧)	300280	63953816
滨海新区大港海滨第二学校	李冠森	滨海新区大港油田井下公司(家属区内)	300280	25932479
滨海新区大港海滨第三学校	张燕山	滨海新区大港油田采油一厂(家属区内)	300280	25976064
滨海新区大港海滨第四学校	张景利	滨海新区大港油田港东运输(家属区内)	300280	25936369
滨海新区大港海滨第五学校	刘向东	滨海新区大港油田港西运输(家属区南侧)	300280	25965474
滨海新区大港海滨第六学校	张汝新	滨海新区大港油田石油机械厂(家属区南侧)	300280	25925513
天津开发区国际学校(中学)	杨　骞	天津开发区晓园街9号	300457	25290136
天津开发区泰达枫叶学校(中学)	侯著久	天津开发区第三大街71号	300457	66226288
天津开发区第一中学	王延瑞	天津开发区第三大街翔实路21号	300457	66219720
天津开发区第二中学	杨之凯	天津开发区第四大街121号	300457	66223399

和平区

校名	校长	校址	邮编	电话
第一中学	李　新	和平区西安道117号	300051	23391126
耀华中学	任奕奕	和平区南京路106号	300040	23394521
第二十中学	张永泉	和平区湖北路59号	300050	23391920
第二南开中学	庞　威	和平区荣安大街167号	300021	27314272
第十一中学	李　军	和平区哈尔滨道182号	300040	27114957
汇文中学	孟冬梅	和平区甘肃路42号	300020	27222377
第十九中学	杨文利	和平区河北路30号	300020	27302030
第二十一中学	齐重嶺	和平区西宁道10号	300052	27818136
第五十五中学	王　杰	和平区鞍山道131号	300070	27830123
第六十一中学	韩　杰	和平区湖南路16号	300050	23396243
第九十中学	陈荣荣	和平区成都道144号	300070	23351756
和平艺术中学	马振伦	和平区汉阳道21号	300051	27833958
建华中学	王　钊	和平区西藏路2号	300021	23192766
明华中学	孙志刚	和平区拉萨道33号	300052	27812139
天津益中学校	杨仲禹	和平区南宁路117号余门	300051	23307658
耀华嘉诚国际中学	宫晓华	和平区山西路294号	300040	23391308
双菱中学	赵淑珍	和平区南海路3号	300050	23143512
兴南中学	潘天佑	和平区山西路36号	300021	27212352

河西区

校名	校长	校址	邮编	电话
新华中学	于　异	河西区马场道99号	300204	23288278
华宁中学	张之鑫	河西区琼州道111号	300204	23288278
实验中学	张　红	河西区平山道1号	300074	23358689
津沽实验	余顺扬	河西区绍兴道129号	300074	23383148
海河中学	卞永海	河西区南京路5号	300202	58688001
津海中学	卞永海	河西区徽州道2号	300202	58688053
四十二中学	孔祥连	河西区大沽南路837号	300200	28331240

续表

校　　名	校　长	校　　址	邮　编	电　话
培杰中学	任津华	河西区泰山路26号	300211	28327487
四十一中学	徐长群	河西区马场道195号	300204	23286309
精治中学	陈天顺	河西区马场道195号	300204	23280406
第四中学	王洪花	河西区隆昌路11号	300211	28323157
自立中学	王洪花	河西区西园道18号	300061	88291519
北师大天津附中	何穆彬	河西区大沽南路1010号	300222	28190262
微山路中学	吴健生	河西区双水道14号	300222	28186675
屹东中学	郭　仁	河西区竹林路16号	300222	28122099
解放南路中学	武　宁	河西区湘江道54号	300202	28333780
环湖中学	田占杰	河西区体院北环湖中道4号	300060	23514902
滨湖中学	刘　春	河西区体院北环湖北道1号	300060	23358843
枫林路中学	杜惠荣	河西区珠江道枫林路2号	300222	28341244
双水道中学	张　勇	河西区双水道31号	300222	28340573
佟楼中学	王昌平	河西区围堤道145号	300074	28374175
梅江中学	邢爱武	河西区紫金山路与韩江道交口	300221	88363425
统计职专	张淑君	河西区珠江道西横街27号	300222	28158606
电子计算机职专	肖昭海	河西区利民道48号	300201	28332896
实验华冠学校	谢继军	河西区梅江道69号	300221	88381187
卓群高中	刘士逸	河西区白云路37号	300201	28307858
兴国学校	施咏梅	河西区西园道18号	300061	28268709
河西中学	于伯洋	河西区徽州道2号	300060	58688053
第一零六中学	徐长群	河西区绍兴道129号	300204	23280406

河东区

校　　名	校　长	校　　址	邮　编	电　话
二号桥中学	张会清	河东区福东北里29号	300300	81272293
六中(体校)	张庆森	河东区万新村12区	300162	60571800
福东中学(社会实践基地)	陈云清	河东区一号桥耐火路10号	300180	24390346
四十五中	王金义	河东区中山门广宁路15号	300181	84265335
华英中学(民办)	梁宇宏	河东区中山门龙潭路5号	300181	84265335
九十八中	张　骏	河东区中山门龙潭路19号	300170	84232001

续表

校　名	校长	校　址	邮编	电　话
八十二中	崔学舫	河东区八纬北路3号	300170	24315052
五十四中	陈　琦	河东区六纬路135号	300171	24314106
田庄中学	邢　岩	河东区六纬路84号	300170	24134667
一〇二中	王贺海	河东区向阳楼晨阳道	300161	24556161
育杰高中(民办)	王学质	河东区程林里泰昌路8号	300161	24556161
二十八中	邵长云	河东区新大王庄街14号	300011	24321707
七中	王　娟	河东区成林路30号	300160	24316337
育才中学(民办)	王　娟	河东区新开路351号	300160	24316337
香山道中学	卫秋然	河东区成林道香山一条	300162	24373015
盘山道中学	任　静	河东区万新村19区	300162	24720242
八中	李　旭	河东区卫国道丽苑小区秀丽路55号	300252	24696797
三十二中	边世强	河东区东站后广场金纬立交桥旁	300011	60534133
立达职专	胡增亮	河东区大桥南道1号	300170	24155065
财经职专	窦增明	河东区华龙道77号	300011	24416537
河东职大	张家俊	河东区大桥道34号	300170	24131027

南开区

校　名	校长	校　址	邮编	电　话
南开中学	杨静武	南开区四马路22号	300100	27483391
第一〇九中学	闫世明	南开区湖镜道1号	300192	27421421
第三十一中学	马淑苓	南开区鼓楼西侧北城街	300120	27274528
第二十五中学	滕春瑛	南开区灵隐道14号	300193	27459901
育红中学	苏长质	南开区南开三纬路110号	300100	27433672
第九中学	吕国强	南开区红旗南路阳光100国际新城南园2号楼	300381	83957881
第七十四中学	谷梦琴	南开区黄河道452号	300110	27365504
五十中学	李　颖	南开区广开四马路158号	300102	27371502转8404
第六十三中学	范文明	南开区天拖南横江里平房7号	300190	83614426
第二十九中学	刘　红	南开区黄河道临汾路10号	300110	27565894
天津中学	国赫孚	南开区华苑中孚路41号	300384	23725549
南开光明中学	范文明	南开区保山道横江里7号	300190	83614426

续表

校　　名	校　长	校　　址	邮　编	电　话
第六十六中学	阚东升	南开区云阳道 6 号	300113	27367052
华夏学校	宁桂林	南开区澄江路 4 号	300190	23006041
南开大学附属中学	邢维静	南开区三潭路 165 号	300192	60264390
第一一二中学	司乃祥	南开区迎风道西头	300191	23610630
南开区实验学校	谢永芬	南开区华苑小区锦环道	300384	23719316
南开区外国语中学	李春梅	南开区旧津保路 2 号	300110	27635982
爱华外国语学校	任学宜	南开区万峰路 16 号	300073	27372615
南开艺术中学	阚东升	南开区云阳道 6 号	300113	27367052
南开外国语高级中学	李春梅	南开区旧津保路 2 号	300110	27626642
南开区体育学校	栗中和	南开区三潭路 165 号	300192	60264371
崇化中学	马淑苓	南开区临潼路 27 号	300110	27364798
南锋中学	宗恒义	南开区青年路 395 号	300102	27457111
静文高级中学	汪少海	南开区复康路 210 号	300384	23793962
华泽高级中学	马桂生	南开区雅安道延安南路一号	300113	27031919
津英中学	张慧颖	南开区黄河道 494 号	300112	27518993
南开翔宇学校	康岫岩	南开区二纬路 109 号	300100	27374858
育贤中学	李　波	南开区南丰路 178 号	300193	27457330
津津中学	李国真	南开区三潭路 165 号	300192	60264390
引滦学校	赵　雍	河北省唐山市迁西县洒河桥镇西桃园村	064309	0315-5893099
南开区育智学校	尹立新	南开区王顶堤苑中路 1 号	300191	23694109
南开区职工中等专业学校	贺兰芳	南开区五马路 94 号	300100	27373310
立信职业中等专业学校	王锐强	南开区保山道淦江路 4 号	300190	27649241
南开职业中等专业学校	姚铁松	南开区黄河道 458 号	300111	27368182
慧翔职业中等专业学校	于建新	南开区渭水道 8 号	300110	27034178
中国旅行社旅游职业学校	周学伟	南开区迎水道 7 号	300191	23680954
新华中等职业学校	王芝荣	南开区复康路 11 号	300074	23592377
礼仪职业中等专业学校	冯兆军	南开区雅安道延安南路 1 号	300113	27032858

河北区

校　名	校长	校　址	邮编	电话
二中	陈文昌	河北区昆纬路 109 号	300140	26235867
十四中	王柯伟	河北区水产前街 45 号	300241	26433698
二十四中	王彦祺	河北区建国道民权路 1 号	300010	24457787
三十中	李成智	河北区张兴庄大道 57 号	300402	86331913
三十五中	陈树华	河北区志成道治安胡同 10 号	300230	26284103
四十八中	刘　强	河北区王串场一号路 42 号	300150	26431870
五十三中	安树林	河北区育婴前街 10 号	300142	26223990
五十七中	张　娟	河北区昆纬路 38 号	300141	26236299
七十七中	刘玉林	河北区王串场革新道 9 号	300250	26320975
七十八中	刘宏义	河北区增产道 23 号	300150	26438046
九十三中	冯继红	河北区真理道 22 号	300250	24349230
红光中学	石　勇	河北区建昌道 24 号	300241	26784018
扶轮中学	康　臣	河北区吕纬路 93 号	300142	26184109
一号路中学	李燕翔	河北区王串场一号路南头	300150	60517173
美术中学	刘　鹤	河北区元纬路 50 号	300141	60518150
新开中学	王燕林	河北区日纬路 44 号	300142	60518482
中山志成职专	艾方晶	河北区张兴庄大道 57 号	300402	86320612
汇森中学	陈文昌	河北区昆纬路 46 号	300140	26235868
双建中学	张　娟	河北区宙纬路 46 号	300142	26236279

红桥区

校　名	校长	校　址	邮编	电话
铃铛阁外国语中学	刘　芃	红桥区复兴路西侧	300121	27566902
民族中学	尹淑霞	红桥区西青道 87 号	300122	27322498
西青道中学	刘　扬	红桥区西青道 171 号	300122	27724746
第五十一中学	刘　凯	红桥区邵公庄佟家楼后大道 31 号	300122	27326392
北门东中学	张福贵	红桥区北营门东马路 43 号	300091	87322337

续表

校 名	校 长	校 址	邮 编	电 话
第五中学	杨海荣	红桥区桥北大街 58 号	300132	86513077
怡和中学	张光宇	红桥区丁字沽光荣道 35 号	300132	86513085
第八十九中学	欧阳敏	红桥区西于庄洪湖东路 1 号	300130	86521720
第八十中学	张宝华	红桥区丁字沽光荣道 39 号	300130	26371337
佳春中学	王广星	红桥区千里堤佳春里 18 号	300134	86513110
第三中学	马文娟	红桥区丁字沽一号路向东道 1 号	300131	26532554
方舟实验中学	王泽宽	红桥区咸阳北路凤城路 2 号	300131	26370248
体育学校	孙宗浩	红桥区西于庄洪湖东路 1 号	300130	27329943
敬民中学	李希丰	红桥区纪念馆路中嘉花园	300131	86573902
复兴中学	刘 浩	红桥区春合路 1 号	300121	87726028
瑞景中学	杨建华	北辰区环瑞北路 2 号	300134	86681080

东丽区

校 名	校 长	校 址	邮 编	电 话
第一百中学	吴世民	东丽区津塘二线紫英路 2 号	300300	84931566
钢管公司中学	张桂玲	东丽区无瑕街缝春道 2 号	300301	24802333
滨海实验学校	杨占峰	东丽区无瑕街无瑕花园北	300301	24363716
东丽区华明学校	霍建刚	东丽区华明镇华明家园	300300	24890878
四合庄中学	王玉起	东丽区津塘公路五号桥	300300	24998906
鉴开中学	李耀桐	东丽区津塘二线外环线外 1000 米	300300	24959582
军粮城第二中学	常向宏	东丽区军粮城气象街 7 排 1 号	300301	84968286
大毕庄中学	王玉璋	东丽区大毕庄工业区	300251	26764344
程林中学	刘美莲	东丽区北程林村北	300300	24710497
民族中学	苑树桐	东丽区一职专西津北公路南	300300	84892612
南孙庄中学	张世友	东丽区金钟街南孙庄村	300240	84814555
东丽中学	刘敬勇	东丽区张贵庄招远路南	300300	24965971
小东庄中学	赵爱军	东丽区新立街小东庄村	300300	24992866
军粮城中学	李正午	东丽区刘台村	300301	84968249
东奥体育学校	韩维莹	东丽区津塘二线体育中心	300300	84375636

续表

校 名	校 长	校 址	邮 编	电 话
立德中学	刘敬勇	河东区詹庄路 6 号	300180	84375790
百华实验中学	蔡锡弟	东丽区紫英路二号	300300	84930558
耀华滨海学校	侯立瑛	东丽区张贵庄新市镇登州南路 98 号	300163	58185655

西青区

校 名	校 长	校 址	邮 编	电 话
杨柳青一中	安玉静	西青区杨柳青镇崇文道 88 号	300380	27391727
杨柳青二中	曹 艳	西青区杨柳青柳口路 51 号	300380	27391603
杨柳青三中	祝 涛	西青区杨柳青镇新华道 175 号	300380	27391606
杨柳青四中	韦 敏	西青区杨柳青镇新华道 42 号	300380	27394428
成人中专	宋福铭	西青区杨柳青镇三经路	300380	27390215
中北中学	▲门玉辉	西青区中北镇政府西	300112	27937996
张家窝中学	李建华	西青区张家窝镇张家窝村东	300382	87981244
当城中学	冯克文	西青区辛口镇当城村东	300380	87990856
九十五中学	韦 芳	西青区李七庄街梨园头村	300381	23960014
大寺中学	岳庆一	西青区大寺镇大任庄村东	300385	23972687
王稳庄中学	▲魏绍荣	西青区王稳庄镇王稳庄村	300383	23990841
付村中学	王玉良	西青区精武镇付村津涞公路旁	300382	23985737
进修学校	孙爱华	西青区杨柳青镇柳口路 5 号	300112	27919292
西青中等专业学校	刘志强	西青区杨柳青镇柳霞路 79 号	300380	27390275

注:▲为主持工作

津南区

校 名	校 长	校 址	邮 编	电 话
咸水沽一中	许浩然	津南区咸水沽津歧路全红桥西	300350	28558261
咸水沽二中	李洪来	津南区咸水沽镇津沽路东	300350	28399226
咸水沽三中	周桂成	津南区咸水沽镇津沽路南	300350	28539838
双港中学	刘建始	津南区双港镇双港村西	300350	28582456
辛庄中学	辛宪祥	津南区辛庄镇	300350	88531473

续表

校　名	校　长	校　址	邮　编	电　话
南洋中学	杨金钟	津南区咸水沽镇津歧路西	300350	88714321
双桥中学	李玉华	津南区双桥河镇西	300350	28391416
葛沽一中	石文慧	津南区葛沽镇西	300352	28690002
葛沽三中	苏传森	津南区葛沽镇刘庄村	300352	28690774
八里台中学	崔洪顺	津南区八里台镇中兴大街 17 号	300350	88523316
北闸口中学	吴俊庭	津南区北闸口镇北闸口村	300353	88538766
小站一中	陈志森	津南区小站镇	300353	28618681
小站实验中学	邵长春	津南区小站镇北湖村	300353	88615079
双闸中学	刘泽广	津南区八里台镇双闸村	300353	88529462
天华中学(民办)	宫玉水	津南区咸水沽镇二八公路西侧	300350	88911228
南华中学(民办)	刘书琪	津南区咸水沽镇南环路	300350	28510141

北辰区

校　名	校　长	校　址	邮　编	电　话
四十七中学	刘学安	北辰区京津公路富锦道南	300400	26918803
南仓中学	狄建成	北辰区天穆镇南仓村东	300400	26341574
九十六中学	张学伟	北辰区宜兴埠镇西	300402	26715126
青光中学	杜玉宽	北辰区青光镇政府西	300401	26957252
朱唐庄中学	李永辉	北辰区大张庄镇朱唐庄村	300405	26990064
华辰学校	苗　芊	北辰区京津公路 517 号	300400	26812940
实验中学	王金成	北辰区果园北道 21 号	300400	86812401
北仓二中	尚志伟	北辰区北仓北医道	300400	26391332
集贤里中学	刘庆河	北辰区虎林路 11 号	300400	26392701
双口中学	范桂兰	北辰区双口镇政府旁	300401	86837409
九十二中学	胥　刚	北辰区引河桥北京津公路西侧	300403	26970355
河头学校	苗中营	北辰区双口镇上河头村	300401	86832041
小淀中学	李　东	北辰区小淀镇政府北	300404	26990333
大张庄中学	张宝栋	北辰区大张庄镇大张庄村	300405	86853741
霍庄中学	周立东	北辰区西堤头镇霍庄村北	300407	86822967
东堤头中学	刘福颖	北辰区西堤头镇东堤头村	300408	86849718-808

续表

校名	校长	校址	邮编	电话
普育学校	梁 峰	北辰区宜兴埠镇北	300402	86312208
北辰职专	曹 旺	北辰区京津公路富锦道北	300400	26393291
民族中专	时儒山	北辰区天穆镇京津公路西	300400	26345327

武清区

校名	校长	校址	邮编	电话
杨村第一中学	赵学斌	武清区杨村街泉州南路	301700	82171242
杨村第三中学	孙永生	武清区杨村街建设南路	301700	29342310
杨村第四中学	耿兆奎	武清区杨村街建国南路	301700	29326911
梅厂中学	刘天智	武清区梅厂镇三村	301701	29534022
崔黄口中学	赵玉良	武清区崔黄口镇崔黄口村	301702	29573685
大良中学	陈玉明	武清区大良镇大良村	301703	29567066
河西务中学	赵克良	武清区河西务镇河西务村	301714	29439040
南蔡村中学	顾维宪	武清区南蔡村镇南蔡村	301709	29411627
城关中学	郝凤奇	武清区城关镇城关村南门外	301712	29461099
黄花店中学	王立新	武清区黄花店镇政府南	301708	29481067
王庆坨中学	陈广宽	武清区王庆坨镇一街	301713	29518796
杨村第二中学	苏文发	武清区杨村街塔园路 36 号	301700	29341243
杨村第五中学	李 江	武清区杨村街泉兴路西侧	301700	59616700
杨村第六中学	张宝生	武清区杨村街光明道与泉兴路交口	301700	82162516
杨村第七中学	王贵营	武清区杨村街雍阳西道南亨通花园北	301700	82171688
雍阳中学	王长明	武清区杨村街大桥东道	301700	29335747
徐官屯中学	耿悦礼	武清区徐官屯街工贸大街	301700	29337626
黄庄街黄庄初级中学	张学成	武清区黄庄街黄庄村	301700	29347650
下朱庄街初级中学	房秀茹	武清区下朱庄街道办事处南 800 米	301700	29337044
曹子里乡曹子里初中	韩宝田	武清区曹子里乡杨碱厂北	301700	29559527
梅厂镇初级中学	李凤岩	武清区梅厂镇梅三村	301701	29535352
大黄堡乡初级中学	刘长春	武清区大黄堡乡大黄堡村	301713	82241097
上马台镇初级中学	祖德林	武清区上马台镇政府南	301701	82289906
大碱厂镇初级中学	郭永强	武清区大碱厂镇幸福道 24 号	301706	82218424

续表

校　　名	校　长	校　　址	邮　编	电　话
崔黄口初中	龚　印	武清区崔黄口镇四街北	301702	29571354
后巷初级中学	张秀权	武清区崔黄口镇后巷村东	301702	29571140
大良镇初级中学	闫井先	武清区大良镇大良村	301703	29561328
下伍旗镇初级中学	刘振德	武清区下伍旗镇田辛庄村东	301705	22289174
河北屯镇初级中学	黄振民	武清区河北屯镇南	301704	22275074
南蔡村镇初级中学	李洪泽	武清区南蔡村镇定福庄村西	301709	29411844
南蔡村镇北蔡村初中	宋俊芳	武清区南蔡村镇北蔡村初级中学	301709	22251430
大孟庄镇幼庄初级中学	周文亮	武清区大孟庄镇前幼庄村	301711	22262761
泗村店镇初级中学	王　龙	武清区泗村店镇政府西	301709	29425981
河西务镇初级中学	张立海	武清区河西务镇河西务村	301714	29430539
河西务镇大沙河初级中学	刘志新	武清区河西务镇大沙河	301714	22235070
高村初级中学	田金刚	武清区高村乡高村	301714	22221626
城关镇中学	贺名礼	武清区城关镇南门外	301712	29461049
白古屯初级中学	孙　明	武清区白古屯乡政府东 100 米	301712	22186483
大王古庄镇初级中学	魏秀领	武清区大王古庄镇大王古庄村南	301712	22191696
东马圈镇初级中学	王凤林	武清区东马圈镇东马圈村	301717	29471615
豆张庄乡豆张庄初中	周桂新	武清区豆张庄乡政府北	301707	22167714
豆张庄乡南双庙初中	宋志伟	武清区豆张庄乡南双庙村西	301707	22167697
黄花店镇初级中学	陈　明	武清区黄花店镇南	301708	29480222
石各庄镇初级中学	于成文	武清区石各庄镇石东村	301718	22159210
陈咀镇初级中学	刘冠军	武清区陈咀镇陈咀村	301718	22146437
王庆坨镇初级中学	孙开明	武清区王庆坨镇六街	301713	29518807
汉沽港镇初级中学	王　龙	武清区汉沽港镇六道口村东	301721	29491422
武清区成人教育中心	高玉祥	武清区杨村镇建设北路	301700	59618738
武清区雍阳中等专科学校	杜希元	武清区大孟庄镇	301711	22261042
武清区职业教育中等专科学校	刘宝玉	武清区黄庄街	301700	29372170
武清区下伍旗职业中学	付振龙	武清区下伍旗镇	301705	60690800
英华国际学校	林向阳	武清区杨村街雍阳西道	301700	59611166
武清区特殊教育学校	杜宏宇	武清区杨村街广厦东里	301700	82261659
武清区体校	张志勇	武清区杨村街雍阳东道	301700	29340667
武清区教师进修学校	孙学刚	武清区杨村街光明道	301700	29380927

宝坻区

校　　名	负责人	校　　址	邮　编	电　话
宝坻区第一中学	马长泽	宝坻区北城路东段 1 号	301800	29228633
宝坻区第四中学	陈国旺	宝坻区进京路 30 号	301800	82621714
李家深高级中学	李　发	宝坻区牛道口镇李家深村	301821	22588125
大口屯高级中学	赵宝亮	宝坻区大口屯镇镇东	301801	29685535
大白庄高级中学	秦瑞山	宝坻区大白庄镇大白庄村	301802	29660252
林亭口高级中学	顾伯儒	宝坻区林亭口镇北	301804	82538309
大钟庄高级中学	王　树	宝坻区大钟庄镇大钟庄村	301806	82428725
王卜庄高级中学	杨仕仲	宝坻区王卜庄镇王卜庄村西	301800	82590706
宝坻区育英中学	赵春玉	宝坻区南关大街 20 号	301800	29262638
宝坻区艺术中学	刘洪洋	宝坻区小火神庙胡同 19 号	301800	29262963
宝坻区博爱学校	张庆武	宝坻区宝平街道刘辛庄宿舍北	301800	82623046
宝坻区体育中学	李文生	宝坻区城关镇刘辛庄宿舍北	301800	29241808
宝坻区第二中学	肖绍成	宝坻区海滨街道苏北路 5 号	301800	29241568
宝坻区第三中学	王月明	宝坻区建设路 46 号	301800	29262353
宝坻区第五中学	刘洪新	宝坻区宝平街道进京路 31 号	301800	82622966
宝坻区第六中学	张敬军	宝坻区宝平街道开元路东	301800	82692912
史各庄镇中学	张振亚	宝坻区史各庄镇史各庄村东	301800	22578454
牛道口镇第一初级中学	刘连庆	宝坻区牛道口镇牛道口村	301800	22558164
牛道口镇第二初级中学	史成立	宝坻区牛道口镇赵各庄村	301800	22588123
高家庄镇高家庄初级中学	陈志杰	宝坻区高家庄镇乔辛庄西	301800	22538820
高家庄镇三岔口初级中学	王　宇	宝坻区高家庄镇三岔口村南	301800	22548493
大口屯镇第一初级中学	张立泉	宝坻区大口屯镇镇东村	301801	29689474
大口屯镇第二初级中学	陈　静	宝坻区大口屯镇镇北商业街北侧	301801	29689591
大口屯镇南仁垺初级中学	杨永洁	宝坻区大口屯镇韩庄村西	301801	29623175
马家店镇马家店中学	王希杰	宝坻区马家店镇马家店村	301800	29649245
牛家牌乡牛家牌中学	汪志文	宝坻区牛家牌乡工业区东	301809	29635034
郝各庄镇郝各庄初级中学	刘玉朴	宝坻区郝各庄镇前郝村	301800	29679047
郝各庄镇中登初级中学	刘建月	宝坻区郝各庄镇杜台村	301800	22479353
大白庄镇中学	李金伟	宝坻区大白庄镇大白庄村	301802	29660291

续表

校　　名	负责人	校　　　　址	邮　编	电　话
大唐庄镇初级中学	李维庆	宝坻区大唐庄镇大唐庄村	301802	29657037
尔王庄乡初级中学	张富春	宝坻区尔王庄乡尔王庄村	301802	22469474
周良庄镇周良庄初级中学	李国华	宝坻区周良庄镇周良庄村	301800	22499457
林亭口镇林亭口初级中学	苏玉国	宝坻区林亭口镇大侯庄西	301804	82538359
林亭口镇糙甸初级中学	赵俊富	宝坻区林亭口镇糙甸村西	301804	82554682
八门城镇八门城中学	赵庆同	宝坻区八门城镇八门城四村	301823	82567117
八门城镇欢喜庄初级中学	张庆拥	宝坻区八门城镇欢喜庄村	301803	82521133
黄庄初级中学	杨印昌	宝坻区黄庄乡黄庄村北	301803	82579347
王卜庄镇初级中学	刘克付	宝坻区王卜庄镇王卜庄村东	301805	82517054
王卜庄镇何仉庄初级中学	陈俊奇	宝坻区王卜庄镇南申庄西	301805	82458164
方家庄镇方家庄初级中学	田庆恒	宝坻区方家庄镇方后村	301827	82447140
方家庄镇杨家口初级中学	杨树清	宝坻区方家庄镇杨家口村	301805	22597259
口东镇口东中学	王立河	宝坻区口东镇口东政府北 50 米	301800	22568685
口东镇黑狼口中学	王　儆	宝坻区口东镇八台港村南	301800	82489045
大钟庄镇大钟中学	岳树政	宝坻区大钟庄镇工业小区	301806	82428774
大钟庄镇袁罗庄初级中学	于迎春	宝坻区大钟庄镇袁罗庄	301806	82433244
新安镇第一初级中学	杜泽民	宝坻区新安镇正大街 1 号	301825	82469117
新安镇第二初级中学	杨卫民	宝坻区新安镇老张庄村	301825	82479294
宝坻中专	王友斌	宝坻区进京路 28 号	301800	82621469
宝坻一职	张汝光	宝坻区黄庄乡黄庄村南	301803	82579112

宁河县

校　　名	校　长	校　　　　址	邮　编	电　话
芦台第一中学	张锡民	宁河县芦台镇一中路	301500	69116933
永兴中学	李天才	宁河县芦台镇一中路	301500	69116913
芦台第二中学	杨炳柱	宁河县芦台镇震新路 30 号	301500	69564415
丰台中学	刘福军	宁河县丰台镇东村	301503	69489144
潘庄中学	陈再清	宁河县潘庄镇潘庄村	301508	69529151
任凤高中	赵凤来	宁河县七里海镇任凤村	301509	69539034
芦台第四中学	董丽敏	宁河县芦台镇震新路 45 号	301500	69584715
芦台第三中学	杨高山	宁河县芦台镇震新路 2 号	301500	69561457

续表

校　　名	校　长	校　　　址	邮　编	电　话
芦台第五中学	阚文广	宁河县芦台镇金翠路2号	301500	69560490
芦台镇小薄中学	王志生	宁河县芦台镇小薄村	301500	69111272
芦台镇赵庄中学	岳向海	宁河县芦台镇205国道与宝芦公路交口	301500	69192701
大北涧沽镇中学	李学辉	宁河县大北涧沽镇大北村	301500	69549171
七里海镇中学	王宝海	宁河县七里海镇大坨村	301500	69531163
七里海镇南涧沽中学	李福义	宁河县七里海镇张尔沽村	301500	69361603
北淮淀乡北淮淀中学	张守富	宁河县北淮淀乡北淮淀村东	301500	69321042
俵口中学	杨树波	宁河县俵口乡洛里坨村	301509	69331144
宁河镇中学	刘书田	宁河县宁河镇东街	301504	69419167
廉庄乡中学	岳向友	宁河县廉庄乡孟庄村南	301500	69459857
宁河镇大辛中学	田长学	宁河县宁河镇江洼口村	301504	69261084
东棘坨镇赵本中学	李建朝	宁河县东棘坨镇李城村西	301504	69439034
丰台镇中学	韩国清	宁河县丰台镇东村	301503	69489073
丰台镇小李庄中学	韩振宽	宁河县丰台镇小李村	301503	69231374
丰台镇后棘坨中学	王建华	宁河县丰台镇后棘坨村	301503	69499274
岳龙镇中学	李红星	宁河县岳龙镇岳龙村	301502	69251624
板桥镇板桥中学	周克强	宁河县板桥镇盆罐村南	301504	69469047
苗庄中学	李宝营	宁河县苗庄镇苗庄村	301504	69221042
潘庄镇中学	宋有平	宁河县潘庄镇潘庄村	301508	69529152
造甲城中学	冯建国	宁河县造甲城镇造甲城村	301510	69519249
东棘坨镇中学	杨再纵	宁河县东棘坨镇西棘坨村	301507	69379875
潘庄镇大贾庄中学	李亮山	宁河县潘庄镇大贾村	301508	69310442
宁河县中等专业学校	冯恩山	宁河县芦台镇金华路100号	301500	69592983

静海县

校　　名	校　长	校　　　址	邮　编	备　注
静海县第四中学	高学胜	静海县静海镇胜利大街南街112号	301600	完全中学
静海县第六中学	陈文明	静海县口子门村新兴路增1号	301600	完全中学
静海县瀛海学校	张继田	静海县南纬一路西	301600	完全中学加小学
静海县第一中学	张福宾	静海县静海开发区地纬路19号	301600	高级中学
静海县独流中学	尚凯军	静海县独流镇新开路1号	301602	高级中学

续表

校　　名	校　长	校　　址	邮　编	备　注
静海县唐官屯中学	李祥民	静海县唐官屯镇四街文昌路西增 1 号	301608	高级中学
静海县王口中学	王明升	静海县王口镇大瓦头村东	301603	高级中学
静海县陈官屯中学	刘凤桥	静海县陈官屯镇一街胜利大街增 1 号	301604	高级中学
静海县蔡公庄中学	姚家新	静海县蔡公庄镇蔡公庄村环中街 5 号	301606	高级中学
静海县中旺中学	张文达	静海县中旺镇	301615	高级中学
静海县子牙中学	郝树臣	静海县子牙镇商品街北排 4 号	301605	高级中学
天津市光明中学	姚玉桥	静海县静海开发区地纬路 19 号	301600	高级中学
静海县第二中学	李绍玉	静海县静海镇胜利大街 5 号	301600	初级中学
静海县第五中学	周明生	静海县静海镇地纬路南侧	301600	初级中学
静海县青少年业余体育学校	孙春来	静海县静海镇运河西静文路 37 号	301600	初级中学
静海县艺术学校	强兆麟	静海县胜利南路 89 号	301600	初级中学
静海县实验中学	陈向党	静海县静海镇建设路 5 号	301600	初级中学
静海县汇才中学	姜玉彬	静海县静海镇胜利大街 5 号	301600	初级中学
静海县双塘镇中学	赵家贵	静海县双塘镇西双塘村	301600	初级中学
静海县大丰堆镇中学	张振禄	静海县大丰堆镇大丰堆村东	301609	初级中学
静海县梁头镇中学	刘忠强	静海县梁头镇梁头村东	301600	初级中学
静海县良王庄乡中学	张启志	静海县良王庄乡良一村	301601	初级中学
静海县良王庄乡府君庙中学	赵志朋	静海县良王庄乡府君庙村	301600	初级中学
静海县王口镇中学	刘世伟	静海县王口镇大瓦头村	301603	初级中学
静海县台头镇中学	李树海	静海县台头镇义和村	301613	初级中学
静海县子牙镇中学	韩玉柱	静海县子牙镇王二庄村	301605	初级中学
静海县沿庄镇中学	王炳顺	静海县沿庄镇东禅房村北	301605	初级中学
静海县沿庄镇东滩头中学	张　辉	静海县沿庄镇东滩头村北	301605	初级中学
静海县陈官屯镇中学	刘俊新	静海县陈官屯镇小钓台村西	301604	初级中学
静海县陈官屯镇王官屯中学	王景元	静海县陈官屯镇王官屯村	301604	初级中学
静海县西翟庄镇中学	商恩桥	静海县西翟庄镇西翟庄村	301611	初级中学
静海县团泊镇中学	程庆侠	静海县团泊镇宫家堡村	301636	初级中学
静海县大邱庄镇胡连庄中学	宋振利	静海县大邱庄镇胡连庄中学	301606	初级中学
静海县蔡公庄镇中学	田玉祥	静海县蔡公庄镇蔡公庄村	301606	初级中学
静海县大邱庄镇中学	任　超	静海县大邱庄镇长江道	301606	初级中学
静海县杨成庄乡杨成庄中学	牛炳宝	静海县毕杨路 12 号	301617	初级中学

续表

校 名	校 长	校 址	邮 编	备 注
静海县中旺镇中学	孙锦泉	静海县中旺镇中旺村	301615	初级中学
静海县中旺镇大庄子中学	张树华	静海县中旺镇大庄子村	301614	初级中学
静海县静海镇徐庄子中学	马君刚	静海县静海镇徐庄子村	301600	初级中学
静海县唐官屯镇中学	孙精华	静海县唐官屯镇文昌路	301608	初级中学
静海县唐官屯镇大张屯中学	李国胜	静海县唐官屯镇长张屯村	301608	初级中学
静海县唐官屯镇大郝庄中学	李树成	静海县唐官屯镇大郝庄村	301608	初级中学
静海县独流镇中学	刘文玉	静海县独流镇兴业大街北头	301602	初级中学
静海县独流镇北肖楼中学	顾来元	静海县独流镇尚庄子村西 104 国道旁	301602	初级中学
静海县模范学校	徐正国	静海县开发区地纬路 20 号	301600	一贯制学校
静海县东方石油基地学校	李润成	静海县唐官屯镇京福路 169 号物探小区院内	301608	一贯制学校
静海县梁头镇王庄子学校	李洪水	静海县梁头镇王庄子村	301600	一贯制学校
静海县台头镇三堡学校	张作群	静海县台头镇三堡村	301600	一贯制学校
静海县大邱庄镇尚码头学校	翟洪霞	静海县大邱庄镇前尚码头村	301611	一贯制学校
大邱庄尧舜实验学校	舒树江	静海县大邱庄镇尧舜度假村	301606	一贯制学校
静海县大邱庄镇大屯中学	苏焕胜	静海县大邱庄镇大屯村	301606	一贯制学校

蓟 县

校 名	校 长	校 址	邮 编	电 话
渔阳镇仓上屯中学	王继业	蓟县渔阳镇仓上屯村北 100 米处	301900	82892636
渔阳镇逯庄子中学	史德忠	蓟县渔阳镇逯庄子村	301900	82856156
渔阳镇中学	张素芹	蓟县人民西路下闸路	300900	29168036
杨津庄镇大豑上初级中学	王守余	杨津庄镇大豑上中学	301905	22792978
杨津庄镇杨津庄初级中学	焦连仲	蓟县杨津庄镇杨津庄村东	301906	29862870
侯家营中学	绳建丰	蓟县侯家营镇铺户庄村西	301904	22832626
侯家营镇三岔口中学	付士杰	蓟县侯家营镇三岔口村北	301904	29841004
邦均镇第一初级中学	杨敬春	蓟县邦均镇李庄子村北	301901	22880022
邦均镇第二初级中学	张海青	蓟县邦均镇双井村南	301901	29810886
东施古镇初级中学	孟凡成	蓟县东施古镇孟辛庄村南	301906	82743052
白涧镇初级中学	姜春生	蓟县白涧镇政府东院	301901	22877918
盘山中学	肖建明	蓟县官庄镇政府东,蓟官路南	301915	29821679
官庄镇南营中学	王志齐	蓟县官庄镇南营村北	301915	29825056
许家台乡中学	吴文宽	蓟县许家台乡许家台村东	301901	22820660

续表

校名	校长	校址	邮编	电话
出头岭镇初级中学	吴志波	蓟县出头岭镇三屯村东	301911	29757297
出头岭镇景兴春蕾中学	孙汉锋	蓟县出头岭镇东王官屯村南	301911	29757637
尤古庄镇初级中学	滕化权	蓟县尤古庄镇邓各庄村	301902	29837126
尤古庄镇西塔庄中学	王宝占	蓟县尤古庄镇梁贾庄村	301902	29837158
穿芳峪镇穿芳峪中学	许学超	蓟县穿芳峪乡政府南一华里路西	301909	22762025
下窝头镇下窝头中学	吴存海	蓟县下窝头镇侯井刘村	301906	022-82782569
下窝头镇白塔子中学	杜汉永	蓟县下窝头镇白塔子村	301905	022-22808345
马伸桥镇初级中学	张　如	蓟县马伸桥镇天马北200米	301909	29739180
马伸桥镇宋家营中学	王铁铮	蓟县马伸桥镇宋家营村	301909	22777188
礼明庄镇初级中学	唐自国	蓟县经济开发区华侨创业园	301907	82791256
五百户镇华岩寺中学	潘国忠	蓟县五百户镇四百户村	301908	29792004
五百户镇九百户中学	唐汉宇	蓟县五百户镇九百户村	301908	29783103
东二营镇中学	刘文民	蓟县东二营镇东二村	301901	22850638
孙各庄满族乡初级中学	罗　劲	蓟县孙各庄满族乡夏家林村南	301909	22741044
洇溜镇初级中学	张占山	蓟县洇溜镇五里庄村北	301900	29129974
别山镇别山初级中学	陈旭东	蓟县别山镇别山村南	301907	29779036
别山镇杨家楼初级中学	张永波	别山镇后楼村北	301907	29773497
别山镇下里庄初级中学	李会红	别山镇下里庄村南200米路东	301907	29779007
别山镇科科初级中学	王志东	蓟县别山镇科科村	301900	82726067
下仓镇蒙馆中学	贾洪超	蓟县下仓镇南赵庄	301905	82776046
下仓镇下仓初级中学	蒙占武	下仓镇桥头庄村东	301905	29871006
下仓镇大杨中学	白继忠	下仓镇大杨家庄村北	301905	29870189
下仓镇大仇中学	王　宾	下仓镇大仇庄村东	301905	82757186
桑梓镇桑梓初级中学	周尚义	蓟县桑梓镇赵家坨村北	301903	022-22843103
桑梓镇刘家顶初级中学	王正金	蓟县桑梓镇刘家顶村	301901	022-22861052
桑梓镇西芦庄初级中学	潘俊祥	蓟县桑梓镇西芦庄村	301903	022-22843044
上仓镇初级中学	王洪生	蓟县上仓镇后秦各庄村北	301906	022-29859023
上仓镇东塔初级中学	王少连	蓟县上仓镇程家庄村西	301906	022-29859341
西龙虎峪镇中学	赵立志	蓟县西龙虎峪镇大街	301912	22752345
下营镇初级中学	杨学民	蓟县下营镇下营村	301913	29718083
罗庄子镇中学	耿学芳	蓟县罗庄子镇史家井	301913	29728631
罗庄子镇洪水庄中学	郝德春	蓟县罗庄子镇洪水庄	301913	22728297

续表

校 名	校 长	校 址	邮 编	电 话
东赵各庄镇初级中学	李学庆	蓟县东赵各庄乡盈福寺村南	301914	82732316
下仓中学	刘巨广	蓟县下仓镇北路西三公里处	301905	29879516
邦均中学	李 武	蓟县邦均镇西潘庄转盘南行 500 米路西	301901	29818301
实验中学	高云波	蓟县光明路西侧	301900	29196060
上仓中学	孙永功	蓟县上仓镇南闵庄	301906	29858232-8029
马伸桥中学	张振兵	蓟县马伸桥镇北	301909	29739132
擂鼓台中学	孟庆国	蓟县出头岭镇北擂鼓台村北	301911	59168966
燕山中学	何 智	蓟县县城城西西环路 7 号	301900	29172605
渔阳中学	张宝满	蓟县城关迎宾路 1 号	301900	29035205
蓟县第二中学	孟 键	蓟县人民西路西外环东侧	301900	82822305
蓟县城关第四中学	李金钟	蓟县城关兴华大街 59 号	301900	29036179
康各庄中学	闫自龙	蓟县尤古庄镇北 2 公里宝平路东侧	301902	29837908
蓟州中学	刘建钧	蓟县渔阳南路 74 号	301900	29012341
下营中学	陈 忠	蓟县下营镇下营村	301913	29710116
杨家楼中学	刘树武	蓟县别山镇后楼村北	301907	29779532
蓟县第一中学	刘兆来	蓟县迎宾大街一号	301900	29030075

·天津区县年鉴·

索　　引

索 引

说 明

1. 本索引采用条目主题分析索引方法,主题词词首按汉语拼音音序排列。
2. 主题词后是题材所在区县的限定词,数字表示该题材所在页码,a、b、c 分别表示在左、中、右栏。
3. 本年鉴的特载、重要文献、专文、天津概况、统计资料、附录部分不作索引。

A

B

C

D

H

J

K

T

W

天津物产集团有限公司

天津物产集团有限公司（原天津市物资集团总公司）是国家商务部重点培育的全国流通领域20家大企业集团之一，连续6年保持全国生产资料内外贸批发、零售业第一名。经营领域涵盖大宗商品贸易、现代物流、地产开发、金融服务和中职教育等。其中，大宗商品贸易主要包括金属（黑色金属、有色金属）、能源（煤炭、焦炭、燃料油）、矿产（铁矿、有色矿、煤矿等）、化工、汽车机电五大板块。经营区域覆盖全国，并在美国、德国、日本、新加坡、菲律宾等国家及香港地区建立了18家境外分支机构。2011年，集团完成销售收入1970亿元，进出口贸易额超过40亿美元，经营各类物资总量7000万吨。

在最新公布的“2012年财富世界500强”中，集团成功入选，排名第416位，在中国入榜的73家企业中排名第62位，在全球12家入榜的贸易类行业企业中排名第10位，是天津市第一家进入世界500强的企业。

钢坯生产线

汽车机电事业部改装的奔驰

集团煤炭运输专列

集团矿石加工基地

集团所属单位：

- 天津物产金属国际贸易有限公司
- 天津市浩物机电汽车贸易有限公司
- 天津物产化轻国际贸易有限公司
- 天津物产置业发展有限公司
- 天津物产能源资源发展有限公司
- 天津物产基建物资有限公司
- 天津物产进出口贸易有限公司
- 天津市浩通物产有限公司
- 天津物产国际能源发展有限公司
- 天津市浩瑞矿产有限公司
- 天津物产国际贸易有限公司
- 天津物资招商有限公司
- 天津物产国际物流有限公司
- 天津市物资集团浩达矿业有限公司
- 天津市浩信信用担保有限责任公司
- 天津市商品包装总公司

中国工商银行天津市分行

2011年3月18日，天津滨海柜台交易市场股份公司正式开业，旨在解决中小企业特别是科技型中小企业融资难问题。

1985年，工商银行天津市分行从人民银行天津分行独立出来。作为总行在天津的一级分支机构，工商银行天津市分行一直致力于打造成为国际一流商业银行分行。无论是协助构建天津全新金融体系，还是争取更多的金融资源；无论是资产业务的推陈出新，还是新兴业务领域的不断开拓；无论是中小企业服务模式的探索，还是服务管理体系的改革；无不诠释天津分行对改革创新的执着追求。

截止2011年末，天津分行374家网点遍布津城，对公客户7万余户，个人客户740余万户，实现拔备前利润57亿元，实现中间业务收入16.6亿元，本外币各项存款余额2284亿元，本外币各项贷款余额1796亿元，位居同业第一。资产质量不断提升，连续多年保持不良贷款余额和不良贷款率“双下降”，不良

2011年5月4日，工商银行天津分行与天津经济技术开发区（南港工业区）管理委员会全面合作签约仪式。

2011年9月14日，天津分行与天津市工商行政管理局联合举办“工银商友俱乐部服务推广平台搭建启动会”，全力打造银政体系新型服务平台，为优质个体工商户和民营企业提供信息共享、商贸交流、传播知识和实现价值的全新服务平台。

贷款率降至1%以下，在系统中和同业内均处于领先水平。在中外资50余家银行云集天津的激烈竞争中，打造了工行引领金融发展与创新的良好形象，树立了区域市场领先的旗舰银行地位。

站在新的历史起点，天津分行积极应对复杂多变的外部挑战，坚持以创新的思路对待发展道路中的难题，凭借超越自我、追求卓越的勇气，赢得了同业的尊重，连续创造利润、中间业务、存款、贷款、资产质量、内控案防等六项标志性指标名列前茅的佳绩；获得了最佳公众形象、最佳服务质量、最佳金融创新、最佳重大项目支持等四项大奖，并荣膺十大金融企业民生贡献奖之首。特别围绕“让客户满意”的目标，提出了服务改进方面的一系列新的战略举措，通过实施“服务价值年”、“改革流程改进服务年”、“满意在工行”等接力式服务改进计划，服务质量和服务能力大幅提高，客户满意度不断提升。

未来五年，分行将以“提升三个能力、做到三个创建，实现三个之最”为核心，强力提升学习与创新的能力、提升开拓与执行的能力、提升持续精细化管理能力，创建同业最佳的经营业绩、创建广受赞誉的品牌形象、创建引以为豪的员工队伍；实现可持续的最盈利、最优秀、最受尊敬商业银行的奋斗目标。

中国工商银行天津市分行大楼外景

中国建设银行
China Construction Bank
天津市分行

建行天津分行行长高德高

中国建设银行股份有限公司天津市分行成立五十余年来，始终认真执行国家经济金融政策，积极服务地方经济发展，形成了独具特色的品牌形象，在中长期信贷、住房金融、审价咨询、投资银行等业务领域具有市场领先地位，业务规模和经营效益在同业中居于前列。

2011年，建行天津分行继续全力支持本市基础设施建设和支柱产业发展，积极为优质企业客户提供包括信贷支持在内的组合金融服务，全年实施贷款投放932亿元。以“民本通达”综合服务方案为主线，不断加大对教育、卫生、文化、社保等领域的金融服务力度。此外，在国内保理、信贷资产转让、融资租赁、保险直投、固定资产融资支持以及电子商务等创新型业务方面也取得突破性进展，与本市多家企事业单位建立起良好合作关系。

作为大型国有商业银行，建行天津分行积极践行社会责任。积极扶持楼宇经济、“科技小巨人”等专业化程度高、科技含量高、创新能力强、资产负债率较低、有较强发展后劲的成长型小企业发展。大力支持“三农”和小城镇建设，已对东丽区金钟街、津南区八里台、西青区张家窝等五个小城镇建设项目实施贷款投放20余亿元。创新性提出《天津市保障性住房金融服务方案》并得到市政府认可，牵头为市保障住房建设投资公司组建200亿元银团贷款，并独家承办市公积金委托保障房项目贷款，已累计发放贷款19.75亿元，产生良好社会效益。

建行天津分行坚持“以客户为中心”经营理念，努力为广大客户提供更加优质金融服务。借助滨海新区在金融改革创新和先行先试的政策优势，深入开展以产品整合、特色产品研发为主

建行天津分行大楼

2010年10月，分行领导参加银企合作签约仪式

2011年6月，建行员工在天津汽车交易博览会上宣传推广信用卡分期购车业务

的创新工作，不断满足客户多元化的金融需求。大力加强网点建设，已经拥有覆盖市内各行政区域的241个分支机构，形成了包括私人银行/财富中心、理财中心和普通网点在内的分层维系客户渠道体系。网点硬件设施、服务标准化水平和从业人员综合服务能力不断提升，为客户提供便捷周到的专业化服务。遍布全市的自助设备功能不断完善，网上银行渠道优势日益显现，丰富的服务渠道使广大市民能够享受到更加方便快捷的金融服务。

2012年6月，建行天津分行资产总额已突破两千亿元，全口径存款达到1988亿元，各项贷款余额达到1698亿元，业务规模、资产质量、经营效益、管理水平等方面均较以往得到显著提升。下一阶段，建行天津分行将紧紧围绕天津市“十二五”规划实施要求，更好支持本市支柱产业发展和重点基础设施建设项目，坚定不移地为天津市经济发展和滨海新区建设发挥金融支持和保障作用，努力朝着“成为天津地区企业形象佳、盈利能力强、员工素质高银行”的愿景目标奋勇前进。

2011年，天津分行大力开展“服务环境提升”主题活动，促进营业网点环境面貌和客户体验得到明显改善。图为营业网点统一设计制作的告示牌和温馨提示牌

天津日报

建行天津市分行荣膺最具社会责任企业奖

善建者行立功德，善者建行更远

天津分行在2011年度“榜样天津”企业社会责任榜公益评选活动中荣获“最具社会责任企业奖”。图为荣誉证书和《天津日报》的相关报道截图

中国银行天津市分行

2008年12月29日，天津市政府全面战略合作协议签约仪式

2009年12月，滨海新区战略合作协议签约仪式

中国银行天津市分行成立于1912年10月11日，是中国银行成立最早的分支机构之一，也是天津地区持续经营最为悠久的金融机构。

作为一家百年老店，天津中国银行始终胸怀金融报国的伟大理想，与国家和民族命运紧紧相连；坚持服务中心的大局观念，与天津经济社会发展同频共振；秉承信誉至上的优秀品质，严正持己，勤勉努力；坚守创新进取的经营理念，攻坚克难、勇于超越，在荣辱兴衰的百年变迁中，走过了一条曲折而辉煌的路程。

进入“十一五”后，在滨海新区纳入国家发展战略和地区经济快速增长的带动下，中国银行天津市分行抓住机遇，深入推进

中国银行解放北路旧址

客户、产品、渠道、流程、机制转型，经营发展驶上了快车道，资产、负债规模年均增幅超过20%。存、贷款总量实现了五年翻两番的目标，市场占有率大幅提升。经营收入和净利润分别增长了265%和351%。国际结算、资金等业务的市场优势地位进一步巩固。

中国银行友谊北路新址

作为全国银行系统首创“星级服务”标准的金融机构，中国银行天津市分行不断地创新服务产品、改善服务水平、拓展服务领域。目前，中国银行天津市分行的服务机构已经覆盖天津所有区域，形成了ATM、社区金融站、网点、网上银行、手机银行和理财中心、财务管理中心、私人银行的多渠道、差异化的服务体系，能够完全满足广大城乡居民提全方位、多领域的综合金融服务需求。2008年，中国银行天津市分行作为北京奥运会天津赛区合作伙伴，圆满完成各项奥运金融服务，其后，中国银行天津市分行又先后承接了夏季达沃斯论坛、世界大学生划水赛等诸多涉外活动的金融服务，赢得了社会各界的广泛赞誉。

中国银行是中国国际化和多元化程度最高的银行，在全球32个国家和地区拥有586家办事机构。天津市分行充分依托中国银行集团的海内外一体化发展的战略优势，为客户寻求全球机遇、实现国际化发展提供全方位综合金融解决方案。2009年，中国银行天津市分行成为天津地区首家为客户提供外汇资金集中管理业务的银行；2010年，中国银行天津市分行成功叙做天津市首笔跨境贸易人民币结算业务；2011年，中国银行天津市分行叙做天津首笔人民币跨境直接投资和人民币期权业务。

中国银行天津市分行始终将履行责任作为提升企业核心竞争力的重要途径，全力助推天津经济和社会发展。自2006年以来，已为天津重点项目、城市建设、优势产业、中小企业及民营经济发展累计投放信贷资金超过1100亿元；实现国际贸易结算总量逾1200亿美元；累计上缴利税近50亿元。同时，积极参与渤海产业基金、OTC市场、离岸金融等金融创新改革试点和社保卡、自助挂号等民心工程建设。先后荣获了“最具影响力的中资银行”、创建“最具责任感银行”突出贡献单位、天津市“百家信誉企业”、“十大金融企业民生贡献奖”、“对外贸易工作特别奖”等奖项，实现了社会影响与经济效益双赢。

2011年8月19日，社保金融IC卡全国首发仪式

依托集团优势提供一体化出国金融服务

天津银行股份有限公司

2011年11月3日，天津银行蓟县支行开业庆典

2011年1月，天津银行与天津河西区政府签署全面合作协议

天津银行股份有限公司成立于1996年，目前设有6家分行、211个营业机构，已经在全市各区县实现了机构网点布局全覆盖。多年来，天津银行始终坚持"服务地方经济、服务中小企业、服务市民百姓"的经营定位，大力支持区县经济建设，致力于打造中小企业伙伴银行和优质服务的市民银行，获得了良好的社会效益和经济效益，已经成为我国银行业极具成长性的股份制商业银行之一。

大力支持地方经济建设 作为一家植根地方的中小银行，天津银行牢牢把握地方经济发展脉搏，努力发挥信贷资金的杠杆撬动作用，在中新生态城、地铁项目建设、天钢东移工程、保税物流园区建设以及空客A320总装项目等众多重点项目和重点工程中，天津银行给予了强有力的金融支持。

倾力支持中小企业发展 天津银行围绕产品创新与搭建集约销售模式下功夫，不断丰富本行中小企业金融服务手段，相继推

津卡
天津银行
BANK OF TIANJIN

总行大楼

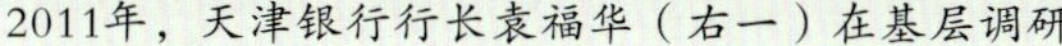

2011年，天津银行行长袁福华（右一）在基层调研

天津银行积极开展服务小微企业宣传活动

出了“金种子”、“金太阳”系列服务专案，“专利权质押贷款”、“应收账款质押贷款”、“联保贷”、“组合保”等几十种特新产品；不断创新、推动建立中小业务集约销售模式，创新渠道发展机制，搭建合作融资平台，满足不同类型中小企业、小微企业融资需求，被中国银监会授予“全国小企业金融服务工作先进单位”和“全国支持中小企业发展十佳商业银行”荣誉称号。

贴心服务市民百姓生活 天津银行建立了个贷中心、银行卡中心和大客服中心等强大的后台处理中心，由单一的柜面业务，发展成为多功能柜面业务与自助终端相结合的金融超市。研究开发了丰富的零售银行业务产品，日增利、添富计划理财、个人循环贷款、津卡通等现代化的金融产品和服务已经融入百姓生活。众多网点多次被评为全国和天津市文明服务示范网点，打造出了响亮的“市民银行”优质服务品牌。

积极履行社会责任 多年来，作为一家有社会责任感的企业，天津银行用实际行动支持慈善公益事业，为医疗、教育、文化等公共服务领域提供智力、物力和财力支持，通过扶贫、捐款、爱心活动、设立助学基金、助学贷款、赞助艺术及论坛等活动积极回报社会。鼓励自己的员工亲身履行社会责任，努力培养员工服务意识、大局意识和社会公益意识，树立了良好的社会公众形象和品牌形象。

渤海银行股份有限公司
CHINA BOHAI BANK CORPORATION LIMITED

渤海银行是1996年至今国务院批准设立的第一家全国性股份制商业银行，是第一家在发起设立阶段就引进境外战略投资者的中资商业银行，是第一家总部设在天津的全国性股份制商业银行。

渤海银行由天津泰达投资控股有限公司、渣打银行（香港）有限公司、中国远洋运输(集团)总公司、国家开发投资公司、宝钢集团有限公司、天津信托有限责任公司和天津商汇投资(控股)有限公司等7家股东发起设立，注册资本总额85亿元人民币。2005年12月30日成立，2006年2月正式对外营业。

截至2011年末，渤海银行资产总额3124.88亿元，负债总额2959.80亿元，贷款余额（含贴现）1125.47亿元，不良贷款率0.14%，资产质量自开业至今始终保持同业最优水平。2012年6月，渤海银行已在全国设立13家一级分行、2家二级分行和50家支行，覆盖环渤海、长三角、珠三角及中西部地区的重点城市，全国性股份制商业银行的布局逐渐形成。

渤海银行产品和服务获得社会的广泛关注和认可，社会影响不断扩大，品牌知名度逐步提高，荣获了一系列奖项及荣誉称号。“渤乐·省利通”创服产品在第七届中国银行业年会及银行创新产品系列评奖中获得商业银行创新之星“民生授信奖”，该产品同时在第四届“中国最受尊敬暨最佳零售银行”评选中获得

渤海银行新楼

2012年5月17日，渤海银行参展第六届中国中部贸易投资博览会

机构分布

“2011最佳小微企业金融服务品牌”奖；荣获《亚洲银行家》评选的“2011年度中国最佳网络银行”称号；在《卓越理财》杂志社举办的卓越2011年度金融理财排行榜中，荣获“卓越股份制商业银行”、“卓越金融理财产品”、“卓越银行卡”和“卓越电子银行”称号；在“渤海银行·2011天津中小企业风云榜”活动中荣获“天津市中小企业特殊服务贡献奖”；“携手创富”品牌荣获“2011中国中小企业金融服务客户满意十佳典范品牌”奖项；连续五年蝉联中国中小商业企业协会评选的“年度全国支持中小企业发展十佳商业银行”奖项；在《21世纪经济报道》主办的“第六届21世纪亚洲金融年会暨2011年亚洲银行竞争力排名研究报告”发布仪式上获得“2011年中资银行稳健成长奖”；在《每日经济新闻》主办的金鼎奖评选活动中获“最具潜力股份制商业银行奖”；2011年入围“天津百强企业”。

渤海银行夜景

天津新金融投资有限责任公司

中心商务区于家堡金融区施工现场

天津新金融投资有限责任公司是经天津市政府同意，由天津滨海新区中心商务区投资集团有限公司、天津市财政投资管理中心、天津城市基础设施建设投资集团有限公司和天津海河下游开发有限公司共同出资于2008年9月设立。作为于家堡金融区的城市运营商，承担着于家堡金融区的整体规划、开发建设、招商引资和经营管理工作。2011年末，公司注册资本60亿元，总资产298亿元。新金融公司秉承科学发展、持续发展、稳健发展的企业经营理念，致力于打造以人为本、创造价值，服务滨海的跨行业金融控股集团。

于家堡金融区的定位为全国领先、国际一流、功能完善、服务健全的金融改革创新基地，重点发展市场会展、现代金融、传统金融、教育培训、商业商住等功能。2011年于家堡金融区

于家堡金融区

于家堡论坛

的开发建设进入快车道，截止2011年底，起步区在建的十四栋楼宇，已有五栋封顶，两栋施工至40层以上，其他楼宇均完成年初计划目标。同时在市、区政府及中心商务区的支持下，洛克菲勒、铁狮门项目顺利开工，又再一次顺利实现一个重要的开发节点。2011年，公司还先后开展了一些区域特色推介活动，例如首届于家堡论坛年会、于家堡论坛、于家堡金融大讲堂活动、APEC低碳示范城镇论坛、于家堡外交官之夜等活动；与此同时，积极参与第五届融洽会、津洽会、欧洲金融周及各类高峰论坛等具有重大影响力的活动，通过开展、参与各类推介活动，扩大于家堡金融区的国际知名力，寻找国内外合作伙伴。同时，充分利用《新金融观察报》平台，打造区域话语权。2011年底，入区注册企业超过400家，累计注册资本金超过700亿元，涵盖基金、信托、保险、交易所等多个领域，众多国内外知名企业总部或区域总部入驻，聚集效应明显，初步发挥区域带动作用。2011年11月，滨海新区政府发布《关于推进于家堡金融区金融创新和招商政策体系建设的意见》及《实施方案》，对于家堡金融区的建设提出明确要求的同时，也必将极大地促进区域的进一步发展。

TEDA 天津泰达投资控股有限公司 TEDA INVESTMENT HOLDING CO., LTD

泰达金融广场

梅江会展中心

天津泰达投资控股有限公司（简称“泰达控股”）成立于1984年12月。2011年，销售收入584亿元，总资产1808亿元，主要经营领域为区域开发与房地产、公用事业、制造业、金融和现代服务业等，拥有泰达集团、泰达建设等16家全资公司，天津钢管、滨海快速、生态城等24家控股公司和泰达发展、长江证券等24家参股公司，其中泰达股份、津滨发展、滨海能源、泰达物流、四环药业、滨海投资等6家为上市公司。

公司依托在天津开发区28年的建设经验，以滨海新区开发开放为契机，在天津市重点项目、滨海新区“十大战役”和天津开发区统筹发展中，发挥主力军作用，弘扬“泰达”品牌。在区域开发与房地产领域，在中新天津生态城、滨海旅游区、临港经济区、北塘经济区和核心城区等，以及梅江会展中心、津秦客运专线滨海站、大港中塘示范镇等市重点项目中，发挥了主力军和排头兵作用。旗下有泰达集团、泰达建设等多家房地产商，综合实力居天津首位。在埃及合作建设的苏伊士经贸区，起步区已全部建成，入驻企业达25家。在公用事业领域，承担着天津开发区水电气热等能源供应、轨道交通和市政绿化等基础设施的建设和运营，天津开发区已成为外商投资回报率最高的地区；构建了以垃

泰达MSD

泰达建设（格调兰庭）

泰达滨海站

圾发电、污水处理和再生水利用等为核心的循环经济体系；在滨海新区清洁能源天然气利用和生态宜居城市绿化建设等方面发挥了重要作用。在制造业领域，控股的天津钢管集团，作为国内规模最大的石油套管生产基地，效益显著提高。在金融领域，构建了以渤海银行、北方信托、渤海证券为主体的金融发展平台，为天津市金融业发展做出了积极努力。在现代服务业领域，形成了以梅江会展中心和滨海会议中心为代表的会展业，2010夏季达沃斯成功举办；以泰达万丽酒店、泰达国际会馆、滨海假日酒店和泰达中心酒店等为代表的酒店业；以滨海航母为代表的旅游业；以泰达物流为代表的物流服务业；以泰达足球为代表的体育文化业等；在市场竞争中彰显“泰达”品牌的价值。

公司以“资源经营”为核心战略，秉承“诚信、专业、唯实、人本、创新”的企业精神，以自然资源、社会资源和品牌资源为主要经营领域，以天津开发区和滨海新区为主要投资、经营和服务区域。

滨海公交

滨海航母

泰达足球

公司大楼

天津钢铁集团有限公司

天津钢铁集团是集烧结、炼铁、炼钢、连铸、轧钢、金属制品生产工艺为一体的千万吨级现代化钢铁联合企业。年产钢1100万吨，铁1000万吨，钢材和金属制品1000万吨，在日益激烈的市场竞争中，显示了较强的竞争优势。2011年名列中国企业500强第101位，中国制造业企业500强第39位，黑色冶金及延压加工业第11位，天津市百强企业第8位。

天钢工艺技术装备达到国内领先、世界一流水平，建成了国家级企业技术中心，拥有博士后工作站和雄厚的科研团队，企业连续四年获得天津市技术创新先进企业。采用了国际先进的管理体系，通过ISO9001质量管理体系、ISO14001环境管理体系和GB/T28001－2001职业健康安全管理体系认证。

天钢产品在国内外市场享有很高的声誉。主要产品包括中厚板、棒材、高速线材、钢绞线、角钢、圆管坯等六大系列。船体用结构钢板等16个产品获国家金杯奖，低合金结构钢热轧钢板等13个产品获卓越产品奖。板材产品通过欧盟CE认证，获得中国、法国、美国、英国、德国、意大利、日本、韩国等八国船级社高强船板认可，钢绞线产品取得美国（PTI）认证。天钢牌产品被广泛应用到长江三峡、京沪高铁等100多个重点工程，并销往欧盟、中东、东南亚、美洲等41个国家和地区。

天钢加快资源节约型、环境友好型企业建设，实施了煤气、

三座120吨炼钢转炉

110吨超高功率电炉

炼铁双高炉

工业用废水、固体废弃物和余热蒸汽“四闭路、四循环”，提高了资源能源利用率，炼钢全工序实现“负能炼钢”。公司做到了清洁生产、安全环保。转炉炼钢工序能耗、煤气回收利用率、污染物综合排放合格率等指标列全国同行业第一名。

在未来的发展中，天钢围绕转变发展方式，加快转型升级的步伐，实现“六个转变”，即：向价值创造型转变，向品种效益型转变，向资源节约型转变，向经营开放型转变，向学习创新型转变，向文明和谐型转变，进一步提高发展水平，为全市经济社会的发展作出新的更大贡献。

双棒材生产线

六流方圆坯连铸机

中厚板双轧机生产线

钢绞线生产线

高速线材生产线

天津住宅建设发展集团有限公司

天津住宅集团是天津市建设系统国有大型骨干企业，是以住宅产业化为发展方向，集房地产开发经营、新型建材与住宅部品制造、建筑施工、科技与服务业四大产业板块为一体的大型企业集团。是全国首家具有科研、设计、房地产开发经营、新型建材生产、住宅部品制造、建筑施工、装饰装修、节能与环境检测、房屋销售、物业管理等为一体的完整住宅产业链的企业。

天津住宅集团凭借强大的产业集群优势，发展势头强劲，经营业绩突出，入选国际达沃斯论坛“全球成长型企业”成员单位，被评为“中国房地产100强”、“中国服务业100强”、“全国建筑业技术创新先进企业”、“天津市百强企业”、“天津市卓越绩效企业”。天津住宅集团积极实施住宅产业化战略，不断发展壮大“四大产业板块”，全力推进节能、环保、绿色、低碳型住宅产业，在住宅产业化的道路上迈出了坚实的步伐。被住建部批准确立为“国家住宅产业化基地”，成为国内住宅产业化发展的领军企业。

多年来，天津住宅集团以“服务社会，造福百姓”为宗旨，坚持诚信经营、质量第一，开发建设了一大批在天津具有影响力的大型住宅小区、公共建设项目及全市重点工程，荣获了百余项国家级和市级“优秀开发项目奖”、“中国楼盘创新奖”、“示范住宅小区奖”、“建筑工程鲁班奖”和“科技进步奖”，

天津住宅集团开发建设的市中心大型居住区——华城领秀

形成了良好的社会声誉。近年来，住宅集团积极尽国企的社会责任，积极、率先投入社会保障房开发建设，已成为天津市保障房开发建设的主力军和排头兵。

为加快住宅产业化的发展，住宅集团建成投产了国内规模最大、技术装备最先进的新型节能、环保建材生产和研发基地，在建筑节能方面发挥引领示范作用，为天津的经济社会发展和生态宜居城市建设做出了突出贡献。

天津住宅集团开发建设的绿色环保生态居住区——梅江居住区

天津住宅集团新型建材研发与制造基地生产车间

天津住宅集团新型建材研发与制造基地新型建材生产线

天津住宅集团新型建材研发与制造基地住宅部品展示

天津住宅集团应用住宅产业化成果建设的天津文化中心大剧院

天津住宅集团建设的华城佳苑保障房项目施工现场

天津创业环保集团股份有限公司

天津创业环保集团股份有限公司是一家在上海和香港两地上市的大型国有控股的水务企业集团。自2000年由天津渤海化工（集团）重组上市以来，立足天津，面向全国，迅速完成全国战略布局，形成了以天津为大本营，辐射华北、中南、云贵、江浙、西北等地区的“以点带面”的市场开发格局。业务领域逐步扩展到污水处理厂设计、建设、运营，自来水生产，再生水及环保设备等产业环节，发展成为拥有4个事业部，3家分公司，17家控股子公司，2家参股公司的跨区域、多业务发展的企业集团。2008年8月，公司正式更名为“天津创业环保集团股份有限公司”，迈入了集团化发展的新阶段。

集团公司依靠投资运营模式，首倡委托运营模式，污水处理能力跻身行业三甲，建设能力位居行业第四，树立了良好的品牌形象。连续7年荣膺“中国水业十大影响力企业”，并被评为2011年水务企业实力排行榜上榜前十名单位。

公司之所以能够迅速崛起，成为行业领军者，得益于其在专业的管理，领先的技术和优质的服务三个方面具有的核心竞争力。

管理方面，创业环保拥有丰富的污水处理专业运营管理经验，具有丰富的工程建设管理经验。完善的内部运营体系与控制体系，将公司的专业运营管理经验转化为每个员工第一线的生产力，保证了集团公司良好的风险控制能力和对突发事件的反应能力。其承建的天津三座污水处理厂工程荣获“金奖海河杯”、“国家优质工程银质奖”等奖项。

2009年4月21日，副市长熊建平（左一）在基层调研

技术方面，创业环保掌握多种工艺，拥有强大的科技研发能力。2004年，企业以国家城市给水排水研究中心实验基地为

杭州污水处理厂

天津纪庄子污水处理厂

百乐克池（宝应）

依托，建立起自己的技术研发中心。2006年，经过国家人事部批准，设立了水处理及环境工程博士后流动站。经过几年的努力，研发中心已经成为集团公司自主创新的核心平台，承担着大量科研项目并拥有了多项专利技术，为企业开发市场、寻找新的利润增长点创造了条件，使企业成为行业标准的制定者。

服务方面，创业环保实现了包括BOT、TOT、委托运营、总承包、代建、DBO、技术服务、专业咨询等合作模式，构建了集投资、设计、工程、运营和咨询服务为一体的产业服务体系，能够为客户提供全产业链的优质服务。

中水公司

愿景、使命、责任与战略

愿景：还碧水于世界，送清新于人间

使命：净化水环境，提高水品质

责任：回报社会、乐于奉献

战略：国内领先、国际知名的水务环境一体化解决方案提供商

中国联通天津市分公司

天津联通是中国联通在天津设立的分支机构，在天津市12个区、3个县及滨海新区设立服务机构，是天津最大的宽带通信及信息服务提供商，2011年实现增加值36.28亿元，拥有固定资产242亿元，服务超过800万用户。

【服务民生，全力打造智能生活】

按照天津市政府“百万光纤入户工程”工作要求，大力实施光纤入户工程，提升天津市的信息化基础设施水平，满足百姓对多媒体高带宽接入的需要。2011年完成光纤入户新建及改造86.5万户，覆盖全市2449个小区，累计完成165万户。光纤网络覆盖了天津市85%以上的大厦（商业、写字楼），已基本建成“技术先进、覆盖广泛、带宽充足”的宽带化、综合化、智能化的光纤网络。

打造精品移动网络。WCDMA/GSM两网的覆盖，重点解决道路、重要乡镇和农村的覆盖盲区，建设开通356个基站，3G站点已2800多个、2G站点3300余个、室内分布系统完成近1400套。截至2011年底，天津联通的GSM网络的覆盖面积及覆盖人口90%以上，WCDMA网络乡镇以上行政区域的覆盖率98%，行政村覆盖率90%以上，高速公路、国道、普通客运及高速客运铁路的沿线覆盖率分别为97%、94%、92%和92%。

【完善体系，着力提高服务水平】

天津联通开展“优质宽带、优质服务”对外承诺活动，解

天津联通全面提供以光纤宽带为主优质服务

“三网融合”工作取得突破

决了宽带装机慢、修复时间长等问题。目前，公众客户ADSL总体装通率99.95%，公众客户FTTH总体装通率99.94%，公众客户宽带24小时修障及时率为99.1%。

天津联通提供7X24小时的零距离客服热线，全年受理各类业务161万余件，荣获2011 年度中国最佳客户联络中心-电话营销奖，客户满意度明显提升。

做好消费流量提醒，确保客户放心消费。进一步加强消费提醒支撑能力，为客户提供了信用额度、余额、套餐变更、套餐内流量使用情况、超套餐流量使用情况和资费等短信提醒服务。客户也可通过联通短信营业厅或登录联通网上营业厅www.10010.com对消费情况进行自助查询。

【造福社会，尽职履行央企责任】

完成温家宝总理与网民在线交流专项保障、“两会”通信保障等重大通信保障工作。制定防汛通信保障预案，完成汛期通信保障；配合完成国家通信网应急指挥调度系统工程和国家公用应急宽带VSAT网工程，提高应对突发事件的能力。

全力推动信息建设。积极倡导并服务于政府信息化、企业信息化、农村信息化、家庭信息化建设，实施了天津市电子政务内网、技防网等重大信息化项目，全年签约1178项。积极推动农村通信发展和信息化进程，大力实施“村村通工程”，初步构筑了一条推动农村信息化建设、服务农村经济产业化发展的“信息高速公路”。

2011年1月15日，全国首家联通iPhone玩家俱乐部开业纳客

天津联通集中监控机房

中石油渤海钻探工程有限公司

中国石油集团渤海钻探工程有限公司（以下简称渤海钻探公司）成立于2008年2月27日，地处天津经济技术开发区，是为油气田勘探开发提供石油工程技术服务的专业化公司。资产总额223亿元，用工总量2.89万人。技术服务队伍遍及河北、天津、山西、内蒙古、陕西、海南、浙江、青海、新疆等省、市、自治区内的十几个油气田，以及委内瑞拉、印尼、缅甸、伊拉克、伊朗、蒙古等国际市场。2008年至2011年，渤海钻探公司先后荣获全国五一劳动奖状、第十届国家技能人才培育突出贡献奖、全国“安康杯”竞赛优胜企业、全国文明单位、全国企业文化建设优秀单位、天津市五一劳动奖状、天津市劳动关系和谐企业（AAA）等荣誉称号，连年被评为中国石油天然气集团公司安全生产先进企业。

2011年9月4日，公司与中国石油海洋工程公司签署战略合作框架协议

2011年5月3日－6日，公司产品参加美国海洋技术会议展览

渤海钻探公司成立以来，坚持走内涵式发展之路，提升发展质量，优化管理机制，实现了安全与速度相统一，效率与效益同提高，企业与员工共成长。推行了“人才兴企”和“科技兴企”战略，打造了业务精通、技术精专、技能精湛的管理人员、技术人员和操作人员队伍，形成了国内领先、世界一流的“十大”优势系列技术和“六项”特色系列产品，成为国家级高新技术企业、天津市企业技术中心、中国石油天然气集团公司技术分中心，综合技术实力处于国内同类企业领先地位。

公司荣获全国“五一”劳动奖状

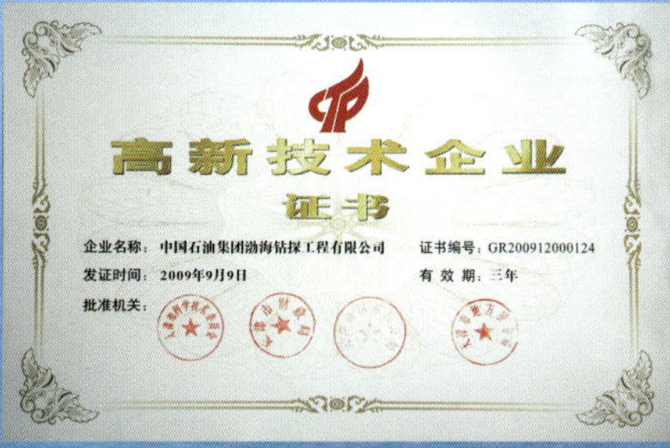
高新技术企业
证书
企业名称：中国石油集团渤海钻探工程有限公司　证书编号：GR200912000124
发证时间：2009年9月9日　有效期：三年
批准机关：

公司通过国家级高新技术企业认定

公司荣获国家技能人才培育突出贡献奖

2011年4月26日，公司在伊拉克哈法亚施工的HF002井完井庆典

2011年，渤海钻探公司以转变发展方式为主线，深入开展了“精细管理年”活动，实施了市场增收、生产提速、科技创业、安全稳定、成本控制和管理创优“六大工程”，创收创效能力、服务保障能力、核心竞争能力、风险控制能力、经营管控能力和持续发展能力均得到有效增强。经营业绩创历史新高，营业收入达到178.6亿元，资产总额、营业收入、增加值、实现利润较成立之初均实现翻番，用四年时间再造了一个全新的渤海钻探公司；完成工作量创历史新高，钻井进尺达到643万米；精细管理达到新水平，工程质量、产品质量、服务质量不断提升；财务状况达到新水平，资产负债率、流动比率达到国际行业优秀水平；和谐稳定呈现新局面，员工人均收入较快增长，一线条件持续改善，队伍整体积极向上。渤海钻探公司在促进中国石油整体发展的同时，也为天津地方经济社会发展做出了突出贡献，2011年上缴地方税费同比增长11%。

2011年，公司合唱队在“颂歌献给党”庆祝建党90周年天津市职工合唱大赛中获第一名

中国石化 天津石化

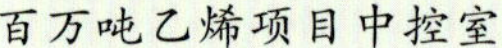

百万吨乙烯项目中控室

千万吨炼油项目中控室

中国石油化工股份有限公司天津分公司（简称天津分公司）和中国石化集团资产经营管理有限公司天津石化分公司（简称天津石化分公司）统称天津石化，是隶属于中国石化的国家特大型炼油、乙烯、化工、化纤联合企业，位于天津市滨海新区，东临渤海油田，南靠大港油田，占地面积14平方千米，与天津市区和塘沽新港有铁路、公路相通，与天津港南疆石化码头有输油管线相连。其前身为中国石化天津石油化工公司（由天津市石油化学工业公司和天津市石油化纤总厂组成），成立于1983年12月28日，2000年，分设为中国石化集团公司天津石油化工公司和中国石油化工股份有限公司天津分公司；2005年，两个公司进行一体化重组整合，实现机构的统一管理；2007年5月22日，注册成立天津石化分公司，10月正式注销中国石化集团天津石油化工公司；2010年6月，两个公司实行一体化管理。

天津石化目前实行“公司-作业部-车间”三层管理模式，下设发展规划部、计划部、生产部、安全环保部、企业管理部等25个机关部室和炼油部、烯烃部、化工部、聚醚部等18个生产作业部及直属专业服务单位。此外，天津分公司有两个合资公司，其中，中沙（天津）石化有限公司（简称中沙石化）成立于2009年10月20日，总投资183.8亿元，注册资本61.2亿元，由中国石化和沙特基础工业公司各投资50%，合资期限30年，中国石化授权天津石化对中沙石化行使股东权利；天津石化液化空气气体有限公司投资5.13亿元，注册资本2.2亿元，由天津分公司和法国液化空气（中国）投资有限公司各出资50%。天津石化分公司有一个合资公司——天津天寰聚氨酯有限公司，投资1.54亿元，注册资本8954.58万元，日本三井化学株式会社持有70%股份，天津石化分公司持有25%股份，日本蝶理株式会社持有5%股份。

截至2011年底，天津石化正式职工总数为9355人，资产总额319.02亿元。拥有炼油装置23套，化工装置25套，化纤装置3套；原油一次加工能力1550万吨/年，综合配套加工能力

百万吨乙烯装置夜景

千万吨炼油装置区夜景

花园式工厂

1250万吨/年，其他装置生产能力为：乙烯120万吨/年（含中沙石化），对二甲苯38万吨/年，PTA 34万吨/年，聚酯20万吨/年，聚醚10万吨/年；原油储存能力27万立方米，拥有与主要生产装置相配套的装机容量40万千瓦、供水10万吨/日等公用工程系统。主要生产石油炼制、石油化工、石油化纤三大类，均具有较好的市场知名度，其中涤纶短纤维、3#喷气燃料为国优产品；“天仙”牌涤纶短纤维，“津港”牌轻柴油、车用汽油、3#喷气燃料，“大港”牌工业用纯苯被评为天津市名牌产品。

2011年，天津石化实现了安全生产“重大事故”为零，未发生界外环境污染和职业病危害上报事故。完成原油加工量1300.97万吨，生产汽煤柴621.73万吨，同比分别提高了13.18%、16.08%；生产乙烯134.26万吨（其中中沙石化111.21万吨），同比增长22.88%，均创历史最好水平，有效地保障了市场供应。天津分公司全年完成销售收入1158亿元（含中沙石化296亿元），实现利润5.38亿元（石化集团公司可比口径10.51亿元）、利税109.45亿元（含中沙石化22.22亿元），是天津市为数不多的工业产值超千亿元企业。连续11年被评为全国“安康杯”竞赛优胜企业，成为总部三家获得安全生产、环境保护、职业卫生、消防、“我要安全”主题活动五个先进（优秀）的企业之一，《石化企业以加强基础管理为导向的标杆管理》荣获集团公司企业管理现代化创新成果一等奖，获得“全国模范劳动关系和谐企业”、“全国文明单位”、“天津市平安示范单位”等荣誉称号。

天津石化第七届职工运动会开幕式

中石化第四建设有限公司

公司承建的亚洲最大、最重的海洋石油工程海上平台在黄岛入海，该平台是亚洲海洋工程施工史上最大、最重的平台组块。

中石化第四建设有限公司(简称第四建设公司)位于天津市滨海新区大港世纪大道180号，成立于1962年，是中国石化集团公司直属的大型综合性工程建设企业，是建设部核定的工程施工总承包一级企业，也是中国建筑业百强企业。

经过多年的发展完善，第四建设公司逐步建立了完善的工程建设项目管理体系和标准体系，在施工组织管理上形成了以大型设备吊装、大型储罐安装、大型压缩机组安装调试、大型装置DCS和ESD安装调试、特殊管道、特种材料焊接为核心的专业化施工特色，同时具备工程建设总承包、工程施工总承包、代业主管理等项目管理能力。目前，公司拥有施工安装机具和运输动力装备1700余台，总功率17473千瓦，拥有国际领先国内独有的2500吨液压吊装系统和亚洲单台吊装能力最大的1600吨履带吊车，基本实现了大型吊装设备的系列化。公司主要从事国内外炼油、化工、化纤、化肥以及煤化工、风电、煤电、核电、生物环保等工程的新建、改建、扩建、检修和其它各类工业设施建设，具有年内实施投资额100亿元以上项目2项，投资额60亿元及以下项目8项的工程项目管理服务以及EPC、工程物资代理采购管理、CM管理和工程监理的业务能力。具有年内完成施工管理产值50亿元以上，在建10套，新开10套，交工10套大中型石化等生产装置的施工能力。具有六地同时施工单台容积10万立方米以上储罐60台、四地同时实施单台80吨以上大型设备吊装350余台的作业能力。先后承建了国内外石油化工、煤化工、风电、新能源等各类生产装置1000余套，海外工程40多项。获省部级以上优质工程奖70余项，其中获国家优质工程奖11项，获建筑工程鲁班奖8项。具有公司自主知识产权和自身特点的专利13项、工法9项。先后两度获得“国家质量管理奖”，并获得“优质工程企业”、“全国优秀施工管理企业”、“全国最佳施工企业”、“全国建筑业优秀企业”等100余项荣誉称号。

站在“十二五”进程的舞台，公司正以饱满的热情，坚持“高端化”发展道路，以打造“特色突出、国内领先、国际一流”的工程建设企业为奋斗目标，立足石化、面向全国、放眼世界，愿与中外各方携手共进，互利双赢，共创石化产业崭新的未来。

办公大楼

2500t门式液压系统将福建乙烯2#丙烯精馏塔成功吊装就位

公司承建的亚洲最大的深圳3台LNG储罐

沙特卡扬（K080）公用工程装置夜景

亚洲最大的1600T履带吊车工作场景

中国石油集团工程技术研究院

办公主楼

中国石油集团工程技术研究院(简称工程技术研究院)，位于天津滨海新区，是一所集科研、技术开发、技术服务为一体的科研院所，主要是从事海洋平台、滩海工程、海工建造与安装、海洋钻采、防腐、保温、焊接、特种材料等技术的研究应用和开发,具有开展中小型工业与民用建筑、加油站设计、改造等设计业务能力。建院34年以来，共完成国家、集团公司重点科研项目580项，有65项成果获得国家或集团公司科技进步奖，拥有专利83项，国家级重点新产品15项。2005年、2008年、2011年三年荣获“全国文明单位”；2011年荣获“全国五一劳动奖状”、“天津市劳模集体 ”等荣誉称号。

石油工程技术研究院，拥有CNPC海洋工程重点实验室、CNPC石油管工程重点实验室一涂层材料与保温结构研究室等功能完备的研究试验平台。现有主要科研仪器设备400台套，其中较大型仪器设备100余台套；具有海洋工程等专业设计软件和通用计算软件11套。研究院拥有石油工业油井水泥及外加剂质量监督检验中心、石油工业防腐保温产品质量检验检验中心、石油天然气工程质量监督总站、石油工程建设专业标准化委员会秘书处、首批全国中文核心期刊《石油工程建设》等行业服务体系。通过积极参与重大工程项目，扩大行业服务领域，提高服务质量，为中国石油集团执行相关业务、技术归口管理和质量监督，发挥了积极作用。

石油工程技术研究院，将围绕中国石油海洋石油开发和重点工程建设，不断提升自主创新和技术研发能力，成为中国石油集团海洋石油工程和防腐保温等技术的研究创新基地和技术服务中心，成为中国石油海洋工程公司一体化发展战略中科技创新、技术支持和服务基地、人才培养基地。

防腐技术应用于南水北调工程

自主研发的环保型喷砂除锈装置应用于西二线深港海管项目

海洋桩腿防腐层修复技术应用于冀东油田

海洋酸化压裂技术应用于胜利油田

天津大学建筑设计规划研究总院

天津大学建筑设计规划研究总院是隶属于天津大学的全资企业，由天津大学建筑设计研究院与天津大学城市规划设计研究院组成，具有甲级建筑设计、甲级城市规划设计、甲级工程咨询、甲级旅游规划、甲级历史文物建筑规划设计等八项甲级资质。

总院现有人员近460人，其中一线设计及科研人员占全院总人数的90%。建院50多年来依托天津大学的人才优势、学科优势和技术优势，凭借严谨的工作作风和良好的服务意识，在教育、办公、商业、医疗、体育建筑和城市规划、旅游规划、古建筑修缮保护规划、深基坑支护、建设项目策划和可行性研究等方面都有不同凡响的建树。其中，“山东威海甲午海战馆”、“天津美术学院美术馆”、“天津市城市副中心西站地区规划”、“天津市滨海新区响螺湾商务区城市设计”、“中国宝鸡青铜器博物院”、“天津大学第26教学楼”、“天津利顺德大饭店修缮改造”、“天津市大学生体育中心”、“曹妃甸国际论坛永久会址”等项目在国内外各类设计竞赛中屡获殊荣，受到业界人士和客户的一致好评。

总院以“科研强院、效益大院、国际知名设计机构”为发展目标，实施“品牌、创新、区域、蓝海”四大发展战略。近年来拥有9项专利技术、15项在研课题，在各类重要学术期刊上发表50多篇科研论文；企业产值连续几年以每年25%的速度递增；近年来还与美国RSP、德国KSP建筑设计事务所、日本日建综合设计所、日本昭和株式会社以及加拿大、斯洛伐克等多家境外设计机构展开多方面多层次的国际合作。

特色鲜明、风格独具的天津大学建筑设计规划研究总院，愿为中国的城市建设精心勾绘更具地方特色、更具竞争力、更具时代精神的发展蓝图。

修缮改造后的天津利顺德大饭店

大港文化艺术中心

天津滨海新区响螺湾商务区城市设计

亿兆大厦

天津滨海新区大沽船坞文化创意园城市设计

天津大学生体育中心

天津蓟县地质博物馆

天津产权交易中心

2010年8月29日，市长黄兴国（左四）视察天津金融资产交易所

2010年1月21日，副市长崔津渡（右三）出席天津产权交易中心法兰克福办事处签约仪式

成立于1994年的天津产权交易中心，先后取得了国务院国资委指定的中央企业国有产权转让试点机构、财政部指定的金融企业国有产权转让试点机构、国务院机关事务管理局指定的中央国家机关行政事业单位资产处置机构、天津市国资委、财政局指定的天津市国有企业和金融企业国有产权转让机构的资格，是中国企业国有产权交易机构协会常务理事和协会国际交流与合作培训委员会主任单位，北方产权交易共同市场理事长单位。

天津产权交易中心有200多家经纪会员，30家产权交易机构和中央企业、四大资产经营公司、天津市政府六个综合部门及评估、会计、审计、律师、经纪、拍卖、公证等中介机构均在场内设有席位，能够为交易双方提供物权、股权、债权、知识产权的转让、重组、并购、拍卖、投融资等一站式、国际化、全方位的方便、快捷的服务。

2009年，天津产权交易中心在德国法兰克福建立了办事处，在英国伦敦和荷兰阿姆斯特丹设立了代表处，业务延伸至海外。2012年6月，天津产权交易中心独资或合资设立了天津股权交易所、天津排放权交易所、天津金融资产交易所、天津贵金属交易所、天津农村产权交易所、天津文化产权交易所、天津技术产权交易所、天津实物转让调剂市场八个专业市场。

2009年天津产权交易中心主任高峦做客新华08大讲堂

天津产权交易中心外景

凌奥创意产业园

2011年5月6日，市长黄兴国（前排右四）等市领导到凌奥创意产业园视察并指导工作

凌奥创意产业园是天津市第一家依法注册的体量最大的创意产业园，由天津凌奥创意产业园集团有限公司（简称：凌奥集团）投资建设。园区位于奥运水滴体育馆南侧600米，东临凌宾路延长线，南依津涞公路，北靠红旗南路；梅江居住区、时代奥城、仁爱濠景等在园区周边形成了高端人才生活区，距天大、南大、大学城不足3公里，是天津市西南部奥运板块聚金之地。

园区整体占地310亩，总投资14亿元，总建筑面积约45万平米,分三期建设。工程竣工后，凌奥创意产业园将成为集旅游、休闲、生活、工作为一体的创意产业之都，届时可入住企业达1000余家，解决15000-20000人就业，预计年产值80亿元，年纳税3亿元，年租金超亿元。园区建设得到了国家、天津市、西青区、李七庄街各级政府职能部门的重点扶持：2007年被列入天津市发改委服务业引导资金重点支持项目；2008年被列入国家发改委国债重点支持项目；2009年成为Autodesk Developer Network应用开发基地（全国仅有的三个ADN中心之一）；2011年被国家商务部评为“AAA级诚信单位”，被天津市列为市级科技企业孵化转化载体试点之一。目前，园区三期工程建设已全面完工，入驻创意科技类中小型企业150余家，初步形成文化艺术、工业与建筑设计、IT、广告会展、媒体网络、旅游娱乐等创意科技类企业集聚，园区发展速度与运营效果均处于天津市同类园区首位，对天津市创意产业的发展起到了积极引领作用。

团结奋进的领导班子

凌奥创意产业园大门

电话022—23923539

←期外景

武清开发区

武清开发区招商中心

区位图

武清开发区于1991年12月28日设立，是经国务院批准的国家级经济技术开发区和国家级高新技术产业园区。总体规划面积93平方公里。近期规划面积50平方公里，其中一期 7.4平方公里、二期7.6平方公里，已全部开发建设完毕。三期15平方公里、四期20平方公里，正在招商建设。开发区区位优势得天独厚，交通体系开放便捷，自然生态环境良好，服务环境优质高效，配套功能设施完善。建区以来，开发区共吸引投资900亿元（其中外资78亿美元），引入50个国家和地区的企业1200余家，其中世界500强企业20家，国内外行业龙头企业100余家。各项主要经济指标年增长率一直保持在30%左右。累计实现地区生产总值840亿元，税收283亿元；解决直接就业10万余人。带动配套企业200多家，间接就业3万多人。已成为武清区对外开放的窗口，经济发展的主发动机，带动产业升级的龙头和安置就业的重要基地。

京津城际铁路武清站

行政许可服务中心

中国武清海关

开发区远眺

着眼于打造京津之间重要的高新技术产业基地、总部经济基地和现代服务业聚集区，重点开发建设6个载体功能区：

创业总部基地

规划面积：1.26平方公里

发展定位：主要发展文化创意、动漫游戏、服务外包、金融商务、研发孵化等现代服务业和总部楼宇经济。

高端制造业聚集区

规划面积：10平方公里

发展定位：坚持高端高质高新化方向，吸引高科技、高收益且能带动产业链形成的龙头项目，促进产业集群发展。区域内建有11.5万平米的北欧绿色产业园，是节能环保低碳项目的投资发展平台。

保税物流区

规划面积：2.4平方公里

发展定位：以世界龙头物流企业为带动，建设立足天津、服务京冀、辐射环渤海的物流服务基地。

高等教育区

规划面积：2.6平方公里

发展定位：建设天狮国际大学、国际医院和养老社区产业园

开发区四期

规划面积：20平方公里。

发展定位：主要发展战略性新兴产业和现代服务业，建成现代高端产业综合发展基地。

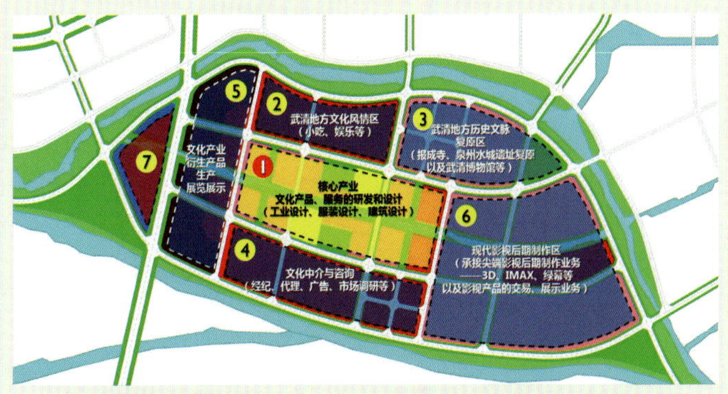

文化创意产业园

规划面积：3平方公里

发展定位：建成以文化及生态旅游为禀赋，以现代科技为载体，融合文化和经济的科技文化型产业园区。

天津京滨工业园

天津京滨工业园自2009年8月纳入天津市31个市级示范工业园区之后，不到3年时间，汇聚了阿里巴巴、一汽大众、当当网、蒙牛乳业、大禹节水、都市丽人、凡士通等一大批知名企业，累计引进内外资项目330余个，实现招商引资300亿元，已初步形成了主导产业清晰、大项目龙头带动、小企业科技含量高的高速发展新格局。

充分挖掘资源地缘优势，引领园区发展 京滨工业园位于天津市武清区大王古庄镇，总体规划9.65平方公里，地处津西北，北与北京市通州区、西与河北省廊坊市接壤，雄踞京津冀“金三角”核心区域。距首都国际机场65公里，距滨海新区75公里，周边有三条高速公路四个出入口。得天独厚的交通区位优势为园区的发展创造了先决条件。

高起点规划，促进产业专业化集聚 同一类企业在特定空间上的专业化集聚是形成优势产业集群的必然过程，也是新经济时代全球产业发展的重要规律。京滨工业园顺应产业发展的客观需求，紧紧围绕某一细分产业领域加快专业园建设，推动产业上下游企业、同环节的企业在空间上集聚，积极探索专业园与周边区域协调发展的有效模式，按照区域和行业深化招商分工，把招商重点从传统工业型调整为总部基地型、科研孵化型、产业链延伸型、现代服务型，通过招商引资和发展科技型中小企业两项工作使区域经济质量和数量得到大幅跃升。从而实现不同企业在信息、公共技术平台、市场和人才等高端要素上的资源共享。

高标准建设，加强整合创新载体资源 在区域经济三年振兴计划和五年建成京津冀“金三角”产业新城的战略目标指引下，京滨工业园制定了一系列实现跨越发展的举措。基础设施及城市功能建设累计投入11亿元，所有地块全部达到“十一通一平”；道路、绿化、景观渠等设施全部高标准建设，智能安防系统实现园区道路节点全覆盖，路灯、信号灯全部采用新型节能灯具，园区整体环境体现现代、大气、美观；为加快园区发展同步规划建设了招商中心、科技创新园、总部大楼、蓝白领公寓等一系列产业配套设施；按照“建筑风格别致、资源集约利用、环境布局精美”的城市化建设标准，启动了邮政、消防、银行、公交车站建设等功能性设施规划建设；启动了四、五星酒店、餐饮配套区、超市和娱乐功能等一系列生活配套设施的规划建设。

高效能管理，提升园区综合竞争力 京滨工业园通过专业管理提升园区设施管理水平，把设施管理与生态工业园建设紧密结

园区一角

园区重点企业

世侨大厦效果图

合起来，按照“企业单点管理、产业循环管理、园区系统管理”的要求对企业、产业和园区进行分层实施。工业园深入践行“服务他人就是发展自己”的理念，打造优质高效的服务环境：成立项目服务领导小组，公开服务质量监督电话，建立重点项目快速通道，确保引进项目及时落地；定期发放企业意见征求函，汇总问题，针对性举行与职能部门的座谈会，为企业排忧解难；不断加强人才队伍建设，引进高素质、高学历、创新型人才，定期举行不同主题的室内外培训课程，保证发展活力。同时，为积极推进产、学、研结合，工业园积极联系多所高等院校、科研院所，为企业搭建合作桥梁，先后与中科院化学所、中国石油大学、中关村等顶尖科研机构建立了战略合作联系。

阿里巴巴效果图

园区绿化

滨海团泊新城（天津）控股有限公司

滨海团泊新城（天津）控股有限公司隶属于天津市政建设集团旗下天津滨海发展投资控股有限公司的全资子公司，属国有独资企业，公司成立于2008年，注册资本16.2亿元。公司目前主营业务为对天津团泊新城西区土地进行一级开发整理和建设工作。

团泊新城是天津总体规划确定的十一个环外新城中距离中心城区最近的新城，位于天津市静海县境内。国务院批复的天津市城市总体规划（2005－2020年）中对团泊新城的定位："重点发展体育及休闲度假产业，建设成为以风景旅游度假为特色的现代化团泊新城"。

目前公司倾力运营的天津健康产业园区位于团泊新城西区，已列入天津十二五规划。园区规划占地面积10.65平方公里，总建筑面积500万平方米，总投资168亿元。产业园区将以承办2013年东亚运动会为契机，以建设天津体育中心、天津体育学院、天津中医药大学、天津医科大学国际医学城为核心，依托区域优美的滨水生态环境，打造集体育休闲、科研教育、医疗康复、生态居住以及创意文化等配套服务于一体的可持续发展的互动式产业链条，建设具有国际水准的健康产业示范园区。

同时，为满足园区多样化需求，公司规划建设了近70万平米的传统商业和其它生活配套服务，如奥特莱斯商业广场、影视公园、体育公园和萨马兰奇纪念馆等。

团泊新城西区天津健康产业园区规划

Excellent Design Federal Association

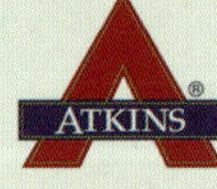

Halcrow

美国库根建筑设计事务所 CORGAN ASSOCIATES.INC.

规划设计团队

中心城区
滨海新区核心区
静海新城 5KM
10KM
团泊新城
59KM
子牙循环经济产业区
15KM

团泊新城西区区位

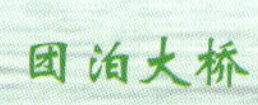
团泊大桥

团泊足球场

自行车馆

射击馆

天津体育中心规划占地1823亩，总建筑面积51.29万平米，总投资32.6亿元。规划将天津市26个体育训练场馆集中布局，打造集训练、竞赛、教育、科研和产业功能“五位一体”的综合性体育中心。其中，自行车馆、射击馆、曲棍球馆、棒球场等已列入2013年东亚运动会的比赛场馆。

天津体育学院规划占地1322亩，总建筑面积40.5万平方米，总投资约33亿元。规划建设比赛场馆1个，教学用训练场馆10个及生活配套设施。

天津体育学院

天津中医药大学

天津中医药大学新校区和老年康复医院（三附属医院）规划总占地2622亩，总投资43亿元。建设目标是围绕大健康产业理念，充分发挥学校在中医药教育、科研、医疗、产业上的引领和孵化器作用，为天津乃至全国的中医药工业、中医药农业、中医药商业、养老护理产业、和中医药国际教育产业作出贡献。

天津医科大学国际医学城

天津医科大学国际医学城规划总占地面积约4127亩，总建筑面积126.6万平方米，总投资约60亿元。功能分区主要包括国际医疗区和天津医科大学教学区。规划建设国际专家诊疗中心、国际肿瘤医院、代谢病医院、五官科医院、药学院、生物医学工程学院、医学人文学院、护理学院、康复与运动医学院以及临床医学院等。

萨马兰奇纪念馆

奥特莱斯